Klunzinger, Karl; Seubert, A. ; Müller, Friedrich

Die Künstler aller Zeiten und Völker

1. Band (A-E)

Klunzinger, Karl; Seubert, A. ; Müller, Friedrich

Die Künstler aller Zeiten und Völker

1. Band (A-E)

Inktank publishing, 2018

www.inktank-publishing.com

ISBN/EAN: 9783747759233

DIE KÜNSTLER

ALLER ZEITEN UND VÖLKER

ODER

LEBEN UND WERKE

DER

BERÜHMTESTEN BAUMEISTER, BILDHAUER, MALER, KUPFERSTECHER, FORMSCHNEIDER, LITHOGRAPHEN etc.

VON DEN

FRÜHESTEN KUNSTEPOCHEN BIS ZUR GEGENWART.

NACH DEN BESTEN QUELLEN BEARBEITET

VON

PROFESSOR **FR. MÜLLER,**

INSPEKTOR DER KÖNIGL. KUPFERSTICHSAMMLUNG IM MUSEUM DER BILDENDEN KÜNSTE ZU STUTTGART.

ERSTER BAND.

A — E.

STUTTGART.

VERLAG VON EBNER & SEUBERT.

1857.

Druck der J. B. Metzler'schen Buchdruckerei in Stuttgart.

SEINER MAJESTÄT

DEM KÖNIGE

WILHELM DEM ERSTEN

VON WÜRTTEMBERG

IN TIEFSTER EHRFURCHT

GEWIDMET

VON

DEM VERFASSER.

Vorrede.

Das Werk, dessen ersten Band ich hiemit dem kunstliebenden Publikum übergebe, soll in gedrängter Kürze, aber in klarer Bestimmtheit, ein Repertorium möglichst getreuer Nachrichten über das Leben und Wirken der berühmtesten Künstler aller Zeiten und Völker von den frühesten Kunstepochen bis zur Gegenwart, ein bis auf die neueste Zeit fortgesetztes allgemeines Künstlerlexikon bilden. Ich habe mich daher bemüht, in demselben, unter Zugrundlegung der zuverlässigsten Quellen, die Biographien aller bedeutenden Meister in den verschiedenen Zweigen der bildenden Künste, Baumeister, Bildhauer, Maler, Kupferstecher, Formschneider, Lithographen u. s. w. mitzutheilen, den Entwicklungsgang ihrer künstlerischen Ausbildung zu schildern, die Erzeugnisse ihres Geistes und Fleisses aufzuzählen, eine Gesammtcharakteristik ihrer Kunstweise zu entwerfen und ihnen die Stelle anzuweisen, welche sie in der Geschichte der Kunst einnehmen. Durch strenges Beschränken auf das wesentlich Wissenswürdigste und concisse Fassung, ist es mir möglich geworden, die grosse Masse des zu bearbeitenden Materials in einen verhältnissmässig äusserst geringen Raum zusammen zu drängen, um dem Buche das grössere Publikum der Künstler und Kunstfreunde zu gewinnen, und dennoch soll man darin über jeden einzelnen bedeutenden Künstler genaue und zuverlässige Aufschlüsse erlangen, soll dasselbe von der Lebensgeschichte und der Wirksamkeit der hervorragendsten und grössten Meister, soweit unsere Kunde reicht und mir die betreffenden Materialien zu Gebot standen, ein vollständiges, kein Moment ihrer geistigen und künstlerischen Entwicklung, kein bedeutendes Erzeugniss ihres Schaffens unberücksichtigt lassendes Gemälde entrollen. Um jedoch auch denjenigen, welche sich über einzelne Künstler und ihre Werke näher orientiren, sie zum Gegenstand besonderen Studiums machen wollen, geeignete Mittel zur Erreichung dieses Zweckes an die Hand zu geben, ist am Schluss der Artikel über die grösseren und bedeutenderen Meister ein Verzeichniss der gesammten Literatur über sie und der etwaigen Kupferwerke nach ihren Arbeiten beigefügt, während die besten grösseren Nachbildungen nach denselben, die einzelnen Kupferstiche, Lithographien u. s. w. im Texte angeführt werden. Endlich finden sich auf dem Rande die bekanntesten Monogramme aller derjenigen Künstler verzeichnet, die sich solcher Bilder- oder Schriftzeichen bedienten, und soll auch dem Schlusse des Werks eine Liste der sogenannten Monogrammisten beigegeben werden, so dass sich mit dem Künstlerlexikon zugleich ein Monogrammenlexikon verbindet.

Mein Werk ist, was sich in Anbetracht des in unermesslicher Ausdehnung aufgewachsenen, täglich grösser werdenden Stoffs, bei den Tausenden von Werken, Bänden, Aufsätzen, Artikeln, Bemerkungen, die nachgeschlagen, ausgezogen, überarbeitet werden mussten u. s. w., kaum anders erwarten lässt, eine Compilation. Es wird aber dennoch in der Wahl und in der Art und Weise der Benützung der Quellen und Kriterien, in der durchaus objektiven, theils aus eigenem Studium der Kunstwerke selbst, theils aus dem der besten über sie erschienenen Schriften geschöpften Darstellung eine gewisse Selbstständigkeit zeigen, die sich, in Verbindung mit einer umfassenden, die neuesten Forschungen in sich schliessenden Vollständigkeit, insbesondere den bisherigen Werken ähnlicher Art gegenüber, geltend machen dürfte.

Schon jetzt alle diejenigen Schriften anzuführen, aus denen ich schöpfte, ist indessen eine in der Natur eines successive in mehreren Bänden erscheinenden Unternehmens begründete Unmöglichkeit. Indem ich daher vorläufig allen denjenigen neueren Kunstgelehrten, insbesondere unseren Autoritäten: Kugler, Schnaase, Waagen, Passavant, Förster, Rumohr, Quandt u. s. w. hiemit öffentlich den Antheil geziemend zuerkenne, den mein Buch ihren Werken schuldet, und für die freundlichen Mittheilungen jüngerer Kunstschriftsteller über Zeitgenossen und ältere Meister ergebenst danke und um geneigte Fortsetzung ihrer gütigen Unterstützung mit Beiträgen ersuche, gebe ich die Versicherung, dem letzten Bande ein Gesammtverzeichniss aller derjenigen Werke beifügen zu wollen, die ich bei der Abfassung des meinigen benützte. Nur ein Werk, das mir ein ungemein reichhaltiges und treffliches Material bot, schon hier anzuführen, kann ich nicht unterlassen, einer Anstalt muss ich dankschuldigst schon jetzt gedenken. Jenes ist das Kunstblatt, das bis Ende Juni 1849 im Cotta'schen Verlag in Stuttgart erschien, im Jahr 1850 aber unter der umsichtsvollen Leitung von Dr. Eggers in Berlin in verjüngter Gestalt wieder auferstand und die tüchtigsten Kräfte, worunter die ersten Männer vom Fach, zu seinen Mitarbeitern zählt; diese ist die hiesige öffentliche Bibliothek, die mir durch die freundliche Zuvorkommenheit des Herrn Oberstudienrath Professor Dr. v. Stälin und der Herren Professoren Pfeiffer und Hauff mit beispielseltener Liberalität zur vielseitigsten Benützung offen stand.

Bei dem grossen Umfang des Unternehmens, bei den bedeutenden Anforderungen, die vom heutigen Standpunkt der Kunstgeschichtsforschung an dasselbe gemacht werden, mussten mir die wohlwollende Aufnahme, die den bereits erschienenen Lieferungen zu Theil wurde, sowie die vielfachen anerkennenden Urtheile der öffentlichen Kritik, namentlich die ehrenvollen Beifallsbezeugungen unserer ersten Kunstgelehrten, eine erfreuliche Aufmunterung sein, fortzufahren mit eisernem Fleisse und unermüdlicher Beharrlichkeit in dieser meiner schwierigen und ungemeine Ausdauer erfordernden Arbeit. Den Stoff, soweit er mir zugänglich war, nach meinen besten Kräften gewissenhaft bearbeitet zu haben, kann ich mir selbst das Zeugniss geben, und es dürfte daher auch die genaue Zuverlässigkeit der Angaben, nach den besten und geprüftesten Quellen, keiner der geringsten Vorzüge meines Werkes sein. Etwaige Druckfehler, mangelnde oder zu berichtigende Thatsachen, sowie überhaupt alle diejenigen nöthigen Ausführungen, die sich im Laufe der Zeit bis zur Beendigung des Lexikon's durch neuere Forschungen, durch neuauftauchende Künstler u. s. w. als nothwendig herausstellen, Zusätze und dergl., wird ein Nachtrag bringen.

Stuttgart, im November 1856.

Professor **Fr. Müller.**

A.

Aachen, Johann von, nach der Geburtsstadt seines Vaters, zuweilen aber auch Jan van Achen, Aken, Janachen genannt, ist im Jahr 1552 zu Köln geboren. Er bildete sich in der Schule des kölnischen Malers Jerrigh und später in Italien, wohin er sich in seinem 22. Jahre begab, namentlich in Venedig, malte hier, in Rom und Florenz mehrere, mit grossem Beifall aufgenommene Bilder, wurde bei seiner Rückkehr nach Deutschland an den bayrischen Hof, und von da an den des Kaisers Rudolph II. nach Prag berufen, wo er sich mit seiner Gattin, einer Tochter des grossen Tonmeisters Orlando di Lasso, niederliess, und 1615 starb. — Von seinen zahlreichen Gemälden, Kirchenbildern, mythologischen und geschichtlichen Darstellungen, Porträts u. s. w., die sich durch blühendes Colorit auszeichnen, sieht man mehrere in München (in der Jesuitenkirche, in der Frauenkirche, in der reichen Kapelle in Schleissheim), in der kaiserlichen Gallerie zu Wien u. a. O. Seine Schüler waren Peter Isaac von Helvezor und der Schweizer Joseph Heinz. — Johann von Aachen besass ein bedeutendes Talent, das zu hohen Leistungen befähigt hätte; allein die Leichtigkeit, mit der er producirte, namentlich aber sein Vorbild, Spranger, liessen ihn nicht zur ernsten gründlichen Durchbildung seiner Werke gelangen, und so wurde er wie sein Meister, aber ohne dessen Uebertreibungen, ein glänzender Manirist.

Literatur. Fiorillo, Geschichte der zeichn. Künste in Deutschland. — Sandrart, Deutsche Akademie der Bau-, Bild- und Maler-Künste. — Merlo, Kunst und Künstler in Köln. (Enthält u. A. ein vollständiges Verzeichniss der nach ihm gestochenen Blätter.)

Abart, Franz, Bildschnitzer zu Kerns im obern Unterwalden, zeichnete sich durch treffliche Holzstatuetten im Genrefach: Hirten, Ringer, auch schweizerischer hervorragender Persönlichkeiten, so unter anderen eines Struthans von Winkelried, für die er 1812 die goldene Medaille erhielt, aus.

Abarca, Donna Maria de, eine treffliche Porträtmalerin, die in der Mitte des 17. Jahrhunderts zu Madrid lebte.

Abbate Ciccio, siehe Solimena.

Abbate, Ercole dell', Enkel des Niccolò, ein sehr begabter Maler, wie manche Gemälde von ihm im Municipalpalast und in mehreren Kirchen seiner Vaterstadt Modena beweisen; aber Müssiggang und Leichtsinn liessen sein zu grosser Meisterschaft befähigtes Talent leider nicht zur würdigen Entfaltung gelangen. Er starb 1613.

Abbate, Giovanni dell', Vater des Niccolò, wird als Bildner von Cruzifixen, an denen man die feinste Beobachtung der Anatomie rühmte, genannt. Er starb 1559.

Abbate, Niccolò dell', von den Italienern meist nur Messer Niccolò, auch kurzweg Niccolino genannt, ist 1512 zu Modena geboren, und zeigte schon frühe in mehreren gemeinschaftlich mit A. Fontana ausgeführten Frescomalereien in seiner Vaterstadt ein bedeutendes Talent. Er soll in Correggio's Schule gegangen sein, was immerhin möglich ist; denn, wenn man ihn gleich in seinen besten Werken, z. B. in seinen Wandbildern im Palazzo della Commune zu Modena, den Styl der raphael'schen Schule in einfach edler Weise befolgen sieht, so enthalten dagegen andere, z. B. das Martyrium der Apostel Petrus und Paulus (gest. v. Folkema), ursprünglich für das Kloster S. Piero in Modena gemalt, jezt in der Dresdener Gallerie, im Einzelnen viele Erinnerungen an Correggio. Eines seiner schönsten Gemälde ist eine Geburt Christi (gest. von Gaetano Gandolfi) im Portico de' Leoni zu Bologna. Dieses Bild hat Agostino Carracci zu einem Sonnett begeistert, in welchem er dasselbe als das Ideal des Eklekticismus seiner Schule hinstellt. Auch seine übrigen dortigen Fresken sowie die im Schlosse von Scandiano ausgeführten, jetzt in der herzoglichen Gallerie zu Modena sich befindenden Wandgemälde, Geschichten der Aeneide darstellend, sollen von den Zeitgenossen vielfach bewundert worden sein und ihm die Berufung des bologneser Malers Primaticcio verschafft haben, dem er 1552 nach Frankreich folgte, woselbst er nach dessen Zeichnungen im Schlosse zu Fontainebleau eine erstaunliche Anzahl grosser Wand- und Deckengemälde aus der Odyssee und der griechischen Mythologie ausführte, überdies für die Grossen des Reichs in Palästen und Schlössern zu Paris, Meudon u. s. w. vielfach beschäftigt war. Von allen diesen Bildern hat sich aber nichts für unsere Anschauung erhalten, als was wir in den nach ihnen gestochenen Blättern besitzen. Abbate starb 1571. — Ausser den angeführten Werken kennt man noch eine Entführung der Proserpina beim Herzog von Sutherland in London und eine heilige Familie in der mehr correggesken Weise des Meisters bei Lord Scarsdale in Keddlestonhall. Die Kupferstichsammlung zu Paris besitzt von seiner Hand das Miniaturbild Franz I. (gest. von Chenu.) — Genialität, lebhafte Phantasie und meisterliche Gewandtheit in den verschiedenen Zweigen der Malerei ist Niccolò nicht abzusprechen. Er half den Geschmack der italienischen Malerei des 16. Jahrhunderts nach Frankreich verpflanzen, aber in jener schon mehr auf's Aeusserliche, Decorative gerichteten Ausartung der nachrömischen Schule, die einen so grossen Einfluss auf die nachherige Entwicklung der französischen Malerei ausübte.

Literatur. Vedriani, Vite de' pittori, scultori et architetti modenesi 1662. — Tiraboschi, Descrizione de' pittori modenesi. Modena 1786. — Pagani, G. Filib., Le pitture e scolture di Modena 1770. — Lanzi, Geschichte der Malerei in Italien. — Fiorillo, Geschichte der Malerei in Italien. — Speth, die Kunst in Italien. — Kugler, Handbuch der Geschichte der Malerei. — Waagen, Kunstwerke und Künstler in Paris.

Kupferwerke. L' Eneide di Virgilio dip. in Scandiano dal celebre. pitt. Niccolo Abati, dis. dal Gius. Guizzardi, inc. dal. Ant. Gajani. etc. Modena 1821. — Le Pitture di Pellegrino Tibaldi e di Niccolò dell' Abate, des. ed illustr. da Zanotti. Venez. 1756. — Les travaux d'Ulisse, peints à Fontainebleau par le Sieur Nicolas. Par Theodor van Thulden. Paris 1633. — Copirt in derselben Grösse von Kilian in Augsburg 1675 und von Melchior Küssell 1681 in kleinerem Format.

Abbate, Pietro Paolo dell', der jüngere Sohn des Ercole, geb. 1592, hielt sich in seinen Arbeiten äusserlich ganz an den Styl seines Vaters, so dass die mittelmässigen Bilder des letzteren schwer von den besten der seinigen zu unterscheiden sind. Er starb 1630.

Abbate, Pietro Paolo dell', der ältere Bruder des Niccolò, wird in der Darstellung wilder Pferde und kriegerischen Getümmels gerühmt.

Abbatini, Guido Ubaldo, geb. 1600 zu Città di Castello, war ein Schüler des Giuseppe Cesari, näherte sich aber später, um sich emporzuschwingen, der Darstellungsweise des Bernini, der den damaligen Kunstgeschmack beinahe ausschliesslich beherrschte, wodurch der sonst begabte Mann zu Geschmacklosigkeiten und unkünstlerischen Spielereien verleitet ward, wie man an einigen seiner noch erhaltenen Bilder in Rom sieht. Er starb 1656.

Abbema, Wilh. v., ein der Gegenwart angehöriger Künstler, gebürtig aus Crefeld, war früher Maler, bildete sich aber später zum Kupferstecher im Landschafts- und Architekturfache, worin er, wie seine Stiche nach Lessing und sein Blatt des Kölner Doms beweisen, Treffliches leistet.

Abbiati, Filippo, geb. zu Mailand im J. 1640, war ein begabter Maler, reich an Ideen und frei und gewandt in ihrer Ausführung, aber ohne Tiefe. Er starb 1715.

Abeele, Jodocus Sebastian van den, geb. 1797 in Gent, bildete sich im Atelier des Baron Gros zu Paris, und erwarb sich durch manche schöne Bilder, z. B. seinen Homer, seinen Orpheus, St. Petrus, das Abendgebet u. a. einen geachteten Namen. Abeele ist Professor an der Akademie seiner Vaterstadt.

Literatur. Immerzeel, De Levens en Werken der Holl. en Vlaam. Kunstschilders u. s. w. Amsterdam, 1842.

Abeele, Pieter van, ein niederländischer Medailleur, der um die Mitte des 17. Jahrh. blühte und dessen Arbeiten den Einfluss des Arthur Quellinus erkennen lassen.

Abel, Joseph, geb. zu Aschach 1756, bildete sich auf der Wiener Akademie unter

Füger und begab sich 1802 nach Rom, wo er sechs Jahre mit G. Schick auf dem Gebiete der Historienmalerei bei grosser Befähigung mit ungleichen Kräften wetteiferte. Die Bilder, welche ihm vorzugsweise Freunde und Bewunderer verschafften, waren: eine Antigone, Klopstock im Elysium, ein Prometheus, Cato, wie er sich das Schwert zum Selbstmord geben lässt, Sokrates, wie er die Grazien vollendet u. s. w. Später nach Wien zurückgekehrt, woselbst er 1818 starb, malte er auch Porträts und einige kirchliche Gemälde. Abel hat auch einige geistreiche Radirungen in Kupfer geliefert.

Abel, Gebrüder, Bildhauer aus Köln, wurden von Kaiser Ferdinand I. nach Inspruck berufen, um (laut Kontrakt vom 28. April 1560) die Marmorbasreliefs zu Maximilians Grabdenkmal zu übernehmen, von denen sie aber nur vier fertig brachten.

Abel-Pugol, Alexandre Denis de, siehe **Pujol, Abel de.**

Abels, John, in den ersten zehn Jahren des 17. Jahrhunderts thätig und nachmals zu einem der Zimmerleute Karl I. ernannt, hinterliess durch seine trefflichen Bauten im Westen Englands einen berühmten Namen.

Literatur. Ancient Timber Edifices of England. By John Clayton.

Abels, Jacobus Theodorus, geb. zu Amsterdam im J. 1803, Mitglied der Akademie der Künste seiner Vaterstadt, ausgezeichnet durch seine Mondscheinlandschaften von wundervollem Lichteffekt, die sich in beinahe allen bedeutenderen Kabinetten befinden.

Aberli, Joh. Ludwig, Maler und Kupferstecher, geb. zu Winterthur 1723, gest. zu Bern 1776, war der Begründer der später so ausgebreiteten Kunstindustrie in illuminirten Schweizerlandschaften und Volkstrachten.

Abesch, Johann Peter und **Peter Anton,** aus Sursee gebürtig, waren, wie des letztern Tochter **Anna Barbara** (gest. 1750), namhafte Glasmaler des 18. Jahrhunderts.

Abilgaard, Nicolay Abraham, auch **Abildgaard** geschrieben, geb. zu Kopenhagen im J. 1744, erhielt seine künstlerische Ausbildung auf der dortigen Akademie und in Italien, wurde, ins Vaterland zurückgekehrt, Professor, dann Director der Kopenhagener Akademie und starb im J. 1809. Er malte viele der griechischen Geschichte und Mythe angehörige Bilder, einen verwundeten Philoktet, Sokrates, Jupiter, die Schicksale des Menschen abwägend u. s. w., an denen man das Streben nach Grossartigkeit der Composition und kräftiges Colorit rühmt. — Abilgaard gab auch einige Schriften über Theorie und Geschichte der Kunst heraus.

Ableitner, Balthasar, churfürstlich bayrischer Hofbildhauer in der zweiten Hälfte des 17. Jahrhunderts, von dem mehrere in Holz geschnitzte Statuen von Christus, Maria, den Aposteln und Evangelisten in verschiedenen Kirchen Münchens herrühren.

Abondio, Alexander, Florentiner von Geburt und Schüler des Michel Angelo, ein geachteter Bildner in gefärbtem Wachs, der am Hofe Kaisers Rudolph II. in Prag vielfach beschäftigt war und auch daselbst starb.

Abondio, Alexander, des Vorigen Sohn, zeichnete sich durch treffliche Bildnisse in gefärbtem Wachs aus und war vorzugsweise am Hofe des Herzogs Max von Bayern thätig. Er starb zu Prag, woselbst er sich mit der Wittwe des Johann von Aachen vermählt hatte.

Abramson, Abraham, königl. preussischer Münzmeister, geb. zu Potsdam 1754, gest. 1811, ein Medailleur, der sich durch Verfertigung einer Reihe von schönen Denkmünzen auf berühmte Gelehrte seiner Zeit Ruhm erwarb.

Literatur. Meusel, Teutsches Künstlerlexicon.

Abtshoven, oder **Abshoven, Theodor van,** ein Schüler des jüngeren Teniers, malte Bauerngesellschaften, Bierkrüge, auch Stillleben u. A., in der Manier seines Lehrers. Die Dresdener Gallerie besitzt von ihm ein sehr schönes Frühstückbild.

Accius, Priscus, ein römischer Maler, bekannt durch seine Wandmalereien im Tempel des Honos und der Virtus.

Acevedo, Cristóbald de, aus Murcia, war ein Schüler des Bart. Carducho. Von seinen gerühmten Heiligenbildern, mit denen er Kirchen und Klöster schmückte, hat sich leider nichts erhalten.

Literatur. Bermudez, Diccionario historico de los mas illustres professores de las bellas artes in España.

Acevedo, Don Manuel, geb. zu Madrid im J. 1744, gest. 1800, ein Schüler des J. Lopez, hat sich nach den besten spanischen Mustern selbstständig zu grossem Ruhm emporgearbeitet. Seine Gemälde trifft man fast sämmtlich in Privatsammlungen Spaniens.

Achen, Johann von, siehe Aachen.

Achenbach, Andreas, geb. 1815 zu Kassel, bildete sich zu Düsseldorf, nachdem er daselbst seinen ersten künstlerischen Unterricht genossen hatte und von mehreren Studienreisen nach Norwegen, Schweden und Russland zurückgekehrt war, zu einem der originellsten und fruchtbarsten Landschaftsmaler unserer Zeit aus. In seinen Bildern schildert er mit besonderer Vorliebe die Natur des Nordens mit ihren erhabenen Schrecknissen und wunderbaren Reizen, im Zorn des Himmels und im Kampf der Elemente, in grauenvollen Wildnissen und öden Strandpartien, in winterigen Gebirgslandschaften und tobenden, von riesigen Eismassen starrenden Gewässern, in sturm- und gewitter-gepeitschten Marinen und einsamen Moorgründen, und man bewundert in ihnen die frische kräftige Darstellung des Naturlebens und seiner Poesie, die geistreiche Charakteristik, die bedeutungsvolle, harmonisch abgeschlossene Composition und den ideellen Zusammenhang der landschaftlichen Motive mit den Stimmungen der Seele, wodurch jede seiner Naturschilderungen zur grossartigen Dichtung wird. In den Jahren 1843 und 1844 machte Achenbach eine Reise nach Italien, und der Künstler wusste überraschend schnell in beinahe gleicher Vortrefflichkeit nun auch die entgegengesetzte südliche Natur darzustellen. Wie sehr Achenbach auch im Ausland Anerkennung findet, beweist der Leopoldsorden, wodurch im Jahr 1846 der König der Belgier den Künstler auszeichnete. Seine zahlreichen Bilder, worunter wir nur an den Untergang des Präsidenten, an seine ausgezeichneten Marinen, seinen Aetna, das Innere eines Waldes erinnern wollen, finden sich in öffentlichen und Privatsammlungen fast aller Länder.

Literatur. Püttmann, die Düsseldorfer Malerschule. — W. Müller, Düsseldorfer Künstler.

Achenbach, Oswald, geb. 1827 zu Düsseldorf, der Bruder und Schüler des Vorigen, hat sich durch seine landschaftlichen Bilder, an denen man die poetische Auffassung, sanfte Gemüthlichkeit und die gewandte Technik rühmt, bereits einen geachteten Namen erworben.

Achtermann, Wilhelm, aus Münster in Westphalen gebürtig, war bis zu seinem 28. Lebensjahre Landmann, dann Tischler und gieng endlich nach Berlin, wo er erst sich unter Rauchs trefflicher Leitung und später in Rom zum Bildhauer ausbildete. In seinen sehr geschätzten Werken, von denen wir besonders seinen Christus am Kreuz, eine Pietà, seine Kreuzabnahme rühmen hören, schlägt er in der Sculptur dieselbe religiöse Richtung der Kunst ein, welche Overbeck, Steinle und Andere in der Malerei befolgen.

Achtervelds oder **Achterveldt, Jakob**, Schüler von Metzu und in der Kunstrichtung seines Lehrers thätig, blühte im letzten Viertel des 17. Jahrhunderts.

Achtschelling, Lukas, Landschaftsmaler aus Brüssel, in der ersten Hälfte des 17. Jahrhunderts thätig. Die Dresdner Gallerie besitzt zwei kleine Bilder von ihm.

Acier, Michael Victor, geb. 1736 zu Versailles, bildete sich in Paris zum Bildhauer aus, erhielt im Jahr 1762 einen Ruf an die Porzellanfabrik nach Meissen, verfertigte daselbst eine Menge Gruppen im Watteau'schen Geschmack und kam 1780 als königl. sächsischer Modellmeister nach Dresden. Eine seiner schätzbarsten Arbeiten ist ein Hautrelief, den Tod des Generals Schwerin vorstellend.

Literatur. Meusel, Teutsches Künstlerlexicon.

Acker, Johannes Baptista van, geb. zu Brügge 1795, einer der geschicktesten und ausgezeichnetsten Miniaturmaler unserer Zeit.

Acker, Malerfamilie aus Ulm. Hans und Peter waren Brüder und in den Jahren 1430—1460, Michael um 1446 thätig. Ersterer führte im Jahr 1441 das Crucifix am ehemaligen Gögglinger-Thor in Ulm aus. — Jacob malte im Jahr 1473 die Orgelflügel im Münster zu Ulm und im Jahr 1483 die Bilder in der Kapelle des Kirchhofs von Risstissen. — Vielleicht ist jener Peter Acker derselbe, der nach Beischlag's „Nördlingischer Geschlechtshistorie" um 1452 Glasgemälde für die St. Georgenkirche in Nördlingen ausführte.

Literatur. Grüneisen und Mauch, Ulm's Kunstleben im Mittelalter.

Acquisti, Luigi, geb. 1744 zu Forli, ein Bildhauer, von dem man in Bologna viele Reliefs, Statuen und Grabmonumente, und in Mailand am Arco della Pace einige allegorische Statuen und geschichtliche Basreliefs sieht. Er starb 1824 zu Bologna.

Adam, Albrecht, geb. 1786 zu Nördlingen, war ursprünglich zum Conditor bestimmt, allein sein glühender Eifer und unermüdlicher Fleiss bildeten sein schon frühgewecktes Talent für die Kunst, insbesondere für die Pferdemalerei, in kurzer Zeit so aus, dass er sich, obgleich anfänglich noch auf den Broderwerb durch Portraitmalen u. s. w. angewiesen, ganz diesem seinem innern Berufe widmen und sich 1807 in München niederlassen konnte, wo die Pferdeliebhaberei in höheren Kreisen ihm vielfache Beschäftigung gab und die kriegerische Zeit ihn veranlasste, sein Talent als Schlachtenmaler zu üben. Zu diesem Zweck machte er die Feldzüge nach Oesterreich mit, worauf er nach seiner Zurückkunft mehrere kleinere treffliche militärische Scenen malte, welche ihm die Aufmerksamkeit des damaligen Vicekönigs von Italien, Eugène Beauharnais, erwarben, der ihn sofort auf einer Reise nach Italien, woselbst Adam sein ersteres grösseres Schlachtgemälde, die Schlacht bei Leoben, malte, und 1812 nach Russland mitnahm, wo er allen Schlachten und zuletzt noch dem Brand von Moscau beiwohnte. Nach seiner glücklichen Rückkehr führte er in München für den Prinzen ein aus 83 Blättern bestehendes Tagebuch der hauptsächlichsten Kriegsscenen jenes Feldzugs aus (in der Leuchtenbergischen Gallerie), malte mehrere grosse Schlachtbilder aus jenem unseligen Kriege und übergab unter dem Titel: „Voyage pittoresque militaire" die merkwürdigsten Ereignisse desselben in 120 lithographirten Blättern der Oeffentlichkeit. Der zunehmende Ruf des geschätzten Künstlers verschaffte ihm Aufträge von den Königen Ludwig von Bayern und Wilhelm von Württemberg, bestehend in Schlachtgemälden, Porträts von Pferden u. s. w.; ferner bestellte ihm der Herzog von Leuchtenberg einen Cyklus von 14 Schlachtbildern aus dem Leben seines Vaters, lauter Aufträge, die er zur grössten Zufriedenheit der Besteller ausführte. Trotz diesen vielfältigen Arbeiten mehrerer grösseren, mit Meisterhand ausgeführten Schlachten aus der neueren Zeit, z. B. die Schlacht bei Custozza, die Erstürmung der Düppeler Schanzen, sah und sieht man noch auf den verschiedenen deutschen Kunstausstellungen fast jeder Zeit überall geschätzte und anerkannte Bilder des äusserst fruchtbaren Künstlers.

Adam hat sich dem Studium der Pferde und ihrer verschiedenen Racen mit grösstem Fleisse gewidmet: er geht jeder Zeit auf treue Charakteristik und Individualisirung in der Ruhe, wie in der angestrengtesten Thätigkeit aus und ist allen Situationen immerdar eine poetische Seite abzugewinnen bemüht. Seine Schlachtgemälde sind voll Leben und mit liebendem Fleisse und sicherer Technik ausgeführt.

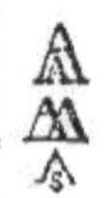

Von Adam's Söhnen, die sich von früher Jugend an der Kunst zuwandten, zeichnet sich Benno, geb. 1812 in der meisterhaften Darstellung von Hausthieren, seit den letzten Jahren auch insbesondere von wilden Thieren aus; Franz, geb. 1815, schildert mit ebensoviel Geschick als Geist das leidenschaftlich bewegte Treiben und Getümmel des Kriegs, wilde Schlachten, kühne Reitergefechte u. s. w., wie den harmlosen Frieden des Gestütslebens, überall mit Rücksicht auf eine charaktervolle Darstellung des Pferds in den verschiedensten Situationen; Eugen, geb. 1817, widmet sich mehr dem Genrefache, der Schilderung von Episoden aus dem Kriegs- und Lagerleben mit Talent und Erfolg. Der jüngste Sohn Julius, geb. 1821, zeichnet, wie seine Brüder früher, mit Geschmack und Gewandtheit sehr schön auf Stein und besitzt eine der besten lithographischen Druckereien in München.

Adam, Heinrich, Bruder Albrechts, geboren 1787 zu Nördlingen, Prospectenmaler und Stecher, radirte mehrere Blätter nach Bildern seines Bruders und nach der Natur, z. B. Ansichten des Comersee's u. s. w., und zeichnete und malte viele gelungene bayrische Städteansichten und Landschaften, z. B. München, Eichstädt u. a. m. JHA

Adam, Lambert Sigisbert, geboren 1700 zu Nancy, bildete sich in Paris und Rom zu einem Bildhauer im Geschmack des Bernini aus, wie mehrere seiner Werke zu Paris und in königlichen Lustschlössern, z. B. in Sanssouci und Charlottenburg, an denen eine meisterhafte Behandlung des Marmors anzuerkennen ist, beweisen.

Adam, Nicolas Sebastien, Bruder des Vorigen, geb. zu Nancy 1705, gest. 1778 als Professor der Bildhauerkunst der Academie zu Paris, theilte in seinen Werken, die man zu Paris, Versailles und St. Denis sieht, alle Vorzüge und Fehler mit jenem. François, ein anderer Bruder, ebenfalls Bildhauer, gestorben zu Paris 1751, war zu Berlin thätig, woselbst er mehrere Werke für Sanssouci ausführte.

Adam, Pierre, geboren zu Paris 1799, Schüler von P. Guérin und Oortman, war Professor der Kupferstecherkunst am königlichen Taubstummen-Institut zu Paris und lieferte ausser mehreren historischen Blättern treffliche Bildnissstiche. Göthe gedenkt seiner in „Kunst und Alterthum".

Adam, Victor Jean, Schüler von Regnault, malte mehrere Genrebilder, Schlachtscenen u. s. w. und erwarb sich durch seine lithographirten Albums, namentlich durch geistreiche Zeichnungen von Thieren, einen geachteten Namen.

Adamo Tedesco, sowie **Adamo di Francoforto,** siehe Elzheimer.

Adams, James, siehe den folgenden Artikel **Robert Adams.**

Adams, Robert, englischer Baumeister, von seinen Landsleuten für den Schöpfer der neueren englischen Architektur gehalten, geb. 1728 zu Kirkcaldy, gestorben 1792 zu London, bildete sich in Italien aus, wurde nach seiner Rückkehr 1762 Architekt des Königs und führte mit seinem Bruder James (gestorben 1794), die unter dem Namen „The Adelphi" bekannten prächtigen Gebäude und viele andere Paläste und Häuser zu London, Edinburg, Glasgow u. a. O. aus, die nicht ohne Einfluss auf die damalige englische Baukunst blieben. Robert war auch ein trefflicher Architektur-, Dekorations- und Landschaftszeichner; er bereicherte die kunsthistorische Literatur mit einem Prachtwerk über die Ruinen des Kaiserpalastes zu Spalatro unter dem Titel: „Ruins of the Palace of Emperor Diocletian at Spalatro" mit 71 trefflich gestochenen Platten und erklärendem Text. — James, sein Bruder, der weniger Genie und Theorie besass, jenen aber an praktischer Kunst übertraf, ist der Erbauer des Portland Place, eines grossen mit Palästen gezierten Platzes. Beide Brüder gaben die von ihnen errichteten Gebäude im Stich heraus unter dem Titel „The Works in Architekture of Rob. und James Adams"

Literatur. Fiorillo, Geschichte der Malerei in Grossbritannien.

Adda, Francesco d', ein mailändischer Graf, malte von 1520—50, und ahmte in Bildern auf Holz und Schiefer den Leonardo da Vinci glücklich nach.

Adeodato d'Orlando, Maler von Lucca, von dem in seiner Vaterstadt noch ein Johannes, der Evangelist, von 1288 existirt.

Literatur. Sopra i tre più antichi dipintori Lucchesi. Del Prof. Michele Ridolfi. Lucca 1845.

Adler, Christian, Porzellanmaler, geb. zu Friesdorf bei Ansbach 1787, lernte die Anfangsgründe der Kunst bei Prof. Naumann daselbst, widmete sich seit 1808 der Porzellanmalerei und wurde im Jahr 1815 als Inspektor und Obermaler bei der königl. Porzellan-Manufaktur in München angestellt. Hier wirkte er im Verein mit Auer, Heinzmann, Léfeubure u. A. zur Wiederbelebung und Vervollkommnung des Kunstzweigs der Schmelzmalerei durch ausgezeichnete Leistungen, wie die meistens in Nachbildungen der schönsten Gemälde der Münchner Gallerie bestehende Porzellangemäldesammlung in der dortigen Pinakothek beweist. An Adler's Porzellangemälden, von denen wir nur an seine Porträts nach Giorgione, nach Raphael, nach Velasquez, an seine Madonna Tempi und heilige Familie nach Raphael, die Apostel nach A. Dürer erinnern wollen, rühmt man die äusserst genaue Nachbildung in Zeichnung und Farbe und die feine delikate Behandlung.

Adlerkrantz, Baron von, ein tüchtiger schwedischer Architekt, unter dessen Oberaufsicht die Adolf-Friedrichskirche und das Opernhaus zu Stockholm erbaut wurden.

Adolfzoon, Christoffel, ein ausgezeichneter Stempelschneider, der im 17. Jahrhundert lebte und die Medaille auf den berühmten Seehelden M. A. de Ruyter fertigte.

Adriaanssen, Alexander, geb. 1625 zu Antwerpen, malte Blumen, Früchte und Thiere, und zeichnete sich besonders in sogenannten „Frühstücksbildern“ aus. Das Berliner Museum und die Münchner Pinakothek besitzen gute Bilder von ihm.

Aelst, Evert van, aus Delft gebürtig, lebte von 1602—1658 und erwarb sich als Maler von Stillleben einen geachteten Namen.

Aelst, Willem van, geb. zu Delft, 1620, gest. zu Amsterdam 1679, berühmt durch seine trefflichen Frühstücksbilder, von denen in Deutschland die Dresdener Gallerie und das Berliner Museum ausgezeichnete Exemplare besitzen.

Aertsens, Peter, wegen seiner Körpergestalt auch Langenpier, der lange Peter genannt, geb. 1519 zu Amsterdam, gest. 1573, ein Schüler des Alart Claessen, war Historien-, Genre-, Glas- und Stilllebenmaler und arbeitete meistens für Amsterdam und Antwerpen. Das Museum zu Berlin und die Gallerie zu Wien besitzen Bilder von ihm. AP

Literatur. Carel van Mander, Het Schilder Boeck. T'Amsterdam 1618. — Immerzeel, De levens en Werken der Hollandsche en Vlaamsche Kunstschilders. Amsterdam 1843. — D. Rathgeber, Annalen der niederländ. Malerei u. s. w. Gotha 1844.

Aertsens, Arnold und **Dirk**, Söhne des Vorigen, Bildnissmaler.

Aetion, ein griechischer Maler lebte zur Zeit des Hadrian und stellte in einem reizenden Gemälde die Hochzeit Alexander des Grossen mit Roxane dar. — Von einem Steinschneider Aetion besitzen wir noch eine antike Gemme, den Merkur darstellend.

Afinger, Bildhauer, geb. zu Nürnberg, Schüler von Rauch in Berlin, zeichnet sich durch genial aufgefasste und geschickt durchgeführte plastische Arbeiten, namentlich Porträtsmedaillons, von denen besonders die seines Lehrers, die von Kaulbach, Cornelius, A. v. Humboldt u. s. w. anzuführen, und dergl. aus.

Agar, Jacques d', geb. 1640 zu Paris, gest. 1723 in England, Schüler von Vouet, Hofmaler König Christian V. von Dänemark, war seiner Zeit ein renommirter Porträtmaler. Das „Museo fiorentino“ enthält sein Porträt im Stich.

Literatur. Walpole, Anecdotes of Painting in England 1762. — Fiorillo, Geschichte der Malerei in Grossbritannien.

Agasias, Sohn des Dositheos, Bildhauer aus Ephesus, der Meister des sogenannten „Borghesischen Fechters“ im Museum zu Paris.*

Agasse, ein berühmter Pferdemaler, aus Gent gebürtig, der im ersten Jahrzehend dieses Jahrhunderts in England starb.

Agatharchos, ein griechischer Maler, der in der zweiten Hälfte des 5. Jahrhunderts v. Chr. Geb. blühte und wegen seiner Wandmalereien, sowohl für die Bühne des athenischen Theaters, als für Privatgebäude gerühmt wird.

Ageladas, Erzbildner aus Argos, blühte von 510—460 vor Chr. Geb. Aus seiner Schule giengen die drei grössten Meister der vollendeten griech. Plastik Phidias, Polyklet und Myron hervor. Er bildete den Zeus auf Ithome und den Herakles für die Stadt Aegion in Achaja, beide in jugendlichem Alter, den Wagenlenker Kleosthenes von Epidaurus mit dem Viergespann, die Siegerstatuen des Timasitheos aus Delphi und des Anochus aus Tarent; ferner goss er die Rosse, welche die Argiver, und die Statuengruppen, welche die Tarentiner als Weihegeschenke nach Delphi sandten. Ihm wird die sogenannte barberinische Muse, jetzt Apollo Citharoedos genannt, in der Glyptothek zu München zugeschrieben.

Literatur. Brunn, Geschichte der griechischen Künstler.

Agesander, Bildhauer aus Rhodus, verfertigte mit Polydor und Athenodor die berühmte Gruppe des Laokoon.**

Agi, Andrea Cordelle, ein Schüler von Bellini, dem das Bild der Vermählung der h. Katharina im Berliner Museum von gemüthlich anziehendem Ausdruck in den Köpfen, und eine kleine Madonna bei Hr. Beckford in Bath, ein Bild von wunderbar verschmolzener Ausführung zugeschrieben werden.

* Abgebildet in den Denkmälern der Kunst. Atlas zu Kuglers Handb. der Kunstgesch. Taf. 19, Fig. 9.
** Ebendaselbst. Atlas zu Kugler Handb. der Kunstgesch. Taf. 19, Fig. 4.

Aglaophor, griechischer Maler aus Thasos, bekannt durch Bilder auf Alcibiades' Sieg in den Kampfspielen.

Agnelli, Fra Guglielmo, geb. zu Pisa um 1238, gest. um 1313, ein Schüler von Nicola Pisano, führte u. A. einen Theil der älteren Sculpturen an der Façade des Domes von Orvieto, die Reliefs über den Thüren der Sakristeien und unter dem Orgelchor im Dome zu Pisa aus. Auch schreibt man ihm die älteren Sculpturwerke am Grabmal des heil. Domenico in der Kirche gleichen Namens zu Bologna zu.

Agnese, Aebtissin von Quedlinburg, eine geschickte Künstlerin im Sticken und Miniaturmalen, gest. um 1205.

Agnolo, Baccio d', aus Florenz, lebte von 1460—1543, erbaute mehrere Häuser und Paläste in Florenz, war eine zeitlang Baumeister des Doms, verfertigte das Modell zur Kirche S. Onofrio und entwarf den Glockenthurm von S. Spirito. Er wird auch wegen seiner Bildschnitzereien gerühmt.

Literatur. Vasari, Leben der ausgezeichnetsten Maler, Bildhauer und Baumeister.

Agnolo, Battista d', nachmals **Battista, il Moro**, genannt, der Schüler und Schwiegersohn des Torbido il Moro, war um die Mitte des 16. Jahrhunderts als Maler von Kirchenbildern, noch mehr aber von Fresken, in denen er seinen Meister übertraf, thätig. So malte er für die Nonnen von St. Joseph zu Verona einen St. Johannes, den Täufer, für St. Eufemia ebendaselbst einen Paulus, durch Christus bekehrt, ferner für die Grafen von Canossi zwei Friese eines Saales mit Schlachten, endlich in Venedig mehrere Häuserfaçaden, die aber durch Zeit, Wind und Wetter grösstentheils zerstört sind. Er hat auch nach seinen Erfindungen und nach den Bildern von Tizian, Raphael und andern in Kupfer gestochen. Bartsch bringt in seinem „Peintre graveur" ein Verzeichniss der von ihm gestochenen Blätter.

Agnolo, Domenico, Sohn des Baccio, Bildschnitzer und Architekt, starb, nachdem er in mehreren Werken der Baukunst zu Florenz ein schönes Talent entfaltet hatte, sehr jung.

Agnolo, Fiorentino, führte um's J. 1470 die Bildschnitzereien im Chor der Kirche S. Agostino in Perugia nach Zeichnungen von Perugino aus.

Agnolo, Giuliano, Sohn des Baccio, Bildschnitzer und Architekt, Nachfolger seines Vaters beim Baue des Doms, starb 1555.

Agnolo, Marco, d', Sohn, Schüler und Gehülfe des obigen Battista, malte in Verona und in Rom, woselbst er starb, treffliche Bilder, von denen sogar einige für Werke von Raphael sollen gehalten worden sein. Er stach auch in Kupfer. Bartsch in seinem „Peintre graveur" verzeichnet seine Blätter, deren eines die Jahrzahl 1565 trägt.

Agnolo, Gabriele d', um 1496 der Erbauer des Palazzo Gravina zu Neapel.

Agorakritos, aus Paros, einer der vorzüglichsten Schüler des Phidias, Erzgiesser und Bildhauer, blühte 436—424 vor Chr. Geb. — Bekannt ist sein Wettstreit mit Alkamenes, dessen Gegenstand die Statue der Aphrodite war. Der Letztere siegte und Agorakritos weihte seine Statue mit hinzugefügten Attributen als Nemesis nach Rhamnus. Ohne Widerspruch können dem Agorakritos nur die ehernen Bilder der Athene Itonia und des Zeus im Tempel der Athene zu Koronea beigelegt werden.

Literatur. Dr. Brunn, Geschichte der griechischen Künstler.

Agostino und Angelo aus Siena, Schüler des Giovanni Pisano, Bildhauer und Architekten, blühten von 1300—1344. Ihr Hauptwerk mit ihrem Namen und der Jahreszahl 1330, ist das Grabmal des Guido Tarlati, Bischof's von Arezzo* im dortigen Dome, die liegende Statue des Bischoffs und 16 Reliefs, Scenen aus seinem Leben darstellend, zu dessen Ausführung sie Giotto, nachdem er ihre Arbeiten an der Façade des Domes von Orvieto, wo sie gemeinschaftlich mit Giovanni Pisano und Arnolfo arbeiteten, gesehen, empfohlen haben soll. Bedeutender ist ein figurenreiches Altarwerk, früher in S. Francesco zu Bologna, das von ihnen herrühren soll, neuerdings jedoch ihren Schülern, den Venezianern Jacobello und Pietro Paolo, zuerkannt wird. Agostino und Angelo wurden zu Baumeistern der Stadt Siena ernannt, und führten daselbst mehrere Bauten, z. B. die Porta Romana (1327), die

* Abgebildet in den Denkmälern der Kunst. Atlas zu Kuglers Handb. der Kunstgesch. Taf. 61, Fig. 1.

Kirche und das Kloster S. Francesco, den Saal des grossen Raths und den Thurm des Rathhauses, den Palazzo Sansedoni aus.

Literatur. Vasari, Leben der ausgezeichnetsten Maler, Bildhauer und Baumeister. — Kugler, Handbuch der Kunstgeschichte. — Della Valle, Lettere Sanesi 1782—86.
Kupferwerke. Monumenti sepolcrali della Toscana. Fir. 1819. — Cicognara, Storia della scultura. Venez. 1813—18.

Agostino Veneziano, auch **Agostino de Musis** genannt, gebürtig aus Venedig, ein Schüler des Kupferstechers Marc Antonio, stach viele Blätter nach den Bildern von Raphael, ferner nach Zeichnungen von Giulio Romano und Baccio Bandinelli. Ein Werk von hohem Kunstwerth, eine Gruppe aus Buonarotti's Carton des Pisanerkriegs, der zu Grunde gieng, ist durch seinen Stich der Nachwelt erhalten. Er bezeichnete seine Blätter mit A.V; das älteste trägt die Jahrszahl 1509, das jüngste bekannte 1536.

Literatur. Vasari, Leben der ausgez. Maler, Bildhauer und Baumeister. — Bartsch, Le peintre graveur. — Heinecken, Dictionnaire des artistes. — Heller, Handbuch für Kupferstichsammler.

Agrate, Marco, gehört zu den Bildhauern, welche im 16. Jahrhundert an der berühmten Karthause zu Pavia thätig waren. Eine Statue des heiligen Bartholomäus im Dome zu Mailand mit abgezogener Haut (nach der Legende des Heiligen) von seiner Hand, ist ein seiner Zeit viel bewundertes Werk, in dem der Kenner aber nichts weiter erblickt, als ein vollständig genaues anatomisches Modell, das für die Verirrungen, wohin die realistische Richtung der Zeit führte, deutliches Zeugniss ablegt.

Agresti, Livio, gebürtig aus Forli, ein Schüler Perino del Vaga's, war von 1552 an vielseitig in Rom, z. B. in S. Spirito und im Vatican thätig, doch soll seine Vaterstadt seine besten Werke, z. B. ein Abendmahl in der Kapelle der Kathedrale u. s. w., aufweisen. Er starb gegen 1580.

Agricola, Carl, Miniaturmaler und Kupferstecher, geb. 1779, und seit 1797 zu Wien thätig, wo er 1852 starb, radirte und stach nach Elzheimer, Raphael und Domenichino.

Agricola, Christ. Ludw., geb. zu Regensburg 1667, gest. 1719, bekannt durch treffliche, mit Geist aufgefasste und mit feinem Pinsel und gewählter Färbung sorgfältig dargestellte Naturscenen. Die Dresdner und Wiener Gallerie enthalten gute Bilder von ihm.

Agricola, Eduard, Landschaftsmaler, derzeit in Berlin, zeichnet sich namentlich in Prospekten und Marinen aus, wie seine Ansicht von Salzburg, seine Küstengegend bei Amalfi, sein Castell von Portici, sein Pästum u. s. w. beweisen.

Agricola, Filippino, gebürtig aus Urbino und auf der römischen Malerakademie S. Lucca gebildet, deren erster Professor er jetzt ist, wird als Historien- und Bildnissmaler gerühmt. In ersterer Beziehung nennt man insbesondere seinen Dante mit Beatrice, Petrarca mit Laura, Torquato Tasso in S. Onofrio.

Aguero, Benito Manuel de, geboren 1626 zu Madrid, ein Schüler des Juan Bautista del Mazo, malte Landschaften und Schlachtbilder, welche die Paläste von Buen retiro und Aranjuez schmücken. Er starb 1670.

Aguiar, Don Tomas de, ein Schüler von Velasquez, malte um 1660 kleine sehr ähnliche, treffliche Porträts.

Aguiar, Jose' de, ein noch lebender portugisischer Bildhauer, der die Statue des Königs von Portugal im Hospital der Marine und mehrere andere Statuen und Büsten, unter letzteren auch die des Herzogs von Wellington ausführte.

Aguila, Francisco del, malte 1590 in der Kathedrale zu Murcia das schöne Mausoleum Alphons' des Weisen.

Ahlborn, Wilh., ein Landschaftsmaler, ausgezeichnet in Darstellungen der südlichen Natur in ihrer Klarheit und in ihren Lichteffekte, wie seine Via sacra, sein Kolosseum, seine sizilianische Morgenlandschaft, seine Tassoseiche, sein Syrakus, Cephalu u. s. w. zeigen. Ahlborn ist in Hannover geboren, bildete sich unter Wach und später in Rom und ist jetzt Mitglied der Berliner Kunstakademie.

Aigen, Carl, geb. 1684 zu Olmütz, gest. 1762 als Professor der k. k. Akademie zu Wien, Landschaftsmaler, von dem die Gemäldegallerie des Belvedere zwei hübsche mit Genredarstellungen staffirte Bilder bewahrt.

Aigner, A. F., gest. 1789 zu Prag, ein talentvoller Bildhauer, der im Auftrag des Kaisers Joseph II. das Monument in rothem Marmor für den Freiherr von Ellrichshausen auf der Mariahilfschanze ausführte.

Aikmann, William, geb. 1682, erlernte erst in späteren Jahren bei John Medina zu London die Malerei und erwarb sich durch seine Porträts grossen Ruf. Er starb 1746. Das „Museo fiorentino" enthält sein Porträt im Stich.

Ainmüller, Max Emmanuel, Vorstand der Glasmalereianstalt zu München, geb. 1807, studirte auf der dortigen Akademie zuerst die Baukunst und bildete sich namentlich im Ornamentenfache aus, bekleidete sodann die Stelle eines Ornamentenzeichners in der königl. bayer. Porcellanmanufaktur und widmete sich endlich seinem Lieblingsfache, der eben wieder erweckten Glasmalerei, die in der Folge, der wesentlichen Förderung ihrer technischen Ausbildung durch ihn, ihm mit die hohe Stufe zu verdanken hatte, auf der sie steht. Unter seiner Leitung wurden die Glasmalereien für den Regensburger, Kölner und Speirer Dom, für die Kirche in der Vorstadt Au, für die Universitätskirche zu Cambridge u. s. w., zu denen allen er die geschmackvollen und formenreichen Verzierungen entwarf und zeichnete, ausgeführt. Ainmüller ist auch ein trefflicher Architekturmaler und seine Bilder finden überall rühmende Anerkennung. Er ist Ehrenmitglied der Akademie und Inhaber des preussischen, rothen Adlerorden III. Classe.

Aiwazowsky, ein der Gegenwart angehöriger russischer Marinemaler, der sich durch meisterhaft behandelte Effektstücke auszeichnet.

Aken, Jan van, Maler und Kupferstecher, geb. 1614, verfertigte geistreiche Radirungen in Geschmack des H. Saftleven.

Literatur. Bartsch, Le Peintre graveur — Heller, Handb. für Kupferstichsammler.

Alamanno, Giovanni (auch Johannes Alamanus), malte in Gemeinschaft mit Antonio von Murano, zur Familie Vivarini gehörig, mehrere treffliche Bilder, die durch eine gewisse Grossartigkeit der Composition, durch die mit Ernst und Würde gepaarte Anmuth und Zartheit, und die glühende Pracht und Tiefe der Färbung imponiren und anziehen, und zugleich eine dem altdeutschen Style, insbesondere der altkölner Schule nahe verwandte Darstellungsweise erkennen lassen, welche die Vermuthung begründet, dass Alamanno, der sich Johannes Alamanus, oder Joannes Alemanus schreibt, ein Deutscher gewesen. In der Akademie zu Venedig befindet sich von ihm eine figurenreiche Krönung der Maria vom Jahr 1440 und eine Maria auf dem Throne mit der Jahrszahl 1446, ein Bild von gewaltigen Dimensionen, das wichtigste erhaltene Werk Alamanno's. Mehrere schöne Gemälde der beiden Meister mit der Jahrszahl 1445 sieht man ferner in einer innern Kapelle von S. Zaccaria zu Venedig; auch S. Pantaleone und S. Fosca ebendaselbst bewahren Tafeln von ihnen, dieses eine Maria auf dem Throne, jenes eine Krönung Mariä.

Literatur. Kugler, Handbuch der Geschichte der Malerei. — Kunstblatt, Jahrg. 1841, Nro. 91.

Alaux, Jean, ein Schüler von Vincent, erhielt 1815 den ersten goldenen Preis der Malerei und erwarb sich frühe durch mehrere seine Geschmacksrichtung bezeichnende Bilder, unter denen sein Kampf der Centauren und Lapithen, Pandora u. s. w. erwähnt werden, einen Namen, der ihm zahlreiche Bestellungen eintrug, wie seine vielen Oel- und Frescogemälde im historischen Museum zu Versailles, z. B. die Generalstaaten im J. 1328, die Vorstellung des Poussin bei Ludwig XIII, die Stadtvorsteher von London vor Ludwig Philipp u. s. w., im Louvre (mehrere allegorische Darstellungen) und in der Gallerie des Louxemburg beweisen. Im J. 1841 wurde Alaux zum Offizier der Ehrenlegion ernannt und 1846 zum Direktor der franz. Akademie in Rom erwählt.

Alavoine, Jean Antoine, Architekt, geb. 1778, gest. 1834, erbaute die Bains-Montesquieu und den Elephantenbrunnen auf dem Bastilleplatz, errichtete das Monument Ludwig XIV auf dem Place des Victoires und begann den Bau der Julisäule zu Paris; auch wurde unter seiner Leitung der Neubau der Kathedrale zu Seez aufgeführt und die Thurmspitze der Kathedrale von Rouen wiederhergestellt.

Albacini, Carlo, ein römischer Bildhauer, bekannt durch sein, auf Bestellung der Kaiserin Katharina II. von Russland ausgeführtes Denkmal des Raphael Mengs in der Peterskirche zu Rom und eine Statue des durch die Ferse geschossenen Achills im Besitze des Herzogs von Devonshire, insbesondere aber durch seine Geschicklichkeit in der Restauration antiker Bildwerke.

Alba, Macrino d', eigentlich Giangiacomo Fava, ein trefflicher Künstler der ältern lombardischen Schule, um 1500 meistens in der Gegend von Turin thätig, von dem das Städel'sche Institut in Frankfurt a. M. eine Madonna mit Seitenbildern aus der Geschichte von Joachim und Anna, ein Bild voll Würde und Charakter besitzt.

Albani, Alessandro, ein Bologneser und Schüler der Carracci, führte in seiner Vaterstadt mehrere Kirchengemälde aus, die noch heute in S. Bartolommeo di Porta Ravegnana, in S. Michele in Bosco, in S. Giorgio, in der Pinakothek, im Pal. Zambeccari zu sehen sind. Auch zeigt man im Pal. Fava Fresken aus der Aeneide von diesem Meister, die einen verständigen Künstler beurkunden.

Albani, Francesco, geb. zu Bologna im J. 1578, erhielt mit Guido Reni seinen ersten Unterricht bei Calvart, trat jedoch später mit jenem in die, in grossem Ansehen stehende Schule der Carracci, die beide Jünglinge erst im J. 1611 wieder verliessen, um Annibale Carracci nach Rom zu folgen, wo ihr gegenseitiger Wetteifer, der sie schon zu Bologna in öffentlichen Arbeiten einander zu überbieten beseelt hatte, bei aller fortgesetzter Achtung vor ihren beiderseitigen künstlerischen Leistungen, in lebenslängliche Feindschaft überging.

In Rom entfaltete Albani eine grossartige Thätigkeit. Nicht nur übernahm er für den kränklichen Annibale, dem er schon bei seinen Gemälden im Palazzo Borghese hilfreiche Hand geleistet, die Malereien einer Kapelle in S. Jacopo de' Spagnuoli nach des ersteren Zeichnungen, malte er ferner in S. Maria della Pace mehrere Altarbilder, führte er die anmuthigen Fresken im Pal. Verospi (jetzt Torlonia) und die vielgerühmten „vier Elemente" (gest. von Baudet) für die Gallerie Borghese aus, sondern er fertigte hier überhaupt während seines langen Lebens und dasigen Aufenthalts eine erstaunlich grosse Anzahl von Bildern, die er zum Theil öfters wiederholen musste. Hochbetagt starb er 1660.

Albani liebte vorzugsweise die Darstellung von Liebesgöttinnen, Amoretten, Grazien, Nymphen im munteren Tanze, im scherzhaften Spiele, im Glanze eines wolkenlosen Himmels, im grünen Schmuck der Bäume, in der Pracht blumendurchwirkter Fluren. In solchen Bildern, mit denen sich seine Phantasie und sein Pinsel wetteifernd gerne beschäftigten und die er zu graziösen Idyllen im Geiste seiner Zeit zusammendichtete, erscheint er höchst anziehend; nur wo er nach Grazie hascht, was freilich beinahe so oft, als die Gleichförmigkeit in seinen Gesichtsbildungen wiederkehrt, wird er geziert und manirirt. Seine Vorliebe für Kindergestalten geht auch auf seine manierfreieren Kirchengemälde über, in denen liebliche Engelchen die Amoretten auf seinen mythologischen Darstellungen ersetzen müssen. Eine seiner anmuthigsten Compositionen ist das auf dem Kreuz schlafende Christuskind. — Albani's Bilder haben eine warme, blühende Färbung, zeigen eine weiche, zarte Behandlung und eine in allen Theilen durchgeführte Harmonie. Er gehört jedenfalls unter die tüchtigsten Künstler, die man zu den Eklektikern zählt. — Albani bildete zu Bologna und Rom verschiedene Schüler. Die vorzüglichsten waren: Giov. Batt. Mola, Pier. Franc. Mola, Carlo Cignani und Andrea Sacchi.

Die vielen Werke, die Albani schuf, sind theils in verschiedenen Kirchen Italiens zerstreut, theils in beinahe allen Gallerien und grösseren Privatsammlungen Europa's zu finden. So sieht man ausser den obengenannten: im Berliner Museum acht Bilder, Maria, Christus, die Heiligen Petrus, Johannes u. s. w. darstellend; in Bologna: viele Bilder in mehreren Kirchen, in einigen Palästen und eine treffliche Maria auf dem Throne in der Pinakothek; in der Gallerie zu Dresden: eilf Gemälde, worunter Venus, Diana, Galathea u. s. w. und einen Amorinentanz, der zu den besten Erzeugnissen des Meisters in diesem Genre gerechnet wird; in England: verschiedene Bilder in Burleighouse, Chiswick, Holkham, London; zu

Florenz: im Pal. Pitti und in der Gallerie der Ufficien eine Auferstehung Christi und eine heilige Familie, ferner Darstellungen der Venus, Europa u. s. w. und das selbst gemalte Porträt des Meisters; in Madrid: eine Toilette der Venus; in der Gallerie zu Mailand: einen Raub der Proserpina; in München: in der Pinakothek Venus und Adonis, Diana und Aktäon, und in der Leuchtenbergischen Gallerie eine sehr schöne Entführung der Europa; zu Paris: im Louvre 22 Bilder, worunter Liebesgeschichten der Venus und des Adonis (gest. v. Steph. Baudet), Apollo, Aktäon und andere mythologische Darstellungen, ferner acht Bilder aus der heil. Geschichte; in St. Petersburg: in der Eremitage, eine Taufe Christi; in Rom: ausser verschiedenen Gemälden in Kirchen, im Pal. Colonna eine Entführung der Europa; in Sanssouci: eine Toilette der Venus; in Turin: eine Wiederholung der „vier Elemente", Salmacis und Hermaphrodit; zu Wien: in der Lichtenstein'schen Sammlung eine Venus, Galathea u. s. w. — Auch ein höchst seltenes, aber mittelmässiges radirtes Blatt: Dido auf dem Scheiterhaufen darstellend, wird Albani zugeschrieben.

Im „Museo Fiorintino" befindet sich ein Stich nach seinem Selbstporträt in der Gallerie der Ufficien zu Florenz.

Literatur. Malvasia, Felsina Pittrice. Vite de' pittori Bologn. Bol. 1678. — Passeri. Vite de' pittori, scultori e architetti — Lanzi, Gesch. der Mal. in Italien. — Fiorillo, Gesch. der Mal. in Italien. — Kugler, Handb. der Gesch. der Mal.

Kupferwerke. Denkmäler der Kunst. Atlas zu Kuglers Handb. der Kunstgesch. Taf. 94, Fig. 4. Picturae Franc. Albani in aede Verospio. Rom 1704. — Landon, Vie et oeuvres des peintres les plus célèbres.

Albarelli, Jacopo, Maler und Bildhauer, in der Malerei ein Schüler des jüngern Palma, von dem man in Ognissanti zu Venedig ein Bild, die Taufe Christi vorstellend, und in S. Giovanni e Paolo ebendaselbst das marmorne Brustbild seines Meisters an dessen Grabmal sieht.

Albe Bacler d', siehe **Bacler d'Albe**.

Albert von Westphalen, siehe **Aldegrever**.

Alberti, eine berühmte Künstlerfamilie aus Borgo S. Sepolcro, von der in den Jahren 1500—1646 dreizehn Mitglieder in verschiedenen Kunstzweigen thätig waren. — Giovanni und Romano, Brüder, blühten um's J. 1520. — Durante und Cosimo, Söhne des Romano, von denen ersterer 1613, letzterer 1596 starb, waren Maler, Kupferstecher und Formschneider. — Von Pier Francesco, dem Sohne des Durante, geb. 1584, gest. 1638 ist ein gestochenes Blatt: die Akademie der Maler, erhalten. — Girolamo und Alberto, die Söhne des oben genannten Giovanni, waren zuerst Maler, dann widmete sich jener der Sculptur, dieser der Baukunst. Jener starb 1582, dieser 1598. — Girolamo hatte drei Söhne, Giorgio, der Maler und Kupferstecher war und 1597 sehr jung starb, Cesare, Maler und Architekt, der in Diensten des deutschen Kaisers starb und Francesco, Architekt, der 1646 starb. Der Sohn des Letzteren, Girolamo, ein Maler, starb sehr jung 1623. — Die Söhne des Alberto waren die nachbenannten Cherubino und Giovanni Alberti.

Alberti, Cherubino, gen. Borgheggiano, Maler und Kupferstecher, geb. zu San Sepolcro 1552, gest. zu Rom 1615, Sohn des erwähnten Alberto Alberti, bildete sich unter Agostino Carracci und Corn. Cort. in der Kupferstecherkunst aus. Die Zahl seiner durch ihre correkte und geschmackvolle Zeichnung bekannten Stiche, worunter vorzugsweise eine Auferstehung Christi und eine h. Familie nach Raphael, die lybische Sibylle und David, Prometheus mit dem Geier nach Michel Angelo, die Judith nach Aliori, der Raub der Sabinerinnen, die Erschaffung Adams, das Opfer Abrahams, der Tod der Kinder der Niobe nach Polidoro da Caravaggio zu nennen sein dürften, und wovon die nach dem letzteren Meister gestochenen Blätter desshalb von besonderem Interesse sind, weil die Originalien zum grössten Theil verdorben oder untergegangen sind, beläuft sich auf 175. Alberti war auch Frescomaler, wie man in der Hauptkirche seiner Vaterstadt und in S. Maria sopra Minerva in Rom sehen kann.

Literatur. „Museo fiorentino," woselbst auch sein Porträt zu finden. — Bartsch, Le peintre graveur.

Alberti, Giovanni, ein Bruder des obigen Cherubino, geb. 1558, hat sich in Rom, seiner Vaterstadt, und andern Städten Italiens als trefflicher Perspektivmaler einen Namen gemacht. Er starb 1601.

Alberti, Giuseppe d', geb. 1664 zu Cavalese, studirte anfänglich zu Padua die Medicin und widmete sich später der Baukunst und Malerei, in welch letzterer er sich unter Liberi und später in Rom ausbildete. Er ist der Erbauer der Crucifixkapelle im Dome zu Trient und der Maler des Bildes, die Marter des heiligen Kindes Simon von Trient, im Schlosse daselbst. Alberti bildete eine grosse Schule, aus der namhafte Tyroler Künstler hervorgingen.

Alberti, Johann Eugen Karl, geb. 1781 zu Paris, ein Schüler Davids, der durch seinen Marius (1805) und Popilius (1806), Bilder, von denen jedes den grossen Preis und eine goldne Medaille errang, bekannt geworden.

Alberti, Leo Battista, aus einer berühmten alten Familie 1398 zu Florenz geboren, in Kunst und Wissenschaft gleich ausgezeichnet, gehörte zu den bedeutendsten und begabtesten Männern, die je gelebt. Er war ein vortrefflicher Musiker und brachte es in der Tonkunst, ohne Lehrer, zu solcher Vollkommenheit, dass selbst Männer vom Fach sich Raths bei ihm erholten; ein nicht minder glänzendes Talent entfaltete er als Dichter, wie er durch eine lateinische Comödie, die wegen der Schönheit der Sprache für ein Werk des Alterthums gehalten und gedruckt wurde, und mehrere Lustspiele in italienischer Sprache bewies; von dem klassischen Alterthum hatte er eine so vollständige Kenntniss, dass selbst Gelehrte sich von ihm die alten Dichter, z. B. Virgil's Aeneis erklären liessen, und seinen vielseitig gebildeten Geist und tiefes Eindringen in Philosophie und Mathematik beurkunden seine noch vorhandenen wissenschaftlichen Abhandlungen in beiden Disciplinen. Ferner malte er Porträts und historische Bilder, erfand eine Art Camera optica, einen Guckkasten mit beweglichen Bildern, und eine treffliche Vorrichtung, das Modell in Punkte zu setzen; er schrieb drei für ihre Zeit ausgezeichnete Werke über die Architektur, Sculptur und Malerei und war überhaupt auf künstlerischem, wie auf wissenschaftlichem Gebiete gleich umfassend und folgenreich thätig, so dass er ebensowohl der Literatur- als der Kunstgeschichte beigezählt werden kann. Hauptsächlich aber war er ein gelehrter Baukünstler, der in seinen Werken die italienische Baukunst auf den Principien der antiken in der ganzen Eigenthümlichkeit ihrer Formen und deren Combinationen wiederherzustellen suchte und desshalb als Mitbegründer des modernen Baustyls betrachtet wird. Auf solche Art baute er in Florenz die beiden Paläste Rucellai, den Chor von S. Annunziata, die Façade von S. Maria novella, und sein Hauptwerk S. Francesco zu Rimini,* die erste Kirche Italiens, an welcher der germanische Styl gänzlich wieder verlassen und der der altrömischen Architektur auf die neuen Bedürfnisse angewandt erscheint; auch die Kirchen S. Andrea und S. Sebastiano zu Mantua wurden nach seinen Zeichnungen ausgeführt. Von Papst Nicolaus V. und Paul II. zu Entwürfen, Verbesserungen und Wiederherstellungen öffentlicher Gebäude nach Rom berufen, starb er daselbst 1472. Von seinen Schriften wurde sein Hauptwerk: „De re aedificatoria," welches das Resultat seiner gelehrten Studien und Theorien, so wie viele vortreffliche technische Unterweisungen enthält, zuerst 1485 gedruckt, und, 1546 zu Venedig, 1550 zu Florenz in's Italienische übersetzt, herausgegeben. Seine Abhandlung „De pictura," das erste Lehrgebäude, das über die Malerei erschien, wurde lateinisch 1540 zu Basel, italienisch 1547 zu Venedig und 1568 zu Florenz gedruckt. Sein Traktat „Della Statua" erschien mit den andern beiden Werken zusammengedruckt, von Bartoli herausgegeben zu Bologna 1782. Ausser diesen Werken sind noch eine Menge von Schriften von ihm bekannt; so z. B. drei Bücher „Opuscoli morali, ein ital. Dialog über Moral: „Theogenio" betitelt, ein Buch „Della famiglia", die philosophische Abhandlung „Quaestiones Camaldulenses," sein moralisches Traktat „Della tranquilita dell' animo" u. s. w. Das Verzeichniss sämmtlicher Schriften findet man in obiger Gesammtausgabe seiner drei Hauptwerke.

Literatur. Vasari, Leben der ausgez. Maler, Bildh. und Baumeister. — Muratori. Rerum italicarum scriptores. Mediol. 1723 — Kugler Handb. der Kunstgeschichte. — Guhl, Künstlerbriefe. Berlin 1853.

* Abgeb. in den Denkm. der Kunst. Atlas zu Kuglers Handb. d. Kunstgesch. Taf. 64, Fig. 1. Taf. 87, 1—4.

Albertinelli, Mariotto, geb. 1475 zu Florenz, zeigt in seiner Kunstrichtung viel Verwandtes mit der seines Freundes und Mitschülers bei Cosimo Roselli, des ausgezeichneten florentinischen Malers Fra Bartolommeo, mit dem er auch mehrere Gemälde gemeinsam ausführte. So sieht man im Berliner Museum eine Himmelfahrt der Maria, deren obere Hälfte von Fra Bartolommeo, die untere von Albertinelli gemalt ist, und im Campo Santo von S. Maria nuova zu Florenz noch Reste eines jüngsten Gerichts der beiden Künstler. Von selbstständigen Arbeiten Albertinelli's kennen wir ein Krucifix mit Engeln (mit der Jahrszahl 1506) in der Certosa zu Florenz, eine Madonna mit Heiligen, eine Dreieinigkeit und eine Verkündigung in der Akademie ebendaselbst, eine Maria mit dem Kinde und Heiligen im Louvre zu Paris, und eine Madonna mit dem h. Domenicus und der h. Catharina von Siena in S. Silvestro zu Rom. Das schönste Bild, das sein Pinsel hervorgebracht, ist übrigens die Heimsuchung Mariae, in der Gallerie der Ufficien zu Florenz (gestochen von Vinc. della Bruna in Venedig). Albertinelli starb 1520.

Die besten Werke dieses bedeutenden Meisters, besonders jene Heimsuchung, zeichnen sich durch Einfachheit und Grossartigkeit der Composition, treffliche Zeichnung und warmes kräftiges Colorit aus. Seine Gestalten, namentlich seine Frauengestalten, sind von entzückender Anmuth und von einem äusserst schönen und innigen Ausdruck beseelt; sie erinnern in der Auffassung an den edlen Styl der antiken Kunst und zeigen doch in der Behandlung alle die Gefühlswärme und den reinen Sinn der christlichen Malerei. — Albertinelli's Schüler waren Giuliano Buggiardini, Franciabigio, Innocenzio von Imola und Visino.

Literatur. Vasari, Leben der ausgez. Maler, Bildh. und Baumeister. — Lanzi, Geschichte der Malerei in Italien. — Fiorillo, Geschichte der Malerei in Italien. — Kugler, Handb. der Geschichte der Malerei.

Albertino, Fra, wird unter den Baumeistern der Kirche S. Maria Novella zu Florenz (beendigt 1357) genannt.

Alberto di Arnoldo, siehe **Arnoldo.**

Albertolli, Giocondo, Maler und Bildhauer, geb. im J. 1744 zu Lugano in der Schweiz, zeichnete sich besonders in der Ornamentik aus, der er einen ganz neuen Aufschwung verlieh, wie mehrere von ihm herausgegebenen Werke über diesen Kunstzweig und die seiner Zeit vielfach bewunderten Ornamenten am Simplonsbogen beweisen, die nach seinen Zeichnungen ausgeführt wurden. Er wurde zum Professor der Ornamentik an der Mailänder Akademie ernannt und Napoleon, der den Künstler vielfach hervorzog, schlug ihn 1809 zum Ritter der eisernen Krone. Albertolli starb 1839 im Alter von 95 Jahren. — Seine Gemälde, wie seine plastischen Arbeiten, sind nicht zahlreich, allein als Erfinder und Zeichner von Ornamenten hat er sich viele Verdienste erworben, indem er es war, der den Geschmack in diesem Kunstfache völlig regenerirte.

Alberty, Jakob, königl. preuss. Hof-Holzbildhauer, ein trefflicher Künstler in Statuen und Büsten, den die königl. Akademie zu Berlin in Anerkennung seiner Verdienste im J. 1841 zu ihrem akademischen Künstler ernannte und der König 1853 mit der grossen Medaille für Kunst und Wissenschaft beehrte.

Albina oder **Albini, Alessandro**, ein Schüler der Carracci, zeichnete sich besonders durch mehrere in Gemeinschaft mit seinen Lehrern und Mitschülern im Kloster S. Michele in Bosco zu Bologna gemalten trefflichen Bilder aus der Geschichte des heil. Benedicts und der heil. Cäcilia aus.

Albina, Giuseppe, gen. **Sozzo**, Maler, Bildhauer und Architekt, geb. zu Palermo, wo er auch 1661 starb, ein Schüler des Giuseppe Spatafora, erwarb sich durch seine Werke in seinem Vaterlande vielfachen Ruhm. — Sein Sohn Pietro, der sich der Malerei widmete und ein grosses Talent entfaltete, starb in der Blüthe der Jahre 1626.

Albodio, Macrino d', ein piemontesischer Maler, der zu Anfang des 16. Jahrhunderts blühte und von dem man in seiner Vaterstadt Alba und in Turin viele gute Kirchengemälde sieht.

Alboni, Paolo, ein Landschaftsmaler, der sich nach den niederländischen Meisterwerken bildete. Von seinen zahlreichen in Italien zerstreuten, auch in Deutschland anerkannten Bildern verwahrt der Palast Pepoli zu Bologna die besten. Seine späteren Werke zeigen einen andern Styl, da er, nachdem ihm ein Schlagfluss den rechten Arm gelähmt, fortan bis an sein Ende mit der linken Hand malte. Er starb 1734 in hohem Alter.

Albrecht, Balthasar Augustin, ein Schüler des N. G. Stuven, geb. im Bairischen 1687, bildete sich in Venedig und Rom, und wurde nach seiner Rückkehr kurbairischer Hofmaler, später Gallerieinspektor. Er starb 1765 in München. Mehrere Kirchen und Gallerien Baierns zeigen Bilder von ihm.

Albrier, Joseph, geb. 1791 zu Paris, Schüler von Regnault, bekannt durch mehrere mythologische Bilder und Darstellungen aus dem Leben Ludwig XIV, Friedrich des Grossen u. s. w.

Alcmaer, Zacharias van, wird als Schüler des Corn. Cornelissen genannt.

Aldegrever, Heinrich, auch **Albert von Westphalen** genannt, einer der besten unter den sogenannten kleinen Meistern, geb. 1502 zu Soest in Westphalen, bildete sich im Malen und Stechen unter Albr. Dürer zu einem von dessen tüchtigeren Schülern, und kehrte nach Beendigung seiner Nürnberger Studien in seine Vaterstadt zurück, woselbst er 1562 starb. Aldegrever suchte sich die Darstellungsweise seines Meisters anzueignen, brachte es aber, trotz manchem trefflich Gedachten und schön Gefühlten, nicht über die manirirte Nachahmung der Schwächen Dürer's hinaus. Seine Zeichnung ist streng, oft kühn und grossartig, die Ausführung sauber und äusserst fleissig, doch hin und wieder zu trocken, die Gewandung dagegen zeigt die Falten zu gerade, scharfgebrochen und knitterig. Sein vorzüglichstes Bild ist die Darstellung des jüngsten Gerichts im Museum zu Berlin. Andere bemerkenswerthe Gemälde von ihm sieht man zu Nürnberg: im Landauer Brüderhause, die drei Jünglinge im Feuerofen, zu München: in der Pinakothek, Scenen aus der Parabel vom barmherzigen Samariter und ein paar treffliche Porträts, zu Wien: in der k. k. Gallerie, die Beschneidung, den h. Lucas, dem die h. Jungfrau erscheint, die Vertreibung aus dem Paradiese und ein schönes Bildniss in der Lichtenstein'schen Gallerie. Auch werden ihm eine thronende Madonna in S. Severin zu Köln und vier Tafeln in der Sammlung des Herrn Essingh daselbst zugeschrieben. — Hauptsächlich beschäftigte sich Aldegrever mit dem Kupferstich, und Bartsch beschreibt 292 Blätter seiner Hand, die beinahe insgesammt den nämlichen Charakter wie seine Bilder tragen. Sie zeigen zwar eine gewandte effektvolle Behandlung, sind aber eben so wenig frei von Trockenheit, wie jene. Unter seine vorzüglichsten und gesuchtesten Blätter, die in Darstellungen der biblischen und Profangeschichte, Allegorien, Bildnissen, Verzierungen, auch einigen leichtfertigen Bildern bestehen, gehören: Herzog Wilhelm von Lüttich, der Wiedertäuferkönig Johann von Leyden, Bernh. Knipperdolling, Ph. Melanchton, Martin Luther, die Geschichte Susannens, sein eigenes Bildniss, Bacchanalien, die Thaten des Herkules, die Tugenden und Laster* u. s. w. u. s. w. 

Literatur. Sandrart, Deutsche Akad. der Bau-, Bild- und Malerkünste. — Fiorillo, Gesch. der zeichn. Künste in Deutschland. — Kugler, Handb. der Geschichte der Malerei. — Heinecken, Dictionnaire des artistes. — Bartsch, le Peintre-graveur. — Heller, Lexicon der vorz. Kupferstecher u. s. w.

Aldighiero da Zevio, geb. zu Verona, malte um 1376 in der Capella San. Felice in S. Antonio zu Padua die ersten 7 Bilder von den Fresken aus der Legende des heil. Jacobus, an denen man insbesondere das dramatische Leben und die ausdrucksvolle Composition in der Auffassungsart Giotto's, die kräftige Zeichnung und scharfe Charakteristik rühmt. Von den Bildern, die er nach Vasari im grossen Saal des Palastes der Herrn della Scala ausführte, hat sich nicht erhalten.

Aldrovandini, Mauro, aus der Schule Cignani's, starb als Dekorationsmaler am Hofe Königs August II. zu Dresden 1680.

Aldrovandini, Pompeo, Sohn des Vorigen, geb. zu Bologna 1666, übte die Dekorationsmalerei in Turin, Wien, Dresden und zuletzt in Rom, woselbst er 1739 starb.

* Abgebildet in den Denkmälern der Kunst. Atlas zu Kuglers Handb. d. Kunstgesch. Taf. 88 A, Fig. 7.

Aldrovandini, Tommaso, Schüler Cignani's, dessen Styl er bis zur Täuschung nachahmte, und Lehrer seines Vetters, des obigen Pompeo, geb. 1653 zu Bologna und gest. 1736 ebendaselbst, war einer der besten Wand- und Dekorationsmaler Italiens.

Alemagna, Giusto di, ein Deutscher von Geburt, der im J. 1451 zu Genua im Kloster von S. Maria in Castello eine lebensgrosse Verkündigung im Style der van Eyck'schen Schule malte. Die ihm zugeschriebene Verkündigung im Louvre zu Paris ist ganz in der italienischen Kunstweise ausgeführt.

Aleman, Jorge Fernandez, Bildhauer, ein Deutscher von Geburt, vollendete im J. 1526 mit seinem Bruder, dem Maler Alexeo Fernandez, den von dem Architekten und Bildhauer Maestro Dancart im J. 1482 an Kunst, Grösse und Pracht Alles überbietenden, in Holz geschnitzten und ganz vergoldeten Hochaltar des Chors der Kathedrale zu Sevilla.

Literatur. Passavant, Die christliche Kunst in Spanien.

Alen, Jan van, geb. 1651 zu Amsterdam, besass ein so ausgezeichnetes Talent für die Nachahmung aller Arten von Bildern, besonders der des berühmten Thiermalers Hondekoeter, dass er selbst die besten Kenner zu täuschen wusste. Er starb 1698.

Literatur. Immerzeel, De Levens en Werken der Holl. en Vlaam. Kunstschilders u. s. w. Amsterdam 1842.

Alesio, Mateo Perez de, geb. zu Rom, bildete sich unter Michel Angelo, begab sich aber später nach Spanien, wo er im J. 1585 im Auftrag des Kapitels der Kathedrale von Sevilla einen heil. Christoph kolossal in fresco an die Wand malte und denselben Gegenstand 1587 für die Parochialkirche S. Miguel wiederholte. Auch soll er daselbst das Oelgemälde über dem Hauptaltar in Santiago el viejo, ferner den h. Augustin für die Klosterkirche dieses Heiligen zu Lima, und mehrere andere leider nicht mehr existirende Bilder ausgeführt haben, an denen man insgesammt die Richtigkeit und den grandiosen Styl der Zeichnung bewunderte. Von Blättern, die er geätzt haben soll, ist nichts bekannt, dagegen existiren Kupferstiche nach Bildern von ihm, die Belagerung und Stürme der Türken auf Malta darstellend, die er in dem Palast des Grossmeisters der Malteser gemalt hat. Alesio starb 1600.

Literatur. Bermudez, Diccionario historico de los mas illustres professores de las bellas artes in España. — Fiorillo, Gesch. der zeichn. Künste in Spanien. — Heinecken, Dictionnaire des artistes.

Aleotti, Giov. Batt., gen. d'Argenta, geb. zu Ferrara, gest. 1630, ist der Erbauer des Teatro Farnese in der Akademia delle belle arti zu Parma.

Alessandrino, siehe **Magnasco**.

Alessi, Galeazzo, geb. 1500 zu Perugia und desshalb auch Perugino genannt, bildete sich in Rom unter Michel Angelo zu einem der berühmtesten Architekten seiner Zeit aus. Der vorzüglichste Schauplatz seiner Thätigkeit war Genua, woselbst er eine bedeutende Menge von Palästen, Villen und Kirchen baute, z. B. die Paläste Grimaldi, Brignola, Carego, Lecari, Giustiniani, Sauli* und andere, die vielgerühmte Kirche S. Maria da Carignano, auch die grossartigen Hafenanlagen errichten liess. Nach seinen sehr gesuchten Zeichnungen wurde ausserdem in Italien noch eine Menge namhafter Gebäude aufgeführt, so z. B. zu Mailand der Pal. Marino und die Kirchen S. Vittore und S. Maria preso di Celso, der Palast für den Herzog della Corgna, einer der grössten Paläste, die man kennt u. s. w. Alessi's Hauptverdienst als Architekt beruht hauptsächlich auf einer durch die glückliche Anordnung der innern Räume, grossartiger Treppenhallen, luftiger Vestibule, geräumiger Hofanlagen erreichten, eigenthümlich imponirenden, malerischen Wirkung. Er gehört unter die italienischen Baukünstler des 16. Jahrhunderts, welche mit Kraft und Energie, mit einer fruchtbaren, aber von weisem künstlerischem Maass gezügelten Phantasie die neu aufgenommenen Formen des Alterthums im Dienste eines neuen Geistes auf neue Weise zu einer in ihrer Art geschmackvollen Anwendung brachten. Alessi starb 1572.

Literatur. Quatremère de Quincy, Dictionnaire historique d'Architecture.

* Abgebildet in den Denkmälern der Kunst. Atlas zu Kuglers Handb. der Kunstgesch. Taf. 71, Fig. 9.

Alexandros und **Julio**, Schüler des Giovanni da Udine, führten in der Alhambra und sonst Arabesken in der Art der Raphael'schen Loggien aus.

Literatur. Bermudez, Diccionario historico de los mas illustres professores de las bellas artes in España.

Alexander, ein altgriechischer Maler, von dem sich mehrere in Pompeji ausgegrabene, in den Studj Publici in Neapel aufbewahrte Malereien erhalten haben.

Alfani, Domenico di Paris, geb. 1483 zu Urbino, ein Mitschüler Raphaels bei Perugino, malte in Perugia und in seiner Vaterstadt viele Bilder in der Weise seines Lehrers, doch ohne dessen Tiefe und Kraft der Farbe.

Alfani, Orazio di Domenico, Sohn des Obigen, geb. gegen 1510, gest. 1583, ein Nachahmer Raphaels, von dem sich eine höchst anmuthige und vollendete heilige Familie in der Tribune der Uffizien zu Florenz befindet. Im Louvre sieht man eine Vermählung der heil. Katharina von diesem Künstler mit der Jahrszahl 1548, die in den Köpfen die Nachahmung des A. del Sarto, in der Composition die des Raphael erkennen lässt.

Alfaro y Gamez, Don Juan de, geb. 1640, gest. 1680, ein Schüler von Velasquez, malte viele Kirchenbilder, die wegen ihres schönen Colorits geschätzt werden.

Alfieri, Benedetto, Graf, Baumeister am Hofe zu Turin, woselbst er das Theater und die Reitschule erbaute. Er führte auch die Façade von St. Peter in Genf aus.

Alfon, Juan, gebürtig aus Toledo, schmückte im J. 1418 eine Kapelle der Kathedrale daselbst mit Bildern.

Algardi, Alessandro, Bildhauer und Baumeister, geb. 1598 zu Bologna, bildete sich in der Schule des Ludovico Carracci, ging aber später nach Rom, wo er kleinere Statuen in Thon für Erzgiesser und Goldschmiede ausführte, bis er auf Domichino's Verwendung die Statuen des heil. Johannes und der heil. Magdalena für San Silvestro di Monte Cavallo bestellt bekam, durch deren gelungene Ausführung er sich rasch Ruf verschaffte. Er bildete sofort den heil. Filippo Neri für S. Maria in Vallicella, und eines seiner bewundertsten Werke den sogen. Schlafgott für die Villa Borghese in Rom. Auf dem Capitol zu Rom steht seine, ihm von dem römischen Senat bestellte Erzstatue des Papstes Innocenz X., wofür er vom Papst mit dem Christusorden beehrt wurde, und in der Peterskirche sein Grabmal Leo XI. Ebendaselbst sieht man in der Kapelle Madonna della Colonna sein grösstes und berühmtestes Werk, das er, um seinen Nebenbuhler Bernini, neben dem er sich trotz aller seiner vielfach bewunderten Werke dennoch nicht die rechte Geltung zu verschaffen wusste, zu überbieten, schuf, das kolossale Basrelief: Attila, der unter dem Beistand der Apostel Petrus und Paulus die Hunnen zum Rückzug nöthigt (gest. von Mitteli und Westerhout).* Von Algardi's übrigen Arbeiten trifft man zu Rom in S. Agnese Basreliefs aus der Geschichte der heil. Agnese; einige Denkmäler zu Piacenza und Perugia; in der Leuchtenberg'schen Gallerie eine Kindergruppe, in der Glyptothek zu München ein knieendes Christuskind; in Sanssouci Herkules als Kind u. s. w. — Auch als Baumeister war Algardi thätig, jedoch in unerfreulicher Weise, wie man an der nach seinen Zeichnungen ausgeführten Villa Pamfili zu Rom erkennt. Er starb 1654. — Algardi ist zwar in seinen Werken ganz in jener, alle Gesetze der Plastik auflösenden malerischen Behandlungsweise und dem affektirten Wesen seines berühmten Zeitgenossen Bernini befangen, aber er strebte im Ganzen doch nach einem tieferen Gehalt und charakteristischeren Ausdruck; namentlich erreicht er in seinen Kindergruppen eine wirkliche Naivität und zuweilen hohe Anmuth.

Aliamet, Jacques, geb. 1728 zu Abbeville, gest. zu Paris 1788, einer der besten Schüler des Kupferstecher's J. Ph. Le Bas, vervollkommnete den Gebrauch der trockenen Nadel und stach einige treffliche Blätter nach Berghem, Teniers, Wouverman u. s. w. Die Arbeiten seines Bruders François, der auch Kupferstecher war, stehen den seinigen nach.

Alibrando, Girolamo, gen. **Salvi di Antonio**, geb. 1470 zu Messina, bildete sich in der Malerei unter seinem Landsmann Antonello in Venedig, später in

* Abgebildet in den Denkmälern der Kunst. Atlas zu Kuglers Handb. der Kunstgesch. Taf. 92, Fig. 5.

Leonardo's Schule zu Mailand aus und kehrte 1514 nach Messina zurück. In der Kirche della Canderlo seiner Vaterstadt befindet sich ein Altarbild mit der Jahrszahl 1519, eine Darbringung im Tempel, ein Meisterstück an Anmuth und von glühendem Colorit. Seine anderen Werke sind unter verschiedenen Namen zerstreut, da Alibrando, ohne nachzubilden, seine Gemälde in verschiedenen Auffassungs- und Darstellungsweisen der grossen Meister jener Periode ausführte. Er starb 1524 an der Pest.

Aliense, Antonio, siehe **Vascibracci.**

Alighieri, Giovanni, einer der ältesten ferraresischen Künstler um's Jahr 1180, von dem die Miniaturen aus der Aeneide in einem Codex des Virgils bei den Carmelitern in Ferrara herrühren.

Aligny, Claude Felix Théodore Caruelle, geb. 1798 zu Chaumes, ein Schüler von Watelet und Regnault, bildete sich zu einem ausgezeichneten Landschaftsmaler im historischen Style, an dessen Bildern man die Grossartigkeit und Poesie der Auffassung, die reiche Phantasie in der Erfindung, die Wahrheit und Empfindung, und den meisterhaften Vortrag rühmt. Seine landschaftlichen Gemälde sind meistens durch historische Staffage belebt.

Alix, P. M., geb. 1752 zu Honfleurs, gest. 1809, ein Schüler von Le Bas, bekannt durch viele Bildnisse berühmter Männer, die er in Roulettenmanier stach.

Alkamenes, Erzgiesser, Bildhauer und Toreut, Schüler von Phidias, blühte um 432—398 v. Chr. Geb. Als Werke von ihm, welche die Bewunderung seiner Zeitgenossen waren, werden genannt: seine Aphrodite, welche im Wettstreit mit Agorakritos den Sieg davon trug, seine dreigestaltige Hekate Epipyrgidia am Eingang der Akropolis von Athen, seine kolossalen Marmorbilder der Athene und des Herkules im Tempel des Letzteren zu Theben, seinen Vulcan, seinen Mars, die Statue des Bacchus von Gold und Elfenbein im uralten Heiligthum des Gottes zu Athen, seinen Aeskulap im Tempel des Gottes zu Mantinea, und den Kampf der Lapithen und Centauren im Giebel des Zeustempel zu Olympia. Alkamenes war ein dem Phidias geistig nahe verwandter Künstler, der in den von ihm gebildeten Götterbildern das Höchste für die Ausbildung des Ideals derselben in der von seinem Lehrer gegründeten Richtung leistete. Schönheit mit Hoheit und Würde, Kraft mit Zartheit gepaart, rühmte man an seinen Werken. In der schönen Ludovisischen Statue des Mars zu Rom glaubt man das glückliche Nachbild seiner Statue dieses Gottes erkennen zu dürfen.

Literatur. Brunn, Geschichte der griech. Künstler.

Allais, Jean, Alexandre, geb. 1792, Schüler von Massard und Fosseyeux, ein sehr geschickter Kupferstecher, bekannt durch seine Stiche nach L. da Vinci, Van Dyck u. s. w.

Allan, William, geb. 1782 zu Edinburg, ein Mitschüler Wilkie's und Burnet's, erwarb sich durch seine Genredarstellungen, insbesondere nach Walter Scott's schottischen Erzählungen, z. B. den Mord des Erzbischofs Sharp, die Thronentsagung Maria Stuart's, den Morgen des St. Valentinstags u. s. w. einen geachteten Namen. Er wurde Präsident der schott. Akademie der Künste in Edinburg und starb 1850.

Allegri, Antonio, genannt **Correggio**, nimmt unter den grossen Meistern der höchsten Blüthezeit der Malerei des 16. Jahrhunderts in Italien eine der ersten Stellen ein; denn seine Werke, die Erzeugnisse einer neuen und ganz eigenthümlichen Kunstweise, bilden einen wesentlichen Bestandtheil jener, die grossartigsten und mannigfachsten Richtungen in sich vereinigenden Kunstepoche. Während aber die Thätigkeit seiner mitlebenden grossen Kunstgenossen eines Leonardo da Vinci, Raphael, Michelangelo, Titian, sich in ausgedehnteren und glänzenderen Bahnen entfaltete, im Verkehr mit hervorragenden Zeitgenossen zur allgemeinen Geltung und gleichzeitigen Würdigung der Welt gelangte, bewegte sich das reiche Talent Correggio's, ohne jede äussere angesehene Stellung, und, den grossen Interessen des öffentlichen Lebens fremd, in den stilleren heimlichen Kreisen enger, zum Theil beschränkter Verhältnisse. Gerade aber diese enger gezogene Sphäre seiner Wirksamkeit scheint zur Begründung und Ausbildung seines künstlerischen Charakters, zu jener stillen Heiterkeit und kindlichen Freude am Schönen, jener hinreissenden Innigkeit und Naivität mitgewirkt zu haben, und je weniger seine unerschöpfliche Berufsfreudigkeit durch äussere glänzende Lebensverhältnisse abgezogen wurde, um so entschiedener und herrlicher konnte die originelle Kraft seines Geistes sein Talent in seiner vollen Eigenthümlichkeit herausbilden.

Anfangs in seiner Auffassung noch dem kirchlichen Ernst und der hohen religiösen Begeisterung der Meister des 15. Jahrhunderts folgend, bildete er sich rasch in einer Frühreife der Entwicklung, in der er selbst Raphael übertrifft, eine seiner Subjectivität angemessenere, sie vollständig aussprechende Kunstweise aus. Diese beruhte auf einer ausserordentlichen Lebendigkeit der Empfindung, auf einer gesteigerten Erregtheit der Affekte, auf einer sinnlichgeistigen Gefühlsschwelgerei, welche in ihrer schwärmerischen Fröhlichkeit die Welt nur von ihrer heitern Seite auffasst und wo der Schmerz sich ihrer bemächtigt, zugleich den Sieg über denselben feiert. Es spricht sich darin ein ebenbürtig zur Reife gelangter Geist sinnlichen Entzückens, ein überquellendes Gefühl des Lebens und des Genussglücks aus. In allen seinen lebendigstbewegten Darstellungen gehören sie der christlichen oder der Profangeschichte an, schildert er überall das feurig pulsirende, in allen Fibern aufgeregte Leben, das Glück des Daseins mit allen seinen Episoden von Humor und Scherz, die vollsten Entzückungen der Menschenbrust, die Wonne und süsse Lust der irdischen, die beseligendste Inbrunst der himmlischen Liebe; er stellt die von Leidenschaften durchwühlte Seele dar, aber der Triumph göttlicher Heiterkeit und Schönheit schwebt als eine selige Beruhigung darüber, und besänftigt die Wogen der Empörung des tiefverwundeten Herzens.

Aus dieser Verschmelzung von Sinnenlust und geistiger Weihe, von lebhaftester Erregtheit der Affekte und Gefühlsseligkeit, gehen auch alle Eigenthümlichkeiten seiner Werke in Wahl und Behandlung des Stoffs, in Anordnung, Charakteristik, Ausdruck, Zeichnung, Beleuchtung und Colorit hervor. Da sein Geist, losgelöst von allem Hergebrachten, typisch Ueberlieferten, sich nur in dem vollen Reiz des Glücks schönmenschlicher Existenz gefiel, und daher das Erhabene im Angenehmen, höhere Schönheit und Würde in der Anmuth suchte, so war er mit seinem feinen Gefühl für die schönen Gemüthsbewegungen und den Ausdruck lebensfrischer, heiterer Sinnlichkeit vorzugsweise auf die Darstellung des Graziösen angewiesen, das er selbst im tiefsten Ernst und grössten Schmerz festhält. Eine einheitliche Grösse in der Anordnung entwickelt er selten und die dramatische Einheit in seinen Bildern besteht meistens nur im Zusammenklingen aller Empfindungen in einen Ton der Wonne oder des Schmerzes. In der Charakteristik geht er statt auf Grösse und Tiefe, auf Sanftheit und Milde, und im Ausdruck erscheint er oft bewundernswerth naiv, zuweilen, namentlich in seinen Darstellungen der Liebe in Freude oder Wehmuth, wunderbar lieblich und hinreissend reizend. Eine Entfaltung schöner Formen tritt in seinen Werken im Ganzen nur wenig hervor, die ungestüme Hast in der Beweglichkeit seiner Figuren steht damit im entschiedensten Widerspruch; nur in seinen jugendlichen oder Kinderköpfen, überhaupt in seinen Gesichtern erreicht er meistens eine entzückende Schönheit. Dagegen herrscht in seinen Werken ein anderes Element vor, das in vollster Uebereinstimmung mit den von seiner Subjectivität dictirten, und nach derselben darzustellenden Gegenständen stand, ja daraus hervorging, und das er mit vollster Freiheit zu unerreichter Vollkommenheit ausbildete. Correggio wusste nämlich Licht und Schatten in die kleinsten und feinsten Grade abzumessen, so dass er jenes bis zum Sonnenglanz steigern konnte, ohne zu blenden, diesen ohne farblos zu werden, zu gänzlicher farbiger Finsterniss, zum tiefsten Dunkel zu potenziren, beide aber im wechselvollen Spiele, unter weiser Benützung der Reflexe, zu jener geheimnissvollen tiefpoetischen Dämmerung des Helldunkels zu vermitteln im Stande war, welches jene wunderbare harmonische Ruhe über alle seine Werke ausgiesst. Mit gleicher Meisterschaft behandelte er die Farben, indem er ihre Verhältnisse unter einander und ihre Abstufungen so fein abwog und benützte, dass alle nebeneinander dem Auge ganz, kräftig und harmonisch erscheinen, während jede für sich gebrochen und gemildert ist. Er malte wie Giorgione mit pastosem Pinsel in grossen Zügen, verstand aber damit alle Zauber der feinsten Verschmelzung zu verbinden. Durch ein sehr lichtes Untermalen und öfteres Darübergehen, wusste er seine Färbung zu jener leuchtenden Kraft hinanzustimmen und ihr doch die hellste Klarheit zu bewahren. Daher ist er auch an Zartheit des Schmelzes, Heiterkeit, Schönheit und namentlich an magischer Harmonie des Colorits unübertroffen. In seinen Gemälden, bei deren Herstellung er weder Fleiss noch Material sparte, zeigt er überall die äusserste Vollendung, die Wahl der ausgezeichnetsten Stoffe, Kupfer, kostbare Tafeln, Leinwand, der feinsten Farben u. s. w., und eine ausgezeichnet sorgfältige Behandlung, worin er eigene technische Geheimnisse, die unter Anderem in einer Verschmelzung der Farben vermittelst der Sonnenwärme oder des Feuers bestanden, besessen haben soll. In seiner Zeichnung vermisst man den Adel und die Schönheit eines grossen Styls; er vermied darin die geraden Linien, Winkel und Ecken, wesshalb sich überall ein Durcheinanderwogen von convexen und concaven Linien bemerkbar macht. Sein Bestreben, seinen Formen eine reizende, überraschende Ansicht abzugewinnen, trieb ihn zu den Verkürzungen, die in der Regel entstellen, bei ihm aber den beabsichtigten Ausdruck verstärken; denn es ist nicht zu verkennen, dass er dadurch die wunderbarsten Wirkungen erzielte, die sich namentlich in seinen Deckengemälden aussprechen. In der Gewandung war er der erste, der sie in die Idee der Composition aufnahm; er sah dabei nicht sowohl auf die Wahrheit und Schönheit der Formen, denn er vermied auch hier eckige Brüche und spitzige Winkel, als auf ihre Wirkung durch die Gegensätze und die Reize harmonischer Zusammenstimmung.

So sind festliche Heiterkeit und exstatische Freude, daraus entspringende fröhliche Grazie und die Verklärung des irdischen Glücks, wie Schmerzes, die Poesie des Lichts und die Magie des Helldunkels, die Hauptprincipien, auf denen die von Correggio eingeschlagene Kunstrichtung beruht, und er erreichte darin auch eine Vollendung, die einen der bedeutendsten Höhepunkte der neuern Malerei bezeichnet. In dieser grossen Eigenthümlichkeit ist er jedoch nicht frei geblieben von einseitiger Uebertreibung, zu der sie ihn verführt hat; nicht nur hat er sich gar manchen Fehler gegen die Form zu Schulden kommen lassen, sondern sein Affekt ist nicht immer frei von Affektation, sein Ausdruck von süsslicher Manier, und seine Grazie, statt ihrer unbewusst zu bleiben, sucht sich zum Oefteren als solche anzukündigen, und, statt das Gemüth zu bezaubern, die Begierde des Besitzes zu erregen und schalkhaft damit zu kokettiren.

Antonio Allegri wurde im J. 1494 zu Correggio, einem Städtchen im Modenesischen geboren. Sein Vater, ein Kaufmann, hiess Pellegrino Allegri, mit dem Beinamen Domano, seine Mutter Bernardina Piazzoli, genannt degli Aromani; doch unterschrieb er sich meistens, wohl aus Scherz und Humor, Lieto, ein Wort, das mit dem Namen Allegri in soferne verwandt ist, als es, wie dieser, in's Deutsche übersetzt, heiter oder vergnügt bedeutet. Seinen ersten Unterricht in der Kunst erhielt er durch seinen Oheim Lorenzo Allegri und einen mittelmässigen Maler seiner Vaterstadt, Antonio Bartolotti (gest. 1527); später soll er ein Schüler des Francesco Bianchi Ferrari zu Modena gewesen sein, sich auch unter der Leitung seines Freundes, des modenesischen Bildhauers Begarelli der Bildhauerkunst gewidmet haben. Die Sage schreibt ihm daher die eigenhändige Ausführung der drei schönsten (allerdings in seinem Styl behandelten) Figuren einer Kreuzabnahme dieses Künstlers in terra cotta, für die Kirche S. Cecilia in Modena bestellt, (nun in S. Agostino) zu. In den wissenschaftlichen Fächern genoss er, nachdem sein Geist dafür herangereift war, die Unterweisung des berühmten Arztes und Professors Lombardi. Aus dieser ersten Zeit seiner frühentwickelten Künstlerschaft sollen einige Gemälde, eine Gefangennehmung Christi mit dem Jüngling, der fliehend den Mantel fallen lässt (derzeit in England befindlich), eine Madonna mit dem Kinde und Johannes, ferner ein Packpferd und ein Packesel mit ihren zwei Treibern, ein Bild, das Correggio als Wirthshausschild gemalt (in der Gemäldesammlung des Marquis von Stafford in Yorkhouse), herrühren. Der im Jahre 1511 in Correggio ausgebrochenen Pest zu entfliehen, begab sich Allegri nach Mantua, wo das Studium der Werke des Andrea Mantegna und Beispiel und Lehre seines Sohnes, des Francesco Mantegna, seine künstlerische Ausbildung mächtig förderten. 1513 wieder in seine Vaterstadt zurückgekehrt, malte er ein Altarbild mit vier lebensgrossen Figuren, Petrus, Margaretha, Magdalena und Antonius von Padua (gegenwärtig in der Sammlung des Lord Ashburton zu London), ein Bild noch ganz in der streng kirchlichen Weise des Meisters, und ein Bildniss (in der Dresdner Gallerie), das den Arzt des Künstlers, Dr. Grillenzoni, nach Pungileoni aber den bereits erwähnten Lombardi vorstellen soll. Aus dem J. 1514 datirt sich eines der herrlichsten Jugendwerke des Meisters, ein Altarbild, ursprünglich für das Franciskanerkloster zu Carpi um die Summe von 100 Dukaten in Gold oder Zecchinen gemalt, jetzt unter dem Namen des heil. Franciscus, auch wohl des heil. Antonius bekannt (in der Dresdner Gallerie), Madonna auf dem Throne, zur Linken Franciscus und Antonius von Padua, rechts Johannes der Täufer und die h. Katharina (gest. v. F. Lutz). Aus diesem Bilde, das in dem engen Gefält, wie in den Verkürzungen, den Einfluss des Andrea Mantegna, in der Anordnung, in den Köpfen und andern Theilen den des Bianchi Ferrari erkennen lässt, in der Malerei aber bereits eine grosse Weichheit und einen ausserordentlichen Schmelz entfaltet, strahlt noch ganz die schwärmerisch begeisterte Gefühlsweise der Meister des 15. Jahrhunderts, insbesondere, wie sie der, von den Werken Perugino's angeregte Francia nach der Lombardei verpflanzte, durch, allein sie gelangt darin aber auch in Correggio zum Abschluss. Werke einer weitern fortgeschrittenen Entwicklung sind: eine Ruhe auf der Flucht nach Aegypten, auf dem der heil. Joseph dem Kinde einen Palmzweig abbricht und der heil. Franciscus anbetend zur Seite kniet, vom Cavalier Murani für die Kapelle seiner Familie in der Kirche S. Francesco zu Correggio bestellt (jetzt in der Tribune der Ufficien zu Florenz), und das grosse Bild der Kreuztragung (in der Gallerie von Parma), in welchem Correggio die hohe Macht des Geistes über das Leiden, die über den höchsten Schmerz siegende Heiterkeit der Seele, mit ergreifender Wahrheit und unwiderstehlichem Reize darstellte. Im J. 1516 führte er für das Oratorium S. Maria seiner Vaterstadt einige Bilder, worunter einen Johannes, den Täufer, aus; auch soll er um dieselbe Zeit seinen Christus zwischen Engeln auf dem Himmelsbogen thronend und die Menschen zu den Freuden des Paradieses einladend (ein Bild, das man in der vaticanischen Gallerie zu besitzen glaubt, dessen Aechtheit jedoch bestritten wird), gemalt haben. Aus dem J. 1517 stammt das im Auftrag eines Melchior Fassi gemalte Bild einer heil. Martha, mit den h. Petrus, Leonhard und der Maria Magdalena. Dieses Bild soll er ausgeführt haben, nachdem er zuvor in S. Giovanni zu Bologna Raphael's h. Cäcilie (nunmehr in der dortigen Pinakothek) gesehen und vor demselben den bekannten Ausruf: „Anch'io son pittore" gethan; auch wird versichert, dass dasselbe in der Composition eine Aehnlichkeit mit jenem habe. Endlich entstand noch in demselben Jahre eine Pietà für die Kirche in Albinea.

Im Jahre 1518 wurde Correggio nach Parma berufen, um in dem Nonnenkloster S. Paolo im Auftrag der Aebtissin Donna Giovanna da Piacenza Wand und Decke des Refectoriums mit Gemälden zu schmücken. Er stellte darin jene bekannten, erst in neuerer Zeit wieder aufgedeckten Scenen aus der antiken Mythologie dar, die zu seinen schönsten Arbeiten gehören.* An der Hauptwand erblickt man die Diana, welche strahlend im Glanze vollkommenster Jugend, deren Reize eine leichte Bekleidung nur wenig verhüllt, auf einem von weissen Hindinnen gezogenen Wagen von der Jagd zurückkehrt; die Decke des Saals wölbt sich zur Laubgrotte mit 16 ovalen Oeffnungen, in welchen die anmuthsvollsten Gruppen reizender Genien im süssen, holden Spiele sich mit Attributen der Jagd beschäftigen, schäkern, einander liebkosen oder Früchte von den Rändern der Laube pflücken. Die darunter befindlichen 16 Lunetten sind grau in grau gemalt, und nach der Angabe des berühmten Gelehrten Giorgio Anselmi, der eine Tochter im Kloster hatte, mit andern mythischen

* Abgebildet in den Denkmälern der Kunst. Atlas zu Kuglers Handb. d. Kunstgesch. Taf. 75, Fig. 8—10.

Vorstellungen, den Grazien, der Fortuna, den Parzen u. s. w. ausgefüllt (gest. von Rosaspina, v. Toschi, die Dekorationen colorirt herausgeg. v. Gruner). Die Auswahl dieser für ein Nonnenkloster gewiss seltsam erscheinenden Bilder wird aus dem Umstande erklärlich, dass die Nonnen in Italien damals in grosser Freiheit, ohne Clausur, und die Aebtissinnen unabhängig vom Bischof und oft in fürstlicher Pracht lebten. 1524 wurden jedoch die Nonnen von S. Paolo zur Wiedereinführung der Clausur genöthigt, und jene Werke Correggio's blieben bis gegen Ende des vorigen Jahrh. dem Auge der Welt verborgen. — In diesen Gemälden liegt der Ursprung jenes unerschöpflichen, auf's Mannigfachste variirten Themas von Bildern, in denen Correggio die Schönheit und Zartheit weiblicher Körperformen und das Entzücken sinnlicher Lust, in die Zauber seines Helldunkels gehüllt, dieses Lichts in geheimnissvoller Dämmerung, zum Gegenstand der Darstellung macht.

Im Herbste des Jahres 1519 kehrte er nach vollendeter Arbeit, und nachdem er noch eine kleine Kuppel im Kloster S. Giovanni mit einem Freskogemälde, den heil. Benedikt, der in einer Glorie von Engeln zum Himmel schwebt, darstellend, geschmückt, wieder nach Correggio zurück, malte hier eine Madonna, die das Kind säugt, das nach den ihm von einem Engel dargereichten Früchten greift (gest. v. J. Spierre), in der Esterhazy'schen Gallerie zu Wien, verzierte das Gewölbe einer Nische der Abtei von Torchiara mit einer gemalten Laube, deren Früchte von den anmuthigsten Kindergestalten, ähnlich denen im Refectorium von S. Paolo zu Parma, geplündert werden, führte ferner eine Madonna mit dem Kinde und den Protektoren der Stadt Parma, welche später in den Besitz des Fürsten Melzi kam, eine Madonna mit dem Kinde und der heil. Magdalena und heil. Lucia, und den Wettstreit zwischen dem Apollo und Marsyas mit den Folgen desselben (gestochen v. G. Sanuto im J. 1562), eine Tafel, die ursprünglich als Deckel eines Claviers gedient hatte, jetzt als Gemälde in dem Palazzo del Duca Litta in Mailand aufgestellt ist, und eine das göttliche Kind anbetende Madonna (in der Tribune der Uffizien zu Florenz), ein Bild von äusserst poetischer Wirkung des Lichts und des Helldunkels, aus. (Oefters wiederholt und copirt, gestochen v. Delignon). In demselben Jahre noch verheirathete er seine Schwester Katharina, steuerte sie mit einem ziemlich bedeutenden Kapital aus und machte ihr das herrliche Bild: die Vermählung der heil. Katharina, zum Geschenk. Correggio hat diesen Gegenstand, in dem er so recht seine Eigenthümlichkeit auf die liebenswürdigste Weise ausprägen konnte, oftmals wiederholt. Das vorzüglichste Bild dieser Art, zur Zeit des Vasari im Besitz des Dr. Grillenzoni, eines Freundes von Correggio, später in dem des Cardinals Mazarin und nach dessen Tod an das Kabinet des Königs von Frankreich verkauft, ist im Louvre zu Paris (gest. v. Etienne Picard). Wiederholungen davon finden sich (etwas verändert) in den Studj zu Neapel (gest. v. Felsing), in der Eremitage zu S. Petersburg (für Madonna Matilde d'Este gemalt mit der Jahrsz. 1517), eine dritte war noch im J. 1853 auf dem Monte di Pietà zu Rom dem Verkauf ausgestellt. Dieses Gemälde, auf dem das auf dem Schoosse der Maria sitzende Christuskind, einer Vision zufolge, sich in Gegenwart des heil. Sebastian mit der heil. Katharina durch den Ring vermählt, theilt dem Beschauer nicht jene vom Gegenstand des Gott sich weihenden jungfräulichen Herzens gebotene, und von einer reinen, geistigen Auffassung und analogen Behandlung zu erwartende, höhere, geläuterte Stimmung mit, aber Correggio wusste auf andere Weise, durch das darin in vollendetster Zartheit und Anmuth der Ausführung und in wunderbarer Harmonie der Farben zur Darstellung gebrachte, geistig erregte, wonnevollste Sinnenleben gewaltig zu ergreifen. Derselben Zeit wird sein Christus am Oelberg zugeschrieben. Früher im Besitze der Könige von Spanien, nach der Schlacht von Vittoria in die Sammlung des Herzogs von Wellington zu London übergegangen (gestochen von Volpato, nach einer Zeichnung von Raph. Mengs). Eine Copie davon, früher für das Original gehalten, aus der Angerstein'schen Sammlung, befindet sich in der Nationalgallerie zu London, eine andere in der Eremitage zu Petersburg (gest. v. Moitte und v. B. Corti). In diesem Bilde sieht man das Ringen im äussersten Seelenschmerz, zugleich mit der ehrerbietigsten Ergebung in den göttlichen Willen in der Gestalt des Erlösers, das innigste Mitleid, wunderbar fein mit der höchsten Verehrung gepaart, in der Figur des Engels, auf die tiefste, edelste und poetischste Weise und in der geistreichsten Vollendung, Tiefe und Gluth der Farbe ausgedrückt. Die Beleuchtung geht von der Gestalt des Erlösers aus, der mit dem über ihm schwebenden Engel in hellem Glanze erscheint, während die schlafenden Jünger, so wie die mit Judas herannahende Schaar ganz in Dunkel gehüllt sind, über das im Hintergrund allmählig die Morgendämmerung hereinzubrechen beginnt. Im nämlichen Jahre soll Correggio auch noch: Christus, der Maria Magdalena im Garten erscheinend, ein sog. Noli me tangere, gemalt haben, eine Darstellung voll Feinheit des Ausdrucks und von wunderbar harmonischer Haltung (früher im Besitz des Card. Aldobrandini, dann an den March. Ludovisi, und zuletzt nach Spanien verkauft, wo es sich noch jetzt im Museum zu Madrid befindet).

Im Jahre 1520 verehlichte sich Correggio mit seiner 15jährigen Mitbürgerin, der Signora Girolama Merlini. Gleich darnach malte er die unter dem Namen la Zingarella (die Zigeunerin, von dem Bund, den sie auf dem Kopf trägt, so benannt), bekannte, auf der Flucht rastende Maria mit dem Kinde, in welcher die Züge seiner Frau erkennbar sein sollen. Das schönste Exemplar dieses oft wiederholten* und copirten Bildes (eine Copie davon im Städel'schen Institut zu Frankfurt a. M.), von ausserordentlicher Schönheit in der Anordnung von Licht und Schatten, von feinstem und innigstem Ausdruck befindet sich in den Studj zu Neapel (gest. von Ravenet). Ein anderes Bild, mit dem er sich um diese Zeit beschäftigte, war die unter dem Namen „Vierge au panier" bekannte heil. Familie, welche aus der Karthause von Pavia in die königl. Sammlung von Madrid und von da nach England kam, wo sie von der Nationalgallerie um die Summe von 3800 Pfund Sterling erworben wurde. Maria sitzt in einer Landschaft, das lebhaft bewegte Christkind, das sie anzuziehen im Begriff steht, auf ihrem Schoosse, im Hintergrund der mit Zimmermannsarbeit beschäftigte Joseph, ein kleines, überaus liebliches und wunderbar zart ausgeführtes Gemälde mit dem Ausdruck der seligsten, unschuldigsten Lust in dem äusserst schönen Köpfchen des Kindes und der höchsten Freude an dessen frischen ausgelassenen Lebensäusserungen im Gesichte der Maria. (Eine Copie davon in der Bridgewatergallerie zu London.) Im Sommer desselben Jahrs ging Allegri in Begleitung seiner Frau nach Parma und malte daselbst mehrere Bilder. Zuerst in der Kirche S. Annunziata eine Verkündigung als Fresco, von der noch Reste vorhanden sind, welche die herrliche Composition bewundern lassen. Es erscheint darin der beide Hände erhebende Engel in Wolken gehüllt, in denen reizende Kinderengel schweben, deren einer die Lilie hält, während Maria, hingegossen knieend, mit einem fast magdalenhaften Ausdruck die Linke auf die Brust drückt. Das ganze Bild wird durch die Glorie des auf die heil. Jungfrau niederfliessenden heil. Geistes beleuchtet. Ferner ein anderes Frescobild, eine Madonna mit dem Kinde, das den Arm um ihren Hals schlingt und zum Beschauer herausblickt, in einem Zimmer der Porta Romana, an das im J. 1554 aus Rücksicht für das bedeutende Kunstwerk die kleine Kirche della Scala angebaut wurde, woher das Bild den Namen Madonna della Scala erhielt. Im J. 1812 wurde das Kirchlein zerstört und das Bild, das die glücklichste Mischung von Majestät und milder Anmuth, Erhabenheit und Zartheit athmet, in die Akademie der Künste daselbst gebracht, wo es sich noch befindet. Endlich führte er für den Marchese Prati einen Ecce Homo aus (gestochen von Agost. Carracci im J. 1587). Dieses Bild, von einem Erben des ersten Bestellers, Marcello Prati, im J. 1680 verkauft, dann lange im Besitz des Hauses Colonna zu Rom, hierauf in den des Königs Murat übergegangen, und von dessen Wittwe an den Marquis von Londonderry veräussert, befindet sich jetzt in der Nationalgallerie zu London, die auch eine Copie desselben von Lodovico Carracci besitzt. Es stellt den dornengekrönten und dem Volke zur Schau ausgestellten göttlichen Erlöser in lebensgrossen halben Figuren dar, und versetzt den Beschauer durch den darin mit aller Macht des Ausdrucks und der Schönheit der Formen dargestellten Sieg der Seele über den höchsten Schmerz

* Abgebildet in den Denkmälern der Kunst. Atlas zu Kuglers Handb. der Kunstgesch. Taf. 75, Fig. 6.

in eine zugleich Erquickung und Trost gewährende Gemüthsbewegung. Auch die Composition ist hier auf der Höhe des Gegenstandes gehalten. Christus hat etwas überaus Grandioses in Antlitz und Haltung; die Zeichnung selbst ist strenger und edler als in den meisten Bildern des Meisters, die Ausführung höchst gediegen und die Färbung von seltener Kraft, Tiefe und Sättigung. — Am 6. Juli des Jahres 1520 schloss Correggio mit den Benediktinermönchen des Klosters S. Giovanni zu Parma einen Vertrag über die ihm übertragene Ausmalung der Kuppel der Kirche S. Giovanni ab, hatte auch nach vollendeten Vorarbeiten schon mit den Malereien begonnen, als ein Krieg in Parma ausbrach, der ihn wieder zurück nach Correggio trieb. Mittlerweile entstanden hier zwei seiner herrlichsten Bilder aus der antiken Mythologie. Das eine ist Jupiter und Antiope (ursprünglich wahrscheinlich für Friedrich Gonzaga II., nachherigen Herzog von Mantua, gemalt, und mit der ganzen mantuanischen Sammlung in den Besitz Carl I. von England und von da in das Kabinet des Königs Ludwig XIV. von Frankreich gekommen, gegenwärtig im Louvre zu Paris). Jupiter, in der Gestalt eines jugendlichen Fauns, belauscht, indem er ihr das Gewand emporhebt, die in verführerischer Lage hingestreckte schlafende Antiope, zu deren Füssen Amor auf der Löwenhaut schläft, ein Bild, das zwar in der Composition nicht besonders gelungen ist, auch in Beziehung auf Zeichnung zu volle und derbe Formen zeigt, aber an weichem Schmelz der Färbung und an Feinheit der Abstufungen des Helldunkels vielleicht das Vollkommenste ist, was Correggio gemalt. Das andere stellt die Erziehung des Amor durch Venus und Merkur *, die Figuren in zweidritttheil Lebensgrösse, dar. (Dieses Bild, wahrscheinlich ebenfalls für Gonzaga gemalt, kam mit der mantuanischen Sammlung in die Gallerie Karl I. von England, wanderte aber bei der Versteigerung der letzteren nach Spanien und zierte dort die Sammlung der Herzoge von Alba, bis es aus dieser in die Hände des Friedensfürsten gelangte, denen es Murat während der französischen Invasion zu entreissen wusste. Nach dem Tode des Letzteren verkaufte es dessen Wittwe an den Marquis von Londonderry, aus dessen Besitz es in die Nationalgallerie nach London überging, woselbst es sich noch befindet.) Venus steht aufrecht auf einen Baumstamm gestützt und deutet, den schalkhaften Blick gegen den Beschauer gerichtet, auf den kleinen Amor, der in kindlicher Naivität bemüht ist, ein Blatt zu lesen, das ihm der am Boden sitzende Merkur vorhält. Man bewundert in diesem herrlichen Gemälde, namentlich in der Gestalt der Venus, das feinste Ebenmaass der Glieder, die graziösesten Schwingungen der Linien und eine in blühendster und klarster Färbung vollendete Abrundung. Im Jahre 1521 wurde Correggio durch die Geburt eines Sohnes beglückt, und im Jahre 1522 finden wir ihn wieder in Parma beschäftigt, die Kuppel von S. Giovanni Evangelista und die Malereien der Altartribüne zu vollenden. In jener stellte er die Himmelfahrt Christi inmitten der zwölf Apostel dar, die auf Wolken sitzend, und mit einem Gefolge von Engeln, ihm, in Erstaunen und Anbetung versunken, nachblicken. In den vier Pendentifs die vier Evangelisten mit den vier Kirchenvätern.** In diesem Werke (prachtvoll gestochen v. Toschi) entfaltete Correggio eine ausserordentliche Grossartigkeit in der Anordnung des Ganzen wie im Einzelnen, und eine erstaunliche Kunst in den hier von ihm zuerst im grösseren Maassstabe angewandten Verkürzungen der Gestalten; über das Ganze aber ist eine entzückende, sinnlich festliche Heiterkeit ausgegossen. Zur Meisterschaft in der Behandlung dieser Verkürzungen soll er, angeregt durch ein ähnliches Verfahren auf ebenen Flächen des Melozzo di Forli in der alten Apostelkirche zu Rom, — wodurch zugleich die Streitfrage, ob Correggio Rom gesehen, bejahend entschieden wäre — dadurch gelangt sein, dass er sich alle Figuren in ihrer Zusammenstellung im architektonischen Rahmen vorher habe modelliren lassen, durch deren gründliches Studium, im von unten angenommenen Augenpunkte, er dann die Täuschung so vollkommen zu Stand gebracht. Die Altartribüne schmückte er mit dem Bilde einer Krönung der Maria nebst verschiedenen Heiligen und Engeln. Im Jahre 1584 musste

* Abgebildet in den Denkmälern der Kunst. Atlas zu Kuglers Handb. der Kunstgesch. Taf. 75, Fig. 7.
** Ebendaselbst. Taf. 75, Fig. 4.

die Letztere jedoch, wegen nothwendiger Erweiterung des Raumes, eingerissen werden, man rettete aber das Hauptstück des Wandbildes, indem man die Gestalten des Christus und der Maria von der Mauer sägte und über einer Thür der k. Bibliothek zu Parma, wo das Gemälde sich noch jetzt befindet, anbrachte. In dieser bewundernswürdigen Gruppe findet man die ganze Zartheit und Tiefe von Correggio's Empfindungsweise. Es waltet in derselben ein hinreissendes Gefühl zärtlicher und inniger Liebe, zugleich mit einer wunderbaren Anmuth ausgedrückt. Auch noch mehrere Engelsköpfe, die in den Besitz der Familie Rondani kamen, wurden gerettet; überdiess ist uns der wesentlichste Theil des Ganzen in Copien von der Hand des Annib. Carracci (gegenwärtig im Museum zu Neapel) erhalten. Die jetzt noch an der Chorwand befindlichen Malereien sind Copien nach Correggio von Aretusi. Für diese sämmtlichen Arbeiten, die im J. 1524 beendigt waren, erhielt Correggio, wie aus den Klosterbüchern hervorgeht, im Ganzen 272 Dukaten in Gold und 56 Lire Nachzahlung für einige nachher noch gefertigte Malereien an einer Brüstungsmauer im Chor.

Nach Vollendung der Malereien in S. Giovanni malte er in einer Lunette über dem Kapitel al fresco die höchst anmuthige Gestalt des Evangelisten Johannes (gest. v. Rosaspina) und für die von Don Placido del Bono gegründete Kapelle derselben Kirche zwei grosse Oelbilder: die Kreuzabnahme (gest. v. Vanni) — den Leichnam Christi, von den drei Frauen und Johannes beklagt — und das Martyrium der h. h. Placidus und Flavia (gest. v. Rosaspina), beide nunmehr in der Gallerie zu Parma. Den Inhalt des ersteren Gemäldes bildet die Schilderung der heftigsten Seelenschmerzen, aber in ihrer poetischen Verklärung durch die Schönheit der Darstellung, durch die Grazie des Ausdrucks der in ein Gefühl concentrirten Empfindungen, wodurch es zugleich so tief ergreifend und wiederum so wunderbar beruhigend wirkt. Das zweite Bild, ein Gegenstück des ersteren, zeigt eine schöne, einfache Anordnung und ausdrucksvolle Gestalten. Im Jahre 1525 malte Correggio für die Brüderschaft von S. Sebastiano zu Modena den sogenannten heil. Sebastian — Maria mit dem Kinde auf Wolken thronend und von einem Kranze von Kinderengeln umgeben, unten die h. h. Sebastian, Geminianus und Rochus (gest. v. Kilian, v. Lefèbre). Dieses Bild (in der Dresdner Gallerie) gehört in Beziehung auf die selige Heiterkeit der Conception, auf Anmuth, besonders in den Engeln, und Schönheit, namentlich in der Gestalt des h. Sebastian, auf wunderbaren Effekt der Beleuchtung und Glanz und Tiefe der Farbe unter die herrlichsten Bilder des Meisters. Von den Gemälden, die er im J. 1526 ausführte, ist die für die Kirche S. Sepolcro in Parma, unter dem Namen Madonna della Scodella bekannte heilige Familie (copirt von Agost. Carracci und andern, gestochen v. Fr. Brizio, später von Ravenet, Toschi u. a.), jetzt in der Gallerie zu Parma, eines der gerühmtesten. Diese Ruhe auf der Flucht nach Aegypten, die den Namen von der Schale führt, welche Maria in der Hand hält, während Joseph Datteln vom Baume pflückt und dem göttlichen Kinde reicht, hat in der Composition etwas Verwandtes mit der bereits erwähnten in der Tribune der Uffizien zu Florenz, ist aber in der Darstellung bedeutend durchgebildeter, vollendeter und schöner.

In demselben Jahre legte Correggio Hand an eines seiner umfassendsten Werke, in welchem sich seine eigenthümliche Richtung in ihrer vollständigsten Freiheit entwickelte. Seine herrlichen Kuppel- und Wandbilder in S. Giovanni hatten nämlich schon längst in den Bauvorstehern des Doms von Parma den Wunsch erregt, auch diese Kirche mit Gemälden von des Meisters Hand geschmückt zu sehen, und dieselben hatten desshalb auch bereits am 3. Nov. 1522 einen Vertrag mit ihm über sämmtliche Malereien des Chors und der Kuppel sammt Bögen und Pfeilern (im Ganzen einen Raum von gegen 150 Quadratruthen einnehmend) für die Summe von 1000 Dukaten in Gold und 100 Dukaten Gold in Blättern zur Verzierung abgeschlossen. Nachdem er nun die nöthigen Vorarbeiten, von denen noch mehrere Skizzen, Cartons u. s. w. (mit Kohle oder Rothstift gezeichnet) zerstreut vorhanden sein sollen, vollendet, begann er jetzt die Malereien in der Kuppel, erhielt auch am 29. Sept. 1526 die erste Abschlagszahlung mit 76 Ducaten. Während er aber mit diesen grossartigen Arbeiten beschäftigt war, fuhr er ebenso eifrigst mit der Ausführung von Staffeleigemälden fort. So malte er im J. 1527 eines seiner Hauptmeisterwerke, den heil. Hieronymus,* auch „der Tag" genannt (jetzt in der Gallerie zu Parma). Madonna mit dem Kinde, zur Linken Hieronymus und ein Engel neben ihm, der dem Christuskinde eine Stelle in dem geöffneten Buche des Heiligen zeigt; zur Rechten Magdalena, knieend und den Fuss des Kindes küssend, neben ihr ebenfalls ein Engel (gest. v. Agost. Caracci, Rob. Strange, Mauro Gandolfi, von Ravenet u. A.). In diesem Gemälde, das Correggio für die Donna Briseide Colla, Wittwe der Ottaviano Bergonzi zu Parma, um die Summe von 400 Lire (100 Lire = 20 Dukaten), 2 Wagen Reissbündel, einige Scheffel Weizen und ein Schwein ausführte, und mit welchem die fromme Dame die Kapelle ihrer Familie in der Kirche S. Antonio daselbst schmückte, entfaltet der in sich zur vollendetsten Harmonie gekommene Genius des Meisters all den Zauber seiner Farben- und Lichtverklärung. Wie von ätherischem Licht umflossen erscheinen die Gestalten in einem durch die gesteigertste Empfindung erhöhten Lebenszustande und in einer bis an ihre äussersten Grenzen verfolgten Grazie und Anmuth. (Von diesem Bilde existiren die meisten alten, zum Theil trefflichen Copien, eine von Lod. Caracci in der Bridgewater-Gallerie zu London, eine andere von Baroccio im Pal. Pitti zu Florenz.) Im folgenden Jahre wurde des Künstlers Geburtsstadt von Hungersnoth, Krieg und Pest schwer heimgesucht. Da gedachte Correggio einer schon im Jahr 1522, auf einer Erholungsreise von seinen Arbeiten in S. Giovanni nach der Heimath, in Reggio schriftlich eingegangenen Verpflichtung, wornach er einem Alberto Pratonero daselbst ein Oelgemälde, die Geburt Christi darstellend, für die Summe von 208 Lire (etwa 245 fl. rhein.) auszuführen sich anheischig gemacht hatte. Sein Gemüth, abgestossen von der trübseligen Aussenwelt, wandte sich daher mit um so ungetheilterer Gefühlswärme seiner Arbeit zu, und so entstand sein weltberühmt gewordenes Bild, die sogenannte heilige Nacht, in der Dresdner Gallerie (gest. v. Lefèbre). In diesem Gemälde geht, der alten Legende zufolge, das Licht von dem göttlichen Kinde aus, bestrahlt zunächst die Mutter, die es hält, und blendet fast die Hirten, die von seinem hellen Scheine herbeigelockt kamen, während die in der Höhe schwebenden Engel davon gleichsam nur angehaucht erscheinen. Im Hintergrunde beschäftigt sich Joseph mit dem Esel, in der Ferne zeigen sich noch andere Hirten mit ihren Heerden, während am Horizont der Morgen anbricht. Der Hauptvorzug in diesem Bilde besteht in der Poesie der Lichtwirkung. Das Kind erscheint wie in Licht getaucht, das Antlitz der Mutter von blendendem Glanze übergossen, in den mannigfachsten Abstufungen webt und spielt das Licht bis in die dunkelsten Stellen, so dass überall noch die Farben, die wunderbar harmonisch zusammenstimmen, durchwirken. Dabei waltet in jeder Gestalt ein frisches Gefühl des Lebens, das sich in der anmuthigsten Erscheinung kundgibt. Kleinere Darstellungen der Nacht in ähnlicher Weise behandelt, und Correggio zugeschrieben, findet man an verschiedenen Orten. Ein vorzügliches Bild dieser Art, als „Schule des Correggio" bezeichnet und neuerdings dem Rondani zugeschrieben, besitzt das Museum in Berlin. — Unbeirrt durch die Schrecken eines im Herzen Italiens wüthenden Krieges, beschäftigte er sich ruhig mit diesem und andern Werken. Da traf ihn im Jahr 1529 ein harter Schlag: er verlor zu Parma seine innigst geliebte Gattin durch den Tod. Sich nun über diesen traurigen Verlust zu trösten, arbeitete er, bezeichnend für seine ganze Individualität, jetzt nur mit um so emsigerem Fleisse, mit um so seligerem Behagen an den Gemälden der Kuppel des Doms fort (gest. von Toschi).** Er stellte darin die Himmelfahrt der Maria dar, wie sie von Engeln in jauchzendem Triumphe emporgetragen wird, wie Christus in leuchtendem Strahlenglanze voll göttlicher Wonne der Mutter entgegenstürzt, wie die Apostel in seliger Herzensfreude der emporschwebenden Madonna nachschauen, wie Chöre von Genien in festlicher Heiterkeit Kandelaber anzünden oder das Rauchfass schwingen, und wie, während dies in der Höhe vorgeht, unten die Schutzheiligen von Parma, von Engeln begleitet, auf Wolken sitzen und mitein-

* Abgebildet in den Denkmälern der Kunst. Atlas zu Kuglers Handb. der Kunstgesch. Taf. 75, Fig. 2.
** Ebendaselbst. Taf. 75, Fig. 5.

stimmen in den unendlichen Jubel himmlischen Entzückens dieser unermesslichen Schaar von Heiligen, Seligen und Engeln. Aufgelöst scheint der ganze architektonische Raum, oder vielmehr über alle Grenzen der Architektur hinaus erweitert; die Kuppel ist erfüllt von einem ungeheuren Heere der erhabensten und lieblichsten Gestalten, die alle durch diese lichterfüllten Wogen von Licht und Glanz schweben, so dass das Auge in den offenen Himmel zu schauen wähnt. Im November des Jahrs 1530 erhielt er die zweite Rate von 175 Dukaten für diese Malereien, worauf er Parma verliess und sich wieder nach Correggio begab, wo er sich ein Landgut kaufte und ein zurückgezogenes, idyllisches Leben führte. Während dieser Zeit soll er sich mit der Ausführung des vom Adler in die Lüfte entführten Ganymeds (in der k. k. Gallerie zu Wien) beschäftigt haben, dieser durch die lieblichste Anmuth ausgezeichneten Gestalt, die stark an eine der Engelsfiguren der erwähnten Kuppelgemälde erinnert. Mit der Rückkehr der guten Jahrszeit im J. 1531 machte er sich wieder an seine Arbeit im Dome zu Parma, eine ihn überfallende Krankheit nöthigte ihn jedoch bald wieder zur Heimkehr; auch war er zur Ausführung der ihm weiter übertragenen und von ihm contraktlich übernommenen Malereien in der Tribune nicht mehr zu bewegen, da sein zartes Gemüth durch das rauhe Benehmen der Domherren verletzt worden war, so dass er für seine sämmtlichen dortigen Malereien von dem vertragsmässig festgesetzten Lohne im Ganzen nur die, für die Grösse und Bedeutung der daselbst vollendeten Malereien sehr geringe Summe von 350 Golddukaten erhielt. — In demselben Jahre noch berief ihn die Brüderschaft von San Pietro Martire nach Modena, ihr für ihre neu erbaute Kirche ein Altargemälde zu malen. Correggio führte den Auftrag aus, und wir bewundern in seiner Arbeit wiederum eines der gefeiertsten Werke des Meisters. Es ist dies der sogenannte heilige Georg, der später in die Gallerie d'Este, von da in die des Königs von Polen gelangte und sich jetzt in der Dresdner Gallerie befindet. (Es existiren aber davon noch einige Wiederholungen von Correggio selbst und mehrere Copieen.) Man erblickt darauf die Madonna auf dem Throne vor einer offenen Architektur, Georg und Petrus Martyr, Johannes den Täufer und Geminianus zu ihren Seiten; im Vordergrunde Kinderengel, die mit den Waffen des heil. Georg spielen. Ueber dieses Bild ist die lichteste Tageshelle ausgegossen, das Antliz der Maria verklärt die süsseste, gnadenvollste Milde, in dem Märtyrer Petrus spricht sich die begeistertste Inbrunst und Hingebung aus.

Aber nicht allein das Gemüth durch religiöse Darstellungen anzuregen und zu erheben, abwechselnd auch das Auge durch die Reize schöner Formen in der rückhaltslosesten Hingabe an den Genuss der Sinne zu ergötzen, schuf er jetzt wieder eine Reihenfolge von Bildern, in denen er, wie dort die Wonne der Andacht, die schwärmerische Ekstase des religiösen Gefühls, so hier die Schauer des Entzückens der Liebeslust mit einer Vollendung zeichnete, die vielleicht nur von der vollkommenen Reinheit und Naivität, in der sie zur Erscheinung kommt, übertroffen wird. So malte er für Friedrich II. von Mantua, zu einem Geschenk an Karl V., der ihn vom Marchese zum Herzog erhoben hatte, bei dessen im J. 1530 gefeierten Krönung zu Bologna eine Danae (jetzt in der Gallerie Borghese zu Rom) und eine Leda. Danae liegt halb aufgerichtet auf prachtvollem Ruhebett, Amor, eine äusserst reizende Gestalt, sitzt ihr zu Füssen und fängt den goldenen Regen in ihren Gewändern auf. Vor dem Bette stehen Amorinen, die in anmuthigster Naivität beschäftigt sind, ihre Pfeile zu spitzen und auf einem Probirstein zu prüfen. — Leda sitzt unter einem Baume am Ufer eines schattenreichen See's mit dem Schwan im Schoosse, zur Linken badende Gespielinnen, zur Rechten musicirende Liebesgötter. Um dieselbe Zeit entstand ferner, ausser mehreren anderen erotischen Gemälden aus der antiken Mythe oder Wiederholungen bereits ausgeführter, für verschiedene Edelleute der Lombardei bestellt, die vom Jupiter in einer Wolke umarmte Jo (gest. v. Bartolozzi, lith. v. Jentzen). Alle drei Bilder, ausgezeichnet durch die überaus schöne Darstellung der süssesten Wonnen der Liebe, durch die höchste Macht des Ausdrucks und feinste Grazie der Bewegung, durch die grösste Zartheit der Behandlung und die Anmuth des Colorits, befanden sich früher in der Sammlung der Königin von Schweden und kamen später nach mehrfachem

Wechsel des Besitzes in die berühmte Gallerie des Herzogs von Orleans zu Paris, dessen Sohn wegen des darin aufs Höchste gesteigerten Ausdrucks der Wollust die Köpfe der Jo und Leda aus dem Bilde schneiden und verbrennen liess. Der erstere wurde von Proudhon, der letztere von Schlesinger wieder sehr schön ergänzt. Die beiden letzteren Bilder, von König Friedrich II. von Preussen nach ihrer vandalischen Verstümmlung erkauft, befinden sich im Museum zu Berlin. In der k. k. Gallerie zu Wien sieht man eine vorzügliche Wiederholung der Jo vom Meister selbst, eine Wiederholung der Hauptgruppe der Leda in kleineren Dimensionen im Palast Rospigliosi zu Rom, eine andere im Palast Colonna zu Rom.* Auch andere Wiederholungen aller drei Bilder, zum Theil mit Veränderungen, werden erwähnt. Weitere Bilder, die er für Gonzaga gemalt haben soll, sind die mit Wasserfarben ausgeführten Allegorien: der Mensch unter der Herrschaft der Laster und der Triumph der Tugend (in der königl. Sammlung der Handzeichnungen zu Paris); ferner die vom Ruhm gekrönte Tugend (unvollendet gebliebenes Oelbild) in der Gallerie Doria Pamfili zu Rom. Im Jahr 1532 befand sich Correggio wieder in seiner Vaterstadt und malte hier, nachdem er zuvor in Mantua denselben Gegenstand für Friedrich Gonzaga von Tizian ausgeführt, gesehen, die heilige Magdalena, jenes überaus reizvolle Bildchen in der Dresdner Gallerie, eines der grössten Meisterwerke in Bezug auf Wirkung der Beleuchtung, auf Feinheit der Abstufungen des Helldunkels und der Harmonie aller Tinten in der Färbung, von dem eine eigenhändige Wiederholung in der Sammlung des Lords Ward zu London und viele Copien von Albani, den Carracci u. A. existiren (gest. v. Longhi, J. Humphreys, Rahl, Knolle). Die Herren von Correggio sollen dieses Bild gekauft und damit Karl V., der im December desselben Jahrs ihr Gast war, ein Geschenk gemacht haben. Auch soll Correggio, einer alten Chronik zufolge, für die letzteren Herren, die ihren grossen Gast in würdigen Gelassen zu beherbergen den Wunsch gehegt, die Gewölbe und Lunetten einiger Zimmer ihres Palastes mit Darstellungen aus der Mythologie und den Fabeln der Alten geschmückt, die damalige kriegerische Zeit aber mit ihren Zerstörungen im Gefolge dieselben schon bald nach ihrer Entstehung wieder vernichtet haben. Im Jahre 1533 bestellte Dr. Alberto Panciroli bei Correggio ein grosses Bild für einen Altar seiner Familienkapelle in S. Agostino, der Meister konnte dasselbe aber nicht mehr vollenden, denn ein rasch sich entwickelndes organisches Leiden machte seinem Leben, das er nur auf 40 Jahre und einige Monate brachte, ein Ende. Er starb am 5. März 1534 zu Correggio und wurde in der Kirche S. Francesco unter dem Porticus daselbst begraben. Seine Eltern überlebten ihn beide. Sein Sohn Pomponio folgte des Vaters Fussstapfen als Maler; von seinen drei Töchtern waren zwei jung gestorben, die dritte, Letizia, überlebte ihn.

Wenn Correggio auch für seine künstlerischen Erzeugnisse nicht so belohnt wurde, wie seine grossen Zeitgenossen Michelangelo, Raphael, Tizian, so waren die Preise, die er für sie erhielt, für Städte mittlerer Grösse wenigstens nicht unbedeutend, so dass er, obgleich er natürlich durch dieselben nicht reich wurde, doch einst seiner Schwester eine Aussteuer von hundert Dukaten in Gold mitgeben konnte und nach seinem Tode ausser mehreren Grundstücken und Häussern noch ein hübsches Vermögen hinterliess. Weniger günstig gegen jene war er aber in der Anerkennung seiner Werke und Verdienste gestellt; denn wenn ihn auch die Mönche von S. Giovanni dadurch auszuzeichnen meinten, dass sie ihn zum Mitglied ihrer Genossenschaft ernannten, so hat er doch bei Lebzeiten nie eine, seinen eminenten Leistungen angemessene Auszeichnung und Würdigung genossen, und es ist daher um so bezeichnender für seinen Charakter, dass er sich ohne solche zu immer höherem Aufschwung anspornenden Ermunterungen stets auf derselben Höhe der Empfindung zu erhalten wusste und mit jener unbefangensten Freiheit des Geistes darzustellen vermochte, die sich in allen seinen Werken beurkundet.

Von allen den angeblichen Bildnissen Correggio's, die sich da und dort zerstreut finden und öfters gestochen wurden, ist, der von Gambara neben die Hauptthüre des

* Abgebildet in den Denkmälern der Kunst. Atlas zu Kuglers Handb. der Kunstgesch. Taf. 75, Fig. 6.

Doms von Parma gemalten, für Allegri's Porträt ausgegebenen Kopf eines Greises in weissem Gewand, mit inbegriffen, nicht ein einziges als ächt erwiesen.

Correggio hatte verschiedene Schüler und Nachfolger, die mit mehr oder weniger Glück in seinem Style zu malen versuchten. Die bedeutendsten waren: sein Sohn Pomponio Allegri, Francesco Mazzuoli, gen. il Parmigianino, Franc. Maria Rondani, Michelangelo Anselmi, Bernardino Gatti, Giorgio Gandini, Lelio Orsi von Novellara, Francesco Capelli, Antonio Bernieri, Giov. Giarola, Daniello de Por, Girolamo da Carpi u. s. w.

Von weiteren Bildern Correggio's, deren Aechtheit äusserst schwierig zu bestimmen ist, da unzählige und zum Theil ganz vortreffliche Copien von seinen Schülern, den Caracci und deren Schülern, von Girol. da Carpi, Cristof. Allori existiren, dürfen ausser den bereits aufgezählten, nicht zu gedenken der vielen ihm ohne gültige Begründung zugeschriebenen, folgende noch anzuführen sein: ein Johannes in der Wüste im Besitz des Herrn Medicinalrath Prof. Kilian in Bonn; die h. h. Petrus, Margaretha, Magdalena, Raimund in einer Landschaft, und eine Ruhe in Aegypten mit den h. Bartholomäus und Johannes zu Correggio; ein Christuskopf und eine Madonna im Palast Pitti, eine Enthauptung des Täufers Johannes in der Tribune zu Florenz; eine Himmelfahrt der Maria im Palast Brignole zu Genua; eine Nymphe in der Bildergallerie zu Gotha; das Porträt eines Bildhauers im Schlosse Hamptoncourt, Johannes der Täufer in Windsorcastle bei London, woselbst sich auch früher (wie aus dem von Waagen und Passavant a. a. O. mitgetheilten Verzeichnisse hervorgeht) in den Sammlungen der Könige Karl I. und Jacob II. ein Johannes der Täufer, sitzend, Maria Magdalena, stehend, ein Hirtentanz mit Landschaft, Maria mit dem Kinde, Johannes und Jacobus, Maria und Engel, dabei ein weisses Kaninchen, Lucretia sich durchbohrend, Amor schlafend, Amor auf einen Bogen gelehnt, St. Cäcilie und zwei Brüder auf einer Schüssel gemalt, befanden; Maria mit dem Kinde, auf Fürbitte der h. h. Jacobus und Hieronymus dem anrufenden Donator in einer Glorie erscheinend, ein Ecce homo, Brustbild des h. Petrus, Amor in einem Papier lesend, in der Pinakothek zu München; eine Krönung Mariae, ein Johannes, Madonna mit dem Kinde, ein h. Benedictus, eine Kreuzabnahme, Hagar in der Wüste, in den Studj zu Neapel; ein Ecce homo in der Gallerie der Universität zu Palermo; Maria mit dem Kinde, welchem der kleine Johannes das Kreuz reicht (Skizze zum h. Hieronymus in Parma), der sich casteiende Hieronymus, ehemals in der alten königl. Sammlung in Paris aufgestellt; eine Madonna im Kloster Sacra Speco bei Subiaco; Maria mit dem Kinde und zwei weiblichen Heiligen bei Th. Baring zu Stratton (England); das Schweisstuch der h. Veronica in der k. Gemäldesammlung zu Turin; Christus treibt die Käufer und Verkäufer aus dem Tempel, und Christus mit dem Kreuz und der Dornenkrone in der k. k. Gallerie zu Wien. — Von Skizzen und Studien finden sich noch: eine Oelskizze zu einem der Engel auf dem h. Sebastian (in der Dresdner Gallerie) beim Grafen Shrewsbury zu Alton Tower (England), Fragmente von den Fresken Correggio in Parma bei Lord Ward in London; Studie zu einem der Amorinen auf der Danae (in der Villa Borghese) in der Sammlung der Universität zu Tübingen. An Zeichnungen besitzen der Herzog v. Devonshire zu Chatsworth: Entwürfe von Kindern; das Städel'sche Institut zu Frankfurt a. M.: einen Entwurf zu dem h. Sebastian (in Dresden); das britische Museum zu London: Handzeichnungen von Kindergruppen, einer Vermählung der h. Katharina, eines Johannes, das Lamm umarmend, und der k. neue Palast ebendaselbst: Handzeichnung einer Venus mit Amorinen, des Jupiters und der Antiope, einer h. Familie, einer Pietà und eines St. Georg; auch wurden die vor einiger Zeit in Parma zum Vorschein gekommenen Cartons zu den Fresken in S. Giovanni nach England verkauft.

Literatur. Pungileoni, Memorie istoriche di Antonio Allegri, detto il Correggio (woselbst ein Verzeichniss von mehr denn 150 Schriftstellern, die über Correggio geschrieben). Parma 1817. — Ratti, Notizie storiche sincere intorno la vita ed opere di Antonio Allegri da Correggio, Finale 1781. — Mengs, Memorie concernenti la vita e lo opere di Ant. Allegri, denominato il Correggio (in seinen „Opere di Ant. Raf. Mengs). — Tiraboschi, Notizie degli artifici Modenesi. Modena 1786. — Vasari, Leben der ausgez. Maler, Bildhauer und Baumeister. — Lanzi, Geschichte der Malerei in Italien. — Fiorillo, Geschichte der Malerei in Italien (woselbst auch die ältere Literatur). — Füssli, Nachtrag zum allgem.

Künstlerlexikon. 1824. — Kugler, Handbuch der Geschichte der Malerei. — Kugler, Handbuch der Kunstgeschichte. — Waagen, Kunstwerke und Künstler in England. — Waagen, Kunstwerke und Künstler in Paris. — Passavant, Kunstreise durch England und Belgien. — Förster, Briefe über Malerei. — Guhl, Künstlerbriefe. — Platner u. Bunsen, Beschreibung der Stadt Rom. — Speth, die Kunst in Italien. — Förster, Handb. für Reisende in Italien. — Hirt, Kunstbemerkungen auf einer Reise von Dresden nach Prag.

Kupferwerke. Pitture di Ant. Allegri, detto il Correggio, esistenti in Parma nel monisterio S. Paolo. Parma 1800. — Seroux d'Agincourt, Histoire de l'art par les monuments. — Landon, Vie et oeuvres des peintres les plus célèbres. — Vanni, die Kuppelgemälde im Dome zu Parma. 1642. — Denkmäler der Kunst. Atlas zu Kuglers Kunstgeschichte. — Heinecken, Dictionnaire des artistes, noch mehr aber Pungileoni a. a. O. bringen Verzeichnisse sämmtlicher nach ihm gestochenen Blätter (letzteres bis zum Jahre 1816).

Allegri, Lorenzo, aus Correggio, der Oheim des Antonio, soll diesem den ersten Unterricht in der Kunst ertheilt haben. Er war schon lange vor der Geburt des Letzteren als Maler thätig, es hat sich aber nichts von seinen Bildern erhalten. Nur in Urkunden findet man, dass er für die Kirchen seiner Vaterstadt und der Umgegend Gemälde geliefert, auch einen Palast daselbst mit Scenen aus den Metamorphosen des Ovid ausgemalt haben soll. Er starb 1527.

Allegri, Pomponio, der Sohn des Antonio, geb. 1521, erhielt seinen ersten Unterricht von seinem Vater und wurde nach dessen frühzeitigem Tode von einem von dessen älteren Schülern, wahrscheinlich von Rondani, weiter gebildet. In seinen Bildern erscheint er übrigens durchaus nicht als Nachahmer seines Vaters; sein Colorit ist wahr, seine Zeichnung einfach, edel und doch dabei anmuthig. Von seinen Werken ist nur wenig auf uns gekommen. Er schmückte um 1546 eine Kapelle in S. Quirino zu Correggio mit Fresken, die im vorigen Jahrhundert übertüncht wurden. Dagegen hat sich von den Malereien, die er von 1560—62 im Dom zu Parma ausführte, u. A. eine Darstellung des Moses, welchem Jehovah die Gesetzestafeln übergibt, erhalten. Auch in der Akademie zu Parma sieht man noch ein Bild von ihm, eine heilige Familie, von trefflicher Zeichnung und geschmackvoller Behandlung. Pomponio scheint in Wohlhabenheit und Ansehen bis 1590 gelebt zu haben.

Allegrini, Francesco, geb. 1587, gest. 1663, ein Schüler des Cesare d'Arpino, führte zu Gubbio, Savona, Genua und Rom viele grössere Wandmalereien in der Manier seines Lehrers aus. Seine Oelgemälde, die nicht selten sind, verdienen jedoch grösseren Ruhm. Er hatte einen Sohn Flaminio, der ebenfalls Maler war.

Allegrini, Francesco, aus Florenz, in der 2. Hälfte des vorigen Jahrh. thätig, stach sehr viele Bildnisse berühmter Personen.

Literatur. Heinecken, Dictionnaire des artistes. Verz. der von ihm gest. Blätter.

Allio, Matteo und **Tommaso**, geschickte Bildhauer, von denen man sehr bemerkenswerthe (um 1667 ausgeführte) Sculpturarbeiten voll Anmuth, Geist und Natur in der Kirche S. Antonio zu Padua sieht.

Allori, Alessandro, geb. zu Florenz 1535, Neffe und Schüler des Angiolo Bronzino, dessen Namen er auch bisweilen annahm, ein begabter aber ganz in der Richtung des Zeitgeschmacks der Nachahmung des Michel Angelo befangener, jedoch in seinen feinen und fleissig ausgeführten Bildnissen sehr tüchtiger Künstler. Von seinen Gemälden, deren er eine grosse Anzahl für Kirchen und Fürsten in Italien und Frankreich ausführte, sieht man zu Florenz in S. Maria Nuova: eine Maria in trono; in S. Croce: eine Kreuzabnahme; in der Academia delle belle arti: ein Abendmahl, eine Pietà, eine Verkündigung, Bildniss einer Dame aus dem Hause Medicis, die Copie eines Theils des jüngsten Gerichts von Michel Angelo, und das Opfer Abraham's mit der Jahrszahl 1601; in der Gallerie der Ufficien sein Selbstporträt; im Besitz des Herrn Th. Hope in London Venus und Cupido. — Allori beschäftigte sich viel mit Anatomie, über die er eine Abhandlung zum Gebrauche für Maler schrieb.

Literatur. Vasari, Leben der ausgezeichnetsten Maler, Bildh. und Architekten. — Lanzi, Geschichte der Malerei in Italien. — Museo Fiorentino, woselbst auch sein Porträt im Stich.

Allori, Cristofano, geb. 1577, war ein Sohn und Schüler des Vorigen, kehrte aber der Schule seines Vaters mit ihrem matten und melancholischen Colorit den Rücken und wandte sich der des Cigoli mit ihrer schönen warmen Färbung und der Anmuth in den Körperbildungen zu. Indem er diesem neuen Geschmack mit allem Eifer huldigte, bildete er sich jedoch zu einer ihn über alle seine, in der herrschenden eklektischen

Richtung befangenen künstlerischen Zeitgenossen erhebenden Selbstständigkeit aus, die in seinen besten Werken eine edle und schöne Originalität entfaltet, wie er z. B. in dem grossartigen und tiefpoetischen Bilde der Judith (gest. v. M. Gandolfi) in der Gallerie Pitti zu Florenz,* dem vollendetsten Gemälde, das sein Pinsel hervorgebracht, beweist. Es wird erzählt, der Künstler habe in dem Haupt des Holofernes sein eigenes Porträt, in dem der Judith das seiner stolzen, ihn zurückweisenden Geliebten dargestellt. Derselbe geistvolle Schwung geht durch die meisten seiner andern Bildern, die Wiederholungen der Judith in der k. k. Gallerie zu Wien, und in der Gallerie der Uffizien zu Florenz, seine heil. Cäcilia bei Herrn Wells in London, seine Isabella von Arragonien, ein treffliches historisches Gemälde im Louvre zu Paris, sowie durch seine Porträts in der Gallerie der Uffizien, z. B. das des Julianus Medicis, Herzogs von Nemour; ja selbst seine mehr um des Gelderwerbs willen gemachten vielen Porträts, z. B. die berühmter Personen für die von Cristofano Altissimo begonnene Sammlung des Grossherzogs Ferdinand I. und andere, die er häufig in kleinen Dimensionen ausführte, werden gerühmt. Ebenso widmete er sich der Landschaftsmalerei mit gleichem Talent und Glück, auch soll er mehrere Werke Correggio's, namentlich seine Magdalena, auf's Täuschendste copirt haben. Aus Allori's Bildern spricht ein poetischer, lebendiger Geist; sie zeichnen sich durch Energie der Handlung, Wahrheit des Ausdrucks, warmes und kräftiges Colorit, treffliche Haltung und fleissige Ausführung aus. Ausschweifungen in der Liebe brachten ihn in seinem 44. Jahre um sein Leben. Er starb 1621.

Literatur. Lanzi, Gesch. der bild. Künste in Italien. — Fiorillo, Gesch. der zeichn. Künste in Italien. — Kugler Handb. der Gesch. der Malerei. — Museo fiorentino, woselbst auch sein Porträt im Stich. —

Allstoɸn, Washington, einer der bedeutendsten nordamerikanischen Maler, bildete sich in Reynolds' Schule und trat 1805 in Rom mit einer Vision Jakobs auf, welche ihm einen Ruf erwarb, den er durch seine nachfolgenden Gemälde: Uriel, den Propheten Jeremias, Samuel's Schatten vor Saul u. s. w. noch erhöhte. Man rühmt an seinen Gemälden gründliches Studium der alten Meister, richtige Zeichnung, harmonische Färbung, sorgfältige und zarte Ausführung.

Almeloveen, Jan, Landschaftsmaler und Kupferstecher, geb. 1614 und noch um 1660 thätig, ätzte nach H. Saftleven, dessen Arbeiten er täuschend nachahmte. Die nach seinen eigenen Zeichnungen verfertigten Blätter sind mittelmässig.

Literatur. Bartsch, Le peintre graveur.

Aloisi, Baldassare, siehe **Galanino.**

Aloisius lebte zur Zeit Theodorichs, Königs der Ostgothen, der ihn mit der Leitung seiner Neubauten, sowie mit der Wiederherstellung der alten Bäder und Wasserleitungen von Rom beauftragte.

Altdorfer, Albrecht, Maler, Kupferstecher und Formschneider, einer der bedeutendsten und eigenthümlichsten Nachfolger des Albrecht Dürer, der die Kunstweise des Letzteren gründlich studirte, sich aber eigens und selbstständig ausbildete, ist 1488 zu Altdorf bei Landshuth geboren, liess sich 1511 in Regensburg nieder, wurde in der Folge Mitglied des innern Raths, später Stadtbaumeister und starb daselbst 1538. In Altdorfer's Werken kommt die phantastische Romantik der Zeit in einer poesiereichen Liebenswürdigkeit und märchenhaften Anmuth, zugleich in der ganzen Fülle und dem Reiz wundersamer landschaftlicher Naturumgebung zur Erscheinung. Sie entfalten einen grossen Reichthum der Phantasie, vielen schalkhaften Humor und reges dramatisches Leben in der Composition, eine scharfe Charakteristik, Wahrheit des Ausdrucks, eine effektvolle Färbung und Haltung und gründliche Ausführung. Namentlich aber übertrifft Altdorfer, als einer der ältesten deutschen Landschaftsmaler, die gleichzeitigen Niederländer Patenier u. A. in seinen landschaftlichen Darstellungen an Wahrheit und Grossartigkeit. Sein Hauptwerk ist das grosse figurenreiche Bild in der Münchener Pinakothek: der Sieg Alexander des Grossen über Darius. An dasselbe schliessen sich an: eine Madonna mit dem Kinde

* Abgebildet in den Denkmälern der Kunst. Atlas zu Kuglers Handb. der Kunstgesch. Taf. 5, Fig. 88.

und die Grabeshöhle Christi auf einer Tafel, sowie die Geschichte der Susanna ebendaselbst. Weitere bekannte Bilder dieses vielseitigen, in seinen vielen Werken freilich oft sehr ungleichen Meisters, sieht man zu Augsburg: in der Gallerie, einen Altar, dessen Vorderseite Christus am Kreuz, die Rückseite die Verkündigung darstellt (mit der Jahrszahl 1516), und eine Geburt der Maria aus der späteren, bereits unter dem Einfluss der italienischen Kunst stehenden Zeit des Meisters; zu Berlin, im Museum, zwei Bilder, den heil. Franciscus und heil. Hieronymus darstellend, mit der Jahrszahl 1507; zu Nürnberg, in der Moritzkapelle: Leute, den Leichnam des heil. Quirinus aus dem Wasser zu ziehen beschäftigt, von grosser Tiefe der Farbe, den heil. Hieronymus und andere; in der Sammlung des Landauer Brüderhauses: die Kreuzigung Christi mit der Jahrsz. 1506, ganz vom Geiste Dürer's durchdrungen; in Regensburg in der Sammlung des historischen Vereins: eine Anbetung der Hirten nebst Verkündigung, acht Flügelbilder aus der Legende des heil. Wolfgang; bei Herrn Kränner: einen todten Christus, eine Darstellung im Tempel, und eine Landschaft (mit der Jahrszahl 1507); in Wien: in der k. k. Gallerie eine Geburt Christi, ein magisch beleuchtetes Nachtstück; in der Lichtenstein'schen Gallerie eine schöne Madonna mit Engel (vom Jahre 1511).

Altdorfer's Kupferstiche stehen seinen Gemälden an Zartheit und Anmuth nicht nach. Bartsch verzeichnet von ihm 96 Kupferstiche und 63 Holzschnitte. Sie bestehen in Gegenständen aus der heil. Schrift, Legende, Mythologie und römischen Geschichte, in Landschaften, Porträts, worunter sein eigenes, in Blättern nach Goldschmiedearbeiten u. s. w. Sie sind klein und der Künstler wird daher auch unter die sogenannten „kleinen Meister“ gezählt. Zu den vorzüglichsten seiner Kupferstiche gehören: eine Madonna (in Zinn gestochen), die Judenschule, Adam und Eva, Venus und Cupido, zwei „vom Teufel“ versuchte Einsiedler, Apollo und Venus u. s. w.; zu seinen besten Holzschnitten: die schöne Maria zu Regensburg, der Sündenfall und die Erlösung in 40 Blättern, die im Jahr 1604 unter dem Titel: „Alberti Dureri Noriberg. German. Icones sacrae, nunc primum e tenebris in lucem editae.“ (also dem Dürer fälschlich zugeschrieben) wiedergedruckt und herausgegeben worden sind.

Literatur. Fiorillo, Gesch. der zeichn. Künste in Deutschland. — Kugler, Handb. der Gesch. der Mal. — Waagen, Kunstwerke und Künstler in Deutschland. — Heinecken, Dictionnaire des artistes. — Bartsch, le peintre graveur.

Altissimo, Christofano dell, bei Bronzino und Pontormo gebildet, copirte, nachdem er in seiner Jugend mehrere grosse Oelgemälde, namentlich Bildnisse, ausgeführt hatte, in der zweiten Hälfte des 16. Jahrh. für den Herzog Cosimo I., eine grosse Anzahl (Vasari zählte deren um's J. 1550 schon 280) von Porträts berühmter Personen aus der Sammlung des Monsignore Giorio zu Como, welche den Grund zu der ungemein zahlreichen Sammlung von Bildnissen in den Corridors der Uffizien zu Florenz gelegt haben.

Altmann, Karl, geb. 1800 zu Feuchtwangen, bildete sich in Dresden zu einem geschätzten Genremaler aus, der in seinen Gemälden das frische und fröhliche Leben und Treiben der Gebirgsbewohner mit Geist und Humor und einer ausgebildeten Technik darzustellen weiss.

Altobello da Melone, ein tüchtiger Maler, im ersten Viertel des 16. Jahrh. in Cremona und Mailand thätig, malte namentlich in ersterer Stadt u. A. im Dom und in S. Agostino viele Frescobilder aus dem Leben Jesu.

Allunno, Niccolò, gebürtig aus Fuligno, kann als der Meister betrachtet werden, in dessen Werken die ersten Grundzüge liegen, aus denen sich die umbrische Schule zu jenem nur ihr eigenen Typus, dem Ausdruck fleckenloser Seelenreinheit und schwärmerischer, hingebender Sehnsucht nach dem Himmlischen herausbildete. Seinen Bildern kleben allerdings noch alle die formalen Mängel der Zeit an. Er war ohne geniale Erfindungsgabe, die Energie des Ausdrucks streift hie und da an die Caricatur und Darstellungen des Leidens werden nicht selten etwas zu grell und übertrieben; allein er wusste seinen Gestalten, insbesondere seinen Frauen- und Engelsköpfen, eine ungemeine Zartheit, Anmuth und Gefühlsinnigkeit, Schönheit und

Reinheit, den männlichen, den Charakter von Ernst und Würde neben schwärmerischer Hingebung zu verleihen. Sein ältestes bekanntes Werk, eine Madonna mit Engeln und Heiligen über dem Hauptaltar der Franciskanerkirche zu Diurta, stammt aus dem Jahre 1458, und um 1460 finden wir ihn in Fuligno, wo er sich eine feste Werkstätte gegründet und nun eine sehr grosse Thätigkeit entfaltete. Von seinen vielen, namentlich in der ankonitanischen Mark zerstreuten, sämmtlich in Tempera gemalten Bildern führen wir als besonders bemerkenswerth an: eine Bruderschaftsfahne in S. Antonio zu Diurta, ein Bild in der Brera zu Mailand (vom J. 1465), eine Verkündigung in S. Maria nuova zu Perugia (vom J. 1466), eine Madonna auf dem Throne zu Montelparo (1466), eine Bruderschaftsfahne mit der Jahrsz. 1468 bei H. Modestini in Assissi; Altarwerke in der Kirche des Castells von S. Severino (1468), in S. Francesco zu Gualdo (1471) und in einem Nonnenkloster zu Aquila (1475); eine Madonna auf dem Throne mit Verkündigung im Hospital zu Arcevia (1482); eine Madonna im Museum zu Berlin; ein reiches Altarwerk in der Sakristei der Hauptkirche zu Nocera (eines der besten Werke des Meisters mit der Inschrift: Hopus Nicolai Fulginatis 1483); ein Altarbild in der Hauptkirche S. Francesco in Serra-Petrona (1491); von dem Altar der Augustinerkirche S. Niccolo zu Fuligno (vom J. 1492) befinden sich nur die Tafeln daselbst, die Staffel mit 6 Bildchen in einem Rahmen ist im Louvre zu Paris; von dem Altarbild des Domes von Assissi sind wie von seinen Fresken in S. Maria fuori la porta zu Fuligno nur noch Bruchstücke erhalten. Das letzte bekannte Werk des Meisters ist der Altar vor S. Angelo in la Bastia bei Perugia vom Jahr 1499.

Literatur. Vasari, Leben der ausgez. Maler, Bildh. und Baum. — Kugler, Handb. der Gesch. der Mal. Rumohr, Italienische Forschungen. — Dr. Gaye, Kunstblatt, Jahrgang 1837. — Waagen, Kunstwerke und Künstler in Paris.

Alvarez, Don José, der ausgezeichnetste spanische Bildhauer der neueren Zeit, 1768 zu Priego in Andalusien geboren, war der Sohn eines armen Steinhauers und trieb dasselbe Geschäft, bis das Glück seinen strebsamen Geist und seine Talente, die er in seiner freien Zeit auf der Akademie zu Granada im Zeichnen und Modelliren schon ziemlich ausgebildet hatte, in der Person des Bischofs von Cordova unterstützte, der ihn auf der Akademie San Fernando studiren liess, wo der junge Mann so rasche Fortschritte machte, dass er durch ein Basrelief, Ferdinand I. und seine Söhne, die Leiche des heil. Isidor's zur Kirche tragend, den ersten Preis erhielt. Dies veranlasste den König von Spanien, ihm im J. 1799 eine Pension zu seiner weiteren Vervollkommnung in Paris und Rom auszusetzen. In Paris fertigte er 1804 eine treffliche Statue des Ganymed (gegenw. im könig. Museum zu Madrid), einen verwundeten Achill, den er aber nicht ausführte, da ihm das Modell zu Grunde ging und er, trotz aller weiteren Versuche, kein ihn in gleichem Grade befriedigendes Werk mehr zu Stande brachte, und in Rom trug ihm Napoleon eine Reihenfolge von Reliefs aus der griechischen und römischen Geschichte für den Quirinal auf, die aber nur in Gyps ausgeführt wurden. Hier entstand auch 1818 die Gruppe des Nestor, von Antilochus vertheidigt (ebenfalls in Madrid). Dieses schöne Werk trug ihm die Ehre der Mitgliedschaft der Akademie von S. Lucca und die Ernennung seines Königs zum Hofbildhauer ein. Obgleich sich Alvarez, der in der Folge noch mit dem bürgerlichen Ehrenkreuze erfreut wurde, mehr in Rom als in seinem Vaterlande aufhielt, starb er doch zu Madrid im J. 1827. — Von seinen ferneren Werken verdienen noch erwähnt zu werden: die kolossale Gruppe von Saragossa, eine Scene aus dem Kriege von 1808—1809, Venus, welcher Amor einen Dorn aus dem Fusse zieht, Amor mit einem Schwan, und verschiedene Statuen und Büsten lebender Personen (unter den letzteren die des Tonmeisters Rossini) von sprechender Aehnlichkeit. — Alvarez verfolgte in der Plastik die Richtung des Canova, nur mit mehr Energie. Seine Werke zeichnen sich durch sorgfältiges Studium der Natur und der klassischen Meisterwerke aus.

Alvarez, Lorenzo, ein Schüler des Carducho, arbeitete von 1638 an in Murcia, woselbst man noch im Kloster S. Francisco mehrere Bilder von ihm aus der heiligen Geschichte sieht.

Alvarez, Don Manuel, geb. zu Salamanca im J. 1727, bildete sich in seiner Vaterstadt und später in Madrid zu einem geschickten handfertigen Bildhauer aus, dessen Werke man häufig in Kirchen und auf öffentlichen Plätzen in Spanien sieht. Er starb als Hofbildhauer und Direktor der Akademie S. Fernando zu Madrid im J. 1797.

Literatur. Bermudez, Diccionario historico de los mas illustres professores de las bellas artes in España.

Alypos, aus Sicyon, ein altgriechischer Bildhauer, Schüler des Naukydes, blühte um 410. Er wird als Bildner von Statuen olympischer Sieger gerühmt.

Literatur. Brunn, Gesch. der griechischen Künstler.

Amadeo, Antonio, einer der Bildhauer, die in der 2. Hälfte des 15. Jahrhunderts an der Karthause zu Pavia thätig waren, ist der Meister des schönen, reich mit Statuen und Basreliefs geschmückten Grabmals des berühmten Feldherrn Bartolommeo Colleoni in S. Maria Maggiore zu Bergamo.

Amalteo, Pomponio, geb. 1505 zu St. Vito in Friaul, war ein Schüler des Pordenone. Er wusste seinen Lehrer trefflich nachzuahmen, strebte jedoch, sich eine gewisse Selbstständigkeit zu wahren, die sich namentlich durch ein heitereres, mindere Energie in den Schatten verrathendes Colorit und minderes Ringen nach Grossartigkeit in der Composition, in welcher er seinem Lehrer überhaupt nachsteht, und in der Zeichnung kund gibt. Ein vortreffliches Frescogemälde von Amalteo (vom J. 1534), die Grossmuth des Kaisers Trajan (gest. v. B. Trevisano) mit noch zwei andern, dem Urtheil des Daniel und dem Urtheil Salomonis, sieht man in der offenen Halle des Domes von Ceneda bei Belluno. In Oderzo sind die Flügelthüren der Domorgel, die Geburt, Verklärung und Auferstehung Christi (vom Jahr 1580) darstellend, von seiner Hand. Seine frühesten Arbeiten sind die Fresken im Dom zu Treviso vom J. 1520, die Heimsuchung und die h. h. Petrus und Andreas. Auch rühmt Vasari einen für die Kirche S. Francesco gemalten h. Franziscus von ihm. Amalteo, der sich mit einer Tochter seines Lehrers Pordenone vermählt hatte, malte bis in sein hohes Alter und liess sich bei seinen Arbeiten, theils von seinem Bruder und Schüler Girolamo, der ein zu grossen Hoffnungen berechtigendes Talent entwickelte, aber jung starb, von seiner Tochter Quintilia, die Bildnerin und Malerin war und besonders tüchtige Bildnisse malte, von deren Mann Giuseppe Moretto und einem andern Tochtermann Seb. Seccante helfen. Er starb 1588.

Literatur. Vasari, Leben der ausgez. Maler, Bildh. und Baumeister. — Lanzi, Geschichte der Malerei in Italien. — Ridolfi, Le vite degl' illustri pittore Veneti. Venezia 1648.

Aman, Johann, geb. 1765 zu St. Blasien, zeigte schon frühe ein bedeutendes Talent für die Kunst, das durch den während seiner Jugendjahre aufgeführten Bau des Münsters seiner Vaterstadt auf die Architektur gelenkt und durch die Unterstützung der Fürstäbte Gerbert und Ribbele in Wien und Italien ausgebildet wurde. 1795 als Ehrenmitglied der Akademie von S. Lucca zu Rom in's Vaterland zurückgekehrt, erwarb er sich in Wien durch mehrere Neubauten, Restaurationen, Anlagen u. s. w. 1803 den Ruf eines Hofarchitekten, 1808—1812 baute er das neue Theater zu Pesth, 1810 liess er die durch die Beschiessung von 1809 erlittenen Beschädigungen und sonstige Gebrechen des Stephansthurms ausbessern und 1813 das k. k. Lustschloss Schönbrunn nach seinen Plänen wiederherstellen und verschönern. 1814 machte Aman die Entwürfe und Modelle zum Bau der k. k. Hofburg nach dem Projekt des Kaisers Karl des VI., 1817 die Pläne zu Erbauung eines neuen Hoftheaters und 1820 zu einem neuen Thierspital und zu den Glashäusern im kaiserl. Privatgarten, überhaupt hat sich Aman um die Verschönerung Wien's bleibende Verdienste erworben.

Amann, Jost, auch **Amman** oder **Aman** geschrieben, ist 1539 zu Zürich geboren, siedelte aber 1560 nach Nürnberg über, woselbst er auch 1591 starb. Amann war ein äusserst produktiver Künstler; er malte wenige, aber geschätzte Bilder in Oel, auch übte er sich in der Kunst, auf Glas zu malen, so wie im Kupferstechen. Dass er auch in Holz geschnitten wird bestritten, dagegen fertigte er eine ausserordentlich grosse Anzahl von Zeichnungen auf Holz und Papier, und Sandrart in seiner „Teutschen Akademie" (II. Thl. S. 254, herausgegeb. 1675) erzählt, von dem Frankfurter Maler Jörg Keller, einem Schüler von Aman, gehört zu haben, dass letzterer „in während der Zeit seiner (des Keller) vierjährigen Lehr, so viel Stücke in

Nürnberg gezeichnet, dass zu zweifeln, ob alle auf einem Heuwagen hätten können geführt werden." Amann besass ein fruchtbares Compositionstalent; er zeichnete viel nach dem Leben, wodurch seine Zeitbilder in Hinsicht auf Kleidertrachten, Sitten und Gebräuche kulturgeschichtliches Interesse gewinnen, wenn ihnen auch ein höherer Kunstwerth abgeht. Sie sind immer noch reich und geistvoll in der Erfindung, aber zum Theil schon flüchtig und manierirt und bilden gewissermassen den Uebergang der zu Anfang des 16. Jahrhunderts in höchsten Ehren stehenden Holzschneiderkunst zu der Periode ihres Verfalls. Er versuchte sich auch als Schriftsteller in einem Buch über die Dicht-, Maler- und Bildhauerkunst, das unter dem Titel „Artis pingendi Enchiridion" zu Frankfurt 1578 gedruckt wurde.

Zu Amanns besten Arbeiten in Kupfer gehören: die Porträts von Hans Sachs und Caspar Coligny (1573), die Ansicht des Nürnberger Schlosses mit dem Feuerwerk (1570), die Vision des h. Johannes, Christus am Kreuz, eine Anzahl von Bildnissen bayr. Fürsten, nebst deren Gemahlinnen, auch mehrerer Könige von Frankreich, 50 Blätter zu dem Buche: Perspectiva corporum regularium, nach den Zeichnungen des Goldschmieds Wenzel Jamnitzer (1568) u. s. w. Unter die besten Holzschnitte nach seinen Zeichnungen zählt man, von einzelnen Blättern: den Marcusplatz in Venedig, die Geschichte Adam's und Eva's, den h. Christoph, mit dem Jesuskinde durch's Wasser schreitend u. s. w.; ferner unter denen für Bücher: die Illustrationen zur lutherischen Bibel (1565), zu einer lateinischen Uebersetzung des Reinecke Fuchs, zu Joh. Bocksberger's: „Newe Livische Figuren" u. s. w. (1573), zu den: „Stand und Orden der heil. römischen Kirche" u. s. w. (1585), welche beinahe sämmtlich bei Sigmund Feyerabend in Frankfurt, dessen Porträt er auch stach, erschienen. Ueberdiess gab er selbstständig heraus: „Künstliche und wohlgerissene Figuren der fürnembsten Evangelien (1579), „Kunst und Lehrbuch, in welchem Reissen und Malen zu lernen" (1578), ein „Wappenbuch," (1579), „Künstliche und wohlgerissene Figuren von allerhand Jagd- und Waidwerk," „Ein neu Kochbuch" (1581) und einen „Todtentanz" (1587).

Literatur. Füssli, Gesch. und Abbildung der besten Maler in der Schweiz. — Heinecken, Dictionnaire des artistes. — Bartsch, le Peintre Graveur. — Heller, Handb. für Kupferstichsammler.

Amati, Carlo, geb. zu Mailand 1776, Professor der Architektur an der Akademie seiner Vaterstadt, führte 1806 einen Theil der Façade des Mailänder Dom's nach Pellegrini's Entwurf aus, baute die Kirche S. Carlo Borromeo in Mailand und gab 1822 sein bekanntes Werk: „Antichita di Milano" heraus. — Er starb 1852.

Amato, Giov. Antonio d', der ältere, geb. 1475 zu Neapel, war ein Schüler des Silvestro de' Buoni, eines trefflichen Meisters unter den neapolitanischen Künstlern um den Schluss des 15. Jahrhunderts, bildete sich aber später nach den Werken des Perugino, mit dem er auch eine grosse Verwandtschaft verräth, wie man an einem Bilde mit Engeln in S. Severino in Neapel erkennt. Man rühmt ferner einen für die Mutterkirche seiner Vaterstadt gemalten Streit über das Sakrament und zwei andere Bilder in Borgo di Chiaja. Er starb 1555.

Amato, Giov. Antonio d', der jüngere, ein Neffe des Vorigen, geb. 1535 zu Neapel, erhielt von diesem seinen ersten Unterricht in der Malerei, bildete sich aber später unter B. Lama aus und soll bei seinen Landsleuten, die besonders seine Krönung Mariä und sein Jesuskind, beide in seiner Vaterstadt, sehr geschätzt, in grossem Ansehen gestanden sein. Er war mit der Malerin Mariangola Criscuola vermählt und starb 1598.

Amatrice, Cola dell', malte zu der Zeit, als die Neapolitanische Schule durch die Rückwirkung der grossen Meister Raphael und Michel Angelo eine bedeutende Umwandlung erfuhr, d. h. um die Mitte des 16. Jahrh. in Ascoli, zu Norcia und Città di Castello viele geschätzte Bilder. Namentlich wird ein Heiland, das Abendmahl an die Apostel austheilend, im Oratorium des Corpus Domini zu Ascoli, von ihm sehr gerühmt. Er beschäftigte sich auch mit der Baukunst und Vasari versichert, dass alle Gebäude in Ascoli und in jener ganzen Provinz nach seinen Plänen und Grundrissen errichtet worden seien.

Ambéres, Francisco de, Maler und Bildhauer, malte im J. 1502 im Dom zu Toledo die Tafeln des dem heil. Eugen geweihten Altars.

Ambéres, Miguel de, Michael von **Antwerpen,** auch **Miguel el Flamengo** genannt, wurde, wenn er ein und dieselbe Person mit Miguel Manrique ist, in Flandern geboren, war Hauptmann unter den spanischen Truppen, erlernte die Malerei bei Rubens, und in Genua bei Giov. Andrea de' Ferrari und Cornelis Wael, deren Styl er in seinen Werken zu einem vereinigt haben soll. Er ging hierauf nach Spanien, wurde zu Malaga Lehrer des Nino de Guevara, malte daselbst mehrere Bilder, z. B. in der Sacristei des Klosters zum heil. Augustin, die heil. Anna und die Jungfrau mit dem Kinde, und in der Kirche selbst: die heil. Jungfrau, dem heil. Augustin den Gürtel reichend, im Hospital de la Caridad die Vermählung des heil. Joseph und im Refektorium des Klosters de la Victoria, Magdalena, dem Herrn die Füsse waschend, sein bestes Bild. Ambéres starb in Spanien in der 2. Hälfte des 17. Jahrhunderts.

Amberger, Christoph, geb. zu Nürnberg 1490, bildete sich unter dem älteren und dem jüngeren Holbein zu Augsburg, woselbst er auch den grössten Theil seines Lebens zubrachte, aus, und machte sich, namentlich als Bildnissmaler, einen berühmten Namen. Kaiser Karl V. sass ihm mehrere Male und war mit seinem 1530 ausgeführten Bildnisse, das er in gleiche Linie mit jenem stellte, das Tizian von ihm gemalt, so zufrieden, dass er dem Künstler den geforderten Lohn verdreifachte und ihn überdiess mit einer goldenen Kette nebst Gnadenpfennig beschenkte. Von besonderer Vollendung ist auch das Porträt Heinrichs VIII., Königs von England (vom J. 1535), in der Augsburger Gallerie, das Bildniss der Margaretha Welser auf dem Rathhaus daselbst, und das Köpfchen eines Mädchens mit seinem Schwesterchen in der Dresdner Gallerie. Ein Meisterwerk feiner lebensvoller Auffassung und Färbung ist das Porträt des berühmten Kosmographen Sebastian Münster im Berliner Museum. Andere Bildnisse von ihm trifft man in der k. k. und in der Lichtenstein'schen Gallerie zu Wien. Amberger's Kirchenbilder, z. B. die Marter des heil. Sebastian in der Moritzkapelle zu Nürnberg, eine Kreuztragung und Kreuzabnahme in der Pinakothek zu München, das grosse Altarbild Maria mit dem segnenden Kinde und Heiligen (vom J. 1554) im Dom zu Augsburg, ferner die Speisung der zehn Tausend und die klugen und thörichten Jungfrauen (vom J. 1560), Maria mit dem Kinde, von Heiligen umgeben, in der S. Annenkirche daselbst (vom J. 1560) u. s. w., sind beinahe durchschnittlich im Ausdruck andächtig, die Köpfe haben eine feine und edle Bildung, die Zeichnung ist gut, in den Händen sogar zierlich, die Färbung zart, klar und warm, und die Haltung eine beinahe durchaus würdige; sie beurkunden aber schon einen gewissen Mangel an Energie des Gefühls, den Uebergang von der Kraft und Tüchtigkeit der altdeutschen Schule zur abgeschwächteren modernen Kunstweise. Amberger starb 1563.

Ambling, Carl Gustav, auch **Amling** geschrieben, geb. zu Nürnberg 1651, gest. 1702, erlernte die Kupferstecherkunst auf Kosten des Churfürsten Max II. bei N. de Poilly zu Paris und wurde nach seiner Rückkehr Hofkupferstecher. Er stach u. A. die Porträts der bairischen Herzoge und Churfürsten, worunter das seines hohen Gönners besonders schön, ferner Scenen aus dem Leben des Otto von Wittelsbach und des Kaisers Ludwig, des Baiern, nach P. Candid's Zeichnungen u. s. w.

Ambrogj, Domenico degli, gen. **Menichino del Brizio,** ein Schüler von L. Baldi, D. Calvart und Fr. Brizio, und Lehrer des Giov. Ant. Fumiani und des Pierant. Cerva, übte die Zeichenkunst und Malerei und zwar wird er in letzterer, sowohl in grossen Dekorationen als in kleinen Cabinetstücken, gerühmt. Man kennt auch einige in Kupfer gestochene Blätter von ihm. Er arbeitete um 1678.

Ambrozy, Wenzel Bernhard, geb. 1723 zu Kuttenberg in Böhmen, bildete sich in Prag zum Maler aus und malte viele Bilder in Oel und in Fresco, an denen man eine sehr verständige Composition, ein blühendes Colorit im Geschmack der venetianischen Schule und trefflichen Ausdruck rühmt. Maria Theresia ernannte ihn zu ihrem Hofmaler. Er starb 1806.

Amelius, Johan oder **Hanns Amel**, der Erbauer des im J. 1422 begonnenen Thurms der Kathedrale zu Antwerpen.

Amelsfoort, Quirinus van, geb. zu Herzogenbusch 1760, bildete sich in der Malerei zu Düsseldorf aus und malte nach seiner Rückkehr in's Vaterland Porträts und kleinere historische Bilder, z. B. eine Pallas, einen Curtius u. s. w. Er starb 1820.

Amerighi, Michel Angelo, da Caravaggio, geb. 1569 zu Caravaggio, einem Dorfe in der Nähe von Bergamo, wovon er auch den Beinamen erhielt, genoss seinen ersten Unterricht in der Malerei zu Mailand, ging dann nach Venedig, woselbst er vorzugsweise an Giorgione's Werken die Auffassung der Naturerscheinungen und die Ausbildung der Färbung zum Gegenstand seines Studiums machte, und reiste darauf nach Rom, um unter Gius. Cesari, gen. il Cavalier d'Arpino, zu arbeiten. Der falsche Idealismus dieses, den ganzen römischen Kunstgeschmack seiner Zeit beherrschenden Meisters widerstrebte indessen bald seiner Natur und seiner Ansicht von der Malerei; er verliess daher dessen Schule, bildete sich eine eigene, seine Individualität bestimmt aussprechende Darstellungsweise, und stellte sich, in bewusster Opposition, sowohl gegen die unwahre Schönheitsmanier des Cesari, als gegen die den Eklekticismus in der Kunst anbahnende Schule der Carracci, an die Spitze einer neuen Richtung, der sog. Naturalisten, deren Hauptmeister er wurde. Die ausserordentliche Wahrheit und Treue und die durch eine besondere, gespannte Beleuchtung erreichte eminente Wirkung in seinen Bildern, erregten in Rom eine um so grössere Bewunderung, je stärker sich darin der Gegensatz gegen die kraftlose Manier und flaue Farbe des Cavalier d'Arpino aussprach. Er bekam viele Bestellungen, malte die umfangreichen Wandgemälde in einer Capelle in S. Luigi de' Francesi (noch daselbst zu sehen) und die Porträts der Päpste Paul V. (gegenwärtig in der Villa Borghese zu Rom) und Urban des VIII. Diese Triumphe verschafften ihm ebensoviel Anhänger als Neider von der Gegenparthei, die seine Bilder heruntersetzten. Aber stets bereit, die Kunst seines Pinsels mit der Fertigkeit eines Degens zu vertheidigen, wurde er durch sein leidenschaftliches Temperament in viele Händel verwickelt, in deren Folge er Rom verlassen musste, weil er einen seiner Gegner im Duell getödtet hatte. Er flüchtete sich nach Neapel und führte daselbst mehrere Bilder aus; allein sein unstäter düsterer Sinn liess ihn nirgends lange verweilen. Er gieng daher nach Malta, malte dort für die Kathedrale S. Giovanni eine Enthauptung Johannis des Täufers (die man noch daselbst sieht), sowie das Porträt des Malteser Grossmeisters Vignacourt, ein Bild von schönster Wärme der Färbung und schlagender Wirkung, (gegenw. im Louvre zu Paris), für welche treffliche Leistungen er zum Malteser-Ritter ernannt wurde. Seine unverträgliche Gemüthsart zog ihm indessen auch hier Streitigkeiten mit einem angesehenen Ritter zu. Er wurde gefangen gesetzt, wusste sich aber wieder zu befreien und entfloh nach Sicilien, woselbst er zu Syracus, Palermo und Messina mehrere (noch heut zu Tage dort zu sehende) Bilder fertigte. Da er sich indessen hier ebenfalls vor seinen Feinden nicht sicher glaubte, versuchte er über Neapel nach Rom zurückzukehren, wurde aber unterwegs überfallen und so verwundet, dass er in ein bösartiges Fieber verfiel, an dem er 1609 in Porto Ercole starb.

Die von Caravaggio in der Malerei eingeschlagene Richtung war keine bloss zufällige; sie ging als Extrem aus dem Naturalismus, der sich durch die ganze Kunstepoche der zweiten Hälfte des 16. Jahrhunderts in Italien zog und aus der allgemeinen Stimmung der Zeit voll geistiger Kämpfe und ungestümer Leidenschaften hervor. Bei Caravaggio fand sie nur gerade das entsprechende Naturell, sie zur vollständigen Entwicklung und Geltung zu bringen. In seinen Werken spiegelt sich sein ganzes von fessellosen Leidenschaften bewegtes, trübem und finsterem Sinne hingegebenes Leben. Maasvolle Schönheit, Adel und Würde darf man daher in ihnen nicht suchen; auch in der Composition, in welcher die Figuren meistens zuviel auf einem Plan angeordnet sind, und in der er den seltsamen Geschmack an Darstellungen mit halben Figuren verbreiten half, erscheint er nicht als Meister. Dafür ist er aber ein um so treuerer Nachahmer der Natur, jedoch nicht einmal der Natur in ihrer ruhigen Grösse und Schönheit, sondern in ihrer gemeinen Wirklichkeit, wie sie von sinnlichen Begierden erregt, von den wildesten Aeusserungen des Lebens entflammt erscheint. Allein bei aller Gemeinheit der Auffassung, zeigt sich in seinen Bildern dennoch eine eigenthümliche Grossheit, eine feierliche Gemessenheit und ein gewisses Pathos, das sich zusammengenommen mit der geschlossenen Beleuchtung, den scharfen grellen Lichtern und dunkeln Schatten, der klaren, warmen und kräftigen Färbung und einer erstaunlichen Wirkung zu einer eigenthümlichen Poesie steigert, die seine Gestalten, bei aller naturalistischen Derbheit, doch über die Erscheinungen des gewöhnlichen Lebens erhebt. Freilich eignete sich diese Darstellungsweise am wenigsten für heilige Gegenstände, auf denen, weil er immer dasselbe, meist sehr gemeine Modell, wie es sich ihm zufällig darbot, mit möglichster Treue copirte, Bettler, Sackträger, Häscher, Lazzaroni, ohne andere Veränderung, als die der Gewänder, als — Apostel, Evangelisten, Heilige, und Zigeunerinnen, und nichtswürdige Frauenzimmer, — als Madonnen, Magdalenen u. s. w. erschienen, so dass sogar zu seiner Zeit einzelne seiner Bilder wieder von den bereits eingenommenen Altären weggenommen werden mussten. Wo solcher Widerspruch zwischen Gegenstand und Darstellung dagegen wegfällt, z. B. in seinen Genrebildern, in denen er einen eigenen Reiz entfaltet, namentlich aber wo er Zaubereien, Mordscenen und nächtlichen Verrath, denen er selbst nicht fremd gewesen, malt, erscheint er daher auch am Vollendetsten.

Von Caravaggio's zahlreichen, beinahe in allen Gallerien zerstreuten Bildern dürften ausser den genannten zu den bemerkenswerthesten gehören: zu Augsburg in der Gallerie: der heil. Sebastian von gewaltigem Effekt; zu Berlin im Museum: die sogenannte irdische Liebe und ein vortreffliches Porträt; zu Bologna, im P. Zambeccari: ein heil. Johannes; zu Dresden in der Gallerie: der heil. Sebastian und drei Bilder mit Spielenden; zu Florenz in der Gallerie der Uffizien: Christus im Tempel; zu Genua im Pal. Marcello: Petri Verläugnung und im Pal. Pasqua: Spieler; in München in der Pinakothek: die Anbetung des Christkinds und eine Dornenkrönung Christi; in Neapel: ein Orpheus im Pal. Reale; zu Paris im Louvre: Maria, eine Wahrsagerin und Maria auf dem Todtenbette (das letztere Bild war ursprünglich für die Kirche della Scala in Rom gemalt, die Mönche liessen es aber wegen des Unwürdigen der Darstellung — die Maria hat das geschwollene Aussehen einer Ertrunkenen — wieder wegnehmen); zu St. Petersburg in der Eremitage, einen lautenspielenden Jüngling, das Mahl zu Emmaus, eine Kreuzigung Petri; endlich zu Rom: die Grablegung Christi in der Gallerie des Vatikans, ein Bild tief unter dem Gegenstand, aber von höchster Meisterschaft der Technik; eine heil. Familie, in der Gallerie Borghese; falsche Spieler, eines der vorzüglichsten Bilder des Meisters (gest. von Volpato), in der Gallerie Sciarra; eine Wahrsagerin in der Gallerie des Capitols; die sog. „Geometrie" und die sog. „heil. Anna und Maria" (eine Alte, welche Garn windet, und eine junge Nähterin), im Palast Spada; eine sog. heil. Magdalena im Palast Doria; eine Kreuzigung Petri in S. M. del Popolo und mehrere andere Bilder in den Palästen Barberini, Braschi, Corsini, Doria, Rospigliosi, im Quirinal u. s. w.

Literatur. Baglioni, Giov., Vite de' Pittori, Scultori, Architetti. Nap. 1733. — Lanzi, Gesch. der Malerei in Italien. — Fiorillo, Gesch. der zeichn. Künste in Italien. — Kugler, Handbuch der Gesch. der Malerei. — Waagen, Kunstwerke und Künstler in Paris.

Amerom, H. J. van, geb. 1777 zu Gravenhage, ein trefflicher Genre- und Porträtmaler, war Lehrer an der Zeichnenschule zu Arnheim, in der die trefflichen niederländischen Maler Reijers und Pitloo ihren ersten Unterricht erhielten. Er starb 1833. — Sein Sohn Cornelis Hendrik, geb. 1804, ein guter Porträtmaler, lebt zu Leyden.

Amico, siehe **Aspertini.**

Amigoni, Jacopo, auch **Amiconi** geschrieben, geb. zu Venedig 1675, erlernte die Malerei in Venedig, bildete sich aber erst in Flandern weiter darin aus, trat sodann einige Jahre in die Dienste des Churfürsten Max Emanuel von Bayern, um das neuerbaute Schloss zu Schleissheim mit Fresken zu schmücken, begab sich darauf nach London, wo er einige der ersten Paläste mit Malereien versah, und die Porträts der Königin und ihrer Töchter, des Herzogs von Lothringen u. s. w. malte, und von da nach Paris, wo seine dem Geschmack der Zeit angepassten Malereien, wie überall, ebenfalls lebhaften Beifall fanden. Im J. 1747 als Hofmaler nach Madrid berufen, wo man noch mehrere Deckengemälde auch einige Kirchenbilder von ihm sieht, starb er daselbst 1752. — Amigoni malte ausser seinen Fresken auch viele kleinere mythologische und allegorische Bilder, Gesellschaften u. s. w. Ein heiteres durchsichtiges und klares Colorit zieht in seinen leicht erfundenen, auf Effekt berechneten Bildern an, Gedanken und Empfindungen, Schönheit und Anmuth sucht man aber vergebens darin. Er hat auch mehrere Blätter in Kupfer geätzt. Heinecke, in seinem „Dictionnaire des artistes" führte dieselben nebst den nach seinen Werken gestochenen Blättern an.

Amling, siehe **Ambling**.

Amman, Jost, siehe **Amann**.

Ammanati, Bartolomeo, geb. zu Florenz im J. 1511, bildete sich unter Baccio Bandinelli in seiner Vaterstadt zum Bildhauer und unter Jac. Sansovino in Venedig zum Baumeister aus. Unter Letzterem arbeitete er mit andern Künstlern in den Arkaden der dortigen alten St. Marcus Bibliothek, im Style des Ersteren führte er das prachtvolle Mausoleum des Rechtsgelehrten Marco Mantova Benavides in der Kirche degli Eremitani zu Padua, sowie das reiche mit Sculpturen geschmückte Portal an dessen Haus, der heutigen Casa Venezze, und die davor stehende 25 Fuss hohe Statue des Herkules aus. 1550 ging Ammanati nach Rom, wo er im Auftrag des Papstes Julius III. das Grabmal seines Oheims, des Kardinals Ant. del Monte mit den Figuren der Religion und Gerechtigkeit schmückte. Nach dem Tode des Papst's trat er 1555 in die Dienste des Herzog's Cosimo I. zu Florenz, für den er, unter anderen Bronze- und Marmorstatuen, eine kolossale Gruppe in Bronze: Herkules, der den Antäus erdrückt, und den grossen reichdecorirten Brunnen mit der kolossalen Statue des Neptuns und anderen Sculpturen* auf der Piazza del Granduca, bei dessen Bewerbung er über B. Cellini, Vincenzio Danti und Giov. da Bologna den Sieg davon getragen hatte, ausarbeitete. In allen diesen zum Theil sehr ansprechenden Werken zeigt sich Ammanati als einen der besseren Nachfolger und Nachahmer des Michel Angelo; seine Verdienste als Architekt sind aber noch höher anzuschlagen, wie der Pal. Pitti, den er vollendete, die Brücke S. Trinità, die sich durch die leichte Schwingung ihrer Bögen auszeichnet und insbesondere die Façade der Kirche S. Giovanni in Florenz, welche er aus Vorliebe für den Jesuitenorden auf seine eigenen Kosten baute, beweisen. Von Ammanati, der die berühmte Dichterin Laura Battiferri zur Gemahlin hatte, besitzt die Gallerie von Florenz ein Werk im Manuscript über Pläne zur Verschönerung einer Stadt durch Gebäude u. s. w. unter dem Titel: La città. Er starb 1592. Schüler von ihm waren: Andrea Calamech aus Carrara und Battista di Benedetto.

Ammanati, Giov., aus Siena, führte 1331—1337 die prachtvoll geschnitzten Chorstühle im Dome von Orvieto aus.

Ammerling, Friedrich, geb. 1803 zu Wien, bildete sich, nachdem er als der Sohn eines unbemittelten Handwerkers lange Zeit mit Entbehrung gekämpft, bis sein Talent hindurch gedrungen, auf der dortigen Akademie, und wurde in kurzer Zeit ein so geachteter und gesuchter Porträtmaler, dass er von seinen Ersparnissen eine Reise nach London und Paris antreten konnte, wo er in ersterer Stadt unter dem berühmten Porträtmaler Lawrence, in letzterer nach Vernet studirte. Nach Wien zurückgekehrt erhielten zwei seiner Bilder: die verlassene Dido und Moses, der Gesetzgeber, den ersten akademischen Preis, doch beschäftigte er sich hauptsächlich mit der Porträtmalerei, in der er sich eines immer grösseren Ruf's zu erfreuen hatte. Im Jahr 1831 ging er nach Rom, kehrte aber bald wieder zurück, um das Porträt des Kaisers von Oesterreich zu malen. Eine zehn Jahre später erfolgte zweite Reise nach Italien gab Veranlassung zu einem längeren Aufenthalte in Rom und Florenz,

* Abgebildet in den Denkmälern der Kunst. Atlas zu Kuglers Handb. der Kunstgesch. Taf. 90, Fig. 5—7.

von dem er im J. 1844 nach Wien zurückkehrte. — Ammerling's Haupttalent besteht im Porträtfache und in den damit verwandten Darstellungen von Situationen. So werden von ersteren namentlich das Bildniss Thorwaldsen's, des Meisters Selbstporträt u. s. w., unter letzteren eine Orientalin, eine Griechin, Kinder im Walde mit ihrem Schutzgeist, eine Römerin mit dem Säugling, Rebecca mit dem Armband nach Hause eilend, die Wittwe u. s. w. gerühmt. Seine Bildnisse haben in der Leichtigkeit, Freiheit und Sicherheit der Behandlung, im feinen Naturgefühl, in der wahren, mitunter vielleicht etwas zu viel auf Effekt berechneten Färbung viel Verwandtes mit denen des Lawrence. Man hat Ammerling in ehrender Anerkennung seiner verdienstvollen Leistungen im Porträtfach den österreichischen Van Dyck genannt.

Amorosi, Ant., geb. zu Communanza im Ascolesischen, blühte im ersten Viertel des vorigen Jahrh., und ist bekannt durch viele witzigen und satyrischen Bambocciaden, d. h. Darstellungen aus dem gemeinen Volksleben, Bauernschenken und dergl. Unbedeutender waren seine Leistungen in kirchlichen Gemälden.

Amort, Caspar, ein talentvoller Schüler des unter Dürer gebildeten Thonauer, reiste 1633 auf des Kurfürsten Max I. Kosten nach Italien, studirte dort nach Caravaggio und malte nach seiner Rückkehr viele Bilder für Klöster und Kirchen, z. B. zu München, Ingolstadt u. s. w. Er war geboren 1612 und starb 1675 zu München.

Amoureux, Abraham César, geb. zu Lyon 1664, ein geschickter Bildhauer, der aber in der Blüthe seiner Jahre in der Saone ertrank.

Amphion aus Knosos, Sohn des Akestor, ein Schüler des Ptolichos, blühte um's Jahr 420 v. Chr. Geb. Von ihm war das Weihgeschenk der Cyrenäer in Delphi: Batton, von Libyen gekrönt auf einem Viergespann.

Amphistratos, machte nach Plinius das Marmorbild des Geschichtschreibers Kallisthenes, der um's J. 324 v. Chr. Geb. starb.

Amsler, Samuel, geb. 1793 zu Schinznach, in der Schweiz, erlernte die Kupferstecherkunst unter Oberkogler und H. Lips in Zürich, bildete sich sodann in der Akademie zu München, machte daselbst seine ersten grösseren Versuche mit der Nadel und dem Stichel nach eigenen Zeichnungen, und ging im J. 1816 nach Italien, wo er mit Thorwaldsen und Cornelius bekannt wurde und nach jenem eine Caritas, nach diesem mit Bahrdt das Titelblatt zu den Nibelungen stach. Mit Unterbrechung von einem Jahr, welches er wieder im Vaterland zugebracht und zur Vollendung eines Stichs nach Raphael, einer Madonna mit dem Kinde (beim Grafen Connestabile zu Perugia), benützt hatte, blieb Amsler in Rom bis 1824 und führte während dieser Zeit u. A. den Triumphzug Alexander's nach Thorwaldsen und das Porträt dieses Meisters nach Begas aus, zeichnete die Grablegung Christi im Pal. Borghese nach Raphael und begann deren Stich, den er 1831 im Vaterland mit grosser künstlerischer Meisterschaft vollendete. Nachdem er im J. 1828 Professor der Kupferstecherkunst an der Akademie zu München geworden war, entfaltete sich für ihn eine erfolgreiche Thätigkeit, die ausser mehreren andern Blättern, den heil. Georg und den Kreuzzug des Barbarossa nach Schwanthaler, Joseph's Traumdeutung nach Cornelius, die Madonna Tempi nach Raphael, und namentlich das grosse Blatt: Der Triumph der Religion in den Künsten nach Overbeck mit steigendem Ruhm für den Meister zu Stande brachte. Kurz nach der Vollendung dieses letzten Stichs starb er im Mai 1849. — Amsler's Stiche zeichnen sich durch Treue der Auffassung, liebevolles Eingehen in den Geist des Vorbild's, Richtigkeit und Feinheit der Zeichnung und die meisterhafte Führung des Stichels aus, welche die Taillen als mit Nothwendigkeit aus der jeweiligen Form sich von selbst ergebende erscheinen lässt; sie wollen gleich denen der alten Meister: Dürer, Marc. Anton nicht durch den Farbenausdruck oder glänzende Effekte blenden, sondern durch die Einfachheit im Vortrag des Gedankens, in Zeichnung, Stimmung und Haltung, und nur so viel von der neuen Behandlungsweise des Stichs aufnehmend als nöthig ist, eine etwas grössere, jedoch nie auf Kosten der Zeichnung sich erhebende malerische Wirkung zu erzielen, ihren tiefen und nachhaltigen Eindruck auf das Gemüth des Beschauers hervorbringen. Amsler's Porträt, von Kaulbach gezeichnet, hat Merz gestochen.

Amstel, Cornelis, siehe **Ploos van Amstel.**

Amyklaeos, altgriechischer Erzgiesser, der zur Zeit der Perserkriege lebte und in Gemeinschaft mit Diyllos und Chionis ein Weihgeschenk der Phocenser für Delphi, den Dreifussraub darstellend, fertigte.

Anaxagoras, Erzgiesser aus Aegina, fertigte das 10 Ellen hohe eherne Zeusbild, das die Hellenen gemeinschaftlich nach der Schlacht bei Platää (479 v. Chr. Geb.) in Olympia aufstellten.

Anchilus, geb. 1688 zu Antwerpen, malte zu London viele Bilder im Geschmack des Teniers und Watteau, und starb auf einer Reise nach Rom zu Lyon 1733.

Anderloni, Faustino, geb. 1770 in der Provinz Brescia, hat sich durch mehrere Stiche für wissenschaftliche Werke, durch die Bildnisse Herder's und Schiller's, auch einige hübsche Blätter nach Correggio, Poussin und Sassoferrato einen Namen gemacht.

Anderloni, Pietro, geb. zu S. Eufemia im Brescianischen 1784, verdankte seinem Bruder Faustino bei Anfangs noch schwankender Neigung zwischen Pinsel und Grabstichel die bestimmte Richtung für die Kupferstecherkunst. Er trat im Jahr 1804 in Longhi's Schule, arbeitete unter dessen Leitung 9 Jahre lang und lieferte während dieser, weise zwischen der Arbeit mit dem Stichel und der Uebung im Zeichnen nach der Antike vertheilten Zeit treffliche Werke, trug auch zweimal den Preis der Akademie davon. Im Jahre 1831 wurde ihm nach dem Tode seines Lehrers Longhi die Professur der Kupferstecherkunst an der Akademie zu Mailand übertragen; er bekleidete dieselbe 18 Jahre lang und starb 1849. — Anderloni stand als Kupferstecher in grossem Ansehen; er war Mitglied mehrerer Akademien und seine Arbeiten, in denen er eine grosse Beherrschung der Mittel zeigt, werden sehr geschätzt. Sie verbinden treffliche Rundung und Haltung, Klarheit und Tiefe in den Schatten, und eine meisterliche, nur hin und wieder etwas zu glänzende Behandlung der Stoffe, mit richtiger Zeichnung, beseeltem Ausdruck in den Köpfen und geistvoller Erfassung der Eigenthümlichkeit des Meisters. Zu seinen besten Stichen gehören: Moses am Brunnen nach Poussin, die Ehebrecherin nach Tizian, Maria mit dem Kinde nach Raphael (aus der Wiener Gallerie), die Vertreibung des Heliodor und Attilas Zug gegen Rom, nach Raphael (von Anderloni an Ort und Stelle gezeichnet), eine Madonna mit dem Kinde von zwei Engeln verehrt nach Tizian, und das Urtheil Salomon's nach Raphael.

Literatur. Heller, Handbuch für Kupferstichsammler.

Anderton, Henry, ein englischer Maler, lernte bei Streater die Landschaftsmalerei, bildete sich aber in Italien im Porträtfache aus. Sein Bildniss der Herzogin von Richmond, Mrs. Stuart, verschaffte ihm vielfache Bestellungen für den König und den Hof. Er starb 1665.

André, Jean, geb. zu Paris 1662, ein Dominikanermönch, der in Rom sich namentlich durch Copiren der Werke grosser Meister in der Malerei ausbildete und nach seiner Rückkehr das Kloster seiner Vaterstadt und mehrere andere Klöster seines Ordens mit einer Reihe von Bildern aus der Geschichte der Passion und der Heiligen des Dominikanerordens schmückte.

Andrea di Cione, siehe **Orcagna.**

Andrea di Jacopo d'Ognabene, ein Goldschmied aus Toscana, der im Jahr 1316 die vordere Tafel des für die Geschichte des italienisch-germanischen Styls besonders interessanten Altarwerks in der Kathedrale S. Jacopo zu Pistoja mit 15 Scenen aus dem neuen Testament im Style des Giov. Pisano vollendete.

Andrea di Luigi, siehe **Luigi.**

Andrea, Niccolò, geb. zu Ancona 1556, gest. zu Ascoli 1611, Maler und Kupferstecher, von dem man, ausser einigen andern Blättern, in den Porträts des Joachim von Linzendorf und des Gesandten Franz Noailles Arbeiten zu besitzen glaubt, die indessen auch einem am Ende des 16. Jahrhunderts thätigen Deutschen, Namens Nicolaus Andrea, zugeschrieben werden.

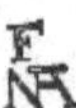

Literatur. Bartsch, Le Peintre graveur. — Heinecken, Dictionnaire des artistes.

Andrea, Zoan, Kupferstecher, in den ersten Jahrzehnten des 16. Jahrhunderts thätig, ist bekannt durch mehrere Copien nach A. Dürer und A. Mantegna, auch durch einige Stiche nach den Zeichnungen des Letzteren. Bartsch führte in seinem „Peintre graveur" 33 Blätter dieses Meisters an.

Andreae, Karl, geb. 1824 zu Mühlheim am Rhein, ein talentvoller Historienmaler aus der Düsseldorfer Schule.

Andreae, August Heinrich, geb. 1805 im Hannover'schen, ein tüchtiger Architekt aus Weinbrenner's Schule, der sich zu Hannover, woselbst er Stadtbaumeister war und in der Umgegend, besonders durch die Durchbildung und Wiederaufnahme des früher in Norddeutschland auf so hoher Stufe gestandenen Ziegelbau's viele Verdienste erworben, sich auch in der Architekturmalerei durch mehrere geistvolle Bilder auszeichnete. Er starb 1846.

Andreani, Andreas, geb. um 1540 zu Mantua, gest. 1623, lieferte treffliche Holzschnitte in Hugo da Carpi's Manier, d. h. in dem sogenannten Helldunkel. Sie sind theils braun, theils grau gedruckt, von ungemeiner Klarheit und Transparenz, und haben vollkommen das Ansehen meisterhaft getuschter und kühn mit der Feder umrissener Zeichnungen. Doch ist eine grosse Anzahl von Blättern, die seinen Namen oder sein Monogramm tragen, nicht von seiner Hand, sondern von Hugo da Carpi, Antonio di Trenta, Niccolò da Vicenza, deren Platten der industriöse Künstler an sich gebracht, und nachdem er den darauf befindlichen Namen des Meisters entfernt und den seinigen dafür darauf gesetzt, drucken liess. Ueberdiess liess er sich bei seinen Arbeiten von Künstlern helfen, deren Geschicklichkeit im Zeichnen die seinige übertraf, was indessen seinen Ruf nicht beeinträchtigt zu haben scheint, da er noch heute auch unter dem Namen: der kleine Albrecht Dürer bekannt ist. Zu seinen geschätztesten Blättern gehören: Eva, Abraham's Opfer und Moses, der die Gesetzestafeln zerbricht, nach Beccafumi, Pharao's Untergang und Christi Triumphzug nach Tizian, der Triumph Cäsar's nach Mantegna (gezeichnet von B. Malpizzi), Pilatus, der sich die Hände wäscht und der Raub der Sabinerinnen nach Giov. da Bologna, Nymphen im Bade nach Parmesan u. s. w.

Literatur. Heinecke, in seinem „Dictionnaire des artistes" und Bartsch in seinem „Peintre graveur" geben Verzeichnisse seiner Blätter.

Andreas von Cleve, Meister, fertigte 1495 das Standbild der heil. Maria für die S. Victorskirche zu Xanten.

Andreasi, Ippolito, ein um 1540—1587 thätiger Schüler des Giulio Romano, von dessen verdienstlichen Malereien man jetzt u. A. noch die mit Teodóro Ghigi ausgeführten Kuppelbilder der Kathedrale zu Mantua und eine Verkündigung in S. Andrea sieht.

Andreoli, Giorgio, gest. 1552, ein geschickter Majolicamaler, von dem sich eine sehr schöne Altarplatte von Majolica (im J. 1511 für die Dominikanerkirche zu Gubbio gemacht) im Städel'schen Institut in Frankfurt befindet.

Andréossi, François, der Erbauer des berühmten Canals von Languedoc, geb. 1633, gest. 1688.

Andres, Fray de Leon, Historienmaler, fertigte 1568 die Miniaturen einiger Chorbücher im Escorial, von denen besonders das Buch „el capitulario" wegen der schönen Malereien berühmt ist. Er starb 1580.

Andriessen, Hendrik, geb. 1600 zu Antwerpen, gest. in Seeland 1655, malte meistens Stillleben und führte seine Arbeiten mit seltener Trefflichkeit aus.

Andriessen, Juriaan, geb. 1742 zu Amsterdam, gest. 1819, malte viele geschätzte Cabinetstücke, Landschaften und Historien, auch einige Fresken in seiner Vaterstadt, besonders aber erwarb er sich viele Verdienste durch seinen Unterricht, der mehrere treffliche Künstler zog. Sein Bruder Antonij, half ihm bei seinen Arbeiten und stand namentlich als Zeichnungslehrer in grosser Achtung. Sein Sohn und Schüler Christiaan, geb. 1775, zeichnet sich in Landschaften, Städteansichten, auch in der Bildnissmalerei aus. Sein Panorama von Amsterdam wird sehr gerühmt.

Literatur. Immerzeel, De Levens en Werken der Holland. en vlaam. Kunstschilders. Amsterdam 1842.

Andrieux, Bertrand, geb. 1765 zu Bordeaux, gest. 1822 zu Paris, ein ausgezeichneter Stempelschneider, der in seinem Kunstzweige wieder einen reineren Styl einführte und viele meisterhafte Medaillen lieferte, wie seine Denkmünzen auf den Uebergang Napoleons über den S. Bernhard, auf die Vermählung des Kaisers mit Marie Louise, auf die Schlachten von Marengo, Jena und Austerlitz, auf die Friedensschlüsse zu Wien, Tilsit und Luneville u. s. w. beweisen.

Androsthenes von Athen, Eukadmos Schüler, altgriechischer Bildhauer, der die von Praxias begonnenen Giebelgruppen für den Apollotempel zu Delphi vollendete.

Androuet-Ducerceau, Jacques, ein geschickter Baumeister, der Paris mit einer grossen Anzahl schöner Hotels zierte im Auftrag König Heinrich III., im J. 1578 den Pont-neuf baute, zur Fortsetzung der von Karl IX. begonnenen Gallerie der Tuilerien, deren Bau ihm ebenfalls übertragen war, aber nur die Zeichnungen entwarf, da er der Religionsunruhen halber Frankreich verliess. Er gab mehrere architektonische Werke, worunter: „Les plus excellens Bâtimens de France," „Description des Edifices des anciens Romains" u. s. w. heraus.

Ange, François l', ein Savoyarde von Geburt und Schüler von Crespi, malte kleine Bilder aus der heil. Geschichte von trefflicher Zeichnung und glühendem Colorit. Er starb als Ordensmitglied der von dem heil. Philipp von Neri gestifteten Congregation der Priester des Oratoriums im J. 1756 in einem Alter von 81 Jahren.

Angel, Josef Ximenez, ein Schüler des A. Rubio, wurde, nachdem er sich in verschiedenen Heiligenbildern als tüchtiger Künstler erwiesen nach Claudio Coello's Tod im J. 1695 vom Kapitel der Kathedrale zu Toledo zu seinem Maler ernannt, und führte im J. 1706 in der Einsiedelei der Madonna de los Remedios zu Sonseca mehrere Fresken aus dem Leben der heil. Jungfrau aus.

Angeli, Filippo d', ein Römer von Geburt, der aber wegen seines langen Aufenthalts in Neapel den Namen Filippo Napolitano erhielt, malte sehr schöne, mit hübschen Figuren, auch kleineren Schlachtscenen staffirte Landschaften, in denen er, einer der ersten in Italien, die Luftperspektive und weichere Behandlung einführte. Er starb unter Urban VIII., der von 1623—1644 regierte.

Angeli, Giambattista d', siehe **Moro.**

Angeli, Giulio Cesare, geb. zu Perugia um 1570, gest. um 1600, war ein Schüler des Lodovico Caracci. Man rühmt an seinen Bildern die Erfindung und das Colorit mehr als die Zeichnung, die Darstellung des Nakten mehr, als die bekleideten Figuren. Im Oratorium des heil. Augustin zu Perugia sieht man eine Reihe von Fresken dieses Meisters.

Angeli, Giuseppe, geb. 1715 zu Venedig, ein Schüler und Nachahmer des Piazzetta, malte Cabinetsstücke und Altarbilder, an denen man die Grazie und den Ausdruck besonders hervorhebt. Heinecke in seinem „Dictionnaire des artistes" verzeichnet die nach seinen Bildern gefertigten Stiche.

Angeli, Marco d', siehe **Moro.**

Angelico, Fra Giovanni, siehe **Fiesole.**

Angelini, Giuseppe, ein geschickter Bildhauer und Restaurateur antiker Bildwerke, war in der letzten Hälfte des vorigen Jahrhunderts in Rom thätig.

Angelini, Scipione, geb. 1660 zu Perugia, gest. 1729, wird als trefflicher Blumenmaler gerühmt.

Angelini, Tito, ein zu Neapel lebender Bildhauer, der treffliche Arbeiten liefert. So nennt man rühmend: eine Sappho, eine Gruppe: Telemach und Eucharis, eine Statue der Religion, die der Parthenope, die Bildnissstatue des Königs. Ludwig Philipp, König von Frankreich, ernannte den Künstler zum Ritter der Ehrenlegion.

Angelion, ein altgriechischer Bildhauer und Schüler des Dipoenos und Skyllis, der mit seinem Mitschüler Tektaeos den Apoll mit den Chariten auf der Hand in Delos im Bilde darstellte. Er lebte um 540—500.

Angelis, Pieter van, geb. 1685, ein niederländischer Maler, der sich durch seine, mit Conversationsscenen staffirte Landschaften einen grossen Ruf erwarb, 16 Jahre in England, wo seine Bilder grosses Glück machten, verweilte und im J. 1734 in Italien starb.

Angelo, Battista d', siehe **Battista d'Agnolo.**

Angelo, Marco d', siehe **Marco d'Agnolo.**

Angelo, Michel, siehe **Buonarotti.**

Angeloni, Giovanni und **Vicenzio**, waren geschickte Maler in Wachsfarben, die u. A. im letzten Viertel des vorigen Jahrhunderts für die Kaiserin von Russland die vatikanischen Logen copirten und in dieser Malweise recht hübsch ausführten.

Angelucci, war ein sehr tüchtiger Schüler des Claude Lorrain, starb aber jung.

Angermeyer, Albert, geb. 1674 zu Billing in Böhmen, gest. 1740 zu Prag, war ein verdienstvoller Insekten- und Blumenmaler.

Angermeyer, Christoph, bayrischer Hofbildhauer, fertigte in den Jahren 1618 bis 1624 für den Churfürsten Maximilian I. ein sehr schönes noch vorhandenes Schmuckkästchen aus Elfenbein. Er war in seinem Kunstfache so ausgezeichnet, dass von ihm die Sage ging, er habe das Elfenbein weich zu machen verstanden.

Anguisciola, Sofonisba, auch **Angosciola**, **Angussola** und **Anguscinola** genannt, eine treffliche Bildnissmalerin, geb. 1530 zu Cremona, kam, da sie schon in früher Jugend entschiedenen Beruf für die Kunst zeigte, in die Schule des Giulio Campi, setzte, als dieser nach Mailand reiste, ihre Studien unter Bernard. Gatti, gen. Sojaro, fort und wurde in kurzer Zeit in der Porträtmalerei so geschickt und berühmt, dass König Philipp II. von Spanien sie 1559 an seinen Hof berief und, nachdem sie hier die ganze königl. Familie gemalt hatte, zur Hofmalerin ernannte. Von einem sizilianischen Edelmann am spanischen Hofe, Don Fabbrizio di Moncada, zur Gemahlin erkoren, folgte sie diesem in sein Vaterland, kehrte aber nach dessen Tod nach Genua zurück, woselbst sie sich mit einem andern Edelmanne, Orazio Lomellino, vermählte und in ihrem 90. Jahre starb, nachdem sie 23 Jahre das Unglück der Blindheit ertragen. Obgleich sie aber so lange Zeit des Augenlichts entbehrte, so war ihr Haus nichts desto weniger der Versammlungsort der ersten Künstler, Gelehrten und Kunstfreunde, und wie sie sich früher in ihren Bildern durch die treffende Aehnlichkeit, das Leben und das feine, liebenswürdige Naturgefühl, so soll sie sich in ihren Kunstgesprächen, in denen namentlich Van Dyck viel gelernt zu haben versicherte, durch ihren Geist und ihre Kenntnisse ausgezeichnet haben. Sofonisba hatte 5 Schwestern: Helena, Anna, Minerva, Europa, Lucia, die sich alle der Malerei widmeten und von denen namentlich die Letztere im Porträtfach Treffliches leistete. Anguisciola's Bilder sind ziemlich selten. In der Gallerie der Uffizien zu Florenz, in dem Lomellino'schen Hause zu Genua, in der Wiener Gallerie und in der Sammlung des Lord Spencer zu Althorp sieht man ihr eigenes Porträt verschieden variirt; in der Leuchtenbergischen Gallerie: das Porträt der Königin von Cypern; in der Sammlung des Lord Exeter zu Burleighhouse: ein männliches Bildniss und in der Gallerie des Grafen Raczynski: ein treffliches Familienporträt.

Literatur. Vasari, Leben der ausgezeichneten Maler, Bildh. und Baum. — Lanzi, Gesch. der Malerei in Italien. — Fiorillo, Gesch. der zeichnenden Künste in Italien. — Museo fiorentino. — Bermudez, Diccionario historico de los mas illustres professores de las bellas artes in España.

Anguier, François, geb. 1604, gest. 1669, ein Schüler des S. Guillain, zeigte in mehrfachen Sculpturarbeiten zu Paris: dem Grabmal des Connetable von Montmorency, den Statuen an der Porte S. Antoine, am Portal der Kirche Val de Grace u. s. w. ein tüchtiges Talent, das sich in der damaligen Kunstrichtung, einer Nachblüthe der Schule von Foutainebleau, mit Leichtigkeit bewegte. Er gehört zu den tüchtigsten franz. Bildhauern des 17. Jahrhunderts.*

Anguier, Michel, ein Bruder des Vorigen, geb. 1612, gest. 1686, befolgte in seinen Werken, z. B. in mehreren Götterstatuen, der des Pluto, des Neptun, der Ceres, der Amphitrite, der Bronzevase im Versailler Garten eine ähnliche Kunstweise.

Anichini, Francesco, aus Ferrara, ein trefflicher Gemmenschneider und Medailleur, der um die Mitte des 16. Jahrhunderts thätig war und dessen Arbeiten durch Zartheit des Schnitts und genaue Schärfe bewundernswerth erscheinen.

* Abgebildet in den Denkmälern der Kunst. Atlas zu Kuglers Handb. der Kunstgesch. Taf. 93, Fig. 11.

Anjou, René von, Titularkönig von Neapel, Herzog von Lothringen, Graf von Provence, mit dem Beinamen der Gute, geb. 1408, gest. 1480, ein höchst kenntnissreicher Fürst, Dichter, Maler und Beförderer der Künste und geistigen Bildung durch Beispiel, Unterstützung und Lehre, wird für einen Schüler der van Eyck gehalten, was hohe Wahrscheinlichkeit für sich hat; denn wenn sich auch in seinen frühesten Werken, z. B. auf einer kleinen Tafel in zwei Abtheilungen, René und seine Gemahlin und die Vision des heil. Bernardin von Siena darstellend, noch Anklänge an die italienische Darstellungsweise in der Art des Pisanello zeigen, so findet man dagegen in seinen späteren Bildern, in dem figurenreichen Altarbild des Hospitals zu Villeneuve, der sogenannten göttlichen Komödie, wohl richtiger aber eine Krönung Mariä genannt, und in dem betenden Kardinal mit dem schönen Ausdruck im Museum zu Avignon, insbesondere aber in dem grossen Altarwerk der Kathedrale zu Aix, einem Flügelbild mit fast lebensgrossen Figuren, dem sogenannten brennenden Busch, einer Allegorie auf die unbefleckte Empfängniss Mariä, ganz vollkommen den Styl der van Eyck, wie denn René's Thätigkeit in der Malerei überhaupt nicht ohne Einfluss auf den flandrischen Realismus der neapolitanischen Schule des 15. Jahrhunderts gewesen sein mag. Ja, es wird ausdrücklich versichert, dass er den Neapolitaner Colantonio del Fiore in der „flandrischen Malweise" unterrichtet habe. In seinen meisten Werken beurkundet sich eine phantastische originelle Sinnesweise voll eigenthümlicher Einfälle und versteckter Gedanken, eine besondere Liebhaberei an allegorischer und symbolischer Darstellungsart; sie zeichnen sich in der Regel durch eine gute Charakteristik, richtige Zeichnung und einen milden Ausdruck in den Köpfen aus. In der Modellirung der nackten Theile sind sie dagegen schwach, zeigen aber einen schönen Wurf und prachtvolle Färbung der Gewänder, dem Gesammtcolorit fehlt es jedoch hin und wieder an Harmonie. Man nennt auch mehrere Portraits, die René gemalt, so ausser mehrfachen Bildnissen seiner selbst und seiner beiden Gattinnen die: Karl des VII., Philipp des Guten, Herzogs von Burgund u. s. w. Von seinen übrigen Gemälden, deren René eine ziemliche Anzahl angefertigt und welche die Kirchen zu Angers, Lyon, Avignon, Marseille und Aix zierten, sind die meisten in der Revolution zu Grunde gegangen; ebensowenig hat sich etwas von den Malereien erhalten, welche er zu Dijon auf die Wände und Fensterscheiben der jetzt zerstörten Schlosskapelle und im Schlossthurm, woselbst er von Philipp von Burgund von 1431—1438 gefangen gehalten wurde, gemalt hatte. Dagegen finden sich noch ziemlich viele Miniaturbilder vor, womit er seine selbstverfassten geistlichen Betrachtungen, Romane und sein Turnierbuch geschmückt. So bewahrt man ausser mehreren zerstreuten Missalen, Psaltern, Brevarien u. s. w. in den Bibliotheken zu Angers, Aix und Wien noch sechs der von ihm mit Miniaturen geschmückten Gebetbücher der sogenannten „Heures"; ferner auf der Bibliothek zu Paris seinen „Trésor des Martres", mehrere seiner „Moralitäten" oder „Mysterien", seinen „Roman en prose et en vers de très doulce mercy au coeur d'Amour espris" und insbesondere sein treffliches Turnirbuch, 1449 auf dem Schloss Tarascon gemalt und wichtig für die Kenntniss der Sitten und Trachten der Zeit. Dasselbe wurde herausgegeben von Champillion-Figeac, J. Dubois und G. Motte unter dem Titel: Les tournais du roi Renë. Un Vol. Paris 1826.

Literatur. Oeuvres complètes du Roi René avec une biographie. Text vom Grafen Quatres-barbes, Abbild. von M. Hawke, Angers 1845. — Kunstblatt, Jahrg. 1826 u. 1827. — Passavant, ebendaselbst, Jahrg. 1843. — Förster, ebendas., Jahrg. 1846. — Kugler, Handb. der Gesch. der Malerei.

Anisimoff, ein russischer Genremaler, der sich in den ersten Decennien unseres Jahrhunderts durch manche mit Geist und Geschmack dargestellte Bilder aus dem russischen Volksleben einen Namen machte.

Anker, der Meister vom, wird ein alter deutscher Stecher genannt, von dessen sehr seltenen Arbeiten Bartsch in seinem Peintre-graveur nur 5 Blätter aus der biblischen Geschichte aufzuzählen weiss, und dessen Monogramm in einem Anker zwischen den beiden Buchstaben B und R besteht.

Anna, Baldassare d', ein Niederländer von Geburt und Schüler des Corona, zu

Anfang des 17. Jahrhunderts zu Venedig und in der Umgegend als gerühmter Nachahmer der Darstellungsweise seines Lehrers thätig, gehört zu den Manieristen der venetianischen Schule.

Ansaldo, Giov. Andrea, geb. 1584 zu Voltri, im Genuesischen, erhielt den ersten Unterricht von Orazio Cambiaso, bildete sich aber mehr durch sich selbst nach den Werken des Paolo Veronese. Er zeichnete sich in seinen zahlreichen Wandmalereien in Kirchen und Palästen, z. B. in S. Annunziata zu Genua, woselbst er in die Kuppel die Himmelfahrt der Maria, im Pal. Spinola, wo er die Grossthaten der Helden dieses Hauses in Bildern verherrlichte, wie in seinen Oelbildern, seinem heil. Ambrosius, der dem Kaiser Theodosius das Abendmahl ertheilt, im Oratorio di S. Ambrosio zu Voltri, durch Reichthum der Erfindung, kräftige Zeichnung, Ausdruck und Leben und ein heiteres, harmonisches, an die Bilder der Veronese erinnerndes, Colorit aus. Er starb 1638.

Anschütz, Herrmann, geb. zu Coblenz 1802, erlernte die Malerei bei Professor Hartmann in Dresden, wurde später ein Schüler von Cornelius in Düsseldorf und folgte Letzterem nach München, wo er im Odeonsaale das Urtheil des Midas in Fresco ausführte. Mit Unterstützung des Königs Ludwig von Bayern ging er nach Neapel, um im dortigen Museum und zu Pompeji und Herculanum die antike Wandmalerei zu studiren und diese Kunstweise in einigen Sälen des neuen Königsbau's, dem Speisesaal und im Tanzsaal, zur Anwendung bringen zu können. Hier malte er nach seiner Rückkehr im Speisesaal nach A. Zimmermann's Zeichnungen mit diesem und Nilson an Decke und Wänden, in Fresco und in Enkaustik, Darstellungen nach Anakreon's Gedichten, im Tanzsaal mit Hiltensperger tanzende Figuren und den Chor der Musen. Nach Vollendung dieser Arbeiten widmete sich Anschütz der Oelmalerei, und man sah seitdem auf den Ausstellungen viele seiner überall mit Anerkennung aufgenommenen Bilder, z. B. eine Madonna mit dem Kinde, in einem, dem Sassoferrato verwandten Style, Magdalena in der Höhle, Esther, Amor u. s. w.

Anselin, Joh. Ludw., geb. 1754, gest. 1823, ein geschickter Kupferstecher, u. A. besonders durch die Blätter: Molière, der Ninon de l'Enclos den Tartuffe vorlesend, und den Sieg bei Calais bekannt.

Anselmi, Michel Agelo, auch M. A. da Lucca oder da Siena genannt, 1491 zu Lucca geboren, empfing seinen ersten Unterricht bei Sodoma und hielt sich hierauf längere Zeit in Siena auf, wo er ein Bild in Fonte Giusta malte, das aber keineswegs den Styl seines Lehrers verräth. Hierauf kam er bereits als selbstständiger Künstler nach Parma, und malte daselbst 1541 nach einem Entwurfe des Giulio Romano für La Steccata die Krönung der Maria, welche so trefflich ausfiel, dass ihm noch mehrere grössere Arbeiten, z. B. die Anbetung der Könige in einer Nische über dem Haupteingange ebendaselbst, die aber bei seinem 1554 erfolgten Tode unvollendet blieb, ja selbst einige in Gemeinschaft mit Correggio auszuführende Gemälde übertragen wurden, Bestellungen, die, wenn auch letztere nicht zur Ausführung kamen, doch beweisen, in welcher Achtung Anselmi stand. Von seinen in Parma ausgeführten Bildern sieht man noch in S. Giov. Evang. Christi Kreuztragung (gest. von Eichens) und einige Fresken im Kloster, eine Madonna und Heilige in der Academia delle belle arti. In Gallerien ist dieser Meister selten, doch bewahrt das Louvre zu Paris von ihm eine Madonna mit Kindern von Engeln verehrt. — Anselmi ahmt in seinen Werken den Correggio nach und es gelingt ihm auch öfters eine gewisse Anmuth zu erreichen; er liebt fröhliche Farben und ein blühendes Colorit, allein seine Composition leidet häufig an Ueberladung, an einer Hinneigung zur Verzerrung, die Stellungen seiner Figuren sind nicht selten übertrieben und die Umrisse hart.

Ansiaux, Jean-Joseph-Eléonore-Antoine, einer der gerühmtesten modernen Maler, geb. zu Lüttich 1764, gest. zu Paris 1840, erlernte die Malerei in seinem Vaterland, trat sodann in Vincent's Schule und zeichnete sich hier so aus, dass er mehreremals die grosse goldene Medaille und in der Folge das Ritterkreuz der Ehrenlegion erhielt. Man hat von ihm eine Menge Kirchenbilder, z. B. die Himmelfahrt Mariä, die Bekehrung des Paulus, die Auferstehung, die Rückkehr des verlorenen

Sohns u. s. w. in verschiedenen Kirchen Frankreichs und den Niederlanden, Porträts, z. B. das des Marschalls Kellermann u. s. w., und vorzüglich eine Reihe graziöser Compositionen, unter denen Angelica und Medor, Rinaldo und Armida am bekanntesten sind.

Literatur. Immerzeel, De Levens en Werken der Holland'sche an Vlaam'sche Kunstschilders u. s. w.

Ansuino, ein Schüler Mantegna's, blühte um 1460. Von ihm ist in dem Cyklus von Fresken, die sein Lehrer mit seinen Schülern in der Kapelle S. Jacopo und Cristoforo der Kirche dei Eremitani zu Padua ausführte, die Darstellung des heiligen Christoph, der die zu seiner Verfolgung ausgeschickten heidnischen Kriegsknechte bekehrt.

Antelami, Benedetto, Bildhauer und Architekt, geb. um die Mitte des 12. Jahrhunderts, von dem sich im Dom zu Parma eine marmorne Reliefdarstellung der Kreuzabnahme mit 22 Figuren vom J. 1178 befindet, die sich durch die gedankenreiche Composition, durch Empfindung und bei aller Mangelhaftigkeit in der Behandlung des Nakten durch einen gewissen Geschmack der Darstellung auszeichnet. Auch die Reliefs und Statuetten der Apostel an der Arca unter dem Hochaltar des Doms, und ein Bischofsstuhl im Chor sollen Werke seiner Hand sein. Im Jahr 1196 soll Antelami den Bau des 1216 vollendeten Baptisterium's, eines im lombardischen Styl ausgeführten Werkes begonnen haben. Unter den Bildwerken desselben scheinen indessen nur die Hauptreliefs über den Thüren, die Statuen nebst einigen Ornamenten und die fast das ganze Baptisterium umstehenden Figuren zu sein. Neuerer Zeit werden dem Künstler auch einige Sculpturen an der Façade der Kathedrale in Borgo di San Domino zugeschrieben.

Antem, Hendrik von, ein ausgezeichneter Seemaler, der um 1654 blühte.

Antenor, Euphranor's Sohn, Erzgiesser aus Athen, der um 510—480 v. Chr. Geb. blühte, verfertigte die ersten Bildsäulen der Tyrannenmörder Harmodios und Aristogeiton.

Anthemios, aus Tralles in Lydien, der „erfindungsreiche" Baumeister, der mit seinem Schüler und Gehülfen Isidor von Milet von 531—537 n. Chr. Geb. unter Justinian die heute noch stehende und mit wenigen Veränderungen erhaltene Sophienkirche* in Constantinopel baute, in der der eigentlich byzantinische Baustyl in seiner umfassendsten, charakteristischsten und grossartigsten Gestalt erscheint. Anthemios soll auch ein Werk über Mechanik geschrieben haben, von dem im J. 1777 zu Paris ein Fragment erschien. Auch in der vatikanischen Bibliothek zu Rom zeigt man noch ein Manuscript von ihm.

Literatur. Kugler, Handb. der Kunstgesch. — Kugler, Museum, Blätter für bild. Kunst Jahrg. 1832.

Anthermos, auch **Archermos** oder **Archenos** geschrieben, Sohn des Mikkiades und Vater des Bupalos und des Athenis, ein altgriechischer Bildhauer um 600—540 v. Chr. Geb., aus Chios, von dem sich Werke auf den Inseln Delos und Lesbos, unter denen die Statue einer Nike mit Flügeln gerühmt wird, befanden.

Antidotos, ein Schüler des Euphranor und Lehrer des Nikias, altgriechischer Maler, der um 350 v. Chr. Geb. thätig war und viele Werke fertigte, von denen besonders seine kämpfende Athene, sein Syrinxbläser, sein Ringer gerühmt werden. Er soll seine Bilder sehr sorgfältig ausgeführt haben, dagegen im Colorit doch unbeholfen und hart gewesen sein.

Antigonos, ein Erzbildner, der um 230 vor Chr. Geb. blühte, wird unter den Künstlern genannt, welche den Sieg des König Attalos I. über die Gallier dargestellt, auch als Schriftsteller über Torentik erwähnt.

Antimachides, siehe **Antistades**.

Antichos, aus Athen, altgriechischer Erzgiesser, der um's Jahr 240 v. Chr. thätig war. Eine kolossale Minerva in der Villa Ludovisi zu Rom trägt seinen Namen.

Antipatros, war ein vortrefflicher Künstler in erhabenen Arbeiten auf silbernen Gefässen im 3. Jahrh. v. Chr. Geb.

Antiphanes, von Argos, ein Schüler des Periklet, Erzgiesser aus Argos um's

* Abgebildet in den Denkmälern der Kunst. Atlas zu Kuglers Handb. d. Kunstgesch. Taf. 35, Fig. 1 u. 2.

Jahr 400—370 v. Chr. Geb., von dem drei Werke: die Dioskuren, ein Bild des trojanischen Pferdes aus Erz, und einige Statuen von den Weihegeschenken, welche die Tegeaten wegen ihres Sieges über die Lacedämonier nach Delphi gesandt, rühmend genannt werden.

Antiphilos, ein in Aegypten geborener Grieche und Schüler des Ktesidemos, um 330 v. Chr. Geb. blühend, wurde unter die sieben grossen Meister der Blüthezeit griechischer Malerei gezählt. Ausser einzelnen bedeutenderen Leistungen, die sich durch Natürlichkeit, Leben und Anmuth auszeichneten, macht er sich besonders durch eine, in den verschiedenen eigenthümlichen Richtungen seiner Zeit begründeten Neigung zu genreartigen Darstellungen mit zierlichen Lichteffekten bemerkenswerth. So wurde sein Satyr, die Hand vor die Augen haltend, sein Knabe, der ein Feuer anbläst, ferner sein Porträt Alexander des Grossen als Knabe u. s. w. vielfach bewundert.

Antiquus, Johannes, geb. 1702 zu Gröningen, trieb in seiner Jugend die Glasmalerei, die er bei Gerhard van der Veen erlernt hatte, widmete sich aber später der Oelmalerei unter Jan Wassenberg, und begab sich sofort mit seinem Bruder Lambert, der ein guter Landschafts- und Ornamentenmaler war, auf Reisen, die ihn nach Florenz brachten, woselbst er in des Grossherzog's Dienste trat, auch für Papst Benedict XIII. vielfach beschäftigt wurde. Nach dem Tode seines Herrn kehrte er jedoch wieder in's Vaterland zurück und starb dort zu Breda 1750. Antiquus folgt in seinen Werken mit grosser Leichtigkeit und tüchtiger Gewandheit den Mustern der römischen Schule, sie sind gut gezeichnet und schön gemalt. Man lobt seine Porträts, noch mehr aber seine historischen Bilder: seinen Mars von den Grazien entwaffnet, Scipio Africanus, einen Coriolan, einen Sturz der Giganten u. s. w. im Palaste zu Breda.

Antistates, erbaute unter der Herrschaft der Pisistratiden um die Mitte des sechsten Jahrhunderts v. Chr. Geb. in Gemeinschaft mit Kalläschros, Antimachides und Porinos den Tempel des olympischen Zeus zu Athen.

Antoine, Jacques Denis, geb. zu Paris 1733, gest. 1801, ein tüchtiger Architekt, der sich bestrebte in seinen Werken wieder einen besseren, den antiken Mustern zugewandten Geschmack einzuführen, wie seine Münze zu Paris, sein Palast Berviq zu Madrid, das Münzgebäude zu Bern u. s. w. beweisen.

Antolinez, Don, Josef, geb. zu Sevilla 1639, gest. 1676, ein in Fr. Rizi's Schule gebildeter, ausgezeichneter Landschaftsmaler, dessen Bilder sich durch die reizende Feinheit der Tinten und die Zartheit und Anmuth der Ausführung auszeichnen.

Antolinez y Sarabia, Don Francisco, ein Schüler von Murillo, der, nachdem er zu Sevilla die Jurisprudenz studirt hatte, die Malerei ergriff, dann zu Madrid abwechselnd die Rechtspraxis und Kunst ausübte und viele kleine glücklich erfundene und mit grosser Leichtigkeit im Geschmack und in der Art der Färbung seines Lehrers ausgeführte Bilder aus der biblischen Geschichte und dem Leben der Maria malte. Er starb 1700.

Antolini, Giov., Professor der Architektur zu Mailand, ist durch seine im Auftrag Napoleons gemachten Entwürfe für ein Forum Bonaparte, die 1808 veröffentlicht wurden, durch eine theoretische Schrift über bürgerliche Baukunst, ein Werk über die altrömische Stadt Velleja und die nach seinen Zeichnungen gestochenen Ansichten antiker Gebäude bekannt.

Anton von Worms, siehe **Worms.**

Anton, Marc, siehe **Raimondi.**

Antonello da Messina, siehe **Messina.**

Antonio, Pedro, geb. 1614 zu Cordova, gest. 1675, ein Schüler von Ant. del Castillo y Saavedra, dessen Gemälde durch ihr frisches Colorit und die Zierlichkeit der Ausführung vielen Beifall fanden. Von seiner Hand sind: die heilige Rosa von Lima, der heil. Thomas von Aequino und die Empfängniss in S. Pablo zu Cordova.

Antonio de Holanda, ein portugiesischer Miniaturmaler, malte das Bildniss Kaiser Karl V. (regierte von 1519—1558), und zwar nach des Letzteren eigener Versicherung ähnlicher als das von Tizian gewesen sein soll. Sein Sohn Francisco berichtet in seinem Werke „de la Pintura antigua“ sein Vater sei der beste Miniaturmaler in Portugal gewesen.

Antonio da San Gallo, siehe **Sangallo.**

Antonio di Federigo, ein Bildhauer in Siena, der um die Mitte des 15. Jahrhunderts verschiedene Statuen für den Dom ausführte.

Antonio, Francesco di, ein Maler aus Orvieto, der 1370—1373 unter Ugolino di Prete Ilario an den ausgedehnten Fresken des dortigen Doms mitgearbeitet und 1400 die Fenster hinter dem Hochaltar gemalt haben soll.

Antonio de Montreal, ein spanischer Maler, der im ersten Viertel des 17. Jahrh. zu Madrid blühte, wo man im Kloster de la Trinidad calzada den heil. Johannes de Mata, der einen Kranken heilt, sieht.

Antonio, Paolo di Matteo, aus Siena, leitete von 1362—1367, in welch letzterem Jahre er starb, den Bau des Dom's von Orvieto und die Bildhauerarbeiten daran.

Antonissen, Henricus Josephus, geb. zu Antwerpen 1737, gest. 1794, ein trefflicher Landschaftsmaler, dessen mit Thieren staffirte Bilder sehr geschätzt sind, war der Lehrer mehrerer bedeutender niederländischer Landschaftsmaler, wie Ommegauck u. A.

Antoniszoon, Cornelis, geb. zu Amsterdam gegen das Ende des 15. Jahrhunderts, ein trefflicher Prospektenzeichner und Formschneider, gab im J. 1544 in 12 Holzschnitten eine Ansicht von Amsterdam heraus, die er Kaiser Karl V. widmete. Diese Blätter sind sehr schön aber äusserst selten. In der Schatzkammer seiner Vaterstadt bewahrt man ebenfalls noch eine treffliche Ansicht Amsterdam's vom J. 1536. Antoniszoon bekleidete seit 1547 die Stelle eines Raths.

Antwerpen, Livin, ein Schüler Memling's, arbeitete mit seinem Lehrer und seinem Mitschüler Gerhard von Gent an dem mit vielen Miniaturen geschmückten Gebetbuch in der Bibliothek von S. Marco in Venedig, dessen grössere bildliche Darstellungen, meist heiligen Inhalts, sich durch den Reichthum der Phantasie, der sich in ihnen kund gibt, die Grossartigkeit des Styls und die Feinheit der Ausführung auszeichnen. Demselben Künstler, wahrscheinlich identisch mit Livin de Witte, wird eine, bald Eyck, bald Memling zuerkannte Anbetung der Könige (gest. v. C. Hess) in der Pinakothek zu München, und eine ähnliche, ehemals im Besitz des Herrn Aders zu London zugeschrieben.

Aparicio, José, ein spanischer Maler, geb. 1780, wahrscheinlich ein Sohn des Manuel Moreno Apariccio, der um 1773 treffiche Glasgemälde in Toledo und Leon ausführte, ging in David's Schule und eignete sich darin bei aller Strenge der Zeichnung doch auch zugleich seines Lehrers theatralische Darstellungsweise an, wie man in seiner „spanischen Epidemie“, an seiner Attalia u. s. w. sieht.

Apellas, altgriechischer Erzgiesser um 420 v. Chr. Geb. thätig, bildete betende Frauen und Philosophenstatuen: auch wird ihm ein Viergespann mit Wagenlenker und dem Bild der Kyniska zugeschrieben.

Apelles, der grösste Meister der griechischen Malerei, 356—308 vor Chr. Geb. blühend, geboren auf der Insel Kos, nach andern zu Kolophon, erhielt seinen ersten Unterricht bei Ephoros in Ephesus, trat aber später gegen ein Talent als Lehrgeld und 10 Lehrjahre in die Schule des Pamphilus zu Sikyon, in der er sich erst zu höherer Vollkommenheit bildete. In seinen Werken wusste er die Vorzüge der jonischen Kunstweise, Anmuth, sinnlichen Reiz, blühendes Colorit, mit der wissenschaftlichen Strenge der Durchbildung und dem Ernst und der Kraft der sicyon'schen zu vereinigen, feinste und genaueste Zeichnung mit der Weichheit und dem Schmelz der Modellirung, ungemeines Leben und treuste Naturwahrheit mit gewaltiger Wirkung zu verbinden. Vor Allem aber herrschte in seinen künstlerischen Hervorbringungen eine Eigenschaft vor, in der ihm das gesammte Alterthum den Preis zuerkannte, die Grazie. Diese wird wohl am vollendetsten in seinem vielfach gefeierten

Bilde der Liebesgöttin hervorgetreten sein, die aus den blauen Fluthen des Meeres auftauchend, sich die träufelnden Haare auswindet, wozu ihm die am Neptunsfeste zu Eleusis vor den Augen der versammelten griechischen Völker völlig entkleidet in das Meer steigende Phryne die erste Anregung gegeben und hernach die unmittelbaren Naturstudien geboten haben soll. Dieses von den Dichtern vielfach besungene, als ein Wunder gepriesene Bild der Anadyomene kam in den Tempel des Aeskulaps zu Kos, Augustus versetzte es später in den Tempel des D. Julius zu Rom, wo es aber schon zu Nero's Zeiten verdorben war. In ähnlicher, alle erreichbare Anmuth vereinigender Schönheit stellte er die drei Grazien, die Geliebte Alexander's, Kampaspe, und eine zweite Anadyomene dar, die noch mehr bewundert worden sein soll als die erste, die aber unvollendet blieb, weil er darüber starb und kein anderer Künstler sie zu vollenden wagte. Nicht minder bedeutend war Apelles in heroischen Gemälden. So rühmte man: die von Nymphen umgebene opfernde Diana, seinen Herkules, seinen Klitus, der, in die Schlacht eilend, den Helm begehrt u. s. w. Besonders gross erschien er in seinen ideal aufgefassten Porträts Alexander's des Grossen, an dessen Hof er malte, und seiner Feldherrn, des Königs Philipp und der hervorragendsten seiner Zeitgenossen. Er stellte Alexander mit Castor und Pollux und der Victoria dar, ferner, wie er den Siegeswagen besteigt; hochberühmt aber war das im Artemistempel zu Ephesus aufgehängte Bild desselben mit dem zeus'schen Attribut, dem Blitze, in der Hand. Nach Alexander's Tod hatte sich Apelles an den Hof des ägyptischen Königs Ptolomäus begeben, war aber bald wieder nach Griechenland zurückgekehrt, woselbst er auch starb. Apelles schrieb auch über seine Kunst und es waren noch zu Plinius Zeiten (23—79 n. Chr. Geb.) drei Abhandlungen über die Geheimnisse der Malerei von ihm vorhanden.

Apollodoro, Francese, gen. il Porcia, aus Friaul, ein trefflicher Bildnissmaler, der zu Anfang des 17. Jahrhunderts zu Padua thätig war.

Apollodoros, ein atheniensischer Maler, der gegen den Schluss des 5. Jahrhunderts v. Chr. Geb. thätig war und als der erste genannt wird, der in seinen Gemälden auf eine eigentlich malerische Wirkung hingearbeitet, der die Gesetze der Beleuchtung und der hievon abhängigen Schattengebung, also der Modellirung zuerst in Anwendung gebracht, und damit in Uebereinstimmung zugleich ein durchgebildeteres Colorit eingeführt, wodurch die selbstständig freie Entfaltung der griechischen Malerei begründet wurde.

Apollodoros, ein Erzgiesser aus Athen, der sich vornehmlich durch Porträtstatuen von Philosophen auszeichnete und dessen Bildniss von Silanion, der um 325 v. Chr. Geb. thätig war, in Erz gegossen wurde.

Apollodoros, aus Damascus, Baumeister unter Trajan, erwarb sich einen berühmten Namen durch die Erbauung des prachtvollen trajanischen Forums, mit seinen Thermen, seinem Odeon, Gymnasium, der Basilica Ulpia, der herrlichen Trajansäule und anderer ausgezeichneter Gebäude zu Rom und andern Orten. Eines seiner Hauptwerke war ferner die eine halbe Stunde lange und 300 Fuss hohe steinerne Brücke über die Donau. Hadrian, Trajan's Nachfolger auf dem Kaiserthrone, selbst Architekt, liess den Künstler, der ihm an dem nach seinen eigenen Plänen erbauten Tempel der Venus und Roma tadelte, dass die sitzenden Statuen dieser Göttinnen, wenn sie aufstehen sollten, die Köpfe an der Decke einstossen würden, im J. 130 n. Chr. Geb. aus Hass und Eifersucht tödten. In einer mit Apollodoros bezeichneten Büste, in der Glypthothek zu München, glaubt man das Porträt dieses Künstlers zu erkennen.

Apollonio, Jacopo, geb. 1584, gest. 1654, ein Enkel des Jacopo und Schüler seiner beiden Oheime Girolamo und Giambatista Bassano, war ein so getreuer Nachahmer der Letzteren, dass seine Gemälde mit denen seiner Lehrer verwechselt werden könnten, wenn er diesen nicht an Zartheit der Umrisse, Kraft der Tinten und kecken Schwung des Pinsels nachstünde. Mit Anerkennung nennt man: eine heil. Magdalene im Dom, einen heil. Franciscus in der Kirche der Padri Riformati, und einen heil. Sebastian in S. Sebastiano zu Bassano.

Apollonios, Nestor's Sohn, aus Athen, der Künstler des berühmten und vielbewunderten, einem ähnlichen Werk des Lisipp's nachgebildeten Torso des Herkules, einer der ausgezeichnetsten künstlerischen Hervorbringungen der griech. Kunst zur Zeit der römischen Herrschaft, war ein Zeitgenosse des Pompejus und Cäsars. Ein anderes Werk des Künstler's, der Sturz eines Herkules oder Aeskulap's, das sich ehemals im Pal. Massimi zu Rom befand, ist spurlos verschwunden, ein drittes ihm zugeschriebenes, mit seinem Namen bezeichnetes, ein junger Satyr, von vorzüglicher Schönheit, befindet sich in der Egremont'schen Sammlung zu Petworth.

Literatur. Brunn, Geschichte der griechischen Künstler.

Apollonios, aus Athen, Sohn des Archias, bekannt als der Meister einer in Herkulanum gefundenen Bronzebüste eines jugendlichen Mannes, in welchem man den Augustus erkennen will. Jedenfalls lebte der Künstler zur Zeit dieses Kaisers.

Apollonios, von Tralles, und dessen Bruder Tauriskos, Söhne des Artemidoros und Schüler des Menekrates, verfertigten die berühmte Gruppe des sogenannten farnesischen Stiers*, Zethus und Amphion, welche, die Schmach ihrer Mutter zu rächen, die Dirke an die Hörner eines wilden Stiers anbinden, darstellend, von Rhodos unter Kaiser Augustus nach Rom gebracht und jetzt im Museum von Neapel, ein Werk aus der nach Alexander des Grossen Tod herrschenden Nachblüthe der griechischen Plastik, das zwar eine äusserlich imposante Wirkung hervorbringt, aber ohne befriedigenden geistigen Inhalt ist. Die Gruppe hat schon unter Caracalla und später durch Guilelmo della Porta (gest. 1577) nicht ganz passende Ergänzungen erhalten.

Apollonius, ein griechischer Maler, der auf Bitten und Zureden des A. Tafi (1213 bis 1294) von Venedig, wo griechische Maler in S. Marco Mosaiken ausführten, nach Florenz kam, um ihm an den Musiven des Gewölbes zu helfen. Ausserdem zeigt man von ihm in der Kapelle des Campo Santo zu Pisa ein Crucifix.

App, Peter Wilhelm, besuchte 1820 die Akademie zu München und bildete sich später unter P. v. Cornelius in der Historienmalerei aus. Er schmückte mit W. Röckel das Schloss des Freiherrn von Plessen in der Nähe von Düsseldorf mit Fresken, erwarb sich aber auch in der Oelmalerei einen geschätzten Namen, wie sein 1841 zu Darmstadt ausgestelltes Bild: Hermann als Sieger zu den Seinigen zurückkehrend, beweist.

Appel, Jakob, geb. 1680 zu Amsterdam, gest. 1751, ein Schüler von Timotheus de Graaf und van der Plaas, war seiner Zeit ein sehr geschätzter und vielseitigst beschäftigter Historien-, Bildniss- und Landschaftsmaler.

Appelman, Barend, geb. 1640 zu Gravenhage, gest. 1686, ein geschickter Landschaftsmaler, der gewöhnlich italienische Ansichten malte und das Schloss von Soestdijk mit sehr schönen Prospekten schmückte, auch die Gemälde anderer Künstler, z. B. die Bildnisse des Jan de Baan mit Landschaften staffirte.

Appelmans, Pieter, einer der wenigen namhaft gewordenen niederländischen Architekten des 15. Jahrhunderts, der um 1412 blühte, die S. Georgskirche zu Antwerpen baute, die erste Hand an die dasige Hofkirche legte und 1420 die Pläne zu dem 432 Fuss hohen Thurm entwarf. Er starb 1434 zu Antwerpen.

Literatur. Immerzeel. De Levens en Werken der Hollandsche und Vlaamsche Kunstschilders u. s. w.

Appiani, Andrea, einer der geschätztesten Künstler seiner Zeit, die ihm den Namen des „Malers der Grazien" gab, wurde aus einer alten, aber armen adeligen Familie 1754 zu Mailand geboren, woselbst er sich auch schon von früher Jugend an der Kunst und zwar anfänglich, um seine Existenz zu sichern, der Dekorationsmalerei widmete, bis er durch eifriges Studium der alten grossen Meister zu Parma, Bologna und Florenz, sowie der Raphael'schen Fresken zu Rom, sich ohne irgend einem Vorbild ausschliesslich zu folgen, selbstständig ausbildete und zu einem der ersten Freskomaler aufschwang, dessen Talente von Fürsten und Grafen vielfach in Anspruch genommen wurden. Napoleon ernannte ihn zu seinem Hofmaler, ertheilte ihm den Orden der Ehrenlegion und setzte ihm einen jährlichen Gehalt aus, der ihm aber nach dem Sturze des Kaisers entzogen wurde, so dass der Künstler, den 1813

* Abgebildet in den Denkmälern der Kunst. Atlas zu Kuglers Handb. der Kunstgesch. Taf. 19, Fig. 5.

ein Schlagfluss arbeitsunfähig gemacht hatte, die letzten Jahre seines Lebens in Kummer und Sorge zubrachte, ja um dasselbe nur zu fristen, in der letzten Zeit noch alle seine Zeichnungen und Studien verkaufen musste, bis ein wiederholter Schlagfluss 1818 solcher qualvollen Existenz ein Ende machte. — Appiani hält sich in seinen meisten Bildern von dem damals üblichen theatralischen Pomp der Franzosen fern; sie zeichnen sich durch einfache Grösse der Composition, graziöse Zeichnung, Glanz, Anmuth und Harmonie der Farbe und einen gewissen grossartigen Styl aus; tiefere Charakteristik und Ausdrucksweise gehen ihnen jedoch bis auf einige seiner bedeutendsten Werke, z. B. die schönen Fresken in S. Maria presso di Celso zu Mailand, die vier Evangelisten und Kirchenväter darstellend, beinahe durchgehends ab. Er malte fast alle Mitglieder der Familie Napoleon's, war aber in seinen Porträts nicht besonders glücklich.

Appiani hat beinahe alle Paläste Mailands mit Fresken geschmückt, zu seinen vorzüglicheren gehören aber die im kaiserlichen Palaste, die Grossthaten des Eroberers Napoleon darstellend (gest. von Rosaspina), und die in der Rotonda dell' Orangeria im Pal. reale zu Monza, mit Darstellungen aus der Mythe der Psyche. Auch in Deutschland sieht man Freskomalereien von dem vielgesuchten Meister. So sind u. A. die 28 Deckenbilder in der Peterskirche zu Mainz von seiner Hand. Zu seinen besten Oelgemälden gehören: Jakob und Rahel (gest. von Garavaglia), Christus mit seinen Jüngern zu Emmaus (gest. v. J. Bernardi), Venus und Amor auf der Villa Sommariva am Comersee, Napoleon auf dem Throne (gest. v. Bartolozzi, die Toilette der Juno, Rinaldo in den Gärten der Armida, der Olymp u. s. w.

Die berühmtesten Kupferstecher seiner Zeit haben nach seinen Bildern gestochen und Bisi veranstaltete eine Herausgabe seiner sämmtlichen Werke. Anderloni stach das Porträt des Künstlers. Der Mailänder Bildhauer Pompeo Marchesi führte seine Büste kolossal in Marmor aus und schenkte sie der Wiener Akademie.

Appiani, Francesco, geb. 1702 zu Ancona, gest. 1792 zu Perugia, war ein Schüler des Magatta, bildete sich aber später in Rom, besonders im Umgang mit Mancini, der unter die ersten Maler seiner Zeit gezählt wurde, zu einem tüchtigen Künstler aus, dessen Bilder sich durch die liebliche Composition und harmonische Farbenwirkung eine gewisse Geltung verschaffen. In S. Sisto Vecchio zu Florenz, und in der Kathedrale, der Franziskanerkirche, der Peterskirche u. s. w. zu Perugia sieht man Gemälde von ihm. Er malte auch viel für England.

Appius Pulcher, römischer Proconsul und Architekt, der die Propyläen zu Eleusis* erbaute.

Apshoven, siehe **Abtshoven.**

Aquila. Mit diesem Namen bezeichnet Arend van Halen seine gestochenen oder geschabten Blätter. Siehe Halen.

Aquila, Francesco Faraonio, Maler und Kupferstecher, geb. 1676 zu Palermo und um 1700 zu Rom thätig, führte Nadel und Stichel mit grossem Verständniss, wenn auch seine Stiche hin und wieder trocken erscheinen. Ausser vielen grossen Blättern, nach den besten Malern und den Antiken, worin er dem P. S. Bartoli nacheiferte, einzeln und in gesammelten Werken, von denen Heinecken in seinem „Dictionnaire des artistes" ein Verzeichniss bringt und unter denen besonders der Heiland in der Glorie nach Maratti, der heil. Petrus nach Lanfranco, das Abendmahl nach Albani, mehrere Kuppelbilder nach Pietro da Cortona, die heil. Rosalie für die Pestkranken bittend, nach seiner eigenen Composition hervorgehoben werden dürften, gab er die vatikanischen Loggienbilder unter dem Titel: Picturae Raphaelis Urbinatis ex aula et conclavibus Palatii Vaticani, in 22 Blättern heraus.

Aquila, Johannes, ein Maler, der um 1420 blühte und von dem man in der k. k. Gallerie zu Wien zwei Scenen aus dem Leben der Maria sieht, die an Dürer und M. Schongauer erinnern.

Aquila, Pietro, Maler und Kupferätzer, Bruder des Franc. Faraoino, geb. um 1677 zu Marzello, war Priester, widmete sich aber eifrig den zeichnenden Künsten und

* Abgeb. in den Denkmälern der Kunst. Atlas zu Kuglers Handb. d. Kunstgesch. Taf. 15, Fig. 8 u. 14.

malte und stach nach seinen Erfindungen und denen anderer Meister. Von seinen Bildern weiss man nur von zwei Gemälden in der Kirche zur Pietà in Palermo, Scenen aus der Geschichte des verlorenen Sohns darstellend, von seinen Stichen aber, die Heinecken in seinem „Dictionnaire des artistes" verzeichnet, und die sich durch eine grössere Leichtigkeit und Zartheit der Behandlung vortheilhaft vor denen seines Bruders auszeichnen, dürften zu den besten gehören: das Opfer der Polyxena und das der Diana, die Alexanderschlacht, der Triumph des Bacchus und der Sabinerraub nach P. da Cortona, die Götterversammlung nach Lanfranco, die Schlacht des Constantin nach Raphael, die Anbetung der Könige nach eigener Erfindung u. s. w. Man besitzt von ihm ferner eine Folge von Porträts römischer Kaiser nach antiken Medaillen; auch stach er die sogenannte Bibel Raphaels, die Bilder im Schlafgemach des Palastes Farnese und die farnesische Gallerie nach A. Carracci in 25 Blättern. Die Originalplatten der Letzteren wurden auf Befehl des Papstes Leo XII. im Jahr 1824 vernichtet.

Aquila oder **Aquilano Pompejo ~~dell'~~**, ein fleissiger Maler aus Aquila in den Abruzzen, der in der 2. Hälfte des 16. Jahrhunderts in seiner Vaterstadt thätig war und viele Bilder von sanftem Colorit ausführte. Er arbeitete auch in Rom, wo in der Kirche di S. Spirito in Sassia eine schöne Kreuzabnahme von seiner Hand ist. Orazio de Santis hat nach Bartsch (in seinem „Peintre graveur") mehrere seiner Bilder im Stich herausgegeben.

Aquilano, Orazio, siehe **Santis.**

Aragon, Juan de, Maler, der um 1580 an den Altarbildern des Klosters S. Geronimo in Granada thätig war.

Aragonese, Sebastiano, auch **Luca da Brescia** genannt, ein Schüler Tizian's, der um 1567 blühte und sich weniger als Maler, denn als Zeichner einen Namen machte.

Araldi, Alessandro, ein Schüler des Bellini, war zu Anfang des 16. Jahrh. zu Parma thätig, wo man noch heute in S. Giovanni eine Madonna in Wolken (vom J. 1500), im Kloster S. Paolo Fresken aus dem Leben der heil. Katharina und in der Akademie delle belle arti eine Verkündigung sieht. Er starb 1528.

Arbasia, Cesare, aus Saluzzo, war ein Schüler des F. Zuccaro, der seinem Lehrer in verschiedenen Frescomalereien, z. B. in der Kirchendecke bei den Benediktinern zu Savigliano und in einigen Wandmalereien im Stadthause seiner Vaterstadt mit Talent nacheiferte. Er brachte lange Zeit in Spanien zu, wo er im Jahr 1566 mit los Perolas den bischöflichen Palast zu Cordova mit Fresken schmückte und im Jahr 1579 mehrere Gemälde für die Kathedrale von Malaga ausführte, von denen einige noch vorhanden sind. Er starb 1614.

Literatur. Bermudez, Diccionario historico de los mas illustres professores de las bellas artes en España.

Arco, Niccolò dell', eigentlich **di Puglia** aus Bologna, ein Schüler des Jacopo della Quercia, führte (um 1469) den Aufsatz mit den Statuetten von Heiligen, den vier grossen Propheten und der Auferstehung Christi am Grabmal des heiligen Dominicus in S. Domenico zu Bologna aus. Ausserdem kennt man von ihm noch eine kolossale Madonna aus Thon gebrannt und vergoldet vom J. 1478, an der Façade des Palazzo publico ebendaselbst.

Arcagna, Arcagnolo oder **Arcagnuolo,** siehe **Cione.**

Arce, Don Celedonio de, geb. 1739 zu Burgos, gest. 1795, ein Schüler von Greg. Barambio, Mitglied der Akademie und Hofbildhauer, hat sich durch verschiedene Werke, insbesondere durch eine Reiterstatue des Königs von Spanien einen Namen gemacht. Er schrieb auch ein Buch über die Bildhauerkunst, das 1786 unter dem Titel „Conversaciones sobre la escultura" zu Pamplona herauskam.

Arcesilaus, siehe **Arkesilaos.**

Archelaos, Bildhauer aus Prieni in Jonien, der Künstler des bekannten Reliefs, die Apotheose Homer's darstellend, im brittischen Museum zu London.

Archias, von Athen, ein altgriechischer Torent, der um 400 v. Chr. Geb. thätig war, und nach den Schatzrechnungen des Parthenon Verfertiger eines Palladiums aus Gold und Elfenbein war.

Archias, von Korinth, der Erbauer eines grossen Schiff's mit 3 Verdecken und 20 Ruderreihen für Hiero den II. (268—214 v. Chr. Geb.).

Archilochos, aus Argyle, wird als Erbauer des um 420—400 errichteten Erechtheion, jenes Prachtgebäudes zu Athen genannt.

Arcimboldi, Giuseppe, geb. zu Mailand, lebte als geschätzter Porträtmaler am Hofe Ferdinand I., Maximilian II., von dem er zum Hofmaler ernannt wurde, und Rudolph II.

Arco, Alonso dell', genannt „el Sordillo de Pereda", weil er taub und ein Schüler des Pereda war, geb. zu Madrid 1625, malte eine fast unzählige Menge von Bildern, deren Colorit gerühmt wird, ohne sich jedoch durch ein einziges bedeutendes ausgezeichnet zu haben. Er starb 1700.

Ardikes, einer der ältesten griechischen Maler, wird als Erfinder einer ausgebildeteren Linearzeichnung gerühmt.

Ardell, James Mac, ein vorzüglicher Kupferstecher in der sogenannten Schwarzkunst, geb. in Irland um 1705, gest. zu London 1765, stach nach den ersten Meistern viele treffliche Blätter, unter denen zu den besten gezählt werden: das sehr seltene Blatt, die Mutter mit ihren Kindern im Lehnstuhl nach Rubens, die Zeit beschneidet dem Amor die Flügel, die Findung Mosis, die Unschuld in der Wiege und mehrere Porträts nach Van Dyck, die Himmelfahrt der Maria nach Murillo, die Mutter Rembrandt's nach Rembrandt u. s. w. Man hat auch Abdrücke in Bister von einigen seiner Platten. Heinecken in seinem „Dictionnaire des artistes" verzeichnet die von ihm gestochenen Blätter.

Ardemans, Don Teodoro, der Sohn eines Deutschen, wurde 1664 zu Madrid geboren, nahm, wie sein Vater, Kriegsdienste bei der adeligen Leibwache, verliess dieselbe aber bald wieder und widmete sich ganz der Kunst. Er studirte die Malerei in der Schule des Claudio Coello, beschäftigte sich aber später beinahe ausschliesslich mit der Architektur, führte in der Folge zu Granada mehrere Bauten aus, und bekam 1694 die Oberleitung des Bau's der Kathedrale daselbst. Philipp V., der Ardemans sehr schätzte, zeichnete ihn durch Ehrenstellen aus und ernannte ihn 1704 zu seinem Kammermaler. Er starb 1726. Seine Gemälde, die in Porträts, meistens aber in Architekturstücken und Ansichten bestehen, sind sehr selten. Ardemans gab auch einige Schriften, worunter eine gerühmte Lobrede auf Palomino, den spanischen Vasari, heraus.

Literatur. Bermudez, Diccionario historico de los mas illustres professores de las bellas artes en España.

Ardente, Alessandro, geb. zu Faenze, gest. 1595, Hofmaler des Herzogs von Savoyen, Karl Emanuel, von dem man zu Lucca in S. Paolino drei Altarbilder und in S. Giovanni eine Taufe Christi, zu Turin auf dem Monte della Pietà den Sturz Pauli und eine (mit dem J. 1592 bezeichnete) Erscheinung sieht. Er wird als Bildnissmaler sowie auch seiner Compositionen wegen gelobt.

Arduin, Meister, soll 1390 den Bau des Doms von Bologna begonnen haben. Denselben Namen führt eine Marmorstatue der Madonna mit dem Kinde, mit der Jahrszahl 1340, im Karmeliterkloster zu Venedig.

Aregio, Pablo de, ein spanischer Maler, der mit Francisco Neapoli im J. 1506 die Thüren des Hauptaltars der Kathedrale von Valencia mit Scenen aus der heiligen Geschichte schmückte, Darstellungen, die ganz im Style des Leonardo da Vinci behandelt sein und sich durch die Correktheit der Zeichnung, die Grossartigkeit der Formen, den Adel der Charaktere und den Ernst des Ausdrucks auszeichnen sollen. Von demselben Meister sieht man noch in der genannten Kirche die lebensgrossen, einzelnen Figuren der h. h. Cosmus und Damian von breiter, meisterlicher Behandlung, guter strenger Zeichnung und glühendem Colorit.

Literatur. Bermudez, Diccionario historico de los mas illustres professores de las bellas artes en España. — Passavant, Die christliche Kunst in Spanien.

Arellano, Juan de, geb. 1614 zu Santorcaz, gest. zu Madrid 1676, einer der vorzüglichsten spanischen Blumenmaler, dessen Bilder meistens in Privatsammlungen zerstreut sind.

Arend, oder **Arent**, siehe **Gelder**.

Aretino, Niccolo, siehe **Lamberti**.

Aretino, Spinello, siehe **Spinello**.

Aretusi, Cesare, geb. zu Modena, war ein trefflicher Colorist, aber nicht stark in der Composition; er verband sich daher mit Giambatista Fiorini, der vorzüglich in der Erfindung, aber unbedeutend im Colorit war, um den beiderseitigen Mangel gegenseitig zu ersetzen, zu gemeinsamen Arbeiten, deren man in Bologna mehrere sieht, und von denen u. A. besonders Christus, dem heil. Petrus die Schlüssel reichend, in einer Kapelle der dortigen Metropolitankirche rühmend genannt wird. Vorzüglich war Aretusi aber in der Nachahmung des Correggio, dessen Nacht er für S. Giovanni in Parma so täuschend copirte, dass ihm Herzog Ranuccio, als die von Correggio in derselben Kirche gemalte Altartribüne mit der Krönung der Maria und Heiligen eingerissen werden musste, also jenen Bildern der Untergang drohte, ihm deren Copien für die neue Tribüne übertrug, welchen Auftrags er sich 1584—1587 mit Hülfe des Agostino und des Annibale Caracci, welche ihm die heruntergerissenen Bruchstücke vorher in Oel copirten, ehe er sie in Fresco an die neue Wand malte, so rühmlichst entledigte, dass ihn der Herzog zum Hofmaler ernannte. Auch als Porträtmaler soll er Treffliches geleistet haben. Er starb zu Parma 1612.

Arfe, Henrique, Antonio und **Juan de**, — Vater, Sohn und Enkel — eine berühmte Goldschmiedsfamilie, die im 16. Jahrhundert für beinahe alle Kathedralen in Spanien, wo sich der Vater, ein Deutscher von Geburt, seit 1506 bereits eingebürgert hatte, Monstranzen mit Statuetten und Reliefs von herrlicher Arbeit verfertigte. Antonio war der erste, der, während der Vater noch im germanischen Styl gearbeitet hatte, den neuen griechisch-römischen Geschmack in der Goldschmiedekunst einführte. Juan (geb. 1535, gest. 1595), war zugleich Bildhauer, Architekt und Holzschneider, auch gab er ein paar theoretische Schriften über die bildenden Künste heraus.

Literatur. Bermudez, Diccionario historico de los mas illustres professores de las bellas artes en España.

Arfian, Antonio de, Schüler des Louis de Várgas, war ein seiner Zeit sehr geschätzter Maler zu Sevilla, der mit eben so grosser Correktheit und Fertigkeit in Oel wie in Fresco malte und dessen Hauptwerk, ein vortreffliches Altarbild (vom J. 1551), man noch in der Kathedrale zu Sevilla sieht. In seinen Frescoarbeiten leistete ihm sein Sohn Alonso hilfreiche Hand.

Arias, Fernandez Antonio, geb. zu Madrid, ein trefflicher Schüler des Pedro de las Cuevas, zeigte ein so frühzeitiges Talent und machte so reissende Fortschritte, dass er schon in seinem 14. Jahre einige Altarbilder für eine Kirche zu Toledo zur allgemeinen Bewunderung ausführte und in seinem 25. Jahre unter die ersten Meister zu Madrid zählte. Er bekam viele Bestellungen, malte für den alten Palast eine Sammlung von Bildnissen spanischer Könige, starb aber, trotz aller Gönner und Freunde bei Hofe, und bei einem durchaus vorwurfsfreien Leben, im Hospital zu Madrid im J. 1684. — Arias' Bilder, von denen besonders sein Zinsgroschen im Museum zu Madrid höchst beachtenswerth ist, gefallen durch ihr kräftiges Colorit, ihr schönes Helldunkel und die Leichtigkeit in der Behandlung.

Literatur. Bermudez, Diccionario historico de los mas illustres professores de las bellas artes en España.

Arigo, siehe **Aregio**.

Aristeas und **Papias** von Aphrodisius, Bildhauer, welche zur Zeit Hadrians lebten und sich als die Verfertiger zweier Centauren in grauem Marmor im Capitolinischen Museum zu Rom nennen.

Aristides, Erzgiesser und Architekt, ein Schüler des Polyklet, lebte um 400 v. Chr. Geb. und stand wegen seiner Vier- und Zweigespanne in grossem Ruf.

Aristides, von Theben, 370—330 v. Chr. Geb. war ein Schüler des Euxenidas, und wird insbesondere bedeutend in der Darstellung von bewegten Seelenzuständen und Leidenschaften gerühmt. So nennt man jenes bewunderte Bild einer bei

Erstürmung einer Stadt verwundeten Mutter, die sterbend noch ihr Kind von der Brust abhält, damit es nicht Blut statt der Milch sauge. Durch ihn wurde die schon von Polygnot geübte enkaustische Malerei weiter ausgebildet.

Aristodemos, Erzgiesser, lebte um 320 v. Chr. Geb., bekannt durch seine Ringer, Zweigespanne sammt Lenker, Philosophen und Bildnissstatuen (unter den Letzteren durch eine Statue des Fabeldichters Aesop), an denen man die scharfe Charakteristik rühmt.

Aristodemos, ein Maler aus Karien, Schüler des Eumelos, Gastfreund des älteren Philostratos und Schriftsteller über die Geschichte der Kunst, lebte im 2. Jahrhundert nach Chr. Geb.

Aristogeiton, Erzgiesser aus Theben, lebte um 370 v. Chr. Geb. und verfertigte in Gemeinschaft mit Hypatodoros ein Weihegeschenk der Argiver nach Delphi, die Führer derer, welche dem Polyneikes nach Theben folgten, und Amphiaraos und seinen Rosselenker vorstellend.

Aristokles, ein altgriechischer Maler, Sohn und Schüler des Nikomachos, lebte um 315 v. Chr. Geb.

Aristokles aus Sikyon, ein Bruder des Kanachos, Erzgiesser um 500 v. Chr., fertigte in der von ihm nebst Kanachos und Ageladas ausgeführten Musengruppe die Muse mit der Lyra.

Aristokles, aus Cydonia, Erzgiesser zu Athen um 460 v. Chr. Geb., der Vater des Architekten und Bildhauers Kleoetas, von dem wir nur das Relief eines macedonischen Kriegers besitzen. — Sein Enkel Aristokles, ein Sohn des Kleoetas, der um 400 lebte, restaurirte die Basis der Bildsäule des Parthenon's und machte die Bilder des Zeus und Ganymed's, welche der Thessalier Gnothis nach Olympia weihte.

Aristomedes, Bildhauer aus Theben, um 480 v. Chr. Geb., fertigte mit seinem Bruder Sokrates eine Statue der Kybele als Weihegeschenk des Pindar in dem von ihm jener Gottheit geweihten Tempel zu Theben.

Aristomedon, Erzgiesser aus Argos, um 480 v. Chr. Geb., fertigte die Weihegeschenke der Phoceenser nach Delphi, die Statuen des Sehers Tellias und der übrigen Führer und einheimischen Heroen darstellend.

Ariston, Erzgiesser um 500 v. Chr. Geb., fertigte mit Telestas das 18 Fuss hohe eherne Zeusbild, welches die Bewohner von Kleitor, in Arkadien, nach Olympia weihten.

Aristonidas, Bildgiesser im 3. Jahrh. v. Chr. Geb., soll eine Statue des Athamas gemacht und bei deren Ausführung Erz und Eisen zusammengegossen haben, um durch die Rostfarbe des Letzteren, wie sie durch den Glanz des Erzes durchschimmert, die Schamröthe desselben über den an seinem Sohne begangenen Mord darzustellen.

Arkesilaos, Thonbildner, Erzgiesser und Bildhauer, um 74—46 v. Chr. Geb., bekannt durch eine Venus Genitrix, die er für den von Cäsar zu Rom erbauten Tempel dieser Göttin fertigte, und von der man in den so bezeichneten Statuen im Vatikan, in der Villa Borghese und im Louvre Nachbildungen zu besitzen glaubt. An der Ausführung eines zweiten Götterbildes der Felicitas unterbrach in der Tod. Ihm werden auch noch andere Werke, z. B. eine Löwin und geflügelte Amoretten, die mit ihr spielen, Centauren, welche Nymphen tragen, zugeschrieben. Sein Ruhm soll namentlich auf der Vortrefflichkeit seiner Modelle beruht haben, die von den Künstlern selbst, oft um einen höheren Preis, als fertige Werke Anderer, gekauft wurden.

Arkesilaos, Sohn des Aristodikos, blühte in der ersten Hälfte des 5. Jahrh. v. Chr. Geb., und ist bekannt durch eine von dem griechischen Dichter Simonides (gest. 467 v. Chr. Geb.) besungene Statue der Diana.

Arkesilaos, von Paros, ein enkaustischer Maler, der neben Polygnot und Nikanor um 460 v. Chr. Geb. erwähnt wird.

Arkesilaos, der Sohn des Erzgiessers Tisikrates, lebte um 300 v. Chr. Geb.

Arlaud, Jakob Anton, geb. 1668 zu Genf, war ein sehr geschätzter Miniaturmaler seiner Zeit, gleich trefflich in Historien wie in Bildnissen, deren er, von den Höfen zu Paris und London, wie von Privaten, dort und im Vaterland, vielfach beschäftigt, eine ausserordentlich grosse Anzahl anfertigte. Besonders aber rühmte man eine auf weisses Papier gemalte Copie der Leda nach einem Basrelief von Michel Angelo, die so täuschte, dass selbst Künstler sich nur durch Berührung des Bildes davon überzeugen konnten, eine Malerei und keine halb erhabene Arbeit vor Augen zu haben. Er verkaufte das Bild um 12000 Livres, und später, als es durch den Bankerott des früheren Besitzers wieder in seine Hände gekommen war, an einen Engländer um 600 Pfund Sterling mit der Verpflichtung, kein ähnliches Bild mehr zu malen. Arlaud malte jedoch, seiner Zusage zuwider, eine zweite Copie, zerschnitt dieselbe aber, als sein hohes Alter ihm Gewissensbisse darüber machte, im J. 1738 in mehrere Stücke. Mit Reichthümern und Ehrenbezeugungen überhäuft, starb er in seiner Vaterstadt im J. 1743.

Literatur. Fiorillo, Geschichte der zeichnenden Künste in Grossbritannien.

Arler, Heinrich, Baumeister, gebürtig aus Gmünd in Schwaben, von den Italienern „Enrico di Gamodia" genannt, soll den Plan zu dem im Jahr 1386 unter Giov. Galeazzo Visconti begonnenen Dom von Mailand,* dem grossartigsten und merkwürdigsten kirchlichen Gebäude des germanischen Styls in Italien, entworfen, Scheelsucht auf deutsches Verdienst ihn aber bald wieder von der Leitung des Bau's verdrängt haben; doch wurde seiner bei dem Widerstreit der Ansichten über dessen fernere Ausführung durch die damit beauftragten französischen, italienischen und niederländischen Meister noch öfters rühmend gedacht, auch Manches nach seinen Entwürfen und seinem Rathe ausgeführt. Später scheint er sich in Bologna niedergelassen zu haben.

Arleri, Peter, Baumeister, geb. 1333 zu Bologna und für einen Sohn des Obigen gehalten, dessen Namen in seinem Geburtslande eine italienisch klingende Endigung beigefügt wurde, übernahm in seinem 23. Jahre die Leitung des von Matthias aus Arras im J. 1343 begonnenen Doms zu Prag, den er 1385 in seiner gegenwärtigen Gestalt vollendete. Er ist überdies der Erbauer der Allerheiligenkirche, der prächtigen Moldaubrücke und der Kirche zu Collin a. d. Elbe.

Armann, Vincenz, ein niederländischer Landschaftsmaler, der schon als vorzüglicher Künstler nach Rom kam und hier durch seine Bilder, in denen er Wahrheit und Natur mit überraschenden Farbeneffekten verband, und in denen er jenes sanfte, gemilderte Colorit einführte, das Claude Gélée hernach zu solcher Vollkommenheit ausbildete, grossen Einfluss gewann. Er hinterliess viele Arbeiten, namentlich in den Palästen Roms, und starb auf der Rückreise in's Vaterland in Venedig 1649.

Armessin, Nicolas de l', geb. 1640 zu Paris, Zeichner und Kupferstecher, stach eine grosse Menge berühmter Personen, z. B. den Herzog Philipp von Bourbon, Paul Manutius, Johannes Guttenberg u. s. w.

Armessin, Nicolas de l', der Sohn des Obigen, geb. 1684 zu Paris, gest. 1755 als k. Kupferstecher daselbst, stach Manches nach Raphael, insbesondere aber nach Watteau auch mehrere Porträts. Der berühmte G. F. Schmidt stach mehrere Blätter unter seiner Leitung für ihn.

Armitage, E., ein trefflicher, lebender englischer Historienmaler, der schon zum Oeftern akademische Preise erwarb und sich in seinen Darstellungen aus der Bibel, der Geschichte seines Vaterlandes oder nach englischen Dichtern, insbesondere nach Shakespeare, durch lebhafte Phantasie, Geist in der Composition und Schönheitssinn auszeichnet.

Arnao de Flandes, ein Glasmaler aus den Niederlanden, der mit Arnao de Vergara, seinem Bruder, die grossen Fenster der Kathedrale von Sevilla mit Malereien nach Raphael, Michelangelo, Dürer u. s. w. schmückte. Er starb daselbst 1557.

Literatur: Diccionario historico de los mas illustres professores de las bellas artes en España.

Arnau, Juan, geb. 1595 zu Barcelona, bildete sich hier und später unter E. Caxes

* Abgebildet in den Denkmälern der Kunst. Atlas zu Kuglers Handb. der Kunstgesch. Taf. 57, Fig. 7—10.

in Madrid zum Maler aus. Seine Zeichnung ist correkt, sein Colorit blühend, obgleich jene wie dieses meistens etwas hart. Er führte viele Kirchenbilder in seiner Vaterstadt aus und starb daselbst hoch geachtet und hoch betagt im Jahr 1693.

Arnhold, Joh. Sam., geb. 1766, k. sächsischer Hofmaler und Professor der Meissner Kunstschule, malte mit gleicher Fertigkeit Landschaften, Jagd-, Blumen- und Fruchtstücke in Oel- und Wasserfarben, auf Porzellan und in Email.

Arnold von Würzburg, ein Maler, wird von Egen von Bamberg, der um die zweite Hälfte des 14. Jahrhunderts lebte, angeführt. Es fehlt aber alle weitere Kunde über diesen Künstler, dessen Ruf bei seinen Zeitgenossen ausgebreitet gewesen sein muss.

Arnold, Friedrich, Baumeister, geb. 1786 zu Karlsruhe, ging in Weinbrenners Schule, wurde 1804 unter die Architekten aufgenommen, 1810 Mitglied der Akademie der Künste und Wissenschaften in Livorno, 1811 Professor der Baukunst in Freiburg, 1815 als Kapitän à la suite mit Militärbauten beauftragt, 1825 zum Militärbaudirektor, 1829 zum Major und 1838 zum Oberstlieutenant befördert. Nach seinen Entwürfen wurden u. A. verschiedene Kasernen und Hospitäler in Baden und die Salinen Rappenau und Dürrheim gebaut. Er war Ritter des Zähringer Löwenordens, und starb 1854.

Arnold, Heinr. Gotth., geb. 1785 zu Lamütz in Sachsen, Professor an der k. Akademie der bild. Künste zu Dresden, erlernte die Malerei bei Prof. Schubert daselbst und malte Bildnisse und historische Gemälde, besonders aber viele geschätzte Kirchenbilder, an denen man namentlich die gute Zeichnung, das kräftige Colorit und die ausdrucksvolle Composition rühmt.

Arnold, Jonas, Maler und Kupferätzer, der um 1650 zu Ulm lebte, Porträts malte, Federzeichnungen für Kupferstecher fertigte und selbst in Kupfer ätzte, wie z. B. die Blätter zu J. Scultetus Wunderarzneiischem Zeughause.

Arnold, Joseph, geb. 1789 zu Stanz, bildete sich vom armen Bauernknaben durch sich selbst und später als Schüler der Wiener Akademie zu einem tüchtigen Maler aus. Er erhielt mehrere akademische Preise.

Arnold, Meister, war der Nachfolger des Meisters Gerhard als Baumeister des Doms zu Köln von 1295—1301. Sein Sohn Johann war sein Nachfolger als Dombaumeister, unter dessen Amtsführung der Chor (eingeweiht 1322) vollendet wurde.

Arnoldo, Alberto di, namhafter Bildhauer und Architekt zu Florenz, der von 1359 bis 1364 die kolossale Statue der Madonna und zwei sie verehrende Engel für die Brüderschaft Misericordia, in dem sogenannten Bigallo zu Florenz, ausführte und, von 1358—1359, Obermeister des Dombau's zu Florenz war.

Arnolfo di Cambio (fälschlich **Arnolfo di Lapo**), einer der bedeutendsten Baumeister und Bildhauer seiner Zeit, wurde 1232 geboren. Sein Vater hiess Cambio und war von Colle aus Valdesla. Er erlernte die Zeichenkunst bei Cimabue, um sich ihrer in der Bildnerei zu bedienen, in der er von Nicola Pisano unterrichtet wurde, dem er auch später bei der Ausführung der im Jahr 1266 begonnenen Sculpturen an der Kanzel im Dome von Siena mit seinem Mitgesellen Lapo und dem Sohne des Nicola — Giovanni — hilfreiche Hand leistete. Vorzugsweise aber widmete er sich, wahrscheinlich unter der Leitung des Meisters Jakob, eines Deutschen, der Baukunst, worin er durch seine Werke zu so grossem Ansehen gelangte, dass er schon in seinen kräftigsten Mannesjahren den Ruf des besten Meisters in Toscana genoss. Nach seinen Angaben errichteten die Florentiner den letzten Ring ihrer Stadtmauern und die später in die Kirche Or San Michele umgewandelte Getreidehalle (lat. Horreum S. Michaelis — daher der Name). Im Jahr 1285 baute er die Loggia und Piazza de' Priori und 1294 die Kirche S. Croce zu Florenz; hierauf entwarf er den Plan zu den Kreuzgängen jener Kirche, restaurirte das Baptisterium S. Giovanni und liess es mit Marmor bekleiden. 1295 machte er die Entwürfe zur Erweiterung der Stadt im obern Arnothale, wofür er zum Bürger von Florenz ernannt wurde.

Als im darauf folgenden Jahre die Florentiner beschlossen, eine Hauptkirche in ihrer Stadt zu errichten „von jener höchsten und grössten Pracht, dass sie von menschlichem Fleiss und Vermögen nicht grösser und schöner erfunden werden könne," übertrugen sie ihm den Bau, und er machte in den Jahren 1296—98 Pläne und Modell zu der Kirche S. Maria del Fiore,* dem Hauptwerk seines Lebens. 1298 wurde der Grundstein zu dem, in seinem Umfang die desshalb niedergerissene Kirche S. Reparata und einige andere Kirchen und Häuser einschliessenden Florentiner Dom gelegt. Arnolfo machte indessen nur den Plan zum Ganzen, wölbte die drei kurzen Arme des langen Kreuzes unter der achteckigen Kuppel, liess sie mit Marmor bekleiden und führte die gewaltigen Widerlager der acht Seiten aus, denen Brunelleschi auf der Unterlage der vorzüglichen Fundamente die mächtige Last der Kuppel anvertrauen konnte. Sein im italienisch-germanischen Styl errichteter Bau zeigt weder in der Anlage, noch in der Ausführung die Leichtigkeit und das Emporstreben des germanischen Styls, wie dieser überhaupt in Italien fast nirgends zu einer organischen Durchbildung gelangte; aber er wusste in demselben doch durch den Eindruck eines gewaltigen Erustes, einer würdig gehaltenen Schönheit und durch die Kühnheit der Construktionen zu imponiren. In demselben Jahre noch machte er die Pläne zu dem Palaste der Signori, wurde aber hier durch die Befehle der Machthaber der Stadt, die Fundamente desselben nicht auf Grund und Boden der niedergerissenen Häusser der ghibellinischen Uberti, die das Volk zum Aufruhr gereizt hatten, zu errichten, so genirt, dass derselbe einen unregelmässigen Grundriss erhielt.

Arnolfo erlebte aber weder die Vollendung des Palastes, noch des Dombau's, er starb 1300. Eine Gedächtnisstafel aussen an der Kirche, dem Thurm gegenüber, rühmt seine Verdienste, und sein Bildniss ist der Nachwelt auf einem Gemälde Giotto's, in dem Tod des h. Franciscus in der Kirche S. Croce, in einer der Gestalten, welche im Vordergrunde mit einander sprechen, erhalten.

Bedeutendere Werke der Sculptur von seiner Hand, in der seine Eigenthümlichkeit in einer schönen Durchbildung der Form, in der bewegten Lebendigkeit der Darstellung bei vorherrschend germanischer Behandlungsweise bestand, sind das Tabernakel des Hochaltars in S. Paolo bei Rom mit den Figuren von Petrus und Paulus und zwei andern Aposteln, laut der Inschrift im J. 1285 von ihm ausgeführt, und, unter den im Verein mit anderen (worunter auch deutschen) Künstlern ausgeführten Sculpturen an der Façade des Domes von Orvieto (begonnen 1290), namentlich das Basrelief der Auferstehung. In seiner Eigenschaft als Architekt und Bildhauer lernen wir ihn besonders in dem Grabmal des Kardinals Guglielmo de Brago (um 1289 vollendet) in der Kirche S. Domenico zu Orvieto, einer seiner schönsten und merkwürdigsten Arbeiten, kennen. Die Architektur ist reich und die daran angebrachten Figuren voll Mannigfaltigkeit und Bewegung. Ferner werden ihm beigelegt das Grabmal des P. Honorius III. in S. Maria maggiore zu Rom, die Marmorkapelle mit der h. Krippe in derselben Kirche, und das grosse Monument des Papstes Bonifacius VIII. in der auf Befehl dieses Papstes von ihm erbauten Kapelle in der Peterskirche zu Rom.

Literatur. Vasari, Leben der ausgez. Maler, Bildh. und Baumeister. — Quatremère de Quincy, Dictionnaire historique d'Architecture. — Rumohr, Italienische Forschungen. — Hagen, Briefe in die Heimath.

Arpino, il Cavalier d', siehe **Cesari**.

Arras, Matthias von, ein französischer Baumeister, der, von König Johann im Jahr 1344 nach Prag berufen, den Bau des Doms daselbst übernahm und im Jahr 1348 für Karl IV. auch den der Veste Karlstein begann, aber weder die Vollendung des Doms, noch der Veste erlebte, da er schon 1353 starb.

Arredondo, D. Isidóro, geb. 1653 zu Colmenar de Oreja, gest. 1702 zu Madrid, ein spanischer Maler, der J. Garcia und später F. Rizi zum Lehrer hatte, in Oel und in Fresko für Kirchen und Paläste geschätzte Bilder (worunter z. B. Scenen aus der Fabel von Amor und Psyche im k. Palast) malte und von Karl II. zum Hofmaler ernannt wurde.

Arroyo, Diego de, geb. 1498, gest. 1551, Porträt- und Miniaturmaler, der um 1520 für die Chorbücher der Kathedrale von Toledo mit Miniaturen beschäftigt war und

* Abgebildet in den Denkmälern der Kunst. Atlas zu Kuglers Handb. der Kunstgesch. Taf. 57, Fig. 2—5.

von Karl V. wegen seiner Geschicklichkeit im Porträtmalen zu seinem Kammermaler ernannt wurde.

Artaria, Matthias, ein der Gegenwart angehöriger Maler, aus Mannheim gebürtig und in Düsseldorf gebildet, zeichnet sich in seinen Darstellungen, besonders von Kämpfen der Tyroler, auch in historischen Bildern durch die unmittelbare Frische, Lebendigkeit und dramatische Wirkung aus.

Artois, Jacques d', geb. 1613 zu Brüssel, soll sich in der Schule von Wildens zum Landschaftsmaler herangebildet haben. Man rühmt an seinen landschaftlichen Gemälden die Naturwahrheit, die schönen Vorgründe, die Leichtigkeit in den von der Luft bewegten Baumparthieen, die duftigen Fernen, die treffliche Vertheilung von Licht und Schatten und die kräftige Wirkung. Teniers soll dieselben meistens mit Figuren staffirt haben. In den Niederlanden sieht man noch viele seiner Gemälde, aber auch die deutschen Gallerien bewahren manches Bild von ihm. W. Hollar stach 13 Blätter nach ihm. Er starb 1665.

Asam, Cosmas Damian, ein seiner Zeit sehr gefeierter Maler, der zu Benediktbeuren geboren und in Rom gebildet wurde, nach seiner Rückkehr in's Vaterland in der ersten Hälfte des vorigen Jahrhunderts sowohl in Decken- als Altarbildern, in Oel und Fresko für verschiedene Kirchen Bayerns, Tyrols und der Schweiz vielfach beschäftigt war und in seinen Gemälden correkte Zeichnung, schöne Anordnung und harmonische Färbung, überhaupt eine ungemeine technische Fertigkeit, aber schon mehr jene äusserliche Virtuosität des sinkenden Geschmacks, entfaltete. Von seiner Hand befinden sich u. A. Malereien in der h. Geist-, Damenstifts- und St. Annenkirche in München, in der Domkirche zu Freiburg, in der Kirche St. Emeran zu Regensburg, im Schloss zu Schleissheim, in der St. Jacobskirche zu Innsbruck, in der Kirche Maria Einsiedel in der Schweiz u. s. w.

Asam, Egidius, der Bruder des Obigen, geb. zu Tegernsee, um dieselbe Zeit und, wie jener in der Malerei, so als Bildhauer, mit derselben meisterlichen Fertigkeit in den verschiedensten Stuccaturarbeiten in Kirchen und Palästen thätig. In der Stiftskirche zu Osterhofen befindet sich eine heil. Familie in Stucco, und in der St. Peterskirche zu München die Statue des h. Petrus in Holz geschnitzt von ihm. Auf seine eigene Kosten erbaute Egidius 1733—46 die St. Johanniskirche in München in dem barocken und überladenen Styl der Zeit. Er schmückte sie mit einem Reichthum von Stuccaturarbeiten, sein Bruder mit Decken- und Altarbild.

Ascanj, Pellegrino, aus Carpi, ein ausgezeichneter Blumenmaler des 17. Jahrhunderts.

Asch, Pieter Jansz. van, geb. 1603 zu Delft, ein vortrefflicher niederländischer Landschaftsmaler, dessen Bilder sich durch ihre Lieblichkeit auszeichnen, übrigens sehr selten sind. Sein Vater, Jan van Asch, war Porträtmaler. PA

Asciano, Giovanni d', ein Schüler des sienesischen Malers Berna oder Barna, vollendete um 1380 die durch den Tod des Letzteren unterbrochenen Malereien aus dem neuen Testamente in der Hauptkirche zu S. Gimignano im Valdelsa, führte auch einige Malereien im Spitale zu Siena aus und erwarb sich durch diese und andere Gemälde im Hause der Mediceer, die ihn sehr beschützten, einen grossen Ruf.

Askaros, Bildgiesser aus Theben, ein Schüler des Kanachos oder Aristokles, der zur Zeit des Xerxes lebte, schuf ein Bild des Zeus mit Blumen bekränzt und den Blitz in der Hand, das die Phocenser wegen ihrer Siege über die Thessalier nach Olympia weihten.

Asklepiodoros, ein altgriechischer Maler aus Athen, der u. A. für den Tyrannen Mnason die Zwölfgötter malte und von Apelles, seinem Zeitgenossen, wegen der Symmetrie in seinen Bildern bewundert worden sein soll.

Asne, Michel l', aus Caen, geb. 1596, gest. zu Paris 1667, bildete sich nach Villamena und Bloemaert zu einem tüchtigen Kupferstecher aus, dessen Arbeiten, wenn auch nicht frei von Trockenheit, sich durch den schönen Grabstichel auszeichnete. Zu seinen besten Blättern gehören: der Leichnam Christi, nach seiner Erfindung,

Maria als Himmelskönigin nach Albani, Maria mit dem schlafenden Kinde (das Stillschweigen genannt) nach Carracci, ein Porträt Richelieu's u. s. w.

Asper, Hans, geb. zu Zürich 1499, bildete sich nach den Werken Holbein's zu einem trefflichen Porträtmaler aus, der zwar sein Vorbild nicht erreichte, aber in seinen Bildnissen eine bestimmte Charakteristik mit Geschmack in der Anordnung, Gewissenhaftigkeit in der Ausführung und einer freien Behandlung verband. Er malte auch Historien und schmückte die Aussenseiten mehrerer Häuser seiner Vaterstadt mit Malereien. Seine Bilder sind selten, auch, besonders aus seiner früheren Zeit, ziemlich ungleich. In Zürich sieht man auf der dortigen Stadtbibliothek die tüchtigen Bildnisse Zwingli's (gest. von Pfenninger, Schwerdgeburth u. Lips) und seiner Gattin, in der Keller'schen Sammlung ebendaselbst zwei Bildnisse, und in der k. k. Gallerie zu Wien das Brustbild eines jungen Mannes. Asper soll, obgleich Mitglied des grossen Raths seiner Vaterstadt, 1571 in dürftigen Umständen gestorben sein. Er hinterliess zwei Söhne, Hans und Rudolph, die ebenfalls Maler waren.

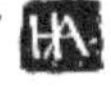

Aspertini, Amico, geb. 1474, gest. 1552, war ein wunderlicher Phantast, der in F. Francia's Schule ging, hernach aber in ganz Italien umherzog, Alles, was ihm gefiel, copirte und dadurch Stoff zu seinen Erfindungen sammelte, die er in einem eigenen kräftigen, die Richtung des Francia mit der der ferraresischen Schule verbindenden Style darstellte, der eben so originelle Auswüchse wie sein Charakter zeigte, und so tüchtig in der Technik, wie übertrieben in den Formen und dem Ausdruck war. So schmückte er die Vorderseiten der meisten Häuser von Bologna mit höchst phantastischen Malereien, die jedoch alle untergegangen sind; dagegen sieht man heut zu Tag noch ebendaselbst in S. Petronio eine Pietà, in S. Martino eine Madonna in trono mit Heiligen und Donatoren, und in der Kapelle der h. Cäcilia 3 Fresken aus der Geschichte dieser Heiligen, bei aller Sonderbarkeit höchst rühmenswerthe Arbeiten von ihm. Seine Gemälde aus dem Leben des h. Nicolaus in S. Jacopo zu Bologna sind zu Grunde gegangen, die in der neuesten Zeit erst restaurirten Malereien in der Kapelle di S. Agostino in S. Frediano zu Lucca, eine Reihenfolge von Fresken, Christus, die Grablegung und die Geschichte des Crucifixes (Volto Santo) in S. Martino, Aspertini's beste Arbeiten, sind jedoch noch ziemlich gut erhalten. Im Palast della Viola zu Bologna zeigt man ein heiteres Frescobild von ihm, Diana mit Endymion, und im Berliner Museum eine Anbetung des Kindes mit der Bezeichnung „Amicus Bononiensis". Aspertini soll sich auch mit der Bildhauerkunst beschäftigt haben, und der ganz in der Manier seiner Malereien ausgeführte todte Christus, von Nikodemus gehalten, in S. Petronio zu Bologna von ihm herrühren.

Aspertini, Guido, der ältere Bruder des Obigen und Nebenbuhler des Ercole Grandi, zog sich durch seinen übertriebenen Fleiss schon im 35. Jahre seinen Tod zu. Im Ganzen bewegt sich seine Darstellungsweise in der seines Bruders, doch ist er in der phantastischen Richtung gemässigter. Er malte 1491 unter der Säulenhalle der Kirche S. Pietro eine Kreuzigung Christi, das Bild ging aber bei einer späteren Erneurung der Kirche zu Grunde. Eine Anbetung der Könige von ihm in der Pinakothek zu Bologna ist eine höchst ansprechende Darstellung.

Aspetti, Tiziano, Bildhauer aus Padua (1565—1607), ein Schwestersohn Tizian's und Schüler von J. Sansovino, von dem in S. Antonio zu Padua die Statuen der h. h. Antonius, Bonaventura, Ludwig und der vier Engel, welche die Leuchter halten, die Bronzethüren des Presbyteriums daselbst mit S. Anton und Prosdocimus nebst allegorischen Figuren und, an der Façade von S. Francesco della Vigna zu Venedig, die kolossalen Statuen des S. Paulus und Moses herrühren. Wie sein Lehrer folgte er in seinen Arbeiten der damals in Venedig herrschenden Kunstrichtung in der Sculptur, einer freien, mit etwas zarterer Formengebung verbundenen Nachahmung des Michelangelo, doch kann man seine Arbeiten von einer gewissen gesuchten Grossartigkeit nicht frei sprechen.

Aspruck, F., Goldschmied und Maler, lebte um 1600 zu Augsburg, malte im Styl Sprangers und fertigte mehrere sehr seltene Blätter in Bunzenmanier, z. B. den

Heiland und die Apostel, Eros und Anteros, die vier Erzengel. Es werden ihm auch verschiedene Sculpturen in Bronze zu Augsburg zugeschrieben.

Assche, Henri, van, geb. 1775 zu Brüssel, gest. 1841, studirte unter J. B. de Roi und bildete sich sodann auf Reisen in Deutschland, der Schweiz und Italien zu einem trefflichen Landschaftsmaler aus, an dessen äusserst zahlreichen in den Niederlanden, Frankreich und England zerstreuten Bildern man besonders die grosse Naturwahrheit und das anmuthsvolle Colorit rühmt. Assche wurde im J. 1836 durch das Ritterkreuz des Leopoldsordens ausgezeichnet.

Literatur. Immerzeel, De Levens en Werken der Holl. en Vlaam. Kunstschilders u. s. w. Amsterdam 1842.

Asselyn, Jan, gen. Krabbetje, geb. 1610 zu Antwerpen, gest. 1660 zu Amsterdam, bildete sich im Vaterlande unter Jezaiäs van de Velde und Jan Miel und in Rom unter Pieter van Laar zu einem ausgezeichneten Landschaftsmaler aus. Vornehmlich aber nahm er in seinen Darstellungen, von denen man in allen bedeutenden Gallerien Hollands, Frankreichs, Englands und Deutschlands herrliche Exemplare sieht, N. Poussin und Claude Lorrain zum Vorbild. Er staffirte sie meistens mit Thieren, Figuren und Ruinen, ja er malte selbst kleine geschichtliche Darstellungen und Schlachtenbilder. Seine sehr gesuchten und theuer bezahlten Bilder sind meistens poetisch gedacht und mit feinem Gefühl für Harmonie im Colorit zu einer hohen Vollendung durchgeführt.

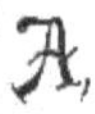

Assen, Jan van, geb. 1635 zu Amsterdam, gest. 1695, malte Landschaften und Historien mit grossen auf die Entfernung berechneten Pinselstrichen. Es sind indessen oft nur gemalte Copieen nach Tempesta's Kupferstichen.

Assen, Jan Walter van, siehe **Cornelisz.**

Assisi, Tiberio d', ein Schüler des Pietro Perugino, der um 1524 noch lebte, sich Tiberius Diatelevi unterzeichnete, und im Kloster degli Angeli zu Perugia Scenen aus dem Leben des heil. Franciskus gemalt haben soll, in denen er seinen Lehrer zum Vorbild genommen. Das Berliner Museum besitzt von ihm ein in ähnlicher Weise dargestelltes Rundbild, Maria mit dem Kinde und den h. h. Hieronymus und Franciscus.

Ast, Bartholomeus van der, blühte um 1620 zu Utrecht als ein geschickter, miniaturartig ausführenden Blumen- und Früchtenmaler.

Asteas, ein griechischer Vasenmaler, von dem sich u. A. in den Studj zu Neapel eine Vase mit einer Darstellung des Cadmus und der Pallas befindet.

Athenion, aus Maroneia, Glaukion's Schüler, ein altgriechischer Maler, der um 320 v. Chr. Geb. blühte. — Von einem Steinschneider desselben Namens besitzt das k. Museum zu Neapel einen Cameo mit einer Darstellung des Zeus, der Blitze gegen die Giganten schleudert.

Athenodoros, aus Kleitor in Arkadien gebürtig, ein Schüler des Polykleitos, blühte um 300 v. Chr. Geb., und wird als Bildner edler Frauen gerühmt. Er führte unter den von den Lacedämoniern wegen ihres Sieges über die Athener nach Delphi geschickten Weihegeschenken die Statuen des Apollo und des Zeus aus. — Der rhodische Bildhauer gleichen Namens bildete mit Agesander und Polydor die bekannte Gruppe des Laokoon.

Atkinson, John, ein englischer Schlachtenmaler, der sich zu Ende vorig. Jahrh. in Russland aufhielt und dort eine Siegesscene der Russen über die Tartaren, und die Taufe des Grossfürsten Wladimir's malte, namentlich aber durch sein 1819 in London ausgestelltes Bild der Schlacht von Waterloo unter seinen Landsleuten grossen Ruf erwarb.

Attavante, auch **Vante** genannt, Florentiner von Geburt, ein ausgezeichneter Miniaturmaler, der in den beiden letzten Jahrzehnten des 15. Jahrh. thätig war, und von dem man in der Bibliothek der Herzoge von Burgund ein für den König Matthias Corvinus von Ungarn ausgeführtes prachtvolles Missal mit Arabesken, Blumen und Figuren mit der Inschrift: Actavantes de Actavantibus de Florentia hoc opus illuminavit. A. D. MCCCCLXXXV und in der k. Bibliothek zu Paris ein Brevier des Bischofs von Gran besitzt, Werke, welche viele Verwandtschaft mit der Kunstweise des Ghirlandajo verrathen und mit grösstem dekorativem Geschmack ausgeführt sind. Auch soll Attavante eine Handschrift des Silius Italicus und einen Codex des Martianus Capella, beide in der Bibliothek von S. Giovanni e Paolo zu Venedig mit Miniaturen geschmückt haben.

Attiret, Claude François, geb. 1728 zu Dole in der Franche Comté, bildete sich unter Pigal zum Bildhauer, errang in Rom und Paris mehrere Preise und führte für seine Vaterstadt mehrere Statuen (u. A. die erste, welche Ludwig XVI. gesetzt wurde) und andere Sculpturarbeiten für die Hauptkirche zu Dijon u. s. w. aus. Attiret war Mitglied der k. Akademie zu Paris und starb 1804 im Spital seines Geburtsorts.

Attiret, Johann Dionys, geb. zu Dole 1702, der Oheim des Obigen, bildete sich zu Rom in der Malerei aus, trat nach seiner Rückkehr in den Orden der Jesuiten und führte während seines Noviziats 4 Bilder für den Dom von Avignon aus, reiste jedoch im J. 1737 nach China, wo er sich in kurzer Zeit die Gunst des Kaisers in so hohem Grade zu erwerben wusste, dass ihn dieser zum Hofmaler ernannte, in welcher Eigenschaft er für denselben eine Menge von Bildern, Schlachten, festliche Aufzüge u. s. w. darstellend, von denen einige in Paris gestochen wurden, malte. Attiret starb 1768 zu Peking.

Literatur. Fiorillo, Geschichte der Malerei in Frankreich.

Atri, Luca d', soll die schönen Fresken der im Spitzbogenstyl erbauten Kathedrale von Atri im Königreich Neapel gemalt haben.

Aubel, Carl, ein geschickter Historienmaler, der sich in Paris und Rom bildete, seit 1833 Professor an der Akademie der bildenden Künste in Cassel und seit 1844 Inspektor der dortigen Bildergallerie ist.

Aubert, Augustin, geb. 1781 zu Marseille, ein Schüler von Peyron, bildete sich zu einem tüchtigen Historien-, Porträt- und Landschaftsmaler aus, namentlich aber malte er geschätzte Bilder aus der christlichen Geschichte für verschiedene Kirchen Frankreichs, z. B. die Dreieinigkeit für die Kirche S. Trinité zu Marseille, den Besuch Mariens bei Elisabeth für Notre Dame du Mont u. s. w. Er ist Direktor des Museums und der Zeichnenschule in seiner Vaterstadt.

Aubert, Jean, der Erbauer des Hôtels Soissons zu Paris, war ein geschickter Architekt der jüngsten Vergangenheit, wie sein Vorgänger gleichen Namens, der den prachtvollen Marstall und die Reitbahn des Schlosses Chantilly baute, aber schon 1727 starb.

Aubert, Pierre Eugène, geb. 1788, ein guter Kupferstecher im Landschaftsfache, von dem u. A. das Prachtwerk über Aegypten mehrere treffliche Blätter enthält.

Aubertin, F., ein tüchtiger Stecher in Aquatintamanier, der um 1800 in Leipzig thätig war und besonders hübsche Landschaften nach Berghem, H. Roos, Dietrich, Vanloo, auch ein Porträt Napoleon's nach Gros stach.

Aubin, Augustin de Saint, geb. zu Paris 1736, gest. 1807, Zeichner, Kupferätzer und Stecher, erlernte die Kunst bei L. Cars und Fessard und bildete sich zu einem trefflichen Künstler in seinem Fache aus. Er war ausserordentlich fleissig, stach eine Menge vorzügliche Porträts, worunter u. A. die von Franklin, Necker, Washington, de Heinecken, Sal. Gessner, Voltaire, Crebillon, Rousseau u. s. w., mehrere grössere Blätter, unter denen Venus mit der Muschel nach Tizian, Leda mit dem Schwan nach Veronese zu den besten gehören und mehrere Tausende Medaillen, Gemmen u. s. w. A.

Aubin, Charles Germain de Saint, Bruder des Obigen, geb. zu Paris 1721, gest. 1786, war Zeichner des Königs und radirte einige Blätter Blumen, Stickereien u. dgl.

Aubin, Gabriel Jaques de Saint, Maler und Kupferätzer, geb. 1724 zu Paris, gest. 1780, malte verschiedene Bilder und radirte mehrere Blätter nach eigener Composition, unter denen die Gemäldeausstellung im Louvre das beste ist.

Aubois, August, geb. 1795 zu Château-Gantier, bildete sich unter Gros zu Paris zu einem tüchtigen Historien-, Genre- und Porträtmaler, wie seine Susanna (1822), Bachus und Ariadne (1824), sein h. Sebastian (1828), seine Erstürmung der Treppe des Louvre u. s. w. beweisen.

Aubriet, Claude, gebürtig aus Chalons, ein Schüler des Jean Joubert, war ein vorzüglicher Zeichner von Pflanzen, der 1700 den berühmten Botaniker Tournefort auf seiner Reise nach der Levante begleitete und nach seiner Rückkehr von Ludwig XIV. die Stelle eines Malers bei dem botanischen Garten erhielt. Die Bibliothek zu Göttingen bewahrt 90 grosse botanische Zeichnungen, Meisterstücke in ihrer Art, von seiner Hand.

Aubry, Louis François, geb. 1770, ein Schüler von Vincent und Isabey, war ein sehr gesuchter Porträtminiaturmaler seiner Zeit.

Aubry, Guillot, Baumeister, war im zweiten Viertel des vorig. Jahrh. zu Paris thätig, woselbst viele Prachtgebäude, z. B. die Hôtels Villeroy, Bouillon, Conty, de la Villière nach seinen Plänen errichtet wurden.

Aubry, Peter, Kupferstecher, geb. zu Oppenheim 1596, gest. 1660, verfertigte eine Menge von Bildnissen berühmter Männer aller Nationen, z. B. des Bernhard v. Weimar, Olivier Cromwell, Wallenstein, Cartesius, Hugo Grotius u. s. w., von denen Heinecken in seinem „Dictionnaire des artistes" ein Verzeichniss bringt. Er trieb später zu Strassburg mit seinem Bruder Abraham, den er auch in der Kupferstecherkunst unterrichtete, einen Kunsthandel.

Aubry, Stephan, geb. 1745 zu Versailles, malte verdienstliche Porträts und häusliche Scenen mit kräftigem und kühnem Pinsel. Er starb 1781 zu Paris.

Aubry-Lecomte, Hyacinthe Louis Victor Jean Baptiste, geb. zu Nizza 1797, ein Schüler von Girodet-Trioson, bildete sich zu einem der ersten Lithographen aus. Er zeichnete meistens Bilder seines Lehrers auf Stein, lithographirte aber auch nach Raphael, die Madonna di S. Sisto, eine h. Familie nach Poussin, den todten Trompeter nach Vernet, Corinna nach Gérard, Childe-Harold und Ines nach Dejuinne und mehrere andere grosse Blätter.

Audebert, Jean Baptiste, geb. 1759 zu Rochefort, bildete sich von 1777 an in Paris zu einem sehr geschickten Miniaturmaler aus; grössere Bestellungen naturwissenschaftlicher Zeichnungen weckten indessen seinen Geschmack für Naturgeschichte, der bald bis zur Leidenschaft stieg. Nachdem er verschiedene Zeichnungen für naturwissenschaftliche Bücher vortrefflich ausgeführt, unternahm er eigene Werke, und seine „Histoire naturelle des singes" und seine „Histoire des colibris", ein Prachtwerk in Farben von bis dahin nie gesehener Vollkommenheit, begründeten für immer seinen Ruhm als Zeichner, Maler, Kupferstecher und Naturforscher. Audebert starb 1800.

Audenaerde oder **Oudenaerde, Robert van**, geb. 1663 zu Gent, gest. 1743, wurde in der Kunst von Frans van Mierop und Hans van Cleef unterrichtet, bildete sich aber von 1685 an unter Carlo Maratti in Rom zum Maler aus. Einige in Kupfer geätzte Blätter von ihm verriethen indessen dem Lehrer die grossen Anlagen des Schülers für diese Kunst, und jener gab ihm desshalb den Rath, sich ganz derselben zu widmen. Nach seiner Heimkehr setzte Audenaerd zwar die Kupferstecherei fort, vernachlässigte aber darüber die Malerei nicht. So malte er z. B. für das Karthäuserkloster seiner Vaterstadt die Erscheinung des h. Petrus, der die Mönche abhält, ihr Kloster zu verlassen, mehrere Bildnisse u. s. w., Bilder, in welchen er strenge Zeichnung mit blühendem Colorit verband. Seine Stiche, in denen er immer so viel als möglich radirte, sind frei und geistreich behandelt, namentlich diejenigen nach Bildern seines Lehrers, unter denen der Tod der Maria, die Himmelfahrt der Maria, die Marter des h. Blasius, Maria mit dem Kinde, Rosenkränze austheilend, Eliezer und Rebecca am Brunnen, Christus am Oelberg zu den besten gehören. Auch nach Ann. Carracci, Guido Reni, P. da Cortona, Franceschini u. s. w. stach er brave Blätter. Die von ihm gestochnen Bildnisse stellen, ausser den für den Cardinal Barbarigo gestochenen, mit Emblemen und lateinischen Versen von ihm geschmückten Familienporträts, bis auf eines sämmtlich Cardinäle dar. Ferner enthält das Werk von Rossi viele von ihm gestochene Blätter nach plastischen Gruppen und Statuen in Rom. Heinecken in seinem „Dictionnaire des artistes" enthält ein Verzeichniss aller seiner Blätter.

Audouin, Pierre, ein vorzüglicher Kupferstecher, dessen Werke grosse Leichtigkeit und Freiheit in der Führung des Stichels und Meisterschaft in der Behandlung der Stoffe verrathen, aber ziemlich selten sind, ist 1768 zu Paris geboren und war ein Schüler von Beauvarlet. Unter seine besten Blätter zählt man: Venus, einen Dorn aus dem Fusse ziehend, la belle Jardinière, Raphael und sein Fechtmeister, nach Raphael, Jupiter und Antiope nach Correggio, Ludwig XVIII. nach Gros. Audouin starb 1822.

Audran, Bénoît, der Sohn des Germain Audran, geb. zu Lyon 1661, gest. 1721, bildete sich unter seinem Oheim Gérard Audran zu einem Kupferstecher aus, der, ohne jedoch seinen Lehrer zu erreichen, mit gleicher Geschicklichkeit Porträts und Geschichtsbilder stach. Seine Blätter, unter denen als die besten erwähnt werden: Jesus bei Martha und Maria und der kranke Alexander, nach Lesueur, die sieben Sakramente, nach Poussin, die Anbetung der ehernen Schlange, die Vermählung Mosis mit Sephora, Moses vertheidigt die Tochter Jethro, und Christus am Kreuz, nach Lebrun, zeichnen sich durch correkte Zeichnung und sorgfältige Ausführung aus. — Seinen Neffen gleichen Vornamens, den Sohn des Jean Audran führen wir nur zur Unterscheidung von seinem Oheim an. Er stach Porträts und Geschichtsbilder, letztere nach Poussin, P. Veronese u. s. w. in ziemlich mittelmässiger Weise.

Audran, Charles, geb. 1594 zu Paris, gest. 1674 ebendaselbst, der älteste der berühmten Kupferstecherfamilie, bildete sich zu Rom nach Corn. Bloemart und nach seiner Rückkehr in Paris zu einem geschätzten Zeichner, Kupferätzer und Stecher, dessen vorzüglichsten Blätter: eine heil. Familie nach Tizian, eine Verkündigung nach L. Caracci, und eine Allegorie auf das Wasser sind.

Audran, Claude, ein Bruder und Schüler des Obigen, geb. 1597 zu Paris, gest. 1677, war ebenfalls Kupferstecher, ist aber nur durch mittelmässige Blätter bekannt. — Sein Sohn, gleichen Vornamens, geb. 1639 zu Lyon, widmete sich der Malerei und leistete Lebrun bei seinen grossen Gemälden und Arbeiten für die Gobelins hilfreiche Hand, folgte auch in seinen eigenen Werken, z. B. dem Wunder mit den Broden für die Notre Dame zu Paris, der Enthauptung des Johannes für die Karthause dort in Styl, Zeichnung und Colorit diesem Meister. Er starb 1684 zu Paris als Professor und Akademiker. — Ein dritter Claude, ein Sohn Germain's und Schüler Watteau's, geb. 1658, gest. 1734, malte viel in der Weise seines Lehrers in Oel und in Fresco.

Audran, Gérard, der berühmteste der Künstlerfamilie dieses Namens, war ein Sohn des ersten obengenannten Claude Audran und wurde 1640 zu Lyon geboren. Er erhielt seinen ersten Unterricht in der Kunst von seinem Vater, bildete sich aber später zu Rom unter Carlo Maratti in der Malerei aus. Die Erfolge, die er durch seine Arbeiten mit dem Grabstichel errang, bestimmten ihn jedoch, sich ganz der Kupferstecherkunst zu widmen, und er gelangte darin auch zu ausgezeichneter Meisterschaft. Er verstand es, durch die freie und ungezwungene Verbindung von Nadel und Stichel, mit diesen Instrumenten gleichsam zu malen und dadurch in seinen Blättern eine ausgezeichnete malerische Wirkung zu erreichen. Von dem Minister Colbert nach Paris berufen und zum königl. Kupferstecher ernannt, stach er hier, meistens im grössten Format, eine ausserordentlich grosse Anzahl von Werken nach grossen Meistern, vorzugsweise aber nach Lebrun, dessen Ruf er hauptsächlich durch die meisterhaften Stiche der Alexandersschlachten (4 Blätter in 13 grossen Platten, die ersten Abdrücke mit der Adresse des Druckers Goyton), der Schlacht und des Triumphs des Konstantin, verherrlichte. Zu seinen vorzüglichsten Stichen gehören ferner: die Kreuztragung und die Pest im Königreiche Aegina, nach Mignard; die Ehebrecherin, die Wahrheit durch die Zeit entführt, der junge Pyrrhus wird gerettet, Coriolan, die Taufe Christi, nach Poussin; die Marter des h. Protasius, und die des h. Laurentius, nach Lesueur; das Urtheil Salomons, nach Coypel; die h. h. Paulus und Barnabas und der Tod des Ananias, nach Raphael. Gérard Audran starb 1703. Er gab auch ein Werk über die Verhältnisse des menschlichen Körpers heraus, das 1682 in Fol. zu Paris erschien.

Audran, Germain, der Bruder des Vorigen, geb. 1631 zu Lyon, gest. 1710 daselbst, übte ebenfalls die Kupferstecherkunst, insbesondere in Porträts und Landschaften.

Audran, Jean, der Sohn des Obigen, geb. zu Lyon 1667, gest. 1756 zu Paris, bildete sich unter seinem Vater und seinem Oheim Gérard zu einem trefflichen Kupferstecher aus, der, wenn auch seine Arbeiten denen des Letzteren nicht gleichgestellt werden können, dennoch seinem Namen alle Ehre macht. Unter seine besten Stiche zählt man: den Raub der Sabinerinnen, nach Poussin; die Auferweckung des Lazarus und den wunderbaren Fischzug, nach Jouvenet; die Findung Mosis, Jacob beklagt sich gegen Laban, Esther vor Ahasver, die Auferstehung Christi, nach Coypel; die Auferstehung Christi, nach Corneille, und Galathea auf dem Meere, nach Carlo Maratti.

Audran, Louis, geb. 1670 zu Lyon, gest. 1712 zu Paris, Germain's jüngster Sohn ging ebenfalls in seines Oheims Schule und vervollkommnete sich darin zu einem Kupferstecher, der geschätzte Arbeiten lieferte.

Auer, Anton, geb. 1777 zu München, bildete sich in der königl. Porzellanmanufaktur zu Nymphenburg unter Melchior und 1809 mit Unterstützung des Königs Max von Bayern auf der Akademie zu Wien zum trefflichen Porzellanmaler aus. Nach seiner Rückkehr in die Heimath zum Obermaler an derselben Anstalt ernannt, wo er seinen ersten Unterricht genossen, erhielt er den Auftrag, eine Reihenfolge der schönsten Gemälde der k. Bildergallerie zu einem Service für den König auf Porzellan zu copiren. Seine ausgezeichnetsten Leistungen fanden allgemeinen Beifall, allein inmitten der schönsten Zeit seines Wirkens rief ihn 1814 der Tod ab. Auer legte den Grund zu einer neuen Schule der Porzellanmalerei, die in der Folge in jenem Institut zu hoher Vollkommenheit ausgebildet wurde.

Auer, Hans Paul, geb. 1638 zu Nürnberg, ein seiner Zeit sehr geschätzter Maler, der sich in Italien ausgebildet, viele Bilder aus der christlichen Geschichte und antiken Mythologie in dem Geschmack des Liberi ausführte und auch als tüchtig im Porträtfach gerühmt wird.

Auer, Kaspar, Maler und Lithograph, geb. 1795 zu Nymphenburg, gest. 1821, lieferte treffliche Lithographien für das Münchner Galleriewerk nach Ruysdael, Claude Lorrain, Potter, A. van de Velde u. s. w.

Auer, Max, Sohn des Anton, einer der trefflichsten Schmelzmaler unserer Zeit, geb. 1805 zu Nymphenburg, erhielt seinen ersten Unterricht durch seinen Vater, besuchte später die Akademie zu München und bildete sich unter Prof. Gärtner und Inspektor Adler von 1823 in der k. Porzellanmanufaktur aus. Von 1829 an setzte er die von seinem Vater begonnenen Copien nach den bedeutendsten Gemälden der Pinakothek mit sehr grossem Erfolg fort. Man bewundert in seinen Porzellangemälden, die unter die schönsten Hervorbringungen in diesem Fache der Malerei gehören, die überaus grosse Treue und die Vollendung und Feinheit der Ausführung.

Auerbach, Joh. Gottfr., geb. 1697 zu Mühlhausen, gest. 1753 als kaiserl. Hofmaler zu Wien, malte vorzüglich Bildnisse. Die k. k. Gallerie zu Wien bewahrt von ihm das Porträt des Kaisers Karl VI.

Augustin, Jean Baptiste Jacques, geb. 1759 zu St. Diez in Frankreich, gest. 1832 zu Paris, war einer der vorzüglichsten und gesuchtesten französischen Emaille- und Miniaturmaler, der viele treffliche Schüler bildete und eine zahllose Menge von Bildnissen malte, an denen man neben grosser Aehnlichkeit die Wärme und Frische des Colorits und die Zartheit der Ausführung rühmt. Er wurde Kabinetsmaler des Königs und Ritter der Ehrenlegion.

Augustini, Jan, ein verdienstvoller Blumen- und Porträtmaler, geb. 1723 zu Gröningen, gest. 1773 zu Haarlem.

Auliczek, Dominik, geb. zu Policzka in Böhmen 1734, bildete sich in der Heimath, zu Wien und namentlich zu Rom in der Bildhauerkunst aus und kehrte, nachdem er daselbst mehrere grosse Statuen ausgeführt und von Papst Clemens XIII. zum Ritter des goldenen Sporns geschlagen worden war, nach Deutschland zurück, wo er bei der churfürstlichen Porzellanmanufaktur zu Nymphenburg angestellt wurde. Hier fertigte er für dieselbe Modelle in Thon und Wachs und die Statuen der Juno, des Pluto, des Jupiter und der Proserpina für den churfürstlichen Garten. Er starb als churfürstlicher Hofbildhauer und Titular-Hofkammerrath zu München im Jahr 1807.

Aulos, ein Gemmenschneider des Alterthums, der zur Zeit des Kaisers Augustus gelebt haben soll, und dem verschiedene antike geschnittene Steine zugeschrieben werden.

Aureli, Filippo, ein italienischer talentvoller Bildhauer, der u. A. im Jahr 1821 zu Rom eine treffliche Statue des Diomed's ausstellte.

Auria, Giov. Domenico d', geb. zu Neapel, gest. 1585, ein Schüler des Bildhauers Merliano, der sich in seinen Werken durch Adel und Einfachheit ausgezeichnet, wie man an mehreren, theils selbstständig, theils mit seinem Lehrer in seiner Vaterstadt ausgeführten Sculpturen, insbesondere an den schönen Reliefs der Kapelle Gesualda in S. Severino e Sosio, welche den gekreuzigten Heiland und die Madonna mit dem Leichnam des Sohnes vorstellen, sieht.

Austin, William, Zeichner und Kupferstecher, geb. 1740 zu London, war ein Schüler von Bickham. Man kennt von ihm mehrere Landschaften, 10 Blätter Ruinen von Palmyra und eine Folge von Ansichten des alten Roms.

Austin, William, wird als Verfertiger der Bronzestatue Richard Beauchamps (gest. 1439) in der Kirche zu Warwick erwähnt und in den Urkunden Bürger und Giesser von London genannt.

Autelli, Jacopo, ein Musivarbeiter, der einen der schönsten Tische und den grössten, der je in dieser Kunstweise gefertigt worden, die achteckige Tafel im Saale des Baroccio der Florentinergallerie, nach den Zeichnungen von Ligozzi, Poccetti und Baccio del Bianco in Mosaik ausführte, ein Werk, an dem er mit vielen Gehülfen 16 Jahre, von 1633—1649, arbeitete.

Autissier, Lodewijk Maria, geb. 1772 zu Vannes, in der Bretagne, ein trefflicher Miniaturmaler aus Vautrin's Schule, der in Belgien, wo er sich niederliess, viele Bilder ausführte, namentlich aber als Porträtmaler sehr gesucht war, und z. B. unter anderen hohen Personen den König von Holland malte. Er starb zu Brüssel im Jahr 1830.

Auvera, Giov. Giorgio da, bildete sich zu Rom als Bildhauer aus, kam sodann nach Deutschland, und liess sich in Würzburg nieder, wo er Hofbildhauer wurde und 1756 starb. In den Kirchen von Würzburg, Mainz und Bamberg sieht man Arbeiten von ihm.

Auvray, Felix, ein tüchtiger Schüler von Gros, geb. 1800, verrieth in seinen ersten Bildern, seinem heil. Ludwig in der Gefangenschaft, seinem spartanischen Flüchtling, die Anlagen zu einem vortrefflichen Künstler, allein er starb in der Blüthe seiner Jahre 1833.

Auvray, Philipp Peter Joseph, geb. 1778 zu Dresden, ein Schüler Casanova's, fertigte meistens Copien nach den Meisterwerken der Dresdner Gallerie, malte auch Bildnisse in Oel und Miniatur.

Auzou, Madame, geborne Desmarquets, geb. 1751 zu Paris, bildete sich in Regnault's Schule in der Malerei aus. Ihre Bilder, in historischen und Genredarstellungen bestehend, fanden auf den Ausstellungen zu Paris, die sie von 1793—1810 regelmässig beschickte, vielen Beifall.

Avanzi, Niccolò, aus Verona, ein berühmter Steinschneider, der zu Anfang des 16. Jahrhunderts zu Rom arbeitete und von dem u. A. eine Darstellung der Geburt Christi mit einer Menge Figuren auf einem drei Finger breiten Lapis lazuli als ein treffliches Werk gerühmt wird.

Avanzo Bolognese, Jacopo d'. Von diesem Meister ist ein kleines Bild der Kreuzigung Christi mit Johannes, Maria und Magdalena (gegenwärtig in der Gallerie Colonna zu Rom) mit der Unterschrift in deutschen Lettern: Jacobus de avacijs de bononia bekannt, das von untergeordnetem Kunstwerth, gleichwohl aber zu erwähnen ist, weil Jacopo d'Avanzo Bolognese, jener seit Vasari mit Jacobus Pauli identificirte Meister der mit Symon von Bologna ausgeführten Fresken in der

Kirche Madonna della Mezzaratta bei Bologna, ferner eines Altarwerks in S. Giacomo Maggiore (vom Jahr 1408) und einiger Tafeln von scharfem und strengem Styl in der Pinakothek zu Bologna, auch (nach Förster, Kunstblatt Jahrg. 1847, Nro. 10) der Maler desselben sein könnte.

Avanzo Veronese, Jacopo d', ein Meister, dessen Werke von ganz besonderem Werth für die Entwicklungsgeschichte der italienischen Malerei in Italien sind, war neben Orcagna der grösste Nachfolger Giotto's. Er schmückte mit seinem älteren Kunstgenossen, Aldighiero da Zevio, 1376 die Kapelle S. Felice in S. Antonio zu Padua mit Fresken aus der Legende des Jacobus major, und begann im Jahr 1377 die Malereien der S. Georgskapelle ebendaselbst. Unter den Bildern der ersteren Kapelle sind die Darstellungen: der in das Schloss der Gräfin Lupa geführte Leichnam des Apostels und der Uebertritt der Gräfin sammt ihrem ganzen Gesinde zum Christenthum, die Erscheinung des heil. Jacob bei dem Könige Ranimirus im Schlaf und der Sieg des Letzteren unter dem Beistand des Apostels über die Saracenen bei Clavigium; ferner hinter dem Altar: das Bild der Kreuzigung in drei durch Säulen geschiedenen Abtheilungen, rechts davon das Votivgemälde der Familie des Stifters und ein (ganz übermalter) heil. Christoph von Avanzo's kunstgeübter Hand. Aber erst in den Fresken der Georgskapelle tritt uns die Darstellungsweise des Meisters in ihrer ganzen Bedeutung entgegen. Dies sind 21 grosse Bilder, welche folgende Scenen aus der christlichen Geschichte und den Legenden des heil. Georgs, der heil. Lucia und der heil. Katharina darstellen. An der Rückwand: die Verkündigung; die Anbetung der Hirten; die der Könige; die Darstellung im Tempel; die Flucht nach Aegypten; an der Altarwand: die Krönung Mariä; die Kreuzigung. An den Seitenwänden, links aus der Geschichte des heil. Georgs: der Kampf mit dem Drachen; die Taufe des Königs Zevius von Silena und das Votivbild der Familie des Stifters; Georg trinkt auf Diocletians Befehl den Giftbecher, ohne Schaden; er wird gerädert, aber nicht getödtet; er soll die Götter anbeten, aber auf sein Gebet stürzen die heidnischen Tempel ein; er wird hingerichtet. Gegenüber oben, aus der Geschichte der heil. Katharina: ihre Weigerung, die Götter anzubeten; ihr Streit mit den Philosophen; ihr Martyrium auf dem Rad und ihre Enthauptung. Darunter aus der Geschichte der heil. Lucia: ihre Verantwortung vor dem Präfekten von Syrakus; der vergebliche Versuch, sie zur Richtstätte zu schaffen; die verschiedenen Anstrengungen sie zu tödten; die Ausstellung ihres Leichnams. Auch die Decke war früher mit den Bildnissen der Propheten geschmückt gewesen. Ob auch Aldighiero an diesen Gemälden Antheil gehabt habe, ist nicht mit Bestimmtheit zu ermessen; unzweifelhaft aber bleiben sie in der Hauptsache ein Werk Avanzo's, selbst wenn ihm andere Künstler und Gehülfen bei der Durchführung der grossen Arbeit behülflich waren.

In diesem höchst interessanten Bildercyclus steht zwar Avanzo seinen Vorgängern Giotto und Orcagna an Poesie der Auffassung, an Hoheit und Macht der Gedanken nach, allein er erreicht sie in der Mannigfaltigkeit und einheitlichen Abrundung der Composition, im lebensvollen Eingehen auf das Vorbild der Natur, und übertrifft sie und alle seine Zeitgenossen an malerischer Durchführung, an Tiefe, Reinheit und Vielseitigkeit des psychologischen Ausdrucks, an specieller bis in's Einzelne durchgeführten Idealisirung, ohne von der idealen Bildung in's Porträtartige zu verfallen. Die Köpfe seiner heiligen Personen sind ungemein schön, und wenn seine Gestalten, bei aller grösseren Lebendigkeit in der Bewegung, als die seiner Vorgänger, noch nicht vollständig durchgebildet erscheinen, sich auch in seiner Gewandung noch keine weitere Entwicklung bemerkbar macht, so zeigt er dagegen in der Modellirung, in der Abstufung der Töne, in der Beobachtung der Gesetze der farbigen Erscheinung und der Perspektive, ja sogar hin und wieder in dem Streben nach optischer Illusion, Fortschritte, die den Uebergang von der Kunstweise des 14. zu der des 15. Jahrhunderts, durch welche die Malerei erst ihrer eigenthümlichen Bestimmung entgegen geführt wurde, vermitteln.

Andere Werke Avanzo's, über dessen Herkunft und Lebensschicksale nichts Näheres bekannt ist, sind untergegangen; so z. B. zwei Triumphzüge im Palast della

Scala zu Verona und einige „Hochzeiten" für den Grafen Serenghi gemalt, welche viele gleichzeitige Bildnisse und mannigfaltige Trachten enthalten haben sollen.

Literatur. Förster, Die Wandgemälde der St. Georgenkapelle zu Padua mit 14 Abbildgn. Berlin 1841.

Aved, Jacques André Joseph, geb. 1702, bildete sich unter J. Picart zu einem trefflichen Porträtmaler. Insbesondere rühmt man seine Bildnisse Rousseau's, Crebillon's, Mirabeau's u. s. w. Aved starb als Mitglied der k. Akademie zu Paris 1766.

Aveline, Pierre, geb. 1710 zu Paris, gestorben daselbst 1760, ein Zeichner und Kupferstecher, der nach J. B. Poilly studirte und unter den besseren französischen Stechern seiner Zeit einen ehrenhaften Platz einnimmt. Unter seine besten Blätter gehören: der Tod des Seneca, nach L. Giordano, eine felsige Landschaft, nach Berghem und Anderes nach Jouvenet, Watteau u. s. w.

Avellino, Giulio, gen. **il Messinese,** ein Schüler und Nachahmer Salvator Rosa's, gest. 1700.

Avellino, Onofrio, geb. 1674, gest. 1741, ein Schüler und Nachahmer Solimena's, malte die Decke in S. Francesco di Paolo zu Rom.

Aven, Davent, Davin siehe **Thiry.**

Aver, Johann Paul, geb. 1636 zu Nürnberg, gest. 1687, ein Schüler von Eimert und später von Liberi in Venedig, erwarb sich, ins Vaterland zurückgekehrt, durch seine Porträts, Landschaften und historischen Bilder grossen Ruf.

Avercamp, Hendrik van, genannt der Stomme van Campen, ein geschätzter Landschaftsmaler, der um 1620 blühte und 1663 noch lebte. Er stellt in seinen Bildern die Natur zu Land und zu Wasser, zur Sommer- und Winterszeit, mit Figuren und Thieren staffirt, trefflich dar; sie sind aber sehr nachgedunkelt, wesshalb seine mit der Feder und schwarzer Kreide ausgeführten Zeichnungen gesuchter sind, als jene. Das Berliner Museum besitzt eine sehr hübsche Winterlandschaft von ihm.

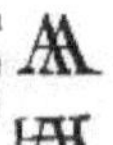

Averlino oder **Averulino,** siehe **Filarete.**

Aviani, Vicentino, blühte um 1630 als trefflicher Maler von Seegegenden und Landschaften, besonders aber von Architekturen, die Carpioni mit den lieblichsten Figürchen staffirte. Er schmückte auch Häuser, Decken und sogar Kirchenwölbungen mit Prospekten von Bauwerken u. s. w.

Aviler, Augustin Charles, geb. 1653 zu Paris, bildete sich in seiner Vaterstadt zum Architekten aus und erlangte schon im 20. Jahre den grossen Preis, womit eine Reiseunterstützung nach Rom verbunden war. Das Schiff, auf dem er sich zu Marseille mit dem berühmten Architekten Desgodetz und dem Archäologen Jean-Foi Vaillant einschiffte, wurde jedoch von Corsaren genommen und er gefangen nach Tunis geführt. Nach seiner Befreiung setzte er die Reise nach Rom fort, studirte dort eifrigst die schönsten Gebäude alten und neuen Styls und kehrte 1681 ins Vaterland zurück. Hier arbeitete er einige Zeit unter Mansard, ging aber, um selbstständige Werke zu schaffen, nach Montpellier und führte hier und in der Umgegend, zu Carcasonnes, Beziers, Nimes und Toulouse, wo sein bestes Werk, der erzbischöfliche Palast, steht, verschiedene Bauten mit steigendem Ruhme für den Künstler aus. Er starb in seinem 47. Jahre zu Montpellier.

Ausser der praktischen Richtung seiner Kunst war Aviler auch in der Theorie sehr erfahren. Er übersetzte und commentirte das 6. Buch von Scamozzi's Idea dell' architettura universale", und gab einen Commentar zu Vignola heraus, welchem sein „Cours complet d'Architecture" folgte, der in ihm die Idee eines architektonischen Wörterbuchs anregte, das unter dem Titel: „Explications des termes d'architecture" erschien, dessen zweite vermehrte Ausgabe er aber nicht mehr erlebte.

Literatur. Quatremère de Quincy, Dictionnaire historique d'Architecture.

Avont, Pieter van den, Maler und Kupferätzer, geb. um 1619 zu Antwerpen, ist bekannt durch sehr hübsch ausgeführte mit trefflichen Figuren staffirte Landschaften und radirte Blätter, welche meistens Kinderspiele darstellen. Zu den besten der letzteren gehören: Ein Engel und ein Genius auf Wolken, Kinder mit Früchten und ein mit Weinlaub bekränzter Satyr, die vier Jahrszeiten u. s. w. Die k. k. Gallerie zu Wien besitzt mehrere hübsche Bilder von diesem Meister.

Avril, Jean Jacques, geb. 1744 zu Paris, gest. 1823, bildete sich unter Wille zu einem Kupferstecher aus, dem an Fruchtbarkeit keiner gleich kam. Unter seinen mehr als 500 zum Theil sehr grossen Blättern von verständiger und geschmackvoller Ausführung gehören zu den besten: der Kampf der Horatier und Curiatier, und Penelope und Ulysses, nach le Barbier, le Passage du Rhin, nach Berghem, la Prise de Courtray, nach van der Meulen, der Schiffbruch, nach Vernet und andere, worunter namentlich viele für das Musée Robillard.

Avril, Jean Jacques, geb. 1771, gest. 1831, der Sohn des Obigen und in seines Vaters Schule gebildet, stach viele Blätter für Galleriewerke, vornehmlich für das Musée Robillard und Laurent, das Musée Napoleon u. s. w.

Axmann, Joseph, geb. 1793 zu Brünn, genoss den ersten Unterricht durch J. J. Weidlich, und widmete sich später in Wien der Kupferstecherkunst. Er stach viel für Taschenbücher und für das Haas'sche Kupferwerk nach der k. k. Gallerie zu Wien. Unter seine besten Arbeiten zählt man: eine Landschaft, nach Artois; Simson, nach van Dyck: eine Mondnacht, nach van der Neer, besonders aber die obersteyerische Köhlerfamilie, nach Gauermann.

Axtmann, Leopold, geb. 1700 zu Fulnek in Mähren, gest. 1748 zu Prag, bildete sich in Hamilton's Schule zu einem der besten Thiermaler seiner Zeit, dessen Pferde und Hunde, namentlich wegen der grossen Naturwahrheit, gerühmt werden.

Ayala, Bernabé de, geb. zu Sevilla, ein Schüler von Zurbaran, war einer derjenigen Künstler, die im Jahr 1660 die Akademie von Sevilla gründeten. Von seinen Gemälden sieht man noch manche in den Kirchen seiner Vaterstadt und zu Madrid. Die ehemalige Sammlung des Marschall Soult besass einen Apostel von ihm.

Aybar, Ximenes, ein Schüler und Nachahmer des F. Ximenes, führte um 1682 in Calatayud für die Kollegiatkirche Santa Maria daselbst mehrere Bilder von gefälliger Composition, correkter Zeichnung und guter Farbe aus.

Aylesford, Hemage Finch Earl of, geb. 1750, radirte 20 Blätter, meistens Landschaften, geistreich im Geschmack Rembrandt's und Ruysdael's.

Ayres, Pietro, gebürtig aus Savigliano, ein trefflicher zu Turin lebender Porträt- und Historienmaler der Gegenwart, an dessen Bildern man die gefällige Composition, schöne Gruppirung, Anmuth und Grazie, tüchtige Zeichnung und das frische und zarte Colorit rühmt.

Azeglio, Massimo d', Marchese, ein ausgezeichneter Landschaftsmaler im historischen Fach, dessen vorzüglichstes Gemälde die Darstellung des Kampfes der italienischen und französischen Ritter bei Barletta während der Feldzüge Gonsalvo's von Cordova in Apulien, in welchem erstere Sieger blieben (gest. v. Cornacchia und Baselli), ist. Sein neuestes Werk stellt den ersten Sforza dar, wie er beim Ackerbau von Kriegsleuten aufgefordert, sich ihnen anzuschliessen, dem Zufall die Entscheidung überlässt, indem er sein Grabscheit auf einen Baum wirft, und wartet, ob dasselbe herunterfallen werde oder nicht. Massimo d'Azeglio, ein Schwiegersohn des Dichters Alessandro Manzoni ist auch als Schriftsteller sehr beliebter Romane vortheilhaft bekannt. Er ist seit 1824 Direktor der k. Akademie der schönen Künste zu Turin.

Azeglio, Roberto d', Marchese, der Bruder des Obigen, Direktor der k. Gemäldegallerie zu Turin, wird unter den ersten Malern Italiens als ein vom Geiste seines grossen Landmanns Gaudenzio Ferrari inspirirter Meister mit Ruhm genannt, und dass er denselben verdient, beweisen seine trefflichen Gemälde in der Gallerie des edlen Mailänders Ambrogio Uboldo. Er ist der Herausgeber des durch Kupferstiche wie durch die beigefügten Erläuterungen gleich ausgezeichneten Prachtwerks über die Turiner Gallerie: La reale Galleria di Torino, illustrata da Rob. d'Azeglio, das seit 1836 zu Turin erscheint und an dem die besten italienischen, deutschen, französischen und englischen Stecher betheiligt wurden. Im Jahr 1844 wurde d'Azeglio von dem Könige von Preussen der rothe Adlerorden dritter Classe verliehen.

Azzolini oder **Mazzolini, Giov. Bernardino**, aus Neapel, der um 1510 zu Genua blühte, wird als vorzüglich in Arbeiten aus gefärbtem Wachs, namentlich Bildnissen, sowie auch in seinen Oelbildern, z. B. in einem Martyrium der h. Agata in Giuseppe zu Genua gerühmt.

B.

Baade, Knut, ein zu München lebender Landschaftsmaler aus Bergen in Norwegen, ursprünglich ein Schüler Dahl's, zeichnet sich in seinen Bildern aus der rauhen Natur seines Vaterlandes, in unwirthlichen Meeresküsten, in vom Mondschein beleuchteten Fjords u. s. w. durch die poetische Auffassung, durch Gewissenhaftigkeit und liebevolle Behandlung aus.

Baader, Joh. Mich., ein Maler, der 1736 geboren, zu Paris sich um 1759 gebildet und Gesellschaftsstücke malte, deren mehrere gestochen wurden.

Baader, Joh., ein bayrischer Maler, geb. 1709, gest. 1779, der sich besonders in Italien in seiner Kunst ausgebildet und für die Kirchen seines Vaterlandes verschiedene Bilder ausführte.

Baader, Tobias, Bildhauer zu München, der in der Mitte des 17. Jahrhunderts blühte und namentlich für die Kirchen und Klöster Bayerns beschäftigt war. Man lobt an seinen Werken, z. B. einem Christus am Kreuz mit der schmerzhaften Mutter in der ehemaligen Klosterkirche zu Attl, einer Mutter Gottes mit dem Jesuskinde in der Kirche zu Schlehdorf; namentlich aber an einem Marienbild in der Herzogspitalkirche zu München besonders den trefflich gelungenen Ausdruck.

Baak, Hattigh Johann, ein Maler von Utrecht, der um 1642 lebte und Landschaften mit figürlicher Staffage im Styl Poelenburg's malte.

Baan, Jacobus de, geb. 1673 zu Gravenhage, bildete sich in der Schule seines Vaters, des Jan de Baan schon früh zu einem vorzüglichen Bildnissmaler aus, ging in seinem 20. Jahr im Gefolge Königs Wilhelm III. nach England, und malte hier unter Anderem das vielbewunderte Bild des Herzogs von Colchester. Obgleich vielfach beschäftigt in England, zog ihn doch die Sehnsucht nach Italien; er ging nach Florenz, wo er Mehreres in Oel und Fresco für den Grossherzog malte, und hierauf nach Rom, wo er historische Bilder und moderne Gesellschaftsgemälde ausführte und von seinen Kunstgenossen wegen seines riesigen Körperbau's „Gladiator" genannt wurde. Später begab er sich nach Wien, woselbst er in der Blüthe seiner Jahre, 1700, starb.

Baan, Jan de, der Vater des Obigen, geb. 1633 zu Haarlem, hatte erst Piemans und hernach J. Backer zum Lehrer, bildete sich aber, dem Geschmack der Zeit huldigend, nach van Dyck zu einem Porträtmaler aus, dessen Bilder sehr hoch geschätzt wurden. Er malte viele hohe Personen, z. B. König Karl II. von England und dessen Gemahlin, den Herzog von Zell und andere. Eines seiner besten Porträts, die sich alle durch Aehnlichkeit, Leben, Natürlichkeit und feines Colorit auszeichnen, ist das des Prinzen Moritz von Nassau. Er starb 1702 zu Amsterdam.

Literatur. Immerzeel, De Levens en Werken der Holl. en Vlaam. Kunstschilders u. s. w. Amsterdam 1842. Fiorillo, Geschichte der zeichnenden Künste in Deutschland und den vereinigten Niederlanden. — Descamps, La vie des peintres flammands, allemands et hollandois.

Babeur oder **Baburen, Theodorus,** aus Utrecht, malte im 17. Jahrhundert historische und Genrebilder mit freiem und sicherem Pinsel; sein Colorit ist aber etwas zu braun.

Babylone, siehe **Barbary.**

Bacchiacca, siehe **Ubertini.**

Baccio della Porta, siehe **Porta.**

Bach, Abraham, Formschneider und Briefmaler zu Augsburg, lebte in der letzten Hälfte des 16. Jahrhunderts, seine Blätter, z. B. eine Familie beim Essen mit einem altdeutschen Gedicht, sind aber sehr selten und haben mehr geschichtlichen, als artistischen Werth.

Bach, Karl Daniel Friedrich, geb. 1756 zu Potsdam, ein geschickter Historien-, Porträts- und Thiermaler, der sich in seiner Vaterstadt, zu Berlin und später in Italien gebildet und als Professor und Vorsteher der Kunstschule zu Breslau 1826 starb. Seine zahlreichen Arbeiten sind in Polen, Russland und Deutschland zerstreut. Er gab auch Umrisse der besten Köpfe und Parthien nach Raphael's Gemälden im Vatikan und eine Anweisung, nach richtigen Verhältnissen zu zeichnen, mit Kupfern heraus. Ausserdem besitzt man einige radirte Blätter von ihm.

Literatur. Meusel, Teutsches Künstlerlexicon.

Bacheley, Jacques, geb. 1712 zu Pont l'Eveque in der Normandie, gest. zu Rouen 1781, bildete sich unter Le Bas zu einem Kupferstecher, der Landschaften und Seestücke nach holländischen Meistern reizend in Kupfer stach.

Bachelier, Jean Jacques, ein vorzüglicher Früchte- und Blumenmaler, geb. 1724, gest. 1805 als Professor der Pariser Akademie. Bachelier malte übrigens auch historische Bilder, Jagden u. s. w., und übte durch Unterweisung und technische Erfindungen einen nicht zu verkennenden Einfluss auf die Verbesserung der französischen Porzellanmalerei.

Bachelier, Nicolas, ein französischer Bildhauer, der um 1550 lebte und in Frankreich einen nach den Werken Michelangelo's ausgebildeten Geschmack in der Sculptur einzuführen suchte.

Backer, Adriaan, aus Amsterdam, ein verdienstlicher Porträt- und Historienmaler, unter dessen beste Arbeiten das jüngste Gericht im Stadthause seiner Vaterstadt gezählt wird. Er starb 1686.

Backer, Franz de, ein Niederländer, der von 1704—1748 in Deutschland und Italien als Porträtmaler und Kupferätzer arbeitete, und von dem man in seiner letzteren Thätigkeit u. A.: Abel von Kain erschlagen, nach A. Schoonians, kennt. Das „Museo Fiorentino“ enthält sein Porträt im Stich.

Backer, Jacob, geb. 1608 zu Harlingen, gest. 1651, malte historische und allegorische Darstellungen, besonders aber viele Bildnisse, und soll eine solche ausserordentliche Gewandtheit in seiner Kunst besessen haben, dass er oft ein Porträt in einem Tag vollenden konnte, ohne dass an demselben die Flüchtigkeit der Arbeit bemerkbar gewesen. Viele seiner Bilder sollen sich in Spanien befinden. Einige sieht man jedoch auch in deutschen Gallerien, z. B. in der zu Dresden. Er ätzte auch in Kupfer und man besitzt von ihm u. A. ein geschätztes Blatt: eine liegende nackte weibliche Figur. Ein Hauptbild von ihm, das jüngste Gericht, war in der Carmeliterkirche zu Antwerpen.

Backer, Jacques de, geb. 1630 zu Antwerpen, gest. 1660, malte Geschichtsbilder, von denen man namentlich: Adam und Eva, eine Kreuzigung und ein Urtheil des Paris wegen des vortrefflichen Colorits rühmt.

Backhuysen, Ludolph, geb. zu Emden 1631, gest. 1709, ein Schüler von Hendrik Dubbels (nach Andern von Everdingen), bildete sich zu einem der ausgezeichnetsten Marinemaler aus. Höchst poetisch in allen seinen Darstellungen, weiss dieser Meister in denjenigen seiner Bilder, in welchen er die leicht bewegte See mit den fröhlich darüber hintanzenden, in den Wellen sich spiegelnden Schiffen schildert, leuchtende Kraft der Farbe mit höchster Zartheit der Behandlung zu verbinden, in denen aber, wo er die Aufregung und die Gewalt der Elemente darstellt, durch die grandiose Auffassung und die mit höchster Meisterschaft des Vortrags erreichte eminente Naturwahrheit aufs Mächtigste zu ergreifen. Namentlich in solcher ausgezeichneter Darstellung grossartiger Seestürme besteht Backhuysen's Ruhm. Spätere Bilder von ihm sind oft in dem Schatten zu dunkel und durch rothe Wolken unharmonisch. Er war vielfältig für verschiedene Souveraine beschäftigt und seine Arbeiten wurden schon bei seinen Lebzeiten eifrigst gesucht und hoch bezahlt. Gemälde von ihm finden sich in beinahe allen grösseren Gallerien, im Berliner Museum, der Münchener Pinakothek, in der Wiener und in der Dresdner Gallerie, im Louvre, in der Gallerie Pitti zu Florenz, in verschiedenen Gallerien Englands u. s. w. — Backhuysen führte auch mit geistreicher, leichter Nadel einige Blätter, z. B. die Seearme bei Amsterdam, das Y genannt, sein eigenes Porträt u. s. w. in Kupfer aus.

Literatur. Houbraken, De groote Schouburgh der Nederlaatsche Kunstschilders en Schilderessen. In's Gravenhage. — Descamps, La vie des peintres flamands allemands et hollandois.

Backhuysen, Hendrikus, van de Sande, geb. 1795 zu Gravenhage, vortrefflicher Landschafts- und Thiermaler. In seinen sehr geschätzten Bildern verbindet er beide Gattungen der Malerei zu einem schönen Ganzen von hoher Naturwahrheit und vorzüglicher Farbenwirkung.

Backhuysen, Ludolph, geb. 1717, gest. 1782, ein Neffe des Obigen, malte meistens Kriegsscenen, auf denen er die Pferde besonders glücklich darzustellen wusste.

Bacon, Frederik, jetzt lebender englischer Kupferstecher, dessen Arbeiten zwar ziemlich auf Effekt gearbeitet sind und sich im Ueberwinden mechanischer Schwierigkeiten gefallen, aber von nicht geringem Talent und Geschick in der Behandlung zeugen. Unter seine besten Blätter gehören: der Einzug der siegreichen Hochländer in Edinburgh, nach Duncan, und die Schmuggler, nach Wilkie.

Bacon, John, geb. zu Southwark 1740, ein englischer Bildhauer, der sich besonders durch eine Statue des Mars in Marmor, die viel Kraft, Kenntniss des Nackten und des Alterthums verrieth, einen Namen erwarb. Bekannt sind ferner von ihm sein Denkmal des grossen Chatam, des Lords Halifax, Majors Pierson und der Miss Draper (der „Elisa" des englischen Dichters Sterne) in der Westminster Abtei zu London. Er starb 1799 als Mitglied der k. Kunstakademie.

Badajoz, Juan de, Bildhauer und Architekt, machte 1537 die Entwürfe an den Sculpturarbeiten des Klosters S. Zoil de Corrion de los Condes, und leitete den Bau der nach seinen Plänen ausgeführten Kirche zu Leon.

Badalocchio, Sisto, genannt **Rosa,** gest. 1647, Maler und Kupferstecher, war ein Schüler von Ann. Carracci und treuer Gefährte Lanfranco's, dessen Styl er sich auch aneignete. Er besass eine besondere Fertigkeit im Zeichnen, wesshalb ihn sein Lehrer vorzugsweise bei der Ausführung seiner verschiedenen Malereien beschäftigte. Ohne besondere Erfindungsgabe, wusste er seinen Werken doch jederzeit ein gefälliges, ansprechendes Aussehen zu verleihen, wie er in seinen Arbeiten in Reggio, wo er u. A. in S. Giovanni eine Copie der Kuppel des Domes zu Parma ausführte, zu Gualtieri, wo er im herzogl. Palast die Thaten des Herkules malte, u. s. w. bewies. In der Academia delle belle arti zu Parma sieht man von ihm noch eine Andromeda und einen heil. Franz, der die Wundmale empfängt. — Von seiner Geschicklichkeit als Kupferstecher zeugt die mit Lanfranco gestochene und Annibale gewidmete Bibel Raphael's in 23 Blättern. Unter den 34 Blättern, die Bartsch in seinem „Peintre graveur" von Badalocchio verzeichnet, befinden sich auch sechs nach den Malereien des Correggio im Dom zu Parma.

Badens, Francisco, geb. 1571 zu Antwerpen, bildete sich vorzugsweise in Italien. Er malte Historien, Genrestücke und Porträts mit tüchtigem Pinsel in einem feurigen Colorit. Besonders wird seine Bathseba gerühmt.

Badens, Jan, der Bruder des Vorigen, malte viel in Deutschland und Italien, er starb schon 1603 in seinem 27. Jahre.

Badiale, Alessandro, geb. 1623 zu Bologna, gest. 1668, bildete sich unter F. Torre zum Maler und Kupferstecher aus. Seine Bilder beurkunden eine gute Zeichnung, und seine Radirungen, z. B. eine Abnahme vom Kreuz und eine heilige Familie nach seinem Lehrer, Maria mit dem Kinde nach Cignani, sind geistreich radirt.

Badile, Antonio, geb. 1480, gest. 1560, der Lehrer des Paolo Veronese, war einer der ersten Maler, die in Verona die neue Richtung der Kunst, die Befreiung vom typisch Ueberlieferten im Geistigen, wie in der Bildung der Körpergestalten, überhaupt jene freie Darstellungsweise des 16. Jahrhunderts einführte. Seine Auferweckung des Lazarus zu Verona wird besonders gelobt. Die städtische Gallerie zu Rovigo besitzt eine Anbetung der Könige von diesem Meister, die Gallerie des Museums der bildenden Künste zu Stuttgart eine Maria mit dem Kinde.

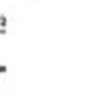

Baerze, Jacques de, ein flandrischer Bildschnitzer, fertigte 1391 die Reliefs, einzelne Figuren und Ornamente zweier grossen von Philipp dem Kühnen, Herzog von Burgund, für die Karthause zu Dijon bestellten Altarschreine (jetzt im Museum daselbst); auch arbeitete er unter Claux Sluter mit Claux de Vousonne an dem herrlichen Denkmal desselben, im Jahr 1404 verstorbenen Herzogs.

Baese, Joh., ein Maler aus Braunschweig, der treffliche Copieen nach den Werken grosser Meister, z. B. nach der Madonna di S. Sisto, der Madonna Tempi von Raphael lieferte, aber zu Madrid, wo er im Auftrag des Herzogs von Braunschweig einige Bilder des Museums, u. A. die Kreuzschleppung nach Raphael copiren sollte, im Jahr 1837 seinem Leben selbst ein Ende machte.

Bagelaar, Ernst Willem Jan, ein niederländischer Kupferätzer, geb. 1775, gest. 1837, der nach eigenen Zeichnungen, nach A. van de Velde, nach J. Jacobson u. A. eine sehr grosse Anzahl von Blättern in Kupfer ätzte. In späteren Jahren malte er auch Porträts in Oel.

Bagge, M. F., ein der Gegenwart angehöriger Landschaftsmaler, der sich in Copenhagen und später in Düsseldorf gebildet, und mit besonderer Treue und Gewissenhaftigkeit, mit tiefer Sättigung der Farbe die Natur seines Vaterlandes in ihrem grossartigen Ernste darzustellen weiss.

Baglione, Giovanni, geb. zu Rom 1573, gest. 1644, war ein Schüler des Franc. Morelli aus Florenz, bildete sich aber selbstständig nach den Werken grosser Meister aus. Die meisten Kirchen Roms besitzen Bilder von ihm; insbesondere hat er sich durch seine Gemälde: die Erweckung Thabita's und die Fusswaschung in S. Peter berühmt gemacht; für jene wurde er vom Papst mit einer goldenen Kette, für diese mit dem Christusorden beehrt. Er malte jedoch auch für andere Kirchen Italiens, z. B. für den Dom von Perugia: einen heil. Stephan, für die Hauptkirche zu Loretto: die heil. Katharina u. s. w. Baglione ist nicht sehr bedeutend in der Erfindung, dagegen zeigen seine Bilder eine gute kräftige Färbung, gefällige Anordnung und einen leichten freien Pinsel. Er gehört unter die besseren der römischen Manieristen zu Anfang des 17. Jahrhunderts. Die von ihm herausgegebenen Lebensbeschreibungen derjenigen Künstler, die von 1572—1640 in Rom gearbeitet, enthalten viele schätzbare Nachrichten. Auch eine Beschreibung der Kunstwerke in den neueren Kirchen Roms, die 1639 erschien, besitzt man von ihm.

Bagnacavallo, Bartolomeo, siehe **Ramenghi**.

Baider, Simon, aus Constanz, ein Zeitgenosse des älteren Syrlen, war ein trefflicher Bildschnitzer, der um 1470 das ausgezeichnet schöne Schnitzwerk an den Thürflügeln des Hauptportals im Dome von Constanz, Scenen der Passionsgeschichte enthaltend, ausführte.

Baillie, William, geb. 1736 in Irland, war Cavallerieofficier in englischen Diensten, und beschäftigte sich aus Liebhaberei mit der Zeichen- und namentlich der Kupferstecherkunst, widmete sich aber, als seine Stiche, die er mit der Nadel und dem Grabstichel in Schwarzkunst, in Kreiden- und in getuschter Manier ausführte, überall die ehrendste Anerkennung fanden, später ganz derselben. Besonders glücklich war er in der Nachahmung Rembrandts, den er in einigen Blättern, besonders in der Landschaft mit den drei Bäumen, so täuschend imitirte, dass seine Copien in gleichem Werthe mit den Originalen stehen, ja die Abdrücke einer von ihm überarbeiteten Platte Rembrandt's, des sog. Hundertguldenblatts, höher bezahlt werden, als die ersten vom Meister selbst. Zu den besten seiner sämmtlichen, aus mehr als 200 Blättern bestehenden Arbeiten, deren älteste die Jahrzahl 1753, die jüngste 1777 trägt, gehören: Der Goldwäger, nach Rembrandt; Susanna und Daniel, nach Gerbrand van den Eeckhout; der Federnschneider, und zwei Officiere bei einer Frau, welche bei einem Lichte schläft, nach Gerh. Dow; der Herzog von Monmouth zu Pferd, nach Netscher und Wyck; die Grablegung, nach Rembrandt; trinkende und spielende Bauern, nach Teniers; Wilhelm, Prinz von Oranien zu Pferd, nach Terburg; das Porträt des Franz Hals, nach Hals u. s. w.

Literatur. Heinecken, Dictionnaire des artistes. — Huber und Rost, Handbuch für Kunstliebhaber.

Baillu oder **Balliu**, geb. 1614 zu Antwerpen, einer der trefflichsten Kupferstecher seiner Zeit, erhielt den ersten Unterricht in seiner Vaterstadt und bildete sich später in Italien aus. Zu seinen besten Blättern zählt man: die Versöhnung Jacobs mit Esau, Christus im Oelgarten und die sterbende Magdalena, nach Rubens; den heil. Anastasius, nach Rembrandt; den Leichnam Christi auf dem Schoose der Maria, nach

A. Carracci; den eingeschlummerten Rinaldo, von Armida mit Blumenkränzen geschmückt, nach van Dyck u. s. w.

Baily, E. H., ein unserer Zeit angehöriger englischer Bildhauer, der sich besonders durch Statuen für Monumente, z. B. die des Grafen Grey, des Grafen Egremont, des Admiral Malcolm, des Lords Holland, des Herzogs von Sussex, des Sir Rob. Peel u. s. w. unter seinen Landsleuten einen geschätzten Namen erwarb. 1822 bewunderte man auf der Kunstausstellung zu London eine Eva an der Quelle von diesem Künstler.

Bailly, Jacques, geb. 1629 zu Graçay, gest. 1679 zu Paris, Miniaturmaler und geistreicher Kupferätzer, von dem man eine Anzahl von 12 Blättern, Blumen und Bouquets von vorzüglicher Arbeit kennt.

Bakhuysen, siehe **Backhuysen**.

Bakker, Cornelis, geb. 1771 zu Goedereede, ein verdienstvoller Porträtmaler in Oel und en miniature.

Bakker, Job Augustus, geb. 1796, der Sohn des Obigen, machte sich als Maler zierlicher Kabinetstücke, noch mehr aber durch mehrere Schriften über die bildenden Künste einen geschätzten Namen.

Balan, ein trefflicher französischer Architekturmaler zu Rouen, dessen Bilder sich durch Richtigkeit der Zeichnung, Keckheit der Beleuchtung, Feinheit der Tinten und Tiefe der Färbung auszeichnen.

Balassi, Mario, geb. zu Florenz 1604, gest. 1667, war ein Schüler von Giacomo Ligozzi, Mat. Roselli und Dom. Passignano, ging mit Letzterem, nachdem er durch mehrere gelungene Copien nach alten Meistern und eigene Compositionen ein bedeutendes Talent an den Tag gelegt, nach Rom, und führte hier mehrere Bilder aus, wodurch er sich die Gunst der Grossen, insbesondere des Fürsten Ottavio Piccolomini erwarb, der ihn mit nach Wien nahm, woselbst er das Bildniss des Kaisers Ferdinand III. malte. Nach Italien zurückgekehrt, lieferte er für verschiedene Kirchen seines Vaterlandes eine Menge Altarbilder von unterschiedlichem Werthe. Die k. k. Gallerie zu Wien besitzt eine Maria mit dem Kinde von ihm.

Literatur. Museo fiorentino, woselbst auch sein Porträt zu finden.

Balbach, Ottmar, aus Carlsruhe, bildete sich unter Schwanthaler zu einem äusserst tüchtigen Bildhauer und Stempelschneider aus, dessen Arbeiten, z. B. ein Basrelief, die caledonische Jagd darstellend, Compositionen nach der Odyssee u. s. w. als ausgezeichnete Werke seiner Zeit bewundert wurden.

Baldi, Lazzaro, geb. 1623 zu Pistoja, gest. 1703 zu Rom, ein Schüler des Pietro da Cortona, der an Reichthum der Erfindung, richtiger Zeichnung, blühendem Colorit und eminenter technischer Fertigkeit mit seinem Lehrer wetteiferte, wie er in seinen Bildern, insbesondere einer Verkündigung in S. Francesco und einer Ruhe auf der Flucht in S. Maria dell' Umiltà zu Pistoja bewies. Baldi radirte auch in Kupfer; man kennt von ihm ein sehr schönes Blatt: Pauli Bekehrung.

Baldini, Baccio, geb. zu Florenz um 1436 und um 1480 noch am Leben, Goldschmied und Kupferstecher, war ein Schüler des Maso Finiguerra. Er stach nach Zeichnungen des Sandro Botticelli, seine Arbeiten sind aber gegen die seines Lehrers von untergeordnetem Werthe. Von seinen Blättern, die unter die grössten Seltenheiten gehören, erschienen die ersten 1477 im Monte Sancto di Dio zu Florenz; es sind drei: ein Berg mit einer Leiter, um deren Stufen die Tugenden stehen, der Heiland und die Hölle. Sodann werden ihm mit höchster Wahrscheinlichkeit die 20 Kupfer zu Dante's Hölle zugeschrieben, welche 1481 nach Zeichnungen von Botticelli in der Druckerei des Nicholo di Lorenzo della Magna ebendaselbst herauskamen. Ausserdem gelten als seine Arbeit: die Propheten, 24 Blätter; die Sibyllen, 12 Blätter; eine Ostertabelle; die Dummheit auf dem Throne; eine schlafende Nymphe, Mariä Himmelfahrt und sieben Blätter, die Planeten darstellend.

Literatur. Bartsch, Le peintre graveur. — Heinecken, Dictionnaire des artistes.

Baldovinetti, Alessio, der Lehrer des Domenico Ghirlandajo, geb. 1422 zu Florenz, gest. 1499, sollte sich, wie seine Voreltern, dem Handelsstande widmen, er folgte aber seiner Neigung zur Kunst und bildete sich unter Paolo Uccello in derselben aus. Seine erste Frescomalerei war die Aussenwand der Kapelle S. Gilio in S. Maria Nuova, ein seiner Zeit gerühmtes Werk, worin man unter anderen einen S. Aegidius sah; hierauf malte er in der Kapelle der Herren Gherardo und Bongianni Gianfigliazzi, zweier reichen Florentiner, in S. Trinità zu Florenz, eine Altartafel in Tempera, die Kapelle selbst aber schmückte er in Fresco mit Bildern aus dem alten Testamente, in denen er mit grossem Fleiss und vieler Zartheit eine ungemeine Geschicklichkeit in der Nachahmung der Natur, besonders in mehreren darin angebrachten Porträts an den Tag gelegt haben soll. Da diese Malereien aber zu Grunde gegangen sind, so sind wir zur Beurtheilung seiner Leistungen auf das von ihm in der Kirche S. Annunziata seiner Vaterstadt in Fresco ausgeführte, in Tempera überarbeitete Gemälde, die Geburt Christi darstellend (abgebildet in der Etruria Pittrice), angewiesen, in welchem er, wie wir an dem zwar ausgeblichenen, aber sonst noch wohlerhaltenen Bilde erkennen, bezeichnend für seine ganze Kunstrichtung, in naturgemässer Behandlung der Nebendinge, Landschaft u. s. w., wahrscheinlich durch flandrischen Einfluss angeregt, einen bedeutenden Fortschritt in der Darstellungsweise der italienischen Malerei des 15. Jahrhunderts entfaltet. Das wohlerhaltendste Gemälde Baldovinetti's soll eine Tafel in der Grossherzogl. Gallerie zu Florenz, eine Madonna mit dem Kinde und Heiligen sein. Als weitere aber nicht mehr vorhandene Werke von ihm bezeichnet man einen Christus an der Säule im Kreuzgang von S. Croce, und eine Madonna an der Ecke der Carnesecchi zu Florenz. Von einem Deutschen in der Mosaik unterrichtet, hat Baldovinetti auch in dieser Kunstweise manchfache Proben seiner Geschicklichkeit an den Tag gelegt. So führte er, u. A. über der Bronzethüre von S. Giovanni zu Florenz mehrere Engel, welche das Haupt Christi halten, aus und verbesserte die Musivarbeiten der Gewölbe in derselben Kirche. In der Kapelle der Tornabuoni in S. Maria Novella zu Florenz brachte sein Schüler Ghirlandajo in einem Bilde des aus dem Tempel gejagten Joachim des Lehrers Bildniss an. Baldovinetti bildete noch einen andern Schüler, den Florentiner Graffione.

Literatur. Vasari, Leben der ausgezeichnetsten Maler, Bildhauer und Baumeister.

Balducci, Giovanni, soll ein Zeitgenosse des Giotto gewesen, diesem auch weder in der Zeichnung, noch an technischer Kunst nachgestanden sein. Es wird von ihm ein Bild, bestehend aus drei Tafeln und darauf die Madonna mit dem Kinde und Heiligen darstellend, auf Goldgrund gemalt, angeführt, auf dem er sich „Johannes de Pisis pinxit" unterschrieben. Auf andern Gemälden soll er sich „Magister Johannes Balducci de Pisis" genannt haben.

Balduccio, Giovanni di, aus Pisa, ein Bildhauer aus der Periode des italienisch-germanischen Styls in Italien, war im letzten Decennium des 13. Jahrhunderts geboren und kam 1336, bereits als ein Künstler von Ruf, nach Mailand, wo er eine Schule gründete und um 1339 das Grabmonument des heil. Petrus Martyr in S. Eustorgio daselbst fertigte, ein grosses umfassendes Werk, das aber in der Ausführung theils noch hart und steif, theils übertrieben bewegt erscheint. Beträchtlich roh sind seine Sculpturen von dem ehemaligen Portal der Brerakirche zu Mailand, jetzt in der dortigen Akademie. Unter seinem Einfluss sind verschiedene Monumente entstanden, die man in mailändischen Kirchen findet. Sein Schüler war Bonino da Campione.

Baldung, Hans, genannt **Grien,** einer der vorzüglichsten oberdeutschen Maler, trefflicher Formschneider und Kupferstecher, um 1470 zu Gmünd in Schwaben geboren, arbeitete in seinem Vaterlande, im Breisgau, in der Schweiz und im Elsass. Im Jahr 1496 schmückte er das badische Nonnenkloster Lichtenthal, in welchem sich seine Schwester befand, mit Gemälden. Mehrere Jahre lebte er sodann zu Freiburg im Breisgau, wo er für die Münsterkirche die grossen Gemälde des Hochaltars fertigte, die 1516 vollendet wurden. Von Freiburg zog er nach Strassburg, woselbst er von 1533 an, später zum bischöflichen Hofmaler und Mitglied des grossen Raths ernannt, bis zu seinem 1552 erfolgten Tode verweilte.

Baldung malte Kirchenbilder, historische, allegorische Darstellungen und Porträts, Werke, in denen sich, bei manchen Eigenthümlichkeiten der schwäbischen Schule, der Einfluss Albrecht Dürers (mit dem er in einem sehr freundschaftlichen Verhältnisse stand, und von dem er bis zu seinem Tode eine Haarlocke als kostbare Reliquie verwahrte, die im Laufe der Jahrhunderte, nach einer Wanderung durch die Hände verschiedener Maler zuletzt in den Besitz des Hofraths Schlosser kam), nicht verkennen lässt. Seine Köpfe sind voll Leben und Ausdruck, das Nakte erscheint ziemlich durchgebildet, das Colorit ist frisch und blühend und in seinen Compositionen herrscht eine poetische Auffassung und bedeutsame Intention. Sein Hauptwerk ist der grosse Hochaltar des Münsters zu Freiburg, ein wahres Kleinod oberdeutscher Malerei. Derselbe besteht aus mehreren Tafeln, von denen das Mittelbild eine reiche, prachtvolle Krönung der Maria enthält, die Innenseiten der Flügel aber, die Apostel, als Zuschauer der himmlischen Handlung, vortrefflich charakterisirte Figuren, zeigen. Die Aussenseiten enthalten: die Verkündigung, eine Composition von eigenthümlichen Gedanken, die Heimsuchung von überaus süssem und lieblichem Ausdrucke in den reizenden Köpfen, die Geburt Christi, bei welcher das Licht von dem göttlichen Kinde ausgeht, und die Flucht nach Aegypten, ein ungemein liebliches, vielleicht das schönste Bild, das Baldung hervorgebracht. Die Rückseite des Altars ist in der Mitte mit einer vorzüglich ausgeführten grossen Kreuzigung nach Dürer'scher Composition geschmückt; auf den Flügeln erscheinen je zwei Heilige, grossartige, charaktervolle Gestalten. Das Staffelgemälde, unter dem Mittelbild, stellt in der Mitte die heil. Jungfrau mit dem Kinde, zu beiden Seiten die Donatoren, treffliche Porträts der einst mit dem Bau beschäftigten Männer dar. Auf dem freien Winkel links Engelsköpfe, rechts eine Tafel mit der Inschrift: „Johannes Baldung cog. Grien Gamundianus Deo et Virtute auspicibus faciebat.“ Unter den Glasgemälden des Chorumgangs ist das Fenster der Alexanderkapelle nach Baldungs Composition gemalt.

Von anderen erhaltenen Bildern Baldungs, die hin und wieder eine gewisse Neigung zu den Eigenthümlichkeiten der fränkischen Malerei, zu manierirter Färbung und übertriebener Charakteristik verrathen, sind bekannt: die Geburt Christi und die Kreuztragung in der Gallerie des Schlosses zu Aschaffenburg; Frauen, in der Fülle der Kraft vom Tode ergriffen, zwei Bildchen von geistvoller Conception in der öffentlichen Sammlung zu Basel; eine Kreuzigung, eine Steinigung des heil. Stephanus und das Bildniss Albrechts von Brandenburg in Kardinalstracht im k. Museum zu Berlin; Maria mit dem Kinde und dem Stifter Markgraf Christoph von Baden und seiner Familie und das Porträt des Markgrafen Christoph von Baden in der grossherzogl. Gallerie zu Carlsruhe; Herkules und Antäus in der Abel'schen Sammlung zu Ludwigsburg; das Brustbild des Markgrafen Phil. Christoph von Baden (mit Monogramm und der Jahrszahl 1515); die Klugheit, eine bis auf einen sehr zarten Schleier nackte Figur am Abgrunde (mit Monogramm und der Jahrszahl 1525), ein Bild, das ein sehr fleissiges Naturstudium des Meisters beurkundet, in der Moritzkapelle zu Nürnberg; das Porträt eines jungen blonden Mannes (mit Monogramm und der Jahrszahl 1515) in der k. k. Gallerie zu Wien.

Unter die vorzüglichsten Blätter, die Baldung in Kupfer gestochen, gehören: Der Schmerzensmann; der Stallknecht; Maria, den Leichnam ihres Sohnes beweinend. — Zu seinen bedeutendsten Holzstichen, die sich durch das treffliche Helldunkel auszeichnen, zählt man: Adam und Eva in 3 verschiedenen Blättern (von 1511 und 1519, das dritte ohne Jahrszahl); die Hexen (1510); die Bekehrung Pauli; eine heil. Familie; die Geburt des Heilandes; der Reitknecht im Pferdestalle; Ecce homo (1511); die Marter des heil. Sebastian (1514); Xantippe reitet Sokrates (1515); Gruppe von Pferden, drei verschiedene Blätter (1534); 13 Blätter: Christus und die zwölf Apostel. HB

Literatur. H. Schreiber, das Münster zu Freiburg. — Bartsch, Le Peintre graveur. — Heller, Handb. für Kupferstichsammler.

Balduc, Roque, spanischer Bildhauer, der von 1551—1561, in welch letzterem

Jahre er starb, an den Sculpturen der Seitenvorsprünge des Hochaltars in der Kathedrale zu Sevilla arbeitete.

Balechou, Jean Jacques, geb. 1715 zu Arles, gest. 1764, ein Schüler von Michel und B. Lepicié, war ein seiner Zeit sehr geschätzter Kupferstecher, dessen Arbeiten aber bei manchem Vortrefflichen durch das Streben nicht blos die Form, die Spiele von Licht und Schatten und die Verschiedenheit der Stoffe, sondern sogar das Colorit durch mannigfachen Wechsel der Vortragsweise wiederzugeben, manierirt wurden. — Seine besten Arbeiten sind: Der Sturm und die ruhige See, nach Vernet; die badenden Mädchen, nach demselben; die heil. Genofeva, nach Vanloo; August III., König von Polen, nach Rigaud und Heinrich, Graf v. Brühl, nach Silvester.

Literatur. Heller, Handbuch für Kupferstichsammler.

Balen, Hendrik van, geb. 1560 zu Antwerpen, war ein Schüler von Adam van Oort, bildete sich aber erst in Italien zu einem von seinen Zeitgenossen sehr hoch geachteten Historienmaler aus, dessen Bilder bei manchem Manierirten, besonders in der Behandlung des Nackten und in dem blühenden Colorit ein tüchtiges Studium der Venetianer verrathen. Die Landschaften und Gründe seiner Bilder malte meistens Jan Breughel. Balen starb 1632. Er war der Lehrer von Frans Snyders und Ant. van Dyck. Von seinen Gemälden wurden besonders seine Sündfluth, sein Moses, der Wasser aus dem Felsen schlägt, Pharao's Untergang und das Urtheil des Paris gepriesen. Im Museum zu Amsterdam sieht man noch von ihm: Diana und Bacchus, mit Pan, Satyrn und Bacchantinnen; in der Jacobskirche zu Antwerpen: eine Dreieinigkeit; eine Verkündigung und eine Auferstehung; im k. Museum zu Berlin: die Schmiede des Vulcans (nur die Figuren der Gottheiten von ihm); in der Gallerie zu Dresden: Nymphen, Diana mit ihren Nymphen von Satyrn belauscht; die Götter des Olymps zu einem Mahle versammelt; Diana von Actäon überrascht; das Hochzeitmahl des Bacchus und der Ariadne; das Hochzeitfest des Peleus und der Thetis; die vier Elemente und ein allegorisches christliches Bild. HB

Balen, Jan van, der Sohn des Vorigen, geb. 1611, genoss den ersten Unterricht bei seinem Vater und studirte später in Italien. Seine Malereien, in denen er gern das Nackte, besonders Kindergruppen, Nymphen u. s. w. darstellt, sind gut behandelt; sie haben ein heiteres und frisches Colorit und erinnern oft an die Werke Albani's.

Balestra, Antonio, geb. 1666 zu Verona, gest. 1740 daselbst, ein Schüler des Ant. Bellucci, war ein geschickter Historienmaler und Kupferätzer. Seine Bilder sprachen durch ihr heiteres Colorit ungemein an und er wurde daher von den Fürsten und für die Kirchen seines Vaterlandes, selbst von fremden Höfen vielfach beschäftigt. Die besten seiner mit Geist und Geschmack radirten Blätter sind: Maria mit dem Kinde, Maria mit dem Kinde und Johannes, zwei Soldaten und der Kopf eines Soldaten. Balestra war der Lehrer des Pietro Rotari. AB AB

Literatur. Museo Fiorentino, woselbst auch sein Porträt zu finden.

Balestra, Giovanni, Schüler von Folo, ein zu Rom lebender Kupferstecher, der u. A. Christus mit der Samariterin am Brunnen, nach Garofalo und Dido auf dem Scheiterhaufen, nach Guercino trefflich in Kupfer gestochen.

Balke, ein Landschaftsmaler aus Christiania, der in vortrefflichen landschaftlichen Gemälden die norwegische Natur mit ebensoviel Wahrheit, als Stimmung und Wirkung schildert. Für den König von Preussen malte er 1852 zwei gerühmte Bilder „Nordcap", eine Sommermondnacht im höchsten Norden, und eine „Wardehus", die Darstellung der glänzenden Erscheinung eines Nordlichts.

Ballenberger, Karl, geb. 1801 zu Ansbach, ein tüchtiger Historienmaler, der sich auf der Akademie zu München gebildet und sich später in Frankfurt niedergelassen, liebt vorzugsweise die Darstellung mittelalterlicher Vorwürfe, die er in kleinerem Format mit grossem Verständniss und ausserordentlichem Fleiss ausführt. Von ihm sind auch im Römersaal zu Frankfurt die trefflichen Bilder: des Königs Konrad I., Ludwigs des Bayern und Rupprechts von der Pfalz. K

Baltens, Pieter, geb. 1540, gest. 1611, malte Landschaften in Peter Breughel's Manier, Jahrmärkte, Kirchweihen und Gesellschaftsstücke.

Balzac, französischer Landschaftsmaler, der viele Zeichnungen für das grosse Werk über die ägyptischen Denkmäler ausführte, auch einige Bilder als Reminiscenzen seiner Reise nach Aegypten, z. B. die innere Ansicht der grossen Moschee Hassan, des Palastes von Karnak, die grosse Sphinx, die Pyramiden von Ghizeh u. s. w. malte und 1820 starb.

Bamberger, F., ein tüchtiger Landschaftsmaler, der durch eifriges Studium und Reisen in ferne Länder eine grosse Naturanschauung gewonnen und in seinen Bildern in der Behandlung von Massen, wie in der Ausführung des Einzelnen eine hohe Meisterschaft entwickelt. Ausser mehreren schon früher ausgestellten Bildern aus Spanien, sah man 1852 auf den öffentlichen Ausstellungen ein Panorama von Gibraltar, das durch den auf der Schönheit der Linien beruhenden Eindruck der Grossheit und die gediegene Technik gewaltig imponirte.

Bamboccio, ein Beiname des **P. van Laar.**

Bamboccio, Antonio Abate, Maler und Bildner in Stein und Erz, geb. 1351 zu Piperino, war ein Schüler des Masuccio, dessen weiche Behandlungsweise er sich auch angeeignet hatte. Ihm werden die (1407 ausgeführten) Sculpturen der Thüren des Doms von Neapel sammt der Giebelseite, das Grabmal des Kardinals Minutoli und die Tribunen, der Altar mit Säulen und das Bildwerk der heil. Jungfrau mit den 12 Aposteln in derselben Kirche zugeschrieben. Erwiesen und durch Inschrift beglaubigt sind indessen von ihm nur folgende zwei Werke: das Grabmal des Lodovico Aldemaresco mit einer Anbetung der Könige in S. Lorenzo und ein Grabmonument in der Kapelle S. Trinità in S. Chiara zu Neapel, auf dem er der Meister der Domthüren genannt wird.

Banco, Nanni d'Antonio di, ein florentinischer Bildhauer, gest. 1430, soll ein Schüler des Donatello gewesen sein; wahrscheinlicher aber ging er bei seinem Vater, der seit 1406 bei der florentinischen Domverwaltung angestellt war, in die Lehre; denn seine Werke: die Statuen des heil. Philippus und eine Gruppe von vier in einer Nische stehenden Heiligen in Or San Michele zu Florenz, verrathen keine Verwandtschaft mit denen seines angeblichen Meisters, sondern erscheinen mehr als die Erzeugnisse eines richtig fühlenden, wenn auch nicht besonders fruchtbaren Geistes. Sie zeigen eine treffliche Auffassung, einen tüchtigen Styl und eine mit aller Empfindung der schönen Form nachgehende Behandlung. Ein Evangelist in einer der Tribunen hinter dem Altar in S. Maria del Fiore wird ihm ebenfalls zugeschrieben. Fiesole malte des Meisters Bild im Kapitel von S. Marco in der Gestalt des h. Cosmus.

Bandel, Ernst von, Bildhauer, geb. zu Ansbach 1800, bildete sich auf der Akademie zu München und machte sich dort, in rascher Fortentwicklung seiner künstlerischen Fähigkeiten, durch seine im Jahr 1820 daselbst ausgestellte lebensgrosse Statue des Mars, die wegen des trefflichen Ausdrucks und des Ebenmasses des Gliederbau's gerühmt wurde, und drei Jahre später durch die Modelle einer Charitas und eines Fauns, in denen er eine bedeutende Fertigkeit in der Anordnung und Bewältigung der plastischen Massen an den Tag legte, als junger Mann schon einen sehr geachteten Namen. In der Folge führte er zwei der Statuen im Giebelfeld der Glypthothek zu München und die erwähnte Charitas höchst gediegen in Marmor aus; ferner mehrere vortreffliche Porträtbüsten, u. A. die des Königs Max von Bayern, sowie der Künstler D. Quaglio, P. Hess, Stieler und Gärtner; endlich die Monumente des Ritters von Skell und des Historienmalers Langer. Andere Werke, die er während seines Aufenthalts in München schuf, waren: ein Amor in carrarischem Marmor, Amor und Psyche, eine sich schmückende Venus und die Hoffnung, sämmtlich lebensgrosse Statuen in Gyps. 1834 ging Bandel nach Berlin, wo man von ihm ein Sarkophagrelief in Marmor, einen lebensgrossen Christus, ein sitzendes, Blumen pflückendes Mädchen und die Skizze zu einer kolossalen Statue Hermann des Etruskers, für ein Denkmal desselben im Teutoburgerwald bestimmt, sämmtliche Arbeiten in Gyps, sah. Im Jahr 1843 begab sich Bandel nach Italien, wo er mehrere plastische Arbeiten, u. A. die Büsten des Fürsten und der Fürstin von Lippe Detmold, das obengenannte Modell einer Venus in Marmor ausführte. Ausser mehreren anderen tüchtigen Sculpturen, die der Künstler seither gefertigt, der Statue König Wilhelm IV. in Göttingen, der Bildwerke im Giebelfelde des dortigen Universitätsgebäudes u. s. w., rühmt man besonders eine seiner jüngsten Arbeiten, eine lebensgrosse Marmorstatue der Thusnelda (im Besitz des Fürsten von Lippe-Detmold), in dem Moment dargestellt, wo sie vom eigenen Vater verrathen, mit Ketten belastet in die Gefangenschaft abzugehen im Begriff steht, ein herrliches Werk, das sich namentlich durch die Weichheit und Zartheit der Behandlung des Marmors, worin der Künstler überhaupt Vortreffliches leistet, auszeichnet.

Bandel, Heinrich, der Sohn des Obigen, bildete sich ebenfalls zu München in der Bildhauerkunst aus und trat zuerst 1849 mit einer Statue des Jason, einem Werke voll Feuer und Leben, auf. Ihr folgten u. A. eine Madonna mit dem Kinde, ein Marmorrelief, und eine sterbende Amazone, lauter Arbeiten, die des jungen Mannes Beruf zur Kunst und seine Anwartschaft, dereinst ein tüchtiger Meister in seinem Fach zu werden, bethätigen.

Bandinelli, Baccio, ein berühmter italienischer Bildhauer, der Sohn des Goldschmieds Michelangelo di Viviano da Gaiole, ist 1487 zu Florenz geboren. Da er schon frühzeitig ein bedeutendes Talent entfaltete, gab ihn sein Vater, dem damaligen besten Bildhauer der Stadt, Giov. Franc. Rustici, in die Lehre, in dessen Werkstätte er rühmliche Fortschritte machte und hier auch von Leonardo da Vinci manche belehrende Winke erhielt. Er beschäftigte sich anfänglich viel mit der Anfertigung von grösseren Zeichnungen, von denen er einige durch Agostino Veneziano in Kupfer stechen liess, studirte auch viel nach guten Meistern, z. B. nach den Filippo Lippi im Dom zu Prato, besonders aber nach dem von Michelangelo für den grossen Rathssaal ausgeführten, damals von allen Künstlern bewunderten Carton, und suchte selbst einige Bilder in Oel und Fresco auszuführen, einen Christus, der die heil. Väter aus der Vorhölle befreit, und einen berauschten Noah, von denen sich aber nichts erhalten hat. Da er sich indessen durch diese Bilder keinen besonderen Ruhm erwarb, kehrte er zur Sculptur zurück, machte 1512 das Modell eines heil. Hieronymus in Wachs, fertigte sodann die jugendliche Gestalt eines Merkurs mit der Flöte, die nachher an Franz I. nach Frankreich kam, ferner für den Dom seiner Vaterstadt eine Statue des heil. Petrus, für diese selbst im Jahr 1515 einen zur Feier der Ankunft des Papst Leo X. auf dem Hauptplatz aufgestellten Herkules, endlich für Papst Leo X. einen Orpheus, dessen Spiel und Gesang den Cerberus bezähmt (ursprünglich für den Hof der Medici zu Florenz bestimmt), und begann die Copie des Laokoon, die er aber erst im Jahr 1525, nachdem er den rechten Arm des antiken nach eigenem Modell ergänzt, unter Papst Clemens VII. vollendete, während dessen Regierung dieselbe auch 1531 im Hofe des Palastes der Mediceer aufgestellt wurde (jetzt in der Gallerie der Uffizien zu Florenz). Weiter zeichnete er für den Papst die Entwürfe zu Wandgemälden für die Hauptkapelle von S. Lorenzo zu Florenz, das Martyrium der h. h. Cosmus und Damianus und des heil. Laurentius, die von Marc Anton in Kupfer gestochen wurden und dem Papst so wohl gefielen, dass er Bandinelli dafür mit der Ritterwürde von S. Peter belohnte; malte ferner einen Johannes in der Wüste, von rühmenswerther Zeichnung, aber hartem Colorit, als Geschenk für Clemens VII., wofür ihm dieser die Ausführung einer grossen Gruppe: Herkules und Cacus* (vor dem Palazzo Vecchio zu Florenz) übertrug, die er aber erst nach einem zweiten Modell im Jahr 1534 vollendete. Dazwischen fielen nämlich die Zeichnungen zu dem Carton einer Grablegung für die Kirche von Cestello, die Ausführung einer Kreuzabnahme in Oel, seine Flucht aus Florenz nach der dritten Vertreibung der Medici, und später in Rom die Anfertigung eines Modells zu einer Gruppe von Bronzefiguren, den die sieben Todsünden überwindenden Erzengel Michael darstellend, vom Papst für Castel S. Angelo bestimmt, und mehrerer anderer kleiner Thonmodelle, eines Herkules, einer Venus, eines Apollo, einer Leda u. s. w., auch einer Kreuzabnahme in Relief, die er sämmtlich durch Jacopo della Barba in Bronze giessen liess. Die letztere schenkte er Karl V. in Genua, wofür ihm dieser eine Comthurei von S. Jacopo gab

* Abgebildet in den Denkmälern der Kunst. Atlas zu Kuglers Handb. der Kunstgesch. Taf. 72, Fig. 5.

und ihn zum Ritter machte, für seine Herkulesgruppe aber erhielt er vom Papst ausser der Bezahlung ein Landgut zum Geschenk.

Nach dem Tode des Papstes Clemens VII. wusste er es dahin zu bringen, dass ihm die beiden Grabmäler für diesen und für Papst Leo X. nach seinen Modellen übertragen wurden, ein Werk, reich an Statuen und Reliefs, das er aber höchst flüchtig ausführte, ja sogar, obgleich er den dafür bedungenen Lohn (600 Scudi für ein grösseres, 300 Scudi für ein kleineres Relief, 400 Scudi für jede Apostelfigur und 500 für jede eines Papstes) bereits eingezogen, unvollendet verliess, so dass die Monumente (in der Kirche S. Maria Sopra Minerva zu Rom) von zwei andern Bildhauern, dem Raf. da Montelupo und Nanni di Baccio Biccio fertig gemacht werden mussten. Er ging hierauf nach Florenz, wo es ihm gelang, die Sculpturen für das Grabmal des Giovanni de' Medici zu erhaschen; er führte davon aber nur das Piedestal, ein Relief, Giovanni darstellend, umgeben von Gefangenen, die ihm vorgeführt werden (jetzt in einer Ecke am Platze von S. Lorenzo eingemauert) und die Statue des Mediceers, die indessen auch nie auf das Postament kam (jetzt in dem Salon des Palazzo vecchio zu Florenz) aus, um sich alsbald grossartigeren Arbeiten, den Restaurationen des Palazzo vecchio, zu denen er den Herzog Cosimo zu bewegen gewusst, widmen zu können. Er begann auch nach einem mit Giuliano di Baccio d'Agnolo gemeinschaftlich berathenen Plane die Wiederherstellung des Audienzsaales, förderte indessen das Werk nur insoferne, als er die Figuren für die darin angebrachten Nischen, die Statuen des Sign. Giovanni, des Herzogs Alexanders und der Päpste Clemens VII. und Leo X. (letztere erst nach Bandinelli's Tode von Vincenzio Rossi vollendet, sämmtliche heute noch in jenem Saale) ausführte. Kaum war er mit diesen Sculpturen fertig, als er auch schon wieder den Herzog zu neuen Unternehmungen zu bestimmen und ihn zu bewegen wusste, ihm den Chor- und Altarschmuck in S. Maria del Fiore zu übertragen, den er nach dem Plane Brunelleschi's auszuführen gedachte. Diese Arbeiten, die bedeutendsten seines Lebens, begann er mit den unbekleideten Figuren von Adam und Eva, die er aber, weil sie ihm nicht gefielen, jenen in einen Bacchus und diese in eine Ceres verwandelte, und erstere dem Herzog, letztere, nebst der Statue eines Apolls (noch jetzt im Garten Boboli zu Florenz) der Herzogin Leonora schenkte. Er unternahm darauf 1551 die nochmalige Darstellung der beiden ersten Menschen, erntete damit aber ebenfalls kein grosses Lob (1722 wegen ihrer Nacktheit aus der Kirche entfernt, stehen sie jetzt im Palazzo vecchio), führte sodann die trefflichen Reliefs im Chore aus und begann die Gruppe eines todten Christus, von einem Engel gehalten und Gott Vater segnend darüber, die er aber erst nach mehreren Veränderungen vollendete. Obgleich durch die unablässige Gunst der Päpste und des Herzogs sehr reich und begütert geworden, suchte er doch durch List und Ränke immer neue Arbeiten an sich zu ziehen. So machte er der Herzogin ein Geschenk mit einigen nach seinen Cartons von Andrea del Migna gemalten Bildern, die Schöpfung und die Austreibung des ersten Menschenpaars (gegenwärtig im Prometheussaal des Pal. Pitti), Noah, und Moses mit den Gesetzestafeln darstellend, auch liess er ihr mehrere Figuren für ihren Garten ausführen, wofür diese ihren Gemahl zu bestimmen wusste, Bandinelli die Ausführung eines kolossalen Neptuns für die Piazza di Granduca zu übertragen (nachher von Ammanati ausgeführt). Während der Vorarbeiten dazu gedachte er nach dem Vorbild Michelangelo's sich ein Grabmal zu errichten, mit einem Altar, auf den er die von seinem Sohn ziemlich weit ausgeführte Marmorgruppe des todten Christus, von Nikodemus, dem er sein eigenes Bildniss gab, gehalten, setzen wollte. Nachdem das Monument, das seine und seiner Frau Gebeine aufnehmen sollte, in einer der Kapellen von S. Annunziata vollendet war, wollte er auch die seines Vaters darin beisetzen. Baccio besorgte dieses Geschäft selbst, verfiel aber aus Gemüthsbewegung oder aus Anstrengung in eine Krankheit, die seinem Leben, das er auf 72 Jahre brachte, 1559 ein Ende machte.

In Bandinelli's Charakter vereinigten sich auf die abstossendste Weise Selbstüberschätzung und Hochmuth gegen niedrigere oder gleichstehende, mit Neid und

Hass gegen ausgezeichnetere Künstler (wie er denn aus Bosheit den berühmten Carton Michelangelo's im Rathssaale zu Florenz schändlicher Weise zerstört, auch mehrere angefangene Werke desselben, die in seine Hände kamen, vernichtet haben soll), masslose Eitelkeit und Anmassung mit einer unersättlichen Begierde nach Geld und Ruhm, die ihm keine Ruhe liess, durch Intriguen aller Art andern Kunstgenossen oft bereits übertragene Arbeiten abwendig zu machen. Hieraus entwickelte sich auch, auf der Grundlage einer grossen künstlerischen Befähigung, die Eigenthümlichkeit seiner Kunstrichtung: eine eminente technische Fertigkeit ohne höhere leitende Idee, eine rein äusserliche Richtung, ohne tieferen geistigen Gehalt, ein Streben nach Grossartigkeit, aber ins Riesenhafte, ins Gewaltsame übertrieben. Obgleich Michelangelo's eifrigster Nebenbuhler, stand er doch ganz unter dem Einfluss seiner Richtung und zwar in ihrer Entartung, in der mehr manieristischen, die Grösse der Aufgabe in der unmittelbaren Macht des Effekts suchenden Weise. — Bandinelli's natürlicher Sohn, Clemens, geb. 1534, entfaltete in der Schule seines Vaters ein bedeutendes Talent, starb aber in Folge anhaltenden Studiums und unregelmässigen Lebens sehr jung in Rom.

Literatur. Vasari, Leben der ausgez. Maler, Bildh. und Baumeister. — Cicognara, Storia della scultura. — Museo Fiorentino, woselbst auch sein Porträt.
Kupferwerke. La Metropolitana Fiorentina illustrata, von Lasinio.

Bandini, Giovanni oder **Giov. Benedetto da Castello**, auch **Giov. dall' Opera** genannt, ein Florentiner von Geburt, war ein Schüler Bandinelli's und folgte seinem Lehrer in derselben Kunstrichtung, nur mit mehr Neigung zum Zierlichen, wie man an seiner Statue der Architektur am Grabmale Michelangelo's in S. Croce, den Sculpturen der Kapelle de' Gaddi in S. Maria novella und anderen seiner Werke zu Florenz sieht.

Bang, Hieronymus, geb. 1553 zu Nürnberg, wo er 1629 noch lebte, fertigte mehrere seltene Blätter mit der Goldschmiedsbunze, z. B. eine Folge von 8 Blättern Kriegs- und Spielinstrumente, 10 Blätter mit Thieren und 6 Blätter Kinder.

Banks, Thomas, ein geschätzter englischer Bildhauer, der 1805 starb, dessen Arbeiten aber bei allem Talent einen fühlbaren Mangel an Styl verrathen. Werke von ihm sieht man in der Westminster-Abtei und S. Paul's Kirche, woselbst mehrere der dortigen Monumente von seiner Hand sind; bekannt sind ferner: die Figuren des Shakespeare mit der tragischen und komischen Muse an der Façade der ehemaligen Shakespeare-Gallerie (jetzt der brittischen Institution Pall Mall) von ihm, und eine Marmorstatue: der gefallene Engel, in der Akademie zu London, deren Mitglied er 1786 geworden war.

Baquoy, Pierre Charles, geb. 1764 zu Paris, ein geschickter Kupferstecher, von dem besonders die Blätter: Die Verurtheilung der h. h. Protasius und Gervasius nach Lesueur; St. Vincenz von Paula, nach Mousiau, und Fenelon, der die verwundete Krieger nach der Schlacht bei Malplaquet verbindet, nach Fragonard gerühmt werden.

Baratta, Carlo, ein sehr talentvoller Schüler von Prof. Rauch in Berlin, der treffliche Porträtbüsten fertigt. Man rühmt besonders die des Königs Friedrich Wilhelm III. und des Kaisers Nikolaus von Russland.

Baratta, Francesco, gebürtig aus Massa Carrara, Schüler Algardi's und Bernini's, gest. zu Rom 1666, verfertigte eine der Flussgötterstatuen an dem Brunnen auf der Piazza Navona zu Rom, ferner verschiedene Sculpturen für einige Kirchen daselbst, auch eine Gruppe des Herkules und Achelous, die Statuen Kleopatra's und Lucretia's, welche wegen der Zierlichkeit der Ausführung besonders gerühmt werden.

Baratta, Gian Maria, der Bruder des Vorigen, erlernte bei Algardi die Architektur, und erbaute u. A. die Kirche S. Niccolò di Tolentino zu Rom.

Barattieri, Niccolò, war um 1180 Baumeister des Markusthurms zu Venedig.

Barbacelli, Bernardino, auch **Poccetti**, oder **Bernardino delle grottesche** genannt, geb. 1542 zu Florenz, gest. 1612, war der Sohn armer Eltern und wurde von

Michele di Ridolfo del Ghirlandajo, der zufällig das Talent des Knaben entdeckte, auferzogen und für die Kunst gebildet, in der er binnen kurzer Zeit so bedeutende Fortschritte machte, dass er, nachdem er in Rom seine Studien nach den alten Meistern vollendet, und nach Florenz zurückgekehrt war, bald zu den ersten aller damaligen Groteskenmaler gezählt wurde. Unter der ausserordentlichsten Menge von Wandgemälden, die er in Florenz ausführte und die sich durch die anmuthige Erfindung, das sanfte und reizende Colorit, und durch eine Technik auszeichnen, welche historische Compositionen, gleichwie Landschaften, Früchte und Blumen mit derselben Sicherheit und Leichtigkeit behandelte, dürften namentlich anzuführen sein: Fresken aus dem Leben des heil. Domenikus und des heil. Antonius, jene im Kloster von S. Maria Novella, diese im Kloster von S. Marco, Scenen aus dem Leben der Gründer des Servitenklosters in S. Annunziata u. s. w.; auch schmückte er eine Gallerie im Palazzo Pitti mit Darstellungen aus dem Leben des Grossherzogs Cosimo I.

Literatur. Museo Fiorentino, woselbst auch sein Porträt im Stich zu finden ist.

Barbalonga, Juan de, Beinamen des **J. Corn. Vermeyen.**

Barbalunga, Beinamen des **Ant. Ricci.**

Barbarelli, Giorgio di Castelfranco, genannt **Giorgione,** geb. um 1477, der Sohn armer Eltern, bildete sich unter dem trefflichen Giovanni Bellini zum Maler aus, und machte in Folge seiner glücklichen Anlagen, besonders für das Colorit, so glänzende Fortschritte, dass er die Eifersucht des Lehrers selbst erweckte. Er verliess daher dessen Schule, malte einige Zeit in Venedig für die Malerbuden Heiligenbilder, Einfassungen für Betten und Vertäfelungen für Cabinette und kehrte hierauf nach seiner Heimath Castel Franco im Trevisaner Gebiet zurück, wo er auf Bestellung des Feldhauptmanns Tutio Costanzo eine Madonna mit dem Kinde und den h. h. Georg und Franciskus für die Parochialkirche daselbst, einige Bildnisse und einen todten Christus von Engeln getragen (der in das Leihhaus zu Treviso kam und als eines seiner Hauptwerke betrachtet wird), malte. Nach Vollendung dieser Arbeiten reiste Giorgione wieder nach Venedig, nahm seine Wohnung in Campo di S. Silvestro und bemalte, um die Aufmerksamkeit auf sich zu ziehen, die Façade seines Hauses mit Figuren von Musikern, Dichtern und mit sonstigen Gegenständen phantastischen und historischen Inhalts, wie es damals in Venedig Sitte war. Auf solche öffentliche Empfehlung hin von allen Seiten beschäftigt, hielt er eine Bude und arbeitete nach damaliger Gewohnheit für die Bedürfnisse des Luxus. Schilde, Schränke und Kleiderkisten wurden mit Malereien verziert und er wählte dazu meist Gegenstände aus Ovids Verwandlungen, die er landschaftlich und mit allem Reiz der Farbe und grosser Lebendigkeit der Erfindung behandelte. Aber auch ganze Façaden von Häusern schmückte er mit den schönsten Frescomalereien (die jedoch beinahe sämmtlich zu Grunde gegangen sind), Kirchen, mit trefflichen in Oel ausgeführten Altarbildern, vor Allem jedoch wurden seine ausgezeichneten Bildnisse gepriesen. Während dieser vielseitigen Beschäftigungen soll er auch einst, so wird es erzählt, um in den zu jener Zeit häufig vorkommenden Rangstreitigkeiten der Künstler über Malerei und Sculptur zu beweisen, dass, wenn gleich die letztere verschiedene Ansichten, jene aber nur eine Seite zeige, dieser dennoch der Vorzug gebühre, weil sie in einem Bilde, ohne Veränderung des Standpunkts, auf einen einzigen Blick alle möglichen Ansichten und Bewegungen menschlicher Gestalten vor Augen führen könne, ein Gemälde ausgeführt haben, die nackte Figur eines Mannes darstellend, der dem Beschauer den Rücken zuwendet, während seine Vorderseite in einem zu seinen Füssen fliessenden klaren Quell abgespiegelt wird, die glänzende Fläche eines goldenen Harnisches zu seiner Linken aber seine linke und ein zur Rechten angebrachter Spiegel seine rechte Seite zeigt. Und sein Bild soll sehr gerühmt und als sinnreich und schön bewundert worden sein!

Unter solch erfolgreicher Thätigkeit wuchs Giorgione's Ruhm bei jeder neuen künstlerischen Hervorbringung, er führte eine Menge Bildnisse für verschiedene Fürsten Italiens aus und viele seiner Gemälde wurden nach entfernten Ländern versendet; leider raffte ihn aber mitten im schönsten Streben und Schaffen der Tod in der Blüthe seiner Jahre hinweg. Er starb im Jahr 1511 nach Einigen an der Pest, von der er bei seiner davon befallenen Geliebten ergriffen worden, nach Andern aus Verzweiflung über die Untreue derselben und die Undankbarkeit seines Schülers Pietro Luzzo aus Feltre, genannt Zarato, der sie entführt.

Giorgione war der erste, der die Befangenheit der zwar bereits nach lebensvollerer Naturwahrheit und Charakteristik strebenden, liebenswürdiggemüthlichen und festlichheiteren, aber noch nicht zur vollen Freiheit des Schaffens hindurchgedrungenen venetianischen Kunstweise, an deren Spitze Giov. Bellini stand, abstreifte und die neue Richtung der venetianischen Malerei: die Darstellung des Lebens nach seiner ganzen sinnlichen, wie geistig bewegten Schönheit hin mit freiester Beherrschung der darstellenden Mittel in all dem Zauber des Lichts und der Farbe eröffnete. In seinen früheren Bildern noch ein entschiedener Nachfolger seines Meisters, entwickelt er in seinen späteren Werken, namentlich in seinen Porträts, Charakterköpfen und Charaktergestalten, eine höchst grossartige Auffassung des Menschlichbedeutsamen, eine höchst poetische Anschauung der Natur, der sich zuweilen etwas edel Schwermüthiges beimischt und eine kühne feurige Kraft. Seine Gestalten tragen einen tiefen innern Lebensfonds in sich, und seine Andachtsbilder, seine historischen, allegorischen oder legendarischen Compositionen sind, dem engen Kreise herkömmlicher Darstellungsweise entrückt, und mehr die poetische, als die geschichtliche Wahrheit schildernd, mit hohem dichterischem Schwunge und grossartigfreier Phantasie, theils zu Idyllen, theils zu romantischen, ein bewegtes inneres Leben aussprechenden Novellen von unsäglichem Reiz und seelenvollster Anmuth zusammen gedichtet. Seine Behandlungsweise zeichnet sich namentlich durch Naturwahrheit, Klarheit, Tiefe und leuchtende Gluth des Colorits, verbunden mit dem feinsten Gefühl für harmonische Farbenwirkung aus. Durch seinen pastosen, breiten, markigen und fetten Vortrag, der nicht sowohl durch die Schatten, als durch die wenigen und einfachen Farbentöne selbst und durch kühne Gegensätze des Hellen und Dunkeln wirkte, verstand er besonders unvergleichlich das Fleisch zu malen und es als eine weiche glänzende Substanz gleichsam plastisch aus dem Bilde hervortreten zu lassen. Mit ihm nimmt die eigentliche venezianische Art zu malen, die Kunst, durch die Bewegung des Pinsels selbst der Farbe Leben und Modellirung zu ertheilen, die Flächen anzudeuten und das Gefühl der Form aus den leichten und breiten Pinselstrichen hervorleuchten zu lassen, welche durch Tizian, Giorgione's glücklicheren Nebenbuhler, der nicht, wie jener, mitten im glücklichsten Wirken abgerufen worden aufs Höchste ausgebildet wurde, ihren Anfang.

Seine vorzüglichsten Schüler waren: Fra Sebastiano del Piombo, Giovanni da Udine, Francesco Torbido aus Verona, genannt: il moro; seine bedeutendsten Nachahmer: Lorenzo Lotto, Jacopo Palma, genannt: il vecchio, Giov. Cariani aus Bergamo, Rocco Marconi von Trevigi, Paris Bordone, Girolamo von Trevigi, gen. Pennachi, Ant. Licinio, gen. Pordenone, und die minder berühmten Girolamo Colleoni und Filippo und Francesco Zanchi, Giov. Bat. Averara und Franc. Terzi, alle aus Bergamo.

Die nachgelassenen Werke des frühverstorbenen Meisters sind ziemlich selten. Für die vorzüglichsten, für ächt gehaltenen unter denselben gelten: im Museum zu Berlin: die Bildnisse von zwei Männern in mittleren Jahren und das Porträt eines Venetianers in schwarzer Kleidung; zu Brescia, in der Kathedrale: die Geburt Christi (nach Förster); in der Gallerie zu Dresden: Jakob und Rahel, ein treffliches seelenvolles Bild idyllischen Charakters; eine Anbetung der Hirten, und das Porträt eines Mannes, in dessen Armen eine schöne Frau ruht; ferner im Besitz des Herrn v. Quandt: eine im Schatten eines Waldes am Saume eines See's ruhende, von Freundinnen begleitete, die Laute spielende und dazu singende Dame; in England: die Tochter des Herodias mit dem Haupte des Täufers, in der Baring'schen Sammlung zu Stratton; zwei wunderbar reizende Frauenköpfe in der Sammlung zu Castle Howard; eine Anbetung der Hirten im Fitzwilliam-Museum zu Cambridge; ein männliches Porträt und eine heil. Familie im Schloss von Alton Tower; das Porträt des

Guidobaldo von Montefeltre, Herzogs von Urbino, von edelster Auffassung und tiefem Goldton in der Liverpool Institution; das Porträt des italienischen Dichters Berni, von glühender Farbe in der Bildersammlung zu Corshamhouse; der von einer Biene gestochene Cupido, seinen Schmerz der in einer Landschaft sitzenden Venus klagend, im Besitz des Sir J. Pringle Bart zu Manchester; ferner: das Bildniss des Gaston de Foix, vom Grafen von Carlisle, Milon und Croton, vom Grafen Darnley, das Porträt des Pico della Mirandola, von Justina Lawrence, und das des Pordenone, von Mr. Herbitt aus der ehemaligen Gallerie Orleans erkauft; endlich eine, aus der Sammlung des Cardinals Fesch nach England verkaufte Anbetung der Hirten; zu Erfurt im Privatbesitz: eine Judith; zu Florenz, in der Gallerie Pitti: das sogenannte Concert (angeblich die Bildnisse Luther's, Calvin's und der Katharina von Bora, von Giorgione im Auftrag eines Edelmanns, Namens Paolo del Sera, nach einem Gemälde dieser Personen ausgeführt und auf solche Weise zusammengestellt); eine von einem Satyr verfolgte Nymphe, von grosser unbefangener Schönheit; die Findung Mosis, in der Form eines Frieses dargestellt; in der Gallerie der Uffizien: das Bildniss eines Malteserritters, nebst einer andern Figur, und mehrere kleinere Bilder, wahrscheinlich aus der frühern Zeit des Meisters; eine Anbetung der Könige; Salomon's Urtheil und eine Scene aus dem Leben des Moses; eine sogenannte heilige Unterredung, auf originell novellistische Weise behandelt; zu Frankfurt im Städel'schen Institut: Giorgione's eigenes Porträt; zu London, in der Solly'schen Sammlung: Maria unter einem Baldachin mit vier Heiligen und drei musicirenden Engeln in einer Landschaft, eines seiner ausgezeichnetsten Andachtsbilder, von jenem, dem Giorgione so ganz eigenen, schwermüthiggrossartigen Ernst in Charakter und Ausdruck, jener Freiheit der Motive, Fülle der Formen und Breite der Gewandmassen und der Ausführung (stammt aus dem Hause Soranzo, dessen Aussenseite Giorgione mit Fresken schmückte); in der Nationalgallerie: der Tod des Petrus (dessen Aechtheit aber bezweifelt wird), und ein Musiklehrer, der einen Knaben im Singen unterweist; in der Sammlung Ashburton: ein schönes Mädchen, welches die Hand auf die Schulter ihres Geliebten legt; in der Sammlung des Devonshirehouse: ein männliches Porträt; bei Mr. Woodborn: eine Madonna mit dem Kinde und Joseph, vor ihr kniet der Ritter Tuzio Costanza, hinter ihm ein Diener, der das Pferd hält, das bereit ist, ihn nach dem gelobten Lande zu tragen; in der Sammlung des Dichters Rogers: ein junger Ritter von meisterlicher Behandlung; zu Madrid, im königl. Museum: Maria mit dem Kinde, der heil. Brigitta und dem heil. Georg (wird neuerdings dem Palma vecchio zugeeignet); zu Mailand, in der Gemäldesammlung der Brera: die Findung Mosis, eines der bedeutendsten Meisterwerke Giorgione's, in welchem der biblische Vorgang, in dem reichen venetianischen Costum der damaligen Zeit in Scene gesetzt, den Inhalt einer Darstellung bildet, in der sich alle höchste Erdenpracht und Lust vereinigt findet; zu München, in der Pinakothek: Giorgione's eigenes Porträt, ein Kopf voll Leidenschaftlichkeit und eigenthümlicher Melancholie im dunkelglühenden Auge, und eine Vanitas; in der Leuchtenberg'schen Gallerie: eine mit dem Kinde unter einem Lorbeerbaum sitzende Madonna*); zu Paris, im Louvre: eine heil. Familie mit S. Sebastian und S. Katharina und den Donatoren, in einer hochpoetischen Landschaft, aus der mittleren Zeit des Meisters; Salome empfängt von einem Henker das Haupt Johannis (gest. von Resmon) und das Porträt des berühmten Gaston de Foix, Herzogs von Nemours (im Harnisch und durch Beifügung mehrerer Spiegel von verschiedenen Seiten sich darstellend); ein anderes Bild voll glühenden Lebens und edler Sinnlichkeit, zwei nackte Weiber, deren eine die Flöte in der Hand hält, während die andere aus einem Gefäss Wasser in ein steinernes Behältniss giesst, mit zwei in dem Zeitkostüm gekleideten Männern in einer Landschaft sitzend (gest. v. Hölzel und von Nic. Dupuy), wird neuerdings dem Palma vecchio zugeschrieben; zu Rom, in der Gallerie Borghese: David mit dem Haupte des Goliath; im Pal. Rospigliosi: zwei Liebende (nach Förster); zu Stuttgart, in der Gallerie des Museums der bildenden Künste: die drei Grazien, Saul und David

* Abgebildet in den Denkmälern der Kunst. Atlas zu Kuglers Handb. der Kunstgesch. Taf. 80, Fig. 6.

und einige Bildnisse (aus der ehemaligen Sammlung Barbini-Breganze in Venedig); zu Venedig, in der Scuola de' Sarti bei den Jesuiten, ein Hauptwerk des Meisters: die Madonna mit dem heil. Omobono, der heil. Barbara und einem Bildniss; in der Akademie (früher in S. Marco): sein berühmtes Bild, der von den drei Heiligen Markus, Nikolaus und Georg beschwichtigte Seesturm und ein Bildniss; in der Gallerie Manfrini: einige poetisch romantische Bilder, drei Venetianerinnen, die drei verschiedenen Temperamente repräsentirend; ein edler Venetianer, der, von einem Pagen begleitet, mit einem schönen Mädchen spricht; eine Dame mit einer Laute im Arm, und der sogenannte Astrolog; im Pal. Barbarigo: einige Studienköpfe und die Köpfe der neun Musen; in S. Crisostomo: ein Altarbild; zu Wien, in der k. k. Gemäldegallerie des Belvedere: David mit dem Haupte des Goliath; die sogenannten Feldmesser aus dem Morgenlande (die letzte Vollendung von Fra Sebastiano del Piombo); ein geharnischter Krieger mit dem Epheukranz auf dem Haupte, die Hellebarde in der Linken; ein junger Mann mit Weinlaub bekränzt, wird von einem geharnischten Soldaten von hinten angefallen; der Apostel Johannes; ein Kreuzritter, der sich von einem Knaben die Rüstung befestigen lässt; das Brustbild eines, ein Saiteninstrument stimmenden Mannes; das Porträt eines jungen Mannes; eine Auferstehung Christi, und Magdalena, den Heiland bittend, ihm die Füsse salben zu dürfen. Andere Bilder Giorgione's, deren erwähnt wird, die aber entweder zu Grunde gegangen sind oder deren dermaliger Aufbewahrungsort unbekannt ist, sind: eine Folge von Darstellungen aus den Fabeln der Psyche in 12 Bildern, eine Sibylle, ehemals in der Sanato'schen Gallerie, mehrere Madonnenbilder und viele Porträts, worunter namentlich die des Gonzalvo Ferrante, des Dogen Lionardo Loretano u. A. gerühmt werden; ferner der Henker mit dem Haupte des Johannes, eine Anbetung der Hirten, Giorgione mit seiner Geliebten, eine heil. Familie, Diana und Aktäon, ein Hirt mit einer Flöte, ehemals in der Sammlung König Karl I. von England; die drei Lebensalter, zwei Violinspieler und eine Muse, ehemals in der königl. Sammlung zu Paris.

Literatur. C. Ridolfi, Le vite degli illustri pittore Veneti. Venezia 1648. — Vasari, Leben der ausgezeichneren Maler, Bildh. und Baumeister. — Lanzi, Geschichte der Malerei in Italien. — Waagen, Kunstwerke und Künstler in Paris. — Waagen, Kunstwerke und Künstler in England. — Kugler, Handb. der Geschichte der Malerei. — Museo Fiorentino, woselbst auch Giorgione's Porträt im Stich.

Barbarini, Franz, geb. 1804 zu Znaim, ein geschickter Landschaftsmaler, dessen Bilder sich neben treuer Naturwahrheit durch meisterhafte Technik und grosse Effekte auszeichnen.

Barbary, Jack da, auch **Barbarus**, oder **Franz Babylone**, und wegen seines Zeichens gewöhnlich der Meister mit dem Merkurstabe oder Schlangenstabe genannt, Maler und Kupferstecher zu Venedig, der zu Ende des 15. und im Anfange des 16. Jahrhunderts blühte. Zu seinen vorzüglichsten (sehr seltenen), zum Theil an die Darstellungsweise des Giov. Bellini erinnernden Blätter gehören: eine Viktoria; die Anbetung der drei Könige; eine heil. Familie; die heil. Katharina; Apollo und Diana; Judith mit dem Haupte des Holofernes; der Friede und der Sieg, zwei nackte weibliche Figuren an einer Säule stehend, und der Kampf nackter Männer gegen Satyre. Die Augsburger Gallerie besitzt ein Gemälde von ihm mit der Jahrszahl 1504. Bartsch in seinem „Peintre graveur" zählt 24 Blätter von Barbary auf; man kennt nunmehr aber noch einige weitere.

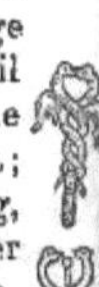

Barbe, Jan Baptist, ein Kupferstecher, der um 1585 zu Antwerpen geboren wurde, sich nach Wierix bildete und viele kleine zart ausgeführte Blätter stach. Sein von van Dyck gemaltes Porträt hat Bolswert gestochen. Zu seinen gesuchtesten Stichen gehören: eine heil. Familie, nach Rubens; eine Ruhe in Aegypten, nach Bagghi und Maria mit dem Kinde, nach Frank.

Barberi, Michelangelo, ein der Gegenwart angehöriger trefflicher Mosaicist, von dem u. A. im Jahr 1843 zu Rom zwei ausgezeichnete grosse musivische Darstellungen für den Kaiser von Russland, die Stadt Rom in den vier Hauptepochen ihrer Geschichte vergegenwärtigend, ausgestellt waren.

Barbiere, Alessandro del, siehe **Fei**.

Barbieri, Domenico, gen. **Domenico Fiorentino**, geb. zu Florenz um 1506, war der beste der Stuccatoren, welche unter Rosso und Primaticcio die Säle der Paläste zu Fontainebleau mit trefflichen Stuccoarbeiten schmückten. Vasari rühmt ihn auch als Maler und Zeichner, insbesondere aber als Kupferstecher vom seltensten Verdienst. Die vorzüglichsten seiner äusserst zierlich und zart ausgeführten, sehr seltenen Blätter, von denen Bartsch in seinem „Peintre graveur" neun beschreibt, sind: die Steinigung des heil. Stephanus und Amphiaraus erregt gegen Aeneas ein Ungewitter, ersteres Blatt nach seiner eigenen Zeichnung und Composition, letzteres nach Rosso.

Barbieri, Giov. Francesco, genannt **Guercino da Cento**, geb. 1590 zu Cento, gest. 1666 zu Bologna, erhielt seinen ersten Unterricht in der Malerei bei Benedetto Gennari und bildete sich später auf Reisen, namentlich während eines längeren Aufenthalts in Bologna, Venedig und Rom zu einem trefflichen, seiner Zeit viel gerühmten Meister aus, der, einerseits der Richtung der Carracci'schen Schule folgend, anderseits von dem Einfluss des Caravaggio beherrscht, in seiner Kunstweise gewissermassen in der Mitte steht zwischen Guido Reni und jenem kecken Hauptmeister der Naturalisten. Denn es sind die von ihm dargestellten Charaktere und Formen wahrer und lebendiger, als die des ersteren, edler und gewählter, als die des letzteren, und in seinen früheren Werken sucht er mehr die kräftigen Wirkungen des Caravaggio, in den späteren mehr die zartere und anmuthigere Manier des Guido zu erreichen. So schwankt sein Styl zwischen conventioneller Idealität und einer derben Wirklichkeit. Er versteht es eine imposante Aeusserlichkeit zu entfalten, man vermisst aber poetische Intentionen, den tieferen Gehalt; seine Charaktere verrathen eine gewisse Kraft und Energie, aber ohne alle Grossheit, seine Gesichtsbildungen sind individuell beseelt, aber meistens gewöhnlich naturalistisch, seine Zeichnung ist richtig, aber ohne Adel. Dagegen zeichnete er sich vor den meisten seiner künstlerischen Zeitgenossen durch eine ausserordentliche Fertigkeit im Technischen aus. Er wusste die Formen aufs Vortrefflichste zu modelliren und zu runden, und führte den Pinsel in Oel wie in Fresco mit ungemeiner Meisterschaft.

Man unterscheidet drei verschiedene Manieren, die Guercino während seiner langen und erstaunlich fruchtbaren künstlerischen Thätigkeit befolgte. Die erste gibt sich durch starke schwere Schatten und scharfe gelblich grüne Lichter, harte Umrisse, aber schlagende Wirkung in der Art des Caravaggio kund; die zweite, durch ein gründliches Studium der Venetianer hervorgerufen, vereinigt Kraft mit Wärme und Klarheit der Farbe und einem vorzüglichen Helldunkel, so dass die starken Gegensätze von Licht und Schatten durch Uebergänge verschmolzen und die Formen aufs Trefflichste abgerundet erscheinen; die dritte endlich, die von Guercino's, nach Guido's Tod (1642) erfolgter Uebersiedlung nach Bologna datirt, und durch sein Bestreben, des letzteren allbeliebter Lieblichkeit nachzueifern, motivirt wird, spricht sich durch ein gewisses sentimentales, aber zu eigenthümlicher Anmuth durchgebildetes Gepräge, einen ungemeinen Reiz in zarter Zusammenstellung der Farben und helles, heiteres und frisches Colorit aus. Die letztere Manier artete aber in späterer Zeit in Verflachung der Gedanken und Verschwommenheit der Färbung aus.

Zu Guercino's besten Werken gehören, unter denen aus seiner früheren Zeit: ein Paar treffliche Bilder in der Bologneser Pinakothek: der h. Wilhelm von Aquitanien, das Mönchsgewand nehmend und der heil. Bruno, dem die heil. Jungfrau erscheint; im Palast Spada zu Rom: Dido's letzte Augenblicke, ein grosses figurenreiches Bild (gest. v. R. Strange), gleich dem der heil. Petronilla in der Gallerie des Capitols zu Rom (gest. v. N. Dorigny); ferner: der heil. Petrus mit Schlüssel und Buch, der heil. Paulus mit dem Schwert, die Auferweckung des Lazarus, der heil. Franziscus, verzückt durch die Musik eines Engels, der heil. Hieronymus, der die Posaune des jüngsten Gerichts zu hören glaubt und Maria, das segnende Kind haltend, im Louvre zu Paris. Aus der zweiten Periode: Petrus, die Tabitha erweckend im

Pal. Pitti zu Florenz; die Beschneidung Christi im Museum zu Lyon; die Schmerzensmutter und der reuige Petrus; die Sabinerinnen söhnen die Römer und ihre Landsleute aus; Madonna in den Wolken von Heiligen verehrt, ein Hauptwerk des Meisters, im Louvre zu Paris; Thomas, Christi Wundenmale berührend, in der Gallerie des Vatikans zu Rom. Unter den zum Theil sehr bedeutenden Werken dieser Art sind namentlich noch zu erwähnen: die Gemälde der Propheten und Sibyllen in der Kuppel des Doms von Piacenza und die Aurora in einem kleinen Gartenhause der Villa Ludovisi zu Rom (gest. v. R. Morghen), welche durch die leuchtende Kraft der Farbe fast die Wirkung von Oelgemälden erreichen. Aus der späteren Zeit stammen: die Verstossung der Hagar in der Gallerie der Brera zu Mailand (gest. v. R. Strange), eines der herrlichsten Bilder Guercino's und die Sibylle in der Tribune zu Florenz; Loth, von seinen Töchtern berauscht; Circe als Zauberin; Salome mit dem Haupt des Johannes und des Meisters Porträt, im Louvre zu Paris. — Er malte auch meisterhafte Landschaften, an denen man besonders die schöne, saftige Farbe rühmt.

Eine vollständige Aufzählung auch nur der bedeutenderen Bilder des beinahe in keiner grösseren Gemäldesammlung fehlenden Meisters aus den verschiedenen Perioden seiner Künstlerschaft in den europäischen öffentlichen und Privatgallerien, würde bei der Menge von Gemälden, die Guercino ausgeführt (Lanzi berichtet, man zähle von ihm, ohne die unendlich vielen Bildnisse, Madonnen, halbe Figuren und Landschaften, 106 Altarbilder und 144 grosse Gemälde für Fürsten u. s. w. gemalt), viele Seiten einnehmen und es dürfte daher genügen, im Vorstehenden wenigstens die ausgezeichnetsten genannt zu haben. — Man kennt auch zwei ganz in der Manier seiner Federzeichnungen in Kupfer geätzte Blätter von ihm: einen heil. Antonius von Padua und einen heil. Johannes den Täufer.

Literatur. J. A. Calvi, Notizia della villa e delle opere di Giov. Franc. Barbieri, detto il Guercino da Cento. Bologna, 1808. — Lanzi, Geschichte der Malerei in Italien.

Barbieri, Francesco, von seinem Geburtsorte il Legnago genannt, geb. 1623, gest. 1698, ein Schüler Ricci's und theilweise Carpioni's, malte Figuren, Landschaften und perspektivische Ansichten mit vielem Geschick, war aber in der Zeichnung ziemlich schwach.

Barbieri, Lodovico, ein italienischer Maler und Kupferstecher in der letzten Hälfte des 17. Jahrhunderts, von dem ein trefflich gestochenes, aber sehr seltenes Blatt: der heil. Pelegrinus Laziosus, Kranke heilend, bekannt ist.

Barbieri, Paolo Antonio, gest. 1649, ein Bruder des Giov. Francesco, war ein ausgezeichneter Thier-, Blumen- und Früchtemaler.

Barbiers, Pieter, geb. 1717 zu Amsterdam, gest. 1780, besass ein vielseitiges Talent für die Malerei, malte aber meistens Dekorationen oder theatralische Gegenstände. — Seine Söhne Bartholomeus, geb. 1740 zu Amsterdam, gest. 1808, und Pieter, geb. 1748, und 1842 noch am Leben, bildeten sich unter seiner Leitung zu geschickten Landschaftsmalern aus.

Barbiers, Pieter, der Sohn des Bartholomeus, geb. 1772 zu Amsterdam, gest. 1837, ein trefflicher Historien- und Landschaftsmaler, von dem namentlich die Darstellungen des Oedipus und einer Vanitas, sein Bürgermeister von Harlem, sowie mehrere seiner, durch Naturwahrheit und treue Charakteristik sich auszeichnenden Landschaftsgemälde gerühmt werden. Er verfertigte auch einige Blätter in Aquatintamanier. — Seine Frau Maria Geertruida Snabille zeichnete Blumen- und Früchte und sein Sohn Pieter, geb. 1798, bildete sich unter ihm zu einem beliebten Blumen-, Früchten- und Landschaftsmaler aus.

Barca, Don Vicente Calderon de la, geb. 1762 zu Guadalaxara, gest. 1794, ein Schüler des Don Franc. Goya, malte viele geistreiche Porträts im Geschmack seines Lehrers.

Bardi, Donato di Niccolò di Betto, siehe **Donatello.**

Bardin, Jean, geb. 1732 zu Montpellier, gest. 1809, Historienmaler, Mitglied des Instituts und seit 1788 Direktor der Kunstschule zu Orleans, war der Lehrer David's und Regnauld's.

Bardon, Michel François d'André, Maler und Kupferätzer, ein Schüler von Vanloo, geb. 1700 zu Aix, gest. 1783, malte für einige Kirchen in Paris und bekleidete seit 1737 eine Lehrerstelle an der königl. Akademie, besonders aber machte er sich durch mehrere Schriften über die Kunst, eine Biographie Vanloo's, ein Trachtenbuch u. s. w. bekannt.

Bardou, Emmanuel, Bildhauer, seit 1775 Modellirer bei der k. Porzellanfabrik und Mitglied der Akademie der schönen Künste seiner Vaterstadt Berlin, machte sich durch mehrere sehr ähnliche Büsten, z. B. von Chodowiecky, von Friedrich dem Grossen, von dem er auch das Modell zu einer Reiterstatue ausführte, seiner Zeit einen geachteten Namen.

Barella, Agostino, erbaute von 1661 bis 1675 die Theatinerkirche zu München.

Barentsen, Dirk, der Sohn des Malers Barent, der Taube, geb. 1534, gest. 1592 zu Amsterdam, reiste in seinem 21. Jahre nach Italien, und bildete sich zu Venedig im Hause Tizian's, dessen geliebter Schüler er wurde. Er bemühte sich den Geschmack seines Meisters nach Kräften und Anlagen anzueignen, malte auch dessen Porträt und kehrte erst nach siebenjährigem Aufenthalt daselbst wieder ins Vaterland zurück, wo er verschiedene mythologische, allegorische und Geschichtsbilder, unter denen besonders sein Sturz Lucifers und seine Judith gerühmt wurden, und einige Altartafeln, namentlich aber viele Bildnisse und mehrere Schiesshausstücke, für den Schiessgraben seiner Vaterstadt, die man zu seinen besten Arbeiten zählt, ausführte. Man vermuthet, dass er gleich seinem Vater taub war, da man ihn in Venedig nur den Sordo Barent hiess.

Literatur. Rathgeber, Annalen der niederländischen Malerei.

Barile, Giov., Bildschnitzer aus Florenz, führte u. A. die Schnitzarbeiten der Thüren und sonstigen Holzverkleidungen in den Raphael'schen Stanzen im Vatikan zu Rom unter Raphaels Leitung auf meisterhafte Weise aus.

Barisanus, schreibt sich ein alter Erzgiesser, der um 1176 die zweite Bronzethüre der Kathedrale zu Trani im Neapolitanischen und eine andere mit den Reliefgestalten von Aposteln und Heiligen in der Kathedrale von Montreale im romanischen Style fertigte.

Barkenwerd, Wilhelm, Meister aus Utrecht, baute 1488—1490 an der S. Viktorskirche zu Xanten.

Barker, Thomas, ein englischer Schlachtenmaler, von dem besonders ein auf seinem eigenen Landsitz Sion Hall bei Bath ausgeführtes grosses Freskobild, den Angriff der Türken auf die Insel Chios im Jahr 1822 darstellend, gerühmt wird.

Barlow, Francis, berühmter Thiermaler und Kupferätzer, geb. 1646 zu Lincolnshire, gest. zu London 1702, war ein Schüler von Shepherd. Seine Darstellungen von vierfüssigen Thieren, Vögeln und Fischen sind wahr und richtig gezeichnet, haben aber eine matte Farbe. Er soll auch in Kupfer geätzt haben. Heinecken in seinem „Dictionnaire d'artistes" verzeichnet die nach ihm und von ihm gestochenen Blätter.

Barna oder **Berna** (letzterer Namen eine Abkürzung von Bernabò, ersterer wahrscheinlich aus Barnabà verstümmelt), hiess ein trefflicher sienesischer Maler aus der letzten Hälfte des 14. Jahrhunderts, von dem im Dom von Arezzo ein grosses Freskogemälde, ein Kruzifix mit Heiligen, zu dessen Füssen die Madonna, Johannes der Evangelist, der heil. Franziskus und der Erzengel Michael angebracht sind, während der obere Theil durch eine Gruppe von Engel angefüllt ist, und in der Hauptkirche von S. Gimignano, einem Städtchen zur Rechten der Strasse von Florenz nach Siena, die Malereien auf der rechten Wand, Begebenheiten aus dem Leben Christi darstellend, erhalten sind. Auch werden ihm die Gemälde an dem Tabernakel des Hauptaltars im Lateran zu Rom und ein Christus am Kreuz im Louvre zu Paris zugeschrieben. Andere von ihm ausgeführte, aber zu Grunde gegangene Werke waren: kleine historische Darstellungen in zwei Kapellen und an einer Hauptwand der Kirche S. Agostino zu Siena; der grösste Theil der Decken- und die Wandgemälde der Kirche S. Margherita zu Cortona; Bilder aus dem Leben des heil. Jakob in der

Kapelle dieses Heiligen in S. Agostino zu Arezzo, verschiedene andere Malereien in der Dechanei, in S. Bartolommeo und in S. Spirito ebendaselbst und einige Gemälde in der Kapelle des heil. Nicolaus in S. Spirito zu Florenz. Durch einen Sturz vom Gerüste bei den beinahe beendigten Malereien in S. Gimignano kam er 1380 ums Leben. — In Barna's Werken findet man, höchst charakteristisch für die sienesische Kunstrichtung in der zweiten Hälfte des XIV. Jahrhunderts, bei aller Beobachtung der Erscheinungen und Verhältnisse des Lebens und vielseitigeren Auffassung desselben, bei aller Lebendigkeit und scharfen Charakteristik, immer noch viele jener, von den ältesten christlichen Künstlern erfundenen und gestalteten, durch die neueren griechischen Maler überlieferten typischen Charaktere und Zusammenstellungen, und, bei allen Anflügen einer naturalistischen Durchbildung, dennoch die jener früheren Darstellungsweise eigene übergrosse Länge der Figuren und fast gespenstige Feinheit der Gesichtszüge. — Barna's Schüler waren Giovanni d'Asciano, der seine Fresken in Gemignano vollendete, Luca di Tomè, und der Goldschmied Giov. di Bartolo aus Siena.

Literatur. Vasari, Leben der ausgezeichnetsten Maler, Bildh. und Architekten. — Della Valle, Lettere Sanesi. — Rumohr, Italienische Forschungen.

Baroccio, Ambrogio d'Antonio, wahrscheinlich der Vater oder Grossvater des Folgenden, wie aus Namen, Lebenszeit, Vaterland und namentlich aus der Aehnlichkeit der Gesichtszüge beider in ihren Bildnissen in der florentinischen Gallerie (gest. im Museo Fiorentino) geschlossen wird, war ein berühmter Bildhauer seiner Zeit, der um 1480 von Federigo Feltrio, Herzog von Urbino, an seinen Hof gerufen wurde, um dessen prachtvollen Palast mit Sculpturen zu schmücken.

Baroccio, Federico, auch **Barocci**, **Barozzi** geschrieben, oder **Fiori Federico** genannt, geb. zu Urbino 1528, war ursprünglich ein Schüler des Battista Franco, der in seiner Vaterstadt einige Malereien ausführte und ihm in seinem Unterricht Geschmack an den Werken der Venetianer, besonders des Tizian, beibrachte, nach welchem er später viel kopirte. Er bildete sich hierauf in Rom besonders nach den Werken Raphaels, den er in seinen ersten bedeutenderen Gemälden für die Hauptkirche seiner Vaterstadt, einem heil. Sebastian und einer heil. Cäcilie immittirte, und später, als er nach seiner Heimkehr mit den Malereien Correggio's bekannt wurde, nach diesem Meister weiter aus. Bei einem zweiten Aufenthalt in Rom zog er durch einige treffliche gemalte Bilder die Aufmerksamkeit des Papstes Pius IV. auf sich, der ihm im Jahr 1560 mit noch einigen andern Künstlern die Malereien seines kleinen Palastes im Gehölz von Belvedere übertrug. Allein seine neidischen Kunstgenossen, die er in seinen Arbeiten alle übertraf, brachten ihm aus Eifersucht Gift bei, so dass er es für gerathener hielt, Rom und seine begonnenen Werke zu verlassen, um in seiner Heimath seine schwer angegriffene Gesundheit wieder herzustellen. Nach seiner Wiedergenesung malte er als Dank gegen die göttliche Jungfrau für die Kirche S. Francesco seiner Vaterstadt: eine Madonna mit dem Kinde und Heiligen, und darauf für den Dom von Perugia: eine Kreuzabnahme, eines seiner (mehrmals wiederholten) Hauptwerke (gestochen von Sadeler), das in der wild bewegten Gruppe um die hinsinkende Madonna nicht ohne wirklich ergreifende Grösse ist. Von nun an nahm Baroccio's Ruhm täglich zu und er wurde aufs Vielseitigste für die verschiedensten Kirchen Italiens beschäftigt. So malte er für die Kapelle einer Laienbrüderschaft in der Pieve zu Arezzo: eine Madonna als Fürbitterin (mit der Jahrszahl 1579), jetzt in der Gallerie der Uffizien zu Florenz; ein sehr tüchtiges Bild für die Kirche S. Maria della Vallicella, die Darstellung im Tempel und den Besuch der Maria, und für S. Maria sopra Minerva zu Rom: die Einsetzung des heil. Abendmahls, ein Bild, für das er vom Papst mit einer goldenen Halskette beehrt wurde; für die Kirche zu Loretto: eine Verkündigung; für den Dom zu Genua: eine Kreuzigung; für Pesara: die Berufung des heil. Andreas zum Apostelamt, nebst anderen Kirchenbildern für Ravenna, Macerata, Cortona u. s. w. Auch in öffentlichen Gallerien findet man noch manche bemerkenswerthe Bilder des äusserst thätigen Meisters, über dessen Fruchtbarkeit man um so mehr erstaunen muss, als seine Gesundheit ihm nur erlaubte, täglich zwei Stunden, eine Vormittags und eine Nachmittags zu arbeiten; so u. A.: Hagar, die ihren Sohn in der Wüste tränkt; die Himmelfahrt der Maria; eine Grablegung Christi; Maria mit dem Kinde, den h. h. Franciscus und Dominicus erscheinend; der h. Franciscus, die Wundmale empfangend; Magdalena betend am Grabe Christi in der Gallerie zu Dresden; eine Geburt Christi im Museum zu Madrid; Christus der Magdalena im Garten erscheinend, und die h. Maria von Aegypten, das Abendmahl empfangend in der Pinakothek zu München; die auf Wolken thronende Maria mit S. Lucia und S. Antonius und eine heil. Margaretha, ein äusserst liebliches Bild, im Louvre zu Paris; Christus mit Magdalena, in der Gallerie Corsini zu Rom; eine Flucht nach Aegypten in der Akademie zu Venedig u. s. w. — Baroccio radirte auch mit zierlicher Nadel ungemein fleissig in Kupfer. Man kennt indessen nur 4 Blätter von ihm: die Entzückung des heil. Franciscus; eine Verkündigung; die Stigmatisation des heil. Franciscus und eine sitzende Maria. Trotz seiner langjährigen Kränklichkeit brachte er sein Leben dennoch auf 84 Jahre. Er starb 1612.

Baroccio entging dem Verderbniss des Manierismus, der unter den Nachfolgern der grossen Meister der ersten Hälfte des 16. Jahrhunderts eingerissen, durch ein engeres Anschliessen an die Vorbilder der letzteren und das Streben nach Wahrheit und Natur, indem er sich durch eifriges Studium Raphael's, unter besonderem Einfluss des Correggio und Parmigianino, eine Kunstweise ausbildete, die sich nicht gerade durch Tiefe des Inhalts und grosse Kraft, aber durch würdevollere Behandlung des Gegenstandes, durch die sanfte Zartheit und Milde der Intentionen, die höchst lebendige Darstellung der Affekte, den andächtigen Ausdruck, besonders aber durch den Schmelz des Colorits und die Reize des Helldunkels, wodurch sich seine Bilder dem Auge so süss einschmeicheln, wie Musik dem Ohre, auszeichnet. Freilich konnte auch er sich der Geschmacksrichtung seiner Zeit nicht ganz entwinden; seine Auffassung wird hin und wieder geziert, sein Ausdruck süsslich, seine Grazie affektirt und seine Färbung, wenn auch noch so lieblich, oft unwahr, in den Fleischtönen zu rosig, in den Schatten zu blau. Mit Ausnahme einer Darstellung des Brands von Troja* und einigen Bildnissen kennt man von ihm nur religiöse Bilder; zu seinen Studien bediente er sich, wie die bedeutenderen Meister vor ihm, Correggio, Garofalo u. A., kleiner Modelle aus Wachs oder Thon, die er, nachdem er darin seine Gedanken ausgedrückt, aufs Gewissenhafteste kopirte.

Literatur. Gio. Pietro Bellori. La vita del Barocci. — Lanzi, Gesch. der Malerei in Italien. — Museo fiorentino, woselbst auch sein Porträt im Stich.

Baron, Bernard, Kupferätzer und Stecher, geb. zu Paris um 1700, gest. zu London 1766, ein Schüler des N. Tardieu, stach in des Letzteren Manier historische Bilder und Porträts, unter denen die vorzüglichsten sind: Karl I. zu Pferd und die Familie des Grafen von Nassau, nach van Dyck; Jupiter und Antiope, die Familie des Nobili Cornaro, nach Tizian; König Heinrich VIII., nach Holbein; eine stürmische See und eine Seeküste mit Felsen, nach Montagne.

Baron, Henry, ein Maler, der zu Paris lebt und sich namentlich in Darstellungen galanter Feste nach Art des Watteau gefällt. Seine äusserst reizend componirten und gezeichneten Bilder haben eine brillante Färbung.

Baron oder **Baronius, Johann,** genannt **Tolosano,** Kupferstecher, geb. 1631 zu Toulouse, arbeitete meistens zu Rom, stach Bildnisse, worunter 50 berühmte italienische Künstler, und Historien, unter denen das Blatt: die betrübten Philister bei der Pest nach Poussin, zu seinen besten Arbeiten gehört.

Baroni, C. A. von, gen. **Cavalcabo,** geb. 1682, gest. 1759, ein geschätzter Historienmaler Tyrols, der unter C. Maratti zu Rom studirte und in verschiedenen Kirchen seines Vaterlandes, in Roveredo, Sacco, Mori, Isera, Brancolino u. s. w. durch treffliche Altarbilder schöne Beweise eines erfindungsreichen und tüchtig ausgebildeten künstlerischen Talentes an den Tag legte.

* Abgebildet in den Denkmälern der Kunst. Atlas zu Kuglers Handb. der Kunstgesch. Taf. 88, Fig. 7

Barozzio, Giacomo, genannt **Vignola,** dem wegen seiner Werke und Schriften der Namen eines Gesetzgebers der neuern italienischen Architektur beigelegt wurde, ist 1507 zu Vignola im Modenesischen geboren. Nach seines Vaters, eines mailändischen Edelmanns Tod, schickte ihn seine Mutter, eine Deutsche von Geburt, die das frühzeitige Talent des Sohnes für die Kunst erkannt, nach Bologna, wo er sich erst der Malerei, später aber ganz der Baukunst, nach welcher Seite hin ihn auch grössere Neigung und Anlagen zogen, widmete. Er besuchte hierauf Rom, um hier die bedeutendsten Baudenkmale des Alterthums zu studiren, wozu sich ihm die gründlichste Gelegenheit bot, indem eine bald nach seiner Ankunft gegründete Akademie der Baukunst ihn beauftragte, die wichtigsten antiken Gebäude der Stadt für sie auszumessen und zu zeichnen. Im Jahr 1537 verliess er Rom, und folgte Primaticcio nach Frankreich, wo er für Franz I. mehrere Pläne zu Gebäuden entwarf, deren Ausführung aber der Krieg vereitelte. Nach seiner Rückkehr in die Heimath wurde er zu Bologna vielfach beschäftigt. Er entwarf die Pläne zum Frontispice der grossen Kirche S. Petronio und baute den Portikus der Börse zu Bologna, den Palast des Grafen Isolani zu Minerbo, die Kirche Madonna degli Angeli und die schöne Kapelle des heil. Franz zu Perugia u. s. w. Eine umfassendere Thätigkeit erwartete ihn aber in Rom, wo er durch Vasari dem Papst Julius III. vorgestellt, von diesem 1550 zu seinem Architekten ernannt wurde, und als solcher die Wasserleitung von Trevi, die Villa des Papstes Julius III. und die kleine Kirche S. Andrea di Ponte Molle, beide vor der Porta del popolo gelegen und unstreitig unter die besseren Werke der modernen italienischen Baukunst gehörig, die Kirche del Gesù (begonnen um 1568 und vollendet durch seinen Schüler Giac. della Porta) nach seinen Plänen ausführen liess. Ausser diesen und anderen Bauten, die alle das Gepräge der Kunstrichtung des Meisters tragen, ist das Hauptwerk seines Lebens das berühmte Schloss Caprarola, das der Kardinal Farnese auf dem Wege von Rom nach Viterbo errichten liess, ein Gebäude von eigenthümlich sinnreicher und grossartiger Anlage. Nach Michelangelo's Tod bekleidete Barozzi die Stelle eines Baumeisters der Peterskirche zu Rom. Von ihm rühren die beiden Nebenkuppeln an der Vorderseite, die wie Trabanten der grossen Kuppel aussehen, her. Wegen der damals herrschenden Kriegsunruhen konnte aber auch er den Bau nicht wesentlich fördern, überdiess starb er nicht lange hernach im Jahr 1573.

Nicht minderen Ruf als durch seine Bauten erwarb sich Vignola durch sein bekanntes Werk über die fünf Säulenordnungen, in welchem er, nach den genauesten Studien über die Architektur des alten Roms, deren Form und Verhältnisse, freilich öfters mit willkührlicher Beschränkung, bestimmte. Streng sich an das Studium des klassischen Alterthums haltend und immerdar durch Beispiel und Lehre dafür zu wirken bemüht, schloss er sich in seiner Kunstweise jener mit dem Anfang des 16. Jahrhunderts in der Architektur eingeschlagenen Richtung, die dessen zeitgemässe Wiederbelebung in malerischen Massenwirkungen bezweckte, strenge an, und erreichte auch in seinen Gebäuden eine imponirende Reinheit des Styls, nur dass bei ihm an die Stelle der Anmuth und des poetischen Hauchs, der die Werke seiner künstlerischen Vorfahren durchzogen hatte, öfters mehr eine verständige, tüchtige Regelmässigkeit tritt.

Literatur. Vasari, Leben der ausgez. Maler, Bildh. und Baumeister. — Quatremère de Quincy, Dictionnaire historique d'Architecture.

Barras, Sébastien, ein Maler und Stecher in Schwarzkunst, geb. zu Aix 1665, gest. zu Paris 1695, dessen Blätter, von denen besonders der trinkende Satyr, nach N. Poussin, Loth und seine Töchter, nach Rubens und der Arzt Lazarus Maharkyzus, nach van Dyck gerühmt werden, sehr selten sind.

Barre, Jean Jacques, k. Generalmünzgraveur, geb. zu Paris 1793, zeichnet sich in den von ihm gearbeiteten Medaillen durch frappante Aehnlichkeit der Köpfe und den Fleiss und die Feinheit der Arbeit aus. — Sein Sohn ist ein trefflicher Bildhauer, der sich durch kirchliche Sculpturen, Porträtstatuen und Compositionen nach Dichtern einen verdienten Namen gemacht.

Barrière, Dominique, Maler und vorzüglicher Kupferstecher, geb. zu Marseille um 1622, gest. zu Rom 1673, radirte mit leichter und geistreicher Nadel viele Landschaften, See- und Architekturstücke. B

Barry, Charles, einer der ersten lebenden englischen Architekten, der Erbauer verschiedener Kirchen und Paläste in England, besonders aber der neuen, im Geschmack der gothischen Schlösser aus der Zeit der Tudor errichteten Parlamentsgebäude, für deren Baurisse und Leitung er die Summe von 25,000 Pfund Sterling erhielt. In allen seinen Bauten, unter denen die kirchlichen freilich eine minder hohe Stelle einnehmen, zeigt er einen feingebildeten Geschmack, ein gründliches Studium der Haupttheile und sorgfältige Ausführung der Details. In einem Prachtwerk gab er 1849 sein Parlamentsgebäude unter dem Titel: „Illustrations of the New Palace of Westminster by Ch. Barry Esq. With a history of the Palace by H. F. Ride. London, Warrington und Son," heraus.

Barry, F. B., ein zu Paris lebender tüchtiger Seemaler.

Barry, Heinr., Zeichner und Kupferstecher, geb. in Holland um 1626, bildete sich nach Cornelius Visscher, in dessen Manier er mehrere sich durch die grösste Reinheit des Stichs auszeichnende Blätter stach, unter denen als die vorzüglichsten genannt werden: eine Alte, welche einen Topf zum Fenster hinausgiesst; ein beim Weintrinken eingeschlafenes Weib, nach Mieris; Jacob Backer und eine, den Arm auf den Tisch stützende, sitzende Dame, nach Terburg und die Porträts der Admirale Tromp und Ruyter, nach F. Bol. HB

Barry, James, geb. 1741 zu Cork in Irland, fühlte schon in früher Jugend grosse Neigung zur Kunst, bildete sich auch wirklich ohne allen Unterricht in derselben aus und trat in seinem 19. Jahre mit einer grossen Composition, den heil. Patricius, den Schutzpatron von Irland darstellend, wie er den König von Cashell tauft, in der Kunstausstellung zu Dublin auf. Dieses Bild machte ausserordentliches Aufsehen und verschaffte dem jungen Künstler die Unterstützung eines Kunstfreundes, der ihn 1771 auf seine Kosten nach Rom schickte, woselbst Barry 5 Jahre verweilte. Ein Jahr nach seiner Zurückkunft wurde er zum Mitglied der Akademie ernannt und mit einem Lehrstuhl an derselben betraut. Da er jedoch wenige Bestellungen auf Bilder erhielt, griff er zur Feder und gab einige Schriften über die Kunst der Malerei, worunter seine: Untersuchung über die wirklichen und eingebildeten Hindernisse des Fortschritts der Künste in England, heraus, bis ihm im Jahre 1777 die Gesellschaft zur Aufmunterung der Künste in Adelphi den Auftrag ertheilte, ihren Versammlungssaal mit Gemälden zu schmücken. Er stellte darin den Gedanken, dass die allgemeine Glückseligkeit nur durch die Entwicklung der Civilisation und die Vervollkommnung der menschlichen Gesellschaft erreicht werden könne, in 6 Bildern dar: Orpheus, oder den ältesten Zustand der Hirtenvölker und den ersten Unterricht göttlicher Wahrheiten, ein griechisches Erntefest, worin der höhere Kulturzustand im Acker- und Weinbau, und die Sieger zu Olympia, worin der höchste Zustand künstlerischer, intellektueller und ethischer Bildung, angedeutet werden soll; sodann den modernen Zustand des blühenden Handels, durch den Triumph der Themse, den der Künste und Manufakturen, durch eine Versammlung der erwähnten Gesellschaft für Beförderung derselben, zuletzt den endlichen Zustand der Vergeltung, durch eine sehr bunte Versammlung ausgezeichneter Männer aller Zeiten im Elysium versinnlicht. In diesen Bildern, an denen Barry 7 Jahre arbeitete und von denen jedes der zwei grössten 42 Fuss lang ist, herrscht eine lebhafte Begeisterung und manches Motiv ist recht glücklich ausgedrückt, sie leiden aber alle an sehr erheblichen Mängeln der Zeichnung, der Färbung und einem oft an die Karrikatur streifenden Ausdruck. Wegen der von ihm herausgegebenen Schrift über geeignete Massregeln zur Vervollkommnung der Kunst in England, worin er u. A. die Erhaltung des katholischen Ritus als vortheilhaft für das Gedeihen der Künste empfahl, wurde er als zänkischer Aufwiegler und Jacobiner beim König angeschwärzt und von diesem seiner Stelle als Professor entsetzt und aus der Liste der Akademiker gestrichen, worauf er seine Tage bis an sein Lebensende, im Jahr 1809, in Zurückgezogenheit, Selbstpeinigung und Dürftigkeit zubrachte. Ausser den angeführten Malereien kennt man von ihm noch: eine Venus, dem Meer entstiegen; Jupiter und Juno auf dem Berge Ida; den Fall des bösen Engels; den verwundeten Philoktet; die Schlussscene aus König Lear; einen griechischen Philosophen, der seine Jünger zur Enthaltsamkeit und Mässigung ermahnt; ein Porträt des Dr. Johnson. Barry verfertigte auch mehrere Blätter in Tuschmanier u. s. w., von denen: die Bekehrung des Palimon, ein Engelsturz und der verwundete Philoktet als die besten genannt werden.

Barth, Carl, geb. 1787 zu Eisfeld, bildete sich in der Schule des berühmten Kupferstechers J. G. v. Müller und später in München und Rom zu einem trefflichen Zeichner und Kupferstecher aus. Als Zeichner von Korrektheit und Geschmack hat er über 400 nach dem Leben gemalte und gezeichnete Bildnisse geliefert, als Stecher sind von ihm 12 historische Blätter, 54 Porträtstiche und 11 freie Radirungen, die sich sämmtlich durch Zartheit, Weichheit und elegante Wirkung auszeichnen, bekannt. Unter seine vorzüglichsten Stiche gehören: das Titelblatt zu den Nibelungen, nach Cornelius (in Gemeinschaft mit Amsler vollendet); der segnende Heiland und die betende Madonna, nach Holbein; die sieben magern Jahre, nach Overbeck; die Porträts des Malers Fohr und der Dichter: Fr. Schlegel, Adelbert von Chamisso, Fr. Rückert u. s. w. Auch eine schriftstellerische Arbeit ist von dem vielseitig gebildeten Künstler bekannt: die Kupferstecherei oder die Kunst in Kupfer zu stechen und zu ätzen, deren erster theoretischer Theil eine Uebersetzung aus dem Italienischen des J. Longhi ist, deren zweiter praktischer aber ihn zum Verfasser hat.

Barth, v., königl. württembergischer Oberbaurath, geb. 1778, gest. 1848, ein Architekt von vielem Geschmack, dessen vornehmste Bauten das k. Haus- und Staatsarchiv, das Museum für bildende Kunst zu Stuttgart und die neue akademische Aula in Tübingen sind.

Bartholomew, V., ein der Gegenwart angehöriger ausgezeichneter englischer Blumenmaler, dessen Bilder an Schönheit der Anordnung, Pracht, Tiefe und Gluth der Farben dem Besten in dieser Art gleichzustellen sind.

Bartoli, Pietro Santi, Maler und vorzüglicher Kupferstecher, geb. 1635 zu Perugia und desshalb Perugino genannt, gest. 1700 zu Rom, hiess eigentlich Pietro Santes und war ein Schüler von Le Maire und N. Poussin. Seine Gemälde bestehen grösstentheils aus Kopieen nach Poussin, ein um so grösseres Verdienst aber hat er sich durch die Herausgabe der bedeutendsten Denkmäler der alten Kunst, der schönsten antiken Baudenkmale, Skulpturwerke und Malereien in Rom, theils in einzelnen Blättern, theils in ganzen Folgen vereinigt, nach seinen Zeichnungen geistreich und geschmackvoll, wenn auch hin und wieder etwas manierirt, gestochen, erworben. Unter die bedeutendsten seiner Werke gehören: Admiranda romanorum antiquitatum ac veteris sculpturae vestigia, 81 Blätter; Columna Antoniana, 75 Blätter; Le pitture antiche delle grotte di Roma e del sepulcro de' Nasoni, 74 Blätter; Le antiche lucerne sepolcrati, mit 116 Kupfern; Gli antichi sepolcri, ovvero mausolei romani ed etruschi trovati in Roma, 110 Blätter; Recueil de peintures antiques, mit 33 Kupfern; Mausoleum Odescalum, s. thesaurus antiq. gemmarum in Mus. Odescalco, 102 Blätter; Colonna Trajana, mit 119 Kupfern; Antiquissimi Virgiliani Codicis fragmenta et picturae ex Bibl. Vaticana, 55 Blätter. Unter die besten seiner einzelnen Kupferstiche gehören: die Anbetung der Könige, nach Raphael; die Geburt der Maria, nach Albani; die Geburt Christi, nach A. Carracci; die Geschichte Constantins, nach Giulio Romano und der heil. Johannes in der Wüste, nach F. Mola.

Bartolini, Lorenzo, geb. 1773 zu Arezzo, gest. 1850, einer der gepriesensten Bildhauer Italiens, der während eines langen und sehr thätigen Lebens eine Menge von Skulpturen: Monumente, Grabdenkmale, Porträtstatuen, Büsten und Kopieen ausführte, unter denen besonders seine Statue des Machiavelli unter den Uffizien und seine Charitas im Pal. Pitti zu Florenz gerühmt werden. Trotz seinem ausgesprochenen Talent und dem Streben, seinen Styl rein auf die Natur zu gründen, wusste er bei mancher schönen Arbeit, die er geliefert, dennoch in seinen Werken nicht zum wirklich Grossartigen und Poetischen hindurchzudringen.

Bartolo, Domenico di, aus Siena gebürtig, der Bruder oder Neffe und Schüler des folgenden Taddeo di Bartolo, schmückte ums Jahr 1440 das Ospedale della Scala zu Siena mit Fresken, die Werke der Barmherzigkeit darstellend. Seine in den Köpfen, wie im Nakten mit vieler Natürlichkeit ausgeführten Arbeiten bilden schon mehr den Uebergang zur realistischen Kunstweise der Malerei des 15. Jahrhunderts, wie man besonders an einer grossen Himmelfahrt der Maria im Museum von Berlin, einem wunderbar ergreifenden Bilde, sehen kann.

Bartolo, Giovanni di, ein Goldschmied aus Siena, und Schüler des Malers Barna, der von Papst Urban V. sehr geschätzt wurde und für denselben die zwei silbernen Büsten des h. Petrus und Paulus, letztere mit der Jahrszahl 1369, für die Kirche S. Giovanni in Laterno (abgebildet in D'Agincourt: L'Histoire de l'Art par les monuments) fertigte.

Bartolo, Taddeo di, aus Siena, der Schüler seines Vaters Bartolo di Fredi, eines mittelmässigen Malers, blühte in den beiden ersten Decennien des 15. Jahrhunderts und gilt für den Stifter jener eigenthümlichen Verschmelzung des Herben und Ernsten, des Idealen und grossartig Abgeschlossenen in der älteren Kunstrichtung des Giotto, mit der gemüthvollen Auffassung, dem Ausdruck eines tiefen religiösen Sehnens der sich anbahnenden neueren, in einer, die Strenge und Härte des byzantinischen Styls gänzlich verlassenden, weicheren Behandlungsweise, welche das Erbgut der späteren umbrischen Schule wurde. Die ältesten unter seinen beglaubigten Werken befinden sich zu Perugia, woselbst er lang gearbeitet haben soll, namentlich in der dortigen Akademie, wo man, ausser zwei Tafeln, jede mit vier Heiligen, ein Bild mit dem Namen des Künstlers und der Jahrszahl 1403, Maria mit dem Kinde und zwei Engeln, daneben den heil. Bernhard, edle würdige Gestalten voll Anmuth der Gesichtsformen und anziehender Innigkeit des Ausdrucks, und in der Kirche S. Agostino ebendaselbst ein treffliches Bild der Ausgiessung des heil. Geistes sieht. In der Gallerie der Sieneser Akademie trifft man ein Altargemälde von 1409, in dessen Hauptbild, der Verkündigung, insbesondere die Gestalt der Jungfrau zu dem Gelungensten seiner Art gehört. Seine bedeutendsten Arbeiten sind jedoch die Wandgemälde, mit welchen er von 1407—1414 die Kapelle des öffentlichen Palastes zu Siena und den davor befindlichen Vorsaal schmückte, jene mit Scenen aus dem Leben der h. Jungfrau, ihrem Abschied von den Aposteln, ihrem stillen Leichenzug, ihrem Begräbniss und ihrer Himmelfahrt, Gemälde, ausgezeichnet durch den Adel und tiefsinnigen Ausdruck, Liebenswürdigkeit der Charaktere, schöne Anordnung und eigenthümliche Weichheit der Behandlung; diese mit den Figuren der Götter der alten Welt und den Bildnissen berühmter Redner, Staatsmänner und Helden des Alterthums, Bilder, in denen er eine fruchtbare und wunderliche Phantasie entfaltete, die aber durchweg geringeren Werth haben. Andere Bilder von ihm findet man im Museum zu Berlin: Maria, die Verkündigung empfangend, und Gott Vater mit Christus am Kreuz; in der Hauptkirche zu S. Gimignano: Bruchstücke einer Altartafel mit der Jahrszahl 1401, ganz in der Weise des Ugolino behandelt; im Besitz des Königs Ludwig v. Bayern: eine reizende Himmelfahrt der Maria; in der Pinakothek zu München: eine Krönung der Maria (unter dem Namen Gentile da Fabriano im Katalog aufgeführt); im Louvre zu Paris: Maria mit dem Kinde und Heiligen und Maria mit dem Kinde auf dem Throne und den 12 Aposteln; im Privatbesitz zu Siena: ein höchst anmuthiges Madonnenbild; in S. Antonio zu Volterra: ein Altarbild mit Heiligen.

Literatur. Vasari, Leben der ausgez. Maler, Bildhauer und Baumeister. — Rumohr, Italienische Forschungen. — Kugler, Handbuch der Geschichte der Malerei.

Bartolommeo, Fra, siehe **Porta**.

Bartolozzi, Francesco, geb. zu Florenz 1730, erlernte die Kupferstecherkunst bei Jos. Wagner in Venedig, und ging 1764 von da nach England, wo er sich durch seine geistreichen geätzten Blätter, noch mehr aber durch seine dem Zeitgeschmack huldigenden Blätter in der von ihm wesentlich vervollkommneten Punktirmanier einen sehr geschätzten Namen, Ehrenstellen und grossen Reichthum erwarb. Nachdem er mehr als 40 Jahre in England zugebracht, folgte er 1807 dem Ruf als Direktor einer Maler- und Kupferstecherakademie zu Lissabon, wo er 1813 starb. — Bartolozzi war ein Künstler von Geist, Talent und grosser Geschicklichkeit, aber durch die von ihm umfassend und einseitig eingeführte, einschmeichlerische und weichliche Punktirmanier, welche längere Zeit die gediegenere Stechweise zu verdrängen drohte, von verderblichem Einfluss auf die Geschmacksbildung seiner Zeit. Die Summe der von Bartolozzi gefertigten Stiche, zum Theil in beträchtlicher Grösse, aber auch bis zu Begräbniss- und Visitenkarten herab, mit denen er sich, der Macht des Goldes zulieb, abgab, beträgt über 2000. Zu seinen Hauptblättern zählt man: Clytia, von der Sonne verlassen, nach Ann. Caracci; der Tod des Lord's Chatham im Parlamentssaale, nach Copley; die Ehebrecherin vor Christo, nach Agost. Caracci; die Beschneidung und Coriolan, nach Guercino; eine heil. Familie, nach A. del Sarto; Maria Stuart und ihr Sohn, nach F. Zuccaro; Penelope und Venus, durch die Grazien geschmückt, nach Ang. Kaufmann; „La Silence du Carrache“; Eduard Lord Turlow, nach Reynolds; die Kaiserin Katharina II., nach Benedetti; eine Apotheose auf Ludwig XVI., nach Hamilton; Madonna della Sedia, nach Raphael; Venus, Cupido und Satyr, nach L. Giordano; der Kindermord, nach Guido Reni u. s. w.

Bartsch, Adam von, geb. 1757 zu Wien, gest. zu Hietzing 1821, ausgezeichnet als Schriftsteller über Kupferstichkunde, wie als ausübender Kupferstecher, bildete sich als Künstler in der Kupferstecherschule zu Wien unter dem berühmten Schmutzer, und zu seiner eminenten Kennerschaft der Kupferstiche, bei seiner gründlichen Einsicht in alle Theile der Technik, in seiner 1781 erlangten Stellung als Custos der dortigen ausgezeichneten Kupferstichsammlung aus, in welcher er mehreremale Deutschland, Frankreich und die Niederlande durchreiste, überall die wichtigsten Sammlungen einsehen und die vielseitigsten Erfahrungen sammeln, die gediegensten Kenntnisse erwerben konnte. Die Früchte seiner Thätigkeit auf diesem Gebiete legte er, ausser der gänzlichen Umgestaltung der k. Kupferstichsammlung und einem dazu gefertigten kritischen Verzeichnisse, der Anordnung der in ihrer Art einzigen Sammlung des Herzogs Albert von Sachsen-Teschen, und mehreren Katalogen berühmter Kupferstichsammlungen, literarisch in folgenden Schriften nieder: Anton Waterloo's Kupferstiche, ausführlich beschrieben 1795; Catalogue raisonné des estampes gravées à l'eau forte par Guido Reni etc. Vienne 1795; Catalogue raisonné des estampes qui forment l'oeuvre de Rembrandt etc. Vienne 1797; Catalogue raisonné des estampes qui forment l'oeuvre de Lucas van Leyden 1798; sodann in dem: Peintre graveur, 21 vol. 1803—1821, dem Hauptwerk seines Lebens, in welchem er mit kritischem Raisonnement die gestochenen oder radirten Blätter aller Maler beschreibt, die in diesem Kunstzweig Ausgezeichnetes geleistet, und in der kurz vor seinem Tode erschienenen: Anleitung zur Kupferstichkunde. Auch besorgte er die Herausgabe der alten vier, die Person und Familie Kaiser Maximilians verherrlichenden Holzschnittwerke des Albrecht Dürer und H. Burgmayer: des Triumphs Kaiser Maximilians, der Ehrenpforte, des Weiss Kunig und der Bilder von Heiligen aus der Familie des Kaisers Maximilians. Als Kupferstecher zeichnete er sich durch die treue Wiedergabe des Originals, durch geschmackvolle Verbindung der Nadel mit dem Grabstichel und glänzende Effekte aus. Ausser den täuschend ähnlichen, den ersten 5 Bänden des „Peintre graveur“ beigegebenen Copieen nach den seltensten Kupferstichen holländischer Meister, vielen Blättern von Thierstücken nach H. Roos, Potter, Rugendas u. s. w., rühmt man unter den über 500 von ihm gestochenen Blättern: die Bestürmung von Oczakow, nach Casanova; die Rückkehr des verlorenen Sohns, im Geschmacke Rembrandts; den heil. Philippus, der den Verschnittenen tauft, nach Dietrich; Titus Manilius und das triumphirende Rom, nach Rubens. Sein Sohn Friedr. v. Bartsch lieferte ein vollständiges Verzeichniss seiner Werke.

Baruzzi, Cincinnati, einer der gerühmtesten italienischen Bildhauer der Gegenwart, ein Schüler Canova's, ist ein Künstler von Phantasie und Talent, allein die Fehler, die bei seinem Lehrer bemerkbar werden, erscheinen noch in einem höheren Grade in seinen Werken. In der Ausführung ist er Meister, aber manche seiner Sculpturen scheinen uns in die Zeit des Bernini zurückzuversetzen.

Bary, James, siehe **Barry.**

Barye, L., einer der grössten jetzt lebenden Thierbildner in Frankreich, der in seinen Thiergruppen im Feuer der Erfindung an ähnliche Compositionen des Rubens erinnert und damit die überraschendste Wahrheit und Lebendigkeit, die glänzendste Beherrschung der Darstellungsmittel, genaueste Vertrautheit mit den Stylgesetzen der plastischen Kunst und die trefflichste Ausführung bis in die kleinsten Einzelnheiten verbindet. Seinen Ruf begründeten und bewährten: ein Löwe im Kampf mit einer Schlange in Bronze, im Tuileriengarten zu Paris; sein Panther, der ein Krokodill zerreisst; sein Tieger, der eine Ziege verzehrt, im Museum zu Lyon; ein Jaguar mit einem Hasen, und insbesondere die herrliche Gruppe eines von einem Lapithen bekämpften Centauren, in welcher er eine ebenso gründliche Kenntniss des menschlichen als des Thierkörpers beurkundete.

Bas, Jacques Philippe le, Kupferätzer und Stecher, geb. 1707, gest. 1783, war ein Schüler von Herisset und Tardieu. Die Zahl seiner geistreich radirten, zart geätzten, häufig auch mit der kalten Nadel behandelten und mit dem Stichel vollendeten Blätter meistens nach Teniers (nach welchem Le Bas über 100 Platten theils selbst stach, theils stechen liess), nach Berghem, Wouverman, Vernet u. s. w., von denen als die besten genannt werden: Réjouissances flamandes; Fête de village; Fête flamande; eine flämische Lustbarkeit; der verlorene Sohn; die Werke der Barmherzigkeit, nach Teniers; das alte Thor von Messina, nach Claude Lorrain; le Banquier Hollandois, Copie nach Rembrandt's Goldwieger, beläuft sich auf 500.

Basaiti, Marco, auch **Basarini** und **Baxaisi** geschrieben, gebürtig aus Friaul, nach Andern aus Venedig, einer der vorzüglichsten Maler neben Giov. Bellini, folgte zwar im Allgemeinen der damaligen venetianischen Richtung der Kunst, jenem Streben nach ihrer Befreiung von allen äusseren Verhältnissen, bildete sich aber unabhängig davon in selbstständiger Individualität aus. In seinen Werken entfaltet er eine eigenthümlich schlichte Würde und Strenge, zeigt aber darin bei einem freiern Geiste und einer glücklicheren Erfindungsgabe, als sie Bellini besass, dennoch in der Gewandung und in dem stets wiederkehrenden Typus der Köpfe eine gewisse einseitige Befangenheit. Seine Farbe ist klar, und besonders im Fleische nicht ohne Anmuth, seine Zeichnung natürlich und auch schön, wo er eine schöne Natur dazu benützt. Anfänglich scheint er in Gemeinschaft mit den beiden Vivarini gearbeitet zu haben, wie er denn auch das von Luigi Vivarini begonnene Altargemälde in der Kirche S. Maria de' frari zu Venedig, den heil. Ambrosius zwischen Heiligen und darüber die Krönung der Maria darstellend, vollendete. Als eines seiner schönsten Gemälde wird die Berufung der Söhne des Zebedäus zum Apostelamt, ehemals in der Karthäuser Kirche zu Venedig, jetzt in der dortigen Akademie (von dem sich in der k. Gallerie zu Wien eine Wiederholung mit der Inschrift 1515 Marcus Baxaitj. F. befindet), mit der Bezeichnung: MDXI. M. Baxit, gerühmt. Ausserdem kennt man von ihm einen Christus am Oelberg mit der Jahrszahl 1510, ehemals in S. Jobbe in Venedig, jetzt ebenfalls in der Akademie daselbst, und eine Kreuzabnahme in S. Francesco della Vigna zu Venedig. Das Museum zu Berlin besitzt einige vorzügliche Bilder dieses Meisters. Das eine besteht aus Stücken eines Altarwerks in vier Abtheilungen, oben: Madonna mit dem Kinde und der h. Anna und h. Veronica, beide in Verehrung; unten in der Mitte Johannes der Täufer, rechts Hieronymus, links Franciscus; das andere stellt den an eine Säule gebundenen von Pfeilen durchbohrten heil. Sebastian dar. Zu Friaul soll sich in der Abtei von Sesto eine grosse Kreuzabnahme mit sehr schöner Landschaft von Basaiti befinden; auch in der Pinakothek zu München und in der Gemäldesammlung im Museum der bildenden Künste zu Stuttgart glaubt man Bilder dieses Meisters zu besitzen; in jener einen vom Kreuz genommenen, im Schoosse der göttlichen Mutter ruhenden, von weinenden Frauen und dem h. Johannes umgebenen Christus; in dieser: Maria mit dem segnenden Christuskinde, und die heil. Jungfrau mit dem Kinde, letztere beide aus der ehemaligen Gallerie Barbini-Breganza zu Venedig. Ein kleiner S. Hieronymus von grosser Vollendung, Tiefe und Gluth der Färbung in der Sammlung des Herrn Beckford zu Bath erinnert sehr an den trefflichen Meister. Er arbeitete noch um 1520.

Basan, Pierre François, Kupferstecher und Kupferstichhändler, geb. 1723 zu Paris, gest. daselbst 1797, war ein Schüler von Fessard und Daullé und machte sich durch viele gelungene Stiche nach Poelenburg, Terburg, besonders aber durch sehr glückliche Copieen nach Rembrandt (unter denen besonders das Bildniss des Bürgermeisters Sixt, die beste Copie nach diesem Meister, zu nennen) einen geschätzten Namen. Durch seine genaue Bekanntschaft mit dem gründlichen Kunstkenner Mariette erwarb er sich eine tüchtige Kennerschaft in der Kupferstichkunde und sein von ihm herausgegebenes Werk: Dictionnaire des graveurs, sowie seine raisonnirenden Verzeichnisse der seiner Zeit berühmten Kupferstichsammlung des erwähnten Mariette und der Blätter nach Rubens, Jordaens und Visscher waren damals vorzügliche Schriften in ihrer Art. — Zu den besten der 450 von ihm radirten und gestochenen Blätter gehören: ein Ecce homo, nach Caravaggio; le Satyre Complaisant, nach Raoux; der h. Mauritius, nach Giordano; Bacchus und Ariadne, nach Jordaens u. s. w.

Basevi, G., gest. 1845, ein geschickter englischer Architekt, der u. A. das grosse Conservativklubbhouse zu London, und das Fitzwilliam-Museum zu Cambridge baute.

Basire, Jacob, geb. 1729 zu London, gest. daselbst 1802, ein geschätzter englischer Kupferstecher, von dessen Stichen besonders die Zusammenkunft Heinrich VIII. und Franz I., nach Edwards; Pylades und Orestes, nach West, und Lord Camden, nach Reynolds gerühmt werden.

Bassano, Francesco,
Bassano, Jacopo,
Bassano, Giovanni,
Bassano, Giov. Battista,
Bassano, Girolamo,
} siehe **Ponte.**

Bassen, Bartholomeus van, ein ausgezeichneter niederländischer Architekturmaler, der um 1624 blühte und seine Bilder durch die fein berechnete Luft- und Linienperspektive sehr naturwahr, durch eine poetische Beleuchtung sehr interessant machte. Die meisten seiner Werke befinden sich in England, doch sieht man auch im Berliner Museum 2 Bilder von ihm: das Innere einer Kirche, mit Figuren staffirt von F. Frank d. j., und einen mit Bildern und Sculpturen geschmückten Saal, in dem sich eine kleine Gesellschaft aufhält.

Bassetti, Marco Antonio, geb. 1588, gest. 1630, ein Schüler des Brusasorci und Nachahmer Tintoretto's, stand seiner Zeit in dem Ruf eines grossen Zeichners und trefflichen Coloristen. Die Münchner Pinakothek besitzt ein Bild dieses Meisters in lebensgrossen Figuren: die Marter des heil. Vitus, mit den h. h. Wolfgang und Georg ihm zur Seite, vorstellend.

Bast, Dominique de, ein geschickter der Gegenwart angehöriger Seemaler aus Genf gebürtig, dessen Bilder grosse Naturwahrheit und eine tüchtige Gewandheit und Leichtigkeit verrathen.

Bastiano, siehe **Sangallo.**

Bathykles, aus Magnesia, ein altgriechischer Bildner, der in der zweiten Hälfte des 6. Jahrhunderts v. Chr. Geb. lebte und den Thron des Apollo zu Amyklae errichtete, der mit figurenreichen Reliefsdarstellungen in 42 Feldern geschmückt war und von Statuen, und zwar vorn von Charitinnen, hinten von Horen, auf der linken Seite von Echidna und Typhon, auf der rechten von Tritonen getragen wurde. Pausanias im 3. Buch 18. 19 seiner Beschreibung von Griechenland schildert den bildnerischen Schmuck desselben.

Baton, ein griechischer Erzbildner, der in der letzten Zeit der selbständigen griechischen Kunst, Athleten, Bewaffnete, Jäger und Opfernde bildete und von dem im Tempel der Concordia zu Rom die Statuen eines Apollo und einer Hera standen.

Batoni (auch **Battoni** geschrieben), **Pompeo Girolamo**, geb. 1708 zu Lucca, gest. 1787 zu Rom, erlernte die Anfangsgründe der Kunst von Seb. Conca und Agost. Masucci in Rom, bildete aber in der Folge seine glücklichen Anlagen nach den Werken Raphaels und den Antiken mit beständiger Benützung des Vorbilds der Natur zu gediegener Meisterschaft aus. Besonders gelang ihm die Darstellung des Gefälligen und Anmuthigen, oft auf höchst poetische Weise, und immer zeigte er sich bei allen, wenn auch noch so oft behandelten Gegenständen, bald durch die Idee, bald durch Wahl und Anordnung neu. Seine meistens geistreichen, zuweilen sogar sehr schönen Köpfe, sind wahr und ausdrucksvoll, seine Figuren haben Leben und Bewegung, sein Colorit ist lebhaft und warm, obgleich demselben bei aller fleissigen und äusserst sorgfältigen, leichten und sicheren Ausführung der Einzelnheiten die Harmonie und die angenehme Wirkung des Ganzen fehlt. Wenn er auch nicht den durchgebildeten Geist seines Nebenbuhlers, des Eklektikers Mengs, besass, so schlug er doch durch sein, von bedeutendem natürlichem Talent unterstützten Streben nach Naturwahrheit und Strenge des Styls, mit diesem, dem manieristischen Treiben seiner Zeit, für dessen Vertreter er anscheinend galt, entgegen, zuerst die neue Richtung der Kunst ein, jene erste Restaurationsperiode der Malerei in der letzten Hälfte des vorigen Jahrhunderts. Trotz vielfachen Anfeindungen stieg sein Ruhm rasch so hoch, dass er während seines 40jährigen Wirkens für den ersten Maler Roms galt, und beinahe alle fürstlichen Personen, die zu seiner Zeit die ewige Stadt besuchten, von ihm gemalt sein wollten. Ausser einer fast unglaublichen Menge von Porträts malte er indessen auch noch sehr viele kirchliche und historische Bilder für Kirchen, Privaten und mehrere europäische Höfe, von denen er beständig Aufträge erhielt. Unter seinen Bildnissen hebt man vorzugsweise hervor: die der Päpste Benedikt XIV., Clemens XIII., Pius VI., der Kaiser Joseph II. und Leopold II. (in der Gallerie zu Wien), sowie der Kaiserin Maria Theresia, die ihn in den erblichen Adelstand erhob. Für seine besten historischen Gemälde gelten: der Sturz des Zauberers Simon in S. M. degli Angeli zu Rom, ein Bild von sehr gediegener Ausführung und grosser Kraft der Darstellung; das von den vier Welttheilen angebetete Herz Jesu, im Jahr 1780 für eine von der Königin von Portugal neu erbaute Kirche ausgeführt und das bekannte reizende Bild der Magdalena in der Dresdner Gallerie. Unter den vielen andern in Italien, Deutschland, England und in Russland zerstreuten Bildern rühmt man von ihm: Gott Hymen vermählt Amor und Psyche im Museum zu Berlin; Johannes, der Täufer, die Ankunft des in der Ferne sich zeigenden Heilandes verkündigend, und die drei bildenden Künste, Baukunst, Bildnerei und Malerei in der Gallerie zu Dresden; das Brustbild des Künstlers in der Pinakothek zu München; Thetis übergibt ihren Sohn Achill dem Chiron, in der Academia delle belle arti zu Parma; eine Verkündigung in S. Maria maggiore zu Rom; die Rückkehr des verlorenen Sohns, in der Gallerie des Belvedere zu Wien u. s. w.

Literatur. Cav. O. Boni, Elogio del Cav. Pompeo Battoni. Roma 1787.

Batrachos und **Sauras**, Bildhauer und Baumeister aus Lakedämon, sollen unter Kaiser Augustus die Tempel des Jupiters und der Juno auf ihre Kosten erbaut und als ihnen ihr Wunsch: in einer Inschrift ihre Namen darauf setzen zu dürfen, abgeschlagen worden war, die dieselben bezeichneten Embleme, Frosch und Eidexe, an den Windungen der Säulen angebracht haben. An den Convoluten eines äusserst zierlich gearbeiteten jonischen Kapitäls in der Basilika San Lorenzo fuori le mura zu Rom fand Winkelmann diese beiden Thierchen wirklich abgebildet, und es dürfte daher, da bekanntlich die Säulen der meisten altchristlichen Basilisken Roms von antiken Gebäuden genommen wurden, kaum zu bezweifeln sein, dass dasselbe aus jenen Göttertempeln stammt, selbst wenn jene kleinen in Stein gehauenen Thierchen erst die Sage von obigen Künstlern und deren Namen hervorgerufen hätten.

Battaglie, Michel Angelo delle, siehe **Cerquozzi.**

Battaglie, il Bresciano delle, siehe **Monti.**

Battaglini, Jean Baptiste François, geb. zu Nizza 1786, ein Schüler und Nachahmer David's, wie man an seinen grossen historischen Bildern, z. B. seiner Baronin von Charance, ihre Kinder segnend; Ludwig XVI., sein Testament schreibend; Marie Antoinette in der Conciergerie u. s. w. sicht.

Battaille, Jan, geb. 1808 zu Brüssel, ein Schüler von N. de Keyser, hat sich als Historien- und Genremaler in seinem Vaterlande einen geachteten Namen gemacht.

Battem oder **Bathem,** gest. 1690 zu Rotterdam, ein Schüler Rembrandts, malte Landschaften, mit Reitergefechten, Räubern u. s. w. staffirt, in der Auffassungsweise seines Lehrers. Er führte einen freien Pinsel und erreichte in der Färbung eine anmuthige Gesammthaltung. Seine mit Deckfarben ausgeführten Bilder werden von den Liebhabern sehr geschätzt.

Baudet, Etienne, geb. zu Blois 1643, gest. zu Paris 1716, bildete sich nach Bloemaert und später nach Poilly zu einem seiner Zeit sehr geachteten Kupferstecher, der mit Geschick und Nettigkeit den Grabstichel zu führen und die Nadel damit zu verbinden wusste. Zu seinen geschätztesten Blättern zählt man: Adam und Eva, nach Dominichino; Moses schlägt an den Felsen; den kleinen Moses, der die Krone des Pharao verschmäht; die Verehrung des goldenen Kalbes; den Raub der Sabinerinnen; die heil. Familie an der Mauer, die Steinigung des heil. Stephanus und mehrere historische Landschaften, nach N. Poussin; die Samariterin; die vier Elemente, und Venus und Adonis, nach Albani u. s. w.

Bauduins (auch **Baudouin**), **Anthonie Franciscus,** Maler und Kupferätzer, geb. zu Dixmude (in Belgien) 1640, gest. zu Paris 1700, war ein Schüler von F. A. van der Meulen, nach welchem er mehrere Blätter, worunter namentlich eine Wald- und Gebirgsgegend, und Ludwig XIV., von Damen seines Hofes begleitet, in einem sechsspännigen Wagen im Gehölz von Vincennes, geistreich radirte. Seine Radirungen bestehen meistens in Landschaften und Städteansichten.

Bauer, Professor an der k. Akademie zu Wien, ein trefflicher Bildhauer, der sich als österreichischer Pensionär in Rom ausbildete. Unter seinen Werken rühmte man besonders eine im Auftrag seiner Regierung für eine Kirche in Oesterreich bestimmte, in Marmor ausgeführte Pietà; den aus 14 in Holz geschnitzten Figuren bestehenden Bilderschmuck des neuen Hauptaltars in der Kirche zu Maria Stiegen und die Statue des heil. Ferdinand an der Façade der (1845 vollendeten) Kirche des heil. Johannes von Nepomuk in der Jägerzeil zu Wien.

Baugniet, Karel, ein tüchtiger Lithograph, geb. 1814 zu Brüssel, hat sich namentlich durch seine nach der Natur auf Stein gezeichneten äusserst schönen Porträts, insbesondere durch sein Werk: „Les artistes contemporains", das die besten lebenden Künstler Belgiens, Hollands und Frankreichs nebst Biographien enthält, die Porträts Leopolds, Königs der Belgier und des Herzogs von Brabant einen geachteten Namen erworben.

Baumann, Johann Friedrich, geb. zu Gera 1784, gest. zu Dresden 1830, war ein seiner Zeit geachteter und viel beschäftigter Porträtmaler.

Baumann, Julius, Schüler des Prof. Kolbe zu Berlin, ein vielseitig gebildeter und sehr fruchtbarer Maler, der in seinen Genrebildern, Landschaften, Seestürmen u. s. w. ein höchst beachtenswerthes Talent an den Tag legt.

Baumann-Jerichau, Elisabeth, eine der Gegenwart angehörige, in Warschau geborene und in Düsseldorf gebildete, ausgezeichnete Malerin, die in ihren Bildern mit Geist, Tiefe und lebensfrischer Poesie das Volksleben, namentlich das italienische, erfasst, und mit männlich fester Pinselführung und sicherer Meisterschaft darzustellen weiss. Ausser mehreren Porträts und Charakterbildern haben in den jüngsten Jahren ihre: Campagnuola mit ihrem Kinde; italienische Frauen am Brunnen; das isländische Mädchen u. s. w. auf den Ausstellungen Aufsehen erregt.

Baumbach, Carl, geb. zu Ballenstedt 1794, bildete sich unter Prof. Matthäi in Dresden, Direktor Schadow zu Düsseldorf und später in Italien durch das Studium der klassischen Meisterwerke zu einem sehr geschätzten Porträtmaler aus, der in seinen Bildnissen schöne Auffassung mit grosser Naturwahrheit zu verbinden weiss.

Baumeister, Joh. Wilh., geb. 1804 zu Gmünd, gest. 1848 zu Stuttgart, bildete sich in München zum Maler aus, widmete sich aber, obgleich er schon 1825 einige werthvolle Gemälde geliefert, später dem Studium der Thierheilkunde in der königl. Thierarzneischule zu Stuttgart, war, nachdem er dieselbe verlassen, als praktischer Thierarzt thätig und kam 1831 als Lehrer der Viehzucht und Thierheilkunde an das landwirthschaftliche Institut zu Hohenheim, und 1839 in gleicher Eigenschaft als Professor an dieselbe Anstalt, wo er seine ersten thierärztlichen Studien gemacht. Hier widmete er sich nun neben seinem gewissenhaft verwalteten Amte mit gleicher Liebe einer erfolgreichen literarischen Thätigkeit in seinem Fache, und der Thier- insbesondere der Pferdemalerei, in welcher er höchst Verdienstliches leistete. Mit ebenso genauer Kenntniss der Thiere, als Geist und Geschmack in der Auffassung, verband er in seinen Gemälden äusserste Naturwahrheit und lebendige Frische der Darstellung. Von Baumeister sind auch einige geistvoll radirte Blätter mit Thieren bekannt. Die von ihm herausgegebenen, mehrfach aufgelegten Schriften unter dem Gesammttitel: Handbuch der landwirthschaftlichen Thierkunde und Thierzucht (Verlag von Ebner und Seubert in Stuttgart), enthalten höchst gediegene Holzschnitte und Abbildungen in Farbendruck nach Originalzeichnungen von ihm.

Baumgärtner, Joh. Wolfg., geb. 1712 zu Kufstein, gest. 1761, malte Anfangs Landschaften und Prospekte auf Glas, widmete sich aber später der Oel- und Freskomalerei. Er war einer der letzten, der die in der zweiten Hälfte des vorigen Jahrhunderts in Verfall gerathene und erst in neuester Zeit wieder glänzend ins Leben gerufene Glasmalerei pflegte.

Baumhuber, Sebald, Kirchner bei S. Sebald in Nürnberg vom Jahr 1510—1517, wird von Dürer als guter Maler gerühmt. In der nunmehr abgebrochenen Predigerkirche daselbst sah man in der Sacristei eine Tafel, das Leiden Christi darstellend, mit der Jahrszahl 1513 von ihm.

Baur oder **Bauer, Joh. Wilh.**, Maler und Kupferätzer, geb. 1600 oder 1610 zu Strassburg, gest. 1640 zu Wien, erhielt den ersten Unterricht in der Malerei durch P. Brentel und vervollkommnete sich darin auf mehreren Reisen in Italien. Einen grösseren Ruf als mit seinen Gemälden hat er sich aber durch seine mit feiner und leichter Nadel geistreich radirten Blätter (über 500 an der Zahl) erworben, unter denen als die besten gelten: die Schlachten zu F. Strada's Geschichte des niederländischen Befreiungskriegs in 20 Blättern, und 25 Blätter Schlachten mit dem Titel: Caprici di varie Batalie.

Baur, Nicolas, geb. 1767 zu Harlingen, gest. 1820, malte Landschaften, Städteansichten, besonders aber treffliche Seestücke und eiferte in seinen Bildern, von denen man hauptsächlich das Bombardement von Algier und seine Ansichten von Amsterdam und Rotterdam rühmt, mit Geschick und Fleiss den grossen niederländischen Meistern nach.

Literatur. Immerzeel, De Levens en Werken der Holland'sche en Vlaam'sche Kunstschilders u. s. w.

Bause, Joh. Friedr., geb. zu Halle 1738, gest. zu Weimar 1814, bildete sich durch Selbstunterricht nach berühmten Kupferstichen, namentlich nach Wille zu einem der besten deutschen Kupferstecher der letzten Hälfte des vorigen Jahrhunderts aus. Seine Blätter zeichnen sich namentlich durch die Treue, mit der er in den Geist des Originals eindringt, durch die Gewandheit und Sicherheit des Stichs, die freie malerische Behandlung, die Weichheit und Zartheit in den Fleischparthien und die bestimmte Charakteristik der Stoffe aus. Daneben machte Bause auch mehrere gelungene Versuche in Aquatinta, in Schwarzkunst und in Radirungen mit der Nadel, die er mit dem Stichel vollendete. Zu seinen besten Blättern, deren Zahl 200 übersteigt, gehören: La petite Rusée, nach Reynolds; Artemisia, nach Guido Reni; die fleissige Hausfrau, nach Douw; Rosette, nach Netscher; die heil. Magdalena nach Batoni; der Perser, nach Mieris; die 3 Apostel nach Caravaggio; Venus und Amor, nach Cignani; Christi Erklärung des fürnehmsten Gebots, nach Leon. da Vinci und viele Bildnisse deutscher Gelehrter, Dichter,

Fürsten u. s. w., unter denen man namentlich die Porträts Joh. G. Frege's und J. J. Spaldings, nach Graff; Gustav Adolphs, nach Fittler, und Peter des Grossen, nach le Roy hervorhebt. — Bause's Tochter Juliane Wilhelmine radirte eine Folge von Landschaften nach Kobell, Bach, Both u. A., die viel Talent und Geschicklichkeit verrathen.

Literatur. Dr. G. Keil, Katalog des Kupferstichwerks von Joh. Friedr. Bause mit einigen biographischen Notizen und dem Porträt des Künstlers. Leipzig 1849.

Baux, Raymond de, ein geschätzter Schlachten- und Genremaler zu Berlin, von dem man seit 1812 auf den verschiedenen deutschen Kunstausstellungen recht anschauliche Darstellungen aus dem Kriegs- und Volksleben sah.

Baxter, Georg, ein sehr geschickter Lithograph und Formschneider, der sich namentlich durch seine Nachahmungen von Malereien in Farbendruck, z. B. in dem Pictoral Album, von Chakman und Hall vom Jahr 1837 (in welchem bis 20 Platten zu einem und demselben Blatt verwandt sind) und seine mit Deckfarben gedruckten Holzschnitte, welche an Kraft und Stärke der Farben einem Oelbilde gleichkommen, grossen Ruf erworben hat.

Bay, Jean Baptiste, Josephe de, geb. 1779, ein französischer Bildhauer, der in der Vendée und namentlich in Nantes viele Statuen für verschiedene Kirchen theils neu ausführte, theils restaurirte. Besonderen Ruf erwarb er sich aber durch seine Büsten, namentlich durch eine Büste Talma's, auch nennt man anerkennend seine Statuen des heil. Matthias in der Kathedrale von Arras, des Merkurs, der den Argus einschläfert, im Schlosse zu Compiègne, und Ludwig's des XIV. zu Pferde, in Bronze gegossen, in Montpellier. — Von seinen beiden Söhnen folgt der ältere (geb. 1802), der den Vornamen des Vaters führt, auch der Kunst desselben, der jüngere, Auguste Haycinthe, geb. 1804, bildete sich unter Baron Gros zum Geschichtsmaler aus.

Bayer, August von, geb. 1804 zu Rorschach, studirte, nach erlangter sorgfältiger wissenschaftlicher Ausbildung, die Baukunst unter Weinbrenner in Carlsruhe, ging darauf nach München und Paris und widmete sich später ausschliesslich der Architekturmalerei, in der er unter die ersten deutschen Künstler gezählt wird. Er macht namentlich die grossen Baudenkmale des Mittelalters zum Gegenstand seiner Darstellungen, und meistens sind es innere Ansichten von Kirchen, Kapellen, Klostergängen, Hallen, Zellen u. s. w., oft mit reizenden Aussichten ins Freie, denen er durch die Wirkungen des Sonnenlichts auf ihnen, durch das duftige Spiel des secundären Lichts, der Streiflichter und Reflexe, immerdar eine poetische Seite abzugewinnen, und, durch die Virtuosität der Behandlung, die genaueste Richtigkeit der Zeichnung, die Kraft der Farbe und die Feinheit ihrer Abstufungen, das Gepräge von Meisterwerken zu verleihen weiss. Unter seine besten, in allen grösseren Gallerien anzutreffenden Bilder rechnet man: das Innere der Frauenkirche zu München; eine Parthie aus dem Dom zu Chur; das Innere eines Klosterganges, in welchem Trinitarier sich mit botanischen Studien beschäftigen (lith. v. Fr. Hohe); das Kloster Maulbronn; den sogenannten Orgelspieler (lith. v. Fr. Hohe) und den sogenannten Tod des heil. Bruno, ein Bild von wunderbarem Wechselspiel des Mondlichts und des Heiligenscheins, der von dem Haupte des eben Verschiedenen ausgeht und die sonst dunkle Zelle, in welcher eine Anzahl Karthäuser versammelt sind, beleuchtet. Auch rühmt man einige äussere Ansichten von interessanten Bauten, z. B. die des Doms zu Chur und des Münsters zu Strassburg (gest. v. Schnell). — v. Bayer wurde im Jahr 1853 zum Conservator der Denkmäler des Alterthums im Grossherzogthum Baden ernannt.

Bayeu y Subias, Don Francesco, geb. 1734 zu Saragossa, gest. 1798 zu Madrid, bildete sein früherwachtes grosses Talent für die Malerei unter Luxan aus und vollendete seine Studien zu Madrid unter Don Ant. Gonzalez Velasquez. Auf Anrathen des mit der Oberleitung aller spanischen Kunstanstalten betrauten Raph. Mengs, der einige seiner Gemälde gesehen, wurde er zu umfassenden Arbeiten für den neuen Palast nach Madrid berufen, durch deren Ausführung er sich so allgemeinen Beifall erwarb, dass ihn 1765 die Akademie zu ihrem Mitglied erwählte und der König ihn 1788 zu seinem Kammermaler und 1795 zum Generaldirektor der Madrider Akademie ernannte. Zu seinen vorzüglichsten Werken zählt man: die Eroberung von Granada, den Fall der Giganten, die Apotheose des Herkules, die Religion und die Tugenden, Apoll als Beschützer der Künste, in den Sälen des neuen Palastes zu Madrid und mehrere tragbare Altäre für die königl. Familie; die Fresken in der Kirche del Encarnacion, der Collegiatkirche von S. Ildefonso, in den Palästen del Pardo und zu Aranjuez, in der Kathedrale del Pilar zu Saragossa, in der Karthause de la Concepcion, und im Kreuzgang der Kathedrale von Toledo. Er radirte auch einige Blätter meisterlich in Kupfer.

Aus allen Werken Bayeu's spricht ein ungewöhnliches Talent. Seine Zeichnung ist sehr korrekt, seine Composition mit Feuer erfunden und mit Verstand zu einem anziehenden Ganzen gruppirt, seine Gestalten sind edel, schön und voll Ausdruck und Leben, und sein Colorit ist harmonisch, in den Schatten kräftig, im Helldunkel klar und in den Localtönen lebendig. Er war überhaupt einer der ausgezeichnetsten Meister seiner Zeit, der durch die strenge Korrektheit seines Styls in allen Theilen auf die Richtung der damaligen, in Manierismus und Oberflächlichkeit befangenen spanischen Kunst einen bedeutenden Einfluss ausübte, dem es aber ebensowenig wie seinem geistvollen Vorgänger Raph. Mengs gelang, ihr neues Leben einzuhauchen.

Literatur. Bermudez, Diccionario historico de los mas illustres professores de las bellas artes in España.

Bayeu y Subias, Don Ramon, geb. 1746 zu Saragossa, Bruder und Schüler des Vorigen, half diesem bei seinen Freskomalereien, wurde später Maler des Königs und starb zu Aranjuez 1793. Er malte mehrere Bilder für Kirchen und öffentliche Gebäude zu Madrid und Saragossa und radirte auch einige Blätter nach seines Bruders Gemälden, nach seinen eigenen, nach Guercino, Ribera u. A.

Bazacco, G. B., siehe **Poncino.**

Bazicaluve, auch **Bazzicaluva, Ercole**, Kupferätzer, ein Schüler von Giul. Parigi, arbeitete um die Mitte des 17. Jahrhunderts in Callot's Geschmack. . Von seinen (sehr seltenen) radirten Blättern, deren Zahl sich auf etwa zwanzig belaufen soll, hebt man besonders hervor: einen Triumphzug und 12 Landschaften.

Bazzanti, ein italienischer Bildhauer, von dem u. A. eine 1843 ausgeführte Statue des Orcagna gerühmt wird, die in einer der Nischen, bestimmt zur Aufnahme der Bildsäulen berühmter Florentiner, in der Halle der Uffizien zu Florenz, gegenüber der von diesem Meister erbauten Loggia aufgestellt wurde.

Beatrizet oder **Beautrizet, Nicolas**, in Italien unter dem Namen Niccolò Beatricetto bekannt, geb. 1507 zu Thionville, bildete sich nach den Werken des Marc Anton zum Kupferstecher, arbeitete zu Rom von 1540—1562 und starb 1570. Die Blätter dieses Meisters, von denen Bartsch in seinem „Peintre graveur“ 108 verzeichnet, werden in der Regel nur der meistens sehr berühmten Originalien wegen, nach welchen sie gestochen, geschätzt, denn sie sind nicht korrekt gezeichnet und hart behandelt. Man darf ihn weder mit Noel Bonifacio, weil die Anfangsbuchstaben der Namen beider Künstler dieselben sind, noch mit dem Meister mit dem auf einem Würfel stehenden B verwechseln. Unter seine in Porträts, in Gegenständen aus der heiligen Geschichte, aus der Mythologie und Allegorie, in Abbildungen nach Antiken, in Architekturstücken und Stadtplänen bestehenden Stichen gehören zu den gesuchtesten: eine Amazonenschlacht; Joseph und seine Brüder, nach Raphael; die heilige Elisabeth pflegt Kranke und Christus erweckt die Tochter des Jair zum Leben, nach H. Muziano; die Bekehrung des heiligen Paulus, nach Michelangelo; die Geburt der Maria, nach Bacius; Petrus vor Christus auf dem Wasser, nach Giotto; der Tod des Meleager, nach P. del Vaga; das Opfer der Iphigenia und König Heinrich II. von Frankreich.

Beaume, Joseph, ein Maler der gegenw. modernen franz. Schule von vielseitigem Talent, der Geschichts-, Genrebilder und Schlachtstücke, mit besonderer Vorliebe aber bürgerliche Dramen, Scenen aus dem ehemaligen Hofleben, welche Gelegenheit zu eleganter Behandlung der Costüme bilden, malt. In seinen Bildern, die in grösseren

Gallerien, wie in verschiedenen Privatkabinetten eine ehrenvolle Stelle einnehmen, und von denen wir beispielsweise nur an seinen: Velasquez in der Gefangenschaft, Heinrich III. auf dem Todtenbette, den sterbenden Invaliden, die unglückliche Schnitterfamilie, die letzten Augenblicke der grossen Dauphine Anna von Oesterreich im Kloster Val de Grâce, die reuige Tochter, den Gemäldeliebhaber u. s. w. erinnern wollen, zeigt er eine geschickte malerische Anordnung, charakteristischen Ausdruck und eine durchgebildete Technik.

Beauneveu, André, ein trefflicher französischer Miniaturmaler, der in den ersten Jahren des 15. Jahrhunderts an einem Psalter für den Herzog Jean de Berry arbeitete (in der königl. Bibliothek zu Paris), einem Werk, das an Schönheit und Adel der Auffassung und Darstellung mit den Bildern des Meister Wilhelm übereinstimmt, jedoch freier, mannigfaltiger und naturgemässer behandelt ist. Demselben Künstler werden neuerdings auch verschiedene Miniaturmalereien eines Gebetbuchs desselben Herzogs (in der Bibliothek der alten Herzoge von Burgund zu Brüssel), welche aus derselben Zeit herrühren und offenbar dieselbe Hand zeigen, zugeschrieben.

Beauvais, Nicolas Dauphin, geb. zu Paris 1688, gest. daselbst 1763, bildete sich unter Ger. Audran und Duchange zum Kupferstecher aus. Er stach für Galleriewerke nach den ersten Meistern viele grössere Blätter, unter denen z. B. sein Triumph des Bacchus und der Ariadne, nach Poussin ehrenvolle Anerkennung verdient.

Beauvarlet, Jacques Firmin, geb. zu Abbeville 1731, gest. zu Paris 1797, erlernte die Kupferstecherkunst bei Ch. Dupuis und L. Cars und bildete sich darin, im Gegensatz zu dem damals in diesem Kunstzweig eingerissenen Manierismus, zu einem vorzüglichen, die Richtung zum Ernsten und Besseren einschlagenden Meister aus. In seinen Stichen, unter denen man: La Conversation et la Lecture Espagnole, nach Vanloo, 2 Blätter von zartester Ausführung; die Geschichte der Esther (in 7 grossen Blättern), nach de Troy; les Couseuses, nach Guido; der Marquis von Bomballes, nach Roslin und Vernet; Stephan Bourchardon, nach Drouais; Molière, nach Bourdon; la Toilette pour le bal und le Retour du bal, nach de Troy zu den besten zählt, verbindet er mit dem Bestreben, die stoffliche Beschaffenheit der darzustellenden Gegenstände, die Spiele von Licht und Schatten, ja selbst die Farbe wieder zu geben, einen breiten Vortrag, der in seinen späteren Werken in eine sehr vollendete Ausführung übergeht.

Beccafumi, Domenico, genannt **Meccherino,** geb. 1484 (nach Andern geb. 1470) und 1551 noch am Leben, war der Sohn eines Bauern Paccio, dessen Namen er aber später mit dem seines Wohlthäters, eines Siener Bürgers, Lorenzo Beccafumi, vertauschte, der sich des Talent verrathenden Hirtenknaben annahm und ihn zu Capanna, genannt del Tozzo, einem mittelmässigen Maler zu Siena in die Lehre that, bei welchem er sich im Copiren nach Zeichnungen guter Meister übte, bis er Gelegenheit bekam, zwei Bilder zu sehen, die Perugino für Siena gemalt und die ihm so wohl gefielen, dass er sie so lange nachahmte, bis er sich ganz den Styl dieses Meisters angeeignet hatte. Nach solcher Vorbildung ging er nach Rom, studirte dort sowohl die Antiken und alten Meister, als auch vorzugsweise Raphael und Michelangelo, und kehrte nach 2 Jahren in seine Heimath zurück, wo er alsbald mit dem dort in grossem künstlerischem Ansehen stehenden Sodoma wetteifernd in die Schranken trat. Er schmückte zuerst, und zwar im Jahr 1512, die Façaden einiger Häuser zu Siena mit Bildern aus der Mythologie und malte sodann mit steigendem Beifall und Ruhme bei fast jeder neuen Hervorbringung, für S. Benedetto: eine sehr schöne Altartafel, die heil. Katharina die Wundmale empfangend, zu beiden Seiten die h. h. Benedikt und Hieronymus (gegenwärtig in der Academia delle belle arti zu Siena): für die Kirche S. Martino: eine Geburt Christi; im Hospital von S. Maria della Scala: den Besuch der Madonna bei der heil. Elisabeth und für die Kirche S. Spirito: eine Vermählung der heil. Katharina (jetzt im Pal. Sarcini); ferner für die Kirche von Carmine (noch heute an einem Seitenaltar daselbst): den Sturz Lucifers; für die Nonnen von Ogni Santi: eine Krönung Mariä (jetzt in der Sakristei der Kirche S. Spirito); endlich um 1530 in der Casa Agostini: die Fresken an der Decke und den Wänden eines Saals, mit verschiedenen Darstellungen aus der antiken Welt; die Deckengemälde im Saal des Concistorio dei Signori, die strenge Uebung der Gerechtigkeit bei den Römern in vielen Bildern versinnlichend, ein Werk von grossem Reichthum der Ideen; für S. Francesco: eine Tafel in Oel, Christus in der Vorhölle (gest. v. Ph. Tommassin, G. Traballesi, Ag. Costa und P. Jode); für die Kapelle in S. Bernardino: ein Temperagemälde, Madonna mit vielen Heiligen und an die Wände in Gemeinschaft mit Sodoma zwei Bilder in Fresco. Während dieser Malereien widmete er überdiess einen Theil seiner Zeit der Ausführung jener eigenthümlichen Darstellungen auf dem Fussboden des Domes zu Siena, welche Bilder aus dem alten Testament enthalten, mosaikartig aus hellerem und dunklerem Marmor zusammengesetzt, mit niello-artigen Schattenstrichen versehen sind und zu Beccafumi's interessantesten Arbeiten gehören. (Die Cartons dazu befinden sich in der Akademie zu Siena, einzelne Darstellungen daraus haben Andr. Andreani und Hugo da Carpi in Holz geschnitten.) Von dem Herzog Doria nach Genua berufen, malte er in dessen Palast neben Perin del Vaga und Pordenone ein Freskobild, kehrte aber, vom Heimweh ergriffen, bald wieder über Pisa nach Hause zurück, führte hier zwei Darstellungen aus dem Leben des Moses und die vier Evangelisten für die Pisaner Domkirche (noch jetzt daselbst) aus, malte auch später selbst dort noch eine Madonna mit dem Kinde und vielen Heiligen, ein Bild, das indessen nicht zu seinen besten Arbeiten gehörte. Seine letzten Malereien waren: eine im Jahr 1544 für die Nonnen von S. Paolo zu Siena in Oel gemalte Geburt der Maria und die Wandgemälde der Chornische des Doms daselbst, die Himmelfahrt Christi und darunter Maria mit den Aposteln. Die spätere Zeit seines Lebens beschäftigte er sich beinahe ausschliesslich mit Sculpturarbeiten, von denen wir aber nur die 1551 von ihm in Erz gegossenen höchst anmuthigen 8 Engelsgestalten an den, dem Hochaltar zunächst stehenden Säulen des Doms zu Siena kennen. — Ausser den angeführten Bildern sieht man noch von ihm: Maria mit dem Kinde und dem kleinen Johannes im Museum zu Berlin; sein eigenes Porträt in der Sammlung des Herzogs von Grafton zu London; eine heilige Familie, Rundbild in der Pinakothek zu München; Christus am Oelberg, (zugeschrieben) im Louvre zu Paris; eine Frauengestalt von höchster Schönheit, in der Gallerie Borghese zu Rom; die h. h. Petrus und Paulus in der Taufkirche S. Johannes und eine Verkündigung Mariä in der Kapelle von S. Spirito zu Siena.

Beccafumi soll auch in Holz geschnitten haben, und man nennt als von seiner Hand herrührend: 10 Darstellungen aus der Alchymie und einige Apostelfiguren. Dass er in Kupfer radirt und dass namentlich die unter dem Namen: Deukalion (nach dem Bild in der Casa Agostino in Siena), der entweihte Parnass u. s. w. bekannten Blätter ihn zum Urheber haben, in welcher Beziehung ihm nebiges Monogramm beigelegt wird, ist jedoch nicht ganz erwiesen. Dagegen haben verschiedene Künstler Blätter in Helldunkel nach seinen Werken ausgeführt.

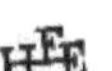

Beccafumi gehört unter die Meister, in deren Werken sich die sienesische Kunst auf die Höhe der Zeit, jener grossartigen Periode ihrer schönsten Entfaltung im 16. Jahrhundert in Italien, schwang, in denen die Strenge der alten Sieneser Schule sich in Zartheit und edle einfache Anmuth, die frühere liebenswürdige Einfalt in Schönheit und Adel auflöste. Er entfaltet in seinen Bildern einen grossen Reichthum an Gedanken, eine geistreiche Anordnung und glückliche räumliche Vertheilung, einen zarten und innigen Ausdruck, Kühnheit und Lebendigkeit der Zeichnung, ein, wenn auch nicht besonders wahres, doch durch seine Heiterkeit eine angenehme Wirkung auf das Auge hervorbringendes, äusserst dauerhaftes Colorit und einen ernsten Styl der Darstellung. Leider hielt er sich in seinen späteren Bildern mehr nur an die äusserlich schöne Form der Florentiner, namentlich in manieristischer Nachahmung des Michelangelo, und wurde daher, wo er stark und kräftig sein will, schwer und plump, nachlässig in den Extremitäten und in den Köpfen unschön, ja bisweilen roh.

Literatur. Della Valle, Lettere Sanesi. — Vasari, Leben der ausgezeichnetsten Maler, Bildhauer und Baumeister. — Lanzi, Geschichte der Malerei in Italien. — Museo Fiorentino, woselbst auch sein Porträt im Stich.

Beccaruzzi, Francesco, aus Conegliano, gest. 1550, war ein Schüler von Pordenone, bildete sich aber nach Tizian. Man sieht von ihm u. A. in der Akademie zu Venedig ein vortreffliches Bild: den heil. Franciscus, wie er die Wundenmale empfängt.

Becerra, Gaspar, Bildhauer, Maler und Baumeister, geb. 1520 zu Baeza, gest. 1570 zu Madrid, kam frühzeitig nach Italien und bildete sich dort nach den Werken Raphaels, unter Michelangelo und Vasari, dem er bei seinen Arbeiten in den Sälen der Cancellaria half, insbesondere aber nach Daniel da Volterra, dessen Darstellungsweise er sich vollkommen aneignete. Im Jahr 1556 kehrte er nach Spanien zurück, wurde hier von König Philipp II. im Alcazar und im Pardo vielfach verwendet, 1562 zum Hofbildhauer und 1563 zum königl. Maler ernannt. Als Maler schmückte er den Audienzsaal des königl. Palastes zu Madrid und, unter Beihilfe des Bergamasco, auch das königl. Kabinet mit Fresken aus der Mythologie, führte für el Pardo eine Medusa, Andromeda und Perseus aus und malte für mehrere Kirchen zu Madrid, Valladolid u. s. w. Bilder aus der heiligen Geschichte. Als Bildhauer fertigte er namentlich eine Menge Altäre für verschiedene Kirchen zu Madrid, Huete, Valladolid, Astorga, Bribiseca u. s w., in denen er meistens alle drei Künste, die er ausübte, vereinigte. Die interessantesten Sculpturarbeiten von ihm sind: eine Auferstehung der Todten in der Kapelle des heil. Bernhard in der Kirche La Seu zu Saragossa; mehrere Kruzifixe in S. Geronimo zu Zamora, in der Kathedrale zu Granada und in der Collegiatkirche zu Medina del Campo, und sein gerühmtestes Werk: eine für die Königin Isabella in Holz geschnitzte Statue der Mutter Gottes. — Becerra entwarf auch die anatomischen Zeichnungen für das 1554 von Dr. Valverda zu Rom herausgegebene Werk, das seit dieser Zeit in Spanien Malern, Bildhauern und Chirurgen zum Studium diente. Er componirte mit Geschmack, zeichnete sehr korrekt und kann mit Berruguete unter die ersten spanischen Künstler gezählt werden, welche die Richtung und den Styl der grossen Meister Raphael und Michelangelo in jener reineren volleren Entfaltung der Form nach Spanien verpflanzten.

Literatur. Bermudez, Diccionario historico de los mas illustres professores de las bellas artes in España.

Becerril, Pedro, ein spanischer Bildhauer, der von 1551—1554 an dem prachtvollen, in Holz geschnitzten Altar der Kathedrale von Sevilla arbeitete. Unter den dortigen Statuen von seiner Hand wird besonders die des Königs David gerühmt.

Becherer, Friedrich, geb. 1747 zu Spandau, gest. als Oberhofbaurath zu Berlin 1823, ein geschickter Architekt und Schüler von Karl v. Gontard, ist der Erbauer mehrerer ansehnlichen öffentlichen und Privatgebäude zu Potsdam und Berlin.

Beck, David, geb. 1621 zu Delft, gest. 1656 im Haag, ein wegen seiner Geschicklichkeit und eminenten technischen Fertigkeit äusserst hoch geschätzter Porträtmaler im Styl des Van Dyck, dessen Schüler er war, malte fast alle fürstlichen, vornehmen und berühmten Personen Europa's seiner Zeit, die ersteren beinahe sämmtlich im Auftrag der Königin Christine von Schweden, die ihn zu ihrem Hofmaler und Kammerherrn ernannt hatte.

Beck, Heinrich, herzogl. Anhalt-Dessauischer Hofmaler, Mitglied der Akademie der Künste zu Berlin, geb. 1788 zu Dessau, hat sich durch mehrere treffliche Gemälde, unter denen besonders: die Verkündigung; Odysseus am Meeresstrand; Magdalena und Christus: Christus zu Emmaus; ein Altarbild in der Nicolaikirche zu Zerbst u. s. w. gerühmt werden, einen geachteten Namen erworben.

Beckenkamp, Caspar Benedict, geb. 1747 im Thal Ehrenbreitstein bei Coblenz, gest. 1828 zu Köln, ein trefflicher Bildnissmaler, der sich aber besonders durch seine Nachbildungen altdeutscher Bilder, und unter diesen durch eine im Auftrag des Königs von Preussen ausgeführte Copie des berühmten Kölner Dombildes von Meister Stephan einen Namen gemacht.

Literatur. J. J. Merlo, Kunst und Künstler in Köln.

Becker, Chr., ein jetzt lebender geschickter Lithograph, bekannt durch mehrere tüchtige Lithographien, z. B. die Menschwerdung Christi, nach J. Führich; der verlorene Sohn und der heil. Georg, nach Steinle.

Becker, Jakob, Professor am Städel'schen Institut zu Frankfurt und Mitglied der Berliner Akademie der Künste, geb. 1810 zu Dittelsheim bei Worms, bildete sich zu Düsseldorf unter Schadow und folgte in seinen ersten Bildern, z. B. einem Ritter mit seinem Liebchen, noch ganz den damaligen romantischen Einflüssen der Schule, wandte sich aber bald darauf den, seiner ganzen künstlerischen Individualität mehr zusagenden Darstellungen aus dem Volksleben zu. Schon seine ersten Bilder dieser Art, seine betende Bauernfamilie und der Abend am Brunnen im Westerwald erwarben ihm die Gunst des Publikums in hohem Grade und seine ferneren Hervorbringungen steigerten seinen Ruf in diesem Fache zu einem allgemein deutschen vom besten Klang. Unter diesen nennen wir: seinen heimkehrenden Krieger, eine Idylle von rührender Gewalt; den verwundeten Wildschützen (in der Gräflichen Raczynskischen Gallerie zu Berlin); Landleute vom Gewitter überrascht, ein Bild von tiefergreifender dramatischer Wirksamkeit, und den vom Blitz erschlagenen Schäfer, eine ländliche Tragödie (beide Gemälde im Städel'schen Institut zu Frankfurt); einen heimkehrenden Erntezug (gest. v. Steifensand); Landleute mit ihrem Pfarrer vor dem Krieg flüchtend und einige kleinere Bilder komischen und idyllischen Charakters.

Becker's Bilder zeichnen sich durch den tieferen, das Genre von seinem höheren Standpunkt behandelnden Gedankengehalt, durch die unmittelbare frische, kräftige und poetische Auffassung des Volkslebens, durch die klar sich aussprechende, mit Geschmack angeordnete Composition, den Reichthum der Motive und deren dramatische Verwendung, durch die treffende Charakteristik und den gelungenen Ausdruck, und bei aller sorglichen Individualisirung durch den feinen Schönheitssinn, der alle seine Gestalten so anziehend macht, aus. Sein Vortrag, seine Färbung und Zeichnung sind Zeugen einer tüchtigen, gewandten Technik. Becker hat im Landschaftsfache ebenfalls manches sehr Verdienstliche geliefert, auch einige hübsche Blätter radirt.

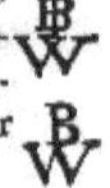

Literatur. Wolfg. Müller, Düsseldorfer Künstler.

Becker, Hofrath zu Offenbach, ein bekannter Stempelschneider, der u. A. eine Reihenfolge von Münzen nach alten Vorbildern, zu dem Zwecke, die Geschichte der Münzkunst in ihrem Entstehen, ihrem Fortschreiten bis zur höchsten Vollkommenheit und allmählichen Verfall anschaulich zu machen, täuschend ähnlich verfertigte.

Becker, Karl, ein Genremaler, derzeit zu Berlin, dessen Bilder als sehr tüchtige künstlerische Erzeugnisse gerühmt werden. Im Jahre 1853 wurde ihm die Medaille für Kunst verliehen.

Becker, Philipp Jakob, geb. 1763, gest. 1829 als badischer Hofmaler und Galleriedirektor zu Carlsruhe, ein Schüler von Maron in Rom, war ein tiefer Kunstkenner und tüchtiger Lehrer. Seine Bilder, die übrigens nicht zahlreich sind, und Handzeichnungen in Kreide und Sepia sind korrekt gezeichnet und geschmackvoll behandelt, haben aber wenig poetischen Gehalt.

Beckett, Isaac, Maler und Kupferstecher, geb. 1653 zu Kent, gest. zu Anfang des 18. Jahrhunderts, fertigte eine grosse Menge Bildnisse in der sogenannten Schabkunst und war einer der ersten Künstler, welche diese Manier in England einführten und in die Höhe brachten. Er stach meistens nach Kneller, Van Dyck, Heemskerk u. s. w., und man nennt unter seinen Blättern besonders: die Porträts von Kneller, von Karl II. von England, der Herzoge von York, Albemarle, Buckingham, Norfolk u. A. Sein eigenes Bildniss stach sein Schüler S. Smith.

Beckmann, H., ein tüchtiger, in München lebender Landschaftsmaler, dessen Bilder durch die sinnige Gemüthlichkeit, die poetische Beleuchtung und zarte Ausführung allgemein ansprechen.

Beckmann, Karl, ein der Gegenwart angehöriger sehr geschätzter Maler, Professor an der Akademie der Künste zu Berlin.

Becquer, Don Joaquin, ein zur Zeit in Sevilla lebender spanischer Genremaler von deutscher Abkunft, dessen Bilder viel Leben und Charakteristik zeigen.

Beda, oder neuerdings richtiger **Boedas** geschrieben, Sohn und Schüler des Lysipp, ein Erzgiesser, der um 310 v. Chr. Geb. blühte, von dem indessen nur ein einziges Werk, ein Betender, bekannt ist.

Bedaff, Antonie Aloisius Emmanuel van, geb. 1787 zu Antwerpen, gest. 1829 zu Brüssel, malte gute Bildnisse und Historien. Unter den letzteren wird u. A. namentlich seine letzte Zusammenkunft Wilhelm des I. mit dem Grafen Egmont und die Verbindung der Edlen von Burgund gerühmt.

Beechey, William, geb. 1753, gest. 1839, ein englischer Porträtmaler, dessen Bildnisse ihrer geistreichen Auffassung und ausserordentlichen Aehnlichkeit wegen seiner Zeit grosse Anerkennung fanden.

Beek, Pieter van, ein holländischer Marinemaler, der um 1681 blühte, und in seinen Bildern mehr auf eine schlichte Naturwahrheit als poetische Auffassung ausging. Das Berliner Museum besitzt ein Bild dieses Meisters, eine leichtbewegte See mit zwei Kriegsschiffen und einigen Booten.

Beeke, A. van., malte Früchte, todte Vögel u. s. w. mit grosser Meisterschaft. Die königl. Gallerie zu Wien besitzt ein Stillleben von ihm. Er lebte in der Mitte des 17. Jahrhunderts zu Bodegraven in Holland.

Beer, Hans, ein altdeutscher Baumeister, der u. A. 1483 das Eboracher Kloster nebst Kapelle zu Nürnberg erbaute.

Beerestraten, A. van, ein holländischer Maler, der um 1664 blühte und 1687 starb, malte treffliche Seestücke, Ansichten von Häfen und Städten, vorzugsweise im Winter. Im Museum zu Amsterdam befindet sich unter drei Gemälden von ihm sein Hauptbild: die Seeschlacht zwischen den Holländern und Engländern im Jahr 1666. Das Museum zu Berlin besitzt eine Winteransicht einer Stadt, die Dresdner Gallerie einen Seesturm und ein Marinebild von diesem Meister.

Bega, Cornelis, geb. zu Haarlem 1620, gest. daselbst 1664 an der Pest, ein Sohn des Bildhauers Peter Begyn, vom Vater aber wegen seines leichtsinnigen Lebenswandels verstossen, wesshalb er den Namen Bega annahm, war der vorzüglichste Schüler des Adriaan van Ostade. Er malte, wie sein Lehrer, Bauerngesellschaften, Trinker, Raucher, Alchymisten, Astrologen und dergl. in meisterhafter, fleissiger und äusserst naturwahrer, aber zu feiner Behandlung, die daher meistens mit den von ihm dargestellten Scenen des gemeinen Lebens in lebhaftem Widerspruch steht. Bilder von ihm, die mit hohen Preisen bezahlt werden, findet man beinahe in allen grösseren europäischen Gallerieen.

Bega radirte auch in Kupfer. Unter die besten der von ihm ausgeführten, bekannten 35 Blätter, die mit gewandter und kräftiger Nadel radirt, aber wenig vollendet sind, gehören: das Wirthshaus; das Bauernhaus mit acht Bauern; der Bauer am Fenster (ganz mit der kalten Nadel vollendet); die junge Wirthin mit zwei alten Bauern; die Gesellschaft am Kamin; die zwei Liebenden und der Lautenspieler, nach Teniers.

Begarelli, Antonio, geb. 1498, gest. 1565, ein Bildhauer aus Modena, der sich nach Guido Mazzoni gebildet und als ein ausgezeichneter Meister in Bildhauerarbeiten aus gebrannter Erde gerühmt wird. Er führte für die Kirchen seiner Vaterstadt und der Umgegend in Parma, Mantua und a. O. viele und vielerlei Werke: Grabmäler, Krippen, Standbilder und Gruppen in und über Lebensgrösse aus Thon aus, und gab denselben die Farbe des Marmors; doch hat sich, wahrscheinlich wegen der Zerbrechlichkeit des Materials, wenig von ihnen erhalten. Zu Modena sieht man in der Kirche S. Agostino eine ausgezeichnete Kreuzabnahme, deren drei schönste Figuren von der Hand seines Freundes Correggio herrühren sollen; in der Akademie zu Parma (früher im Kloster S. Giovanni daselbst) vier grosse Statuen und im Museum zu Berlin: einen Altar mit einem Christus am Kreuz, der von zwei schwebenden und zwei knienden und Fackeln tragenden Engeln umgeben ist. In diesen und den andern, noch in Modena von ihm vorhandenen Werken herrscht eine interessante naturalistisch malerische Behandlungsweise der Plastik, eine Freiheit der Bewegung und Weichheit des Ausdrucks, die an Correggio erinnern, und eine Vorstellung von den Modellen erwecken, die Begarelli demselben nach seiner Angabe für die berühmten Malereien der Kuppel im Dom zu Parma ausgeführt haben soll, und mit denen derselbe in Verbindung mit der von ihm überhaupt befolgten Richtung in der Sculptur soviel Einfluss auf die Malerei seiner Zeitgenossen, insbesondere in Beziehung auf die Kunst der Verkürzungen ausübte. Dabei aber zeigen sie soviel Wahrheit und Natur, ein solch edles und tiefes Gefühl, und einen so lebhaften Schönheitssinn, eine Sicherheit der Technik und Zartheit der Ausführung, dass sie in Wahrheit alle Bewunderung verdienen, und die Worte motiviren, welche Vasari dem Michelangelo in den Mund legt, der, nachdem er mehrere Figuren von Begarelli in gebranntem Thon gesehen und gehört, dass derselbe nicht in Marmor arbeiten könne, ausgerufen haben soll: „Wehe den Antiken, wenn diese Erde Marmor würde!“

Begarelli, Lodovico, Neffe und Schüler des Vorigen, gest. 1540, erreichte in seinen Arbeiten, von denen sich nur Weniges im Privatbesitz erhalten hat, eine gleich hohe Geschicklichkeit wie sein Oheim, so dass man Mühe haben soll, die Werke beider von einander unterscheiden zu können.

Begas, Karl, geb. 1794 zu Heinsberg bei Aachen, gest. 1854 als Hofmaler und Professor an der k. Akademie zu Berlin, einer der trefflichsten Meister der Gegenwart, bildete sein frühreifes Talent für die Malerei von 1812 an im Atelier des Baron Gros zu Paris aus und erregte schon durch seine ersten grösseren Bilder: Hiob von seinen Freunden betrauert (1816 vom verstorbenen König von Preussen erkauft), Christus am Oelberg (1818 für die Garnisonskirche zu Berlin vollendet, lith. von K. Mittag), und die Ausgiessung des heil. Geistes (1820 für den Dom von Berlin gemalt), von denen ihm das erstere einen Jahresgehalt zu ferneren Studien in Paris, das letztere eine dreijährige Pension zu einer Reise nach Italien erwarb, grosse Erwartungen, die er auch nachher und zwar zunächst durch seine in Rom 1823 gemalte Taufe Christi (in der Garnisonskirche zu Potsdam), sowie ein Porträt Thorwaldsens, und, 1824 ins Vaterland zurückgekehrt, durch eine grosse Anzahl geschichtlicher, biblischhistorischer und genreartiger Bilder und Porträts, die sämmtlich zu den bedeutendsten Leistungen der modernen Malerei in der von ihm befolgten Richtung gezählt werden, glänzend rechtfertigte.

So sah man von ihm 1826: den jungen Tobias mit dem Engel (gest. v. Berger); 1827: die Auferstehung Christi (lith. v. K. Fischer), ein 19 Fuss hohes Altarbild, von grosser Meisterschaft der Technik, besonders in der Farbe (in der Friedrichswerder'schen Kirche zu Berlin); 1831: die Bergpredigt (im Privatbesitz zu Berlin), ein vom sanftesten und mildesten Geist der Andacht durchhauchtes Gemälde; 1834: die Aussetzung Mosis (im Besitz des rheinisch-westphälischen Kunstvereins), eine anmuthvolle sinnige Composition, und die Mädchen am Berge, eine höchst liebenswürdige Idylle nach Uhland; 1835: die Loreley (gest. v. Mandel), ein überaus reizvolles und tiefsinniges Mährchenbild, so schön im Gedanken, so grossartig in der Composition und ergreifend im Ausdruck, wie von hoher Vollendung in Zeichnung und Farbe; 1836: Kaiser Heinrich IV. im Burghofe zu Canossa, ein Meisterwerk, doch mehr lyrischen als historischen Charakters, von treffender und sinniger Charakteristik, Anmuth und Leben und einer äusserst poetischen, malerischen Haltung (auf der Burg Rheineck am Rhein). Im Jahr 1837 malte Begas für die Kirche zu Krumoels in Schlesien eine Verklärung Christi, an der man die Würde und Feierlichkeit in der Handlung, die Grossartigkeit des Styls, die schöne Anordnung, die zauberhafte Lichtwirkung und die Freiheit und Leichtigkeit der Farbenbehandlung rühmt. Ein anderes interessantes Gemälde von ihm, das bald darauf entstand, war: Christus, den Untergang Jerusalems weissagend (auf dem Schlosse Bellevue zu Berlin; lith. v. Schertle), ein Situationsbild, in welchem an die Stelle der dramatischen Handlung eine, durch ein bedeutendes Moment hervorgerufene Stimmung tritt, welche die trefflich charakterisirten Gestalten in würdevollem Ernste gemeinsam verknüpft, und das durch seine eben sowohl erwogene, als ungezwungene Composition, und die lebendige Frische der Darstellung ungemein anspricht. Sein 1842 für die Kirche zu Landsberg an der Warte gemaltes Altargemälde: Christus, die Mühseligen und Beladenen zu sich rufend, zeichnet sich durch die edle Auffassung, scharfe Charakterzeichnung und die bei der grossen Entschiedenheit der Contraste so wohl thuende Harmonie der Composition und Färbung und die liebevolle Ausführung aus; dagegen verräth sein 1848 ausgeführtes Bild: Adam und Eva den erschlagenen Abel erblickend (im Besitz des Königs von Preussen), zwar eine vortreffliche sorgfältige Arbeit, allein die geistige Bedeutsamkeit des Moments, die Erscheinung des ersten Todten vor den Augen der ersten Lebenden, kommt darin nicht zu einer tiefern, durchgreifenden Wirkung.

Im Uebrigen zeigen sich in allen seinen Bildern, im Lyrischen, Idyllischen und Elegischen, worin er eine so hohe Anmuth entfaltet, wie im Historischen und Kirchlichen, worin er eine grossartige Stylistik entwickelt und in welch letzterer Richtung er eine, sich von der conventionell mittelalterlichen lossagende, dem Bewusstsein der modernen Zeit mehr genügende Auffassung erstrebt, ein denkender Geist, ordnender Verstand und lebhafter, tiefpoetischer Sinn, meistens in gleichmässiger Stärke vertreten, eine immer wieder überraschend neue Wendungen ersinnende Erfindungsgabe und eine ausgezeichnete Vollendung der Technik, insbesondere eine eigenthümliche Zartheit der Carnation.

Ausser den genannten Bildern sind von Begas noch bekannt: ein Kreuztragender Christus (Kirchenbild zu Sergen bei Frankfurt a. d. O.); Christus am Kreuz (für die Kreuzkapelle zu Sagan gemalt); Christus am Oelberg (in der Hauptkirche zu Wolgart, an der Ostsee), ein Bild von hoher Vollendung in Farbe und Helldunkel; Christus mit dem Zinsgroschen (im Privatbesitz zu Paris) und des Herrn Verrath. Ferner mehrere dem Genreartigen und Romantischen angehörige Darstellungen: ein mittelalterlicher Herrscher, den in seinen letzten Stunden ein Sänger mit der Laute zu erheitern sucht (für das städtische Museum in Königsberg gemalt); Mädchen im Schatten einer Eiche ruhend, ein gemüthliches Gedicht voll geheimen Zaubers; die Mohrenwäsche und die Winzerfamilie.

Eine ganz besondere Meisterschaft entfaltete Begas auch im Porträtfach. Seine Bildnisse zeichnen sich bei aller gewissenhaften Treue und Naturwahrheit durch die grossartige stylvolle Gesammtauffassung, durch die Virtuosität des Vortrags, der keine Mühe des Schaffens bemerkbar macht und die fein berechnete malerische Wirkung aus. Besonders gerühmt wurden seiner Zeit die Porträts mehrerer fürstlicher Personen, z. B. der jetzigen Königin von Bayern, sodann das, im Jahr 1841 zum zweitenmal gemalte, von Thorwaldsen, das beste, welches von diesem Meister vorhanden ist, namentlich aber des Künstlers eigenes (im Jahr 1852 gemaltes) Porträt. Unter den für die königl. Sammlung von Bildnissen der in Kunst und Wissenschaft hervorragenden Männer in Berlin, sind von seiner Hand die ausgezeichneten Porträts von: Alex. v. Humboldt, Schelling, Ritter, L. v. Buch, Meyerbeer, Cornelius, Rauch, Direktor Schadow u. s. w.

Begas erhielt vom König v. Preussen den rothen Adlerorden III. Klasse und die grosse Medaille für Kunst und Wissenschaft, vom König der Belgier den Leopoldsorden.

Seine beiden Söhne, Reinhold und Oscar, widmen sich ebenfalls der Kunst, jener der Bildhauerei, dieser der Malerei und zwar mit einem Erfolge, der den jungen Künstlern eine bedeutende Zukunft vorhersagt, wie sich aus den Arbeiten des ersteren, z. B. einer Gruppe: Hagar und Ismael, und einer Kreuzabnahme, einem ausgezeichneten Bilde des letzteren, schliessen lässt.

Begeyn, Abraham, auch **Begyn** geschrieben, geb. 1650 im Haag, gest. 1697, ein trefflicher Landschafts-, Architektur- und Thiermaler, im Geschmack Berghem's, der, vom Churfürsten von Brandenburg 1690 nach Berlin berufen, dort verschiedene Ansichten von Palästen mit vieler Geschicklichkeit ausführte. Man rühmt an seinen Bildern, von denen das Museum in Berlin zwei besitzt, gutes Colorit und richtige Zeichnung. Er radirte auch in Kupfer einige Landschaften mit Vieh.

Behaim, Hans Wilhelm, der ältere, gest. 1538, ein Baumeister in Nürnberg, der, mitten in den Bestrebungen der neu auftauchenden Kunstperiode der Renaissance, den mittelalterlichen Geist noch zu fesseln suchte, und dessen Bauten sich durch eine meisterhafte Tüchtigkeit auszeichnen, erbaute u. A. die sogenannte Kaiserstallung 1494—1495 und Theile am alten Rathhaus zu Nürnberg, z. B. die Thüre mit Kreuzstäben 1515 und ein Chörlein von 1521.

Behaim, Hans Wilhelm, auch **Behem** geschrieben, Bildschnitzer in Nürnberg, der 1613 die Decke des Rathhauses daselbst mit kunstreicher Arbeit in Holz verzierte und einen seiner Zeit sehr gerühmten grossen Kronleuchter in Holz schnitzte.

Beham, Barthel oder **Bartholomäus,** auch **Behaim, Beham, Behem** oder **Boehm** geschrieben, Maler und Kupferstecher, geb. 1496 zu Nürnberg, war ein Schüler Albr. Dürer's, der, weil er schon in frühen Jahren Beweise eines sehr bedeutenden Talentes an den Tag legte, von Herzog Wilhelm IV. von Bayern zu seiner weiteren Ausbildung nach Italien geschickt wurde, hier sich längere Zeit zu Bologna und Rom aufhielt, und in letzterer Stadt zu Marc Anton in die Schule ging, den er binnen kurzer Zeit so vollkommen erreichte, dass dieser des Schülers Hand und Geschicklichkeit beim Stich vieler Platten bald selbst benützen konnte, woher es rührt, dass viele Blätter mit Marc Anton's Zeichen dem Beham angehören. Während eines zweiten Aufenthalts in Italien, im Auftrag des Herzogs Ludwig, starb er zu Rom um 1540.

In seinen Bildern verräth Beham anfänglich in allen Theilen den treuen Schüler Dürer's, später aber, nach den in Italien empfangenen Kunsteindrücken, sucht er seinen Lehrer entweder zu vergessen, oder dessen Styl in etwas zu phantastischer Weise nachzuahmen oder zu modificiren. Doch zeigt sich meistens in seinen Köpfen charakteristischer Ausdruck und Leben, in der Anordnung, im Ganzen, wie in den einzelnen Gruppen, selbst in den Bekleidungen, herrscht ein geläuterter Geschmack, seine Zeichnung ist richtig, aber hin und wieder zu weichlich, und seine Färbung in seinen früheren Gemälden satt und warm, später trocken und leblos. In der Münchener Pinakothek sieht man von ihm ein treffliches Bild (vom Jahr 1530): die Auferweckung einer todten Frau durch das heil. Kreuz; ferner: den Marcus Curtius, der sich auf dem Forum zu Rom für des Vaterlandes Wohl in den Abgrund stürzt (vom Jahr 1540). Die Moritzkapelle zu Nürnberg besitzt von ihm eine Kreuztragung Christi, wozu sich im Berliner Museum das Gegenstück in einem Christus am Oelberg findet. Die letztere Gallerie enthält indessen noch zwei weitere Bilder von ihm mit einer Reihenfolge von Heiligen auf Goldgrund. Sodann trifft man in der Abel'schen Sammlung, im Schlosse zu Ludwigsburg, eine Grablegung, eine Auferstehung und eine Dreieinigkeit mit Heiligen und Donatoren, endlich in der k. Gallerie zu Wien einen Christus am Kreuz. BB

Die von ihm bekannten gestochenen Blätter, deren man 85 zählt, und von denen nur wenige sein Monogramm tragen, soll er sämmtlich in den Jahren 1520 bis 1537 in Deutschland ausgeführt haben. Sie zeichnen sich durch die anmuthigen geistvoll aufgefassten Darstellungen, die correkte und graziöse Zeichnung und durch die Freiheit, Weichheit und bewunderungswürdige Feinheit des Stichs aus. Insbesondere zeigt er sich in seinen Porträts als grosser Meister in lebendiger Auffassung von Charakteren und leichtem, und doch bestimmtem Vortrage. Er war es, der mit Penz der deutschen Kupferstecher-Schule ein freudiges und höheres, von einem, an italienischen Mustern genährten Schönheitssinn erfülltes Aufstreben gab. Unter die vorzüglichsten derselben zählt man: Kaiser Karl V.; Kaiser Ferdinand I.; Maria am Fenster; Leonhard v. Eck; Cleopatra (1524); Triton und Nereiden; Judith (1525): Maria mit dem Todtenkopfe; die drei Hexen; das Urtheil des Paris; den heiligen Christoph (1520); Adam und Eva. BP

Literatur. Bartsch, Le peintre graveur.

Beham, Hans Sebald, ein Neffe des Vorigen, geb. 1500 zu Nürnberg, bildete sich unter seinem Oheim und später unter Albr. Dürer zum Maler und Kupferstecher aus. Um 1540 verliess er seine Vaterstadt, angeblich wegen seines anstössigen Lebenswandels daraus vertrieben, und siedelte nach Frankfurt über, wo er als Wirth eines liederlichen Hauses, der damaligen Sitte gemäss, ertränkt worden sein soll.

Trotz dieses, ihm von seinen Biographen zum Vorwurf gemachten ausschweifenden

Lebens, malte, stach und zeichnete Beham eine Menge von Werken und beurkundete sich in allen als ein äusserst tüchtiger Künstler. Seine Gemälde sind indessen sehr selten. Man kennt von ihm nur ein mit ausserordentlicher Kunstfertigkeit für den Kardinal Albrecht von Brandenburg, Kurfürsten und Erzbischof von Mainz, ausgeführtes miniaturartiges Oelgemälde, in der Form eines Tisches und in vier Abtheilungen, Scenen aus der Geschichte Davids darstellend, mit der Jahrszahl 1534, dem Monogramm und dem eigenen Bildniss des Künstlers in ganzer Figur, im Louvre zu Paris. Dasselbe enthält eine Menge kleiner, ungemein geistreich erfundener und höchst lebendiger, sehr wohl gezeichneter, im Zeitkostüm mit vielem Geschmack gekleideter Figuren in reichen Landschaften, verräth in einzelnen Zügen das derb humoristische Naturell des Künstlers und zeichnet sich durch eine ganz vortreffliche Färbung aus. Auch von seinen Miniaturgemälden haben sich nur fünf in einem 1531 für denselben Kardinal Albrecht gemalten Gebetbuch (gegenwärtig auf der Hofbibliothek zu Aschaffenburg, abgebildet in der Beschreibung der Miniaturen auf der Hofbibliothek zu Aschaffenburg, von J. Merckel) erhalten. Sie stellen: die Beichte, die Busse, den Anfang und das Ende der Messe und die Communion dar und sind genial erfunden und trefflich ausgeführt.

Seine Kupferstiche zeigen eine geistvolle Auffassung und feine Beobachtung, sowohl der komischen als der ernsten und edlen Seite der Natur, wie man an seinen originellen Bauernscenen, gleichwie an seinen Heiligenbildern beobachten kann. Im Styl der Darstellung erreicht er nicht selten seinen Vetter Barthel, nach dessen Blättern er fleissig studirte, wie er überhaupt an Zartheit, Sauberkeit und Präcision von keinem der nachfolgenden kleinen Meister übertroffen wurde. — Er lieferte auch viele Zeichnungen zu Holzschnitten, dass er aber selbst in Holz geschnitten ist nicht erwiesen.

Hans Sebald Beham bezeichnete seine zu Nürnberg verfertigten Blätter mit einem P, die zu Frankfurt ausgeführtem mit einem B. Man kennt von ihnen 262, von denen die vorzüglichsten sind: die Geduld (1540); die Melancholie (1539); die Geschichte des verlorenen Sohnes (in 4 Blättern); ein Narr mit zwei Verliebten; das Wappen mit dem Hahn; die Monate (in 7 Blättern); das Wappen des H. S. Beham; das Unglück; das Glück (1520); die Nacht (1548); der heilige Sebaldus (1521); die Bauernhochzeittänzer in 12 Blättern (1546); die junge Frau und der Schalksnarr (1540); Trajans Gerechtigkeit (1537). Von den nach seinen Zeichnungen gefertigten Holzschnitten werden besonders hervorgehoben: die Dorfkirchweih; der Brunnen der Jugend; ein Soldatenzug.

Literatur. Bartsch, Le Peintre graveur. — Heinecken, Dictionnaire des artistes. — Waagen, Kunstwerke und Künstler in Paris. — Waagen, Kunstwerke und Künstler in Deutschland.

Behem, Bernhard, geb. 1438 zu Nürnberg, gest. 1507, ein altdeutscher Stempelschneider, der Münzmeister der Fürsten Siegmund und Max I. von Tyrol war, und Stempel schnitt, die eine schönere Behandlung in dieser Kunst anbahnten. — Sein Sohn Bernhard Behem, der jüngere, und Enkel Joh. Behem versahen dieselbe Stelle bis 1553.

Behnes, W., ein englischer Bildhauer, der zu London lebt und wegen seiner sehr charakteristisch aufgefassten und hübsch ausgeführten Büsten unter seinen Landsleuten in grosser Achtung steht.

Behrendsen, A., ein Schüler von W. Schirmer und seit 1848 Lehrer an der Königsberger Akademie, malt vortrefflicheLandschaften von grossartiger Auffassung, prachtvoller Wirkung und eigenthümlich feiner Behandlung.

Beich, Joachim Franz, geb. 1665 zu München, gest. 1748 daselbst, erlernte die Anfangsgründe der Malerei bei seinem Vater, der ein Schüler von Karl Seitz war, machte aber bald sehr bedeutende, zu grossen Hoffnungen berechtigende Fortschritte. Er malte für den bayrischen Hof in eilf Bildern (in der Gallerie zu Schleisheim) Scenen aus den Schlachten, denen Kurfürst Max Emmanuel in Ungarn beigewohnt, bildete sich dann später in Italien weiter aus, und erwarb sich besonders durch seine Landschaftsgemälde, von denen man z. B. im Bürgersaale zu München die bayrischen

Wallfahrtsorte in 13 Bildern, andere in der Pinakothek daselbst und in verschiedenen anderen öffentlichen und Privatgallerieen zu Wien, Stuttgart u. s. w. sieht, einen nicht unbedeutenden Namen. — Beich malte historische Bilder und Landschaften, erreichte aber namentlich in letzteren eine für seine Zeit seltene Meisterschaft. Wenn auch in einer etwas konventionellen Weise behandelt, erinnern sie in der Auffassung an Poussin und Salvator Rosa und imponiren durch die Natur, die sich in ihnen ausspricht, die schöne Anordnung, durch die wirksame Vertheilung und konsequente Durchführung des Lichts, die Kraft und Uebereinstimmung der Farben und den geistreichen kecken Vortrag. — Er radirte auch drei Reihenfolgen von Landschaften sehr schön in Kupfer.

Beisbarth, Karl Friedrich, Architekt, geb. 1809 zu Stuttgart, bildete sich von 1829 bis 1831 unter Isabelle zu Paris und von 1832—1833 unter Oberbaurath v. Gärtner auf der Akademie zu München, woselbst er zwei Concourspreise erhielt, in seinem von früher Jugend mit Liebe erfasstem Fache, der Baukunst, aus, trat sodann eine Reise nach Italien an, durchwanderte, überall die schönsten Monumente mit gewissenhafter Treue zu messen, aufzunehmen und zu zeichnen bemüht, dieses ganze Land nebst Sicilien und Calabrien, und kehrte, nachdem er den gesammelten reichen Stoff äusserlich geordnet und innerlich in sich verarbeitet hatte, als Künstler von gediegenen Kenntnissen und einem an klassischen Mustern gebildeten Geschmack nach siebenjähriger Abwesenheit, 1837 wieder in seine Heimath zurück. Leider traf er hier keinen seinen Fähigkeiten angemessenen Wirkungskreis, doch hinderte ihn dies keineswegs, mit unermüdlicher Berufsfreudigkeit an seiner innern Weiterbildung fortzuarbeiten. Im Jahr 1840—1841 für Oberbaurath v. Barth bei der Errichtung des Museums der bildenden Künste zu Stuttgart beschäftigt, und 1844 für die Hofbaumeister Gabriel und Hofkammerbaumeister v. Gaab bei dem Umbau des vormaligen Lusthauses — einem sehr schönen Gebäude im Renaissancestyl, von dem er während des Bau's noch treffliche Aufnahmen machte — in das jetzige Hoftheater thätig, bekam er später den Auftrag, die ornamentalen und architektonischen Verzierungen für die vier, nach den Cartons des Professor v. Neher von den Gebr. Scheerer gemalten Fenster in der Stiftskirche zu Stuttgart zu entwerfen. Diese mit grossem Verständniss des Styls und der Aufgabe der Glasmalerei, in geschmackvoller Anordnung und reichem Wechsel der Formen erfundene, und für die Glasmalerei in Farben und in natürlicher Grösse ausgeführte Arbeit, welche allgemeine Anerkennung fand, bot ihm erwünschte Gelegenheit, sich in das Studium der mittelalterlichen Architektur zu vertiefen, und er hat seitdem, sowohl durch eigene Kompositionen in diesem Styl, an Grabmonumenten, Orgeln, Altären, durch Restaurationen u. s. w., als durch treffliche, getuschte oder in Farben ausgeführte Abbildungen der interessantesten mittelalterlicher Bauten seines an derartigen Denkmalen so reichen Vaterlandes (insbesondere auch für das von ihm in Gemeinschaft mit C. Heideloff herausgegebene Werk: „Die Kunst des Mittelalters in Schwaben") bewiesen, wie gründlich er dieselbe erforscht, wie tief er in den Geist des Vorbilds eingedrungen, und welch gediegene Leistungen auf diesem Gebiete sich von diesem, mit fester Willenskraft und Beharrlichkeit sich seinem Berufe widmenden Künstler zu hoffen sind, sobald ihm ein geeignetes Feld für seine Thätigkeit angewiesen wird.

Bell, John, ein englischer Bildhauer, der u. A. in der 1845 ausgestellten Statue eines altenglischen Adlerschützen ein ebenso glückliches Talent, als schöne Auffassungs- und Darstellungsweise an den Tag legte.

Bella, Stefano della, ein geschickter Zeichner und geistreicher Kupferätzer, besonders in kleinen charaktervollen Figuren, geb. zu Florenz 1610, gest. daselbst 1664, war ein Schüler von Vanni und Canta Gallina und in seinen früheren Arbeiten Nachahmer von Callot. Zu seinen besten, aus Schlachten, Jagden, Seestücken, Thieren und Verzierungen in mehr als 1500 Blättern bestehenden, ebenso frei als leicht, so fein als malerisch behandelten Radirungen gehören, nach seinen eigenen Zeichnungen und Erfindungen: die Ansichten vom Pont neuf zu Paris; der Parnass; der heil. Prosper; das Seetreffen von der Insel Ré und die Landung der

Engländer auf derselben; die Gefangennehmung des Generals Lamboy; die Belagerungen von Rochelle und von Arras; die schöne Jägerin; die Schlacht der Amalekiter; der Einzug des polnischen Gesandten in Rom; die Fronleichnamsprocession; die Flucht nach Aegypten; eine Sammlung von Spielkarten für Ludwig XIV. zur Erleichterung des Studiums der Wissenschaften u. s. w.

Bellamino, Baumeister, der zu Siena die Dogana und andere Gebäude errichtete und 1193 den im Jahr 1802 bis auf 3 Bogen eingestürzten Brunnen Fontebranda aufführte.

Bellange, Jacques, Maler und Kupferätzer, geb. zu Nancy 1594, gest. daselbst 1638, ein Schüler von Cl. Henriet und S. Vouet. Von seinen Blättern, die zwar manirirt, aber hübsch radirt sind und eine gute Wirkung haben, zählt man zu den besten: die grosse Kreuztragung; den Leichnam Jesu am Fusse des Kreuzes; Maria mit dem Kind auf dem Schoosse, eine Rose haltend.

Bellangé, Hippolyte, geb. zu Paris 1800 und Schüler von Baron Gros, ein vortrefflicher französischer Maler und seit 1837 Direktor des Museums zu Rouen, stellt Scenen aus dem Soldatenleben der Kaiserzeit im Krieg und Frieden und kleinere, bald scherzhaft, bald sentimental erzählte Genrestücke in gefälliger Färbung und geistreicher, zierlicher Behandlung dar.

Bellavia, Marc Antonio, Maler und Kupferstecher, der um 1600 in Italien lebte und eine Anzahl von Blättern (verzeichnet in dem „Peintre graveur" von Bartsch) in der Manier des Ann. Carracci ausführte, wesshalb auch die meisten derselben, die überdiess, wahrscheinlich von späteren gewissenlosen Herausgebern, um damit zu täuschen, mit den Buchstaben: A. C. I. N. bezeichnet, früher öfters diesem Meister zugeschrieben wurden. Zu den besten zählt man: die Anbetung der Hirten; die Ruhe in Aegypten; die Findung von Romulus und Remus.

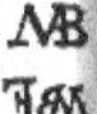

Belle, Alexis La, ein seiner Zeit sehr geschätzter französischer Bildnissmaler, der 1734 als Professor der königl. Akademie zu Paris starb.

Belle, Clement Louis Marie Anne La, Sohn des Obigen und Schüler seines Vaters und Lemoine's, geb. 1722, gest. 1806 als Rektor der Akademie, malte Geschichtsbilder im grossen Maasstabe für einige Kirchen und Säle, namentlich aber für die Gobelinsmanufaktur, deren Aufseher er war. — Augustin Louis, geb. 1757, sein Sohn, Schüler, Gehülfe und, von 1806 an, sein Nachfolger, malte Historien aus dem alten Testament und der Mythologie, meistens für die Gobelins.

Bellel, J. Joseph, wird als einer der besten jetzt lebenden französischen Landschaftsmaler gerühmt. Seine meistens componirten Bilder, zeichnen sich durch die grossartige Auffassung, den Gedankenreichthum, den strengen ernsten Styl und die meisterhafte Ausführung aus.

Bellermann, Ferdinand, ein ausgezeichneter Landschaftsmaler in Berlin, der grosse Reisen in Südamerika gemacht und die grossartige Natur dieses Landes und seine tropische Vegetation zum Gegenstande von höchst interessanten, mit gewissenhaftester Treue durchgeführten, höchst anziehenden landschaftlichen Darstellungen von grosser Wirkung macht, wie man z. B. an seiner „Guacherohöhle", seiner „Sierra Nevada und Hochebene von Merida", seinem „Abend an der Küste von Laguayra", einem „Urwald aus den Cordilleren von Caracas", ersieht.

Belli, Onorio, ein Architekt aus Vicenza, der im Dienste der Republik Venedig im Jahr 1583 auf der Insel Candia Nachgrabungen anstellte, und nach den dort noch vorhandenen antiken Bauwerken, Tempeln, Theatern u. s. w. Zeichnungen ausführte, die sich in der Ambrosiana zu Mailand befinden.

Literatur. Ant. Magrini, *Scritture inedite in materia di Architettura di Onorio Belli, Ottavio Bruto Orefici, Ottone Calderari.* — Padua, 1847.

Belli, Valerio, genannt **Valerio Vicentino,** geb. 1479 zu Vicenza, gest. 1546, einer der ersten und vorzüglichsten Meister in der Steinschneidekunst, dessen Hauptwerk ein Kästchen ist, welches er für den Papst Clemens VII. fertigte. Dasselbe diente ursprünglich bei den religiösen Feierlichkeiten des Gründonnerstags als Sarg des Erlösers und befindet sich gegenwärtig im Gemmenkabinet der öffentlichen Gallerie zu Florenz. Es ist aus einer grossen Anzahl von Krystallplatten zusammengesetzt, auf denen, nach den Compositionen anderer Meister, Scenen aus der Passion eingeschliffen sind und zwar in einem so würdevollen grossartigen Styl und in so gediegener plastischer Behandlung, dass sie den edelsten Werken jener Zeit zur Seite gesetzt werden können. Ausserdem schnitt er Darstellungen auf Hostienteller, Kreuze, Leuchter, Reliquienbehälter und andere kirchliche Geräthe, Gefässe und Zierrathen von Krystall, auf Vasen von Sardonyx, Achat, Amethyst, Lapis Lazuli, Smaragd, Heliotrop, Jaspis und Carneol, von denen man noch einige in dem erwähnten Gemmenkabinett zu Florenz sieht, wohin sie von ihrem früheren Bestimmungsort, der Kirche S. Lorenzo, kamen. Ferner fertigte er eine ausserordentlich grosse Anzahl von Medaillen und eine solche Menge anderer Dinge von vertiefter Arbeit, dass alle Läden der damaligen Goldschmiede voll von Gyps- und Schwefelabdrücken nach seinen Werken waren, die von da in aller Welt Hände kamen.

Literatur. Vasari, Leben der ausgezeichneten Maler, Bildh. und Baum. — Cicognara, Storia della scultura.

Bellini, Andrea, wird ein Maler genannt, dessen Blüthezeit unbekannt ist, von dem man aber in der Scuola della Carità zu Venedig einen mit seiner Namensunterschrift versehenen in Gouache gemalten kleinen Christuskopf sah.

Bellini, Bellin, soll ein um 1500 lebender Verwandter der berühmten Künstlerfamilie dieses Namens gewesen sein, und, in deren Schule in der Malerei unterrichtet, ihren Styl so glücklich nachgeahmt haben, dass seine Madonnen u. s. w. bald dem Gentile, bald dem Giovanni zugeschrieben werden.

Bellini, Filippo, aus Urbino, ein ums Jahr 1594 blühender Maler, der in der Mark Ancona viele Oel- und Wandgemälde für Kirchen in Barroccio's Styl ausführte.

Literatur. Lanzi, Geschichte der Malerei in Italien.

Bellini, Giacomo, geb. um 1400, gest. um 1470, der Vater und Lehrer der Gentile und Giovanni Bellini, ein Gehülfe des Franc. Squarcione und später Schüler des Gentile Fabriano, war der erste, der die paduanische Kunstrichtung des 15. Jahrhunderts, welche die Wiedererweckung der italienischen Malerei mittelst Durchbildung der Form nach dem Vorbild der Antike anstrebte, nach Venedig verpflanzte. Die ersten Arbeiten in Venedig, durch welche er sich Ruhm erwarb, waren die Bildnisse des Giorgio Cornaro und der Katharina, Königin von Cypern, eine Passion Christi mit vielen Figuren und ein Gemälde von dem Wunder des heil. Kreuzes, in der Scuola di San Giovanni Evangelista (sämmtlich zu Grunde gegangen). Seine Bilder, die er meistens in Gemeinschaft mit seinen Söhnen malte (wie z. B. die für die Capella di Gatta melatta zu Padua gefertigten Malereien die Unterschrift: Jacobi Bellini Veneti patris ac Gentilis et Joannis natorum opus 1460, trugen) zeigen, ehe sich der Einfluss des Gentile da Fabriano, den er sich zu seinem höchsten Ruhm anrechnete (wie eine Inschrift an einem, leider untergegangenen Frescogemälde im Dome zu Verona vom Jahr 1436 ausspricht), auf ihn geltend machte, viel Verwandtes mit der Kunstweise des Squarcione. Sie sind übrigens äusserst selten und ausser: einer (leider übermalten) Darstellung des Gekreuzigten in der Sakristei des bischöflichen Palastes in Verona; einer Madonna im Kunstinstitut des Grafen Tadini zu Lovere, bei Bergamo, in der Behandlungsweise des Fabriano noch etwas alterthümlich und trocken, im Ausdruck der Köpfe von grossem Liebreiz, in der Zeichnung des Nackten schön, zart und voll; einem Gemälde mit den Bildnissen des Petrarca und der Madonna Laura in der Gallerie Manfrini zu Venedig und dem Urtheil Salomonis in der Sammlung zu Schleissheim, einem Bilde von herbem Styl, trockener und harter Zeichnung und in dem von eigentlicher Färbung kaum die Rede sein kann, scheint nichts erhalten. Um so erfreulicher ist daher ein grosser Band mit 99 Zeichnungen von seiner Hand, mit der durchaus beglaubigten Inschrift in Lettern der Zeit: de mano iacobo bellino 1430 in venetia, im Besitz des Herrn Mantovani in Venedig. Dieselben bestehen in Darstellungen von heiligen Gegenständen, Studien nach Antiken, Architekturen und Kostümen und geben eine deutliche und umfassende Anschauung der eigenthümlichen und grossartigen Tendenz der Paduaner-Schule, deren Keime, von Squarcione gelegt und von Giac. Bellini gepflegt, von Andrea Mantegna zu so hoher Blüthe getrieben wurden, bilden also gewissermassen den Uebergang von den Werken des ersteren zu den Schöpfungen des letzteren, der wohl selbst nach ihnen seine Studien gemacht haben mag.

Literatur. Dr. Gaye, Kunstblatt, Jahrgang 1840. Nro. 23—26. — Passavant, ebendaselbst Nro. 53.

Bellini, Gentile, geb. 1421, gest. 1501, ein Sohn des Giac. Bellini, ging zu seinem Vater Giacomo in die Lehre, führte mit diesem und seinem Bruder Giovanni gemeinschaftlich verschiedene Bilder aus und erwarb sich, nachdem sich jener, den er in seinen Arbeiten längst übertroffen hatte, von den Geschäften gänzlich zurückgezogen, durch seine Malereien, namentlich durch die acht Bilder aus der Geschichte des Wunders vom Kreuze Christi, als Fortsetzung der von Giacomo Bellini für die Scuola di S. Giovanni gemalten Darstellungen, einen solchen Ruf, dass er mit der Ausführung einer Reihenfolge von grossen historischen Darstellungen aus der Geschichte Venedigs im Saal des grossen Raths beauftragt wurde. Er malte auch dort sechs Bilder (sämmtlich bei dem Brande von 1577 zu Grunde gegangen), an denen die reiche Erfindung, die schöne Anordnung, der charakteristische Ausdruck und die grosse Naturwahrheit gerühmt wurden, und begab sich 1479, auf die ehrenvolle Empfehlung der Signoria, welche der Sultan Mohammed II. um einen geschickten Bildnissmaler angegangen, nach Konstantinopel. Hier führte er mehrere Bilder für den Sultan, unter anderem auch dessen Porträt aus und kehrte reich beschenkt wieder in seine Heimath zurück, woselbst er ein grosses Medaillon in gegossener Bronze mit dem Bildniss Mohammeds und drei Kronen auf der Rückseite fertigte, im Uebrigen aber wenig mehr gearbeitet haben soll, und in seinem 80. Jahre starb.

Gentile erreichte zwar in seinen Bildern nicht denselben hohen Grad von Vollkommenheit, wie sein Bruder, allein er wusste durch liebevollen Fleiss das ihm verliehene Talent so zu verwenden, dass er immerhin eine sehr ehrenvolle Stelle unter seinen künstlerischen Zeitgenossen einnahm. Seine Gestalten sind hin und wieder noch in der alterthümlichen Richtung befangen, doch bereits von lebendiger Naturwahrheit durchdrungen, und wenn er auch in seinen Köpfen in der Tiefe der Charakteristik ziemlich hinter seinem Bruder zurückblieb, so übertraf er ihn dagegen in der Weichheit der Behandlung und an Feinheit des Formensinns, namentlich aber war er im Porträt ausgezeichnet. Zu seinen vorzüglichsten, noch erhaltenen Werken zählt man: die beiden grossen figurenreichen Bilder (vom Jahr 1466) in der Akademie zu Venedig (aus dem oben erwähnten Cyklus von Darstellungen des Mirakels mit der Reliquie des heil. Kreuzes). Ein nicht minder grosses Bild von ihm, für die Brüderschaft des heil. Marcus zu Venedig gemalt, die Predigt des heil. Marcus zu Alexandria darstellend, mit fast lauter orientalischen Trachten, befindet sich in der Brera zu Mailand. Im Louvre zu Paris sieht man von ihm, auf einem und demselben Bilde, sein Porträt und das seines Bruders Giovanni in perückenartig angeordnetem Haar. Eine Wiederholung davon, aber von geringerem Werthe, nebst einem Temperabild des Meisters, Maria mit dem Kinde und den Donatoren, besitzt das Museum zu Berlin. Ein anderes männliches Porträt (mit der Jahrszahl 1492) befindet sich im Besitz des Herrn Dr. dell' Aqua in Mailand. Ein Bildniss Mohammeds II. von Gentile wurde 1825 nach England verkauft, woselbst man auch im brittischen Museum zu London eine vortreffliche Federzeichnung auf weissem Papier von ihm sieht, auf welcher derselbe Sultan und die Sultanin Mutter, sitzend in ganzen Figuren dargestellt sind.

Seinen Aufenthalt in Konstantinopel benützte Gentile, um eine Zeichnung der berühmten Säule des Theodosius zu machen, die 1702 von Menestrier und später von Banduri im „Imperium Orientale" im Stich herausgegeben wurde.

Bellini, Giovanni, gewöhnlich **Giambellin** genannt, der Sohn des Giacomo und jüngere Bruder des Gentile, war der Hauptmeister der venetianischen Schule in der zweiten Hälfte des 15. Jahrhunderts, deren Eigenthümlichkeit in der freieren Auffassung kirchlicher Aufgaben, dem Streben nach Naturwahrheit der Darstellung in allen Theilen und rein sinnlicher Schönheit der Färbung, welche durch die rasche Verbreitung der durch Antonello von Messina in Venedig eingeführten Oelmalerei bedeutend gefördert wurde, bestand. Er wurde im Jahr 1426 zu Venedig geboren und erhielt seinen ersten Unterricht in der Kunst durch seinen Vater Giacomo, zog aber zugleich Beispiel und Lehre seines Schwagers, des Andr. Mantegna, zu Rath. Fleiss und Ausdauer entwickelten seine glücklichen Anlagen in raschem Fortschritt, so dass ihn sein Vater schon in früher Jugend zur Ausführung mehrerer gemeinschaftlich mit seinem Bruder Giovanni unternommenen Bilder verwenden konnte, durch die er sich, nebst verschiedenen anderen selbstständigen Werken, besonders trefflichen Bildnissen und kirchlichen Gemälden, in verhältnissmässig sehr kurzer Zeit einen so geachteten Namen erwarb, dass ihm, gleichwie seinem Bruder, ein Theil der grossen historischen Darstellungen im Rathsaale des Palazzo Ducale seiner Vaterstadt übertragen wurde. Er widmete dieser Arbeit, fünf figurenreichen Gemälden aus der venetianischen Geschichte, die seiner Zeit ungemein bewundert wurden, aber in dem Brand von 1577 leider zu Grunde giengen, zwölf Jahre seines Lebens, malte aber dazwischen noch viele andere Bilder, namentlich eine solch grosse Menge von Porträts, dass durch ihn eigentlich erst die Bildnissmalerei zu Venedig recht in Gebrauch kam. Sein Ruf wuchs indessen nach jeder neuen künstlerischen Hervorbringung und er wurde bis an sein Lebensende so sehr mit Aufträgen überhäuft, dass er nicht alle ausführen konnte, wie er u. A. einmal (im Jahr 1505) das kunstliebende Fürstenpaar Francesco und Isabella von Gonzaga, das, während es Perugino, Mantegna und Lor. Costa in seinem Palast zu Mantua beschäftigte, auch von Bellini einige Gemälde zu besitzen wünschte, nicht anders als durch die Uebersendung einer kleinen Geburt des Heilandes (presepio) und das Versprechen, ihnen später einmal ein grösseres Bild von „poetischer Erfindung" auszuführen, befriedigen konnte. Trotz diesen vielseitigen Beschäftigungen nimmt man in seinen Bildern den immerwährend Höheres erreichenden Stufengang seiner Entwicklung wahr, sieht, wie er, anfänglich selbst noch streng und trocken, erst nur bestrebt war, den venetianischen Styl grösser und edler zu halten, allmälig aber in der Schönheit der Zeichnung, Behandlung und Färbung reissende Fortschritte machte, bis endlich, angeregt durch die staunenerregenden Leistungen seiner eigenen Schüler, Giorgione und Tizian, ein ganz neuer Schwung in seine Darstellungsweise kam, seine Gestalten beseelter, die Formen runder und gewählter und die Gewandungen geschmackvoller wurden, die Farbe in tieferer Gluth und die Composition freier und grossartiger erschien, so dass gerade die letzten Werke seines vorgerückten Alters, zum Theil aus seinen achtziger Jahren, namentlich es sind, die den venetianischen Styl des XVI. Jahrhunderts, jene glänzendste Entfaltung und Blüthe der von ihm eingeschlagenen Richtung, auf die würdigste Weise einleiteten. Wie hoch übrigens Bellini in der Achtung seiner Zeitgenossen gestanden, mag schon aus dem Umstande hervorgehen, dass, während in damaliger Zeit kontraktlich alle Einzelheiten eines Kunstwerks zwischen Bestellern und Künstlern festgesetzt wurden, und letztere allen Wünschen und Beschwerden der ersteren Rechnung tragen mussten, Giovanni erwiesenermassen sich nie über Anordnung und Ausführung seiner Bilder irgend etwas vorschreiben liess. Ein anderes rühmendes Zeugniss hat ihm überdiess der erste deutsche Maler seiner Zeit, Albr. Dürer, ausgestellt, der im Jahr 1506 aus Venedig an seinen Freund W. Pirckheimer u. A. von „Sammbellinus" schrieb: „Vnd sagen mir dy lewt alle, wy es so ein frumer Man sey, daz Ich Im gleich günstig pin. Er ist ser alt vnd ist noch der pest Im gemell" (und ist doch der Beste in der Malerei).

Hochgeachtet und geehrt von seinen Landsleuten und Mitbürgern, welche ihm das Makleramt in der Kaufhalle der Deutschen, ein mit einem ziemlich hohen Gehalt verbundenes Ehrenamt, welches der Rath immer dem besten Maler verlieh, übertragen hatten, von zeitgenössischen Dichtern schon bei Lebzeiten besungen und gepriesen, starb Bellini im Jahr 1516 in seinem 90. Jahre an Altersschwäche.

Unter seine Schüler, deren er eine grosse Anzahl gebildet, zählt man ausser den beiden genannten ausgezeichnetsten: Girolamo Mocetto; Jacopo aus Montagna, Rondinello von Ferrara, Benedetto Coda aus Ferrara, Pierfrancesco Bissolo, Pietro degli Ingannati, Piermaria Pennacchi, Andrea Cordelle Agi, Martino da Udine, Girolamo di Santa Croce, Vincenzo Catena, Andrea Previtali u. A.

Was in Bellini's Gemälden so unwiderstehlich anzieht, ist das edle, zarte und sinnvolle Gemüth, das sich darin, bald in mildem Ernste, bald in kindlich stiller Heiterkeit ausspricht; die hohe sittliche Schönheit, die in denselben nach der liebenswürdigsten Seite, in lebendiger Natürlichkeit und grossartigem Styl zur Darstellung kommt. In seinen Kirchenbildern, namentlich in seinen heiligen Familien, den sogenannten Heiligengesprächen — sante conversazioni — befolgt er bereits eine freiere, naturalistische, dem Irdischen näher gerücktere, lebendiger bewegte Auffassungsweise, als seine künstlerischen Vorgänger; allein sie sind dennoch vom Geist ächter Andacht durchweht, selbst wo er dem religiösen Ernste durch heitere, singende und musicirende, oder spielende Kinderengel eine anmuthige Abwechslung zu verleihen und die Gesammtwirkung durch die Reize prachtvoller Beiwerke, Throne und Tribünen, oder lieblicher landschaftlicher Umgebung zu heben sucht. Seine Gestalten sind bei aller Individualisirung schöne, edle, ausdrucksvolle Naturen voll Kraft und Leben. Seine Madonnen erscheinen von eben so hoher Würde, als huldvoller Grazie beseelt, und in seiner Gestalt Christi gelingt es ihm zuweilen ein Ideal edler und schöner Menschlichkeit, bewältigender geistiger Uebermacht und himmlischer Hoheit zu vereinigen. Seine Färbung ist von grösster Tiefe, Durchsichtigkeit und Klarheit, voll warmen Lebens und Naturwahrheit und in ihrer Gesammtheit von herrlicher Wirkung.

Als seine vorzüglichsten, noch erhaltenen und für ächt erkannten Bilder, deren grösste Anzahl sich in den Kirchen und Gallerien von Venedig findet, werden angeführt: im Museum zu Berlin: Christus, in der Linken ein Buch haltend, mit der Rechten segnend; der todte Christus von Maria und Johannes betrauert; der todte Christus, von Maria, Johannes, Magdalena, Joseph von Arimathia und Nicodemus betrauert; Maria hält das segnende Kind auf dem Schoose; die vor einem rothen Teppiche stehende Maria hält das auf einer steinernen Brüstung stehende Kind; die Darstellung Christi im Tempel; im Besitz des Direktors P. v. Cornelius ebendaselbst: eine Madonna in trono; in der Gallerie zu Dresden: das Brustbild des Dogen Leonardo Loredano, und Christus, die rechte Hand segnend emporhebend (ein grossartiges Bild, das aber neuerer Zeit dem Cima da Conegliano zugeschrieben wird); in England, in der Bildersammlung in Burleighouse: Christus, dem Petrus die Himmelschlüssel übergebend; in der Bildersammlung von Castle Howard: die Beschneidung Christi (das wahre mit dem Namen bezeichnete Original so vieler schon in alter Zeit gemachter Kopieen); in der Liverpool-Institution: Maria mit dem Kinde; in der Bildersammlung zu Leight-Court: eine Anbetung der Könige; im Besitz des Herrn Beckford zu Bath: das Bildniss des Dogen Vendramin; in der Bildersammlung des Sir Th. Baring zu Stratton: Maria, das Kind auf dem Schoose; in der National-Gallerie: Bildniss des Dogen Loredano; im Besitz des früheren Lords Dudley zu London: Maria mit dem Kinde in einer Landschaft; im Städel'schen Institut zu Frankfurt: Maria mit dem Kinde, dem h. Johannes, dem Täufer, und der h. Elisabeth; in der Brera zu Mailand: Maria mit dem Kinde in einer Zimmerarchitektur* und Maria mit dem Kinde in einer Landschaft**; im herzoglichen Palast zu Modena: eine Madonna mit dem Kind zwischen Heiligen; in der Pinakothek zu München: das Brustbild des Künstlers, und Maria mit dem Kinde in den Armen, die Hand auf das Haupt des Donators legend; in der Leuchtenberg'schen Gallerie

* Abgebildet in den Denkmälern der Kunst. Atlas zu Kuglers Handb. der Kunstgesch. Taf. 69, Fig. 3.
** Ebendaselbst. Taf. 69, Fig. 4.

ebendaselbst: die Beschneidung Christi; in S. Pietro und Paolo zu Murano: Maria, welcher ein Doge durch einen Heiligen vorgestellt wird; im Museum zu Neapel: die Verklärung Christi, ein vortreffliches Bild mit herrlicher Landschaft; in der Kirche S. Francesco zu Pesaro: eine Krönung Mariä; in der Eremitage zu St. Petersburg: Maria mit dem Kinde auf dem Tische, zur Seite Johannes und Petrus; eine andere Maria mit dem Kinde und je zwei Heiligen auf jeder Seite; im Palast Torlonia zu Rom eine heil. Familie; in S. Monte di Pietà: Maria in trono, rechts der h. Sebastian, links der h. Rochus, mit geringen Veränderungen, zwei ziemlich gleiche Bilder; ebendaselbst befand sich im Besitz des verstorbenen Cav. Camuccini eines der schönsten Bilder des Meisters (vom Jahr 1514), für Herzog Alfons I. von Ferrara ausgeführt, das berühmte Bacchanal mit seiner zauberhaft schönen Beleuchtung und der von Tizian gemalten wundervollen Landschaft; im Museum der bildenden Künste zu Stuttgart: Christus liegt todt auf dem Schoose der Mutter, rechts die heil. Magdalena und Nikodemus, links der heil. Johannes und Joseph von Arimathia; der heil. Jungfrau auf dem Throne wird der Donator durch St. Petrus und St. Pantaleon empfohlen; Maria mit dem Kinde und dem heil. Joseph; Maria, dem Kinde auf ihrem Schoose eine Birne reichend (sämmtlich aus der ehemaligen Gallerie Barbini-Breganze zu Venedig); in der k. Gemäldesammlung zu Turin: eine Madonna mit Heiligen; zu Venedig, in S. Maria de' Frari: Madonna auf dem Throne mit zwei Engeln, auf den Seitenbildern Heilige, ein Bild von grosser Vollendung und trefflicher Farbenwirkung (vom Jahr 1488); in S. Giovanni e Paolo: ein grosses Altarblatt, Madonna mit zehn Heiligen und drei singenden Engelknaben (in tempera); in S. Zaccaria: eine Madonna mit vier Heiligen und einem auf der Geige spielenden Engel (vom Jahr 1505) und im Chor derselben Kirche ein kleines Bild der Beschneidung Christi; in S. Salvatore: Christus mit den Jüngern zu Emmaus (gestochen von Zuliani), ein grosses Bild von hoher Vortrefflichkeit, vielleicht die bedeutendste unter den noch vorhandenen Leistungen des Meisters; in S. Giovanni Crisostomo: der heil. Hieronymus in einer Landschaft (vom Jahr 1513); in der Sakristei der Kirche del Redentore: Maria, das schlafende Jesuskind anbetend, sowie ein paar andere Bilder der Madonna mit Heiligen; in der Akademie: Maria in trono (vom Jahr 1487); eine Madonna mit Heiligen (früher in S. Giobbe, angeblich von 1510), verschiedene andere Bilder der Madonna mit dem Kinde und einige kleinere allegorische Bildchen; in der Gallerie Manfrini: Christus mit den Jüngern zu Emmaus und der heil. Hieronymus in seinem Studirzimmer; im Palazzo Barbarigo: ein heiliger Hieronymus in Kardinalstracht. (Ausserdem werden noch einige frühere Bilder von ihm genannt: zwei vom Jahr 1464 in der Scuola di S. Girolamo, und eines im Palazzo Ducale im Magistrat der Avogaria, einen todten Christus vorstellend, vom Jahr 1472.) In der Kirche S. Corona zu Vicenza: eine Taufe Christi; in der königl. Gallerie zu Wien ein Mädchen, das sich vor dem Spiegel die Haare ordnet, und eine Mutter Gottes mit dem Kinde und Heiligen. — Einige interessante Federzeichnungen von Giovanni sieht man im brittischen Museum zu London.

Man besitzt zwei Medaillen zu Ehren der Brüder Bellini von Vittore Camelo, sie sind aber sehr selten. Beide zeigen das Bildniss des Gefeierten und zwar das des Gentile mit der Umschrift: Gentilis Bellinus Venetas Eques Comesque, das des Giovanni mit der Umschrift: Joannes Bellinus Venet. pictor op.

Literatur. Vasari, Leben der ausgezeichneten Maler, Bildh. und Baumeister. — C. Ridolfi, Le vite degli illustri pittori Veneti. Venezia 1648. — Zanetti, Della pittura Veneziana e delle opere pubbliche de' veneziani maestri. Venezia 1771. — Kugler, Handbuch der Geschichte der Malerei.
Kupferwerke. Pinacoteca della Imp. Reg. Academia Veneta delle belle arti. Ill. da Francesco Zanotto. Venezia 1834.

Bellotti, Pietro, geb. 1625 zu Bolzano, gest. 1700, ein Schüler des Girol. Ferrabosco, der sich trefflich auf das Copieren alter Meisterwerke verstand, doch auch Architekturen und Landschaften, namentlich aber Porträts und Charakterköpfe malte, die er mit unsäglichem Fleisse, aber zugleich mit einer grossen Zartheit der Tinten auszuführen wusste.

Bellotto, Bernardo, genannt **Canaletto,** nach seinem Oheim und Lehrer Antonio

Canale, geb. zu Venedig 1724, gest. zu Warschau 1780, war ein ebenso fruchtbarer als tüchtiger Meister in Landschafts- und Architekturgemälden, besonders aber in Städteprospekten, deren er, namentlich von Venedig, Verona, Brescia, Mailand, Dresden, Pirna, Warschau, London u. s. w., wo er sich überall längere Zeit aufhielt, eine ausserordentlich grosse Anzahl ausführte, die beinahe in allen öffentlichen und Privatgallerien Europa's zu finden sind. Sie zeigen sämmtlich eine Auffassung, die selbst gleichgültigen Gegenständen einen überraschenden Reiz abzugewinnen weiss, richtige Perspektive, sowohl in den Linien als in den Lufttönen, Wahrheit und Schönheit der Tinten und eine grosse Kraft der Beleuchtung, nur zuweilen erscheinen sie in den Schatten etwas zu schwer. Belotti ätzte auch in Kupfer und seine mit leichter Nadel sehr wirkungsvoll ausgeführten Radirungen, von denen wir nur an seine 15 Ansichten von Dresden, 2 Blätter Ansichten von Königstein und 2 kleine Ansichten vom venetianischen Festlande erinnern wollen, sind wahre Muster von Prospektdarstellungen.

Belly, Jacques, Maler und Kupferätzer, geb. zu Chartres 1603, gest. zu Rom 1641, war ein Schüler von S. Vouet. Sein Hauptwerk besteht in den 52 Blättern, die er nach den Gemälden des Ann. Caracci in der Farnesina zu Rom in Kupfer stach.

Belucci, Antonio, geb. 1654 zu Venedig, gest. 1726 zu Pieve di Soligo im Trevisanischen, ein Schüler von Dom. Difinico, war einer der kunstfertigsten Maler seiner Zeit, der mit einer lebhaften dichterischen Erfindungsgabe die gewandeste Technik in gut stylisirter Zeichnung und kräftigem, und doch zugleich anmuthigem Colorit verband. Er malte zu Venedig, Verona, Wien (am Hofe des Kaisers Joseph I.) und in England für Fürsten, Grosse, Porträts, historische und kirchliche Bilder in Oel und Fresco. Die Pinakothek zu München und die Dresdner Gallerie besitzen Bilder von ihm, und in der Florentiner Gallerie sieht man sein Selbstporträt. (Ein Stich danach findet sich in dem „Museo fiorentino").

Beltraffio, Giovanni Antonio, auch **Boltraffio** geschrieben, geb. 1467, gest. 1516, ein mailändischer Edelmann, der zu seinem Vergnügen die Malerei übte, war der geistreichste und eigenthümlichste Schüler Leonardo da Vinci's. Sein Hauptwerk, das einzige öffentliche, das er ausgeführt haben soll, früher mit der nun verwischten Jahreszahl 1500, seinem Namen und der Bemerkung, dass er ein Schüler Leonardo's, versehen, ursprünglich für die Kapelle der edlen Familie Cesi in der Kirche della Misericordia zu Bologna gemalt, befindet sich jetzt im Louvre zu Paris. Es stellt Maria mit dem Kinde, einerseits von dem knieenden Besteller und seinem Patron, Johannes dem Täufer, anderseits von dessen als Dichter mit dem Lorbeer bekrönten Sohne und dem heil. Sebastian verehrt, dar. In diesem Bilde waltet ganz der milde Ernst, die ächt kirchliche Begeisterung und innige Andacht, die diesen Meister vorzüglich charakterisiren, vor; man findet darin eine strenge Durchbildung der edlen und wahren Formen, einen höchst lebendigen Ausdruck, eine tiefe und warme Färbung und fleissige Ausführung. Von seinen sehr seltenen Bildern sieht man, ausser dem Bildnisse des Charles d'Amboise, des Stadthalters von Mailand, ebenfalls im Louvre (von Waagen dem Beltraffio zugeschrieben), im Museum zu Berlin: eine heil. Barbara (gestochen von Jos. Caspar) ernst, streng aber würdevoll in der Auffassung und nach den Anforderungen vollendeter Kunst durchgebildet; das Porträt eines Mannes aus der Familie Bentivogli, und Maria, dem vor ihr auf einer Brüstung sitzenden Kinde eine Blume reichend; zu Bergamo beim Grafen Lochis: eine Madonna; in der Gemäldesammlung zu Blenheim (England): eine Madonna mit dem säugenden Kinde; in Devonshirehouse zu London: das Bildniss eines Mädchens; zu Mailand, in der Ambrosiana: einige Bilder, worunter zwei Köpfe des Christus und der Maria wegen ihres schönen, milden Ausdrucks bemerkenswerth; in der Kirche S. Maria presso S. Satiro: eine Madonna; zu Turin, in der k. Gemäldesammlung: Madonna in der Felsengrotte mit vielen Heiligen.

Belvedere, Andrea, geb. zu Neapel um 1646, gest. 1732, Schüler von J. B. Ruoppoli und P. Porpora, war ein sehr tüchtiger Thier-, Blumen und Früchtenmaler.

Bembo oder **Bembi, Bonifazio,** auch **Fazio Bembo** oder **Fazio da Valdarno** genannt, Maler aus Cremona, gest. um 1500, von dem sich im Dom daselbst einige, in der letzten Hälfte des 15. Jahrhunderts gemalte Fresken: die Anbetung der Könige und Simeon im Tempel, und in S. Angelo eine Madonna erhalten haben, an denen man das Verlassen der trockenen Weise der Alten und ein Hinstreben nach grösserer Naturwahrheit rühmt. Er soll auch mit Cristoforo Moretti um 1461 am mailändischen Hof gearbeitet haben.

Bembo, Giov. Francesco, Bruder und Schüler des Vorigen, ein Maler, in dessen Bildern, wie man z. B. in seinem Gemälde der heil. Cosma und Damiano bei den Osservanti in Cremona (mit seinem Namen und der Jahrszahl 1524) sieht, der alte Styl gänzlich verlassen und die Bahn für eine freiere naturalistische Durchbildung gewonnen erscheint. Sie erinnern namentlich im Colorit an die Werke des Fra Bartolommeo, zeigen aber in der Zeichnung und Gewandung nicht den grossartigen Styl dieses Meisters.

Bemme, Johannes, geb. zu Rotterdam 1775, gest. 1840, ein Schüler von A. C. Hauck und Langendyck, Zeichner und Kupferstecher, zu dessen besten Blättern man das Porträt des Letzteren und einige Landschaften mit Soldatenzügen, nach dessen Zeichnungen auch ein Blatt: einen beim Lichte lesenden Gelehrten zählt.

Bemmel, Willem van, geb. 1630 zu Utrecht, gest. 1708, bildete sich unter H. Saftleven, namentlich aber auf Reisen in Italien, zu Venedig, Rom und besonders in den Gegenden von Tivoli, wo er viel nach der Natur zeichnete und malte, zu einem tüchtigen Landschaftsmaler aus. Im Jahr 1662 liess er sich in Nürnberg nieder und wurde hier der Stammvater einer zahlreichen Künstlerfamilie. — Seine in der Regel durch Roos und Andere staffirten Landschaften, von denen die Gallerien zu Nürnberg, Augsburg, Würzburg, Dresden und Wien manche treffliche Exemplare enthalten, und in denen er vorzugsweise die Darstellung von Wasserfällen mit Ruinen liebt, zeichnen sich durch die glückliche Auffassung, die geschickte Vertheilung von Licht und Schatten, das warme, frische und klare Colorit, die naturwahre Behandlung aller Theile und eine sehr fleissige Ausführung aus. Er radirte auch einige Landschaften in Kupfer, seine Blätter sind aber sehr selten. — Sein älterer Sohn

Bemmel, Johann Georg, geb. 1669 zu Nürnberg, gest. 1723, ein Schüler seines Vaters und des Joachim Sandrart, malte Landschaften, Thiere, Schlachten u. s. w. mit grosser Naturtreue und Fertigkeit in einem sehr angenehmen Colorit. Auch er radirte einige geschätzte landschaftliche Blätter.

Bemmel, Peter, der jüngere Bruder des Vorigen, geb. 1685 zu Nürnberg, gest. 1754 zu Regensburg, ein Schüler seines Vaters, malte mit vieler Leichtigkeit und Weichheit Landschaften, auf denen er besonders gerne Birkenbäume anbrachte, und in denen ihm die Darstellung von Gewittern und winterlichen Scenen besonders gelang. Die Figuren auf denselben sind von seinem Bruder oder seinem Neffen Johann Noah gemalt. Er radirte auch 6 Gebirgslandschaften mit sicherer und leichter Hand.

Bemmel, Joel Paul, älterer Sohn des Joh. Georg, geb. 1713 zu Nürnberg, legte sich, nachdem er bei Preissler und Martin Schuster seinen ersten Unterricht in der Kunst erhalten, auf die Landschafts- und Historienmalerei, nahm aber später Militärdienste, von welcher Zeit an man nichts mehr von ihm hörte.

Bemmel, Johann Noah, geb. 1716, gest. 1758, der jüngere Sohn des Johann Georg, und Schüler von Kupetzky, malte Bildnisse, Schlachten, Jagden, Thierstücke, holländische Bauerngesellschaften u. s. w. in der Manier seines Vaters.

Bemmel, Christoph, der ältere Sohn Peter's, geb. 1707, bildete sich nach seinem Vater zu einem geschickten Landschaftsmaler aus und hielt sich meistens zu Mannheim und Strassburg auf.

Bemmel, Johann Christoph, Peter's zweiter Sohn, gest. 1778 zu Bamberg, studirte bei seinem Vater die Landschaftsmalerei, brachte es aber in derselben nicht so weit wie jener.

Bemmel, Georg Christoph Gottlieb, der ältere Sohn des Johann Noah, geb. zu Nürnberg 1738, gest. 1794, malte mit grosser Fertigkeit Bauerngesellschaften, Kriegsscenen, alte Köpfe u. s. w. — Sein Sohn, gleichen Vornamens, der sich der Malerei und der Musik widmete, geboren 1765, ist der Historiograph der Künstlerfamilie Bemmel.

Bemmel, Burkhard Albrecht, der jüngere Sohn des Johann Noah, zeigte viel Talent für die Thiermalerei, starb aber schon sehr jung 1755.

Bemmel, Karl Sebastian, ältester Sohn des Johann Christoph, geb. zu Bamberg 1743, gest. zu Nürnberg 1796, machte sich durch seine Landschaften, Seestücke, Stürme, Feuersbrünste, Morgen- und Nachtscenen in Wasserfarben, die sich durch die geschmackvolle Erfindung, Naturwahrheit, angenehmes Colorit und fleissige Ausführung auszeichnen, und die er meistens nach England, Spanien und Russland verkaufte, einen geachteten Namen.

Bemmel, Simon Joseph, der zweite Sohn Johann Christophs, geb. 1747 zu Bamberg, gest. 1791 im Kloster Neuburg bei Wien, brachte es in der Landschaftsmalerei, die er zu Nürnberg, Regensburg, Augsburg, Salzburg ausführte, ebenfalls zu grosser Vollkommenheit. Seine Arbeiten sind aber sehr selten.

Bemmel, Johann Caspar, gest. 1799, der dritte Sohn des Johann Christoph, malte gute Landschaften, sein unstetes Leben — er war einigemal Soldat — liess sein Talent jedoch nicht zur gehörigen Entfaltung kommen.

Benaglia, Giuseppe, geb. zu Monza, gest. zu Mailand, ein sehr tüchtiger neuerer Kupferstecher, als dessen beste Blätter man: eine heil. Familie, nach Leonardo da Vinci und den Wettlauf der Atalanta und des Hippomenes, nach Guido Reni rühmt.

Benaschi, — auch **Beinaschi** geschrieben, — **Giambattista, il Cavaliere,** geboren 1636 zu Turin, gestorben 1688, ein Schüler von Mr. Spirito in Piemont und des Pietro del Po in Rom, besonders aber Nachahmer Lanfranco's, in dessen Styl er in Italien, namentlich in Neapel, wo er eine zahlreiche Schule hatte, die Wände und Decken vieler Kirchen mit Gemälden von gedankenreicher Erfindung und anmuthigem Colorit schmückte. — Man kennt von ihm auch ein geätztes Blatt: eine heil. Familie, nach J. D. Cerrini.

Benazech, auch **Benasech, Benezech** geschrieben, **Charles,** ein Schüler von Greuze, der meistens zu London lebte und als Mitglied der Akademie zu Ende des vorigen Jahrhunderts starb, erwarb sich durch vier Bilder aus den letzten Tagen Ludwig XVI. (gest. von Schiavonetti und J. C. Bock) einen geachteten Namen. Er stach auch nach eigener Erfindung in Tuschmanier einige Blätter, von denen: Le Couronnement de la Rosière und le Prix de l'Agriculture die besten sind.

Benazech, Peter Paul, Zeichner und Kupferstecher mit der Nadel und dem Grabstichel, geb. in England um 1744, war ein Schüler von Vivares. Unter seine besten mit Geschmack gearbeiteten Blätter gehören: vier italienische Landschaften nach Dietrich, und ein Sturm nach Pampfyld.

Benci, Domenico, Schüler und Gehülfe des Giorgio Vasari.

Benckert, — auch **Benkert** geschrieben — **Johann Peter,** geb. 1709 zu Neustadt a. d. Saale, gest. 1769, ein geschickter Bildhauer, der für verschiedene Kirchen Bambergs und der umliegenden Klöster Statuen von Heiligen in Holz und Stein, und später, für Friedrich den Grossen beschäftigt, u. A. in Berlin die Figuren auf dem Hauptgebäude des vormaligen Palastes des Prinzen Heinrich, zu Potsdam im Schlosse vier Karyatiden aus Marmor auf der Marmortreppe und zwei Gruppen: Apollo und Minerva mit Nymphen, und zu Sanssouci sieben der achtzehn allegorischen Figuren auf Fussgestellen vor der grossen Bildergallerie in Marmor ausführte.

Bencovich, Friedrich, aus Dalmatien, genannt **il Federighetto di Dalmatia,** ein trefflicher Nachahmer des C. Cignani, von dem Bilder in verschiedenen Sammlungen zu Mailand, Bologna und Venedig, in Deutschland, namentlich zu Wien, wo er einige Zeit lebte, anzutreffen sind.

Bendemann, Eduard, geb. 1811 zu Berlin, erhielt den ersten Unterricht in der Kunst auf der Akademie seiner Vaterstadt, kam aber 1828 nach Düsseldorf, woselbst er, unter der Leitung W. v. Schadow's, mit dem er auch 1830 Italien bereiste, seine ausgezeichneten Anlagen so rasch entwickelte, dass er sich schon mit seinen ersten Bildern einen gefeierten Namen erwarb, den er beinahe mit jeder neuen künstlerischen Hervorbringung bestärkte und weiter verbreitete. So lange sich sein Wirkungskreis auf Düsseldorf beschränkte, wählte er meistens das alte Testament zum Gegenstand von Darstellungen, in denen er das patriarchalische Leben der Kinder Israel in Freude und Trauer, in Liebe und Schmerz, in den stillen häuslichen Kreisen, wie in bedeutenden historischen Momenten aufs Sinnigste und Innigste, tief ergreifend und tragisch erschütternd, zu schildern wusste — Elegien oder Idyllen, von ebenso ursprünglich poetischer, als durchdachter Composition, jene, bei aller Tiefe der Charakteristik, im herbsten Schmerz und tiefsten Elend, vom versöhnenden Hauch der Schönheit, Reinheit und Seelengrösse übergossen, diese durch die Macht eines hohen Schönheitssinns, des grossartigen Styls und des geistvollen Vortrags zu höherer geistiger Bedeutsamkeit erhoben.

Nach einzelnen Jugendarbeiten, die schon sein bedeutendes Talent angekündigt hatten, worunter namentlich das idyllisch anmuthige, obgleich noch etwas sentimentale Bild: Boas und Ruth, trat der 21jährige Jüngling im Jahr 1832 zuerst mit seinem grossen Gemälde: die trauernden Juden in der Verbannung, nach den Worten des 137. Psalms (im städtischen Museum zu Köln), öffentlich auf und erntete damit einen seltenen allgemeinen Beifall. Man bewunderte daran die kraftvolle Auffassung des poetischen Gedankens, die grossartige Composition, die beredte Charakteristik und die meisterhafte Technik. Auf dieses Werk (gestochen von Ruscheweyh, lith. von J. B. Weiss und J. G. Schreiner) folgten 1833: die idyllische Romanze: zwei Mädchen am Brunnen (gest. von Felsing); 1834 die Töchter des serbischen Fürsten, nach einem morlakischen Gedichte in Herders „Stimmen der Völcker"; ferner die drei Könige auf der Wanderung; die Ernte, eine reizende poetische Verherrlichung des alttestamentarischen Landlebens (gest. von Eichens); die unvergleichlich schöne Idylle: der Hirt und die Hirtin, nach Uhland (gest. von Steifensand); endlich 1836 sein: Jeremias auf den Trümmern von Jerusalem, ein Meisterwerk grandioser tragischer Erhabenheit und von herrlicher malerischer Wirkung (im Besitze des Königs von Preussen). Im Jahre 1838 siedelte Bendemann zur Uebernahme einer Reihenfolge von Gemälden im k. Residenzschlosse zu Dresden und zugleich einem Rufe, als Professor an der dortigen Akademie folgend, nach der sächsischen Residenzstadt über. Hier schmückte er in unermüdlicher Thätigkeit, die nur durch ein zeitweises Augenleiden, das 1841 eine Reise nach Italien nöthig machte, unterbrochen wurde, zum Theil mit seinem Schwager Hübner die Wände des Thron- und Ballsaals mit Fresken, die mit zu den bedeutendsten Werken der deutschen monumentalen Malerei gehören. Die des ersteren stellen im Fries, in der Anschauungsweise des Mittelalters, das Leben des Menschen in seinem Wirken und Mühen von der Erschaffung im Paradiese bis zur Rückkehr ins himmlische Paradies dar, führen in vier grossen Bildern aus dem Leben des ersten Kaisers aus dem sächsischen Hause, den Ritter-, den Geistlichen-, den Bürger- und den Bauernstand, und in 16 weiteren Bildern eine Reihe von sechszehn Gesetzgebern und weisen Fürsten des Alterthums und des Mittelalters vor. Die Wandmalereien des Ball- und Concertsaals, im Gegensatz zu denen des Thronsaals, enthalten in einem sinnreichen Parallelismus der Zusammenstellung, im Friese: Darstellungen aus dem heiteren, sinnlich schönen Leben der Griechen, in seinen Hauptzügen und charakteristischen Momenten von der Geburt bis zum Tode, und in den Hauptbildern: die Züge des Apollo und des Bacchus nach den Gipfeln des Parnassus; die Hochzeit des Peleus und der Thetis und die Hochzeit Alexanders und der Roxane, sämmtliche Gemälde durchflochten von anderen Scenen aus der griechischen Mythologie und Geschichte, von den Gestalten der Künste u.s.w. Alle diese Bilder geben fortgesetzte Belege für den Adel des Talents, die Feinheit der Bildung, die sittliche Grazie, die Reinheit des Styls und der Empfindung und die Meisterschaft in der Bewältigung der darstellenden Mitteln, in deren harmonischem Einklang Bendemanns künstlerische Eigenthümlichkeit besteht.

Ausser den bereits angeführten Werken dieses Meisters sind noch zu nennen:

das für den Römersaal zu Frankfurt ausgeführte Bild des Kaisers Lothar II. von Sachsen und ein allegorisches Wandgemälde im Hause seiner Eltern zu Berlin: die Künste am Brunnen der Poesie (lith. v. Jentzen). Ausgezeichnet ist ferner eine Zeichnung von ihm im Album seines Lehrers Schadow, eine Stelle aus dem Hohen Liede, wo der König zu der Geliebten spricht: „Und ich bin dein, und du bist mein, wir waiden unter Rosen" darstellend. Endlich ist er noch u. A. bekannt durch seine (gemeinschaftlich mit Hübner herausgegebenen) trefflichen Zeichnungen zu dem Nibelungenlied; zu dem Brautlied (nach dem 45. Psalm), im Kunstbuch der Düsseldorfer Malerschule von 1835 (lith. von Hosemann); zur „Ammenuhr" (Leipzig 1845); zum „ABC für grosse und kleine Kinder" von Reinick (Leipzig 1845). Auch hat er zu den „Liedern eines Malers mit Randzeichnungen seiner Freunde" (von Reinick, Düsseldorf 1838) eine Radirung geliefert.

Bendemann erhielt 1838 den Orden der Ehrenlegion vom König Louis Philipp von Frankreich, 1847 das Ritterkreuz des k. sächsischen Civilverdienstordens, 1848 den rothen Adlerorden vierter Klasse vom Könige von Preussen und 1851 den Leopoldsorden vom König der Belgier.

Literatur. Püttmann, Die Düsseldorfer Malerschule. — W. Müller, Düsseldorfer Künstler. — Kugler, kleinere Schriften.

Bendixen, Siegfried, ein zu Hamburg lebender Maler, Kupferstecher und Lithograph, von dem man manche gute Bilder zu Hamburg und mehrere werthvolle geätzte Blätter, auch einige tüchtige Lithographien, unter denen besonders die Bildnisse Göthe's und Jean Paul Richter's, nach Vogel und das Porträt Schillers, nach Simoneau gerühmt werden, besitzt.

Benedetti, Tommaso, einer der trefflichsten neuern Kupferstecher, geb. zu Rom 1797, kam schon in früher Jugend nach Wien, woselbst er die grösste Zeit seines Lebens zubrachte. Zu seinen schönsten Blättern zählt man: die Bildnisse des Kaisers Franz I., nach Ammerling und des Erzherzogs Karl von Oesterreich, nach Kriehuber; die Grablegung, nach Tizian; einen Engel, der in einer Landschaft knieend, zu dem Gesang der Vögel auf der Flöte spielt, und das Dachstübchen, nach Fendi.

Benefial, Marco, geb. 1684 zu Rom, gest. 1764, ein tüchtiger Maler, der in seinen Bildern — von denen man insbesondere den Propheten Jonas im Lateran, für den er von Papst Clemens XI. zum Ritter ernannt wurde, die Geisselung in der Kirche alle Stimmate, seine h. h. Laurentius und Stephan im Dom zu Viterbo rühmt — dem in der Kunst seiner Zeit eingerissenen Manierismus durch glückliche Nachahmung der Kunstweise der Carracci, namentlich aber des Dominichino und seiner Schule, wiewohl ohne sehr glücklichen Erfolg, entgegenstrebte.

Benfatto, Luigi, genannt **dal Friso,** geb. zu Verona 1561, gest. 1611, ein Neffe und Schüler des Paolo Veronese, der seinen Lehrer anfänglich sklavisch nachahmte, später aber in eine sehr manierirte Schnellmalerei verfiel. Als sein bestes Bild wird ein Abendmahl in dem Oratorio bei S. Nicola zu Venedig gerühmt.

Benic oder **Bennings, Simon,** aus Brügge gebürtig, ein Miniaturmaler, der mit seiner Tochter Liévina um 1530 in England arbeitete, wo beide für König Heinrich VIII. und die Königinnen Maria und Elisabeth vielfach beschäftigt waren.

Bennert, Karl, aus Dortmund, derzeit in Frankfurt, bildete sich auf der Düsseldorfer Akademie und später in Paris zu einem tüchtigen Geschichts- und Bildnissmaler. Sein Christus und die Samariterin; sein Golo, der dem Gesang der Hirten lauscht, nach Tieck's Genoveva; sein sterbender Weisslingen; sein van Dyck, das Porträt Karl I. malend, wurden seiner Zeit sehr gerühmt.

Bennicampi, Teresa, geb. 1778, gest. 1830, bildete sich unter Canova in der Bildhauerkunst aus und wurde, wegen ihrer tüchtigen Leistungen, zur Professorin erselben an der Akademie zu Florenz ernannt.

Bénouville, Achille, ein trefflicher, zu Paris lebender, französischer Landschaftsmaler unserer Zeit, in dessen Bildern, z. B. seinen: Hetrurischen Gräbern bei Sutri und seiner: Gegend bei Velletri, sich bei einer grossartigen Auffassung der Natur und gediegener technischer Vollendung, ein tief poetisches Gefühl für landschaftliche Stimmung ausspricht.

Bénouville, Léon, Bruder des Vorigen, malt historische Bilder und Porträts. Jene, z. B. sein Abschied des Protesilas und: Christliche Blutzeugen, dem Tod (in einem römischen Amphitheater) entgegengehend, zeichnen sich durch elegante Zeichnung und angenehme Färbung, diese durch poetische Auffassung aus.

Benozzo, siehe **Gozzoli.**

Bensinger, Amalie, eine Schülerin von Sohn, malt Porträts und alttestamentliche Bilder und verbindet in jenen mit einer geistvollen Auffassung und anziehenden Darstellung der Individualität, einen lieblichen Schmelz der Carnation.

Bent, Johannes van der, geb. zu Amsterdam 1650, gest. 1690, war ein Schüler von Ph. Wouverman und Adriaan van de Velde, ahmte aber in seinen, seiner Zeit sehr geschätzten Bildern, die in Landschaften, Schlachten und Thierstücken bestehen, namentlich den letzteren nach. VDB JB

Bentum, Justus oder **Gustav van,** geb. zu Leyden, gest. 1727, ein Schüler des Gottfr. Schalken, ist besonders durch seine fleissig gemalten Nachtstücke, von denen u. A. die k. Gallerie zu Wien ein Exemplar besitzt, bekannt.

Benvenuti, Giambatista, genannt **l'Ortolano** (nach dem Gewerbe seines Vaters), gest. um 1525, war einer der ersten Meister der zu Anfang des 16. Jahrhunderts blühenden Schule von Ferrara, die in ihren Werken die Vortheile der Färbung, welche sie sich von den Venetianern angeeignet, mit der Compositionsweise der römischen Schule verbanden. Er studirte nach Raphael und Bagnacavallo, dessen Styl er in einigen Bildern, die übrigens auch schon mit den früheren Arbeiten des Garofalo verwechselt wurden, nachahmte. Zu Ferrara sieht man, in der Kirche S. Francesco, eine heilige Familie und in dortigen Palästen einige andere Gemälde von ihm. Auch das Berliner Museum enthält ein, seine Kunstweise bezeichnendes Bild: einen heil. Hieronymus, und die Dresdner Gallerie: Maria mit dem Kinde, welches der heil. Katharina den Ring reicht, und dem heil. Joseph.

Benvenuti, Pietro, geb. zu Arezzo 1769, gest. 1844 zu Florenz, als Ritter und Direktor der Akademie, war einer der besten neueren italienischen Maler. Er bildete sich zu Florenz nach den Werken des Andr. del Sarto und in Rom nach denen des Raphael, huldigte jedoch in seinen früheren Arbeiten noch dem damals herrschenden französischen Kunstgeschmack der David'schen Schule, erhob sich aber in späteren zum selbstständigen und freischaffenden Meister. Von seinen vielen Bildern, historischen, mythologischen und kirchlichen Inhalts, sowohl in Oel als in Fresco, rühmt man u. A. besonders: Judith, welche dem versammelten Volke der Juden das Haupt des Holofernes zeigt, im Dom zu Arezzo (gest. v. Ricciani); Pyrrhus, der den Priamus bei der Eroberung Troja's tödtet (gest. v. Ricciani); den Tod des heil. Chrysologus, im Dom zu Ravenna. Unter seine grössten und umfangreicheren Werke in Fresco gehören: ein Cyklus von Darstellungen aus dem alten und neuen Testament, in der Kuppel der Mediceer in S. Lorenzo, und die Mythe des Herkules in einer Reihe von Bildern, in einem der Säle des Palastes Pitti zu Florenz.

Benvenuti, Simone, genannt **il Crocifissajo** oder **de' Crocifissi,** aus Bologna, ein Schüler des Vitale, malte zu Ende des 14. und Anfang des 15. Jahrhunderts in seiner Vaterstadt verschiedene Frescobilder, namentlich in der Kirche Madonna della Mezzaratta in Gemeinschaft mit Jacopo d'Avanzo Bolognese, Bilder aus dem Leben Christi bis zum Abendmahl in noch sehr herber und scharfer Weise. In einigen Kirchen zu Bologna, namentlich in S. Michele in Bosco und in der dortigen Gallerie sind von ihm mehrere Krucifixe und Madonnen, von Heiligen umgeben.

Benzon, Baron, ein Däne, der sich auf der Düsseldorfer Akademie zum Maler gebildet und ein reich begabtes Talent besitzt, wie er u. A. in seinem Tod des Dänenkönigs Kanut bewies.

Benzoni, ein tüchtiger Bildhauer aus Bergamo, unter dessen Werken eine kleine Marmorgruppe: Johannes mit dem Lamme, eine schlafende Nymphe in Marmor, ein Mädchen, das einem Hunde den Splitter aus der Pfote zieht (im Jahr 1846 vom

Kaiser von Russland erkauft), sein heil. Hieronymus, auf einem Blocke in der Wüste sitzend, besonders gerühmt werden. Auch führte er das grosse Marmormonument aus, das seine Vaterstadt dem Kaiser Franz von Oesterreich errichten liess.

Béranger, Antoine, geb. 1785 zu Paris, ein sehr geschickter Maler in der Porzellanmanufaktur zu Sèvres, der sich durch eine Menge vorzüglicher und sehr grosser Vasengemälde, auch mehrere tüchtige in Oel ausgeführte Bilder in seinem Vaterland einen Künstlernamen von gutem Klang erworben.

Béranger, Charles, ein zu Paris lebender Maler, von dem man seit Jahren auf den öffentlichen Ausstellungen hübsche, in vollendetster niederländischer Weise ausgeführte Genrebilder und Stillleben sieht.

Béranger, J. B. A. Emile, lebt zu Paris und malt sehr gefällige Genrebilder.

Berardi, Fabio, geb. zu Siena 1728, bildete sich in J. Wagner's Schule in Venedig zu einem tüchtigen Kupferstecher aus. Er stach treffliche Ansichten von Venedig, nach Canale u. A., auch einige biblische Darstellungen, nach Pittoni, Varotti, Solimena u. s. w.

Berchem, Nicolaas, gewöhnlich **Berghem** geschrieben, — einen Beinamen, den er erhalten haben soll, als er, von seinem Vater verfolgt, der ihn wegen eines Vergehens züchtigen wollte, zu seinem, ihm sehr wohl wollenden Lehrer van Goyen geflüchtet und von diesem mit den seinen Mitschülern zugerufenen Worten: „Berg hem", d. h. „verbergt ihn!", in Schutz genommen worden — geb. 1624 zu Haarlem, gest. daselbst 1683, der Sohn eines mittelmässigen Malers, Pieter Klaasze, war ein ausgezeichneter Maler und Kupferätzer. Als seine Lehrer werden genannt: sein Vater, der oben genannte Jan van Goyen, Klaas Moyaert, Pieter Fransz. de Grebber, Jan Wils (dessen Tochter er später heirathete) und namentlich Jan Baptist Weenix. Von seinen Lebensumständen ist wenig, ihn als Künstler näher Charakterisirendes bekannt; nur soviel weiss man, dass er unermüdlich thätig gewesen, wovon indessen seine zahlreichen noch vorhandenen Werke das beste Zeugniss ablegen, und meistens auf dem Lande in dem Schlosse Benthem gewohnt. Doch scheint er auch Italien besucht zu haben, wie insbesondere aus der Wahl seiner Formen, die meistens jener südlichen Natur, seltener seiner Heimath entnommen sind, und dem idealen Style seiner Landschaften zu schliessen sein dürfte.

Berghem als einer der Hauptrepräsentanten jener Gattung von Hirtenbildern, die, in nächster Beziehung zu der in jener Zeit so sehr beliebten bukolischen Poesie, ruhige mehr oder minder ideale Zustände, den Einklang des Natur- und Menschenlebens in einer durch den kunstreichen Glanz und Duft der Landschaften, insbesondere der Lüfte, erhöhten Stimmung schildern, ist der Theokrit der niederländischen Maler genannt worden, und er hat auch im Genre der Idyllen, welche meistens den Mittelpunkt seiner landschaftlichen Darstellungen bilden, mit überraschender Vielseitigkeit des Talents, die verschiedenartigsten Gegenstände zu behandeln gewusst. Denn bald sind es Hirtinnen, die ihre Heerden neben Ruinen weiden, Vieh durch oder an das Wasser treiben, oder mit sonstigen ländlichen Arbeiten: Melken, Waschen, Flachsrösten, Spinnen beschäftigt sind; bald Hirten, den Geschäften des Ackerbau's obliegend oder sich mit ihren Geliebten und Frauen den Vergnügungen des Landlebens beim Schall der Flöte hingebend; bald Reisende, in unwirthbarer Gegend mit Gefahren kämpfend, oder zur Herberge einkehrend; bald Jäger und Jagdzüge, bald Personen der höheren Poesie oder des alten Testaments, der Mythologie oder Geschichte, welche sich in seinen reichpoetischen, namentlich im Duft der Ferne unübertrefflichen Landschaften bewegen. Auch pflegte er nicht selten sogenannte Jahres- und Tageszeiten, oder Ansichten bestimmter Gegenden zu malen. Alle diese Darstellungen zeichnen sich durch die Einfachheit und Grösse der Auffassung, die Poesie der Erfindung und Beleuchtung, durch das malerische Gefühl für Anordnung und den reichen Wechsel der Formen und Gruppirungen, sowohl im Landschaftlichen als Figürlichen, durch das Leben und die Grazie seiner menschlichen Gestalten, und der mit ihnen zusammengruppirte Thiere aus. Mit diesen Vorzügen verbinden seine Bilder eine äusserst kräftige, helle und durchsichtige, meist warme Färbung, Haltung und Harmonie des Lichts, des Schattens und der Farbe, eine feine Luftperspektive und eine eben so zarte und leichte als fleissige Behandlung. Dagegen vermisst man in ihnen zum Oefteren die nothwendige Unbefangenheit und Naivität, und es tritt dafür zuweilen in seinen Landschaften ein Haschen nach bestimmten Reizen, und in den novellenartigen Staffagen ein zu absichtliches Streben, den prosaischen Verhältnissen des Lebens idyllische Zustände gegenüber zu stellen, hervor. Namentlich in den Bildern aus der letzten Zeit seines Lebens blickt das Manirirte und Einförmige in seinen Menschen und Thieren recht auffallend heraus.

Gemälde von Berghem, die schon zu seinen Lebzeiten sehr theuer bezahlt wurden und nach seinem Tod noch bedeutend im Preise stiegen, findet man in allen Gallerieen. Das Museum zu Berlin enthält deren fünf, die Beispiele für seine sämmtlichen Darstellungsweisen geben. Besonders gut ist dieser Meister auch in der Gallerie zu Dresden vertreten. Andere treffliche Bilder von ihm sieht man, ausser den verschiedenen Gallerieen seines Vaterlandes, welche viele seiner Hauptwerke verwahren, sowie der grossen Anzahl derjenigen, welche sich in den Staats- und Privatsammlungen Englands befinden, in der Pinakothek zu München, im Louvre zu Paris, in der k. k. Gallerie zu Wien u. s. w.

Berghem hat auch sehr geistreich in Kupfer radirt. Seine Nadel bewegte sich frei, leicht und sicher, und nur selten sieht man den Stichel oder die kalte Nadel angewandt. Unter seine besten Blätter, deren man 56 zählt, und von denen einige sehr selten sind, gehören: die saufende Kuh; die pissende Kuh; die drei ruhenden Kühe; der Hirt, welcher mit seiner Frau spricht; ein Hirt, der auf der Flöte spielt; der Dudelsackbläser (dieses Blatt ist wegen seiner grossen Schönheit unter dem Namen des Diamanten bekannt), und der Mann auf dem Esel oder die Rückkehr vom Felde.

Literatur. Dr. Rathgeber, Annalen der niederländischen Malerei u. s. w. — Bartsch, Le peintre graveur.

Berckmans, Ferdinand, geb. 1803 zu Antwerpen, erhielt seinen ersten Unterricht in der Baukunst von Roeland und Bourla, bildete sich auf Reisen in Preussen, Bayern, Oesterreich, Italien, Frankreich und England, und wurde nach seiner Rückkehr Baumeister der Provinz Antwerpen und 1841 Professor an der königl. Akademie seiner Vaterstadt. Unter seine gerühmtesten, in gothischem Styl ausgeführten Bauten gehören: die Parochialkirche von Borgerhout; das Rathhaus zu Duffel; die Kirche von Brasschaet und die neue Kapelle du Sacre-Coeur in der Kathedrale zu Antwerpen.

Berendes, A., ein Bildhauer, von dem man 1852 auf der Berliner Kunstausstellung das Gypsmodell eines Knaben mit Bogen und Köcher sah, das ein höchst glücklich durchgeführtes Motiv, in Stellung und Ausdruck, eine ungemein jugendliche Anmuth und eine merkwürdige Feinheit in der Behandlung und Zeichnung des nackten Körpers zeigte.

Berends, Heinrich, Zimmermeister aus Hannover, leitete den Bau des im Jahr 1516 vollendeten, 445 Fuss hohen (im Jahr 1842 abgebrannten) Thurms der St. Petrikirche zu Hamburg mit seiner schlanken und zierlichen Backsteinpyramide.

Berg, Gysbertus Johannes van den, geb. zu Rotterdam 1769, gest. daselbst 1817, ein geschickter Zeichner und Miniaturporträtmaler. — Sein Sohn

Berg, Jakobus Everardus Josephus van den, geb. zu Rotterdam 1802, bildete sich unter seinem Vater, unter Herreyns in Antwerpen und später auf Reisen in Italien und Frankreich zu einem tüchtigen Historienmaler, dessen Bilder sich durch die dichterische Erfindung, die Kraft der Darstellung und das harmonische Colorit auszeichnen. Seine bekanntesten Gemälde sind: das schöne Mädchen von Perth; Jacobäa von Bayern; Jan van Schaffelaar und Claudius Civilis.

Berg, Julius, ein der Gegenwart angehöriger schwedischer Landschaftsmaler, der sich namentlich durch seine Mondscheinlandschaften, die an van der Neer erinnern sollen, einen berühmten Namen gemacht.

Berg, Mathias van den, geb. zu Ypern 1615, gest. 1647, ein Schüler von Rubens, war besonders geschickt in der Nachahmung berühmter Meister, namentlich seines Lehrers.

Berg, Simon van den, geb. 1812 zu Overschie bei Rotterdam, ein trefflicher Thier- und Landschaftsmaler, der in seinen sehr geschätzten Bildern eine grosse Auffassung der Natur, Kraft und edlen Styl entfaltet.

Literatur. Immerzeel, De Levens en Werken der Holl. en Vlaam. Kunstschilders u. s. w. Amsterdam 1842.

Bergamasco, Guglielmo, Baumeister und Bildhauer zu Venedig, verfertigte im Jahr 1524 das Grabmal der Herzogin von Ferrara in der Servitenkirche, baute 1525 den reizenden Palast der Camerlinghii neben Ponte Rialto und 1530 die Capelle Emiliana bei S. Michele zu Venedig. — Von ihm findet sich auch in S. Giovanni a Paolo ebendaselbst eine Marmorstatue der heil. Magdalena, welche die von Tizian dargestellte Schönheit der weiblichen Form in Stein überträgt und, bei allem Mangel an plastischer Auffassungsweise, doch durch den Reiz der Behandlung anzieht.

Bergamo, Fra Damiano da, Laienbruder von S. Domenico in Bologna, gest. 1549, ist bekannt als ein vortrefflicher Künstler in Arbeiten von zusammengefügten bunten Hölzern, wie er in mehreren Kirchen zu Bergamo, in dem Täfelwerk des Chors von S. Domenico zu Bologna, in seinen historischen Darstellungen in Täfelwerk in S. Pietro zu Perugia, angeblich nach Raphael's Zeichnungen, in mehreren bildlichen Darstellungen nach Vignola's Zeichnungen für den Governatore von Bologna, Franc. Guiciardini, und einem, von Samuel gesalbten David, nach einer Zeichnung des Franc. de' Salviati für den Cardinal Salviati ausgeführt, u. s. w. bewies.

Bergen, Dirk van, geb. 1645 zu Haarlem, gest. um 1689, ein Schüler von Adriaan van de Velde, malte Thiere und Landschaften im Geschmack seines Lehrers und machte sich in seinen früheren Bildern dessen treffliche Darstellungsweise, wenn auch nicht in Leichtigkeit des Baumschlags und in der Wirkung, so doch in Wärme des Tons und in Sorgfalt der Ausführung, ziemlich zu eigen; seine späteren Arbeiten zeigen aber weniger Feinheit im Geschmack und der Zeichnung und einen dunkleren Ton der Färbung. Von seinen nicht sehr seltenen Bildern besitzen die Gallerieen von Berlin, Dresden, Frankfurt, Wien schöne Exemplare.

Berger, Daniel, geb. 1744 zu Berlin, ein Schüler seines Vaters und des berühmten G. F. Schmidt, 1787 zum Professor der Kupferstecherkunst ernannt, und 1824 als Vicedirektor der k. Akademie seiner Vaterstadt gestorben, war einer der fruchtbarsten Kupferstecher mit der Nadel und dem Grabstichel. Für seinen vorzüglichsten Stich hält man: den Tod des General Schwerin, nach J. C. Frisch.

Berges, Heinrich, ein tüchtiger Bildhauer, der im besten Lebensalter im Jahr 1852 zu Rom starb, war ein Schüler Rauch's und Mitglied der königl. Akademie der Künste zu Berlin. Seine hauptsächlichsten Werke sind: ein sitzender Knabe, der einen todten Vogel betrauert, lebensgross in Marmor; ein Mädchen mit einem Papagei in Bronze; eine grosse Marmorgruppe, Amor und Psyche; die Marmorstatue eines Mädchens, welches beim Ablegen des Gewandes vor dem Bade in die Ferne blickt und die im Auftrag der Akademie ausgeführte kolossale Büste seines Lehrers Rauch.

Berggren, geb. 1792, schwedischer Geschichtsmaler, von dem man u. A. einen Marcus auf den Ruinen von Karthago kennt.

Berghe, Augustinus van den, geb. 1757 zu Brügge, bildete sich unter Garemyn und seinem Landsmann Suvée zu Paris, und erlangte als Porträt- und Historienmaler einen geachteten Namen. Für seine bedeutendsten künstlerischen Erzeugnisse hält man: die Vision des heil. Antonius von Padua in der Frauenkirche seiner Vaterstadt; Venus, den Tod Adonis beweinend, und besonders seinen Oedipus, der ihm den ersten der von der Akademie zu Gent angeordneten Concourspreise einbrachte.

Berghe, Pieter van den, ein holländischer Zeichner und Kupferstecher, geb. zu Amsterdam, und daselbst, zu Hamburg und Paris am Ende des 17. Jahrhunderts, thätig, stach mehrere Blätter in Schwarzkunst nach seinen eigenen Zeichnungen und nach andern Meistern. Zu seinen besten Arbeiten zählt man: Elephant und Nashorn 1686; Bildniss der dänischen Prinzessin Friederike Amalie; die h. Theresia, nach G. D. Lar u. s. w.

Berghem, siehe **Berchem.**

Bergler, Joseph, Bildhauer und Maler, geb. 1718 in Tyrol, erhielt seine künstlerische Ausbildung auf der Akademie zu Wien, wo er 1750 den ersten Preis erhielt, übte seine Kunst hierauf zuerst in Salzburg, dann in Schellenberg und starb 1788 als Hofstatuar zweier Fürstbischöfe in Passau. Seine vorzüglichsten Werke sind in Salzburg: Christus im Grabe, mehrere Passionsscenen und einige Statuen des Nepomuk. Namentlich beschäftigte er sich aber mit Grabmonumenten und dem figürlichen und ornamentalen Schmuck von Schlössern und Palästen, wie man noch heute in Passau, Wien u. s. w. sieht.

Bergler, Joseph, der Sohn des Vorigen, geb. 1753 zu Salzburg, bildete sich unter Anleitung seines Vaters und von 1776—86 in Italien, unter Knoller zu Mailand und Maron zu Rom, wo er 1784 für seinen Simson den grossen Preis der Akademie zu Parma erhielt, zu einem s. Z. sehr gerühmten Historienmaler aus. Nach seiner Rückkehr ins Vaterland wurde er von dem Kardinal Auersberg zu seinem Kabinetsmaler und 1795 von dessen Nachfolger, dem Grafen Thun, zum Hoftruchsess ernannt. Er ging aber 1800 zur Errichtung einer neuen Kunstschule nach Prag, woselbst er 1829 als Direktor der letzteren starb. Bergler malte während seines langen Lebens eine äusserst grosse Anzahl von Altarbildern für verschiedene Kirchen Bayerns und Oesterreichs, auch mehrere Darstellungen aus der deutschen und böhmischen Geschichte. Er verfolgte mit strengem Ernst ein grosses, würdiges Ziel, besass eine grosse Gewandtheit der Technik und verband mit einem an klassischen Vorbildern gereiften Geschmack in der Darstellung ein kräftiges blühendes Colorit. Er ätzte auch 314 Blätter nach eigener Erfindung und andern Meistern mit leichter Nadel in Kupfer.

Literatur. Hormayr's Archiv, Jahrg. 1823. — Meusel, Teutsches Künstlerlexikon.

Bergmann, Ignaz, geb. 1797 zu München, bildete sich auf der Akademie seiner Vaterstadt unter Langer zum Maler und unter Strixner zu einem vorzüglichen Lithographen aus. Er malte Porträts in Oel, zeichnete sich aber namentlich durch seine trefflichen Lithographien aus, von denen die sterbende Maria, nach J. Schoreel; die Anbetung der Könige, nach J. Schwarz; der Marktplatz zu Nürnberg; die Kathedrale zu Rheims und der Dom zu Antwerpen, nach Quaglio; der h. Norbert nach B. von Orley u. s. w. besonders gerühmt werden.

Bergmüller, Johann Georg, geb. 1688 zu Dirkheim in Bayern, gest. 1762 als Direktor der Akademie und bischöflicher Kabinetsmaler in Augsburg, erlernte die Kunst bei Andr. Wolf, bildete sich aber vorzugsweise nach C. Maratti zu einem tüchtigen Techniker in der Oel- und Frescomalerei aus, wie seine noch vorhandenen Bilder in den Kirchen und Privathäusern Augsburgs und der Umgegend beweisen. — Sein Sohn Joh. Baptist, geb. 1724, gest. 1785, war ebenfalls Maler, seine Gemälde stehen jedoch denen des Vaters nach.

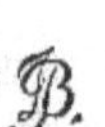

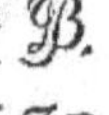

Berini, ein noch lebender Steinschneider zu Mailand, dessen Cameen an Reinheit der Zeichnung, Kühnheit der Ausführung und trefflicher Behandlung des Materials den Antiken gleich kommen. Zu seinen Meisterwerken zählt man einen Caracalla in Topas geschnitten; Cimon und Pero, eine erhabene Gruppe in gelbem Achat, nach einem Gemälde von Guido Reni; Sappho, eine Camée in Agathonix; eine Charitas, in Onyx und einen Kopf der Andromeda nach der Antike in weissem Topas. — Seine Tochter, Anna, ist Miniaturmalerin und Bildhauerin.

Berka, Johann, geb. 1758, ein Kupferstecher zu Prag, der sich in Saltzers Schule bildete und eine bedeutende Anzahl von Porträts, Vignetten und Prospekte stach.

Literatur. Dlabacz's, allgemeines historisches Künstlerlexicon für Böhmen.

Berkel, Theodor Victor, zu Herzogenbusch geb. 1739, gest. 1808 ebendaselbst, ein geschickter Medailleur, dessen Arbeiten von Kunstkennern sehr geschätzt werden.

Berkhauser, Hieronymus, 1597—1687, bekannt durch eine Denkmünze, die er auf den Nürnberger Rathhausbau schnitt.

Berkheyden, Gerard, geb. 1645 zu Harlem, gest. 1698, malte vorzügliche, mit hübschen, lebendigen Figuren, staffirte Architekturstücke, von denen insbesondere seine Trajanssäule im Louvre zu Paris, mehrere Prospekte in der Sammlung von H. T. Hope in London, seine Ansicht des Rathhauses zu Amsterdam im Museum daselbst und einige Bilder in der Dresdner Gallerie gelobt werden.

Berkheyden, Job, der Bruder des Vorigen, geb. 1637 zu Harlem, malte namentlich landschaftliche Darstellungen mit vieler Naturwahrheit. Er lebte einige Zeit mit seinem Bruder am Hofe des kunstliebenden Churfürsten von der Pfalz zu Heidelberg, wo beide in Gemeinschaft für diesen Jagden, Hoffeste und dergl. ausführten. Reichlich beschenkt ins Vaterland zurückgekehrt, starb er 1693. Job malte auch ländliche Feste in David Teniers Manier und Bildnisse. Im Berliner Museum sieht man von ihm eine Winterlandschaft, im Städelschen Institut zu Frankfurt Ansichten einzelner Gebäude von Amsterdam mit Umgebung. — Das Museo fiorentino enthält sein Porträt im Stich.

Berkmans, Hendrik, geb. 1629 zu Klundert bei Willemstad, gest. 1690, ein Schüler von Wouverman, Bossaert und Jordaens, malte Historien, namentlich aber treffliche Porträts und sogenannte Schützengesellschaften, Bildnisse ganzer Corporationen in malerischer Zusammenstellung.

Berlinghieri, Bonaventura, ein Maler aus Lucca, von dem sich ein höchst interessantes Gemälde auf Goldgrund, den h. Franciscus darstellend, mit der Namensunterschrift und der Jahrszahl 1235 im Castello di Giuglia der Marchesi Monte Cuculi bei Modena befindet.

Literatur. Ridolfi, Sopra i tre piu antichi dipintori Lucchesi. Lucca 1845.

Berlinghieri, Camillo, Maler und Kupferätzer, geb. zu Ferrara 1596, gest. 1635, war ein Schüler von Carlo Bononi. Es werden von ihm mehrere Bilder, die er in seiner Vaterstadt und in Venedig, woselbst er il Ferraresino hiess, lobend erwähnt. Man will von ihm mehrere Blätter geistreich radirter Landschaften besitzen, die Bartsch in seinem „Peintre graveur“ verzeichnet.

Berna, siehe **Barna.**

Bernard van Brüssel, siehe **Orley.**

Bernard, Johann, geb. 1784 zu Wien, Kupferstecher, lieferte treffliche Blätter in Schwarzkunst, unter denen namentlich die Lautenspielerin nach Caravaggio rühmend genannt wird.

Bernard, Joseph, Maler und Kupferstecher in Schwarzkunstmanier, der um 1700 in Frankreich lebte. Zu seinen besten Blättern zählt man die Geburt des Heilandes, nach Rembrandt.

Bernard, Salomon, le petit, siehe **Salomon.**

Bernard, Samuel, Miniatur- und Gouachemaler, Kupferstecher und Aetzer, geb. zu Paris 1615, gest. daselbst 1687, war ein Schüler von S. Vouet. Unter seine besten Blätter rechnet man: Petrus und Paulus erscheinen dem Attila, nach Raphael; Astyanax wird von Ulysses entdeckt, nach Bourdon; das Bildniss des Louis Guesnier.

Bernardi, Jacopo, ein zu Verona geborener und zu Venedig lebender Kupferstecher, der sich in R. Morghen's Schule ausbildete. Gerühmt werden unter seinen Blättern besonders Christus und die Jünger zu Emmaus, nach Appiani, und Maria mit dem Kinde, nach Leonardo da Vinci.

Bernardi, Giovanni, da Castel Bolognese, geb. 1495, gest. 1555 zu Faenza, ein ausgezeichneter Krystall-, Edelstein- und Stempelschneider, dessen Werke sehr hoch geschätzt werden. Er schnitt verschiedene Medaillen in Stahl, u. A. das Bildniss des Herzogs Alfonso von Ferrara, mit der Gefangennehmung Christi auf der Rückseite; das Porträt des Papstes Clemens VII., auf dessen Kehrseite er Joseph, wie er sich seinen Brüdern zu erkennen gibt, darstellte; das Porträt Kaiser Karl V. und das der Margaretha von Oesterreich. Unter seinen vertieften Arbeiten in Krystall wurden besonders gerühmt: die vier Evangelisten auf vier runden Krystallen (für Papst Clemens VII. gearbeitet); die Frau des Darius vor Alexander; der Raub der Sabinerinnen, ein Tityus und ein Phaëton, nach Zeichnungen Michelangelo's (für den Kardinal Hippolyt von Medici ausgeführt); ein Christus am Kreuz, und auf sechs runden Krystallen für zwei silberne Leuchter: Scenen aus dem Leben Christi (von ihrem Besteller, dem Kardinal Farnese, nachmals der Peterskirche geschenkt.) Ferner Darstellungen aus der Mythologie in ovalen Krystallen auf einem Silberkästchen, nach Zeichnungen von Perin del Vaga (gegenwärtig in den Studj zu Neapel); Scenen aus der Passion Christi (für denselben Kardinal gearbeitet) u. s. w.

Bernardo, siehe **Gamberelli, Bernardo.**

Bernatz, Martin, geb. 1802 zu Speyer, bildete sich von seinem 25. Jahre an, nachdem er vorher das Gewerbe eines Kaminfegers betrieben, dasselbe aber aus Gesundheitsrücksichten hatte aufgeben müssen, auf der k. Akademie in Wien zum Maler aus. Er malte anfänglich Architekturen und Prospekte, machte sodann mit Hofrath Dr. Schubert eine Reise nach Palästina und zeichnete dort Ansichten der interessantesten Orte, die er 1838 mit erläuterndem Text seines Begleiters herausgab. Seither lebt er als Landschaftsmaler in München und man sieht von ihm auf den Ausstellungen hübsch gemalte landschaftliche Bilder, die Früchte seiner Reisestudien. Die Zeichnungen der von ihm lithographirt und zum Theil in Farbendruck edirten Ansichten aus dem Orient sind sehr naturwahr und geistreich ausgeführt.

Bernazzano, Cesare, ein Mailänder von Geburt und wahrscheinlich ein Schüler des Leonardo da Vinci, blühte um 1536. Er soll sich nur wenig mit der Darstellung menschlicher Gestalten abgegeben, dagegen in der Landschaftsmalerei eine ausserordentliche Naturwahrheit erreicht und sich desshalb mit seinem Freunde Cesare da Sesto verbunden haben, dem er die landschaftlichen Hintergründe zu seinen Bildern malte. Auf einem trefflichen Gemälde von Cesare da Sesto, die Taufe Christi darstellend, in dem Hause des Duca Scotti zu Mailand, ist die reiche und sehr ausgeführte Landschaft von Bernazzano. Auch die Landschaft eines Bildes im Louvre zu Paris: der sitzende Bacchus, scheint die Landschaft von der Hand des Bernazzano zu sein.

Bernhardt, Joseph, geb. 1805 zu Theuern bei Amberg, kam mit seinen Eltern im Jahr 1816 nach München, erhielt hier den ersten Unterricht im Zeichnen und besuchte, da er sich zum Maler ausbilden wollte, seit 1822 die Akademie. Nach dem bald darauf erfolgten Tode seines Vaters musste er aber seine Studien aufgeben und sich mit Unterricht im Klavierspielen seinen Lebensunterhalt verdienen. Ungeschwächt erhielt sich jedoch seine Begeisterung für die Kunst aufrecht und nachdem er sich während eines neunjährigen Musikunterrichts eine hinreichende Summe erspart, wandte er sich derselben, und zwar seinem Lieblingsfach, der Porträtmalerei, wieder mit nur um so grösserer Liebe zu. Copien nach Porträts von Stieler machten ihn mit diesem trefflichen Bildnissmaler bekannt, unter dessen Leitung er sieben Jahre arbeitete und, da sein Lehrer ihm keinen der durch Studium und Erfahrung errungenen Vortheile vorenthielt, gar bald eine grosse Meisterschaft erreichte, deren Ruf es ihm möglich machte, im Jahr 1837 selbst eine Malerschule zu eröffnen, aus der zahlreiche und tüchtige Künstler hervorgingen. Seine Bildnisse zeichnen sich bei hübscher Auffassung und geschmackvoller Anordnung, durch sprechende Aehnlichkeit, naturwahre Farbe und zierliche Ausführung aus.

Bernieri, Antonio, genannt **da Correggio**, geb. 1516, ein von seinen Zeitgenossen hoch geschätzter Miniaturmaler, stammte aus einer edlen Familie und erhielt durch seinen grossen Landsmann Allegri den ersten Unterricht in der Kunst. Nach dessen frühzeitigem Tod begab er sich nach Venedig in Tizian's Schule und von da nach Rom. Nach Venedig zurückgekehrt, verheirathete er sich daselbst und trieb dort seine Kunst, siedelte aber, von melancholischen Gedanken gequält, 1563 in sein Vaterland über, wo er 1564 starb.

Berninck, H., von Amsterdam, ein sehr geschickter Blumen- und Früchtemaler, der sich besonders nach van Huysum bildete und zu Ende des vorigen Jahrhunderts blühte.

Berningroth, Martin, in der Grafschaft Mansfelden geb. 1670, gest. 1733 zu Leipzig, war ein äusserst fruchtbarer Kupferstecher, von dem man über 1600 Blätter, meistens Bildnisse, zählt. — Johann Martin, sein Sohn, geb. 1713, gest. 1767, stach ebenfalls eine Menge Bildnisse.

Bernini, Giov. Lorenzo, berühmter Baumeister, Bildhauer und Maler, geb. 1599 zu Neapel, wo sein Vater, Pietro Bernini, als Bildhauer thätig war, gest. 1680 zu Rom, genoss bei Letzterem den ersten Unterricht in der Kunst und machte darin so reissende Fortschritte, dass er schon in seinem zehnten Jahre einen wohlgelungenen Engelskopf, in Marmor ausgeführt, zu Stande brachte, und in Rom, wohin sein Vater im Jahr 1608 übersiedelte, mit einigen Büsten, worunter die des Papstes, mehr aber noch mit seiner, im noch nicht zurückgelegten 18. Jahre gefertigten Gruppe des Apollo und der Daphne (in der Villa Borghese zu Rom), einem Werke von unübertrefflicher Vollendung der Ausführung*, durch die Frühreife seiner Meisterschaft allgemeines Aufsehen erregte. Diese reichen Gaben der Natur und die Beweglichkeit eines höchst erfindungsreichen Talentes, das sich mit gleicher Befähigung und beinahe noch grösserem Erfolge auch der Baukunst widmete, wurden durch äussere glückliche Umstände, durch grossartige Aufträge, durch die ununterbrochene Gunst der Päpste so gefördert und gehoben, dass Bernini, sowohl durch seine eigene resultatreiche und glanzvolle Thätigkeit in zwei Kunstzweigen während seines langen Lebens, als vermöge seiner Stellung an der Spitze aller grossartigen Kunstunternehmungen des römischen Hofes auf die Kunst und die Künstler seiner Zeit bestimmend einwirken konnte, ja eine unbegrenzte Herrschaft über sie ausübte. Fast zahllose Architekturwerke entstanden durch ihn und über hundert Marmorgruppen und Statuen giengen aus seinem Atelier hervor. Er vergab alle öffentlichen Arbeiten und nach ihm bildete sich desshalb nicht nur eine fast unzählige Schaar von Bildhauern, sondern er hatte auch unter den Malern viele Schüler und Nachahmer, die um seine Gunst buhlten.

Diesen zwingenden Einfluss auf seine künstlerischen Zeitgenossen und Nachfolger verdankte Bernini zunächst seinem Genie und leichtbeweglichen Talente, sich der Strebungen der Zeit zu bemächtigen und sie in Marmor ausführen zu können. Dem rückhaltlosesten Naturalismus sich hingebend, ging er darauf aus, die gesteigerte Erregtheit der Affekte, den exstatischen, durch die Lebhaftigkeit der Geberden und Körperbewegungen versinnlichten Gefühlsausdruck in der Plastik darzustellen, und mit allen Mitteln einer eben so kühnen, als ausgebildeten Technik eine Naturwahrheit zu erreichen, welche jene Gluth der Empfindung dem Beschauer unmittelbar nahe zu rücken geeignet ist. Da jedoch seine Begeisterung nicht der freie Erguss der schaffenden Künstlerseele war, sondern mehr als eine künstliche Erhitzung des Verstandes erscheint, so verrathen seine Darstellungen durchweg eine gewisse reflektirende Absichtlichkeit, tragen ein mehr oder minder affektirtes Gepräge; da er ferner nur den gröberen Sinn zu befriedigen bestrebt war, so trat bei ihm an die Stelle von Grazie und Schönheit ein gesuchter koketter Liebreiz und wo er empfindsam werden will, ist seine Sentimentalität die einer Buhldirne. Man kann sagen, dass er die Schattenseiten der Darstellungsweise des Correggio, die stimulirte Erhitzung des Gefühls, die gesuchte Grazie und die rundlichen fleischigen Körperformen bis zur Carrikatur übertrieb. Dabei trieb ihn sein Streben nach Pathos und Bewegung zu einer malerischen Behandlungsweise, welche nicht selten zu einer völligen Auflösung der der Plastik eigenthümlichen Darstellungsgesetze führte. Seine männlichen Charaktergestalten sind gewöhnlich von einem gemeinheroischen Ausdruck und haben eine prahlerische Muskulatur, die nicht das Ergebniss wahrer elastischer Kraft ist, sondern an aufgedunsene Bälge erinnert; die üppigen Fleischmassen seiner Weiber verhöhnen das Schönheitsgefühl und dem Fleisch selbst gab er ein weiches Fett, das allen wahren Gliederbau unsichtbar macht und durch seine glänzende Politur vollends widerlich wird; seine Gewänder, die an der Bewegung der affektvollen Motive Theil nehmen müssen, sind in malerischen Massen componirt und haben einen ungemein manierirten Faltenwurf. Dagegen ist Bernini in der Behandlung der Stoffe, worin er alles leistete, was die Skulptur überhaupt zu leisten vermag, unübertrefflich und seine Bildnisse sind meistens ausgezeichnete Arbeiten.

* Abgebildet in den Denkmälern der Kunst. Atlas zu Kuglers Handb. der Kunstgesch. Taf. 92, Fig. 1.

In der Architektur erscheint Bernini als der unbestrittene Hauptrepräsentant des sogenannten Barockstyls, jener Ausschweifung des architektonischen Geschmacks, der die antiken Säulenordnungen, Gebälke, Giebel u. s. w., mit fremden und abentheuerlichen Formen, geschwungenen und gebrochenen Linien vermischt und überladen, mit der grössten Willkühr auf dekorationsmässige Weise verwendete. Obgleich dieser Styl einer Scheinarchitektur, in welcher, bei einer unverkennbaren Hohlheit des Gefühls, oft eine eigenthümliche Grossheit des Sinns zum Vorschein kommt, mit seiner sonstigen Kunstweise ganz im Einklang stand, so befleissigte er sich in seinen vielen Bauten doch meistens einer grösseren Einfachheit und Mässigung als seine Zeitgenossen und Nachfolger, ja er legte in manchen derselben recht deutliche Beweise seines ausgezeichneten Talentes an den Tag.

Unter den ersten Sculpturen, die Bernini in Rom öffentlich ausstellte, befanden sich: der heil. Laurentius auf dem Rost; die Gruppe des Aeneas, der den Anchises trägt; David, im Begriff den Stein gegen den Riesen zu schleudern, wobei er in dem Kopf des Helden sich selbst porträtirte, und die erste seiner grösseren Arbeiten, womit ihn sein Hauptgönner, Papst Urban VIII., der ihn auch in den Ritterstand erhob, beauftragte, war das kolossale gegen 90 Fuss hohe bronzene Tabernakel über der Gruft des heil. Petrus in der Peterskirche zu Rom, ein imponirendes, aber affektirtes Dekorationswerk, zu dem das Material aus der Decke der Vorhalle des Pantheons genommen wurde und wofür Bernini vom Besteller 22,500 Scudi (circa 48,000 Gulden rhein.) und noch ein ausserordentliches Donativ von 10,000 Scudi erhielt. Hierauf versah er die vier Kuppelpfeiler der Peterskirche mit Nischen, in welche Statuen zu stehen kamen, von denen indessen nur eine, der heil. Longinus, von seiner Hand herrührt. Im Jahr 1629, nach C. Maderno's Tod zum Baumeister der Peterskirche ernannt, begann er den Bau der Glockenthürme zu beiden Seiten der Façade, die indessen wegen schlechter Fundamentirung während des Baues wieder abgetragen werden mussten. Sein Hauptbauwerk besteht indessen in den (zwar erst 1667 angelegten) mächtigen Säulengängen, welche den Platz vor der Peterskirche einschliessen und einen prächtigen und grossartigen Eindruck gewähren. Andere Architekturen, welche man von ihm rühmt, sind: der Palast Barberini, an welchem man besonders das Erdgeschoss und die Treppe bewundert; der Pal. Bracciano; die kleine Kirche S. Andrea *, für das Noviziat der Jesuiten errichtet, auf dem Quirinal zu Rom; die Scala Regia des vatikanischen Palastes und verschiedene kleinere Kirchen, Kapellen in Rom und dessen Umgebung. Ferner führte er die Grabmäler Urban VIII. und Alexander VII. in der Peterskirche; die Kathedra des h. Petrus mit den vier Kirchenlehrern im Chor von St. Peter, und den Hauptbrunnen auf der Piazza Navona aus. Zu seinen vorzüglichsten Sculpturarbeiten zählt man, ausser den angeführten und einer grossen Anzahl trefflicher Büsten: den Raub der Proserpina ** (in der Villa Ludovisi); die Reiterstatue Konstantin des Grossen (in der Vorhalle der Peterskirche); die Verzückung der heil. Therese ***, eine Gruppe, in welcher die Heilige in hysterischer Ohnmacht, mit gebrochenem Blick, auf einer Wolkenmasse liegend, ihre Glieder streckt, während ein lüsterner Engel mit dem Pfeil (hier dem Sinnbild der göttlichen Liebe) auf sie zielt (in der Kirche S. Maria della Vittoria); die selige Lodovica Albertoni, die zu seinen schönsten Arbeiten gehört (in S. Francesco a Ripa); die Statue des Kardinals Belarino (in der Kirche al Gesù); die heil. Bibiana (in der Kirche dieser Heiligen); den Triton (auf der Piazza Barberini); den heil. Sebastian (in S. Sebastiano); die Wahrheit; Habakuk, vom Engel an den Haaren erfasst; Daniel in der Löwengrube; den heil. Hieronymus und Maria Magdalena (für die Kapelle Chigi im Dome zu Siena). Von den Engelsfiguren auf der Ballustrade der Engelsbrücke, die ganz zärtlich mit den Marterwerkzeugen kokettiren, ist nur der Engel mit der Kreuzinschrift von ihm, die anderen rühren von seinen Schülern her. Eine Reiterstatue von ihm, Ludwig XIV., vorstellend, wie er den Berg des Ruhmes

* Abgebildet in den Denkmälern der Kunst. Atlas zu Kuglers Handb. der Kunstgesch. Taf. 91, Fig. 2.
** Ebendaselbst. Taf. 92, Fig. 2.
*** Ebendaselbst. Taf. 92, Fig. 3.

hinanreitet, soll später von einem französischen Bildhauer in einen Curtius umgewandelt worden sein. — Ausser diesen zahlreichen Arbeiten im Gebiete der Architektur und Sculptur soll Bernini noch gegen 200 Gemälde, in Darstellungen aus der biblischen und Profangeschichte, aus der Mythe und in Bildnissen bestehend, gefertigt haben, die sich in verschiedenen Kabinetten, besonders in Italien, befinden.

Bernini, schon frühe mit dem Kreuz des Christusordens dekorirt, genoss in seinen späteren Jahren fürstliches Ansehen. Er war der Günstling aller Päpste, die während seines Lebens regierten, wurde von ihnen, sowie von der sich seiner Zeit zu Rom aufhaltenden Königin Christine von Schweden, zum Oeftern sammt ihrem Hofstaate in seiner Wohnung besucht und andere europäische Fürsten rissen sich um die Ehre, Werke von ihm zu besitzen, denn er galt ohne Frage für den grössten damals lebenden Künstler. Ludwig XIV. konnte nur mit grossen Mühen erlangen, dass er sich nach Paris zu ihm verfügte, um sein Porträt in Marmor auszuführen und Pläne für das Louvre zu entwerfen (die aber später denen des Perrault weichen mussten); Philipp IV., König von Spanien, bestellte bei ihm ein kolossales Krucifix für die königl. Grabkapelle und König Karl I. von England liess von ihm sein Porträt nach einem Bilde von Van Dyck und das Bildniss seiner Gemahlin in Marmor ausführen. Bernini verstand auch diese Gunstbezeugungen und Bestellungen zu benützen: er hinterliess nach seinem Tode ein Vermögen von mehr denn 400,000 Scudi.

Literatur. Dom. Bernini, La Vita del Bernini, Roma 1713. — Fil. Baldinucci, La Vita del Bernini. — Bern. de Dominici, Vite dei Pittori, Scultori ed Architetti Neapolitani. Napoli 1840. — Cicognara, Storia della scultura italiana. — Quatremère de Quincy, Dictionnaire historique d'Architecture. — Museo fiorentino, woselbst auch sein Porträt im Stich. — Kugler, Handbuch der Kunstgeschichte. — J. Burckhard, der Cicerone.

Bernini, Pietro, Maler und Bildhauer, der Vater des Vorigen, geb. 1562 zu Florenz, arbeitete nicht ohne Glück und Anerkennung von Seiten des Vicekönigs zu Neapel, wo man in mehreren Kirchen Werke von ihm sieht, zog aber später, für die Päpste Paul V. und Urban VIII. beschäftigt, nach Rom, wo er 1629 starb. Seine Arbeiten sprechen durch eine gewisse ernste Einfalt ungemein an.

Bernward, Bischof von Hildesheim, gest. 1022, wird nicht nur als mächtiger Förderer des deutschen Kunstbetriebs seiner Zeit, sondern auch als selbstthätiger Künstler gerühmt. Er war Maler und Bildgiesser und es wird eine namhafte Anzahl von Prachtgeräthen angeführt, die er selbst gearbeitet, worunter namentlich ein Kreuz (das noch heute in der Magdalenkirche zu Hildesheim gezeigt wird) von 20 Zoll Höhe, mit Goldplatten bedeckt und mit einer Menge von Edelsteinen und Perlen, sowie mit zierlicher Filigranarbeit geschmückt. Zwei Leuchter (in derselben Kirche) aus Gold und Silber, mit zierlichem Rankengeflecht und figürlichen Darstellungen verziert, wurden, der Inschrift zufolge, unter seiner Leitung von seinem Lehrling gegossen. Als Baumeister wird ihm die Leitung des Bau's des Michaelisklosters und der Kapelle des heiligen Kreuzes zu Hildesheim zugeschrieben.

Berré, Jean, Baptist, geb. zu Antwerpen 1777, gest. zu Paris 1828, war ein geschickter Thiermaler. Er malte meistens lebendes und todtes, zahmes und wildes Vieh, sowie Landschaften mit Vieh.

Berrettini, Pietro, genannt **Pietro da Cortona,** Maler und Baumeister, geb. 1596 zu Cortona, gest. 1669 zu Rom, erhielt den ersten Unterricht in der Kunst durch seinen Oheim Filippo Berrettini, bildete sich aber im Colorit nach Andrea Comodi, der längere Zeit in Cortona beschäftigt war, und ging mit diesem nach Florenz und von da mit seinem Oheim nach Rom, wo er die Werke Raphael's, Michelangelo's, Polidoro's, die Antiken und besonders die Reliefs der Trajanssäule fleissig studirte und in vertrauter Freundschaft mit Biagio Carpi lebte, der viel zur Vollendung seiner Kunstbildung beitrug. Die ersten grösseren Gemälde, welche er in Rom gefertigt, verschafften ihm in der Person des Kardinals Sacchetti einen Gönner, der ihm die Ausführung eines Theils der Fresken in der Kirche S. Bibiana, durch die Berrettini über einen der gefeiertsten Maler damaliger Zeit, Agostino Ciampelli, den Sieg davon trug, verschaffte, und ihn dem Papst Urban VIII. empfahl, der ihm die Deckengemälde eines grossen Saales im Pal. Barberin übertrug, die an plastischem Hervortreten, Kraft und Zartheit der Tinten mit jedem Oelgemälde wetteifern und für das Hauptwerk seines Lebens gelten. Nachdem er hierauf mehrere andere Fresken und Oelgemälde, worunter eine Kreuzabnahme, einen Raub der Sabinerinnen, eine Alexandersschlacht, auch die Cartons zu den Mosaiken der Kuppel der Peterskirche vollendet, ging er nach Florenz, wo er für den Grossherzog Ferdinand II. im Pal. Pitti nach den Anleitungen des gelehrten Michelangelo Buonarotti des Jüngern fünf Säle mit Fresken allegorischen, mythologischen und geschichtlichen Inhalts schmückte, aber, erzürnt über eine ihm zugefügte Beleidigung, rasch nach Rom zurückkehrte, ohne den sechsten, ihm übertragenen Saal gemalt zu haben. In Rom entfaltete er nun, sowohl in Beziehung auf die grosse Menge von Oel- und Frescomalereien, die er ausführte, und von denen wir nur die Deckengemälde in der Chiesa nuova zu Rom, die Gallerie im Pal. Pamfili auf Piazza Navona mit Scenen aus der Aenäide nennen wollen, als auf die grosse Schule, die er bildete, und die Schüler, die sich um ihn schaarten, eine glänzende Wirksamkeit, durch welche jene manieristische Verflachung in der Kunst der Malerei eingeführt wurde, die es auf ein möglichst rasches und wohlfeiles Ausfüllen grosser Räume absah, daher alles tiefere Eingehen auf die innere Bedeutung der Aufgaben bei Seite setzte, sich dafür mit blendenden und gefälligen Wirkungen auf den äusseren Sinn begnügte und fast das ganze 18. Jahrhundert hindurch dauerte. Berrettini besass eine schöpferische Produktionskraft und ein sehr bedeutendes Talent, allein ohne allen Ernst und alle Tiefe des Geistes, wie er war, fehlt seinen Werken auch jede tiefere gedankenvolle Auffassung des Gegenstandes. Sein ganzes Streben ging darauf aus, durch den Reichthum der Composition, durch grosse Mannigfaltigkeit der Stellungen und Gruppen, durch wirksame Massenkontraste, in der Anordnung, wie in der Haltung, durch eine gewählte Beleuchtung und blühendes Colorit einen reizenden Gesammteffekt hervorzubringen. Für diese Wirkungen gab er willig alle sonstigen, an ein tüchtiges Kunstwerk zu stellenden wesentlichen Erfordernisse preiss. Seine Compositionen sind meistens ohne tiefen Inhalt und dem conventionellen Effekt des Ganzen setzt er alle Wahrheit hintan. Um ja recht reich zu erscheinen, überladet er seine Gemälde mit einer grossen Anzahl gut gruppirter, aber meist müssiger Figuren und um der Gegensätze willen müssen oft die Personen der ruhigsten Handlung darauf sich wie bei gesteigerter Erregtheit der Affekte geberden. Seine Charaktere sind höchst einförmig, wie wenn er für jedes Geschlecht und Alter nur eine Figur und Gesichtsbildung gehabt hätte, die sich in verschiedenen Ansichten und Stellungen wiederholt; seinen Köpfen fehlt es im Allgemeinen an Adel und die seiner Frauen haben einen affektirten, lächelnden Ausdruck, der sie reizend machen soll; seine Zeichnung ist oberflächlich und seine Gewandung hat einen von der Natur entfernten Faltenwurf von ebenfalls einförmigem Charakter. In seinem Vortrag aber offenbart er eine ungemeine Virtuosität, die indessen selbst wieder den Mangel an gründlicher Ausführung zu verdecken hat. Uebrigens hat seine kühne und leichte Darstellungsweise etwas Imponirendes und Bestechendes, und es ist nicht zu verwundern, dass sie in jener Zeit der Abnahme der Kräfte in den italienischen Zuständen überhaupt, wenn auch nicht ganz in dem eigenthümlichen Charakter des Meisters, so doch im Wesentlichen seiner Kunstrichtung, so ausserordentlich schnell die entschiedene Oberherrschaft in ganz Italien bekam. Als seine besten Schüler werden genannt: Ciro Ferri, Franc. Romanelli, Pietro Testa, Luca Giordano, Jacques Bourguignon u. s. w. Die vorzüglichsten Bilder dieses äusserst fruchtbaren Künstlers in europäischen Kabinetten sind: im Museum zu Berlin: Herkules von Liebesgöttern umgeben; in der Gallerie zu Dresden: ein römischer Feldherr vor den Consuln; Merkur mahnt den Aeneas, seine Abfahrt von Karthago zu beschleunigen, und der Kopf eines alten Mannes; in England: in der Gemäldesammlung zu Devonshire: eine vortreffliche Landschaft; in der Gemäldesammlung zu Blenheim: der Raub der Sabinerinnen, eines der ausgezeichnetsten Bilder des Meisters; in der Grosvenorgallerie: Hagar in der Wüste; in der Bildersammlung zu Corshamhouse: Maria in der Herrlichkeit von mehreren Heiligen verehrt; zu Florenz im Pal. Pitti: S. Maria Egiziaca; in der

Pinakothek zu München: die Ehebrecherin mit gebundenen Händen an der Seite eines Wächters; im Louvre zu Paris: Faustulus übergibt der Laurentia Romulus und Remus; die h. Martina, in den Tempel geschleppt, um anzubeten, macht das Zeichen des Kreuzes, worauf ein Theil des Tempels einstürzt und die Götzendiener erschlägt; das auf dem Schoosse der Maria sitzende Christuskind erhält von der heil. Martina Palme und Lilie; Jakob und Esau opfern zur Bestätigung ihrer Versöhnung ein Lamm; die Geburt der Maria; in der Eremitage zu St. Petersburg: die Rückkehr der Hagar; Maria mit dem Kinde und der heil. Martina (eine Wiederholung des Pariser-Bildes); im Museum der bildenden Künste zu Stuttgart: Jesus und die Samariterin am Brunnen (aus der ehemaligen Gallerie Barbini-Breganze zu Venedig); in der Akademie zu Venedig: Daniel in der Löwengrube; in der Gemäldegallerie des Belvedere zu Wien: der bekehrte Saulus wird von Ananias wieder sehend gemacht; Hagar's Rückkehr in Abraham's Haus; Maria mit dem Kinde, dem die h. Katharina den Brautring ansteckt. — Eine namhafte Anzahl von Stechern hat nach den Gemälden dieses Meisters gestochen.

Berrettini war auch als Architekt thätig und zwar wie seine Zeitgenossen in jener dekorativen Weise des Barockstyles, der mit seiner schrankenlosen Willkühr der architektonischen Formen so lange Zeit die Welt beherrschte. Von ihm rühren die Restauration und Façade der Kirche S. Maria della Pace her, für deren gelungene Ausführung er vom Papst zum Cavalier ernannt wurde; ferner Façade und Portikus von S. Maria in via Lata; als sein vorzüglichstes Werk aber scheint er selbst die Kirche S. Luca e Martina* betrachtet zu haben, die er seine Tochter zu nennen pflegte und der er nach seinem Tode sein ganzes aus 100,000 Scudi bestehendes Vermögen hinterlassen hat. Ausserdem entwarf er für Ludwig XIV. (in Conkurrenz mit Bernini und Rainaldi) Pläne zur Beendigung des Louvre, für die er von diesem Monarchen sein mit Diamanten besetztes Bild zum Geschenk erhielt; auch sind in Rom noch verschiedene andere kleinere Architekturen von ihm zu sehen.

Berrettoni, Niccolò, Maler von Montefeltro, geb. 1637, gest. 1682, war einer der besten Schüler C. Maratti's, bildete sich aber später nach Cantarini und suchte in der Nachahmung Guido Reni's und Correggio's sich einen leichten und graziösen Styl anzueignen, in welchem er verschiedene Gemälde zu Rom ausführte, die beinahe sämmtlich in Kupfer gestochen wurden.

Berruguete, Alonso, Maler, Bildhauer und Architekt, geb. 1480 zu Paredes de Nava, gest. 1561, erlernte die Kunst bei seinem Vater, kam aber 1503, nach dessen Tod, nach Florenz, wo er unter denen aufgezählt wird, die nach Michelangelo's Carton der Scene aus den Pisaner Feldzügen zeichneten, und 1504 nach Rom, wo er sich der Freundschaft des Michelangelo erfreute. Hier machte er sehr bedeutende Fortschritte, welche Bramante veranlassten, auch ihn zu einer Conkurrenz mit andern Künstlern, bezüglich eines Modells vom Laokoon, für den Erzguss bestimmt, einzuladen. Er machte sich an's Werk, als aber Raphael als Schiedsrichter das des Jac. Sansovino wählte, ging Berruguete wieder nach Florenz, wo er häufig mit B. Bandinelli und Andr. del Sarto umgieng. Im Jahr 1520 kehrte er nach Spanien zurück, wo er, von Karl V. zu seinem Kammermaler ernannt und vielfältig für ihn beschäftigt, in Alt-Castilien, in den drei Reichen der bildenden Kunst, arbeitete. Gleich in den ersten Jahren seiner Rückkunft sehen wir ihn an dem Bau des Colegio mayor de Sanjago thätig; hierauf führte er mehrere Altäre mit Statuen und Malereien in Salamanca und Valladolid aus, überhaupt entstand unter seinen Händen eine grosse Anzahl von Werken, von denen aber die meisten während des Feldzugs der Franzosen auf der pyrenäischen Halbinsel im Jahr 1809 zu Grunde gingen. Von seinen Sculpturarbeiten, die in der Zeichnung vortrefflich und in den Linien und Bewegungen sehr lebendig sind, nur manchmal die Grenzen des rechten Maases überschreiten, sieht man noch im Museum zu Valladolid: die kolossale Holzfigur des h. Benedikt, bewundernswürdig in Ausdruck, hoher Würde und Güte, ferner mehrere (1528) geschnitzte Chorstühle, worunter besonders der Bischofsstuhl von meisterlichster Arbeit; zu To-

* Abgebildet in den Denkmälern der Kunst. Atlas zu Kuglers Handb. d. Kunstgesch. Taf. 91, Fig. 3.

ledo, an der innern Seite des Thors Puerta del Cambron: die Statue der h. Leocadia; die Statue des h. Julian am Thurme der S. Martinskirche; in S. Juan Bautista extramuros bei Toledo: den Sarkophag des Erzbischofs Tavera, von gutem michelangelesken Styl. In seinen Malereien folgte er der Kunstweise des Leonardo da Vinci und Sodoma, indem er, der gewöhnlichen naturalistischen Auffassung seiner Landsleute entgegen, nach einer gewissen Idealität strebte, und als der erste betrachtet werden kann, der den rein italienischen Styl des 16. Jahrhunderts in Spanien einführte. Tiefes Gemüth sucht man dagegen in denselben vergebens. Auch von ihnen sind viele verschwunden oder untergegangen, doch bewahrt die Kapelle des erwähnten Colegio major di Sanjago zu Salamanca einen Hochaltar mit bemalten Holzschnitzfiguren und Gemälden, umgeben von vergoldeter Architektur, vom Erzbischof von Toledo, Don Alonso Fonseca, im Jahr 1529 bestellt und 1531 vollendet. Er enthält acht Bilder mit Figuren von etwa halber Lebensgrösse. In der untern Abtheilung ist in der Geburt Christi ein Engel ganz in der Art des Leonardo da Vinci dargestellt. Von guter Anordnung in der Composition und tief im Ton sind auch: die Darbringung im Tempel, die Flucht nach Aegypten und die Anbetung der Könige. Dagegen sind die oberen sehr flau behandelten Bilder der Taufe, der Himmelfahrt und der Ausgiessung des heil. Geistes wohl nicht von des Meisters Hand ausgeführt. Endlich besitzt die Akademie zu Valladolid ein Paar Gemälde von Alonso Berruguete: eine etwas flüchtig behandelte Flucht nach Aegypten und eine heil. Familie.

Literatur. Bermudez, Diccionario historico de los mas illustres professores de las bellas artes en España. — Passavant, Die christliche Kunst in Spanien.

Berruguete, Pedro, der Vater des Vorigen, gest. um 1500, malte im Kapitelsaal der Kathedrale zu Toledo von den dortigen Wandmalereien die Darstellungen der Kreuzabnahme, der Trauer um den Leichnam Christi und das jüngste Gericht; ferner einige Tafeln des Hauptaltars der Kathedrale zu Avila, nämlich: Christus am Oelberg, die Geisselung und Auferstehung Christi, sowie Christus in der Vorhölle, Bilder, die zwar ein nicht unbedeutendes Talent verrathen, aber von etwas magerer Wirkung sind.

Bersenew, Iwan, ein russischer Kupferstecher, der 1762 in Sibirien geboren wurde, 1790 sich in Paris unter Guttenberg und Bervic ausbildete und mehrere treffliche Blätter, z. B. den Evangelisten Johannes, nach Dominichino; den Versucher, nach Tizian; ferner das Porträt der Catharina Nicolaewna geb. von Sinowief stach.

Bertano, siehe **J. B. Ghisi.**

Bertaux, siehe **Duplessi.**

Berthon, René Theodor, geb. 1777 zu Tours, ein talentvoller Maler, der sich in David's Schule bildete und verständig componirte, sorgfältig und wirkungsvoll ausgeführte Bilder aus der alten und neuern Geschichte, aus der Mythe und nach klassischen Dichtern in der Weise seines Lehrers malte. Auch einige der Grossthaten Napoleons verewigte er im Bilde. Unter den in grosser Anzahl von ihm ausgeführten Bildnissen werden namentlich die des ersten Consuls, des Erzherzogs Karl, der Lady Morgan u. s. w. genannt.

Bertin, Eduard, ein zu Paris lebender Landschaftsmaler, der seit 1827 die Ausstellungen mit sorgfältig ausgeführten, dem Styl nach noch mehr oder minder an die conventionelle Behandlung der alten Schule erinnernden Bildern beschickt, von denen eine Ansicht des Golfs von Neapel, Ansichten aus den Appeninen, des Walds von Fontainebleau, letztere besonders wegen der geistreichen Auffassung und schlagenden Beleuchtung, gerühmt wurden.

Bertin, Jean Victor, Landschaftsmaler in Paris, geb. 1775, gest. 1842, Schüler von Valenciennes und seit 1817 Ritter der Ehrenlegion, gilt als Gründer jener älteren französischen Schule der historischen Landschaft, die bei einer idealistischen Auffassung und stylgemässen Behandlung einen lebensvollen Naturalismus und eine Fülle der Poesie entfaltet. Seine zahlreichen Bilder schmücken die vorzüglichsten öffentlichen und Privatgallerieen.

Bertin, Nicolas, Maler, geb. zu Paris 1667, gest. 1736, und seit 1703 Mitglied und Professor der Akademie, war ein Schüler von Bon Boulogne und Jouvenet und zeichnete sich durch kleinere gut erfundene und hübsch colorirte historische Bilder aus, die meistens die Schlösser Ludwig des XIV. zierten. Auch für die Churfürsten von Mainz und Bayern, welch letzterer ihn in seine Dienste nehmen wollte, war er beschäftigt. Die Dresdner Gallerie besitzt von ihm ein Bild, der Mann mit dem Kürbis, nach Lafontaine.

Bertini, Angelo, ein geschickter Kupferstecher, der zu Anfang dieses Jahrhunderts in Rom thätig war und u. A. die Mutter Napoleons, sitzend im Kostüm einer Römerin; Hektor stehend mit zurückgekehrtem Blick und Mars, die Venus umarmend, nach Bildhauerarbeiten Canova's ausführte.

Bertoja, Jacopo, oder **Bertogia,** irrig **Giacinto** genannt, Maler aus Parma, und Schüler des Parmigianino, der im letzten Viertel des 16. Jahrhunderts blühte und viele kleine, seiner Zeit sehr gesuchte Kabinetsbilder in der lieblichen Manier seines Lehrers malte,

Bertoldo, Bildhauer aus Florenz, ein Schüler von Donatello, arbeitete lange Zeit in der Werkstätte seines Meisters und führte nach dessen 1466 erfolgten Tod seine unvollendet hinterlassenen Werke, worunter z. B. die bronzenen Kanzelreliefs aus dem Leben Christi in S. Lorenzo zu Florenz aus. Später wurde er Haupt und Lehrer der Schule für Maler und namentlich für Bildhauer, die der prachtliebende Lorenzo von Medici in seinem Garten errichtet hatte, und in der sich nach den darin aufgestellten Antiken, deren Aufseher Bertoldo zugleich war, die bedeutendsten Bildhauer ihrer Zeit, z. B. Michelangelo, Baccio da Montelupo, Rustici, Sansovino heranbildeten.

Bertram, siehe **Boisserée.**

Bertrand, Noel François, Professor der Kupferstecherkunst zu Paris, geb. 1784 zu Soisy-sous-Etoiles, ein Schüler von David und Moreau dem Jüngern, ist namentlich bekannt durch die Herausgabe verschiedener gut gestochener Studienköpfe nach Raphael, Poussin, Rubens u. s. w., die zum Gebrauche in Zeichnungsschulen dienen.

Bertrand, Philippe, Bildhauer in Paris, ein Schüler von Louis Le Comte und seit 1701 Professor der Akademie, geb. 1664, gest. 1724, fertigte verschiedene öffentliche Werke für die k. Schlösser, die von seinen Zeitgenossen geschätzt wurden.

Bertucci, Giov. Batista, genannt **da Faenza,** der Neffe und Schüler des Jacopone, von dem u. A. ein Bild bei den Dominikanern in Faenza, die Geburt der Maria mit der Jahrszahl 1532 als tizianisch in den Tinten und raphaelisch in der Composition gerühmt wurde.

Bertucci, Jacopo, wahrscheinlich eine und dieselbe Person mit Jacopone von Faenza, der nach Vasari die Tribune von S. Vitale in Ravenna gemalt. Er soll ein Gehülfe Raphael's und einer der ersten Lehrer des Taddeo Zuccaro gewesen sein. In der Kuppel der genannten Kirche sah man einige, in späterer Zeit von anderer Hand aufgemalte, in Gemeinschaft mit Tonduzzi von ihm ausgeführte Wandmalereien mit der Jahrszahl 1513. In Faenza sollen sich noch manche Bilder von ihm vorfinden, so in dem Ginnasio communale der heil. Johannes, welcher dem Donator die gekrönte Maria zwischen den h. h. Benedikt und Cölestin zeigt, mit der Jahrszahl 1565; in S. Giovann einige Bilder aus dem alten und neuen Testament u. s. w.

Bertucci, Lodovico, ein Maler aus Modena, der um 1631—1650 blühte und sich durch die Darstellung geistreich componirter, humoristischer und satyrischer Bambocciaden auszeichnete.

Bertuccius, ein Goldschmied von Venedig, der um 1300 die Bronzethüren der St. Marcuskirche seiner Vaterstadt goss.

Bertusio, Giov. Batista, gest. 1644, war ein Schüler von Calvart, bildete sich aber später in der Schule der Caracci aus und suchte, wiewohl ohne grossen Erfolg, dem Guido Reni nachzustreben. Er hinterliess in Bologna und der Umgegend viele s. Z. geschätzte Bilder.

Bervic, Charles Clement, einer der vorzüglichsten neueren Kupferstecher, geb.

zu Paris 1756, gest. daselbst 1822, hiess eigentlich Barvez und nannte sich früher auch Jean Guillaume oder Charles Guillaume Barvez, allein später nahm er aus unbekannten Gründen den Namen Bervic an. Er war ein Schüler von Wille und brachte es unter dessen Leitung binnen kurzer Zeit zu grosser Meisterschaft. Seine Stiche zeichnen sich durch die wahrhaft künstlerische Vollendung aus. Die Formen sind richtig und treu wiedergegeben und wenn sich auch hin und wieder eine gewisse metallschimmernde Manier bemerkbar macht, so herrscht doch im Ganzen eine höchst malerische Abstufung der Töne vor. Namentlich aber ist er in der Nachahmung plastischer Werke unerreicht. Zu seinen besten Blättern zählt man: Laokoon, nach der Antike; Dejanira vom Centaur Nessus verfolgt, nach Guido Reni; Achill wird vom Centaur Chiron unterrichtet, nach Regnault; Ludwig XIV., nach Callet; die Unschuld, nach Merimée; die Ruhe und La Demande acceptée, nach Lépicié; Johannes in der Wüste, nach Raphael.

Besche, Gerhard de, ein niederländischer Baumeister, der unter Karl IX. von Schweden (regierte von 1604—1611) den zweiten gothischen Thurm der Domkirche zu Upsala (1702 abgebrannt) erbaute.

Beschey, Balthasar, geb. zu Antwerpen 1709, war ein Schüler von Peter Strick, ahmte aber die Manier des H. van Balen nach. Er malte Bilder aus der heiligen Geschichte und verfertigte mit seinem Bruder Jakob verschiedene Copieen nach Rubens, van Dyck, Rembrandt in kleinerem Massstabe, die trotz ihrer kalten Behandlung s. Z. sehr gesucht waren. Er starb 1776 als Professor an der Akademie seiner Vaterstadt. — Seine beiden Brüder Johann Franz und Nicolas malten, der erstere in England, der andere zu Dublin.

Beschey, J. F., geb. zu Antwerpen 1739, gest. daselbst 1799, des Vorigen Sohn, malte reich mit Figuren staffirte Landschaften, Porträts und historische Bilder, copirte auch glücklich verschiedene Meister, Pynacker, Teniers, Dow, Terburgh, Rembrandt u. s. w.

Besenzi, Paolo Emilio, Maler, Baumeister und Bildhauer von Reggio, geb. 1624, gest. 1666, ahmte in seinen Bildern Albano glücklich nach und entwickelte auch in seinen Sculpturen und Bauten einen ziemlich guten Geschmack.

Besozzi, Ambrogio, geb. zu Mailand 1648, gest. 1706, ein Schüler des Ciro Ferri in Rom, Maler und Kupferstecher, von dem die Kirchen und Gallerien zu Turin, Parma und seiner Vaterstadt eine Menge Bilder besitzen. Man kennt auch von ihm einige radirte Blätter, die Bartsch in seinem „Peintre graveur" verzeichnet.

Bettelini, Pietro, geb. zu Lugano 1763, gest. zu Rom 1828, bildete sich in Gandolfi's und Bartolozzi's Schule, namentlich aber nach den Werken des Raph. Morghen zu einem trefflichen Kupferstecher mit dem Stichel und in punktirter Manier aus. Mit tiefem Verständniss wusste er in den Geist des nachzubildenden Originals einzudringen und mit reinem und gefälligem Instrumente, ohne in glänzende, bestechende Manier zu verfallen, den Ausdruck, die Wirkung der Malerei, den Styl der Zeichnung, wie das tiefe Gefühl, das Farbe und Form durchdringt, wiederzugeben. Nach Thorwaldsen stach er den bekannten Alexanderszug, mehrere Basreliefs und einige Figuren, Stiche, die jedoch nicht zu seinen besten Arbeiten gehören. Unter die vorzüglichsten seiner Blätter zählt man: den Leichnam Christi nach Andr. del Sarto's Bild, in der Gallerie zu Florenz; La Madonna col Divoto, nach Correggio's Gemälde in der Pinakothek zu München; die Anbetung der Hirten, nach van der Werff; den heil. Johannes, nach Dominichino; Belisar, nach Rehberg; die Himmelfahrt der Maria, nach Guido Reni; Maria mit dem schlafenden Kinde, nach Raphael; die heil. Magdalena, nach Schidone; Maria mit dem Kinde und dem Vogel nach Guercino; Maria div. Sapientiae, Maria in einem Buche lesend, nach Tizian.

Betti, Biagio da Carigliano, geb. 1535, gest. 1605, ein Schüler des Daniello da Voltera, trat 1557 in das Kloster der Padri Teatini von San Silvestro auf dem Quirinal in Rom, das er mit schönen Werken der Malerei bereicherte. Im Jahre 1847 wurde ein auf Kalk in Oel gemaltes Deckengemälde von ihm: Christi wunderbare Speisung der Tausende in über lebensgrossen Figuren im Refectorium des früheren Convento dei Beatini, ein Bild von vortrefflicher Anlage und Ausführung aufgefunden. Der römische Maler Pio Ancsi stellte das stark beschmutzte und beschädigte Gemälde wiederher.

Bettini, Pietro, ein italienischer Maler und Kupferätzer, der zu Ende des 17. Jahrhunderts thätig war, von dem man aber nur zwei radirte Blätter: den Fischzug des heil. Petrus, nach Dominicus Ciambelli (ein sehr seltenes Blatt mit der Jahrszahl 1684) und die Marter des h. Sebastian, nach demselben, kennt.

Bettkober, C. F. H. S., geb. 1746, ein in seinem Fache, besonders in der Ornamentik, geschickter Bildhauer, verfertigte Grabmonumente, Porträtstatuen und Büsten, statuarisches Bildwerk für Paläste und öffentliche Bauten und starb als Professor und Mitglied der Berliner-Akademie.

Betto, Bernardino di, siehe **Pinturicchio.**

Beukelaar, auch **Buecklaer, Joachim,** geb. 1530 zu Antwerpen, gest. 1610, ein Schüler von Peter Aertsens, malte in der Manier seines Lehrers Kirchweihscenen, Märkte, Kirchen, Fische, Vögel u. s. w., auch biblische Ereignisse, die eine Verbindung mit dem Genre gestatteten. Die Pinakothek zu München, die k. Gallerie zu Wien, die Sammlung in der Moritz-Kapelle zu Nürnberg, die Gallerie des Museo Bourbonico zu Neapel u. s. w. besitzen derartige Bilder von ihm.

Beutler, Matthias, siehe **Beytler.**

Beveren, Charles van, ein ausgezeichneter Historien-, Genre- und Porträtmaler, geb. zu Mecheln 1809, gest. 1850 zu Amsterdam, erlernte die Elemente seiner Kunst zu Antwerpen, setzte seine Studien in Paris und Oberitalien fort und machte, nachdem er sich bereits durch seine Kabinetsstücke und Porträts einen bedeutenden Ruf erworben, noch einmal eine Kunstreise nach Rom und nach den übrigen Hauptstädten Italiens. Seine Genrebilder, unter denen wir nur an seine: nachdenkende Nonne, an die Beichte eines kranken Mädchens (in der neuen Pinakothek zu München) erinnern wollen, athmen gewöhnlich eine sanfte Melancholie, vereinigen aber damit einen erhabenen Ernst, der ihnen das Gepräge von historischen Bildern verleiht. Sie zeichnen sich durch die Tiefe und Innigkeit der Auffassung, durch die treffende Charakteristik aus, und können in Beziehung auf Schönheit der Zeichnung, Zartheit, Weichheit und Frische des Colorits und Vollendung der Ausführung den Werken der ersten und besten Meister der alten niederländischen Schule an die Seite gestellt werden. Seine Porträts (worunter besonders sein eigenes) verbinden eine grossartige, stylvolle Auffassung und Zeichnung mit glühendem, lebensvollem Colorit. Seine Altarbilder, z. B. die Vision des heil. Ignatius und der Tod des heil. Antonius von Padua sind nicht mit derselben grossen Vollendung behandelt, wie seine Kabinetsstücke, dafür aber in einem um so grösseren Styl gehalten und voll innigen Gefühls. Zu seinen letzten Werken gehören eine Judith und eine Hagar, beide Bilder im Besitz eines Rotterdamer Kunstliebhabers.

Beveren, Mattheus van, geb. 1609 zu Antwerpen, ein Schüler von P. Verbrugghen, war ein sehr geschickter Bildhauer. Die Kirchen zu Antwerpen, zu Gent und Brüssel verwahren noch viele tüchtige Arbeiten in Marmor und Elfenbein von seiner Hand.

Bewer, Clemens, geb. 1820 zu Aachen, bildete sich auf der Düsseldorfer Akademie und später in Antwerpen und Paris zu einem geschickten Historienmaler aus, dessen Bilder sich durch anmuthige Composition, ansprechenden Ausdruck, die feinen und reinen Formen, besonders aber durch die Licht- und Farbeneffekte auszeichnen. Sein Tasso, der am Hofe von Ferrara sein befreites Jerusalem vorliest; sein Sängerkrieg auf der Wartburg; Correggio und seine Familie u. s. w. haben s. Z. vielen Beifall gefunden.

Bewick, Thomas, einer der ausgezeichnetsten englischen Formschneider, ja eigentlich der Wiedererwecker und Verbesserer der Formschneidekunst in England, geb. zu Cherryburn im Jahr 1753 und gest. zu Newcastle 1828, war ein Schüler des Kupferstechers Beilby, erlernte aber das Formschneiden von sich selbst und machte darin so rasche Fortschritte, dass er im Jahr 1775 mit einem von ihm selbst nach der Natur gezeichneten Blatte, einem Jagdhund, den von dem Londoner Kunstverein für den besten Holzschnitt ausgesetzten Preis gewann. Nachdem er sich hierauf in seiner Kunst immer mehr vervollkommnet hatte, gab er die Naturgeschichte der vierfüssigen Thiere mit Holzschnitten, nach seinen eigenen Zeichnungen, heraus. Dieses Werk erschien 1790 zu Newcastle zuerst, und dann 1811 zu London und erwarb ihm den Ruf des ausgezeichnetsten Holzschneiders und Thierzeichners, den er in der 1809 zu London erschienenen: History of british birds wiederholt dokumentirte. Er wandte bei seinen Holzschnitten zuerst das seit der Zeit übliche, leichtere und schnellere Verfahren an, auf Hirnholz mit Instrumenten zu schneiden, welche mit denen der Grabstichel der Kupferstecher sehr viele Achnlichkeit haben. Unter seine besten einzelnen Blätter gehören: sein Chillingham Bull (1789) und ein krankes Pferd, in einer Landschaft stehend, unter dem Titel Waiting for death, eine Platte, die er unvollendet hinterliess und die erst 1832 erschien. Seine vorzüglichsten Schüler waren: Charlton, Nesbit, Clennel, Rob. Johnson und W. Harvey. — Sein Bruder und Gehülfe John, geb. 1760, gest. 1795, blieb weit hinter ihm zurück.

Literatur. Jackson, A Treatise on Wood Engraving, historical and practical. London 1839.

Beyer, Jan de, geb. 1705 zu Aarau, gest. nach 1768, ein Schüler von C. Pronk und J. M. Quinkhart, fertigte schöne colorirte Zeichnungen von niederländischen Städten, welche zum Theil von H. Spittmann, O. van Liender u. a. gestochen wurden, sowie grössere und kleinere Landschaften.

Beyer, auch **Bayer** oder **Peyer, Friedrich Wilhelm,** Hofbildhauer, Kammerarchitekt, Rath und Mitglied der k. k. Akademie in Wien, geb. zu Gotha 1729, gest. 1796, bildete sich in Paris und Rom und fertigte eine Menge Bildhauerarbeiten im Geschmack seiner Zeit, von denen sich noch mehrere zu Stuttgart, Ludwigsburg, Ansbach, Pressburg, Petersburg und Wien finden. — Seine Gattin, Gabrielle, geb. Bertrand, war eine geschickte Pastellmalerin und Mitglied der k. k. Akademie zu Wien.

Beyer, Leopold, ein zu Wien lebender Kupferstecher, der verschiedene treffliche Blätter, sowohl im figürlichen als landschaftlichen Fache, lieferte, von denen besonders: Joseph und Maria, in Bethlehem Herberge suchend, nach J. Führich, gerühmt wird.

Beyne, russischer Architekt, der sich namentlich durch vortreffliche Aquarelle Ruf erworben hat. 1852 sah man in Berlin von ihm eine Sammlung von Ansichten aus Spanien, Italien, Sicilien, Griechenland und Kleinasien, die sehr gerühmt wurden.

Beytler oder **Beutler, Matthias,** geb. um 1550 zu Augsburg und um 1582 zu Ansbach thätig, ein Kupferstecher, dessen Blätter sehr selten sind. Man kennt von ihm u. A.: das Thierbüchlein, gemacht in der fürstlichen Stadt Onnoltzbach durch Matthias Beytler, bei Steffan Hermann, Burger und Goldtschmidt (1582), 12 Blätter mit Abbildungen verschiedener Thiere; das Rosen-Büchlein u. s. w. Ansbach (1582), 11 Blätter mit verschiedenen Figuren; Christus am Kreuz, an welchem die Zeichen der Evangelisten und die Passionsinstrumente sind.

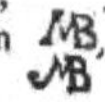

Bezard, Louis, ein noch lebender Geschichtsmaler zu Paris, geb. zu Toulon 1800, Schüler von Guerin und Picot, erhielt 1829 den ersten grossen Preis der Malerei und führte seit 1836 mehrere grössere Bilder für die Kirchen von Paris aus. In der Kirche der heil. Elisabeth malte er die Werke der Barmherzigkeit, die heil. Genofeva und die Mutter Gottes mit dem Christusleichnam im Schoos, und im Jahre 1852 sah man von ihm auf der Ausstellung zu Paris die 7 Sakramente in einem Rahmen vereinigt. Seine Gemälde sind von verschiedenem Kunstwerth, doch lobt man im Allgemeinen gute Anordnung, Geschmack in den Details und manche zart empfundene Motive.

Bezzuoli, Giuseppe, Professor an der Akademie zu Florenz, ein Historienmaler von vielem Verdienst im Technischen, namentlich im Colorit, aber ohne jene höhere Weihe der Kunst: den Adel der Schönheit in den Formen, wie in den Gemüthsbewegungen. Unter seine bekanntesten Bilder gehören: Karl des VIII. von Frankreich Einzug in

Florenz; der heil. Franciscus einen Ertrunkenen erweckend; der Erzengel Michael; eine Himmelfahrt der Maria in S. Croce zu Florenz; Amor als Weltbesieger; Hagar's Verstossung u. s. w. In der Tribuna di Galileo, einem Museum zur Aufbewahrung der Instrumente des grossen Physikers, malte er Galilei's erste Versuche über das Gravitationssystem. Im Jahr 1841 wurde ihm nebst dem Bildhauer Bartolini und dem Kupferstecher Jesi die Leitung des über die Gemälde der öffentlichen Gallerie zu Florenz erschienenen Kupferwerks übertragen.

Biagio Betti da Carigliano siehe **Betti.**

Biagio Pupini, siehe **Pupini.**

Bianchi, Baldassare, ein geachteter und beliebter Prospektenmaler, geb. zu Bologna 1614, gest. zu Modena 1679, war der Schüler und später der Schwiegersohn von Mitelli.

Bianchi, Federigo, Ritter, ein Mailänder, ging zu Giulio Cesare Procaccini in die Schule und heirathete später dessen Tochter. Seine Bilder wurden s. Z. wegen der Anmuth und Lieblichkeit der Composition und des Colorits sehr geschätzt.

Bianchi, Francesco Ferrari, siehe **Ferrari.**

Bianchi, Francesco Buonavita, gest. 1658, ein Schüler des Cigoli, malte kleine Kabinetsstücke auf Jaspis, Achat, Lazurstein u. s. w., wobei er die Farbentöne der betreffenden Steine als Tinten in seinen Bildern zu verwenden wusste.

Bianchi, Isidoro, genannt **da Campione,** geb. 1602, gest. 1690, ein trefflicher Maler, der in Mazzuchelli's Schule ging, 1626 Hofmaler des Herzogs von Savoyen und später zum Ritter ernannt wurde. Im Mailändischen sieht man viele Bilder von ihm, die sehr gerühmt werden.

Bianchi, Pietro, gebürtig aus Lugano, ein vortrefflicher Architekt, der von 1815 bis 1824 den Bau des Forums und der prächtigen Kirche S. Francesco zu Neapel leitete und sich durch mehrere andere Bauten einen geachteten Namen erwarb. Er wurde 1836 Mitglied der Akademie der Künste in Wien, 1844 der Akademie von San Luca zu Rom, 1847 der Akademie der Künste zu Brüssel.

Bianchi, Pirro, geb. 1694, gest. 1740, ein Schüler von Luti und Baciccio und sehr vielseitig gebildeter Künstler, malte historische Bilder, Bildnisse, Landschaften, Thierstücke. Man rühmt von ihm besonders eine heil. Clara zu Gubbio, eine heil. Jungfrau mit dem Kinde in S. Maria degli Angeli zu Rom (auch für eine Kapelle des Chors der Peterskirche daselbst in Mosaik gesetzt). Seine Bilder zeichnen sich durch geistreiche Anordnung, gefällige Composition und gutes Colorit aus.

Bianchini, Vincenzo, ein venetianischer Musivarbeiter, der von 1517—1552 blühte und u. A. die schöne Mosaik: das Urtheil Salomons im Vorhause der St. Marcuskirche zu Venedig ausführte. Sein Bruder Domenico und sein Sohn Giov. Antonio waren ebenfalls Mosaikarbeiter, ihre Werke kamen aber denen des Vincenzo nicht gleich.

Bianco, Baccio del (Bartolomeo), Maler und Architekt, gebürtig aus Como, gest. um 1656, baute zu Genua den neuen Hafen, die neuen Stadtmauern, mehrere Paläste und das Jesuitencollegium. Als Maler wird er in der Ausführung lustiger Scenen, auch trefflicher Architekturstücke und perspektivischer Ansichten gerühmt. Er entwarf mit Ligozzi und Poccetti die Zeichnungen zu den Arabesken, Conchylien, Blumen u. s. w. des von Jac. Autelli (siehe diesen) in Mosaik ausgeführten Tisches.

Bianco, Giovanni Battista, der Sohn des Obigen, geb. zu Genua, widmete sich anfangs der Bildhauerkunst und führte mehrere mit Anerkennung genannte Statuen aus, später aber gewann die Malerei soviel Neigung über ihn, dass er in Crespi's Schule ging und sich ihr ganz hingab, auch bereits hübsche Bilder zu Stande brachte, als er 1657 schnell an der Pest starb.

Biancucci, Paolo, Maler aus Lucca, gest. 1653, war einer der besten Schüler des Guido Reni, dessen Lieblichkeit und Farbenauftrag man in vielen seiner Bilder erkennen will. Die letzteren sollen indessen auch hin und wieder so viel Aehnlichkeit mit denen des Sassoferrato haben, dass sie schon für Werke dieses Meisters gegolten haben.

Biard, François, einer der berühmtesten französischen Genremaler, geb. 1800 zu

Lyon, bildete sich in der Kunstschule seiner Vaterstadt und bereiste sodann Spanien, Griechenland, Syrien, Aegypten, um, in's Vaterland zurückgekehrt, den auf seinen Reisen gewonnenen grossen Reichthum an Anschauungen in Bildern verarbeiten zu können, ein Vorhaben, das ihm auch auf eine ebenso überraschend vielseitige als glückliche Weise gelang. Seine von Geist übersprudelnden Gemälde, seien sie von tiefem Ernst durchdrungen oder treibe der Humor und Witz darin sein geniales Spiel, zeichnen sich durch die Poesie des das Ganze beherrschenden Gedankens, die Mannigfaltigkeit und die natürliche und schöne Anordnung der Motive, das dramatische Leben, die treffende Charakteristik, die feine Naturbeobachtung, die Wahrheit und den Glanz der Farbe und die meisterhafte Technik aus. Seine komischen Bilder mit ihrer Fülle der burleskesten Situationen, haben ihm unter seinen Landsleuten den Beinamen des „Molière der Malerei" erworben. Das erste grössere Bild von ihm, einen in der Wüste vom Winde überfallenen arabischen Stamm, an dem man besonders die grossartig poetische Auffassung, das erschütternde Pathos und die Gluth des Tons rühmte, sah man in der Ausstellung vom Jahr 1833 zu Paris. Dieser mit grossem Beifall aufgenommenen Darstellung folgten andere Produktionen, die den Ruf des Künstlers steigerten und für immer befestigten. Unter seine gerühmtesten Bilder gehören: wandernde Komödianten; der Sklavenmarkt, ein Meisterwerk von hohem tragischem Ernst und ergreifender Wahrheit der Darstellung (1835); die Revue einer Dorfnationalgarde, welche wegen der ausserordentlich drastischen Komik wahrhaft Furore machte; der Dorfküster; der Porträtmaler; herumstreichende Komödianten, ein Bild, das Hogarth's bekannte Idee künstlerischer wiedergibt (1836); Duquesne, der 1683 die europäischen Sklaven in Algier befreit; die Folgen eines Schiffbruchs, ein geistreiches Aneinanderreihen der Extreme, des Schrecklichen und Burlesken; das Familienbad; die getheilten Honneurs, ein kleines Meisterwerk voll des launigsten Muthwillens; der Harem, eine allerliebste Karrikatur auf orientalische Sitten (1837); der Halt in der Wüste, voll Effekt und eigenthümlich poetischem Reize (1838); die Folgen eines Maskenballs, Post restante, das Familienconcert, das unterbrochene Mittagsmahl, äusserst geniale Karrikaturen auf gesellschaftliche Zustände, die auf der Ausstellung ein solches Gedränge von Beschauern um sich versammelten, dass man sie durch Schildwache schützen musste (1839). In demselben Jahre noch machte Biard eine Reise nach Lappland, Spitzbergen und dem Eismeer. Von da zurückgekehrt sah man von ihm 1841: den Abschied des im Seetreffen schwerverwundeten Du Couëdic von seiner Schiffsmannschaft; den Herzog von Orleans in einem Zelte bei den Lappen; den Pfarrer Cässedius, die heidnischen Lappen unterrichtend; die ledigen Jungfern; den schildwachstehenden Nationalgardisten; den Regimentstambour im Beichtstuhle; 1842: Ueberfahrt auf dem Dampfschiff bei stürmischer See; 1844: König Louis Philipp beim Wachtfeuer der Nationalgardisten im Jahr 1832; Unannehmlichkeiten einer Vergnügensreise; die Zimmermiethe; 1845: Johanne Shore, die in den Strassen London's den Hungertod stirbt, eine Nacht- und Schauderscene; 1848: die Schiffbrüchigen; 1851: eine höchst komische Scene an einem Fluss; 1852: Hudson von seiner Schiffsmannschaft verlassen und dem Tode preisgegeben; Sibylla Merian und der kleine Rosander; die Sünder, Scene in einer Dorfkirche. Im Jahre 1853 hatte Biard auf der Kunstausstellung zu München ein monströses Bild: „Gulliver auf der Insel der Riesen, die Blumen und Insekten mit Hülfe des Mikroscops treu nach der Natur vergrössert", eine offenbare Verirrung vom Wege der Kunst und dem Begriffe reinen Geschmacks. — Biard malte auch mehrere treffliche Bildnisse.

Biard, Peter, Baumeister, Bildhauer, Maler und Kupferätzer, geb. 1559 zu Paris, gest. 1609, studirte in Rom und übte später die genannten Fächer der Kunst in seinem Vaterland aus. Man kennt von ihm indessen nur ein einziges radirtes Blatt: eine Verzierung mit zwei aufsitzenden Adlern, bezeichnet PETs. BIARD ROMAE.

Biard, Peter, der Sohn des Obigen, Baumeister, Bildhauer, Maler und Kupferätzer, geb. zu Paris am Ende des 16. Jahrhunderts, lebte einige Zeit in Italien und war meistens als Kupferätzer thätig. Für seine besten Blätter hält man: den h. Petrus, nach Raphael; eine Sibylle, nach Michelangelo; eine Allegorie auf Verläumdung der Unschuld und auf das falsche Urtheil über Kunst durch Neid und Bosheit (1627); Jonas, nach Michelangelo.

Bicci, Lorenzo di, geb. im dritten Viertel des 14. Jahrhunderts, gest. 1450, der letzte Florentiner, der Giotto's Kunstrichtung befolgte und bis in die Mitte des 15. Jahrhunderts die Typen der Schule, zwar in mittelmässiger Weise, aber mit wohlthuender Einfachheit und Milde des Ausdrucks wiederholte, war ein Schüler des Spinello. Er besass eine ungewöhnliche Sicherheit und Fertigkeit im Frescomalen und fertigte während seines langen Lebens eine sehr grosse Anzahl von Bildern für verschiedene Kirchen, insbesondere von Florenz, von denen sich aber nur wenige erhalten haben. Noch sieht man von ihm in der Loggia von S. Maria nuova zwei Wandgemälde, die von Papst Martin V. im Jahr 1420 vollzogene Einweihung dieser Kirche darstellend; im Dom unter den Fenstern des Queerschiffs verschiedene Heilige (die 12 Apostel, welche Lorenzo ebenfalls für diese Kirche malte, sind verschwunden bis auf den Thaddäus, der abgenommen und auf Leinwand gezogen wurde) und die Grabmäler des Augustiners Luigi Marsili und des Cardinals Pietro Corsini (grau in grau gemalt, und im Jahr 1842 ebenfalls abgelöst und auf Leinwand übertragen); an der Vorderwand des Klosters Santa Croce einen heil. Thomas und daneben den heil. Christoph, und in S. Bernardo in Arezzo Scenen aus dem Leben verschiedener Heiliger (von seinem Schüler Marco von Montepulciano vollendet). Ein Tafelbild in den Uffizien zu Florenz, welches dem Lorenzo zugeschrieben wird, zeigt eine mehr individuelle Durchbildung in der Weise seines Zeitgenossen Fiesole.

Literatur. Vasari, Leben der ausgezeichnetsten Maler, Bildh. und Baumeister.

Bicci, Neri di, ein Enkel des Vorigen, war ebenfalls Maler, trieb aber die Kunst mehr handwerksmässig. Er besass in Florenz eine eigentliche Bilderwerkstatt, aus welcher Gemälde aller Art, Madonnenbilder, Verkündigungen, Kreuzigungen u. s. w. für den Kirchen- und Hausbedarf in allen Dimensionen und zu jedem Preise geliefert wurden. Das beste Werk dieses industriösen Künstlers ist ein S. Johann Gualbert, von andern Heiligen umgeben, im Chiostro der jetzt zu andern Zwecken verwandten Kirche S. Pancrazio vom Jahr 1454.

Bickart, Jodocus, Maler und einer der frühesten Kupferstecher in Schwarzkunstmanier, dessen Blätter sehr selten und gesucht sind, arbeitete zu Mainz um 1650—72. Man kennt von ihm das Porträt eines alten Mannes mit Bart, plattem Hute, mit Medaillon und Hermelinmantel; das Bildniss: des Johann Philipp, Churfürsten von Mainz, und ein Blatt: der lesende Alte.

Bidauld, Joseph Xaver, geb. 1758 zu Carpentras, gest. 1846 zu Montmorency, ein Landschaftsmaler, der älteren historischen Schule angehörig, malte componirte Landschaften, die seiner Zeit viel gerühmt wurden und ihre Geltung hatten. Er war Mitglied des Instituts und Ritter der Ehrenlegion.

Biduinus, Bildhauer, der ums Jahr 1180 zu Pisa oder in dessen Nähe lebte, und von dem man an der Vorderseite der Kirche von Casciano, unfern Pisa, mehrere Reliefs, die Erweckung Lazari, den Einzug Christi in Jerusalem u. s. w. darstellend und auf dem Architrav einer Thüre der Kirche S. Salvatore zu Lucca ein Relief, wahrscheinlich die Marter des h. Nikolaus darstellend, sieht. Die Arbeit ist in hohem Grade roh und styllos und nur hie und da macht sich das Durchschimmern des sich regenden Gedanken fühlbar.

Literatur. E. Förster, Beiträge zur neueren Kunstgeschichte.

Biedermann, Johann Jacob, aus Winterthur, erlernte die Kunst bei A. Graff in Dresden, machte sodann mehrere Reisen und liess sich seit 1804 in Constanz nieder, wo er in Guache und Oel kleine Landschaften mit Figuren und Vieh, Porträts, Schweizeransichten und Conversationsstücke in anziehender Behandlung malte. Er radirte auch in Kupfer.

Biefve, Eduard de, ein berühmter niederländischer Historien- und Porträtmaler, geb. 1808 zu Brüssel, erhielt den ersten Unterricht in der Kunst auf der Akademie der schönen Künste seiner Vaterstadt, studirte sodann von 1828—1830 in der Schule des Historienmalers Paelinck daselbst und begab sich 1831 nach Paris, wo er sich

10 Jahre lang mit beharrlichem Fleisse und ausgezeichnetem Erfolge der Malerei widmete. Von hier aus beschickte er die Ausstellungen in Antwerpen, Gent und Brüssel mit verschiedenen Arbeiten, welche immer eine entschieden günstige Aufnahme fanden und mit jeder neueren Hervorbringung Zeugniss von der aussergewöhnlichen Begabung des Künstlers ablegten. Im Jahre 1835 sah man von ihm einige kirchliche Bilder in einer Kapelle zu Brüssel und 1836: Graf Ugolino und seine Söhne in dem Thurme von Gualandi zu Pisa, ein treffliches Bild, das ihm die silberne Medaille eintrug. 1841 endlich lieferte er auf die Ausstellung zu Gent sein Hauptwerk, die für das belgische Nationalmuseum bestimmte Unterzeichnung des Compromisses der Edlen von Burgund im Jahr 1566, ein Gemälde vom höchsten Kunstwerthe, das mit einem andern Bilde, der Abdankung Karl V. von Gallait einen Triumphzug durch ganz Deutschland machte. Man bewunderte an demselben besonders den grossartigen Moment von hohem nationalem Interesse, der eine Menge bedeutender Persönlichkeiten zu einem Ganzen von gewaltigem Eindruck zusammenfasst, das dramatische Leben der Composition, die feierliche Haltung und Gemessenheit der Handlung, die Kraft, Fülle und frische Energie der Gestalten, die schlagende bis zur Illusion gehende Wirkung, die leuchtende Carnation und die ausserordentliche Meisterschaft der Technik. Die Commission des Provinzialraths von Brabant sandte dem Künstler, in Anerkennung dieser hervorragenden Kunstleistung, die grosse goldene Medaille und der Rath seiner Vaterstadt überreichte ihm einen reichen goldenen Becher mit der Umschrift: „La ville de Bruxelles, à Edouard de Biefve, 13. Septembre 1841." Im selben Jahre noch kehrte de Biefve in sein Vaterland zurück, woselbst er sich seit der Zeit aufhält, und in erfreulicher Wirksamkeit thätig ist.

Das nächste auf das Compromiss folgende Bild war der Damenfrieden (paix des dames), so genannt, weil derselbe ohne Zuziehung männlicher Diplomaten von zwei Fürstinnen, Margaretha, der Schwester Karl V. und Louise von Savoyen, der Mutter Franz I., am 5. Aug. 1529 in einem Privathause zu Cambrai geschlossen wurde und den zweiten Krieg Karl des V. und Franz des I. beendigte. Für den König Friedrich Wilhelm IV. von Preussen malte de Biefve: König Karl I. von England, der in Gegenwart seines Hofs dem Rubens zur Anerkennung seiner Verdienste als Vermittler des 1630 zwischen Spanien und England zu Stande gekommenen Friedens eine goldene Kette mit seinem Bildniss um den Hals hängt. Das Bild ist reich an Figuren und von grosser Wirkung; die meisten der Hauptpersonen sind Porträts, nach den bewährtesten gleichzeitigen Bildnissen der Dargestellten ausgeführt. Im Jahr 1852 war zu Berlin sein: Herzog Alba, der Enthauptung von Egmont und Horn zuschauend, ausgestellt, ein Bild von ziemlicher Bedeutungslosigkeit der Composition, aber von meisterhafter Technik. Für den Sitzungssaal des Senats von Brüssel vollendete de Biefve 1853: Belgien, das Königthum gründend. In der Gestalt einer jungen, von den Hauptstädten des Landes in allegorischen Figuren und den Hauptthatkräften der verschiedenen Provinzen umgebenen Frau, steht Belgien in reichem Purpurmantel, die Rechte auf die Königskrone stützend, den Blick gen Himmel erhoben. Die Ausführung dieses im Gedanken unendlich faden Bildes wird sehr gelobt.

De Biefve hat verschiedene Ehren-Auszeichnungen erhalten. Er ist Mitglied der Akademieen von Berlin, Dresden, München, Wien und der König von Preussen verlieh ihm den rothen Adlerorden III. Klasse.

Bienaimé, Luigi, aus Carrara, Professor zu Florenz und Mitglied der römischen Akademie von San Lucca, war einer der ausgezeichnetsten Schüler und Mitarbeiter Thorwaldsens und steht jetzt mit Tenerani an der Spitze der neueren römischen Bildhauerschule. Seine Werke, worunter wir eine Artemis, im Bade überrascht; die Unschuld (gest. v. Try); eine Diana; einen Amor, die Spitze des Pfeils prüfend, und zwei Bacchantinnen (im Besitz des Königs von Württemberg) nennen, sind poetisch im Gedanken, anmuthig in der Composition und trefflich behandelt.

Biercher, Matthäus, k. Baurath zu Cöln, geb. daselbst 1797, erbaute das neue Theater, den Regierungspalast in Cöln und mehrere Privathäuser, auch leitete er die

Restaurationen der ehemaligen Cisterzienser Abteikirche Altenberg und des k. Schlosses Brühl bei Cöln.

Biermann, Karl Eduard, Professor und Mitglied der Akademie zu Berlin, ein der Gegenwart angehöriger ausgezeichneter Landschaftsmaler, dessen Bilder, von denen seine grosse Aussicht auf Florenz, seine Tasso-Eiche mit Aussicht auf Rom bei Abendbeleuchtung, sein Klosterhof von S. Francesco in Assisi, seine Ansicht des Dom's von Mailand, sein Abend auf der Hochalp, seine Ansicht der Maximuskapelle in Salzburg, San Benedetto im Sabinergebirge u. s. w. mit grosser Anerkennung genannt werden, sich durch grossartige Auffassung, frische Naturwahrheit, freie, geistvolle und meisterhafte Behandlung, Tiefe und leuchtende Kraft der Vorgründe, duftige Abtönung der Perspektive, Harmonie der Tinten und pastosen Vortrag auszeichnen. Hauptsächlich aber rühmt man seine mit erstaunlicher Virtuosität ausgeführten Aquarellen, insbesondere seine Ansichten aus Dalmatien.

Biezelingen, Christiaan Jan van, geb. 1558 zu Delft, ein holländischer Porträtmaler, von dem insbesondere das Porträt des Wilhelm von Oranien gerühmt wird, das er nach dessen Tod ausgeführt und das ähnlicher gewesen und besser gelungen sein soll, als alle während des Lebens jenes Prinzen gemalten. Ein Zufall führte ihn nach Spanien, woselbst er, vielfach für den Hof beschäftigt, bis zu dem Tod seiner Gemahlin blieb, und dann ins Vaterland zurückkehrte, wo er zu Middelburg im Jahr 1600 starb.

Biffi, Karl, Maler und Kupferätzer, geb. 1605 zu Mailand, gest. daselbst 1675, ein Schüler von C. Procaccini, malte in der Art und Weise seines Lehrers, brachte indessen nur wenig Gemälde zu Stande. Die von ihm radirten Blätter: Franz Gabrielli mit der Geige und Maske und vier verschiedene Köpfe oder Büsten, sind sehr selten.

Bigari, Vittorio, geb. 1692 zu Bologna, gest. 1776, malte Dekorationen und Figuren an Decken, Wände und Treppenhäuser für Kirchen und Paläste. Er wurde von mehreren europäischen Fürsten beschäftigt, denn seine Bilder vereinigten mit einer gewissen Würde der Composition ein brillantes Colorit. Von seinen drei Söhnen Francesco, Giacomo und Angelo wurde der erste Architekt, die andern beiden bildeten sich als Maler aus.

Bigio, Marcanton Francia, siehe **Franciabigio.**

Bigio, Nanni di Baccio, Bildhauer und Architekt aus Florenz, ein Zeitgenosse des Michelangelo, erlernte unter Rafaello da Montelupo die Bildhauerkunst, machte darin erfreuliche Fortschritte und ging mit dem Bildhauer Lorenzetto nach Rom, woselbst er die Statue Clemens VII. für den Chor der Minerva und eine Pietà, nach Michelangelo, für die Kirche Santa Maria de Anima, eine zweite für Santo Spirito in Florenz (wo sich dieselbe noch befindet) ausführte. Unter Antonio da Sangallo widmete er sich der Baukunst, war auch bei dem Bau von S. Peter thätig, wobei er dem Michelangelo vielen Verdruss bereitete, und erbaute in Rom und andern Orten mehrere Paläste, Privathäuser u. A. Durch seine eigene Ungeschicklichkeit veranlasst, stürzte ihm im Jahr 1557 die Brücke Santa Maria (jetzt Ponte rotto) ein.

Bilders, Johannes Warnardus, geb. 1811 zu Utrecht, ein tüchtiger holländischer Landschaftsmaler, der in seinen Bildern geistvoll und frei, mit besonderer Vorliebe die Natur seines Vaterlandes schildert. An seinen Landschaften, die man häufig in Staatsgallerien, wie in Privatsammlungen antrifft, rühmt man die trefflichen Lichteffekte und die eigenthümliche und kräftige Behandlung, namentlich der Bäume.

Bilivert, Johann, geb. 1576 zu Mastricht, gest. 1644, brachte, obgleich Holländer von Geburt, den grössten Theil seines Lebens in Italien, wo er Bilivetti genannt wurde, zu. Er war ein Schüler Cigoli's und ahmte in seinen Bildern seinen Lehrer, hin und wieder aber auch Titi oder Paul Veronese nach. Nach seinen Zeichnungen wurden das ursprünglich für einen dem h. Borromäus geweihten Altar bestimmte Relief: Cosmus II. vor einem Altar knieend, und die acht für den Altar der mediceischen Grabkapelle bestimmten Apostelsstatuetten (gegenwärtig im Gemmenkabinet der florentinischen Gallerie), von den beiden Mocchi modellirt.

Biltius, ein holländischer Maler, der um's Jahr 1651 lebte und todtes Wild und andere Gegenstände, theils dem Stillleben, theils der Jagd angehörig, so natürlich malte, dass man die Gegenstände selbst zu sehen glaubte.

Bimbi, Bartolomeo, geb. zu Florenz 1648, gest. 1725, ein Schüler des Lorenzo Lippi, malte in frühen Jahren kleinere historische Bilder, legte sich aber später auf die Blumenmalerei, worin er in Toskana einen grossen Ruf erlangte.

Binder, Joseph, geb. 1805 zu Wien, Historienmaler, bildete sich zuerst in seiner Vaterstadt, sodann 1827—34 in München, malte Anfangs gelungene Porträts, wandte sich aber später vorzugsweise der Historienmalerei zu, in welcher er zu den tüchtigsten Künstlern Wiens gehört. Er wurde 1836 Lehrer am Städel'schen Institut in Frankfurt, ging aber 1847 wieder nach Wien, wo er 1848 Mitglied der Akademie und 1851 Lehrer an derselben wurde. Von seinen durch anmuthiges Colorit und Schönheitssinn sich auszeichnenden Bildern kennen wir: Kaiser Albrecht II. im Kaisersaal zu Frankfurt; eine Madonna mit dem Kinde; die Bekehrung des Räuber Julian durch den Apostel Johannes; die Himmelspförtnerin; den h. Florian; Max I. auf der Martinswand; den Besuch der h. Katharina von Siena bei einer armen Familie; den heil. Eustachius auf der Jagd und Romulus und Remus (beide letztere Bilder in der Gallerie des Belvedere zu Wien). In neuester Zeit war er mit den Cartons zu den ihm übertragenen Gemälden in der Altlerchenberger-Kirche beschäftigt.

Bing, Valentin, geb. 1812 zu Amsterdam, ein geschätzter Genre- und Historienmaler, bildete sich unter J. A. Krusemann in der Kunst aus und lieferte seit 1838 verschiedene mit Beifall aufgenommene Gemälde, unter denen besonders sein Evangelist Marcus, Isaak und Rebecca, und der Evangelist Johannes mit Auszeichnung genannt werden.

Bink, Jakob, auch **Binck** geschrieben, Bildnissmaler, Kupferstecher und Formschneider, wurde nach Einigen um 1490, nach Andern um 1504 zu Cöln geboren und starb zu Königsberg nach 1560. Er besuchte entweder Italien selbst, oder bildete sich wenigstens nach guten italienischen Meistern; unverkennbar aber hat er in seinen Kupferstichen die Behandlungsart der Dürer'schen Schule in Nürnberg oder der sogenannten kleinen Meister angenommen, wesshalb er auch diesen beigezählt wird. Die zahlreichen Blätter, welche ihm zugeschrieben werden, sind theils mit nebenstehenden Monogrammen, theils mit J. B., theils mit dem ganzen Namen bezeichnet. Allem nach gab es aber auch einen andern Meister J. B., von welchem nichts Näheres bekannt ist und dessen Blätter nicht mit denen des Bink, die Bartsch zuerst genau feststellte, verwechselt werden dürfen. Diese sind zwar ungleich und gehören daher wahrscheinlich verschiedenen Perioden seines Künstlerlebens an; in den besten derselben erkennt man aber einen sehr geübten Zeichner, der mit sicherer Hand im Stiche nach Schönheit der Formen strebte. In der Richtigkeit der Zeichnung des Nackten zeichnen sie sich vor denen der meisten seiner deutschen Zeitgenossen aus.

Bink war schon vor 1546 Hofporträtmaler des Königs Christian III. von Dänemark, arbeitete aber zu gleicher Zeit für dessen Schwager, den Herzog Albert von Preussen, bereiste 1549 für den letzteren die Niederlande und trat 1551 ganz in dessen Dienste.

Von seinen Kupferstichen gelten als die vorzüglichsten: Lucas Gassel (1529); der h. Hieronymus; Jacob Bink; Christian II. von Dänemark; dessen Gemahlin Elisabeth; Maria unter einem Thron; Christus und die Samariterin; die Bäuerin, welche den als Satyr gekleideten Mann prügelt; eine Landschaft mit einer kleinen Brücke.

Die wichtigsten Bildnisse, welche er in Dänemark und in Königsberg malte, sind: Christian III. und seine Gemahlin Dorothea (in der Kunstkammer zu Kopenhagen); Herzog Albert von Preussen und seine erste Gemahlin 1551 (in Königsberg); der Reichskanzler Friis 1549 (wofür Bink 25 Reichsthaler erhielt). Des Künstlers eigenes Bild befindet sich in der Bildergallerie des Belvedere zu Wien.

Literatur. Merlo, Nachrichten von dem Leben und den Werken cölnischer Meister. Cöln 1850.

Birche, siche **Earlom.**

Biscaino, Bartolomeo, Historienmaler und Kupferätzer, geb. zu Genua 1632, gest. 1657, war ein Schüler seines Vaters Giovanni Andrea und N. Castelli's. Von seinen Gemälden, die sich durch Feinheit und Eleganz der Zeichnung und angenehme Färbung auszeichnen, verwahrt u. A. die Dresdener Gallerie: die Ehebrecherin vor Christo; die Anbetung der Weisen und die Beschneidung Christi. Unter die besten seiner zahlreichen und sehr gesuchten, mit sicherer und geistreicher Nadel ausgeführten, im Geschmack an B. Castiglione erinnernden Blätter, die Bartsch in seinem „Peintre graveur" verzeichnet, gehören: die Geburt Christi, Hauptblatt; die h. Magdalena; eine h. Familie; die Findung Mosis; ein Bacchanal; Susanna und die beiden Alten; der h. Christoph.

Bischoff, Friedrich, ein geschickter Genre- und Historienmaler, der zur Zeit in München lebt. Von seinen sehr ansprechenden und fleissig ausgeführten Bildern kennen wir: den Knaben vom Berge; die Rettung einer Frau und ihres Mädchens auf dem St. Bernhard; die h. Magdalena; die h. Elisabeth von Thüringen; Peter den Grossen in Saardam; die h. Genofeva und würfelnde Landsknechte.

Bischop, Jan de oder **Episcopius**, wie er sich auch schrieb, geb. 1646 zu Gravenhage, gest. 1686 zu Amsterdam, fertigte treffliche Aquarellzeichnungen, und machte sich auch durch eine Sammlung von 101 radirten Blättern, einem Zeichenbuche unter dem Titel: Paradigmata graphices variorum artiphicum, tabulis aeneis. Pars I et II. Hagae 1671. einen geachteten Namen. In demselben Jahre noch besorgte N. Visscher eine zweite Ausgabe dieses Werks, die 113 Blätter zählt.

Biset, Karel Emanuel, geb. zu Mecheln 1633, erlernte die Kunst zu Paris, kehrte als Maler von Ruf in sein Vaterland zurück und wurde 1674 Direktor der Akademie zu Antwerpen, starb aber im grössten Elend, in das ihn sein ausschweifendes Leben gestürzt, zu Breda. Er malte Tänze, Spiel- und galante Gesellschaften in geistreicher Weise aber oft sehr anstössig. Unter seine besten und würdigsten Arbeiten zählt man: Scenen aus dem Leben des verlorenen Sohns, und Wilhelm Tell, wie er nach dem Apfel schiesst, auf welch letzterem er die Porträts der Zunftmeister und vornehmsten Mitglieder der Schützengilde zu Antwerpen, für die er es gemalt, anbrachte. — Sein Sohn Jan Baptist, gleichfalls Maler, arbeitete nach 1720 in Antwerpen.

Bisetti, A., aus Turin, geniesst den Ruf eines trefflichen Bildhauers. An seinen Marmorstatuen: einem Anchises in Lebensgrösse, einer Venus und Flora, der Porträtstatue des Königs Karl Felix von Sardinien, wie an seinen Büsten, rühmt man die edle Auffassung und sorgsame Ausführung.

Bisi, Bonaventura, genannt **Padre Pittorini**, Maler und Kupferätzer, geb. zu Bologna 1610, gest. zu Modena 1662, Schüler von Massari, später Franciscaner zu Bologna, zuletzt am Hofe Alfon's IV. zu Modena, fertigte treffliche Miniaturgemälde und gute geätzte Blätter, mit den Anfangsbuchstaben F. B. B. oder F. B. B. F. bezeichnet, nach Parmesano, Guido und Vasari.

Bisi, Giuseppe, Professor an der Akademie zu Mailand, gehört zu den bedeutenderen Landschaftsmalern Italiens. In seinen Bildern, worunter wir einer Ansicht von Santa Lucia in Neapel, einer Ansicht von Como, der Villa Raimondi gedenken, ist er einfach und natürlich in der Wahl der Gegenstände, poetisch in der Composition. Sie sind mit liebevollem Fleisse ausgeführt und haben beinahe immer eine reizende malerische Wirkung.

Bisi, Michele, geb. zu Genua um 1788, ein Bruder des Vorigen, bildete sich in Longhi's Schule zu einem tüchtigen Kupferstecher aus. Zu seinen besten Blättern gehören: Maria mit dem Kinde, dem h. Antonius und der h. Barbara, nach B. Luini (Preisblatt der Mailänder Akademie), und Venus, den Amor umarmend, nach Appiani.

Bissen, Bildhauer und Professor in Kopenhagen, geb. 1798 in der Gegend von Schleswig, war ein Schüler Thorwaldsen's, der ihn zu seinem Testamentsvollstrecker und Aufseher seines Museums ernannte. Von seinen Werken, die ihm einen weitverbreiteten Ruf verschafften, rühmt man besonders: seinen Amor, der den Pfeil schleift; seine Statuen der Minerva, des Apollo, der Venus; seine Walkyre, eine herrliche Statue, und den dänischen Landsoldaten, als Denkmal an den Sieg bei Fredericia. Auch seinen Marmorbüsten von Oerstedt, Grundvig, Hotten und Mynster wird grosses Lob gezollt.

Bissolo, Pierfrancesco, ein Schüler von Giovanni Bellini, blühte um 1520. Die Bilder dieses Meisters zeichnen sich durch die zarte Milde und Weichheit aus; besonders die Köpfe sind schön und voll Gefühl. In der Akademie zu Venedig sieht man von ihm: Christus, der h. Katharina von Siena die Dornenkrone reichend; in der Gallerie Manfrini daselbst eine Verkündigung; in Madonna della Salute ebendaselbst eine Madonna; in der Kathedrale zu Treviso: S. Giustina mit andern Heiligen und im Berliner Museum eine treffliche Auferstehung Christi.

Bisuccio, Leonardo di, ein Maler aus Mailand, von dem sich nur ein einziges Werk, die Wandmalereien der achteckigen Grabkapelle des Grafen Seneschal Sergianni Caracciolo, hinter dem Chor von S. Giovanni a Carbonara in Neapel erhalten haben. Er stellte darin, über der Eingangsthüre, in kolossaler Grösse Christus die Maria krönend, beide von den Armen Gottes des Vaters umfasst und von Engelschaaren umgeben, unten links mehrere Mitglieder der Familie Caracciolo und neben der Thür in einem Rund das Bildniss des Seneschals, nackt, wie man ihn nach seiner Ermordung gefunden, dar. Andere Felder enthalten Scenen aus dem Leben der Maria und mehrere andere Einzelfiguren. Diese Bilder zeigen noch entschiedene Anklänge an die Schule Giotto's, allein Bildung und Ausdruck der Köpfe sind lieblicher, besonders die der Engel, welche an die des Fiesole erinnern. Die Bildnisse sind sehr individuell, die Haltung im Ganzen ist einfach und grossartig. Im untern Rande der Verkündigung steht in gut erhaltener Schrift: Leonardus de Bissuccio de Mediolano hanc capellam et hoc sepulcru pinxit.

Literatur. Passavant, Beiträge zur Geschichte der alten Malerschulen in der Lombardei. Kunstbl. 1838.

Bittheuser, Johann Pleikard, Kupferstecher und Professor zu Würzburg, geb. zu Bütthard 1774, ein Schüler von J. G. Müller, machte sich durch mehrere treffliche Stiche, worunter man besonders das Abendmahl nach L. da Vinci 1805, Copie nach Morghen; die Unterredung des Augustus mit der Cleopatra, nach R. Mengs und die Frau des Dominichino aus dem Bade steigend, nach Dominichino, zählt einen geachteten Namen.

Bizamanus, ist der Geschlechtsname einer Malerfamilie, welche einer zu Otranto in Apulien, wohl nicht lange vor dem 15. Jahrhundert blühenden Schule angehörte, die Bilder in byzantinischer Weise, aber mit landschaftlichen Gründen, malte. So sieht man u. A. im Museo Cristiano des Vaticans: den auferstandenen Christus und Magdalena mit der Inschrift: Donatus Bizamanus pinxit in Hotranto und im Berliner Museum: eine Kreuzabnahme mit der Inschrift: Angelus . Bizamanus . pinxit . in Hotranto.

Blaas, Karl, Professor an der Akademie in Wien, gebürtig aus Tyrol, bildete sich während eines mehrjährigen Aufenthalts in Rom zu einem der ausgezeichnetsten, der streng kirchlichen Richtung angehörigen Maler unserer Zeit aus. Seine Bilder sind ebenso tief durchdacht, als schön empfunden, voll Leben und Anmuth, Hoheit und Schönheit der Formen. So bewunderte man von ihm seit einer Reihe von Jahren: eine Madonna in der Glorie; eine h. Elisabeth mit dem Rosenwunder; die Heimkehr des Jakob von Laban (in der Gemäldegallerie des Belvedere zu Wien); die heil. Katharina von Engeln übers Meer getragen; die h. Francisca; einen h. Georg; Christus in Emaus; Christus am Oelberg; die Flucht nach Aegypten und eine Feldmesse in der Campagna. Treffliche Frescomalereien von Blaas sieht man in der prachtvollen Gruftkirche des Grafen Caroly zu Foth bei Pesth und im Hauptschiff der Altlerchenfelderkirche in Wien. Neuester Zeit hat sich der Künstler auch mit der Porträtmalerei beschäftigt, und seine Bildnisse, z. B. das des Kardinal Primas von Ungarn, das 1854 auf der Wiener-Ausstellung Aufsehen erregte, zeigen eine ebenso geistvolle Auffassung, als technische Vollendung.

Blackere, Gilles de, „tailleur d'ymaiges d'albastre", führte in den Jahren 1435—1436 für Herzog Philipp den Guten von Burgund das Grabmal seiner ersten

Gemahlin, der Madame Michielle de France (in der Kirche des h. Bavo zu Gent) für die Summe von 285 Francs 10 Sous in Alabaster aus.

Blaeser, Gustav, Bildhauer, geb. zu Cöln, aber schon seit langer Zeit in Berlin wohnhaft, bildete sich in Rauch's Schule zu einem ausgezeichneten Künstler in seinem Fache aus. Aus seinem Atelier gingen hervor: Beethoven's Denkmal in Bronce; das kolossale Standbild des Bürgermeister Franke in Magdeburg und eine der acht Marmorgruppen auf der Schlossbrücke zu Berlin, Pallas hilft dem Krieger kämpfen, ein vorzügliches Kunstwerk; die vier Marmorhermen von Ariost, Tasso, Dante und Petrarca für Sanssouci; das Modell eines grossartigen figurenreichen Brunnens für Berlin; ferner mehrere Porträtstatuetten, z. B. die der Maler Lessing und Schadow und seines Lehrers Rauch; Medaillons, z. B. die von Kiss, Schinkel, Wach u.s.w., und einige humoristische Figürchen: der Gratulant und die Winzerin. Auch an der Ausführung des Denkmals Friedrich des Grossen, von Rauch, nahm Bläser thätigen Antheil.

Blake, William, Zeichner, Maler und Kupferstecher, geb. zu London 1758, gest. 1828, war ein Schüler von Flaxmann und Füssli. Zu seinen besten Arbeiten zählt man: die Radirungen zu den vier ersten Büchern von Youngs Nachtgedanken (1797 in Folio, sehr selten) und zu seinen Gesängen der Unschuld und Erfahrung; insbesondere aber seine Skizzen zum Buche Hiob, 21 radirte Blätter; Zephyr und Flora; Calisto, nach Stothard.

Blanc, Ludwig, von Berlin, bildete sich zu Düsseldorf unter Hübner zu einem tüchtigen Genre- und Porträtmaler aus. Seine anmuthigen Darstellungen aus dem Mittelalter: die Kirchengängerin, des Goldschmieds Töchterlein, die beiden Jungfrauen, nach Uhland, und Gretchen in der Messe haben ihm s. Z. grossen Ruf erworben. Seither sah man noch von ihm auf den Ausstellungen: fischende Mädchen; Otto, den Schützen; die Verstossung der Hagar u.s.w. An Blanc's Bildnissen lobt man die romantische Auffassung, die Naturwahrheit, die Klarheit des Colorits und die fleissige Ausführung.

Blanchard, August Baptist Maria, Kupferstecher, geb. 1792 zu Paris, ein Schüler seines Vaters, lieferte sehr gute Stiche, worunter man insbesondere zählt: das Bildniss des Malers Murillo, nach demselben; Jesus Christus, Brustbild nach Delaroche; Christus der Vergelter, nach Ary Scheffer.

Blanchard, Jacques, Historienmaler zu Paris, geb. 1600, gest. 1638, bildete sich durch das Studium der Venetianer zu einem tüchtigen Coloristen aus, wesshalb er auch den Namen des französischen Tizian erhielt. Seine Compositionen sind zwar ziemlich styllos, doch nicht ohne Anmuth, seine Zeichnung ist korrekt und gefällig, die Färbung von grosser Klarheit und Helle. Zu Turin malte er für den Herzog von Savoyen in acht grossen Bildern die Liebe der Venus und des Adonis und in Paris, wo er Vouet's Nebenbuhler wurde, eine Gallerie von 13 Oelgemälden mythologischen Inhalts. Zu seinen besten Bildern gehören ferner: eine Ausgiessung des heil. Geistes; ein h. Johannes auf Pathmos, sein Aufnahmestück unter die Mitglieder der Akademie zu Paris; ein h. Andreas. Im Louvre zu Paris befinden sich von ihm eine Caritas und zwei heilige Familien. Er hat auch einige Blätter radirt. — Sein Sohn und Schüler Gabriel, gest. 1704, ein beachtenswerther Historienmaler, von dem u. A. ein Andreas für Notre-Dame zu Paris bekannt ist, wurde 1663 Mitglied der Akademie, und 1672 Professor.

Blankenbyl, Heinrich, aus Wesel, Meister bei dem Bau der S. Victorskirche zu Xanten 1470—73.

Blankhof, Jan Teunisz, bekannt unter dem Namen **Jan Maat,** geb. zu Alkmar 1628, gest. 1670, war ein Schüler von Everdingen und reiste später nach Rom und Candia, wo er sich dem Studium des Meeres widmete. Seine Gemälde sind geistreich und voll Wahrheit, denn seine lebendige Phantasie kam ihm bei der Darstellung von Seestürmen, in denen er kaum zu übertreffen ist, besonders gut zu statten.

Blechen, Karl, Professor an der Akademie in Berlin, geb. 1797, gest. 1840, ein ausgezeichneter Landschaftsmaler, der sich vorzugsweise in Italien ausbildete und auch die südliche Natur ganz besonders trefflich darzustellen wusste. Seine Landschaften, meistens in Darstellungen italienischer Gegenden bestehend, wie seine Gegend bei Narni; der Golf von Speccia; seine Ruine an einem italienischen See; seine neapolitanischen Fischer; die römischen Hirten; seine Ansicht von Neapel; sein Klosterhof von Viterbo u. s. w.; oder auch Ansichten unserer heimathlichen Natur wiedergebend, wie z. B. seine Winterlandschaft aus der höchsten Schweiz; ein öder Sandhügel mit einem Fuchsbau u. s. w., sind voll scharfer Naturwahrheit, in einer eigenthümlich herben, aber tief ergreifenden Stimmung aufgefasst und mit genialer Meisterschaft der Technik durchgeführt. Sie gehörten zu den vorzüglichsten Gemälden jeder Kunstausstellung. Den Erlös aus seinem Nachlass an Gemälden und Skizzen bestimmte er zu einem Reisestipendium für junge Künstler.

Bleek, Pieter, Porträtmaler und Kupferstecher in Schwarzkunst, geb. zu Gravenhage 1700, gest. 1764 zu London, wohin er im Jahr 1723 kam und seine Kunst mit Beifall übte, war der Sohn des Rich. Bleek, eines guten Porträtmalers. Sein Hauptblatt ist das Bildniss des Malers Franz v. Quesnoy, genannt Fiamingo, nach van Dyck. 1751. RB

Bleeker, Jan Caspar, auch **Bleker** oder **Blecker** geschrieben, Maler und Kupferätzer zu Harlem in der ersten Hälfte des 17. Jahrhunderts, von dessen Schicksalen wenig bekannt ist. Seine Blätter bestehen in biblischen Gegenständen und Landschaften mit Thieren staffirt. Er behandelte die Radirnadel mit mehr Leichtigkeit, als Geschmack und seine Thiere sind schwach und nicht korrekt gezeichnet. Zu den besseren seiner sehr gesuchten und theuer bezahlten Arbeiten gehören: der vierräderige Wagen vor einem Wirthshaus; der Wagen mit zwei Rädern; das Cabriolet; die Auferstehung des Lazarus; Jakob umarmt Rahel am Brunnen.

Bleibtreu, Georg, ein Schlachtenmaler, der sich auf der Düsseldorfer Schule gebildet und schon durch seine frühesten Arbeiten, einige Scenen aus dem Kriege in Schleswig-Holstein, grosse Hoffnungen erweckte, die er in seinem neuesten Bilde, den Entscheidungskampf bei Grossbeeren darstellend, glänzend rechtfertigte. Man bewunderte in diesem 1855 im Frankfurter Kunstverein ausgestellten Bilde die schöne Composition voll patriotischen Schwunges und die trefflich gelungene Charakteristik.

Blery, Eugène, ein jetzt lebender Kupferstecher in Paris, von dem wir: eine Landschaft mit einer kleinen Viehheerde; seine Vues pittoresques prises en Dauphiné Suisse, Auvergne, Savoye etc.; ein Heft von 7 geistreich radirten Blättern; die prachtvolle Landschaft, eine Waldpartie mit zwei Knaben; 4 Blätter, grosse Kräuterstudien und 4 Blätter Landschaften kennen. Im Jahr 1840 erhielt er vom König der Franzosen für seine radirten Blätter, die in der letzten Ausstellung grossen Beifall fanden, die goldene Medaille.

Bles, David, ein geistreicher Genremaler aus dem Haag, dessen humoristische Bilder, von denen wir nur: Tochter und Vater und die eingebildete Krankheit des Seelsorgers anführen wollen, durch die Originalität, Frische und Tiefe der Gedanken, wie durch den Geist der Technik, der sie auszeichnet, bleibenden Werth erhalten. Der König von Holland hat Bles im Jahr 1850 zum Ritter des Eichenkronordens ernannt.

Bles, Herri de, oder **Hendrik met de Bles**, auch **Civetta** — Käuzchen — das Abzeichen des Künstlers auf seinen Gemälden — genannt, geb. 1480 zu Bovines im Hennegau, gest. 1550 zu Lüttich, Historien- und Landschaftsmaler, kann als einer der Repräsentanten des selbstständigen Auftretens der landschaftlichen Kunst, wie solche zu Anfang des 16. Jahrhunderts in der niederländischen Schule statt fand, betrachtet werden. In seinen historischen Bildern, auf die bald Lucas von Leyden, bald Mabuse eingewirkt haben, tritt die Landschaft bereits so stark hervor, dass die darin vorgehende Handlung, die in den Hintergründen sehr oft noch von Darstellungen vorhergegangener oder nachfolgender Begebenheiten begleitet wird, immer mehr zur Staffage herabsinkt. In seinen Landschaften, worin er die von Patenier zuerst eingeschlagene Richtung, sie als eine für sich bestehende Gattung zu betrachten — obgleich er weder diesen, noch einen andern Maler zum Lehrer hatte — weiter ausbildete, ist des Letzteren Härte glücklich vermieden, die Luftperspektive besser beobachtet und ein wohlthuender Gesammteindruck erstrebt; auch beeinträchtigt der starke Ton nur selten die Zartheit der Ausführung. Seine besten Bilder scheint er um 1510 gemalt zu haben. Er war auch in Italien und gerade die Gemälde von grösserem Umfang, z. B. die Landschaften zu Venedig und das neutestamentliche Kirchenbild zu Brescia dürften aus den späteren Lebensjahren des bei den Italienern beliebten Civetta stammen.

Die meisten grösseren öffentlichen Gallerien und Privatsammlungen Europa's besitzen Bilder von Bles. Die vorzüglichsten in Deutschland sieht man: in der öffentlichen Sammlung zu Basel, eine Ruhe auf der Flucht; im k. Museum zu Berlin: den h. Hubertus in Verehrung vor dem Hirsche; das Bildniss eines Mannes; Eva mit Adam unter dem Baume der Erkenntniss; in der Dresdner Gallerie: den durch die Affen beraubten Tabulettkrämer; in der Gallerie zu Grätz: einen Orpheus im Tartarus; zu Cöln, im Besitz des Herrn Zimmermann: Pilatus, seine Hände waschend, und St. Petrus mit vier andern Aposteln; in der Pinakothek zu München: den englischen Gruss, und die Anbetung der h. drei Könige; in der Moritzkapelle zu Nürnberg: zwei Bilder, das Gefolge eines Königs darstellend, und eine Landschaft; in der Gallerie zu Pommersfelden: das Begräbniss und die Himmelfahrt der Maria; in der k. k. Gallerie zu Wien: vier reiche Landschaften mit Staffagen aus der biblischen Geschichte. — Endlich trifft man in der Bildersammlung des Grafen Radnor in Longfordcastle: Maria mit dem Kinde auf dem Throne; im Hause des Herrn Beckford zu Bath: eine Landschaft mit der Predigt Johannis, eines der vollendetsten Werke des Meisters; den Besuch der Maria bei Elisabeth und die Flucht nach Aegypten bei Herrn Adens in London; in der Liverpool-Institution: Maria mit dem Kinde; in der k. Gallerie zu Kopenhagen: zwei Landschaften; fünf historische Landschaften im Saale der Zehn im Palaste des Dogen und einen Thurmbau zu Babel in der Akademie zu Venedig u. s. w.

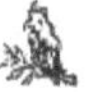

Literatur. Dr. Rathgeber, Annalen der niederländischen Malerei u. s. w.

Blieck, Daniel de, malte das Innere von Kirchen im späteren italienischem Style bei Tag- und Kerzenbeleuchtung. Im Berliner Museum sieht man ein derartiges Gemälde von ihm, bezeichnet d. d. Blieck 1553.

Block, Benjamin, Porträtmaler und einer der ersten Arbeiter in Schwarzkunst, geb. zu Lübeck 1631, gest. zu Regensburg um 1690. Er bildete sich vorzugsweise in Italien, hat sich aber mehr durch seine Kupferstiche als durch seine Gemälde einen Namen gemacht. Zu seinen vorzüglichsten, sehr seltenen Blättern zählt man: die Bildnisse des Friedrich Wilhelm, Kurfürsten von Brandenburg (Hauptblatt des Meisters von ausserordentlicher Seltenheit); des Fürstbischofs Marquard Schenk v. Castell zu Eichstädt; des Wilhelm Ludwig, Herzogs von Württemberg; des Kaisers Leopold.

Block, Eugenius Frans de, Genremaler zu Antwerpen, geb. 1812 zu Grammont in Ostflandern, ein Schüler von P. van Huffel und F. de Brackeleer, schildert in seinen Bildern, von denen er für das des „Wahrsagers" zum Mitglied der königl. Akademie in Gent ernannt wurde, das Leben der flamländischen Bauern in einer recht lebendigen, aber etwas derben Weise.

Blocklandt, Anthonie, siehe **Montfort.**

Bloemaart, Abraham, geb. 1567 zu Gorricum, gest. 1647 zu Utrecht, Historienmaler, Kupferätzer und Formschneider in Helldunkel, war ein vielseitiger genialer, dem Rubens an Fruchtbarkeit fast nahe kommender Künstler, dessen Kunstweise sich zwar durchaus in der Richtung des manierirten Styls der älteren holländischen Schule bewegt, aber dennoch eine gewisse Selbstständigkeit und Eigenthümlichkeit verräth, ein Streben nach derber, kräftiger Auffassung der Natur kund gibt. Seine Compositionen sind in seinen gelungeneren Werken, poetisch und mit genialer Wahl des Malerischen aus der Natur ersonnen, verständig angeordnet und oftmals klar und anmuthig gruppirt. Seine Gestalten sind nicht ohne eine gewisse Grazie, seine Formen jedoch weder ideal, noch charakteristisch genug; seine Köpfe, insbesondere die weiblichen, sind gewöhnlich und haben selten viel Bedeutendes im Ausdruck. Auch in seiner Zeichnung kommen viele Unrichtigkeiten vor, dagegen ist sein Colorit kräftig und wahr und mit saftigem Pinsel vorgetragen. Die Vertheilung des Lichts und die verständige Anwendung und Behandlung des Helldunkels bringen eine treffliche Wirkung hervor und in den Nebendingen macht sich eine glückliche Nachahmung der Natur geltend. Er malte zahlreiche mythologische, allegorische und biblische Bilder, einzelne heilige Familien und Heilige, Genrestücke, Landschaften, Blumen und Thiere und Alles mit derselben Meisterschaft, die um so höher anzuschlagen, als er fast allein durch sich selbst dazu gelangte. Denn er genoss keinen weiteren Unterricht als den in den Anfangsgründen bei seinem Vater Cornelis Bloemaart, einem geschickten Bildhauer, Architekten und Ingenieur, der ihn Zeichnungen von Franz Floris copiren liess. Hierauf studirte er ein paar Jahre in Paris bei zwei mittelmässigen französischen Malern, zuerst bei Jean Bassot, dann bei Herry, und hielt sich bei seiner Rückkehr nach Hause einige Zeit bei Hieronymus Frank in Herentals auf. Mehrere der vortrefflichsten holländischen Maler: Jan und Andries Both, Gerard und Willem Honthorst, Jan Baptist Weenix, Knufter und Poelenburg wurden in Bloemaarts Schule gebildet. Unter seine besten Bilder zählt man: eine Anbetung der Hirten mit der Jahrszahl 1604, ein Bild von energischer Lichtwirkung, und eine heilige Familie mit dem Engel, der Joseph im Traume erscheint, im Museum zu Berlin; eine Göttermahlzeit und eine Preisvertheilung nach einem Wettlauf, in der Gallerie im Haag; Apoll und Artemis tödten die Söhne und Töchter der Niobe, in der k. Gallerie zu Kopenhagen; die Erweckung des Lazarus vom Tode, und Diogenes, seinen Schülern einen gerupften Hahn zeigend (vom Jahre 1591), in der Pinakothek zu München; der englische Gruss, die Geburt Christi (mit der Jahrszahl 1612) und das Porträt eines Mannes im Louvre zu Paris; Maria, das Kind säugend, in der Gallerie zu Pommersfelden u. s. w.

Bloemaart zeichnete sich auch als Kupferätzer aus; er radirte mit leichter Nadel verschiedene Blätter, von denen man namentlich: eine heil. Familie (1593), St. Johannes mit dem Lamme, mehrere Landschaften u. s. w. rühmt; seine Blätter in Helldunkel, wobei er die Umrisse in Kupfer radirte, die Schatten aber in eine oder zwei Holztafeln schnitt, um dadurch den Anschein von Bisterzeichnungen zu gewinnen, worunter insbesondere sein Aaron, sein Moses, seine Magdalena, in einer Felsengrotte sitzend, werden aber noch höher geschätzt. — Das Museo fiorentino bringt sein Porträt im Stich.

Bloemaart hatte vier Söhne. Der erste, Heinrich, war Porträtmaler, starb aber jung; Friedrich, der zweite, geb. um 1600, radirte in Kupfer uud schnitt in Holz nach Zeichnungen seines Vaters. — Adriaan, der jüngste Sohn, war ein guter Historien- und Porträtmaler, bildete sich in Italien und hielt sich längere Zeit in Salzburg auf, woselbst er in einem Duell sein Leben verlor. Nur sein dritter Sohn:

Bloemaart, Cornelis, geb. 1603, gest. zu Rom 1688, hat sich als Maler und Kupferstecher einen Namen erworben. Er war ein Schüler seines Vaters und des C. de Passe. Im Jahre 1630 begab er sich nach Paris, wo er grossen Beifall und viele Nachahmer fand, und von da nach Rom, woselbst er sich niederliess und eine Menge schöner Blätter, meistens nach italienischen Meistern, stach. Zu seinen vorzüglichsten Kupferstichen zählt man: den heil. Petrus, die Tabita erweckend, nach Guercino; die Belagerung und Einnahme der Stadt Pera, nach Cortona; den heil. Ignatius vor dem Heilande, der sein Kreuz trägt und die vier Kirchenväter, nach A. Bloemaart; die heil. Margaretha, die sogenannte heilige Familie mit der Brille und Christus am Kreuze, nach A. Caracci; die Auferstehung Christi, nach Paul Veronese; die Geburt Christi, nach Schiavone; die Anbetung der Hirten, nach Raphael; eine heil. Familie, nach Parmesano; den heil. Antonius von Padua, knieend vor dem auf einer Wolke sitzenden Jesuskinde, nach C. Ferri, (1678). Er hat seine Blätter C. B., C. Bl., C. Bloem. sculp. bezeichnet.

Bloeme, Hermanus Antony de, Historien- und Porträtmaler, geb. 1802 zu Gravenhage, Schüler von Pieneman in Amsterdam, erhielt 1823 die grosse silberne Medaille für seinen „Marius auf den Trümmern von Karthago", in Lebensgrösse. Auf späteren Kunstausstellungen erschienen von ihm: ein Mädchen, an einem Sarkophag betend; eine gen Himmel fahrende Mutter, mit einem Kind im Arm; David und Nathan; Abraham und Isaak; die Dienstfertigkeit der Rebecca; Jesu Gespräch mit Maria Magdalena u. s. w.

Bloemen, Julius Franciscus van, trefflicher Landschaftsmaler in Oel und Fresco, geb. zu Antwerpen 1656, gest. 1740 zu Rom, wo er nach den besten Meistern und nach der Natur studirte, und wegen der reizend schönen Lüfte in seinen Gemälden den Namen Orizonte erhielt. Er malte hauptsächlich Landschaften aus der Umgegend von Tivoli, Berg- und Felsenparthien, Wasserfälle und dergl., anfangs in der Manier von van der Kabel, später von Poussin, bis er sich durch tieferes Studium der Natur in einen ihm eigenthümlichen Styl hineinarbeitete. Seine Gemälde sind gut gezeichnet und behandelt, und überraschen durch die treue Nachahmung der Naturerscheinungen. Man findet sie in den meisten europäischen Kabinetten.

Bloemen, Norbert van, genannt **Cephalus**, jüngerer Bruder des vorigen, geb. 1672 zu Antwerpen, machte seine Studien gleichfalls in Rom. Er malte Gegenstände des Privatlebens und Porträts, liess sich nach seiner Rückkehr aus Italien in Amsterdam nieder und starb daselbst 1746.

Bloemen, Pieter van, Landschafts- und Genremaler, der älteste Bruder der Vorigen, geb. zu Antwerpen 1649, gest. daselbst 1719, bildete sich ebenfalls in Italien, wo er den Namen Standaart erhielt. Er malte Lagerplätze, Schlachten, italienische Kirchweihen, Märkte und römische Feste. Seine Bilder haben ein gefälliges Colorit und schöne Architektur im Hintergrunde. Einzelne seiner Landschaften wurden von ihm selbst geätzt.

Bloemers, Arnoldus, geb. zu Amsterdam 1792, gest. im Haag 1844, ausgezeichneter Blumen-, Früchte- und Thiermaler. Er genoss den Unterricht von Antonie Piera und studirte besonders die Meisterwerke des van Huysum, denen er in seinen Gemälden, Früchte und todtes Wild darstellend, sehr nahe kam.

Blok, Koenraad, Medailleur, in der zweiten Hälfte des 16. Jahrhunderts, von Einigen für einen Deutschen gehalten, lebte in den Niederlanden und stach Medaillen und Porträts sehr geschickt und naturgetreu in Stahl. 1577 fertigte er das Bildniss Wilhelm's von Oranien siebenmal mit geringen Abänderungen, 1602 das des Prinzen Moritz; ferner Medaillen mit den Bildnissen Philipp's II., des Herzog Alba und seiner Gemahlin, der Infantin Isabella u. s. w.

Blond, auch **Blon, Jacob Christoph le,** Maler, Kupferstecher und Arbeiter in Schwarzkunst, geb. zu Frankfurt 1670, gest. zu Paris 1741, war anfänglich ein Schüler von C. Meyer in Zürich und A. Bosse in Paris, ging hierauf später nach Rom, dann mit dem Maler Overbeck nach Amsterdam, wo er besonders Porträt in Miniatur malte und im Jahr 1720 die ersten Versuche in dem von ihm erfundenen Buntdruck mit mehreren Schwarzkunstplatten machte. Seine Absicht, der neuen Erfindung in London und später in Paris Eingang zu verschaffen, hatte keinen glücklichen Erfolg und so starb er zu Paris im Hospital. Die besten seiner sehr seltenen Kupferstiche sind: das Bildniss des P. P. Rubens, nach A. van Dyck; Bildniss von Shakespeare, angeblich nach Tintoretto, wahrscheinlich aber nach Zuccharo; Bildniss des Anton van Dyck, nach demselben; die Kinder Karl's I., nach van Dyck's Bild im Palast Kensington zu London; die h. Catharina in einem Buche lesend, nach Correggio's Bild im Palast zu Windsor; die h. Agnes, nach Dominichino's Bild im Palast Kensington; das Christuskind umarmt den kleinen Johannes, nach van Dyck's Gemälde in der k. Sammlung zu London; die h. Magdalena mit dem Todtenkopfe; die Grablegung Jesu, nach Tizian; Bildniss des Dauphin de France, Sohn Ludwigs XV.; Brustbild des André Hercules Cardinal de Fleury.

Blond, auch **Blon, Michael le,** Goldschmied, Kupferstecher und schwedischer Gesandter in England, geb. 1590 zu Frankfurt, gest. zu Amsterdam 1656. Man hat verschiedene kleine, höchst zart vollendete Blätter von ihm, so: das Wappen Albrecht Dürer's; 12 Blätter mit dem Leben Christi; 18 Blätter Goldschmiedverzierungen.

Literatur. De Laborde, Histoire de la gravure en manière noire Paris u. Leipzig 1839.

Blondeel, Lancelot, geb. 1495 zu Brügge, gest. 1560 daselbst, war in seiner Jugend Maurer, fand aber solche Freude an Bauzeichnungen, mit denen er sich bei seinem Gewerbe beschäftigen musste, dass er sich später ganz der Kunst widmete. Er soll daher anfänglich mit besonderer Vorliebe Gebäude und Ruinen, später auch in Brand stehende Städte gemalt haben. Von seinen kirchlichen Bildern, in denen er auch ernsten Aufgaben sich ganz gewachsen zeigt und durch die das Bestreben geht, das Gemüthvolle in der Compositionsweise der älteren niederländischen Meister mit der vollendeteren Durchbildung der italienischen Kunst zu verbinden, sieht man noch: in der St. Jacobskirche zu Brügge: den Tod der Heiligen Cosmus und Damian, und bei Hrn. Imbert daselbst eine Madonna mit dem Kinde; im Museum zu Berlin: ein jüngstes Gericht, ein in der Behandlung etwas unangenehm zwischen nordischer und italienischer Manier getheiltes Altarbild, und eine Maria mit dem Kinde, in der Gesammtanordnung noch mehr der alten Schule verwandt. Im Jahr 1550 stellte Lancelot mit Johann Schorcel von Utrecht das Mittelbild des Genter Altarwerks der Brüder van Eyck, die Anbetung des makellosen Lammes, wieder her. Lancelot, der neben seinem Monogramm oft auch eine Mauerkelle anbrachte, soll auch in Holz geschnitten haben und es werden ihm, ausser einigen grösseren Blättern, 8 Blätter Bauerntänze zugeschrieben.

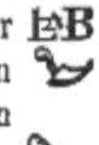

Blondel, François, geb. 1617 zu Paris, gest. daselbst 1686, erbaute, ohne die Baukunst zu seinem Fach gemacht zu haben: die Charentebrücke bei Saintes; den Triumphbogen am Ende der Strasse St. Antoine; das Thor St. Bernhard (beide abgetragen) und die Triumphpforte St. Denis zu Paris, eines der Meisterwerke der Baukunst aus der Zeit Ludwig XIV. Blondel wurde 1671 Professor und Direktor der neugegründeten Akademie der Baukunst. Er gab mehrere Werke über Architektur heraus, von denen ihm das über Fortification und die Kunst Bomben zu werfen, den Rang eines Maréchal-de-camp eintrug.

Blondel, Merry, Joseph, Historienmaler, Präsident der franz. Akademie und Ritter der Ehrenlegion, geb. 1781 zu Paris, einer der besten Schüler Regnaults, der in seiner Schule dieselbe Richtung verfolgte wie David, malte erstaunlich viele und zum Theil sehr grosse allegorische, mythologische, historische und Kirchenbilder in Oel und Fresco in der Weise seines Meisters mit all seinen Tugenden und Fehlern. Das Louvre, die Börse, die Kirche St. Thomas zu Paris, das Schloss zu Fontainebleau u. s. w. besitzen Wand- und Deckengemälde des ungemein fruchtbaren Meisters.

Bloot, Pieter de, flämischer Maler, gest. 1667, stellte Scenen aus dem gemeinen Leben, als Bauerngelage, Tänze, Hochzeiten, Hirtenscenen, mit getreuer Naturbeobachtung dar. Seine Gemälde sind selten und sehr gesucht.

Blooteling oder **Bloteling, Abraham**, Zeichner, Kupferstecher mit der Nadel und dem Grabstichel, und Arbeiter in Schwarzkunst, geb. zu Amsterdam 1634, gest. 1690 oder 1695, bildete sich in der Schule von Visscher und stach nach eigenen Erfindungen und andern Meistern, in verschiedenen Manieren, namentlich aber in der Schwarzkunst, die er durch die Erfindung des Granirstahls wesentlich verbesserte, eine grosse Menge von Blättern, insbesondere Bildnisse berühmter Männer. Seine vorzüglichsten Kupferstiche sind: Peter Schout (Moelman) zu Pferd, gewöhnlich nur der Reiter genannt, nach Netscher und Wouverman; der holländische Admiral Egbert Meesz Kortenaer, nach van der Helst; August Stellingwerf, holländischer Admiral, nach B. van der Helst; eine Landschaft mit Diana im Bade, nach Neck; der Flötenspieler, nach Bega (1667).

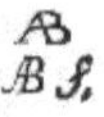

Blot, Moriz, Zeichner und Kupferstecher, geb. zu Paris 1754, gest. daselbst 1818, Schüler von A. de Saint Aubin, gehört unter die neueren vorzüglichsten Künstler. Von ihm sind: die arkadischen Schäfer, nach Poussin; Marcus Sextus, nach M. Guérin; La Vierge aux Candélabres, nach Raphael; das Urtheil des Paris, nach van der Werf; der Dauphin, Sohn Ludwigs XVI., und die Herzogin von Berry in einem Garten unter einem Baume sitzend, nach Louise Elisab. le Brun (1786).

Blüm, Hans, ein Steinmetz aus Lor am Main, der um die Mitte des 16. Jahrhunderts zu Zürich lebte und daselbst zwei Bücher: ein Buch über die Säulenordnungen und eines über Antiquitäten herausgab. Jenes führte den Titel: Von den fünff Sulen. Gründlicher Bericht vnnd deren eigentliche contrefeyung nach symmetrischer vssteilung der Architektur. Durch den erfarnen vnd der fünff Sülen wolberichten H. Hans Blümen von Lor am Mayn fleyssig uss den antiquiteten gezogen vnd trüwlich, als vor nie geschähen, in Truck abgefertiget. Getruckt zu Zurych bey Christoffel Froschouer. Im MDLXVII Jars und ist mit Holzschnitten ohne Zeichen versehen. Das zweite trägt die Aufschrift: Ein Kunstrych Buch von allerei antiquitäten, so zum Verstand der fünf Seulen der Architectur gehörend — Gedruckt zu Zürich in der Froschow bey Chrystoffel Froschower — und ist ebenfalls mit Holzschnitten versehen, von denen einige, die sehr gut ausgeführt sind und nebiges Monogramm, bald mit, bald ohne Hammer enthalten, von Hans Blüm selbst geschnitten wurden.

Blyhooft, J., niederländischer Maler im 17. Jahrhundert, hat sich durch Portraits im Geschmack von Netscher und Zeichnungen von Landschaften, Seehäfen u. s. f. einen Namen gemacht.

Blyk, Frans Jacobus van den, Seemaler in Dortrecht, Schüler von J. C. Schotel, mit welchem er, um Studien zu machen, die Küsten von Holland, Flandern, Frankreich und Seeland bereiste, lieferte seit 1836 niederländische Seestücke auf die Ausstellungen, welche durch ihre Naturtreue und prachtvolle Effekte zu den besten Arbeiten in diesem Fache gehören.

Blyth, Robert, Kupferätzer in England, geb. um 1750, gest. zu London 1783, fertigte hauptsächlich nach Zeichnungen von J. Mortimer geistvolle Blätter, von denen: 4 Blätter Leben und Tod des Soldaten; 2 Blätter Räuber; die Fischer, sämmtlich nach dem genannten Meister, zu den besten gezählt werden.

Boba, George, Maler und Kupferstecher, ein Schüler von Franz Floris, fertigte im Geschmack der Schule von Fontainebleau 6 Landschaften mit historischer Staffage, nach Primaticcio.

Boccaccino, Boccaccio, aus Cremona, geb. 1466, gest. 1518, arbeitete in seiner Vaterstadt und begab sich später nach Rom, wo er in der Kapelle von Santa Maria Traspontina eine Krönung der Maria malte. Zu Cremona sieht man noch von ihm im Dom, an den Wänden des Mittelschiffs, Begebenheiten aus dem Leben der Maria und in der Tribune einen segnenden Christus auf dem Throne, von vier Heiligen umgeben, vom Jahre 1515. (In der von dem Grafen Bart. de Soresina Vidoni herausgegebenen „Pittura Cremonese" (Mailand 1824) findet sich ein Stich nach einem jener Frescobilder, der Vermählung der Madonna, sowie nach dem Bilde der Tribune.) Boccaccino's Bilder verrathen eine dem Perugino mehr oder minder verwandte Kunstweise und ersetzen, was ihm gegen jenen an Trefflichkeit der Anordnung, an Lieblichkeit der Gesichter und Behandlung des Helldunkels abgeht, durch Mannigfaltigkeit der Farben und Munterkeit in den Geberden, während er nicht minder harmonisch und reizend in Landschaft und Bauwerk ist. Garofalo ging zu Boccaccio in die Schule.

Boccaccino, Camillo, der Sohn des Obigen, geb. 1511, gest. 1546, war ein Schüler seines Vaters, gelangte aber, obgleich er sehr jung starb, zu einer grösseren künstlerischen Vollendung. Seine Werke haben eine stylvolle, Anmuth und Kraft zu einem harmonischen Ganzen vereinigende Behandlung. Die Zeichnung ist correkt, das Colorit weich und kräftig; die Behandlung äusserst zart und lieblich. In S. Sigismondo bei Cremona sieht man in der Kuppel, in der grossen Wandvertiefung und zu beiden Seiten des Hochaltars Malereien von ihm (ein Stich nach einem der Kuppelbilder findet sich in der vom Grafen Bart. de Soresina Vidoni herausgegebenen „Pittura Cremonese" Mailand 1824), welche die Cremoner für die besten Bilder ihrer Stadt halten. Camillo malte ferner in Cremona: die Auferstehung des Lazarus, und Christus und die Ehebrecherin; die Façade eines Hauses auf der Piazza; alle Felder der Wölbung von S. Agatha; die Façade von S. Antonio u. s. w. Das Museo fiorentino enthält sein Porträt im Stich.

Boccaccino, Francesco, ein Nachkomme der Obigen, gest. in hohem Alter um 1750, ein Schüler von C. Maratta, malte mythologische Gegenstände in Oel und Fresco, mit besonderer Hinneigüng zur Manier des Albani.

Boccanera, Marino, ein Architekt aus Genua, der im 14. Jahrhundert lebte und den Bau des grossen Hafens seiner Vaterstadt unternahm, das Arsenal der Galeeren vollendete und mehrere Wasserleitungen ausführte.

Bocciardi, Clemente, genannt **Clementino**, geb. zu Genua 1620, gest. 1658, bildete sich in Strozzi's Schule und später in Rom zu einem tüchtigen Künstler aus. Nach seiner Rückkehr malte er in seiner Vaterstadt, sowie in Pisa und Umgegend viele noch heute wegen ihrer schönen Anordnung und der Lebhaftigkeit des Colorits geschätzte Bilder. Das Museo fiorentino enthält sein Porträt im Stich.

Bocholt, Franz von, war einer der ältesten Kupferstecher Deutschlands. Seine Hauptthätigkeit fällt in die Jahre 1458—80, und seine sehr seltenen Blätter sind äusserst sorgfältig und originell in der Weise der Eyck'schen Schule vollendet. Bartsch, in seinem „Peintre graveur" zählt deren 38 auf, es gibt ihrer aber weit mehr. Zu den vorzüglichsten gehören: das Urtheil Salomon's; Christus und die Apostel, 13 Blätter; die Verkündigung; Johannes der Täufer; Maria mit dem Kinde, auf halbem Mond stehend; Simson erwürgt den Löwen; zwei Bauern im Streit beim Kegelspiel. Es wird ihm nebiges Monogramm zugeschrieben. F v B

Bock, Hans, malte um die Mitte des 16. Jahrhunderts in Basel. Von ihm sind die kolossalen Fresken in und an dem dortigen Rathhause, die, wenn auch etwas manierirt, doch hin und wieder grosse Energie verrathen und sich durch landschaftliche Hintergründe auszeichnen.

Bock, Hieronymus, Kupferstecher und Aetzer von Hirschberg in Schlesien, arbeitete am Ende des 16. Jahrhunderts. Von ihm kennt man: ein Bildniss des Kaisers Rudolph II., (1598), ein seltenes aber mittelmässiges Blatt, und einen Christus am Kreuze, umgeben von Maria, Magdalena und Johannes. Bo

Bocksent, Jan, geb. 1660 zu Gent, gest. 1727, Bildhauer und Laienbruder im Recollectenkloster seiner Vaterstadt, zu dessen besten Arbeiten: das Grabmal des Bischof Philipp Erard van der Noot in der St. Bavo'skirche und die vier Evangelisten in der St. Peterskirche zu Gent gezählt werden.

Bocksperger, Hans, Maler und Formschneider, geb. 1540 zu Salzburg, malte Schlachten, Jagden, allegorische und historische Bilder, und schmückte, besonders in den Städten München, Augsburg, Ingolstadt, Passau, Regensburg, Landshut und Salzburg die Wände der Häuser an ihren Aussen- und Innenseiten, an Decken und Gewölben mit Malereien. Er fertigte auch Holzzeichnungen und Holzschnitte für mehrere von Feyerabend zu Frankfurt herausgegebene illustrirte Werke. So sind in einer 1665 daselbst erschienenen Bibel 122 Blätter von ihm, die zu seinen besten Arbeiten gehören; ferner mehrere Blätter in einer deutschen Ausgabe des Livius, vom Jahr 1573, auf denen man nebenstehendes Monogramm bemerkt; endlich die Zeichnungen zu einem 1592 zu Frankfurt herausgekommenen Thierbuche mit gereimten Beschreibungen von G. Schaller. HB

Bodeman, Willem, Landschaftsmaler in Brüssel, geb. zu Amsterdam 1806, Schüler von B. C. Koekkoek, reiste mit seinem Lehrer in Deutschland und Belgien, und fertigte seit 1832 für die Kunstausstellungen Landschaftsgemälde, welche vielen Beifall fanden.

Bodenehr, Johann Georg, Kupferstecher und Arbeiter in Schwarzkunst, geb. in Dresden 1691, gest. 1730 zu Augsburg, das einzige Mitglied einer Kupferstecherfamilie, dessen Werke sich über die Mittelmässigkeit erheben. Seine besten Blätter sind die Porträts des F. S. Stribel, Malers in Dresden, und des J. M. Dinglinger, nach Manyoki.

Bodmer, Gottlieb, Maler, Zeichner und Lithograph zu München, geb. 1804, gest. 1837, beschäftigte sich zuerst mit Porträtmalen unter der Leitung des Hofmaler Stieler, wandte sich aber später ganz der Lithographie zu. 1829 zeichnete er die berühmte Madonna di S. Sisto nach dem Kupferstiche von F. Müller auf Stein, sodann zwei Bilder nach H. Hess, die Christnacht und ein Altarbildchen, welche Arbeiten ihm allgemeinen Beifall erwarben. Nach einjährigem Aufenthalt zu Paris, wohin er sich zur Vervollkommnung des technischen Theils seiner Kunst wandte, und wo er mehrere gelungene Blätter, von welchen Amor und Psyche nach Gérard am bekanntesten ist, ausführte, übernahm er zu München grössere Arbeiten, worunter der Abschied des Königs Otto; König Ludwig I. im Familienkreise; der Ritter und seine Geliebte, nach Foltz; der Schweizer-Grenadier, nach Kirner, denen er durch das schöne Korn seiner Kreide einen besonderen Reiz zu geben wusste. Sein Plan, die Malereien im Königsbau durch Nachbildungen bekannt zu machen, wurde durch seinen frühzeitigen Tod vereitelt.

Bodom, Erich, Landschaftsmaler aus Norwegen, Schüler Gude's in Düsseldorf, legt in einigen freundlichen Darstellungen seines Vaterlandes ein ebenso grosses Talent für Composition, wie für gewissenhafte Malerei an den Tag.

Bodt, Jean de, Civil- und Kriegsbaumeister, geb. 1670 zu Paris, 1700 brandenburgischer Hofbaumeister, später Generalmajor und Commandant von Wesel, von 1728 an in sächsichen Diensten und 1741 General-Feldzeugmeister, gest. 1745 zu Dresden, vollendete den 1685 von Nehring begonnenen Bau des Zeughauses zu Berlin, den Schlossbau zu Potsdam, erbaute das Schlossthor mit der Kuppel, das schöne Berlinerthor und mehrere Paläste zu Berlin und Dresden.

Boë, F., aus Bergen in Norwegen, bildete sich auf der Akademie zu Kopenhagen und später in Paris zu einem der ausgezeichnetsten Stilllebenmaler unserer Zeit aus. Seine Bilder dürften, was deren Genauigkeit, Wahrheit und Individualisirung sowohl in der Form als in der Farbe betrifft, kaum übertroffen werden, und erregten auf allen Ausstellungen so grosses Aufsehen, dass einem derselben im Jahr 1851 auf der Pariser Ausstellung die seltene Auszeichnung widerfuhr, für das Luxemburgische National-Museum angekauft zu werden. Im Auftrag des Königs von Schweden malte er für die Oskars-Halle bei Christiania Darstellungen mehrerer dem Lande eigenthümlichen Gegenstände, allerhand Thiere, Früchte u. dergl.

Böblinger, Hans, ein Steinmetzenmeister, wahrscheinlich aus Böblingen (in Württemberg), der 1440 auf den Rath des Meisters Matthäus von Ensingen, des damaligen Baumeisters am Münster in Ulm, zum Bau der Liebfrauenkirche in Esslingen berufen wurde. Hier baute er den Thurm, den er bis zur Pyramide fortsetzte, wie aus mehreren, an verschiedenen Stellen im Innern desselben angebrachten Wappenschilden mit seinem (auf dem Rand abgebildeten) Steinmetzenzeichen hervorgeht, übernahm auch 1460 den Thurmbau zu Möhringen und starb 1482. Er liegt in der Frauenkirche zu Esslingen begraben. Sein Grabstein trägt die Inschrift: „Anno Domini MCCCCLXXXII an dem IIII Tag des Yänner ist gestorben Hanns Böblinger Maister vnser lieber Frowen Kirchenbuws. Stainmetz. Got Geb im die ewig Ruw. Amen." — In der Kunstsammlung des k. Zeichnungslehrers Mart. v. Reider zu Bamberg soll sich ein sehr merkwürdiges Steinmetzenbüchlein vom Jahr 1453 von einem Hans Böblinger befinden.

Böblinger, Matthäus, ein Steinmetzenmeister aus Altingen bei Esslingen, wahrscheinlich der Sohn des Vorigen, arbeitete seit 1474 am Münster zu Ulm, wohin er sich auf Verlangen des Ulm'schen Raths von Esslingen aus begeben, und wurde 1480 Kirchenmeister daselbst. Im Jahre 1483 reiste er nach Frankfurt, wohin ihn der Rath dieser Stadt berufen, um bei dem Fortbau des dortigen Domthurms seinen erfahrenen Rath zu ertheilen, und im Jahre 1485 übernahm er, nachdem ihm der Rath der Stadt Ulm die Erlaubniss dazu gegeben, den an der Stelle der alten Spitalkirche zu Esslingen zu errichtenden Neubau, die Katharinenkirche, die unter der Leitung seines Bruders Lux, den er als Parlirer dabei angestellt, im Jahr 1495 vollendet wurde. Als der Thurm des Münsters zu Ulm, an dem er seit 12 Jahren arbeitete, bis zur Höhe von 237 Fuss gediehen war, fielen im Jahr 1492, an einem Sonntag während des Gottesdienstes, zwei oder drei grosse Steine aus dem hohen Thurmgewölbe herab, und da man nun alsbald den Einsturz des ganzen Thurms befürchtete, musste Böblinger vor der Rache des Volkes fliehen. Der Magistrat der Stadt verbannte ihn auf ewig, ohne ihm seine Verpflichtung als Werkmeister der Stadt zurückzugeben, wodurch er verhindert wurde, anderwärts Baue zu übernehmen. Erst 1494 erhielt er sie auf Verwendung des Grafen Eberhard des Aelteren zurück. Er zog nun 1496 nach Esslingen und leitete daselbst den Bau der Frauenkirche, deren kunstvolle Pyramide er vollendete, muss indessen auch noch andere Bauten übernommen haben, denn 1490 sehen wir ihn u. A. an der Kirche zu St. Martin in Memmingen thätig. Er starb 1505 und wurde in der Frauenkirche zu Esslingen begraben. — Auf dem Originalriss zu dem grossartigen im Jahr 1807 abgetragenen Oelberg zu Ulm, einer Darstellung des Erlösers mit dem Engel, der ihn stärkt, den drei Jüngern und den Juden, die dem Verräther zur Gefangennehmung Jesu folgten, las man die Worte: „Den Oelberg hat Mattheus Böblinger von Esslingen gen Vlm geordnet und hat vil Stein gehawen zu denselben Ziten 1474.", eine Angabe, die sich indessen nur auf die architektonischen Theile, die gewölbte Halle, unter der die Figuren standen, beziehen kann, da die letzteren erst 1518 durch die Meister Mühlen und Meister Michel ausgeführt wurden. (Auf einem 1659 von J. Geiger und J. Frank gemachten Kupferstiche des Münsters befindet sich eine Abbildung desselben.)

Ausser dem bereits genannten Bruder des Matthäus kommt auch noch ein anderer Bruder Namens Marx vor, der ebenfalls als Werkmeister der Frauenkirche thätig war und 1492 starb. — Auch ein Dionysius Böblinger, wahrscheinlich der jüngste der vier Brüder, kommt um 1513, um welche Zeit er von der Gemeinde Stockheim zu ihrem Kirchenbau von Esslingen begehrt wird, als Werkmeister der Frauenkirche daselbst vor.

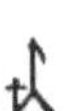

Boehm, Amadeus Wenzel, Kupferstecher, geb. zu Prag 1771, gest. zu Leipzig 1823, bildete sich unter Kohl in Wien und arbeitete später hauptsächlich für Buchhändler. Zu seinen besten Arbeiten gehören: der Apostel Paulus, nach Screta und eine Madonna, nach C. Dolce.

Böhm, Johann Daniel, Bildhauer und Medailleur, Direktor der k. k. Graveur-Akademie in Wien, geb. 1794 zu Wallendorf in Ungarn, begab sich, nachdem er die nöthigen Vorstudien im Zeichnen, Modelliren, erhabenen und vertieften Schneiden in Holz, Stein, Marmor und Edelstein gemacht, im Jahr 1821 nach Florenz und Rom, wo er bald durch Bildhauerarbeiten die Aufmerksamkeit auf sich zog. Später zum Hofmedailleur und Lehrer an der Graveur-Akademie zu Wien berufen, zeichnete er sich sowohl durch seine vorzügliche Lehrgabe als durch die in grosser Zahl von ihm gefertigten Medaillen aus, in welchen sich bei verstandenem Festhalten an der alten Technik ein redliches, tiefempfundenes Streben ausspricht, der Medaille einen höheren Kunstwerth zu erzielen. Zu seinen besten Arbeiten in der Bildnerei gehören: ein löwenbändigender Amor, eine antike Tänzerin, mehrere Standbilder von Fürsten des österreichischen Regentenhauses; die Bildnisse des Grafen Lützow, des Kardinals Consalvi, des Grafen v. Hohenwart u. s. w. Ausgezeichnete Werke der Stempelschneidekunst von ihm sind: mehrere Preismedaillen; die Bildnisse des Hofschauspielers Koch, des Lablache, der Catalani, des Malers David; die Denkmünzen auf die Einweihung der Kathedrale von Erlau, auf den Erzherzog Karl Ludwig, auf den Fürsten Paul Esterhazy, auf den Grafen Colloredo Mansfeld u. s. w. Endlich sind auch noch Böhm's treffliche geschnittene Steine, eine Kamee mit dem Bildnisse Thorwaldlsen's, andere, einen lorbeerbekränzten antiken Helden, die Flucht der Helena u. s. w. darstellend, zu erwähnen.

Boel, Cornelis, ein niederländischer Zeichner und Kupferstecher, geb. um 1580 zu Antwerpen, dessen Hauptwerk in acht Blättern besteht, die Thaten und Schlachten Karls V. und Franz I. vorstellend, die er nach A. Tempesta in Gemeinschaft mit W. de Gheyn dem jüngeren stach.

Boel, Pieter, Thiermaler und vorzüglicher Kupferätzer, geb. zu Antwerpen 1625, gest. 1680, lernte bei Franz Snyder und später bei seinem Oheim Cornelis de Waal, begab sich hierauf zu seiner Weiterbildung nach Rom und Venedig und arbeitete mit Letzterem zu Genua. Später soll er Hofmaler in Paris geworden und die Wittwe des Fr. Snyder geheirathet haben. Seine Bilder, Thiere, Vögel, Früchte und Blumen vorstellend, sind vortrefflich gezeichnet und in einem warmen Colorit gehalten. Unter seinen geätzten Blättern, welche wahre Meisterstücke und äusserst selten sind, zeichnen sich: die Schweinsjagd und sechs Blätter verschiedener Raubvögel mit dem Titel: „Diversi ucelli" aus.

Boel, Querin, ein Verwandter des Vorigen, Kupferstecher und Aetzer, geb. zu Antwerpen um 1622, arbeitete zu Brüssel, meistens nach Gemälden Teniers'. Sein bestes Blatt ist: das Katzen- und Affenconcert, nach Teniers.

Boenisch, Gustav Adolph, aus Schlesien, ein trefflicher Landschaftsmaler zu Berlin, der sich unter Wach und an der Akademie zu Düsseldorf gebildet. Seine Gemälde, stellen sie friedlichstille oder grosse und ernste Scenen der Natur dar, sind interessant aufgefasst und lieblich, fein und elegant ausgeführt; sie sprechen besonders durch schöne Lichttöne und die poetischen Reize, die darüber ausgegossen sind, an. Dahin gehören: eine Mühle an einem Teich; ein thüringisches Dorf; eine Bucht zwischen Felsen; ein Haus im Gebirge und besonders eine grosse norwegische Felsenlandschaft. Boenisch wurde 1835 von der Berliner Akademie zum ordentlichen Mitglied erwählt. AB

Boer, Otto de, Porträt- und Genremaler in Leuwarden, geb. 1797 zu Woudsend in Friesland, bildete sich in der Schule des W. B. van der Kooi, und auf Reisen durch einen ziemlichen Theil von Europa, auf denen er viel nach den Gemälden grosser Meister copirte. Zu seinen besten Arbeiten gehören: zwei Altarblätter mit lebensgrossen Figuren: die Auferstehung des Lazarus in der Kirche seines Geburtsorts, und die Verklärung in der Kirche von Dronryp. Auf den Ausstellungen sieht man Genrebilder und Porträts von ihm.

Boethos, ein griechischer Erzgiesser aus Chalcedon, der in der ersten Hälfte des 2. Jahrhunderts vor Chr. Geb. thätig war und sich namentlich durch toreutische Arbeiten, von denen sich zu Plinius Zeiten noch mehrere beim Tempel der Athene zu Lindos befanden und zu denen auch eine vorzügliche Hydria, von der Cicero erzählt, gehört, grossen Ruhm erwarb. Seine statuarischen Werke, von denen wir Kenntniss haben, sind Kinderfiguren, nemlich: das vergoldete Bild eines sitzenden Knaben im Heraeum zu Olympia, ein Knabe, welcher eine Gans würgt (eine Copie hievon in pentelischem Marmor, in Roma vecchia gefunden, befindet sich im Louvre), und das Bild eines Asklepios als Knabe.

Literatur. Brunn, Geschichte der griech. Künstler.

Boetius, Christian Friedrich, Zeichner, Kupferätzer und Stecher, Künstler in Tusch- und Zeichnungsmanier, geb. zu Leipzig um 1706, war ein Schüler von Zink und Wartmann und zuletzt Hofkupferstecher zu Dresden, wo er 1782 starb. Die besten seiner Kupferstiche sind: die Nacht des Correggio, und die Familie des Bürgermeisters Meier zu Basel vor der heil. Jungfrau, nach Holbein.

Böttcher, Christian, Maler in Düsseldorf, geb. zu Imgenbroich bei Aachen 1818, begann seine Kunststudien mit der Lithographie, und konnte sich erst später der Malerei widmen, erregte aber bald durch seine gemüthlichen Darstellungen aus dem idyllischen Volksleben: Kinder in einem Korbe, die Heimkehr vom Felde, die Entlassung eines Gefangenen aus dem Kerker, grössere Aufmerksamkeit. Bedeutender aber entwickelt sich sein Talent in einigen Gemälden von grösserem Umfang, die meist das Kinderleben behandeln. Dahin gehören: die rheinische Dorfjugend, eine Darstellung voll freundlicher Empfindung; die Heimkehr vom Schulfeste, ein Bild voll Anmuth und Humor; ein Elternpaar, das auf der Ofenbank mit dem nackten Kinde spielt, und ein Abend im Schwarzwalde, eine Composition voll reicher, hübscher Motive und glücklicher Ausführung. Auch ein Bild ernsten Charakters, „Nach der Schlacht“ betitelt, in welchem ein Soldat von der alten Kaisergarde den Mantel von der Leiche seines jugendlichen Gefährten hebt, ist äusserst ansprechend und durchaus gelungen.

Bötticher, Carl, Architekt, Professor am Gewerbe-Institut in Berlin, Ritter des rothen Adlerordens, machte sich durch sein glückliches und ausgebildetes Talent in Erfindung und Zeichnung von Ornamenten und seine höchst gediegenen Muster für die Kunstgewerbe, nicht minder als durch seine literarisch-artistischen Werke: sein „Ornamentenbuch“, seine „Holzarchitektur des Mittelalters“ und namentlich seine „Tektonik der Hellenen“, ein ausgezeichnetes Buch, in welchem er die organische

Entwicklung der griechischen Architektur auf die einfachsten Bedingungen aller Gliederung zu begründen sucht, einen berühmten Namen.

Bogaard, Martinus van den, oder **Martin des Jardins,** geb. 1640 zu Breda, gest. 1694, ein verdienstlicher Bildhauer. Er ging, um sich als Künstler auszubilden, nach Paris und fertigte dort eine grosse Anzahl von Monumenten, Porträtstatuen und Büsten, Basreliefs, Altäre, Grabmäler, Sculpturen für die k. Paläste zu Paris und Versailles u. s. w. Seine bedeutendsten Werke waren: die Reiterstatue Ludwigs XIV., auf dem Place des Victoires zu Paris und eine ähnliche Statue desselben Königs in Lyon; die Büsten Mignard's und Colbert's und mehrere Statuen in Marmor und Erzguss in verschiedenen Kirchen von Paris. Bogaard wurde 1675 Professor und 1686 Rector der Academie zu Paris.

Bohn, German, Historienmaler aus Stuttgart, bildete sich in seiner Vaterstadt und in Paris, ging sodann nach Rom, wo er sich zwei Jahre aufhielt und 1843 sein durch tiefe Empfindung und Schönheit der Landschaft anziehendes Bild „Hagar und Ismael" fertigte. Von Rom begab er sich nach Paris, wo er sich seitdem aufhält, und im Louvre mehrere Bilder, sowie in der neuen Kirche der h. Elisabeth die Bergpredigt ausführte. Ein kleineres Bild von ihm ist „Fausts Gretchen am Brunnen. Für seinen h. Martin von Tours, für die Kathedrale daselbst gemalt, erhielt er von König Louis Philipp 1844 die goldene Denkmünze, und Kaiser Napoleon III. ernannte ihn zum Ritter der Ehrenlegion. Eines seiner besten Gemälde ist: Hamlet, im Besitz Kaiser Napoleon III. — Bohn ist ein äusserst verständiger Künstler, der sowohl in Auffassung, als im Colorit und in der Behandlung seiner Bilder dem gediegenen Ernst der alten grossen Meister nachstrebt.

Boilly, Louis, Genre- und Porträtmaler, Ritter der Ehrenlegion, geb. 1761, gest. 1845, malte eine ungeheure Menge Bilder aus dem Volksleben, an denen allen man den Humor der Auffassung und den mannigfaltigen Ausdruck rühmt, und über 5000 Bildnisse.

Boissard, Michael J., Zeichner und Kupferätzer in Frankreich in der Mitte des 17. Jahrhunderts, von dem man nur ein einziges sehr schönes aber seltenes Blatt, eine heil. Familie (mit der Jahrzahl 1650) kennt.

Boissard, Robert, Zeichner und Kupferstecher, geb. zu Valence um 1570, arbeitete in Frankreich und einige Zeit in London. Von seinen Stichen kennen wir: Nymphaeum. Ein Frauenbad in einem Zimmer, glänzend gestochen in Aldegrever's Manier; das Urtheil des Paris, gestochen in der Manier des L. v. Leyden; und „Robert Earl of Essex, Marechal," nach Bromley.

Boissieu, Jean Jacques de, Maler und ganz vorzüglicher Kupferätzer, geb. zu Lyon 1736, gest. daselbst 1810, bildete sich in seiner Vaterstadt, zu Paris und in Italien zu einem tüchtigen Landschaftsmaler aus, widmete sich aber später in Lyon vorzugsweise der Kupferstecherkunst. Er lieferte an 120 Blätter, grösstentheils nach eigenen Zeichnungen, die er in Tusch oder mit Kreide und Stift ausführte, und welche fast noch mehr gesucht sind als seine Aetzungen. Sein vortreffliches Werk besteht aus 124 Blättern, wovon die alten Abdrücke sehr gesucht werden. Der Pariser Kunsthändler Chaillon-Potrelle veranstaltete 1824 eine neue Ausgabe von 100 Platten. Zu seinen vorzüglichsten und gesuchtesten Blättern gehören: der grosse Charlatan, nach C. du Jardin; die ruhenden Mäher, nach A. v. d. Velde (1795); der grosse Wald, Holzhauer fällen Bäume; Landleute, welche aus einem Gehölz durch einen Bach gehen (1790); der h. Hieronymus; der Eingang in das Dorf Lantilly; der Maler (1780); die Kugelspieler beim alten Thore von Vaize zu Lyon (1803); der Dorfabend, im Vordergrunde sitzt eine ganze Familie beim Feuer (1800); das Bildniss des Boissieu (1796); die Mühle, nach Ruysdael (1782); zwei Kinder, welche Seifenblasen machen (1799); Papst Pius VII. segnet die Kinder; der grosse Keller (1790); der öffentliche Schreiber (1790).

Literatur. Catalogue des morceaux qui composent l'oeuvre de J. J. de Boissieu. Lyon, 1811.

Boivin, René, Zeichner und Stecher mit der Nadel und dem Grabstichel in Rom, geb. zu Angers 1530, gest. zu Rom 1598. Zu den vorzüglichsten seiner in einer etwas trockenen Manier, aber mit vieler Geschicklichkeit ausgeführten Blätter sind: Franz I. tritt in den Tempel der Unsterblichkeit ein, nach Rosso (Renatus fecit bezeichnet); Amphiaraus und Amphinomus retten ihre Eltern (Renatus B. bezeichnet); eine heilige Familie, nach Raphael; Huldericus Zwinglius, Brustbild; Martinus Lutherus, Brustbild; die Marter der heil. Felicitas, nach Raphael.

Bol, Ferdinand, Porträts- und Historienmaler und vorzüglicher Kupferätzer, geb. 1611 zu Dortrecht, gest. 1681 zu Amsterdam, war einer der vorzüglichsten Schüler Rembrandt's. Steht er in seinen Bildern auch seinem Meister an Phantasie, wie an Energie nach, so zeigt er jedoch in der Färbung oft noch eine grössere Naturwahrheit und zugleich eine höchst geistreiche Lichtwirkung. Sie zeichnen sich durch die Lebendigkeit der Auffassung und die meisterhafteste und fleissigste Ausführung, Feinheit und Klarheit, Wärme und Kraft des Tons und neben dem trefflichen Impasto durch die weichste Zartheit der Verschmelzung aus. Zu seinen besten Gemälden, unter denen besonders die Bildnisse sehr hochgeachtet werden, zählt man: in seinem Vaterlande, zu Amsterdam: die Einsetzung der 70 Aeltesten von Israel; Moses mit der Gesetztafel zum zweitenmale vom Berge Sinai kommend, und Fabricius im Lager des Pyrrhus (letztere beiden Bilder im Schlosse daselbst). Zu Gouda sieht man in der Kriegsrathskammer ein vortreffliches Schützenstück. Ausserdem verwahren das Museum und Hospital zu Amsterdam und die Gallerie im Haag noch mehrere ausgezeichnete Porträts von ihm. Im übrigen Europa rühmt man von seinen Bildern: im Museum zu Berlin: drei sehr schöne Bildnisse; in der Gallerie zu Dresden: Jacob sieht im Schlaf die Himmelsleiter; ein Alter in einem grossen Buche lesend; Joseph stellt seinen Vater Jacob dem König Pharao vor; eine Ruhe auf der Flucht nach Aegypten; David dem Urias den Brief übergebend, alle Figuren beinahe in Lebensgrösse; des Künstlers eigenes Porträt; in der Bildersammlung zu Castle Howard in England, das geistreichgemalte Porträt eines Knaben, der einen Römer in der Hand hält; im Städel'schen Institut zu Frankfurt: zwei Porträts; zwei Bildnisse in der Gallerie zu Gotha; eine Aphrodite in der Gallerie zu Meiningen; in der Pinakothek zu München: Abraham im Begriff, seinen Sohn Isak zu opfern und das Bildniss eines Mannes; im Louvre zu Paris: Venus, in holländischer Tracht, und Amor liebkosen sich; Kinder in einem von Ziegen gezogenen Wagen und drei Porträts, worunter eines seiner allerschönsten; in der Eremitage zu Petersburg: zwei Porträts. — Auch in seinen Radirungen kommt er seinem Lehrer Rembrandt sehr nahe. Sie bestehen indessen nur in 16 Blättern, von denen die vorzüglichsten sind: das Opfer Abrahams; der heil. Hieronymus; die Familie am Fenster in ihrer Wohnung (1649), ein sehr effektvolles Blatt; ein Offizier im Brustbilde, mit Barett und Feder (1645), vorzügliches Blatt; eine Frau mit einer Birne (1651); Bildniss einer jungen Frau mit Hut, Federn und Schleier (1644); Bildniss einer ältlichen Frau in schwarzem Kleide mit weisser Haube, Halskragen und Manschetten (1632); das Opfer Gedeons.

Bol, Hans oder **Jan**, niederländischer Landschafts- und Miniaturmaler, geb. zu Mecheln 1534, er arbeitete zwei Jahre lang für den Kurfürsten von der Pfalz in Heidelberg, dann bis 1572 zu Mecheln, von welcher Zeit an er nur noch Miniaturgemälde fertigte, und sofort von 1572—84 in Antwerpen, worauf er sich nach kürzerem Aufenthalt in Bergen, Dortrecht und Delft zuletzt in Amsterdam niederliess, wo er 1593 starb. Bol malte sehr schöne Landschaften, Städteansichten, führte aber auch Gemälde biblischen Inhalts aus. Er war ungemein geschickt, die im Wasser sich spiegelnden Gegenstände und die mit Moos und Gesträuch bewachsenen Felsen zu malen; überhaupt sprechen seine in Wasserfarben ausgeführten Gemälde durch geistvolle heitere und saubere Behandlung sehr an. Berühmt sind seine Gemälde: Daedalus und Icarus, und Christus am Oelberge, sowie seine Ansichten von Amsterdam, Haag u. s. w. Bol hat auch in Kupfer geätzt und man zählt unter seine besten Blätter: die Versöhnung Jacobs und Esau's; die zwölf Monate; die Landschaft mit dem Gänserahmen u. s. w. Nebiges Monogramm sieht man auf einigen derselben.

Boldrini, Nicolò, häufig irrig **Nic. Vicentino** genannt und mit **Nicolaus Vicentino Rossigliani** verwechselt, Maler und Formschneider, wahrscheinlich ein Schüler

Tizians, geb. zu Vicenza im Anfang des 16. Jahrhunderts, arbeitete zu Venedig noch 1566. Zu seinen vorzüglichsten Arbeiten gehören: die Anbetung der Hirten (mit nebenstehendem Monogramm); die Sündfluth; Angelica und Medoro; Venus, die den Amor liebkost, in einer Landschaft (1566); der heil. Hieronymus in der Wüste mit drei Löwen; Simson wird bei Delila von den Philistern gefangen genommen; grosse Gebirgslandschaft, im Vordergrunde rechts wird eine Kuh gemolken, sämmtliche Blätter nach Tizian. ·B·

Bolgarini, Bartolommeo, aus Siena, ein Schüler des Pietro Laurcati, lebte um 1350 und malte in seiner Vaterstadt und andern Orten Italiens viele Bilder, u. A. in der Kirche S. Croce zu Florenz das Gemälde auf dem Altar der Kapelle des heiligen Silvester (nicht mehr vorhanden). Er malte auch das Bildniss seines Lehrers.

Bollinger, Friedrich Wilhelm, Kupferstecher und Professor zu Berlin, geb. 1777, gest. 1825. Seine vorzüglichsten Arbeiten sind: Dr. Martin Luther, nach L. Cranach, 1812, und Dr. Joh. Bugenhagen, nach demselben. Beide Blätter gehören zu Cranach's Stammbuch, herausgegeben von Mecheln. Die Original-Miniaturgemälde sind in der k. Bibliothek zu Berlin.

Bologna, Cristoforo da, malte gegen Ende des 14. Jahrhunderts mit Lorenzo da Bologna in der Mezzaratta daselbst. Von ihm rührt u. A. das Altarbild dieser Kirche (1380) her, eine Madonna, welche die Gläubigen unter ihrem Mantel schützt.

Bologna, Franco da, ein Maler aus Bologna, von dem man in dem Pal. Ercolani daselbst noch eine Madonna in trono mit der Jahreszahl 1312 sieht.

Bologna, Giovanni da, ein berühmter Bildhauer, geb. zu Douai 1524, gest. 1608 zu Florenz, erlernte die Kunst bei seinem Vater, der gleichfalls Bildhauer war, und dem um die Entwicklung der Bildhauerkunst in den Niederlanden verdienten J. de Breuk, begab sich aber schon in seinem zwanzigsten Jahre nach Rom, arbeitete daselbst zwei Jahre lang unter Michelangelo und liess sich sodann in Florenz nieder, wo sich ihm ein bedeutender Wirkungskreis öffnete und er die Meisterwerke schuf, die seinen Ruf als Bildhauer für alle Zeiten begründeten. Fast in allen Städten Italiens, ja Europa's, stritt man sich, Arbeiten von ihm zu besitzen und es ist beinahe unglaublich, welche grosse Anzahl von Werken er in seinem, allerdings langen, Leben ausgeführt. Er wurde vom Papst mit dem Christusorden beschenkt und vom Kaiser in den Adelstand erhoben. In der von ihm gestifteten und mit Marmorstatuen und Bronzereliefs reich verzierten Kapelle der Kirche S. Annunziata zu Florenz ruhen seine Gebeine. Seine Hauptwerke sind: Mercur und Psyche (jetzt in Versailles); der Sieg Simsons über die Philister; Mars auf einem Delphin stehend, auf dem Marktbrunnen zu Bologna; die kolossale Gruppe des Oceanus und der drei grossen Stromgötter auf dem Brunnen der Insel im Garten Boboli, eine Prachtdecoration ersten Ranges; zwei kolossale Statuen und einige Basreliefs an einem Altar im Dom zu Lucca; die berühmte Gruppe des Raubes der Sabinerinnen* in der Loggia de' Lanzi zu Florenz; Hercules und Nessus, ebendaselbst; der fliegende, von einem Windstrahl getragene Mercur,** in den Uffizien zu Florenz, eine Statue, die an schöner lebensvoller Bildung Alles übertrifft, was Giovanni geschaffen; die kolossale Statue des Apennin in Pratolino; das bronzene Standbild des heil. Lucas in Orsanmichele (1561); der prachtvolle figurenreiche bronzene Brunnen mit dem Neptun, auf dem grossen Platze zu Bologna (1564); die Stadt Florenz, den besiegten Feind zu ihren Füssen, eine allegorische Gruppe; die bronzene Reiterstatue Cosimo I.,*** auf der Piazza del Granduca zu Florenz, ein Meisterwerk Giovanni's (1588); eine Abundanzia im Garten Boboli daselbst; die bronzenen Statuen des heil. Antonius, in der Kapelle des St. Marco in Florenz; ebendaselbst an den Ecken des Altars vier Engel, sowie die marmornen Statuen des heil. Dominicus, Johannes des Täufers, St. Thomas von Aquin, der h. h. Antonius und Philippus, bei welchen Arbeiten ihm sein Schüler Francavilla behülflich war; Hercules wie er den Centaur bekämpft (1599); drei Statuen von Fürsten aus

* Abgebildet in den Denkmälern der Kunst. Atlas zu Kuglers Handb. der Kunstgesch. Taf. 90, Fig. 2.
** Ebendaselbst. Taf. 90, Fig. 3.
*** Ebendaselbst. Taf. 66, Fig. 3.

dem Hause Medici zu Florenz; die Reliefs an der Hauptthüre des Domes von Pisa; sechs kleinere Bronzestatuen von Göttern und Göttinnen (in den Ufficien zu Florenz); die berühmten Thore der Hauptkirche zu Pisa; die Reiterstatue Ferdinands I., auf Piazza dell' Annunziata in Florenz; Heinrich IV. von Bronze, auf dem Pont-neuf zu Paris (von Cosimo II. der Regentin Maria von Medicis zum Geschenk gemacht, wurde in der französischen Revolution zertrümmert); die Marmorstatue Cosimo's I., auf Piazza de' Cavalieri in Pisa und die Ferdinands I. am Lugarno; die Reiterstatue Philipps III. von Spanien, von Bronze (jetzt in Casa del Campo bei Madrid). Die letzteren Werke wurden indessen erst nach dem Tode des Künstlers vollendet. — Giovanni da Bologna ist einer der talentvollsten und werkthätigsten Nachfolger des Michelangelo. Er ist freier von Manier und Uebertreibung als Bandinelli und die übrigen künstlerischen Zeitgenossen, zeigt ein sehr glückliches Talent für schöne Anordnung und Sinn für wirksame Gesammtumrisse, verräth genaue Kenntnisse der Anatomie und wusste seine Werke meisterhaft auszuführen. Aber trotz aller Kühnheit und Schönheit der Linien, des Baues und der Darstellung überhaupt ist der geistige Inhalt zu leer, das Lebensgefühl beschränkt sich meistens nur auf das Motiv und die Formenbildung ist eine zu allgemeine.

Bologna, Lorenzo da, malte gegen das Ende des 14. Jahrhunderts mit Cristoforo da Bologna in der Mezzaratta daselbst.

Bologna, Nicolaus von, ein Miniaturmaler, von dem man auf der Münchener Bibliothek ein Missale vom Jahre 1374 und in der vatikanischen Bibliothek in Rom einen Commentar über das neue Testament mit Miniaturen geschmückt, besitzt.

Bologna, Simone da, malte mit dem (von Lanzi mit Jacopo d'Avanzi identificirten) Jacobus Pauli in der Kirche Madonna della Mezzaratta zu Bologna eine Reihenfolge von biblischen Fresken. Man erkennt in ihnen den Einfluss Giotto's, sie sind aber in Auffassung und Ausdruck sehr mangelhaft.

Bologna, Vitale da, genannt **dalle Madonne**, blühte um 1320—1350. Von ihm sieht man u. A. noch in der Pinakothek von Bologna eine Madonna mit dem Kinde.

Bolognini, Gio. Batista, Maler und Kupferätzer zu Bologna, geb. 1612, gest. 1689, ein Schüler von Guido Reni, der ganz in der Manier seines Lehrers malte. Man kennt von ihm auch einige geätzte Blätter, die aber in der Behandlung etwas Kaltes haben und in den Umrissen nicht immer sehr genau und correkt sind. Für die besten hält man: den Kindermord, nach G. Reni; Christus am Kreuze, nach dems.; Bacchus und Ariadne.

Bolswert, Boetius, ein vortrefflicher Kupferstecher, geb. 1580 zu Bolswert in Friesland, gest. 1634 zu Antwerpen, der sich nach C. Bloemaert bildete. Für die besten seiner Stiche hält man: das Abendmahl, schön und sehr selten; die Auferweckung des Lazarus; Christus am Kreuze zwischen den Missethätern (1631); das Urtheil Salomons, sämmtlich nach Rubens; die Anbetung der Hirten, nach A. Bloemaert (1618); die Marter des heil. Stephanus, nach Coninxlo; Christus bei Maria und Martha; ein sogenanntes Küchenstück, nach J. Goiemar, in zwei Platten.

Bolswert, Scheltius, Bruder des Vorigen, Zeichner und Kupferstecher, geb. zu Bolswert 1586, gest. zu Antwerpen in hohem Alter, gehörte zu denjenigen Künstlern, die sich um Rubens versammelten, seine Werke stachen und, von ihm angeregt, ermuthigt und belehrt, in den Niederlanden durch ihre trefflichen Arbeiten zu einer glänzenden Neubelebung der Kupferstecherkunst beitrugen. Namentlich Bolswert erfreute sich der thätigsten Förderung seiner Arbeit von Seiten des grossen Malers, indem dieser ihm seine Aetzdrücke mit dem Pinsel retouchirte und ihm zeigte, was er an der Platte noch zu thun, was nachzuarbeiten habe u.s.w. Dadurch lernte er auch, ohne Vernachlässigung der Zeichnung und des Charakters, die malerischen Schönheiten, welche auf den Gegensätzen von Schatten und Licht und den Farbenverhältnissen beruhen, soweit der farblose Kupferstich auf die Malerei überhaupt eingehen kann, meisterhaft in seine Stiche zu übertragen. Er stach historische Bilder, Porträts und Landschaften, mit derselben Geschicklichkeit. Zu seinen vorzüglichsten Arbeiten gehören: die eherne Schlange, nach Rubens (schön und selten); Christus am Kreuze, gewöhnlich: „Christus mit dem Schwamm" genannt, nach van Dyck; die Löwenjagd, Alex. Croy zugeeignet; die grosse Dornenkrönung und Verspottung, nach van Dyck; die Himmelfahrt der Maria; die Bekehrung des Apostel Paulus; der wunderbare Fischzug, in drei Blättern, sämmtlich nach Rubens; Pan auf der Flöte blasend, nach Jordaens; Arbus, Hüter der Kuh Jo, und Mercur, nach dems.; die Verläugnung des heil. Petrus, nach Seghers; die Zerstörung des Götzendienstes; der Triumph der Kirche durch das Abendmahl; die unbefleckte Empfängniss Mariae; eine schöne Landschaft mit Philemon und Baucis; eine Landschaft mit dem Sturm des Eneas oder die Ansicht von Cadix; grosse Landschaft mit der Jagd von Meleager und Atalanta; eine Landschaft mit Landleuten, mit der Gegend von Mecheln; eine Landschaft mit dem verlorenen Sohn, sämmtlich nach P. P. Rubens; die Kreuzaufrichtung, nach van Dyck; die Vermählung der Maria; die Anbetung der Könige; die Auferstehung Christi; Maria umarmt das Jesuskind, die drei letzteren nach Rubens; das Familien-Concert, nach Jordaens; der Engeltanz: la Vierge à la danse des Anges, nach van Dyck.

Bolt, Johann Friedrich, Zeichner, Kupferstecher und Aetzer, geb. 1769 zu Berlin, gest. daselbst 1836, Schüler von Dan. Berger, arbeitete hauptsächlich in punktirter Manier. Seine besten Arbeiten sind: Abschied der Königin Marie Antoinette von Frankreich von ihrer Familie im Tempel, nach Ramberg; die Zusammenkunft Alexanders I. mit der k. Familie in Memel, nach H. Dähling (1806); Lucas Cranach, nach Cranach's Miniaturgemälde in Berlin (1813).

Boltraffio, siehe **Beltraffio.**

Bombelli, Sebastiano, aus Udine, geb. 1635, gest. nach 1716, ein Schüler von Guercino, copirte die besten Werke des Veronese und Tintoretto so gut, dass man die Copien kaum von den Originalien unterscheiden konnte. Später legte er sich hauptsächlich aufs Porträtmalen, und seine Arbeiten in diesem Fach zeichnen sich durch Aehnlichkeit und Lebendigkeit, namentlich aber durch die Wahrheit und Schönheit des unvergleichlich zarten Colorits aus. Seine Kunst wurde desshalb auch fleissig, besonders von hohen fürstlichen Personen, in Anspruch genommen. Die meisten seiner Bilder gingen durch einen schädlichen Firniss zu Grunde. „Das Museo Fiorentino" enthält sein Porträt im Stich.

Bonaini, ein jetzt lebender Kupferstecher zu Florenz, der sich in Morghen's Schule gebildet und u. a. das schöne Blatt: Fornarina, nach Raphael's Bild in der Gallerie zu Florenz gestochen hat.

Bonajuti, Kupferstecher von Siena, arbeitete in Italien um 1814. Man hat von ihm: die ohnmächtige Catharina von Siena in den Armen ihrer Ordensschwestern, nach A. Bazzi; den heil. Hieronymus, nach Dominichino.

Bonaldi, Kupferstecher, geb. zu Brescia um 1804, stach n. A. eine heil. Familie, nach van der Werf.

Bonanno, ein Bildhauer aus Pisa, soll um 1174 mit einem Deutschen, Wilhelm von Innsbruck, den durch seine schiefe Stellung berühmten Glockenthurm am Dome zu Pisa erbaut haben. Ein Pisaner Bonannus, wahrscheinlich derselbe, hat im Jahr 1180 eine Bronzethür für das Hauptportal des Domes von Pisa, die am Ende des 16. Jahrhunderts zu Grunde ging, und 1186 eine Bronzethüre der Kathedrale von Montreale auf Sicilien gegossen.

Bonasone, Giulio, Maler und Kupferstecher, geb. zu Bologna, gest. zu Rom, ein Schüler von L. Sabbatini, arbeitete zwischen 1521—1574. Er war der erste Kupferstecher, der darauf ausging, den Effekt des Colorits im Kupferstich hervorzubringen, dabei aber im Vortrag schon etwas manieristisch wurde. Im Geschmacke MarcAntons stach er sowohl nach eigenen Erfindungen, als nach Zeichnungen, die er nach den Werken anderer Meister, oft mit willkürlicher Aenderung oder Weglassung, und meistens nur das Figürliche ausführend, die Nebendinge, landschaftlichen Gründe u. s. w. vernachlässigend, biblische Geschichten, Madonnen, Bilder von Heiligen, mythologische und historische Darstellungen, Porträts und Architektonisches. Bartsch verzeichnet in seinem „Peintre graveur" 354 Kupferstiche dieses Meisters. Zu seinen vorzüglichsten Arbeiten (von denen mehrere nebenstehendes Monogramm tragen, andere mit den Anfangsbuchstaben seines Namens oder Julio b. f., IVLIO. B. F. bezeichnet sind) gehören: der Sieg Constantins über Maxentius (1544) und eine Pietà nach Raphael; Judith mit ihrer Magd am Zelt des Holofernes, nach Michelangelo; die Eroberung von Troja, nach Primaticcio; die Geburt des h. Johannes des Täufers, nach Pontormo; die Flucht der Clelia aus dem Lager des Porsenna, nach Polidoro da Caravaggio; eine heil. Familie (1570); die Liebe in den elysäischen Feldern (1563); Apollo auf seinem Wagen, von den Horen gezogen; ein Silen auf einem Esel, von Bacchantinnen begleitet; Cupido in dem Wagen; der Triumph der Liebe (1545); Saturn auf Wolken; Pan sitzt bei einer Nymphe.

Bonato, Pietro, geb. 1765 zu Bassano, gest. 1820, ein tüchtiger Kupferstecher, Schüler von Volpato, lieferte mehrere treffliche Stiche, unter denen besonders zu erwähnen sind: La sacra famiglia, nach Correggio; die Schönheit stösst die Zeit von sich, nach G. Reni; die Maria von Monteneso, nach einem alten, wahrscheinlich neugriechischen Gemälde; die drei Grazien, nach einem Gemälde von Canova.

Bonensack oder **Bonsack,** ein deutscher Baumeister, begann 1208 den Bau des neuen Doms zu Magdeburg. Sein in Stein gehauenes Bildniss in ganzer Figur befindet sich an dem ersten Pfeiler vor dem hohen Chore linker Hand.

Bonfigli, Benedetto, oder **di Buonfiglio,** aus Perugia, geb. um 1420, gest. nach 1496, einer der ersten namhafteren Meister der nachher zu einem so bedeutenden Höhepunkt der Kunst sich entwickelnden umbrischen Schule, zeigt sich in seinen Gemälden als ein Nachahmer des Gentile da Fabriano, nur etwas härter realistisch, obschon nicht ohne das ernste Streben nach Anmuth der Linien und Bewegungen und einiges Verdienst um die Färbung. Sein bestes Bild ist eine Anbetung der Könige in S. Domenico (angeblich vom Jahr 1460); auch die Madonna mit Heiligen in der Gemäldesammlung der Akademie und zwei Tafeln Engel mit Passionswerkzeugen in der Sakristei von S. Franceso gehören zu seinen anmuthigeren Werken. Dagegen werden ein grosses Bild mit einer Glorie Christi und den Thaten des heil. Bernardins in der gleichnamigen Bruderschaftskapelle (vom Jahr 1461) und eine Pietà (vom Jahr 1469) in S. Pietro als steif, hart und porträtmässig geschildert. Die 1454 begonnenen Fresken im Rathspalast (Vorsaal des Delegaten), Geschichten der heil. Bischöfe Ludovicus und Herculanus, sind mit Ausnahme einiger Bildnisse im Figürlichen nicht sehr bedeutend und in der Ausführung sehr ungleich (er malte erwiesenermassen mehr denn 20 Jahre daran), zeichnen sich aber durch die sehr gut dargestellten architektonischen Hintergründe aus.

Bonheur, August, Landschaftsmaler in Paris, welcher zuvor schon als Genre- und Bildnissmaler aufgetreten, aber wenig beachtet worden war, stellte 1852 drei landschaftliche Bilder, den Wald von Fontainebleau, einen Waideplatz und eine Gebirgsansicht, aus, welche durch Frische der Auffassung, Feinheit und Schärfe der Zeichnung, ungewöhnlich kräftige und lebhafte Färbung ungetheiltes Lob sich erwarben.

Bonheur, Rosa, eine sehr geschätzte Thiermalerin in Paris, Schwester des vorigen, deren Bilder sich durch schlichte Wahrheit, energische Zeichnung und Modellirung, und frisches kräftiges Colorit auszeichnen. Der Künstlerin wurde im Jahre 1845 für ihre auf der Ausstellung im Louvre befindlichen Gemälde die goldene Medaille zuerkannt.

Bonifazio, Veneziano, aus Venedig, ein tüchtiger Meister der venetianischen Schule, muss von einem andern Maler dieses Namens aus Verona, der, wie jener, in Venedig arbeitete und 1553 starb, von dessen Leben und Werken aber nichts Sicheres bekannt ist, unterschieden werden. Das früheste bekannte Gemälde des Obigen ist mit der Jahrszahl 1530, das späteste mit 1563 bezeichnet, sein künstlerisches Wirken fällt also in diese Zeit. Ueber seine Lebensumstände findet sich übrigens eben so wenig Zuverlässiges als über jenen. Einige halten ihn für einen Schüler des älteren Palma, Andere glauben, dass er in Tizian's Schule gegangen; jedenfalls gibt er sich in seinen, in grosser Anzahl hinterlassenen Werken als einen guten Nachahmer des letzteren kund, so dass von Bonifazio manches Gemälde herrühren dürfte, das in Gallerien und im Handel für Tizian ausgegeben wird. So zahlreich aber seine Bilder sind, so sehr sind sie beinahe auch an Werth verschieden. Man sieht ausgezeichnete und minder gute von ihm, ja nicht selten solche, die sich nicht über die Mittelmässigkeit erheben. In seinen Darstellungen von Heiligen oder heiligen Familien erscheint er insgemein am Bedeutendsten. Man findet in ihnen ein tiefes religiöses Gefühl, Schönheit der Gesichtszüge, Milde des Ausdrucks, einfache und majestätische Würde der Haltung und eine Kraft, Durchsichtigkeit und Harmonie der Farben, die ungemein anziehen. In grösseren Compositionen dagegen fehlt ihm die durchgreifende Energie des Geistes und der Gesammttechnik, die Tizian in so hohem Grade besessen; allein auch in ihnen, namentlich in seinen Darstellungen aus der biblischen Geschichte erfreut er durch die naive Auffassung, durch eine Menge feiner, der Natur in ihrer Ruhe und in ihren Leidenschaften abgelauschten Züge und eine Fülle anmuthiger Gestalten, wie durch die reizende weltlich-novellistische Behandlung. Venedig, der Hauptschauplatz seiner künstlerischen Thätigkeit, ist sehr reich an Bildern von ihm. So befindet sich u. A. in der Akadamie daselbst: das Gastmahl des reichen Mannes, ein höchst anziehendes Novellenbild; zwei prächtige Gluthbilder: eine Anbetung der Könige in schöner Landschaft und eine Madonna mit beiden Kindern und vier Heiligen; der Heiland auf dem Throne von Heiligen umgeben (mit der Jahrszahl 1530); die Heiligen Barnabas und Sylvester (mit der Jahrszahl 1562); die Ehebrecherin und mehrere andere Einzelfiguren von Heiligen; im Palast Manfrini: eine grosse Madonna mit Heiligen, und zwei Bilder, deren Inhalt die sog. Tafel des Cebes bildet, Allegorien; in S. Angelo Raffaele: ein Abendmahl; in S. M. Mater Domini: ein Abendmahl; in der Abbazia, Cap. hinter der Sacristei; zwei schöne Apostelfiguren; in S. Giovanni e Paolo: ein geharnischter Erzengel Michael; Christus an der Tafel des Pharisäers; die h. h. Paulus, Nicolaus und ein Märtyrer (mit der Jahrszahl 1563). — Ausserhalb Venedigs sind bemerkenswerth, im Museum zu Berlin: Christus und die Ehebrecherin (mit der Jahrszahl 1552); in England: eine heil. Familie in einer Landschaft (aus der besten Zeit des Meisters), in der Bildersammlung des Hrn. Beckford zu Bath; die Rückkehr des verlorenen Sohns, im Schlosse zu Alton Tower (ein Hauptbild des Meisters); der heil. Hieronymus in der Wüste, in der Bildersammlung zu Lutonhouse; zu Florenz: Christus unter den Schriftgelehrten, im Palazzo Pitti; zu Genua: eine Anbetung der Könige, im Palazzo Brignole; in der Gallerie zu Modena: die Gestalten von vier Tugenden; im Louvre zu Paris: Maria mit dem Kinde, dem kleinen Johannes und Heiligen; die Auferweckung des Lazarus; Maria mit dem Kinde und Heiligen; mehrere Bilder im Museum der bildenden Künste zu Stuttgart; in der k. k. Gallerie zu Wien: die h. h. Hieronymus und Jacobus; die h. h. Hieronymus und Johannes; die h. h. Franciscus und Andreas; Maria, die himmlische Botschaft erwartend und die Verkündigung.

Bonini, Girolomo, gen. **l'Anconitona**, blühte um 1660, war ein Schüler und vertrauter Freund Albani's, der in Nachahmung des Meisters von Wenigen erreicht wird. Er arbeitete zu Bologna, Venedig und Rom. Im Louvre zu Paris sieht man einen von den Engeln angebeteten Christus mit den h. h. Sebastian und Bonaventura.

Bonnart, Robert, Kupferstecher, geb. zu Paris 1646, ein Schüler von F. A. van der Meulen, zu dessen besseren Werken die nach Hugtenburg gestochenen Blätter gehören, nämlich: Arrivée du Roi devant Douvay; Arrivée du Roi au camp devant Mastrik; Vue de la ville et du siège d'Oudenarde; Entrée de la reine dans Arras.

Bonnassieux, C., ein sehr talentvoller Bildhauer aus Lyon, der 1836 den grossen Preis in der Sculptur von der Akademie des beaux arts in Paris erhielt und seitdem sehr gelungene Arbeiten lieferte, unter denen man einen David, die Schleuder mit beiden Händen über dem Kopfe haltend, als ein ausgezeichnetes Kunstwerk rühmt.

Bonnecroy, Jean, ein Kupferätzer, der wahrscheinlich in den Niederlanden in der Mitte des 17. Jahrhunderts, in der Manier des Lucas van Uden arbeitete. Man hat von ihm sechs Blätter Landschaften.

Bonnefond, Genre- und Porträtmaler in Lyon, Direktor der dortigen Malerschule, machte seine Studien nach italienischen Meistern, besonders der venetianischen Schule. Während er in seinen früheren Arbeiten, z. B. in seinem Patriarchen von Aleppo, zu sehr auf Farben- und Lichteffekt losarbeitete, zeichnen sich seine späteren Gemälde, wie u. A. die Pilgerfamilie, welche nach Rom reist (1845), durch tiefgefühlte ausserordentlich schöne Composition, Farbe, Ton und Haltung aus. In seinen Porträts beurkundet er vorzügliche Zeichnung und lebensvolles Colorit.

Bonneuil, Etienne, ein französischer Baumeister, der von 1287 die Kathedrale von Upsala nach dem Muster der Kathedrale von Paris erbaut haben soll.

Bonnington, Richard Parkes, geb. 1801 im Dorfe Arnold bei Nottingham, gest. 1828 in London, ein genialer Aquarellmaler, der, nachdem er von 1816 an seine Studien in Paris gemacht, später auch Italien bereist, durch seine geistreichen landschaftlichen Gemälde, besonders seine Seestücke, sowohl in Beziehung auf Naturanschauung als Wirkung einen grossen Einfluss auf die moderne Landschaftsmalerei ausübte. Seine Bilder, die sehr gesucht sind und zu hohen Preisen verkauft werden, zeichnen sich durch die erstaunliche Frische und Wahrheit der Auffassung, die prachtvolle Farbe und den schlagenden Lichteffekt aus.

Bonone, Carlo, geb. zu Ferrara 1569, gest. 1632, bildete sich unter G. Mazzuoli, begab sich aber nach dem Tode seines Meisters nach Rom und Bologna und studirte daselbst die alten grossen Meister. In seinen tüchtig gezeichneten und mit grosser Kraft des Colorits ausgeführten Wand- wie in seinen Staffeleigemälden, die man zu Ferrara und anderen Gegenden der Lombardei häufig findet, erkennt man eine eklektische Manier nach Art der Caracci, mit besonderer Vorliebe für Correggio.

Literatur. Baruffaldi, Vita di Carlo Bonone Pittore Ferrarese. Venezia, 1833.

Bonsignori, Francesco, siehe **Monsignori.**

Bonvicino, Alessandro, genannt **il Moretto da Brescia,** wurde im letzten Decennium des 15. Jahrhunderts zu Brescia geboren. Sein erster Lehrmeister war Fioravante Ferramola, seine höhere Ausbildung erhielt er jedoch in Venedig durch Tizian. Im Jahre 1515 malte er die heil. Magdalena (jetzt in der Akademie zu Venedig), das älteste bekannte Bild von ihm, und im Jahr 1524 das Hauptaltarblatt im Dome seiner Vaterstadt, wo er sich überhaupt bis an sein, gegen 1575 erfolgtes Ende mit wenigen Unterbrechungen aufhielt. — Moretto war ein Mann von ausserordentlich sanftem Charakter und von der lautersten Frömmigkeit durchdrungen. Wie Fra Beato Angelico bereitete er sich zur Ausübung seiner Kunst bei kirchlichen Aufgaben durch Fasten, Gebet und den Genuss des heil. Abendmahls vor. Darum athmen auch alle christlichen Bilder, welche er während seiner langen Künstlerlaufbahn geschaffen, die tiefste Inbrunst und Verklärung des religiösen Gefühls, Eigenschaften, die sich mit einem erhabenen Schwung der Gedanken, einer Reinheit und Schönheit der Motive, einer Grösse des Styls, einem Adel und einer Liebenswürdigkeit der Charaktere, einer Anmuth der Formen und des Ausdrucks, wie man sie nur bei Raphael antrifft, zu einem Ganzen von hoher Schönheit verbinden. Dabei wusste er auch die mehr technischen Vorzüge der römischen Schule, eines gewählten Geschmacks in Composition und Anordnung, in Formen und Gewändern, einer feinen Durchbildung der Zeichnung in allen Theilen, mit den der venetianischen eigenthümlichen Bestrebungen nach grosser Naturwahrheit, nach massenhaften, harmonischen Wirkungen der Farbe und des Helldunkels zu einem Gusse zu verschmelzen. Sein Colorit hat einen ihm allein eigenen Silberton und eine kühle Gesammtstimmung, wodurch er sich von denen der anderen grossen Maler der venetianischen Schule unterscheidet. Sein Incarnat erinnert an Tizian's Frische, in den übrigen Tinten aber ist er mannigfaltiger als alle Venetianer. Er liebt sehr helle Gründe, aus welchen die Figuren wunderbar hervorspringen, und erreicht durch ein höchst anmuthiges Spiel von Licht und Dunkel in nicht grossen, aber wohl untereinander abgestuften und gegen einander gestellten Massen immer die beabsichtigten Effekte. Im Porträtfach lieferte Moretto ebenfalls ausgezeichnete Leistungen, für bewegte Historienmalerei reichte aber seine Begabung nicht immer aus; dagegen erscheint er in ruhigen Altarbildern am glücklichsten, und zwar als Meister ersten Ranges. Die meisten seiner Arbeiten führte er in Oel aus, seine Fresken in der Villa Martinengo al Novarino zu Brescia beweisen jedoch, dass er auch in diesem Fache Bedeutendes zu leisten im Stande gewesen wäre.

Erst in der neuesten Zeit hat die Grösse dieses Meisters, Dank den eifrigen Forschungen deutscher Kunsthistoriker, eine allgemeinere Anerkennung gefunden. Seine mit Recht auf ihn stolzen Mitbürger haben ihm zwei Denkmäler errichtet und seine Büste wurde im Capitol unter den Büsten der grössten Maler aller Zeiten aufgestellt.

Von seinen vorzüglichsten Bildern verwahrt seine Vaterstadt Brescia noch eine grosse Anzahl. Dort sieht man in der Kirche S. Clemente fünf Bilder von ihm, von denen das über dem Hauptaltar, die h. h. Clemens, Dominikus und Florian, Katharina und Magdalena, darüber, inmitten eines Chors mit Engeln, Maria mit dem Kinde, eines der Hauptwerke des Meisters und eines der schönsten Bilder überhaupt; in S. Nazario e Celso: eine Krönung der Maria; in S. Eufemia: Maria, von Heiligen verehrt; in S. Maria delle Grazie: einen heil. Joseph. Ausserdem besitzen treffliche zum Theil ausgezeichnete Werke von Moretto, das Museum zu Berlin: Maria und die heil. Anna mit dem Jesuskinde, welchem der kleine Johannes eine Frucht reicht und zwei verehrende Engel (mit der Bezeichnung: Ales. Morettus Pri (sic) F. MDXLI) gehört zu den herrlichsten Leistungen Moretto's und ist vielleicht die edelste Darstellung der heil. Familie, welche von der venetianischen Schule ausgegangen ist (lith. v. Schertle); eine kolossale Anbetung der Hirten (mit dem Namen bezeichnet); die Bildnisse von zwei Männern und die Skizze einer Anbetung der Hirten; Herr v. Quandt zu Dresden: ein Bild der h. Jungfrau, wie sie einst zu Brescia erschien; das Städel'sche Institut zu Frankfurt a. M: zwei herrliche Altarbilder, eine Madonna auf dem Throne zwischen S. Antonius und S. Sebastian, und sodann die vier lateinischen Hauptkirchenväter auf den Stufen des Thrones der Maria mit dem Christuskinde; die Gallerie der Uffizien zu Florenz: Venus mit Nymphen in einer Landschaft, und das Bildniss eines Lautenspielers; die Solly'sche Sammlung in London: Maria mit dem Kinde von zwei Heiligen verehrt; die Gallerie der Brera zu Mailand: eine grosse Madonna in den Wolken mit drei Heiligen; das Louvre in Paris: die h. h. Bernhardin von Siena und Ludwig, Bischof von Toulouse, sodann: die h. h. Bonaventura und Antonius von Padua; S. Maria della Pietà zu Venedig: Christus am Tische des Pharisäers; der Palazzo Manfrin daselbst: Petrus und Johannes in einer Landschaft; die k. k. Gallerie des Belvedere zu Wien: die h. Justina, zu ihrer Seite der in anbetender Verehrung knieende Herzog Herkules von Ferrara, eines der vollendetsten Werke des Meisters (gest. v. Rahl).

Bonvin, Fr., ein derzeit zu Paris lebender Genremaler, an dessen Bildern: einer Schule von Waisenmädchen, Mädchenschule, barmherzigen Schwestern an Arme Suppe austheilend, man die ausserordentliche Wahrheit, treue Beobachtung und schlichte Auffassung, die schöne Lichtwirkung und anspruchlose Behandlung von grosser Breite und Weichheit rühmt.

Bonzagna, Francesco, ein Medailleur, der von 1549—89 zu Rom arbeitete und Medaillen von vorzüglich reinem Styl lieferte.

Bonzi, Pietro Paolo, genannt **il Gobbo da Cortona**, auch **il Gobbo de' Carracci** oder **il Gobbo da' Frutti**, Maler und Kupferstecher, geb. zu Cortona 1570, gest. zu Rom 1630, widmete sich in der Schule des Ann. Carracci der Historienmalerei, malte aber später nur noch Früchtenstücke und Landschaften, welche er mit hübschen Figuren staffirte. Das Berliner Museum enthält des Künstlers eigenes Bildniss.

Boom, siehe **Verboom**.

Boonen, Arnold, Porträtmaler von Dortrecht, geb. 1669, gest. 1729, ein Schüler von A. Verbius und G. Schalken, fertigte viele Porträts fürstlicher Personen, Staats- und Stadtnotabilitäten in den Niederlanden und Deutschland, welche wegen der treffenden Aehnlichkeit und dem gefälligen Colorit allgemein ansprachen. Auch seine in der Manier von Schalken gefertigten Bilder mit Kerzenbeleuchtung fanden grossen Beifall. — Sein jüngerer Bruder, Jasper Boonen, geb. 1677, gest. 1729, fertigte gleichfalls gut getroffene Porträts. — Auch sein Sohn, Kasper Boonen, war Porträtmaler, kam aber dem Vater nicht gleich.

Boos, Roman Anton, Bildhauer, geb. 1730 zu Roshaupten bei Füssen, gest. 1810 zu München, wo er Hofstatuar und Professor an der Akademie war. Von ihm sind

u. A. die vier marmornen Kolossalgestalten an der Façade der Theatinerkirche, die prächtigen Standbilder Herzog Ludwigs des Strengen und Kaiser Ludwigs des Bayern in der Kirche zu Fürstenfeldbruck, und die sieben Götterstatuen aus weissem Marmor im Nymphenburger Schlossgarten, Werke, die, obgleich dem Geschmack der Zeit entsprungen, doch nicht ohne Verdienst sind.

Booyermans, Dirk, Historienmaler von Amsterdam, Schüler von Rubens, dessen Styl er mit Glück nachahmte. Seine zahlreichen Arbeiten zeichnen sich durch richtige Zeichnung, zartes Colorit und vortreffliche Vertheilung von Licht und Schatten aus. Man findet sie in vielen Kirchen Belgiens, so in der Jakobskirche zu Antwerpen eine Himmelfahrt der Maria; im Jakobinerkloster eine Enthauptung Johannis. Für sein Meisterwerk gilt: Franz Xavier, einen Indianischen Fürsten bekehrend, in der Jesuitenkirche zu Ypern.

Borboni, Matteo, ein Schüler von Metelli, lebte zu Bologna um 1640. Er soll ein tüchtiger Frescomaler gewesen sein und auch in Kupfer geätzt haben. Doch ist von ihm nur ein einziges Blatt bekannt: die Einwohner der Umgebungen der Klause des h. Benedikt bringen ihm Geschenke, nach G. Reni.

Bordier, Joseph, Emailmaler in der Mitte des 17. Jahrhunderts, arbeitete mit Petitot an der Verbesserung der Emailmalerei und fertigte selbst auch Emailbilder.

Bordone, Paris, ein berühmter venetianischer Maler, geb. 1500 zu Treviso, ging in Tizian's Schule, verliess dieselbe aber bald wieder, da der Meister sich zu wenig des Unterrichts seiner Schüler annahm und bildete sich nach Giorgione's Werken. Er malte in seiner Vaterstadt, in Vicenza und Venedig viele Bildnisse und Darstellungen aus der biblischen Geschichte in Oel und Fresco, ging, nachdem er sich bereits einen ziemlich bedeutenden Ruf erworben, 1538 nach Paris in die Dienste des Königs Franz I., fertigte für diesen, für den Herzog von Guise und den Kardinal von Lothringen verschiedene Bildnisse, ein Altargemälde und mehrere Scenen aus der griechischen Mythe, begab sich sodann nach Augsburg, wo er im Fugger'schen Palast und für die Familie der Priner Fresken und Oelgemälde ausführte, und kehrte über Mailand, wo er in der Kirche der Madonna preso San Celso die Kapelle des heil. Hieronymus mit Malereien schmückte, nach Venedig zurück, wo er 1570 starb.

Anfänglich ein glücklicher Nachahmer des Giorgione, ohne jedoch dessen grossen Styl der Auffassung zu erreichen, schloss er sich später so sehr an Tizian an, dass seine Werke öfters dessen Namen erhalten haben. Sein Colorit ist vom feinsten, klarsten, aber schon etwas in das Röthliche gehenden Goldton und seine Köpfe sind voll Leben. Allein seine Werke stehen bereits an der Gränzlinie, über welche hinaus das Gebiet der Weichlichkeit beginnt. Die Formen werden oft überquellend weich und der süsse sinnliche Ausdruck in seinen weiblichen Gestalten streift hin und wieder an's Lüsterne. Am vorzüglichsten erscheint er in seinen Bildnissen, die bisweilen den allerbesten gleichzustellen sind. Seine weiblichen Porträts sind von einer ungemein süssen Anmuth, wenn gleich nicht von sonderlich geistreicher Auffassung. Grössere Darstellungen, namentlich heil. Scenen, sind nicht seine Sache. Sein berühmtestes Gemälde (in der Akademie zu Venedig) ist der Fischer, welcher, nach der Legende, in voller Senatsversammlung dem Dogen einen Ring überreicht, den er in der Nacht, während eines heftigen Sturmes, von dem heil. Marcus empfangen, eine grosse figurenreiche Composition von nicht sonderlich vielem Geist, allein in Beziehung auf Ausführung der anziehendsten Wirklichkeit, wozu der Ausblick auf venetianische Prachtgebäude nicht wenig beiträgt, vielleicht das am schönsten gemalte Ceremonienbild, das überhaupt vorhanden ist. Das sinnvollste Gemälde Bordone's, ein Bild von tiefpoetischem Eindruck und auch in der Farbe ein Hauptwerk des Meisters, ist die Sibylle von Tibur (im Pal. Pitti). Sein Abendmahl zu S. Giovanni in Bragora und sein gerühmtes Paradies (ehemals in der Kirche Ognisanti zu Treviso, jetzt in der Akademie zu Venedig) sind wirklich schwache Werke.

Zu den besten Gemälden Bordone's zählt man ausser den genannten noch folgende. Im Museum zu Berlin: die Bildnisse zweier Männer, welche, im Freien sitzend, Schach spielen (bezeichnet O. Paris. B.); die in einer Nische auf dem Throne sitzende Maria hält das auf ihrem Schooss ruhende Kind, welches dem vor ihm knieenden Augustinus die Bischofsmütze aufsetzt, rechts Magdalena, links Katharina und der knieende Alò, am Fusse des Throns ein musicirender Engel; Venus ruhend auf einem rothen Teppich in einer Landschaft; die unter einem Bau auf dem Throne sitzende Maria mit den h. h. Rochus, Gregor d. Grosse, Katharina und Sebastian, auf den Stufen des Thron's zwei Engel mit einer Handtrommel; das Bildniss einer jungen Frau mit Federnhut in rothem Kleide, letzteres von vieler Frische in der Auffassung und ungemeiner Klarheit der Farbe; in der Gallerie zu Dresden: eine heil. Familie mit dem h. Hieronymus und der h. Elisabeth; Apollo mit der Lyra zwischen Marsyas und Midas; Maria mit dem Kinde; Diana mit dem Wurfspiess; in England, in der Bridgewatergallerie zu London: eine Ruhe auf der Flucht, in einer reichen, poetischen Gebirgslandschaft; bei E. Solly in London: Perseus, welcher von der Minerva und dem Mercur bewaffnet wird, halbe Figuren; die Familie des Lorenzo Lotto, ein Bild, das an Feinheit der Auffassung und Färbung zu den besten des Meisters gehört; in der Bildersammlung in Alton Tower: Maria, Elisabeth, der schlafende Joseph und die mit einander spielenden Kinder Jesus und Johannes, von seltenster Tiefe und Gluth der Farbe; ferner ein männliches Porträt; zu Florenz im Palast Pitti (ausser der erwähnten Sibylle): eine Flucht nach Aegypten, eine Copie nach Tizian, Paul III. und einige treffliche Porträts; in den Uffizien: mehrere tüchtige Porträts; im Städel'schen Institut zu Frankfurt: eine Oelskizze zu dem Fischer, welcher dem Dogen den Ring des h. Marcus übergibt (in der Akademie von Venedig); zu Genua, im Pal. Brignole: das wunderbare Porträt eines bärtigen Mannes in schwarzem Kleid mit rothen Aermeln; das Bildniss einer Dame in rosenfarbenem Unterkleid und goldstoffenem Oberkleide; in der Pinakothek zu München: Maria mit dem Kinde unter einer Rebenlaube, der h. Rochus und die h. Magdalena; das ausgezeichnete Porträt eines Frauenzimmers in rothsammtner Kleidung; im Louvre zu Paris: Vertumnus und Pomona klar und leuchtend in der Farbe; das Porträt eines bärtigen Mannes in einem pelzverbrämten Rock; die angeblichen Porträts von Philipp II. König von Spanien und seinem Lehrer; im Museum der bildenden Künste zu Stuttgart: einige Porträts (aus der Sammlung Barbini-Breganze); zu Treviso, in der Kathedrale: ein Bild mit Heiligen und die Geburt Christi; in der Kirche Ai Scalzi: eine Madonna in trono; zu Venedig (ausser bereits Angeführtem) im Pal. Manfrini: eine Madonna in trono und Bildnisse; in der Gallerie des Belvedere zu Wien: Venus und Adonis; ein junges Frauenzimmer am Putztisch; ein anderes, das entblösst ist und mit beiden Händen einen übergeworfenen grünen Mantel zusammenhält; ein antikes Frauenbad; ein Gladiatorenkampf und zwei allegorische Bilder.

Boresom oder **Borssum, Abraham van,** ein vorzüglicher Maler und geistreicher Kupferstecher, der um 1655 in den Niederlanden arbeitete. Zu seinen besten Blättern, die sehr selten sind, gehören: eine Flussansicht mit Enten; zwei Kühe; eine Eule; eine Ente; der Ochse mit der Halfter; der langhaarige Kettenhund; das liegende Schaf.

Borgheggiano, siehe **Alberti Cherubino.**

Borghesi, Giov. Ventura, Maler von Citta di Castello, gest. 1708, Schüler von Pietro da Cortona in Rom, malte in der Manier seines Lehrers, dessen h. Ivo er vollendete, in seiner Vaterstadt und in mehreren deutschen Städten, namentlich in Prag, viele Bilder in Oel und Fresco. Am meisten geschätzt werden vier runde Bilder aus dem Leben der h. Katharina in der Kirche von Citta di Castello.

Borgiani, Orazio, ein Maler und Kupferätzer aus Rom, der um 1615 lebte und ein Schüler seines Bruders Giulio, genannt Scalzo, eines Bildhauers, war. Zu seinen besseren Blättern gehören: der h. Christoph trägt das Kind über den Fluss; und 52 Blätter, die Bibel Raphael's, nach dessen Gemälden im Vatikan, 1615. Das „Museo fiorentino" enthält sein Porträt im Stich.

Borgogna, Jorge de, ein Glasmaler, der mit den Glasmalereien im Dom von Valenzia beschäftigt war und 1541 starb.

Borgogna, Juan de, ein vorzüglicher spanischer Maler aus Toledo, der um 1533 starb. Der Hauptschauplatz seiner Thätigkeit war seine Vaterstadt, wo man noch heute seine bedeutendste Arbeit, die 1508—1511 ausgeführten Wandmalereien in dem Kapitelsaale des Winters der Kathedrale, welche von Pedro Berruguete begonnen worden waren, einen Cyklus aus dem Leben der Maria in neun Feldern bewundert. Diese Bilder erinnern sehr an die Werke des Florentiner Domenico Ghirlandajo, doch hat ihr Colorit, das kein reines Fresco, sondern, gleich den Wandbildern des Pinturicchio, stark mit Tempera übergangen zu sein scheint, mehr Tiefe und Sättigung in der Art des Perugino. Seine Zeichnung ist fein und naturgetreu, die Bewegungen seiner Gestalten sind ungezwungen, die Charaktere voll Leben, die Frauenköpfe rundlich und hübsch. Auch seine Bildnisse sind vortrefflich und sprechend charakteristisch. An dem Retablo des Hauptaltars der Kathedrale zu Avila sieht man ferner 4 Bilder von ihm, die Verkündigung, Geburt, Verklärung und Kreuzigung.

Literatur. Bermudez, Diccionario historico de los mas illustres professores de las bellas artes en España. — Passavant, Die christliche Kunst in Spanien.

Borgognone, siehe **Fossano.**

Borro, Battista, Glasmaler von Arezzo um 1540, Schüler des Wilhelm von Marseille, arbeitete mit Ruhm in Florenz und den meisten Kirchen Toskana's.

Borromini, Francesco, Bildhauer und Baumeister, geb. 1599 zu Bissone, gest. 1667 zu Rom, widmete sich schon in früher Jugend der Bildhauerkunst und ging, um sich darin weiter zu vervollkommnen, nach Rom, wo er bei einem Landsmann, der mit Sculpturen für St. Peter beschäftigt war, Arbeit fand. Der tägliche Anblick dieses riesigen Gebäudes erregte den Wunsch in ihm, sich der Architektur zu widmen, und er legte sich nun mit solchem Eifer und Fleiss auf diese Kunst, dass Carlo Maderno, ein Verwandter von ihm und damals Baumeister der Peterskirche, erfreut über seine Fähigkeiten, ihn darin unterrichten liess und bald die Freude hatte, ihn selbst bei seinen Bauarbeiten verwenden zu können. Nach Maderno's Tod wurde die Leitung des Bau's Bernini übertragen und Borromini wirkte unter letzterem noch einige Zeit fort, sog aber während derselben das Gift lebenslänglichen Hasses gegen diesen, seinen glücklicheren Nebenbuhler, ein. Von nun an war nämlich sein eifrigstes Bestreben darauf gerichtet, Bernini's Ruhm zu verdunkeln und Papst Urban's Protektion bot ihm durch vielfache Beschäftigungen erwünschte Gelegenheit dazu. Er baute die Kirche S. Sapienza, das Oratorium und Kloster von S. Filippo Neri, die Kirche und einen Theil des Collegium's der Propaganda, die Façade von S. Agnese in Piazza Navona*; ferner leitete er die Arbeiten am Palast Barberini und die Innenbauten von S. Giovanni in Laterano. Alle diese Werke nun, die er zugleich oder in kurzen Zwischenräumen unternommen, verschafften ihm einen glänzenden weit verbreiteten Ruf. Der König von Spanien verlangte von ihm die Pläne zur Vergrösserung seines Palastes, der Papst verlieh ihm den Christusorden und setzte ihm eine Pension aus, von allen Seiten erhielt er Aufträge, die er kaum zu befriedigen im Stande war. Nichtsdestoweniger betrachtete er jeden neuen Erfolg des Bernini als eine Niederlage für ihn; ja als dieser die Leitung eines Bau's bekam, der bereits ihm anvertraut gewesen, erreichte sein Neid den höchsten Grad und er gab sich in seinem 68. Jahre selbst den Tod.

Borromini war nicht ohne Talent und Erfindungsgabe, allein eine gewisse Masslosigkeit des Gefühls und das aus Eifersucht gegen Bernini hervorgerufene Streben, der Kunst eine neue Bahn zu eröffnen, etwas Neues, von allen bisher üblichen Formen Abweichendes zu schaffen, verführte ihn zu den allerabentheuerlichsten und launenhaftesten Combinationen und Formen. Er wurde dadurch der Vertreter einer das 17. und 18. Jahrhundert hindurchgehenden Bauweise regelloser Willkür und einer auf Pracht und Luxus abzielenden Ueberladung. Wo es nur immer anging, verbannte er aus seinen Architekturen die gerade Linie und ersetzte sie durch die

* Abgebildet in den Denkmälern der Kunst. Atlas zu Kuglers Handb. der Kunstgesch. Taf. 91, Fig. 1.

verschiedenartigsten Curven, durch Schnörkel, Schnecken und dergl.; den Hauptformen nahm er ihre gesetzmässige Bedeutung und erhob dagegen die untergeordneten, mehr für die Dekoration bestimmten Nebenformen mit völliger Willkür zur Hauptsache. Und so arg diese Ausartung, diese gänzliche Auflösung des architektonischen Sinnes war, so fand sie nicht nur den lebhaftesten Beifall, sondern sogar Nachfolger, die sie noch übertrieben!

Borsato, Giuseppe, geb. 1771, Architektur- und Landschaftsmaler, von dem man u. A. ein gelungenes Bild in der Gallerie des Belvedere sieht: das Innere der Marcuskirche von Venedig.

Borsos, Joseph, geb. zu Weszprim 1821, ein gerühmter Maler von Stillleben, von dem die Gallerie des Belvedere in Wien ein treffliches Bild bewahrt.

Borum, Andreas, geb. zu Hamburg 1799, war Anfangs als Zimmermaler thätig, bildete sich dann auf der Akademie zu München zum Maler aus, wandte sich aber später ausschliesslich der Lithographie zu und gehört jetzt zu den vorzüglichsten lebenden Steinzeichnern. Zu seinen besten Arbeiten gehören: das Coliseum, nach Rottmann; der Dom zu Mailand, nach Migliara; die ruhige See mit Schiffen, nach Adr. v. d. Velde; der Klosterhof im Schnee, nach Lessing; 5 Blätter mit Ansichten von Städten am Rhein: Huy an der Maas, Trarbach, Andernach, Ueberlingen, Ellfeld. — Borum's Bildniss ist von Fr. Hanfstängl lithographirt.

Borsum (auch **Boresum, Borssum** geschrieben), **Abraham van,** um 1600 thätig, malte tüchtige Landschaften, Städteansichten, Vögel und andere Thiere von vieler Naturwahrheit im Geschmacke Rembrandt's. Man kennt auch einige radirte Blätter mit Thieren von ihm.

Borzone, Luciano, Maler von Genua, geb. 1590, gest. um 1660, Schüler von Fil. Bertolotto und später des C. Corte, fertigte zahlreiche Kirchen- und Galleriebilder, an denen, da er ein guter Porträtmaler war, die Köpfe als das Verdienstlichste erscheinen. Die besten Gemälde von ihm sind: sechs Bilder in S. Spirito in Genua, unter denen die Taufe Christi besonders gerühmt wird. Einige seiner Gemälde wurden von seinen beiden Söhnen, Giov. Batista, gest. um 1656, und Carlo, gest. 1657, vollendet. Sein dritter Sohn, Francesco, geb. 1635, gest. 1679, legte sich auf Seestücke und Landschaften und lebte später am Hofe Ludwig XIV.

Bosboom, Johannes, geb. 1817, Schüler von van Hove, hat sich durch seine trefflichen Architekturstücke einen berühmten Namen gemacht. Namentlich das Innere von Kirchen weiss er mit grosser Meisterschaft darzustellen. Die neue Pinakothek zu München besitzt ein herrliches Bild von ihm: das Innere der neuen Kirche zu Amsterdam.

Bosboom, Simon, Bildhauer und Architekt zu Amsterdam, geb. zu Embden 1614, gest. um 1668, war Mitarbeiter des J. van Campen, beim Bau des Amsterdamer Rathhauses.

Bosch, auch **Bossche** geschrieben, **Balthasar van den,** Maler und Direktor der Akademie zu Antwerpen, geb. 1675, gest. 1715, fertigte hauptsächlich Bildersäle und Gallerieen mit Figuren im Costüme der Zeit staffirt, die in hohem Preise standen. Als Porträtmaler hat er einige ausgezeichnete Bildnisse, wie u. A. ein solches im Museum von Antwerpen beweisst, geliefert.

Bosch, auch **Bos** oder **Bus, Cornelis van,** Zeichner, Kupferstecher und Kupferstichhändler, geb. zu Herzogenbusch um 1510, lebte grösstentheils zu Rom, wo er auch starb. Er bildete sich vorzüglich nach den Arbeiten der sogenannten kleinen Meister, namentlich des Marc de Ravenna und Eneas Vicus, und stach nach eigenen Zeichnungen und denen anderer Meister, am besten aber nach Raphael und Giulio Romano. Unter seinen zahlreichen Kupferstichen zeichnen sich aus: die Bundeslade durch den Jordan getragen, nach G. da Udine (1547) in 4 Blättern; Vulcan in der Schmiede (1546); Fest und Opfer Priaps, nach L. Lombardus (1553); der Streit der Centauren und Lapithen (1550) in 2 Blättern; 9 Blätter Scenen der Apostelgeschichte von Paulus (1546). Er hat seine Blätter C. B. oder mit nebigen Monogrammen bezeichnet.

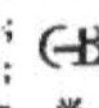

Bosch oder **Bos, Hieronymus**, geb. um 1470, gest. um 1530, ein holländischer Maler aus Herzogenbusch, in dessen Bildern das phantastische Element der nordischen Kunst im 15. Jahrhundert sein Extrem erreicht. Seine Darstellungen sind aus einer höchst abenteuerlichen Phantasie hervorgegangen, die das Alltagsleben zur Karikatur verzerrte und aus der Mythologie und biblischen Geschichte diejenigen Gegenstände mit besonderer Vorliebe herauswählte, welche, wie die Versuchungen der Heiligen von unzähligen Teufeln, die Marter der Verdammten in den Qualen der Hölle u. s. w., die Aufnahme phantastischer Ungeheuer und Missgestaltungen erleichterte — dämonische Traum- und Graungebilde voll des tollsten und wunderlichsten Spucks. So wenig sie desshalb zu gefallen und wahren Kunstgenuss zu bieten vermögen, da überdiess von Humor kaum eine Spur in ihnen zu finden ist, so muss man doch über die schöpferische Erfindsamkeit des Künstlers in der Produktion der fabelhaftesten Kreaturen erstaunen. Sie haben übrigens eine klare, oft glühende Färbung und sind höchst zierlich ausgeführt. Bosch scheint, wie manche andere seiner niederländischen Zeitgenossen, den grössten Theil seines Lebens in Spanien zugebracht zu haben, wo seine Gemälde sehr gesucht waren und ihm das besondere Wohlgefallen Philipp II. erwarben, in dessen Sammlungen sich allein 16 Stücke befanden, von denen jedoch bei dem Palastbrand die Hälfte zu Grund gegangen ist. Von den dort noch vorhandenen ist das vorzüglichste eine Anbetung der Könige, mit Figuren von etwa ein Drittel Lebensgrösse, im k. Museum zu Madrid, von einer allgemeinen würdigen Haltung, aber dennoch nicht ohne allerlei Teufelspuck. Ebendaselbst eine Versuchung des h. Antonius in drei Darstellungen, ein Sturz der Engel, eine Allegorie auf den Triumph des Todes und eine an Phantasterei Alles überbietende, wahrhaft sinnenverwirrende Allegorie auf die Eitelkeit der Welt. Auch die Provinzialgallerie von Valencia bewahrt ein merkwürdiges Werk von Bos, drei Gemälde von ovaler Form: die Gefangennehmung Christi, die Dornenkrönung und Geisselung in halben Figuren in Lebensgrösse. Ausserdem sieht man von ihm im Museum zu Berlin: ein Gemälde mit zwei Flügeln, eine Darstellung der Hölle und die Versuchung des heil. Antonius; in der k. k. Gallerie des Belvedere zu Wien: zwei Bilder, die Versuchung des h. Antonius darstellend. Man schreibt Bos auch einige mit Jer. Bosche und Bos bezeichnete radirte Blätter und Holzschnitte zu, nämlich: das jüngste Gericht, sehr selten; einen Elephanten, der einen Thurm trägt, umgeben von Ungeheuern; ein Elephant, der grosse Thürme trägt, von Mönchen, Soldaten und andern Personen mit Leitern bestürmt; die Versuchung des heil. Antonius (1522).

Literatur. Rathgeber, Annalen der niederländischen Malerei (worin ein Verzeichniss seiner Bilder). — Passavant, Die christliche Kunst in Spanien.

Bosch, Jacob van den, geb. zu Amsterdam 1636, gest. 1676, malte sehr naturgetreue Früchtestücke.

Bosch, Lodewyk Janz. van den, geb. zu Herzogenbusch, war ein sehr geschickter Früchte-, Blumen und Insektenmaler.

Boschaert, Thomas, siehe **Willebort.**

Boschi, Francesco, geb. zu Florenz 1619, gest. 1675, Schüler und Neffe des Matteo Rosselli, malte kirchliche Bilder und vollendete die unvollendet hinterlassenen Werke seines Lehrers, war aber beinahe nur in der Bildnissmalerei glücklich. Im Louvre zu Paris ist von ihm das Porträt des Galilei.

Boselli, Pietro, ein tüchtiger Bildhauer aus Venedig, bekannt durch zwei bronzene Engel in der Kirche S. Giorgio Maggiore daselbst, fertigte in der 1593 beendigten Begräbnisskapelle der sächsischen Kurfürsten im Dom zu Freiberg die Bronzestatuen dieser Fürsten.

Boser, Friedrich, Porträt- und Genremaler, geb. 1811 zu Halbau in Schlesien, bildete sich auf der Dresdner-, Berliner- und Düsseldorfer-Gallerie und zeichnet sich insbesondere durch treffliche Bildnisse in kleinerem Massstabe von frappanter Aehnlichkeit und zierlicher Ausführung aus. In seinen Genrebildern behandelt er gefällige Scenen aus dem gesellschaftlichen Leben oder nach Gedichten in höchst ansprechender und eleganter Weise. Wir erwähnen davon: die beschenkte Braut; das Vogelschiessen der Düsseldorfer in der Wolfsschlucht mit vielen Porträts der bedeutendsten Künstler der Düsseldorferschule; Egmont und Klärchen; Faust und Gretchen u. s. w.

Bosio, François, geb. zu Monaco 1769, gest. 1845 zu Paris, 77 Jahre alt, war ein Bildhauer von grossem Ruf, dessen Styl durch Reinheit der Linien, Zartheit der Formen und feine Ausführung an Canova erinnert, wenn er gleich hin und wieder sich zu allgemein nach antiken Schönheitsprincipien richtet und des Reizes einer bestimmten Eigenthümlichkeit entbehrt. Zu den vorzüglichsten seiner sehr zahlreichen Arbeiten gehören: die Hauptreliefs der Vendomesäule; die Bronzegruppe: Herkules den Achelous bekämpfend, im Garten der Tuilerien; die Nymphe Salmacis; der Knabe Hyacinth mit der Wurfscheibe am Boden liegend, eine graziöse mit der grössten Zartheit ausgeführte Statue (ein Bronzeabguss davon im Museum zu Berlin); die Figuren der Kraft und Gerechtigkeit am Monumente Malherbes'; die Statue des Herzogs von Enghien; die Statue Heinrich IV. als Kind; das Grabmonument des Grafen Demidoff; die Kolossalstatue Napoleon's im Kaiserornat; Frankreich von den schönen Künsten umgeben u. s. w. Auch in Büsten leistete Bosio Treffliches, wie er an denen des Kaisers Napoleon I. und der Kaiserin, des Königs und der Königin von Westphalen, König Karl X. u. s. w. bewies. Bosio war Offizier der Ehrenlegion, Ritter des St. Michaelsorden, Mitglied des Instituts u. s. w. — Sein Neffe und Schüler, Astianax Bosio, widmet sich ebenfalls der Bildhauerkunst und hat schon sehr gediegene Werke geliefert. Für die Magdalenenkirche zu Paris führte er die Statue der h. Adelaide aus und 1851 sah man auf der Ausstellung in Paris eine Statue der Republik von ihm, die Anerkennung fand.

Bosse, Abraham, Zeichner, Kupferstecher und Aetzer, geb. zu Tours 1610 und gest. daselbst 1678, lebte längere Zeit in Paris und war einer der ersten, welcher über die Manier des Kupferstechens, über das Aetzen überhaupt, über die technische Behandlung dieser Kunst einen Leitfaden herausgab. Seine Blätter, deren er an 800 fertigte, sind besonders wegen der charakteristischen Darstellungen der Sitten und Costüme seiner Zeit interessant. Zu den vorzüglichsten gehören: die Feierlichkeiten bei der Vermählung des Königs Ladislaus IV. von Polen mit Louise Marie de Gonzaga (1645); die Prozession mit dem Reliquienkasten der h. Genofeva; 4 Blätter Ceremonien bei der Creirung der Ordensritter des heil. Geistes unter Louis XIII. (1633); 4 Blätter der Maler, der Bildhauer, der Kupferstecher und der Kupferdrucker in ihren Werkstätten. AB

Bossi, Benigno, Zeichner, Kupferstecher und Aetzer, geb. zu Porto d'Arcisato im Mailändischen 1727, lebte längere Zeit zu Nürnberg und Dresden, von 1760 an am Hofe zu Parma, wo er um 1800 starb. Seine besten Blätter sind: die Verkündigung der Maria, nach Correggio; die h. Katharina und zwei Engel, nach Parmigianino; 50 radirte Blätter, Köpfe, einige in Zeichnungsmanier, nach Parmigianino u. s. w. Er bezeichnete seine Blätter mit BF.

Bossi, Giuseppe, Zeichner und Maler, geb. 1776 oder 1777 zu Busto Arsizio, im Mailändischen, gest. 1816 auf der Villa Melzi am Comersee. Er widmete sich hauptsächlich dem Studium der Werke des Leonardo da Vinci und erwarb sich ein besonderes Verdienst durch Wiederherstellung des berühmten Abendmahls in einer wohldurchdachten Copie in Oel (der Carton davon befindet sich in der Leuchtenberg'schen Gallerie), welche nachher durch Raphaelli in Mosaik gebracht wurde (in der Ambrasersammlung zu Wien). Sein Verfahren hiebei beschrieb er in einem eigenen Werke, das 1810 in Fol. herauskam. — In der Ambrosiana zu Mailand ist Bossi's Monument mit der Büste desselben von Canova aufgestellt.

Bossiut, siehe **Bossnit.**

Bossuet, F., Professor an der Malerakademie zu Brüssel, bildete sich in seinem Vaterlande und auf Reisen in Frankreich, Spanien und Deutschland zu einem der ausgezeichnetsten lebenden Architekturmaler aus. Seine Bilder, von denen wir nur: den Fischmarkt zu Antwerpen; eine Ansicht von Mecheln; die Abtei von St. Amand zu Rouen; die Ruinen eines maurischen Wartthurms bei St. Rocque; das Thor der maurischen Festung Alcala mit einer Gruppe Schmuggler; die Ansicht von Uggar in Spanien; römische Wasserleitung bei Sevilla; Andenken an Andalusien; Inneres der Kirche von Lierre in Belgien nennen wollen, tragen alle den Stempel künstlerischer Vollendung. Sie sind von schlagender Wirkung und verbinden alle Reize einer poetischen Auffassung mit denen einer höchst naturwahren Darstellung.

Bossuit, auch **Bossiut, Francis van**, Bildhauer und Elfenbeinarbeiter, geb. zu Brüssel 1635, gest. zu Amsterdam 1692, erhielt die erste Unterweisung in seiner Kunst in seinem Vaterlande, bereiste aber zu seiner weiteren Ausbildung auch Italien und fertigte nach seiner Rückkehr nach Amsterdam hauptsächlich äusserst kunstreiche Elfenbeinarbeiten, von denen im Jahr 1817 in einer Auktion zu Amsterdam seine Gruppe, Mars und Venus, und ein h. Sebastian zu sehr theuren Preisen bezahlt wurden. Ein Theil seiner Bildwerke kam, von B. Graat gezeichnet und von M. Pool in 103 Blättern gestochen, im Jahr 1727 zu Amsterdam heraus.

Both, Andries, vorzüglicher Maler, geb. um 1609 zu Utrecht, gest. 1650 zu Venedig, wo er in einem Kanal ertrank, lernte mit seinem Bruder Jan zuerst bei seinem Vater die Glasmalerei, wandte sich aber bald mit jenem in der Schule von A. Bloemart's der Oelmalerei zu. Später begaben sich beide nach Italien, wo Andries sich den Peter van Laar zum Vorbild nahm, und in dessen Weise Porträts, Genrebilder und Thiere malte. Selbstständige Bilder sind übrigens von ihm selten, da er meistens gemeinschaftlich mit seinem Bruder malte, dessen Landschaften er ebenso interessant als in Uebereinstimmung mit denselben staffirte. In der Dresdner Gallerie sieht man von ihm: einen Geisterbanner in einem Buche lesend, vor ihm ein Gespenst, und einen Kärner, der an einem Wirthshaus vorüberfährt; im Städel'schen Institut zu Frankfurt: Ansicht italienischer Gebäude am Meeresufer. — Both radirte auch mit breiter, aber leichter Nadel sehr hübsch in Kupfer. Die von ihm bekannten Blätter sind: die Versuchung des h. Antonius; der knieende Eremit nach rechts, wo am Brunnen ein Crucifix (1632); der knieende Eremit nach links am Felsen; der Einsiedler im Gebete, nach links gewendet; der Bettelmönch nach rechts gehend; die Lüderlichen, drei Bauern mit einem Freudenmädchen an einem Tische; die beiden Pilger, nach links gehend; die fünf schmausenden Bauern; zechende Bauern in einer Landschaft und die Büste eines Mannes mit einer Mütze.

Both, Jan, ein ausgezeichneter Landschaftsmaler, Bruder des Andries, geb. 1610 zu Utrecht, erhielt durch seinen Vater, der Glasmaler war, den ersten Unterricht in der Kunst und ging später in A. Bloemart's Schule, bildete sich aber in Rom, wohin er sich mit seinem Bruder begeben, hauptsächlich nach Claude und fertigte daselbst eine grosse Anzahl der herrlichsten Gemälde. Der Kummer über den Verlust seines Bruders Andries, der in den Kanälen Venedigs seinen Tod gefunden, trieb ihn wieder nach Utrecht zurück, wo er auch bald nach diesem, im Jahr 1651, starb. — Both malte meistens italienische Gegenden im glühenden oder sanften Lichte der untergehenden Sonne und im warmen Dufte südlicher Lebensfülle. Schroffe Berge und Felsen und breite reichbelaubte Bäume wechseln darauf mit Aussichten in duftigverschwimmende Fernen; glänzendes Abendlicht erfüllt die Lüfte und verleiht dem Ganzen den Ton einer ernsten Pracht. Sie sind breit, sehr massenhaft, äusserst leicht und dabei doch tief gefühlt, delicat, mit geistreicher Führung des Pinsels behandelt und gehören überhaupt zu den grossartigsten Darstellungen der italienischen Natur. Die Staffage ist in der Regel von der Hand seines Bruders und steht immer in einem sehr glücklichen Einklange zu dem Charakter seiner Darstellungen; nirgends nimmt man ein störendes Missverhältniss zwischen beiden wahr. Treffliche Bilder von ihm findet man in den niederländischen, deutschen und italienischen Gallerieen und auf verschiedenen englischen Landschlössern. So werden besonders namhaft gemacht: die Gemälde im Museum zu Berlin; in der Gallerie zu Dresden; in England: in der Bridgewatergallerie, in der Grosvenorgallerie, in der Sammlung des Hrn. H. T. Hope, im Dulwichcollege, in der Bildersammlung des Lord Ashburton zu London, in der Bildersammlung zu Pausanger, in der Bildersammlung zu Corshamhouse, bei Hrn. Beckford in Bath, im Fitzwilliam-Museum zu Cambridge; in der Gallerie Pitti zu Florenz; in der Grossherzogl. Kunsthalle zu Carlsruhe; in der Pinakothek zu München; im Louvre zu Paris; in den Gallerien Sciarra und Doria zu Rom; im Museum der bildenden Künste zu Stuttgart; in der k. Gemäldegallerie zu Turin. — Johann Both hat ebenfalls einige mit feiner und leichter Nadel radirte, von Bartsch in seinem „Peintre graveur" ausführlicher beschriebene Blätter hinterlassen. Sie bestehen in: 5 Blättern, die fünf Sinne, nach Andries Both, von beiden Brüdern radirt; 4 Blättern, Landschaften in die Höhe; und 6 Blättern, italienische Landschaften in die Breite.

Literatur. Ch. Blanc, Th. Gautier und P. A. Jeanron, Histoire des peintres de toutes les écoles. Paris.

Both, Hermann, aus Danzig, ein zu Düsseldorf lebender Landschaftsmaler, der seinen Bildern, meistens im Charakter des Niederrheins und der Ostseeufer gehalten, interessante Stimmungen zu geben weiss. Dadurch und durch die feingefühlte Zeichnung und den eigenthümlichen freien Vortrag sprechen sie ungemein an.

Botticelli, Sandro, siehe **Filipepi.**

Bouch, Valentin, Glasmaler in Metz, gest. 1541, malte die Fenster der dortigen Hauptkirche.

Bouchardon, Edmus, geb. 1698 zu Chaumont in Bassigny, gest. 1762 zu Paris, Mitglied und Professor der Akademie, ein tüchtiger Bildhauer seiner Zeit, dessen Werke sich durch elegante Zierlichkeit auszeichnen. Von ihm sind: die Fontaine des Grenelles zu Paris; die (1792 zertrümmerte) Reiterstatue Ludwig XV.; ein Amor, der sich aus der Keule des Herkules einen Bogen schnitzt, und mehrere Statuen in den Pariser und Versailler Schlossgärten. Auch kirchliche Sculpturen fertigte er. So sieht man von ihm in der Kirche S. Sulpice zu Paris die Statuen des Heilands und der Apostel Petrus, Paulus und Johannes. Bouchardon war Mitglied und Professor der Akademie.

Boucher, François, geb. 1704 zu Paris, gest. 1770 daselbst, Historienmaler, war der Sohn eines Zeichners von Stickmustern und zeigte schon in früher Jugend ein bedeutend schöpferisches Talent, das er eigentlich ohne Lehrer ausbildete, denn er ging nur drei Monate in Le Moine's Schule und beschäftigte sich, nachdem er dieselbe verlassen, mit Zeichnungen für Kupferstecher nach eigenen Compositionen und nach Watelet. Im Jahr 1723 errang er durch sein Bild: Evil-Merodach, der Sohn Nebukadnezar's, befreit König Joachim, den ersten Preis der Akademie, worauf er mit Carle van Loo nach Italien ging. Nach seiner Rückkehr eröffnete sich ihm die glänzendste Künstlerlaufbahn zu Paris. Im Jahre 1734 wurde er durch sein Bild: Rinaldo und Armide (im Louvre zu Paris) Mitglied der Akademie, im Jahr 1737 Professor, 1752 Rektor, 1765 Direktor und nach dem Tode des Carle Vanloo Maler des Königs Ludwig XV., der ihn vielfältig beschäftigte. — Boucher arbeitete sehr leicht und war unermüdlich thätig. Er hat eine ungeheure Menge Gemälde mythologischen und religiösen Inhalts oder nach eigenen Erfindungen Landschaften, Thierstücke, Theaterdekorationen, Surportes, Wand- und Deckengemälde und über 10,000 Zeichnungen ausgeführt. Seine Gemälde bezeichnen übrigens den tiefsten Verfall der Malerei in Frankreich. Durch Anfertigung lüsterner, leichtfertiger und sittenloser Bilder, die einen rasenden Beifall fanden und ihm den Namen eines Malers der Grazien eintrugen, fröhnte er dem verdorbenen Geschmack seiner Zeit am Hofe Ludwig XV. Nicht leicht hat vielleicht ein Künstler mit solch grossen Gaben, einem erfinderischen Kopf, dem vielseitigsten und leichtesten Talente solchen Missbrauch getrieben. Denn wenn er auch in seinen Compositionen kokett und affektirt erscheint, seine Zeichnung incorrekt und manierirt ist, seinen Gestalten überhaupt Natur und Leben fehlt, so verrathen seine Bilder nichtsdestoweniger Sinn für Schönheit und gefällige Anordnung, Gefühl für Harmonie der Farbe und eine Geschicklichkeit, die zu grosser Meisterschaft befähigt hätte. — Boucher hat auch einige Blätter radirt.

Bouchier, Jean oder **Jaque**, ein Maler oder Kupferätzer, dessen Blätter sehr selten sind, geb. zu Bourges um 1580. Man kennt von ihm: Maria mit dem Kinde; die h. Magdalena; der h. Johannes.

Bouchot, François, Historienmaler, Ritter der Ehrenlegion, geb. zu Paris 1800, gest. 1842, ein Schüler von Regnault und Lethière, empfieng 1824 für sein Bild: Orestes, dem Aegistheus den Leichnam der Klytämnestra zeigend, die Auszeichnung als Pensionär nach Rom gesandt zu werden, hielt sich 7 Jahre daselbst und zu Neapel auf und sandte während dieser Zeit verschiedene gelungene Arbeiten nach Paris. Zwei grosse Bilder, die Schlacht von Zürich 1799 und das Begräbniss des Generals Marceau, ersteres für die Gallerie zu Versailles, letzteres in der Meierei zu Chartres, fanden grossen Beifall. In der Magdalenenkirche malte er die Magdalena unter dem Kreuze. Unter seinen Porträts sind die des General Joubert, des Lablache und der Grisi die namhaftesten.

Boucourt, siehe **Deboucourt**.

Boudewyns, Anthonie François, ein verdienstlicher Landschaftsmaler, geb. zu Brüssel im Jahr 1660, gest. 1700, arbeitete meistens in Gemeinschaft mit Pieter Bout.

Bouillard, Jacques, Kupferstecher und Aetzer, geb. zu Paris 1744, gest. daselbst 1806, Mitglied der Akademie. Zu seinen geschätztesten Blättern gehören: eine heilige Familie, nach Annibale Caracci; der Traum der Poliphyla, nach le Sueur; die h. Cäcilie, Harfe spielend, nach P. Mignard.

Boulanger, Clement, gest. 1843 auf einer wissenschaftlichen Reise in Magnesia, ein zur modernen romantischen Schule gehöriger Historienmaler, dessen Gemälde sich durch ein glückliches Colorit, schöne Architektur und sorgfältig ausgeführte Figuren auszeichnen, aber theilweise allzusehr auf den Effekt gearbeitet sind. Grössere Bilder von ihm sind: Mazeppa; die Prozession des Gargouille; der Genius der Künste; Papst Sixtus empfängt seine Eltern; eine Pestscene aus dem Mittelalter u. s. w.

Boulanger, Jean, Zeichner und Kupferstecher, geb. zu Amiens 1607, nach Andern zu Troyes 1613, gest. zu Paris in hohem Alter, war ein Schüler von Guido Reni, führte viele sehr gesuchte Kupferstiche aus, unter denen als die vorzüglichsten gerühmt werden: eine heilige Familie (öfter genannt die Maria zu Passau), nach Solario; Johannes küsst die Füsse des Heilandes, nach Guido Reni; die Kreuztragung, nach Mignard; Maria mit der Nelke, nach Raphael; Veit Ludwig von Seckendorf, nach C. Scheffer (1669).

Boulanger, Louis, Historien- und Porträtmaler in Paris, seit 1840 Ritter der Ehrenlegion, ein junger Künstler von reicher Einbildungskraft und poetischen Anlagen, machte sich besonders durch seine Fresken im Festsaal der Pairskammer zu Paris einen Namen. Schöne Bilder von ihm sind: der Lobgesang der Judith; die Geliebten Dante's, Petrarca's und Ariost's. Im Porträt ist er weniger glücklich.

Boullogne, Bon de, auch **Boulogne** geschrieben, Historienmaler, geb. zu Paris 1649, gest. 1717, genoss anfänglich den Unterricht seines Vaters, ging dann nach Rom, wo er sich 5 Jahre aufhielt und eifrigst die grossen Meister studirte, in deren Nachahmung er sich eine grosse Geschicklichkeit erwarb, und von da in die Lombardei. Nach seiner Rückkehr in's Vaterland wurde er 1677 Mitglied und 1692 Professor der Akademie. Er war für die Paläste von Trianon und Versailles vielfach beschäftigt. Auch im Louvre sieht man einige Bilder von ihm: eine Verkündigung; den h. Benedikt, der ein Kind erweckt und den Kampf des Herkules mit den Centauren. Bon de Boullogne soll auch radirt haben und man schreibt ihm folgende drei Blätter zu: der h. Johannes predigt in der Wüste; der h. Bruno; eine satyrische Vorstellung auf den Autor des Mercure galant (1694).

Boullogne, Louis de, Historienmaler, der Vater des Vorigen, geb. zu Paris 1609, gest. 1674 als Professor der Akademie, war ein Schüler von Blanchard, bildete sich in Rom durch das Studium der grossen Meister und malte nach seiner Rückkehr Votivgemälde, Wand- und Deckenbilder, fertigte auch einige treffliche Copieen nach Tizian, Guido, Perin del Vaga. Es sind auch mehrere radirte Blätter von ihm bekannt: die heilige Familie mit dem Vogel; eine heilige Familie, Maria links am Fuss einer Säule; Maria an einer Mauer; das Wunder des Apostels Paulus zu Ephesus.

Boullogne, Louis de, der Sohn des Vorigen, geb. 1654 zu Paris, gest. 1733 daselbst, trug schon in seinem 18. Jahre den Preis der Akademie davon und ging hierauf nach Rom, wo er die Schule von Athen und die Disputa von Raphael in der Grösse der Originalgemälde für die Gobelinmanufaktur copirte. Nach seiner Rückkehr malte er kirchliche Bilder und Wand- und Deckengemälde. Im Jahr 1681 wurde er Mitglied, 1693 Professor, 1717 Rektor, 1722 Direktor der Akademie und 1725 Maler des Königs. Im Jahr 1722 erhielt er das Band des Ordens vom h. Michael und 1724 wurde er in den Adelstand erhoben. Viele seiner Bilder, die sich durch die Einfachheit der Anordnung, die richtige Zeichnung und die verständige Vertheilung von Licht und Schatten auszeichnen und von denen man die besten in der Kirche Notre Dame, in der Kapelle des h. Augustin, in der Kapelle von Versailles, im Schlosse zu Chantilly u. s. w. findet, wurden von den besten Kupferstechern s. Z. gestochen. Man kennt auch ein radirtes Blatt von ihm: eine heil. Familie.

Boumann, Johannes, geb. 1706 zu Amsterdam, war ein tüchtiger Baumeister, der im Jahr 1732 nach Preussen gerufen wurde, woselbst er eine grosse Thätigkeit entfaltete und zu Potsdam die französische Kirche, das Berliner Thor, das Rathhaus, die sogenannten holländischen Häuser, in Berlin aber die Domkirche, den Palast des Prinzen Heinrich, das jetzige Universitätsgebäude, die Münze, das Invalidenhaus u. s. w. baute. Boumann starb 1776 als Oberbaudirektor zu Potsdam. — Sein Sohn Georg Friedrich, geb. 1737 zu Potsdam, war Offizier in der Artillerie und betrieb ebenfalls die Baukunst. Er baute das kleine Schauspielhaus zu Schwedt, mehrere Privathäuser zu Berlin, leitete den Bau der (nach einer Zeichnung von Unger ausgeführten) Bibliothek daselbst u. s. w.

Bourdon, Sebastien, Historienmaler, der Sohn eines Glasmalers, geb. 1616 zu Montpellier, gest. 1671 zu Paris, erlernte die Kunst bei einem Maler Namens Barthelemy zu Paris, begab sich im 14. Jahr nach Bordeaux, wo er der Frescomalerei oblag und von da nach Toulouse, woselbst er, weil er keine Arbeit fand, Soldat wurde. Er bekam jedoch bald wieder seinen Abschied und ging nun nach Rom, wo er für einen Bilderhändler Copien nach alten Meistern anfertigte, bis er, um den Händen der Inquisition zu entfliehen, wieder nach Paris zurückkehrte. Hier malte er kleine Schlacht- und Jagdstücke, Landschaften und Genrebilder, auch ein grösseres Votivbild, die Kreuzigung Petri (jetzt im Louvre zu Paris) für die Kirche Notre Dame. Der inzwischen ausgebrochene Bürgerkrieg trieb ihn nach Schweden, wo er die Königin und fast alle Grossen des Reichs porträtirte und zum Hofmaler ernannt wurde. Nach Christinen's Thronentsagung begab er sich wieder nach Paris, wo er 1665 zum Rektor der Akademie ernannt wurde und eine Menge Staffelei-, Decken- und Wandgemälde ausführte. — In seinen historischen Bildern nahm er sich Poussin zum Vorbild, dem er, so sehr er ihm an Geist, Gefühl und Zeichnung nachsteht, in einer warmen, blühenden Färbung überlegen ist. Als Genre- und Porträtmaler leistete er dagegen Vorzügliches. Im Louvre zu Paris, wo man mehrere Gemälde von ihm sieht, kann man ihn in seinen verschiedenartigen Leistungen kennen lernen. Ebendaselbst sieht man auch das trefflich ausgeführte Bildniss des Meisters. — Die besten Kupferstecher seiner Zeit haben nach ihm gestochen. Bourdon hat auch selbst mehrere Blätter nach eigenen Erfindungen radirt und mit der Nadel und dem Grabstichel vollendet, unter denen die 7 Blätter, die Werke der Barmherzigkeit und die Flucht nach Aegypten, die vorzüglichsten sein dürften.

Bouré, Paul, ein ausgezeichneter, der Kunst leider zu früh entrissener Bildhauer aus Brüssel, gest. 1850, fertigte Büsten und Statuen von ebenso geistreicher Auffassung als kraftvoller Ausführung. Sein schlafender Faun; sein Prometheus; der junge Wilde, von einer Schlange überrascht; sein Amor in Gedanken; das spielende Kind sind Werke, die ihren Urheber zu hoher Meisterschaft befähigt hätten.

Bourel, Eberhard, Maler und Zeichnungslehrer zu Köln, geb. 1803, bildete sich auf der Düsseldorfer Akademie und malt jetzt Porträts und Genrebilder, die gerühmt werden. Unter letzteren lobte man namentlich sein: Familienleben eines kölnischen Stadtsoldaten; die Obsthändlerin; den Steckbrief; ein Conversationsstück.

Bourgignon, siehe **Courtois.**

Bout, Pieter, von einigen irrig **François** genannt, vorzüglicher Maler und Kupferätzer, geb. zu Brüssel um 1660 (nach Andern um 1676), arbeitete gemeinschaftlich mit Fr. Boudewyns, dessen Landschaften er mit Figuren staffirte, während dieser die Hintergründe in Bout's Bilder malte. Man kennt von ihm 5 geätzte Blätter, die sehr selten und gesucht sind, nämlich: der Schiffsmarkt zu Schevelingen; eine Winterlandschaft mit Schlittschuhläufern, rechts ein Schlitten mit 4 Personen; eine Winterlandschaft mit Schlittschuhläufern, rechts ein Zelt; einen Halt von Jägern und Damen bei einer Fontaine; endlich den Hafendamm.

Boutellier, Jean, ein Bildhauer, der um die Mitte des 14. Jahrhunderts mit Jean Leroux eine Folge von Basreliefs ausführte, welche rings um die Aussenseite des Chors von Notre Dame laufen, Scenen aus dem neuen Testament darstellend.

Bouterweck, Friedrich, gebürtig aus Tarnowitz in Schlesien, ein geistvoller Historienmaler, bildete sich in der Schule von Kolbe, setzte später seine Studien bei Delaroche in Paris fort, und erwarb sich hier durch seine Bilder dreimal die goldene Medaille. Eine italienische Reise reifte und kräftigte darauf das grossartige Talent des Künstlers, der gegenwärtig zu Berlin lebt. Von seinen Bildern, die auf allen Ausstellungen Interesse und Aufsehen erregten, sind hauptsächlich zu nennen: Orestes, von den Rachegöttinnen verfolgt, in Anordnung, Gruppirung, Haltung und Colorit gleich vortrefflich; die Eumeniden, dem Orestes den Leichnam der Klytemnestra vorüberführend (1833); ein Mädchen, welches ihr Haar aufflechtet, ausgezeichnet durch reines, warmes Colorit; eine arabische Schildwache, voll ernsten energischen Lebens; Tobias opfert die Leber des Fisches; Romeo's Abschied von Julie (1836); die patriarchalische Bewirthung (1839); Isaak und Rebecca (1840), ein feurig leuchtendes allgemein bewundertes Bild (gest. von Allais); eine neapolitanische Scene, ein Bild voll südlichen Zaubers, wahrer Poesie, Reiz und Gluth; eine Episode aus der Hochzeit von Gamacho (aus dem Don Quixotte); Jakob und Rahel (1844); die Taufe des Kämmerers der Mohrenkönigin (1848); Karl der Grosse in Argenteuil, ein grosses umfangreiches Bild von verständiger und klarer Anordnung, heiterer Färbung und gewissenhafter Ausführung.

Bovinet, Edme, Kupferstecher, geb. zu Chaumont 1767, war ein Schüler von Pataz. Zu seinen besten Blättern gehören: Orpheus und Euridice, nach Poussin; die Ansicht von Campo Vacino, nach Claude Lorrain (1812); der Liederdichter und der Schulmeister, nach Ostade; Diogenes, nach Poussin; das Zelt des Darius, nach le Brun.

Bovy, A., Medailleur in Genf, hat der Medaillenschneidekunst einen ganz neuen Wirkungskreis eröffnet, dadurch, dass er seine Medaillen, die sich durch den eigenthümlichen Geist, die Schönheit und Kühnheit der Ausführung auszeichnen (wir erinnern hier u. A. an die Göthe-Jubiläums-Medaille), in einer Grösse anfertigte, wie man sie früher für unmöglich hielt, und für welche Bovy eine eigene Prägmechanik erfunden hat. Die kolossalen Medaillen mit Calvin's und Liszts Bildnissen sind in Gedanke, Ausführung und Form vielleicht das Vollendetste, was in dieser Art je geleistet worden.

Boy, Peter, ein um die Mitte des 17. Jahrhunderts in Frankfurt lebender Miniatur-, Glas- und Schmelzmaler, der treffliche Bildnisse in Pastell, Oel und Emaille ausführte. Er starb 1727 als Gallerieinspektor des Kurfürsten Friedrich Wilhelm von der Pfalz.

Boy, William, ein Engländer von Geburt, war erster Baumeister des Königs Johann II. von Schweden (reg. von 1568—1592), unter dessen Regierung die Klaren- und Ritterholmskirche, die Fundamente der Marien- und Jakobskirche zu Stockholm, das Schloss Borgholm und der Erzbischofsitz Arnö entstanden.

Boydell, John, Zeichner, Kupferstecher mit der Nadel und dem Grabstichel, Schüler von Toms, geb. zu Dorington 1719, gest. zu London 1805, zeichnete und stach vom Jahr 1745 an viele Ansichten von London und der Umgegend, auch viele Blätter nach älteren Meistern, die er in einer eigenen Sammlung herausgab und durch deren Verkauf er ein ungeheures Vermögen erwarb, das ihn zum Alderman und Lord Mayor von London erhob. Sein bedeutendstes Unternehmen, die Shakespeare-Gallerie, eine grosse Reihenfolge von Gemälden aus den Dichtungen dieses grossen Dramatikers, deren Ausführung den vorzüglichsten Künstlern übertragen wurde, kam nur etwa zu einem Dritttheil zur Ausführung, allein es blieb dennoch nicht ohne wesentlichen Einfluss auf die romantische Richtung der Kunst im Allgemeinen, die später aller Orten so bedeutsam hervortrat. Die ausgeführten Gemälde wurden gestochen und kamen 1805 in einem Prachtwerk heraus unter dem Titel: A Collection of prints from pictures painted for the purpose of illustrating the dramatic works of Shakespeare. Zwei Bände in gr. Fol. mit 80 Platten. Eine Ausgabe von letzterem in verkleinerten Umrissen erschien 1832—33 unter dem Titel: Illustrations to Shakespeare, London by A. J. Valpy. Von den eigenen Kupferstichen Boydell's mögen genannt werden: die Findung des Cyrus, nach Castiglione (1765); 2 Blätter gebirgige Landschaften mit Vieh, nach Berghem; der Winter, nach van der Velde; der Mondschein, nach van Bosmann. Seine Blätter sind bezeichnet mit JB exc.

Boydell, Joshua, der Sohn des Vorigen, Maler und Schwarzkunstarbeiter, geb. zu London 1750, fertigte u. A. zu der oben erwähnten Shakespeare-Gallerie einige Gemälde aus den Stücken Heinrich IV. und VI. und Othello. Unter seinen Stichen sind die besten: Renier Hanlsoo oder Anslo, Prediger der Wiedertäufer, in Unterredung mit seiner Frau, nach Rembrandt (1781); eine heil. Familie, nach C. Maratti (1777).

Boyer, Jean Baptiste, Marquis d' Aiguilles, geb. zu Aix 1650, gest. 1709, Generalprokurator in der Provinz Aix, Kunstdilettant, malte, stach in Kupfer und arbeitete in Schwarzkunst. Von seinen sehr seltenen Blättern sind die vorzüglichsten: die Vermählung der heil. Katharina, nach Andr. del Sarto; Johannes predigt in der Wüste, nach Manfredi. Einige seiner Bilder haben das nebenstehende Zeichen. ✫

Boys, J. C. R. du, ein Historienmaler aus der Schule des Rubens, der um 1624 zu Köln thätig war. Mehrere Kirchen daselbst besitzen von ihm einige durch schöne Färbung und kräftige Wirkung ausgezeichnete Bilder. So sieht man von ihm in S. Maria im Capitol: eine Himmelfahrt der Maria und vier schmale, an den Pfeilern, dem Hochaltar gegenüber, befestigte Bilder: die heil. Jungfrau, der verkündende Engel, und zwei männliche Heilige; in der Gross-St.-Martinskirche: die Kreuzabnehmung des Erlösers (1623).

Bozzato oder **Bozza, Bartolomeo,** arbeitete unter der Aufsicht Tizian's mit den Zucheri in der Kirche von San Marco zu Venedig in Mosaik.

Bra, Theophile, Bildhauer zu Paris, Ritter der Ehrenlegion, geb. 1799 zu Douai, Schüler von Story und Bridan, hat sich durch zahlreiche, trefflich ausgeführte Bildwerke bekannt gemacht. Zu solchen gehören: Aristodemus am Grabe seiner Tochter; Peter und Paul (in der Kirche St. Louis); Ulysses auf der Insel der Calypso; die Statue des Dauphin im Louvre; die Bronzestatue des Herzogs von Berry zu Lille; die Statuen von Malesherbes (in der Pairskammer); des Regenten (für das historische Museum zu Versailles); der heiligen Amalie, für die Magdalenkirche in Paris; die Büsten von Benj. Constant, Guizot, Broussai. Am Triumphbogen de l'Etoile sind zwei treffliche Reliefs, Allegorien auf die Linien- und leichte Infanterie von seiner Hand, auch wurde das Monument des Marschall Mortier in Coteau, dessen Statue er fertigte, unter seiner Leitung ausgeführt.

Braakman, Anton, geb. 1812 zu Rotterdam, bildete sich als Landschafts- und Marinemaler auf der Akademie zu Amsterdam, nachher bei Schelfhout im Haag, machte hierauf Reisen nach Belgien, Frankreich, Deutschland und der Schweiz und führte für Privaten und Kunstvereine verschiedene Bilder in seinem Fache aus, bis er im Jahr 1849 am k. Hoftheater zu Stuttgart als Dekorationsmaler angestellt wurde. Unter den bedeutenderen seiner Leistungen in diesem Kunstzweig sind zu nennen: die Dekorationen zum Propheten, zu Joseph und seinen Brüdern, zu Hans Heiling, zum Nordstern.

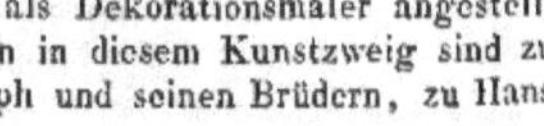

Bracchetto da Campi, Fra Giovanni, ein altitalienischer Baumeister, der nach der Ueberschwemmung im Jahr 1333 der Ponte Carraja zu Florenz ihre jetzige Gestalt gab und mit Fra Jac. Talenti im Jahr 1357 die Kirche S. Maria novella ebendaselbst beendigte.

Bracchowitz, Peter von, nach Andern **Brachawitz**, baute am Stephansthurm zu Wien vom Jahr 1404—1429.

Bracci, Pietro, Bildhauer und Baumeister, um 1760 zu Rom thätig, ein tüchtiger Manierist, von dem u. A. die Grabmäler Benedict XIV. und der Maria Sobiesky in der Peterskirche zu Rom herrühren. Er arbeitete auch an den Sculpturen von Fontana di Trevi daselbst.

Bracelli, Giov. Batista, Maler, Kupferstecher und Aetzer, geb. zu Genua um 1584, Schüler von G. B. Paggi, radirte mit einer breiten und sichern Nadel. Man hat von ihm: eine Prozession, welche am 5. Juli 1629 zu Rom gehalten wurde, nach A. Ciambelli; Zug des Silen mit Satyrn und Nymphen; Attila vor Rom, nach Algardi's Basrelief (1648).

Brackenburg, siehe **Brakenburg**.

Braekeleer, Adrien Ferdinand de, geb. 1818, ein Neffe und Schüler des Folgenden, malt Pferde und andere Thiere in sehr pikanter Weise.

Braekeleer, Ferdinandus de, Historienmaler, geb. 1792 zu Antwerpen, bildete sich anfänglich auf der Akademie seiner Vaterstadt, später in der Schule des M. J. van Bree und machte schon frühzeitig so bedeutende Fortschritte, dass er im Jahr 1819 den grossen Preis der k. Akademie errang, womit eine Pension zur Reise nach Italien verbunden war. Er verweilte daselbst drei Jahre und verfertigte verschiedene Gemälde, welche die fortschreitende Entwicklung seines Talents beurkundeten. Nach Antwerpen zurückgekehrt, machte er sich bald durch die trefflichen Erzeugnisse seines Pinsels, sowohl in seiner Vaterstadt als im Auslande einen hochgeschätzten Namen. Er wurde Ritter des Leopoldsordens und Mitglied des Regierungsraths von Antwerpen. Unter den zahlreichen historischen Bildern, Genre- und Landschaftsgemälden mit historischer Staffage, die er bereits hervorgebracht, und an denen besonders die Poesie der Auffassung, das dramatische Leben und das effektvolle Colorit gerühmt wird, erwähnen wir: die Heilung des Tobias durch seinen Sohn; Esau, um den Segen seines Vaters bittend; die Citadelle von Antwerpen, den Tag nach der Uebergabe; die Gräfin von Lalaing bei der Vertheidigung von Dornick; den plötzlichen Fall; das glückliche Hausgesinde; die goldene Hochzeit; das Nicolausfest; den häuslichen Zwist; die Aufopferung der obrigkeitlichen Personen und Bürger von Antwerpen; einen bejahrten Mann mit seiner Ehehälfte auf den ehelichen Frieden anstossend, ein durch und durch poetisches Bild; die Bewohner Antwerpens, ihre Stadt gegen die Spanier vertheidigend (1576), Hauptwerk des Meisters (im Museum daselbst); den Maler Jan Steen mit seiner Familie auf dem Eise; die Liebeserklärung; die Proletarierfamilie; einen alten Bettelmusikanten, der in einer Bauernstube singt (in der neuen Pinakothek zu München); Soldaten aus dem 30jährigen Kriege in einem Klostergebäude bivouakirend. — Braekeleer hat eine grosse Menge Schüler gebildet, von denen einige bereits einen grossen Namen haben.

Braekeleer, Jacques de, geb. 1823, ein Bruder des Adrien und Schüler des Antwerpener Bildhauer de Cuyper, widmet sich mit Eifer und Erfolg der Plastik, und hat schon mehrere gute Büsten und Basreliefs geliefert.

Brakenburg, Regnier, geb. 1605 zu Haarlem, gest. 1702, war nach Einigen ein Schüler Mommer's, nach Andern ging er in Adr. van Ostade's Schule, was wahrscheinlicher ist, denn er malte im Geschmack dieses Meisters, obwohl mit weniger Geist und nicht mit dessen lebendiger Laune, lustige Bürger- und Bauerngesellschaften.

Bramante, siehe **Lazzari**.

Bramantino, Bartolomeo, siehe **Suardi**.

Bramer, Leonhard, Historienmaler, geb. zu Delft 1596, gest. 1660, machte sich schon in seinem 18. Jahre auf den Weg nach Frankreich und Italien, hielt sich einige Jahr in Rom auf und studirte dort die grossen Meister. Seine Auferweckung des Lazarus und die Verläugnung Petri erregten Aufsehen und in der naturgetreuen Abbildung von goldenen, silbernen, bronzenen und marmornen Gefässen übertraf er in Italien alle seine künstlerischen Zeitgenossen. Seine Bilder, in denen er Rembrandt nachahmt, wesshalb er auch für einen Schüler dieses Meisters gehalten wird, bekunden eine grosse Sicherheit und Leichtigkeit des Pinsels und der Zeichnung. Seine kleineren Darstellungen bestehen meistens in Grotten, Höhlen, unterirdischen Gewölben, vom Mond- oder Fackelschein beleuchtet und mit vielen Figuren geistreich staffirt. Er hinterliess 72 Skizzen mit Tusch ausgeführt und aufgehöhten Lichtern zum Leben des Tyll Eulenspiegel. — Heller (in seinem Lexikon der vorzüglichsten Kupferstecher) zählt ihn auch zu den Kupferätzern und führt von ihm folgende 2 Blätter an: ein Musikus mit der Zither bei einem Tische stehend, rechts eine sitzende Frau und Christus bei Nicodemus in Nacht.

Brandel, Peter Johann, Historienmaler, geb. zu Prag 1668, gest. 1739 zu Kuttenberg, Schüler des Hofmaler Schröder, fertigte eine grosse Menge Heiligenbilder, Altarblätter und biblische Historien für die Kirchen in Böhmen, sowie auch Porträts und andere Gemälde in der Art und Weise jener, durch die späteren italienischen Eklektiker und Venezianer, namentlich durch Pietro da Cortona eingeleiteten, und auch in Deutschland genugsam verbreiteten manierirten Ausartung der Kunst. Brandel besass ein bedeutendes Talent und gebot mit ungemeiner Leichtigkeit über alle Mittel der Malerei. Die meisten seiner Bilder befinden sich in Böhmen. Man kennt von ihm auch ein radirtes Blatt: die Ruhe auf der Flucht nach Egypten.

Literatur. Dlabacz, Künstlerlexikon für Böhmen.

Brandes, Georg Heinrich, Landschaftsmaler und Gallerieinspektor in Braunschweig, geb. 1803 zu Bortfeld, erlernte die Kunst in seinem Vaterlande, bildete dann sein Talent in München weiter aus und erlangte sehr bald durch seine Bilder aus dem baierischen Hochgebirge, die durch ihre poetische Auffassung, die grossartige Anordnung und das wirkungsvolle Colorit allgemeine Bewunderung erregten, einen grossen Ruf. 1831 ging er nach Italien, hielt sich längere Zeit in Rom und dessen Umgebung auf und bereicherte daselbst seine Natur- und Kunstanschauung auf's Wesentlichste. Seit seiner Rückkehr malte er Landschaften, vorzugsweise aus dem Süden, und Naturscenen, die zu den besten jeder Ausstellung, auf der sie zu sehen waren, zählen. Besonders rühmt man von ihm: Gegend bei Marino im Albanergebirge; Parthie aus dem Ockerthale im Harz; Gegend bei Rom; Subiaco; eine Gebirgslandschaft; mehrere Winterlandschaften; eine Ueberschwemmung, die durch die Neuheit des Motivs und die schöne Stimmung überrascht; eine Landschaft aus dem Harz mit heraufziehendem Gewitter; Gegend bei Salzburg (in der neuen Pinakothek zu München) u. s. w.

Brandi, Giacinto, Geschichtsmaler, geb. zu Poli (nach Andern zu Gaeta) 1623, gest. 1691, bildete sich in Rom unter Lanfranco, von dessen künstlerischen Vorzügen er sich manche aneignete, dessen Styl er aber nie erreichte. Er hat den Kirchenstaat mit seinen Bildern wahrhaft überfüllt, denn er besass eine ausserordentliche Fertigkeit; allein es sind wenige erfreuliche darunter und nur zuweilen, wie z. B. in einigen Bildern in S. Annunziata und im Dom zu Gaeta, einem Leichnam Jesu auf dem Rande seines Grabes, Dädalus, dem Icarus Flügel ansetzend, in der Dresdner Gallerie, und einem h. Carolus Borromäus in der Bildersammlung zu Corshamhouse (England) schwang er sich über das Gewöhnliche empor.

Brandmüller, Michael, Maler und Lithograph, geb. zu Wien 1793, fertigt wohlgelungene Lithographien nach Kupferstichen und Gemälden berühmter Meister. Zu seinen besten Arbeiten gehören: die Madonna di S. Sisto, nach dem Stich, den Fr. Müller nach dem berühmten Raphael'schen Gemälde ausführte; Christus am Kreuz, nach dem grossen Blatt, das Edelink nach Le Brun stach; ein weibliches Porträt, nach van der Helst; die Brettspieler, nach Berkheyden; der h. Anton, nach Cigoli und eine Maria in der Glorie, nach Ed. Steinle.

Brandt, Albertus Jonas, geb. zu Amsterdam 1788, gest. 1821, Schüler von

J. E. Morel und van Os, ein vorzüglicher Blumen- und Früchtenmaler, dessen Bilder sehr geschätzt sind.

Brandt, Heinrich Franz, Hofmedailleur und Professor in Berlin, geb. 1789 in la Chaux de Fonds, gest. 1845 in Berlin, bildete sich unter dem Münzgraveur Droz zu Paris in der Stempelschneiderei aus und errang daselbst mit seinem: Theseus, der die Waffen seines Vaters entdeckt, den ersten grossen Preis. Nach seiner Heimkehr stach er mehrere Denkmünzen und Bildnisse, bereiste sodann Italien und erhielt im Jahr 1817 einen Ruf als erster Medailleur der königl. Münze, den er annahm. Brandt hat eine grosse Menge der ausgezeichnetsten Medaillen geliefert und sein Name wurde mit den berühmtesten Medailleurs in Europa genannt.

Branston, Robert, geb. 1778 zu Lynn in Norfolk, einer der vorzüglichsten Formschneider unserer Zeit, der 1802 in London die jetzt so blühende Londoner Formschneider-Schule stiftete. Er lieferte die Illustrationen zu einer Menge von Werken, in denen sich prachtvoll ausgeführte Blätter befinden. Besonders nennt man die Holzschnitte: zu den Religionsemblems etc. (London 1808); zu: Gray's Elegy written in a country church-yard; zu der Cave of despair, nach Thurston; zu dem Landscape annual (London 1835); zu dem Book of british ballads (1844) u.s.w.

Brascassat, Raymond, ein tüchtiger Landschafts- und Thiermaler zu Paris, geb. 1806, an dessen Bildern man insbesondere das treffliche, oft an Potter erinnernde Vieh bewundert.

Braun, Adam, geb. 1750 zu Wien, gest. 1827, seit 1789 Mitglied der Kunstakademie seiner Vaterstadt, malte Genrebilder in Gerard Dow's und Mieris' Manier und treffend ähnliche Porträts. Die Gemäldegallerie des Belvedere in Wien bewahrt ein Bild von ihm: eine Dame, am Arbeitstisch sitzend, lässt sich von einem neben ihr stehenden Herrn die Nadel einfädeln. Braun war auch ein tüchtiger Gemälderestaurateur.

Braun, auch **Brun** geschrieben, **Augustin**, ein seiner Zeit sehr angesehener kölnischer Maler und Kupferstecher am Ende des 16. und Anfang des 17. Jahrhunderts, von welchem sich zahlreiche Werke, früher in den Kirchen zu Köln, befanden. Noch vorhanden sind, in St. Georg: sieben Vorstellungen aus der Leidensgeschichte und in der Kirche zur h. Maria im Capitol: sieben Bilder aus dem Leben des h. Martin. Zu seinen wenigen und seltenen Kupferstichen gehören: ein Blatt mit vielen allegorischen Vorstellungen und Wappen, in der Mitte S. Peter mit den Schlüsseln in einem Schiffe (1596); ein Denkmal in Form eines Altars mit vielen symbolischen Figuren und Emblemen (bezeichnet: Aug. Braun pinx. et sculp. 1595). Viele seiner Blätter wurden von Andern in Kupfer gestochen.

Literatur. Merlo, Nachrichten von dem Leben und den Werken kölnischer Künstler.

Braun, Caspar, geb. 1807 zu Aschaffenburg, widmete sich anfänglich der Malerei auf der Akademie zu München, bildete sich aber später bei Brevières in Paris in der Holzschneidekunst aus und gründete 1839 in München eine xylographische Anstalt, aus welcher seitdem eine Menge trefflicher Werke, wie: die Illustrationen zu Schiller's Braut von Messina; zum Nibelungenlied, nach Zeichnungen von Schnorr und Neureuther; zu Musaeus Volksmährchen; zum Volkskalender; zum Götz von Berlichingen; zu der grossen Bibel (herausgeg. v. Cotta) u. s. w. hervorgegangen sind. Im Jahr 1844 unternahm er mit seinem Associé Schneider die Herausgabe der Zeitschrift: Fliegende Blätter, ein sowohl seines ausgezeichneten Inhalts, als der Illustrationen wegen sehr geschätztes humoristisches Blatt. In den aus Brauns Institut hervorgegangenen Holzschnitten sieht man mit Vergnügen den Styl des altdeutschen Holzschnitts, verbunden mit der unserer Zeit eigenen Technik, glänzend durchgeführt.

Braun, Matthias von, Bildhauer in Prag, geb. zu Innsbruck 1684, gest. 1738 in Prag, studirte 6 Jahre lang in Italien, war um 1720 am Hofe Karl VI. in Wien thätig und fertigte zahlreiche, aber ziemlich manierirte Arbeiten für Kirchen, Paläste u. s. w. in Böhmen.

Literatur. Dlabacz, Künstlerlexikon für Böhmen.

Braun, Reinhold, geb. 1821 in Hall, besuchte vom Jahr 1836 an die Kunstschule zu Stuttgart und begab sich sodann zu seiner weiteren Ausbildung im Jahr 1843 nach München, wo er bis zum Jahr 1850 blieb. Bei seiner vorherrschenden Neigung für militärische Darstellungen unterliess Braun keine Gelegenheit, das Soldatenleben bei Kriegsübungen in Lagern zu studieren und machte desshalb auch im Jahr 1849 den badischen Feldzug im Hauptquartier des Prinzen von Preussen mit. Braun malt übrigens auch friedliche Darstellungen aus dem Leben, wie Weidscenen, Pferde, Märkte und dergl. und seine Bilder zeichnen sich alle durch Wahrheit und Natur, kräftiges Colorit und fleissige Ausführung aus. Auf den Ausstellungen, die er beschickt, ärndten seine Gemälde überall unbedingten Beifall.

Braungart, J., ein geschickter Landschafts- und Architekturmaler, geb. 1803 zu Rottenacker in Oberschwaben, gest. 1849 zu Esslingen. Man hat von ihm einige sehr hübsche Darstellungen der Frauenkirche zu Esslingen, Landschaften aus Tyrol u. s. w.

Brauwer, siehe **Brouwer.**

Bray, Dirk de, Maler und Formschneider zu Harlem, wo er sich bis 1675 aufhielt. Zu seinen besten Blättern gehören: das Bildniss seines Vaters, des Malers und Baumeisters Salomon de Bray (1661); 12 Blätter Fische, Austern, Schweine, Gans, Waffeln, Kaninchen (1672); 16 Blätter Vögel, Blumen, Figuren (1660). Auch wird ihm ein radirtes Blatt, die Ruinen des Kastels Brederode zugeschrieben.

Bray, Jacob de, Historienmaler und Kupferätzer, Bruder des Vorigen, geb. in Harlem um 1596, gest. 1664. Von seinen Gemälden finden sich noch im Waisenhaus zu Harlem: eine Aufnahme der Waisenkinder, und das Porträt des Prinzen Friedrich Heinrich, in Lebensgrösse, im Stadthause. Man kennt von ihm auch mehrere radirte Blätter, unter denen man insbesondere Johannes den Täufer, in der Felsenwüste sitzend, nennt.

Brebiette, Pierre, Maler und Kupferätzer in Paris, geb. 1596 zu Mantes sur Seine, blühte um 1636 zu Paris. Er stach meistens nach eigenen Erfindungen, jedoch auch nach einigen andern Meistern. Zu seinen besten Blättern, die mit leichter Nadel radirt sind, gehören: das Paradies, nach Palma, Hauptblatt des Meisters; die heil. Familie auf der Flucht nach Aegypten, Joseph führt die Maria über einen hölzernen Steg; Johannes predigt in der Wüste, nach C. Vignon; der Kampf der Lapithen und Centauren (1625); Porträt des französischen Hofmalers Fr. Quesnel, ein Medaillon mit reicher Umgebung, von allegorischen Figuren gehalten. Seine Blätter sind mit P. B., P. Breb. f., PJE. BRE. FE., einige auch mit beistehenden Monogrammen bezeichnet.

P.B.

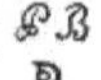

Breckelenkamp, siehe **Brekelenkamp.**

Breda, Jan van, Maler, geb. zu Antwerpen 1683, gest. 1750, Sohn Alexanders van Breda, der ein geschickter Landschafts- und Genremaler war. Er copirte mit vielem Glück die Gemälde von Jan Breughel und Ph. Wouverman und fertigte dann seine eigenen Gemälde im Styl derselben so täuschend, dass selbst Kenner sie kaum unterscheiden können. Später reiste er mit dem Bildhauer Rysbrack nach London und wurde nach seiner Rückkehr Direktor der Akademie in Antwerpen. Im Louvre ist von ihm: ein Feldlager.

Breda oder **Bredael, Pieter van**, Maler zu Antwerpen, geb. 1630, gest. 1689, Direktor der Akademie, malte Landschaften, in der Manier von Jan Breughel, mit römischen Gebäuden, Teichen, Landhäusern u. s. w., mit kleinen Staffagen von Figuren und Thieren. Er besuchte auch Italien und Spanien, wo seine Gemälde guten Abgang fanden.

Breda, Karl Friedrich von, geb. 1755 zu Stockholm, gest. 1818 als schwedischer Hofmaler, war ein Schüler von Reynolds und zeichnete sich namentlich im Porträt aus, wesshalb er Schweden's Van Dyck genannt wird. Seine: vier Präsidenten auf dem Reichstage von 1810 und Lagerbrings Porträt auf dem Ritterhause in Stockholm erwarben sich durch den grossartigen Styl und die blühende Frische des Colorits Beifall.

Eines seiner vorzüglichsten Gemälde ist sein Belisar, in welchem er Gérard und David, die denselben Gegenstand behandelten, übertroffen haben soll.

Brée, Mattheus Ignatius van, geb. 1773 zu Antwerpen, gest. 1839 als Direktor der Akademie daselbst, ein Schüler von Vincent in Paris, kann als einer der Regeneratoren der niederländischen Malerei in der Richtung David's betrachtet werden. Er leitete ein strengeres Studium der Antiken und des Nakten ein, und wenn auch seine eigenen Werke nicht frei sind von einer gewissen Trockenheit und Befangenheit, indem das Vorbild der Antike darin zu einseitig vorherrscht, so sind sie doch zum Theil von hohem Werth und haben das grosse Verdienst, den Uebergang aus der schwülstig überladenen Zeit des 18. Jahrhunderts zu der Kunst unserer Tage zu bilden. Es herrscht eine edle Auffassung in allen, die Gruppen sind wohl geordnet und die einzelnen Situationen fesselnd, voll ergreifender Momente. Seine Zeichnung ist correkt und breit und sein Colorit, im Anfang noch etwas trocken, wurde später frischer, ja es erinnert selbst in seinen vorzüglichsten Bildern an die früheren brabantischen Meisterwerke. Zu seinen besten Gemälden gehören: die Vaterlandsliebe des Bürgermeisters van der Werff bei der Belagerung von Leyden im Jahr 1576, im Rathhaus zu Leyden; eine Pestscene, in der Halle zu Löwen; der Tod des P. P. Rubens, im Museum zu Antwerpen; Ugolino und seine Kinder zum Hungertod verurtheilt; Lasset die Kinder zu mir kommen u. s. w. — Bree war Mitglied des k. Instituts zu Gent und Ritter des belgischen Löwenorden.

Literatur. Levensbeschryving van J. M. van Brée, door L. Gerrits. Antwerpen, 1852.

Bree, Philippus Jacobus van, Historienmaler, geb. 1786 zu Antwerpen, war der Bruder und Schüler des Vorigen, begab sich aber zu seiner weiteren Ausbildung nach Paris, wo er in Girodet's Schule trat, und später nach Italien, worauf er auch noch Deutschland und England bereiste. Zu den besten seiner zahlreichen Bilder, die sehr ungleich sind, bei allen Schwächen einer etwas flüchtigen Behandlung aber ein bedeutendes Talent für Composition, für Charakteristik, für Farbe und Haltung verrathen, gehören: die Königin Blanca; das Atelier des Blumenmalers van Dael; Barents auf Nova Zembla; die Entdeckung Neuhollands durch Tasman; Gottfried von Bouillon zu Jerusalem.

Breenbergh oder **Breemberg, Bartholomeus,** in Italien und Frankreich unter dem Namen Bartolomé bekannt, vorzüglicher Landschaftsmaler und Kupferätzer, geb. zu Utrecht 1620, gest. zu Amsterdam 1660, begab sich frühe nach Italien, studirte dort nach der Natur und nach den alten Meistern und fertigte hauptsächlich Ansichten von Ruinen, alten Denkmälern, von den Umgebungen Rom's, mit Figuren aus der Geschichte und Mythologie und Thieren staffirt. In seinen Gemälden, von welchen die von kleinerem Umfang die besten sind, unterscheidet man zweierlei ganz bestimmte Manieren. In den einen nämlich, die sehr dunkel gehalten sind, sucht er hauptsächlich Tizian und die Carracci nachzuahmen, die andern zeichnen sich durch die feine Zeichnung, grosse Delikatesse der Ausführung und manchmal seltene Klarheit aus. In den grösseren Gallerien Deutschlands, Englands und der Niederlande, besonders auch im Louvre zu Paris sieht man treffliche Bilder dieses Meisters in seinen verschiedenen Malweisen. Zu seinen besten mit äusserst zarter Nadel ausgeführten Radirungen gehören: 17 Blätter römische Ruinen (1640); der eilige Bote; das Wirthshaus (1646); der Bak Bär (Bak-beer) oder der Bär im Kessel; 1 Blatt mit 2 Ansichten von einem Grabe und einem Schloss. Seine Blätter und Bilder sind theilweise BBF., theilweise mit nebigen Monogrammen bezeichnet.

Bregno, Lorenzo Antonio und **Paolo,** waren sehr tüchtige Bildhauer in Venedig. Ihnen und ihrer um 1500 blühenden Schule werden verschiedene Denkmäler in S. Maria de' Frari zu Venedig zugeschrieben, nämlich dasjenige des Dogen Foscari (gest. 1457), das des Dogen Nicolo Tron (1472 gest.), sowie auch die Statue eines Feldherrn aus der Familie Pesaro und mehreres Einzelne in S. Giovanni e Paolo.

Breitenstein, Alfred, Maler in Düsseldorf, geb. 1822, hat eine ziemliche Zahl höchst ansprechender Bilder aus dem friedlichen Dorfleben, einen Spaziergang durch die Saat am Sonntag Nachmittag; junge Mütter mit ihren Kindern; einen blinden

Grossvater mit seiner Enkelin auf dem Kirchhofe; Bauern, vor den Schrecken des Kriegs flüchtend u. s. w. auf die Kunstausstellungen gebracht, die sich durch sinnige Auffassung und reizende Behandlung, sowie durch glückliche Farbengebung auszeichnen.

Brekelenkamp, Quirin, ein niederländischer Maler, der um 1660 blühte und meistens das Innere von Häusern mit figürlichen Darstellungen aus dem Mittelstand oder den arbeitenden Klassen malte, — schlichte friedliche Zustände des niedern Lebens, die er durch eine tüchtige, einfache Auffassung anziehend zu machen wusste. Die Dresdnergallerie besitzt ein artiges Bild dieses Meisters: um eine Amme mit dem Kinde stehen mehrere Pathen und trinken auf das Wohl desselben.

Brentel, Friederich, vorzüglicher Miniaturmaler und Kupferätzer, geb. 1580, wurde 1601 Bürger zu Strassburg und starb daselbst 1651. Seine besten mit leichter Nadel radirten Blätter sind: innere perspektivische Ansicht des grossen herzoglichen Saales zu Stuttgart (1619); Johann Friedrich I., Churfürst von Sachsen, stehend, zu seinen Füssen Ungeheuer mit geistlichen Attributen (1609). Seine Blätter sind bezeichnet mit F. B. oder nebigem Monogramm. FB.

Brescia, Giovanni Antonio da, einer der frühesten Kupferstecher Italiens, am Ende des 15. und Anfang des 16. Jahrhunderts, soll Carmelitermönch gewesen und auch Niellen gefertigt haben. Er arbeitete Anfangs ganz in der strengen Behandlungsweise des Mantegna, an der er, da er kein guter Zeichner war, einen sichern Halt fand; später versuchte er sich in freier ausgeführten malerischen Compositionen und Wirkungen, die ihm weniger gelangen, so dass seine letzten Arbeiten, wenn er sie nicht bezeichnet hätte, nicht für die seinigen gehalten würden. Zu seinen geachtetsten und sehr gesuchten Blättern gehören: eine heil. Familie mit Elisabeth und Johannes, nach Mantegna; Herkules tödtet die lernäische Hydra; die Grablegung, Copie nach Mantegna's berühmtestem Blatte; der Tanz von den 4 Frauen; die Geburt Christi. Seine Blätter sind mit: JO. AN. B., JO. AN. BX. oder mit nebenstehenden Monogrammen bezeichnet. I·A·B I·A·B

Brescia, Giovanni Maria da, Maler, Goldschmied, Kupferstecher und Carmelitermönch, Bruder des Vorigen, geb. zu Brescia in der letzten Hälfte des 15. Jahrhunderts, soll noch 1530 gelebt haben. Man kennt von ihm zwei Blätter, in denen er die Manier Mantegna's mit der des Marc Anton zu verbinden sucht. Es sind: die Gerechtigkeit des Trajan, bezeichnet: OPVS FRIS (fratris) IO. MARIAE BRIXIENIS OR. CARMELITARUM. MCCCCCII, und drei Carmelitermönche mit derselben Unterschrift, wie das vorhergehende Blatt, und mit der Jahrszahl 1512.

Brescia, il Moretto di, siehe **Bonvicino.**

Brescia, Raffelo Fra, ein Olivetanermönch, der in S. Michele in Bosco zu Bologna das Täfelwerk im Chor malte und 1536 starb.

Brescianino, Andrea del, Maler aus Siena, der um 1520 blühte. Von ihm befindet sich in der Sieneser Akademie ein grosses Altarbild mit höchst feierlichen, anmuthvollen und ernsten Gestalten, in einer der umbrischen Schule des 15. Jahrhunderts ziemlich verwandten Auffassungsweise. Im Museum zu Berlin wird ihm eine auf dem Schoosse ihrer Mutter Anna sitzende Maria, die sich zu dem Kinde herabbeugt, das mit dem Lamme spielt, zugeschrieben.

Brescianino, il, delle bataglie, siehe **Monti.**

Bresciano, Giovita, genannt **il Brescianino**, ein Schüler von Lattanzio Gambara, malte in Oel und in Fresco in der späteren venetianischen Weise des 16. Jahrhunderts.

Bresciano, Girolamo, siehe **Savoldo.**

Bresciano, Vincenzo, siehe **Foppa.**

Breslauer, Karl Christian, geb. 1805 zu Warschau, bildete sich auf der Düsseldorfer Akademie zu einem tüchtigen Landschaftsmaler aus. Zu seinen besten Bildern gehören: Limburg a. d. Lahn; eine waldige Abendlandschaft mit Köhlerhütten; Ansichten von Fautzberge mit der Burg Rheinstein; Abenddämmerung mit Mondaufgang; einige Bilder aus Norwegen, dem Salzkammergut u. s. w. CB

Bretschneider, Andreas, Zeichner, Kupferstecher, Aetzer und Formschneider, geb. zu Leipzig um 1578, arbeitete daselbst noch 1640. Zu seinen besseren Blättern gehören: ein Edelmann in spanischer Kleidung, in einer Landschaft; Christus am Kreuz (1601); Gustav Adolph zu Pferd, umgeben von allegorischen Figuren; die Schlacht bei Leipzig am 24. August 1631; 11 Blätter, welche eine Friese bilden, mit dem Titel: Abbildung und Repräsentation der fürstlichen Inventionen, Aufzüge, Ritterspiel, auch Ballet, so in des Durchl. etc. Herren Georgen, Fürsten zu Anhalt etc. Hoflager zu Dessa, bei etc. den 27. und drauff. folg. Tage Octobris A. 1614 gehalten worden. Leipzig MDCXV; 30 Blätter biblische Darstellungen, Holzschnitte. Einige derselben sind mit nebenstehenden Monogrammen bezeichnet.

Breuck, Jacques de, ein Bildhauer und Baumeister, der Lehrer des Giov. da Bologna, blühte um 1540 zu S. Omer. Er baute für die damalige Regentin der Niederlande, die Königin Maria von Ungarn, ein Palais, mehrere Festungen, eine Stadt im Hennegau und war auch als Bildhauer vielfach thätig, so dass, obgleich er nur ein handwerklich tüchtiger Meister war, die niederländische Bildhauerkunst durch seine Werke dennoch wesentlich gefördert wurde. In der Kirche S. Waudru zu Mons sieht man von ihm eine Menge Bildhauerarbeiten, und die marmornen Altäre des h. Bartholomäus und der h. Magdalena, Statuen und Reliefs.

Breughel, Abraham und **Jan Baptist**, wahrscheinlich Söhne und Schüler von Ambrosius Breughel, der Direktor der Akademie zu Antwerpen war und von dem man in der Gallerie des Belvedere zu Wien zwei schöne Blumenstücke (mit nebenstehendem Monogramm bezeichnet) sieht. Die beiden Brüder wohnten am Ende des 17. Jahrhunderts in Rom und zeichneten sich als Blumen- und Früchtenmaler aus. Abraham erhielt wegen seines längeren Aufenthalts in Neapel den Beinamen „der Neapolitaner" und von der Akademie von S. Luca den des „Rheingrafen".

Breughel, Jan, zur Unterscheidung von andern Künstlern dieses Namens der **Sammt-Breughel** oder **Blumen-Breughel (Fluwelen-Breughel, Breughel de Velours)** genannt, geb. 1569 zu Brüssel, erhielt nach dem zu frühen Ableben seines Vaters, Pieter Breughel's, des älteren, den ersten Unterricht in der Kunst durch seine Grossmutter, die Wittwe des Peter Koek van Aelst; die Oelmalerei erlernte er bei Pieter Goekindt. Anfangs malte er vorzugsweise Blumen — eine Vorliebe, die in älteren Jahren bei ihm wiederkehrte — wandte sich aber später der Landschaftsmalerei zu, begab sich nach Köln, wo er sich längere Zeit aufhielt und von da nach Bologna und Rom, wo er zu so grossem Ansehen gelangte, dass seine Werke in alle Länder begehrt wurden. Ins Vaterland zurückgekehrt, wählte er seinen Wohnsitz in Antwerpen, wo er 1625 starb.

Jan Breughel gehört zu den bedeutendsten Künstlern der um den Schluss des 16. Jahrhunderts und in der ersten Zeit des 17. Jahrhunderts in voller Selbstständigkeit und Bedeutsamkeit auftretenden niederländischen Landschaftsmalerei. Er stellte meistens anmuthige Gegenden mit schöngeformten Baumgruppen und weit ausgedehnten Fernen, mit Pflanzen, Blumen und Kräutern im Vorgrund, einsame Mühlen, schattige Waldparthien mit ländlichen Tänzen, Hafenplätze, Fluss- und Uferscenen, durch das geschäftige Treiben der Menschen belebt, Sumpfstellen mit Sumpfgewächsen, und alle diese verschiedenen landschaftlichen Vorwürfe mit sehr hübschen, mythologischen, biblischen, geschichtlichen oder genreartigen Vorgängen staffirt, die zum Theil von Heinrich van Balen, Rottenhammer und Rubens gemalt wurden, dar. Seine Bilder, von denen die in kleinerem Massstabe am gesuchtesten sind, sind hin und wieder ziemlich bunt, ohne jedoch unharmonisch zu werden, im Einzelnen sehr naturwahr und von unsäglich feiner Ausführung, namentlich im Detail der landschaftlichen Natur, das sich hier zum erstenmal dargestellt findet. Ein Gegenstand, den dieser Künstler häufig und immer mit besonderer Vorliebe behandelt hat, und der überhaupt die Gesammtrichtung der Schule von Brabant, welcher Breughel angehört, charakterisirt, ist das Paradies, eine im üppigsten Pflanzenwuchse einer ewig jugendlichen Vegetation prangende Gegend, mit figürlicher Staffage von Rubens Hand. (Das grösste und vorzüglichste Bild dieser Art in dem Museum im Haag; ähnliche Darstellungen an verschiedenen Orten, in der Gallerie Esterhazy zu Wien, im Berliner Museum, im Louvre zu Paris). In denjenigen seiner landschaftlichen Gemälde, in welchen er den Beschauer mehr auf eine schlichte Weise in die lokalen Verhältnisse der Heimath einführt, in verschiedenen Waldlandschaften, von denen einzelne schon eine minder üppige Vegetation entfalten, zeigt er bereits eine freiere Behandlung. (Derartige Bilder im Berliner Museum, in der Pinakothek zu München, in der Gallerie zu Dresden.) Ausserdem hat Jan Breughel auch Blumen, Früchte, Thiere und andere dem Stillleben angehörige Dinge in zierlicher Vollendung gemalt und solche Darstellungen in eigenthümlicher Weise zu grösseren Compositionen verbunden. In der Pinakothek zu München sieht man einen grossen Blumenkranz, in dessen Mitte eine Madonna mit dem Kinde (von Rubens) gemalt ist. Ein ähnliches Bild befindet sich im Louvre zu Paris. Andere Darstellungen dieser Art: das Reich der Flora, das Reich des Vulcans u. a. m. besitzt die Gallerie von Sanssouci in namhafter Anzahl.

Breughel hat eine ungeheure Menge von Bildern hervorgebracht. Die ersten öffentlichen Gallerien der Niederlande, Deutschlands, Frankreichs, Englands, sogar Italiens besitzen mehrzählige Darstellungen von ihm, ja in keiner bedeutenderen Sammlung wird man seinen Namen vermissen. Unter seine Schüler und Nachahmer, die seinen Styl zum Theil bis spät in die Zeiten Ruysdaels hinein festhielten, sind Jacob Fouquiers, Peter Gyzens oder Geysels und F. van Kessel zu nennen. — Ausser den Anfangsbuchstaben seines Namens findet man auf seinen Bildern zuweilen nebiges Zeichen. — Breughels Gemälde wurden durch den Kupferstich mannigfach vervielfältigt (in Heinecken's Dictionnaire des artistes findet sich ein Verzeichniss der nach ihm gestochenen Blätter) und ihm selbst werden vier radirte Landschaften zugeschrieben. Sein Bildniss wurde öfters gestochen, darunter in eigenhändiger Radirung von van Dyck.

Literatur. Immerzeel, De Levens en Werken der Holl. en Vlaam. Kunstschilders u. s. w. Amsterdam 1842.

Breughel, Pieter, der ältere, zum Unterschiede von seinem Sohne gleichen Namens der **Bauern-Breughel** genannt, geb. um 1510 in einem Dorfe in der Nähe von Breda, gest. zu Brüssel um 1570, erlernte die Kunst bei P. Koeck van Aelst, dessen Tochter er später heirathete, hielt sich dann einige Zeit bei Hieronymus Kock auf und bereiste hierauf Frankreich und Italien. Nach seiner im Jahr 1551 erfolgten Rückkehr liess er sich erst in Antwerpen, später in Brüssel nieder. Er malte Historien- und Genrebilder, welch letztere übrigens die Mehrzahl seiner Gemälde bilden. In seinen historischen Bildern, unter denen man als Hauptwerke aufzählt: seinen Thurmbau zu Babel, die Schlacht der Israeliten gegen die Philister, die Kreuzausführung Christi mit unzähligen Figuren, in der Gallerie des Belvedere zu Wien (alle drei mit der Jahrszahl 1563); die Versuchung Christi, für welche Breughel seine in den Alpen gemachten Studien benützte; die Predigt des Johannes, in der Pinakothek zu München; die angeklagte Ehebrecherin (1558); die Bergpredigt, in der Dresdner Gallerie; den Kindermord in einer Winterlandschaft, in der Sammlung des Landauerbrüderhauses zu Nürnberg; die Kreuztragung (1561); die Bekehrung Saul's, befolgt er die derb phantastische Richtung der älteren holländischen Schule, des Lucas von Leyden. Seine Genrebilder stellen meistens Scenen aus dem Bauernleben, zu dessen Studium er als Bauer verkleidet mit einem Freunde die umliegenden Dörfer, Kirchweihen, Kneipen u. s. w. besuchte, dar. Sie sind ebenfalls als eine Fortsetzung ähnlicher Bestrebungen der alten Holländer zu betrachten und verrathen weder Intelligenz in der Composition, noch Geist in den einzelnen Gestalten, auch wimmeln sie von gemeinen Intentionen und das ziemlich harte und bunte Colorit trägt noch dazu bei, dass das Unzusammenhängende und Unruhige der Composition auch in der Gesammtwirkung wiederkehrt; doch sind sie nicht ohne mannigfache lebendige Motive und originelle energisch aufgefasste Bewegungen. Ein grosses Bild dieser Art im Berliner Museum stellt den Reigentanz eines ungefügen Bauernvolks dar, ein wüstes, liederliches Bild; ein anderes ähnliches, eine Prügelei zwischen gemeinem Pilgervolk und krüppelhaften Bettlern, ebendaselbst; in der Dresdner Gallerie sieht man: eine Schlägerei zwischen Bauern, welche sich beim

Kartenspiel entzweit haben; in der Gallerie des Belvedere zu Wien: eine Bauernkirchmesse und eine Bauernhochzeit. Man glaubt auch, dass von Breughel einige radirte Blätter grotesken Inhalts und zwei kleine Landschaften herrühren, die mit den Anfangsbuchstaben seines Namens bezeichnet sind.

Literatur. Rathgeber, Annalen der niederl. Malerei (woselbst auch ein Verzeichniss seiner Bilder).

Breughel, Pieter, der jüngere, genannt **Höllenbreughel,** der Sohn des Vorigen, ein Schüler von Gilles von Coningsloo und um 1625 gestorben, bewegte sich in einem eigenthümlichen Kreis von Darstellungen. Er malte mit besonderer Vorliebe nächtliche Feuerbilder, die er nicht selten in einem grossartigen landschaftlichen Sinne anzuordnen wusste und ungemein sauber ausführte, wie man in seinem Brand der Stadt Sodoma und dem Brande Troja's in der Pinakothek zu München u.s.w. sieht. Am liebsten aber suchte er Ereignisse auf, in deren Darstellung eine Flammenwelt anzubringen war, mit allerlei höllischem Spuck, in den abenteuerlichsten und buntesten Gestalten. So sieht man von ihm in der Dresdner Gallerie: den von bösen Geistern geplagten heil. Antonius und die Hölle, in deren Mitte Proserpina steht, von grässlich gestalteten Teufeln umgeben, welche verdammte Seelen quälen; in der Sammlung des Pal. Doria zu Rom: einen Orpheus in der Unterwelt und eine Versuchung des heil. Antonius. Breughel hat aber auch Scenen aus dem gemeinen Leben gemalt, in denen er ebenfalls diabolische Wesen spucken lässt, wie in einer Schlägerei zwischen Bauern und Landsknechten, im Museum zu Berlin. Daselbst befindet sich auch von ihm der Zug nach dem Calvariberg (mit der Jahrszahl 1606).

Brevière, Henri, geb. 1797 zu Forges-les-Eaux, ein vorzüglicher Formschneider, in Paris, der verschiedene Werke illustrirte, namentlich aber durch seine Illustrationen zum: Livre d'Heures complet en latin et en français, Paris 1838, nach Zeichnungen des Gérard Séguin und Dau. Rumée und zur: Imitation de Jésu-Christ, traduit nouvelle du lat. de Thomas a Kempis, Paris 1839 (wovon 1839 zu Stuttgart auch eine deutsche Ausgabe herauskam) sich einen geachteten Namen gemacht hat.

Breydel, Frans, Genremaler, geb. 1679 zu Antwerpen, gest. 1750, Schüler von Rysbraek, war geraume Zeit Hofmaler in Cassel, lebte auch einige Zeit in London und liess sich zuletzt in seiner Vaterstadt nieder. Er fertigte Gesellschaftsstücke, Carnevalsscenen und Porträts in kleinem Format von angenehmem Colorit und feiner Ausführung.

Breydel, Karel, genannt **der Cavalier,** der ältere Bruder des Vorigen, gleichfalls Schüler von Rysbraek, geb. zu Antwerpen 1677, besuchte zu seiner weiteren Ausbildung Italien und hielt sich auf der Rückkehr längere Zeit in Nürnberg, Frankfurt und Cassel, dann in Antwerpen und Brüssel und zuletzt in Gent auf, wo er 1744 starb. Er malte Landschaften und Rheinansichten in der Manier des Giffier, besonders aber Thier- und Reiter-Gefechte von guter Anordnung und geistreicher Behandlung.

Breymann, G. A., Architekt und Professor an der polytechnischen Schule in Stuttgart, geb. 1807 in Blankenburg, baute, nachdem er seine Studien in Berlin absolvirt, die Stationsgebäude der Eisenbahn von Petersburg nach Zarskoi-Selo, das preussische Oberpostamt zu Hamburg und mehrere andere Privatgebäude. Als Schriftsteller hat er sich durch seine „Allgemeine Bauconstruktionslehre, 1849—1854" bekannt gemacht.

Brian, Louis, ein der Gegenwart angehöriger französischer Bildhauer, von dem man u. A. einen Faun, die Statue der Jeanne d'Albret, Mutter Heinrich IV., im Garten des Luxemburg aufgestellt, kennt. Brian fertigte ferner eine der Marmorstatuen der vier Evangelisten auf dem Parapet der die Thürme der Kirche S. Vincent de Paul in Paris verbindenden Terrasse und die Statue des N. Poussin für das demselben in seiner Vaterstadt Andelys errichtete Monument.

Brias, Charles, ein trefflicher Porträt- und Genremaler zu Brüssel, gebürtig aus Mecheln, von dem man seit 1812 auf verschiedenen Kunstausstellungen Gemälde sah, die wegen der darin herrschenden Naturwahrheit, sorgfältigen Behandlung und geschmackvollen Zeichnung überall grossen Beifall fanden. Besonders rühmt man: den

Buttermarkt zu Brüssel; die Rückkehr aus der Schule; die verlassene Frau; den Handkuss; ein grösseres Stück von ihm ist: Baron Chassé schlägt bei Waterloo einen Angriff der alten Garde ab.

Briccio, siehe **Brizio**.

Bridan, Charles-Antoine, Bildhauer, geb. zu Ruvière 1730, gest. 1805 zu Paris als Professor der Akademie, fertigte tüchtige Bildhauerarbeiten für Kirchen, Paläste und Gärten. Seine Werke gehören zu den besseren seiner Zeit. Besonders rühmt man: ein 20 Fuss hohes marmornes Basrelief, die Himmelfahrt der Maria darstellend, in der Kathedrale zu Chartres; die Statuen von Vauban und Bayard, im Louvre; die Statue des Vulkan, im Luxembourg.

Bridan, Pierre-Charles, ein gerühmter Bildhauer, Sohn und Schüler des Vorigen, geb. 1766 zu Paris. Unter andern vorzüglichen Arbeiten sind von ihm: der kolossale Elephant auf der Fontaine des Bastillplatzes; die Statue der Unsterblichkeit im Invalidenhotel; 12 Basreliefs für die Vendômesäule; die Basreliefs des Neptun und der Ceres an der Treppe des Louvre; die Büsten der Generale St. Hilaire, Marlborough u. s. w.

Bridges, John, ein englischer Historienmaler, der vorzugsweise mit dazu berufen scheint, der englischen Historienmalerei zur selbstständigen Gestaltung zu verhelfen. Seine Bilder, unter denen man: Joseph's blutigen Rock, von seinen Brüdern ihrem Vater gebracht, und Milton, seinen Töchtern seine Dichtungen diktirend, besonders hervorhebt, sind poetisch erfunden, schön angeordnet, gelungen im Ausdruck, in einem grossen und eigenthümlichen Styl vorgetragen, und machen dabei einen tiefen Eindruck auf den Beschauer. Bridges war auch unter denjenigen englischen Malern, die 1843 für die Cartons zu den Frescomalereien der Parlamentshäuser in London Preise erhielten. Er hatte Alfred den Grossen, sein Gesetzbuch der Prüfung der Sachverständigen unterwerfend, dargestellt.

Bridoux, A., ein vorzüglicher Zeichner und Kupferstecher in Paris, von dem man glanzvolle Stiche besitzt. Zu seinen trefflichsten Blättern zählt man: La vierge au Candelabre, nach Raphael; la Conception, nach Murillo. Im Jahr 1851 sah man auf der Ausstellung zu Paris eine ausgezeichnete Copie der segnenden Jungfrau mit dem Kinde und dem Stifter, von Leonardo da Vinci im Klostergang von S. Onofrio in Rom; eine heil. Familie, nach Murillo.

Brietes, von Sicyon, ein altgriechischer Meister der jonischen Schule der Malerei, der um 376—356 vor Chr. Geb. blühte.

Brighinthe, Johannes, ein englischer Baumeister, der 1219 die Kirche S. Andrea in Vercelli im nordischen Uebergangsstyle zu bauen anfieng.

Bril, Mattheus, auch **Brill** geschrieben, geb. zu Antwerpen 1550, kam noch sehr jung nach Rom, wo sich in der zweiten Hälfte des 16. Jahrhunderts ein allgemeines Bedürfniss nach landschaftlicher Anregung geltend machte, welches die Niederländer, die darin bereits weiter fortgeschritten waren, als die italienischen Künstler, dadurch befriedigten, dass sie theils Gemälde hinschickten, theils solche dort selbst ausführten. Er malte daselbst nicht nur kleine Bilder, z. B. Schäferstücke, sondern auch Frescogemälde für den päbstlichen Palast (Sala ducale, Biblioteca), Veduten und freie Compositionen in der bunten Weise der älteren niederländischen Landschafter. Seine Bilder sind zwar im Styl etwas trocken und hart und mit Gegenständen überfüllt, aber sie verrathen doch den denkenden Künstler, der seine Vorgänger übertraf und seinen Nachfolgern vorarbeitete. In Dresden befinden sich von ihm zwei auf Leinwand gemalte Landschaften: der junge Tobias zieht mit seiner Gattin Sara und den vom Schwiegervater empfangenen Gütern, unter Begleitung des Engels, nach Haran; die Jagd eines wilden Schweins in einem Walde. Im Louvre werden ihm zwei Landschaften, eine mit einer Parforcejagd auf Damhirsche, die andere mit einer Hirschjagd staffirt, zugeschrieben. Mattheus Bril starb 1584 zu Rom in der Blüthe seiner Jahre.

Bril, Paul, auch **Brill** geschrieben, der Bruder und wahrscheinlich auch der Schüler des Vorigen, ein ausgezeichneter Landschaftsmaler, geb. 1556 zu Antwerpen, gest. 1626 zu Rom, hatte sich in jüngeren Jahren in Breda, dann wieder in Antwerpen, hierauf längere Zeit in Lyon aufgehalten, bis er, veranlasst durch die bedeutenden Erfolge, welche Mattheus Bril in Rom davon getragen, sich auch dahin begab und hier nun im Verlaufe eines mehr als vierzigjährigen Aufenthalts eine Thätigkeit entwickelte, welche auf die Landschaftsmalerei seiner künstlerischen Zeitgenossen und Nachfolger einen entschiedenen Einfluss ausübte. Seine früheren landschaftlichen Gemälde sind noch bunt, in der phantastischen Manier seiner Vorgänger gehalten, allmälig aber, und unter Einwirkung des Studiums der italienischen Natur und der landschaftlichen Werke Tizian's und des Ann. Caracci (der aber später Bril selbst wieder gar Manches zu verdanken hatte) vereinfachte und veredelte sich sein Styl und er lernte sein feines Naturgefühl in grossartiger Auffassung und auf höchst poetische Weise aussprechen. In den Bildern dieser entwickelteren Periode herrscht eine grosse einsame Ruhe, eine feierliche, oft, zumal wenn Ruinen verfallener römischer Herrlichkeiten darauf dargestellt sind, an ernste Wehmuth anklingende Stimmung. Sie sind eben so tief gefühlt im Wiedergeben der Totalerscheinung der Natur in Luft und Licht, in der Schönheit der Beleuchtung, als wahr in den Einzelheiten der vom sanften Hauch der Luft bewegten Bäume und Gesträuche, als bewunderswürdig fein in der zarten Abstufung der Töne und bestimmt und klar in der Charakteristik der Jahres- und Tageszeiten. Sorgfältig und sauber in der Ausführung bringen sie auch stets eine angenehme Wirkung hervor. Sie lassen sich bis 1624 verfolgen und scheinen nicht ohne Einwirkung auf den seit 1644 thätigen Claude Lorrain gewesen zu sein. — Im Museum zu Berlin sieht man von Bril: fünf Bilder, worunter ein Seestück von vorzüglichem Werth und den Thurmbau von Babel, ein durch unsägliche Ausführung merkwürdiges Bildchen (mehrmals wiederholt und wahrscheinlich vor des Künstlers Aufenthalt in Italien gemalt); in der Gallerie zu Dresden: sieben Landschaften, unter denen eine mit Staffage von Ann. Caracci; in England, in den Gemäldesammlungen zu Blenheim, in Castle Howard, vortreffliche Landschaften; bei Herrn Beckford in Bath: den Thurmbau zu Babel; zu Florenz, in der Gallerie der Uffizien: Bilder aus allen Perioden seiner künstlerischen Entwicklung; im Palazzo Pitti: zwei aus der mittleren Zeit; in der Pinakothek zu München: zwei Landschaften; im Museo Borbonico in Neapel: eine Landschaft mit der Taufe Christi, eine andere mit einer die Orgel spielenden h. Cäcilie staffirt; im Louvre zu Paris: mehrere seiner schönsten Bilder, worunter eine italienische Gegend mit Ruinen im Abendlichte, die bereits Claude Lorrain nahe steht, und einige andere Landschaften mit Staffage von A. Caracci; zu Rom, im Vatican und Lateran: Frescolandschaften, und mehrere Oelbilder im Lateran, in den Palästen Sciarra, Rospigliosi, Doria Pamfili u. s. w. Die Sammlung des Erzherzogs Karl zu Wien verwahrt von Bril eine Zeichnung der Trajansäule. — Bril hat auch einige Blätter, worunter zwei Ansichten von Campanien (1590) und eine bergige Landschaft, mit Figuren und Vieh im Vordergrunde, links ein betender Kapuziner, radirt. Galle, Hollar, Hondius, Neulandt, M. de Passe, die Sadelers, Vorsterman, Le Bas u. A. haben nach ihm gestochen. Bril's Porträt, von van Dyck gemalt, stach Peter de Jode.

Brini, Francesco, ein Historienmaler, der vor und nach dem Jahre 1600 zu Florenz blühte und zu Volterra ein gutes Bild: die Empfängniss Mariä hinterliess. Das Museum in Berlin besitzt ebenfalls ein Bild des Meisters: Maria mit dem Kinde und Johannes.

Brinkmann, Philipp Hieronymus, Maler und Kupferätzer, geb. 1709 zu Speier, gest. 1761 als churfürstlicher Hofmaler und Oberaufseher der Bildergallerie zu Mannheim, ein Schüler von J. G. Dathan, malte Landschaften und Historien im Geschmack Rembrandt's und radirte verschiedene Blätter, unter denen die vorzüglichsten sind: die Darstellung im Tempel (1741); die Auferweckung des Lazarus, nach Rembrandt; Büste eines Mannes in orientalischer Kleidung, mit einer Feder auf dem Turban; Büste eines rückwärts gewendeten Mannes in orientalischer Kleidung, mit drei Federn auf dem Turban. Seine Blätter sind bezeichnet mit: P. B., P. Brinck. oder mit nebigem Monogramm.

Brion, G., aus dem Elsass, Genremaler, ein Schüler des vor wenigen Jahren verstorbenen G. Guerin in Strassburg, malt Genrebilder aus den verschiedenen ländlichen Beschäftigungen der rührigen Bewohner des Elsasses, der Vogesen und des Schwarzwaldes, die sich durch naturgetreue Darstellung auszeichnen. Besonders gelungen sind seine: Holzschlittenführer im Schwarzwald, und eine Kartoffellese während der Ueberschwemmung des Rheins im Jahr 1852.

Briosco, siehe **Riccio.**

Briot, Isaac, Kupferstecher in Paris um 1640, geb. zu Mons im Hennegau, arbeitete in der Manier der Wierx. Von ihm kennen wir 1 Blatt: Ludwig XIII. von Frankreich als Kind, stehend neben seiner Mutter, nach Quesnel (1610).

Brizio, Francesco, auch **Briccio** geschrieben, Maler, Kupferstecher und Aetzer, geb. 1574, 1575 oder 1576 zu Bologna, gest. daselbst 1623, ein Schüler von Passerotti, arbeitete viel in seiner Vaterstadt, wo man noch einige Bilder von ihm zeigt, und zeichnete sich namentlich im Malen von Architekturstücken aus, brachte es aber trotz seines vielseitigen Talentes nicht weiter als zum glücklichen Nachahmer der von ihm nicht immer mit sehr viel Geschmack gewählten Vorbilder. Einen grösseren Namen als durch seine Gemälde hat er sich durch seine Kupferstiche erworben, die er, anfänglich als Gehülfe des ihn in der Kupferstecherkunst unterrichtenden Ag. Caracci, und hernach selbstständig ausführte. Unter den 31 von Bartsch in seinem „Peintre graveur" aufgezählten mit F. B. F. oder seinem abgekürzten Namen bezeichneten Blättern sind die vorzüglichsten: die Rückkehr aus Aegypten und die Beschneidung, nach L. Caracci; eine heil. Familie, nach Correggio.

Brizio, Menichino del, siehe **Ambrogj.**

Broeck, Crispin van den, Baumeister, Maler, Kupferstecher und Holzschneider, geb. zu Antwerpen 1530, gest. um 1602 in Holland, ein Schüler von Frans Floris, malte in einer eigenthümlichen, weniger manierirten Weise als sein Lehrer. Die Gallerie des Belvedere zu Wien besitzt ein Bild von ihm: eine Anbetung der heiligen drei Könige. Als Kupferstecher und Holzschneider stand er in hohem Ruf. Zu seinen besten Arbeiten in diesen Fächern gehören: 19 Blätter aus dem Leben der Maria; Christus am Kreuz; die Beschneidung; die Verkündigung; Maria und Elisabeth; die Anbetung der Hirten; die Anbetung der Könige; die letzten 5 Blätter sind in Helldunkel gefertigt und sehr selten. Das erste der neben verzeichneten Monogramme sieht man auf seinen radirten Blättern und Helldunkeln. — Seine Tochter Barbara, geb. zu Antwerpen 1560, bildete sich unter ihrem Vater und später in der Schule des J. Collaert ebenfalls in der Kupferstecherkunst aus. Sie stach meistens nach Zeichnungen ihres Vaters. Ihr bestes Blatt ist das mit dem feinsten Grabstichel vollendete jüngste Gericht, nach Crispin van den Broeck. Sie bezeichnete ihre Blätter mit B. fecit, Barbara fec., B. fil. B. Filia, B. Filia Crisp. sc.

CVB. CBF. CVB. CVB. CVB. CVB. CVB.

Literatur. Dr. Rathgeber, Annalen der niederländischen Malerei u. s. w.

Broedelet, J. v., Arbeiter in Schwarzkunst um 1690, wahrscheinlich zu Utrecht, stach nach Gemälden von Hoet, Verkolje u. A. Das einzige von ihm bekannte Blatt ist: Wilhelm III., Prinz von Orange, von allegorischen Figuren zum Throne geführt und begleitet.

Broederlam, Melchior, Maler Herzog Philipp's des Kühnen von Burgund, fertigte höchst wahrscheinlich um 1391 die Malereien auf den Flügeldeckeln der zwei von letzterem für die neuerbaute Karthause zu Dijon bestellten Altarschreine, jetzt im Museum daselbst.

Broek, Elias van den, Maler zu Amsterdam, geb. um 1657 zu Antwerpen, gest. 1711, ein Schüler von de Heem, malte Blumen, Schlangen, Eidechsen, Kröten und dergl. auf ausgezeichnete Weise. Die Gallerie des Belvedere in Wien verwahrt drei solcher Bilder dieses Meisters.

Broers, J., ein holländischer Genremaler des 17. Jahrhunderts, von dem man in der Dresdner Gallerie zwei Bilder sieht.

Bromeis, August, ein der Gegenwart angehöriger Landschaftsmaler aus Cassel, der sich längere Zeit in Italien aufhielt und sich durch eine Reihe italienischer Landschaften, einen Eichenwald bei herannahendem Abend; Serpentara; die maurische Waschanstalt Denenzina; die Tempelruinen von Selinunt; eine Waldparthie aus den pontinischen Sümpfen; eine freie Felsgegend bei Civitella in den Abruzzen u. s. w. einen bedeutenden Namen gemacht hat. Seine Bilder, in denen er eine gewisse ideale Richtung mit dem Streben nach gesundem Naturalismus befolgt, zeichnen sich durch die grosse und mächtige Auffassung der Natur, poetische Anordnung, warme und kräftige Farbengebung und die breite und energische Behandlung aus. Im Jahre 1854 sah man auf der Ausstellung in Frankfurt a. M. eine dem deutschen Boden entnommene Landschaft, eine reizende Ansicht von Cronberg im Taunus.

Bromig, Bildhauer zu Nürnberg, fertigte im Jahr 1687 den sogenannten Wasserspeier auf dem Maxplatze daselbst, die Nachahmung eines Wassergottes von Bernini zu Rom.

Bromley, Fr., ausgezeichneter Kupfer- und Stahlstecher und Arbeiter in Schwarzkunst zu London, Mitglied der Akademie der Künste, gest. 1843, fertigte verschiedene wirkungsvolle Stiche, unter denen man zu den besten zählt: Rural amusement, nach Lawrence; spanische Mönche zu Sevilla predigend, nach J. F. Lewis (1836); le Serment trahi, nach E. F. Parris; die Katechisation, nach G. Harvey (1839); Wellington, nach Cooper (1837); The Royal Cortege in the Windsor Park, nach R. B. Davis (1840); The parting hour, nach H. Corbould (1828).

Bromley, William, geb. um 1773, ein vorzüglicher englischer Kupferstecher, von dem man insbesondere den Tod des Admiral Nelson, nach Davis; den Hauptangriff auf Valençiennes, nach P. J. Louterbourg (1802); die Ehebrecherin von Christus, nach Rubens rühmt.

Brondgeest, Albertus, geb. 1786 zu Antwerpen, aus einer seit dem 17. Jahrhundert bekannten Künstlerfamilie, Maler und Zeichner, Mitglied des k. niederländischen Instituts und der Akademieen zu Antwerpen, Gent und Amsterdam, lernte bei P. G. van Os und später bei H. Numan, bereiste sodann Deutschland, Frankreich und England, und fertigte seit seiner Rückkehr ins Vaterland eine grosse Anzahl geschmackvoller und sehr gesuchter Landschaften und Seestücke.

Literatur. Immerzeel, De Levens en Werken der Holl. en Vlaam. Kunstschilders u. s. w. Amsterdam 1842.

Bronkhorst, J. G. van, Oel- und Glasmaler und Kupferätzer, geb. zu Utrecht 1603, gest. 1680, lernte schon von seinem elften Jahre an bei J. Verburgh die Anfangsgründe der Kunst und widmete sich sodann bei P. Matthieu (Mathys) zu Arras und später bei Chamus in Paris der Glasmalerei mit ausgezeichnetem Erfolge, wie er in den Fenstern der neuen Kirche zu Amsterdam, seinen vorzüglichsten Arbeiten in diesem Fach, bewies. Als er jedoch nachmals die Bekanntschaft des C. Poelenburg machte, wählte er die Oelmalerei zu seinem Beruf, in welcher er gleichfalls ein tüchtiger Meister wurde. Bronkhorst hat auch trefflich in Kupfer radirt, meistens nach Zeichnungen und Gemälden von Poelenburg. Die besten darunter sind: der sterbende Christ oder das Crucifix; eine Nymphe schläft in einer Grotte; Juno; eine Folge von 9 Blättern römischer Ruinen, sämmtlich nach Poelenburg; die reuige h. Magdalena; Herman Saftleeven; Bildniss des holländischen Dichters Matth. de Merwede. Di: de Clootwyk (1650). Seine Blätter sind J G fecit, J G B fecit, J. G. Bron. fecit, auch mit nebigem Monogramm bezeichnet.

Bronkhorst, Johannes, geb. zu Leyden 1648, später in Horn wohnhaft, gest. 1726, malte mit ausserordentlicher Geschicklichkeit ausländische Vögel und Thiere in Wasserfarbe.

Bronkhorst, Pieter, geb. 1588 zu Delft, gest. 1661, malte Architekturen, die er durch historische Staffage belebte. So rühmte man von ihm Salomon's Urtheil im Gerichtssaal zu Delft und Christi Vertreibung der Käufer und Verkäufer aus dem Tempel, beide Darstellungen durch die grossartigen Gebäulichkeiten, in denen die Handlung vorgeht, ausgezeichnet.

Bronzino, Angiolo, geb. 1502 zu Florenz, gest. 1572, war ein Schüler des Jacopo Carucci, genannt Pontormo, dem er bei einem grossen Theil seiner Arbeiten und zuletzt noch bei seinen Fresken in S. Lorenzo zu Florenz, die er nach dessen Tod vollendete, hülfreiche Hand leistete und den er auch zum Verwechseln ähnlich nachahmen konnte. Er war hauptsächlich zu Florenz thätig, wo er, vielfach für den Hof beschäftigt, eine grosse Menge kirchliche, auch einige historische Bilder und viele Porträts, worunter die der Familie Medici, in Fresco und in Oel ausführte. In seinen geschichtlichen Bildern offenbart er sich als ein manieristischer Nachahmer des Michelangelo in übertriebenen Stellungen und Formen, als Bildnissmaler aber steht er in der bedeutenden und freien Auffassung keinem Zeitgenossen nach, ja selbst den Venetianern nicht, soweit diese ihn auch in der Farbe, die bei ihm oft theils bleifarbig, theils kalkig mit einem schminkeähnlichen Roth erscheint, übertreffen mögen. — In der Gallerie zu Dresden sieht man von ihm zwei treffliche Porträts: das Brustbild Cosmos II., Herzogs von Florenz und das der Herzogin Eleonore, der Gemahlin Cosmos I.; auch ein historisches Bild wird ihm dort zugeschrieben: Moses, die Gesetzestafeln zur Erde werfend. Zu Florenz zeigt man in der Gallerie der Uffizien: eine Höllenfahrt Christi, mit vielen Porträts, unter denen das seines Lehrers Pontormo, ein sorgfältig gemaltes Bild, nicht allzu manierirt, aber kalt, und vier ausgezeichnete Bildnisse: einen jungen Bildhauer, eine Dame im rothen Kleid, einen Jüngling mit einem Brief, und einen rothbärtigen Mann in einer Halle; im Palazzo Pitti: die Bildnisse Franz I., Cosmus I. und des Piero von Medici, den sogenannten Geometer und ein weibliches Porträt; in der Academia delle belle arti: die eherne Schlange, das Opfer Abraham's, Jonas und Daniel, eine Pieta, die Dreieinigkeit und ein Porträt; in S. Maria novella: eine Pieta; in S. Lorenzo: das Martyrium des heil. Laurentius, in Fresco gemalt; in der Badia, im obern Klostergang: die Dornenbusse des heil. Benedikt, ein Frescobild; andere Fresken sieht man im Palazzo vecchio. Im Besitz des Professor Oppenheim zu Frankfurt befindet sich das Bildniss der Bianca Capello von Bronzino. Das brittische Museum und die Sammlung des Herrn Solly zu London besitzen ebenfalls je ein Bildniss des Meisters, von denen das in der letzteren die Gemahlin eines Maletesta mit ihrem kleinen Sohn darstellt. Das Bildniss eines lorbeerbekrönten Mannes und das der durch Petrarca verherrlichten Laura verwahrt man, jenes in der Pinakothek zu München, dieses in der Leuchtenberg'schen Gallerie. Auch das Museum zu Madrid weisst einige treffliche Bildnisse dieses Meisters auf. In den Studj zu Neapel sind: die zwei sogenannten Geometer, herrliche Bildnisse Bronzino's; auch wird ihm dort das Porträt der Prinzessin Leonora Sanvitale zugeschrieben. Das Louvre zu Paris enthält einen erstandenen Christus, der Magdalena als Gärtner erscheinend; der Palazzo Doria in Rom: das treffliche Porträt des Gianetto Doria; die Gallerie zu Turin: das Porträt des Grossherzogs von Toskana, Cosimo de' Medici I. Endlich trifft man in der Gallerie des Belvedere zu Wien: Maria mit dem Kinde, das einen Vogel hält, und Johannes, im Hintergrund Joseph und Elisabeth, bezeichnet: BRŌZINO. FIORĒTINO. und drei Bildnisse.

Bronzino hatte viele Zöglinge gehabt, deren vorzüglichster sein Neffe Alessandro Allori war. — Als Dichter, dessen burleske Poesieen den klassischen Mustern der italienischen Sprache beigezählt werden, wurde er von der Academia della Crusca zu ihrem Mitgliede erwählt.

Brosamer, Hans, Maler, Kupferstecher und Formschneider, geb. 1506 zu Fulda, gest. 1552 zu Erfurt, bildete sich nach Aldegrever und Burgkmair und fertigte eine grosse Anzahl Holzschnitte und Radirungen in einer etwas trockenen und mageren Manier und in kleinerem Format, wesshalb er auch unter die sogenannten kleinen Meister gezählt wird. Er lieferte mehre Holzschnitte zu der 1550 von Hans Luft gedruckten Bibel, unter denen besonders die Erschaffung der Eva erwähnt wird, hauptsächlich aber zu der 1553 erschienenen lutherischen Bibel. Einer seiner besten Holzschnitte ist ein schlafender Pferdsknecht, welcher von einer Hexe belauscht wird; ein anderes sehr schön geschnittenes Blatt mit dem Brustbild des Landgrafen Philipp des Grossmüthigen von Hessen ist nur einmal, nämlich in der herzogl. Kupferstichsammlung zu Gotha vorhanden. Unter seinen radirten Blättern sind die vorzüglichsten: Christus am Kreuze (1542); Johannes, Abt von Fulda (1541); Georg Wicelius

(1542); Simson in Delila's Schoos (1545); Salomon betet die Götzen an (1545); der Lautenspieler (1537); Bethsabe im Bade. — Seine Bilder sind sehr selten. Eine Kreuzigung von 1548 sieht man in der Abel'schen Sammlung in Ludwigsburg.

Brosse, Jacques de, ein berühmter französischer Architekt, der 1611 das Palais Luxembourg in Paris, das in Etwas an den florentinischen Palastbau erinnert, 1616 bis 1621 die verhältnissmässig edle Façade von S. Gervais ebendaselbst, 1618—1622 den grossen Saal des Justizpalastes dort und die 1200 Fuss lange, 72 Fuss hohe Wasserleitung von Arcueil, in der Nähe von Paris (vollendet 1624), baute.

Literatur. Quatremère de Quincy, Dictionnaire historique d'Architecture.

Brosterhous oder **Brosterhouisen, Janus,** ein Landschaftsmaler und Kupferätzer, der wahrscheinlich im Anfang des 18. Jahrhunderts in den Niederlanden lebte und dessen schöne im Geist Ruysdael's gehaltenen Blätter sehr selten sind. Man hat von ihm 6 wunderschöne Blätter Landschaften, die theils mit dem in ein Quadrat eingeschlossenen Buchstaben B theils mit nebigem Monogramm bezeichnet sind.

Brouwer, Adriaan, auch **Brauer, Brawer, Brauwer** und **Brower** geschrieben, ein berühmter Bambocciadenmaler, geb. zu Harlem 1608, gest. zu Antwerpen 1640, zeichnete schon in früher Jugend für seine Mutter, eine arme Stickerin, Blumen und Vögel mit der Tinte auf Leinwand. Diese Zeichnungen bekam eines Tages Fr. Hals zu Gesicht. Er erkannte auf den ersten Blick die glücklichen Anlagen des Knaben und nahm ihn zu sich in die Lehre, wo er so reissende Fortschritte machte, dass der Lehrer Jahre lang sein rasch entwickeltes Talent missbrauchen konnte, indem er ihn, abgesondert von seinen Mitschülern, Bilder malen liess, die er zu hohen Preisen verkaufte. Von Adrian van Ostade, seinem Mitschüler, aufmerksam gemacht, dass er durch seine Kunst bereits sein Brod zu verdienen im Stande sei, entfloh Brouwer nach Amsterdam, wo er den Schenkwirth van Someren zum Freunde gewann, sich nun täglich in dessen Wirthsstube aufhielt und bei ihm seine besten Wirthshausprügeleien malte, die ausserordentlich gefielen und theuer bezahlt wurden. Da ihm nun seine Bilder viel Geld eintrugen, ihm das Herumliegen in den Kneipen selbst viel Behagen machte, ergab er sich nach und nach einem beharrlichen liederlichen Wirthshausleben und setzte sich immer erst wieder an die Arbeit, wenn der letzte Heller vergeudet, oder, wie er sich selbst ausdrückte, „der unnütze Ballast abgeworfen" war. Als er die Amsterdamer Kneipen satt war, ging er nach Antwerpen, wo er als vermeintlicher Spion eingesetzt, aber durch die Vermittlung des Rubens wieder befreit wurde. Rubens, der das eminente Talent Brouwer's schätzte, wollte ihm auch seine leichtsinnige Lebensweise abgewöhnen und nahm ihn desshalb in sein Haus auf. Hier gefiel es aber Brouwer nicht im Mindesten. Er verliess daher dasselbe bald wieder und zog zum Bäcker Joost van Craasbeek, bei dem er ungestört seinen Liebhabereien und Ausschweifungen nachhängen konnte und der ein so treuer Gefährte von ihm wurde, dass er sein Geschäft aufgab und sich von ihm in der Malerei unterrichten liess. Später begab er sich nach Paris, kehrte aber bald wieder nach Antwerpen zurück, wo er zwei Tage nach seiner Ankunft im Spital starb und auf dem Pestkirchhof begraben wurde. Als Rubens das traurige Schicksal des genialen Künstlers erfuhr, liess er seinen Leichnam wieder ausgraben und ehrenvoll in der Karmeliterkirche begraben; er entwarf auch die Zeichnung zu einem Monumente, das er ihm errichten wollte, starb aber selbst darüber. Sein Porträt hat Van Dyck gemalt und Bolswert gestochen.

Brouwer's Bilder sind der treue Spiegel des gemeinen Lebens seiner Zeit. Er malte alle möglichen Scenen des Wirthshauslebens, Gesellschaften beim Trunk, Tabak oder Karten, Raufereien, Soldatenwirthschaften, chirurgische Operationen u. s. w. mit seltener Naivität der Auffassung und Wahrheit der Darstellung. Zugleich herrscht darin eine unversiegbare Laune und ausgelassene Lustigkeit, ja selbst seine Karikatur ist nur eine höhere Potenz der letzteren. Er wird weder gesucht und manierirt, wie Teniers hin und wieder erscheint, noch nüchtern trivial, wie zuweilen Ostade. Seine Technik hat eine gewisse leichtsinnige Keckheit, die vortrefflich zu seiner Auffassung passt, sein Colorit aber ist nichtsdestoweniger fein, warm und harmonisch, von zartem Schmelz der Touche und trefflichem Impasto. Sein Vaterland besitzt wenige seiner Bilder, ebenso Frankreich und England; in den deutschen Gallerien dagegen sind sie nicht selten und namentlich ist in der Münchener Gallerie ein grosser Reichthum derselben vorhanden. Man besitzt auch einige radirte Blätter von Brouwer, von denen die besten sind: der buckelige Maler an der Staffelei; der schlafende Bauer; eine Gesellschaft von 4 Bauern und die Flageoletspielerin.

Brown, Henri, Kupferstecher und Formschneider in Antwerpen, geb. 1816 zu York, erlernte von selbst die ersten Anfangsgründe in der Kupferstecher- und Holzschneidekunst, begab sich hierauf nach London und Paris und fertigte namentlich an letzterem Ort viele treffliche Holzschnitte. Im Jahr 1837 wurde er Professor an der Kupferstecherschule zu Brüssel, 1840 an derselben Schule in Gravenhage, 1841 an der k. Akademie zu Antwerpen.

Browne, John, geb. zu Oxford 1719, gest. zu London 1790, ein vorzüglicher Kupferstecher mit der Nadel und dem Grabstichel, besonders im Landschaftsfache, zu dessen Hauptarbeiten gehören: die gefangenen Räuber, grosse Waldlandschaft, nach Both (1794); der heil. Philipp tauft den Verschnittenen der Königin Candaces in einer Landschaft, nach Both; der Fuhrmann in einer felsigen Landschaft, nach Rubens (1776); Going to Market, nach P. P. Rubens; eine schöne Landschaft mit dem Milchmädchen, nach Rubens (1770); Apollo und die Sibylle, Landschaft, nach Salvator Rosa (1781); Johannes in der Wüste predigend, Landschaft, nach S. Rosa; Cephalus und Procris, Landschaft, nach Claude Lorrain (1779); eine sehr reiche Landschaft, nach Poussin (1786); Venus raubt den Adonis, liebliche Landschaft, nach Swanevelt (1791).

Bruant, Libéral, französischer Baumeister, Architekt des Königs und Mitglied der Architektur-Akademie, ist der Erbauer des im dritten Viertel des 17. Jahrhunderts vollendeten Hotels der Invaliden zu Paris, mit Ausnahme des Kuppelbau's der Kirche,* den später Jules Harduin Mansard ausführte.

Bruce, William, ein trefflicher englischer Baumeister, der u. a. im Jahr 1702 den Palast Hopeton in Schottland erbaute.

Bruckmann, Alexander, ausgezeichneter Porträt- und Historienmaler, geb. zu Reutlingen 1806, gest. zu Stuttgart 1852, beschäftigte sich Anfangs mit Ornamentenzeichnen und Graviren in der Silberwaarenfabrik seines Oheims, P. Bruckmann, in Heilbronn, musste jedoch dieses Fach wegen eingetretener Augenleiden bald aufgeben und widmete sich von 1824 an der Porträt- und Historienmalerei, zuerst in Stuttgart, dann 1825—1829 in München und bis 1831 in Rom, von wo aus er für das ihm gereichte Staatsstipendium, das grosse, jetzt in der Staatsgallerie zu Stuttgart befindliche Bild, Barbarossa's Leiche wird aus dem Kalykadmos gezogen, einsendete. Im Jahr 1833 malte er im königlichen Schlosse zu München (im Schlafgemach des Königs), theils nach eigenen Entwürfen, theils nach Zeichnungen von H. Hess vierzehn Bilder aus den Gedichten des Theokrit. Im Jahr 1835, auf einer Reise, hatte Bruckmann das Unglück, durch den Umsturz des Wagens eine Gehirnerschütterung zu erleiden, welche zwar seine Thätigkeit nicht unterbrach, aber ein zeitweises heftiges Kopfleiden zur Folge hatte, das in eine anhaltende Nervenkrankheit und zuletzt bei namenlosen Schmerzen in eine Geistesstörung überging, in welcher er mit eigener Hand seinem Leben ein Ende machte. — Ausser einer grossen Zahl trefflicher Porträts mögen von seinen übrigen durch Klarheit der Idee, Ernst und Würde der Auffassung, reizendes und wirkungsvolles Colorit, überhaupt tüchtige Technik ausgezeichneten Bildern genannt werden: die Weiber von Weinsberg (in der Staatsgallerie zu Stuttgart); die Sirenen; das Mädchen aus der Fremde, nach Schiller; Romeo und Julie; ein Kind in den Fluthen von Nixen geleitet; Thusnelde. In dem Festsaale des Museums der bildenden Künste zu Stuttgart malte er zwei grosse Frescobilder: die Geburt der Venus und den h. Lucas, die Madonna malend; ferner drei kleinere Surporten, Allegorien der Architektur, Sculptur und Malerei.

Brügge, Rogier van, siehe **Weyden.**

* Abgeb. in den Denkmälern der Kunst. Atlas zu Kuglers Handb. d. Kunstgesch. Taf. 91 A, Fig. 2 u. 3.

Brueggemann, Hans, Bildschnitzer, fertigte 1515—1521 das grosse Altarschnitzwerk im Chore des Doms zu Schleswig (lith. von C. Chr. A. Blöhndel), mit zahlreichen Darstellungen aus der Leidensgeschichte, von derb naturalistischer Auffassung aber ungemein lebendiger Durchbildung. In den Volksscenen herrscht eine humoristische Laune vor, während die idealeren Gestalten in grossartiger Würde erscheinen. Obgleich die Compositionen malerisch angelegt sind, ist die Behandlung im Einzelnen doch mit glücklichem plastischem Sinne durchgeführt. Ausserdem werden diesem Künstler noch die Reste eines Tabernakels aus der Kirche von Husum, sowie ein Altar in der Pfarrkirche von Segeberg zugeschrieben. Hat er wirklich diesen letzteren ausgeführt, so ist es eine Jugendarbeit des Meisters.

Bruelow, Alexander, ein höchst einsichtsvoller und kenntnissreicher russischer Architekt, der sich auf der Akademie zu Petersburg, dann in Rom und von 1826 in Paris bildete, nach Petersburg zurückgekehrt und Professor der Architektur an der kaiserlichen Akademie daselbst wurde, Comthur des Wladimir-Ordens, und u. A. das Michailoff'sche Theater, das Observatorium der Akademie und (in Gemeinschaft mit Strassoff) den neuen Winterpalast erbaute. Nach seinen Zeichnungen ist auch das gusseiserne Denkmal der Vaterlandsvertheidiger vom Jahr 1812 in Nowgorod ausgeführt.

Bruelow, Karl, Historien-, Genre- und Porträtmaler, Ritter des Wladimir Ordens, Professor an der Akademie zu Petersburg, geb. daselbst um 1800, ein Bruder des Vorigen, empfing seine erste Bildung auf der dortigen Akademie, ging dann 1823 mit letzterem nach Italien, fertigte dort für seinen Kaiser einige vortreffliche Copien nach Raphael und trat selbstständig mit einem grossen figurenreichen Bilde: der letzte Tag von Pompeji (in der Eremitage zu Petersburg), einer grandiosen Composition, auf. Ferner kennt man von ihm einige Altarbilder in der Kathedrale zu Kasan, in der Isaakskirche zu Petersburg und die Belagerung von Pskow.

Brüls, L., gebürtig aus der Nähe von Aachen, hat sich in Rom zu einem trefflichen Architektur- und Genremaler der neuern Zeit herangebildet. Hauptsächlich lobt man an seinen Bildern, von denen wir: die Fahnenweihe; den Kreuzfahrer, in der Kirche S. Miniato al Monte in Florenz; ein Mädchen, das den Schleier nimmt, in der Kirche Or San Michele in Florenz; eine Taufe, in der Marcuskirche zu Venedig kennen, die würdevolle Composition und die leuchtende Kraft, Wärme, Anmuth und Harmonie der Farbe.

Brüssel, Barend van, siehe Orley.

Bruggen, Jan van der, Zeichner und Arbeiter in Schwarzkunst, geb. zu Brüssel 1649, arbeitete in Holland, Wien und Paris, wo er einen Kupferstichhandel trieb. Zu seinen besten Arbeiten gehören: Kartenspielende, trinkende und rauchende Bauern in einer Schenke; die Söhne des Teniers mit Seifenblasen beschäftigt; der Bauernkrieg, alle drei nach Teniers; Jacob van Schuppen, nach Schuppen, 1714; Johann van der Bruggen (1689 im 40. Jahr), nach N. de Largillier. Seine Blätter sind bezeichnet: J v B, J. B. F., J. V. Br., JVBF, weiss in schwarzem Grunde JV. BRUG. F.

Brugger, Friedrich, ein ausgezeichneter Bildhauer in München, dessen Werke durch ihre innere Gediegenheit und Tüchtigkeit, die edle Auffassung und fleissige, meisterhafte Ausführung, das Leben und die Bewegung, die Natur und den darin an den Tag gelegten grossen Schönheitssinn, eine höchst beachtenswerthe Stelle unter den Kunstproduktionen der Gegenwart einnehmen. Unter seinen Arbeiten rühmt man besonders: die überlebensgrosse Figur eines Jägers, der einen Hasen hält, zu welchem ein Hund emporschaut; Theseus mit den Waffen seines Vaters; Chiron, der den jungen Achilles auf der Lyra unterrichtet; Penelope u. s. w. In den Jahren 1847—48 führte der Künstler das treffliche Modell des in Erz gegossenen Standbilds Gluck's (auf dem Odeonsplatze in München) aus und 1852 vollendete er das ihm von König Ludwig bestellte Denkmal des Geschichtschreibers Johannes von Müller mit den Figuren der Gerechtigkeit und Geschichte und der Büste des Gefeierten (auf dem Friedhof zu Cassel), ein Werk, dessen edle Einfachheit auf den Beschauer den Eindruck des Ernsterhabenen bewirkt. Auf der Kunstausstellung zu München im Jahr 1853 sah man, ausser dem Modell des letzteren Monuments, einen Faun, der mit einem Tiger scherzt, eine höchst lebendige Composition. Brugger macht auch treffliche Büsten voll Leben und Naturwahrheit. Eine seiner besten ist die überlebensgrosse Fr. von Baader's.

Brun, Charles le, ein berühmter Maler, geb. 1619 zu Paris, wo sein Vater Bildhauer war, gest. daselbst 1690, erhielt den ersten Unterricht in der Kunst durch Perrier, genannt Le Bourguignon, kam aber schon in seinem 11. Jahre in Vouet's Schule, wo er so ausserordentliche Fortschritte machte, dass er in einem Alter von 15 Jahren für den Kardinal Richelieu bereits historische Compositionen ausführte, die Künstler und Kenner in Erstaunen setzten, und von denen einige dem gerade damals in Paris anwesenden Poussin so wohl gefielen, dass er sich auf die Bitte des Kanzlers Séguier, des Gönners und Unterstützers le Brun's, entschloss, diesen nach Rom mitzunehmen und ihn hier weiter zu bilden. Nach einem vierjährigen Aufenthalt in Italien kehrte er wieder nach Paris zurück, wohin ihm schon ein sehr günstiger Ruf vorausgegangen war. Hier gelang es ihm nun, eine Thätigkeit zu entfalten, die geeignet war, ihn dem höchsten Ruhme entgegen zu führen. König Ludwig XIV. schenkte ihm seine volle Gunst, ernannte ihn zu seinem ersten Hofmaler und Direktor der Gobelinsanstalt und erhob ihn in den Adelstand. Später wurde er Direktor der königl. Malerakademie zu Paris und Fürst der Akademie S. Luca zu Rom, die er 1666 hatte gründen helfen.

Die Anzahl der von ihm in Paris und Umgegend gefertigten Gemälde ist so beträchtlich, dass wir nur die allerbedeutendsten anführen können. Nachdem er nämlich 1647 ein Votivbild für die Pariser Goldschmiede, das Martyrium des h. Andreas (für die Notredamekirche) ausgeführt, 1649 im Wetteifer mit le Sueur im Hôtel des Präsidenten Lambert gemalt, dann die Malereien für den Oberintendanten Fouquet in seinem Schlosse zu Vaux vollendet, 1651 der Pariser Goldschmiedezunft abermals ein Votivgemälde, das Martyrium des h. Stephan (jetzt im Louvre zu Paris) geliefert, bei den Vermählungsfeierlichkeiten Ludwig XIV. mit Maria Theresia von Oesterreich die Dekorationen entworfen, ferner die Leitung sämmtlicher Kunstarbeiten der Gobelins übernommen, bestellte ihm Ludwig XIV., der besonders durch ein für seine Mutter von ihm 1650 ausgeführtes Bild, Christus am Kreuz von Engeln umgeben (im Louvre zu Paris), bekannt durch den trefflichen Stich von Edelinck, für ihn eingenommen worden war, eine Reihe von Bildern aus der Geschichte Alexander des Grossen, die ihm in der Ausführung so vortrefflich gelangen, dass sie noch heute zu seinen gerühmtesten Darstellungen gezählt werden. Hierauf entwarf er die Zeichnungen zu der Apollogallerie des Louvre, führte aber nur vier Gemälde davon aus, denn sein königlicher Herr nahm seine Talente für Versailles in Anspruch. 1677 begleitete er Ludwig den XIV. während der Feldzüge in Flandern und malte nach seiner Rückkehr mehrere Bilder für das Schloss von Saint Germain. War nun le Brun's Thätigkeit bis daher schon eine sehr ausgedehnte gewesen, so wurde sie um diese Zeit vollends eine riesenhafte. Nicht allein leitete er überhaupt alle künstlerischen Unternehmungen des Königs, so dass alle Bildhauer und Maler nur nach seinen Zeichnungen oder Vorschriften arbeiten durften, nicht nur malte er für Colbert das Schloss und die Pavillons zu Sceaux, entwarf er die Zeichnungen zu den Brunnen und Statuen des Parks, fertigte er mehrere kleinere und grössere Bilder für den König, dekorirte er die grosse Treppe zu Versailles, vollendete er die Façaden der Pavillons zu Marly, sondern er übernahm auch noch die Ausschmückung der grossen 280 Fuss langen und 42 Fuss breiten Gallerie von Versailles mit Bildern und Ornamenten. Er arbeitete vier Jahre daran und stellte darin in 21 Gemälden und 6 Basreliefsnachahmungen die Glanzpunkte der Geschichte Ludwig XIV. vom pyrenäischen Frieden bis zum Frieden von Nymwegen, dann an beiden Enden der Gallerie den Krieg und den Frieden dar. Nach dem 1683 erfolgten Tode des Ministers Colbert begünstigte Louvois, dessen Nachfolger als Oberintendant der königlichen und Staatsbauten, mehr le Brun's ehemaligen Mitschüler Pierre Mignard, was diesen, trotzdem dass er die fortgesetzte Gunst des Königs besass, auf die Länge so betrübte, dass er in eine entkräftende Krankheit verfiel, der er in seinem 71. Jahre erlag.

Le Brun beherrschte die französische Malerei seiner Zeit ebenso despotisch wie sein König Ludwig XIV. den Staat. Er war ein an Erfindungen fruchtbares und im Componiren meist glückliches Talent, besass eine reiche Phantasie, die leichteste Darstellungsgabe, eine, mit Ausnahme der etwas kurzen Proportionen, meist correkte Zeichnung und in seiner ersten Zeit eine tüchtige Farbe. Aber seine Gemälde entbehren der Feinheit und Tiefe des innern Gefühls und der individualisirenden Durchbildung, wie der künstlerischen Gemessenheit und Klarheit; statt naiver Entfaltung der Eigenthümlichkeit verrathen sie ein prunkhaftes, bewusstes Darlegen der errungenen Meisterschaft und an die Stelle der unendlichen Mannigfaltigkeit der Gemüthsbewegungen, tritt bei ihm eine beschränkte Zahl stereotyp wiederkehrender Geberden, so dass er häufig in Einförmigkeit, Leere, Emphase, Deklamation und theatralische Uebertreibung verfällt, ganz entsprechend dem pomphaften Scheinwesen seiner Zeit am Hofe des vierzehnten Ludwigs. Sein Colorit ist in späteren Bildern bunt, schwer und unharmonisch, mangelhaft in der Luftperspektive und von geringem Impasto. Von le Brun und seiner zahlreichen Schule ging die tiefe Entartung der französischen Malerei aus, der Uebergang zu einer hohlen theatralischen Manier, welcher als der letzte Verfall der modernen Kunst zu betrachten ist. — Die bedeutendsten seiner Schüler waren: sein Bruder Gabriel (geb. 1625), Claude Audran, Verdier, Houasse, Vernansal, Viviani, le Fevre, Joseph Vivien und Charles de la Fosse. — Beinahe alle seine Werke wurden gestochen und zwar in zum Theil heute noch nicht übertroffenen Leistungen von Meistern ersten Ranges in der Kupferstecherkunst, einem Edelinck, Nanteuil, Bénoit und Gérard Audran u. s. w. Le Brun hat aber auch selbst geistreich in Kupfer radirt. Man kennt von ihm 7 Blätter, nämlich 4 Blätter, die vier Tageszeiten durch Faunen und Satyrfamilien dargestellt; ferner das Jesuskind; den heil. Johannes; den heil. Karl. Sie sind bezeichnet: C. L. B. C. P. R. (cum privilegio regis) oder C. le B.

Ausserhalb Frankreich sieht man wenig Gemälde von le Brun, doch besitzt das Berliner Museum von ihm das berühmte (auch von Göthe besprochene) Jabach'sche Familienbild, von einer geistvollen Auffassung, individuellen Durchbildung und meisterhaften Haltung, die an van Dyck erinnern. In der Dresdner Gallerie sieht man eine heil. Familie; in der Pinakothek zu München: das Bildniss der Herzogin de la Vallière als heilige Magdalena und den Evangelisten Johannes auf der Insel Pathmos, und in der Gallerie des Belvedere zu Wien: die Himmelfahrt Christi. Das Louvre zu Paris enthält 26 Bilder, worunter, ausser den bereits genannten, als die besten bezeichnet werden: des Künstlers eigenes Bildniss in jüngern Jahren; Maria mit dem schlafenden Christuskinde und Johannes; die büssende Magdalena; die Ausgiessung des heil. Geistes; das Porträt des Malers Alphonse Dufresnoy; Alexander besucht mit dem Hephästion die Familie des Darius; die Schlacht am Granicus; die Schlacht von Arbela; der Einzug Alexanders in Babylon; der verwundete König Porus vor Alexander gebracht. — Charles le Brun hatte auch noch einen andern Bruder, der Maler war. **Nicolas le Brun**, geb. 1615, gest. 1660, malte Landschaften.

Brun, Elisabeth Louise le, geborene **Vigée,** geb. zu Paris 1755, gest. ebendaselbst 1842, die Tochter eines Porträtmalers, der sie in ihrem 12. Jahre als Waise hinterliess, empfing den ersten Unterricht in der Malerei, wozu sie schon frühe grosse Anlagen zeigte, durch Briard, einen mittelmässigen Maler, machte aber später unter der Leitung von Doyen, Greuze und Joseph Vernet, die sich ihrer annahmen, so rasche Fortschritte, dass sie schon in ihrem 15. Jahre ein treffliches Porträt malte, 1783 durch ein Bild des Friedens, der den Ueberfluss zurückführt (im Louvre zu Paris), Mitglied der Akademie wurde und bald in der älteren französischen Malerschule eine ehrenvolle Stelle einnahm. Als schöne, liebenswürdige und geistreiche Frau des Bilderhändlers Le Brun, den sie frühe schon geheirathet, bildete sie einen der interessantesten Mittelpunkte des höheren geistigen Lebens in Paris, allein der

Schrecken der ersten Revolution bestimmte sie zur Auswanderung. Sie besuchte zu wiederholten Malen Mailand und Venedig, Rom und Neapel, wurde an den Höfen von Wien, Dresden, Berlin, Petersburg mit Auszeichnung aufgenommen und kehrte erst 1801 wieder nach Paris zurück. Einige Zeit hernach ging sie jedoch schon wieder nach England, wo sie sich drei Jahre aufhielt, durchreiste hierauf Holland und die Schweiz und kam erst 1809 wieder nach Frankreich, um es nimmer zu verlassen. Nachdem sie sich in Paris häuslich niedergelassen, wusste sie sich auch mit den Meistern der neuen französischen Malerschule, namentlich mit Gérard, Girodet, Guérin und Gros, wie vordem mit denen der älteren auf's Beste zu befreunden. Sie malte noch bis in ihr hohes Alter fort und hinterliess im Aus- und Inlande 662 Bildnisse, 200 Landschaften und 15 historische Gemälde. Sie war Mitglied der Akademieen von Rom, Parma, Bologna, Kopenhagen, S. Petersburg, Berlin, Genf, Rouen und Avignon. Im Louvre zu Paris sieht man mehrere tüchtige Bildnisse von ihr.

Bruna, Vincenz della, ein jetzt lebender Kupferstecher zu Florenz, von dem wir zwei vortreffliche Stiche, die Heimsuchung Mariae, nach Mariotto Albertinelli's Bild in Florenz (1834) und die knieende h. Jungfrau, nach Correggio's Bild in der Gallerie zu Florenz kennen.

Brunel, Marc Isambert, Ingenieur, geb. 1769 zu Jacqueville in Frankreich, wanderte 1793 nach Nordamerika aus, studirte in New-York die Mechanik und leitete die dortige Kanonengiesserei und die Hafenbefestigungen, siedelte jedoch 1799 nach London über, wo er einen Klobenmechanismus zum Gebrauch der Marine erfand und 1825—42 den berühmten Themsetunnel in London erbaute. 1842 wurde er in Anerkennung der Verdienste, welche er sich durch dieses Riesenwerk erworben, zum Baronet erhoben.

Brunelleschi, auch **Brunellesco, Filippo,** berühmter Baumeister, geboren im Jahr 1377 in einer alten und angesehenen Familie, übte anfänglich die Goldschmiedekunst, aus welcher Zeit noch einige Nielloarbeiten und zwei Propheten von Silber in halber Figur am Altar der Kapelle S. Jacopo in der Kathedrale zu Pistoja herrühren sollen, widmete sich aber später der Bildhauerkunst und führte, um sich auch in grösseren Statuen zu üben, für die Mönche von S. Spirito zu Florenz eine (im Jahr 1471 verbrannte) Statue der Maria Magdalena von Lindenholz aus. Im Wetteifer mit seinem vertrauten Freunde Donatello vollendete er ein Krucifix* aus Holz (in der Kirche S. Maria novella zu Florenz), mit dem er den Sieg über das des ersteren, nach dessen eigenem Geständniss, davontrug, weil jenem in seinem Werke über dem einseitigen Naturalismus, der Adel der Formen und des Ausdrucks verloren gegangen war, welche Brunelleschi seinem Körper Christi bei aller Naturwahrheit zu verleihen gewusst hatte. Neben diesen Arbeiten beschäftigte er sich viel mit der Perspektive, unterrichtete auch darin seinen Freund Masaccio, der dieselbe zuerst auf die Malerei anwandte; ferner mit der Kunst, buntes Holz zusammenzusetzen, worin er eine neue Methode einführte, deren Befolgung man das Beste zu verdanken hat, was in eingelegter Arbeit in Florenz zu Stande gekommen. In der 1401 ausgeschriebenen Concurrenz um die noch fehlenden Bronzethüren am Baptisterium S. Giovanni zu Florenz war er mit noch mehreren der ausgezeichnetsten Bildhauer Mitbewerber; die Arbeit wurde indessen dem Lorenzo Ghiberti übertragen, worauf Brunelleschi und sein Freund Donato nach Rom gingen, dieser, um sich in der Plastik, Brunelleschi aber um sich in der Baukunst, die er schon früher getrieben, weiter auszubilden, da sein ganzes Streben dahin ging, lieber in einer Kunst der erste seiner Zeit zu werden, als in zweien der zweite, oder darin mit andern auf gleicher Stufe zu stehen. In Rom, wo damals noch eine bedeutend grössere Anzahl antiker Gebäude vorhanden war als jetzt, studirte er, stets von dem Gedanken beseelt, der Baukunst eine andere Richtung zu geben, mit der unermüdlichsten Beharrlichkeit die Architektur der Alten und ihre Technik, und kehrte erst 1407 wieder nach Florenz zurück, besuchte aber die ewige Stadt später noch mehreremale, bis es ihm gelang, seine dort erworbenen Kenntnisse an einem Bau zu erproben, der für alle Zeiten, als eines der grossartigsten

* Abgebildet in den Denkmälern der Kunst. Atlas zu Kuglers Handb. der Kunstgesch. Taf. 66, Fig. 7.

und kühnsten Werke der Baukunst in Ansehen bleiben wird. Es ist die Ueberwölbung des achteckigen Chorraums des Domes von Florenz. Lange Zeit hatte man an der Möglichkeit der Ausführung gezweifelt, Brunnellischi aber, der sich schon in Rom vielfach damit beschäftigt, und Zeichnungen und Modelle dazu gemacht hatte, vermochte es, in einer grossen Versammlung von Baumeistern aller Länder, die zu diesem Behufe im Jahr 1420 in Florenz zusammen gekommen war, dieselbe nachzuweisen und bewerkstelligte dieselbe auch, nachdem er im Jahr 1423 Dombaumeister geworden war, vermittelst einer doppelten achtseitigen Kuppel.* So sehr aber auch dieses Riesenwerk die Thätigkeit des Künstlers in Anspruch nehmen mochte, Brunelleschi führte in der Zwischenzeit nichtsdestoweniger noch mehrere prachtvolle Bauten zu Florenz aus. So sind — ausser verschiedenen nach seinen Modellen errichteten Vesten, Brücken und Dämmen in Mantua, Mailand und Pisa, des Hafens von Pesaro, der Abtei der regulirten Chorherrn zu Fiesole, verschiedenen Privatgebäuden zu Florenz, der Loggia dei Innocenti, einer Kapelle im Klosterhof von S. Croce und der Kirche degli Angeli — namentlich die Kirchen S. Lorenzo und S. Spirito zu Florenz, beides Basiliken, sein Werk. An der ersteren hatte er jedoch nur ein schon begonnenes Gebäude umzugestalten, die zweite, ganz nach seinem Plane aufgeführt, ist vielleicht eine der regelmässigsten und consequentesten Kirchenbauten, die jemals ausgeführt wurden. Ausserdem erbaute er den Palast Pitti zu Florenz, ein kolossales, aus ungeheuren Bossagen ausgeführtes, in seiner Einfachheit höchst grossartig wirkendes Gebäude, dessen burgartiger Charakter für geraume Zeit der Typus der florentinischen Paläste wurde. (Der Oberbau des Palastes und der Hof desselben kamen aber erst später durch Ammanati zur Vollendung.) Brunelleschi starb 1446 und ward in S. Maria del fiore begraben, woselbst man auch noch seine von seinem Schüler Buggiano nach der Natur in Marmor ausgeführte Büste sieht. Im Jahr 1830 sind dem Erbauer und dem Vollender des Dom's von Florenz, Arnolfo und Brunelleschi, kolossale Statuen in Nischen an der Aussenseite der Kirche von der Hand des Bildhauers Pampaloni gesetzt worden, die zu den besten Werken der neuern italienischen Sculptur gehören.

Brunelleschi gilt für den Begründer der modernen Architektur, der sogenannten Renaissance, weil er der erste war, der die italienische Baukunst auf den Principien der antiken wieder herzustellen bemüht war, indem er deren Formen und Construktionen mit Geist und Geschmack und nicht ohne Zuthat von eigener Erfindung auf moderne Anforderungen anwandte. Doch hielt er sich in mehreren seiner Kirchenbauten immer noch an den rundbogigen Basilikenstyl, nur mit grösserer Reinheit der Formen, wie er auch in dem gleichzeitig von ihm begründeten Styl des florentinischen Häuserbau's seine Vorliebe für das rundbogige System beurkundet, obgleich die wesentlichen Gesetze und Verhältnisse desselben von der antiken römischen Bauweise genommen sind. — Seine Bildnerarbeiten zeigen, der Richtung des Donatello ähnlich, viel Studium der Form und auch Nachahmung der Antike. Das von ihm in jenem erwähnten Wettstreit gefertigte Relief befindet sich unter den Bronzen der Gallerie degli Uffizi zu Florenz.

Brunelleschi bildete mehrere Schüler: Luca Fancelli, Domenico del Lago, Gieremia von Cremona, Simone, Antonio und Niccolo aus Florenz, Antonio Manetti und Andreino von S. Gimignano.

Literatur. Moreni, Vite di Filippo di Ser Brunellesco. Florenz 1812. — Vasari, Leben der ausgezeichnetsten Maler, Bildhauer und Baumeister. — Burkhardt, der Cicerone.

Bruni, Fidele, ein ausgezeichneter russischer Maler, der sich eine Reihe von Jahren in Rom aufhielt und 1844 nach Petersburg zurückkehrte. Zu seinen grösseren Gemälden, welche viel Beifall fanden, gehören: die für die Kathedrale zu Kasan gemalte Erscheinung der h. Jungfrau in einer Kirche zu Constantinopel, nach einer Legende, und die eherne Schlange. Letzteres ist eines der kolossalsten Bilder, die je gemalt wurden, voll wahren und lebendigen Ausdrucks, trefflich in der Zeichnung

* Abgebildet in den Denkmälern der Kunst. Atlas zu Kuglers Handb. d. Kunstgesch. Taf. 57, Fig. 2.

und in der Färbung, wenn auch nicht durchgängig gleich, doch in den Haupttheilen von grosser, selbst überraschender Wirkung.

Brunn, Isaac, Zeichner, Kupferstecher und Kunsthändler in Strassburg, wahrscheinlich auch Goldschmied und Musivarbeiter, geb. zu Pressburg um 1591, fertigte einige Blätter in der Manier der kleinen Meister und des Theodor de Bry. Wir kennen von ihnen: das Innere des Schiffs des Strassburger Münsters (1630); die grosse künstliche Kirchenuhr zu Strassburg (1617); Abbildung eines altdeutschen Altars mit Flügelthüren, in der Mitte die Anbetung der Könige (1617); die altdeutsche Kanzel im Münster zu Strassburg. Letztere 4 Blätter gehören zu: Schadäus Summum argentoratensium templum (Münsterbuch) Strassburg 1617. Auf seinen Porträts findet sich das Zeichen J. B. oder nebenstehendes Monogramm.

Brunner, Johann, ein Genremaler der Gegenwart, der sich durch einige Darstellungen aus dem Gnomenleben (Bergmännlein, tanzende Irrlichter), sowie durch verschiedene Genrebilder, eine Lagerscene aus dem dreissigjährigen Krieg, ein Fischermädchen, Wildschützen, welche neben ächtem dichterischem Gefühl sich durch gute lebendige Darstellung, gediegene Ausführung und schöne Benützung des Lichts auszeichnen, einen Namen gemacht.

Brunsberg, Heinrich, auch **Braunsberg** geschrieben, Baumeister von Stettin, vollendete 1401 die schöne Katharinenkirche von Brandenburg.

Brunsvic, Ludolf von, und sein Sohn **Heinrich** gossen im Jahr 1435 das bronzene Taufbecken in der Ulrichskirche zu Halle. Das Becken ruht auf den Figuren der vier Evangelisten und ist mit Reliefs geschmückt, welche Christus, Maria und die zwölf Apostel vorstellen, in den derben, kurzen Formen des germanischen Styls, zum Theil aber in schöner Stylistik, besonders was die Gewandung betrifft.

Brusasorci, siehe **Ricci, Domenico.**

Bruyn, Abraham de, Maler und Kupferstecher, geb. 1538 zu Antwerpen, kam um 1577 nach Köln, wo er in hohem Alter starb. Ueber das, was er als Maler geleistet, ist nichts Näheres bekannt. In seinen Kupferstichen arbeitete er in der Manier der sogenannten kleinen Meister, hauptsächlich im Geschmack der Wierx. Härte und mangelhafte Zeichnung bei einer gewissen Sauberkeit und Sicherheit des Stiches sind charakteristische Eigenschaften derselben. Sein Hauptwerk ist das seltene Trachtenbuch: IMPERII AC SACERDOTII ORNATUS etc. Colonia cIↄ Iↄ LXXIIX. Unter seinen sonstigen Kupferstichen zeichnen sich aus: die grosse Eberjagd; die Falkenjagd (1565); die Evangelisten, 4 Blätter (1578); Christus und die Samaritanerin; die Planeten, 7 Blätter (1569). Einige seiner Blätter sind A de B fe oder mit nebigen Monogrammen bezeichnet.

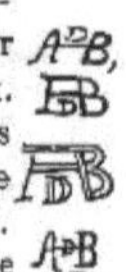

Bruyn, Bartholomeus de, ein vorzüglicher Maler, der um 1524—60, in einer Periode, wo die deutsche Kunst bereits das traurige Bild manieristischen Verfalls und innerer Erschöpfung darbot, zu Köln thätig war, sich aber in seinen besten Werken von dem Verderbniss seiner Zeit rein zu erhalten wusste. Seine früheren Bilder zeigen einen edlen ernsten Sinn, gute Anordnung und sehr schöne Köpfe; die Behandlung erinnert an die Eyck'sche Schule, der Styl verschmilzt auf eine glückliche Weise heimische und italienische Elemente und die Ausführung ist ungemein zart und fleissig. Später unterlag er mehr dem italienischen Einfluss, wodurch das Individuelle und Charakteristische immer mehr verbannt wurde, und in seinen Gemälden ein Idealismus einriss, der sich in hohlen conventionellen Formen ohne Leben und Geist gefiel. Ausgezeichnet dagegen war und blieb er im Porträtfache, in welchem er in der Virtuosität geistreicher und naturwahrer Darstellung mit H. Holbein, dem Jüngern, wetteiferte, wesshalb seine Bildnisse auch oft mit denen des Letzteren verwechselt werden, obgleich beide in der technischen Behandlungsweise sehr verschieden sind. Bruyn muss in Köln als ein hochberühmter Meister, als der erste in weiten Umkreisen bekannt gewesen sein. Diess beweisen nicht nur, dass das Kapitel des reichen Stiftes zu Xanten im Jahr 1529 „den ersamen Meister Bartholomeus Bruyn, Meelre Burger tot Cölne“ dazu erkor den Hochaltar seiner Kirche mit einem Prachtbilde zu schmücken, sondern dass er so viele Bildnisse geistlicher und weltlicher Würdenträger, der Bürgermeister, Patrizier, der angesehensten Stiftsherrn und Gelehrten der Stadt Köln gemalt hat. Wie Meister Wilhelm im 14., so war de Bruyn im 16. Jahrhundert der Vertreter der Kölner-Schule und es werden ihm, wie jenem, eine Menge Bilder aus dem 16. Jahrhundert, welche den seinigen in Beziehung auf Auffassung und Styl ähneln, zugeschrieben. Zu den vorzüglichsten seiner in beträchtlicher Anzahl vorhandenen Bilder gehören: zu Köln, im städtischen Museum: das Bildniss des Bürgermeisters Arnold von Browiller, ein vorzügliches Porträt (1535); mehrere andere männliche und weibliche Porträts; vier Altarflügelbilder mit dem Bildniss eines im Gebet knieenden Priesters, hinter ihm der h. Stephan; Maria mit dem Kinde auf der Mondsichel schwebend, von grossartiger Michelangelo'scher Auffassung, und die h. h. Vitalis und Lucas; die Geburt des Heilands und auf den Flügelbildern die Bildnisse des Bürgermeisters Arnold von Browiller und seiner Gemahlin, knieend vor zwei Schutzheiligen; die Kreuzigung des Heilandes und verschiedene andere Bilder; mehrere treffliche Gemälde im Dom und in andern dortigen Kirchen, sowie in einigen Privatsammlungen der Stadt, so z. B. die Allegorie auf die drei Stände der menschlichen Gesellschaft bei Hrn. Haan daselbst. Im Museum zu Berlin sieht man von ihm: den todten Christus auf dem Schoosse der Maria, rechts Johannes, links Magdalena; eine Maria mit dem Kinde; den ungläubigen Thomas und ein vorzügliches Porträt des Bürgermeisters Joh. v. Ryht von Cöln; in der Pinakothek zu München: einige Heiligenbilder mit Donatoren und eine Kreuzabnahme. Sein Hauptwerk aber sind die (1536 vollendeten) Gemälde über dem Hochaltar der Stiftskirche von Xanten, die Doppelflügel eines Reliquienschreins, auf beiden Seiten bemalt, auf denen zu äusserst die lebensgrossen Gestalten verschiedener Heiliger, sodann Begebenheiten aus dem Leben der Kaiserin Helena und das Martyrthum der thebaischen Legion, innerhalb mehrere Scenen aus dem Leiden Christi dargestellt sind. Endlich verwahrt die Gemäldesammlung zu Althorp: einen h. Hieronymus auf den Todtenkopf deutend, eine Wiederholung des nämlichen Gegenstandes in der Münchener Pinakothek.

Literatur. J. J. Merlo, Kunst und Künstler in Köln.

Bruyn, Cornelis de, geb. 1652 im Haag, lernte bei Theodor van Schuur, begab sich aber im Jahr 1674 über Deutschland nach Italien, woselbst er 3 Jahre blieb und dann von Livorno aus eine Reise nach Kleinasien und Aegypten machte. Nach seiner Rückkunft beschäftigte er sich zu Venedig wieder mit der Malerei unter Joh. Karl Loth, ging darauf in sein Vaterland zurück, und gab 1698 seine Reise im Druck heraus. 1701—8 bereiste er Russland, Persien, Indien, Batavia, Ceylon, auf welcher Reise er Peter den Grossen und die kaiserlichen Prinzen in Lebensgrösse malen durfte. Er veröffentlichte nach seiner Rückkehr auch die während dieser Reise gesammelten Beobachtungen und Erfahrungen. Beide Werke sind mit interessanten Abbildungen versehen, die er sämmtlich selbst zeichnete und zum Theil auch stach.

Bruyn, Nicolaus de, Zeichner und Kupferstecher, Sohn und Schüler des obengenannten Abraham de Bruyn, geb. zu Antwerpen 1570, soll um 1656 zu Amsterdam gestorben sein. Er lieferte meistens sehr grosse, theils nach eigenen Erfindungen, theils nach den Zeichnungen anderer Meister mit sehr zartem Grabstichel ausgeführte Blätter von reicher Composition, im Geschmacke des Lucas von Leyden. Die besten seiner Blätter sind: das goldene Zeitalter, nach A. Bloemaert; der h. Hubertus (1656); der Dorfjahrmarkt, nach Vinckenbooms; eine reiche Landschaft (1601), nach Demselben; die Anbetung der Könige (1608); die Kreuztragung (1617); die Kreuzigung (1610); Adam und Eva unter dem Baume der verbotenen Frucht (1631); 12 Blätter das grosse Leiden Christi (1632); der h. Nicolaus, Brustbild. Seine Blätter sind N. de B. oder mit nebigen Monogrammen bezeichnet.

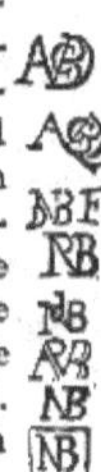

Bry, Dirk (Theodor) de, Goldschmied, Zeichner und Kupferstecher, geb. zu Lüttich 1528, wurde, da er 1570 die lutherische Lehre in seiner Vaterstadt einzuführen versuchte, verbannt, wesshalb er nach Frankfurt zog, woselbst er von seiner Kunst und von einem Buch- und Kunsthandel, den er einrichtete, lebte und 1598 in angenehmen

Verhältnissen starb. Bei Gelegenheit einer Reise, die er um 1587 nach England machte, verschaffte ihm der gelehrte Reisende, Richard Hackluyt, Zeichnungen nach der Natur, die Bewohner verschiedener Theile Amerika's vorstellend, was ihn veranlasste, nach seiner Rückkehr nach Frankfurt, eine grosse Sammlung von Reisebeschreibungen in französischer, deutscher und lateinischer Sprache zu veranstalten, von welcher die 6 ersten Theile der „grossen Reisen" noch bei seinen Lebzeiten 1590—96 erschienen. Die ganze Sammlung, welche sehr selten ist, kam unter dem Titel „Collectiones peregrinationum in Indiam Orientalem et Indiam Occidentalem XXV partibus comprehensae; opus illustratum figuris aeneis Fratrum de Bry et Meriani" zu Frankfurt 1590—1634 heraus. Bei diesen sowie bei seinen andern Arbeiten wurde er von seinen beiden Söhnen Jan Dirk und Jan Israel (gest. 1611) unterstützt. Seine Blätter sind nicht gross, wesshalb man de Bry auch unter die kleinen Meister zählt, aber, obgleich er deren eine ungeheure Menge ausgeführt, vortrefflich. Man kann sie als eine Nachblüthe jener gediegenen älteren Kunstweise, die zu seiner Zeit immer mehr verlassen wurde, betrachten. Zu den besten gehören: die Prozession der Ritter des Ordens zum Hosenbande (sehr langer Fries, höchst selten); De Hoopman van Weysheyt, Porträt von Wilhelm von Nassau; De Hoopman van Narheit, Porträt des Herzogs Alba. Sie sind: DB, T. D. B. F., T. de B. F., T. D. B. F. E. EX. oder mit nebigen Monogrammen bezeichnet.

Bry, Jan Dirk (Joh. Theodor), Zeichner und Kupferstecher, Sohn und Schüler des Vorigen, geb. zu Lüttich 1561, gest. 1623 zu Frankfurt, wo er gleichfalls einen bedeutenden Buch- und Kunsthandel führte. Er zeichnete und stach Blumen für das grosse 1612—1618 zu Frankfurt erschienene Florilegium novum und fertigte die Platten für verschiedene gelehrte Werke. Seine Blätter sind zum Theil noch sorgfältiger und geschmackvoller ausgeführt, als die seines Vaters. Zu den besten zählt man: den Triumph der christlichen Religion, nach Tizian; die Reise der Rebecca, nach Batth. Peruzzi; den Triumph des Bacchus, nach Giulio Romano; das Kirchweihfest, nach H. S. Beham; das Bad oder die Verjüngungsquelle, nach Demselben; den venetianischen Ball oder die Hochzeit des Antenon, nach Golzius; das goldene Zeitalter, nach Bloemaert (1608). Seine Blätter sind: J. T. B. oder mit nebenstehenden Monogrammen bezeichnet.

Bryaxis, ein berühmter Bildhauer und Erzgiesser von Athen, der um 400—350 v. Chr. Geb. blühte, in seiner Jugend mit Skopas, Leochares und Timotheos das Grabmal des Königs Mausolos zu Halikarnass in Karien verzierte, sich aber später vorzüglich der Bildung von Götterstatuen zuwandte. So kannte man von ihm fünf kolossale Götterbilder in Rhodos; einen Dionysos aus Marmor zu Knidos; die Statuen des Asklepios und der Hygieia auf der Akropolis zu Megara; einen Apoll zu Antiochia, der zur Zeit des Kaisers Julian vom Blitze vernichtet wurde; die Bildsäulen des Apollo und des Zeus zu Patara in Lykien und eine Pasiphae. Ferner wird ihm die alexandrinische Hauptstatue des Serapis zugeschrieben. Bryaxis ist auch als Verfertiger von Bildnissstatuen bekannt. Die Statue des Königs Seleukos rührte von seiner Hand her. Dieser Künstler bildete mit Praxiteles und dem obengenannten Meister die nach dem peloponnesischen Kriege entstandene neuere Schule von Athen, deren Kunstweise in gleichem Masse den Geist des neuattischen Lebens ausspricht, wie die Phidias'sche den Charakter des älteren.

Literatur. Müller, Handbuch der Archäologie der Kunst. — Brunn, Geschichte der griech. Künstler.

Buchhorn, Karl Ludwig Bernhard Christian, ein rühmlichst bekannter Kupferstecher, Professor der Kupferstecherkunst in Berlin, Ritter des rothen Adlerordens, geb. 1770 zu Halberstadt. Unter seinen zahlreichen Kupferstichen dürften besonders genannt werden: Christus das Brod segnend, nach Dolci; Dr. M. Luther, nach L. Cranach, (1806); Psyche und Amor, nach A. Kaufmann, (1801).

Buchner, Johann Georg, ein sehr talentvoller Historien- und Porträtmaler in Stuttgart, geb. 1815 zu Nürnberg, war ein Schüler Kaulbachs. Seine Bilder zeichnen sich besonders durch ihr kräftiges und harmonisches Colorit aus. In neuester Zeit malt Buchner Bildnisse nach Photographien, die zu den besten Erzeugnissen in diesem Kunstzweig gehören.

Buchsbaum, Hans, ein altdeutscher Baumeister, der 1433 einen der beiden durch Meister Wenzla aus Klosterneuburg gegründeten Thürme über den Flügeln des Querschiffs am Stephans-Dom zu Wien vollendete. Er erbaute ferner 1451—52 die sogenannte „Spinnerin am Kreuz" am Wienerberge, eine auf drei achteckigen Stufen stehende Denksäule mit vier Hauptvorstellungen aus der Leidensgeschichte Christi. Auch sollen unter seiner Leitung, angeblich im Jahr 1430, die Bildwerke der Kanzel in der Stephanskirche zu Wien ausgeführt worden sein.

Buecklaer, siehe **Beukelaar.**

Büler, Hans Ulrich, aus Grafen-Rheinfeld bei Würzburg, wurde 1618 in die Lucas-Brüderschaft aufgenommen. Von ihm ist das Altarbild im Würzburger Dom, die Beweinung Christi, sowie eine innere Ansicht des Doms vor dessen Umbau, in der Sammlung der Universität.

Bürkel, Heinrich, ein ausgezeichneter Landschafts- und Genremaler, geb. 1802 zu Pirmasens, konnte erst in seinem 22. Jahre, bis zu welchem Alter er in einer Schreibstube arbeiten musste, die Erlaubniss von seinen Eltern erwirken, sich der Kunst widmen zu dürfen, zu der ihn eine unwiderstehliche Neigung zog. Er begab sich demgemäss 1824 nach München, studirte dort mit rastlosem Fleisse die alten Meister, während des Sommers aber im bayrischen Hochland Natur und Leben, und fasste die Resultate seiner Studien in Bilder, die ihm in ganz kurzer Zeit einen bedeutenden Ruf verschafften. Im Jahr 1831 ging er nach Italien, woselbst er zwei Jahre verweilte und mehre treffliche Darstellungen aus dem italienischen Volksleben ausführte; hierauf kehrte er in's Vaterland zurück und liess sich in München nieder. Bürkel malt Landschaften, mit Thieren oder menschlichen Figuren staffirt, und Scenen aus dem Volksleben und alles mit gleicher Meisterschaft. Er besitzt eine ausserordentliche Leichtigkeit und Sicherheit und das glückliche Talent den Charakter eines Landes und Volkes im Bilde getreu wiederzugeben. Daraus erklärt sich sowohl die grosse Menge als die Mannigfaltigkeit seiner Bilder. Mit besonderer Vorliebe schildert er aber das bayrische Gebirgsleben in seiner poetischen Vielseitigkeit, indem er sowohl die landschaftliche Natur als die handelnden Personen in eine so enge Verbindung zu bringen weiss, dass sie einander gegenseitig zu bedingen scheinen. Mit solcher geistvoller Auffassung des Lebens in seiner ganzen Wirklichkeit verbindet er eine wohldurchdachte Composition, eine schöne Zeichnung, kräftige und saftige Färbung und leichte feine Ausführung. Bekannt ist auch sein vorzügliches Talent für die Darstellungen der Natur im Winter. Seine Bilder sind in ganz Deutschland verbreitet; in allen öffentlichen Gallerien, wie in den Privatsammlungen der Fürsten, Grossen und Reichen trifft man sie. Besonders haben seiner Zeit auf den Ausstellungen gefallen: der Bauer mit dem umgefallenen Heuwagen, ein äusserst humoristisches mehrfach wiederholtes Bild; die Heimkehr von der Bärenjagd (lith. v. F. Hohe); seine pontinischen Sümpfe; die Campagna von Rom; der Morgen in Tyrol; Einzug des Schützenkönigs; die Ruhe der Maulthiertreiber; Schlägerei vor einem Wirthshause; ein Zug von Kameel- und Bärenführern über ein Hochgebirge u. s. w.

Bürklein, Friedrich, k. Baurath in München, ein Schüler des Oberbauraths von Gaertner, begleitete, nebst andern Künstlern, 1840 diesen seinen Lehrer nach Griechenland, wo er in Athen beim Bau des k. Palastes verwendet wurde. In's Vaterland zurückgekehrt, führte er in München verschiedene Privat- und öffentliche Bauten aus, unter denen das grosse Bahnhofgebäude das bedeutendste ist. Er zeigt in seinen Bauten ebensoviel Geschmack als technische Kenntniss

Bürkner, Hugo, ein tüchtiger Xylograph der Gegenwart zu Dresden, der für mehrere illustrirte Werke: für ein deutsches Balladenbuch, für den deutschen Jugendkalender von Reinike, für die neuen Mährchen von G. Keil, besonders aber für das von R. Weigel in Leipzig herausgegebene Werk: Die Holzschnitte berühmter Meister in treuen Copien, mehrere treffliche Blätter lieferte. Selbstständig gab er Hans Holbein's altes

Testament in fünfzig Holzschnitten nach den Originalien copirt mit einer Einleitung von D. F. Sotzmann heraus.

Buffalmaco, Buonamico, ein Maler aus Florenz, dem die ältesten Malereien des Campo Santo zu Pisa (etwa um die Mitte des 14. Jahrhunderts), die Darstellungen der Passion Christi zugeschrieben werden, dessen Existenz jedoch zweifelhaft ist, da seine Lebensbeschreibung bei Vasari, wonach er ein Schüler des A. Tafi gewesen, in Florenz, Bologna, Assisi, Arezzo, Tortona, Perugia und Pisa viele Gemälde ausgeführt haben und 1340 im 68. Jahre gestorben sein soll, ein Gewebe launiger Novellen bildet, worin die Wahrheit von der Dichtung bis jetzt noch nicht unterschieden werden konnte.

Bugiardini, Giuliano, geb. zu Florenz 1481, gest. 1550, bildete sich mit Michelangelo unter dem Bildhauer Bertoldo, schloss sich aber später mit Granacci mehr an Dom. Ghirlandajo an. Er war ein mässig begabter Maler, der seine Bilder äusserst fleissig ausführte, in seinem Style aber bald Albertinelli, bald Fra Bartolommeo, meistens aber Leonardo da Vinci nachahmte. Ein von Fra Bartolommeo angefangenes, von Bugiardini vollendetes Bild, den todten Christus mit der Madonna, dem Johannes und der Maria Magdalena (gest. v. Steinla), sieht man im Pal. Pitti zu Florenz. In der Pinakothek zu Bologna befindet sich von ihm eine Altartafel mit den h. h. Antonio von Padua und S. Caterina delle Ruote und in der Kirche S. Maria novella zu Florenz: ein Martyrium der h. Katharina (mit einigen Figuren von der Hand des Michelangelo). Ueberhaupt soll er in seiner Vaterstadt eine ziemlich bedeutende Anzahl Madonnen und heil. Familien gemalt haben, die sich unter Berücksichtigung der zu Bologna befindlichen und mit dem Namen Jul. Flor. bezeichneten Bilder, an der Vertreibung der Farben, an den schwerfälligen männlichen Gestalten und an dem häufig im Widerspruch mit der Situation zur Traurigkeit verzogenen Mund erkennen lassen. Bugiardini fertigte auch Copien nach Seb. del Piombo, Raphael u. s. w., namentlich aber viele Porträts, worunter das des Michelangelo. Das Museum zu Berlin besitzt von diesem Meister: das von Maria verehrte Christuskind mit Heiligen (bezeichnet JVL. FLOR., d. h. Julius Florentius), eine Lucretia und eine Maria mit dem Kinde.

Buglioni, Andrea Benedetto, ein Zeitgenosse von Andrea Verrochio, Bildhauer in Florenz, der von einer Tochter aus dem Hause Robbia das Geheimniss, Erden zu brennen und zu verglasen, lernte und bei verschiedenen seiner Werke zur Anwendung brachte. Zu den vorzüglichsten seiner Arbeiten dieser Art, deren es in und ausserhalb Florenz noch viele gibt, gehören: ein auferstehender Christus mit einigen Engeln, in der Servitenkirche, und ein todter Heiland in S. Pancrazio. — Sein Sohn Santi Buglioni war im Besitz des Geheimnisses, nach dessen 1568 erfolgten Tod scheint es aber wieder verloren gegangen zu sein.

Bullant, Jean, ein vorzüglicher, von 1540—1573 thätiger französischer Architekt, der für Katharina von Medicis das grossartige Hôtel de la Reine, von dem aber nur noch eine Säule (in der Getreidehalle zu Paris) vorhanden ist, erbaute, mit Ph. Delorme die Pläne zum Louvre, die jedoch später beträchtliche Abänderungen erlitten, entwarf, und den Bau des Hôtel Carnavalet, dessen Portal Jean Goujon mit Sculpturen schmückte, nach seinen Entwürfen ausführte. Sein Hauptwerk ist aber das Schloss zu Ecouen, das sich durch die Schönheit der Verhältnisse, die Reinheit der Profile und die feine Ausführung auszeichnet, und durch das sich, bei aller Entschiedenheit der Frührenaissance, doch noch reizende Nachklänge der spätern französischen Gothik ziehen.

Literatur. Quatremère de Quincy. Dictionnaire historique d'Architecture.

Bullet, Pierre, ein französischer Architekt des 17. Jahrhunderts und Schüler von Blondel, erbaute die Porte Saint Martin zu Paris, leitete den Bau des Quai Pelletier und liess 1685 die Kirche der Dominikaner, jetzt Saint Thomas d'Aquin, nach seinen Plänen ausführen. Eine von ihm 1691 herausgegebene Schrift über den praktischen Theil der Baukunst erlebte mehrere Auflagen.

Buonacorsi, Pierino, genannt **Perino del Vaga**, berühmter Maler, geb. 1500 zu

Florenz, erlernte die Anfangsgründe der Kunst bei einem mittelmässigen Maler, Andrea de' Ceri, ging hierauf in die Schule des Ridolfo Ghirlandajo, in der er bedeutende Fortschritte machte, und begab sich später mit dem florentinischen Maler Vaga, der ihn als Gehülfe annahm und von dem er den Beinamen Perino del Vaga erhielt, nach Rom, wo er von Raphael unter seine Schüler aufgenommen wurde und mit Giovanni da Udine in den Logen des Vatikan's nach des Meisters Zeichnungen Stuccaturarbeiten, Grottesken (gest. v. Santo Bartoli), die (nunmehr zu Grund gegangenen) Bilder aus der heil. Schrift in Bronzefarbe unter den Fenstern und drei Darstellungen aus dem neuen Testament ausführte. Gemeinschaftlich mit Giovanni da Udine übernahm er auch die Ausschmückung des Saals dell' appartamento Borgia im Vatikan. Er verzierte ihn mit den Bildern der Planeten (wahrscheinlich nach den Zeichnungen Raphael's), mit Stuccaturen, Grottesken und Ornamenten. Da er sich durch diese Arbeiten grossen Ruf erwarb, wurde er mit Bestellungen überhäuft. So schmückte er viele Häuser, Säle, Loggien, Höfe und Gärten mit mythologischen Darstellungen, Scenen aus der römischen Geschichte und Poesie, ebenso mehrere Kirchen und Kapellen mit Fresken aus der biblischen Geschichte. In der Kirche S. Minerva malte er: eine Kreuzabnahme; in S. Marcello: verschiedene Heiligen, von trefflichen Kindergruppen umgeben, und die Erschaffung der Eva; in S. Trinita dei Monti: Propheten und Scenen aus dem Leben der Maria. Nach der Plünderung Rom's (1527), wobei Pierino zum Gefangenen gemacht worden war, begab er sich nach Genua, wo ihm die ganze Dekoration des Palastes Doria übertragen wurde, die er in ähnlicher Weise durchführte, wie Giulio Romano die der mantuanischen Paläste. Er übernahm sowohl die äussere Verzierung in Marmorbildern, wie die innere mit Stuccaturen, Vergoldungen, Grottesken, Ornamenten und insbesondere mit Gemälden. In diesen stellte er die Helden des Hauses Doria, Scenen aus der Mythologie, aus der römischen Geschichte und Poesie, Kinderscherze u. s. w. dar, Bilder, die in ihren schönsten Stellen an die ungemeine Lieblichkeit und Heiterkeit der Farnesina erinnern und auf die Umwandlung der ältern genuesischen Malerschule nach römischem Vorbild ausserordentlich grossen Einfluss ausübten. Ausserdem führte er noch mehrere andere Bilder und Dekorationen in Genua aus, malte dann für den Dom in Pisa einige Kinderengel in Fresco und eine Madonna mit mehreren Heiligen, die er aber unvollendet verliess (sie wurde von Sogliani vollendet und ist heute noch eine Zierde des Dom's) und eilte nach Rom, wo er bald entsprechende Arbeiten erhielt und dann eine ungeheure Thätigkeit entfaltete. Er malte in einer Kapelle in Santa Trinità Bilder aus der biblischen Geschichte an die Wände, verzierte die Sockel der Säle, in welchen Raphael die Schule von Athen, die Disputa und den Parnass dargestellt hatte, mit kleinen Bildern in Bronzefarbe, die auf jene Darstellungen der Philosophie, Theologie und Poesie Bezug hatten; dekorirte die Decke und Wände der Sala regia im Vatikan mit Stuccaturen; schmückte das frühere Tabernakel in der Peterskirche mit Fresken u. s. w.; auch fertigte er eine Menge Zeichnungen zu Thronhimmeln, Teppichen, Tapeten, Rahmen, Stickereien u. s. w. Doch tragen alle diese Werke seiner späteren Zeit, wo er mehr nach Geld als nach Ehre strebte und die er meistens, wie die Fresken in einigen Sälen und grösseren Zimmern des Kastel S. Angelo, durch seine Schüler ausführen liess, ein durchaus manieristisches Gepräge. Durch die Mühen seines Berufs und durch Unregelmässigkeit im Leben und Lieben zerstörte Buonacorsi seine Gesundheit. Er bekam die Schwindsucht und starb 1547 in seinem 47. Jahre. — Seine besten Schüler waren: Luzio Romano, Lazzaro und Pantaleo Calvi, Girolamo Siciolante da Sermoneta und Marcello Venusti. — Perino del Vaga besass eine ungemein leichte und reiche Produktionsgabe und seine besten Werke nähern sich mit grösserem oder geringerem Glück dem Raphael'schen Styl, ohne übrigens diesen Meister im Geist der Composition, in der Anmuth, oder im Ausdruck zu erreichen. Doch gehört er jedenfalls nebst Giulio Romano, dessen Richtung auf antike Gegenstände er theilte, zu den besten Schülern Raphael's und bleibt sogar diesem näher in Darstellungen, wo eine dekorative Abgrenzung und Eintheilung seine Gestalten und Scenen vor der

Formlosigkeit behütet. Später werden seine Bilder auffallend manierirt, ja aus seiner grossen Werkstätte zu Rom, im letzten Jahrzehend seines Lebens, ging nur Handwerksmässiges hervor. In der Zeichnung des Nakten richtete er sich nach Michelangelo, doch liefen im Feuer der Erfindung starke Verzeichnungen mitunter; sein Colorit ist glühend, aber bräunlich und hat dunkle und undurchsichtige Schatten.

Ausser den angeführten Bildern bewahrt das Museum in Berlin: einen Johannes, den Täufer, und den zu Athen predigenden Paulus, welche ihm zugeschrieben werden. Die Dresdner Gallerie besitzt eine Maria mit dem Kinde von ihm. In der Pinakothek zu München sieht man: einen Apoll unter den Musen, ein Bild mit kleinen Figuren, und im Louvre zu Paris: den Wettgesang der Musen und Pieriden. Auch in England sind einige Bilder von Buonacorsi. Die Bildersammlung in Castle Howard besitzt eine heil. Familie von ihm und die Gemäldesammlung zu Althorp das vortreffliche Porträt des Kardinals Polo. In den Studj zu Neapel und in der Gallerie des Prinzen von Salerno ebendaselbst befindet sich je eine heil. Familie; im Pal. Borghese zu Rom sieht man eine Madonna, im Pal. Doria Pamfili daselbst eine Galathea.

Buonarotti, Michelangelo, Maler, Bildhauer und Architekt, einer der grössten Künstler aller Zeiten, wurde am 6. März 1474 aus dem alten Geschlechte der Grafen von Canossa zu Caprese oder Chiusi im Casentinerthale (nahe bei Florenz), wo sein Vater, Lodovico, Podesta war, geboren. Er erhielt eine sehr sorgfältige Erziehung und kam, nachdem sich bei ihm, im Umgange mit seinem Altersgenossen und Freunde, Fr. Granacci, der bei Dom. Ghirlandajo die Malerei erlernte, ein entschiedenes Talent für die Kunst gezeigt hatte, in seinem 14. Jahre zu den Malern David und Domenico Ghirlandajo zu Florenz in die Lehre. Hier widmete er sich mit leidenschaftlichem Eifer dem mit begeisterter Liebe erfassten Berufe, copirte anfänglich alte Handzeichnungen mit bewundernswürdiger Treue, unter Anderem auch einen Kupferstich von Martin Schön, verbesserte selbst gelegentlich seinen Meister Domenico in der Zeichnung und machte überhaupt so ausserordentliche Fortschritte, dass seine Lehrer ihn nächst Granacci dem Lorenzo von Medici, der in seinem Garten eine Schule für Maler und Bildhauer gegründet hatte, und junge talentvolle Leute zur ferneren Ausbildung in derselben suchte, als die vorzüglichsten ihrer Schüler empfehlen konnten. Er wurde in dieselbe aufgenommen und gewann hier, als er Torrigiano runde Figuren in Thon modelliren sah, eine besondere Vorliebe für die Bildhauerkunst, in der er sich nun vorzugsweise übte, so dass er schon binnen kurzer Zeit und ohne je Marmor und Meissel unter den Händen gehabt zu haben, im Stande war, aus einem Stück Marmor den Kopf eines alten grinzenden Faun's (noch jetzt in der Gallerie der Uffizien zu Florenz), einem antiken nachgebildet, zu meisseln. Durch diese höchst bedeutenden Resultate seines Studiums und Talents, sowie durch sein liebenswürdiges Betragen, erlangte er die Gunst Lorenzo's in so hohem Grade, dass dieser ihn ganz in sein Haus aufnahm. Er studirte jetzt im Garten des prachtliebenden Lorenzo, woselbst sich die Schule befand, hauptsächlich die daselbst aufgestellten Antiken, zeichnete auch viele Monate die Malereien des Masaccio in S. Maria del Carmine, und führte um dieselbe Zeit, etwa in seinem 17. Jahre, auf den Rath des gelehrten Poliziano, das über alle Massen herrliche Relief: Herkules im Kampfe gegen die Centauren, eine Arbeit voll Schönheit, Leben und Ausdruck, aus. Dasselbe wird noch heute im Palazzo Buonarotti zu Florenz bewahrt, woselbst sich auch das Flachrelief einer säugenden Madonna befindet, das wahrscheinlich noch vor jenem gefertigt wurde. Ein ähnliches Relief der Maria mit dem Kinde, aus derselben Zeit sieht man in der Akademie zu London.

Nach dem 1492 erfolgten Tode seines Gönners, Lorenzo von Medici, kehrte er betrübt in sein elterliches Haus zurück, fertigte da eine vielfach bewunderte Statue des Herkules, und für die Kirche S. Spirito zu Florenz, woselbst er in einer ihm vom Prior eingeräumten Wohnung mit eisernem Fleisse dem Studium der Anatomie oblag, das den Grund zu seiner nachherigen Vollkommenheit in der Zeichnung legte, ein Kruzifix von Holz, Werke, die leider nicht mehr vorhanden zu sein scheinen. Dem Sturme zu entgehen, der, wie er voraussah, sich über dem Haupte der Medici zusammenzog, und der diese auch 1494 aus Florenz vertrieb, begab er sich nach Venedig und von da nach Bologna, woselbst er an der Arca di S. Domenico in der Kirche dieses Heiligen die ungemein liebliche Statue eines knieenden Engels mit dem holdesten, anmuthigsten Köpfchen in Marmor ausführte. Auch die Statuette des h. Petronius ebendaselbst ist von ihm. Er blieb nicht lange über ein Jahr in Bologna und reiste sodann wieder nach Florenz. Hier arbeitete er für Lorenzo di Pierfrancesco de' Medici, der, als zur Volksparthei gehörig, in Florenz zurückgeblieben war und hier den Namen Popolani angenommen hatte, einen kleinen Johannes und begann einen schlafenden Cupido in natürlicher Grösse in Marmor (beide verschwunden). In allen diesen Jugendwerken erscheint Michelangelo's ungestüme Kraft noch schlummernd, noch wie träumend unter dem milden Hauche der Kunst, die während seinen Jünglingsjahren in Florenz blühte, und er erwarb sich durch sie einen sehr bedeutenden Ruf. Der letztere wurde namentlich noch durch den Umstand gesteigert und weiter verbreitet, dass die letztgenannte Statue von Baldassare del Milanese an den Kardinal S. Giorgio, eigentlich Rafaello Riario, in Rom für antik verkauft wurde und auch dafür galt, bis der Käufer den Namen des wirklichen Meisters erfuhr. Obgleich durch diesen Vorfall als Kunstkenner beschämt, war der Kardinal doch so hingerissen von der Kunst des jungen Meisters, dass er ihn nach Rom einlud. Hier schuf Michelangelo seinen Bacchus (in den Uffizien zu Florenz), eine Statue von grosser Weichheit und einer fast trunkenen Jugendfülle, an welcher man besonders die vollkommene Durchbildung des nackten Körpers bewundert, und (1499) seine Pieta* (von dem Kardinal de la Grolaye de Villiers, Abt von S. Denis, für die Kirche S. Petronilla in Rom bestellt, später aber in der Peterskirche daselbst aufgestellt), eine wunderbar herrliche Gruppe von grossartiger Einfachheit in der Composition, Weichheit und Milde, und von entzückender Schönheit in den Köpfen. Dieses letztere Werk wurde öfter in Marmor und Erz copirt. Schon Luca Signorelli malte davon jene freie Nachbildung grau in grau, die kürzlich im römischen Leihhause wieder aufgetaucht ist. — Eine milde und würdevolle Madonnenstatue in der Notredamekirche zu Brügge, welche ebenfalls dem Michelangelo zugeschrieben wird, dürfte, wenn sie wirklich von ihm herrührt, zu diesen frühen Schöpfungen gehören.

Nach Beendigung dieser Werke kehrte er nach Florenz zurück und legte hier 1501, im Auftrag des Raths der Stadt, Hand an einen Marmorblock, aus dem Meister Agostino di Guccio eine kolossale menschliche Gestalt für den Domplatz zu machen sich vergebens angestrengt hatte, und gestaltete nun, um Zeugniss seines ausserordentlichen Kunstgeschicks abzulegen, aus dieser von seinem Vorgänger übelzugerichteten Steinmasse die ebenso kraftvoll belebte, als ungemein schöne Statue des David** vor dem Palazzo vecchio, für die er 400 Scudi erhielt. Sie war 1503 vollendet und wurde 1504 aufgerichtet. Während Michelangelo damit beschäftigt war, führte er zugleich noch eine zweite für den Bronzeguss bestimmte Statue aus, welche 1502 von der Signoria zu Florenz für Pierre Gié, Vicomte de Rohan, Marschall von Frankreich, bei ihm bestellt wurde, aber wegen dringender anderer Arbeiten erst 1508 an ihren Bestimmungsort abging. Um dieselbe Zeit fertigte er zwei Medaillons in Marmor, eines für Taddeo Taddei: eine heil. Familie (nur in den Köpfen vollendet) von ausserordentlicher Schönheit, ganz im Geiste des Donatello erfunden, von grosser Naivität des Gefühls, Lieblichkeit des Ausdrucks und Fluss und Weichheit der Formen, die sich jetzt in der Akademie der schönen Künste zu London befindet; das andere, für Bart. Pitti ausgeführt, und ebenfalls eine heil. Familie darstellend, verwahrt man in der Gallerie der Uffizien zu Florenz. In die nämliche Epoche, wie die genannten beiden Statuen, fällt eine grosse, leider schon beim Beginn in's Stocken gerathene Bestellung bei dem Meister. Im Jahr 1503 nämlich verdingten die Consuln der Tuchwirkerzunft dem Buonarotti 12 Bildsäulen der Apostel von carrarischem Marmor, $4\frac{1}{2}$ Ellen hoch, für Santa Maria del Fiore; es kam indessen, da die ganze

* Abgebildet in den Denkmälern der Kunst. Atlas zu Kuglers Handb. der Kunstgesch. Taf. 72, Fig. 8.
** Ebendaselbst. Taf. 72, Fig. 6.

Arbeit 1505 schon wieder aufgegeben wurde, nur eine Statue zu Stande, die des heil. Matthäus (gegenwärtig in der Akademie der schönen Künste zu Florenz), und diese ist nur aus dem Gröbsten gehauen, aber meisterhaft und kühn angelegt. Dazwischen arbeitete er ein Medaillon mit einer Madonna in Bronze, das nach Flandern kam, und führte für Agnolo Doni, einen Bürger von Florenz, ein Rundgemälde in Temperafarben aus, eine heil. Familie, mit einer Menge nackter Gestalten im Hintergrund (in der Tribune der Uffizien zu Florenz), ein im Ganzen wenig ansprechendes Bild, gesucht im Hauptmotiv, manierirt in der Farbe und hart in der Zeichnung.

Hatte er sich durch alle diese Werke schon einen sehr bedeutenden Namen erworben, so stieg sein Ruhm durch den im Jahr 1504 im Auftrag des nach dem Sturz der Medici zum Galfoniere erwählten Piero Soderini und im Wettkampf mit Leonardo da Vinci ausgeführten Carton der Pisaner Schlacht auf's Höchste. Die florentinische Regierung wollte nämlich den Justizpalast (Palazzo vecchio) mit Gemälden aus den Grossthaten der Florentiner schmücken lassen. Leonardo hatte den Sieg der Florentiner über die Mailänder bei Anghiari im Jahr 1440, ein mit grösstem Reichthum der Phantasie erfundenes Reitergefecht dargestellt, Michelangelo aber den Beginn der genannten Schlacht, und zwar den Moment, in welchem ein Haufe florentinischer Soldaten, die eben im Arno baden, unerwartet den Aufruf zum Kampfe vernimmt. Diess gab ihm Gelegenheit, den Reichthum und die Kühnheit seiner Phantasie und seine erstaunliche Kenntniss des Nackten in schönster und lebendigster Entwicklung zu zeigen, und er entfaltete darin seine Meisterschaft und wunderbare Eigenthümlichkeit in jugendlicher Frische und Naivität. Michelangelo soll nach dem Zeugniss von Zeitgenossen nicht wieder etwas gleich Vollendetes in der Technik geschaffen haben. Als beide Cartons aufgestellt waren, strömten von allen Seiten die jüngeren Künstler herbei, um an diesen unübertrefflichen Meisterwerken ihre Studien zu machen, und es ist nicht zu verkennen, dass sie einen grossen und wesentlichen Einfluss auf die vollständige Entwicklung der neuen Kunst ausübten. Sie wurden nicht als Gemälde ausgeführt, auch die Cartons selbst sind zu Grunde gegangen, nur einzelne Bruststücke haben sich von ihnen erhalten. Bastiano da Sangallo fertigte im Jahr 1542 auf Vasari's Veranlassung eine Copie des Haupttheils der Composition jener Pisanerschlacht, grau in grau in Oel gemalt, von der man eine alte Wiederholung zu Holkham in England (gest. v. Schiavonetti) zu besitzen glaubt; einzelne Figuren und Gruppen daraus, zum Theil unter dem Namen der „Kletterer" (les Grimpeurs), sind aus verschiedenen Kupferstichen von Marc Anton und Agostino da Venezia bekannt. Baccio Bandinelli steht in dem üblen Ruf, Michelangelo's Carton aus Neid und Bosheit zerstört zu haben.

Aber erst nachdem der Kardinal delle Rovere unter dem Namen Julius II. (1503) den päpstlichen Thron bestiegen, begann für Michelangelo ein grossartiger Wirkungskreis. Der Papst wollte sich nämlich ein mächtiges Grabmonument, wie kein zweites vorhanden, gründen und berief zur Ausführung desselben Michelangelo 1505 nach Rom. Dieser entwarf eine Zeichnung dazu, die an Grossartigkeit, Pracht und Reichthum der Statuen Alles übertraf und Julius so wohl gefiel, dass er beschloss, die S. Peterskirche zu erneuern und dort dieses Grabmonument aufstellen zu lassen. Dasselbe sollte ein tempelartiger Bau werden, mit gegen vierzig Statuen nebst Reliefs. Die Statuen sollten die vom Papst mit dem Kirchenstaat wieder vereinigten Provinzen unter dem Bilde von gefesselten Gefangenen darstellen, ferner die Künste, ebenfalls gefesselt, weil ihre Thätigkeit durch seinen Tod gehemmt worden; sodann Moses und Paulus, als Repräsentanten des thätigen und beschaulichen Lebens. Auf den Gipfel des Monumentes aber sollten die Statuen des Himmels und der Erde, als Träger des Sarkophags, zu stehen kommen, der Himmel freudig, weil Julius sich zu ihm erhoben, die Erde traurig, weil sie ihn verloren. (Eine Originalzeichnung davon in der florentinischen Sammlung der Handzeichnungen.) So willkürlich, ja zweideutig diese Symbolik auch war, das Grabmal wäre immerhin in seiner ursprünglichen Fassung als plastisch architektonisches Ganzes wohl eines der ersten Werke der Welt geworden, allein die Arbeit wurde bald unterbrochen. Nachdem Michelangelo 8 Monate lang in Carrara verweilt, um Marmorblöcke brechen zu lassen, die dann nach Rom auf den Petersplatz gebracht wurden, vollendete er zwei Statuen von Gefangenen (die aber später erst nicht an dem Grabmal angebracht, sondern nach Frankreich kamen, wo sie sich noch jetzt im Louvre zu Paris befinden), die Michelangelo's Kenntniss des menschlichen Körpers in seiner ganzen Tiefe zeigen und in dem Gegensatz einer kräftigen, untersetzten und gemeinen mit einer jugendlichen, schlanken und edleren Natur einen eigenthümlichen Reiz entfalten; ferner einen Heldenjüngling, der auf einem Besiegten kniet (derzeit im grossen von Vasari gemalten Saale im Pal. vecchio zu Florenz), auch begann er die fünf Ellen hohe Statue des Moses. (Die vier nur theilweise aus dem Rauhen gearbeiteten Statuen in einer Grotte des Gartens Boboli scheinen ebenfalls dafür bestimmt gewesen zu sein.) Allmählig aber scheint der Eifer des Papstes, sei es wegen der bedeutenden Kosten, sei es aus Unbeständigkeit oder durch Zureden der Gegner Michelangelo's, deren er stets eine Menge hatte, erkaltet zu sein. Michelangelo wurde zudringlich und der Papst, nicht minder heftig als der Künstler, dadurch so ärgerlich, dass er ihn einmal sogar in einer solchen Anwandlung von Zorn durch einen Palastdiener abweisen liess, worauf jener in der Nacht noch Rom plötzlich verliess und nach Florenz entfloh, auch weder durch wiederholt ihm nachgesandte Eilboten des Papstes, noch ein Breve desselben an den florentinischen Staat zur Rückkehr bewogen werden konnte. Erst 1506 söhnte er sich mit dem Papst zu Bologna wieder aus, worauf ihm dieser seine fünf Ellen hohe Porträtstatue aus Bronze, für die Kirche S. Petronio daselbst bestimmt, bestellte. Diese Bildsäule, die sich sowohl durch die Grösse und Hoheit der Auffassung und den Ausdruck des Muths, der Kraft und Entschlossenheit als durch den Reichthum und die Pracht der Gewänder ausgezeichnet haben soll, wurde in 16 Monaten modellirt und gegossen und 1508 in einer Nische über der Thüre in S. Petronio aufgestellt, aber schon 1511 wieder, während eines Aufstandes zu Gunsten der um die Obergewalt streitenden Bentivogli, von den Partheigängern der Letzteren zerstört. Nur der Kopf soll sich erhalten haben, was aus ihm geworden ist, weiss man indessen nicht.

Im Jahr 1508 kehrte Michelangelo, nachdem er das Standbild vollendet, nach Rom zurück und wurde sogleich vom Papste mit neuen umfassenden Arbeiten beauftragt. Der Papst lud ihn ein, die Decke der sixtinischen Kapelle mit einer Reihe von Gemälden aus der biblischen Geschichte zu schmücken, Michelangelo aber, der gerner das Grabmal vollendet hätte, suchte sich dieses Auftrags mit der wohl begründeten Entschuldigung seines Mangels an Uebung in der Behandlung der Farben zu entledigen. Allein Julius II., dessen ungestümes Naturell keinen Wiederspruch dulden konnte, durch Michelangelo's Weigerung gereizt, vielleicht auch durch des Künstlers Nebenbuhler und Feinde aufgestachelt, die, auf seine Unkenntniss in der Kunst der Malerei bauend, ihn durch ein minder gelungenes Werk aus der Gunst des Papstes zu verdrängen gedachten, bestand auf seinem Verlangen und so begann denn Michelangelo noch in demselben Jahre die verlangten Arbeiten. Nachdem er die Cartons dazu vollendet, zwang ihn die Grösse des Unternehmens zu dem Entschluss, sich zu deren Ausführung in Fresco der Hülfe einiger ihm befreundeter Maler zu bedienen. Er liess daher Granacci, Giul. Bugiardini, Jacopo di Sandro, den alten Indaco, Agnolo di Donino und Aristotele aus Florenz kommen, ihre Arbeiten gefielen ihm jedoch so wenig, dass er eines Morgens alles, was sie gemacht, wieder herunter schlug, sich in die Kapelle einschloss und sämmtliche Malereien nun allein in der kaum glaublich kurzen Zeit von 22 Monaten glücklich zu Ende führte. Diese Gemälde an der Decke der sixtinischen Kapelle sind das Erhabenste und Gediegenste, was Michelangelo in den verschiedenen Fächern der Kunst überhaupt geleistet hat. In ihnen zeigt sich sein grosser Geist in seiner höchsten Würde und Reinheit und keine einseitige Willkür, zu der ihn in andern Werken sein eminentes Talent hin und wieder verleitet hatte, stört den hochbedeutsamen Eindruck des Ganzen. Sie bilden ein die Schicksale der Welt, des Menschen und dessen, durch die heil. Schrift geoffenbarte Verhältnisse zu Gott schilderndes grossartiges Gedicht und stellen die Schöpfung der Welt und des Menschen, den Sündenfall mit seinen Folgen, die wunderbare Errettung des auserwählten Volkes, die Annäherung der Zeit der Erlösung, versinnlicht durch die Vorfahren der h. Jungfrau, und die Propheten und Sybillen, welche seine zukünftige Erscheinung verkündeten, dar. Die Decke wird durch ein Spiegelgewölbe gebildet. Der mittlere flache Theil derselben enthält in vier grösseren und fünf kleineren Bildern die bedeutendsten Geschichten der Genesis, nämlich in den vier Hauptbildern: die Schöpfung der Sonne und des Mondes; die Erschaffung Adams, ein Bild von wunderbar tiefsinniger Composition und voll der edelsten Hoheit und Majestät in der Ausführung; den Sündenfall und die Vertreibung aus dem Paradiese, namentlich durch die Verbindung zweier durch die Zeit getrennten Momente, Schuld und Strafe, höchst poetisch, die Eva im Sündenfall von unendlicher Schönheit; endlich die figurenreiche Darstellung der Sündfluth, vielleicht die gelungenste Composition des Michelangelo im dramatischen Ausdruck. Diese auf die Schöpfung und die Geschichte des ersten Menschengeschlechts bezüglichen Bilder sind die grossartigsten Darstellungen dieses Gegenstandes, die man kennt. In ihnen ist es dem Künstler gelungen, das Uebersinnliche in einen völlig klaren und sprechend sinnlichen Moment zu übertragen; in ihnen tritt das Wesen des schaffenden Weltgeistes lebendig vor die Seele. Gott Vater rauscht darin, von einer Heerschaar göttlicher Einzelkräfte seines schöpferischen Worts in der Gestalt von Genien, welche ihn halb tragen, halb von ihm getragen werden und von seinen flatternden Gewanden bedeckt sind, in gewaltigem Fluge dahin. Michelangelo hat in diesen Bildern für die Ehrfurcht gebietende Majestät des Ewigen einen ganz eigenen Typus geschaffen und ebenso in der Gestalt des Adam das würdigste Urbild der Menschheit dargestellt. Die kleineren Bilder, die ebenfalls ihre besonderen und grossartigen Schönheiten haben, stellen dar: die Scheidung des Lichts von der Finsterniss; die Scheidung von Land und Wasser; die Erschaffung der Eva; das Dankopfer des Noah und Noah's Trunkenheit. — In den Gewölbekappen der vier Ecken sieht man Darstellungen, welche sich auf die Rettung des Volkes Israel beziehen. Es sind: das Gastmahl der Königin Esther mit der Bestrafung des Haman, ein Bild, auf welchem die Figur des an's Kreuz geschlagenen Haman seit alter Zeit als ein vorzügliches Meisterwerk in Bezug auf die Darstellung schwieriger Verkürzungen betrachtet wurde; das Wunder der ehernen Schlange; David's Sieg über Goliath und Judith nach der Ermordung des Holofernes. — In den Stichkappen und den darunter befindlichen Bögen über den Fenstern sind die Vorfahren der heil. Jungfrau, deren Reihenfolge auf den Erlöser hinüber leitet, dargestellt. Da von denselben aber in der heil. Schrift zumeist nichts erwähnt wird, sie also hier nur in Beziehung auf ihren göttlichen Abkömmling existiren, so konnten sie auch nicht, mit Hindeutung auf einzelne Persönlichkeiten, auf besondere Handlungen und Verhältnisse dargestellt werden. Michelangelo fasste sie daher in den schönsten Familiengruppen zusammen, in denen sich ein ruhiges gesammeltes Harren in die Zukunft ausspricht. Er wusste aber diese Zustände zu den mannigfaltigsten Motiven, oft sogar höchsten Ranges zu benützen, und solcher Gestalt eine Reihenfolge verschiedener Scenen des Familienlebens in eigenthümlicher Abgeschlossenheit und grossartig schöner Auffassung darzustellen. Sie gehören ebenfalls zu Michelangelo's edelsten Compositionen und enthalten einzelne Beispiele einer Innigkeit und Zartheit, die man sonst selten in seinen Werken findet. — Endlich gewahrt man in den Dreieckfeldern des gewölbten Randes die Gestalten der Propheten und Sibyllen, als die Verkündiger des Erlösers, jene für die Juden, diese für die Heiden. Auch sie, der Dimension nach die grössten Figuren der Decke, gehören zu den wunderbarsten Gestalten, welche die neuere Kunst hervorgebracht hat. Sie sind sämmtlich sitzend dargestellt, von Genien begleitet, meist mit Büchern oder Schriftrollen beschäftigt, lauter in ernste Betrachtung, in Hingebung an die göttliche Offenbarung und ihre Mission versunkene, von höherer Inspiration erfüllte, über das Gewöhnliche der menschlichen Natur erhabene Wesen, deren Anblick das Gemüth mit heiligem Schauer und Bewunderung erfüllt. Ihre Gestalt und ihre Bewegung, wie sie sich in den Formen selbst und in den Linien und Massen der Gewänder darstellen, sind von der höchsten Würde und Majestät; doch herrscht in ihnen zugleich die grösste Mannigfaltigkeit der Stellungen und des Ausdrucks und jede Gestalt ist auf die eigenthümlichste Weise individualisirt. Es sind: Jeremias, ein Mann in vorgerücktem Alter mit langem weissem Barte, niedergebückt, versunken in die Gedanken eines bitteren gewaltsamen Schmerzes; Ezechiel, das Haupt in rascher Bewegung nach einem Engel gewandt, der ihm den Befehl seiner Berufung ertheilt; Joel, den beim Lesen die stärkste innere Erregung ergreift; Zacharias, ein Greis in hohem Alter, ruhig und überlegsam; Jesaias, der wie aus einem Traumgesichte erwacht; Daniel in jugendlichem Alter, im Begriff seine Offenbarungen niederzuschreiben; Jonas, mit dem Ausdruck eines wiedergewonnenen mächtigen Lebens. Ferner die persische Sibylle, ein mächtiges, hohes Weib, hochbejahrt; die erythräische, voll der schönsten Kraft, der kriegerischen Göttin der Weisheit vergleichbar; die delphische, eine Gestalt, welche Gewaltigkeit und Schönheit im höchsten Verein offenbart; die cumäische, eine Frau im bejahrten aber kräftigen Alter und im grossen Charakter der Formen vorgestellt, endlich die libysche, eine Frau im besten Alter. — Der äussere Zusammenhang dieser mannigfaltigen Darstellungen wird durch ein gemaltes architektonisches Gerüst von eigenthümlicher Composition vermittelt, welches die einzelnen Gegenstände umschliesst, die Hauptmassen bedeutsam hervorhebt, und dem Ganzen den Anschein derjenigen Festigkeit und freien Haltbarkeit gibt, welcher bei den an Decken befindlichen, also gewissermassen hängenden Darstellungen so höchst nöthig ist. Zu diesem Gerüst ist hier auch eine grosse Anzahl von Figuren zu rechnen, welche an minder bedeutenden Stellen in Stein- oder Bronzefarbe, an bedeutenderen in natürlicher Farbe ausgeführt sind und dazu dienen, die architektonischen Formen zu stützen, zu tragen, auszufüllen, zu beschliessen, wesshalb man sie schon die belebten, persönlich gewordenen Kräfte der Architektur genannt hat. Unter den Propheten und Sibyllen sind es derbe Kindergestalten in Naturfarbe, welche die Inschrifttafeln hoch in den Händen tragen, oder sie mit dem Haupt stützen. An den beiden Seitenpfosten der Throne, auf denen jene ruhen, sieht man je zwei nackte Kinder, Knabe und Mädchen, in einer die Sculptur nachahmenden Steinfarbe. Ueber den Gewölbekappen, oberhalb der Fenster, nehmen liegende und lehnende athletische Figuren in Bronzefarbe die Bogenfüllung ein. Zuletzt, wo von beiden Seiten die kolossalen Gesimse sich nähern und Raum lassen für die Reihe der Mittelbilder, sitzen auf Postamenten nackte männliche Figuren in natürlicher Farbe, von denen je zwei Bänder halten, an welchen der zwischen ihnen befindliche Medaillon von Erzfarbe mit Reliefs befestigt ist; einige tragen auch reiche Laub- und Fruchtgewinde. Diese dekorativen Figuren treten in bedeutsamer plastischer Ruhe hervor, sind aber doch zugleich wieder den Hauptgegenständen untergeordnet gehalten, wie diese wieder in den für die verschiedenen Räumlichkeiten günstigsten Massen und Verhältnissen componirt erscheinen. Ueberhaupt ist in diesen Deckengemälden der grossen sixtinischen Kapelle der grosse Gedanke des Ganzen in einer Reihenfolge der bedeutsamsten Gegenstände, die unter sich in engen Beziehungen stehen und Michelangelo's eigenthümlicher Richtung so vollständig angemessen waren, auf's Grossartigste in allen Theilen durchgeführt.

Nach Vollendung der Deckenmalereien der Kapelle, welche die Bewunderung Aller erregten, die sie sahen, beschäftigte sich Michelangelo wieder mit dem Grabmal Julius II., um dasselbe nun nach einer einfacheren Zeichnung zu beendigen, allein der Tod des Letzteren (1513) unterbrach abermals die Arbeit; denn sein Nachfolger Leo X., der Buonarotti zu andern Zwecken verwenden wollte, schickte ihn nach Florenz, um die Façade der von den Medici erbauten Kirche S. Lorenzo daselbst herzustellen und als Oberbaumeister an derselben zu wirken, erlaubte ihm jedoch, auch dort an den Figuren des Grabmals fortzuarbeiten. Michelangelo begab sich sofort nach Florenz, wo die Medici wieder zur Herrschaft gelangt waren, und von da nach Carrara, um Marmor zu brechen, verlor aber, da ihm der Papst befohlen hatte, in den Bergen von Seravezza, wo erst Wege zu ebnen und neue Brüche zu eröffnen waren, darnach graben zu lassen, mehrere Jahre Zeit damit. Nach Papst

Leo's X. im Jahr 1521 erfolgten Tode blieb Michelangelo die ganze Regierungszeit Hadrian's VI. über in Florenz, emsig mit dem Grabmal beschäftigt, wurde aber bald wieder davon abgerufen. Denn Clemens VII., der 1523 den päpstlichen Stuhl bestiegen hatte, liess ihn nach Rom kommen und übertrug ihm den Bau einer neuen Kapelle mit den Marmorgrabmälern seiner Vorfahren in S. Lorenzo zu Florenz und der Bibliothek im Kloster daselbst. Er machte sich rasch an die ihm übertragene Arbeit, vollendete auch inzwischen die in der Kirche S. Maria sopra Minerva aufgestellte Statue eines auferstandenen Christus, die zu seinen liebenswürdigsten und trefflichsten Sculpturen gehört, als die 1527 erfolgte abermalige Vertreibung der Medici seiner Thätigkeit wiederum eine andere Richtung gab. Die Befehlshaber von Florenz, von der Nothwendigkeit überzeugt, die Stadt besser zu befestigen, ernannten Michelangelo zum Generalcommissär der Befestigungswerke, in welcher Eigenschaft er die Festungen von Pisa und Ferrara besichtigte und darnach S. Miniato befestigte. Diese Vorsicht war aber auch nicht unnöthig, denn 1529 wurde Florenz belagert und endlich von allen Seiten eingeschlossen. In dieser jeden Tag hoffnungsloser werdenden Lage glaubte nun Michelangelo gar noch zu bemerken, dass die Vertheidigung der schwerbedrängten Stadt von dem Oberbefehlshaber auf eine verrätherische Weise betrieben wurde. Diess empörte ihn so, dass er gegen Ende September heimlich Florenz verliess, sich nach Ferrara und von da nach Venedig begab, jedoch, von Gewissensbissen gefoltert, schon am 9. Nov. wieder zurückkehrte und von nun an bei der Fortdauer der Belagerung, namentlich bei der Vertheidigung, auf der Seite von S. Miniato vortreffliche Dienste leistete. Trotz dieser kriegerischen Unruhen, der schweren Tage der Trübsal und Noth, war er unermüdlich künstlerisch thätig. Während er Florenz gegen die Mediceer vertheidigte, arbeitete er, aus Liebe zu dem von ihm begonnenen Werke, heimlich an ihrem Mausoleum in S. Lorenzo und führte, im Auftrag des Herzogs von Ferrara, eine bei seinem ersten Besuche an dessen Hofe bestellte Leda in Tempera aus. Dieses Bild kam aber nicht an seinen Besteller, denn Michelangelo, den ein Höfling des Herzogs beim Abholen des Gemäldes beleidigte, gab dasselbe, statt letzterem, seinem Schüler Antonio Mini, der dasselbe nebst einer Menge Modelle und fertiger Cartons zu Gemälden nach Frankreich verkaufte. (Eine alte Copie dieser grossartigen Composition im königl. Schloss zu Berlin; eine andere von einem niederländischen Meister in der Dresdner Gallerie.) Ferner fertigte er ein herrliches Modell, den Simson darstellend, den er in einem 9 Ellen grossen, ihm von der Gemeinde zu Florenz überlassenen Marmorblock auszuführen gedachte.

Mittlerweile wurde Florenz im Jahr 1530 eingenommen und siegreich kehrten die Medici zurück. Michelangelo aber musste sich mehrere Tage verborgen halten, bis die erste Erbitterung gegen ihn, der so lebhaft am Kampfe Theil genommen, sich gelegt hatte. Papst Clemens VII. erwirkte ihm jedoch Verzeihung und die Fortbezahlung seines früheren Gehaltes, unter der Bedingung, dass er an seine Arbeiten in S. Lorenzo zurückkehre. Jener Marmorblock zum Simson wurde indessen dem Baccio Bandinelli zugetheilt, der seinen Herkules und Cacus daraus meiselte. Mit unerhörtem Eifer, aber mehr von Furcht als von Liebe getrieben, arbeitete Buonarotti jetzt an den Grabmälern und vertheilte, um das Werk schneller zu Ende zu bringen, denn es drängte ihn, das unterdrückte Florenz für immer zu verlassen, einige der dazu gehörigen Statuen an andere Meister, an Rafaello da Montelupo und Giov. Ang. Montorsoli, denen er Modellskizzen in Thon machte. Mit gleicher Emsigkeit betrieb er den Bau der Kapelle und der Bibliothek, fertigte die Modelle zu den Schnitzarbeiten und Stuccaturen, und berief zur Vollendung der letztern Giovanni da Udine. — In diesen Grabmälern des Giuliano de' Medici, Herzogs von Nemours und des Lorenzo, Herzogs von Urbino*, besitzen wir wieder ein Hauptwerk seiner Kunst im Fache der Sculptur. In den Wandnischen sitzen die Statuen der Gefeierten; darunter sind die Sarkophage angebracht, auf denen je zwei nackte Gestalten von allegorischer Bedeutung, Morgen- und Abenddämmerung, Tag und Nacht genannt, ruhen. Die Statue des Giuliano ist nicht ganz ungezwungen, die des

* Abgebildet in den Denkmälern der Kunst. Atlas zu Kuglers Handb. der Kunstgesch. Taf. 72, Fig. 10.

Lorenzo dagegen, der in tiefem Sinnen dasitzt, und daher von den Italienern treffend „il pensiero“, der Gedanke, genannt wurde, erscheint durchaus edel, in ihrer Stellung bedingen, klar und gemässigt. Sie ist eine Arbeit vom allerhöchsten Kunstwerth. In den vier allegorischen Statuen aber hat der Meister den Gipfelpunkt dessen erreicht, wozu die moderne Plastik in Betreff vollständiger Herrschaft über das Material und vollständiger Freiheit der Behandlung gelangen konnte. In ihnen zeigt sich die Kunst frei von allen sachlichen Beziehungen und losgebunden von aller von aussen verlangten Charakteristik, aber dabei in solcher Vollendung, dass darin zugleich die Berechtigung jener Unabhängigkeit vollständig enthalten ist. Zugleich offenbaren sie die grösste Kenntniss der Anatomie, die vollständigste Wissenschaft von den Gesetzen des menschlichen Körpers in der Bewegung, einen hohen Sinn für die grossartigste Schönheit und das tiefste Studium der Antike. In der unvollendet gebliebenen Madonna mit dem Kinde, ebendaselbst und ebenfalls von seiner Hand*, spricht sich mehr Kraft und Entschiedenheit, als Anmuth und Lieblichkeit aus, auch ist das Kind viel zu heftig und ungestüm in der Bewegung, zu bestimmt und derb in den Formen. Die Denkmäler sind ganz vorzüglich für den Raum componirt, so dass sie schon als Ergänzung und Resultat der Architektur eine grossartige Wirkung hervorbringen. Die Kapelle selbst ist ein leichtes herrliches Gebäude, welches das Princip brunelleschi'scher Sakristeien auf das geistreichste erweitert und erhöht darstellt. — Derselben Zeit, in welcher Michelangelo die Sculpturen für das Grabmal der Mediceer ausführte, gehört auch die kurz nach Rückkehr der Medici gefertigte, aber nur aus dem Rohen gehauene, jedoch in diesem Zustand vielversprechende Statue eines Apollo, der mit der Linken über die Schulter greift, um einen Pfeil aus dem Köcher zu holen (gegenw. in den Uffizien zu Florenz).

Michelangelo war übrigens mit seinen Arbeiten in der Kapelle der Mediceer noch nicht ganz zu Ende, als ihn 1532 Clemens VII. nach Rom berief und ihm die Ausführung eines Gemäldes, das jüngste Gericht darstellend, an die Hauptwand der sixtinischen Kapelle, und eines andern, den Sturz Lucifers, über dem Haupteingang, übertrug. Der von Schmerz über sein Vaterland und die Anstrengungen der letzten Jahre schwer angegriffene Meister, für dessen Leben selbst seine Freunde besorgt geworden waren, eilte nach Rom und machte sich sogleich an's Werk. Während er aber die Zeichnungen und Cartons zu dem Weltgericht machte, auch hin und wieder um einerseits seine Verbindlichkeiten zu erfüllen, anderseits den heil. Vater nicht zu verletzen, heimlich an dem Grabmal Julius II., dessen Vollendung ihm ungemein am Herzen lag, arbeitete, starb Clemens VII. 1534. Allein sein Nachfolger, Paul III., hiess ihn die begonnene Arbeit fortsetzen und versprach, ihm durch seine Vermittlung Erleichterungen in Beziehung auf seine Verpflichtungen wegen des Juliusgrabmals zu erwirken. So begann er denn die Malerei des jüngsten Gerichts und brachte sie glücklich zu Ende. Im Jahr 1545 war das grosse Werk vollendet. Dieses ungeheure, 60 Fuss hohe Bild steht mit der zahllosen Menge seiner Figuren, in der Kühnheit des Gedankens, in der Mannigfaltigkeit der Motive und Bewegungen der Gestalten, in der Meisterschaft der Zeichnung, insbesondere in den schwierigsten Verkürzungen abermals einzig in der Geschichte der Kunst da; allein es geht ihm der geläuterte Adel, die Reinheit und Hoheit der Deckenbilder ab. — Auf der obern Hälfte des Bildes sehen wir Christus im Kreise der Apostel und Erzväter, denen sich auf der einen Seite die Märtyrer, auf der andern andere Heilige und eine weitere Schaar Selige anschliessen. Oberhalb, unter den beiden Bögen des Gewölbes, zwei Engelgruppen, welche die Marterwerkzeuge der Passion tragen. Unter dem Erlöser eine andere Gruppe von Engeln, welche zur Auferweckung der Todten blasen und die Bücher des Lebens halten. Zur Rechten: die Auferstehung und darüber das Aufschweben der Gebenedeiten. Zur Linken: die Hölle und das Niederstürzen der Verdammten, die frech zum Himmel empordringen wollten. — Zürnend wendet sich der Weltenrichter gegen die Seite der Verdammten und erhebt abwehrend, wegwerfend, niederschmetternd seine Rechte gegen dieselben. Angstvoll hüllt sich Maria in ihre

* Abgebildet in den Denkmälern der Kunst. Atlas zu Kuglers Handb. der Kunstgesch. Taf. 72, Fig. 7.

Gewande, indem sie sich zu den Begnadigten umwendet. Die Märtyrer zur Linken erheben die Werkzeuge und Zeugnisse ihrer Marter anklagend gegen die, welche ihnen den zeitlichen Tod gebracht und die Engel, welche dieselben hier vom Eingange zum Himmel abwehren, vollstrecken das Rächeramt. Zagend und bang erstehen die Todten, langsam und wie von der Schwere der irdischen Natur gefesselt, schwingen sich die Begnadigten zu den Seligen empor. Die Verdammten werden von kämpfenden Engeln zurückgedrängt, von den sich an sie anklammernden bösen Geistern niedergerissen, eine grossartig dämonische Scene. Der Gegenstand der untern Hauptgruppe ist Dante's Hölle entlehnt. Hier werden die Verdammten von Charon zum jenseitigen Ufer des Acheron geführt. Ein Dämon jagt die armen Seelen mit erhobenem Ruder aus der Barke, sie werden von Dienern der Hölle in Empfang genommen und vor Minos, den Höllenrichter gebracht, der ihre Strafe nach Verhältniss ihrer Sünden bestimmt. Diese Auffassung des jüngsten Gerichts ist einseitig. Umsonst sucht man darauf, wie in andern Darstellungen verwandten Gegenstandes, nach jener ruhigen Glorie von Engeln, Aposteln und Heiligen, jener Wesen, welche das Gepräge einer höheren Heiligung und Entäusserung menschlicher Schwächen tragen, die Gestalt des Richters heben und mit ihrem wunderbaren Seelenausdruck einen geistigen Nimbus um ihn bilden; wir sehen überall nur den Ausdruck eines mächtigen, gewaltigen Lebens menschlicher Leidenschaft, nackte Gestalten in allen Möglichkeiten der Bewegung, Stellung und Gruppirung, der Hauptgestalt Christus geht der Ausdruck göttlicher Majestät ab, und bei aller Grossartigkeit der Anordnung herrscht darin doch zu viel Willkürliches. Lässt man aber dieses Hervorheben eines einzelnen Moments des menschlich Bedeutsamen gelten, so findet man schon in der obern Hälfte des Bildes eine eigenthümliche, grosse Gesammtwirkung, die untere aber ist des höchsten Ruhmes würdig. Sie entwickelt ein Gemälde der menschlichen Leidenschaft in allen Stadien und Stufen, und zwar in jener erhöhten physischen Macht, in welcher Michelangelo eine so ausserordentliche Meisterschaft entfaltete. Dabei herrscht aber in allen Gestalten, sowohl der Verworfenen als der höllischen Dämonen ein grossartiges ergreifendes Pathos, ein eigenthümlich tragischer Adel, so dass die Darstellung des Schrecklichen in jener wahrhaft sittlichen Reinigung erscheint, welche in dem Wesen des höheren Kunstwerks begründet ist. Die Nacktheit fast aller Gestalten des Bildes hat schon bei Lebzeiten des Künstlers Anstoss erregt. Papst Paul IV. wollte es herunterschlagen lassen, und unterliess es nur, weil Daniel da Volterra sich dazu hergab, die auffallendsten Blösen mit Gewändern zu bedecken, was ihm den Spottnamen des Hosenmachers zuzog. Auch später, im verflossenen Jahrhundert noch, wurden Gewänder über einzelne nackte Körpertheile gezogen, wodurch die Wirkung des Bildes mannigfach verkümmert wird. — Michelangelo liess das jüngste Gericht ($7\frac{1}{2}$ Fuss hoch) durch Marcello Venusti für den Kardinal Ales. Farnese (gegenw. in den Studj zu Neapel) unter seinen Augen copiren. In neuerer Zeit (1836) ist von dem Franzosen Sigalon eine vorzügliche Copie davon gemacht worden, die sich in der Academie des beaux arts zu Paris befindet. (Gestochen wurde das jüngste Gericht u. A. von G. Ghisi in 11 Blättern; desgleichen von C. M. Metz in 15 Blättern; von de la Casa in 4 Blättern. Longhi fertigte eine 34″ hohe und 32″ breite Zeichnung des Bildes, starb aber vor der Vollendung des Stichs.)

Der Michelangelo zu gleicher Zeit bestellte Sturz Lucifers, zu dem er schon früher Zeichnungen entworfen, nach welchen ein sicilianischer Maler, der viele Monate bei ihm als Farbenreiber gedient, ein Gemälde in Fresco in der Kapelle S. Gregorio in S. Trinita zu Rom ausgeführt haben soll, kam nicht zu Stande, dagegen übertrug ihm Papst Paul III. zwei andere Wandgemälde in der neuen nach ihm benannten, von Ant. da Sangallo erbauten Capella Paolina im Vatikan. Er stellte in denselben die Kreuzigung Petri dar, eine grossartig strenge Composition, und die Bekehrung des Saulus, worin man eine treffliche Anordnung in den Gruppen und einige höchst würdige Gestalten bewundert; besonders aber werden die Gestalt Christi, der dem Saulus aus dem Gewitterglanze von Engelschaaren entgegenstürzt und der letztere, zu Boden gestreckt, und von den wie vom Donner gelähmten Seinigen umgeben, gerühmt. Die Bilder sind übrigens durch Lampenqualm beträchtlich geschwärzt und verdorben.

Während Michelangelo sich mit diesen Gemälden beschäftigte, war er endlich auch der Sorge um das Grabmal Julius II. enthoben worden, die sich wie ein Fluch durch einen grossen Theil seines Lebens zog. Denn volle vierzig Jahre hatte er mit den Widerwärtigkeiten und Seelenleiden zu kämpfen gehabt, die ihm aus diesem glänzenden und ehrenvollen Auftrage des Papstes Julius II. erwachsen waren. Dieser hatte ihm nämlich das Grabmal um 10,000 Dukaten, eine Summe, die nach seinem Tode auf 16,000 erhöht wurde, verdungen, ehe er aber starb, hatte er noch verordnet, dass dasselbe in einem kleineren Massstabe, für welchen Michelangelo eine neue Zeichnung entwarf, ausgeführt werden sollte, und die Besorgung dieser Angelegenheit seinem Neffen Lionardo Grossi delle Rovere, Kardinal Fürstbischof von Agens, und dem Florentiner Lorenzo Pucci, nachmaligem Kardinal di Santi quattro, übertragen. Nach seinem Tode hatte nun Michelangelo auch jede irgend freie Zeit dem Denkmal gewidmet, aber, von den grossen Aufträgen, denen er sich mit dem besten Willen nicht entziehen konnte, fast erdrückt, den eingegangenen Verpflichtungen nicht vollkommen Genüge leisten können. Trotzdem nun, dass die Bevollmächtigten Julius II. die Unmöglichkeit des Künstlers einsahen, sich den Bestellungen der Päpste zu entziehen und mit dem Grabmal zu beschäftigen, bestürmten sie ihn dennoch unaufhörlich mit Vorwürfen und Angriffen, sogar zum Theil der niedrigsten Art, die ihn, gleich einem Gespenst, bei Allem, was er unternahm, verfolgten. Da kam endlich im Jahr 1532 mit dem Erben Julius II., dem Herzog Guidobaldo II. von Urbino, ein neuer Vertrag zu Stande, wornach Michelangelo ein neues einfacheres Modell zu machen und nur noch die sechs bereits angefangenen Figuren eigenhändig zu vollenden haben sollte. Diesen Vertrag hob jedoch Clemens VII. durch ein Breve wieder auf, damit Michelangelo ungestört am jüngsten Gericht fortarbeiten könnte und Paul III. bestätigte 1537 dasselbe. Aber als selbst dieses grosse Werk seiner Vollendung nahte, schien für die Angelegenheit des Grabmals noch keine günstigere Wendung eintreten zu wollen, denn Michelangelo sollte dann die Malereien in der paulinischen Kapelle übernehmen. Paul III. forderte desshalb im Jahr 1541 den Herzog von Urbino auf, den Künstler auch noch der eigenhändigen Ausführung der sechs Statuen zu entheben, etwa unter der Bedingung, dass sie unter seiner Leitung von andern Meistern ausgeführt würden, worauf der Herzog in einem eigenhändigen Schreiben dem Künstler gestattete, dass drei von den sechs bedungenen Figuren von andern Meistern ausgeführt werden dürften, wofern er die andern drei, worunter den Moses, mit eigener Hand vollende. Die anstrengenden Arbeiten am jüngsten Gericht nöthigten indessen Michelangelo, bei allem warmen und rein künstlerischen Interesse an dem Werke, das durch alle Verhandlungen hindurchgeht, um eine abermalige Abänderung des Vertrags zu ersuchen, die ihm 1542 auch gewährt wurde. Nach derselben lag ihm nur noch die eigenhändige Ausführung des Moses und die Besorgung der fünf andern Statuen durch Raffaello da Montelupo auf seine eigenen Kosten ob. Er führte jedoch später die Statuen der Lea und Rahel auch noch eigenhändig aus. So wurde 1545 endlich das nach einem viel vereinfachteren Plane ausgeführte Monument in S. Pietro in Vincoli aufgestellt. —

Das Grabmal Julius II., ein ziemlich baroker Wandbau, macht einen unerfreulichen Eindruck. Die Statuen stehen zwischen zwei sich übereinander erhebenden Reihen von Pfeilern. Die vier in der oberen aufgestellten: ein Prophet und eine Sibylle (von Rafaello da Montelupo), die auf einem Sarkophag liegende Bildsäule des Papstes (von Maso dal Bosco) und die hinter derselben in einer Nische stehende Statue der heil. Jungfrau mit dem Kinde (von Scherano da Settignano) sind nach Michelangelo's Modellen ausgeführt. In der Mitte der unteren Reihe sitzt die kolossale Statue des Moses, der in dem Moment aufgefasst scheint, wo er die Verehrung des goldenen Kalbes erblickt und aufspringen will. Diese mächtige Gestalt mit dem strengen Charakter des Kopfes, der niederschmetternden Gewalt des Ausdrucks, ihren nackten Armen, dem bis zum Nabel niederwallenden Barte, gewährt den Anblick eines über die gewöhnliche Menschheit erhabenen Wesens, entsprechend jenem grossen Führer des auserwählten Volk Gottes, dem Gott nicht in der Gestalt der Liebe, sondern im feurigen Busche, mit der Strenge seiner Gesetze erschien. Das Antlitz ist von hoher Schönheit und alle nackten Körpertheile sind ihrer riesigen Bildung und Bewegung gemäss charakteristisch belebt. Das Gewand hat einen schönen Wurf und die Behandlung, besonders des Barts, dem die alte Kunst nichts Aehnliches an die Seite stellen kann, ist bewundernswürdig. Doch ist ein gewisses Haschen nach Effekt darin nicht zu verkennen. Zu beiden Seiten des Moses stehen Lea und Rahel, nach der von Dante angewandten Allegorie in der Bedeutung des thätigen und beschaulichen Lebens.

Nach Beendigung der Gemälde in den beiden Kapellen des Vatikans führte Michelangelo, da er nicht mehr malen, sein Geist aber nicht unthätig bleiben konnte, eine Kreuzabnahme in vier über lebensgrossen Figuren aus, die aber unvollendet blieb und ein ziemlich unerquickliches Werk genannt werden muss (gegenw. hinter dem Hauptaltar im Dome zu Florenz). In diese Zeit dürfte übrigens auch das vortreffliche Bildniss Paul III. fallen, das, auf's Vollendetste in Marmor ausgeführt, im königl. Museum zu Neapel aufbewahrt wird. Endlich sorgte Michelangelo eigenhändig für sein Grabdenkmal, für welches er wohl jene Pietà, welche jetzt in dem Hof des Palastes Rodanini zu Rom steht, begonnen haben mag, die ihm in der Folgezeit wiederum übertragenen grossartigen Unternehmungen hinderten ihn aber an dessen Vollendung.

Nach dem im Jahr 1546 erfolgten Tode des Ant. da Sangallo, ernannte der Papst Michelangelo zum Baumeister der Peterskirche. Er weigerte sich zwar Anfangs, wegen seines damals schon sehr hohen Alters, den Bau zu übernehmen, gab aber dem Drängen des Papstes endlich nach, jedoch mit der ausdrücklichen Bemerkung, dass er dafür keinerlei Lohn annehme, da er die Leitung desselben lediglich um der Ehre Gottes und des heil. Petrus willen bis an sein seliges Ende zu führen gedenke. Er fertigte auch binnen kurzer Zeit ein Modell, das dem Papste so äusserst wohl gefiel, dass er ihm ein Motu proprio ausstellte, worin ihm die unumschränkteste Vollmacht in seiner neuen Stellung zugesichert wird. In diesem Modell gab er dem Bau die Form des griechischen Kreuzes wieder. Das äussere Gewölbe der grossen Kuppel wollte er, der grösseren Festigkeit willen, nicht wie Bramante auf Säulen, sondern auf einer Mauer aufführen. Vier kleinere Kuppeln sollten die grosse umgeben und die Kirche eine Vorhalle mit vorspringendem Giebel erhalten. Mit ihm begann nun eigentlich erst die Geschichte des jetzigen Gebäudes der Peterskirche, denn was in seiner Anlage von den Entwürfen der vorigen Architekten herrührte, hat bei der Ausführung eine gänzlich veränderte Gestalt erhalten und das Motu proprio des Papstes bestimmte ausdrücklich, dass sein Plan als unveränderlich betrachtet werden sollte und dass für alle künftige Zeiten keine Abweichung von demselben mehr stattfinden dürfe. Unter seiner Aufsicht wurden die beiden Tribünen des Querschiff's aufgeführt; statt der acht Altäre, die Bramante in jede derselben setzen wollte, errichtete er nur drei in ebensovielen Nischen. Die Pfeiler der Kuppel liess er verstärken und führte den Bau, Dank seiner rastlosen Thätigkeit und der seltenen Energie seines Geistes, trotz aller Kabalen der Anhänger des Sangallo, gegen deren Gewinnsucht, wodurch sie den Bau absichtlich in die Länge zu ziehen suchten, er sich stark geäussert hatte und trotz der kärglichen Geldmittel, die zuletzt immer spärlicher flossen, bis zum Schluss der Trommel, wo die Wölbung der Kuppel beginnt, empor. Ja die Kuppel ist, obgleich er die Vollendung derselben nicht mehr erlebte, ganz als sein Werk zu betrachten, indem seine Freunde ihn glücklicher Weise noch vor seinem Tode veranlassten, ein genaues und detaillirtes Modell davon zu machen, von dem auch die Ausführung in keiner Beziehung abwich. — Michelangelo erscheint in diesem Werke zwar nicht frei von mancherlei Willkürlichkeiten, die Anlage des Ganzen aber ist so eigenthümlich grandios, dass dieses Gebäude, wenn nicht spätere Anfügungen den Totaleindruck beeinträchtigt hätten, zu den erhabensten Werken der neuern Baukunst gehören würde.

Die Peterskirche ist indessen nicht das einzige architektonische Werk Michelangelo's in Rom, nach seinen Plänen wurden im Gegentheil so viele Gebäude errichtet, dass auch im Fache der Architektur sein Geschmack lange Zeit massgebend blieb. Die capitolinischen Bauten erhielten unter schwankender Benützung seiner Entwürfe ihre jetzige Gestalt und unter seiner Leitung wurde die Reiterstatue des Marc Aurel in der Mitte des Platzes des Campidoglio aufgestellt. Wahrscheinlich ist von ihm auch der Entwurf zum Senatorenpalast, gewiss ist es der zu dessen herrlicher Doppeltreppe. Von ihm sind ferner am Palast Farnese zu Rom das bewundernswürdige grosse Hauptgesims und die beiden untern Stockwerke des Hofs, auch stellte er für den zweiten Hof desselben Palastes die um jene Zeit in den Bädern des Caracalla gefundene antike Gruppe des sogenannten farnesischen Stiers (gegenwärtig in den Studj zu Neapel) wieder her. Die sehr schöne Treppe im Belvedere wurde ebenfalls nach seiner Zeichnung ausgeführt.

Unterdessen war Papst Paul III. im Jahr 1549 gestorben und sein Nachfolger, Julius III., hatte Michelangelo sogleich das Motu proprio, bezüglich der Peterskirche, bestätigt. Als aber auch dieser 1555 mit Tod abging, suchten Michelangelo's Widersacher ihn bei dem neuen Papste Marcellus wegen jenes Bau's zu verdächtigen. Diess erfuhr Herzog Cosimo zu Florenz durch Vasari, der an seinem Hofe arbeitete. Er erneute daher seine schon zu Lebenszeiten Paul des III. an den Meister ergangene dringende Einladung: nach Florenz zurückzukehren, seine letzten Tage hier zuzubringen und ihm bei seinen Bauten und anderen künstlerischen Unternehmungen seinen Rath zu ertheilen. Da indessen Marcellus schon im selben Jahre wieder gestorben und Paul IV., dessen Nachfolger, Michelangelo gleich bei seinem Regierungsantritt um seine fernere Oberleitung des Bau's der S. Peterskirche ersucht hatte, so schlug der Künstler das äusserst verbindliche Anerbieten höflich dankend aus. Um dieselbe Zeit war er mit den Festungswerken von Rom beschäftigt und führte daneben die Aufsicht über die Sculpturen für das grosse Thor des Kastells S. Angelo. Eine Pietà, die er ebenfalls in seinen alten Tagen noch in Marmor auszuführen unternommen, die er aber, weil sie nicht nach seinem Wunsche ausgefallen, wieder zusammenschlug, schenkte er seinem Diener, der sie an Fr. Bandini verkaufte, welch letzterer sie durch Tiberio Calcagni wiederherstellen lassen wollte. (Die Restauration unterblieb jedoch, da Michelangelo, Calcagni und Bandini darüber starben. Ihr ferneres Schicksal ist nicht bekannt.) Nun fertigte er 1557 auf das Drängen seiner Freunde ein kleines Thonmodell zur Kuppel der Peterskirche, nach welchem Meister Giovanni Francese ein grösseres aus Holz mit derjenigen Genauigkeit, dass man darnach im Grossen arbeiten konnte, ausführte. Dasselbe fand bewundernde Anerkennung und Pius IV., der 1560 den päpstlichen Stuhl bestieg, bestätigte Michelangelo nicht nur abermals das Motu proprio, sondern setzte ihn auch in den Stand, rüstig am Bau der Peterskirche weiter arbeiten zu können, beschäftigte ihn überdiess vielfach noch anderweitig. Auf seinen Wunsch machte er die Zeichnungen zu dem Grabmale seines Bruders, des Marchese Marignano, welches von Lione Lioni ausgeführt wurde, zu der im Jahr 1561 begonnenen Porta Pia und zu andern Thoren Roms; ferner zu der in die Diocletiansthermen erbauten Kirche S. Maria degli Angeli, deren Klosterhof, aus dorischen Säulen und Bögen bestehend, einen einfach ernsten Eindruck gewährt, und zu einem Sakramentshäuschen in Bronze für dieselbe Kirche, das grösstentheils von Jacopo Siciliano gegossen wurde. Für die Florentiner-Gemeinde entwarf er die Pläne zur Kirche S. Giovanni de' Fiorentini zu Rom, nach denen Tiberio Calcagni ein Modell in Thon ausführte. Dem letzteren Künstler übergab er auch die grandios behandelte Büste eines Brutus (gegenwärtig in den Uffizien zu Florenz) zur Vollèndung und verschaffte ihm die Ausführung einer Kapelle in S. Maria Maggiore, nach seinen Entwürfen. Diess waren indessen seine letzten Arbeiten. Er beschäftigte sich zwar immer noch mit der Leitung des Bau's der S. Peterskirche, aber er fühlte sein Ende nahen, machte desshalb sein Testament, das aus drei Punkten bestand: er übergebe Gott seine Seele, der Erde den Leib, seine Besitzthümer den nächsten Anverwandten, und starb am 18. Febr. 1563. Am dritten Tage nach seinem Tode war die Todtenfeier in der Kirche der heil. Apostel, wo ihm der Papst ein Denk- und Grabmal erbauen lassen wollte. Ganz Rom war zusammengeströmt und bezeugte seinen Kummer über den unersetzlichen Verlust. Nach vierzehn Tagen aber brachte Michelangelo's Neffe, Leonardo Buonarotti, die Leiche seines Oheims heimlich nach Florenz, wo sie, nach einer ihm von der Akademie der Künstler zu Florenz in S. Lorenzo daselbst veranstalteten, ebenso sinnreichen, als prachtvollen Todtenfeier, in seiner Familiengruft in S. Croce neben den Gebeinen seines Vaters beigesetzt wurde. Später liess ihm sein Neffe ebendaselbst ein grossartiges Denkmal mit der Büste des Meisters von Battista Lorenzi und den drei Statuen: der Malerei, von demselben, der Sculptur, von Valerio Cioli und der Architektur, von Giovanni dell' Opera, errichten. —

Michelangelo's Porträt wurde sowohl von Bugiardini, als von Jacopo del Conte in Farben ausgeführt. Ein erhabenes Bronzerelief von ihm arbeitete Daniele Ricciarelli und der Cavaliere Lione fertigte eine Medaille, die in vielen Copien weit verbreitet wurde.

Michelangelo Buonarotti, der zugleich Architekt, Bildhauer und Maler und in allen diesen drei Künsten ein hochbedeutender Meister war, der, gleich Leonardo da Vinci, den Beginn der Blüthe der neuern Kunst einleitete, jedoch noch ihren Verfall mit erleben musste, bildet eine in ihrer Art ganz einzige hervorragende Erscheinung in der Kunstgeschichte. Seine Werke bezeichnen die lichtesten Höhepunkte der Kunst. Gleich den Antiken haben sie ihr inneres Genügen und ihre Befriedigung, aber zugleich wieder ein so eigenthümliches, hochgewaltiges Gepräge, wie wir es bei keinem andern Meister vor und nach ihm bemerken. Er entfernt sich in ihnen von allem Typischüberlieferten, und schafft sich eine eigene Welt aus Gestalten von übermenschlicher Grösse und Macht. Das Erhabene ist daher durchaus vorherrschend der Charakter seiner Kunst. Dagegen blieben ihm ganze grosse, der höchsten künstlerischen Verklärung fähige Sphären des Daseins, die Schilderung der schönsten Regungen der menschlichen Seele, die reiche Welt des Gemüths, verschlossen. Auch die Schönheit des menschlichen Körpers und Angesichts kommt bei ihm nur im Gewande der Gewaltigkeit und Mächtigkeit zum Vorschein; es liegt ihm mehr daran, seine Gestalten der höchsten Lebensäusserungen fähig als reizend darzustellen, obgleich auch ihnen nicht selten eine hohe ernste Anmuth innewohnt. Grandios aber und seinem Streben nach Bildung des Ausserordentlichen, Erhabenen und Wunderbaren gemäss, erscheint er in der Darstellung der Form, im Styl. Und zu solch eminenter Höhe, zu einer Meisterschaft, die ihm vielleicht in einem noch höheren Grade als Raphael, obgleich minder vielseitig, eigen war, gelangte er, ohne dass man weder Beziehungen zu seinen künstlerischen Vorgängern und Zeitgenossen oder Lehrer entdecken kann, noch Vorstufen bemerkt.

Indessen hat er nicht in sämmtlichen drei Künsten, die er geübt, dieselbe hohe Vollendung erreicht. In der Baukunst erscheint er unstreitig am schwächsten, die Sculptur betrachtete er selbst als seinen eigenthümlichen Beruf, die reichsten und herrlichsten Erzeugnisse seines Geistes aber legte er in seinen Malereien nieder.

Michelangelo hat sich nicht zur Architektur gedrängt, auch begann seine bauliche Wirksamkeit verhältnissmässig spät; seine gewaltige Formenbehandlung in der Sculptur und Malerei brachte die Bauherren von selbst darauf, sich von ihm Entwürfe für Gebäude machen zu lassen. Auch in der Baukunst war er, obgleich er bedeutende Vorgänger hatte, sein eigener Lehrer und Schüler. Seine gewaltige Schöpfungskraft, Festigkeit des Willens, Leichtigkeit im Ausführen, vertraten bereits bei seinen ersten Arbeiten die Stelle der Erfahrung. Schon in den früheren Jahren seines Aufenthalts in Rom beurtheilte er richtig die Fehler Bramante's und in der Befestigungskunst zeigte er sich, als es Noth that, sehr geübt, ohne dass man wusste, wo er die Uebung erlangt hatte. Aber es scheint, als ob er nur mit Ungeduld und Sträuben die Gesetze und Regeln ertragen hätte, welche bei der Architektur genauer als den andern Künsten bestimmt sind. Im Gegensatze gegen die früheren Meister der Renaissance, die mit naiver Anmuth ihre Bedürfnisse in den Formen der Antike zu gestalten wussten, im Gegensatz zu seinen Zeitgenossen, welche diese Formen wenigstens mit gewissenhafter Treue beobachteten, fieng er, von dem Streben nach grosser malerischer Wirkung getrieben, an, dieselben nach Laune und Willkür umzugestalten, wodurch er allen möglichen Ausartungen seiner Nachfolger, die sich auf das Beispiel eines so ausgezeichneten Meisters berufen konnten, den Weg bahnte.

Die Sculptur war es aber, welche Michelangelo für seine vorzüglichste Bestimmung erkannte, denn er selbst sagte einmal, er sei kein Maler, das anderemal, die Baukunst sei nicht seine Sache, dagegen bekannte er sich zu allen Zeiten als Bildhauer und seine Anstrengungen, dieses fest erkannten Berufes Herr zu werden, waren ungeheuer. Zwölf Jahre allein verwandte er auf das Studium der Anatomie, wodurch er eine beispiellose Sicherheit in der Darstellung des menschlichen Körpers erlangte. Von dem Drange bewegt, alle irgend denkbaren und mit den höheren Stylgesetzen vereinbaren Momente der lebendigen, vorzüglich der nackten Körpergestalt, aus sich heraus zu schaffen, gestaltete seine Phantasie, die er sich weder durch Rücksichtsnahme auf das Althergebrachte, noch auf das Historischcharakteristische beengen liess, mit unbeschränkter Freiheit, rein nach künstlerischer Inspiration. Dadurch kam er auf Willkürlichkeiten von Erfindungen, die alles gestatten, weil sie sich durch nichts bedingen, wie in den Monumenten in S. Lorenzo zu Florenz, in denen er übrigens eine neue Gattung von Grabdenkmalen einführte. Aus sich allein schöpfte er die Idee zu all den grossen Unternehmungen, bei denen er keinen Vorgänger und sich eine neue Bahn zu brechen hatte, wie es mit dem Mausoleum Julius II. der Fall war. In der Darstellung seiner Gestalten selbst aber suchte er der Statue vermittelst seiner grossen Kenntniss aller Ursachen und Aeusserungen der menschlichen Form die vollkommenste Wirklichkeit zu verleihen, sein ungestümer Geist riss ihn jedoch hin, sie in's Uebermenschliche zu übertreiben, das er dann nicht selten in befremdlichen Stellungen und Bewegungen und in Ausbildung gewisser Körperformen in's Gewaltige fand. Bei solcher Weise des Schaffens mussten seine Werke oft das Gepräge der Absichtlichkeit erhalten, allein die gewaltige Gestaltungskraft, die in Michelangelo waltet, verleiht selbst seinen gesuchtesten und unwahrsten Schöpfungen einen dauernden Werth. Was bei ihm jedoch das Ergebniss seines Ringens und Strebens nach Darstellung des Erhabenen und Uebermenschlichen war, die Kolossalität der Formen und die Macht des Eindrucks, machten seine Nachahmer — und Michelangelo imponirte seiner Zeit fast auf dämonische Weise — zur Hauptsache und so datirt sich von ihm, der einer der höchsten Glanzpunkte der neueren Bildnerei war, der Verfall der Kunst, der in dem Streben nach äusserem Scheine beruht.

Obgleich Michelangelo sich selber vorzugsweise als Bildhauer betrachtet hat, war doch erst die Malerei das Feld, auf welchem er seine schöpferische Kraft auf's Mächtigste und Umfangsreichste zu entfalten vermochte. Sie gewährte ihm für die ideale Welt, die er in sich trug, ungleich vielseitigere und freiere Mittel. Seine Phantasie nimmt darin denselben erhabenen Schwung an, seine Auffassungs- und Darstellungsweise bleibt auch hier dieselbe, wie in der Sculptur, allein er konnte darin die menschliche Gestalt in allen Möglichkeiten der Erscheinung zeigen, und er hat diess mit einer Kühnheit, Gründlichkeit und Wissenschaft gethan, in der er alle Meister der neuern Kunst überragt. Im Ganzen ging indessen seine Behandlung in der Malerei, was mit seinem Streben nach höchstmöglicher Realität überhaupt zusammenhängt, auf eine mehr plastische als eigentlich malerische Wirkung, ohne dass er indessen in seinen Compositionen mit Einseitigkeit an den Gesetzen der Sculptur festgehalten hätte. Seine Zeichnung ist äusserst bestimmt, fällt aber niemals in's Harte. Den Ausdruck der Seele hat er in seinen Köpfen meistens bewundernswürdig getroffen, hin und wieder aber zu unbestimmt gelassen oder gar verfehlt. Auch kommt es öfters vor, dass seine Physionomien dem gewaltigen Charakter der übrigen Gestalt nicht vollkommen entsprechen. In seinen Gewändern (insbesondere in den Deckengemälden der sixtinischen Kapelle) zeigt er eine Einfachheit und Grösse des Styls, die man wieder vielleicht bei keinem andern Künstler findet. Auch im Colorit, obgleich er bei seinem vorherrschend plastischen Sinne die Malerei gewissermassen auf das Princip der Sculptur beschränkte, erscheint er nichts weniger als unbedeutend. Seine Fleischfarbe ist wahr und ungemein kräftig, einfach, ohne eintönig zu werden, und in den Farben seiner Gewänder herrscht ein schöner Sinn und eine sehr harmonische Zusammenstellung. Namentlich aber ist er in der Rundung und Modellirung der Gegenstände unübertrefflich. Sie sind in den Massen von Licht und Schatten nicht minder grossartig, als in den Formen und daher auch für den Sinn durch mächtige Wirkung ergreifend.

Aber nicht nur als Künstler, auch als Mann war Michelangelo eine bedeutende Grösse. In einer durch vielseitige Thatkraft hervorragenden Zeit geboren, sah er Italiens letzte glückliche Tage; wetteifernd mit den grossen Geistern, welche das zu Ende eilende fünfzehnte Jahrhundert entweder schon gereift oder erst heranblühend hinterliess — in seiner Jugend Nebenbuhler des älteren Leonardo da Vinci, in späteren Jahren des begünstigten Raphael — überlebte er die meisten derselben. Eine ganze Reihe von Päpsten, die alle seiner bedurften und ihn beschäftigten, gingen an ihm vorüber und er stand jedem von ihnen mit all der Selbstständigkeit eines innerlich abgeschlossenen Charakters und mit dem edlen Stolze des wahren Künstlers gegenüber. Seinem Vaterlande treu und mit inniger Liebe anhängend, suchte er es mit eigener Aufopferung zu retten in seiner grössten Gefahr und verbannte sich freiwillig auf immer, als es seine Freiheit unwiderbringlich verloren hatte. Keine auch noch so dringende und ehrende Einladung von Cosimo I. vermochten ihn, trotz aller Dankbarkeit, die er dem Hause Medici schuldete, zur Rückkehr in das unterdrückte Florenz zu bewegen. Er wollte sich den Schmerz ersparen, Zeuge der dort vorgegangenen Umwandlungen zu sein — erst als Leiche kehrte er in seine Vaterstadt zurück. In seinem Charakter vereinigte sich mit einer herben und strengen Grösse eine gewisse Weichheit der Empfindung auf das Wunderbarste. Jene zeigte sich in der Kunst als Gewaltigkeit in der Conception, als Kühnheit und überraschende Sicherheit in der Ausführung; diese spricht auf's Ueberzeugendste aus seinen herrlichen, nicht selten Dante'schen Geist athmenden Gedichten, die man mit richtigem Gefühl, als das Weibliche in seinem Charakter bezeichnet hat. Kummer und Schmerz verfolgten ihn während seines langen Lebens bis in sein hohes Alter hinein. Das Monument des Papstes Julius II. war das Kreuz und Leiden seiner Mannesjahre gewesen, der Dom von S. Peter wurde die Sorge und Plage seines Greisenalters. Rührend war seine Liebe zu einer der reinsten und edelsten Frauen ihrer Zeit, zu Vittoria Colonna, der Wittwe des Marchese von Pescara. Diese edle Leidenschaft bekundete sich bei Michelangelo, der bereits 62 Jahre zählte, als er die Marchese kennen lernte, in zahlreichen Dichtungen, die er ihr widmete und die jene vollständige Wiedergeburt schildern, welche die Liebe immer im Menschen bewirkt, von Vittoria's Seite durch die vielen Besuche, welche sie dem einsamen Freunde in seiner Abgeschlossenheit abstattete. Welcher Art dieses schöne Verhältniss gewesen sein mag, geht wohl am besten aus der Bitte der Marchese in einem der zahlreichen Briefe an ihren Freund hervor: er möchte doch nicht so häufig Sonnette an sie richten, indem es sie sonst hindern würde, ihre Morgenandacht zu verrichten, und aus der Aeusserung Michelangelo's gegen einen seiner Schüler nach dem ihn fast der Verzweiflung nahe bringenden Tode der Freundin: es thäte ihm nichts so leid, als dass er Vittoria, als er sie auf dem Sterbebette gesehen, nur die Hand und nicht auch die Stirne oder das Antlitz geküsst habe.

Eine eigentliche Schule hat Michelangelo nicht gebildet. Unter denjenigen Künstlern, welche sich ihm theils anschlossen, denen er Lehre und Winke gab, oder theils unmittelbar seine Entwürfe ausführten, nennt man als Maler: Marcello Venusti, Fra Sebastiano del Piombo, Giorgio Vasari, Antonio Mini, Ascanio Condivi da Ripa Transone und Giacomo del Duca; als Bildhauer: Giov. Ang. Poggibonzo, genannt Montorsoli und Raphael da Montelupo.

Ausser den bereits angeführten Sculpturen existiren nur wenige, die als mit

Sicherheit von Michelangelo herrührend betrachtet werden können. In der Kunstkammer zu Berlin hat man ihm drei in Blei gegossene Reliefs zugeschrieben; in den Besitz des Dr. Wilhelm in Eppingen kam ein elfenbeinernes Relief der Kreuzabnahme, welches für das Original des in der reichen Kapelle zu München befindlichen Wachsmodells gehalten wurde; in dem Minutoli'schen Institut zu Frankfurt sieht man einen herrlichen Basreliefkopf von ihm und die Sammlung des Mr. Rogers in London verwahrt ein Wachsmodell der Figur des Herzogs Giuliano de' Medici in S. Lorenzo zu Florenz. Ein überaus schönes Thonmodell des Moses, wahrscheinlich die Originalskizze von Michelangelo's eigener Hand, besitzt Hr. Bernhard von Lepel. Das eigene Bildniss Michelangelo's, ein herrlicher Bronzekopf im Conservatorenpalast des Capitols in Rom, gilt als seine Arbeit.

Staffeleibilder von Michelangelo's Hand gibt es, mit Ausnahme des Eingangs erwähnten frühen Rundbildes der heil. Familie in der Tribune der Uffizien zu Florenz, keine. Was man in Gallerien unter seinem Namen sieht, ist fast niemals ächt. In der Gallerie Pitti zu Florenz gilt ein Bild der drei Parzen, strenge, scharfe, bedeutsame Gestalten, für eine Arbeit von ihm, es wurde aber von Rosso Fiorentino ausgeführt. Dagegen existiren noch verschiedene Bilder, die von seinen Schülern und andern Künstlern nach seinen Zeichnungen und Cartons gemalt wurden, und in denen fast allen sich der grossartige majestätische Geist des Meisters kund gibt, deren besonderer Werth aber natürlich immer von der grösseren oder geringeren Begabung des dazu verwendeten Malers abhängt. Eine der verbreitesten und schönsten, nur hin und wieder leicht durch kleine Abänderungen von einander verschiedene, Compositionen dieser Art, die heil. Familie, Maria mit dem Kinde, dem heil. Joseph und dem kleinen Johannes, sieht man in den Palästen Corsini und Sciarra zu Rom, in der Gallerie des Belvedere zu Wien, in einigen Privatsammlungen Englands u.s.w. Das vorzüglichste Exemplar derselben aber befand sich vor nicht langer Zeit noch in der Sammlung der Kunsthändler Gebr. Woodburn zu London. Einen Christus mit der Samariterin am Brunnen, von einem der besten Schüler Michelangelo's ausgeführt, verwahrt die Liverpool-Institution. Mehrfach vorhanden ist ferner eine Darstellung Christi am Oelberg, von der man Exemplare in den Gallerien zu Berlin, München, Wien und im Pal. Doria zu Rom trifft (die Originalzeichnung davon in der Gallerie der Uffizien zu Florenz). Besonders häufig aber kommen Bilder des gekreuzigten Heilandes vor, von denen sich u. a. ein herrliches, von Fra Sebastiano del Piombo gemaltes Exemplar im Berliner Museum befindet. Andere kleinere sieht man in der Bildersammlung zu Leightcourt (England), in der Gallerie des Belvedere zu Wien u.s.w. Ein Bild: Christus, wie er die Händler aus dem Tempel vertreibt, eine reiche Composition, äusserst zart, in 4 Zoll hohen Figuren, von Venusti in Oel ausgeführt, kam aus der Gallerie Borghese in den Besitz der Kunsthändler Gebr. Woodburn. In der Sakristei des Laterans zu Rom befindet sich eine Verkündigung Mariä, die aber an Grossartigkeit und feierlicher Würde von einer ähnlichen Darstellung in der Gallerie des Herzogs von Wellington zu London (deren Originalzeichnung man ebenfalls in den Uffizien zu Florenz zeigt) bei Weitem übertroffen wird. Die schöne Madonna bei der Gräfin Ferrari zu Florenz wurde wahrscheinlich nach seiner Zeichnung von Daniel da Volterra gemalt. Das einzige Bildniss, das Michelangelo gefertigt, das Porträt seines Freundes Tommaso de' Cavalieri kam später in den Besitz des Kardinals Farnese und von da wahrscheinlich mit den andern Kunstgegenständen des Palastes Farnese nach Neapel. Unter den der Mythologie entnommenen Darstellungen Michelangelo's, aus welchen derselbe grossartige Sinn spricht, wie er in seinen religiösen Bildern waltet, wird besonders das Bild der Venus, welche von Amor geküsst wird, als ein Gemälde von wunderbarer Freiheit, Kraft und Lebensfülle gerühmt. Eine meisterhafte Ausführung dieser Composition von der Hand des Pontormo befindet sich im königl. Palast zu Kensington bei London, eine andere, vielleicht ebenfalls von letzterem ausgeführt, im Berliner Museum; den Originalcarton davon und eine minder bedeutende Wiederholung von einem der Schüler des Meisters, sieht man im Museum von Neapel. Von einer ebenfalls mehreremale vorhandenen vorzüglichen Darstellung des vom Adler durch die Lüfte getragenen Ganymeds zeigt man ein Exemplar in der Gallerie des königl. Schlosses zu Berlin, ein anderes im k. Palaste zu Kensington; noch ein anderes besonders fleissiges und gutes Exemplar in der Bildersammlung zu Corshamhouse (England). Auch in der Wiener Gallerie findet sich ein denselben Gegenstand darstellendes Bild. Mehrfach ist endlich der sogenannte „Traum" des Michelangelo verbreitet, von dem sich eines der besten Exemplare, vielleicht von der Hand des Sebastian del Piombo in der Nationalgallerie zu London befindet. Es ist diess ein nackter Mensch, der auf einer Steinbank lehnt, deren Höhlung mit Larven, dem Symbol der Trüglichkeit alles Daseins, angefüllt ist; unruhig aufwärts blickend, stützt er sich auf einen Globus; ihn umschweben, halb in Wolken, Bilder des Lebens, Gestalten der Liebe und des Erbarmens, wie der wilden Gewaltthat, des rohen Sinnengenusses und der dumpfen Befangenheit, von oben herunter aber schwingt sich ein Genius, der ihn mit gewaltigem Posaunenschall zur Besinnung aufruft. Eine etwas veränderte Darstellung desselben Gegenstandes in der Gallerie des Belvedere zu Wien. — Einen höhern Rang nehmen natürlich solche Bilder ein, welche Michelangelo unter seinen Augen ausführen liess, namentlich durch Fra Sebastiano del Piombo. Das wichtigste derselben ist die Auferweckung des Lazarus in der Nationalgallerie zu London; dann folgt die Geisselung Christi in S. Pietro in montorio zu Rom, in Oel an die Wand gemalt, wovon man eine kleine Wiederholung im Pal. Borghese findet. Auch die Kreuzabnahme des Daniele da Volterra in Trinità de' Monti in Rom soll der Erfindung nach von Michelangelo sein.

Ausserdem sind noch eine grosse Anzahl höchst werthvoller Handzeichnungen von Michelangelo vorhanden. Sie sind meist mit schwarzer, einige auch mit rother Kreide gezeichnet und es gibt sich darin ein vorwaltendes Bestreben nach Form und Modellirung sehr auffallend kund. Verschiedene sind mit dem tiefsten Naturgefühl im Einzelnen durchgebildet. In England findet man ihrer eine grosse Menge. Eine Zeichnung des sogenannten Traums des Michelangelo, einige Studien zu der bekannten Composition des Christus am Kreuz und eine Röthel-Zeichnung des Modells zur Figur des Haman in der sixtinischen Kapelle, im Besitz der Kunsthändler Gebr. Woodburn zu London. Das brittische Museum zu London verwahrt mehrere Studien nach der Natur zu einzelnen Propheten und der Figur des Adam, dem Gott das Leben einhaucht, in der Sixtina; den Entwurf zu einer heil. Familie u. s. w. In der Sammlung der Handzeichnungen im königl. Palaste zu London sieht man gegen 30 Originalzeichnungen Michelangelo's, worunter: die Werke des Herkules, drei Zeichnungen in Rothstein; die Laster, welche nach der Scheibe schiessen (gest. v. Beatrizet); das sogenannte bacchanalische Kinderfest; Phaeton wird vom Sonnenwagen zur Erde geschleudert; die Auferstehung Christi; Prometheus; ferner verschiedene Studien zu einzelnen Figuren aus den sixtinischen Gemälden, und einzelne Köpfe. Unter den Handzeichnungen des Herzogs von Devonshire in Chatsworth befinden sich mehrere Entwürfe zu Figuren an der Decke der sixtinischen Kapelle und eine flüchtige Skizze zu einer Madonna mit dem Kinde. Die Sammlung von Handzeichnungen im Christ Church College zu Oxford besitzt eine Darstellung aus Dante's Hölle in einer sehr flüchtigen Federzeichnung, mehrere Entwürfe zur Façade eines Hauses und ein grosses Blatt mit verschiedenen anatomischen Studien. Ein grosser Carton, eine heil. Familie vorstellend, lebensgross in schwarzer Kreide ausgeführt, war im Besitz des Sir Thomas Lawrence in London. Im Pal. Buonarotti zu Florenz sind eine Anzahl Zeichnungen von Michelangelo ausgestellt, unter denen die einer säugenden Madonna besonders schön ist, auch ein früherer Entwurf des Weltgerichts verdient Würdigung; wenn Michelangelo jedoch auch das dort befindliche grosse Bild der heil. Familie begonnen hat, kann es, der vielen Verzeichnungen und Roheiten wegen, nicht von ihm ausgemalt worden sein. Die Brera in Mailand enthält das früher in Raphaels Besitz befindliche sogenannte Götterschiessen, il bersaglio de' Dei. Viele Zeichnungen Michelangelo's, die früher in der Sammlung Wilhelm's II., König der Niederlande, waren, kamen in die Hände des Kunsthändlers Woodburn zu London. — Ein

Exemplar von Dante's göttlicher Komödie mit breitem Rande, auf den Michelangelo die schönsten Stellen des grossen Gedichts mit der Feder gezeichnet hatte, zuletzt im Besitz des Bildhauers und Architekten Montausi (gest. 1740), ging zwischen Livorno und Civita vecchia bei einem Schiffbruche zu Grund.

Michelangelo's Gedichte wurden zuerst von seinem Neffen im Jahr 1623 durch den Druck veröffentlicht und seitdem mehrfältig herausgegeben. Eine deutsche Uebersetzung von Gottl. Regis mit beigedrucktem italienischem Text erschien 1842 in Berlin.

Literatur. Vasari, Leben der ausgezeichnetsten Maler, Bildh. und Baumeister. — Ascanio Condivi, Vita di Michelangelo Buonarotti, Roma 1553. — Quatremère de Quincy, Histoire de Michelangelo Buonarotti, Paris 1835. — Cicognara, Storia della scultura, Venez. 1813- 18. — Lanzi, Geschichte der Malerei in Italien. — Fiorillo, Geschichte der Malerei in Italien. — Speth, die Kunst in Italien. — Hagen, Briefe in die Heimath. — Platner, Bunsen, Gerhard und Röstel, Beschreibung der Stadt Rom. — Dr. Afr. Reumont, Ein Beitrag zum Leben Michelangelo's Buonarotti. — Kugler, Handbuch der Kunstgeschichte. — Kugler, Handbuch der Geschichte der Malerei — Passavant, Kunstreise durch England und Belgien. — Waagen, Kunstwerke und Künstler in England. — Waagen, Kunstwerke und Künstler in Paris. — v. Rumohr, Italienische Forschungen. — Dr. Giov. Gaye, Carteggio inedito d'Artisti dei secoli XIV, XV, XVI. Firenze. — Dr. E. Guhl, Künstlerbriefe. — Jac. Burckhardt, Der Cicerone. — Abbildungen nach Michelangelo's Werken findet man in: Landon, Vies et oeuvres des peintres de toutes les écoles. — Cicognara, Storia della Scultura. — Seroux d'Agincourt, Histoire de l'art par les monumens. — Denkmäler der Kunst. Bilderatlas zu Kuglers Kunstgeschichte. — Verzeichnisse der nach ihm gefertigten Kupferstiche: Nachrichten von Künstler- und Kunstsachen. Leipzig, 1768. Band I. — Rud. Weigels Kunstkatalog.

Buonasone, siehe **Bonasone.**

Buonconsigli, Giovanni, genannt **il Marescalco**, ein Maler der zu Ende des 15. Jahrhunderts blühenden venetianischen Schule, der anfänglich mehr im Sinne der damaligen Paduaner Meister malte, sich aber später ganz an Bellini's Weise anschloss. Ein von ihm für S. Giovanni e Paolo gemaltes Altarbild: den h. Thomas von Aquino vorstellend, ist wahrscheinlich zu Grund gegangen. In Venedig sieht man von ihm noch: einen Christus mit zwei Heiligen in S. Spirito, und die h. h. Laurentius, Sebastian und Rochus in S. Giacomo dall' orio, beides prächtige Farbenbilder.

Buonfiglio, siehe **Bonfigli.**

Buoni, Silvestro de', der Sohn eines minderbegabten Malers Buono de' Buoni, der anziehendste unter den neapolitanischen Künstlern, welche um den Schluss des 15. Jahrhunderts blühten, bildete sich in der Schule des Zingaro und der Donzelli. Sein schönstes Gemälde, die h. Jungfrau, zu ihren Seiten der h. Joseph und die h. Restituta, in der mit dem Dome zu Neapel verbundenen alten Basilica S. Restituta, hat einestheils die auffallendste Verwandtschaft mit den Arbeiten der umbrischen Schule, andererseits nähert es sich der lebenvollen heiteren Weise der Venetianer jener Zeit. Die Gestalten sind schön und würdig, voll liebenswürdiger Anmuth und milden Ernstes, aber ohne Befangenheit und perugineske Manier. Aehnliche Werke des Silvestro findet man in anderen Kirchen, namentlich eine Himmelfahrt Christi im Monte Oliveto; im Museum von Neapel sieht man einen Tod der Maria von ihm.

Buoninsegna, siehe **Duccio.**

Buono, Bartolommeo Bergamasco, Architekt und Bildhauer, gest. 1529, erbaute zu Ende des 15. Jahrhunderts die Procurazie vecchie am Marcusplatze und 1517 die Scuola di S. Rocco in Venedig. Die Statue des Dogen Franc. Foscarini wird ihm gleichfalls zugeschrieben.

Buono, Bildhauer und Architekt, von dem man weder Geburtsjahr noch Vaterland kennt, der aber einen grossen Ruf besessen, da er in verschiedene Städte Italiens zur Ausführung von Bauten berufen wurde. So errichtete er in Ravenna viele Paläste und Kirchen, gründete Castell Capoana und Castell dell' Uovo zu Neapel, baute den um 1154 vollendeten St. Marcusthurm in Venedig, die Kirche des h. Andreas zu Pistoja und entwarf die Pläne zur Vergrösserung von S. Maria Maggiore. Vasari erzählt, dass er um 1152 auch mehrere Bildhauerarbeiten ausgeführt haben soll.

Buontalenti, Bernardo, genannt **Bernardo delle Girandole**, ein höchst vielseitig gebildeter Künstler, geb. zu Florenz 1536, gest. 1608, war Maler in Oel und en miniature, Bildhauer, Civil- und Militärbaumeister und ein sehr erfindungsreicher Theatermaschinist. Als Knabe, nach einer Ueberschwemmung des Arno im Jahr 1547, bei der alle seine Angehörigen umkamen, vom Herzog Cosimo de' Medici an Kindesstatt angenommen, genoss er eine sehr sorgfältige Erziehung und den Unterricht in der Malerei bei Salviati, Bronzino und Vasari. Sein frühzeitig hervortretendes Talent für alle Zweige der Kunst — er hatte schon in seinem 15. Jahre ein treffliches Krucifix in natürlicher Grösse zu Stande gebracht — neigte sich bald vorzugsweise der Baukunst zu, auf welchem Gebiete er eine besonders glänzende Thätigkeit entfaltete. Er führte eine ungeheure Menge von Bauten aus, von denen als die vorzüglichsten bezeichnet werden: das herzogl. Lusthaus Pratolino, mit kunstreichen Wasserwerken; das Casino hinter S. Marco, ein Palast, der mit der grössten Einfachheit einen ungemeinen Reichthum und heitere Anmuth der Formen verbindet; die Gallerie oder das Museum und die Paläste Piazza, Acciavoli; die Façade von S. Trinita zu Florenz; der Palast des Grossherzogs zu Pisa u.s.w. Als Kriegsbaumeister baute er die Festungen Belvedere zu Florenz und Porto-Ferrajo zu Neapel; befestigte er ferner Livorno, Grossetto, Pistoja und Prato und als Oberingenieur von Toscana, wozu er ernannt worden war, liess er durch das ganze Land Brücken und Dämme aufführen. Endlich soll er mehrere Kriegsmaschinen erfunden und die erste Idee zu den Bomben und Mörsern gegeben haben, aber auch nicht minder geschickt in der Erfindung, Leitung und Ausführung der friedlicheren Künste in ihrer Anwendung auf Dekorationen für öffentliche Feste, für Theater und dergl. gewesen sein. Als Maler fertigte Buontalenti für Francesco von Medici eine Menge Miniaturbildnisse und Gemälde in der Weise des Giulio Clovio, der ihn in dieser Kunst unterrichtet hatte. Nach seinen Zeichnungen wurde für denselben Fürsten ein Schreibtisch mit Feldern von Ebenholz, Säulen von Heliotrop, Jaspis und Lapis Lazzuli, mit Verzierungen aus Silber und Edelsteinen, mit Miniaturmalereien u. s. w. geschmückt, ausgeführt. — Buontalenti bildete zu Florenz eine öffentliche Schule, in welcher die Bau- und Bildhauerkunst, die Malerei, Perspektive, Mechanik, der Festungsbau, das Geniewesen gelehrt wurden und aus der berühmte Männer hervorgingen.

Literatur. Quatremère de Quincy, Dictionnaire historique d'Architecture. — Museo fiorentino, woselbst auch sein Porträt im Stich.

Bupalos, altgriechischer Bildhauer aus Chios, der Sohn des Anthermos und Bruder des Athenis, blühte um 530 v. Chr. Geb. und führte mit diesem zu Chios, Delos und Lesbos verschiedene Werke aus. Zu Lasos, auf Kreta, zeigte man ein Bild der Diana von ihrer Hand und in Chios selbst ein Gesicht derselben Göttin, das, hochaufgestellt, den Eintretenden traurig, den Herausgehenden erheitert angeblickt habe. Zu Rom sah man Werke von ihnen am palatinischen Apollotempel. Dem Bupalos allein werden zugeschrieben: bekleidete Chariten im Heiligthum der beiden Nemeses zu Smyrna und zu Pergamos im Gemache des Attalos; die Tyche mit dem Polos auf dem Haupte und dem Horn der Amalthea in der einen Hand, zu Smyrna. Beachtenswerth ist die Vorliebe des Augustus für ihre Arbeiten; er liess mehrere umfangreichere Werke von ihnen nach Rom kommen und schmückte damit verschiedene Gebäude. Bis auf unsere Zeit scheint sich keines von ihnen erhalten zu haben.

Burani, Francesco, Maler um 1600 zu Reggio, von dem aber nur ein geistreich radirtes Blatt in der Manier von Ribera bekannt ist, ein Silen.

Burch, Albertus van der, ein Historien- und Porträtmaler, der, 1672 zu Delft geboren, ein Schüler von Verkolje und van der Werff war und längere Zeit am Hofe des Kurfürsten von der Pfalz arbeitete.

Buren oder **Buyren, Johann von**, Werkmeister von Köln und Vetter des nachfolgenden Dombaumeisters, war höchst wahrscheinlich der Erbauer des 1441 begonnenen Gürzenichs zu Köln.

Buren, Nicolaus von, gest. 1445 zu Köln, war längere Zeit Dombaumeister.

Burg, Adriaan van der, Maler von Dortrecht, gest. 1733, 40 Jahre alt, ein Schüler von Arnold Houbraken, zeichnete sich besonders durch gelungene Porträts und Gesellschaftsbildnisse aus. Zu seinen besten Arbeiten gehören die Porträts der 17 Münzdirektoren zu Dortrecht auf einem Blatt.

Burgdorfer, Daniel, Kupferstecher und Aetzer zu Bern, Schüler von F. Geisler, fertigt sehr gelungene Kupferstiche, wie u. A. seine 6 Blätter: Katzen, Bären und spielende Kinder, nach Gottfried Mind (1823) beweisen.

Burgkmair, Hans, der Sohn des Thoman Burgkmair, geb. 1472 zu Augsburg, gest. 1559 daselbst, nächst H. Holbein, dem älteren, der wichtigste Meister der altaugsburgischen Schule, der vom Ende des 15. Jahrhunderts bis um die Mitte des 16. durch seine erstaunliche Fruchtbarkeit in Bildern und Zeichnungen für Holzschnitte unter allen Malern seiner Vaterstadt die grösste Thätigkeit entfaltete, die bedeutendste Rolle spielte. Er erlernte die Kunst bei seinem Vater und stand später mit Dürer in vertrauter Freundschaft, bildete sich jedoch ganz selbstständig aus, obschon sich nicht verkennen lässt, dass letzterer auf die Behandlungsweise seiner späteren Gemälde, insbesondere aber seiner Zeichnungen für die Formschneider nicht ohne Einfluss geblieben, was wohl die Folge des längeren Aufenthalts Burgkmair's in Nürnberg und mehrerer gemeinschaftlich mit Dürer ausgeführten Arbeiten für den Kaiser gewesen sein mag. Seine Bilder haben einen höchst eigenthümlichen Charakter von Würde und Grossheit, wenn gleich in seinen Gestalten der Ausdruck des Heiligen, ja der tiefere Ernst nicht immer vorherrscht; sie überraschen oftmals durch die Schönheit und das Ergreifende der Motive, die Anmuth in den Bewegungen und einen gewissen Adel in den Gesichtsbildungen. Ausgerüstet mit einem grossen Talent, einer festen Hand und bewundernswürdiger Geschicklichkeit im Vollenden, schaffte er sich einen Styl, der mehr auf derbe Charakteristik als Schönheit ausging. Für diesen Mangel des Idealen entschädigt er aber durch die Gabe einer wunderbar frischen Auffassung des Lebens. Später erlag auch er mehr dem italienischen Einfluss, wodurch er in eine gewisse Manier verfiel und öfters, statt in geistiger Tiefe, sich in Ueberschwänglichkeit gefiel. Seine Figuren haben schlanke Verhältnisse, die Glieder sind etwas mager, die Hände spitzig, aber gut bewegt, die Gewänder massig gehalten und gut modellirt. Mit den Vorzügen dieser Auffassungs- und Darstellungsweise verbindet er eine äusserst harmonische Färbung und Abstufung, bisweilen auch das liebevolle Eingehen auf das Einzelne, ein treffliches Helldunkel und eine sehr ausgebildete Modellirung. Auf den meisten seiner Bilder ist die Composition schraffirt auf die Tafel gezeichnet — was sich noch öfters durch die dünn aufgetragenen Farben erkennen lässt — eine Behandlungsweise, die auch H. Holbein, der ältere, und Dürer befolgten.

Von seinen Werken haben sich noch viele in seiner Vaterstadt erhalten. Drei Bilder mit den Hauptkirchen Rom's, die er für den Kreuzgang des Katharinenklosters in Augsburg malte, befinden sich jetzt in der dortigen Gallerie. Auf dem ersten mit St. Johann im Lateran ist die Geschichte Johannes des Evangelisten dargestellt; das zweite mit der S. Peterskirche zeigt den Apostel Petrus in päpstlicher Priesterkleidung, rechts von ihm Maria mit dem Kinde, umgeben von den vierzehn Nothhelfern, in der obern Abtheilung Christus auf dem Oelberg; das dritte mit der Basilica Santa Croce in Gerusalemme enthält in der obern Abtheilung: eine Kreuzigung Christi mit vielen Figuren, in der untern: die Legende der h. Ursula mit der Inschrift: Hans Burgkmair. M. (Maler) vo Augspurg. Anno 1504. Noch ein anderes interessantes Bild des Meisters, bezeichnet: J. Burgkmair pingebat 1501, ein sogenanntes Bild des Rosenkranzes oder der Königin der Heiligen, sieht man in derselben Gallerie. Eine ebenfalls für das Katharinenkloster ausgeführte Kreuzigung von kleinerem Format mit Flügeln (mit der Jahrszahl 1519) zeigt dagegen Burgkmair bereits unter italienischem Einfluss. Seine ebendaselbst befindliche Niederlage der Römer bei Cannä, im Ritterkostüm des 16. Jahrhunderts, aber ist, obgleich es auch hier nicht an einzelnen geistreichen Motiven fehlt, ein unerquickliches Bild. Auch ein Epitaphium in der S. Annenkirche seiner Vaterstadt mit der Befreiung der Seelen aus der Vorhölle durch Christus, ist für die spätere Kunstweise des Meisters (wahrscheinlich vom Jahr 1533) charakteristisch, und gleich den zwei kolossalen Flügelthüren der Orgel in der S. Annenkirche zu Augsburg (vom Jahr 1512), die Himmelfahrt Christi und der Maria darstellend, übertrieben und manierirt. Die beiden kleineren Flügelbilder an derselben Orgel sind von einem Schüler des Thoman Burgkmair, Namens Lucas

Comburger gemalt. Nächst Augsburg besitzt Nürnberg die meisten Bilder von Bedeutung von Hans Burgkmair. In der Moritzkapelle daselbst sieht man: den heil. Christoph mit dem Jesuskinde auf den Schultern und den heil. Veit mit einer flammenden Blume in einem Gefäss (bezeichnet JOANN BVRGMAIR FACIEBAT. AN. MDV); den heil. Sebastian mit dem Kaiser Diocletian unter einem Portal (bezeichnet JOANN. BURGKMAIR. PICTOR. AUGUSTANUS. FACIEBAT. MDV); Maria, unter einem Baume sitzend, reicht dem Kinde eine Traube (mit der Bezeichnung JOHS. BURGMAIR PINGEBAT. IN. AVGVSTA. VINDELICORUM. MDX), eines der schönsten Kabinetbildchen des Meisters, nur die Formen des Jesusknaben, welcher Meister Hans überhaupt selten gelang, sind nicht schön; ferner die Vermählung und Darstellung Mariä im Tempel, zwei Bilder (bezeichnet H. B. 1512), die wahrscheinlich von Gesellen in seiner Werkstatt ausgeführt wurden. Die Sammlung des Landauerbrüderhauses daselbst verwahrt von ihm: eine Frau mit zwei Kindern, eines der seltenen Bilder, worin Burgkmair Vorgänge aus dem häuslichen Leben darstellt (mit der Jahrzahl 1541; dort Hans Oldenburg genannt) und eine Anbetung der Hirten. Eines der vorzüglichsten Bilder Burgkmair's befindet sich im Besitz des Kaufmanns Hertel, ebenfalls zu Nürnberg: Maria mit dem Kinde auf einem Marmorthrone, in einer Landschaft (bezeichnet M. D. VIIII. Johannes Burgkmair pingebat), voll Adel in den Formen, von ächtjungfräulichem Ausdruck und ungemeiner Gluth, Tiefe und Klarheit der Färbung, nur das Kind von seltener Hässlichkeit. Trefflich ist auch das Bildniss eines Herzogs von Sachsen auf der Burg zu Nürnberg (dort dem Hans von Kulmbach zugeschrieben). Unter seinen Bildern in der Münchner Pinakothek ist besonders der Johannes auf Patmos von hohem Werthe. Ausserdem findet man in derselben Gallerie noch andere bemerkenswerthe Gemälde von ihm: die Schlacht bei Zama; die Königin Esther, bei ihrem Gemahl um Gnade für die Israeliten flehend; den h. Erasmus; den h. Nicolaus, Almosen vertheilend; den h. Johannes, den Täufer; vorzüglich aber das Porträt des Dr. Joh. Geiler von Kaiserburg (vom Jahr 1510) und die Bildnisse des Herzogs Wilhelm IV. von Baiern und seiner Gemahlin. Auch das Museum zu Berlin besitzt einige Bilder des Meisters: einen Altarflügel mit dem h. Ulrich; einen andern mit der h. Barbara; Maria mit dem Kinde, welchem der h. Joseph eine Traube reicht (bezeichnet Jo Burgkmair Pingebat In Augusta Regia 1511); Maria mit dem Kinde, in einer heiteren Landschaft, von den h. h. Katharina und Barbara umgeben, im Vordergrund sieben Engel mit Spruchzettel, auf denen die Namen: Glaube, Liebe, Hoffnung und die vier Kardinaltugenden stehen (bezeichnet B. 1512); den h. Hieronymus, der sich in seinem Studirzimmer mit einem Stein kasteit. Auf Burgkmair's eigenhändigem Porträt nebst dem seiner Frau in der Gallerie des Belvedere zu Wien steht: JOANN BVRGMAIER MALER LVI JAR ALT, und darunter: ANNA ALLERLAHN GEMAHEL LII JAR ALT. MDXXVIII, woraus man mit Gewissheit das Jahr seiner Geburt, das früher schwankend angegeben wurde, erfuhr. Endlich wissen wir noch im Besitz des Domherrn v. Hirscher in Freiburg: die Beweinung des Leichnams Christi, mit der Bezeichnung: Jo Burgkmair pingebat. Auch Miniaturen von ihm kennt man, wie namentlich einen Triumphzug Maximilian's in der kaiserl. Bibliothek zu Wien. Ein anderes interessantes derartiges Werk ist Eigenthum des Fürsten von Hohenzollern-Sigmaringen. Dasselbe stellt in einer Reihe von Gemälden, in Wasserfarben (zur Verherrlichung der am 9. Jan. 1553 in Augsburg abgehaltenen Hochzeit des Grafen Jacob von Montford mit Katharina Fugger angefertigt), die bei verschiedenen Turnieren geübten Kämpfe zu Fuss und zu Ross dar, wie solche im Laufe des 15. und bis über die Hälfte des 16. Jahrhunderts üblich waren und besteht aus 52 Blättern (herausgegeben von J. v. Hefner. Frankfurt a. M. Schmerber'sche Buchhandlung).

Burgkmair war ein ausserordentlich fleissiger Künstler und es mögen wohl noch lange nicht alle seine Bilder bekannt sein. Ueberdiess hat er zu mehr als 700 Holzschnitten die Zeichnungen gemacht, auch wohl manche derselben selbst in Holz geschnitten. Sodann kennt man von ihm eine geätzte Platte, Venus und Merkur darstellend, und zwei Kupferstiche. Für Kaiser Maximilian fertigte er den weisen Kunig in 237 Blättern, wovon 24 sein Zeichen H. B. tragen, und den grossen Triumphzug desselben Kaisers, ein Werk, das alle Stände und Geschlechter, Bauern und Bürger, Ritter und Knechte, Fürsten und Grosse des Reichs, Kriegsleute und Spielleute aller Art, alle dem deutschen Scepter unterworfenen Nationalitäten, wie den Kaiser und seine Räthe jener Zeit, mit ungemeiner Wahrheit vorführt. Er arbeitete an demselben mit Albrecht Dürer, doch enthalten die meisten Blätter sein Zeichen. Unter einer Menge anderer Arbeiten ist ferner der, ebenfalls in Gemeinschaft mit Dürer unternommene berühmte Tewrdank anzuführen. Von den h. Männern und Frauen, entsprossen aus der Familie des Kaisers Maximilian, aus 150 Abbildungen nach seinen Zeichnungen bestehend, kam im Jahr 1799 ein Wiederabdruck von 119 Platten heraus. Zu den schönsten Holzstichen, welche man ihm zuschreibt, zählt man: Hieronymus Baumgartner (1522); den h. Georg zu Pferd (Helldunkel); den h. Radian, wie er von zwei Wölfen angefallen wird; einen Christuskopf auf dem Schweisstuch; den Todesengel; Maximilian I. (1518); Julius II. (1511).

Seine Söhne Friedrich und Hans, welche noch um 1570 bis 1575 vorkommen, waren ebenfalls Maler, besassen aber, aus ihrem gemeinschaftlich um das Jahr 1534 ausgeführten Bilde des Christus im Limbus in der S. Annenkirche zu Augsburg zu schliessen, nur ein geringes Kunsttalent, das sich in abenteuerlichen Darstellungen gefiel und auch schon völlig zur Manier einer verkehrten Nachahmung der Italiener übergegangen war.

Literatur. Waagen, Kunstwerke und Künstler in Deutschland. — Förster, Geschichte der deutschen Kunst. — Heller, Geschichte der Holzschneidekunst. — Bartsch, Le peintre graveur.

Burgkmair, Thoman oder **Thomas**, Vater des Hans Burgkmair und Schwiegervater des älteren Holbein, 1460 in den Zunftbüchern der Augsburger-Maler verzeichnet, gestorben 1523, soll die zwei, von Bürgermeister Walther 1480 gestifteten Tafeln (gegenwärtig an den Pfeilern gegenüber dem Chor im Dom zu Augsburg), Christus zu S. Ulrich sprechend und Maria mit der h. Elisabeth von Thüringen und der Frau des Donators gemalt haben, Bilder, die mit ihrer derben Ausführung, den weiten starkfaltigen Gewändern mehr an die Holzschnitzereien jener Zeit erinnern, als dem strengen Styl der damaligen Malerei entsprechen. Die Behandlungsweise mit ihrer Färbung von tiefen schwerbraunen Schatten und hellen scharfen Lichtern schliesst jedoch eine gewisse Würde nicht aus. Ein Gemälde in der Augsburger Gallerie, ursprünglich für das dortige Katharinenkloster bestimmt, die h. h. Sebastianus und Laurentius darstellend, verräth dieselbe Hand, kann aber nicht mit Gewissheit Thoman Burgkmair zugeschrieben werden. Ebenso verhält es sich mit einem Gemälde der Pinakothek in München, die h. h. Liberius und Eustachius darstellend, das dort, als von Hans Burgkmair gemalt, angeführt wird.

Burgschmiet, Daniel, Bildhauer und Erzgiesser zu Nürnberg, der Sohn eines Steinhauers, geb. 1796, erlernte Anfangs die Drechslerei, übte aber frühe schon sein Talent in allerhand kleinen geschnitzten Figuren an einem, gemeinschaftlich mit dem Steinzeichner C. P. Buchner zu Stande gebrachtem Automatenkabinet und anderen artigen Spielereien, bis es ihm gelang, dasselbe unter Reindel's Leitung für die Bildhauerkunst auszubilden. Seine ersten öffentlichen Arbeiten waren ein paar Standbilder für das neu errichtete Waisenhaus zu Nürnberg, nach Heideloff's Zeichnungen. Hierauf nahm er thätigen Antheil an der Wiederherstellung des schönen Brunnens, der Jacobskirche u. s. w., führte 1826 nach Heideloff's Zeichnung das lebensgrosse Standbild Melanchton's, nächst der Aegidienkirche zu Nürnberg, aus, und studirte sodann unter Crossatière in Paris die Erzgiessekunst, in welcher er es binnen kurzer Zeit zu einem der ersten Meister in diesem Fache brachte. Er goss das Dürerdenkmal, nach Rauch's Modell (1846); das Beethovensdenkmal zu Bonn (1844), nach Hähnel's Modell; die reich mit Bildwerk geschmückten Bronzethüren der Göthegallerie im Schlosse zu Weimar, nach den Zeichnungen von Neher von Angelica Facius modellirt; die Statue Kaiser Karl IV. zu Prag (1849), nach Hähnel's Modell; das Denkmal des badischen Ministers Winter in Karlsruhe (1851), nach dem Modell von Reich; Luther's Denkmal zu Möhra (1853), nach dem Modelle von Miller in Meiningen und eine Menge Grabdenkmäler, unter denen besonders das des Fürstbischof von Würzburg, Freiherrn von Fechenbach erwähnt zu werden verdient. Kleinere Arbeiten des genialen Meisters sind: der ebenso schwierige als vortrefflich gelungene Guss eines prachtvollen Jagdpokal's, nach Conradi; die Statuetten Napoleon's und Peter Vischer's u. s. w.

Burke, Thomas, geb. in England um 1746, gest. zu London im Anfang dieses Jahrhunderts, ein Zeichner und Arbeiter in Schwarzkunst und punktirter Manier, zu dessen vorzüglichsten Blättern gehören: Cleopatra schmückt das Grab des Marcus Antonius mit Blumen (1772); Telemach, am Hofe von Sparta, erfährt seines Vaters Unfälle (1773); Penelopé erweckt die Eryclea mit der Nachricht von Ulysses Rückkunft (1773); Cupido findet Aglaja schlafend und fesselt sie mit einem Lorbeerkranz (1774); Andromache am Grabe Hektor's; sämmtlich nach Angelika Kaufmann; die Bataille von Agincourt, nach J. H. Mortimer, 1783.

Burnet, John, geb. 1787 zu London, ein trefflicher Genremaler und ausgezeichneter Stecher mit der Nadel und dem Grabstichel zu London, zu dessen vorzüglichsten Blättern man zählt: die Pensionäre von Chelsea — Invaliden, die in der Zeitung den Bericht über die Schlacht bei Waterloo lesen — nach Wilkie (1836); die Pensionäre von Greenwich, nach seinem eigenen Gemälde; the Battle of Waterloo, nach J. A. Atkinson und A. W. Devis; the Cotters Saturday Night, nach seinem eigenen Gemälde; John Anderson, nach eigenem Bilde; die Testamentseröffnung und der blinde Violinspieler, beide nach Wilkie; the Duke of Wellington writing his dispatches in the Peninsula (1839); Sir Walter Scott in seinem Studirzimmer zu Abbotsford, nach W. Allan, (1835); Robert Burns in his Cottage, nach Demselben (1838); a Family saved from Shipwrack (1828); the Vicar of Wakefield, nach G. S. Newton; the School, nach Wilkie; 8 Blätter nach den Cartons von Raphael in Hampton-Court.

Burnier, Richard, Maler aus Holland, fertigt zu den Kunstausstellungen recht brave Landschaften, besonders Waldparthien, welche, bei einiger Flüchtigkeit, ein leichtes und elegantes Talent zeigen. Auch seine Porträts werden gerühmt.

Burton, Decimus, einer der ausgezeichnetsten Architekten unserer Zeit in London, der das Athenäum, den Triumphbogen und die Eingänge des Hydeparks erbaute und die Pläne zu Clarence und Cornwall Terrace und Herfords Villa entwarf. Seine Bauten zeichnen sich gegenüber der Kahlheit, Kälte und Armuth der meisten neueren anglogriechischen Bauwerke durch eine reichere Gliederung und Ornamentik aus. Am Athenäum ist nicht nur der Styl streng durchgeführt, sondern auch der Fries mit einer Copie des Frieses vom Parthenon verziert.

Bury, siehe **Bueri.**

Bus, siehe **Bos.**

Buschetto, soll ein Architekt des 11. Jahrhunderts gewesen sein, dem man, jedoch ohne genügenden Grund, den Bau des Domes von Pisa zuschreibt.

Literatur. Quatremère de Quincy, Dictionnaire historique d'Architecture.

Buschmann, Gustaaf, geb. 1818 zu Antwerpen, bildete sich bei Fr. de Brackeleer. Er malt sogenannte historische Genrebilder mit glänzenden Effekten. Bekannt ist er namentlich geworden durch seinen: Karl III. und sein Sohn auf dem Schlachtfeld von Crecy, und den Sturm des Richard Löwenherz auf Schloss Torquilstone, nach Walter Scott's Ivanhoe.

Bushnel, John, ein englischer Bildhauer, gest. 1701, der seine Ausbildung hauptsächlich seinen Reisen in Frankreich und Italien, wo seine Arbeiten zu Rom und Venedig Aufsehen erregten, verdankte, und nach seiner Rückkehr u. A. die Statuen Karl I. und Karl II. für die königl. Bank ausführte.

Busink, Ludwig, geb. zu Minden um 1590, ein vorzüglicher Formschneider, der um 1640 zu Paris arbeitete, wo er der erste war, welcher in Frankreich Blätter in Helldunkel, die ihm besonders glücklich gelangen, ausführte. Unter seine besseren Blätter gehören: Moses, ganze Figur; die h. Evangelisten Matthäus und Johannes, Halbfiguren; die h. Evangelisten Marcus und Lucas, Halbfiguren; eine h. Emilie von Engeln bedient, der h. Johannes sitzt auf einem Lamme, Gruppe von 7 Figuren (1643); Aeneas trägt seinen Vater Anchises aus dem Brand von Troja; Christus und die Apostel, 13 Blätter, sämmtlich nach Lallemand und ein Blatt: der Lautenspieler, oben mit der Schrift: L. Businck pinxit et scul. in Münden, 1630. Andere Blätter von ihm sind mit L B fec. bezeichnet.

Busse, Georg, geb. zu Hannover, ein trefflicher Landschaftsmaler, Kupferätzer und Stecher, der sich viele Jahre in Rom aufhielt, und nach seiner Rückkehr im Jahr 1845 Hofkupferstecher in seiner Vaterstadt wurde. Seine italienischen Landschaften, in Oel und Aquarell, zeichnen sich durch tiefe Naturstudien und effektvolle Beleuchtung aus. Sie sind grossentheils von ihm selbst radirt. Zu seinen vorzüglichsten Blättern gehören: Ansicht der Stadt Pompeji mit dem Ausbruche des Vesuv's im Jahr 1838, von Busse, nach der Natur gemalt und gestochen (Rom 1840); Partie am Königssee (1834); 16 Blätter malerische Radirungen verschiedener Gegenden Italiens (Rom 1840—42); Apollo unter den Hirten, nach Koch (1838).

Bussemacher, Johann, kölnischer Kupferstecher, Kunstverleger und Buchdrucker, arbeitete ungefähr 1580—1613. Ausser zahlreichen Kupferwerken, welche bei ihm erschienen, und einigen Heiligenbildern, welche er selbst stach, verdankt man ihm das seltene Blatt mit der vom Scheintod erstandenen Frau Richmuth, nach einem früher in der Apostelkirche befindlichen, 1785 mit letzterer zerstörten, Wandgemälde gestochen. Seine Blätter sind bezeichnet: Jans. Busse., J. Bussm., Jo Buss, Johan Bussemec., I. Busem., Johan Buss. ci. et typ. coloniensis. Joh. Bussem. excudit.

Busti, Agostino, genannt **Bambaja**, Bildhauer und Bildschnitzer, um 1470 im Mailändischen geboren, ein höchst bewundrungswürdiger Künstler, der, wenigstens hinsichtlich der fleissigen Ausführung der kleinsten Details, in Italien seines Gleichen nicht hat, besonders in sauber durchgeführten Arbeiten von kleinerer Dimension. Sein Hauptwerk war das, durch die feinste, zierlich phantastische Ornamentik ausgezeichnete Grabmonument des 1512 in der Schlacht bei Ravenna gefallenen Gaston de Foix in Mailand, das jedoch schon zur Zeit Vasari's zerstreut wurde, und von dem nur einzelne Theile in der Sammlung der ambrosianischen Bibliothek, andere in der Brera von Mailand aufbewahrt werden. Busti fertigte auch das Grabmal der Birighi in S. Francesco zu Mailand und mehrere Arbeiten für die Karthause zu Pavia.

Bustini, Familienname des **Benedetto Crespi** und seines Sohns **Antonio Maria**, Maler aus Como, die im 17. Jahrhundert thätig waren. Von ersterem findet sich eine sogenannte Charitas, eine junge Frau, welche ihrem zum Hungertod verurtheilten Vater die Brust reicht, von guter Zeichnung, glänzendem Colorit und vielem Ausdruck, im Museum zu Madrid (lithographirt in der Collection litographica de Cuadrosl del Rey de España etc.).

Busuttil, Salvator, Kupferstecher zu Rom, geb. um 1800 zu Malta, von dem man u. A.: 34 Blätter, römisches Volksleben in Bildern, rühmt. Seine Blätter sind mit S. B. F., hin und wieder auch mit nebenstehendem Monogramm bezeichnet.

Buterweck, siehe **Bouterweck.**

Butti, Lorenzo, ein trefflicher Marinemaler, der sich durch sehr wohlgelungene Seestücke einen so vortheilhaften Ruf erworben, dass er von Kaiser Ferdinand I. 1847 zum Hofmarinemaler ernannt wurde. Die Gemäldegallerie des Belvedere zu Wien besitzt zwei ausgezeichnete Bilder dieses Meisters.

Buttinoneo de' Butinoni, auch **Bernardino da Treviglio** genannt, Maler, Baumeister und Ingenieur zu Mailand, von dem noch Arbeiten mit den Jahreszahlen 1451—1481 vorhanden sind. Unter den Wandmalereien in der Kapelle des h. Ambrosius in der Kirche S. Pietro in Gessate zu Mailand werden ihm die Darstellungen aus dem Leben des h. Ambrosius zugeschrieben. Sie befinden sich aber in einem so beklagenswerthen Zustand, dass man kein Urtheil über sie fällen kann. Anders verhält es sich in dieser Beziehung mit einem Temperabild in dem Hause Boromeo zu Mailand, die Marter der h. Justina vorstellend, das nicht ohne Interesse ist und eine gewisse Kunstfertigkeit zeigt, aber hart und trocken in den Umrissen, mager in den Formen erscheint.

Buttinoneo, der mit Bramante befreundet war, gedachte den Mailänder Dom, dessen Baumeister er war, in der Weise jenes Meisters auszubauen. Die Wahrheit dieser Angabe bezeugt noch das von ihm zu diesem Behufe gefertigte Modell, welches man in einem Gebäude hinter dem Dom aufbewahrt.

Buyster, Philipp, Bildhauer, ein Schüler von Gilles van Papenhoven, geb. zu Amsterdam 1595, gest. 1688 zu Paris als Mitglied der Akademie. Von den Werken, welche er in Frankreich, wo er sich den grössten Theil seines Lebens aufhielt, ausgeführt, werden besonders gerühmt: das marmorne Grabmal des Kardinal's von Rochefoucault in der Genovefenkirche; die marmornen Büsten desselben Kardinal's und des Bischof's von Bellay im Spital der Unheilbaren; eine Bacchantin und eine Gruppe von Satyrn im Palais Royal zu Paris; die Statuen des Neptun's, der Ceres, des Bacchus zu Versailles.

Buytenweg, Willem, genannt der **Geestige Willem**, Maler und Kupferstecher um 1600 zu Rotterdam, ein Schüler von H. Maartensz, malte Gesellschaftsstücke und Landschaften, die nicht ohne Verdienst sind. Sein Triumphwagen des Prinzen von Oranien wurde von C. Kittenstein gestochen. Seine Gemälde und die nach ihnen von Andern gestochenen Blätter, sowie seine eigenen Blätter, haben zuweilen das nebenstehende Monogramm.

Bye, Marcus de, ausgezeichneter Thiermaler und Kupferätzer, Schüler von J. van der Does, geb. zu Haag 1612, gest. 1670. Er radirte viel nach P. Potter, in dessen Geist er seine Blätter behandelte, und nach eigenen Zeichnungen. Zu den vorzüglichsten seiner zahlreichen Kupferstiche zählt man: den fetten Spitz- oder Wolfshund; den Mauleseltreiber; 16 Blätter Bären, nach Marc Gerard; 8 Blätter mit Bären, Löwen und Wölfen, nach Paul Potter; 8 Blätter Löwen, nach demselben. Sie sind M. D. B. fe. bezeichnet.

Byfield, John, einer der vorzüglichsten jetzt in England lebenden Formschneider. In dem Werke: „The Dance of Death, London 1833" sind die schönsten Holzschnitte, von ihm und Boner; die zu den: „Illustrations of the old Testament, engraved on Wood from drawings by Hans Holbein, London 1830" führte er mit seiner Schwester Mary aus. Auch zu der Prachtausgabe von „Gray's Elegy written in a country churchyard" hat er ausgezeichnete Blätter geliefert.

Byrne, William, Kupferstecher und Aetzer, besonders im Landschaftsfache, geb. zu Cambridge 1746, gest. 1805, bildete sich in Paris unter Wille. Zu seinen vorzüglichsten Blättern gehören: der Wasserfall des Flusses Magare, nach Wilson (1774); der Abend, nach Claude Lorrain (1769); die Flucht nach Aegypten, nach Dominichino; Apollo, die Heerde des Königs Admet hütend, nach P. Lauri: der Tod des Kapitain Cook, nach Webber, die Figuren von Bartolozzi, (1783).

Byss, Johann Rudolph, ein talentvoller Historien-, Landschafts-, Thier- und Blumenmaler, geb. zu Solothurn 1660, gest. 1738 als Hofmaler zu Würzburg, zeichnete sich besonders durch höchst naturgetreue Darstellungen von Thieren und Vögeln aus, welche er häufig in seinen historischen Gemälden anbrachte. Im Jahr 1694 war er in Prag ansässig und im Jahr 1713 wurde er von dem Fürstbischof zu Würzburg, Friedrich Karl von Schönborn, berufen, in Gemeinschaft mit dem Landschaftsmaler Jobst von Cossiau, den Ankauf von Gemälden für die damals neugebildete, später so berühmt gewordene Gallerie in Pommersfelden zu besorgen. Ausser den Fresken im Schlosse daselbst befinden sich in der Gallerie eine Anzahl Staffeleibilder von Byss, unter Anderem eine allegorische Verherrlichung auf die Erbauung des Schlosses und zwei Bilder, das Paradies vorstellend, mit sehr vielen Thieren und Vögeln. In der Schlosskirche zu Würzburg sind von ihm zwei Fresken, die Hölle und der Martyrtod des h. Kilian, in der Schönborn'schen Grabkapelle das Altarbild, die Auferstehung Christi, und in dem sogenannten Spiegelzimmer des Schlosses eine Menge Thiere und Vögel.

Byström, Johann Nicolaus, einer der vorzüglichsten neueren schwedischen Bildhauer und Professor der Akademie der bildenden Künste zu Stockholm, geb. 1783 zu Philippsstadt, bildete sich unter der Leitung des berühmten Sergel in Stockholm, hielt sich 1810—29 mit wenigen Unterbrechungen in Rom auf, und fertigte hier, sowie nach seiner Rückkehr nach Schweden eine beträchtliche Zahl von Werken, unter denen man als die vorzüglichsten rühmt: den ruhenden Bacchanten; die ruhende Juno mit dem Herculeskind an der Brust, ein Ideal üppiger Entwicklung; den Sieg; Venus und Amor; die Nymphe, die in's Bad geht; Hygiea; Pandora, als reizendes junges Mädchen ihr Haar auskämmend; Bacchus; eine Tänzerin; Linne's Statue; Christus nebst der Liebe und Religion (in der Domkirche zu Linköping); die Büsten von Bellmann und Geiger; die Unschuld; die Victoria; die kolossalen Statuen der Könige Gustav II., Adolph's, Karl's X., XI., XII. und XIV. im Reichssaale des k. Schlosses; die Unschuld, mit zwei weissen Tauben; die Victoria u.s.w. Byström's Werke sind meistens pikant und lebendig und zum Theil hübsch ausgeführt, besonders die Köpfe; aber man vermisst häufig den Fluss in der Ausführung und die Kraft, alle einzelnen Theile zu beseelen. Viele seiner Arbeiten gingen auch in's Ausland.

C.

Cabanel, Alexander, einer der talentvolleren jüngeren Historienmaler in Paris. Seine Gemälde: der h. Johannes der Täufer; der Tod des Moses; Velledu u.s.w., die man in den letzten Jahren auf der Ausstellung sah, vereinigen grosse Eleganz in Formen und Behandlung mit einem kräftigen Farbenton und nachdrücklicher Pinselführung.

Cabat, Louis, einer der Gründer der neueren Schule der französischen Landschaftsmalerei und ausgezeichneter romantischer Landschaftsmaler in Paris, hat sich durch seine äusserst zahlreichen, meist italienischen, vielfach dem See von Nemi entnommenen Landschaftsbilder einen bedeutenden Ruf erworben. Seine besseren Bilder, in ächt niederländischem Styl gehalten, zeichnen sich durch Würde der Auffassung, feierliche Einfachheit, wahre Empfindung, wunderbare Naturtreue und äusserst gewandte Behandlung des Baumschlags und Terrains aus. Cabat war einige Zeit in ein Franciskanerkloster eingetreten, und eine trübere Stimmung zeigt sich seit der Zeit in einem Theil seiner Bilder.

Cabel oder **Kabel, Adriaan** oder **Arie van der,** Maler und Kupferstecher, geb. zu Ryswick 1631, gest. zu Lyon 1695, Schüler von J. van Googen, bildete sich in Rom nach italienischen Meistern. Er zeichnete sehr geschickt Landschaften, Figuren und Thiere, im Colorit jedoch verfiel er zu sehr in's Braune. Zu seinen besseren mit: Adr. Van der Cab. ju. et fec. oder mit nebenstehendem Monogramm bezeichneten Blättern gehören: der h. Bruno in einer Landschaft; der h. Hieronymus in einer Landschaft; eine Landschaft mit der ruhenden h. Familie. Sie sind mit sicherer und leichter Hand ganz mit der Nadel vollendet. AK

Cabezalero, Juan Martin, Maler, geb. zu Almaden 1633, gest. 1673, Schüler von Careño in Madrid, von dem man u. A. im Madrider Museum zwei Porträts von Damen sieht, welche auch auf ein hohes Talent in der Historienmalerei schliessen lassen.

Caccia, Guglielmo, genannt **il Moncalvo,** geb. im Novaresischen 1568, gest. um 1625, malte in der Weise der älteren römischen Meister viele Fresken und Oelgemälde für die Kirchen Oberitaliens, wie man u. A. in der Kuppel von S. Vittore in Mailand, in S. Gaudenzio in Novara, in S. Teresa, in La Consolata und in der Kapuzinerkirche in Turin sieht. Caccia war so überaus fromm, dass er nie weltliche Dinge malte, zu Moncalvo ein Ursulerinnenkloster stiftete und fünf seiner Töchter hineinthat, wovon die eine, Magdalena, sich künstlerisch so ausbildete, dass ihre Gemälde für Arbeiten ihres Vaters angesehen werden. Sie starb in hohem Alter 1678. Francesca, ebenfalls Nonne und Malerin, starb 57 Jahr alt.

Cacciatore, Benedetto, Bildhauer und Professor zu Mailand, führte u. A. das grosse Marmormonument des Pabst Felix V. (Herzog Amadeus VIII.) in S. Sudario zu Turin und die 1847 errichtete, von Giovanni Antonio Delavo in Alessandria gestiftete kolossale Statue Napoleon's in Marengo aus.

Caccioli, Giuseppe Antonio, Maler und Kupferstecher, Sohn des Malers Giov. Batista Caccioli (gest. 1675), geb. zu Bologna 1672, gest. 1740, erlernte die Malerei bei den Brüdern Rolli und hinterliess einige gute Bilder in verschiedenen Städten Italiens. Man kennt von ihm drei flüchtig ausgeführte radirte Blätter: eine heil. Familie, nach Simon da Pesara; den Tod der h. Magdalena, nach C. Cignani; Ferdinand Galli Bibiena.

Cades, Giuseppe, Historienmaler und Kupferätzer, geb. zu Rom 1752, gest. 1801, Schüler von D. Corvi, war besonders geschickt in der täuschendsten Nachahmung der Zeichnungen und Gemälde älterer Meister, so dass man seine Copien meistens für Originalien hielt. In seinen eigenen Gemälden, deren er viele für Fürsten und Privaten, Paläste und Kirchen ausführte, vermisst man daher die Einheit des Styls, indem man öfters auf ihnen ebensoviele Nachahmungen verschiedener Meister findet, als Figuren darauf sind. Bekannt sind von ihm zwei radirte Blätter: Leonardo da Vinci, der, von den Meistern Fr. Salviati, A. del Sarto, Primaticcio, Rosso und Benv. Cellini begleitet, in den Armen Franz I. stirbt, und Christus lässt die Kinder zu sich kommen (1785).

Caffi, Ippolito, ein Architekturmaler zu Venedig, besitzt ein aussergewöhnliches Talent in Darstellung von Naturscenen mit eigenthümlichem Lichteffekt. Er malte eine Menge Sonnenverfinsterungen, Mondschein- und Abendgluthaffekte, von denen ein von ihm 1845 ausgeführtes grosses Nachtstück: ein Volksfest auf der Piazetta von Venedig wegen der magischen Beleuchtung durch Mondlicht, Gasflammen und rothes Feuerwerk besonders gefiel.

Cagliari, siehe **Caliari.**

Cagnacci, siehe **Canlassi.**

Cagnola, Luigi, Marquis, Baumeister in Mailand, gest. 1833, erbaute den Triumphbogen zu Mailand, das Theater Fenice, die öffentlichen Gärten und vollendete den königl. Palast (ehemals le nuove proccuratie) zu Venedig. Auch der Glockenthurm zu Urgnano wurde nach seinen Plänen ausgeführt.

Caillouette, Louis Denis, Bildhauer, geb. zu Paris 1791, Schüler von Roland, hat sich durch verschiedene Arbeiten, mehrere Reliefs im Louvre, am Triumphbogen de l'Etoile, in der neuen Magdalenenkirche, eine Statue Karl X., die Büste Ruysdael's und einige Statuen für Kirchen einen geachteten Namen erworben.

Cairo, Francesco, genannt **il Cavalier del Cairo**, geb. 1598, wurde von Morazzone in der Malerei unterrichtet, bildete sich aber später in Rom und Venedig nach den grossen Meistern und erreichte dadurch einen Styl, der Anmuth des Ausdrucks, Artigkeit der Formen, Richtigkeit der Zeichnung mit einem wirkungsvollen Colorit und zarter Pinselführung verband. Vom Herzog Victor Amadeus I. nach Turin berufen, malte er daselbst für Paläste, Villen und Kirchen, und zwar so zur Zufriedenheit der Besteller, dass jener ihm eine jährliche Pension aussetzte und das Ritterkreuz des S. Lazarus- und Maurizius-Ordens verlieh. Hierauf gieng er nach Mailand, wo er verschiedene Kirchen mit Bildern schmückte. Ausser seinem Vaterlande sieht man an Gemälden von ihm: in der Dresdner Gallerie: Venus, mit einem Pfeil in der Hand, auf einem Ruhebette knieend und in der Gallerie des Belvedere zu Wien: ein vorzügliches Bildniss.

Caisne, H. de, siehe **Decaisne.**

Calabrese il Cavalier, siehe **Preti.**

Calabrese, Marco, siehe **Cardisco.**

Calamatta, Luigi, vorzüglicher Kupferstecher, Direktor der Kupferstecherschule zu Brüssel, Ritter der Ehrenlegion und des Leopoldordens, geb. 1802 zu Civita Vecchia, widmete sich unter der Leitung des römischen Malers Giangiacomo sehr früh der Zeichenkunst. Marchetti war als Kupferstecher sein erster Lehrer und unter Ricciani's Augen fertigte er die erste Platte. Im Jahr 1822 ging er nach Paris und schloss daselbst ein Freundschaftsbündniss mit Ingres, dessen erste Frucht das schöne Blatt: das Gelübde Ludwig XIII., nach Ingres, war, das sich den Raphael'schen Stichen von Müller keck zur Seite stellen darf. Während dieser Arbeit gab er die Maske Napoleon's, nach dem Abguss des Dr. Automarchi, heraus, wozu er eine schöne symbolische Umgebung componirte. Auch stach er viele Bildnisse, unter andern das der Mad. du Devant (George Sand), Paganini's, des hannöver'schen Ministers Martin, Herrn Duclos. Die meisten derselben sind nach Zeichnungen von Ingres mit der Roulette gestochen. Auch auf einer Reise nach Holland, 1831, stach er viele Bildnisse ausgezeichneter Personen. Von seinen Reisen nach Florenz, 1836, brachte er die kostbarsten Zeichnungen mit, darunter die Porträts von Raphael und Masaccio und Zeichnungen nach Perugino, Leonardo da Vinci u. a. Im Jahr 1837 erhielt er das Kreuz der Ehrenlegion, und in demselben Jahre noch die Professur an der k. Kupferstecherschule zu Brüssel, und 1840 den Leopoldsorden. Ausser den schon genannten Kupferstichen nennen wir noch besonders: Joconde, nach L. da Vinci (1837); Christus und der wankelmüthige Petrus auf dem Meer, nach Cigoli; die Bildnisse des französischen Ministers Guizot, nach J. Delaroche; des Herzogs von Orleans und des Grafen Molé, beide nach Ingres; Francesca da Rimini, nach Scheffer; Bajazet und der Hirte, nach Dedreux und Dorcy; eine heil. Familie, nach Raphael, für das Kupferwerk der Gallerie Pitti in Florenz. Im Jahr 1851 erschien von ihm eine Sammlung von Porträts berühmter Männer Belgiens in Kupferstichen. — Seine Gattin, Mad. Calamatta, ist gleichfalls Künstlerin. Sie hat ein vorzügliches Porträt ihres Vaters, des Archäologen Raoul-Rochette gemalt und fertigt anmuthige Bilder, welche sich durch reine Zeichnung, Feinheit und Zartheit der Behandlung auszeichnen.

Calame, Alexandre, aus Neufchatel, ausgezeichneter Landschaftsmaler in Genf, Ritter der Ehrenlegion, ein Schüler von Diday in Genf, hat sich durch seine zahlreichen, seit einer Reihe von Jahren auf den Kunstausstellungen erschienenen Landschaften, insbesondere aber auch durch seine Lithographien einen grossen Ruhm erworben. Seine Gemälde, die in allen grösseren öffentlichen und Privatsammlungen angetroffen werden und meistens die grossartige Alpennatur im Kampf der Elemente, in bewegten Situationen oder hoch poetischen Stimmungen, wie u. A. der Montblanc, die Jungfrau, der Mont Rosa, der Mont Cervin, der Wasserfall von Hardeck, der Felsensturz im Haslithal, der Bandeckgletscher u. s. w., machen durch die geistreiche dichterische Auffassung, die treue Charakteristik und Wahrheit, durch treffliche technische Ausführung, durch kräftige, saftige Färbung einen so energischen Eindruck, dass sich der Beschauer mitten in diese gewaltigen Naturscenen hineinversetzt glaubt. Zu seinen italienischen Studien gehört: der Neptunstempel von Pästum, ein fast mehr historisches Bild. Unter seine besten, gleichfalls meisterhaft ausgeführten Radirungen und Lithographien zählt man u. A.: 41 Blätter Essais de Gravure à l'eau forte; Le Matin, Vue de Wetterhorn à Roseulaui, Canton de Berne (Lithogr.); Le Soir, Vue du Lac de Brienz, Canton de Berne (Lithogr.).

Calamech, Andrea, und sein Neffe **Lazzaro**, Bildhauer von Carrara, führten einige Statuen von Thon für das Grabmal des Michelangelo in Florenz aus, und zwar ersterer die Statue des Fleisses, dargestellt durch einen kräftigen Jüngling, unter welchem die Faulheit, in Gestalt einer schlaffen, müden Frau als Gefangene liegt; letzterer die Statue der Göttin Minerva, unter ihr der Neid, in Gestalt einer mageren verstörten Frau.

Calamis, siehe **Kalamis.**

Calandra, Giambatista, ein geschickter Musivarbeiter in Rom, geb. zu Vercelli 1568, gest. 1644 oder 1648, fertigte für die Peterskirche zu Rom ein Altarbild, den h. Michael, nach einem Gemälde des Ritters d'Arpino, und mehrere andere Mosaiken in den Kuppeln und einigen Fenstern der Kirche nach den Cartons von Romanelli, Lanfranco, Sacchi und Pellegrini. Auch führte er eine Madonna nach einem Bilde Raphael's für die Königin von Schweden aus.

Calandrelli, Giovanni, ein geschickter Steinschneider in Berlin, der sich durch ein 1842 ausgeführtes Carneol-Intaglio mit dem Kopfe des Königs von Preussen;

die 12 Apostel, Kameen in Onyx, nach Fischer's Modell auf dem 1846 von dem König von Preussen als Pathengeschenk dem Prinzen von Wales übersendeten Glaubensschild, und durch andere Kameen, zum Theil nach Zeichnungen von Cornelius, einen geachteten Namen erworben.

Calandrucci, Giacinto, Maler, geb. in Palermo 1646, gest. 1707, Schüler und guter Nachahmer Maratta's, malte für verschiedene Kirchen in Rom und seiner Vaterstadt. Sein Bruder Domenico und sein Neffe Giambatista waren ebenfalls Maler und seine Schüler.

Calcagni, Tiberio, ein florentinischer Bildhauer, der zu Rom unter Michelangelo studirte und dessen sich sein Lehrer in seinem Alter zur Ausführung mehrerer Bildhauerarbeiten und Bauten, so u. A. einer Pietà, einer Büste des Brutus, dann bei dem Bau der Kirche S. Giovanni zu Florenz u. s. w. bediente.

Calcar, Johann Stephan von, auch **Jan van Calcar** genannt und unter die niederländischen Meister gezählt, ein ausgezeichneter Maler, wurde 1500 zu Calcar im Cleve'schen geboren, hielt sich aber seit 1536 in Italien auf, wo er zu Venedig in Tizian's Schule ging und dessen Styl, namentlich in den Porträts, so nachzuahmen lernte, dass seine Bilder mit denen seines Lehrers zum öftern verwechselt wurden. Später nahm er sich Raphael zum Vorbild und erreichte auch diesen Meister so vollkommen, dass er mit mehreren nach dessen Bildern ausgeführten Gemälden selbst Kenner täuschte. Nach Vasari starb er zu Neapel in der Blüthe seiner Jahre 1546, nach einer Tradition in seiner Vaterstadt aber soll er wieder in seine Heimath zurückgekehrt und hier gestorben sein. Wenn die ihm zugeschriebenen Flügel des Hauptaltars zu Calcar, in 20 Abtheilungen Geschichten des alten und neuen Testamentes enthaltend, wirklich Werke seiner Hand sind, so sind sie jedenfalls vor seiner Abreise nach Italien gemalt; denn sie verrathen die niederrheinische, hauptsächlich flandrische Richtung, zeigen eine äusserst sinnige Auffassung und einen Ausdruck von hoher Zartheit und Anmuth in den Köpfen. Die Darstellung der Erweckung des Lazarus (gest. von F. A. Pflugfelder) hat der Maler auf den Kirchhof von Calcar verlegt und in dem Bilde des Ecce homo soll er unter dem Bilde eines jungen kräftigen Mannes sich selbst dargestellt haben. Einzelne geringere Arbeiten auf Nebenaltären derselben Kirche, z. B. eine Legende der heil. Ursula, gelten als Jugendwerke des Meisters; für weiter ihm zugeschriebene Werke, z. B. eine Mater dolorosa (lith. von Strixner) in der Pinakothek zu München, gilt das bei Gemälden des Hauptaltars zu Calcar Gesagte. Seinem Styl entsprechen ferner: eine Gerichtssitzung im Rathhaussaal zu Wesel und vier einzelne trefflich ausgeführte Heilige in der Kirche zu Rees. In der k. k. Gallerie des Belvedere zu Wien befindet sich eine Geburt Christi, ein kleines Bild von ihm, das einst dem Rubens gehörte; auch wird ihm daselbst das Porträt eines bärtigen Mannes zugeschrieben. Unter den Bildern des Museums zu Berlin, deren Urheber noch nicht ermittelt ist, verräth das Bildniss eines Mannes in mittlerem Alter (Nro. 190 des Catalogs) denselben Ursprung, wie ein dem Calcar zugeschriebenes Porträt im Louvre zu Paris. Auch das Bildniss eines Mannes mit langem rothem Bart, im Besitz von W. Sloane Stanley Esq. zu London, stimmt mit den allgemeinen Vorstellungen überein, die man von diesem Meister hat, die aber im Uebrigen durch kein authentisches Werk beglaubigt sind. Calcar fertigte die Zeichnungen zu einem von Andrea Vesalio herausgegebenen, unter dem Titel: De humani corporis fabrica, 1543 zu Basel mit trefflichen Abbildungen erschienenen anatomischen Werke.

Calcott, siehe **Callcott**.

Caldara, Polidoro, genannt **Polidoro da Caravaggio**, von seinem Geburtsort im Mailändischen, geb. um 1495, kam jung nach Rom und verrichtete daselbst Handlangerarbeiten bei den Frescomalereien der Schüler Raphael's im Vatikan. Dieser tägliche Umgang mit Künstlern reizte ihn, sich im Zeichnen zu üben und weckte sein natürliches Talent, das sich, nachdem Raphael es erkannt und unterstützt, so rasch entwickelte, dass Maturino aus Florenz, bei dem er es ausbildete und der bereits für einen Meister in der Kunst galt, ihm bald Gelegenheit bieten konnte, mit ihm selbst in gemeinsam ausgeführten Werken zu wetteifern, und Raphael ihn ebenfalls bei seinen Arbeiten in den Sälen des Vatikan's mit Erfolg zu verwenden im Stande war. Gemeinschaftlich mit Maturino schmückte er nun zu Rom die Aussenseiten einer grossen Menge von Palästen mit Malereien allo sgraffito, d. h. mit ausgeführten Zeichnungen, die mit spitzen Eisen auf einem hellen, über einen dunkeln Grund gezogenen Uebergusse so eingeritzt wurden, dass in den Strichen die dunklere Farbe wieder hervortrat. Sie bestanden meistens in Friesen mit Gegenständen aus der Mythe, für die er die gründlichsten Studien nach allen in Rom befindlichen antiken Bildwerken machte. Für Raphael malte er die Monochrome unter den Bildern der Schule von Athen, der Disputa und des Parnasses. Nach der Plünderung Rom's, im Jahr 1527, zog er nach Neapel, wo ihn sein früherer Mitschüler, Andrea da Salerno, in sein Haus aufnahm und er viele Schüler um sich sammelte, unter denen man hauptsächlich Gian-Bernardo Lama und Marco Cardisco, genannt Calabrese, nennt. Er malte daselbst viele Wand- und Deckengemälde, auch einige Oelbilder, wandte sich aber später nach Messina, wo er eine neue und blühende Malerschule gründete, aus der u. A. Deodato Guidaccia, Jacopo Vignerio, Alfonso Lazzaro, Mariano Riccio und sein Sohn: Antonello, und Stefano Giordano hervorgingen. Seine dortige Thätigkeit war sehr umfassend und verschaffte ihm ebensoviel Ruhm und Lohn, allein eine unüberwindliche Sehnsucht trieb ihn nach Rom zurück. Er erhob desshalb sein Geld, das er bei der Bank stehen hatte. Diess erweckte die sträfliche Begierde eines seiner Schüler, des Tonno Calabrese, desselben, den er noch vordem in einem Bilde in S. Andrea abgemalt hatte, der ihn in der Nacht vor der beabsichtigten Abreise ermordete und beraubte. Diess geschah im Jahr 1543.

Caldara's Bilder allo sgraffito sind, mit Ausnahme einiger Reste am Pal. Ricci (gest. v. Vischer 1594), an der goldenen Maske zu Rom (letztere in Darstellungen aus der Fabel der Niobe bestehend und zu seinen ausgezeichnetsten Werken gehörend) u. s. w., beinahe sämmtlich zu Grund gegangen, dagegen besitzen wir von ihnen durch den Kupferstich viele Nachbilder, in denen uns der Ruhm und das Verdienst seiner Kunst erhalten ist. In denselben erscheint er unter allen Meistern des 16. Jahrhunderts, selbst Giulio Romano nicht ausgenommen, als derjenige Meister, der am besten in den Geist eingegangen, mit welchem Raphael die Antike aufgefasst. Mit grossartiger Freiheit wusste er das Studium derselben in einer Menge der geistreichsten Compositionen auf die malerische Darstellung anzuwenden und in der dadurch genährten frischen Kraft sich frei zu erhalten von der Manier, welcher die Schule Raphael's später erlag. Die Zeichnung seiner Gestalten ist von grosser Schönheit und in den Bewegungen ist er gleich wahr, frei und anmuthig. Auch in einigen wenigen Staffeleibildern Polidoro's aus dieser Zeit, wie z. B. einer Scene aus dem Mythus der Psyche im Louvre zu Paris, erkennt man in den trefflichen Motiven und edlen Formen noch einen schönen Nachklang raphaelischen Geistes. Später erst, in seinen in Neapel und Messina ausgeführten Bildern, schlägt sein Styl in einen grellen und widrigen Naturalismus um, in welchem wir wohl die ursprüngliche, nur bisher durch edle Vorbilder zurückgedrängte Eigenthümlichkeit des Künstlers zu erkennen haben. Aber selbst in der Darstellung der gemeinen Natur offenbart er Leben und Leidenschaft und jene zwingende Kraft, welche eine ganze Kunstrichtung bestimmen konnte. Sie bildete den Grundcharakter der späteren neapolitanischen Schule. Sein Hauptbild, die in Messina gemalte Kreuztragung Christi, eine höchst lebendige und trotz der durchaus unedlen Formen ergreifende Composition, befindet sich jetzt, nebst einer Anzahl kleinerer Bilder aus der heil. Geschichte: einer Geburt Christi, einer Ausgiessung des heil. Geistes u. s. w., in den Studj zu Neapel. In seinen Oelgemälden, die sehr selten und fast nur in Neapel, woselbst man in S. Elmo ein Altargemälde, eines seiner besten Bilder, sieht und in Sicilien anzutreffen sind, herrscht ein schwerer brauner Ton und fast alle machen den Eindruck wie Gemälde in einer Farbe, in welcher Kunstweise er, wie erwähnt, früher zu Rom beinahe ausschliesslich gearbeitet hatte. In Deutschland bewahrt von ihnen das Museum in Berlin: einen heil. Lucas in halber Figur; die Gallerie zu Dresden: ein Eisenblechschild von runder Form, worauf ein Gefecht römischer Reiter grau in grau gemalt ist; Dr. Carové zu Frankfurt a. M.: eine Anbetung der Hirten, mit dem Porträt des Meisters und einem Mantel auf dem der Malteser-Orden hängt und die Inschrift steht: Eques Polidorus Caldara Caravacis pingebat; in der Gemäldegallerie des Belvedere zu Wien: Prokris zieht den tödtlichen Wurfspiess aus der Brust, indessen Cephalus herzueilend seine Gattin erkennt (grau in grau gemalt). Im Palast Corsini zu Rom befindet sich eine schöne braun getuschte Frieszeichnung mit der Geschichte der Niobe. — Pietro Sandro Bartoli, Mantuano, Golzius, J. Sadeler, Cherub. Alberti, Giul. Bonasone, Gius. Niccola aus Vicenza, insbesondere aber Galestruzzi in seinen: Opere di Polidoro da Caravaggio disegnate et intagl. da Gio. Batt. Galestruzzi Roma 1653, haben nach seinen Gemälden gestochen.

Literatur. *Vasari, Leben der ausgezeichnetsten Maler, Bildh. und Baumeister. — Kugler, Handbuch der Geschichte der Malerei.

Calderari, Giov. Maria, ein trefflicher, wenig gekannter Schüler des Pordenone, gest. um 1564 zu Pordenone. Er wusste den Styl seines Meisters so täuschend nachzuahmen, dass seine evangelischen Geschichten, die er im Sprengel von Montereale malte, und seine Wandmalereien im Dom seines Geburtsorts lange für Arbeiten seines Meisters galten.

Caldwal, James, Zeichner und Stecher mit der Nadel und dem Grabstichel, geb. 1739 zu London, wo er um 1780 blühte. Zu seinen besten geistreich ausgeführten Blättern gehören: Mistress Siddons und ihr Sohn, nach Hamilton (1785); die Unsterblichkeit des Garrick, nach Carter (die Landschaft ist von Smith gestochen, 1783); der Engländer in Paris unter den Händen des Friseurs, nach John Collet.

Calendario, Filippo, ein von gleichzeitigen Chronisten hochgerühmter Bildhauer und Baumeister, gilt für den Erbauer des Dogenpalastes zu Venedig, eines der brillantesten und reichsten Beispiele der germanischen Architektur in Italien, und zwar wird ihm die Façade gegen die Lagune und der Anfang der gegen die Piazzetta gekehrten Seite zugeschrieben. Auch sollen die Blätterkapitäle der Säulen dieses Palastes, grossentheils mit figürlichen Darstellungen, die eine einfache, edle Ausbildung des germanischen Styls erkennen lassen, von seiner Hand herrühren. Nach Selvatico aber, in seiner Schrift „Sulla Architettura e sulla Scultura in Venezia" (Venedig 1848), wurde zwar der alte, vom Dogen Pietro Orseolo zu Anfang des 12. Jahrhunderts erbaute Palast im 14. Jahrhundert umgebaut, aber unter der Leitung des Pietro Baseggio, welcher vor der Mitte des Jahrhunderts starb und den mit ihm verwandten Calendario zum Vollstrecker seines letzten Willens ernannte. Nur an der damals erbauten Sala Dello Scrutinio und dem Saal des grossen Raths, könnte demnach dem Calendario Antheil zugeschrieben werden, da die Façade einer viel späteren Zeit angehört. Diese soll nämlich um 1424 begonnen und 1442 vollendet worden sein und sonder Zweifel Giovanni Bon und seinen Sohn Bartolommeo, welche beide viele Jahre hindurch als Baumeister und Bildhauer an dem Palaste beschäftigt gewesen, zu Urhebern haben. — Calendario muss übrigens seiner Zeit in hohen Ehren gestanden sein, denn der Doge Marino Falieri trug kein Bedenken, sich durch die Bande des Bluts ihm zu verbinden, eine Verwandtschaft, die Calendario übrigens mit dem Leben bezahlen musste; denn sie war Veranlassung, dass er in die Verschwörung des Dogen gegen die Staatsverfassung verwickelt und nach dem Misslingen des Anschlags im Jahr 1335 mit dem Schwerdt hingerichtet wurde.

Caletti, Giuseppe, genannt **il Cremonese,** Historienmaler und Kupferstecher, geb. zu Ferrara 1600, gest. 1660, bildete sich nach Dossi's und Tizian's Werken und wusste diese Meister so nachzuahmen, dass er Kenner täuschte. Doch erkennt man seine Bilder leicht an den rothbraunen Fleischtönen, gewissen kecken, durch starke Schatten gehobenen Lichtern und nachlässigen Beiwerken, besonders aber daran, dass er bei der Nachahmung von Gegenständen, die Tizian vorzugsweise gerne behandelte, ungehörige Episoden mischte, z. B. ein neueres Spiel in ein antikes

Bacchanal u. s. w. Er malte halbe Figuren, Bacchanale, kleine Historien, auch einige Kirchenbilder, und zwar mit äusserst leichter Produktionsgabe. Im Kirchenstaate, zumal in Ferrara, sieht man viele seiner Gemälde. — Zu den besten seiner, in einer eigenthümlichen Manier mit lauter parallelen Strichen ohne Kreuzlagen radirten, hie und da J. C. F. bezeichneten Blätter gehören: David, das Haupt des Goliath betrachtend; Simson und Delila, ein sehr schönes Blatt; die Enthauptung des Johannes; der heil. Rochus.

Caliari, Paolo, genannt **Paolo Veronese,** einer der ausgezeichnetsten Maler der venetianischen Schule der zweiten Hälfte des 16. Jahrhunderts, geb. 1528, nach Andern 1530 oder 1532 zu Verona, gest. 1588, war der Sohn eines Bildhauers Gabrielle Caliari, der den begabten Sohn anfänglich für die Sculptur bestimmte und ihn in den Anfangsgründen seiner Kunst selbst unterrichtete, später aber, als er dessen unwiderstehliche Neigung zur Malerei bemerkte, zu Antonio Badile, seinem Onkel, in die Lehre that. Hier studirte er die Arbeiten dieses Meisters, besonders aber die Kupferstiche Albrecht Dürer's und die Zeichnungen des Parmegianino mehrere Jahre lang, und machte dann so rasche Fortschritte, dass ihm schon in früher Jugend die Ausführung mehrerer Altarbilder und anderer Gemälde für Verona und dessen Umgegend anvertraut werden konnten. Trotzdem scheint seine Vaterstadt seltsamer Weise das bedeutende Talent des jungen Künstlers anfänglich kaum beachtet zu haben. Um so besser scheint dasselbe aber von dem Kardinal Ercole Gonzaga gewürdigt worden zu sein, der Paolo mit mehreren anderen seiner Mitbürger: Dominico Riccio, Battista dal Moro und Paolo Farinato nach Mantua einladen liess, um dort verschiedene Gemälde für den Dom auszuführen, in welchen er die Arbeiten der genannten, mit ihm daselbst thätigen Maler alle übertraf. Nach seiner Zurückkunft nach Verona malte er im Auftrag einige Copien nach Raphael, begab sich aber darauf nach Vicenza und von da nach Venedig, woselbst er sich niederliess. Seine ersten hier im Jahr 1555 in der Sakristei und Kirche S. Sebastiano ausgeführten Bilder erhoben ihn auf einmal zu dem Rang eines Künstlers unter den ersten seiner Zeit, und sein Ruf war fest begründet, als, in Folge eines durch die Prokuratoren von S. Marco ausgeschriebenen Concourses für die Malereien der Decke der Bibliothek daselbst, seine Nebenbuhler ihm selbst die für den Sieger bestimmte goldene Kette zuerkannten. Nach diesem denkwürdigen Wettkampfe reiste er, um seine Verwandten wieder zu sehen, nach Verona, wo er im Refectorium von S. Nazzaro, dem Kloster der schwarzen Brüder, das Gastmahl des Simon malte. Nach Venedig zurückgekehrt, arbeitete er um 1560 in der Kirche S. Sebastiano — die eine wahre Gallerie der Paolo'schen Werke genannt werden kann, so viele und so schöne Arbeiten von ihm trifft man daselbst — und im Palazzo Ducale. Hierauf nahm ihn der zum Gesandten der Republik beim heil. Vater ernannte Procurator Grimano mit sich nach Rom, wo das Studium der Werke Raphael's, Michelangelo's und des klassischen Alterthums den glücklichsten Einfluss auf seine Kunstweise ausübten, indem sie von da an grösseren Schwung annahm, ohne darum an Grazie und Adel zu verlieren. Bei seiner Rückkunft nach Venedig wurde er so sehr mit Aufträgen überhäuft, dass er trotz seines ungemeinen Fleisses und der ausnehmenden Leichtigkeit seines Schaffens nicht im Stande war, alle öffentlichen und Privatarbeiten, die ihm übertragen wurden, auszuführen. Ganze Kirchen wurden von ihm gemalt, der Palazzo Ducale verwahrt eine sehr grosse Anzahl riesenhafter Arbeiten von ihm; die Landhäuser der Umgegend von Vicenza, Treviso und Verona sind voll von seinen Fresken, überdiess sind noch eine Menge Bilder, zum Theil in den grössten Dimensionen, von ihm vorhanden, die man zerstreut in allen Gallerien Europa's findet. Den grössten Ruf aber verschafften ihm die von ihm gemalten grossen Gastmähler, zu denen er den Anlass aus Momenten der heil. Geschichte nahm, um deren Besitz sich Fürsten und Grosse stritten.

Paolo Veronese hatte einen Bruder: **Benedetto,** geb. 1538, gest. 1598, der ihm bei seinen Werken half und mit seinen Neffen die nach des Ersteren Tod unfertig hinterlassen Bilder vollendete. — Von Paolo's Söhnen ist: **Carlo** oder **Carletto,** geb.

1572, gest. 1596, ein Schüler seines Vaters und des Jacopo Bassano, der bekannteste. Er führte, obgleich er sehr jung starb, viele Werke aus, die zwar denen seines Vaters, in dessen Styl er arbeitete, lange nicht gleichkommen, die desshalb aber nichts weniger als unbedeutend genannt werden können. Bilder von ihm sieht man im Museum zu Berlin: eine Darstellung Christi; in der Gallerie zu Dresden: eine Allegorie auf die Uebergabe der Krone von Cypern; eine heil. Familie; die Taufe Christi; einige Bilder im Dogenpalast zu Venedig; den h. Augustin, Bischof von Hippon, die Regeln des von ihm gestifteten Ordens bestimmend, in der Gallerie des Belvedere zu Wien. — Ein zweiter Sohn Paolo's: **Gabrielle**, der ebenfalls Maler war, geb. 1568, gest. 1631, gab nach dem Tode seines Onkels und seines Bruders die Kunst auf und betrieb einen Kunsthandel.

Parrasio Michele, Luigi Benfatto, gen. dal Friso, ein Neffe des Paolo Veronese, Maffeo Verona, Schwiegersohn des Luigi Benfatto, Michelangiolo Aliprando, Francesco Montemezzano, Sigismondo Scarsella und Battista Zellotti sind die vorzüglichsten der Schüler und Nachahmer des Paolo Caliari.

Paolo's erstaunlich grosser künstlerischer Thätigkeit ist es insbesondere zuzuschreiben, dass in einer Zeit, wo alle Schulen der grossen italienischen Meister der ersten Hälfte des sechszehnten Jahrhunderts bereits in tiefsten Verfall gerathen waren, die venetianische durch die Unerschöpflichkeit des Naturalismus, dem sie nach seinem und seiner Vorgänger Vorbild huldigte, und die Reize des Colorits, mit welchen sie darzustellen wusste, sich noch länger erhielt. In ihm concentrirte sich nämlich jene längst angebahnte Kunstrichtung, welche, von dem geistigen Gehalt und der traditionellen Weise in der Darstellung der kirchlichen, wie der mythologischen Gegenstände gänzlich abgehend, die Ereignisse aus dem Himmel auf die Erde, aus der Vergangenheit in die Gegenwart versetzte und sie deren Gesetzen, bis sogar auf die äusserlichen der Mode unterwarf. Sein heiterer froher lebenskräftiger Sinn fand den Hauptgegenstand seiner künstlerischen Begeisterung in der Schönheit und Pracht der Erscheinung des äusseren Lebens, wie sich dieses zur Zeit der Blüthe des reichen und stattlichen Venedig's gestaltet hatte und bei grossen Festlichkeiten am mannigfaltigsten und pomphaftesten entfaltete. In solche Umgebung, in das venetianische Leben seiner Zeit mit seinen malerischen Trachten, seinen stattlichen Bauwerken, verlegte er desshalb alle darzustellenden Begebenheiten. Er wählte daher vorzugsweise solche Gegenstände aus der Geschichte, der Mythologie, aus dem Gebiete der Allegorieen (worin seine Zeit ganz unersättlich war), aus der Bibel, aus dem Leben, wo nur alle erdenkliche irdische Pracht anzubringen war, festliche Aufzüge, bunte Ceremonien, rauschende Gastmähler, und wo ihm der Stoff zur Darstellung gegeben war, wusste er ihm immer eine solche festlich heitere glänzende Seite abzugewinnen, ihn überhaupt immerdar auf eine ebenso hinreissend wahre, als heitere poetische Weise, in eine theils prunkhaft, theils anmuthig sinnliche Wirklichkeit umzudichten, und dadurch dem Verständniss und der Bewunderung seiner Zeitgenossen näher zu rücken. Er fasste die Natur mit voller freier Unmittelbarkeit auf, aber gehoben und getragen von jener klassischen Grösse des Sinns, welche von seinen Vorgängern, den früheren grossen Meistern der Schule begründet war. Seine Gestalten, edle und kräftige Menschen, haben sich in einem erhöhten Moment des Daseyns und zugleich in höchster Unbefangenheit der Existenz, im vollsten Genuss alles dessen, was die Erde schön macht und in freudigst erregter Stimmung des Gefühls zusammengefunden. Ausser seinen sogenannten santè conversazioni, in welchen die Heiligen aus dem Himmel niedersteigen und mit den Irdischen gemüthlich verkehren; ausser seinen kirchlichen Gemälden, in denen nicht selten an die Stelle des religiösen Interesses das Bild heiterer und weltlicher Pracht und frohen Humors tritt; ausser seinen erzählenden Bildern, bei denen freilich oft, trotz mancher edlen dramatischen Gedanken, die ungenügende Entwicklung der Figuren sich bis zur Unverständlichkeit steigert, sind es daher namentlich seine Gastmähler, verschiedene für die Refektorien reicher Klöster in kolossalen Dimensionen gemalte Mahlzeiten, welche in der heil. Schrift vorkommen, in denen er am Vorzüglichsten erscheint, in denen er, die letzten historischen Fesseln abschüttelnd, und den ceremoniellen Inhalt durch die schönste und kraftvollste Einzelbelebung aufhebend, ein schönes und freies Menschengeschlecht, das in ungehemmtem Jubel alle Pracht und Herrlichkeit der Erde geniesst, schildert, und zwar in der bunten Farbenlust der reichsten Gewänder und umgeben von den grossartigsten architektonischen Oertlichkeiten und Perspektiven, von dem Glanz prachtvoller Gefässe und funkelnder Geschmeide und einer Menge der Haupthandlung zur Folie dienender, bewegter Episoden. Dabei ist ein helles sonniges Tageslicht über dieses Zusammenleben verschiedener zu einem herrlichen Ganzen vereinigter Existenzen ausgegossen. Es herrscht darin eine Pracht des Colorits, eine Feinheit in der Abstufung der Töne, eine Magie der Haltung, eine Harmonie der reichsten und grossartigsten Farbenscala, eine Farbenverklärung, welche diese Bilder gleichsam zu Farbendithyramben, zu hinreissenden Farbensymphonien macht, die an uns vorrüberrauschen, sich vor unserem trunkenen Auge entrollen. Diese poetische und künstlerische Thatkraft, in einer so gesunkenen Kunstepoche Leben und Liebreiz so rein und voll darzustellen, ist doppelt hoch anzuschlagen, und wenn Paolo Veronese auch sich dem Naturalismus vielfach anbequemt, wenn auch seine Composition hin und wieder sogar verwildert, seine Schönheit sich mehr an die Sinne als an die Seele richtet, so weht selbst aus seinen flüchtigsten Bildern noch ein gewisser Hauch der Anmuth, spricht aus ihnen noch eine naive Fülle des Daseyns, die damals bereits aus allen andern Schulen gewichen war.

Paolo Veronese malte mit spielender Leichtigkeit und Sicherheit in einem kühnen und geistreichen Vortrag. Seine Farbe ist äusserst rein und kräftig, weil er sie nicht quälte, sondern auf das erstemal den rechten Ton traf. Auch lasirte er weit weniger als andere Venetianer, wesshalb seine Bilder weniger durch Reinigen verdorben werden. Er malte beinahe stets im vollen Lichte und vermied die finstern Schatten, und dennoch runden sich alle seine Gestalten, ohne dass er der scharfen Gegensätze von Hell und Dunkel bedurfte, durch genaue Beobachtung der Wirkungen der Farbe und des Lichts auf das Auge; ja die entzückendsten Glieder, die er malte, schwimmen in Licht und Helligkeit und doch springen sie auf's Plastischste aus der Leinwand hervor. Auch beobachtete er mit feinem Sinne die Zusammenstellung derjenigen Farben, die sich gegenseitig heben; er mied eine solche, wo er eine sanfte, suchte sie aber, wo er eine lebhafte Wirkung hervorbringen wollte. Von seiner eigenthümlichsten und vortheilhaftesten Seite erscheint er in seinen, in einem sehr lichtgoldenen oder silbernen Ton ausgeführten Bildern. In andern Gemälden suchte er im tiefen bräunlichen Ton mit den späteren Werken des **Tizian** zu wetteifern. In seinen spätesten Bildern dagegen wird sein Colorit fahlgrau und durch ein unglückliches Feuerroth selbst unharmonisch.

Paolo Veronese malte eine ausserordentliche Menge von Bildern, zum Theil in den allergrössten Dimensionen und mit lebensgrossen Figuren. Zu seinen vorzüglichsten und bedeutendsten zählt man, zu **Berlin** im Museum: vier allegorische Darstellungen zur Verherrlichung Deutschlands (für den Festsaal des vormaligen Kaufhauses der Deutschen [Fondaco dei Tedeschi] zu Venedig gemalt), nämlich 1) Jupiter übergibt der Germania die Attribute der weltlichen Macht; 2) die Zeit siegt über die Ketzerei und bringt die Religion zu Ehren; 3) Minerva ist beschäftigt, den Mars zu rüsten, auf die Kriegsrüstigkeit Deutschlands anspielend; 4) Apoll, der mit der Lyra sich zur Juno wendet, wodurch wahrscheinlich die Blüthe der Künste in Deutschland angedeutet werden sollte. Ferner: ein Plafondbild, das ehemals die Decke eines Saales in dem prachtvollen Palaste Pisani a S. Stefano schmückte und Jupiter, Juno, Cybele und Neptun darstellt, die einer von Engeln zum Himmel emporgetragenen Figur nachblicken. Zu demselben gehören vier kleinere Bilder mit Kindergenien, die in den verschiedensten Stellungen in der Luft umherflattern. Dieser Plafond ist in dem hellen silbernen Fleischton, in welchem Paolo so einzig da steht, und in den ihm eben so eigenthümlichen brillanten Farben der Gewänder auf eine höchst geistreiche und breite Weise gemalt und zeigt insbesondere eine ausserordentliche Meisterschaft in der Luftperspektive. Ausserdem sieht man daselbst noch das Bild eines von zwei Engeln zu Grabe bestatteten Christusleichnams, in einem dunkleren und bräunlichen, mehr im Einklang mit dem tragischen Inhalt des Gegenstandes stehenden Tone gemalt. Endlich die Findung Mose's und einen todten Christus von Engeln unterstützt und beklagt. Ein treffliches Bild des Berliner Museums, eine Madonna mit dem Kinde auf dem Throne, umgeben von Heiligen und Engeln, von unbekannter Hand, ist in einem Styl gemalt, wie man sich etwa Paolo's Jugendbilder, von denen nicht vieles bekannt ist, vorstellen darf. — In der Kirche S. Afra zu Brescia sieht man von ihm das Martyrium der h. Afra. Die Kirche S. Liberale zu Castelfranco (im Trevisaner-Gebiet) verwahrt die Frescogemälde, womit Paolo und seine Schüler den Palast der Soranzi in der Nähe jenes Städtchens geschmückt. Dieselben wurden von N. U. Fil. Balbi auf Leinwand übertragen und stellen vor: Zeit und Ruhm, Gerechtigkeit und Mässigung. Im Schlosse zu Cattajo, in der Nähe von Padua, befindet sich eine Reihenfolge historischer Fresken, welche Paolo mit seinen Schülern ausgeführt. Die Gemäldegallerie zu Dresden besitzt 15 Bilder von Paolo Veronese: Maria mit dem Kinde, zwischen Johannes dem Täufer und dem h. Hieronymus, auf dem Throne, zu dem die drei allegorischen Gestalten: der Glaube, die Liebe und die Hoffnung, die venetianische Familie Concina geleiten; die Findung Mosis; die Darstellung im Tempel; die Hochzeit zu Cana (lith. von Hanfstängl); Christus mit den Jüngern zu Emmaus; die Kreuztragung; die Auferstehung des Welterlösers; den Hauptmann von Kapernaum, vor Christus knieend und die Genesung seines Knechts erflehend; die Anbetung der Weisen; Europa, auf dem Stiere sitzend, umgeben von ihren Gespielinnen; Susanna im Bad; Christus am Kreuz zwischen den beiden Missethätern; eine Waldgegend, im Vordergrund der barmherzige Samariter; die Kreuzigung Christi und das Bildniss des edlen Venetianers Daniel Barbaro, Patriarchen von Aquileja. — In England trifft man viele werthvolle Bilder des Meisters und zwar in London: Venus mit dem Amor (vormals in der Gallerie Borghese zu Rom) im Besitz der Lady Clarke; die Einsegnung des heil. Nicolaus zum Bischof von Myra (aus der Kirche S. Niccolo de' Frari zu Venedig) in der Nationalgallerie, eines der vorzüglichsten Gemälde des Meisters, und den Raub der Europa, ein kleines geistreich gemaltes Bild ebendaselbst; die Anbetung der Könige in der Sammlung des Herzogs von Devonshire; Christus am Oelberg, Kabinetbild in der Sammlung des Lords Ashburton; zwei allegorische Bilder, deren eines den Meister selbst darstellt, wie er dem Laster entflieht und sich zum Ruhme wendet und Herkules von der Weisheit geleitet, in der Sammlung des Hrn. H. T. Hope; Christus mit den Jüngern zu Emmaus, ein kleines Bild; ein allegorisches Plafondbild, Amor, von Venus und einer Frau in venetianischer Tracht emporgehoben, erhält von einer der Grazien eine Kugel; ein knieend verehrender Mann mit seinem Schutzheiligen, in der Gemäldesammlung des Herzogs von Sutherland in Staffordhouse; ein segnender Kardinal, neben ihm knieend der Donator, das Gegenstück zu dem letztgenannten Bilde, in der Bildersammlung in Dulwichcollege bei London. Ferner: Maria Magdalena, im Hause des Pharisäers dem Heilande die Füsse waschend, grosse Skizze zu dem berühmten Bilde im Louvre und das Porträt einer Frau, im Besitz des Grafen Shrewsbury in Alton Tower; die Mutter der Söhne Zebedäi bittet Christus, dass letztere im Himmel zu seiner Rechten und Linken sitzen möchten, in der Sammlung des Marquis von Exeter in Burleighhouse; Merkur verwandelt mit dem Caducäus die Aglauros, welche ihm den Zutritt zu ihrer Schwester Herse verwehren will in einen Stein (mit dem Namen des Meisters bezeichnet), im Fitzwilliam-Museum zu Cambridge; ein allegorisches Bild, eine sehr edle weibliche Gestalt, deren Fuss auf einer Kugel ruht, umgeben von Amor und von Herkules unterstützt, von warmem, klarem Ton und fleissiger Vollendung; die Vermählung der heil. Katharina und zwei kleine Figuren, grau in grau gemalt, in der Bildersammlung des Marquis von Bute in Lutonhouse; die Taufe Christi und ein männliches Bildniss, Kniestück, in der Gallerie des Sir Th. Baring zu Stratton. Zu Florenz sieht man im Palazzo Pitti: die Marien am Grabe Christi; die Taufe Christi; S. Benedict; Daniel und Barbara; die

Darstellung im Tempel und einige Porträts, unter denen man das seiner Frau erkennt; in den Uffizien daselbst: eine Kreuzigung, eine heil. Familie mit der heil. Katharina, die Königin von Saba und mehrere Bildnisse, worunter das des Meisters selbst. — Im Städel'schen Institut zu Frankfurt a. M. bewahrt man von der Hand des Meisters: die mystische Vermählung der h. Katharina, eine Wiederholung im Kleinen von dem berühmten Altarbild in der Kirche S. Catterina zu Venedig; Mars und Venus, nach des Meisters Composition von einem seiner Schüler ausgeführt. — Zu Genua findet man im Pal. Brignole: eine Geburt Christi; eine Anbetung der Könige; die Geschichte der Judith und eine Verkündigung; im Palazzo Filippo Durazzo: die Vermählung der h. Katharina; im Palazzo Marcello Durazzo (jetzt Reale): Christus an der Tafel Simon's des Pharisäers, während ihm Magdalena die Füsse wascht, und ein dem Paolo Veronese zugeschriebenes Bild, Olind und Sophronia. — Unter den 46 Bildern, welche das Museum zu Madrid von Paolo Veronese besitzt, befinden sich, ausser einigen tüchtigen Porträts und den Darstellungen der Findung Mosis, der Familie Kains, einer Susanna im Bad, einer Anbetung der Weisen, Jesus unter den Schriftgelehrten, nur zwei von grösserer Bedeutung: das Märtyrthum des heil. Ginés und das in hohem Ruf stehende Gemälde: Venus und Adonis. — Zu Magnadale, im Trevisanischen, malte Paolo ein grosses Gastmahl der Kleopatra im Pal. Manolesso Ferro, al Fresco, das mit vielen andern Fresken seiner Hand 1833 noch wohl erhalten war. In der Brera zu Mailand zeigt man: eine Hochzeit zu Cana; eine Taufe Christi; eine grosse Anbetung der Weisen; Christus im Hause des Pharisäers; die h. h. Cornelius, Antonius abbas und Cyprian, eines der schönsten seiner sogenannten heiligen Gespräche. In dem Saale des oberen Stockwerks eines von Palladio erbauten, den Grafen Manin gehörigen Hauses zu Masero bei Asolo im Trevisaner-Gebiet sieht man noch, ausser einer Gruppe von Bildnissfiguren, unter denen der Maler selbst steht, in einer Lunette: Bacchus und Ceres mit Nymphen; in einer zweiten Vulkan, Venus und Flora mit Amor und Nymphen; die vier Elemente in den vier Ecken und in der Mitte den Olymp; ferner in Nischen acht musicirende weibliche Figuren. — Auch das Museum von Montpellier ist im Besitz eines Bildes von Paolo Veronese: einer Vermählung der h. Katharina. — Die Pinakothek zu München zählt 13 Bilder von ihm: die Gerechtigkeit und Klugheit; eine Mutter mit drei Kindern; der Glaube und die Andacht; die Stärke und die Mässigkeit; eine heil. Familie; den Selbstmord der Kleopatra; Maria auf der Flucht nach Aegypten ausruhend (mit dem Namen des Meisters bezeichnet); die Ehebrecherin vor Christus; den gläubigen Hauptmann, Christus auf den Knien um die Heilung seines Knechtes bittend; einen Amor, der zwei Hunde an Ketten hält; das Opfer der h. drei Könige; und zwei Porträts, worunter das Brustbild des Meisters. Ueberdies befand sich noch 1852 zu München im Privatbesitz des Hrn. David Lenoir, Direktor des Handelsinstituts, eine kleine Darstellung im Tempel von Paolo, die alle Zeichen der Ursprünglichkeit trägt. — In den Studj zu Neapel schreibt man ihm die Krönung eines Dogen zu. — Ein Meisterwerk ersten Ranges von ihm ist das Hochaltarbild in S. Giustina zu Padua, das Martyrium der heil. Justina (gest. v. Agostino Caracci) vorstellend. — Im Louvre zu Paris sieht man von Paolo 12 Gemälde, unter denen die Hochzeit zu Cana (gest. v. Mitelli, von Jackson und neuerdings ausgezeichnet von Z. Prevost) das berühmteste wie das schönste und grösste (30 Fuss breit und 20 Fuss hoch) Bild dieser Art, welches der Meister für das Refektorium von S. Giorgio maggiore zu Venedig ausgeführt, zuerst bemerkt zu werden verdient. Die 130 Figuren, welche auf diesem Prachtbilde die Tischgesellschaft bilden, sollen fast lauter Porträts gleichzeitiger Personen sein und man will vornehmlich in den in der Mitte um einen Tisch gruppirten Musikanten Paolo Veronese selbst und Tintoretto, welche das Violoncell spielen, den greisen Tizian im Damastgewande, welcher den Contrebass spielt, den alten Bassano, welcher die Flöte bläst, dann unter den übrigen Gästen Franz I., König von Frankreich, und Maria, Königin von England, Kaiser Karl V. und Soliman I., Sultan der Türken, die Vittoria Colonna, Marquisin von Pescara u. s. w. erkennen. Dieses wegen der Menge von Gestalten, der Mannigfaltigkeit der Motive, der Pracht der Farbe, insbesondere in den herrlichen Costümen der damaligen Zeit, der ausserordentlichen Haltung, der grossen Klarheit, der sehr breiten, aber dennoch fleissigen Behandlung bewundernswürdige, kolossale Meisterwerk vollendete Paolo am 8. Sept. im Jahr 1563 und er erhielt dafür (wie aus dem in den Archiven des Klosters aufbewahrten Kontrakt [vom 6. Juni 1562] hervorgeht), ausser der Verköstigung und einem Fass Wein die Summe von 324 Silberdukaten (etwa 450 Gulden rhein.). Die übrigen Bilder im Louvre sind: Christus mit den Jüngern zu Emaus (gest. v. Thomassin), ein im hellsten Goldton gemaltes Bild mit meisterhaften Porträts, worunter auch das der Frau des Malers; Joseph empfiehlt dem, auf dem Schoose der Maria sitzenden Christuskinde eine Benediktinernonne, welche im Begriff steht, die, von der h. Magdalena emporgehobene Hand desselben zu küssen (gest. v. Boutroi); Christus heilt die Schwiegermutter des Petrus vom Fieber, ein geistreiches Bildchen von ungemeiner Klarheit der hellen reizenden Farben; Christus am Kreuz zwischen den beiden Schächern, ungewöhnlich edel und dramatisch im Ausdruck und in den Motiven und sehr fleissig, in einem feinen, klaren Silberton durchgeführt; Magdalena wascht die Füsse Christi im Hause Simons des Pharisäers (gest. v. Val. Lefebvre); dieses durch schöne Charakterköpfe, namentlich durch einen sehr edlen Christus ausgezeichnete Gemälde wurde vom Meister für das Refektorium der Serviten zu Venedig zwischen 1570—1575 ausgeführt, von der Republik Venedig aber im Jahr 1665 dem König Ludwig XIV. von Frankreich geschenkt; eine Frau reicht einem Kinde, das sich vor einem Hunde fürchtet, die Hand (gest. v. Forster), ein Bild von sattem Goldton der Färbung und von vortrefflichem Impasto; Loth und seine Töchter durch Engel aus dem untergehenden Sodom gerettet (gest. v. B. Audran), genreartig aufgefasst, aber geistreich ausgeführt, mit schöner, fleissiger Landschaft; Esther wird beim Anblick des zornigen Ahasverus ohnmächtig, sehr lebendig, dramatisch und von vortrefflicher Haltung; Christus sinkt unter der Last des Kreuzes zusammen, glücklich in der Composition, edler als meist im Ausdruck der Köpfe und fleissig ausgeführt; die keusche Susanna von den Alten im Bade überrascht (gest. v. E. Smith), von grosser Energie in den Charakteren und breitem meisterlichem Vortrag; Maria mit dem Kinde, der h. Katharina und den h. h. Benedikt und Georg (gest. v. Brebiette). — Die Eremitage in S. Petersburg verwahrt ebenfalls eine Anzahl ausgezeichneter Gemälde des Meisters, unter denen man besonders: eine Grablegung, eine Ruhe auf der Flucht nach Aegypten, eine Anbetung der Könige und eine heil. Familie rühmt. — Die Kirche S. Giuliano zu Rimini besitzt ein Altarbild von Paolo, das Martyrium der Kirchenheiligen darstellend. — Zu Rom rühmt sich die Gallerie Borghese ebenfalls des Besitzes mehrerer Bilder von Veronese, nämlich: eines Johannes des Täufers in der Wüste, einer Darstellung der Venus, des Amor und eines Satyrs und der Tischpredigt des h. Antonius. Im Pal. Braschi daselbst zeigt man eine Lucrezia, in der vatikanischen Sammlung eine h. Helena, und in der Gemäldegallerie des Kapitols eine büssende Magdalena. — Im Museum der bildenden Künste zu Stuttgart werden Paolo auch einige Bilder zugeschrieben: eine Maria mit dem Kinde, dem h. Joseph und dem kleinen Johannes; zwei Scenen aus dem Martyrium der h. Christina und das treffliche Porträt einer venetianischen Dame. — Die Kirche S. Maria Magdalena zu Treviso enthält ein Altarbild von Veronese, ein Noli me tangere. — Die k. Gemäldesammlung zu Turin besitzt: den Besuch der Königin von Saba bei Salomo, Magdalenens Fusswaschung und die Findung Mosis. — Am reichsten und glänzendsten ist übrigens der Meister in Venedig vertreten. Hier sieht man u. A. von ihm: in der Kirche S. Sebastiano, in welcher der Meister begraben liegt und seine Büste aufgestellt ist, Wände und Altäre mit einer zahllosen Menge von Werken seiner Hand geschmückt, von denen namentlich die drei sehr grossen, mit aller Sorgfalt und aller Herrlichkeit seines Colorits (1560—1565) ausgeführten Gemälde, welche das Ende des h. Sebastians, den Gang zum Richtplatz (vom Jahr 1565), die Folter und seinen Tod darstellen, hervorgehoben zu werden verdienen. Das Hauptaltarbild ist eine Madonna in der Glorie mit vielen Heiligen vom Jahr 1558. Die grossen Flügel der Orgel in derselben Kirche enthalten aussen eine schöne Darstellung im Tempel, innen das Wunder am Teiche Bethesda (gemalt um 1560). Von den Deckenbildern der Kirche ist Ahasver, der die Esther krönt, umgeben von Hofleuten und Damen, das Beste. Die Decke der Sakristei mit der Krönung der Maria ist das erste Bild, das Paolo in Venedig gemalt. In S. Francesco della vigna befindet sich eine Auferstehung Christi und eine Madonna mit Heiligen, in del Redentore eine Taufe Christi von ihm. Eine Vermählung der h. Katharina in der Kirche S. Catterina ist von schönster, lebendigster Empfindung und trefflich ausgeführt. Auch in verschiedenen andern Kirchen Venedigs, in S. Luca, S. Giovanni e Paolo trifft man herrliche Bilder des Meisters. Im Pal. Pisani a S. Polo sieht man seine berühmte Familie des Darius vor Alexander mit Porträts aus der Familie Pisani, auch verwahrt der Pal. Reale eine Menge Gemälde von ihm. Hauptwerke des Meisters birgt ferner der Dogenpalast. Hier bewundert man u. A. in der Sala dell' anticollegio sein herrliches Bild, den Raub der Europa und eine thronende Venezia; in der Sala del collegio das Wandgemälde, den Sieger von Lepanto, Seb. Venerio, darstellend, wie er von verschiedenen Heiligen dem niederschwebenden Christus empfohlen wird, und die 11 Gemälde, sowie 6 Chiaroscuri der Decke, die zu Paolo's schönsten und frischesten Malereien gehören; in der Sala de' Dieci: einen Alten, der bei einer jungen Schönen sitzt; in der Sala del maggior consigli: die Rückkehr des Dogen Contarini nach dem Sieg über die Genoveser; die Vertheidigung von Scutari und an der Decke eine Glorification der Venezia, die von Ehre, Frieden und Freiheit zu den Göttern getragen wird. An der Decke der ehemaligen Bibliothek von S. Marco sind auch noch in achteckigen Medaillons die Allegorien auf die Musik, Geographie, Arithmetik und Ehre nebst noch mehreren andern Bildern wohl erhalten. Es sind dies diejenigen Arbeiten, für die Paolo, wie Eingangs erwähnt, mit dem Gnadengeschenk einer goldenen Kette beehrt wurde. Eine grössere Anzahl von Bildern, worunter wiederum höchst bedeutende, befinden sich in der Akademie: das schöne Gastmahl des Levi (früher im Refektorium von S. Giovanni e Paolo), eine riesige Prachtcomposition (gest. v. Saenredam); eine grosse Krönung Mariä mit einem ganzen gedrängten Paradies voller Heiligen; eine Verkündigung; eine Madonna in trono mit Heiligen; Mariä Himmelfahrt; eine Kreuztragung; eine Caritas; der Glaube und mehrere Scenen aus dem Martyrium der heil. Christine; ferner Ezechiel und Jesaias (grau in grau). — Die Frescomalereien, womit Paolo mehrere Façaden von Häusern in Venedig schmückte, sind sämmtlich zu Grunde gegangen. — Das Hochaltarbild in S. Giorgio in Braida zu Verona, das Martyrium des heil. Georg's darstellend, gehört zu den Meisterwerken ersten Ranges in der Malerei; in S. Fermo Maggiore ebendaselbst verwahrt man eine Madonna mit Engeln und Heiligen von Veronese. — Endlich sieht man noch in S. Corona zu Vicenza: eine Anbetung der Könige und im Refektorium des Klosters auf dem Monte Bercio: Christus als Pilger an der Tafel Papst Gregors des Grossen. — Eine ziemlich grosse Anzahl von Bildern des Meisters enthält schliesslich die Gemäldegallerie im Belvedere zu Wien und zwar sechs grössere: Christus zu Bethania bei Simon dem Aussätzigen; Christus und die Ehebrecherin; Christus und die Samariterin am Jakobsbrunnen; Mariä Verkündigung; die Anbetung der Weisen und ein rundes Deckenbild: Quintus Curtius, der sich in Gegenwart des römischen Volks in den offenen Pfuhl stürzt; sodann 17 kleinere, worunter: Judith mit dem Haupte des Holofernes; die heil. Jungfrau auf dem Throne mit der h. Katharina, der h. Barbara und zwei Nonnen; Christus heilt die kranke Frau, die den Saum seines Kleides berührt; die drei Weisen aus dem Morgenlande; die ersten Eltern nach der Vertreibung aus dem Paradiese; Dejanira von Nessus entführt; Venus und Adonis mit Amor in einer Laube sitzend; die mystische Vermählung der h. Katharina; der h. Sebastian, von Pfeilen durchbohrt; Christus über dem Grabe schwebend; der h. Nicolaus; Johannes, der Täufer; Lucretia stösst sich den Dolch in die Brust und vier Porträts, unter denen sich das Bildniss der bekannten Katharina Cornaro, Königin von Cypern befindet. — Nach Paolo's Tode fertigten seine Erben nach seinen Motiven viele Bilder, die aber entfernt nicht die ächte Fülle des Daseyns athmen, welche den Grundton seiner Originalwerke ausmacht. Unter jene gehört ein grosses unangenehmes Gastmahl beim Pharisäer in der Akademie zu Venedig.

Literatur. Vasari, Leben der ausgezeichnetsten Maler, Bildh. und Baumeister. — Museo Fiorentino, woselbst auch sein Porträt im Stich. — Lanzi, Gesch. der Malerei in Italien. — Kugler, Handb. der Gesch. der Malerei. — Kugler, Handb. der Kunstgesch. — Waagen, Kunstwerke und Künstler in England. — Waagen, Kunstwerke und Künstler in Paris. — Passavant, Kunstreise durch England und Belgien. — Förster, Briefe über Malerei. — Förster, Handbuch für Reisende in Italien. — Burckhardt, der Cicerone. — Kunstblatt, Jahrg. 1841, Nro. 93, 95, 96.

Caligarino, Gabriele, siehe **Cappellini.**

Callcott, Augustus Wall, ein ausgezeichneter englischer Landschaftsmaler, geb. um 1780 zu Kensington, gest. 1845 als Mitglied der k. Akademie der Künste zu London, nahm sich in seinen Studien und Bildern anfänglich Poussin, später aber mehr die Natur zum Vorbild, wodurch er sich der Darstellungsweise Cuyp's näherte. Er liebte vorzugsweise die Darstellung von Seeküsten Italiens, wusste aber eben so vortrefflich Strandparthieen Hollands und der heimischen Themse wieder zu geben. Seine Bilder, die sehr geschätzt werden und sich meistens in den Kunstsammlungen des hohen englischen Adels befinden, zeichnen sich durch die Schönheit der Linien, klare Färbung, richtiges Verständniss der Plane, Harmonie der Haltung und eine in allen Theilen lobenswerthe Strenge und Ausführung, vor denen aller andern englischen Landschaftsmaler aus. Sie haben meistens einen etwas grauen, doch leuchtenden, hellen Ton, sind von einer angenehmen Wirkung und, bei einer ganz einfachen, ungezwungenen Beleuchtung, doch voll Reiz. Zu seinen grössern Bildern gehören: der Gardasee; Rom mit der Campagna; eine holländische Küste mit Fischerweibern; der Kanal von Brügge; die Themse mit ihren Schiffen und dem bewegten Leben darauf; die Wiese; der Hafen von Livorno; der Uebergang über den Fluss; die Umgegend von Trient u. A. Der Werth dieser Bilder wird durch die trefflichen Staffagen, voll Geschmack in der Wahl und Anordnung und von feiner Zeichnung erhöht. Sie zeigen, dass Callcot sich auf die Figur sehr wohl verstand, ja er hat durch seinen: Raphael und Fornarina, halbe lebensgrosse Figuren, und eine Venus mit dem Amor bewiesen, dass er auch ein tüchtiges Talent für das Genre und die Historie besass. Viele seiner Bilder wurden gestochen.

Calleja, Don Andreas de la, geb. zu Rioja 1705, gest. 1785 als Direktor der k. Akademie zu Madrid, ein tüchtiger Historienmaler, von dem man in einigen Kirchen Madrids noch einige werthvolle Gemälde findet.

Literatur. Bermudez, Diccionario historico de los mas illustres professores de las bellas artes en España.

Callet, Antoine François, Historien- und Bildnissmaler, geb. 1741, gest. 1823 zu Paris, erhielt 1764 durch sein Bild Cleobis und Biton den grossen Preis der Akademie, und wurde durch ein grosses Plafondgemälde, den Frühling darstellend, 1780 Mitglied derselben. Er malte eine Menge Bilder allegorischen und mythologischen Inhalts, auch einige Darstellungen aus der Geschichte seiner Zeit in Geist und Styl der damaligen französischen Schule. Das von ihm gefertigte Porträt Ludwig XVI. erlangte durch den herrlichen Stich von Bervic besondern Ruf. Das Louvre verwahrt vier Bilder, die vier Jahreszeiten darstellend, von ihm.

Calliades, siehe **Kalliades.**

Callias, siehe **Kallias.**

Callicles, siehe **Kallikles.**

Callicrates, siehe **Kallikrates.**

Callimachos, siehe **Kallimachos.**

Calloinge, Jan Robbert, geb. 1775 zu Brügge, gest. 1830 zu Gent, ein gerühmter Bildhauer, der Sohn eines Zimmermanns, war anfänglich Bäcker und machte seine ersten künstlerischen Versuche in Brodtaig. Einige Kunstkenner und Kunstliebhaber riethen und ermöglichten dem Vater, das unbestreitbare Talent seines Sohnes auf der Akademie der Künste ausbilden zu lassen. Hier machte der junge Mann auch binnen kurzer Zeit so bedeutende Fortschritte, dass er schon 1802 für seine Büste des Johann van Eyck den ersten Preis erhielt, worauf er nach Paris ging, daselbst in Chaudet's Atelier trat, 1805 den zweiten und 1807 für sein Standbild des Archimed's den ersten

Preis, nebst einem Reisestipendium nach Italien erlangte. In Rom gelang es ihm durch mehrere treffliche Bildhauerarbeiten, namentlich eine aus dem Meer aufsteigende Venus und einen Sokrates seinen Ruhm dauernd zu befestigen. Nach der Rückkehr in sein Vaterland zum Direktor der Zeichen-, Bildhauer-, und Bauakademie und aller öffentlichen Arbeiten ernannt, verfertigte er eine grosse Menge Statuen, Büsten, Basreliefs u. s. w., welche ein tüchtiges Studium der Antiken, Reinheit der Formen, eine geschickte Behandlung des Nackten beurkunden und von denen besonders die Statuen des Johann van Eyck, des Grafen Egmont, des Talma genannt zu werden verdienen.

Literatur. Immerzeel, De Levens en Werken der Holl. en Vlaam. Kunstschilders u. s. w. Amsterdam 1842.

Callon, siehe **Kallon.**

Callot, Jacques, ein sehr geistreicher Zeichner, Kupferstecher, Aetzer und Maler, geb. zu Nancy 1594, gest. daselbst 1635, war von Natur aus mit einem ungewöhnlichen Talent für die Kunst begabt, fühlte auch schon von früher Jugend einen so starken Drang in sich, sich ihr widmen zu dürfen, dass er seinen Eltern, welche einem alten adeligen Geschlecht angehörten und ihren Sohn für eine höhere Laufbahn, als die des Künstlers, bestimmt hatten, in seinem 12. Jahre entfloh, um nach Rom zu pilgern und dort die grossen Kunstwerke zu studiren, deren Ruhm mächtig nach Frankreich gedrungen war. Entblösst von allen Mitteln zur Reise und des Weges unkundig, schloss er sich einer Zigeuner- und Seiltänzerbande an, mit der er Wiesen und Wälder durchstrich und bis nach Florenz gelangte, wo ein toskanischer Offizier, dem er seine Abkunft entdeckte, sich des hülflosen Fremden annahm, und ihn zu dem Maler Remigio Canta-Gallina in die Lehre that, bei welchem, da er zugleich ein trefflicher Kupferstecher und besonders geschickter Federzeichner war, der Grund zu seiner ganzen Kunstrichtung gelegt wurde. Das Ziel von Callot's Sehnsucht war aber Rom und sein Lehrer widersetzte sich nicht nur diesem Verlangen nicht, sondern unterstützte ihn noch mit Geld. Kaum war er aber daselbst angelangt, als er auch schon von Kaufleuten aus Nancy erkannt und von diesen mit Gewalt zu seinen Eltern zurückgeführt wurde. Der Kunsttrieb war aber so unwiderstehlich in ihm, dass er dem Elternhause im 15. Jahre zum zweitenmale entlief und abermals den Weg nach Italien einschlug. Diessmal kam er zwar nur bis Turin, wo ein älterer Bruder seiner ansichtig wurde und ihn dem Vater wieder nach Hause brachte, allein dieser, besiegt durch die beharrliche Willenskraft und das ausgesprochene Talent des Sohnes für die Kunst, legte seiner künstlerischen Ausbildung von nun an kein Hinderniss mehr in den Weg. Er schickte ihn unter Aufsicht eines Freundes, der vom Herzog von Lothringen mit Aufträgen an den Papst gesandt wurde, nach Rom, wo er ein Schüler von Giulio Parigi wurde, später aber, da er mehr Geschmack am Radiren und Stechen als am Malen fand, unter Philipp Thomassin seine Studien eifrigst fortsetzte, bis ihn dieser aus Eifersucht über die Gunst, in die er sich bei seiner schönen Frau zu setzen gewusst, aus dem Hause entfernte. Er ging hierauf nach Florenz, woselbst er vom Grossherzog in Dienste genommen wurde, viel mit Canta-Gallina verkehrte, einige Studien mit dem Grabstichel nach den grossen Meistern Andr. del Sarto, Perino del Vaga u. s. w. machte und eine grosse Menge kleinerer, frei und geistreich ausgeführter Radirungen fertigte. Nach dem Tode des Grossherzogs gewann er einen neuen Beschützer an dem Prinzen Karl, der ihn nach Nancy zurückführte und ihm beim Herzog Heinrich von Lothringen und Bar eine sehr vortheilhafte Anstellung auswirkte. Nach seiner Rückkehr vermählte er sich 1625 mit Katharina Kuttinger, aus dem edlen Stamme der Marsal, und entfaltete nun in seiner Vaterstadt eine ausserordentliche Thätigkeit. Er stach ein Martyrologium mit 392 Heiligenbildern und eine Menge anderer Blätter, die alle den Reichthum seiner Gedanken und die Fruchtbarkeit seines Geistes bewundern lassen und ihm einen weit verbreiteten Ruhm verschafften. Clara Eugenia von Oestreich, die Infantin von Spanien und Statthalterin der Niederlande, berief ihn nach Brüssel, um die Belagerung der Festung Breda durch den Marquis von Spinola zu zeichnen und zu stechen und 1628 erhielt er von Ludwig XIII. den Auftrag, die Belagerungen von Rochelle und der Insel Ré abzubilden und durch den Stich zu vervielfältigen, Blätter, die zu den figurenreichsten gehören, die er in Nancy ausführte. Die Einnahme seiner Vaterstadt, durch die königl. Waffen, auf gleiche Weise zu stechen, lehnte er aber auf's Entschiedenste ab, da er seine Kunst nicht gegen den Ruhm seines Fürsten und seiner Landsleute gebrauchen wollte. Ja, er schlug das Anerbieten, gegen einen Jahresgehalt von 3000 Livres in französische Dienste zu treten, aus, und entschloss sich, als seine Vaterstadt Frankreich einverleibt wurde, lieber mit seiner Gattin nach Florenz auszuwandern. Er starb aber während der Vorbereitungen zu seiner Abreise.

In Beziehung auf malerische Technik nimmt Callot zwar eine untergeordnetere Stelle ein, indem er nur selten in Oel gemalt und desshalb auch die Bilder, welche man ihm z. B. in der Akademie von Venedig, im Pal. Pitti zu Florenz, in den Gallerien zu Dresden und Wien u. s. w. zuschreibt, von keinem besonderen Kunstwerthe sind; allein seine Leistungen als Kupferstecher, seine Blätter von eigener Erfindung, sind von einer Originalität und Frische des Geistes, von einer so bewundernswürdigen Wahrheit und Treue, dass sie in ihrer Art einzig in der Kunstgeschichte dastehen. Sie stellen theils Scenen aus der biblischen Geschichte und Legende, die jedoch weniger glücklich und mehr manieristisch behandelt sind, theils Begebenheiten aus der Zeitgeschichte, Scenen aus dem Leben des Tags, Hof- und Volksfeste, Belagerungen, Schlachten, kriegerische Umgebungen, Costümbilder u. dgl. dar, und zeichnen sich sämmtlich durch die lebendigste Energie und eine höchst geistreiche und poetische Weise der Anschauung und Auffassung und die ergreifende Schilderung der geheimsten Regungen der menschlichen Seele aus. So gehören namentlich die nach seiner Rückkehr aus den Lagern von Breda und Rochelle ausgeführten, unter dem Titel: Misères de la guerre erschienenen Blätter zu seinen vorzüglichsten Meisterwerken. Noch andere Darstellungen, die meistens dem Gebiete der italienischen Maskenkomödie entnommen sind, und festliche Aufzüge in fabelhaftem Pomp, Tänze und novellistische Scenen enthalten, sind voll von phantastischem Humor, lustigster Komik und unerschöpflicher Laune, durch die sich hin und wieder, bei aller unverwischlichen Gemüthlichkeit, gar mancher Spott, viele bittre Ironie, ja sogar etwas Gespenster- und Dämonenhaftes zieht.

Callot brachte die Kunst, den Gedanken in freien und geistreichen Radirungen zum unmittelbarsten Ausdruck zu bringen, in Frankreich auf eine Höhe, wie sie vor und nach ihm nicht wieder erreicht worden ist. Seine Blätter lassen zwar in Composition, Anordnung, Vertheilung des Lichts Manches zu wünschen übrig, sind dagegen in allem Einzelnen vortrefflich. Die Gruppen sind mannigfaltig und lebendig, die Stellungen seiner Figuren gefällig, der Ausdruck ist charakteristisch und höchst prägnant und die Ausführung verräth die Sicherheit und Leichtigkeit einer Meisterhand. Sie sind meistens auf harten Firniss radirt, eine von ihm zuerst angewandte eigenthümliche Art. Man schätzt ihre Anzahl auf gegen 1400 und zählt darunter, zu den vorzüglichsten: die Strafen der Missethäter auf einem öffentlichen Platze „Supplicium sceleri frenum"; den grossen Markt bei dem Bilde der Madonna del Imprunetta (1620); die Versuchung des heil. Antonius (1635); den heil. Nicolaus, in einem Walde predigend; die Wunder des heil. Manseretus, welcher einen durch einen Ball getödteten Prinzen zum Leben zurückbringt (1610); das Feuerwerk auf dem Arno zu Florenz, gewöhnlich der Fächer genannt (1619); 25 Blätter: die Bettler; die (genannten) grossen Misères de la guerre (1633) in 18 Blättern; die kleinen Misères de la guerre (1636) in 8 Blättern; le Parterre de Nancy mit den Ballonspielern (1625); le Jardin de Nancy; die Ansicht des Louvre; die Ansicht des Pontneuf; der Kindermord; der kleine Priester; die Belagerung von Breda; Claudius Drevet; Carl de Lorme (1632); Johann Dominicus Peri. Einige seiner Blätter haben das Zeichen A. J. C., andere das nebenstehende Monogramm. — Sein Porträt befindet sich unter den Bildnissen der berühmtesten Maler in den Uffizien zu Florenz. Das Museo fiorentino enthält dasselbe im Stich.

Literatur. M. E. Meaume, Recherches sur la Vie et les Ouvrage de J. Callot. Nancy 1853.

Calvart, Dionysius, Historien- und Landschaftsmaler, geb. um 1545 zu Antwerpen, gest. 1619 zu Bologna, malte anfänglich Landschaften und begab sich in der Absicht, sich mehr dem figürlichen Fache zu widmen, nach Italien, wo er zu Bologna unter Prosper Fontana die Perspektive studirte und in Lor. Sabbatini's Schule sich zum Historienmaler heranbildete. Als Letzterer von Papst Gregor XIII. nach Rom berufen wurde, begleitete Calvart seinen Lehrer und half ihm bei seinen dortigen Arbeiten im Vatikan. Nach Bologna zurückgekehrt, errichtete er hier eine Schule, aus welcher viele und nachher sehr berühmt gewordene Meister hervorgingen. Guido Reni, Albani, Domenichino besuchten sie, gingen aber später in die der Caracci.

Calvart gehörte zu den besseren Künstlern unter den Manieristen, welche den grossen Meistern der ersten Hälfte des 16. Jahrhunderts folgten. Er verband mit dem anmuthigen Styl des L. Sabbatini eine deutsche Gründlichkeit, die an Albrecht Dürer erinnert und eine warme blühende, den besseren Coloristen der niederländischen Schule entlehnte Färbung. Wenn er auch nicht ganz frei von Manier war und seinen Figuren oft der erforderliche Anstand fehlt, so erkennt man doch in seinen Bildern einen ernsten, der Oberflächlichkeit und dem täuschenden Scheine abholden Sinn. Es sind indessen auch manche von Guido Reni und Albani gemalte, von Calvart nur übergangene darunter. Die meisten von ihnen trifft man in Bologna, wo man u. A. in S. Petronio seinen: Erzengel Michael; in S. Maria alle Grazie: das Fegfeuer; in ai Servi: ein grosses Paradies sieht. In England befindet sich von ihm in der Gallerie von Alton Tower: eine Maria mit dem Kinde und dem h. Franciscus; in der Sammlung in Burleighouse: die Verkündigung der Maria, beides Bilder von blühender Farbe. Die Eremitage zu Petersburg besitzt von ihm einen Besuch der Maria; die Gallerie des Belvedere in Wien: einen Mannskopf. — Hieronymus Wierix, Ph. Thomassin, R. Sadeler haben nach seinen Blättern gestochen.

Calvi, Lazzaro, geb. 1502, gest. 1607, und **Pantaleo,** gest. 1595, Maler zu Genua, Söhne des Malers Agostino Calvi und Schüler des Perino del Vaga, fertigten viele Arbeiten in Genua, Monaco und Neapel in jeder Art von Figuren, Grotesken, Gypsarbeiten, womit sie Kirchen und Paläste in der Art ihres Lehrers schmückten. Einige derselben, wie die Arbeiten an der Façade des Palastes Spinola, Gefangene in verschiedenen Stellungen darstellend; im Palaste Pallavicini al Zerbino, wo sie Scipio's Enthaltsamkeit malten; die Geburt Johannis in der Kapelle der Centurioni, eines der gelungensten und eigenthümlichsten Bilder des Lazzaro, werden gerühmt. Als jedoch Letzterer jüngere Künstler auf Kosten seines eigenen Rufs steigen sah, griff er zu den schlechtesten Mitteln, zu Verläumdung und Gift, um seine Nebenbuhler zu besiegen, und legte, als trotz dieser Schändlichkeiten der Ruhm des Luca Cambiaso den seinigen verdunkelte, 20 Jahre lang den Pinsel nieder. Eines seiner letzten Werke an den Wänden und der Kuppel von S. Caterina verräth bereits alle Spuren des Alters. Er hörte im 85. Jahre zu malen auf, wurde aber 105 Jahre alt.

Calvi, Pompejo, Maler, geb. zu Mailand 1806, Schüler von Migliara, fertigt in der Manier seines Lehrers Landschaften, namentlich aber treffliche Ansichten von Kirchen, Klöstern etc. Die Gallerie des Belvedere zu Wien besitzt von ihm: eine Ansicht der Ueberreste der Säulenhallen der Octavia zu Rom (1834) und das Innere des Domes zu Monza mit Figuren (1838).

Calza, Antonio, ein Historien- und Schlachtenmaler zu Verona, der zu Anfang des vorigen Jahrhunderts blühte und ein Schüler von Cignani war, aber später J. Courtois nachahmte. In Toskana, Mailand und besonders in Bologna sieht man eine Menge von Schlachtenbildern von ihm, deren Motive von seinen Schülern vielfach zu weiteren Gemälden benützt wurden.

Calzo oder **Calze,** siehe **Cuningham.**

Camassei, Andrea, Maler und Kupferätzer, geb. zu Bevagna 1602, gest. zu Rom 1648, ein Schüler von Domenichino und A. Sacchi, malte Kirchenbilder und Landschaften in Oel und in Fresco, die man besonders zu Rom sieht und die wegen dem fleissigen Studium des Nackten, der Grazie und schönen Färbung sehr gelobt werden.

Zu seinen bessern Kupferstichen gehören: die h. Jungfrau und der h. Johannes; die h. Jungfrau u. s. w.

Cambiaso, Giovanni, ein Genueser, geb. 1495, gest. nach 1570, bildete sich durch Beobachtung und Studium der Arbeiten des Perino del Vaga und des Pordenone, die von 1528 an im Pal. Doria zu Genua thätig waren, so aus, dass er den Besten gleich kam. Er soll die Regel erfunden haben, beim Zeichnen den menschlichen Körper in Würfel einzutheilen, wodurch sich für Beobachtung der Verhältnisse und richtigen Verkürzungen eine grössere Leichtigkeit und Sicherheit ergeben soll. Auch ward er ein trefflicher Bildner in Stucco, worin er seinen Sohn Luca Cambiaso unterrichtete.

Cambiaso, Luca, genannt **Luchetto da Genova**, Historienmaler, geb. 1527 zu Moneglia, gest. 1585 zu Madrid, erhielt den ersten Unterricht in der Kunst durch seinen Vater Giovanni und machte schon in früher Jugend so rasche Fortschritte, dass er in seinem 15. Jahre durch seine Kunstfertigkeit Alles in Erstaunen setzte, in Konkurrenz mit dem 25 Jahre älteren Lazzaro Calvi im Pal. Doria zu Genua die Fabel der Niobe und andere mythologische Gegenstände malte und über diesen den Sieg davontrug. Er verliess aber bald die Manier seines Vaters und bildete sich eine angenehmere, durch Anmuth und heiteres Colorit unter seinen Zeitgenossen hervorragende Kunstweise, in der er nun eine Menge Bilder für Kirchen und Paläste in Oel und in Fresco in und ausserhalb Genua's ausführte. Nach dem Tode seiner Gemahlin wollte er deren Schwester zur Frau nehmen, der Papst Gregor XIII. verweigert ihm aber die Erlaubniss dazu, worauf er in eine düstere Schwermuth verfiel, und um so lieber einem Ruf an den Hof des Königs Philipp II. von Spanien folgte, als er durch diesen die verweigerte Einwilligung des heil. Vaters zu erlangen hoffte. Er malte in dem k. Kloster S. Lorenzo im Escurial mehrere Fresken und Oelbilder, war auch anderwärts, zur vollkommenen Zufriedenheit des Königs, thätig; als ihm aber bei Philipp die Hoffnung, seinen Zweck bezüglich seiner Schwägerin durchzusetzen, ebenfalls fehlschlug, härmte er sich so ab, dass er nach zwei Jahren starb. — Cambiaso besass eine unglaubliche Fertigkeit. Er malte oft mit beiden Händen zugleich und ohne vorher Skizzen oder Cartons zu seinen Gemälden gemacht zu haben. Seine Bilder zeigen neben mancherlei manieristischer Ausartung dennoch im Einzelnen eine tüchtige und gesunde Auffassung der Natur. - Eine Carita mit drei Kindern von schöner Anordnung und gutem Ausdruck befindet sich von ihm im Museum zu Berlin; in Genua sieht man u. A. eine Geburt und eine Verkündigung in S. Francesco di Paola; die Marter des h. Georg in S. Giorgio; in der Pinakothek zu München: das Brustbild eines alten Mannes; in der Gallerie Borghese zu Rom: Venus und Amor, ein Bild von sehr schöner, im Prinzip an P. Veronese erinnernder Farbe; in der Gemäldesammlung in Staffordhouse (England): Venus und Adonis. Einige in Holz geschnittene Blätter: Maria umarmt das Kind, in einer Landschaft, zwei Kinder pflücken Aepfel; die h. Familie und der kleine Johannes; der Triumph der Amphitrite, auf Delphinen von Liebesgöttern umgeben, wurden früher ihm zugeschrieben, sind aber wahrscheinlich nach seinen Zeichnungen von einem unbekannten Meister, welcher zum Zeichen die Buchstaben GG. N. F. hat, ausgeführt. Sie tragen theils nebenstehendes Monogramm, theils die Bezeichnung: „Lucan Januensis inuen". — Ein Sohn von ihm, Orazio, war gleichfalls ein guter Maler.

Cambio, siehe **Arnolfo di Cambio.**

Cambulain, Jozef, Bildhauer und Architekt, geb. 1756 zu Antwerpen, gest. 1821 zu Tiflis, machte seine Studien hauptsächlich zu Paris, begab sich dann 1806 nach Petersburg, wo er verschiedene bedeutendere Werke, worunter die kolossalen Gruppen mit allegorischen Figuren an der neuen Börse u. A. ausführte und 1816 als Bildhauer und erster Architekt für Georgien angestellt wurde.

Camerata, Joseph, Maler und Kupferstecher, geb. zu Frascati oder Venedig 1718, gest. zu Dresden 1803 als Professor der Kunstakademie, erlernte die Kupferstecherkunst bei seinem Vater und bei Cattini, und machte sich durch eine grosse Anzahl tüchtiger und guter Kupferstiche, worunter wir namentlich durch mehrere Blätter für das grosse Dresdner Galleriewerk: das Almosen des h. Rochus, nach Ann. Caracci; die Himmelfahrt der Maria, nach demselben; die h. Magdalena, nach Battoni u.s.w. zählen einen geachteten Namen.

Camerino, Jacobus de, ein Franciskaner, arbeitete von 1287—92 mit Jacobus Toriti an dem grossen Mosaik in der Altartribune der Kirche S. Giovanni im Laterano zu Rom, einem Werke, das ein dem Cimabue verwandtes Streben zeigt. Er ist wahrscheinlich derselbe Musivarbeiter, der noch 1321 im Dome zu Siena thätig war.

Camillani, Francesco, Bildhauer zu Florenz, ein Schüler Bandinelli's, fertigte u. A. für den Garten des Luigi von Toledo zu Florenz einen grossen mit einer Menge lebensgrosser Figuren von Menschen und Thieren verzierten Brunnen, der im Jahr 1573, vom Senat von Palermo für 20,000 Scudi erkauft, auf der Piazza Pretoriana daselbst aufgestellt wurde.

Camilo, Francisco, spanischer Maler, gest. 1671, Schüler seines Stiefvaters Pedro de las Cuevas, von dem man noch mehrere Gemälde in Toledo, Alcala de Henares, Segovia, Salamanca und besonders zu Madrid sieht, die sich durch das frische und angenehme Colorit und die correkte Zeichnung vortheilhafter unter den Bildern seiner Zeitgenossen hervorthun.

Caminade, Alexandre François, Geschichts- und Porträtmaler, Ritter der Ehrenlegion, geb. zu Paris 1783, war ein Schüler von David und Merimée, machte hierauf seine weiteren Studien in Rom und fertigte nach seiner Zurückkunft eine Menge Porträts vornehmer Personen und historische und kirchliche Bilder, die man regelmässig auf den verschiedenen Ausstellungen sah. Seine Gemälde, durch die sich ein verspäteter Nachklang der David'schen Schule zieht, sind meistens correkt gezeichnet, haben ein fein gearbeitetes Detail und einen fleissigen Vortrag, lassen aber im Ganzen kalt.

Campagna, Girolamo, genannt **da Vergna**, ein ausgezeichneter Bildhauer, geb. zu Verona 1552, gest. nach 1623, war der bedeutendste Schüler des Jac. Sansovino und überhaupt einer der wenigen Bildhauer, welche noch nach der Mitte des 16. Jahrhunderts in ihren Werken eine naive Liebenswürdigkeit beibehielten. In S. Giuliano zu Venedig sieht man von ihm sein Hochrelief des todten Christus mit zwei Engeln, im Ausdruck und in der Bildung sehr edel und schön, und in S. Giorgio maggiore daselbst: die bronzene Hochaltargruppe mit den vier Evangelisten, welche die grosse Weltkugel tragen, auf welcher der Erlöser steht. Seine Bronzestatuen des heil. Marcus und des heil. Franciscus, welche nach dem Gekreuzigten emporschauen, auf dem Hochaltar in S. Redentore sind vortrefflich, und die Madonna mit dem Kinde in S. Salvatore zeigt eine äusserst glückliche Anordnung. Am Hochaltar von S. Lorenzo steht sein heil. Sebastian, eine durchaus edle Darstellung und im untern Gang der Zecca: der kolossale Atlant oder Cyclop. In der Scuola di S. Rocco werden die Statuen des h. Rochus, Johannes des Täufers und des h. Sebastians gezeigt. An Porträtstatuen ist von Campagna ein Jugendwerk, der Doge Loredan, auf dessen Grab im Chor von S. Giovanni e Paolo und eine treffliche Grabfigur seiner reifsten Zeit, der schlummernde Doge Cicogna, in der Jesuitenkirche links vom Chor erhalten.

Literatur. Burckhardt, Cicerone.

Campagnola, Domenico, Historienmaler und Kupferstecher aus Padua, war in der ersten Hälfte des 16. Jahrhunderts zu Venedig thätig und rivalisirte in seinen Arbeiten mit denen des Tizian auf eine höchst glückliche Weise. In Padua sieht man von ihm in der Scuola del Santo Fresken, Scenen aus dem Leben des heil. Antonius, in der Scuola del Carmine die Anbetung der Hirten, der Könige und die Beschneidung; zu Florenz, im Pal. Pitti: Adam und Eva; in der Akademie zu Venedig: die Propheten Jesaias, Jeremias, Ezechiel und Daniel, Bilder, die fast denen des Tizian's gleichkommen. Die Dresdner-Gallerie besitzt auch ein Bild des Meisters: die Freigebigkeit als eine auf dem Throne sitzende, Geld austheilende Frau, dargestellt. — Domenico stach auch in Kupfer und seine Blätter sind meisterlich geistreich behandelt und von schöner Zeichnung. Zu den besten gehören: eine Schlacht im Walde; die Ausgiessung des h. Geistes; die Himmelfahrt der Maria; Venus in einer Landschaft; Hinrichtung einer Heiligen; Maria auf dem Throne, von mehreren Heiligen umgeben; ein Kindertanz. — Man schreibt ihm auch einige Holzschnitte, worunter einen Kindermord und einige Landschaften, zu, es ist aber nicht erwiesen, dass sie eigenhändig von ihm geschnitten sind. Campagnola's Blätter, von denen alle bekannt die Jahrszahl 1517 tragen, sind DO. CAMP.; DOMINICUS CAMP., überhaupt mit mehr oder weniger Anfangsbuchstaben seines Namens bezeichnet.

Campagnola, Girolamo, soll ein Schüler von Squarcione und Vater des Giulio, Maler und Kupferstecher, gewesen sein und seine Blätter J. J. CAM. bezeichnet haben.

Campagnola, Giulio, geb. 1481 zu Padua, Maler und Kupferstecher, von dem man mehrere sehr fein behandelte, vermittelst der Punse in Punktirmanier ausgeführte Blätter kennt, zu deren vorzüglichsten: der Astrolog; die Geburt Jesu; der h. Johann Baptist (eines der ersten Blätter, welche in Bunzenmanier, als deren Erfinder Giulio Campagnola gilt, gefertigt wurden); Jesus und die Samariterin am Brunnen; Ganymed auf dem Adler; der junge Hirte; ein liegendes Weib, fast vom Rücken gesehen, das entkleidet schläft, gehören. Eines seiner Blätter, ein alter Hirte auf dem Boden liegend, ist mit nebigem Monogramm bezeichnet. In der Sammlung zu Chatsworth in England werden einige Zeichnungen mit Kinderspielen, die ganz in Raphaels Art behandelt sind, nur dass sehr häufig einander durchkreuzende Schraffirungen vorkommen, dem Campagnola zugeschrieben. Ein Bild von ihm, das Porträt eines jungen Mannes, sieht man in der Gallerie des Kaufmanns Kränner zu Regensburg.

Campaña, Pedro, geb. zu Brüssel 1503, gest. 1580, ein ausgezeichneter Maler, der, obgleich Niederländer von Geburt, seiner künstlerischen Thätigkeit nach unter die spanischen Meister zu zählen ist. Er kam schon in jungen Jahren nach Italien und bildete sich namentlich nach den Meisterwerken Raphael's und Michelangelo's. Auf seiner Reise nach Rom malte er 1530 den für die Krönung Karl V. bestimmten Triumphbogen in Bologna, später ging er aber nach Spanien, wo wir ihn seit 1548 zu Sevilla angesiedelt finden. Hier führte er eine Menge Kirchenbilder aus, sein Hauptgemälde ist aber, die Kreuzabnahme, die er 1548 für die grosse Sakristei der dortigen Kathedrale fertigte, ein vorzügliches in allen Theilen ausgezeichnetes, dem Marcantonischen Stich nach Raphael in etwas nachgebildetes Meisterwerk, das im Colorit, im Ausdruck der Gesichter, in der einfachen Composition mit den Leistungen Albrecht Dürer's verglichen wird, im Ausdruck der augenblicklichen Bewegung aber, die nicht äusserlich, sondern von innen herausgeht, sich dem Michelangelo nähert, und für dessen Lebendigkeit der Darstellung der Ausspruch Murillo's bezeichnend ist, der dasselbe bewunderte und fast täglich besuchte und, einmal von dem Sakristan, der die Kirche schliessen wollte, gefragt, warum er denn so lange vor dem Bilde zu stehen habe, ganz in Gedanken zur Antwort gab, dass er nur warten wolle, bis der Heiland vom Kreuz abgenommen sei. In derselben Kathedrale ist auch noch eine Reinigung der heil. Jungfrau und eine Auferstehung mit Heiligen von ihm. Ferner besitzt Sevilla von Campaña in der Parochialkirche des h. Isidor: den h. Paulus, den Einsiedler, und S. Anton, den Abt; in S. Pedro: einen S. Sebastian und S. Hieronymus mit dem an die Säule gebundenen Christus; in S. Catalina: dieselbe Passionsscene mit andern Heiligen; in S. Juan de la Palma: einen Christus am Kreuz mit Maria und Johannes. Andere Gemälde von ihm befinden sich in der Pfarrkirche zu Triana, in S. Maria zu Carmona u. s. w. Im Berliner Museum sieht man eine Madonna mit dem Kinde von ihm.

Literatur. Bermudez, Diccionario historico de los mas illustros professores de las bellas artes en España. — Passavant, Die christliche Kunst in Spanien. — Kugler, Handbuch der Geschichte der Malerei.

Campana, Tommaso, Maler zu Bologna um 1620, war Anfangs ein Schüler der Caracci, hielt sich aber später mehr an die Kunstweise des Guido Reni. Von ihm finden sich in S. Michele in Bosco zu Bologna zwei Darstellungen aus dem Leben der h. Cäcilia, das eine die Geldspende der Heiligen, das andere: die h. Cäcilia vor dem Tyrannen, der nach ihren Schätzen fragt.

Campanato, Pietro Giovanni, Bildhauer, fertigte 1516 das meisterhafte Gusswerk in der Kapelle des Kardinal Zeno in der Marcuskirche zu Venedig: Madonna mit dem Kinde, dem h. Joseph und Johannes dem Täufer.

Campanella, Angelo, Maler und Kupferstecher, geb. zu Rom um 1748, gest. um 1815, ein Schüler von Volpato, machte sich durch mehrere schöne Blätter: Christus mit den Jüngern zu Emmaus, nach einem der Teppiche, welche nach Raphael's Zeichnungen gewirkt worden; den Bethlehemitischen Kindermord, nach Raphael; Psyche's Vermählung mit Amor oder das grosse Göttermahl, nach demselben u. A. einen geachteten Namen.

Campbell, T., ein tüchtiger englischer Bildhauer, der sich in Italien bildete und seit seiner im Jahr 1831 erfolgten Rückkehr eine grosse Anzahl von Büsten und Porträtstatuen ausführte, an denen man die grosse Lebendigkeit der Auffassung, frappante Aehnlichkeit und fleissige Ausführung rühmt.

Campen, Jacob van, ein ausgezeichneter holländischer Baumeister, wahrscheinlich gegen das Ende des 16. Jahrhunderts geboren, gest. 1657, stammte aus einer vornehmen Familie und legte sich anfänglich auf die Malerei. In Rom aber, wo er sich darin weiter ausbilden wollte, fühlte er sich mehr zur Architektur hingezogen, der er sich dann auch fortan mit glänzendem Erfolge widmete, wie das von ihm 1648 erbaute Rathhaus von Amsterdam* beweist. Dieses Gebäude, zu welchem durch Einsenkung von 13,659 Pfählen dem sumpfigen Boden das Terrain erst abgewonnen werden musste, gleich gross als Kunstwerk, wie als Denkmal der nach langen Kämpfen errungenen politischen und religiösen Freiheit der Niederlande, wird wegen der Grösse des Unternehmens, der Regelmässigkeit des Plans, der Schönheit der Construktion und des Reichthums der Verzierungen zu den schönsten und vollendetsten Bauten dieser Art gezählt. Es nimmt eine Grundfläche von 282 Fuss Länge und 222 Fuss Breite bei einer Höhe von 116 Fuss ein, zeigt im Aeussern eine Pilasterarchitektur von zwei Geschossen mit grossen, prachtvoll mit Figuren geschmückten Giebeln in der Mitte der Hauptfaçaden, und im Innern einen, dem grossen Eindruck von aussen entsprechenden Reichthum der architektonischen und figürlichen und dekorativen Ausstattung. — Ausserdem erbaute Campen noch mehrere andere Gebäude, auch werden ihm die Mausoleen der Admirale Galen und Tromp zugeschrieben. Es wird behauptet, Campen habe, als ein reicher Mann, von keiner seiner Arbeiten einen Vortheil gezogen.

Camphausen, Wilhelm, geb. 1818 zu Düsseldorf und gebildet auf der Akademie seiner Vaterstadt, malt Schlachten und Darstellungen des historischen Genres in lebendiger Auffassung, tiefdurchdachter Composition, mit gewandtem Ausdruck und in geistvoll gediegener Behandlung. Seine frühesten Bilder bewegen sich in dem frischen und kecken Schlachtenleben des dreissigjährigen Kriegs und in zahlreichen Compositionen hat er fast alle Hauptmomente und eine Menge von Nebenscenen aus jener unglücklichen Epoche der vaterländischen Geschichte dargestellt. Später wählte er mit glücklichem Griffe Scenen aus dem Reiterleben, besonders nach Gedichten, und sein Reiters-Morgenlied „Morgenroth" (auch von ihm selbst radirt) und Prinz Eugen bei Belgrad haben sich eines allgemeinen und gerechten Beifalls zu erfreuen gehabt. Am meisten aber sprechen seine Darstellungen von interessanten Situationen aus der Geschichte, besonders der englischen, denen er bei seinen vielseitigen und gründlichen Kenntnissen immer den eigenthümlichen Charakter der dargestellten Epoche aufzudrücken weiss, an. Dahin gehören: Cromwell'sche Reiter, welche den in der Ferne herannahenden Feind beobachten; ein Zug gefangener englischer Edelleute, von Puritanern eskortirt; die Flucht Karl I. bei Naseby, hauptsächlich aber die Puritaner, welche gefangene Edelleute in einer Kirche bewachen, ein in der Oekonomie der Anordnung, Vertheilung von Hell und Dunkel und charaktervollen Darstellung ausgezeichnetes Bild. Seine Schlacht bei Ascalon zeigt in Styl

* Abgebildet in den Denkmälern der Kunst. Atlas zu Kuglers Handb. d. Kunstgesch. Taf. 91 A, Fig. 5.

und Anordnung ausserordentlich viel Schönes, hat aber in der minutiös detaillirten Ausführung verloren. In neuerer Zeit hat Camphausen sich auch in vielfachen Reiterscenen aus den letzten Kriegen versucht und Blüchers Uebergang über den Rhein bei Caup hat allgemein gefallen. In der Porträtmalerei ist er gleichfalls mit höchst anerkennenswerthen Leistungen aufgetreten, vorzüglich ist er aber noch als fruchtbarer Zeichner, besonders von Karikaturen, welche er für die fliegenden Blätter und die Düsseldorfer Monatshefte geliefert, zu nennen. Er hat ferner zwanzig grosse, sehr schöne Zeichnungen zu Immermanns Tristan und Isoldis ausgeführt.

Camphuysen, Dirk, Landschaftsmaler, geb. zu Gorchum 1586, gest. 1626, ein Schüler von D. Govertze, malte in seiner Jugend kleine Landschaften mit Figuren, Thieren, Ruinen von guter Zeichnung und Färbung, welche selten und gesucht sind. Später studirte er Theologie und wurde Prediger.

Campi, ist der Name einer Malerfamilie, welche zu Cremona im 16. Jahrhundert eine Schule bildete und aus Galeazzo, dem Vater, den drei Söhnen: Giulio, Antonio und Vincenzio und einem Verwandten Bernardino bestand.

Campi, Antonio, Ritter, ein Schüler seines Vaters und älteren Bruders Giulio, gest. nach 1591, war ein vielseitiger Künstler. Er malte viele Bilder zu Cremona, deren eines, der Heidenapostel, im Begriff einen Todten zu erwecken, von Agost. Caracci in Kupfer gestochen wurde, und in denen er sich als einen etwas manieristischen Nachahmer des Correggio kund gibt. Ausserdem führte er einige Bildhauerarbeiten aus, stach auch in Kupfer und schrieb eine Chronik seiner Vaterstadt.

Campi, Bernardino, geb. 1522, gest. nach 1590, war der bedeutendste Meister der parallel mit der Schule der Caracci zu Cremona auftretenden eklektischen Schule der Campi. Anfänglich von seinem Vater zur Goldschmiedekunst bestimmt, erwachte beim Anblick zweier von Giulio Campi gefertigten Copien der Teppiche Raphael's der Kunsttrieb plötzlich so stark in ihm, dass er sich von nun an der Malerei widmete, in Giulio Campi's Schule, und später in die des Ippolito Costa zu Mantua trat, woselbst er so reissende Fortschritte machte, dass er schon in seinem 19. Jahre eine nicht unbedeutende Meisterschaft entwickelte. Er studirte Giulio Romano, Tizian und Correggio, die er häufig nachahmte, sowie auch Raphael und suchte die eigenthümlichen Schönheiten der Kunstweise dieser Meister in eine eigene zu verschmelzen, die in den Formen allerdings ein eifriges Studium Raphael's, im Colorit das des Correggio nicht verkennen lässt. In Cremona und Mailand, woselbst er einen grossen Theil seines Lebens zubrachte, sieht man eine Menge Bilder von ihm; auch fertigte er viele Bildnisse von Fürsten und Privatpersonen. Seine Hauptmalereien sind in der S. Sigismundkirche zu Cremona, sein bestes Gemälde soll aber die Geburt Christi in S. Domenico daselbst sein. Im Louvre zu Paris befindet sich eine Pietà von ihm. — Bernardino bildete mehrere Schüler, darunter Sofonisba Anguisciola.

Campi, Galeazzo, geb. 1475 zu Cremona, gest. 1536, der Vater, malte in einer Kapelle der Kirche S. Domenico den Rosenkranz der Madonna, die Façade hinter S. Francesco und mehrere rühmenswerthe Tafeln in seiner Vaterstadt, welche indessen längst zu Grund gegangen sind; dagegen befindet sich in S. Sebastiano daselbst noch ein Altarwerk, Maria auf dem Throne mit dem Kirchenheiligen und dem h. Rochus, mit der Jahrszahl 1518. — Das „Museo fiorentino" enthält einen Stich nach seinem in der Gallerie der Uffizien befindlichen Porträt.

Campi, Giulio, geb. 1500 zu Cremona, gest. 1572, der älteste Sohn des Galeazzo und Hauptmeister der eklektischen Schule der Campi, wurde ursprünglich von Giulio Romano unterrichtet, folgte aber hernach der Weise der verschiedenen grossen Meister. Seine ersten Jugendarbeiten zu Cremona waren vier grosse Bilder im Chor der Kirche S. Agata, das Martyrium dieser Heiligen darstellend; hierauf malte er mehrere Bilder in der den h. h. Pelagius und Margaretha geweihten Kirche, sodann die Tafel des Hauptaltars für S. Sigismondo ausserhalb Cremona, den Herzog Francesco Sforza und die Bianca Maria Visconti darstellend, welche unter dem Beistande von Heiligen die Madonna auf den Knieen anbeten (gest. v. Ghisi in der

Pittura Cremonese des Grafen Vidoni), und die Wölbungen derselben Kirche; ferner viele Façaden von Palästen in Helldunkel und Wand- und Deckengemälde zu Cremona; endlich im Nonnenkloster S. Paolo zu Mailand: vier Bilder, worunter eine Bekehrung Pauli; für die Kirche der Passion daselbst: Christus am Kreuz, in Oel, und in dem grossen Saale der Burg Soragno im Parmenesischen: die Heldenthaten des Herkules, in denen er sich namentlich als einen grossen Zeichner des Nackten erwiess (gest. v. Ghisi). In seinen Bildern strebte er vor Allem nach Grossheit der Zeichnung, die er von Giul. Romano erlernte, dann nach der Anmuth des Correggio und nach dem Colorit des Tizian und Pordenone. Er vernachlässigte darüber aber das Studium der Natur durchaus nicht und die aus seiner nächsten Umgebung mit Geschmack gewählten und in seine Bilder aufgenommenen Frauenköpfe sind allerliebst in Ausdruck und Bewegung.

Campi, Vincenzio, der dritte Sohn des Galeazzo, gest. 1591, war der unermüdete Gefährte seiner Brüder bei ihren Arbeiten, kam ihnen im Colorit auch fast ganz gleich, nur in der Zeichnung stand er ihnen nach. Von eigenen Bildern von ihm führt man vier Kreuzabnahmen zu Cremona an, von denen die im Dom sehr gelobt wird. Auf Darstellungen in kleineren Dimensionen scheint er sich besser verstanden zu haben und man rühmt namentlich einige derartige auf Schiefer gemalte Bildchen.

Campione, Bonino da, Bildhauer, Schüler des Giov. di Balduccio aus Pisa, fertigte (vor 1375) das reichgeschmückte Grabmonument des Can Signorio della Scala zu Verona und vermuthlich auch das Monument des h. Augustin im Dome von Pavia, wiederum ein Werk von überaus reicher Composition.

Campione, Jacopo da, Baumeister, gest. 1398, arbeitete am Dom zu Mailand und begann 1396 den Bau der Karthause bei Pavia.

Campione, Isidoro da, siehe **Bianchi.**

Campione, Marco da, Baumeister, erbaute im 14. Jahrhundert die Johanniskirche in Monza, auch soll er die erste Zeichnung zum Dom in Mailand gefertigt haben.

Camuccini, Vincenzo, Ritter, Historien- und Porträtmaler, vieljähriger Inspektor der öffentlichen Gemälde der päpstlichen Gallerie und der Mosaikfabrik, geb. 1773 zu Rom, gest. daselbst 1844, machte von früher Jugend an die eifrigsten Studien nach der Antike und nach den grossen Meistern Raphael, Andr. del Sarto, Domenichino u. s. w., so dass er schon zu Anfang des jetzigen Jahrhunderts für einen der besten römischen Künstler galt. Sein Name knüpft sich allerdings an das Wiederaufblühen der Künste in Italien, auch zeigt er sich in seinen zahlreichen, vielfach der Geschichte Roms und des Mittelalters, sowie der Legende entnommenen Gemälden, als ein sehr geübter Zeichner, der es versteht, eine grosse Composition verständig zu gruppiren und durch richtige Berechnung gewaltiger Massen Wirkung hervorzubringen; doch hat er sich von dem deklamatorischen und äusserlichen französischen Wesen, mit dessen Herrschaft seine Jugend zusammenfiel, nie ganz frei zu halten vermocht. Zu seinen vorzüglichsten Werken sind einige Cartons und kleinere gemalte Skizzen zu zählen, die sich von seinen Oelgemälden nicht nur durch grössere Freiheit und Naivität auszeichnen, sondern sich überhaupt denen der ersten Meister an die Seite stellen. Die ersten Gemälde, mit welchen er Aufsehen erregte, waren der Tod des Cäsar und der Tod der Virginia, Bilder mit lebensgrossen Figuren, die sich durch tüchtige Zeichnung, Adel der Charaktere, Bestimmtheit des Ausdrucks und kräftiges und klares Colorit auszeichnen, dagegen in der Anordnung zu sehr an die französisch-theatralische Weise erinnern. Ihnen folgte eine Darstellung im Tempel (für S. Giovanni zu Piacenza), der ungläubige Thomas, dem die Ehre wiederfuhr, für die S. Peterskirche in Mosaik gebracht zu werden, lauter Gemälde, in denen die Italiener ihre Hoffnung, Camuccini, als die höchste Zierde der römischen Schule betrachten zu können, verwirklicht glaubten. Ausser verschiedenen Scenen aus der römischen Geschichte, malte er ferner: eine Grablegung Christi für Karl IV. von Spanien, Christus in der Vorhölle, die Bekehrung Saul's für die Kirche der Apostel zu Rom; das Wunder des h. Francesco di Paolo, für die Kirche dieser Heiligen zu Neapel u. s. w.

Im Porträtfach war Camuccini ausgezeichnet und es gehören unter seine schönsten derartigen Hervorbringungen die Bildnisse des Königs und der Königin von Neapel, das der Gräfin von Dietrichstein und das Pius VII., in der k. k. Gallerie zu Wien (woselbst sich auch ein anderes Bild: die Enthaltsamkeit des Scipio, befindet). Mehrere seiner Werke hat Bettelini gestochen, auch kamen mehrere Blätter eines Lebens Christi nach seinen Hauptmomenten in Lithographien heraus *.

Camus, Pierre Duval le, Porträt- und Genremaler, Ritter der Ehrenlegion und Mitglied mehrerer Akademien, geb. zu Lisieux 1790, Schüler von David, widmete sich erst dem Porträt- und historischen Fach, folgte aber später seiner Neigung für Schilderungen aus dem täglichen Leben und legte sich ganz auf die Genremalerei. Seine Gemälde, in denen er sich der Art der flammändischen Meister, namentlich des van Steen, ziemlich nähert, ohne jedoch deren Harmonie der Farben zu erreichen, sind meistens der besseren feineren Gesellschaft entnommen und zeichnen sich durch grosse Genauigkeit der Zeichnung, Zartheit und Weichheit des Pinsels, sowie durch geschmackvolle und geistreiche Composition aus. Die meisten und besten seiner Bilder, deren er eine übergrosse Zahl ausführte, sind lithographirt, darunter: das Hochzeitpräsent; die Abreise conscriptionspflichtiger Matrosen; heimkehrende Matrosen; Heimkehr vom Fischfang; die Wolfsjagd; Einsegnung armer Waisenkinder; ein im Schnee verirrter Bauer von Mönchen mit Hunden gefunden u. s. w.

Canachus, siehe **Kanachos.**

Canale, Antonio, auch **Canal** geschrieben und **Canaletto** genannt, sehr geschickter Prospektenmaler, geb. 1697 zu Venedig, gest. daselbst 1768, war ein Schüler seines Vaters, eines Dekorationsmalers mit Namen Bernardo Canale. Er malte anfänglich selbst Theaterdekorationen, ging aber schon 1719 nach Rom, wo er die Alterthümer der Stadt und Umgebung copirte und bald in den Ruf eines trefflichen Landschaftsmalers kam. In sein Vaterland zurückgekehrt, malte er hierauf beinahe ausschliesslich Ansichten von Venedig, die sich wegen der Wahrheit und Natur, der grossen Wirkung, der ungemein sicheren und tüchtigen, wenn auch hin und wieder etwas dekorativen Behandlung, die sie auszeichnen, eines ausserordentlichen Beifalls erfreuten, und auch heute noch gesucht sind. Die meisten davon wurden von Tiepolo mit Figuren staffirt. Canale reisste später auch zweimal nach London, malte daselbst die schönsten Gegenden und erwarb sich damit Ruhm und Vermögen. Es wird behauptet, er sei der erste gewesen, der sich der Camera obscura bei seinen Bildern bedient. Seine Gemälde, deren er eine ungeheure Menge ausführte, befinden sich in allen grösseren europäischen öffentlichen und Privatsammlungen. Die schönsten sieht man in den Gallerien zu Berlin, Dresden, München, Paris und Wien und in mehreren Sammlungen Englands. — Sie dürfen nicht mit denen des Bernardo Bellotto, der auch Canaletto genannt wurde, verwechselt werden.

Antonio radirte auch 31 Blätter Ansichten von Venedig, die unter dem Titel: Vedute altre preso da i luoghi altre ideate da Antonio Canale e da essa intagliate herauskamen. *AC*

Canaletto, siehe den Vorigen und **Bellotto.**

Canderron, Bernardino, ein spanischer Maler, welcher 1514—18 im Auftrag des Kardinal Ximenes de Cisnores in Gemeinschaft mit Fray Felipe und Alonso Vasquez für die Kathedrale von Toledo ein Missale in 6 Bänden mit Miniaturen schmückte, die man noch jetzt zu dem Schönsten zählt, was die spanische Kunst in dieser Art hervorgebracht hat.

Candid, P., siehe **Witte de.**

Canella, Giuseppe, Architektur- und Seemaler in Mailand, gest. 1847 zu Florenz, einer der fleissigsten Künstler, der oft ein grosses Bild in zehn Arbeitsstunden vollendete und Ehre und Beifall damit erndtete. Zu seinen besten Bildern gehören: Ansichten der Stadt Paris und der Boulevards, des Mailänder Doms, des Hafens von Honfleur, der Kirche Sta Croce in Florenz, der neuen Strasse von Venedig u. s. w.

Canina, Luigi, Architekt und Professor der Akademie der Künste in Turin, Ritter

* Abgebildet in den Denkmälern der Kunst. Atlas zu Kuglers Handb. d. Kunstgesch. Taf. 104, Fig. 6—8.

mehrerer Orden, erwarb sich nicht nur durch seine Bauten, sondern auch durch verschiedene Schriften über die Architektur der alten Völker, auch über alte Denkmäler und Bauten, welche durch die von ihm geleitete Aufgrabungen aufgedeckt wurden, z. B. seine Beschreibung von Tusculum, eine Abhandlung über die Formen der altchristlichen Architektur auf neue Kirchenbauten, vieles Verdienst. Sein neuestes Werk vom Jahr 1853 behandelt die Aufgrabung der Via Appia.

Canini, Giannangiolo, Historienmaler, geb. zu Rom 1617, gest. zu Paris 1666, war ein Schüler von Domenichino und Barbalonga, und wurde später Hofmaler der Königin Christine von Schweden, arbeitete aber bei grossem Talent ziemlich flüchtig und verwandte mehr Zeit auf das Studium der Alterthümer, über die er zwei Werke herausgab, als auf die Malerei. Ein leicht und geistreich von ihm gestochenes Blatt: Kardinal Julius Mazarini ist sehr selten.

Canlassi, Guido, genannt **Cagnacci**, Historienmaler, geb. zu S. Arcangelo 1601, gest. zu Wien 1681, war ein Schüler von Guido Reni, in dessen Styl er schulgerecht, zart und fleissig malte. Er fertigte übrigens in Italien nur wenige Bilder, da er sich frühzeitig an den Hof Kaiser Leopolds begab, wo er vielfach beschäftigt wurde. In der Dresdner-Gallerie sieht man von ihm eine büssende Magdalena; in der Pinakothek zu München: eine Magdalena, von einem Engel gen Himmel emporgehoben; eine büssende Magdalena und die schmerzhafte Mutter Christi; in der Gallerie des Belvedere zu Wien: abermals eine büssende Magdalena; Cleopatra lässt sich durch eine Schlange am Arme stechen; den h. Hieronymus in einer Höhle. Seine Lucretia, ehedem im Hause Isolani, sowie sein grossartiger David in der Sammlung Colonna, wurden von der bolognesischen und römischen Schule häufig wiederholt. Beauvarlet, Cunego, Mogalli und Prenner haben nach ihm gestochen.

Canneri, Anselmo, Maler aus Verona, der von 1560—1575 blühte. Er war ein Schüler von Carotto und Gehülfe des Paolo Veronese bei mehreren Arbeiten, führte aber auch selbst viele Oel- und Frescomalereien zu Soranzo, zu Castelfranco, namentlich aber in Vicenza aus.

Cano, Alonso, einer der berühmtesten spanischen Meister, geb. zu Granada 1601, gest. 1667 daselbst, war Architekt, Bildschnitzer und Maler, zu welcher Vereinigung der Künste in einer Person die Prachtaltäre spanischer Kirchen der damaligen Zeit, die fast zu gleichen Theilen aus Gemälden, Sculpturen und Architektur bestanden, vielfältige Veranlassung gaben. Die Baukunst erlernte er bei seinem Vater Miguel Cano, die Bildhauerkunst bei Juan Martinez Montañes und die Malerei bei Fr. Pacheco und Juan del Castillo, aber schon in seinen ersten Altären in S. Alberto und in S. Paula zu Sevilla übertraf er seine Lehrer in sämmtlichen Künsten. Obgleich er Italien nicht gesehen, schwang er sich dennoch aus der naturalistischen Richtung seiner heimathlichen Zeitgenossen zu einer mehr klassischen Behandlung der Form empor, so dass die edle Einfachheit in allen seinen Werken, die Kenntniss und richtige Anwendung der Anatomie bei den nackten Theilen, das eigenthümliche, taktvolle Maasshalten an einen, nach den Mustern der Antike gebildeten Styl erinnert. Seine Sculpturen übertreffen an Feinheit der Zeichnung und Schönheit der Formen in Verbindung mit der sorgfältigsten Ausführung in estofado Alles, was in Spanien in dieser Art geleistet worden ist. Der Ausdruck seiner Madonnenköpfe ist zugleich von einer Lieblichkeit, wie solche bei seinen Landsleuten nur selten vorkommt. So sieht man in der Sakristei der Kathedrale zu Granada einige Statuetten, worunter eine Conception, ein wahrhaft zauberhaftes Werk von kaum einen Fuss hohen Figuren. Die Maria einer zweiten Conception ebendaselbst, zu deren Füssen in den Wolken vier Engelsknaben und drei Engelsköpfchen schweben, in der Art, wie sie Murillo in seinen Bildern anzubringen pflegte, ist ernster gehalten, voll Würde und Einfalt. Weniger fein in der Behandlung ist eine kleine sitzende heil. Jungfrau mit dem Christuskind auf dem Schooss; von guter Arbeit aber sind zwei kleine Franziskanerstatuetten: Pedro de Candara, mit einer Taube, und S. Anton von Padua, das Christkind im Arme haltend. Sehr merkwürdig sind endlich zwei kolossale Büsten in Kork geschnitten und in estofado bemalt, die Adam und Eva vorstellen sollen und von Cano selber so werth geschätzt wurden, dass er sich nie von denselben trennen wollte, und sich mit denselben (auf dem berühmten Porträt im Madrider Museum) von seinem Freund und Mitschüler Velasquez malen liess. Nach seinem Tode wurden sie von seinen Erben dem Domkapitel seiner Vaterstadt geschenkt, das sie hoch oben an den Pfeilern beim Eingang zum Chor in zwei runden Nischen aufstellen liess.

In seinen Gemälden ist Cano streng und edel in der Zeichnung, klar im Ton, fein und blühend im Colorit und von tiefer Empfindung. Man kann sagen, dass er von keinem seiner Landsleute in der Richtigkeit und Sicherheit des Blicks übertroffen wurde, dass Keiner, so wie er, die Würde und Erhabenheit der Antike mit der Naivität des Natürlichen zu verbinden gewusst, dass ihn Keiner in der Kunst des Helldunkels erreicht, Keiner in der Composition selbst so viel Verstand, Geschmack und Harmonie bewiesen hat. Was man insbesondere an seinen Bildern rühmt, ist die glückliche Anordnung der Gewandung, unter der man überall die Formen durchfühlt und die Sorgfalt in der schwierigen Ausführung der Hände und Füsse. Er bildet zwischen dem begeisterten und glühenden Coloristen Murillo und dem feurigen und gewaltigen Ribera die richtige Mitte der Correktheit, Mässigung, Eleganz, Sanftheit und reizvollen Anmuth. Doch kann diess nur von seinen besten Gemälden gesagt werden, denn im Ganzen sind sie sehr ungleich an Güte, manchmal sogar nur dekorationsmässig behandelt. So ist seine „Virgin de la solidad", die h. Jungfrau der Einsamkeit, in der S. Michaelskapelle der Kathedrale zu Granada, ein Bild von ergreifendem, zu innerster Sammlung stimmendem Ausdruck, von ungemein tiefer Färbung und ernster Haltung, während die sieben grossen Bilder aus dem Leben der Maria in der Kuppel derselben Kirche, trotz dem blühenden Colorit von wahrhaft festlicher Wirkung, in der Composition nicht so einfach und stylvoll und mehr auf den Effekt berechnet sind. Eines seiner schönsten Werke ist hingegen wieder das Altarblatt in der Kathedrale zu Malaga, die bekannte „Virgin del rosario", eine reiche Composition von stylvoller Zeichnung und klarer, milder Färbung. In der Kathedrale zu Sevilla wird eine Maria mit dem Kinde von grosser Schönheit und hoher Vollendung bewahrt. Unter den acht Bildern des Alonso, im k. Museum zu Madrid, ist das mit dem Leichnam Christi, schön in der Anordnung, hauptsächlich aber reizend durch die schöne Behandlung des Helldunkels. Auch vortreffliche Bildnisse hat Alonso Cano hinterlassen, die eben so lebendig in der Auffassung des Individuums, als grossartig und elegant in Zeichnung und fein in der Färbung sind. Ein vorzüglich schön colorirtes Porträt ist das eines Dominikaners in dem Nationalmuseum zu Madrid. In der Bildersammlung in Alton Tower befindet sich von ihm der heil. Antonius von Padua, mit dem Christuskind und Maria, ein Bild von religiösem Gefühl und fleissiger Ausführung, in einer warmen, kräftigen Farbe. Auch das Museum zu Berlin besitzt zwei herrliche Bilder dieses Meisters: die heil. Agnes und den Esel des Propheten Bileam.

Cano hat eine sehr zahlreiche Schule gebildet, die speciell mit dem Namen der Schule von Granada bezeichnet wird; sie zeigt eine ausgedehnte Verbreitung seines eigenthümlichen Styls, ohne dass jedoch Werke von sonderlicher Bedeutung aus derselben hervorgegangen sind. A CA°

Ein ihm zugeschriebenes radirtes Blatt, die h. Katharina darstellend, trägt das zweite der nebenstehenden Monogramme. L° C° inv.

Literatur. Bermudez, Diccionario historico de los mas illustres professores de las bellas artes in España. Passavant, Die christliche Kunst in Spanien. — Kugler, Handbuch der Geschichte der Malerei.

Canonica, Luigi, Hofbaumeister und ordentlicher Rath der k. k. Akademie zu Mailand, Ritter des Ordens der eisernen Krone, geb. 1762 zu Tesserete bei Lugano, erlernte die Baukunst unter Piermarini und erhielt schon in seinem 21. Jahre einen ausserordentlichen Preis für einen Kirchenplan. Er erbaute das Amphitheater zu Mailand für 30,000 Zuschauer, die Theater von Brescia, Cremona, Mantua, und drei zu Mailand, worunter das Teatro Carcano. Ferner verschönerte er die k. k. Paläste zu Mailand und Monza und schmückte deren Parks und Gärten mit verschiedenen Bauwerken.

Canot, Pierre Charles, ein trefflicher Kupferstecher, vorzüglich im Landschaftsfache, geb. um 1710 in Frankreich, ging 1740 nach England, woselbst er 1777 zu Kentishtown starb. Die vorzüglichsten Werke dieses Künstlers sind: der Sturm, nach Simon de Vlieger; Piramus und Thisbe, nach Bramer; die aufgehende Sonne, nach Claude Lorrain (1771); der Meierhof und das Innere eines Meierhofs, nach P. de Laer u. s. w.

Canova, Antonio, Ritter, geb. 1757 zu Possagno, einem Dörfchen am Fusse der venetianischen Alpen, gest. zu Venedig 1822, war ein ausgezeichneter Bildhauer, der sich aus der Geschmacksverirrung, in welche die Kunst in Italien verfallen war, im letzten Viertel des vorigen Jahrhunderts zuerst wieder auf die Bahn einer freieren, edleren und naturgemässeren Darstellung und einer entschieden klassischen Behandlungsweise der Sculptur emporschwang. Sein Vater war ein armer Steinmetz, der aber schon starb, als Antonio erst drei Jahre zählte, worauf, nach der Wiederverheirathung seiner Mutter, ein Oheim väterlicher Seits den jungen Waisen zu sich nahm und sich von ihm vom zartesten Alter an in seinen Arbeiten unterstützen liess. Als bei diesem Geschäftsbetriebe Canova einst seinen Oheim auch in das Landhaus eines venetianischen Senators, Namens Faliero, begleitete, modellirte er hier in seiner freien Zeit aus einem Stück Butter einen Löwen, der auf die Tafel des Gutsherrn kam und dessen Wohlgefallen in so hohem Grade erregte, dass er sich des Knaben annahm, für seine Erziehung sorgte und ihn zu einem Bildhauer in die Lehre that. Kaum 16 Jahre alt trieb die Dankbarkeit den jungen Bildhauer seinem Wohlthäter eine Statue zu machen und er bildete aus weichem Stein eine Eurydice in halber Lebensgrösse, welche den Stolz und die Grossmuth seiner Landsleute erweckte und die venetianische Regierung veranlasste, den jungen Künstler im Jahr 1779 mit einer Pension von 300 Dukaten zu seiner weiteren Ausbildung nach Rom zu schicken. Hier, beim Anblicke und Studium der klassischen Meisterwerke, entwickelten sich seine natürlichen Anlagen ungemein rasch; seine strenge Beobachtung der Natur und sein ernstes Streben nach Wahrheit, gewannen ihm, insbesondere durch die Gruppe des Dädalus und Icarus, die er 1782 vollendete, den Beifall der ersten Kenner; der venetianische Gesandte am päpstlichen Stuhl, Juliano, gab ihm einen Marmor, aus welchem er 1783 die kolossale Gruppe des Theseus, als Besieger des Centauren (im Theseustempel im Volksgarten zu Wien aufgestellt), meiselte, ein Werk, das tüchtiges Studium der Natur und des Styls der Antiken verrieth, und plötzlich wie ein heller Stern aus dem Dunkel des damaligen Kunsthimmels hervorleuchtete; der Freundschaft Volpato's verdankte er die Uebertragung des Denkmals des Papstes Clemens des XIV., Laurentius Ganganelli, das eine ganze Revolution auf dem Gebiete der Plastik hervorrief* (in der Kirche S. S. Appostoli zu Rom), und mit fünfundzwanzig Jahren war sein Ruhm fest begründet. Kaiser und Könige beschäftigten ihn und seine Zeitgenossen trugen kein Bedenken, ihn nicht nur über alle Bildhauer der neueren Zeit zu erheben, als ihn sogar mit den grössten Meistern der Alten zu vergleichen. In seinen folgenden Werken, in denen sich seine Eigenthümlichkeit entschiedener herausarbeitete, verliess er jedoch den mit dem Theseus eingeschlagenen, so grossen Erfolg versprechenden Weg wieder, und neigte sich dem seiner Natur mehr zusagenden Reizenden, Lieblichen und Zierlichen zu, wie aus der, bald nach dem Theseus ausgeführten, Gruppe von Amor und Psyche, in welcher Amor der in Verzweiflung hingesunkenen Psyche zu Hülfe eilt (im Louvre zu Paris) hervorgeht. In Zierlichkeit der Formen, in Zartheit und Glätte der Ausführung steht dieses Werk auf einer seltenen Höhe, dagegen sind in der Anordnung und in den Linien die Stylgesetze der Plastik merkwürdig verkannt, denn aus allen Standpunkten decken und verschieben sich die Formen nicht glücklich und lassen unangenehme Lücken; die aufwärts ausgestreckten Flügel des Amor machen sich von allen Seiten scharf und spitzig. Dann sind die Köpfe zwar fein, doch etwas geziert. Ein zweites öffentliches Monument, das Grabmal des Papstes Clemens XIII. in der Peterskirche, das sich durch kolossale Grösse und einfachen Styl auszeichnet, vollendete er im Auftrag des Prinzen Rezzonico 1792. Obgleich die darauf angebrachte

* Abgebildet in den Denkmälern der Kunst. Atlas zu Kuglers Handb. d. Kunstgesch. Taf. 103, Fig. 1

Figur der Religion etwas Starres und Geschmackloses, der auf dem Löwen ruhende Genius mehr Reiz als tiefe Bedeutung hat, so vermehrte sich durch dieses Werk der Ruhm des Künstlers doch ungemein. Seine nächsten Arbeiten waren: ein stehender geflügelter Amor, eine Wiederholung der Gruppe von Amor und Psyche; Venus und Adonis (gest. v. Bertini), eine reizende Gruppe (1795 für den Marchese Berio von Neapel ausgeführt, nach dem Tode desselben aber in den Besitz des Hrn. Favre in Genf übergegangen)*; das Denkmal des venetianischen Admirals Angelo Emo (im Arsenal zu Venedig); ferner eine Statue der Psyche, halbbekleidet mit der Rechten einen Schmetterling an den Flügeln haltend und ihn mit ruhiger Miene betrachtend. Ausserdem bildete er um diese Zeit viele Basreliefs, insbesondere Scenen aus dem Leben des Sokrates, die aber nicht zu seinen gelungensten Arbeiten gehören. Nur eines derselben, die Stadt Padua, als weibliche Figur in sitzender Stellung, führte er in Marmor aus. In der bald darauf entstandenen büssenden Magdalena, in natürlicher Grösse (von dem Grafen Sommariva erkauft; ein anderes Exemplar in der Leuchtenberg'schen Gallerie), ist der erschlaffende Affekt der Reue trefflich ausgedrückt, das Verschmolzene, Weiche und Mürbe in Formen und Ausführung aber am weitesten getrieben. Einen höchst erfreulichen Eindruck erweckt dagegen wieder die ungemein liebliche Statue einer Hebe, eines der ausgezeichnetsten Werke des Meisters (im Museum zu Berlin). In leichter reizender Bewegung schwebt die Jugendgöttin hernieder, mit aufgehobener Rechten aus einem Gefäss Nektar in eine Schale giessend, die sie in der Linken hält. Die Gefässe, Hebe's Stirnbinde und der Saum ihres Gürtels sind vergoldet. Die Gestalt ist von schlanker und feiner Proportion, das Motiv des Herabschwebens und Einschenkens hat etwas ungemein Leichtes und Elegantes, das Köpfchen und die nackten Theile sind sehr zierlich, die Behandlung des Marmors ist höchst vollendet. In andern Theilen, namentlich in dem flatternden Gewand, den marmornen Wolken, auf denen sie einherschwebt, zeigt sich jedoch ein sehr stylwidriger Naturalismus. Ein anderes Exemplar, wo, statt der Wolken, Stützen angebracht und jene nur angedeutet sind, befindet sich im Besitz des Herzogs von Devonshire zu Chatsworth. Ein drittes Exemplar besitzt der Marquis von Landsdown zu London. Die Erfolge, welche Canova mit diesen Arbeiten auf dem Gebiete des Zarten, Anmuthigen, Graziösen davontrug, veranlassten ihn, sich nunmehr auch im Tragischen zu versuchen und er schuf den rasenden Herkules, wie er den Lichas in's Meer schleudert, eine kolossale Gruppe (im Besitz der Familie des Marquis Torlonia zu Rom), die zwar recht lebendig, aber keinen angenehmen Eindruck hervorzubringen im Stande ist. Weit gelungener ist seine Darstellung der beiden Faustkämpfer Damoxenes und Creugas (im vatikanischen Museum zu Rom). Eine abermalige Darstellung von Amor und Psyche, in welcher die beiden Liebenden zur reizendsten Gruppe verbunden sind, bereitete dem Meister neue Triumphe. In diesem Werk (im Louvre zu Paris) findet man hohe Vollendung der Arbeit und schöne Linien, mit liebenswürdiger Individualisirung, mit Naivität und Wärme des Gefühls gepaart. Hernach führte er die gelungene Statue eines Palamedes in Marmor aus, die jedoch später, im Jahr 1805, in der Werkstätte des Künstlers umgestürzt und zertrümmert wurde. Die zerbrochenen Theile wurden jedoch auf den Wunsch des Grafen Sommariva, der die Statue bestellt, vom Meister selbst auf eine überraschend gelungene Weise wieder zusammengesetzt. In den Jahren 1796 und 1797 fertigte Canova das Modell zu dem Grabmale der verstorbenen Erzherzogin Christine von Oesterreich, der Gemahlin des Herzogs Albert von Sachsen-Teschen, welches 1805 vom Künstler selbst in der Augustinerkirche zu Wien aufgestellt wurde. Das Denkmal besteht in einer Grabpyramide mit einem Zug allegorischer Figuren und trug dem Künstler die Summe von 20,000 Dukaten ein. Im folgenden Jahre arbeitete Canova das Modell zu einer Statue des Königs von Neapel im römischen Kostüm, eine seiner schönsten Arbeiten, welche aber erst lange Zeit nachher in Marmor ausgeführt wurde.

Während der Revolution 1798 und 1799 begleitete Canova den Senator Prinzen

* Abgebildet in den Denkmälern der Kunst. Atlas zu Kuglers Handb. der Kunstgesch. Taf. 103, Fig. 3.

Rezzonico auf einer Reise durch Deutschland, hielt sich nach seiner Rückkehr einige Zeit im Venetianischen auf, beschäftigte sich hier mit der Malerei, der er sich von Jugend an in seinen Musestunden gewidmet hatte, und malte für die Kirche seines Geburtsorts ein Altarbild, den todten Christus mit Maria, Nikodemus und Joseph, oben Gott Vater in einer Glorie darstellend. Hierauf ging er nach Rom und führte hier seinen Perseus mit dem Haupte der Medusa aus (vom Papst Pius VII. gekauft), eine Statue, die Canova's Ruhm mehr als alle vorhergehenden Werke erhöhte und verbreitete, und während der Zeit, wo der Apoll von Belvedere entführt war, auf dessen Platz und Fussgestell stand. Diese Arbeit ist eine Nachahmung des Apollo, jedoch ohne tiefere Bedeutung, ohne Einheit und bestimmten Charakter, aber von ungemeiner Schönheit im Einzelnen, sowohl in den Formen als in der meisterhaften zarten Behandlung. Kurze Zeit, nachdem er von Papst Pius VII. zum Oberaufseher aller römischen Kunstwerke und aller Kunstunternehmungen im ganzen Kirchenstaate ernannt worden war, wurde er 1802 von Napoleon nach Paris berufen, um das Modell zu einer kolossalen Bildsäule desselben zu fertigen. Er stellte ihn unbekleidet als lorbeerbekränzten Gott, in der Rechten die Viktoria auf der Weltkugel, in der Linken das Scepter, dar, und wusste im Kopf die Züge ebenso charaktervoll aufzufassen, als denselben überhaupt im antiken Heldensinne zu idealisiren. Die Statue wurde in Erz gegossen und in Marmor ausgeführt; die erzene befindet sich im Keller des Pal. di Brera zu Mailand, die marmorne war im Besitz des Herzog von Wellington in Apsleyhouse zu London. Sie ist in den Formen etwas plump und schwer, und der Kopf in den Verhältnissen etwas zu klein. Bald nachher begann er auch die Statue der Mutter Napoleons in einer Nachahmung der Agrippina im Kapitol (im Jahr 1819 um die Summe von 36,000 Francs in den Besitz des Herzogs von Devonshire gekommen). Die ganze Auffassung dieser trefflichen Figur ist ungleich einfacher und bequemer, als dies meist bei Canova's Werken der Fall ist. Der Kopf, von naturwahrem Charakter und gutartig verständigem Ausdruck, ist, wie alles Andere, mit dem grössten Fleiss vollendet.

Nach Napoleon's Sturz forderte Canova 1815 im Auftrage des Papstes die aus Rom entführten Kunstwerke zurück, ging dann nach London, wo er mit Enthusiasmus aufgenommen wurde, und kehrte 1816 nach Rom zurück, wo Pius VII. ihn durch Eintragung seines Namens in das goldene Buch des Kapitols auszeichnete, ihn in einem eigenhändigen Sendschreiben für „hochverdient um die Stadt Rom" erklärte und ihn zum Marchese von Ischia mit einem jährlichen Einkommen von 3000 Scudi ernannte. Trotz dieser ihm zu Theil gewordenen Ehren brachte er die letzten Jahre seines Lebens nicht in Rom zu. Unter anderen Arbeiten hatte er nämlich nach seiner Rückkehr eine Statue der Religion in kolossaler Grösse mit Kreuz und Schild, auf welch letzterem die Apostel Petrus und Paulus im Relief angebracht waren, gefertigt und dieselbe dem Papst als einen Beweis seiner unbegrenzten Ehrfurcht und Dankbarkeit angeboten, um sie in einer der grössten Kirchen Rom's aufzustellen. Allein die Kardinäle waren dagegen. Empört über solche Behandlung, verkaufte er alle seine liegenden Güter im römischen Gebiete, kehrte in seine Heimath zurück und liess hier in seinem Geburtsorte durch den Architekten Selva einen grossartigen Tempel bauen, in welchem nunmehr die Statue der Religion aufgestellt werden sollte. Den Hauptaltar wollte er überdiess noch mit der Marmorgruppe einer Pietà zieren, allein Canova hinterliess nur das Gypsmodell, wie er auch die Vollendung der Kirche selbst nicht mehr erlebte. Seine sterblichen Ueberreste ruhen darin begraben. Zu Venedig, wo er in den letzten Zeiten mit seinem Bruder, dem berühmten Abbé Canova, in innigster Eintracht gelebt und gestorben, wurde ihm 1827 in der Kirche S. Maria dei Frari ein von Fabris, Ferrari, Rinaldi, Zandomeneghi und Jacopo de' Martini ausgeführtes Ehrendenkmal errichtet. Das Denkmal, welches Leo XII. Canova zu Ehren in der kapitolinischen Bibliothek setzen liess, wurde im Jahr 1833 enthüllt. Seine rechte Hand schenkte sein Bruder der Akademie der schönen Künste zu Venedig, woselbst sie in einer Urne aufbewahrt wird.

Canova wurden schon bei Lebzeiten, ausser den erwähnten Auszeichnungen, alle Ehren, alle Dekorationen, alle Titel, alle Einkünfte, die sich der Ehrgeiz eines Künstlers von der Freigebigkeit der Fürsten nur wünschen kann, zu Theil. Er war zum Marchese, zum Ritter vom goldenen Sporn, zum Fürsten der Akademie von S. Luca, zum Präsidenten oder Mitglied von zwanzig Akademien ernannt worden. Man hat Medaillen zu seiner Ehre geschlagen und eine Menge Städte haben ihm ihr Bürgerrecht geschenkt. Er hat vom Prinz-Regenten von England eine mit Brillanten reich besetzte goldene Dose, andere Gnadengeschenke von allen Mächten des Nordens erhalten. Wenn er aber auch diese Erfolge zum Theil dem Umstande zu verdanken haben mochte, dass er keinem Menschen die Ehren seines Meisels verweigerte: Usurpatoren, wie legitimen Majestäten, und Murat, König Ferdinand IV. (in den Studj zu Neapel), die Erzherzoge von Florenz, den Vicekönig von Italien, den Prinz-Regenten von England, die letzten Stuarte, Madame Lätitia, eine Tochter Marien Theresiens, den Papst und Napoleon u. s. w., alle die Gestalten, die am politischen Horizont vorüberzogen, gemüthsruhig darstellte, so darf ebenfalls nicht verschwiegen werden, dass er einen grossen Theil seines Reichthums auf die Unterstützung des Unglücks und auf die Aufmunterung der Künste verwandte. Er verschaffte in Rom einer beträchtlichen Anzahl von Familien Unterhalt, schenkte bestimmte Summen alljährlich den Hospitälern, liess einen Theil seiner glänzenden Einkünfte den Zöglingen der Akademie zufliessen, stiftete Preise, setzte Summen für gewisse archäologische Stiftungen aus, und dürftige Künstler erfreuten sich in seiner Person eines freigebigen Beschützers und Trösters.

Ausser den bereits erwähnten Werken Canova's verdienen noch folgende seiner Hauptarbeiten angeführt zu werden: die siegende Venus, auf dem Ruhebette liegend und einen Apfel in der Hand haltend, in der Villa Borghese zu Rom (der Kopf soll Porträt der Prinzessin Pauline Borghese sein); eine Nachbildung der Mediceischen Venus (im Pal. Pitti zu Florenz); eine andere dem Bade entsteigende Venus, im Charakter und Haltung der mediceischen, im Adel der Formen und in der Lauterkeit der Arbeit eines der vorzüglichsten Meisterwerke der neueren Sculptur (in der Gallerie des Marquis von Landsdowne in London); eine dritte Venus des Meisters befindet sich in der Glyptothek zu München; eine vierte hat Canova in den Händen des Banquier Thomas Hope gelassen; eine Nymphe, auf dem Löwenfell ruhend und dem Leyerspiel eines Amorin zuhorchend, eine höchst anmuthige Figur von zarter Vollendung (für den verstorbenen König von England ausgeführt und nach dessen Hinscheiden vom Marquis von Landsdowne erstanden); die drei Grazien, eines der gerühmtesten Werke des Meisters, von dem sich ein Exemplar in der Sculpturengallerie des Herzogs von Bedford in Woburn-Abbey, ein anderes in der Leuchtenberg'schen Gallerie befindet. Die Idee zu diesem Werk war dem Künstler von der Kaiserin Josephine angegeben worden, auch war das erstgenannte Exemplar für sie bestimmt. Die Arbeit war aber als sie starb (im Jahr 1814) noch nicht vollendet und so verkaufte sie der Künstler an den genannten englischen Herzog. So grossen Reiz aber auch die glückliche Zusammenstellung, die zarte meisterhafte Vollendung der Arbeit in dieser Gruppe hervorbringt, so ist doch die Bildung der Köpfe etwas zu einförmig und süsslich und das Knochengerüste der Glieder, um welche das weiche Fleisch gewoben ist, zu wenig angedeutet. Ferner: die geflügelte Bildsäule des Friedens (für den Kanzler Romanzoff in Petersburg ausgeführt), eine hübsche Gewandstatue; die Concordia, unter dem Bildniss der Kaiserin Marie Louise, eine sitzende Statue mit Scepter und Opferschale; Paris, lebensgrosse Statue (in der Glyptothek zu München, eine der ausgezeichnetsten Arbeiten des Meisters; Theseus mit dem erlegten Minotaurus (im Besitz des Marquis von Londonderry zu London); die sitzende Statue Washington's* im römischen Gewande und wie es scheint in dem Augenblicke dargestellt, in welchem er seine letzte Botschaft an die Versammlung der Vereinigten Staaten aufzeichnet. Diese Statue im Jahr 1820 vollendet, wurde im Staatspalaste zu Raleigh, der Hauptstadt von Nord-Carolina aufgestellt, ging aber während eines Brandes des Gebäudes zu Grunde. Dann: die Statue des Marchese Poleni

* Abgebildet in den Denkmälern der Kunst. Atlas zu Kuglers Handb. der Kunstgesch. Taf. 103, Fig. 4.

auf dem Platze Prato della Valle zu Padua; die Marmorbüste Kaiser Franz I. in Wien; die Statue der Polyhymnia; die Bildsäule Pius VI. in der Peterskirche zu Rom; die Porträtstatue der Gemahlin Lucian Bonaparte's mit der Lyra im Arm, eine grosse schön bekleidete Marmorstatue; ein kolossaler Hektor; ein Ajax; die Terpsichore, eine sehr edle Gewandstatue, eine sitzende Polyhymnia, Johannes, der Täufer, und ein Cupido (ehemals im Besitz des Grafen Sommariva); drei Tänzerinnen; die Statuen der Frömmigkeit und Sanftmuth, früher für das Grabmal Clemens XIV. bestimmt, aber später durch andere ersetzt; eine schlafende weibliche Figur in der Stellung des Hermaphrodit, mit bewundernswürdiger Weichheit und Naturwahrheit ausgeführt (im Besitz des Marquis von Landsdowne); eine büssende Magdalena, auf dem Felsbette liegend, und Endymion in schlafender Stellung (im Besitz des Herzogs von Devonshire in Chatsworth), ein Werk von der grössten Weiche und von äusserster Vollendung des Marmors, beide 1822, kurz vor dem Ende des Künstlers ausgeführt. Endlich ein Pferd, welches bestimmt war, Napoleon's Statue zu tragen. Ueberdies eine Anzahl von Büsten, worunter wir namentlich das Porträt Napoleon's, sehr lebendig und von grösster Vollendung, das als Original zu der Statue dieses Kaisers diente (das Gypsmodell davon im Museum der bildenden Künste zu Stuttgart) und Canova's eigene überlebensgrosse Büste zählen (beide im Besitz des Herzogs von Devonshire in Chatsworth); Basreliefs mit Darstellungen nach griechischen Dichtern und verschiedene Grabdenkmale, unter denen besonders genannt werden dürften: die Grabmäler des Kupferstechers Volpato (in der Apostelkirche zu Rom); des Dichters Alfieri (in der Kirche Sta. Croce zu Florenz) mit der vielfach bewunderten kolossalen Marmorstatue der trauernden Italia*; der Gräfin von Santa Cruz; des Grafen Souza; des Dom. Manzoni, zu Forli; des Senators Faliero, Canova's erstem Mäcen; des Prinzen Friedrich von Oranien; des Grafen Ottavio Trento zu Vicenza; des Franc. Pesaro; des Admirals Nelson; der letzten Stuarts in der Peterskirche zu Rom u. s. w.

Im Ganzen hat Canova dreiundfünfzig Marmorstatuen, zwölf Gruppen, vierzehn Sarkophage, acht grosse Grabmonumente, neun kolossale Figuren, vierundfünfzig Büsten, sechsundzwanzig Basreliefs, zusammen hundertsechsundsiebenzig Werke verfertigt, zweiundzwanzig Gemälde und eine unzählige Menge Zeichnungen, Studien, Modelle u. s. w. nicht gerechnet. Seine Bilder, meist in oder ein wenig unter Lebensgrösse, sind leicht hingemalt, sowohl in den Fleischparthien als im Farbenton überhaupt, reizend und wahr und zeugen von einem tiefergehenden Studium der venetianischen Meister. Sie stellen meistens Venus und Amor, die Grazien, antike Helden u. s. w. dar.

Canova's eminentes Talent überwand die Schwierigkeiten der Technik, der Hand und des Meisels, mit einer erstaunlichen Leichtigkeit und wusste seine Gedanken in einer neuen und originellen Auffassungsweise mit grösster Lebendigkeit in der Composition und meisterhafter Sicherheit in der Form und in der Behandlung aus dem Marmor zu schlagen. Mag seine etwas sentimentale Natur auch seinen Gestalten hin und wieder eine gewisse weichliche Empfindsamkeit eingehaucht haben, und ein Theil der ihm so allgemein zu Theil gewordenen grossen Bewunderung dem Umstande zugeschrieben werden, dass er gerade darin den herrschenden sentimentalen Zug der Zeit traf; mag er auch in seinem Streben nach Anmuth, Grazie und Zierlichkeit der Formen, die insbesondere den meisten seiner weiblichen und jugendlichen Gestalten nicht abzusprechen ist, sich, um zu gefallen, zuweilen zu direkt an die Sinne gewandt haben und dadurch in eine Weichlichkeit und Affektation gerathen sein, die oft geradezu widerlich wird und dem Gedanken eine ganz falsche Richtung gibt; mag er selbst hie und da, wo er aus eigenem Antrieb oder durch Bestellungen veranlasst, die ihm eigenthümliche Sphäre heiterer sinnlicher Schönheit überschritt und Kraft und Grossartigkeit zu erreichen strebte, nicht selten in Uebertreibung der Motive und Formen gefallen, auch von dem Vorwurf einer mehr malerischen als plastischen Anordnung in der Composition nicht frei zu sprechen sein; ja mag die hohe Vollendung seiner Behandlung sogar manchmal dadurch, dass er dem Marmor eine mit dem darzustellenden Stoffe im Widerspruch stehende Politur gab, störend wirken,

* Abgebildet in den Denkmälern der Kunst. Atlas zu Kuglers Handb. der Kunstgesch. Taf. 103, Fig. 2.

so ist es doch hoch anzuschlagen, dass Canova der erste war, der Anmuth und Natürlichkeit in der Bildung der Gestalten wieder anstrebte, in einer Zeit, welcher der Sinn dafür gänzlich abhanden gekommen und verschlossen war; bleibt es des Meisters unbestreitbares Verdienst, die Bildhauerkunst aus ihrer tiefen Erschlaffung wieder emporgerafft, ihr durch seine Werke, durch seine ungemeine Thätigkeit und technische Fertigkeit, durch die vielfachen Aufträge und seinen in ganz Europa verbreiteten Ruf wieder Achtung, Theilnahme und Aufnahme verschafft, sie wieder auf die Bahn der Natur und der einfachen Schönheit der antiken Kunst zurückgeführt zu haben und dadurch einer der Mitbegründer der neuern Sculptur geworden zu sein.

Literatur. A. Paravia, Notizie intorno alla vità di Antonio Canova. Roma, 1823. — Missirini, Vita di Antonio Canova. Prato, 1827. — Cicognara, Storia della Scultura. — H. de Latouche und Gräfin Albrizzi, Die Werke Canova's (mit vielen Abbildungen). Stuttgart, 1835. — Zeitgenossen, Neue Reihe Nro. XXI. Leipzig.
Kupferwerke. Moses, The works of Canova. London 1828. — T. K. Hervey, Illustrations of modern sculpture. A series of engravings. London, 1832.

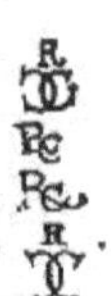

Canta-Gallina, Remy, Zeichner und Kupferätzer, ein Schüler der Caracci und von J. Parigi, geb. zu Florenz um 1582, gest. daselbst um 1630. Zu seinen besten Blättern, die zwar in der Zeichnung etwas manierirt erscheinen, aber eine sichere, leichte Hand verrathen und mit Geist gefertigt sind, gehören: 12 Blätter Landschaften; Landschaft mit einer Brücke (1603), in Bril's Manier; eine Landschaft mit Gebäuden (1603), in derselben Manier.

Cantarini, Simone, genannt **Pesarese**, Historienmaler und Kupferätzer, geb. zu Oropezza bei Pesaro 1612, gest. zu Verona 1648, erlernte die Zeichenkunst bei Giac. Pandolfini, die Malerei bei Claudio Ridolfi, bildete sich aber später hauptsächlich nach Guido Reni. Er malte Altarblätter, heil. Familien, besonders öfters Johannes den Täufer und Apostelköpfe, die man häufig zu Bologna, Pesaro, Rom u. s. w. antrifft. Die Gallerien zu Dresden, Frankfurt, München und Wien besitzen ebenfalls Bilder von ihm. Im Louvre zu Paris sieht man eine heil. Familie von Cantarini, in der Guido's gefällige Charaktere mit einer wärmeren, klareren und tieferen Farbe und einer hübschen Landschaft verbunden erscheinen. — Er radirte auch in Kupfer 37 Blätter, die von denen des Guido Reni kaum zu unterscheiden sind. Zu den besten davon gehören: die Entführung der Europa; das Quosego oder Neptun, Jupiter und Pluto, welche das Wappen des Hauses Borghese begrüssen; Mercur und Argus; der kleine h. Antonius von Padua; Venus und Adonis; die Ruhe der heil. Familie auf der Flucht nach Aegypten; eine Ruhe der heil. Familie auf der Flucht mit Engeln, welche Datteln pflücken; der h. Benedict heilt einen Besessenen, nach Caracci. Von seinen Gemälden haben einige das nebenstehende Monogramm.

Cantini, Giov., ein tüchtiger Kupferstecher in Florenz und würdiger Schüler von R. Morghen, zu dessen vorzüglichen Blättern gehören: Maria mit dem Kinde auf dem Throne, nach Fra Bartolomeo's Bild in der Gallerie von Florenz; Maria mit gefalteten Händen, nach P. Battoni; Judith mit dem Kopfe Holofernes, nach Allori (1802); Petrus auf dem Meere wandelnd, nach L. Cigoli.

Canton, Gustav, geb. zu Mainz 1813, bildete sich in der Düsseldorfer Schule zum Maler aus. Er fertigt meist idyllische Bilder aus dem Alpenleben, die durch Gemüthlichkeit ansprechen und mit Fleiss und Liebe gemalt sind. An mehreren seiner Radirungen, gleichfalls dem Alpenleben angehörend, bewundert man die treffliche Zeichnung und feine Ausführung.

Canuti, Domenico Maria, Historienmaler und Kupferätzer, geb. zu Bologna 1620 oder 1623, gest. 1677 oder 1684, war ein Schüler von Guido Reni, in dessen Manier er malte und ätzte. Zu seinen besten radirten Blättern gehören: der h. Rochus; Maria mit dem Rosenkranz; der h. Franciscus von Assisi, nach G. Reni; die büssende h. Magdalena (1645). Sie sind mit seinem Namen oder mit D. M. C. F. bezeichnet.

Canzi, ein tüchtiger Genre- und Porträtmaler zu Wien, von dem man seit 1838 auf verschiedenen Ausstellungen gelungene Bilder sah.

Capaldi, ein talentvoller Historien- und Porträtmaler in Rom, von dem besonders ein 1837 gemaltes Altarblatt, den h. Sebastian darstellend, für eine Kapelle, der

Villa Belvedere in Frascati, bestimmt und das lebensgrosse Porträt der Fürstin Cesarini, durch Zeichnung und Colorit gleich ausgezeichnet, gerühmt wurden.

Capanna, Puccio, Maler aus Florenz, ein Schüler Giotto's, malte zu Florenz, Rimini, Pistoja, Bologna und Assisi verschiedene Frescobilder aus der biblischen Geschichte in der Manier und Verfahrungsweise seines Meisters und starb in letzterer Stadt. Der grösste Theil seiner Werke ist zu Grund gegangen, doch sieht man noch einige von denen, welche er nach Giotto's Tod in Assisi ausführte. Auch die Bilder aus dem Leben des h. Franz und des Erlösers in dem Kapitelsaal von S. Francesco zu Pistoja sind noch wohl erhalten.

Capatti, Alessandro, geb. 1810, einer der besten italienischen Historien- und Porträtmaler der Gegenwart in Rom, dem die seltene Ehre widerfuhr, in seinem 30. Jahre schon einstimmig zum wirklichen Mitglied von S. Luca gewählt zu werden. Seine Arbeiten, z. B. die für Torlonia gemalten Frescobilder, Boas und Ruth, einige Porträts aus der Familie Borghese, zeichnen sich durch edle Einfachheit und durchdachte Composition aus.

Capelle, Jan van, ein tüchtiger niederländischer Maler, der zwischen 1650 bis 1700 blühte und hauptsächlich See- und Flussansichten malte. Das Berliner Museum besitzt von ihm das treffliche Bild einer Meeresstille im warmen Lichte des Abends. Bei Hrn. Beckford in Bath ist gleichfalls von ihm eine leicht bewegte See, von warmem, klarem und harmonischem Ton. Auch die Gallerie des Belvedere zu Wien hat ein Bild des Meisters, ein ruhiges Meeresufer.

Capelli, Francesco, aus Sassuolo, ein Schüler Correggio's, der um 1568 noch lebte. In der Kirche S. Sebastiano seiner Vaterstadt ist ein Bild von ihm, die Mutter Gottes mit Heiligen, worunter der Kirchenheilige, das ganz in der Manier des Meisters ausgeführt ist und dem Dresdner Bilde gleichen Namens ähnelt.

Capellino, Giov. Domenico, Maler aus Genua, geb. 1580, gest. 1651, war ein Schüler von Paggi, welchen er in seinen ersten Bildern nachahmte. Seine Werke, von denen man die meisten in seiner Vaterstadt sieht, sprechen, wie u. A. die Wundergeschichte der h. Francisca in S. Stefano in Genua zeigt, durch die überraschende Eigenthümlichkeit der Auffassung, den ergreifenden Ausdruck und das liebliche Colorit an.

Capitelli, Bernardino, Maler und Kupferätzer von Siena, Schüler von Casolani und Manetti, der zwischen 1622 und 1637 theils zu Siena, theils zu Rom thätig war und dessen radirte Blätter, obgleich hart und unharmonisch in den Tönen, gut gezeichnet sind. Die besten sind: Loth, von seinen Töchtern trunken gemacht, nach Manetti; der h. Antonius von Padua (1637); der kleine Jesus mit Maria und Joseph in einem Zimmer, Nachtstück, nach Manetti.

Caporali, Filippo, ein der Gegenwart angehöriger Kupferstecher zu Cremona, der bei Longhi lernte und verschiedene vortreffliche Stiche liefert. Man nennt darunter besonders: Kinder, welche Blindekuh spielen, nach Poussin und Maria mit dem Kinde, nach Electrine Stuntz. Für das erstere Blatt erhielt er von der k. Akademie zu Mailand den ersten Preis.

Cappelen, H. A., ein Norweger, geb. 1829, gest. 1853 im 24. Jahr, ein Schüler von Gude, war ein mit poetischem Gefühl und feinem Sinn für Form begabter Landschaftsmaler. Seine Bilder, den norwegischen Urwäldern entnommen, zeichnen sich besonders durch die grossartige und höchst originale Auffassung aus.

Caprioli, Aliprando, ein Kupferstecher aus Florenz, der um 1580 zu Rom arbeitete und im Geschmack des Agostino Caracci Bildnisse und geschichtliche Darstellungen stach.

Carabagio, siehe **Zurbaran.**

Caracci ist der Name einer berühmten Malerfamilie, deren Häupter: Lodovico, Annibale und Agostino sich das unsterbliche Verdienst erworben, die Kunst aus dem tiefen Verfall, in welchen sie durch das verderbliche Treiben der Manieristen schon gegen das Ende des 16. Jahrhunderts gerathen war, wieder auf die wahre Bahn zurückgeführt, der herrschenden Manier ihrer Zeit einen neuen Styl entgegengesetzt und dieselbe dadurch nach hartem Kampfe verdrängt zu haben. Ihrer ungemeinen Tüchtigkeit und ihrem rastlosen Eifer gelang es, der von ihnen zu Bologna gestifteten Schule in ganz Italien ein entschiedenes Uebergewicht zu verschaffen und sie können daher füglich als die Wiederhersteller der Kunst ihres Vaterlandes betrachtet werden.

Naturbeobachtung, Studium der Antike und Nachahmung der grössten Meister für denjenigen Theil, in welchem jeder als der Vorzüglichste galt, waren die leitenden Grundsätze ihrer Schule. So wurden von ihnen Michelangelo als Muster für Zeichnung und Bewegung, Tizian für die Wahrheit der Farbe und den Vortrag, Raphael für Composition und Ausdruck, Correggio für Helldunkel und Grazie, Tibaldi für Anstand und Würde, Primaticcio für die Erfindung empfohlen. Man hat ihnen daher, gleich jenen Philosophen des Alterthums, welche die verschiedenen vor ihnen erschienenen philosophischen Systeme zu einem selbstständigen Ganzen zu vereinigen strebten, den Namen Eklektiker gegeben. Dieses zusammengesetzte Ideal, das sie in den Werken des Niccolò dell' Abbate gefunden zu haben glaubten, wie aus einem Sonett des Agostino Caracci zum Lobe desselben hervorgeht, bestand bei ihnen jedoch zum Glück mehr in der Theorie als in der Praxis, indem ihr Eklekticismus nur ein Uebergangsstudium ihrer eigenen Entwicklung war, und man in ihren besten Bildern bald diesen bald jenen Künstler entschieden als Vorbild erkennt, bald ihr eigenes bedeutendes Talent sich mit einer gewissen Unabhängigkeit, mit männlicher Selbstständigkeit sich geltend machen sieht. Selbst die Nachahmung der grossen Meister war bei ihnen keine äusserliche, seelenlose, sie beschränkte sich mehr auf eine künstlerisch durchgebildete Aneignung des Höchsten, was die Kunst überhaupt geboten. Dennoch blieb von jenem eklektischen, überall umschauenden und reflektirenden Studium in ihren Werken eine gewisse Kälte, Befangenheit und Absichtlichkeit zurück, welche den Beschauer abstösst, etwas Akademisch-Bewusstes, was den Eindruck des Gemachten hervorbringt, das in Verbindung mit einer gewissen Einförmigkeit und Allgemeinheit in ihren idealischen Köpfen und Körperformen, ihren Gemälden, bei einer öfter in allen Theilen höchst achtbaren Meisterschaft, keine recht lebhafte innere Theilnahme zu gewinnen im Stande ist. Dabei ist jedoch durchaus nicht zu verkennen, dass selbst in der Nachahmung bei ihnen der diesen Künstlern eigene Impuls, sich durch die manieristische Verwüstung Bahn zu brechen und das ernste, mit so vielen Schwierigkeiten verbundene Bemühen ersichtlich ist, an deren Stelle etwas Neues zu setzen. Sie hatten ein wahres und grosses Gefühl für die Darstellung erhöhter Lebenszustände und rangen mit unglaublicher Energie nach vollständiger Harmonie des entsprechenden Styls.

Ihr Styl zeigt daher ein Streben nach Grossheit der Formen und der Massen, allein diese erscheinen zwar wohl als der Ausdruck von Kraft, aber nicht von Erhabenheit der inwohnenden Seele und Geisteshoheit. In der Composition strebten sie nach grösserer Einfachheit und Klarheit und verwarfen die vielen Figuren, welche die thörichten Nachahmer des Michelangelo in die Malerei eingeführt hatten; dagegen gingen sie mehr auf einen guten Bau der Anordnung als Bedeutung in der Erfindung aus. Ihre Figuren sind gut gestellt, um irgend eine Handlung oder Leidenschaft auszudrücken, sie erinnern jedoch gar zu sehr an akademische Modelle, und in den Gegensätzen der Gruppen sowohl, als der einzelnen Figuren, tritt an die Stelle jener schönen Zufälligkeit, durch welche dieselben, wie von ungefähr, durch geistige Beziehungen zu einander zu einem Ganzen zusammentreten sollen, allzuoft die Absichtlichkeit, das Ueberlegte, Gelehrte. In Bewegung und Ausdruck suchten sie Lebendigkeit, waren dabei aber immer vor Allem bemüht, der Wohlanständigkeit nichts zu vergeben, der sie selbst die Anmuth geopfert hätten. Die Zeichnung führten sie wieder zur Strenge und Gründlichkeit zurück und es ist ihnen darin, besonders dem Annibale, was Correktheit und Vermeidung von Fehlern anbetrifft, ein grosses Verdienst nicht abzusprechen, allein es mangelt auch ihr doch im Ganzen Schönheit und Anmuth. Die nackten Formen zeigen zwar einen nach guten Meistern gebildeten, aber dabei einförmigen Typus, der durch einen abstrakten, conventionellen Charakter mehr einen normalmässigen Kanon der menschlichen Gestalt, als einen wahrhaft lebendigen Begriff derselben gewährt. Ihre Köpfe nahmen sie aus der Natur und verbesserten sie nach allgemeinen Schönheitsbegriffen. Auch in der Anatomie fehlt bei aller gründlichen Kenntniss und richtiger Andeutung der Muskeln das feinere und zufällige Spiel derselben, welches man in der Natur bemerkt und wodurch sich vorzugsweise das innewohnende Leben kund gibt. Das Colorit in ihren Oelbildern ist, wo sie nicht absichtlich auch in der Färbung einen der grossen Meister nachahmten, beinahe durchgängig schwer und undurchsichtig und hat ein zu materielles Ansehen, auch waltet im Ganzen darin ein zu dunkler Ton vor. Dagegen zeigen sie sich in ihren Frescomalereien, in denen durchweg eine ungewöhnliche Wahrheit, Kraft und Harmonie der Farben herrscht, als bedeutende Meister. In den Gewändern liebten sie einen grossartigen Schnitt und Faltenwurf; keine andere Schule hat so weite Mäntel oder schlug sie würdevoller um die Gestalten.

Nach dieser allgemeinen Betrachtung über die Kunst der Caracci, kommen wir an die einzelnen Mitglieder dieser ausgezeichneten Künstlerfamilie.

Caracci, Agostino, Maler und Kupferstecher, der Bruder des Annibale, geb. 1558 zu Bologna, gest. 1601 zu Parma, wurde von seinem Vater, einem Schneider, zum Goldschmied bestimmt, aber sein Oheim, Lodovico Caracci, flösste ihm eine solche Liebe für die Kunst ein, dass er sich derselben zu widmen beschloss und unter der Leitung von Prospero Fontana darin auch gar bald sehr grosse Fortschritte machte. Um sich aber in allen Zweigen der zeichnenden Künste auszubilden und zu vervollkommnen, erlernte er bei Dom. Tibaldi die Kunst in Kupfer zu stechen, bei Bart. Passerotti das Zeichnen mit der Feder und bei dem Bildhauer Antonio Minganti das Modelliren, so dass er schon als zwanzigjähriger Jüngling, sowohl in Bildern von eigener Composition, als durch einen Kupferstich der Anbetung der Könige, nach Peruzzi, die allgemeine Aufmerksamkeit auf sich zog. Neben diesen künstlerischen Studien beschäftigte er sich zu gleicher Zeit mit den Wissenschaften, und er erwarb sich in ganz kurzer Zeit auch als Mathematiker, Rethoriker, Musiker und Dichter einen geachteten Namen, Eigenschaften, in welchen er der ganzen Schule der Caracci voranleuchtete. Diese Liebe zu den Wissenschaften und Neigung zum Umgang mit gebildeten Personen, erregte den Neid seines Bruders Annibale, der selbst wenig Bildung genossen hatte und nur in Gesellschaften von Personen unter seinem Stande ein Vergnügen fand. Sie lebten daher in beständiger eifersüchtiger Uneinigkeit und da um dieselbe Zeit die unehrlichen und ungerechten Angriffe der Gegner des künstlerischen Strebens der Caracci immer erbitterter wurden und Lodovico Nachtheile daraus für die beiden Neffen fürchtete, so rieth er letzteren sich einige Zeit von Hause zu entfernen und nach der Lombardei zu begeben, um dort die Werke des Correggio und der venetianischen Meister zu studiren. Agostino reiste nach Parma und von da nach Venedig, wo er durch unablässige Uebungen in der Zeichnung immer mehr erstarkte und einige Kupferstiche nach eigenhändigen Copien von dortigen Meisterwerken in der damals sehr geschätzten Art des Corn. Cort ausführte, die ihn bereits als Meister in diesem Fache ankündigten. In's Vaterland zurückgekehrt, leitete er, als ein Mann von gelehrter Bildung, in der von seinem Oheim mit ihm und seinem Bruder gegründeten Akademie den theoretischen Unterricht in der Anatomie, der Perspektive und den andern zur Malerei erforderlichen Wissenschaften. Ausserdem las er den Schülern Geschichten und Fabeln vor, erklärte sie und liess Zeichnungen danach machen, die an gewissen Tagen dem Urtheile Sachverständiger unterworfen und mit Preisen gekrönt wurden. Diese Preise bestanden im Ruhm. Die Gekrönten wurden von Dichtern im Liede gepriesen; Agostino mischte sich mit der Cither unter sie und sang beifällig die Fortschritte seiner Zöglinge. So wurde die Schule der Caracci nicht nur von Solchen, die sich zu Künstlern ausbilden wollten, sondern auch von wissenschaftlich gebildeten Männern und der vornehmen Welt besucht, und binnen kurzer Zeit die berühmteste in ganz Bologna.

Unter die ersten Arbeiten des Agostino auf dem Felde der Malerei nach seiner

Rückkehr waren einige mit seinem Vetter und Annibale ausgeführte Friese im Palast Fava, Scenen aus dem Leben des Jason darstellend. Sodann malte er eine Tafel mit der Geburt Christi und zwei Propheten für die Kirche S. Bartolommeo di Reno, eine Himmelfahrt Mariä für S. Salvatore und das viel gerühmte Abendmahl im S. Michele in Bosco zu Bologna. Ausserdem führten die drei Caracci gemeinschaftlich noch mehrere andere Malereien in den Palästen Magnani, Tanara, Zampieri u. s. w. zu Bologna aus. Von Agostino rühren in letzterem Palaste: der Raub der Proserpina und die Klage der Ceres, Herkules und Atlas, und Herkules und Cacus her. Als hierauf die Karthäuser zu Bologna ein Gemälde verlangten und mehrere Maler einluden, Zeichnungen dazu zu liefern, um die vorzüglichste auszuwählen und dem Urheber die Ausführung zu übertragen, wurde Agostino in dieser Preisbewerbung seinem Bruder Annibale vorgezogen, wodurch die Eifersucht des Letzteren auf den Ruhm Agostino's so heftig entbrannte, dass er ihn unter allerlei Vorwand zu überreden suchte, in der Kupferstecherkunst fortzufahren und die Malerei aufzugeben, eine Bitte, welcher dieser auch, vielleicht nur zu willfährig, entsprach. Jenes Bild ist die Communion des heil. Hieronymus, jetzt in der Pinakothek zu Bologna, ein Gemälde, dem man zwar die Absichtlichkeit der Composition ansieht, das jedoch in trefflicher Charakteristik durchgeführt ist und in der Ausführung des Einzelnen viel Gutes enthält. Agostino griff also wieder zum Stichel und führte mehrere treffliche Blätter nach Gemälden von Tintoretto unter dessen eigenen Augen, andere dagegen nach Bildern von P. Veronese, Baroccio, Vanni u. s. w. aus, die wegen ihrer immer höheren Vollkommenheit immer grössere Bewunderung erregten. Die Liebe zu seinem Bruder gab ihm jedoch, trotz aller bittern Erfahrungen über dessen Künstlerneid gegen ihn, später abermals den Pinsel in die Hand. Annibale hatte nämlich von dem Kardinal Odoardo Farnese den seinem Vetter Lodovico zuerst angetragenen, von diesem aber ihm zugewiesenen grossen Cyklus von Frescomalereien im Palast Farnese zu Rom übernommen und er bedurfte zu deren Ausführung Agostino's thätige Unterstützung. In Gesellschaft begaben sie sich demnach beide nach Rom und unternahmen die Arbeit. Agostino malte die Galathea auf dem Meere in Begleitung von Nymphen und Amoretten *, und Aurora, welche den von ihr geraubten Cephalus auf ihrem Wagen umarmt, leistete auch seinem Bruder, besonders was dichterische Ideen und die Erfindung der Gemälde anbetraf, bedeutende Hilfe. Da gewann in Rom das Urtheil immer mehr Verbreitung, die Gemälde Agostino's seien anmuthsvoller und poetischer als die des Annibale. Diese Kritik erbosste den letzteren abermals so, dass er seinen Bruder unter dem Vorwand sein Styl sei zwar elegant, aber nicht gross genug, von der Arbeit entfernte. Agostino, innig bewegt wegen der neuen Trennung von Annibale, verliess Rom, seinem Bruder den Kranz der Ehre, an welchem ihm ein so grosses Theil gebührte, allein überlassend, aber die Abreise ging ihm unendlich zu Herzen. Er verlor die heitere Stimmung des Geistes, die ihn stets begleitete, und erlangte sie nicht wieder. Auf die Empfehlung des Kardinals Farnese begab er sich an den Hof des Herzogs Ranuccio von Parma. Das erste Bild, das er dort malte, war das Porträt des Herzogs in kriegerischer Kleidung. Ihm folgte ein anderes Bildniss seines Mäcens, aber in betender Stellung in einem Votivbild, das man lange Zeit in der Kirche Madonna di Ronciglione sah. Darauf führte er im Palazzo del Giardino für den Herzog einige Frescobilder, die himmlische, die irdische und die käufliche Liebe aus, er konnte dieselben jedoch nicht mehr zu Ende bringen, denn der Tod übereilte ihn, als sie bis auf eine Figur fertig waren, die auch auf Befehl des Herzogs nicht mehr ergänzt wurde.

Agostino Caracci hat im Ganzen wenig gemalt, aber sein Colorit zeichnet sich vor dem seines Bruders und Oheims durch Heiterkeit und blühendere Frische aus. Wenn schon an natürlichem Talent und Reichthum der malerischen Erfindung dem Annibale nachstehend, war er doch ein noch feinerer Zeichner, auch besass er einen gewählteren Geschmack. Obgleich er Dichter war, findet man jedoch wenig

* Abgebildet in den Denkmälern der Kunst. Atlas zu Kuglers Handb. der Kunstgesch. Taf. 94, Fig. 1.

dichterischen Geist in seinen Bildern; ihm fehlte das Feuer einer ursprünglichen Eigenthümlichkeit.

Gemälde von seiner Hand sind selten. Ausser den bereits genannten Bildern werden ihm in der Pinakothek zu München, sowie in der Gallerie des Belvedere zu Wien je eine Darstellung der Stigmatisation des heil. Franz von Assisi; in der Sammlung des Fürsten Esterhazy zu Wien: die Communion des heil. Hieronymus und eine Entführung der Galathea; im Louvre zu Paris: ein Herkules, der als Kind die Schlangen erwürgt, zugeschrieben. Ferner sind von ihm: das Martyrium des heil. Bartholomäus in der Gemäldesammlung des Herzogs von Sutherland in Staffordhouse; eine Maria und das Christuskind reichen dem kleinen Johannes das Kreuz, in der Bildergallerie des Grafen Carlisle zu Castle Howard, und wahrscheinlich auch: Christus mit einem Engel der Jungfrau Maria erscheinend, im Fitzwilliam-Museum zu Cambridge. Ausserdem glaubt man noch in den Uffizien zu Florenz, in den Studj zu Neapel, in der Akademie zu Parma, in den Palästen Borghese und Sciarra zu Rom u.s.w. noch einige kleinere Bilder von Agostino zu besitzen.

Als Kupferstecher war Agostino einer der grössten Künstler seiner Zeit. Er war es, der zuerst unter seinen Landsleuten auf ein geregeltes Schraffiren hinarbeitete und einen festen und zugleich freien Grabstichel, mit einer kühnen, breiten Behandlung verband. Ja, er kann in Beziehung auf Italien wirklich der Schöpfer einer neuen Stichmethode genannt werden. Denn sein Geschmack und seine vielseitige Bildung hatten ihn, wie wenigstens aus den meisten seiner Blätter ersichtlich ist, veranlasst, unter seinen Vorbildern eine bessere Wahl zu treffen, als seine Zeitgenossen; durch seine tüchtigen künstlerischen Studien hatte er sich eine sichere, strenge und äusserst correkte Zeichnung angeeignet, die es ihm möglich machte, wo es nöthig war, selbst die Umrisse der Originalien zu berichtigen und zu verbessern; seine Uebungen im Modelliren bei dem Bildhauer Minganti hatten ihn gelehrt, die Form nie aus dem Auge zu verlieren und durch die Werke des Niederländers Corn. Cort, war er mit den Fortschritten der Kunst jenseits der Alpen, mit jenem gewandten und kunstreichen Strich der Niederländer bekannt geworden. So wandte er nun jene zur vollkommenen Technik ausgebildete Stichweise nicht mehr ausschliesslich blos auf die Form an, wie die Marc Antonio'sche Schule, sondern erweiterte selbst durch die Ausbildung des Schraffirens, der Strichlageverbindungen und durch die Uebung, die Striche nach den Erfordernissen der zu stechenden Gegenstände auf's Mannigfaltigste zu schwingen, den Kreis der Wirksamkeit und die Aufgaben für die Kupferstecherkunst. Man kennt heut zu Tage eine ungleich höhere Vollendung, als Agostino sie in seinen Kupferstichen erreichte, eine verständigere Behandlung des Stichs dürfte es aber kaum geben. Sie werden daher immerhin vortreffliche Studien in Bezug auf Strichanlagen, besonders in der Carnation, auf Sticharbeit und Zeichnung bleiben.

Agostino hat mehr als 270 Blätter gestochen, unter denen zu den gesuchtesten gehören: die grosse Kreuzigung nach Tintoretto's berühmtem Bild in der Kirche S. Rocco zu Venedig (1589), ein aus 3 Platten bestehendes Kapitalblatt; Aeneas und Anchises, nach Baroccio (1598), eines der berühmtesten Blätter Agostino's; Maria mit dem Kinde, von Magdalena und Hieronymus umgeben, nach Correggio; die Versuchung des heil. Antonius, nach Tintoretto (1582); der heil. Hieronymus, nach Demselben (1588); der Leichnam Christi, nach Paolo Veronese; die heil. Jungfrau, das Kind an der Brust, nach Ligozzi (1589); Bildniss des Kardinals Karl Borromäus (1585); der heil. Hieronymus, nach Vanni; die Vermählung der heil. Katharina, nach Paolo Veronese (1582); Titian Vecellus (1587); die heil. Familie, die Jungfrau sitzend mit dem schlafenden Kinde auf dem Schoose; der heil. Franciscus mit den Wundmalen; Papst Innocenz IX.; der Gürtel des heil. Franciscus (1586); die Marter der heil. Justina, nach P. Veronese; die Anbetung der Könige, nach Peruzzi (1579); die Anbetung der Könige, nach Marco di Moro; der heil. Franz in der Verzückung, nach Vanni, eines der vorzüglichsten Blätter des Meisters; der Schmerzensmann, nach Correggio (1587); der heil. Hieronymus (letzte Platte des Künstlers).

Ausser nebigen Monogrammen hat Agostino seine Blätter auch mit den lateinischen grossen Anfangsbuchstaben seines Namens nebst F (fecit) oder I (incidit) bezeichnet; ferner mit: A. Car. fecit; A. Caraz inuent.; A. Caraza. f.; Ag. Bononiae; Ago. fc.; Ago. C. Jn.; AGO. Ca. J.; Ago. Car. f.; Agu. Car.; August Carazza Inu. e. fe; Au. Cara: fe.; Aug. Car. F.; Aug. Carax fe; Aug: Car: Bon: inc: excu:; Aug. Car. Bonon incivit et impressit; Aug^{a} Car. fc.; Augu^{s} Car. fe.; August Car. inu.; Augusti Cre. fe.; Augustino Cremona fe.; AVG. F.; AVGV. CAR. F.; Car fe.; Carazzi fe.

Literatur. Siehe den Schluss des letzten Artikels über die Caracci.

Caracci, Annibale, geb. 1560 zu Bologna, gest. 1609 zu Rom, der Bruder des Vorigen, das rüstigste und werkthätigste Talent unter den Caracci, lernte bei seinem Vater das Schneiderhandwerk; allein sein Oheim, Lodovico Caracci, erkannte schon frühzeitig die hervorstechenden Fähigkeiten und Gaben des Jünglings für die Malerei, veranlasste ihn desshalb diese Kunst sich zum Lebensberuf zu wählen und unterzog sich selbst seiner künstlerischen Ausbildung. Bald erlangte er auch in der Schule des Lodovico durch beharrlichen Fleiss und die treffliche Methode seines Lehrers eine so ausserordentliche Geschicklichkeit im Zeichnen, dass, als er einst mit seinem Vater von Cremona, woselbst dieser eine Summe Geldes eingenommen hatte, nach Bologna zurückkehrte und beide unterwegs von Räubern überfallen und ausgeplündert worden waren, er dem Richter die Physionomien der Diebe so deutlich an die Wand zeichnen konnte, dass man die Jauner alsbald zu erkennen und noch im Besitz des geraubten Geldes fest zu nehmen im Stande war. Dieselben Fortschritte machte er auch im Malen, so dass der Oheim, nachdem er ihm mehrere seiner eigenen Gemälde hatte copiren lassen, ihn schon als achtzehnjährigen Jüngling veranlassen konnte, nun auch selbstständige Werke auszuführen. Annibale kam dem Wunsche des Lodovico nach und malte zwei Altarblätter, eine Kreuzigung für die Kirche S. Niccolò und eine Taufe Christi für S. Giorgio. Diese, ganz gegen den Geist seiner künstlerischen Zeitgenossen, edel, einfach und natürlich ausgeführten Bilder riefen die bitterste Kritik der gleichzeitigen, in einer von aller Natur abirrenden Manier befangenen, aber in hohem Ansehen stehenden Maler: Fontana, Calvart, Passerotti und Anderer hervor, so dass Lodovico, in der Hoffnung, dass ihre neue Richtung in der Kunst sich doch früher oder später Bahn brechen müsse, Annibale, der überdiess mit seinem Bruder Agostino in einem eifersüchtigen Künstlerhader lebte, rieth, Bologna auf einige Zeit zu verlassen und sich durch Reisen an den Vorbildern der grossen Meister, denen er selbst seine Bildung verdanke, in der Kunst immer weiter emporzuschwingen. Annibale befolgte den Rath und reisste 1580 nach Parma, woselbst er drei Jahre lang die Werke des Correggio so eifrig studirte und copirte, dass er sich einen Theil der glänzenden Eigenschaften des Pinsels dieses gefeierten Meisters ganz anzueignen wusste. Er malte dort eine Pietà für die Kirche de' Cappuccini (jetzt in der Akademie daselbst) und einige Heiligenbilder nach Correggio's Ideen für den Herzog Ranuccio. Von Parma begab sich darauf Annibale nach Venedig, wo er vornehmlich vom Anblicke der Bilder des Paolo Veronese hingerissen wurde und viele Copien nach diesem Meister, nach Tizian, Tintoretto u. A. machte. In's Vaterland zurückgekehrt, erregte die gewonnene grosse Bereicherung seiner Kenntnisse und gewaltige Ausbildung seines Talentes, wie sich solche in zwei nach der Rückkehr vollendeten Gemälden, einer Madonna mit dem heil. Johannes und andern Heiligen für S. Giorgio (nunmehr in der Pinakothek daselbst) und einer Himmelfahrt der Maria für S. Francesco (ebenfalls nunmehr in der Pinakothek) aussprach, einem Bilde, in welchem er in der h. Jungfrau P. Veronese nachahmte, im göttlichen Kinde und dem kleinen Johannes den Correggio sich zum Vorbild nahm, den Evangelisten Johannes in der Kunstweise des Tizian und die heil. Katharina in der Manier des Parmigianino malte, nicht geringes Aufsehen. Trotzdem wurden die Caracci, als sie das Glück sahen, das die

Manieristen in Mailand und Lorenzo Sabbatini und Fontana in Rom machten, öfter zweifelhaft, ob der von ihnen eingeschlagene Weg in der Malerei auch der richtige sei, bis endlich die von ihnen gestiftete Akademie siegreich durchdrang, ihren Ruhm weiter verbreitete und ihnen immer mehr Zöglinge zuführte und Aufträge verschaffte. In Gemeinschaft mit seinem Bruder und Oheim malte er sodann im Pal. Fava einen Saal mit der Geschichte Jason's in 18 Bildern, in einem anderen kleineren daranstossenden, die Aeneide in 12 Bildern und in einem Kabinett einen Fries mit sehr hübschen, mit der Fabel der Europa staffirten Landschaften. In einem Saal des Pal. Magnani führte er hierauf, ebenfalls gemeinschaftlich mit Agostino und Lodovico, die Geschichte von Romulus und Remus in 14 Bildern und einen mit den zierlichsten mythologischen Scherzen verzierten Fries aus. Mit diesen Gemälden begann für ihn ein sich täglich erweiternder Wirkungskreis und er vollendete für seine Vaterstadt und deren Umgegend eine Menge Bilder, unter denen vorzugsweise genannt zu werden verdienen: die Malereien in den Kapellen Caprari und Angeletti; die Bilder in einem Saale des Palastes Zampieri, die Apotheose des Herkules darstellend; ferner mehrere Altargemälde in den Kirchen S. Pellegrino, Corpus Domini, S. Petronio, S. Eligio, S. Lodovico, in der Certosa u. s. w. Ausserdem malte er für die Stadt Reggio eine Himmelfahrt Mariä, einen heil. Rochus, Almosen austheilend (in Kupfer geätzt von Guido Reni), eines seiner berühmtesten Gemälde (jetzt in der Dresdner Gallerie); den h. Lucas und die h. Katharina, denen Maria mit dem Kinde erscheint (1592 für die Kapelle de' Notaj im Dom von Reggio gemalt, jetzt im Louvre zu Paris), ein treffliches Bild, das in der Composition, in den Charakteren und Gewändern den Correggio als Vorbild, in der Art des tiefen, warmen Helldunkels aber mehr die bräunliche, tizian'sche Weise des Paolo Veronese zeigt, und eine Madonna mit dem Kinde und Heiligen.

Durch solche erfolgreiche Wirksamkeit hatte sich Annibale's Ruf in der ganzen Lombardei verbreitet und den Herzog von Parma veranlasst, ihn, auf Anrathen Lodovico's, seinem Bruder, dem Kardinal Odoardo Farnese, der seinen Palast in Rom mit Bildern schmücken lassen wollte, zu empfehlen.

Annibale begab sich demzufolge im Jahr 1600 nach Rom und begann nun, nachdem er sich dem Kardinal durch ein Bild der heil. Katharina empfohlen hatte, seine Thätigkeit. Er war ungemein fleissig und unter dem Eindruck der Antiken, der Werke Michelangelo's und Raphael's, entwickelte sich jetzt auch hier sein Styl, der sich bis daher noch immer in den Reminiscenzen des Correggio und P. Veronese bewegt hatte, zu jener Macht der Darstellung, welche die Elemente jener grossen Meister und der Werke des klassischen Alterthums, wie er sie verstand, zu vereinigen strebte. Durch das Studium dieser erhabenen Kunstmonumente erkannte er, dass zur Vollendung der Malerei noch etwas anderes gehöre, als Farbe, Helldunkel und Harmonie — die ideale Form, und in seinen Gemälden bemerkte man fortan eine viel reinere und schönere Zeichnung, was auch sogleich auf seine Schüler überging; denn diejenigen von ihnen, welche ihm nach Rom folgten und nach seinem Tode in dieser Stadt noch fortarbeiteten, zeichneten sich besonders dadurch vor denen die in Bologna unter der Leitung seines Oheims zurückgeblieben waren, vortheilhaft aus.

Das erste Bild, welches er in Rom malte, war ein Christus mit dem kananäischen Weib für die Kapelle des Kardinals Farnese. Sodann überging er eine von seinem Schüler Lucio Massari für einen Edelmann des Kardinals ausgeführte Copie eines seiner eigenen Gemälde im Dom zu Reggio, eine h. Margaretha, welche in der Kirche S. Caterina de' Funari zu Rom aufgestellt wurde, und malte hernach in dem Giebelfelde des nach seiner Zeichnung ausgeführten Tabernakels, welches jenes Gemälde umgibt, selbst eine Krönung der heil. Jungfrau. Indem er sich sofort anschickte, die ihm aufgetragenen Gemälde im Pal. Farnese zu entwerfen, wurde er in den Erfindungen derselben durch seinen wissenschaftlich gebildeten Bruder Agostino, den er desshalb nach Rom berufen, und den gelehrten Prälaten Giov. Bat. Agucchi vielfach unterstützt. Ehe er aber Hand an deren Ausführung legte, malte er vorher noch eine Reihenfolge von Bildern in einem Kabinet desselben Palastes, in denen er Herkules am Scheidewege, denselben, wie er die Welt trägt und wie er von seinen Arbeiten ausruht; Amphinomus und Anapus, ihre Eltern aus dem brennenden Catania rettend; Ulysses bei Circe; Ulysses und die Sirenen; Perseus, im Begriffe das Haupt der Medusa vom Rumpfe zu trennen (sämmtliche Bilder gest. v. N. Mignard) darstellte. Während er sich sodann mit den Malereien im Pal. Farnese beschäftigte, entstanden überdiess mehrere Altargemälde für verschiedene Kirchen Rom's, u. A. eine Himmelfahrt der Maria in einer Kapelle von S. Maria del Popolo (die drei Gemälde am hinteren Tonnengewölbe derselben Kapelle wurden nach seinen Erfindungen von seinem Schüler Innocenzio Tacconi ausgeführt); den heil. Gregor betend, von einigen Engeln umgeben, in S. Gregorio; die Mutter Gottes mit dem Leichnam Christi nebst der h. Magdalena und dem h. Franciscus u. s. w. Auch führte er viele andere Bilder aus der heiligen und Profangeschichte, aus der Mythologie und nach eigener Erfindung, die sich in den verschiedenen europäischen Gallerien und Kabinetten befinden, aus.

Acht Jahre lang hatte sich Annibale mit den Gemälden im Pal. Farnese beschäftigt, auch unter der Zeit die Freude erlebt, seinen Oheim bei sich zu sehen, der auf sein inständiges Ersuchen im Jahr 1602 nach Rom gekommen war, dem Neffen bei seinen Malereien in allen nöthigen Sachen mit Rath und That treulich beigestanden, ihm mehrere Bilder übergangen, auch Einiges eigenhändig selbst gemalt hatte. Die Bilder des 90 Palm langen und 25 Palm breiten Saals dieser sogegenannten Gallerie Farnese stellen Gegenstände aus der alten Mythologie, und zwar: in der Mitte des Deckengewölbes den Triumph des Bacchus und der Ariadne; in zwei Bildern zu beiden Seiten jenes Gemäldes: Pan, der die Wolle seiner Ziege der Diana zum Opfer bringt, und Merkur, welcher dem Paris den Apfel überreicht. Die beiden folgenden Darstellungen: Aurora mit dem von ihr geraubten Cephalus und Galathea auf dem Meere* sind von Agostino (siehe diesen) gemalt. Unter die Hauptbilder gehört ferner: Polyphem, welcher, um die Gunst der Galathea zu erwerben, auf der Syrinx spielt und wie er dem mit der Galathea entfliehenden Acis ein Felsenstück nachwirft. Ueber diesen beiden Gemälden ist in zwei kleineren Bildern Apollo, der den Hyacinthus raubt und die Entführung des Ganymed durch den Adler Jupiters vorgestellt. In vier anderen ebenfalls kleineren Bildern sieht man: Juno, die mit dem Gürtel der Venus geschmückt zu Jupiter kommt; Luna, die den schlafenden Endymion umarmt; Herkules und Omphale; Anchises, die Venus von dem Kothurn entkleidend. — Die in acht Rundungen in Bronzefarbe gemalten Reliefs zeigen folgende Gegenstände: Leander, zu der Hera schwimmend; Pan, der die Syrinx verfolgt; Salmacis, den Hermaphrodit umarmend; Amor, einen Pan an einen Baum bindend; Apollo, der den Marsyas schindet; den Raub der Orityia durch Boreas; Eurydice, die in die Unterwelt zurückgerufen wird und die Entführung der Europa durch Jupiter. — Die beiden grossen Gemälde an den schmalen Seitenwänden des Saals stellen dar: Perseus, wie er den Phineus und seine Gefährten durch das Haupt der Meduse in Steine verwandelt, und Perseus, wie er damit die Andromeda von dem Meerwunder befreit. — Ueber den Nischen und Fenstern sieht man in acht kleinen Bildern: Arion, der von einem Delphin über das Meer getragen wird; Prometheus, den von ihm gebildeten Menschen belebend; Herkules, den Drachen erlegend, der die Aepfel der Hesperiden bewachte; Herkules, den Prometheus befreiend; Icarus, der in's Meer stürzt; die Entdeckung der Schwangerschaft der Calisto; die Verwandlung derselben in eine Bärin; Apollo, der aus den Händen Merkurs die Leyer empfängt. Sodann über dem Eingang in einem kleinen sehr anmuthigen von Dominichino nach Annibale's Carton gemalten Bilde: ein Mädchen, das ein Einhorn, ein Sinnbild des Farnese'schen Hauses liebkost. Endlich sollen die aus zwei Amoren bestehenden Gruppen an jeder der vier Ecken des Deckengewölbes in dem Kampfe und der Vereinigung der irdischen und himmlischen Liebe die allegorische Bedeutung des Cyklus der mythologischen Bilder des ganzen Saals versinnlichen.

* Abgebildet in den Denkmälern der Kunst. Atlas zu Kuglers Handb. der Kunstgesch. Taf. 94, Fig. 4.

Diese von Annibale mit Hülfe seines Bruders und seiner Schüler Domenichino, Lanfranco und Guido Reni ausgeführten Frescogemälde (gest. von Pietro Aquila in 21 Blättern; von Carlo Cesio in 41 Blättern; von J. Belly in 52 Blättern), zeigen die von den Caracci eingehaltene Kunstrichtung in ihrer vorzüglichsten Vollkommenheit. Von künstlerischer Seite aus sind sie der höchsten Bewunderung werth. Schon die Technik des Fresco hat kein vollendeteres Vorbild aufzuweisen; dann ist die Vertheilung an dem Gewölbe des grossen Saales so ausgezeichnet geistreich und glücklich, dass sie in Beziehung auf malerische Anordnung nur von der Decke der sixtinischen Kapelle, deren nackte Ausfüllungsfiguren, als belebte architektonische Kräfte, hier in freier Weise nachgeahmt sind, übertroffen wird. Die Zeichnung ist überaus meisterhaft, namentlich im Nakten, und Modellirung, Farbe und Helldunkel sind innerhalb der Grenzen seiner Kunstrichtung vollkommen zu nennen. Der Saal soll, namentlich wenn man ihn mit Kerzen erhellt sieht, worauf seine Wirkung berechnet ist, ein wahres Wunderwerk des Colorits bilden.

Der Ruhm, dessen sich diese Bilder allenthalben zu erfreuen hatten, veranlasste den Kardinal, den Künstler nun auch mit der Ausschmückung eines weiteren Saales seines Palastes, in welchem die Thaten des Alessandro Farnese dargestellt werden sollten, zu beauftragen; auch wollte er durch Annibale die bereits, aber in schlechtem Styl, ausgemalte Kuppel der Kirche del Gesù mit neuen Gemälden verzieren lassen, der schmählich geringe Preis von 500 Scudi aber, den der Kardinal auf Anrathen eines spanischen Höflings für sämmtliche Malereien der Gallerie Farnese, das ganze damals so hochgepriesene grosse Werk, dem Künstler ausbezahlen liess, beugte denselben so nieder, dass sein schon von Natur zur Schwermuth geneigter Geist beschloss, den Pinsel für immer niederzulegen. Auf Zureden seiner Freunde liess er sich jedoch später wieder bewegen, eine dem heil. Diego geweihte Kapelle in S. Giacomo degli Spagnuoli in Gemeinschaft mit F. Albani, der nach seinen Cartons arbeitete, mit Fresken zu schmücken. Seine Melancholie nahm aber so überhand und wirkte so nachtheilig auf seine Gesundheit, dass ihm die Aerzte riethen, nach Neapel zu reisen, um dieselbe dort wieder zu befestigen. Allein die Verfolgungen, die er von den dortigen Malern auszustehen hatte, liessen ihn auch in dem neuen Aufenthaltsort keine Ruhe. Plötzlich und ohne die für seine Gesundheit so gefährliche Jahreszeit zu berücksichtigen, reisste er nach Rom zurück, wo er alsbald in ein hitziges Fieber verfiel und binnen ganz kurzer Zeit im 49. Jahre seines Alters den Geist aufgab. Er ward im Pantheon an der Seite Raphael's beerdigt.

Bei allen Vorzügen und Verdiensten, bei aller Tüchtigkeit und allem Vortrefflichen und Vollkommenen, wodurch sich Annibale's Gemälde auszeichnen, fehlt ihnen doch fast durchaus die ächte naive Begeisterung für den Gegenstand, das rechte innerliche Leben. Nur in den Fällen, wo seine eigene Geistesart, sein gesunder, tüchtiger Natursinn hervortritt, entfaltet er die glücklichste Kraft und Frische. Auch ist er ausser seinen Arbeiten im Fache der Historienmalerei als einer der ersten zu nennen, welche die Landschaftsmalerei als eine selbstständige Gattung behandelten. Fehlt seinen Landschaften auch noch der grossartige Reiz und die Farbengluth, in welchen spätere Meister, z. B. Claude Lorrain excellirten, so zeichnen sie sich doch durch die Grossheit und Schönheit der Linien und die stylgemässe Anwendung der Architektur auf eine höchst bedeutungsvolle Weise aus.

Ausser den genannten Gemälden des Annibale Caracci rühmt man noch zu Amsterdam in der neuen Moses- und Aaronskirche: eine Vision des h. Franciscus; im Museum zu Berlin: Christus am Kreuz; Maria mit dem Kinde und dem h. Joseph; die Apostel Paulus, Matthäus, Philippus und Jakobus in vier einzelnen Gemälden und eine sehr poetische Landschaft; in der Pinakothek zu Bologna, ausser den bereits angeführten: Madonna in der Glorie mit Heiligen; in der Gallerie zu Dresden: den Genius des Ruhms (lith. von Hanfstängl); Maria mit dem Kinde auf dem Throne und den h. h. Matthäus, Franciscus und Johannes (lith. von Hanfstängl); das Brustbild eines Malers; Porträt des die Laute spielenden Mascarone; die Himmelfahrt der Jungfrau Maria; Maria mit dem Kinde, dem der kleine Johannes eine Schwalbe reicht;

Brustbild des Heilandes. Dann trifft man in den Sammlungen Englands, und zwar in der Nationalgallerie zu London: Johannes, den Täufer, in der Wüste, ein Bild von trefflicher Zeichnung, solidem Impasto, edleren Formen und mehr Begeisterung im Ausdruck, als viele andere des Annibale; Petrus, der, dem Martyrertode in Rom entfliehend, Christus vor den Thoren der Stadt begegnet, ein Bildchen von bewundernswürdiger Durchbildung; die Versuchung des h. Antonius; zwei kleinere Gemälde mit Gegenständen aus der Mythologie und zwei vortreffliche Landschaften; im Besitz des Baumeisters Hrn. Wilkins in London: eine h. Familie in einer Landschaft, eines der anziehendsten Kabinetbildchen des Meisters; in der Bridgewatergallerie zu London: den h. Gregor im Gebet, von acht Engeln umgeben (im Auftrag des Kardinals Salviati für eine Kapelle der Kirche des h. Gregor in Rom gemalt), ein Bild, in welchem sich sowohl in den graziösen Bewegungen als in der zarten Abtönung, in den Reflexen, in der allgemeinen Klarheit der blühenden Farben ein begeistertes Studium des Correggio kund gibt; den h. Franciscus in der Anbetung des Christuskindes; Danae, mit schöner, poetischer Landschaft, im Geschmack Tizian's, wie dieses Bild überhaupt ganz in der Auffassungs- und Darstellungsweise der grossen Venetianer behandelt ist; Johannes, den Täufer, auf Christus deutend, der sich in der Ferne nähert; Johannes, den Täufer, als Kind in einer Landschaft; in der Gemäldesammlung des Herzogs von Marlborough zu Blenheim: Maria mit dem Kinde, ein Bildchen von miniaturmässiger Ausführung; in der Bildergallerie des Herzogs von Sutherland in Staffordhouse zu London: eine Ruhe auf der Flucht; in der Bildersammlung des Lord Ashburton zu London: das schlafende Christuskind und drei Engel; in der Gallerie des Sir Th. Baring zu Stratton: Christus, das Kreuz tragend, und die h. Veronica, im Ausdruck der Köpfe vom seltensten Adel; eine Landschaft, worin Satyrn Nymphen rauben; in der Bildersammlung des Marquis von Landsdowne zu Bowood: eine Landschaft von grossartiger Composition und ausserordentlichem Eindruck; in der Gemäldegallerie zu Corshamhouse, dem Sitz der Familie Methuen: die Originalskizze zu dem h. Matthäus in der Dresdner-Gallerie; in der Bildersammlung des Hrn. Miles zu Leight-Court: Johannes, den Täufer, in der Wüste und Diana und Aktäon; zwei Franciskaner, ein Bild, in welchem sich ein ungemein geistreiches und lebendiges Naturstudium kund gibt; in der Bildersammlung des Grafen von Warwick zu Warwickcastle: Christus, von Maria und Engeln bei Fackelschein beweint; in der Gallerie des Grafen von Carlisle in Castle-Howard: zwei grosse Landschaften; das berühmte unter dem Namen der drei Marien bekannte Bild, das mit einem tiefen Gefühl in der Auffassung und edlem Pathos, eine Tiefe, Wärme und Klarheit der Färbung, welche dem Correggio nahe kommt, und die seltenste Liebe der Ausführung verbindet; des Meisters eigenes Bildniss, von erstaunlicher Energie in dem breiten meisterlichen Vortrag; im Besitz des Lords Scarsdale im Schlosse zu Keddlestonhall: Orlando befreit die Olympia und eine Magdalena in der Wüste; in der Bildersammlung des Grafen Leicester zu Holkham: Polyphem und Galathea, ein kleines Bild, al fresco gemalt, wahrscheinlich eine Studie zu dem Frescobild im Pal. Farnese zu Rom; im Fitzwilliam-Museum zu Cambridge: den h. Rochus mit dem Engel; in der Gemäldesammlung des Grafen Darnley zu Cobhamhall in Kent: die Toilette der Venus und die Steinigung des h. Stephan. Sodann sieht man in der Bildersammlung des Generals Guise zu Oxford ein meisterhaft gemaltes, aber widerliches Bild von Annibale, in welchem sich der Künstler sammt den anderen Caracci als eine Fleischerfamilie darstellte. Endlich befinden sich in der königl. Sammlung von Handzeichnungen: 11 Bände mit Zeichnungen von Annibale, seinem Bruder und Oheim. Zu Florenz sieht man im Pal. Pitti: Christus in der Glorie und eine Ruhe auf der Flucht; in den Uffizien: seine berühmte Bacchantin, ein Bild von meisterlichster Behandlung des Colorits; ein Genrebild, einen Menschen darstellend, der sich lachend von einem Affen das Ungeziefer ablesen lässt, und sein Porträt; zu Genua, im Pal. Fil. Durazzo: einen h. Petrus und im Pal. Pallavicini: eine Magdalena; in der grossherzoglichen Kunsthalle zu Karlsruhe: eine kleine Grablegung Christi und einen lachenden Bauer; zu Lucca im Pal. des Lyceums: Madonna in trono. Unter den sieben Bildern im Museo del Rey zu Madrid sind die besten: Maria mit dem Kinde; ein in der Wüste schreibender Hieronymus; eine sterbende Magdalena. Zu Modena zeigt man im Pal. Ducale: Pluto und andere Götter; zu München in der Pinakothek: Susanna im Bade; den Mord der unschuldigen Kinder; Eros und Anteros im Kampfe vor der Venus; ein Ecce homo; eine kleine Pietà und sein eigenes Bildniss; in der Leuchtenberg'schen Gallerie: eine Grablegung Christi bei Fackelschein und eine Landschaft mit biblischer Staffage; in den Studj zu Neapel: Venus mit Amoretten; Apollo, die Leyer spielend; Herkules am Scheidewege; Madonna della Scodella und eine Pietà; im Pal. reale: die drei Kardinaltugenden, nach Raphael; zu Palermo in der Gemäldegallerie der Universität: Bacchus und Bacchantinnen; zu Parma in der Akademie: eine Madonna im Sternenkranze, nach Correggio. Unter den 26 Bildern des Louvre zu Paris, in denen Annibale in allen seinen verschiedenen Entwicklungsphasen und Manieren zu erkennen ist, sind besonders hervorzuheben: die Anbetung der Hirten in zwei Exemplaren (gest. von Forster und von Ch. Simmoneau); Maria bedeutet dem kleinen Johannes, den Schlaf des Christuskindes nicht zu stören, ein unter dem Namen „Le Silence" bekanntes Bild (gest. von E. Picart, Poilly, Reindel, Richomme, Hainzelmann); die dem als Maler dargestellten Evangelisten Lucas und der h. Katharina von Alexandrien erscheinende Maria mit dem Kinde — in diesen Bildern erscheint vorzugsweise der Einfluss des Correggio bemerkbar; das Martyrium des h. Stephan (gest. von G. Chateau) mehr in dem Silberton des P. Veronese gemalt; die Auferstehung Christi und eine Wiederholung dieses Bildes im Kleinen (gest. v. Gio. Maria Mitelli), Gemälde, in denen das Studium des Tintoretto nicht zu verkennen ist; Maria betrauert den todten Christus, dessen Wunden der h. Franciscus betrachtet, und Engel mit Thränen benetzen, während Magdalena die ihr Gesicht überströmenden Thränen trocknet (gest. v. Godefroi, von Aquila), eine seiner berühmtesten Compositionen, tiefer im Gefühl, grösser in den Formen, edler in den Charakteren und Linien als meist und sehr fleissig in einer ungemein gesättigten Farbenharmonie ausgeführt, ein Gemälde, welches das sprechendste Zeugniss von dem grossen Eindruck abgibt, welchen die Werke Raphael's in Rom auf Annibale gemacht; in den folgenden Bildern tritt endlich seine Eigenthümlichkeit selbstständiger hervor: Maria mit dem Kind auf dem Schoose, dem der h. Joseph Kirschen reicht (gest. v. J. Boulanger); Magdalena; die Geburt Mariä (gest. von Audenaerde); der an einen Baum gefesselte h. Sebastian von Pfeilen durchbohrt (gest. v. G. Audran). Von kleineren Bildern, in denen Landschaft und historische Staffage ungefähr von gleicher Wichtigkeit sind, verdienen genannt zu werden: die Steinigung des h. Stephan (gest. v. E. Baudet), eine Composition im Raphael'schen Geschmack, mit einer poetischen Landschaft und sehr gediegener Ausführung; die Predigt Johannis in der Wüste; ein Einsiedler, dem h. Antonius geweihte Gaben aufstellend (gest. v. Fortier); das Opfer Abrahams; die h. Familie in Aegypten mit einer reichen poetischen Landschaft; Diana entdeckt die Schwangerschaft der Callisto (die Landschaft von P. Bril, der überhaupt in diesem Fach grossen Einfluss auf Annibale geübt); ferner eine Landschaft mit einem musicirenden jungen Manne und drei singenden Frauen in einer Barke (gest. v. Duparc); eine Landschaft mit Fischern (gest. v. Ch. Simmoneau); eine Landschaft mit Jägern, eine andere mit vielen kleinen Figuren; endlich ein sehr energisch aufgefasstes und meisterhaft behandeltes Porträt. Die Eremitage zu St. Petersburg verwahrt unter andern schönen Bildern des Meisters: Christus und die Samariterin; Johannes, den Täufer; eine h. Familie. Zu Rom sieht man, in S. Maria del Popolo: eine Himmelfahrt; im Kapitol: Fresken aus dem Leben des Scipio Afrikanus; in dem Pal. Borghese: den h. Franziscus mit Engeln; im Pal. Doria Pamfili: eine Pietà und Landschaften mit biblischer Staffage zu Spoleto, im Dom: eine Madonna; in der Gallerie des Belvedere zu Wien: den todten Heiland im Schoose seiner ohnmächtigen Mutter; Adonis, von der Jagd zurückkehrend, überrascht die Venus in einem Gebüsch; den h. Franciscus in Verzückung in den Armen eines Engels; Christus mit der Samariterin am Brunnen; die Grablegung Christi und den Propheten Jesaias, eine Copie nach dem Raphael'schen Frescobild.

Annibale hat auch radirt und in Kupfer gestochen. Man kennt von ihm 18 Blätter, die so verschiedenartig behandelt sind, dass man sie kaum einem und demselben Künstler zuzuschreiben wagen würde. Dieser Umstand scheint indessen nur für die Originalität ihres Urhebers, der sich durchaus nicht an eine bestimmte Manier anschliessen wollte, zu sprechen, auch mag die Ungleichheit davon herrühren, dass sie in verschiedenen Zeiten gefertigt wurden. Die von 1581—1582 gestochenen Blätter, um welche Zeit Annibale 21 und 23 Jahre zählte, sind mit sorgfältigem Stichel ausgeführt, und nähern sich denen seines Bruders, mit denen sie desshalb auch lange Zeit verwechselt wurden. Später, von 1592 an, bediente er sich der Radiernadel und wandte den Stichel nur zur Vollendung der Platten an. Bald sind daher seine Blätter mit breiter Nadel radirt und fast ganz geätzt, bald mit feiner, delikater Nadel ausgeführt und mit der trockenen Nadel und dem Stichel vollendet. Das beste seiner Blätter ist: der todte Heiland auf dem Schosse der Maria oder der sogenannte Christus von Caprarola (1597), ausgezeichnet durch den bewundernswerthen Ausdruck, die Feinheit der Zeichnung und die malerische Behandlung des Stichs. Weitere treffliche Blätter von ihm sind: Jupiter, als Satyr, bei der schlafenden Antiope (1592); eine h. Familie (1590); die Madonna mit der Schaale (la Madonna della scodella) (1606); Susanna mit den beiden Alten (sehr selten); Maria mit dem Kinde wird von einem Engel verehrt; Jesus mit der Dornenkrone (1606); eine h. Familie, Johannes weint, weil ihm der kleine Heiland einen Vogel weggenommen hat oder Maria mit der Schwalbe (la Vierge à l'hirondelle) (1587). Er bezeichnete seine Blätter mit A. C., oder seinem latinisirten Namen.

Literatur. Siehe den Schluss des letzten Artikels über die Caracci.

Caracci, Antonio Marziale, ein natürlicher Sohn des Agostino, geb. 1583 zu Venedig, widmete sich mit einem schönen Talente, unter der Leitung seines Vaters, der ihn mit nach Rom genommen hatte, und nach dessen Abreise von dort und bald darauf erfolgtem Tode, bei seinem Oheim Annibale der Kunst. Er arbeitete auch anfänglich mit vielem Fleiss und Feuer und erreichte einen Grad der Ausbildung, der grosse Hoffnungen erweckte; allein die schlimmen Rathschläge Lanfranco's, der ihn verführte, sich als einen offenbaren und gefährlichen Feind des Domenichino zu erklären, und die Einflüsterungen des Sisto Rosa Parmigiano, eines Schülers des Annibale, der ihn überredete, mit ihm nach Bologna zu gehen und dort die Schule der Caracci fortzusetzen, lenkten ihn gar bald vom rechten Pfad ab. Er begab sich mit ihm dahin, aber die Verbindung der beiden jungen Leute zu gemeinschaftlichem Arbeiten dauerte nicht lange und Antonio malte nun allein mehrere Bilder für Kirchen: einen h. Franz, wie er den Teufel überwindet, für Madonna di San Colombano, eines der Wunder des h. Rosenkranzes, ein Frescobild u. s. w. Allein die Unbeständigkeit seines Willens liess ihn auch hier nicht zum ruhigen Schaffen kommen; er verachtete nicht nur die weisen Rathschläge seines Grossoheims Lodovico, sondern stiess diesen auch durch vorgebliche Forderungen seines Vaters Agostino an ihn so vor den Kopf, dass dieser sich gänzlich von ihm abwandte. Antonio liess desshalb seine Mutter von Venedig kommen und begab sich mit ihr nach Rom, wo er die Schule der Caracci, die durch den inzwischen erfolgten Tod des Annibale ganz verwaist war, wieder in's Leben rufen wollte. Es gelang ihm auch Gönner zu finden, welche ihm ihre fördernde Unterstützung zusagten, so lange er die Künstlerbahn seiner berühmten Verwandten wandle. Er erwies sich auch als würdigen Erben der Kunstweise seiner Vorfahren in mehreren Bildern, die ihm vielfache Bestellungen eintrugen. So malte er in der Kapelle S. Giovanbatista der Kirche S. Maria in Trastevere eine Altartafel; in S. Bartolommeo all' Isola mehrere Fresken aus der h. Geschichte und ein Oelbild, den knieenden, von einem Engel unterstützten h. Karl Borromäus darstellend (gest. v. S. Bartoli); über der Thüre des Eingangs in die Katakomben bei der Kirche S. Sebastiano mehrere Heiligen; in einem Zimmer des Palastes auf dem Montecavallo einen grossen Friess und verschiedene Verzierungen. In allen diesen Arbeiten sah man mit Freuden den anmuthsvollen Styl des grossen Annibale wieder aufleben und man wäre zu grossen

Leistungen von dem jungen Manne berechtigt gewesen, wenn nicht Ausschweifungen in der Liebe seinem Leben ein frühes Ziel gesetzt hätten. Er starb im Jahr 1618 im 35. Jahre.

Seine Bilder sind im Ganzen selten. In der Gallerie zu Dresden wird ihm sein Bildniss im Alter von neun Jahren zugeschrieben. — Zu Genua verwahrt man im Pal. Brignole: einen Christus mit der h. Veronika und im Pal. Pallavicini: einen Johannes, den Täufer. In der Gemäldesammlung des Marquis von Landsdowne zu London sieht man eine Maria mit dem kühn und lebhaft bewegten Kinde, ein in einem warmen Ton trefflich vollendetes Bildchen des seltenen Meisters. Im Louvre zu Paris schreibt man ihm eine Sündfluth zu, von der sich eine Zeichnung in der Sammlung von Zeichnungen alter Meister in der Pinakothek zu München, und eine Wiederholung des Bildes in derselben Grösse im Museum zu Berlin befindet, hier aber dem Domenichino zugeschrieben ist. — In der k. k. Gallerie des Belvedere zu Wien glaubt man das Bildniss eines bärtigen Mannes in schwarzem Kleide und Barett auf der Laute spielend, von seiner Hand gemalt, zu besitzen.

Caracci, Francesco, gen. **Franceschino**, geb. 1595 zu Bologna, der Sohn des Giov. Antonio Caracci, eines Bruders von Agostino und Annibale Caracci, wurde von seinem Grossoheim Lodovico Caracci in der Kunst unterwiesen und machte auch, unterstützt durch ein sehr glückliches Talent, in dessen Schule so rasche Fortschritte, dass schon seine ersten grösseren Arbeiten allgemeine Bewunderung erregten und dem jungen Manne eine glänzende Zukunft weissagten. Sein erstes Bild war eine Geiselung Christi, welche nachher von Lodovico übergangen und vollendet wurde. Darauf malte er für S. Maria Maggiore zu Bologna eine Altartafel, mit dem Leichnam der h. Jungfrau, von Heiligen verehrt; dann im Oratorium von S. Rocco, woselbst Geschichten aus dem Leben des h. Rochus, al fresco, dargestellt werden sollten, im Wetteifer mit andern Malern die Scene der Verkündigung seines Todes durch einen Engel; endlich einige andere Fresken im Pal. Calderini. Diese Erfolge machten ihn so übermüthig, dass er die Gelegenheit eines ihm von Lodovico vorenthaltenen Bildes des unterdessen in Rom verstorbenen Antonio Caracci, das dieser Francesco's Vater hinterlassen hatte, ergriff, um seinen Lehrer und Wohlthäter zu verläumden und ihn als Künstler herabzusetzen. Er erklärte, dass Lodovico weder zu componiren verstehe, noch zu zeichnen wisse, dass nach dem Tode von Agostino und Annibale die Schule der Caracci einzig und allein in ihm noch fortbestehe, und machte diese Behauptung sogar durch öffentlichen Anschlag bekannt. Er fand jedoch nicht nur keinen Glauben, sondern machte sich durch seine gehässigen Verfolgungen so verhasst, dass er sich nicht länger in Bologna aufhalten konnte und dem Ruf seines Bruders Giovanbatista nach Rom folgte, um die „wahre Schule der Caracci", wie er seine Schule nannte, dorthin zu verpflanzen. Er wurde daselbst auch sehr zuvorkommend aufgenommen und seine Werke fanden in der Zeichnung alle Anerkennung, als er dieselben aber malen wollte, zeigte sich seine Kunst im Colorit und in der Harmonie der Tinten allzu mangelhaft. Er verlor daher von vielen seiner Beschützer, die ihn so wohlwollend aufgenommen hatten, einen nach dem Andern. Statt sich aber durch dieses Unglück zu erneutem Fleiss und Studium anregen zu lassen, um Versäumtes nachzuholen und das Fehlende zu ergänzen, ergab er sich von dieser Zeit an einem zügellosen Leben und starb, 27 Jahre alt, im Hospital S. Spirito im Jahr 1622.

Francesco soll auch in Kupfer radirt haben und Bartsch in seinem „Peintre graveur" schreibt ihm ein Blatt: die h. Jungfrau mit dem Kinde zu. Dasselbe ist geistreich radirt, aber sehr selten. Es ist links mit den Buchstaben: A. C. J., rechts mit den Initialien: F. C. S. bezeichnet.

Caracci, Lodovico, der eigentliche Stifter der Schule der Caracci, geb. 1555, war der Sohn eines Fleischers, fühlte aber von früher Jugend an einen Trieb zur Kunst in sich, wesshalb ihn sein Vater zu Prospero Fontana in die Lehre that, wo er sich gleich Anfangs, der damals herrschenden Manier der sogenannten Idealisten gründlich abhold, den anhaltendsten und strengsten Studien hingab, desshalb aber, da sie der Kunstweise seiner Zeit fremd geworden waren, mannigfachen Spott, ja selbst Verachtung zu ertragen hatte. Er liess sich jedoch dadurch nicht beirren, reiste, nachdem er in seiner Vaterstadt die besten einheimischen Meister, namentlich die Werke des Bagnacavallo und Tibaldi, studirt hatte, nach Venedig, wo er bei Tintoretto in die Lehre trat, der ihm, als er die Mühe und das Studium sah, das ihn seine Arbeiten kosteten, wie früher Fontana rieth, die Kunst zu verlassen. Lodovico jedoch, sich seines Berufes bewusst, setzte nur mit um so emsigerem Fleisse seine Studien, in denen er es von Anfang an auf eine Reform des bisher üblichen Kunstbetriebs abgesehen hatte, fort, begab sich darauf nach Florenz, wo er nach Andrea del Sarto studirte und den Unterricht des Passignano genoss, eines Meisters, der sich bereits dem neuen Aufschwung in der Malerei angeschlossen hatte, welcher sich auch in der Florentiner-Schule um selbige Zeit zu regen anfieng. Als er aber sah, dass alle diejenigen, welche sich der neuen Richtung anschlossen, um der Mattherzigkeit, die sich in der Kunst eingeschlichen hatte, zu entgehen, hingingen, sich an den Werken der alten grossen Meister zu begeistern, reiste er nach Parma, und von da nach Mantua und Venedig, an welchen Orten er überall gründliche Studien nach Correggio, Parmigianino, Giulio Romano und Tizian machte.

Die Vorzüge dieser grossen Maler nun, die er hinlänglich in sich aufgenommen, mit den Schönheiten der Natur und der Antiken zu verbinden und in Eins zu verschmelzen und damit der fessellosen Willkür der Manieristen entgegenzutreten, war fortan sein einziges Bestreben, und er war nach seiner Rückkehr nach Bologna auf's Eifrigste in dieser Weise thätig. Seine Werke, die einen ganz neuen Styl ankündigten, fanden auch viele Bewunderer, aber eben so viele Neider unter den Malern. Er musste desshalb gefasst sein, einen förmlichen Krieg gegen die Uebermacht dieser im tiefsten Manierismus verwilderten Zunft beginnen zu müssen und sah sich daher nach einer kräftigen Unterstützung und nach Anhängern unter der Jugend um. Er fand dieselben in der Person seiner beiden Neffen, des Agostino und Annibale Caracci, in denen er das frühzeitig hervorstechende Talent erkannte und deren künstlerischen Ausbildung er sich nun unterzog. Er schickte jenen in die Lehre des Prospero Fontana, ohne jedoch darüber die eigene Ueberwachung seiner Studien zu vernachlässigen, den Letzteren aber unterrichtete er selbst. Agostino widmete sich überdiess den Wissenschaften, beide aber machten in der Malerei so glänzende Fortschritte, dass sie den Neid und die Eifersucht der älteren Bolognesischen Maler erweckten, und Lodovico sich veranlasst sah, sie, bis sie in ihrer künstlerischen Ausbildung gehörig erstarkt, um den Kampf mit den Gegnern aufzunehmen, vorher noch in's Ausland zu schicken. Nach ihrer Rückkehr in die Vaterstadt, übernahmen alle drei Caracci die Ausschmückung des Pal. Fava. Annibale und Agostino malten die Geschichte Jasons in 18 Bildern, Lodovico die Aeneide in 12 Darstellungen. So vielfache Anerkennung diese Malereien aber auch Seitens des Publikums fanden, so laut erhob sich gegen sie der erbitterte Tadel ihrer Gegner, der durch das Ansehen, in welchem diese schon seit lange standen, um so grösseres Gewicht erhielt. Lodovico und Agostino sollen desshalb auch schon beschlossen gehabt haben, ihren Vorsatz aufzugeben und zu der im Schwunge gehenden Manier zurückzukehren, Annibale aber, als der Entschlossenste unter ihnen, darauf gedrungen sein, nicht nachzugeben, sondern dem Strom der Schmähungen immer bessere Werke entgegenzusetzen. Lodovico schöpfte wieder neuen Muth und stiftete nun mit seinen Neffen eine Kunstakademie, welche den Namen der Incamminati (von incamminare, auf den Weg, in Gang bringen) führte. Sie versahen dieselbe mit allen zum gründlichsten Studium nöthigen Mitteln, mit Gypsabgüssen, Kupferstichen und Handzeichnungen, sorgten für zweckmässigen Unterricht im Zeichnen und Malen nach dem Nackten, für gehörige Unterweisung in den theoretischen Fächern der Perspektive, Anatomie u. s. w. und leiteten ihre Schüler mit Klugheit und Liebe. Dadurch gerade erhielten sie auch um so grösseren Zuspruch, je mannigfacher die Letzteren zuvor von dem Hochmuth der älteren Meister zu leiden gehabt und trotz des Widerspruchs von dieser

Seite wurde daher die Schule der Caracci von Tag zu Tage mehr besucht. Calvart, Fontana u. s. w. verloren ihre besten Zöglinge und es währte nicht lange, so mussten die übrigen Kunstschulen der Stadt geschlossen werden und die Caracci erlebten den Triumph, ihre Gegner gedemüthigt zu sehen. Naturbeobachtung mit der Nachahmung der besten Meister zu verbinden, war zwar allerdings der feststehende Grundsatz der Schule, jedem der Schüler stand aber dabei frei, die Bahn zu wandeln, die ihm am meisten gefiel, ja jeder wurde zu dem Style angeleitet, der von Natur aus in ihm lag. Daher rühren auch die verschiedenen eigenthümlichen Behandlungsweisen, welche aus dieser einen Schule hervorgingen.

Neben dieser erfreulichen und höchst verdienstlichen Wirksamkeit als Lehrer war Lodovico aber auch als Maler äusserst thätig. Obgleich etwas langsam, dafür aber um so gründlicher arbeitend, führte er eine Menge Gemälde aus, von denen vorzugsweise die allgemeine Bewunderung erregten: sein Johannes, der Täufer, für die Kirche dieses Heiligen (jetzt in der Pinakothek daselbst) und sein h. Georg in S. Gregorio; die Krönung der h. Jungfrau in S. Paolo; die viel gepriesene Verklärung Christi in S. Pietro und die Verkündigung in S. Giorgio; die Beschneidung Christi und die Anbetung der Weisen in S. Bartolommeo di Reno; ferner verschiedene andere Bilder in S. Domenico, S. Pietro, de' Mendicanti, S. Giacomo, S. Martino, S. Francesco, S. Antonio, S. Caterina u. A. Dann seine berühmten Malereien in der Certosa und andere für Privaten ausgeführte Bilder aus der heiligen und Profangeschichte, aus der Mythologie oder nach eigenen Erfindungen, die sich jetzt in verschiedenen Kabinetten zerstreut finden.

Lodovico hatte sich jetzt sowohl durch alle diese Werke und seine Schule, die im grössten Ansehen stand, nicht nur in seiner Vaterstadt, sondern in ganz Italien einen solchen Ruf erworben, dass ihn der Kardinal Odoardo Farnese nach Rom berufen liess, ihm seinen Palast mit Gemälden zu schmücken. Da er aber seine Vaterstadt und seine Schule nicht verlassen wollte, schlug er seinen Neffen Annibale vor, der nun die Malereien an seiner Stelle übernahm und ausführte, aber nicht vollendete, ohne seinen Oheim zu Rath gezogen zu haben, der auch auf seine dringenden Bitten endlich auf einige Tage nach Rom reiste, Annibale in allen Dingen half und berieth, ja an einige Bilder selbst Hand anlegte. Er malte eine der nackten Figuren, welche das Medaillon halten, worauf die Fabel der Syrinx dargestellt ist.

Nach Bologna zurückgekehrt, setzte er seine gewohnte, zwischen den Unterricht in seiner Schule und die Ausführung von Bildern getheilte Thätigkeit fort. Namentlich gehören hieher die umfassenden Malereien im Klosterhof von S. Michele in Bosco, Scenen aus der Geschichte des h. Benedikts und der Legende der h. Cäcilie darstellend, welche er mit seinen Schülern in den Sommermonaten der Jahre 1604 und 1605 ausführte. Diese Bilder zählt man sowohl in Beziehung auf grossartige Composition und Schönheit der Ausführung, namentlich im Colorit, zu den schönsten des Meisters. (Sie sind durch zwei Kupferwerke bekannt. Das erste führt den Titel: Il claustro di S. Michele in Bosco di Bologna, dip. dal famoso Lod. Caracci e da altri maestri usciti della sua scuola, descritto dal Conte C. C. Malvasia ed intagliate, da Giac. Giovannini. Bologna 1694 fol. — Das zweite wurde unter demselben Titel von Zanotti 1776 herausgegeben.) Jedes der sieben vom Meister selbst ausgeführten Gemälde soll in einem besonderen, dem Gegenstand angepassten Style behandelt sein, so dass man bald das Feuer des Tintoretto, bald den Farbenreiz des Tizian, dort die Anmuth des Correggio, hier die Pracht des Paolo Veronese u. s. w. zu bewundern genöthigt sei. — Nach Vollendung dieser Arbeiten finden wir ihn vier Jahre lang mit der Ausführung grosser Gemälde in Piacenza beschäftigt, wo ihn die Nachricht vom Tode des Annibale traf. Durch die Verluste seiner beiden Neffen (Agostino war schon 1601 gestorben), die Hauptstützen seiner Schule und Kunstweise, wurde er auf's Tiefste betrübt, auch verbitterte ihm das nichtswürdige Treiben seiner beiden Grossneffen seine Tage immer mehr. Er schuf zwar noch eine Reihe grosser Arbeiten in Bologna, Imola und andern italienischen Städten, allein sein Missmuth nahm so zu, dass der Gram über einige Fehler an einer für die Kathedrale

S. Pietro in Bologna gemalten Verkündigung oder überhaupt die Einsicht, darin eine minder gelungene Arbeit geliefert zu haben, ihn auf's Krankenlager warf, von dem er nicht mehr aufstand. Dieses kolossale Bild war sein letztes. Er starb im Jahr 1619.

Lodovico hat im Allgemeinen mehr das Verdienst eines Lehrers als sehr bedeutender selbstständiger Leistungen in der Malerei. Er war fruchtbar an Ideen, wusste solche mitzutheilen oder zu erwecken, und reich an Erfahrung in der Kunst und im Leben, wie an Bildung, die ihm bei seinem Unterricht ungemein fördernd zu gut kam; er war in allen Theilen der Malerei auf's Gründlichste bewandert, ein Meister im Darstellen des Charakters, im Zeichnen, überhaupt in allem Technischen. Mit einer gewissen Grossartigkeit des Sinns wusste er zuweilen in seinen Bildern eine grosse Feinheit des Gefühls und eine holde Anmuth zu verbinden. In der Gesammtcomposition findet man zwar selten etwas tiefer Anziehendes und Würdiges, dagegen desto mehr Tüchtigkeit im Einzelnen. Mit ihm beginnt die Vorliebe für das Pathos des Schmerzes, welche in der Folge die vielen Ecce homo's und leidenden Marien der bolognesischen Schule nach sich zog.

Unter seine besten und besseren Bilder zählt man, ausser den genannten, im Museum zu Berlin: die am Boden sitzende Maria betrachtet das göttliche Kind, welches ein Lamm herzt; die Speisung der fünftausend Mann; Venus, den Amor umarmend; den vor dem Kruzifix in Verehrung knieenden Karl Borromäus; zu Bologna, woselbst sich die grösste Anzahl seiner Gemälde befindet, in S. Bartolommeo di Porta Ravegnana: S. Carlo am Grabe von Varallo; in S. Cristina: die Himmelfahrt Christi; in einer Kapelle von S. Domenico: die Heimsuchung und Geisselung Christi; in S. Paolo: das Paradies; in der Pinakothek: Madonna mit dem Kinde und Heiligen, in einer Engelglorie (aus der Kirche S. M. degli Scalzi); die Verklärung Christi; die Apostel, Petrus an der Spitze, bezeugen der Madonna ihr Mitleid über den Tod Christi (früher in der Sakristei von S. Pietro); und verschiedene andere Bilder in Kirchen und Palästen; in der grossherzogl. Gallerie zu Darmstadt: Maria, das göttliche Kind unterrichtend und den betenden h. Franciscus; in der Gallerie zu Dresden: Christus mit der Dornenkrone und eine Ruhe auf der Flucht; in England und zwar in der Nationalgallerie: eine Susanna im Bad; in der Sammlung des Herzogs von Devonshire zu London: die Kreuztragung Christi, von reicher sehr edler Composition und feiner Empfindung in den Köpfen; in der Bridgewatergallerie ebendaselbst: eine Kreuzabnahme; die h. Katharina, welcher die h. Jungfrau im Traume erscheint und eine Pietà; in der Gemäldesammlung des kürzlich verstorbenen Dichters Rogers dort: Maria mit dem Kinde, ein äusserst liebliches, noch ganz in der Nachahmung des Correggio durchgeführtes Bild; in der Sammlung des Lords Ward: eine Misshandlung Christi; in der Gallerie in Landsdownehouse daselbst: Christus am Oelberg und eine h. Familie; in der Grosvenorgallerie dort: eine h. Familie, von einer für den Meister seltenen Tiefe und Wärme der Farbe; in der Gallerie des Sir Th. Baring zu Stratton: eine Bathseba; im Besitz des Hrn. Miles zu Leight-Court: eine h. Familie; in der Bildersammlung zu Castle-Howard: die Grablegung Christi, sehr edel in der Composition und in den Charakteren; im Städel'schen Institut zu Frankfurt a. M.: Maria mit dem Kinde auf dem Throne und Heiligen, Skizze zu einem Altargemälde; zu Genua, im Pal. Prignole: eine Verkündigung; im Pal. Filippo Durrazzo: eine Geisselung Christi; im Pal. Gaetano Cambiaso: eine Kreuzabnahme; im Pal. Pallavicini: Joseph's Traum; unter den Bildern im Museum zu Madrid: eine Dornenkrönung von sehr edler Haltung; in S. Maurizio zu Mantua: eine Verkündigung und eine h. Margarethe; im Pal. Ducale zu Modena: die Himmelfahrt Mariä; Venus und Amor und eine Flora; in der Pinakothek zu München: den h. Franz von Assisi mit der Vision eines musicirenden Engels; denselben Gegenstand etwas kleiner; eine Grablegung Christi und einen h. Franz von Assisi in Betrachtung; in den Studj zu Neapel: eine Grablegung und den Sturz des Zauberers Simon; unter den Gemälden im Louvre zu Paris: die Verkündigung Mariä, in der Luft ein Concert von Engeln; Maria in Verehrung des Christkindes; Maria mit dem Kinde (gest. v. B. Roger, ferner von Bettelini);

Maria mit dem Kinde erscheint dem h. Hyacinth, aus der Kirche S. Domenico in Bologna (gest. v. Agost. Caracci); in der Akademie zu Parma: eine Grablegung und eine Himmelfahrt Mariä; in der Kathedrale von Piacenza: Engel in der Glorie, grosses Frescobild und einen h. Martin; in der Eremitage zu S. Petersburg: die Vermählung der h. Katharina; eine Grablegung und eine h. Familie; zu Rom, im Pal. Corsini: ein Martyrium des h. Borromäus und eine grosse ergreifende Pietà von furchtbarem, rein innerlichem Schmerzensausdruck; in der Gallerie Doria: ein kolossales Ecce homo von mildem und schönem Ausdruck; im Museum der bildenden Künste zu Stuttgart: mehrere dem Lodovico zugeschriebene Bilder aus der ehemaligen Gallerie Barbini-Breganze, worunter: die Eitelkeit oder Vergänglichkeit alles Irdischen; die an den Felsen geschmiedete Andromeda und die h. Barbara; zu Wien, in der k. k. Gallerie des Belvedere: den h. Franziscus, über einem Todtenkopf in Nachdenken versunken; Venus, auf einem Ruhebette mit Amor scherzend; in der Sammlung des Fürsten Esterhazy: zwei Satyren mit den Fingern Trauben pressend.

Lodovico hat auch Einiges in Kupfer gestochen, doch sind ihm nach Bartsch nur die folgenden fünf mit grosser Sicherheit und meisterhafter Zeichnung vorgetragenen Blätter zuzuschreiben. Die h. Jungfrau mit dem Kinde, mit der Jahrszahl 1592 und Lod. Carr. in. f. bezeichnet; die h. Jungfrau mit dem von Engeln verehrten Kinde, in Kupfer geätzt und mit dem Stichel vollendet; die h. Jungfrau mit dem Kinde und Johannes, mit: Ludouico Caratio fece und der Jahrszahl 1604 bezeichnet. (Dieses Blatt scheint mit der trockenen Nadel und zwar eher in Zinn als in Kupfer gestochen zu sein); die h. Jungfrau und der h. Joseph, Lodouicus Carraccys in. fe. bezeichnet und das einzige von ihm mit dem Grabstichel ausgeführte Blatt; die h. Jungfrau, mit Waschen beschäftigt, wenn nicht von ihm selbst, doch jedenfalls nach seiner Zeichnung ausgeführt.

Caracci, Paolo, ein Bruder des Lodovico, trieb ebenfalls die Malerei, war aber nur im Stande, die Erfindungen Anderer verständig auszuführen. Er scheint auch nur in dieser Weise in der Akademie der Caracci thätig gewesen zu sein.

Literatur über sämmtliche Caracci. Malvasia, Felsina Pittrici. Vite de' pittore Bolognesi. Bologna 1678. Fortgesetzt von Crespi. Roma 1769. — Bellori, Vite de' pittori, scultori e architetti moderni. Roma, 1675 u. 1728. — Museo fiorentino, das auch die Porträts von Lodovico, Agostino und Annibale, von Antonio und Francesco im Stich enthält. — Lanzi, Geschichte der Malerei in Italien. — Fiorillo, Geschichte der Malerei in Italien. — Kugler, Handbuch der Geschichte der Malerei. — Platner, Bunsen, Gerhard und Röstel, Beschreibung der Stadt Rom. — Waagen, Kunstwerke und Künstler in Paris. — Waagen, Kunstwerke und Künstler in England. — Förster, Handbuch für Reisende in Italien. — Burckhardt, der Cicerone. — Quandt, Entwurf zu einer Geschichte der Kupferstecherkunst. — Bartsch, Le peintre graveur. — Bartsch, Anleitung zur Kupferstichkunde. — Heller, Handbuch für Kupferstichsammler.

Caraccino, siehe **Mulinari**.

Caracciolo, Giambattista, gen. **Batistello**, Maler zu Neapel, gest. 1641, erlernte die Kunst bei F. Imparato und dann bei Caravaggio, bildete sich aber später nach Annibale Caracci, in dessen Kunstweise mit mannigfachen Einflüssen der naturalistischen Richtung seiner Zeitgenossen Spagnoletto u. s. w. er seine Bilder, von denen sich die meisten zu Neapel befinden, ausführte.

Caraglio, Giov., Zeichner und Kupferstecher, nach Einigen 1500 zu Parma, nach Andern 1512 zu Verona geboren, war einer der besten Schüler des Marc Anton, verlegte sich aber später mehr auf das Stein- und Stempelschneiden, hielt sich auch 1539 am Hofe des polnischen Königs Sigismund I. auf und starb auf seinem Landgut im Herzogthum Parma 1570. — Unter den 64 Blättern, die Bartsch in seinem „Peintre graveur" von ihm verzeichnet und die meist correkt gezeichnet und mit Geist behandelt sind, gehören zu den besten: die sogenannte Schlacht mit dem Schild auf der Lanze, nach Raphael's Zeichnung; Diogenes, nach Parmesano; die Verkündigung, nach Tizian; die Marter der h. h. Petrus und Paulus, nach Parmeggiano; die Musen und die Töchter des Pierus auf dem Parnass, nach Rosso's Bild in Paris; die Verehlichung Mariä mit Joseph, nach Parmeggiano; die h. Familie, nach Raphael; Bildniss des Peter Aretin. Er bezeichnete seine Blätter mit Jacobus Veronenis und Jacobus Parmensis, oder auch mit nebenstehenden Monogrammen.

Caravaggio, Michelangelo da, siehe **Amerighi.**

Caravaggio, Polidoro da, siehe **Caldara.**

Carboneau, Jean Murio, ein in hohem Alter 1843 zu Paris verstorbener Erzgiesser, von dem u. A. die Statuen Louis des XIV. auf dem Viktorienplatze zu Paris und zu Montpellier, Heinrich, des IV. zu Nérac, Karl, des XIII. zu Stockholm (durch welche Statue er sich den Wasaorden erwarb) und die Bronzegruppe des Herkules im Kampfe mit der Hydra, im Garten der Tuilerien, ausgeführt wurden.

Cardi, Lodovico da Cigoli, Maler und Architekt, geb. 1559 zu Cigoli bei Florenz, gest. 1613 zu Rom, kam schon sehr jung zu Aless. Allori in die Schule, besuchte später aber auch das Atelier des Santi di Tito, bildete sich jedoch mehr nach Baroccio, Correggio und den grossen venetianischen Meistern aus. In der Architektur unterrichtete ihn Buontalenti. Von Papst Paul V. zur Ausführung bedeutender Arbeiten nach Rom berufen, woselbst er übrigens schon unter Clemens VIII. mehrere Bilder ausgeführt hatte, starb er daselbst in dem Augenblick, als ihm, zur Belohnung seiner Verdienste, die Ernennung zum Malteser-Ritter übersandt wurde. — Cigoli schloss sich in seinen Werken den Bestrebungen einer gewissen eklektischen Opposition gegen das manieristische Treiben seiner Vorgänger und seiner Zeit an und wurde für Florenz, was die Caracci in Bologna, was Baroccio in Rom, der Wiedererwecker einer ernsteren, tieferen Richtung der Kunst. Seine Bilder, deren man zu Florenz und Rom eine grosse Anzahl sieht, zeichnen sich durch ein schönes, warmes Colorit und grosse Anmuth in den Körperbildungen aus. Eines der bedeutendsten ist das Martyrthum des h. Stephanus in den Uffizien zu Florenz. Sehr häufig stellte er den h. Franciscus dar. Das beste Exemplar davon befindet sich in der Gallerie Pitti zu Florenz, woselbst man auch noch einen Christus mit Petrus auf dem Meer (gest. von Fra Ant. Lorenzini) und einen guten Ecce homo verwahrt. In der Peterskirche zu Rom sieht man von ihm sein gerühmtestes Bild: die Heilung des Lahmen (gest. v. Dorigny) und in S. Francesco zu Cortona das Wunder des h. Antonius. Die Eremitage in S. Petersburg besitzt von ihm einen Tobias und eine Beschneidung Christi. — Auch als Architekt legte Cardi nicht unerhebliche Proben grossen Talentes ab. Er führte für den Grossherzog Ferdinand I. die Dekorationen für die Vermählung der Maria von Medici mit Heinrich IV. von Frankreich aus. Darauf wurde er mit der Vergrösserung und Vollendung des Palastes Pitti betraut, und sah sich auch unter Cosimo II. als Architekt geehrt. Unter der Regierung desselben wurden nach seinen Entwürfen und Pläne verschiedene grossartige Gebäude errichtet: das Thor und die Treppe des Gartens der Gaddi, die Loggia Tornaquinci, das Portal des Klosters S. Felicita, der schöne Hof des Palastes Strozzi und der Palast Ranuccini. — In seinen Architekturen erscheint Cigoli als Nachahmer des Michelangelo; nur in der Façade des letztgenannten Palastes hat er sich eine gewisse Selbstständigkeit gewahrt.

Literatur. Museo fiorentino, woselbst auch sein Porträt im Stich. — Quatremère de Quincy, Dictionnaire historique d'Architecture.

Cardisco, Marco, genannt **Calabrese,** ein Maler aus Calabrien, der für einen Schüler des Polidoro da Caravaggio gehalten wird, seinem Styl nach aber eher bei Andrea da Salerno gelernt zu haben scheint. Er lebte meistens zu Neapel und führte hier und in der Umgegend eine Menge Oel- und Frescobilder aus, in denen er sich als einen der vorzüglichsten Meister, die zu jener Zeit dort die Kunst übten, kund gibt. In der Kirche S. Agostino zu Neapel finden sich noch Gemälde von ihm. Meister Marco malte um 1508 und starb 1542. Er hinterliess einen Schüler mit Namen Filippo Crescione.

Cardon, Antoine, ein vorzüglicher Kupferstecher, geb. zu Brüssel 1772, gest. zu London 1813, erlernte die Kunst bei seinem Vater Antoine Alexandre Joseph, von dem wir u. A. eine Reihenfolge von hübsch radirten (mit nebigem Monogramm bezeichneten) Landschaften aus der Umgegend von Neapel kennen und der 1822 als Professor der Malerakademie starb; begab sich dann 1792 nach London, wo er sich bald einen bedeutenden Ruf erwarb. Zu seinen besten Blättern gehören: die

Vermählung der Katharina von Frankreich mit Heinrich V. von England, nach J. Stothard; die Schlachten von Alexandrien und Maida, in zwei Blättern (1806); die Ehebrecherin, nach Rubens; die Stürmung von Seringapatam den 4. Mai 1799, nach H. Singleton. —

Carducho, eigentlich **Carduccio Bartolomeo**, Architekt, Bildhauer und Maler, geb. 1560 zu Florenz, gest. 1608 in Madrid, bildete sich unter B. Ammanati in der Sculptur und Architektur aus, widmete sich aber später zu Rom unter Federico Zuccaro der Malerei und ging 1585 mit diesem nach Spanien, wo er von Philipp II. und Philipp III. vielfach beschäftigt wurde. Er trug die Eigenthümlichkeit der florentinischen Kunstrichtung zur Zeit des Cigoli nach Spanien über und gründete hier eine zahlreiche Schule, die sein jüngerer Bruder Vincencio weiter ausbildete. Ein Gemälde von ihm in der Gallerie Esterhazy zu Wien: Maria mit dem Kinde und der h. Franciscus, anbetend, erinnert in etwas an die Manier des Dolci, doch ist es kräftiger.

Literatur. Bermudez, Diccionario historico de los mas illustres professores de las bellas artes en España.

Carducho, Vincencio, geb. 1578 zu Florenz, gest. 1638 zu Madrid, kam als Knabe mit seinem Bruder Bartolomeo nach Spanien, erlernte hier bei diesem die Malerei und brachte es in kurzer Zeit darin so weit, dass er für die Zimmer der Königin, und das Theater im Palast zu Valladolid einige Gemälde ausführen durfte. 1606 folgte er dem Hofe nach Madrid, schmückte dort mit andern Meistern die k. Kapelle im Palast del Pardo und wurde nach seines Bruders Tod zum Hofmaler ernannt. Nun entfaltete er eine ungemeine Thätigkeit, die man u. A. daraus erkennen mag, dass er in dem Zeitraum von 4 Jahren (1626—1630) nicht weniger als 55 Bilder aus dem Leben des h. Bruno und den Legenden der Karthäuser, in lebensgrossen Figuren (um den sehr mässigen Lohn von 6000 Dukaten), für den Kreuzgang der grossen Karthause el Paular ausführte. Und trotz dieser fabelhaften Schnellmalerei werden dieselben doch nichts weniger als eintönig in der Erfindung geschildert, sondern als trefflich in der Anordnung und Ausführung gerühmt. Eines seiner besten Gemälde indessen, die Einweihung eines Bischofs, über dessen Haupt sich eine Flamme zeigt, bewahrt das Nationalmuseum zu Madrid. Es ist tüchtig in Zeichnung und Ausführung und weniger braun in den Schatten, als jene Reihenfolge von Darstellungen aus dem Leben des h. Bruno, welche sich nunmehr ebenfalls in der Nationalgallerie befindet. Andere Bilder von ihm sieht man zu Salamanca, Valencia, Toledo, Guadalupe, Cordova u. s. w. Carducho war zugleich auch ein vorzüglicher Porträtmaler und man findet verschiedene ausgezeichnete Bilder dieser Art im Museum von Madrid.

Literatur. Bermudez, Diccionario historico de los mas illustres professores de las bellas artes in España.

Carella, Agostino, ein Baumeister aus Bologna, der unter Anderem 1661—75 die Theatinerkirche zu München nach dem Muster der S. Peterskirche zu Rom erbaute.

Carenno, Juan de Miranda, Historien- und Hofmaler in Madrid, geb. 1614 zu Avilés, gest. 1685, lernte bei Pedro de las Cuevas und Bartolomé Roman und bildete sein schönes Colorit, namentlich nach Velasquez und van Dyck. Von ihm sieht man in der Gallerie Esterhazy ein Gemälde des h. Dominicus, welches, schön und gross, in der Art des van Dyck gehalten ist; ein vorzügliches Porträt Karl's II. von Spanien, als Knabe, im Berliner Museum; ein anderes zu Madrid im k. Museum; ein drittes Bildniss desselben Monarchen, des Velasquez würdig, im Museo national, wo sich auch eine Marter des h. Bartholomäus von ihm befindet; in der Akademie zu Madrid: eine h. Magdalena und eine Copie der Kreuzschleppung, nach Raphael; endlich im Louvre wiederum zwei Porträts Karl's II., wovon eines mit dem reichen Hintergrunde der Gemächer des Escurials und eine treffliche Sarazenenschlacht mit der Erscheinung des h. Jakob auf weissem Pferde.

Carew, John E., ein moderner englischer Bildhauer von Ruf, der lange Zeit für den Grafen von Egremont auf dessen Schloss zu Petworth, in dessen Besitz auch seine meisten Werke kamen, beschäftigt war. Zu seinen besten Arbeiten gehören: das Denkmal des Schauspielers Kean, als Hamlet, in der Westminsterabtei; der Falkenjäger (gest. v. W. F. Fry) und Arethusa mit dem Hund (gest. v. Dyer), Marmorstatuen in der Gallerie seines Beschützers, des erwähnten Grafen; ein spielender Knabe; die sehr ähnliche Büste des Mässigkeitsapostels Matthew, in der Adelheidgallerie zu London. Im Jahr 1846 war er nebst andern Meistern mit der Ausführung von Reliefs für das Nelsondenkmal zu London, Scenen aus dessen Siegen darstellend, beschäftigt.

Cariani, Giovanni, geb. um 1480, gest. 1519 (nach Andern 1540), ein Maler aus Bergamo, der ursprünglich ein Anhänger von Giorgione, später Nachahmer des Tizian war, und sich durch seine Bilder einen höchst achtungswerthen Namen errungen hat. In Bergamo finden sich anmuthvolle Gemälde von seiner Hand, das ausgezeichnetste darunter ist: eine aus S. Gottardo zu Bergamo in die Brera zu Mailand übergegangene Madonna, in reicher Landschaft sitzend, hinter ihr ein Teppich, von zwei Engelknaben gehalten, zu ihren Seiten ein Hofstaat von Heiligen, ein Bild, das sich durch die einfache Anordnung und den schönen heiteren Charakter sehr vortheilhaft auszeichnet. Das Berliner Museum besitzt das Bildniss eines jungen Mannes und die Gallerie des Belvedere zu Wien den Triumph der Liebe in zwei Bildern von ihm.

Carl, Adolph, Landschaftsmaler aus Altona, geb. 1813, ursprünglich ein Zögling der Münchner-, später der Düsseldorfer-Schule, gest. 1845 zu Rom, malte zahlreiche Landschaften, die sich durch die grossartige poetische Auffassung, die Grazie der Form und die zarte Harmonie der Färbung auszeichnen. Meistens waren es die Gegenden von Salzburg, Tyrol und Oberitalien, die er in der ganzen Pracht ihrer Naturschönheiten vor Augen führte. Besonders rühmte man seiner Zeit den See von Nemi und eine grosse Landschaft am Chiemsee.

Carl, Matthäus, Goldarbeiter und Medailleur zu Nürnberg, der von 1543—1602 eine Menge Porträt-Schaumünzen für die Stadt-Patrizier fertigte.

Carl, Peter, ein Baumeister in Nürnberg, der 1541—1617 lebte und 1596—98 mit W. J. Stromer die einbogige Fleischbrücke zu Nürnberg, eine Nachahmung der Rialtobrücke zu Venedig, ausführte.

Carlini, Agostino, gebürtig aus Genua, kam schon in früher Jugend nach England und erlangte hier einen so bedeutenden Ruf, dass er bei Errichtung der königl. Akademie, unter Georg III., der angesehenste Bildhauer in London war. In dem Sitzungssaal der Akademie ist von ihm des Königs Statue zu Pferd vom Jahr 1769.

Carlone, Carlo, Historienmaler, geb. 1686 zu Scaria bei Como, gest. 1776 zu Como, bildete sich in Venedig und Rom und kam dann nach Deutschland, wo er zu Passau, Linz, Breslau, Prag und Wien treffliche Gemälde in Oel und Fresco hinterliess. Im Belvedere zu Wien sieht man noch einige Deckengemälde von ihm, und zwar im Marmorsaal und im Copirzimmer allegorische Darstellungen und in der Kuppel der Schlosskirche ein Bild: Gott Vater mit dem heil. Geist, mit dem Namen und der Jahrszahl 1721. — Sein Bruder Diego, geb. 1675, gest. 1750, war Bildhauer und meistens an deutschen Höfen und für Klöster thätig. — Uebrigens ist

Carlone der Name einer zahlreichen Künstlerfamilie in Oberitalien, die im 17. Jahrhundert blühte und in ihrer Heimath sowohl, als in Deutschland, viele Gemälde, namentlich in Fresco, von blühendem Colorit ausführte. Die hervorragendsten Glieder derselben waren: Giovanni, gest. 1630, Giovanni Batista, gest. 1680, und Andrea, gest. 1697.

Carmona, Manuel Salvador, Zeichner und Kupferstecher, geb. zu Madrid 1730, gest. 1807 daselbst, war Schüler von Dupuis in Paris und lieferte viele geschätzte Stiche, unter denen zu den besten gehören: Bacchus, die Betrunkenen krönend, nach Velasquez; die h. Jungfrau auf Wolken in einer Engelsglorie stehend, nach Murillo (1802); eine h. Jungfrau, nach van Dyck (1757); die Auferstehung Christi, nach Vanloo (1757); Bildniss des R. Mengs; Hyacinth Collin de Vermont, nach Roslin Suédois; Franz Boucher, nach Demselben (1761); der h. Johannes der Täufer, nach R. Mengs (1784); die h. Magdalena in der Wüste, nach Demselben; der h. Ferdinand, König von Spanien, knieend und betend, nach Murillo (1791);

Carolus III. Rey de España y de las Indias etc., nach R. Mengs (1783); Don Alfonso Perez de Guzman el bueno I. Sennor de Sanlucar etc., nach A. v. Dyck (1789).

Carneiro, Joaquin de Salva, ein vorzüglicher portugiesischer Kupferstecher, der sich in Rom bildete und als Professor der Kupferstecherschule in Lissabon im Jahr 1818 starb. Seine zwei besten Blätter sind: König Joseph I. und die Reiterstatue Königs Joseph I., nach Machado.

Carnicero, Antonio, ein spanischer Maler, Kupferätzer und Stecher, von dem 1780 zu Madrid eine illustrirte Ausgabe des Don Quixote de la Mancha mit Kupferstichen nach seinen Compositionen und 1791 ein Werk mit den Bildnissen und dem Leben berühmter Spanier herauskam. Bekannt ist sein Blatt: ein Stiergefecht zu Madrid 1791, mit vielen Figuren. — Sein Bruder Isidor, Maler und Bildhauer, wurde 1800 Direktor der k. Akademie; ein anderer Bruder, Gregorio, war Stahlschneider und Bildhauer. — Alle drei waren Söhne des Bildhauers Alex. Carnicero.

Carniuole, Giovanni delle, so genannt, weil er Carneole vortrefflich zu bearbeiten verstand, ein vorzüglicher Steinschneider zu Ende des 15. Jahrhunderts, der eine grosse Menge Steine schnitt, unter denen besonders einer seiner grösseren mit dem Bildniss des Girol. Savonarola in der Dactyliothek der Gallerie zu Florenz gerühmt wird.

Caron, Jean Louis Toussaint, Kupferstecher, geb. 1790 zu Paris, war ein Schüler von Regnault, Coin und Lignon. Seine besten Blätter sind: die unglückliche Familie, nach Prudhon; der Levit von Ephraim, nach M. Couder (1829).

Caronni, Paolo, Kupferstecher, geb. zu Monza um 1779, gest. zu Mailand 1842, einer der besten Schüler Longhi's, lieferte mehrere vorzügliche Kupferstiche. Zu den trefflichsten gehören: die Vision des Ezechiel, nach Raphael (1825); Alexander besucht den Darius, nach Le Brun (1818); Venus säugt den Amor, nach Parmeggiano; Venus nimmt dem Amor den Bogen, nach Procaccini; Maria mit dem schlafenden Kinde, nach Sassoferrato; der Triumph David's, nach Domenichino; das Porträt des Raphael Morghen.

Caroselli, Angiolo, Maler, geb. zu Rom 1585, gest. 1653, bildete sich nach Michelangelo da Carravaggio, und wusste diesen sowohl als andere Meister so getreu nachzuahmen, dass er selbst Kenner damit täuschte. Sonst malte er jedoch meist nur Porträts oder Bilder mit kleinen Figuren, von denen u. A. die Gallerie des Belvedere zu Wien einige bewahrt.

Carotto, Gian Francesco, geb. 1470 zu Verona, erlernte die Malerei bei dem Veroneser Liberale, begab sich aber später in die Schule des Andrea Mantegna nach Mantua, wo er rasch bedeutende Fortschritte machte. In seine Vaterstadt zurückgekehrt, malte er in der Kirche des Spitals von S. Cosimo die Flügelthüren des Altars der drei Könige; in der Kirche der Jesuiten zu S. Girolamo eine (noch vorhandene) Verkündigung (mit der Unterschrift Jo. Carotus f. und der Jahrszahl MDVIII) und eine Geburt Christi für den Prior der Mönche von S. Giorgio. Darauf fertigte er für S. Eufemia ein Altargemälde mit den drei heil. Erzengeln und zwei weiblichen Heiligen auf den Flügelbildern (noch vorhanden); für S. Giorgio: eine Kreuztragung, den h. Rochus und den h. Sebastian (ebenfalls noch am bezeichneten Orte); für die Bruderschaft der Madonna in S. Bernardino: die Geburt der Madonna und einen Kindermord; endlich für die Bruderschaft von S. Stefano im Dom: die Vermählung, die Geburt Christi und die Anbetung der Könige (sämmtliche Bilder nicht mehr vorhanden). Nach Beendigung dieser Werke begab er sich nach Mailand, wo ihn Anton Maria Visconti vielfach für sein Haus beschäftigte, und von da nach Casale, wohin ihn der Marchese Wilhelm von Montferrat zur Ausschmückung einer Kapelle mit Darstellungen aus dem alten und neuen Testament, der Zimmer des Kastells und der Hauptkapelle in S. Domenico berufen hatte. Er führte auch für jene Kapelle eine mit höchstem Fleiss vollendete Altartafel aus, malte ferner die Porträts der ganzen Familie und mehrerer Damen des Hofs. Diese Bilder (von denen indessen kein einziges mehr in jener Stadt anzutreffen ist) gefielen dem Marchese so wohl, dass er ihn dafür nicht nur durch ehrenvolle Geschenke reichlich belohnte, sondern auch zu seinem Kammerherrn ernannte. Nach dem Tode des Marchese kehrte Carotto nach Verona zurück und malte hier für die Kapelle der Madonna im Franciskanerkloster S. Fermo eine noch jetzt wohl erhaltene Altartafel: Madonna im Schooss der heil. Anna auf Wolken mit Heiligen (bezeichnet: Fr. Krotto 1528), ein durch die Schönheit des Colorits und Freiheit der Behandlung ausgezeichnetes Bild, ein Hauptwerk des Meisters, auf dem die Engel wirklich etwas Raphaelisches haben; ferner für die Kapelle vom Kreuz in S. Bernardino: einen Abschied Jesu von seiner Mutter (noch jetzt, nebst einem andern Bilde, die h. h. Franz und Bartholomäus darstellend. daselbst zu sehen); sodann für die Barfüsserkirche auf Isola, im Gardasee, und für die Kirche von Malsessino mehrere andere Kirchenbilder. Um dieselbe Zeit führte er sodann für den Grafen Francesco Giusti eine Art Herkules am Scheidewege aus, auch wird er als der erste angeführt, der in Verona selbstständige Landschaften malte. Später beschäftigte er sich viel mit Modelliren und man rühmt seine Porträtmedaillen ebenso, wie seine gemalten Bildnisse. Als aber Gian Francesco alt zu werden anfieng, kam er in seiner Kunst merklich zurück, wie man an mehreren seiner Malereien in Santa Maria della Scala und in Santa Anastasia zu Verona sehen kann. Er starb 1546 im Alter von 76 Jahren.

Carotto gehörte zu den vorzüglich begabten Künstern seiner Zeit, wenn er auch keinen grossen Umfang des Talents, namentlich Phantasie und dramatisches Darstellungsvermögen zu zeigen Gelegenheit hatte. Man unterscheidet in seinen Werken drei Perioden, ohne indessen die Ursachen und Einflüsse nachweisen zu können, welche diese Umwandlungen herbeigeführt. In seinen älteren Werken erscheint er noch etwas befangen und der älteren Richtung zugethan, namentlich dem Girolamo dai Libri verwandt; in den mittlern vornehmlich mild und weich und von süssem Farbenschmelz in der Weise des Leonardo da Vinci, in den letzten endlich gewinnt er eine Freiheit der Zeichnung und Darstellung, die man fast wieder mit der Gemüthsverfassung früherer Jahre gemässigt wünschen möchte. Seine schönste Entwicklung zeigt er in den erwähnten Werken der Kapelle degli Spolverini, in der Kirche S. Eufemia zu Verona. Die Köpfe der Engel sind hier von überaus mildem und edlem Ausdruck (besonders der Engel Michael, voll von einer eigenen himmlischen Reinheit), auch die Oberkörper sind sehr schön, die Beine aber minder gelungen. Die beiden weiblichen Heiligen sind mehr statuarisch streng und kälter im Ausdruck. Eine Seitenwand dieser Kapelle schmückte Carotto mit Scenen aus der Geschichte des h. Tobias al fresco, unter denen besonders die unterste, wo die Mutter des Tobias ihre Schwiegertochter umarmt, während Tobias selbst die Augen des blinden Vaters heilt, höchst anmuthig ist. Leider sind diese Fresken zum Theil übermalt und sehr beschädigt. Carotto hat ein warmes verschmolzenes Colorit, welches auf eigenthümliche Weise mit der strengen Zeichnung seiner Formen contrastirt. — Weitere Werke von ihm finden sich zu Verona in S. Tomaso: die h. h. Rochus, Hiob und Sebastian, eines der schönsten Bilder Carotto's in seinem ernstesten Styl; ferner in der Sammlung des Palazza del consiglio: eine Geburt Christi, ein ausgezeichnet schönes Gemälde. Auch die h. h. Johannes und Jakobus im Dom hält man für Werke seiner Hand. Im Museum von Berlin sieht man von ihm: eine Madonna mit dem Kinde; im Städel'schen Institut zu Frankfurt a. M.: Maria mit dem Kinde, in einer Landschaft, und in der Leuchtenberg'schen Gallerie: die h. h. Jakobus, Antonius, der Einsiedler, und eine heil. Jungfrau. — Ein ihm zugeschriebenes Bild zu Verona, das die Auferstehung des Lazarus darstellt, trägt nebenstehendes Monogramm mit der Jahrszahl 1531.

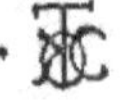

Carotto, Giovanni, der Bruder des Obigen, geb. 1488, gest. 1548, erlernte die Malerei bei diesem, folgte auch seiner Kunstweise, erreichte aber darin durchaus keine gleich hohe Stufe. Er malte für verschiedene Kirchen Verona's Altargemälde, auf denen er gerne Porträts anzubringen pflegte. Als trefflich wird er aber namentlich in der Architekturmalerei gerühmt und soll er darin seinem ausgezeichneten Schüler Paolo Veronese, welcher dieselbe hernach zu so hoher Vollendung ausbildete, das früheste nachahmungswerthe Vorbild gewesen sein. Er zeichnete auch die Ueberreste antiker Baukunst in Verona für das Buch über die Alterthümer dieser

Stadt, welche Torella Saraina beschrieben und im Druck herausgegeben. — Ein anderer seiner Schüler, der später gleichfalls ein tüchtiger Maler wurde, war Anselmo Canneri.

Carpaccio, Vittore, ein Meister der venetianischen Schule, von dem man aber weder Geburt, noch Sterbejahr kennt. Nach Einigen soll er zu Venedig, nach Andern zu Capo d'Istria um 1450 geboren und sehr alt geworden sein. Im Jahr 1522 lebte er noch. Auch sein Name wird verschiedenartig angegeben. Bald wird er Scarpaccia, Scarpazza, bald Carpaccia oder Carpazzia genannt; er selbst schreibt sich Carpatius, Carpathius, Carpaccius und Charpatius. Die früheste Nachricht über ihn ist von 1474, in welchem Jahre er für den Senat bei den Arbeiten im grossen Rathssaal zu Venedig beschäftigt war. Seine dortigen Arbeiten aber gingen mit denen der andern Meister, die daselbst um dieselbe Zeit thätig gewesen, bei der Feuersbrunst im Jahr 1577 zu Grunde. Das älteste bekannte Bild von ihm, eine Maria mit Heiligen und dem Porträt des Dogen Mocenigo, der Familie des letzteren angehörig, trägt die Jahrszahl 1479, das jüngste, sein eigenes Porträt im Besitz des Cav. Giustiniani alle Zattere, die von 1522.

Carpaccio ist gewissermassen als der letzte Sprössling jener alterthümlichen venetianischen Kunstrichtung in der zweiten Hälfte des 15. Jahrhunderts zu betrachten. Er fasste seine historischen Darstellungen, seine Scenen aus dem Leben der Heiligen oder biblische Vorgänge, meistens in einer mehr genreartigen, erzählenden Weise auf, indem er sie in dem venetianischen Volksleben seiner Zeit mit seiner bunten Mannigfaltigkeit vorführte; allein er wusste zugleich darin auch die Licht- und Farbeneffekte im Grossen, wie sie bei Volksversammlungen im Freien vorkommen, mit Glück wiederzugeben, sie frei in eine reiche landschaftliche und grossartige architektonische Umgebung zu componiren und das Ganze durch eine tiefe kraftvolle Färbung zu verbinden. Namentlich in seinen Gemälden mit kleineren Figuren erscheint er höchst lebendig und anmuthig, bei denen in grösserem Maassstabe tritt jedoch eine gewisse Befangenheit in den Formen hervor. So stellte er in der Schule der h. Ursula zu Venedig die Geschichte dieser Heiligen und ihrer eilftausend Jungfrauen dar, mit Inbegriff des Altarbilds neun grosse figurenreiche Gemälde (gest. von Gio. de Pian e Franc. Calinberti), jetzt in der Akademie daselbst, Meisterwerke, reich an Gestalten, Motiven und Charakteren, in denen das lästige Ceremoniell des Vorgangs durch freie Gruppirung aufgehoben und die Farbe in der klarsten Leuchtkraft erscheint. (Auf einigen derselben sieht man die Jahrszahlen 1493 und 1495.) Auch zu der von Giacomo Bellini für die Scuola di S. Giovanni zu Venedig begonnene Reihe von Bildern, welche die Wunder der h. Kreuzreliquie darstellen, lieferte er einen und vielleicht den trefflichsten Beitrag: die Heilung eines Besessenen durch den Patriarchen von Grado (in der Akademie daselbst). Eines seiner herrlichsten Bilder aber ist der Tod der Maria (vom Jahr 1508) im Ateneo zu Ferrara. Wandgemälde von ihm aus der Geschichte Christi, S. Georg's und S. Hieronymus (1502—1511) finden sich in der Scuola di S. Giorgio de' Schiavoni in Venedig. Andere Bilder, eine grosse Darstellung im Tempel, früher in S. Giobbe (1510) und eine Apotheose der heil. Ursula, beide in der Akademie zu Venedig, sind breiter und mehr im entwickelteren venetianischen Styl behandelt, lassen jedoch den Mangel an Mittel zur Belebung grösserer Formen bedauern. In S. Vitale zu Venedig ist dagegen wieder ein Meisterwerk von ihm, eine lebhafte Conversation von Heiligen. Von der Folge von fünf, zwischen den Jahren 1511 und 1520 für das Brüderschaftshaus des heil. Stephan zu Venedig ausgeführten Bildern aus der Legende dieses Heiligen befindet sich eines, die Einsegnung des heil. Stephan's und anderer Diakonen im Museum zu Berlin (1511), ein anderes, denselben Heiligen darstellend, wie er siegreich die Anhänger verschiedener Religionssekten widerlegt im Louvre zu Paris, ein drittes, die Predigt desselben, in der Gallerie der Brera zu Mailand, in welch' letzterer Sammlung man auch noch Christus unter den Schriftgelehrten (1514), den Aufgang der Maria zum Tempel und die Vermählung Joseph's und Maria's von ihm bewahrt. Noch sieht man von ihm ausser den bereits angeführten Bildern in S. Giovanni e Paolo in Venedig: eine Krönung der Maria, unaussprechlich schön im Ausdruck, und in der Akademie daselbst die Begegnung des Joachim und der Anna, zu beiden Seiten die h. Ursula und Ludwig den IX. von Frankreich. In die Gemäldesammlung des Museums der bildenden Künste zu Stuttgart gingen aus der Gallerie Barbini-Breganze zu Venedig zwei Bilder von Carpaccio über: Madonna mit dem Kinde und den h. h. Thomas von Aquino, Marcus und dem Bischof Ludwig, mit der Namensinschrift und der Jahrszahl 1507, und die Steinigung des heil. Stephans (angeblich aus der erwähnten Reihenfolge von Bildern aus der Geschichte dieses Heiligen mit der Jahrszahl 1525 [?]).

Seine Schüler waren: Benedetto Carpaccio, vielleicht sein Sohn oder Neffe, von dem sich einige Bilder in Capo d'Istria mit den Jahrszahlen 1537 und 1541 befinden, Giovanni Mansueti und Lazzaro Sebastiani.

Carpentero, Hendrik, geb. zu Antwerpen 1820, bildete sich unter Brackeler und de Keyser zu einem tüchtigen Genremaler aus, dessen Bilder, worunter wir namentlich anführen: einen Zug Verwundete; das Innere eines Wirthshauses; die fröhliche Gesellschaft; der galante Schütze; Jäger mit Wildpret u. s. w., durch die ebenso charaktervolle Auffassung als zierliche Behandlung anziehen.

Carpi, Girolamo da, geb. 1501, ein Maler aus Ferrara, dessen eigentlicher Familienname Girolamo Bianchi gewesen sein soll, ging in die Schule des Benvenuto Garofalo, begab sich aber später nach Bologna, wo er vielfach beschäftigt wurde und einen grossen Ruf erlangte, bis er dort ein Bild von Correggio kennen lernte, dessen Schönheit ihn so entzückte, dass er nicht nur alsbald eine Copie davon anfertigte, sondern auch sogleich nach Modena und Parma eilte, um die dortigen Gemälde des grossen Meisters gründlich zu studiren und zu copiren, was er auch mit so vielem Fleiss und so vielem Glück that, dass wohl manche scheinbare Wiederholungen jener Bilder Copieen von seiner Hand sein mögen. Nach Bologna zurückgekehrt, malte er dort mehrere Bilder, von denen unter Anderem eine Vermählung der h. Katharina in der Salvatorkirche, die h. drei Könige in S. Martino noch heute daselbst zu sehen sind. Nach dem Tode seines Vaters liess er sich in Ferrara nieder, führte daselbst in Oel und Fresco verschiedene Bilder für Kirchen aus und malte auch theils allein, theils in Gemeinschaft mit seinem früheren Lehrer einige Häuser-Façaden. Später widmete er sich auch hin und wieder der Baukunst. Er fertigte dem Kardinal Hippolyt von Ferrara für seinen Garten auf dem Monte Cavallo zu Rom die reichen Holzverzierungen, war auch eine Zeitlang im Dienste des Papstes Julius III. als Aufseher über die Bauten im Belvedere thätig, und stellte, nachdem er dieses Amt bald wieder aufgegeben, zu Ferrara den abgebrannten Theil des Kastells wieder her. Er starb 1556, nach Andern erst 1569.

Carpi, Hugo da, ein Maler und sehr geschickter Formschneider in Helldunkel, dessen Familienname eigentlich Panico war, denn er unterschrieb sich auf einer Rechnung selbst: Hugo Fiolo del Conte Astolfo da Panico. Vermuthlich benannte er sich nach seinem Geburtsort Carpi, woselbst sich seine Eltern niedergelassen hatten, und er wahrscheinlich um 1486 geboren wurde. Er arbeitete schon 1518 und lebte noch 1532.

Wenn auch nicht der Erfinder der Formschneidekunst, scheint Hugo da Carpi doch wenigstens der erste gewesen zu sein, der dieselbe in Italien eingeführt und wesentlich vervollkommnet hat. Ein Schüler Raphael's, führte er unter dessen Leitung, ja öfters, wie z. B. in dem schönen Blatt der Sibylle, nach dessen unmittelbaren Zeichnungen verschiedene treffliche Blätter in Helldunkel von zwei und drei Holzplatten aus; auch scheint er zu Parmigianino in einem ähnlichen Verhältniss gestanden zu sein. Seine Blätter geben den Geist des Vorbilds mit möglichster Treue, im Charakter der Formen, im Sinn der Bewegungen und mit dem ganzen pikanten Effekt der Lichter und Schatten auf das Lebendigste wieder. Sie sind auf graues und gelbes Papier gedruckt und in guten Abdrücken selten. Der grösste Theil von ihnen hat weder seinen, noch des Zeichners Namen. Auf einigen liest man seinen Namen mit allen Buchstaben oder auch abgekürzt.

Unter seine schönsten Blätter zählt man: Diogenes, nach Parminianino, Helldunkel von 4 Platten; Aeneas und Anchises, nach Raphael (1518), Helldunkel von 3 Platten; den Tod des Ananias, nach Dems. (1518), Helldunkel von 3 Platten; David enthauptet den Goliath, nach Dems., Helldunkel von 3 Platten; die Kreuzabnahme, nach Dems., Helldunkel von 3 Platten; die Geburt der Maria, nach Julio Romano; den Kindermord zu Bethlehem, Helldunkel von 3 Platten, nach Dems.; den wunderbaren Fischzug, nach einer Zeichnung Raphael's zu den berühmten Tapeten, Helldunkel von 3 Platten; Herkules erwürgt den nemeischen Löwen, nach Raphael. Bartsch in seinem „Peintre graveur" theilt ein Verzeichniss seiner Blätter mit.

Carpioni, Giulio, Historienmaler und Kupferätzer, geb. zu Venedig 1611, gest. zu Verona 1674, war ein Schüler von Alessandro Varotari, bildete sich aber später mehr nach Cantarini. Er fertigte eine Menge kleinerer Genrebilder, Bacchanalien, Kindertänze, Fabeln, Allegorien u. s. w. darstellend, und Porträts. Die Dresdner-Gallerie und die Gallerie des Belvedere zu Wien besitzen mehrere derartige allegorische und mythologische Darstellungen von ihm. — Carpioni hat auch mit Geist und Geschmack eine Anzahl Blätter radirt, unter denen man: den h. Antonius von Padua; Christus am Oelberg; eine lesende Maria; eine h. Familie, Maria, welche das Kind aus dem Korbe hebt; Maria mit dem Rosenkranz als die besten bezeichnet.

Carriera, Rosalba, eine ihrer Zeit berühmte Malerin, geb. 1675, gest. 1757, erlernte die Oelmalerei bei Giuseppe Diamantini, legte sich aber später auf die Miniaturmalerei, worin sie es zu einer grossen Vollkommenheit brachte; ihr Ruhm bestand jedoch namentlich in ihren Pastellbildnissen, in denen sie bei aller Anmuth und Leichtigkeit fast die Kraft der Oelgemälde zu erreichen wusste. Sie fertigte eine ausserordentliche Menge Bildnisse, denn ihr Ruf verbreitete sich eben so weit als rasch. Fast alle Fürsten und Grossen der damaligen Zeit liessen sich von ihr malen und die Akademien zu Rom, Bologna und Paris nahmen sie unter die Zahl ihrer Mitglieder auf. Man kennt von ihr indessen auch verschiedene anmuthsvolle Gemälde religiösen und allegorischen Inhalts. Die Dresdner-Gallerie besitzt gegen anderthalb hundert Porträts, und andere kleine Bilder aus der christlichen Geschichte oder der Allegorie angehörig von Rosalba.

Literatur. Museo Fiorentino, woselbst auch ihr Porträt im Stich.

Cars, Laurent, ein seiner Zeit sehr beliebter Kupferätzer und Stecher, geb. zu Lyon 1702, gest. zu Paris 1771, war der Sohn und Schüler des Kupferstechers Jean François Cars. Unter die besten seiner zahlreichen Blätter von lieblicher Weichheit und zartem Schmelz, nennt man: Herkules spinnt bei der Omphale; Herkules schlägt den Cacus todt, beide nach le Moine.

Carstens, Asmus Jakob, ein ausgezeichneter Historienmaler, wurde 1754 zu Sankt Jürgen, einem Dorfe bei Schleswig, wo sein Vater Müller war, geboren. Schon frühe äusserte sich bei ihm eine grosse Neigung zum Zeichnen und Malen, die durch die mächtigen Eindrücke, welche die Gemälde von Jurian Ovens, einem Schüler von Rembrandt, im Dome von Schleswig auf ihn machten, noch gesteigert wurde; allein die Bemühungen, ihn bei dem obscuren Schleswiger Maler Gewe, oder später gar bei dem berühmten Tischbein in Kassel in die Lehre zu bringen, zerschlugen sich, und so musste er sich entschliessen, Kaufmann zu werden und zu Eckernförde als Lehrling in eine Weinhandlung zu treten. Nachdem er in derselben fünf Jahre zugebracht, während welcher Zeit er sich in seinen Freistunden immerdar mit Zeichnen und Porträtmalen beschäftigt hatte und sein Trieb zur Malerei unwiderstehlich geworden war, verliess er den Kaufmannstand und begab sich im Jahr 1776 nach Kopenhagen, wo die Gemälde und Antiken der k. Gallerie seine Seele so mächtig ergriffen, dass sein Entschluss, Maler zu werden, jetzt für's Leben gefasst war. Hier studirte er nun die Antiken, aber ohne sie nachzuzeichnen, sondern indem er sie lediglich durch Betrachtung seinem Geiste einprägte, wodurch er eine ungemeine Fertigkeit erlangte, sich alle Formen des menschlichen Körpers rund vorzustellen; auch hörte er einen Cursus über Anatomie, die Akademie besuchte er aber nicht, da sein selbstständiger Geist schon früh einen natürlichen Widerwillen gegen die akademische Lehrmethode: durch geisttödtendes Copiren, Antiken- und Modellzeichnen zur Kunst zu gelangen, fühlte, und er sich lieber durch eigene Versuche im Componiren, durch Bücher, Kupferstiche und die freundschaftlichen Belehrungen anderer, in den Hauptregeln der Composition, der malerischen Gruppirung, in der massenhaften Vertheilung von Schatten und Licht u.s.w. ausbilden, Alles aus sich selbst, ohne Meister und Akademie, werden wollte. Er hat auch, ausser zwei Copien in seiner Jugend, einigen Modellzeichnungen auf der Kopenhager-Akademie, die er, durch äussere Rücksichten genöthigt, zeichnete, weder in Deutschland noch Italien je etwas copirt. Seine erste grosse Composition war der Tod des Aeschylos. Ihr folgte bald eine andere grössere: Aeolus und Odysseus, die er auf die Ausstellung sandte und mit der er allgemeines Lob einerndtete. Unterdessen war er auch in die Akademie eingetreten, weil er hoffte, durch den Einfluss des Erbprinzen, dem seine Zeichnungen sehr wohl gefallen hatten, zu einer Reise nach Italien, dem Ziel aller seiner Wünsche, befördert zu werden, und man, um zu einer solchen Unterstützung zu gelangen, Zögling derselben sein musste. Er besuchte sie indessen, wie er selbst sagt, nur „Scheines halber" und es war ihm völlig gleichgiltig, als er von ihr ausgewiesen wurde, weil er die ihm für eine Modellzeichnung zuerkannte grosse silberne Medaille aus dem Grunde zurückgewiesen hatte, weil bei einer Konkurrenz um den grossen Preis, an der er gar nicht betheiligt war, ein Verwandter des Direktors Abilgaard dem würdigeren vorgezogen worden und sein strenges Gefühl für Rechtlichkeit diese Ungerechtigkeit nicht leiden konnte. Ja, er wies sogar spätere Anträge, sich um den grossen Preis, mit dem ein sechsjähriges Reisestipendium nach Italien verbunden war, stolz zurück; denn durch die allgemeine Anerkennung, die seinen Arbeiten sowohl von den Professoren der Akademie, als andern Künstlern zu Theil geworden, war sein Selbstgefühl so erstarkt, dass er der Akademie sagen lassen konnte: er bedürfe keiner Medaillen, seine Kunst sei ihm durch sich selbst Aufmunterung und Belohnung genug und er hoffe auch ohne sie nach Rom zu kommen. Bald darauf verliess er auch wirklich Kopenhagen, um mit seinen geringen Ersparnissen in der Porträtmalerei seine Sehnsucht, Rom zu sehen, zu stillen. Im Jahre 1783 machte er sich auf den Weg, hielt sich längere Zeit in Mantua auf, wo die Malereien des Giulio Romano in Palazzo del Te einen gewaltigen Eindruck auf ihn machten; Mangel an Geld und Unkenntniss der Sprache nöthigten ihn aber gar bald wieder zur Rückreise nach Deutschland. Ueber Zürch, woselbst er Lavater und Gessner kennen lernte, gelangte er endlich nach Lübeck, wo er sich niederliess und vom Porträtmalen lebte. Die Reise war jedoch für ihn nicht ohne Nutzen gewesen. Er hatte Werke von Giulio Romano, das Abendmahl von Leonardo da Vinci und die Schweiz gesehen, und seine Phantasie war mit ganz neuen Ideen bereichert worden, die er fortan in den schönsten Compositionen nach Homer, Aeschylos, Ossian, Klopstock, Allegorien nach eigener Erfindung u.s.w., mit denen er seine Portefeuilles füllte, aussprach. Diese Arbeiten entstanden in seinen Mussestunden, da er den Tag über für Geld arbeiten musste, auch fehlte es ihm an fördernden Hülfsmitteln, an der Nahrung für seinen Kunstsinn und an äusserer Aufmunterung. Da hatte er nach einem fast fünfjährigen Aufenthalte in Lübeck endlich das Glück, durch den Dichter Overbeck mit einem reichen Kunstliebhaber bekannt zu werden, der ihn in den Stand setzte, sich nach Berlin zu wenden, woselbst er eine bessere Wendung seines Schicksals erwartete und wohin er sich dann auch im Frühjahr 1787 begab. Hier ging es Carstens, da er sich vorgesetzt hatte, keine Porträts mehr zu malen, anfangs sehr kümmerlich; er war daher auf den Erwerb durch Zeichnungen für Buchhändler beschränkt, bis ihm eine auf die zweite Ausstellung geschickte Composition von mehr als zweihundert Figuren, den Sturz der Engel darstellend, eine Zeichnung von ausserordentlichem Reichthum der Phantasie, im Jahr 1790 die Stelle eines Professors bei der Akademie der Künste und mechanischen Wissenschaften zu Berlin verschaffte. Unter seinen hier entstandenen Compositionen, von denen das Gastmahl des Plato eine der schönsten des Künstlers überhaupt ist, nennt man auch noch: die Schlacht bei

Rossbach und das Modell zu einem Standbilde Friedrich des Grossen zu Pferd, doch führte ihn erst ein Saal in dem v. Dornville'schen Palaste, den er in demselben Jahre für den Minister Heinitz mit mythologischen Gegenständen schmückte, endlich dem Ziel seiner Wünsche entgegen. Bei der Einweihung desselben ward Carstens durch den Minister dem König vorgestellt und bald darauf erhielt er ein Stipendium von jährlich 450 Thaler auf zwei Jahre zu einer Reise nach Italien.

Im Sommer des Jahres 1792 trat Carstens die Reise nach Rom an. Nach einem einmonatlichen Aufenthalte zu Florenz, wo ihn besonders die Werke der alten Florentiner gross angesprochen hatten und er eine reiche Composition, die Schlacht der Centauren und Lapithen entwarf, langte er im September desselben Jahrs in der ewigen Stadt an. Wohin hier Carstens seine ersten Schritte lenkte, lässt sich leicht errathen, in den Vatikan, zum Studium der Werke Michelangelo's und Raphael's, die auch zeitlebens seine Vorbilder blieben und von denen die des Letzteren namentlich ihn von seiner übertriebenen Neigung für allegorische Darstellungen allmählig abbrachten. Sein erstes Werk zu Rom war: der Besuch der Argonauten bei dem Centauren Chiron, ein Gegenstand, den er früher schon in Berlin behandelt hatte, der aber in der neuen Darstellung bedeutend gewonnen und in der Reinheit des Styls und der Schönheit der Formen bereits die grossen Fortschritte zeigte, den der Aufenthalt zu Rom in seiner künstlerischen Ausbildung bewirkt hatte. Um sich einen Namen zu verschaffen, veranstaltete er darauf im Jahr 1795 in Rom eine öffentliche Ausstellung seiner Werke, und das Urtheil der Sachverständigen über die ausgestellten Compositionen, an denen man besonders den Reichthum an origineller Erfindung und den grossartigen Styl bewunderte, fiel, trotz einem ganzen Chor neidischer und eifersüchtiger, im akademischen Schlendrian befangener Maler, für Carstens so günstig und ehrenvoll aus, dass er dadurch seine Absicht: sich durch dieselben so vortheilhaft bekannt zu machen, um sich unabhängig von der Berliner Akademie, mit der er vollständig gebrochen hatte, seine Existenz in Rom gründen zu können, für erreicht hielt. Seine Hoffnung täuschte ihn auch nicht. Seine Arbeiten fanden Bewunderer und Käufer, ein Kreis wackerer Künstler schaarte sich um ihn, um mit ihm denselben Weg einzuschlagen, ja von jener denkwürdigen Ausstellung datirt die zweite Restauration der modernen Malerei zu Ende des vorigen Jahrhunderts. Carstens arbeitete fleissig fort und es entstanden in den folgenden zwei Jahren noch verschiedene grossartige Compositionen nach Lucian, Philostrat, Homer, Ossian, Dante, Sophokles, Pindar, Göthe u. s. w. Aber, frei von den Ansprüchen der Berliner Akademie, hochgeachtet und geschätzt von Künstlern, Kennern und Kunstfreunden, ganz nahe dem Ziele seiner Laufbahn, ereilte ihn der Tod. Zu seinen letzten Arbeiten gehören eine Reihenfolge von trefflichen Zeichnungen zur Geschichte der Argonauten und des Oedipus, nach Sophokles, die letzte aber war: das goldene Zeitalter, eine der herrlichsten und anmuthsvollsten Compositionen, die je des Künstlers Phantasie beschäftigt. Ein unheilbares Brustübel machte nach einem langwierigen Krankenlager, auf dem er sich immer noch mit Compositionen beschäftigte, seinem Leben im Frühjahr 1798 ein Ende.

Carstens Werke bestehen meistens nur aus Aquarellmalereien und Zeichnungen, zur Ausführung grösserer Arbeiten hatten ihn, ausser den genannten Malereien im Dorville'schen Palaste zu Berlin, weder äussere Verhältnisse begünstigt, noch hatte er sich auch in Folge nicht genug geübter technischer Ausbildung die nöthige Geschicklichkeit dazu erworben. Aber alle diese Compositionen zeichnen sich durch edle klassische Einfalt, eine hohe Ruhe der Seele, ernsten Sinn für die Schönheit menschlicher Formen, sowie ein reges individuelles Leben aus. Frei von allem Haschen nach Effekt, theatralischer Manier, der damals üblichen vornehmthuerischen Kunstgelehrsamkeit und aller Prätension des Vortrags, erfreuen sie als die naturwüchsigen Erzeugnisse eines durch keine Schule beirrten, in edelster Geschmacksrichtung thätigen Künstlergeistes, der sich durch das Studium der Antiken und unter den Einflüssen der Werke Michelangelo's und Raphael's selbstständig durchgebildet. Ein reines männliches Gefühl, eine vollkommene Unbefangenheit der Existenz, ein hoher Adel der Erscheinung ist durchaus in allen seinen Gestaltungen ausgesprochen, wenn sie auch zuweilen mehr oder minder den Anschein eines Entwurfs, als einer bis in alle Einzelheiten empfundenen Ausführung haben. Carstens besass eine fruchtbare und wahrhaft dichterische Einbildungskraft, die sich vorzugsweise an Gegenständen des griechischen Alterthums entzündete und nährte; biblische und christliche Stoffe oder Scenen aus der Geschichte der Römer hat er nie zu Vorwürfen gewählt. Mehr als andere verrathen daher diese seine Werke ein wahres und tiefes Eindringen in den Geist der alten Welt. Er strebte vor Allem nach bedeutender Auffassung des Gegenstandes und schönem Sinn des Ganzen, nach richtigem und lebendigem Ausdruck der Idee, als der wesentlichsten Forderung an das Kunstwerk. In seinem Styl der Zeichnung liegt eine ideale Grossheit, die, wenn sich auch der Einfluss seiner vorgenannten grossen Vorbilder nicht verkennen lässt, doch einen eigenthümlichen originellen Charakter trägt. Mangel an genügender Kenntniss der Anatomie, der Perspektive und an Fertigkeit und Gewandtheit im Zeichnen nach dem Modell, das er prinzipiell ganz verwarf, weil er es nicht ohne Nachtheil für seine Idee benützen konnte, tragen zwar allerdings die Schuld, dass sich viele kleine Unrichtigkeiten in seine Zeichnung eingeschlichen haben, auch brachte er es in der Oelmalerei, aus Mangel an gehörigem Studium und Uebung, nicht weit, obgleich er in seinen Aquarellmalereien zeigte, dass es ihm keineswegs an Farbensinn fehlte. Dieser einzelnen kleinen Mängeln aber unerachtet und trotz der heftigen Gegner, die er fand, wurde Carstens dennoch der Begründer der neuern deutschen Malerei, indem er die Bahn eröffnete, auf der fortan die grössten Künstler der deutschen Nation mit ungemeinen Erfolgen fortwandelten; ja sein Einfluss ist bis auf die neueste Zeit noch nicht erloschen: Wächter, Koch, Schick, Genelli und Thorwaldsen, ja selbst Cornelius, der jüngste und gewaltigste unter ihnen, erhielten durch ihn ihre Richtung.

Von Carsten's Compositionen befinden sich viele im Privatbesitz. Einige der besten sind in England, mehrere in der Thorwaldsen'schen Sammlung in Kopenhagen; die grösste Anzahl trifft man jedoch in der grossherzoglichen Kunstsammlung zu Weimar. Zu den schönsten unter den letzteren gehören: Homer, den versammelten Griechen seine Gesänge vortragend (gest. v. E. Schäffer); die Zurückbringung des entflohenen Megapenthes, nach Lucian (gest. v. Jul. Thäter); Sokrates, der dem Alcibiades in der Schlacht bei Potidäa das Leben rettet; Ganymed, vom Adler Jupiter's emporgetragen; die Schlacht der Centauren und Lapithen; Oedipus in Kolonos und Oedipus Tyrannus; die Ueberfahrt, nach Lucian; die Parzen; die Nacht mit ihren Kindern; das Orakel des Amphiaraos; die Geburt des Lichts; Eteokles, der in den Kampf eilt; Jason's Ankunft in Jolkos; Sokrates im Korbe; das Gastmahl u. s. w.

Literatur. Fernow, Leben des Künstlers Asmus Jakob Carstens. — Leipzig 1806. — Kugler, Handbuch der Geschichte der Malerei. — Platner, Bunsen, Gerhard und Röstel, Beschreibung der Stadt Rom. —

Kupferwerke. Zeichnungen von Asmus Jakob Carstens in der grossherzoglichen Kunstsammlung zu Weimar, in Umrissen gestochen und herausgegeben von W. Müller. Mit Erläuterungen von Chr. Schuchardt. Weimar und Leipzig. — Les argonautes selon Pindar, Orphée et Apollonius de Rhodes en 24 planches inv. et dess. par A. J. Carstens et grav. par. J. Koch. Rome 1799.

Cartellier, Pierre, geb. zu Paris 1757, gest. daselbst 1831, war ein seiner Zeit sehr geschätzter Bildhauer, dessen Arbeiten Eleganz der Formen mit Charakter, Ausdruck und sorgfältiger Ausführung verbinden. Er fertigte mehrere Porträtstatuen, unter Anderem die des Kaisers Napoleon, des Generals Pichegru, Ludwig XV., der Kaiserin Josephine u. s. w.; auch mehrere allegorische Figuren und Reliefs, letztere für die Colonnade des Louvre, den Triumphbogen des Carrouselplatzes, die Façade des Hotels der Invaliden zu Paris u. s. w.

Carucci, Jacopo, genannt **Pontormo,** nach seiner Vaterstadt, geb. 1493, war der Sohn eines mittelmässigen Malers Bartolomeo, nach dessen Tod er zu Leonardo da Vinci in die Lehre kam. Er verliess dessen Schule jedoch bald wieder und suchte sich bei Mariotto Albertinelli und Pier di Cosimo in der Malerei weiter auszubilden, blieb bei diesen indessen abermals nicht lange, sondern wählte sich 1512 den Andrea del Sarto zum Lehrer, der ihn jedoch, aus Eifersucht über die höchst bedeutenden Fortschritte, die Jacopo binnen kurzer Zeit machte, durch unartiges Betragen nöthigte, auch sein Haus wieder zu verlassen. Sein erstes Bild, das er noch bei Mariotto malte, eine kleine Verkündigung, erregte das Wohlgefallen des Raphael in so hohem Maasse, dass dieser dem jungen Künstler eine grosse Zukunft prophezeite, und auch Michelangelo soll bei der Betrachtung eines Frescogemäldes von ihm, des mit den Figuren von Glaube und Liebe geschmückten Wappens der Medici (gemalt kurze Zeit nachdem Leo X. den päpstlichen Stuhl bestiegen) beim Haupteingang von S. Annunziata zu Florenz (jetzt grösstentheils zerstört) einen ähnlichen Ausspruch gethan haben. Diese und ähnliche Arbeiten bei den Einzugsfeierlichkeiten des Papstes Leo X. in Florenz, verschafften ihm einen so grossen Ruf, dass er für die Kirchen in Florenz und Umgegend vielfach in Oel- und Frescogemälden beschäftigt wurde. So führte er unter Anderem in der Vorhalle von S. Annunziata, im Jahr 1515, eine Heimsuchung Mariä aus, ein Fresco von eigenthümlich grossartigen Formen; im Jahr 1518 eine Madonna mit Heiligen für eine Kapelle in S. Michele Bisdomini zu Florenz, ein Oelbild von herrlichem Colorit; den Erzengel Michael und St. Johannes, den Evangelisten, für die Hauptkirche zu Pontormo; eine Pietà für eine Kapelle des Klosters von S. Gallo, ausserhalb Florenz (mit dem Abbruch von Kloster und Kirche zu Grund gegangen); einige Begebenheiten aus dem Leben Joseph's, auf zwei Kästen für Pier Francesco Borgherini gemalt, ungemein schöne Bilder (zwei davon noch in der Gallerie zu Florenz); ferner mehrere Bilder religiösen und mythologischen Inhalts für andere florentinische Edelleute und Kirchen aus.

Im Jahre 1522 flüchtete er sich, der Pest wegen, in ein 3 Meilen von Florenz entferntes Karthäuserkloster, wo er im Kreuzgang nach Alb. Dürer's Kupferstichen, die damals in Florenz bekannt geworden waren, mehrere Fresken aus dessen Passion Christi, auch einige Oelbilder darnach malte. (Sie sind von der Zeit zerstört worden, einige kleinere Copien von Jacopo da Empoli sieht man in der Akademie der schönen Künste zu Florenz.) Nachdem die Pest vorüber und er wieder nach Florenz zurückgekehrt war, schmückte er in einer Kapelle in S. Felicità daselbst die Wölbung der Decke mit den Gemälden des von vier Patriarchen umgebenen Gott Vater und der vier Evangelisten (diese Deckenbilder wurden 1766 zerstört), die Wand aber mit einer Verkündigung, und den Altar mit einer Tafel, die Kreuzabnahme darstellend (noch heute daselbst). Darauf verzierte er ein auf einer Anhöhe bei Florenz stehendes Tabernakel mit einem Crucifix (von dem indessen kaum mehr eine Spur vorhanden ist); malte für die Nonnen von S. Anna zu Florenz eine Madonna mit der h. Anna und andern Heiligen (jetzt im Louvre zu Paris); eine Auferweckung des Lazarus (die an den König Franz I. von Frankreich kam); die 11,000 von dem Kaiser Diocletian gekreuzigten Märtyrer (gegenwärtig im Palazzo Pitti zu Florenz) und ein anderes kleineres Bild: die Schlacht der Märtyrer und den Engel, der sie tauft, darstellend (in der öffentlichen Gallerie daselbst). Dann führte er einen Carton von Michelangelo, Christus, der Maria Magdalena im Garten erscheinend, für den Alfonso Davolo, Marchese del Guasto so schön in Oel aus, dass er dasselbe Bild sogleich für Allessandro Vitelli, den damaligen Feldhauptmann der Gardesoldaten in Florenz, wiederholen musste. Diese Bilder befriedigten durch ihre treffliche Behandlung Michelangelo so sehr, dass er ihn auch einen für seinen Freund Bart. Bettini angefertigten Carton, Venus von Amor geküsst, ebenfalls in Oel malen liess. Als aber das Gemälde vollendet war und Bettini nur eine Kleinigkeit dafür zahlen wollte, liess es Herzog Alexander von Medici so zu sagen mit Gewalt bei Pontormo abholen und gab diesem 50 Goldgulden dafür, zum grossen Verdruss Bettini's, der nur den Originalcarton zurückerhielt, und Michelangelo's, der seinem Freunde hatte einen Liebesdienst erweisen wollen. Dieses vortrefflich gemalte Bild befindet sich jetzt im k. Palast von Kensington bei London, eine Wiederholung davon im Berliner Museum. Für denselben Herzog schmückte er sodann unter Beihülfe des Bronzino eine Loggia der Villa Careggi mit Fresken, die 1536 vollendet wurden und für dessen Nachfolger, Herzog Cosimo I., eine andere in dem Palast von Castello mit allerhand wunderlichen mythologischen und allegorischen Darstellungen. Endlich übertrug ihm letzterer auch noch die Malereien einer Hauptkapelle in S. Lorenzo zu Florenz, an denen er eilf Jahre arbeitete. Er stellte darin Scenen aus dem alten Testament und das jüngste Gericht dar; sie gehörten übrigens zu seinen schwächsten Arbeiten, obgleich er sich darin selbst zu übertreffen wähnte, und wurden, da Ponformo im Jahr 1558 darüber starb, von Bronzino vollendet. (Sie wurden 1738 übertüncht.)

Ponformo wäre zu hoher Meisterschaft berufen worden, wenn das schwankende seines Charakters ihn nicht verleitet hätte, sich in verschiedenen Stylarten zu versuchen. Anfänglich suchte er sich den Styl seines Lehrers Andrea del Sarto anzueignen und er wetteiferte auch mit ihm an Grossartigkeit der Zeichnung, feinem Verständniss der Form und Tüchtigkeit der Modellirung; später aber ahmte er Albr. Dürer's Kunstweise bis auf das Kleinlichste nach und zuletzt, als er durch die Ausführung mehrerer Cartons von Michelangelo sich mit dessen Styl befreundet hatte, suchte er diesen sowohl in der Grösse der Formen und Abenteuerlichkeit der Stellungen, als in prunkhafter Schaustellung anatomischer Kenntnisse noch zu überbieten. Seine frühesten Werke sind darum seine besten, ausgezeichnet aber und wahrhaft grossartig ist er beinahe nur in seinen Porträts (deren er eine Menge ausführte), wie man unter Anderem an den prachtvollen Bildnissen des Ippólito Medici im Pal. Pitti und des Cosimo, des alten (einem Porträt des 15. Jahrhunderts nachgebildet), in den Uffizien zu Florenz, dem Porträt des Andrea del Sarto im Museum zu Berlin u. s. w. sehen kann.

Literatur. Vasari, Leben der ausgezeichnetsten Maler, Bildhauer und Baumeister.

Casanova, Franz, Landschaft- und Schlachtenmaler, geb. zu London zwischen 1727 und 1734, gest. zu Brühl bei Wien 1807, stammte aus einem alten venetianischen Geschlecht und kam auch schon in seinem 6. Jahre nach Venedig, wo er eine ausgezeichnete Erziehung genoss und frühe Anlagen für die Zeichenkunst zeigte. Guardi war sein erster Lehrer, später aber bildete er sich unter Franc. Simonini aus. Im Jahr 1751 kam er nach Paris, blieb aber nur ein Jahr daselbst, um sich nach Deutschland zu begeben und dort namentlich in der Gallerie zu Dresden die Schlachtenbilder Wouverman's und Anderer zu studiren und zu copiren. Nach Paris zurückgekehrt, stellte er dort ein Schlachtgemälde aus, das seinen Ruf begründete und ihm eine ungeheure Menge Bestellungen verschaffte, deren reichlicher Ertrag, denn er liess sich seine Bilder theuer bezahlen, aber doch nicht hinreichte, seinen ausserordentlichen Luxus zu bestreiten. Nachdem er 1763 Mitglied der Akademie geworden war, erhielt er von der Kaiserin Katharina von Russland den Auftrag, die Siege der Russen über die Türken darzustellen. Er benützte diese Gelegenheit eifrigst, sich seinen zahlreichen Gläubigern zu entziehen, liess sich desshalb in Wien nieder und kehrte nicht wieder nach Frankreich zurück. Ausser Schlachten malte er auch Landschaften, Thiere und Familienscenen in der Weise der alten Holländer. Seine Bilder sind nicht selten. Im Louvre zu Paris sieht man zwei Schlachtgemälde und zwei Landschaften mit Vieh, und in der Gallerie des Belvedere zu Wien eine Reiterschlacht von ihm. — Casanova radirte auch in Kupfer und man zählt zu seinen besten Blättern: ein Reitergefecht; einen reisenden Maler, bei einer Wirthin, welche Würste bratet, unten: „Le diner du peintre Casanova" bezeichnet und ein Schlachtfeld, wo ein Russe mit der Fahne über die erschlagenen Türken hinanschreitet.

Casanova, Johann, der jüngere Bruder des Vorigen, ein mittelmässiger Porträt- und Historienmaler, arbeitete 14 Jahre lang zu Rom im Atelier des Raphael Mengs, kam aber später nach Dresden und wurde dort 1764 Professor und Direktor der Akademie. Er starb 1795.

Casentino, Jacopo da, auch **Jacopo da Prato Vecchio** genannt, kam zu Taddeo Gaddi in die Lehre und machte daselbst so rasche Fortschritte, dass er bald mit Giovanni aus Mailand unter seines Lehrers Aufsicht zu Florenz mehrere Bilder ausführen konnte, die ihm einen solchen Ruf erwarben, dass ihm auch grössere Aufträge, worunter zuerst die Patriarchen, Propheten und die Aeltesten der Stämme für Or S. Michele daselbst anvertraut wurden. (Es sind davon nur noch wenige Spuren vorhanden.) Er arbeitete hierauf in Pratovecchio, in Poppi und andern Orten, ging sodann nach Arezzo, wo er einen h. Martin und Anderes für den Dom fertigte und für verschiedene Kapellen in S. Bartolommeo, S. Domenico, S. Agostino Fresken aus dem Leben verschiedener Heiligen ausführte, von denen sich aber nur noch Weniges erhalten hat, auch sich nebenbei mit der Baukunst beschäftigte, indem er die Wasserleitung von Arezzo baute, die 1354 vollendet wurde. Er war einer der Gründer der um 1350 gestifteten Malerbrüderschaft des h. Lucas zu Florenz. Sein Bildniss hat sein Schüler Spinello im alten Dome in einer Anbetung der Könige gemalt. (Es ging mit dem Gebäude selbst im Jahr 1561 zu Grunde.)

Caspar, Joseph, ein ausgezeichneter, der Gegenwart angehöriger Kupferstecher, Mitglied und Bibliothekar der Akademie der Künste zu Berlin, geb. 1799 zu Rorschach in der Schweiz, kam schon im Jahr 1815 nach Rom, um die Anfangsgründe der Kunst zu erlernen. Erst aber in Berlin, wohin er durch W. v. Schadow im Jahr 1820 kam, entschied er sich, auf Veranlassung des Geheimenraths v. Beuth, ganz für die Kupferstecherkunst und ging sofort nach Mailand, um sich unter Longhi's und Anderloni's Leitung weiter darin auszubilden. Seit dem Jahre 1826 lebt er nun in Berlin, woselbst er verschiedene treffliche Arbeiten für das k. Ministerium und den Kunstverein ausführte. Unter seine besten Stiche, die ihm seinen Rang unter den ersten lebenden Kupferstechern anweisen, gehören: die h. Katharina, nach Raphael; Maria mit dem Kinde, nach Raphael's Gemälde, im Berliner-Museum, früher im Hause Colonna (1830); die Tochter des Tizian, nach dessen Gemälde im Museum zu Berlin (1835); Thomas von Savoyen, Prinz von Carignan, nach A. v. Dyck (1840); die h. Barbara, nach G. A. Beltraffio, im Museum zu Berlin (1842); S. Antonius, nach Murillo u. s. w. Seine letzte Arbeit war der Stich des Bildnisses von Felix Mendelsohn Bartholdi, nach Hensel, denn im Jahr 1847 musste er wegen eingetretener Augenschwäche seine künstlerische Thätigkeit gänzlich aufgeben. Seit der Zeit beschäftigt er sich ausschliesslich mit der Verwaltung seines Amtes. — Caspar war der erste, durch den die Kupferstecherkunst in Berlin wieder zur Geltung gelangte und seitdem mit immer gediegeneren Leistungen hervortrat.

Cassana, Niccolo, genannt **Nicoletto,** geb. 1659 zu Venedig, gest. 1713 zu London, ein berühmter Bildnissmaler seiner Zeit, erlernte die Kunst bei seinem Vater Giov. Franc. Cassana, kam aber bald an den Hof des Grossherzogs zu Florenz, wo er diesen, seine Gemahlin, mehrere Grosse des Reichs, verschiedene Fremde von Auszeichnung u. s. w. malte. Diesen Porträts verdankte er einen weit verbreiteten Ruf, der auch nach England drang und ihm von dorther dringende Einladungen verschaffte, denen er auch folgte. Es eröffnete sich ihm daselbst ein ebenso ehrenvoller, als einträglicher Wirkungskreis, dem er aber 1713 schnell durch den Tod entrissen wurde. — Von seinen historischen Bildern werden besonders: eine Venus mit dem Amor; eine Verschwörung des Catilina und ein Bacchanal gerühmt. — Sein Bruder Giovanni Agostino, gest. 1720 zu Genua, malte ebenfalls gute Bildnisse, aber auch Thierstücke, die man in italienischen Gallerien nicht selten antrifft.

Literatur. Museo Fiorentino, woselbst auch das Porträt des Niccolo Cassana im Stich.

Castagno, Andrea del, geb. 1406 zu Mugello, in der Umgegend von Florenz, gest. 1480, soll in seiner Jugend die Schafe gehütet haben, bis ein florentinischer Edelmann, auf das Talent des Knaben für die Kunst aufmerksam gemacht, ihn nach Florenz und zu Masaccio in die Lehre brachte, wo er bald im Zeichnen tüchtige Fortschritte machte, in der Behandlung der Farben und im Colorit aber hinter jenen zurückblieb. Er malte in verschiedenen Kirchen und Klöstern in und um Florenz viele Wand- und Tafelbilder, durch die er in den Ruf eines der ersten Maler seiner Zeit kam, führte auch in Gemeinschaft mit Alesso Baldovinetti und Domenico Veneziano die Wandmalereien der Hauptkapelle des Gottesackers von S. Maria Nuova aus. Von einem Bilde an der Façade des Palastes des Podesta, an welcher er im Auftrag der Signoria von Florenz die Bildnisse jener Verschworenen, durch welche im Jahr 1478 Julian von Medici ermordet worden war, nach dem Leben an den Füssen aufgehängt, darstellte, erhielt er den Namen Andrea degli Impiccati (der Gehenkten). Von allen seinen Arbeiten hat sich jedoch nur Weniges erhalten. So viel sich aber nach diesem Vorhandenen urtheilen lässt, zeigt sich Castagno zwar der Richtung des Masaccio zugethan, man erkennt eine ernste Gesinnung und ein Streben nach Correktheit; allein er erreicht nicht nur nirgends die grossartige Einfalt und Würde jenes Meisters, sondern es herrscht auch in seinen Werken eine phantastische Compositionsweise, eine gewisse Strenge, die sich im Einzelnen bis zum Düstern steigert, und eine übertriebene Charakteristik vor. In Florenz wird ihm ein Frescobild über einem Grabmal in S. Croce, S. Franz und Johannes, der Täufer, zugeschrieben, welches eine herbe Kraft der Darstellung mit sehr intensivem Ausdruck verbindet. Das im Jahr 1455 von ihm grau in grau gemalte Reiterbild des Condotiere Niccolo da Tolentino wurde im Jahr 1842 auf Leinwand übertragen. In S. Maria nuova ist von ihm eine büssende Magdalena; in der Akademie daselbst: ein Hieronymus in der Wüste und Johannes, der Täufer; in den Studj zu Neapel: eine Kreuzabnahme. Im Berliner-Museum sieht man von ihm: eine Pietà in Tempera und den vor dem Krucifix knieenden und sich kasteienden Hieronymus. Auch die Sammlung von Gemälden der toskanischen Schule vom 13. bis zum 15. Jahrhundert des Hrn. Young Ottley in London enthält eine Pietà von Castagno, eine treffliche Composition, aber in der herben Weise des Meisters ausgeführt.

Bekannter fast als durch seine wenigen erhaltenen Gemälde ist Castagno in der Geschichte der Kunst geworden durch eine schwere Schmach, die sich an seinen Namen geheftet hat. Bisher hatte man nämlich, so erzählt Vasari, nur mit Temperafarben, d. h. mit einer Mischung der Farben mit Eigelb und einigen Harzen, gemalt, zu Anfang des 15. Jahrhunderts aber hatte Joh. van Eyck in den Niederlanden die Oelmalerei bereits mit dem glücklichsten Erfolg angewandt und die Behandlung derselben dem Antonello von Messina mitgetheilt, der das Geheimniss wiederum seinem Freunde Domenico Veneziano anvertraute. Als nun des Letzteren Bilder in S. Maria Nuova zu Florenz, wo er, wie erwähnt, gemeinschaftlich mit Castagno arbeitete, ein ungemeines Aufsehen machten, erregte dies die Scheelsucht und den Neid des Letzteren in so hohem Grade, dass er sich in Domenico's Vertrauen einschlich, um ihm sein Geheimniss zu entlocken und ihn, als er dasselbe besass, um des Nebenbuhlers in der Kunst für immer los zu sein, ermordete. Erst auf dem Todtenbette soll er sein Verbrechen bekannt haben.

Literatur. Vasari, Leben der ausgezeichnetsten Maler, Bildhauer und Baumeister.

Castello, Bernardo, oder **Castelli,** ein seiner Zeit sehr angesehener Maler aus Genua, geb. 1557, gest. 1629, war ein Schüler von A. Semini und L. Cambiaso. Seine Gemälde, deren er eine ausserordentlich grosse Menge, sowohl kirchlich religiösen, als geschichtlichen Inhalts anfertigte, und die meistens Genua's Kirchen und Paläste zieren, sind gedankenreich und nicht ohne Anmuth und Geschmack in der Erfindung und Composition, wenn auch schon hin und wieder etwas allzuflüchtig. Für Torquato Tasso machte er die Zeichnungen zur ersten Ausgabe des befreiten Jerusalems.

Castello, Felix, geb. zu Madrid 1602, gest. 1656, ein Schüler seines Vaters Fabrizio und V. Carducho's, galt für einen der besseren Maler seiner Zeit. Vorzüglich war er besonders in Porträtdarstellungen, aber auch in historischen Gemälden entwickelte er ein hübsches Talent. Das Madrider-Museum besitzt von ihm ein schönes grosses Kriegsbild, die Einnahme eines holländischen Kastells durch die Spanier.

Castello, Giovanni Battista, genannt **il Bergamasco,** Maler, aus Bergamo, gest. zu Madrid 1569, war ein Schüler des Aurelio Basso in Genua, ging aber später nach Rom, wo er mit Cambiaso malte. Im Jahr 1567 wurde er jedoch von Philipp II. nach Spanien berufen, um in Gemeinschaft mit andern Malern die königl. Paläste mit Gemälden zu schmücken. Sein Geschmack ist dem des Luca Cambiaso verwandt, doch zeigt er in seinen Bildern mehr Fleiss, Gründlichkeit des Wissens und ein frischeres Colorit.

Castello, Giovanni Battista, genannt **il Genovese,** gest. 1637, Bruder des Bernardo Castello und Schüler von Luca Cambiaso, widmete sich hauptsächlich der Miniaturmalerei, worin er es zu grosser Vollkommenheit brachte. Er wurde von Philipp II. nach Spanien berufen, um die Chorbücher im Eskurial mit Miniaturen zu schmücken und war auch sonst für andere Fürsten vielfach beschäftigt.

Castello, Giovanni Benedetto da, siehe **Bandini.**

Castello, Valerio, geb. zu Genua 1625, gest. 1657, ein Sohn Bernardo's, zeichnet sich in seinen Bildern durch die überlegte Anordnung, das liebliche Colorit, klares Helldunkel und Leichtigkeit im Ausdruck aus.

Castiglione, Giovanni Benedetto, genannt **il Grechetto** oder **il Benedetto**, geb. zu Genua 1616, gest. zu Mantua 1670, erlernte die Anfangsgründe der Kunst bei Paggi, trat nach dessen Tod in die Schule des Giov. Andr. de' Ferrari und genoss später den Unterricht des gerade damals in Genua anwesenden und thätigen van Dyck. Er malte erst kleinere Genrebilder, versuchte sich dann aber auch in grösseren, in welchen ihm die Darstellung der Thiere besonders gelang. Um aber Beweise seines vielseitigen Talentes abzulegen, beschenkte er seine Vaterstadt auch mit einigen Altargemälden, nämlich S. Luca mit einer sehr schönen Geburt Christi und S. Giacomo mit einem heil. Jacobus zu Pferd. Sich in seinem Fache immer weiter auszubilden, begab er sich sodann nach Florenz, Venedig, Rom und Neapel und trat, von diesen Reisen zurückgekehrt, in die Dienste des Herzogs Karl I. von Mantua, wo er für diesen, für die Vornehmen und Reichen der Stadt, sowie für die Höfe von Deutschland, Frankreich und England vielfach beschäftigt wurde.

Castiglione führte eine ausserordentliche Menge von Bildern aus, die in den meisten europäischen Kabinetten zu finden sind. Meistens sind es mannigfach variirte Viehstücke unter dem Namen von Genre- und historischen Bildern oder biblischen Vorgängen: die Schöpfung der Thiere, der Einzug in die Arche, Jagden, überhaupt Darstellungen, wo Thiere die Hauptrolle spielen. Den Charakter der letzteren fasst er in der Regel wahr und lebendig auf, auch das Colorit ist leicht und heiter, nur sind seine Bilder oft etwas flüchtig behandelt. In der Dresdner-Gallerie, in den Sammlungen Englands, in der Münchner-Pinakothek, im Louvre zu Paris, in der Eremitage zu St. Petersburg, in der Gallerie des Belvedere zu Wien sieht man derartige Bilder von ihm.

Castiglione radirte auch in Kupfer. Er führte eine malerische, geistvolle Nadel und ahmte mit Glück den Rembrandt nach. Die besten seiner Blätter sind: die Thiere ziehen in die Arche; Diogenes mit der Laterne; die Auferweckung des Lazarus; Augustin Mascordi; die Entdeckung der Leichname der h. h. Petrus und Paulus; die Melancholie; der Genius des Castiglione; die Anbetung der Könige; grosse Viehheerde in einer Landschaft, nach links ziehend, rechts die ihr folgenden Hirten; eine Heerde Schafe von ihren Hirten getrieben, zwischen ihnen ein Pferd mit Gepäck. Er bezeichnete seine Radirungen mit G. B. C., BENED^to^ CAS.; G. BENED^to^ CAS. p.; Gio. Bened. Castige und mit nebenstehenden Monogrammen.

Sein Sohn Francesco und sein Bruder Salvatore Castiglione waren Schüler von ihm und ahmten seine Kunstweise so glücklich nach, dass ihre Bilder oft jenem zugeschrieben werden. Man kennt auch ein radirtes Blatt von Salvatore: die Auferweckung des Lazarus mit dem Zeichen: SALVATORE CAST. GENON. 1645.

Castillo, Agustin del, das Haupt einer sehr geachteten Malerfamilie, geb. zu Sevilla 1565, gest. zu Cordova 1626, war ein Schüler von L. Fernandez. Er arbeitete meist zu Cordova in Oel und Fresco, seine Bilder sind aber grösstentheils zu Grunde gegangen.

Castillo, Andres Lopez del, und seine Söhne arbeiteten 1554 an den Seitenvorsprüngen des prachtvollen, in Holz geschnitzten, gothischen und ganz vergoldeten Retablo des Chors der Kathedrale zu Sevilla.

Castillo, Josef del, Maler und Kupferätzer, geb. zu Madrid 1737, gest. 1793, bildete sich in der Schule des J. Romeo in Madrid, dann durch längeren Aufenthalt zu Rom unter der Leitung von C. Guiaquinto, wurde nach seiner Rückkehr nach Madrid 1764 von Karl III. vielfach beschäftigt und fertigte eine grosse Zahl von

Malereien, Altarbildern, Porträts u. s. w. Von ihm sind auch eine grosse Anzahl der Zeichnungen zur Prachtausgabe des Don Quixote. Zu seinen besten Radirungen gehört: die Flucht nach Aegypten, nach L. Giordano.

Castillo, Juan del, geb. zu Sevilla im Jahr 1584, gest. zu Cadiz 1640, ein Bruder des Agustin, arbeitete viel für Kirchen, hat sich aber namentlich dadurch einen Namen erworben, dass er der Lehrer von Alonso Cano, B. E. Murillo und Pedro de Moya, der drei grössten Maler Andalusiens wurde.

Castillo y Saavedra, Antonio del, der Sohn des Agustin, geb. zu Cordova 1603, gest. 1667, erlangte noch einen grösseren Ruf als sein Vater. Namentlich war er im Porträtfach ausgezeichnet, und er stand darin in solchem Ruf, dass jedes Haus zu Cordova es sich zur Ehre schätzte, einige Werke seiner Hand zu besitzen. Die Kirchen seiner Vaterstadt bewahren noch viele schätzbare Gemälde von ihm.

Castro, Juan Sanchez de, der Gründer jener Schule von Sevilla, welche die Richtung der van Eyck'schen Schule weiter verbreitete. Erhalten hat sich indessen von seinen Werken nichts, ausser einem kolossalen h. Christoph vom Jahr 1484, in der Kirche S. Julian zu Sevilla, wenn man eine im Jahr 1775 ganz überarbeitete Malerei so nennen darf, an welchem die allgemein'e Eyck'sche Darstellungsweise noch erkennbar ist.

Cataneo, Danese, ein Bildhauer von Carrara, gest. zu Padua 1573, war ein Schüler von Jac. Sansovino, mit dem er mehrere Werke gemeinschaftlich ausführte. Er arbeitete viel zu Venedig für Kirchen und die Bibliothek von S. Marco, zu Verona und Padua und folgte ganz der Kunstrichtung seines Lehrers, wie man in seinen besten Arbeiten, z. B. an dem schönen von F. Fregoso gestifteten Altar in S. Anastasia zu Verona sehen kann. Weniger erfreulich ist freilich das schon mehr manierirte Grabmal des L. Loredan in S. Giovanni e Paolo zu Venedig (um 1572). Cataneo fertigte ferner viele treffliche Büsten. In der Kirche S. Antonio zu Padua sieht man die des Feldherrn Alessandro Contarini an dessen Grabmal. Er widmete sich auch der Dichtkunst; es erschien von ihm ein Gedicht im Druck, das den Titel: Gli Amori del Marfisi führt und von Tasso sehr geschätzt wurde.

Catel, Franz, Professor und Mitglied der k. Akademie der Künste zu Berlin, geb. 1778 daselbst, ein höchst vielseitig gebildeter Künstler, der seine künstlerische Laufbahn mit Zeichnungen für Taschenbücher, unter denen 10 Blätter zu Göthe's Hermann und Dorothea für die Ausgabe vom Jahr 1799 rühmend genannt wurden, begann, sich hierauf später auch mit getuschten Zeichnungen und Aquarellen, in denen er allmählig eine grosse Fertigkeit erreichte, beschäftigte und sodann 1806 ein grösseres Bild in Wasserfarben, die Ermordung des Nikolaus von Bernau darstellend, der 1323 die Berliner Bürger zum Abfall von Herzog Ludwig von Baiern, ihrem damaligen Landesherrn, verleitet hatte, vollendete. Im Jahr 1807 begab sich Catel, nachdem er einige Zeit in der Schweiz thätig gewesen, mit seinem Bruder nach Paris und lag nun von dieser Zeit an auch eifrig der Praxis der Oelmalerei ob. Später bereiste er Italien und langte im Jahr 1812 zu Rom an, wo im Kreise von Koch, Overbeck, Schadow, Cornelius u. A., jener Künstler, die in innigem Verein an einer Wiederherstellung ächter deutscher Kunst arbeiteten, sich seine künstlerische Ausbildung auf's Glücklichste entfaltete. Er erprobte sein Talent, sowohl in der Historie, als im Genre, neigte sich aber mit besonderer Vorliebe der Landschaft mit Architektur und grösserer Staffage zu, worin er es auch binnen Kurzem zu einer erstaunlichen Meisterschaft brachte, denn mit gleicher Sicherheit und Herrschaft über alle malerischen und technischen Mitteln wusste er die landschaftliche Natur, Gebäude, Luft- und Linienperspektive, alle erdenklichen Farbeneffekte, Figuren, Thiere u. s. w. darzustellen. Er schloss sich in seinen Bildern der auf's Neue angebauten klassischen Richtung der Landschaftsmalerei an und verband darin mit einer äusserst poetischen Auffassung und bedeutsamen Composition tiefes Studium der Natur, tüchtige Charakteristik, correkte Zeichnung, eine höchst harmonische Farbenwirkung und eine energische Gewandtheit in der Pinselführung. Eine 1818 mit dem Fürsten Gallizin unternommene Reise nach Sicilien erweiterte seinen Gesichtskreis und bot ihm eine Menge Motive zu den interessantesten Bildern. Im Jahr 1840 machte er nach einem achtundzwanzigjährigen Aufenthalt wieder einen Besuch in der Heimath, bei welcher Gelegenheit ihm vom Könige von Preussen das Prädikat eines Professors verliehen wurde. Er kehrte aber schon das Jahr darauf wieder nach Rom zurück.

Catel ist ein sehr fruchtbarer Künstler, dem seine ungemeine Fertigkeit, sich auf allen Gebieten der Malerei mit Geschick zu bewegen, überall die mannigfaltigsten Motive zu Bildern bietet. Er malt Genrebilder, Seestücke von grossem Effekt, Architekturen von täuschender Wirkung der Perspektive, Ansichten der verschiedensten Art, componirte Landschaften u. s. w.

Zu seinen besten landschaftlichen Gemälden, die überall verbreitet sind, zählt man: die Colonnade der S. Peterskirche zu Rom im Mondschein; einen Sturm am Aetna; das Camaldusenser Kloster bei Salerno; das Innere des Pantheons; eine Ansicht der Gräberstrasse der Via Appia in heller Tageswirkung; eine Aussicht aus der Halle eines Klosters zu Amalfi; eine venetianische Gondel auf den Lagunen; eine Ansicht von Rom, von der Promenade des Monte Pincio aus; den Krater des Vesuv's, ein Bild, in welchem der Gegensatz des ausgebrannten Schlackenkegels mit der lebensfrohen Fülle des Golfs von Neapel eine imposante Wirkung hervorbringt; die Ruinen von Pästum; die Villa des Mäcen's zu Tivoli; eine Terrasse am Meer im Mondschein; eine Gondelfahrt in Venedig bei Sonnenuntergang u. s. w. Die neue Pinakothek in München verwahrt ebenfalls einige sehr schätzbare Bilder von Catel: Ansichten von Palermo, Amalfi, der Grotte Aretusa bei Villa d'Este zu Tivoli; eine Aussicht bei Castel Gandolfo, und eine desgl. über Aricia gegen das Meer; den Kapuzinergarten in Syrakus; einen Sonnenuntergang bei Neapel und einen Seesturm bei Amalfi.

Catel schilderte auch kleinere Scenen aus dem häuslichen Leben, den ländlichen Freuden und Beschäftigungen der Gegenden, deren landschaftliche Natur sein Pinsel verherrlichte. Eines seiner letztgenannten Historienbilder stellte: René's letztes Verweilen auf dem heimathlichen Boden, nach Chateaubriand, dar.

Catel, Ludwig Friederich, Architekt, ein Bruder des Vorigen, geb. 1776 zu Berlin, gest. 1819, war ein geist- und talentvoller Künstler, hatte aber den grossen Fehler sich zu sehr von seiner Phantasie hinreissen zu lassen und sich unausführbaren Plänen und unglücklichen Theorien über Kunstverbesserung hinzugeben. Nachdem er die ersten architektonischen Studien in seiner Vaterstadt vollendet, ging er mit seinem Bruder in die Schweiz, besuchte sodann mit demselben Paris, widmete sich aber nach seiner Rückkehr lange Zeit der praktischen Baukunst, indem er eine Fabrik von Stuccomosaiken anlegte, die wegen ihrer geschmackvollen Arbeiten viele Bestellungen bekam und namentlich für das Residenzschloss in Weimar vielfach beschäftigt wurde. Von 1804—1806 baute er sodann ein Schloss in Polen, 1808 begann er den Wiederaufbau des abgebrannten Dorfs Löwenberg, und 1809 übernahm er die innere Einrichtung des Schlosses zu Braunschweig. Im Jahr 1811 begab er sich mit seinem Bruder nach Italien, wo er viel studirte, skizzirte, sammelte. 1812 nach Berlin zurückgekehrt, beschäftigte er sich während der kriegerischen Zeit mit der Kriegsbaukunst und, nach erfolgtem Frieden, mit dem Bau eines gothischen Landhauses zu Pankow und eines Badehauses zu Berlin. Die Errichtung des letzteren verwickelte ihn aber in Streitigkeiten mit dem Bauherrn, die ihm so sehr zu Gemüth gingen, dass seine Gesundheit wankte und er bald darauf in seinem 43. Jahre einer schweren Krankheit erlag.

Catel war auch als Schriftsteller thätig. Er gab eine Schrift über die Verbesserung der Schauspielhäuser, über Vertheidigungs- und Befestigungskunst, eine Theorie über die Bauart protestantischer Kirchen, eine Broschüre über die Heizung mit Wasserdämpfen u. s. w. heraus — Im Jahr 1817 hatte er von dem Grossherzog von Weimar das Professorspatent erhalten.

Catena, Vincenzio, Maler zu Venedig, gest. 1530, ein Schüler von Giov. Bellini, malte anfangs noch ganz in der strengeren statuarischen Weise seines Lehrers, während seine späteren Bilder sich mehr dem freieren, durch Giorgione in Venedig begründeten Styl annähern. Die Akademie zu Venedig besitzt mehrere Bilder von ihm, unter denen besonders eine ziemlich strenge Madonna mit Simeon und Johannes dem Täufer bemerkenswerth ist. Gleichfalls noch ganz im Charakter Bellini's gehalten, erscheint seine: Maria mit dem Kinde (bezeichnet: VINCENTIUS CHATENA. F.), in der Liverpool-Institution. Schon freier behandelt ist seine Anbetung der Könige, in der Gallerie Manfrini zu Venedig, ebenso eine vorzügliche Madonna mit Heiligen und das Bildniss des berühmten Grafen Raimund Fugger, im Berliner-Museum. Ebendaselbst sieht man noch eine andere Darstellung der Maria mit dem Kinde und Heiligen. Auch die Gallerie zu Dresden besitzt eine Madonna mit dem Kinde und Heiligen und die Gallerie des Belvedere in Wien: das Bildniss eines Domherrn.

Cathelin, Louis Jacques, Kupferstecher, geb. zu Paris 1739, gest. 1804, war einer der besten Schüler von Le Bas. Unter seinen ziemlich zahlreichen Blättern zeichnet man besonders aus: König Ludwig XV., stehend im Krönungsornat, nach J. M. Vanloo und das Bildniss des Kupferstechers J. J. Balechou, nach J. Arnavon.

Cati, Pasquale, da Jesi, gest. um 1607, ein Maler, von welchem sich unter Anderem über dem Hauptaltar in S. Lorenzo in panisperna zu Rom eine Marter des h. Laurentius in Fresco gemalt findet, deren tüchtige Zeichnung einen der bessern Nachfolger Michelangelo's verräth.

Cats, Jacob, geb. 1741 zu Altona, gest. zu Amsterdam 1799, bekannt als tüchtiger Landschaftszeichner, dessen Arbeiten sich, da er seine ganze künstlerische Bildung fast einzig sich selbst zu verdanken hatte, durch ihre Originalität bemerkenswerth machen. Es spricht sich in seinen Landschaftszeichnungen mit interessanten Thierstaffagen eine dichterische Auffassung der Natur aus, auch sind sie meisterhaft behandelt. Sie sind sehr gesucht und werden theuer bezahlt. Cats malte auch, seine Bilder sind jedoch nur in geringer Zahl vorhanden. Einige von seiner Hand radirte Blätter Landschaften sind ebenfalls nicht uninteressant.

Cattermole, George, ein englischer Aquarellmaler, der sich anfänglich, besonders durch geistreich ausgeführte Darstellungen des Innern von Gebäuden, Scharmützeln, von genreartigen Scenen und kleineren historischen Compositionen in Rembrandt'scher Weise, dann durch eine Reihe von Zeichnungen zu Walter Scott's Werken (die unter C. Heath's Leitung gestochen wurden und 1835 in London erschienen) einen Namen gemacht. Später erregte er namentlich durch sein Bild: Luther und seine Anhänger auf dem Reichstag zu Speyer am 19. April 1529 (gest. von W. Walker), in welchem er 33 der Hauptpersonen, nach authentischen Bildnissen von der Hand berühmter Meister: Dürer, Holbein, L. Cranach, Tizian u. s. w., darstellte, grosses Aufsehen.

Cattermole lieferte auch viele Zeichnungen zu dem „Historical annual", Darstellungen aus der englischen Geschichte. Alle seine Arbeiten zeichnen sich durch die Schönheit der Zeichnung und das harmonische Colorit aus.

Caucig, Franz, Historienmaler, geb. 1742, gest. 1828, erlernte die Anfangsgründe der Kunst in Wien, begab sich aber später mit Staatsunterstützung zu seiner weiteren Ausbildung nach Italien und wurde nach seiner Rückkehr in's Vaterland Professor an der Akademie in Wien und 1820 Direktor der Schule für Maler, Bildhauer, Kupferstecher und Mosaikarbeiter. Seine Bilder gehören theils der biblischen Geschichte an, theils sind sie der Mythe oder der römischen und griechischen Geschichte entnommen, welche letztere er mit besonderer Vorliebe behandelte.

Cauer, Emil, ein trefflicher Bildhauer in Kreuznach, der sich seit 1841 durch eine Reihenfolge von Statuetten historischer Persönlichkeiten, wie Franz v. Sickingen, Ulrich v. Hutten, Götz v. Berlichingen, Luther, Maximilian I., Karl V., die sich durch die geistreiche Auffassung und tüchtige Behandlung auszeichnen, einen sehr geachteten Namen erworben. Auch allerliebste Kinderfigürchen in allen möglichen anmuthigen Stellungen und Situationen, höchst anziehend durch die Naivität und Naturwahrheit, mit der sie dargestellt sind, hat Cauer in grosser Menge und mit überraschender Mannigfaltigkeit der Motive geliefert.

Caukerken, Cornelis van, ein Kupferstecher und Kupferstichhändler, geb. zu Antwerpen 1625, zu dessen vorzüglichsten Blättern gehören: das Pfingstfest, nach van Dyck; die Marter des h. Livenius, nach Rubens (1657); Cimon und seine Tochter, nach Rubens; die h. Anna sitzend, bei ihr die h. Jungfrau Maria, nach dems.; das Messergefecht oder die trunkenen Bauern in der Schenke, nach J. Molenaer.

Caulitz, Peter, ein ausgezeichneter Thiermaler in Berlin, gest. daselbst 1719, von dem man unter Anderem im Berliner-Museum einen trefflichen Hühnerhof sieht, auf dem Truthahn und Hausbahn sich über die Herrschaft des Hofes zu zanken scheinen.

Cautaerts, François, tüchtiger Historien- und Genremaler in Brüssel, von dem man auf den Kunstausstellungen von 1830 an verschiedene mit hoher Sorgfalt ausgeführte Bilder sah. Zu denselben gehören: Christus und die Pharisäer; der Raub des Orion durch Aurora; eine h. Familie; ein Raucher; Milton, sein verlorenes Paradies seinen Töchtern diktirend; die Braut; Johanna Gray lässt sich überreden, die Krone Englands anzunehmen; die Kartenspieler; der Musikant; der Schnupfer; die Wildprethändlerin und der trinkende Krieger; die Fischverkäuferin; der lustige Mann.

Cauwer-Ronsse, Josef de, ein verdienstvoller Historienmaler und einer der Direktoren der k. Gesellschaft der schönen Künste zu Gent, unter dessen beste kirchliche Bilder man zählt: den Tod Christi, in der S. Bavo-Kirche zu Gent; Mariä Verkündigung, in einer Kapelle bei Kortryk; eine Kreuzabnahme, in der Nikolauskirche zu Gent. Cauwer malte übrigens auch Genrebilder und geschätzte Porträts.

Cavaceppi, Bartolome, bekannter Bildhauer und Restaurator verschiedener antiker Sculpturen, dessen Blüthe in die Zeit zwischen 1760 und 1770 fällt. Durch die Herausgabe eines Werkes über antike Statuen, Büsten und Basreliefs mit Abbildungen hat er sich viele Verdienste erworben.

Cavagna, Giov. Paolo, Maler, geb. zu Bergamo 1560, gest. 1627, war ein Schüler von Morone, suchte aber mehr im Styl des Paolo Veronese zu malen. In Bergamo finden sich von ihm viele Bilder in Oel und Fresco, namentlich verschiedene Kirchen-Gemälde, von denen man eine Kreuzigung im Dom, eine Himmelfahrt Mariä in S. Maria Maggiore, einen h. Franciscus mit den Wundenmalen in S. Spirito u. a. m. rühmt.

Cavalcabo, siehe **Baroni.**

Cavalcante, Andrea di Lazzaro di, genannt **il Buggiano,** Bildhauer, geb. 1412 zu Borgo Buggiano, war ein Schüler von Brunelleschi. Er fertigte das Marmorbildniss seines Meisters, das nach dessen Tod im Dom zu Florenz aufgestellt wurde; auch ist das Weihwasserbecken in der Sakristei daselbst (vom Jahr 1440) von ihm.

Cavalleri, Ferdinando, geb. zu Turin 1794, ein geschickter Historien- und Porträtmaler, der sich zu Rom bildete und eine grosse Anzahl sehr gelungener Bilder, zu denen man insbesondere zählt: die unglückliche Cenci in dem Augenblick, da sie das Schaffot besteigt; den Brand der Paulskirche in Rom; den Tod Leonardo da Vinci's in den Armen des König Franz I.; Prinz Eugen nach der Schlacht von Peterwardein das Zelt des Grossveziers in Besitz nehmend. Auch seine Bildnisse, sowohl seine Familiengemälde, als einzelne Porträts, werden ihrer Naturwahrheit wegen gerühmt.

Cavalleriis, Giovanni Battista, geb. 1525 zu Lagherino, und in Rom zwischen 1550—1590 thätig, ein Kupferstecher, der im Geschmack des Aeneas Vicus arbeitete und dessen Werke sehr gesucht sind, da er beinahe nur nach den besten italienischen Meistern stach. Seine Blätter sind mit nebigen Monogrammen bezeichnet.

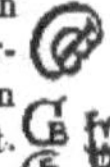

Cavallerino, Niccolò, Bildhauer und Goldschmied, besonders aber vorzüglicher Medailleur, zu Modena thätig, fertigte einige sehr grossartige Schaumünzen, von denen besonders die auf Kaiser Karl V. und auf den Feldherrn und Astronomen Guido Rangoni gerühmt werden.

Cavallini, Pietro, Maler und Mosaicist zu Rom, welcher um 1340 blühte, dem Giotto bei der Ausführung der Navicella in Rom half, und die grossen Mosaiken an der Façade von S. Paul ausführte, die aber, wie seine meisten übrigen Werke, untergegangen sind. Dagegen haben sich seine Mosaiken an der Wand der Chornische von S. Maria in Travestere erhalten, einfache und zum Theil schon treffliche Compositionen von schöner Anordnung und sorgfältiger Technik.

Cavallucci, Antonio, geb. zu Sermoneta 1752, gest. zu Rom 1795, ein Historienmaler, der sich nach Mengs und Battoni bildete und manche geschätzte Bilder für Kirchen und Privaten ausführte. Die Gallerie des Belvedere in Wien besitzt von ihm eine Charitas.

Cavazzuola oder **Cavazola**, siehe **Morando.**

Cavedone, Jacopo, Maler aus Sassuolo, im Modenesischen, geb. 1577, gest. 1660, soll den ersten Unterricht in der Kunst bei seinem Vater, einem mittelmässigen Maler, empfangen und sich hierauf unter Passarotti, Baldi und den Caracci weiter gebildet haben. Mit Guido machte er eine Reise nach Venedig, woselbst er besonders Tizian's Werke copirte, und von da nach Rom. Nach seiner Rückkehr in's Vaterland liess er sich in Bologna nieder, wo er eine grosse Menge Werke ausführte. In seinem Alter verfolgte ihn alles mögliche häusliche Unglück, so dass er in der grössten Armuth, als Bettler in seinem 83. Jahre, in einem Stalle starb. — Seine Bilder, besonders diejenigen aus seiner frühern Zeit, zeichnen sich durch den Geschmack und die Leichtigkeit, die in seinen Compositionen herrscht, die richtige Zeichnung, das warme und kräftige Colorit und den pastosen Farbenauftrag aus. Eine grosse Anzahl davon sieht man zu Bologna, z. B. in S. Michele in Bosco: eine h. Cäcilie, welche mehrere Märtyrer begräbt; ein Martyrium des Tiburzius und Valerinus; Roger vor S. Benedikt und den Tod des h. Benedikt; in der Pinakothek: einen h. Rochus. Das Louvre in Paris besitzt von ihm eine h. Cäcilie, vor einer Orgel sitzend; die Wiener-Gallerie einen h. Sebastian, an einen Baum gebunden und von einem Pfeil durchbohrt; einen von Engeln betrauerten Leichnam Christi und ein kleineres Bild, denselben Gegenstand behandelnd.

Literatur. Museo Fiorentino, woselbst auch sein Porträt im Stich.

Cavelier, Pierre Jules, ein trefflicher derzeit zu Paris lebender Bildhauer, bildete sich bei David und Delaroche in der Kunst aus, erhielt 1839 von der Akademie zu Paris den ersten Preis in der Sculptur und 1849 für seine Penelope, eine schöne Marmorstatue (vom Herzog von Lugnes für das Schloss Dampierre angekauft) den grossen Ehrenpreis, eine Nationalbelohnung, bestehend in einer Jahresrente von 4000 Franken, welche dem Beliehenen so lange verbleibt, bis das schönere Werk eines Anderen ihm die Palme raubt. Unter seinen weiteren Arbeiten sind zu nennen: die reizende Bronzestatue eines antiken Wettläufers; eine 1852 auf der Pariser Kunstausstellung bewunderte weibliche Marmorbüste (wahrscheinlich die Gemahlin des Künstlers), ausgezeichnet durch wunderbare Feinheit der Modellirung, höchste Naturwahrheit und Unbefangenheit des Ausdrucks; ferner eine Marmorstatue, die Wahrheit darstellend. Cavelier fertigt auch kleinere Gegenstände der Kunst. So rührt unter Anderem das Modell zu dem Ehrendegen Cavaignac's von ihm her.

Cavino, Giovanni, geb. zu Padua 1499, gest. 1570, ein ausgezeichneter Medailleur, der in der Nachahmung alter Münzen besonders geschickt war, und von dem unter anderen von ihm ausgeführten Arbeiten namentlich die in Padua geprägten, unter dem Namen Paduaner-Münzen bekannten Copien antiker, die lange Zeit für ächte galten.

Caxes, Eugenio, Maler, geb. zu Madrid 1577, gest. 1642, erlernte die Malerei bei seinem Vater Patrizio, welcher, aus Arezzo gebürtig, 1567 nach Spanien kam und mit Romulo Cincinnato in der Gallerie der Königin und in Pardo malte. Sein rasch entwickeltes Talent erwarb ihm so viel Ansehen, dass ihm Philipp III. den Auftrag gab, gemeinschaftlich mit seinem Vater den Audienzsaal des Königs im Palaste del Pardo mit Stuccaturen und Frescomalereien zu schmücken, eine Arbeit, welcher er sich zur vollsten Zufriedenheit des Königs unterzog, so dass dieser ihn dafür 1612 zum Hofmaler ernannte. Hierauf malte er für den Hauptaltar der Kirche de la Merced zu Madrid ein grosses Altarblatt und führte mit Vinzenzio Carducho im Jahr 1615 verschiedene Gemälde für die Kathedrale zu Toledo und andere Bilder für Guadeloupe aus. Das Madrider-Museum enthält von ihm ein grosses historisches Bild, die englische Landung zu Cadix 1625, und eine kleine Madonna von Engeln bedient. Seine Bilder sind wegen der Richtigkeit der Zeichnung und des Ausdrucks, der Bewegung und dem Leben der Gestalten, der Kraft des Farbenauftrags und des Totaleffekts sehr beachtenswerth.

Cay, Jacob, Maler, geb. zu Lützen, kam 1566 als Malergeselle nach Würzburg, und wurde 1567 in die dortige Malerzunft aufgenommen. Ein noch erhaltenes Gemälde von ihm ist das grosse Vesperbild in der Peterskirche zu Würzburg. Er hatte sieben Schüler. Bartsch in seinem Peintre graveur führt einen Holzschnitt an, welcher Cay's Bildniss in Dreiviertelansicht darstellt.

Caylus, Philippe-Claude-Anne de Tubieres. Graf von, berühmter Kunstliebhaber, Kunstdilettant, Maler, Kupferätzer, Alterthumsforscher und Schriftsteller, geb. zu Paris 1692, gest. 1765. Einer vornehmen Familie entsprossen, trat er in Kriegsdienste, machte einige Feldzüge mit, legte sich aber nachher auf die Wissenschaften und Künste, bereiste Italien, Griechenland, die Türkei, Kleinasien u. s. w. und schrieb viele archäologische Aufsätze, denen er Zeichnungen und Kupferstiche beigab. Die von ihm geätzten, mit: C*; C***; CC; C de C; C. S.; C* S.; M. le C de C., bezeichneten Blätter belaufen sich auf mehrere Tausende. Die besten darunter sind: Polidor Caravaggio; 10 Blätter aus der Geschichte Joseph's, nach Rembrandt's Skizzen; die Befreiung Petri.

Cazes, Pierre Jacques, Historienmaler, geb. 1676 zu Paris, gest. daselbst 1754, bildete sich in der Schule des René Antoine Houasse und des Bon Boulogne, wurde im Jahr 1703 durch ein Bild des Triumph's des Herkules über den Achelaus Mitglied, 1718 Professor, 1743 Rektor, 1744 Direktor und 1746 Kanzler der Akademie. Er malte viele Altarbilder für verschiedene Kirchen in Paris und den Provinzen, auch andere historische Darstellungen in der damals üblichen conventionellen Eleganz und Grazie. Seine Schüler waren: P. A. Robert, Ch. Parocel, Hungberk und Chardin.

Ceccarini, Giovanni, ein tüchtiger Schüler Canova's, der sich besonders durch seinen kolossalen Neptun auf der (1823 vollendeten) grossen Fontaine auf dem Piazza del Popolo zu Rom und das seinem Lehrer errichtete Denkmal einen geachteten Namen erworben.

Cecchini, Francesco, ein tüchtiger Kupferstecher, der in Rom thätig war und einige treffliche Stiche geliefert, unter denen seine: Maria Heimsuchung, nach A. Bonvicino (1799); die Anbetung der Hirten, die Transfiguration, die sechs Helden und Gesetzgeber, die sechs Weisen, die sechs Propheten, 5 Blätter, nach Perugino's Fresken im Börsensaale zu Perugia, zu den besten gehören.

Celer, ein römischer Baumeister, der mit Severus das goldene Haus des Kaisers Nero erbaute, das mit seinen meilenlangen Porticus, grossen Parkanlagen im Innern und seiner unsäglichen Pracht, nach dem Esquilin und Cälius hinüberreichte und von dem sich noch zahlreiche Gemächer hinter den Substruktionsmauern der Thermen des Titus am Esquilin erhalten haben.

Celesti, Andrea Cavaliere, zu Venedig geb. 1637, gest. 1706, ein Maler, der in M. Ponzone's Schule ging und Altarbilder und Historien in einem angenehmen Colorit mit kräftigem Pinsel ausführte. In der Dresdner-Gallerie findet man von ihm mehrere Gemälde: Bachus und Ceres von einigen Genien umgeben; den Bethlehemitischen Kindermord; Simson von den Philistern gebunden; die Israeliten, Geschenke zu Fertigung des goldenen Kalbs herbeibringend; Kampf und Kriegsgetümmel in einer bei Nacht eroberten Stadt; in der Pinakothek zu München: die reuevolle Magdalena zu den Füssen des Heilands, lebensgrosse Figur.

Cellini, Benvenuto, ein berühmter Goldschmied, Bildhauer und Erzgiesser, geb. 1500 zu Florenz, war der Sohn eines Baumeisters, der aber zugleich die Kunst, in Elfenbein zu schnitzen, verstand, überdiess in der Musik bewandert und eine Zeit lang florentinischer Rathspfeifer war. Auch Benvenuto sollte Musiker werden, doch liess ihn der Vater, als er das ausgesprochene Talent des Sohnes für plastische Arbeiten erkannte, seiner Neigung folgen und Goldschmied werden. In seinem fünfzehnten Jahre begab er sich zu Antonio Sandro in die Lehre, in dessen Werkstatt er in wenigen Monaten die besten Gesellen übertraf. Nachdem er sich hierauf in der Zeichnung, insbesondere durch Studien nach Michelangelo's Carton der Pisanerschlacht weiter vervollkommnet, wandte er sich nach Rom, wo er in die Werkstätte des Firenzuolo di Lombardia trat und hier u. A. einen grossen silbernen Tafelaufsatz in Kästchenform, nach einem antiken Sarkophage ausführte, der allgemeine Bewunderung erregte. Nach einem Aufenthalt von zwei Jahren ging er wieder nach Florenz, kehrte aber bald nach Rom zurück, wo er das Glück hatte, vielfache Beschäftigung zu bekommen. So arbeitete er für den Bischof von Salamanca, an den er durch Franc. Penni, einen Schüler Raphael's empfohlen worden war, unter mehreren trefflichen Werken einen grossen Wasserkessel nach Zeichnungen von Penni; für eine edle Römerin, Porzia, die Gemahlin des Gismondo Chigi, eine Lilie mit in Gold gefassten Diamanten; dann für den Papst Clemens VII., der ihn als Musiker und Goldschmied in Dienste genommen hatte, mehrere andere ausgezeichnete kleinere Werke. Auch fertigte er grosse Medaillen von Gold, die in damaliger Zeit von Herren und Edelleuten am Hut getragen wurden, worunter eine solche mit der Leda, für Gabriel Cesarini, den Gonfaloniere von Rom, rühmend genannt wird; stach Stempel und Siegel in Stahl, übte das Emailliren, ahmte türkische mit Silber damascirte Dolche und antike eiserne, mit Gold eingelegte Ringe nach, und erwiess sich in allen diesen kunstvollen Arbeiten als äusserst geschickt.

Das Jahr 1527 mit seinen kriegerischen Vorfällen unterbrach diese vielseitige künstlerische Thätigkeit. Der Herzog von Bourbon belagerte Rom, fand aber seinen Tod vor den Mauern der Stadt und zwar durch eine Büchsenkugel des Benvenuto. Dieser entfloh darauf in die Engelsburg, wo er während der ganzen Belagerung auf ausgezeichnete Weise Bombardirdienste leistete und bei dieser Gelegenheit nach seiner Versicherung auch den Prinzen von Oranien erschossen haben soll. Nach der Einnahme der Stadt kehrte Cellini nach Florenz zurück, begab sich aber bald darauf nach Mantua, wo er Giulio Romano traf und auf dessen Empfehlung für den Herzog beschäftigt wurde. Er führte für denselben das Modell zu einem Reliquienbehälter und einige andere kleine Arbeiten aus, stach auch ein grosses Siegel für dessen Bruder, den Kardinal. Nach einem viermonatlichen Aufenthalt verliess Benvenuto Mantua wieder und begab sich nach Florenz zurück, wo unterdessen die Pest seinen Vater, mehrere seiner Verwandten und viele seiner Bekannten hinweggerafft hatte. Er verweilte hier nur so lange, bis er eine sehr schöne Medaille mit dem Atlas, der die Himmelskugel trägt, fertig gebracht (die später an König Franz I. von Frankreich kam) und folgte dann dem Rufe des Papstes nach Rom. Dieser trug ihm auf, den Knopf eines Pluvials in getriebenem Gold mit einem grossen Diamanten und andern kostbaren Edelsteinen besetzt, zu fertigen und Gott Vater in halb erhabener Arbeit darauf darzustellen; bestellte bei ihm ferner den Stempel einer Münze, die auf der einen Seite einen Ecce homo, auf der anderen einen Papst und einen Kaiser, beide ein Kreuz aufzurichten bemüht, zeigen sollte, eine Arbeit, die dem Papst so wohl gefiel, dass er ihn zum Stempelschneider bei der päpstlichen Münze ernannte, in welcher Eigenschaft er den Stempel zu einer Goldmünze mit dem Bildnisse des Papstes auf der einen und dem auf dem Meere wandernden Christus auf der anderen Seite ausführte. Darauf machte er das Modell zu einem prachtvollen Kelche mit einem Fuss aus drei runden Figuren: Glaube, Liebe und Hoffnung, die auf einem Untersatze standen, auf welchem halberhaben die Geburt und Auferstehung Christi und die Kreuzigung Petri dargestellt war, er bekam jedoch während dessen Ausführung Streit mit dem Papst, in dessen Folge der Künstler sein Amt bei der Münze verlor, ja sogar verhaftet wurde. Man setzte ihn jedoch bald wieder in Freiheit und der heilige Vater übertrug ihm die Ausführung einer Monstranz. Benvenuti, der in dem Verdacht stand, einen Goldschmied ermordet zu haben, entfloh jedoch nach Neapel, und kehrte erst wieder, nachdem er sich von demselben vollständig gereinigt hatte, nach Rom zurück. Jetzt schnitt er für den Papst den Stempel zu einer Münze mit dessen Bildniss auf der einen und einer Allegorie des Friedens auf der andern Seite, eine Arbeit, die jenem so grosse Freude machte, dass er noch eine andere Rückseite dazu bestellte, worauf Cellini Moses, wie er Wasser aus dem Felsen schlägt, darstellen sollte. Papst Clemens VII. erlebte aber deren Vollendung nicht mehr, er starb 1534 und Papst Paul III. bestieg den Thron. Dieser setzte den Künstler wieder in seine vorige Stelle bei der Münze ein, allein ein an einem Mailänder Goldschmied in Händeln und im Jähzorn begangener Mord, in dessen Folge man ihm nach dem Leben trachtete, nöthigte ihn zur plötzlichen Abreise nach Florenz, wo er von Herzog Alexander als Münzmeister in Dienste genommen wurde und eine Menge trefflicher Stempel schnitt. Nicht lange darauf wurde ihm jedoch vom Papst ein Freibrief ertheilt, um ungefährdet nach Rom kommen und sich daselbst durch Ablass vom Flecken des Todschlags reinigen zu können. Er eilte dahin, wurde aber bald nach seiner Ankunft von einer heftigen Krankheit befallen, die seine starke Natur jedoch siegreich überwand. Nach seiner Wiedergenesung machte er zu einem Brevier mit Miniaturen einen prachtvollen Deckel aus Gold, reich an Figuren, Laubwerk, Schmelz und Juwelen, ein Geschenk des Papstes an Kaiser Karl V. bei dessen Einzug in Rom und fasste auf's Kunstvollste in einen goldenen Ring einen Diamanten, den der Letztere Paul III. bei derselben Gelegenheit verehrt hatte. Wiederholte Ränke, die dem Künstler bei seinem päpstlichen Beschützer gespielt wurden, veranlassten ihn jedoch Rom zu verlassen und sich nach Paris zu begeben. Im Jahr 1537 langte er daselbst an und wurde von Franz I. auf's Freundlichste aufgenommen. Krankheitshalber kehrte er jedoch kurze Zeit hierauf wieder nach Rom zurück. Hier wurde er wieder mit Aufträgen überhäuft. Er arbeitete mit vielen Gesellen und eine grosse Anzahl der angefangenen Bestellungen waren der Vollendung nahe, als Cellini auf die falsche Anklage eines seiner Gesellen, dass er dem verstorbenen Papst einen grossen Schatz von Edelsteinen entwendet habe, in's Gefängniss geworfen wurde, in welchem er grausame Misshandlungen zu erdulden hatte. Nach langem Harren endlich auf Fürsprache des Kardinals von Ferrara aus dem Kerker befreit, fertigte er für diesen einen Becher und ein Becken von Silber mit runden und halb erhabenen Figuren, schnitt dessen Siegel und brachte darauf sehr schöne geschichtliche Darstellungen an, begann auch das Modell eines Salzfasses, das er aber erst später für König Franz I. von Frankreich vollendete.

Dieser hatte ihn nämlich durch denselben Kardinal an seinen Hof einladen lassen, ihn gleich nach seiner Ankunft im Jahr 1540 in seine Dienste genommen und als erste Arbeit zwölf lebensgrosse Götterstatuen von Silber, die als Leuchter um seinen Tisch dienen sollten, bestellt. Er machte auch sogleich drei davon: Jupiter, Vulkan und Mars im Modelle fertig und hatte die erstere Statue sogar im Silber schon weit gefördert, als ihn der König beauftragte, das Modell des erwähnten Salzfasses als Tafelaufsatz in Gold auszuführen, eines Auftrags, dessen er sich zur vollkommenen Zufriedenheit seines königl. Bestellers entledigte. Dieses Salzfass ruht auf einem Untersatz von Ebenholz mit Reliefiguren, welche Tag und Nacht und die vier Hauptwinde darstellen, zeichnet sich aber vornehmlich durch die schönen nackten getriebenen Figuren des Meers und der Erde, jene auf Seethieren, diese auf einem Elephantenkopf ruhend, neben ihnen eine Barke, die dazu bestimmt war, das Salz aufzunehmen, wie ein Tempelchen jonischer Ordnung den Pfeffer, aus.* (Dasselbe wurde im Jahr 1543 vollendet, befand sich im königl. Schatze bis 1570, um welche Zeit Karl IX. es dem Erzherzog Ferdinand schenkte, der es der Ambraser Kunstsammlung einverleibte, aus der es in die Gallerie des Belvedere zu Wien überging, wo sich dasselbe noch heute befindet.) Mittlerweile fertigte Benvenuto die Modelle zu einer lebensgrossen Büste des Julius Cäsar und zu einem schönen Frauenkopf in derselben Grösse, die er in Erz goss; führte auch ein grosses Gefäss von Silber aus und modellirte die Reliefs zu den erzenen Fussgestellen der silbernen Götterstatuen. Ueberdiess war er noch für verschiedene italienische Edelleute vollauf beschäftigt. Mitten in diesen Arbeiten machte er im Auftrag des Königs das Modell zu einem Bronzerelief, das für das Bogenfeld des Hauptportals am Schlosse von Fontainebleau bestimmt war und die Nymphe der Quelle darstellte, eine schöne liegende überlebensgrosse weibliche Gestalt, gestützt auf die Wasserurne und umgeben von den Thieren des Waldes,

* Abgebildet in den Denkmälern der Kunst. Atlas zu Kuglers Handb. der Kunstgesch. Taf. 73, Fig. 9.

deren einem, einem Hirsch, sie den rechten Arm um den Hals legt * (jetzt im Louvre zu Paris). Ermuthigt durch diese Gunstbezeugungen des Königs, der ihn naturalisirt und ihn zum Herrn des Schlosses Le Petit-Nesle gemacht hatte, fertigte er jetzt das Modell zu einem Brunnen mit verschiedenen allegorischen Gestalten und einer Statue des Mars, die 54 Fuss hoch werden sollte und in der er den König selbst sinnbildlich darstellen wollte. Er machte auch das Gerippe zu diesem Kolossen fertig und führte den Kopf in einer Grösse aus, dass er dem erstaunten Volk zum Wunder und Mährchen wurde; allein das Ganze kam nie zu Stande und von seinen Modellen ist auch keine Spur mehr vorhanden.

Trotz aller der Gunst, in der er bei König Franz stand, schuldete ihm der Letztere immer noch grosse Summen, so dass Benvenuto für seine Rückstände durch Verleihung einer Abtei entschädigt werden sollte, aber selbst im Jahr 1559, nachdem er längst Frankreichs Boden verlassen, noch eine ziemlich bedeutende Summe gut hatte. Dazu kam noch, dass seine Nebenbuhler, und besonders die Geliebte des Königs, Madame d'Estampes, der er den Hof zu machen vernachlässigt hatte, ihm das Spiel bei Franz I. immer mehr verdarben, so dass es ihm in Frankreich nicht mehr recht gefallen wollte und er um Urlaub bat, den er auch endlich im Jahr 1545 erhielt. Er überliess sein Haus und einen grossen Theil seiner Habe nebst verschiedenen Modellen der Obhut zweier seiner Gesellen und kehrte nach fünfjährigem Aufenthalte in Frankreich nach Florenz zurück, wo ihn Herzog Cosimo I. sehr freundlich empfing und in seine Dienste nahm. Hier begann er, unter anderen kleineren Arbeiten, die er dazwischen fertig machte, für diesen das Modell zu einer Statue des Perseus, die in Erz gegossen werden sollte, fertigte mehrere Gefässe mit erhabenen Figuren, einen goldenen Gürtel mit Masken und anderen Reliefs und Edelsteinen, die lebensgrosse Büste des Herzogs, eine ganz vortreffliche Arbeit (in der Sammlung der Erzgüsse in der florentinischen Gallerie), meiselte auch eine Gruppe: Apollo und Hyacinth, ferner eine Statue des Narciss aus Marmor und restaurirte Kopf und Arme einer antiken Statue des Ganymed (in der Gallerie der Uffizien).

Unterdessen waren seine Feinde in Frankreich nicht unthätig gewesen, König Franz hatte ihm seine Gunst entzogen und auch in Florenz fand er beim Guss des Perseus viele Schwierigkeiten, da man es ihm oft an den nöthigsten Hilfsmitteln fehlen liess und der Bildhauer Bandinelli aus Eifersucht und Neid auf jede Weise gegen ihn intriguirte. Trotz aller dieser Hindernisse kam der Guss der Statue selbst endlich doch im Jahr 1550 glücklich zu Stande. Im Jahr 1552 begab sich Cellini, angeblich Geschäfte halber, nach Rom zu dem Mäkler Bindo Altovoti, dessen Büste er in Erz gegossen hatte (noch heute in dem von ihm ehemals bewohnten Palaste an der Engelsbrücke zu Rom), in Wahrheit aber um Gelegenheit zu suchen, in des Papstes Dienste treten zu können, was ihm aber nicht gelang. Nach seiner Rückkunft nach Florenz wurde er, da inzwischen ein Krieg mit Siena ausgebrochen war, zur Ausbesserung der florentinischen Befestigungswerke verwendet. Darauf restaurirte er einige in der Gegend von Arezzo ausgegrabene Alterthümer von Erz, worunter die bekannte eherne Chimäre, und stellte nun seine, sammt den plastischen Arbeiten des Fussgestells vollendete Perseusstatue auf, die im Jahr 1554 enthüllt wurde und ungeheuren Beifall fand. Die Statue des Perseus (in der Loggia de' Lanzi zu Florenz), der, das vom Rumpf getrennte Haupt der Medusa mit der Linken erhebend, auf dem Körper des Getödteten steht, gehört zu den besten Arbeiten des Cellini und auch überhaupt seiner Zeit. Der Körper ist schön und feingebildet und das Gesicht sehr anmuthig. Die Basis ist ungemein zierlich und reich gegliedert, an der Vorderseite befindet sich ein Relief, ringsum sind vier Nischen mit reizenden ungemein fein gearbeiteten Figuren.

Das äussere Glück, das er indessen mit diesem Werke genoss, war nicht gross, denn zu den unendlich vielen Verdriesslichkeiten und Ränken aller Art, denen er während der Arbeit daran ausgesetzt gewesen und dem Kummer und den Sorgen, die er unter der Zeit erlitten, und die er nur zu ertragen vermocht, weil sein Ehrgeiz und seine Ruhmbegierde mit dieser Statue die Behauptung seiner Feinde und Neider, dass er

* Abgebildet in den Denkmälern der Kunst. Atlas zu Kuglers Handb. der Kunstgesch. Taf. 73, Fig. 8.

kein Bildhauer sei und keine Figuren im Grossen ausführen könne, niederschlagen wollten; zu all' diesen Widerwärtigkeiten kam noch, dass Herzog Cosimo ihm kaum den dritten Theil der Summe dafür ausbezahlte, als die erfahrensten Künstler die Statue geschätzt hatten, er überdiess das Geld, wovon sogar ein grosser Theil in zum Voraus gemachten Baarauslagen bestand, in kleinen Ratenzahlungen erhielt, deren letzte ihm sogar erst kurz vor seinem Tod ausbezahlt wurde. Ihm musste daher beinahe ausschliesslich der innere Lohn der Befriedigung mit seinem Werke genügen; auch fehlte es ihm nicht an Ehrenbezeugungen, denn noch in demselben Jahre schrieb ihn die Stadt Florenz in ihr goldenes Buch ein.

Vier Jahre darauf trat er in den geistlichen Stand aus dem alleinigen Grunde, um der Gerichtsbarkeit der Geistlichen theilhaftig zu werden und, wie er selbst sagt, gegen seine grossen Schuldner um so strenger verfahren zu können. Es war im Jahr 1558 als er mit Bewilligung des erzbischöflichen Generalvicars die erste geistliche Tonsur erhielt; im Jahr 1560 liess er sich aber schon wieder seiner eingegangenen Verbindlichkeiten entbinden, um seinen „Neigungen" wie früher nachgehen zu können und seinen unehlichen Kindern die Legitimität zu sichern. In der Zwischenzeit bewarb er sich mit Giov. da Bologna, Bandinelli und andern Bildhauern um die Uebertragung der Statue des Neptun für den grossen Brunnen auf der Piazza del Granduca. Er entwarf dazu ein grosses Modell, das nach seiner Versicherung den Vorzug vor allen andern erhalten haben soll; da er dasselbe aber nicht vollenden konnte, weil er in Folge erhaltenen Gifts zur Arbeit unfähig geworden war, lief ihm sein von der Herzogin begünstigter Nebenbuhler Ammanati den Vorrang ab. Diesem wurde die Ausführung übertragen.

Als sich Cellini auf solche Weise in seinen Erwartungen getäuscht fand, zeigte er sich geneigt, dem Ruf der Katharina von Medici nach Paris zu folgen, um dort das Grabmal Heinrich II., ihres Gemahls, zu vollenden, allein der Herzog liess merken, dass ihm diess unangenehm wäre, und die Königin hörte auf in ihn zu dringen, ihr Benvenuto zu überlassen. Im Jahr 1563, kurz nachdem er, um den Vorschriften der heil. römischen Kirche zu gehorchen, und ehliche Kinder um sich zu sehen, sich verheirathet hatte, ward ihm von Neuem der frühere Jahresgehalt von zweihundert Scudi wieder ausgesetzt und der Auftrag ertheilt, für den Dom Bildhauerarbeiten zu liefern. Auch war er um diese Zeit mit einem grossen Relief, Adam und Eva beschäftigt, dessen Skizze in Wachs sich nach seinem Tode noch in seiner Werkstatt vorfand. Im Jahr 1565 kaufte Cosimo dem Künstler ein in den letzten Jahren verfertigtes marmornes Crucifix in Lebensgrösse ab, über dessen Kunstwerth Vasari äusserte, dass es das schönste und seltenste Sculpturwerk dieser Gattung sei. (Dasselbe wurde im Jahre 1576 von Grossherzog Francesco an König Philipp II. von Spanien verschenkt, wo man es jetzt noch im Chor der Kirche des Escorial sieht. Es trägt die Inschrift: Benvenutus Cellinus civis Florent. faciebat MDLXII.) Endlich wurde Benvenuto noch beauftragt, Entwürfe zu den Kanzeln des Domes von Florenz anzufertigen. Er lieferte auch drei kleine Modelle, von denen der Herzog eines wählte, nach welchem die äussere Form der Kanzel gemacht wurde. Cellini sollte die Reliefs und Verzierungen dazu ausarbeiten. Sei es aber, dass er wenig Lust an dem Werke hatte, oder dass, wie er klagte, die Bauverwaltung ihn nicht gehörig mit Werkleuten und Material unterstütze, genug, die Arbeit rückte nicht vor, der Herzog verlor die Geduld und entliess den Künstler aus seinem Dienste. Dennoch scheint der darüber fast untröstlich gewordene Cellini auch später noch für Herzog Francesco, Cosimo's Sohn, der seit 1564, in Folge freier Verzichtleistung des Vaters, die Regentschaft in Toskana führte, gearbeitet zu haben, denn im Jahr 1570 noch wollte er eine Juno für ihn giessen, von der sich zwei kleine Modelle in seinem Nachlasse vorfanden. Im December 1570 erkrankte jedoch Benvenuto gefährlich; er machte sein Testament und starb am 13. Febr. 1571. Zwei Tage darauf wurde er in dem gemeinsamen Begräbnisse der Mitglieder der Akademie der Künste in der Nunziata beigesetzt. Er hinterliess einen Sohn und zwei Töchtern, drei legitim geborene Kinder.

In dem Inventar, welches nach Cellini's Tod über seinen künstlerischen Nachlass aufgenommen worden, findet man eine Menge Kunstwerke verzeichnet, theils Modelle, theils begonnene, theils vollendete Sachen, von denen sich in Florenz keine Spuren mehr vorfinden. Es gehören dazu ein Basrelief der Madonna in Gyps; das grosse Gypsmodell des Perseus; die erwähnte Wachsskizze zu einem Basrelief mit Adam und Eva; ein Wachsmodell des Neptun für den grossen Brunnen und viele andere grössere und kleinere Modelle, theils in Gyps und Wachs, darunter mehrere Kruciflxe, eine Madonna, eine Caritas, ein Denkmal mit mehreren Figuren für einen Papst, eine Kleopatra, Andromeda, Medusa, Minerva, eine Nachbildung der Reiterstatue des Gattamela zu Padua von Donatello, endlich die lebensgrosse Marmorstatue der Herzogin Eleonore, die nicht beendigte Marmorbüste des Grossherzogs und die gleichfalls marmorne Statue eines Narciss.

So wenig man weiss, wo diese zum Theil doch grösseren Werke hingekommen sind, so vielfach werden hier und dort Werke von ihm, namentlich solche der Goldschmiedekunst, angehörig, für die seinigen ausgegeben, ein Umstand, der, wenn auch nur ein kleiner Theil davon ihm gehören dürfte, indirekt dafür zeugt, dass sich die Ansicht über die Meisterschaft des Goldschmieds Cellini seit dem 16. Jahrhundert bis heute wenig geändert hat. Von den erhaltenen Goldschmiedearbeiten ist der Schild, welchen König Franz I. von Frankreich dem König Heinrich VIII. von England schenkte (im König-Schlosse George-Hall zu Windsor), von hohem Kunstwerth; der reiche Schmuck von Figuren, Masken und Arabesken daran gehört in Erfindung und Ausführung zu dem trefflichsten, was in dieser Art existirt. Nicht minder herrlich ist die in prachtvollem ornamentistischem Styl gearbeitete Fassung eines Gebetbuchs, dessen Miniaturen von Giulio Clovio herrühren, in der Bibliothek von Neapel.

Benvenuto Cellini wird stets den Ruhm eines höchst ausgezeichneten Goldschmieds oder Bildhauers in kleineren Arbeiten behaupten, und in der geschmackvollen Ornamentik und Zierlichkeit der Ausführung bleibt er sogar unübertroffen; als Bildhauer im grösseren Maassstabe wird er dagegen immer nur eine Stelle zweiten Ranges einnehmen. Seine Statue des Perseus hat grosse Schönheiten, sie ist im Motiv energisch, in den Linien bedeutend und was äusserste Vollendung und liebevolle Sorgfalt betrifft, wird sie sogar immerdar ein Muster bleiben: allein es bleibt eben, neben den grossen Mängeln in den Verhältnissen und der strotzenden Musculatur, doch immerhin ein ziemlich nüchternes Werk. Die Schaumünzen und Stempel, die er fertigte, haben schon das manieristische Gepräge, welches fast sämmtlichen Nachfolgern des Michelangelo eigen ist.

Seinen Charakter schildert er selbst am besten in der von ihm im Alter von 58 Jahren geschriebenen, bis 1562 reichenden, Selbstbiographie, ein nicht nur für die Kunstgeschichte, sondern für die Geschichte seiner Zeit und Zeitgenossen überhaupt höchst interessantes Werk.

Benvenuto war der ächte Sohn seiner Zeit, gut und schlimm, wie sie es mit sich brachte, mit vielen Tugenden und den meisten Fehlern des Florentiners, talentvoll und energisch, die Kunst zum Inhalt seines Dichtens und Strebens machend, und aus dieser Kunst seine Liebe zum Schönen und seine Sinnlichkeit in's tägliche Leben übertragend. Dabei misstrauisch und rachsüchtig, reizbar und heftig und bei seiner kecken und scharfen Zunge nicht die Gunst der Mächtigen bewahrend, noch Frieden haltend mit seinen Nebenbuhlern, eigensinnig bis zum Unleidlichen, in Dingen des Interesses bis zur Kleinlichkeit berechnend, seiner Familie aber anhänglich und ohne Unterlass für ihr Wohl besorgt.

Als man in Florenz den Plan entwarf, die Nischen an den Pfeilern des Palastes der Uffizien, an der dem Flusse zugewandten Façade sowohl wie an den Längenseiten, mit den Statuen berühmter Toskaner zu schmücken und so den ursprünglichen Plan des Erbauers Giorgio Vasari und Herzog Cosimo's in's Leben treten zu lassen, gesellte man zu den Meistern der Bildhauerkunst Niccolo Pisano, Andrea Orcagna, Donatello und Buonarotti auch die Bildsäule des Benvenuto Cellini.

Mit Benvenuto's Selbstbiographie machte uns Deutsche zuerst (1796—1809) Göthe durch seine treffliche Uebersetzung bekannt. Italienische Ausgaben seines

Lebens und seiner Schriften kamen 1728 zu Neapel, 1806 und 1821 von Carpani zu Mailand, 1829 von Tassi zu Florenz heraus. (Eine kleinere Ausgabe der letzteren veranstaltete Prof. Choulant in Leipzig 1832.) Seine beiden Traktate über die Goldschmiedekunst und Sculptur erschienen schon zu des Verfassers Lebzeiten in Florenz 1568 und später 1731. Die beste Gesammtausgabe seiner Selbstbiographie und seiner anderen Schriften führt den Titel: Vita di B. Cellini scritta da lui medesimo, restituita alla lezione originale sul Manuscritto Poirot ora Laurenziano ed arricchita d'illustrazione e documenti inediti. Ricordi, prose e poesie di B. Cellini con documenti la maggior parte ined. in seguito e ad illustrazione della vita del medesimo raccolti e pubblicati dal dottor Fr. Tassi. Fiorenze 1829. 3 Bände. — Es gibt davon verschiedene Uebersetzungen in andere Sprachen.

Die Urschrift befindet sich seit 1815 in der Laurenzianischen Bibliothek zu Florenz. —

Literatur. Seine erwähnte Selbstbiographie, übersetzt von Göthe (in dessen sämmtlichen Werken). — Cicognara, Storia della scultura. Venez. 1813—1818. — Dr. Giov. Gaye, Carteggio inedito d'Artisti dei secoli XIV, XV, XVI. Firenze, 1839—1840. — Kunstblatt, Jahrg. 1845 Nro. 35 und Jahrg. 1847 Nro. 48. — Alfr. v. Roumont, Beiträge zur italienischen Geschichte. 3. Band Benvenuto Cellini's letzte Lebensjahre. Berlin, 1855.

Cels, Cornelis, Historien- und Porträtmaler in Brüssel, geb. zu Lier in Brabant 1778, erlernte das Malen bei A. Lens in Brüssel, ging dann nach Paris und Italien, und wurde 1820 Professor an der Zeichenschule zu Tournay, wohnt aber jetzt in Brüssel. In den zahlreichen Arbeiten dieses Künstlers lassen sich deutlich zweierlei Perioden unterscheiden, die eine, in welcher er sich ganz nach dem Muster der Antike gebildet, die andere, in welcher er die vorraphaelischen italienischen Meister zu seinem Vorbilde genommen. Die letztere Epoche ist die bessere, und aus ihr stammt z. B. das grosse Bild über dem Hauptaltar von S. Paul in Antwerpen, eine Kreuzabnehmung, in welchem die Zeichnung edel und streng, die Farbe aber trocken und der Schatten schwarz ist, das Colorit überdiess mehr dem eines Frescobildes gleicht. Aus der andern Epoche ist ein: Besuch der mutterwerdenden Maria, in der Kirche S. Augustin zu Antwerpen. Seine im Jahr 1809 gemalte Enthauptung der heil. Katharina in der Kathedrale von Brügge gehört ebenfalls seiner früheren Zeit an. Cels ist auch ein beliebter Porträtmaler.

Cenci, Filippo, ein jetzt lebender Kupferstecher zu Florenz, war ein Schüler von Raph. Morghen. Ausgezeichnete Blätter von ihm sind: das Brustbild Raphael's (Altoviti), nach Raphael Gemälde in der Münchner-Pinakothek und das Brustbild der Fornarina, nach Raphael Gemälde zu Florenz.

Cennini, Bernardo, ein berühmter Goldschmied in Florenz, der mit seinen beiden Söhnen **Pietro** und **Domenico** zuerst in Florenz Stempel geschnitten, mit den so gewonnenen Matrizen Buchdruckertypen gegossen und um 1470 Bücher gedruckt haben soll.

Cennini, Cennino di Drea, ein Maler aus Colle di Valdelsa und Schüler des Angiolo Gaddi, arbeitete theils gemeinschaftlich mit seinem Lehrer, theils selbstständig verschiedene Wandmalereien zu Florenz und in der Umgegend, ist aber hauptsächlich durch seine Schrift über Farben, Bindemittel und Verfahren beim Malen in Fresco, in Tempera und in Miniatur (herausgegeben unter dem Titel: Di Cennino Cennini Trattato della pittura, messo in luci la prima volta con annotazioni dai Cav. Gius. Tambroni. Roma 1821) bekannt.

Cento, Guercino da, siehe **Barbieri.**

Cephisodotus, siehe **Kephisodotos.**

Cerano, siehe **Crespi.**

Cerajuolo, Antonio del, aus Florenz, ein Schüler von Lorenzo di Credi und nachmaliger Gehülfe des Ridolfo Ghirlandajo, malte Kirchenbilder, unter denen besonders eine Kreuzigung mit Maria Magdalena und dem h. Franciscus (ehedem in S. Jacopo tra Fossi, jetzt in der Vorhalle des Corridors, welche zum Palast Pitti führt), namentlich aber sehr gerühmte Bildnisse.

Cerbera, Niccolò, ein ausgezeichneter Stempelschneider in Rom, bekannt durch mehrere treffliche Medaillen, namentlich aber durch seine seit 1842 mit P. Girometti unter der Benennung: Serie iconografica numismatica dei più famosi Italiani herausgegebene Sammlung von Denkmünzen mit den Bildnissen berühmter Italiener aller Zeiten. Die Behandlung der Medaillen ist lobenswerth und die Bildnisse sind ähnlich.

Literatur. Kunstblatt. Jahrg. 1843. Nro. 85.

Ceresa, Carlo, ein Maler aus Bergamo, geb. 1609, gest. 1679, von dem man in den Kirchen seiner Vaterstadt noch viele treffliche Gemälde findet.

Cerezo, Mateo, ein spanischer Maler, geb. zu Burgos 1635, gest. zu Madrid 1685, genoss den ersten Unterricht in der Kunst bei seinem Vater gleichen Vornamens, kam aber hierauf in die Schule des Juan Careño, und suchte in seinen Bildern, gleich diesem, den A. van Dyck, besonders im Colorit nachzuahmen, blieb aber in seinen Charakteren durchaus Spanier. In einer Privatsammlung zu Sevilla befindet sich von ihm das vortreffliche Bild einer büssenden Magdalena mit der Jahrszahl 1666, von sehr edlem Ausdruck der Reue, von feiner Zeichnung, satter Färbung und markigem Impasto. Oefter ist er indessen flüchtig in der Zeichnung und weniger tief, selbst hell im Ton. Im Museo del Rey zu Madrid sieht man eine schöne Himmelfahrt der Maria, einen h. Franz und einen h. Hieronymus in Betrachtung, ausgezeichnet durch den Ausdruck der Frömmigkeit und den schönen Goldton der Farbe. Die Gallerie Esterhazy zu Wien besitzt von ihm einen trefflichen Ecce homo. Verschiedene andere Bilder von ihm findet man in den Kirchen von Madrid, Bajadoz, Valladolid, Valencia, Burgos und Malaga. Mit dem jüngern Herrera führte er die Frescomalereien in der Kuppel der Frauenkirche zu Atocha aus.

Literatur. Bermudez, Diccionario historico de los mas illustres professores de las bellas artes in España. — Passavant, Die christliche Kunst in Spanien.

Cerquozzi, Michelangelo, genannt **Michelangelo delle battaglie**, ein berühmter Genre- und Schlachtenmaler, geb. zu Rom 1602, gest. 1660, bildete sich zuerst in der Schule eines in Rom sich aufhaltenden Flamländers, begab sich aber nach Verfluss von drei Jahren in die des Pietro Paolo Bonzi, gen. il Gobbo da Cortona, um auch diese wieder zu verlassen und sich ganz der Kunstweise des Bambocciadenmalers Peter de Laar zu widmen, der damals in grossem Ansehen in Rom stand. Er zeichnete sich auch bald in der Darstellung niederer Volksscenen in der Art des Letzteren so vorzüglich aus, dass seine besten Bilder, sowohl was Naivität und Humor als sorgsame Ausführung und meisterliche Behandlung des Tons betrifft, den besten Niederländern an die Seite gestellt werden können. Er malte Schlachten, Märkte, Messen, am liebsten aber Scenen aus dem Treiben der Lazzaroni und zwar mit einer ungeheuren Harmlosigkeit und Ursprünglichkeit. Die Figuren in diesen gemalten Lustspielen sind voll Charakter und Leben und höchst poetisch aufgefasst. Mit diesen Vorzügen verbindet Cerquozzi ein kräftiges Colorit und eine ungemeine Leichtigkeit der Ausführung. Seine Schlachten, die ihm den Beinamen „delle battaglie" einbrachten, sind dagegen, obgleich oft geistreich und lebendig, häufig von allzu grosser Flüchtigkeit und daher weniger ausgezeichnet, seine historischen Gemälde aber wirklich unbedeutend. Endlich malte er auch Blumen und Früchtenstücke, die sehr geschätzt werden. Im Louvre zu Paris sind zwei Bilder von ihm, ein italienisches Possenspiel von geringerem Werth und eine Schlacht, welche Ritter in den Pässen von Lissa liefern, ein vortreffliches Bild, dort irrthümlich dem Albrecht Altdorfer zugeschrieben. Ein vorzügliches Bild von ihm, den Einzug eines Papstes zu Rom darstellend, befindet sich im Berliner-Museum. Andere Bilder sieht man im Palast Spada zu Rom, worunter besonders das rührende Bild des todten Esels. In München ist von ihm: die Erfrischung nach der Jagd und ein Schuhflicker vor seiner Hütte, welchem ein Weib einen zerrissenen Schuh übergibt; in der Dresdner-Gallerie: eine Kriegsscene. — Eine Menge von Schlachtbildern, die von Cerquozzi's Nachahmern ausgeführt wurden, tragen seinen Namen.

Cerrini, Giandomenico, genannt **il Cavaliere Perugino**, geb. zu Perugia 1609, gest. 1681, ein Schüler und Nachahmer des Guido Reni, malte in seiner Vaterstadt und in Mailand viele Kirchen- und historische Gemälde, von denen Diejenigen, welche sein Lehrer übermalte, sehr gesucht sind.

Cerva, Giov. Batista della, geb. um 1500, war ein Schüler des Gaudenzio Ferrari und der Lehrer des Giov. Paolo Lomazzo.

Cesar, Joseph, ein tüchtiger, der Gegenwart angehöriger Graveur und Stempelschneider zu Wien, dessen Denkmünzen sehr gerühmt werden. Zu seinen neuesten Arbeiten gehört der von ihm nach einer Zeichnung des Architekten van der Nüll modellirte Schild, welchen die östreichische Armee dem Adjutanten des Kaisers von Oesterreich, Grafen O'Donnel, als Zeichen der Anerkennung zum Geschenke überreichte.

Cesare da Sesto, siehe **Sesto.**

Cesari, Alessandro, siehe **Cesati.**

Cesari, Giuseppe, genannt **il Cavalier d'Arpino**, auch **Josepin**, geb. 1560 zu Rom, gest. 1640 ebendaselbst, der Sohn eines mittelmässigen Malers, zeigte bereits in früher Jugend grosses Talent für die Kunst, und bildete sich, nachdem ihn der Vater in den ersten Grundsätzen derselben unterrichtet hatte, nach Raphael Motta und Cristofano Roncalli. Er schmückte schon in seinem 13. Jahre die Façade eines Hauses mit Malereien, die, in Anbetracht seines Alters, Erstaunen erregten und führte später gemeinschaftlich mit Giacomo Rocca, einem Schüler von Daniele da Volterra, mehrere Gemälde nach Zeichnungen von Michelangelo, welche jener von seinem Lehrer erhalten hatte, aus, wodurch er sich bekannt machte und sich binnen kurzer Zeit einen Namen erwarb. Durch den Dominikaner Fra Ign. Danti, der die Oberaufsicht über die Arbeiten im Vatikan führte, Papst Gregor XIII. empfohlen, wurde er von dem letzteren unter den Malern angestellt, die für den päpstlichen Stuhl beschäftigt waren. Ein Altarbild für S. Trinita de monti erhöhte seinen bereits anerkannten Ruf, von allen Seiten erhielt er Bestellungen und selbst in's Ausland wurde er berufen. Der Kardinal Aldobrandini nahm ihn 1600, als Heinrich IV. sich mit Maria von Medici vermählte, nach Frankreich mit, wo er vom König mit dem Orden des heil. Michael dekorirt wurde. Später malte er Vieles zu Neapel u. s. w. und fertigte ausserdem für verschiedene andere Städte Altargemälde oder sonstige Bilder. Sein grösstes Werk in Rom sind die Fresken im grossen Saal der Conservatoren, Scenen aus der römischen Geschichte darstellend, an denen er 40 Jahre gearbeitet haben soll. Zu Anfang des 17. Jahrhunderts, in welche Zeit seine Hauptthätigkeit fällt, galt er für den grössten Maler Rom's. Er genoss die Gunst von zehn Päpsten, deren einer, Clemens VIII., ihn zum Ritter des Christusordens ernannt hatte und beherrschte mit seiner Schule und seinen Gönnern die ganze damalige Geschmacksrichtung in Rom, bis durch Annibale Caracci und Michelangelo Caravaggio eine gesunde Reaktion gegen die manieristische Verderbniss, in der er und seine Zeit in der Kunst befangen waren, eintrat.

Cesari besass viel natürliches Talent, er hatte eine lebendige Einbildungskraft, componirte mit vielem Geschick und besass eine tüchtige heitere Färbung. In seinen Bildern zeigt sich wenigstens noch eine gewisse Mässigung der trostlosen Manier seiner Zeit, allein nur selten macht in ihnen einer gewissen seelenlosen allgemeinen Schönheit und Eleganz eine edlere Wärme Platz. — Er führte eine ungeheure Menge von Gemälden aus, die in den verschiedenen europäischen Sammlungen anzutreffen sind. Die meisten findet man aber in Italien. Zu seinen besseren gehören hier namentlich die Deckenfresken im Chor von S. Silvestro a monte Cavallo, die Bilder in S. Prassede, S. Maria maggiore zu Rom u. s. w. Cesari lieferte auch die Cartons zu den Mosaiken der Kuppel der Peterskirche.

Cesari, Bernardino, Bruder und Schüler des Folgenden, ahmte die Zeichnungen des Michelangelo nach und half seinem Bruder bei der Ausführung seiner Bilder. Er starb jung unter dem Pontificat Paul V.

Cesariano, Cesari, Architekt und Miniaturmaler zu Mailand, geb. daselbst 1483, gest. 1542, erlernte die Architektur bei Bramante, die Malerei bei Leonardo da Vinci. Er vollendete das Innere des Mailänder-Dom's und gab eine 1521 zu Mailand erschienene italienische Uebersetzung der zehn Bücher des Vitruv's heraus, zu denen er die architektonischen Zeichnungen lieferte, welche im Stich herauskamen. Auch andere Zeichnungen, die in Metall für Bücher geschnitten wurden, verfertigte er. Zwei seiner reichsten Compositionen sind die Darstellungen des goldenen Zeitalters und die Gemeinschaft der Auserwählten Christi. Der Marchese Poleni hat sein Leben beschrieben.

Cesati, Alessandro, genannt **il Greco,** ein ausgezeichneter Edelsteinschneider und Medailleur aus dem Mailändischen, welcher um 1550 blühte. Für eine seiner besten Arbeiten, ja für ein Meisterwerk des ganzen Kunstzweigs gilt die Medaille auf Papst Paul III., die auf ihrer Rückseite den Hohepriester von Jerusalem, vor dem Alexander der Grosse sich beugt, darstellt. Man hat von ihm auch eine Medaille auf Heinrich II. von Frankreich und die Bildnisse verschiedener Kardinäle und Fürsten. Sehr selten und kostbar sind ferner die von diesem Meister gefertigten Gemmen, besonders der Cameo des Phokion.

Cesena, Pellegrino von, ein Niellonarbeiter des 15. Jahrhunderts, der sich den Andr. Mantegna zum Vorbild genommen, und dessen Arbeiten sich durch die Feinheit des Gefühls in den Köpfen, wie in der Zeichnung, und die meisterhafte, höchst fleissige Ausführung vortheilhaft bemerkbar machen. Einige Niellodrucke von ihm: eine Auferstehung Christi, Mars und Venus auf einem Löwengespann, befinden sich in dem Kupferstichkabinet des Louvre zu Paris. Ebendaselbst sieht man eine Nielloplatte von ihm: Maria auf dem Throne, von Heiligen verehrt, eine Arbeit von grosser Schönheit.

Cesi, Bartolomeo, geb. 1556, gest. 1629, Maler aus Bologna, erlernte die Kunst bei F. Bezzi, genannt Nosadella, wählte sich aber später den Tibaldi zum Vorbild. Seine Werke bilden mitten in dem Manierismus, der seiner Zeit in der Kunst eingerissen hatte, eine erfeuliche Erscheinung durch das liebende Eingehen auf die Vorbilder der Natur, das sich in ihnen bemerkbar macht. Er bahnte den Caracci den Weg, seinen Bildern verdankt Guido Reni die erste Anregung zur Ausbildung seiner artigen und lieblichen Manier, von ihm lernte Tiarini die Wandmalerei. Die Kirchen und Paläste seiner Vaterstadt, von Ferrara, Florenz und Siena verwahren noch manche Bilder von ihm.

Cesio, Carlo, Historienmaler und Kupferätzer, geb. zu Androdoco 1625, gest. zu Rieti 1686, war ein Schüler des Pietro da Cortona. Zu seinen besten Blättern gehören: der h. Andreas, nach Guido Reni; 41 Blätter die Farnesische Gallerie, nach Ann. Caracci.

Cespedes, Pablo de, in Rom **Cedaspe** genannt, geb. zu Cordova 1538, gest. 1608, legte sich in früher Jugend auf die Wissenschaften, folgte aber später seiner Neigung zur Kunst und begab sich zu seiner weiteren Ausbildung nach Rom, wo er die Bilder Michelangelo's und Raphael's studirte, für ein gefälliges Colorit F. Zuccaro zum Muster nahm, und Werke schuf, die zu schönen Hoffnungen berechtigten. Als ihm aber die erledigte Stelle eines Bischofs an der Kathedralkirche von Cordova angetragen wurde, verliess er Rom und begab sich 1577 dorthin. Trotzdem, dass er sich daselbst mit mannigfachen gelehrten Untersuchungen befassen musste, malte er doch eine Menge Bilder, die sich durch die mit einer gewissen Eleganz verbundene Grossartigkeit der Zeichnung, Kenntniss der Anatomie, Wahrheit des Ausdrucks, effektvolles Helldunkel und brillantes Colorit auszeichnen. In der Kapelle des Kapitels der Kathedrale zu Sevilla sieht man von ihm vier allegorische Figuren von Tugenden in der raphael'schen Weise meisterhaft al Fresco gemalt. Cespedes war ein Mann von vielseitiger Bildung, Architekt, Bildhauer, Maler, Dichter und Kunstschriftsteller. Man besitzt von ihm unter Anderem noch eine Vergleichung der Sculptur und Malerei der Alten und Neuern, eine Abhandlung über die Alterthümer der Kathedrale von Cordova, einen Traktat über die Perspektive, eine Abhandlung über den Tempel des Salomo u. s. w. In Cordova gründete er eine Kunstschule in italienischer Richtung.

Literatur. Bermudez, Diccionario historico de los mas illustres professores de las bellas artes in España. — Fiorillo, Geschichte der zeichnenden Künste in Spanien.

Chalgrin, Jean François Therese, Baumeister in Paris, gest. 1810 als kaiserlicher Baumeister, baute unter Anderem 1769 die Kirche S. Philipp du Roule, die prächtige Treppe in Luxembourg; sein Hauptwerk ist aber der nach seinen Plänen im Jahr 1806 begonnene Triumphbogen de l'Etoile, dessen Vollendung er jedoch nicht mehr erlebte.

Challe, Michelangelo, geb. zu Paris 1718, gest. 1778, ein Schüler von F. Boucher, malte in Oel und in Fresco, und stach auch einige Blätter, worunter: ein badendes Mädchen am Bache, von Bäumen umgeben (1741) das beste ist.

Chalon, Alfred Edwin, aus Genf, ein jetzt lebender Genre- und Porträtmaler in London, der insbesondere wegen seiner Bildnisse einen ausgezeichneten Ruf geniesst. Er weiss aber auch in denselben durch die geschmackvolle Anordnung, eine gewisse Leichtigkeit und Eleganz der Auffassung, eine zarte Harmonie in der im Ganzen sehr matten und gebrochenen Färbung sein Publikum zu bezaubern und die oft schwache Zeichnung, die Oberflächlichkeit und Geziertheit mancher Stellungen vergessen zu machen. Unter seinen Porträts werden am meisten gerühmt: die der Königin Viktoria von England (gest. in Mezzotinto von Cousins), deren Hofmaler Chalon ist, der Herzogin von Sutherland und mehrere anderer hocharistokratischer Damen. Zu seinen besten Genrebildern, in denen er meistens Gegenstände aus dem Conversationsleben behandelt, gehört: der Pantoffel, ein Bild des Spiels einer fröhlichen Jugend, ansprechend durch interessante Andeutungen, doch nicht frei von einer gewissen Ziererei und von bunter Färbung. Chalon hat auch einige Historienbilder gemalt, von denen man namentlich: John Knox, der den Hofdamen der Königin Maria wegen ihres leichtfertigen Lebens Vorwürfe macht, und einen Ecce homo in Lebensgrösse namhaft macht, aber nicht besonders rühmt. Im Jahr 1845 wurde er mit anderen französischen Künstlern nach Washington berufen, den dortigen Congresssaal mit Wandgemälden zu schmücken.

Chalon, Christina, geb. zu Amsterdam 1748, gest. zu Leyden 1808, erlernte die Malerei bei Sara Troost und Ploos von Amstel, führte auch mehrere hübsche Guouachegemälde aus, legte sich aber mehr auf die Aetzkunst, in der sie grosse Geschicklichkeit erreichte. Man kennt von ihr im Ganzen 32 Blätter, meistentheils im Geschmack Ostade's, unter denen als die vorzüglichsten bezeichnet werden: das Innere eines Zimmers, in welchem drei Bauern, Mädchen und Frauen sind (von der Künstlerin schon in ihrem 9. Jahr gefertigt); eine Frau führt zwei Kinder in die Schule; eine alte Frau liebkost einen jungen Bauern. Ihre Blätter sind mit Chr^a^ Cha., Chr^a^ Chal. bezeichnet; einige tragen auch das nebenstehende Monogramm.

Chambars, Thomas, ein geschickter englischer Kupferstecher, der 1724 geboren wurde und um 1750 zu London lebte. Er stach die Bildnisse für mehrere Bücher, namentlich aber ist er bekannt durch die schönen Blätter: Fornarina, nach Raphael's Gemälde in der Gallerie zu Blenheim (1765); Helena Formans, zweite Frau von Rubens, nach van Dyck, und den Tod des Marschall Turenne.

Chambers, William, ein Baumeister, gebürtig aus Schweden, gest. zu London 1796, kam in früher Jugend nach England und reiste in seinem 18. Jahr als Supercargo auf einem Schiff der schwedisch-ostindischen Compagnie nach China, wo er die Architektur und Gartenkunst der Chinesen kennen lernte und studirte. Nach seiner Rückkehr widmete er sich der Baukunst, und es wurde ihm bald vielfache Gelegenheit gegeben, die in jenem Lande gemachten Studien in den Gärten von London und dessen Umgebung praktisch anzuwenden. Das schönste Gebäude aber, das er ausgeführt, ein Werk grossen Ruhmes würdig, ist der prachtvolle Palast Sommersethouse in London. — Er gab auch einige Schriften über seine in chinesischem Geschmack errichteten Gebäude und Gartenanlagen und die orientalische Gartenkunst heraus.

Champaigne, Jean Baptiste, der Neffe des Folgenden, geb. zu Brüssel 1645, gest. 1693 als Professor der Akademie zu Paris, genoss den Unterricht seines Oheims und ahmte diesen auch in seinen Bildern nach, erreichte ihn jedoch bei Weitem nicht. Dennoch werden Gemälde von ihm mit denen des Ph. de Champaigne verwechselt, man erkennt sie aber leicht an der schwächeren Ausführung. Er malte Historien, Genrebilder und Porträts.

Champaigne, Philipp de, Historien- und Porträtmaler, geb. zu Brüssel 1602, gest. zu Paris 1674, erlernte die Malerei bei dem Niederländer Fouquière, kam aber schon 1621 nach Paris, wo er einige Zeit unter L'Allemand studirte, später jedoch mit dem gerade aus Italien zurückgekehrten Poussin durch Du Chesne, den ersten Maler der Königin, bei den Arbeiten in Luxembourg Beschäftigung fand. Als aber seine grossen Erfolge in der Kunst die Eifersucht Du Chesne's erregten, verliess er 1627 Paris wieder und begab sich nach Brüssel, in der Absicht nach Italien zu gehen. Kaum war er aber dort angekommen, als ihn die Königin Mutter, Maria von Medici, nach Paris rufen liess und ihm die Stelle Du Chesne's, der eben gestorben war, übertrug. Im Jahr 1628 kehrte Champaigne nach Paris zurück und fertigte nun hier eine beträchtliche Anzahl von Gemälden für Kirchen, für die königlichen Schlösser und für die Paläste des Kardinal Richelieu. Im Jahr 1648 zum Mitglied der Akademie gewählt, wurde er später Professor und nachher Rektor derselben. Als jedoch Le Brun nach Paris kam, erbleichte der Glanz seines Namens und seiner Thätigkeit vor dem neu aufgehenden leuchtenden Gestirne. Der jüngere und glücklichere Nebenbuhler wurde ihm überall vorgezogen; er ertrug diess aber ohne Neid und zog sich still und bescheiden von seiner öffentlichen Wirksamkeit zurück.

Obgleich Philippe de Champaigne von Geburt ein Brabanter war, auch von einem niederländischen Maler den ersten Unterricht erhielt, so gehören seine Bilder doch wesentlich der französischen Kunstrichtung seiner Zeit an. Sie zeigen eine gewisse Verwandschaft mit denen des Poussin, der einen entscheidenden Einfluss auf unsern Meister ausübte, allein sie sind jenen überlegen im Colorit, in der klaren, kräftigen und wahren Färbung. Namentlich aber nimmt Philippe de Champaigne als Porträtmaler eine bedeutende Stelle ein. Seine Bildnisse zeichnen sich durch die edle und lebendige Auffassung, feines Naturgefühl, leuchtende Kraft der Farbe, fleissige Ausführung und meisterhafte Behandlung aus.

Eine grosse Anzahl seiner Bilder befindet sich im Louvre zu Paris. Die bedeutendsten darunter sind: die älteste Tochter des Künstlers, Nonne im Kloster von Port Royal, geneset durch das Gebet der Mutter, Katharina Agnes, von einem tödtlichen Fieber (von 1662), im Ausdruck der sehr lebendigen Köpfe höchst wahr und rührend, und von sehr ergreifenden Motiven; der todte Christus auf dem Leichentuche; der Apostel Philippus; Scenen aus der Legende der h. h. Gervasius und Protasius; das Abendmahl; ferner die Porträts des Kardinals Richelieu in ganzer Figur, des berühmten Schriftstellers R. Arnaud-d'Andilly, sein Selbst-Porträt (gest. v. Edelink) u. a. m. — Auch in den englischen Gallerien trifft man verschiedene Bilder. In der Gemäldesammlung in Staffordhouse: ein männliches Bildniss; in derjenigen des Sir Thomas Baring in Stratton: Theseus, wie er das Schwert seines Vaters findet; in der Gallerie des Grafen Spencer zu Althorp: das Porträt des Schriftstellers Arnaud d'Andilly, nicht minder meisterhaft als das desselben Mannes im Louvre. — Das Museum zu Brüssel ist im Besitz einer Darstellung im Tempel und verschiedener Scenen aus der Geschichte des h. Benedicts von ihm. — In Deutschland sieht man die vorzüglichsten Bilder von Philippe de Champaigne, in der Pinakothek zu München: das Porträt des General Feldmarschall H. de la Tour d.Auvergne; in der Gallerie zu Pommersfelden: das Bildniss eines Geistlichen und im Belvedere zu Wien: Adam und Eva, den Tod Abels beweinend (1656) und eine an der Brust verwundete sterbende Mutter, die ihr Kind zurückhält, damit es nicht statt der Milch Blut sauge.

Champmartin, ein französischer, derzeit zu Paris lebender Historien- und Porträtmaler, der seine ersten Studien in der Kunst in seiner Vaterstadt machte, später sein Talent auf Reisen weiter entwickelte und sich zu einem sehr gewandten Maler ausbildete. Seine Historienbilder, wie z. B. sein Johannes der Täufer in der Wüste (in der h. Rochuskirche), Darstellungen aus dem Leben des h. Stephanus (in Notre Dame de Lorette), haben zwar eine harmonische, glänzende Farbengebung, gute Anordnung der Gruppen und schöne reine Zeichnung, sind aber in zu modernem, weltlichem Sinn behandelt. Die gelungenern seiner Porträts (wohl das beste darunter, das der Fanny Elsler) zeichnen sich durch Aehnlichkeit, gute Modellirung und schöne Verschmelzung der Farben aus; sie haben einen weichen und gerundeten Vortrag, dürften aber in den Umrissen und in der Behandlung der Haare schärfer sein.

Chantry, Francis, ein berühmter englischer Bildhauer, geb. 1782, gest. zu London 1842, kam als ein armer Junge in die Lehre zu einem Bildschnitzer, bei dem er bald ein besonderes Talent für die Kunst an den Tag legte. Er ergriff daher die Miniaturmalerei und es gelang ihm in kurzer Zeit mehrere vorzügliche Porträts zu Stand zu bringen. Später jedoch wandte er sich der Bildhauerkunst zu und eine Büste des Philosophen Horne Tooke, die er unentgeltlich in Gyps machte, begründete seinen Ruf so sehr, dass er bald für mehr als 12,000 Pfund Sterling Aufträge erhielt. 1816 wurde er ordentliches Mitglied der Akademie zu London, welcher er die schöne Büste von Benj. West (im Sitzungssaale aufgestellt) verehrte. In den zwei Hauptkirchen Londons und anderwärts trifft man von ihm viele Grabmonumente, bei denen meist die Porträtstatuen, die sich durch natürliche Haltung und wohlverstandene Drapirung auszeichnen, den Hauptgegenstand bilden. Ruf hat er sich besonders durch seine Marmorgruppe, die schlafenden Kinder (1817), als Denkmal zweier Kinder des verstorbenen William Robinson gearbeitet, erworben. Zu seinen bedeutenderen Arbeiten gehören ferner: das Denkmal von James Watt, in dessen Geburtsort Greenock in Schottland aufgestellt; die Statuen des Geschichtsschreibers W. Roscoe im Stadthause zu Liverpool, des Chemikers Dalton in Manchester, des Malers Northcote, des Sir Chr. Forbes etc.; die Büsten der Königin Viktoria und des afrikanischen Reisenden Lander. In Reiterstatuen war Chantry, weil er mit der Anatomie des Pferds zu wenig vertraut war, weniger glücklich, wie die des König Georg IV. auf Charinggross und die des Herzog von Wellington vor dem neuen Börsengebäude, welch letztere nach dem Modell Chantrys unter der Leitung Week's in Erzguss vollendet wurde, beweisen. Ein kolossales Werk von Chantry ist die 36 Fuss hohe Statue des Herzogs von Southerland, auf 70 Fuss hohem Piedestal auf der Spitze des Benvraggie aufgestellt. — Chantry war wirklich ein bedeutendes Talent in naturalistischer Richtung und wo eine treue Nachahmung der Natur ausreicht, wie es bei seinen Büsten der Fall ist, die sich durch Aehnlichkeit, Lebendigkeit und fleissige, öfter sehr gefühlte Ausführung auszeichnen, genügt er; in freien idealischen Compositionen dagegen fällt die Armuth der Erfindung, die Einförmigkeit der Gesichter, der Mangel an Grazie und an tieferem Verständniss der Formen unangenehm auf. Chantry war auch Mitglied der Akademien von Florenz und Rom.

Chaperon, Nicolaus, Maler und Kupferätzer, geb. zu Chateandun 1599, gest. zu Paris, erlernte die Malerei bei S. Vouet, widmete sich aber bald gänzlich dem Kupferätzen. Er hielt sich längere Zeit in Rom auf, wo er 1640 in 54 Blättern die Logengemälde Raphael's radirte, die unter dem Namen der Raphael'schen Bibel bekannt sind. Unter seinen andern Blättern ist besonders noch der alte trunkene Silen, der, an einen Baum gelehnt, von einem Satyr zu trinken erhält, zu erwähnen. Seine Blätter sind mit N. C. F. oder N. CH. bezeichnet.

Chaplin, Charles, ein noch junger Maler in Paris, der sich seit 1850 auf den Kunstausstellungen durch ausgezeichnete Porträts von harmonischer Färbung, breiter und weicher Behandlung und vieler Sicherheit der Technik bemerkbar macht. Man besitzt auch einige hübsche Radirungen von ihm.

Chaponnière, ein der Kunst leider zu früh entrissener genialer Bildhauer aus Genf, der sich in Italien bildete, und 1827 in Neapel die Statue einer gefangenen jungen Griechin von solch ausserordentlicher Schönheit fertigte, dass dieses Werk der guten griechischen Kunstzeit anzugehören scheint. Seine Fischerin, welcher ein neben ihr sitzender Knabe einen Vogel vorhält (1829 auf der Kunstausstellung zu Genf), ist gleichfalls eine äusserst liebliche Gruppe. Später hielt er sich in Paris auf und fertigte daselbst das grosse Basrelief am Triumphbogen l'Etoile, die Einnahme von Alexandrien im Jahr 1798 darstellend, ein tiefdurchdachtes Ganzes voll Kraft, Wahrheit, Leben und Klarheit, eines der besten Sculpturwerke an diesem Denkmal. Seine letzte Arbeit, David, nach seinem Sieg über Goliath, von ihm noch in Gyps ausgeführt, nach seinem Tode 1838 von Togatier in Bronze gegossen und in Genf aufgestellt, ist ein in begeistertem religiösem Sinne aufgefasstes Werk, im Gedanken, wie in der Ausführung gleich schön.

Chapuy, Nicolas Marie Joseph, Architekt und vorzüglicher Zeichner und Lithograph, geb. zu Paris 1790, hat sich, ausser der Restauration gothischer Denkmäler, durch Herausgabe verschiedener architektonischer Werke, zu welchen er die Zeichnungen und theilweise auch die Lithographieen fertigte, rühmlichst bekannt gemacht. Dahin gehört sein Werk über die Kathedralen Frankreichs, sein „Moyen âge pittoresque", seine „Souvenirs d'un voyage dans le Midi de la France", höchst interessante, theils landschaftliche, theils architektonische Skizzen, klar aufgefasst und weich und warm behandelt. Weitere treffliche Lithographien von ihm finden sich in Girauldt de Prangy's „Souvenirs de Granade", in Labordes „Voyage de l'Arabe", in Puttrich's Denkmalen von Sachsen u. s. w.

Chardigny, Pierre Joseph, ein Bildhauer und Medailleur, bekannt durch mehrere Büsten, worunter die des Kardinal Talleyrand Perigord besonders gerühmt wird. Im Jahr 1839 vollendete er die für das Stadthaus zu Paris bestimmte Statue des Bildhauers Jean Goujon.

Chardin, Jean Baptist Siméon, geb. 1699 zu Paris, gest. daselbst 1779, erhielt seinen ersten Unterricht in der Malerei bei Cazes und trat hernach in das Atelier von Noel Coypel, der ihn die Nebendinge in seinen Bildern ausführen liess, wodurch er, auf die unmittelbare Nachahmung der Natur angewiesen, plötzlich auch hierin seinen eigentlichen Beruf erkannte. Er begann nun zunächst mit Bildern von leblosen Thieren und Stillleben, in denen er eine solche Naturwahrheit erreichte, dass seine Arbeiten für Gemälde alter niederländischer Meister gehalten wurden. Erst von 1737 an beschäftigte er sich dann auch mit der Ausführung von Genrebildern und seine ersten Versuche darin fielen gleich so glücklich aus dass Darstellungen solcher Art von nun an seine meiste Zeit in Anspruch nahmen. Die meisten seiner Bilder bestehen demnach in Porträts, Blumen- und Küchenstücken, vorzüglich aber in Scenen, welche dem Familienleben angehören. Er entnahm diese seiner nächsten Umgebung und wusste sie mit einer solchen Unbefangenheit und Naivität, mit einer solchen Innigkeit und Gemüthlichkeit und in so lebensvoller, harmonischer Weise zu behandeln, dass er den vorzüglichsten holländischen Meistern derselben Richtung sehr nahe steht, und in einer Zeit, wo die Kunst gänzlicher Verbildung verfallen war, eine doppelt wohlthuende Erscheinung bildet. Sie zeichnen sich durch die Wahrheit des Ausdrucks, das Verständniss des Helldunkels, durch den markigen und sichern Vortrag aus. Im Louvre zu Paris sieht man mehrere treffliche Bilder von ihm.

Chareas, ein griechischer Erzbildner, der um 320 v. Chr. Geb. blühte und nach Plinius eine eherne Statue Alexander's des Grossen und seines Vaters Philipp ausgeführt haben soll.

Chares, von Lindos, ein Schüler des Lysippos, der im Anfang des dritten Jahrhunderts v. Chr. Geb. blühte und angeblich nach einer Arbeit von 12 Jahren und mit einem Aufwand von 300 Talenten, den grössten unter den hundert Sonnenkolossen zu Rhodos, das über 100 Fuss hohe eherne Kolossalbild des Sonnengottes fertigte, welches sich, ein Wunder der Welt, am Hafen der Stadt Rhodos erhob, aber schon 56 (oder 66) Jahre nach seiner Aufstellung durch ein Erdbeben umgestürzt wurde. Als eine weitere Arbeit des Chares bezeichnet Plinius einen kolossalen Kopf aus Erz, welchen der Consul P. Lentulus auf dem Kapitol geweiht hatte. Die kunsthistorische Bedeutung des Chares besteht darin, dass er die sikyonische Kunst nach Rhodos verpflanzt, wo sich dieselbe in der nächst folgenden Zeit zu einer neuen selbstständigen Blüthe entwickelte. Gleich wie bei Lysippos zeigt sich in seinen Werken das Bestreben, den Werth des Kunstwerks in die Massenhaftigkeit zu setzen.

Charlet, Professor des Zeichnenunterrichts an der polytechnischen Schule in Paris, geb. daselbst 1783, gest. 1846, ein Schüler des Baron Gros, machte sich durch seine geistreichen Croquis und Aquarellen, in denen er die Schlachten der Republik und des Kaiserreichs darstellte, einen geachteten Namen. Viele seiner Schlachtenstücke befinden sich im historischen Museum zu Versailles. Eine Episode aus dem russischen Feldzug, sein erster Versuch in der Oelmalerei zeigt gleichfalls grosse Wahrheit in der Behandlung und umsichtige Handhabung der Farben. Auch die hübschen Genrebilder Charlet's fanden vielen Beifall.

Charpentier, Eugene, ein beliebter derzeit zu Paris lebender Genre- und Historienmaler. Unter die vorzüglichsten seiner Bilder zählt man unter Anderem: den Almosen spendenden Maire, den glücklichen Advokaten, einen Halt der französischen Armee auf dem St. Bernhard. Sie zeigen eine glückliche Erfindung, sind sehr lebendig und von ächt nationalem französischem Geist durchdrungen. Ein vortreffliches Porträt der Georges Sand stellte er in dem Salon von 1839 aus.

Chasseriau, Theodore, ein der Gegenwart angehöriger Historien- und Porträtmaler zu Paris, geboren im spanischen Südamerika, war ein Schüler von Ingres, verfolgt aber seit Jahren in unverkennbarer Nachahmung, obschon nicht ohne eine gewisse Eigenthümlichkeit, die Richtung des Eug. Delacroix. Lebhafte Phantasie, grossen Adel in der Auffassung, etwas Ritterliches im Anstande und einen gewissen Stolz in der Haltung der schlanken Figuren, eine Zeichnung, der es nicht an Grossartigkeit, öfters aber an Correktheit fehlt, und eine pikante, doch meistens harmonische Färbung erkennt man in allen seinen Bildern. Er wurde vielfach von der Regierung beschäftigt und erhielt 1849 den Orden der Ehrenlegion. Eine Reihe Fresken von ihm sieht man im Palais du quai d'Orsay zu Paris, in der Kirche S. Mery aber ebendaselbst Scenen aus der Legende der h. Maria Aegyptiaca. In den letzten Jahren hat er verschiedene Bilder auf den Ausstellungen zu Paris gehabt, die gefielen. Wir erinnern nur an seine Sappho; seine Desdemona, letztere besonders durch reizende Form und seelenvollen Ausdruck des Kopfes ausgezeichnet; seinen Christus auf dem Oelberg, der die Jünger schlafend findet; Christus bei Martha und Maria; arabische Reiter, welche nach einem Gefecht mit den Spahis ihre Todten wegtragen; arabische Häuptlinge im Zweikampfe unter den Wällen einer Stadt; den Sabbath im Judenquartier zu Constantinopel u. s. w. Als Porträtmaler ist Chasseriau ebenfalls sehr beliebt.

Chateau oder **Chasteau, Guillaume**, Kupferstecher, geb. zu Orleans 1631 oder 1633, gest. zu Paris 1683 oder 1685, war anfänglich ein Schüler von Greuter, bildete sich aber nachher nach Bloemart. Er besuchte Italien, liess sich jedoch später in Paris nieder und fertigte hier eine grosse Anzahl von Stichen in einer malerischen freien Manier und geschmackvoller Behandlung. Unter die besten gehören: der Tod des Germanicus, nach Poussin (1663); der junge Pyrrhus, nach Dems. (1676); das Mannasammeln in der Wüste, nach Dems.; Jesus, aus Jericho gehend, berührt die Augen zweier Blinden, nach Dems. Eines seiner Blätter, das Opfer Gideon's, ist mit G. Castellus sculp. bezeichnet.

Chateauneuf, Alexis de, ein angesehener Baumeister in Hamburg, welcher sich nach dem grossen Brande bei Entwerfung des neuen Stadtplans und dem Aufbau neuer Gebäude, namentlich aber bei dem Ausbau der Petri- und der S. Gertrudkirche verdient machte. Auch erschien von ihm ein grossartiger Entwurf zu einer neuen Börse in Hamburg 1838 im Druck.

Chatel, François du, Maler, geb. zu Brüssel 1625, war ein Schüler des jüngern Teniers. Er malte viele kleine Familienbildnisse und Gesellschaftsstücke in der Manier des C. Coques, die oft mit den Bildern dieses Meisters verwechselt werden. Sein bedeutendstes Bild befindet sich auf dem Stadthaus zu Gent: Philipp IV. empfängt 1666 die Huldigung der Staaten von Brabant und Flandern.

Chatelain, John Baptist, ein Zeichner und Kupferstecher, geb. zu London 1710, gest. um 1771, unter dessen beste mit Geist und Freiheit behandelte Blätter man zählt: eine Landschaft, nach P. da Cortona; eine Landschaft mit der Geschichte des Piramus und der Thisbe, nach Poussin; Landschaft mit der Ansicht vom Castel Gandolfo, nach F. Bolognese.

Chatillon, Henri Guillaume, einer der vorzüglichsten französischen Kupferstecher,

Professor der Zeichenkunst an der Militärschule zu Versailles, geb. zu Paris 1780, war ein Schüler von Girodet und Girardet. Unter seinen Stichen, von denen mehrere nebenstehendes Monogramm tragen, zeichnet man besonders aus: den Erzengel Michael, wie er den Drachen bekämpft, nach Raphael; Maria mit dem Fisch, nach Dems.; Endymion, nach Girodet (1810); Offrande à Esculape, nach Guérin; Angelika und Medor, nach M. Guérin.

Chatillon, Louis de, ein Maler und Kupferstecher, geb. zu S. Menehould 1693, gest. zu Paris 1734, unter dessen besten Blättern man die sieben Sakramente, nach Poussin, rühmt.

Chaudet, Antoine Denis, Bildhauer, geb. zu Paris 1736, gest. 1812, erhielt den ersten Unterricht in der Kunst in seiner Vaterstadt, bildete sich aber hauptsächlich in Italien nach griechischen und etruskischen Vasen und den Reliefs und Statuen der klassischen Zeit und wurde bald nach seiner Rückkehr nach Frankreich Professor der Sculptur an der Akademie zu Paris. Im Auftrage Napoleons, bei dem er in grosser Gunst stand, fertigte er dessen $11^1/_2$ Fuss hohe Statue für die Vendomesäule, welche 1814 abgenommen und später zum Gusse der Statue Heinrich IV. verwendet wurde. Auch für den gesetzgebenden Körper führte er eine Statue des Kaisers aus. An einer weiteren, in carrarischem Marmor von ihm ausgeführten Statue Napoleons, welche sich im Museum zu Berlin befindet, haben zwar die Körperformen etwas Schweres und die Falten des Gewandes etwas Einförmiges, dagegen gilt der in den Formen sehr edle und fleissig ausgeführte Kopf für das ähnlichste plastische Bildniss Napoleon's. Die meisten seiner zahlreichen Werke, in Statuen und Reliefs bestehend, finden sich in Paris. Im Allgemeinen zeigen sie eine gewisse äusserliche Aufnahme antiker Darstellungsmotive, ohne dass Chaudet es jedoch zu einer völligen Aneignung derselben gebracht hätte. — Chaudet's Frau, Jeanne Elisabeth, geb. Gabiou, war gleichfalls Künstlerin und fertigte viele Porträts und Genrebilder, auf welch' letztern besonders naiv dargestellte Kinder eine Rolle spielen.

Chauveau, François, Maler, Zeichner und Kupferstecher, geb. zu Paris um 1620, gest. 1676, ein Schüler von de la Hyre, war ein äusserst produktiver Künstler, der gegen 3000 Blätter fertigte. Zu seinen besten Kupferstichen gehören: die vornehmsten Thaten aus der alten Geschichte in 19 Blättern; das Konzert, nach Dominichino; Christus mit seinen Jüngern zu Emaus, nach Tizian. Seine Blätter sind mit nebigen Monogrammen oder FC fe.; FC in et fe.; FC in et sc.; F. C.; F. Ch. d. bezeichnet.

Chauvin, August, Historien- und Genremaler, geb. zu Aachen 1818, erhielt seine künstlerische Bildung auf der Düsseldorfer Akademie und ist seit 1842 Professor an der Akademie zu Lüttich. Seine Bilder, von denen man besonders seinen: Tobias mit dem Engel, Hagar in der Wüste, die h. Familie auf der Flucht nach Aegypten, das Begräbniss der h. Nothburga rühmt, verrathen Geist und ein hübsches Talent, machen sich auch durch ihr harmonisches Colorit bemerkenswerth.

Chavannes, Pierre Domachin, Sieur de, geb. 1672 zu Paris, gest. 1744, ein französischer Landschaftsmaler, der seit 1709 Mitglied der Akademie war, und von dem unter Anderem das Louvre ein hübsches Bild verwahrt.

Cheesmann, Thomas, ein Kupferstecher in punktirter Manier, der um 1760 in England geboren wurde, ein Schüler von Bartolozzi war und um 1790 zu London blühte. Seine besten Blätter sind: der General Washington, nach Trumbull, und zwei trauernde Apostel, nach Giotto.

Cheirisophos, aus Kreta, ein altgriechischer Bildhauer, von dem zu Tegea im Tempel des Apollo das vergoldete Bild dieses Gottes stand. Neben demselben befand sich das Bild des Künstlers selbst aus Marmor.

Cheirokrates, siehe **Deinokrates**.

Chelini, Piero, ein Maler in Florenz, von dem die 1444 vollendeten Gemälde an den Wänden des Bigallo daselbst mit Scenen aus dem Leben des h. Petrus Martyr, und Darstellungen, die Bestimmung des Hauses, die Aufnahme verirrter Kinder, bezeichnend, herrühren. Eine Grablegung Christi in der Glockenstube von S. Remigio, welche Vasari dem Giottino zuschreibt, rührt ohne Zweifel auch von Chelini her. Dieser erreichte zwar weder die physiognomischen Feinheiten des Fiesole, noch die grossartige Anordnung und Schattengebung des Masaccio, doch zeigt sich in seinen Umrissen ungleich mehr Gefühl als bei den spätern Nachahmern der Manier des Giotto, auch spricht aus seiner Auffassung ein ungemein milder und gütiger Sinn.

Literatur. Rumohr, Italienische Forschungen.

Chenavard, Paul, aus Lyon, ein Maler in Paris, bildete sich in Italien und trat 1835 mit einer sehr schönen Zeichnung auf: die Conventssitzung, in welcher das Todesurtheil Ludwig XVI. gefällt wurde, die aber von der Ausstellung zu Paris, für die sie bestimmt war, aus politischen Gründen zurückgewiesen wurde. Gleich nach den Februartagen des Jahres 1848 erhielt Chenavard von der provisorischen Regierung den ehrenvollen Auftrag, in einer Folge von Bildern die ganze Weltgeschichte auf den innern Wänden des Pantheon darzustellen, und bereits hatte der Künstler die Hälfte des Cartons gefertigt, als dieses Gebäude bekanntlich eine andere Bestimmung erhielt, was im Interesse der Kunst umsomehr zu bedauern war, als diese Cartons bei ihrer Aufstellung im Louvre durch das Grossartige der Behandlung, die Gedankenfülle und philosophische Tiefe, die bald einfache, bald äusserst reichhaltige Composition allgemeine Anerkennung, besonders von Seiten der Künstler fanden. Auch das Glasgemälde in dem grossen Fenster des Louvre unter der Uhr ist nach Zeichnungen von Chenavard ausgeführt.

Chereau, François, Zeichner und Kupferstecher mit der Nadel und dem Grabstichel, geb. zu Blois 1680, gest. zu Paris 1729, war ein Schüler von G. Audran und zeichnete sich namentlich durch Porträtstiche aus. Seine vorzüglichsten Arbeiten sind: Louis Pecour, nach Tournière; Johannes der Täufer in der Wüste, nach Raphael; Christus am Kreuze; Melchior Kardinal de Polignac, nach Rigaud (1729); Konradus Detlev a Dehn, nach Dems.; Louis de Boullogne, nach Boullogne (1718). — Sein Bruder und Schüler

Chereau, Jacques, geb. zu Blois 1694, gest. zu Paris 1776, war ebenfalls Kupferstecher und man zählt zu dessen besten Blättern: David mit dem Kopfe Goliaths, nach Teti; la belle Jardiniere, nach Raphael; die Transfiguration, nach Dems.; Jeanne d'Arragon, Reine de Sicile, nach Demselben.

Cheron, Charles, geb. zu Luneville 1635, gest. zu Paris 1699; ein sehr geschickter Medailleur, der einige Zeit in den Diensten des Papstes stand, aber von Ludwig XIV. nach Paris berufen wurde, um die Siege dieses Monarchen durch Medaillen zu verherrlichen. Man rühmt von ihm auch eine Denkmünze auf Bernini und eine andere mit dem Porträt Papst Clemens IX.

Cheron, Henri, ein französischer Kupferstecher, der um Mitte des 17. Jahrhunderts in Meaux arbeitete, von dem uns aber nur ein Blatt: Peter Dumoulin (gest. 1658 als calvinischer Pfarrer zu Sedan) bekannt ist. — Seine Tochter

Cheron, Elisabeth Sophie, geb. zu Paris 1648, gest. 1711, erlernte die Kunst bei ihrem Vater und bildete sich unter ihm tüchtig, sowohl in der Malerei, als in der Kupferstecherkunst aus. Zu ihren besten Kupferstichen gehören: die h. Cäcilia, nach Raphael; die Kreuzabnahme, nach Zumbo's gefärbter Wachssculptur (1710); ihr eigenes Bildniss.

Cheron, Louis, geb. zu Paris 1660, Maler und Kupferstecher, der Sohn des Henri Cheron, lernte bei seinem Vater, bildete sich aber später in Italien vollends aus und kehrte 1688 nach Paris zurück. Die Hugenotten-Verfolgung trieb ihn aber 1693 nach England, woselbst er 1713 zu London starb. Zu seinen besten Blättern zählt man: Philippus tauft den Kämmerer; Ananias und Saphira, mit dem Tode gestraft; der h. Petrus heilt einen Lahmen an der Thüre des Tempels, nach den Raphael'schen Cartons.

Chersiphron oder **Ktesiphon** von Knossos, war unter den Erbauern des Dianentempels zu Ephesus, der um 600 v. Chr. Geb. begonnen, aber erst nach zwei Jahrhunderten vollendet und von Herostrat angezündet wurde.

Chesham, Francis, geb. 1749, gest. zu London 1806, ein geschickter Zeichner,

Kupferstecher und Aetzer, zu dessen besten Blättern man zählt: Moses, der an den Felsen schlägt; View of the iron bridge in Coolbrook Dale Shropshire, nach G. Robertson (1788); A View of the mouth sit near Broseley in Shropshire, nach Demselben (1788).

Chevalier, W., jetzt lebender trefflicher Kupferstecher zu London, von dem wir die schönen Blätter: The Saints-Day, nach J. P. Knight und The first Ear-Ring, nach D. Wilkie kennen.

Chevillet, Justus, Kupferstecher, geb. zu Frankfurt an der Oder 1729, gest. zu Paris 1800, war ein Schüler des G. F. Schmidt in Berlin und seines Schwagers Wille. Seine besten Blätter sind: La Santé rendue, nach Terburg; Amusement du jeune age, nach P. A. Wille.

Chialli, Vincenzo, Historienmaler, geb. 1787 zu Città di Castello, gest. zu Cortona 1840, empfieng den ersten Unterricht in der Kunst bei einem Maler seiner Vaterstadt, kam jedoch schon 1804 nach Rom, wo er in Camuccini's Schule trat, aber nach der Gefangennehmung des Papstes Pius VII. in seine Heimath zurückkehrte. Hier, sowie bei seinem wechselnden Aufenthalte in Borgo S. Sepolcro, Urbino, Pesaro, Venedig u. s. w. malte er nun eine Menge religiöser Darstellungen, auch Bildnisse in der Weise seines Lehrers, ohne jedoch dessen Meisterschaft in der Zeichnung zu erreichen. Im Jahre 1815 kehrte er nach Rom zurück, wo er, ausser verschiedenen Kirchenbildern, namentlich viele Interieurs von Refectorien, Chören in Klöstern der Kapuziner und Kapuzinerinnen mit genreartiger oder historischer Staffage malte, die ihm einen bedeutenden Ruf verschafften. So sieht man heute noch zwei seiner schönsten Darstellungen solcher Art, aus den Jahren 1823—24, Friedhof und Messe darstellend, im Palazzo Pitti zu Florenz. Andere interessante Bilder dieser Gattung sind: Dante in der Abtei von Fonte Avellana, Rafael und Fra Bartolommeo im Kloster von S. Marco. Im J. 1822 wurde Chialli durch Gesundheitsrücksichten bestimmt, Rom wieder zu verlassen, und er lebte nun abwechselnd in seiner Vaterstadt, in Florenz und andern toskanischen und umbrischen Städten, bis er sich im J. 1825 in S. Sepolcro niederliess, von wo er zehn Jahre darauf nach Cortona ging, um die Direktion der dort neu errichteten Malerschule zu übernehmen. Hier entstanden seine letzten Arbeiten, von denen eine ansprechende Composition: der junge Raphael im Hause der Aeltern, nur im Carton vollendet wurde.

Literatur. Franc. Gherh. Dragomanni, Della vita e delle opere del pittore Vicenzio Chialli. Firenze 1841.

Chiari, Giuseppe, geb. zu Rom 1654, gest. daselbst 1727, ein talentvoller Schüler von Carlo Maratti, der unter der Leitung seines Lehrers viele tüchtige Staffeleibilder ausführte, und später den von Berettoni in der Kirche S. Maria del Suffragio in Rom begonnenen Wandgemälden die Darstellung der Geburt Christi und die Anbetung der Weisen beifügte, eine Arbeit, die so wohlgefiel, dass ihm in der Folge eine grosse Menge anderer Wand- und Deckengemälde für Kirchen und Paläste übertragen wurde. Ausserdem malte er eine ungeheure Anzahl von Staffeleibildern, sowohl kirchlichen als profanen, historischen, wie mythologischen Inhalts, die zum Theil in entlegene Länder verlangt wurden. — Das Museo fiorentino enthält das Porträt Chiari's im Stich.

Chiaveri, Cajetano, geb. zu Rom 1689, gest. zu Foligno 1770, ein Baumeister, der einige Zeit im Dienste Peters des Grossen von Russland zubrachte, hierauf Architekt des Königs August III. von Polen und Kurfürsten von Sachsen wurde, und in letzterer Eigenschaft 1736—51 die katholische Kirche in Dresden baute. Nach dem Ausbruch des siebenjährigen Kriegs kehrte er in sein Vaterland zurück.

Chiavistelli, Jacobo, geb. zu Florenz 1621, gest. 1698, ein sehr geschickter Architekturmaler, dessen Bilder man in verschiedenen Kirchen und Palästen seiner Vaterstadt kennen lernt, war ein Schüler von F. Boschi, B. del Bianco und M. A. Colonna.

Chichi, Antonio, ein römischer Architekt, erfand am Ende des vorigen Jahrhunderts die Phelloplastik, d. h. die Kunst, in Korkholz Werke der Architektur in verkleinertem

Masstabe nachzubilden. Eine Anzahl solcher Darstellungen vorzüglicher Bauwerke des alten Roms, sowie des Tempels zu Pästum und der Maison quarrée zu Nimes u. s. w. findet sich im herzoglichen Kunstkabinet zu Gotha.

Chimenti, Jacobo, genannt **da Empoli,** Maler, geb. zu Empoli bei Florenz 1554, gest. 1640, war ein Schüler von Tommaso da San-Friano, und bildete sich hauptsächlich nach den Werken des Andrea del Sarto, welche er aufs geschickteste copirte. In den Ufficien zu Florenz sieht man von ihm ein grosses Bild; einen Heiligen im Magistratskostüm auf einem Thron, zu beiden Seiten eine Donatorenfamilie, welches durch edle Auffassung der Wirklichkeit und Gluth der Farbe an die besten alten Florentiner erinnert. Auch ein: Gott Vater, den Adam belebend, ebendaselbst, hat grosse Vorzüge. Andere Bilder des Meisters findet man in verschiedenen Kirchen von Pistoja, Pisa, Empoli u. s. w. Die Gallerie des Belvedere zu Wien besitzt von ihm eine Susanna von zwei Mägden bedient; das Louvre zu Paris: eine heil. Jungfrau mit dem Jesuskind und dem h. Yvo; das Museum zu Madrid: Christus am Oelberge, eine grosse Composition, von vielem Geschmack und grosser Reinheit der Zeichnung. (Lithographirt in der Colleccion litografica de Cuadros del Rey dè España u. s. w.)

Chiodarolo, Gio. Maria, Maler aus Bologna um 1515, einer der tüchtigeren Schüler des Fracnia, malte hauptsächlich Fresken. Unter den von seinem Lehrer und seinen Mitschülern in S. Cecilia zu Bologna gemalten Fresken aus der Legende dieser Heiligen ist die Rosenkrönung der heil. Verlobten durch Engel, ein Werk seiner Hand.

Chionis, ein altgriechischer Bildhauer aus Korinth, der gemeinschaftlich mit Amyklaeos und Diyllos im Auftrage der Phocenser wegen der unter Tellius' Führung über die Thesallier erfochtenen Siege ein Weihegeschenk für Delphi, einen Dreifussraub darstellend, ausführte. Von den fünf Figuren dieser Darstellung fertigte Chionis die Bilder der Athene und der Artemis.

Chodowiecky, Daniel Nicolaus, ein berühmter Kupferätzer und Maler, geb. zu Danzig 1726, gest. zu Berlin 1801, musste sich anfänglich dem Kaufmannsstande widmen, und konnte sich nur in seinen Freistunden gemeinschaftlich mit seinem Bruder Gottfried in seinem Lieblingsfache, im Zeichnen und Malen, worin beide schon frühzeitig vom Vater, aber freilich ungenügend, unterrichtet worden waren, üben, bis seine Fortschritte, die er ohne Lehrer und nur auf sich selbst angewiesen, machte, es ihm erlaubten, sich der Kunst ganz widmen zu dürfen. Er beschäftigte sich zuerst mit Copieen nach Kupferstichen, dann mit der Emaillemalerei auf Dosen, worin ihn ein Pole, Namens Haid, unterrichtete, und machte erst später Versuche mit eigenen Compositionen. Nachdem er sich 1745 verheirathet, legte er sich auf die Miniaturporträtmalerei, und seine Bildnisse, die sich durch treue Auffassung des Charakteristischen und lebendige Wahrheit auszeichneten, fanden allseitigen Anklang. Daneben setzte er die Uebungen im Zeichnen in der Privatakademie von Rode fort, wodurch sein Auge auch für Beobachtung des Lebens der öffentlichen und Privatgesellschaft ungemein geschärft wurde, und gieng dann zum Oelmalen über. Seine ersten Versuche hierin waren: ein alter Mannskopf; ein Vater, der bei einer Frau um ihre Tochter für seinen Sohn anhält, und Elieser, der für Isaak um die Rebekka wirbt; dann malte er auch einige Wochenstuben, endlich noch ein Bild in Rembrandt's Geschmack. Alle diese Arbeiten wurden bei Nacht ausgeführt, da andere Beschäftigungen seine übrige Zeit in Anspruch nahmen. Im Jahr 1758 machte er den ersten Versuch im Radiren. Nach wiederholten Verbesserungen brachte er auch wirklich eine Platte, den hässlichen und verwachsenen Dosenstecher Fonvielle darstellend, zu Stande, die für eine Erstlingsarbeit zu seiner Zufriedenheit ausfiel. Er liess derselben bald andere Platten folgen, ohne noch mit dem Plan umzugehen, das Radiren zu seinem Hauptfach zu machen. Diese geistreich hingeworfenen Radirungen erregten indessen die Aufmerksamkeit der Kenner, und als er bald darauf, veranlasst durch einen französischen Kupferstich, es unternahm, Jean Calas' Abschied von seiner Familie zu componiren und in Oel zu malen, und dieses Bild dann auf das Drängen seiner Freunde radirt hatte, erregte diese Platte solch grosses Aufsehen, dass von dieser Zeit an sein

Ruhm gegründet war. Die Aufträge der Liebhaber und Buchhändler, selbst von auswärts, welche Zeichnungen von ihm verlangten, vermehrten sich dermassen, dass er genöthigt war, die Miniaturmalerei aufzugeben. Im Jahr 1773 besuchte er seine Mutter in Danzig und machte die Reise dahin, wie alle seine späteren Reisen, zu Pferd, weil er das Fahren nicht ertragen konnte und um Alles, was ihm einigermassen interessant erschien, besser beobachten und sogleich in ein Skizzenbuch zeichnen zu können. Auf dieser Reise, sowie während seines neunwöchigen Aufenthalts in Danzig führte er ein Tagebuch, das aus 108 Blättern mit Zeichnungen bestand, welche ein höchst lebendiges und wahres Bild der damaligen gesellschaftlichen Zustände Danzigs darbieten. Nach seiner Rückkehr nach Berlin fand er neue Aufträge von Lavater, für welchen er zu den physiognomischen Fragmenten viele Zeichnungen fertigte, auch mehrere Blätter in Kupfer ausführte. Ueberhaupt breitete sich sein Ruf jetzt so aus, dass er den Bestellungen der Buchhändler auf Zeichnungen und Kupfer zu Büchern und Almanachen nur mittelst der angestrengtesten Arbeit genügen konnte. Es gab aber auch nicht leicht einen fleissigeren und fertigeren Künstler als er war. Oft arbeitete er bis Morgens um zwei Uhr und schlief dann völlig angekleidet ein, um, sobald er aufwachte, gleich wieder bei der Arbeit zu sein. Oft, wenn er von den Bestellern getrieben wurde, blieb ihm nichts übrig, als schnell zu arbeiten, und so brachte er manchmal in wenigen Tagen eine Platte zu Stande. Daher ist auch die Zahl von Malereien, Zeichnungen und radirten Blättern, welche Chodowiecky geliefert hat, zum Erstaunen gross. Das Verzeichniss seiner Blätter beläuft sich allein auf 950 Nummern und dabei sind bei den Kalenderkupfern immer 12 auf eine Nummer gerechnet. Dieses angestrengte Arbeiten, namentlich das anhaltende Sitzen, übte denn freilich auch einen nachtheiligen Einfluss auf seine Gesundheit aus, so dass er in den letzten zwanzig Jahren seines Lebens an geschwollenen Füssen litt, übrigens dadurch sich nicht abhalten liess, seine gewohnten Gänge zu verrichten. Die Akademie der Künste in Berlin wählte ihn 1764 zum Rektor, 1788 wurde er Vicedirektor und 1797 wirklicher Direktor. Bis vier Wochen vor seinem Tode war er thätig und arbeitsam; dann überfiel ihn ein hitziges Fieber, woran er starb. Einer seiner Söhne und zugleich sein Schüler, Wilhelm (gest. 1805 in Berlin), zeichnete und radirte ebenfalls, besass jedoch nicht die Talente des Vaters.

Chodowiecky war ein genialer Künstler, der seine ganze Ausbildung sich selber zu verdanken hatte. Dieser Mangel an Unterricht war zwar die Ursache, dass grössere Arbeiten, trotz aller trefflichen Einzelheiten, ausserhalb des Bereiches seines Wirkens lagen, aber er hat dafür in seinen kleinen Blättern, womit er die literarischen Erzeugnisse seiner Zeit schmückte, eine um so grössere Vollendung erreicht. Die liebenswürdige Naivität und eine freie, geistreich charakteristische Darstellung geben der Mehrzahl dieser Arbeiten ein höchst anziehendes Gepräge. Er schildert darin die Affekte und Leidenschaften, die Tugenden und Laster, wie sie sich im Aeusseren des Menschen zu erkennen geben, und wie er sie mit feinem Scharfblick, dem weder im Edlen, noch im Niedrigen auch nur die leiseste Nuance entging, in seiner Umgebung beobachtete. Man hat ihn desshalb nicht mit Unrecht den Sittenmaler seiner Zeit genannt. Dabei findet sich in seinen Darstellungen weder etwas Gesuchtes, noch etwas Ueberflüssiges; eine Figur erklärt die andere, und ist es nur eine einzelne, so spricht sich diese klar und verständig von selbst aus. Seine Zeichnungen sind mit zarten, aber festen und sichern Umrissen angegeben, und die Schatten leicht getuscht, aber bestimmt in jedem Theile. Seine Arbeiten in Emaille aus seiner ersten Zeit sind kleine Meisterwerke in der Vollendung, voll Leben, Anmuth und Heiterkeit. Auch seine Miniaturbildnisse haben dasselbe Verdienst, sie sind voll Natur und Charakter. Was er in der Oelmalerei leistete, ging dagegen kaum über den Versuch hinaus. Dessen ungeachtet sprechen uns auch diese kleinen Gemälde, Familienscenen darstellend, durch ihre Wahrheit, die Feinheit der Naturbeobachtung, die grosse Lebendigkeit und das Gemüthliche der Darstellung überhaupt ungemein an. Als Kupferstecher in kleinerem Format ist jedoch Chodowiecky unerreicht. Er ist darin in Deutschland der Stifter einer neuen Manier geworden, in welcher er moderne Figuren mit einer Wahrheit der Physiognomie, einer Lebhaftigkeit des Ausdrucks und einer Richtigkeit der Umrisse darstellte, die bis dahin mit der Kleinheit der Bilder nicht vereinbar schien.

Von seinen Oelgemälden sieht man im Museum zu Berlin: das Blindekuhspiel und den Hahnenschlag (beide mit der Jahrsz. 1768), zwei Bilder von höchst leichtem und geistreichem Vortrag und hellem, sonnigem Silberton der Farbe. Das vollständige Werk seiner Kupferstiche besteht aus 2012 Blätter, darunter 42 Doubletten. Unter die schönsten und interessantesten derselben zählt man: Calas nimmt Abschied von seiner Gattin (1767, in den dritten Abdrücken: 1768); Friedrich der Grosse vom Frieden begleitet (das seltenste Blatt des Meisters); der König Friedrich II. von Preussen und der Kronprinz besehen die Truppen zu Potsdam (1777); 16 Blätter zu Bunkels Leben; 12 Bl.: Fortgang der Tugend und des Lasters, zum Göttinger Kalender von 1778; Wilhelm Tell; Ziethen sitzend vor seinem König im Parolesaal; Ziethen schlummernd an der Tafel Friedrich's II.; Cabinet d'un peintre, die Familie des Meisters, wie er sie zeichnet (1771). — Chodowiecky bezeichnete seine Blätter mit DC, oder Dchki. Ausser derartigen einzelnen Blätter hat er unter den bedeutenderen literarischen Erzeugnissen seiner Zeit: Minna von Barnhelm, den Don Quixote, den Landprediger von Wakefield, Gellert's Fabeln, den Gil Blas, Voltaire's Schriften, Schiller's Räuber, York's empfindsame Reise, einige Dramen von Shakespeare u. s. w. mit trefflichen Compositionen, die er selbst gestochen, geschmückt.

Literatur. Jacoby, Verzeichniss sämmtlicher Kupferstiche von Chodowiecky, Berlin 1814. Berichtigt und vervollständigt von T. F. Link im Kunstblatt, Jahrg. 1838, Nr. 41—42, und Jahrg. 1851, Nr. 35—37. — Meusel's Miscellaneen, Heft V—IX, woselbst seine Lebensgeschichte.

Chollet, ein tüchtiger Kupferstecher zu Paris, der in Berwic's Schule ging und sich durch mehrere vorzügliche Kupferstiche, wie z. B. L'Orphelin, nach Röhn (1822); J'ai perdu, nach Dems. (1824); La demande du mariage, nach Geirnaert (1837); Gallilaei im Gefängnisse der Inquisition, nach Laurent (1827), einen geachteten Namen erworben.

Chopin, Henri, ein bekannter Historien- und Genremaler, der 1805 zu Lübeck geboren wurde, in der Schule des Baron Gros zu Paris sich zum Maler ausbildete und Werke schuf, die ihm einen geachteten Namen verschafften. Seine historischen Bilder, deren Stoff er der poetischen Nationalliteratur verschiedener Länder oder dem alten Testamente entnahm, sind reinlich und geschickt ausgeführt, allein ohne tieferen Gedankengehalt, wie mehrere Scenen aus Paul und Virginie, aus dem Don Quixote u. s. w. zeigen. Sein grosses Bild: das Urtheil Salomonis, ist sogar eine Profanation der Geschichte. Seine eleganten Genrebilder sprechen dagegen durch Nettigkeit und Lieblichkeit, zum Theil auch durch ergreifenden Ausdruck, wie in seinem „Blätterfall", einer Elegie auf einen an der Auszehrung unter welkem Laub hinschwindenden Jüngling, sehr an, und ebenso zart und fein sind seine Wandgemälde im Hôtel de Ville zu Paris, Amoretten, welche auf Bären, Löwen und Tigern reiten, zwischen Blumen und Pflanzenwindungen arabeskenartig angebracht.

Chrieger, Christoph, ein geschickter Formschneider, von dem man u. A. ein schönes grosses Blatt: das Seetreffen bei Lepanto, welches 1572 zu Venedig herauskam, kennt.

Christ, Johannes Franciscus, der Vater, geb. zu Nymwegen 1790, ein Schüler von J. van Eynden, und **Pieter Casper**, der Sohn, geb. 1822 ebendaselbst, der Schüler seines Vaters, malen Landschaften und Städteansichten, die gerühmt werden.

Christen, Joseph, ein Bildhauer, geb. zu Buechs in Unterwalden 1769, zeigte schon in seiner Jugend ein bedeutendes Talent für die Kunst, wodurch er die Aufmerksamkeit einiger Kunstkenner auf sich lenkte, die ihm 1788 durch einige wohlwollende Landsleute Unterstützung zu einer Reise nach Rom verschafften, woselbst er sich weiter ausbildete. Später lebte er mehrere Jahre in München und nachher in Aarau. Von ihm sind neben andern mehrere treffliche Büsten ausgezeichneter Schweizer, z. B. die des Generals de la Harpe, Salomon Gessner, Hans von Hallwyl, Escher, Pestalozzi.

Christensen, C., ein ausgezeichneter Medailleur, geb. zu Kopenhagen im Jahre

1806, gest. als Professor und Mitglied der dortigen Akademie 1845, der sich besonders durch den Schnitt der schönen, zur Erinnerung an die Ankunft Thorwaldsen'scher Kunstwerke in Kopenhagen gestifteten, 1842 vollendeten, mit unendlicher Feinheit ausgeführten, für dänische Künstler bestimmten Preismedaille, die auf der einen Seite das Brustbild jenes Künstlers, auf der andern die Nymphe Galathea zeigt, wie sie Dänemark den Amor mit der Leier bringt, umgeben von den bekanntesten anderen Arbeiten des grossen dänischen Bildhauers, einen berühmten Namen machte. Im Jahr 1844 entwarf er die Erinnerungsmedaille auf Thorwaldsen.

Christfeld, Philipp, ein tüchtiger Porzellanmaler, geb. 1797 zu Frankenthal in der Pfalz, wo sein Vater bei der dortigen Porzellanmanufaktur als Arkanist angestellt war, kam mit diesem nach Nymphenburg, besuchte die Akademie und widmete sich dann der Porzellanmalerei. In die k. Porzellanmanufaktur eingetreten, arbeitete er mit den übrigen dort angestellten Künstlern an den trefflichen Nachbildungen ausgezeichneter Galleriestücke, und man rühmt besonders von ihm: die Spinnerin, nach Gerh. Dow, und die Kreuzerhöhung Christi, nach Rembrandt.

Christoph, ausgezeichneter Porträtmaler aus Utrecht, war ein Schüler des Antonio Moro und stand bei Karl V. und Philipp II. von Spanien in hohen Ehren.

Christoph, Meister, wird ein altkölnischer Maler genannt, der um 1471—1501 in Köln thätig war, und mehrere Bilder für die dortige Karthause fertigte.

Christophsen, Pieter, ein niederländischer Maler, der von 1416—52 blühte, und von Vasari Pietro Christa genannt wird, war einer der frühesten Schüler der Brüder van Eyck, und ist uns nur aus wenigen von ihm erhaltenen Bildern bekannt. Im Besitz des Hrn. Direktor Passavant zu Frankfurt befindet sich von ihm eine Madonna auf dem Throne zwischen dem h. Hieronymus und dem h. Franz, bezeichnet: †PETRUS. XPR. (Abkürzung für Christophori) M E. FECIT. 1417), ein Bild von grossartiger Behandlung des Faltenwurfs, Tiefe der Färbung und meisterhafter Vollendung, aber mehr in der Weise des Hubert als des späteren Johann van Eyck. Ein zweites Gemälde von Christophsen, das Porträt eines Mädchens aus der englischen Familie Talbot (mit der Inschrift: Opus Petri Christophori), welches durch die ebenso schlichte als zierliche Ausführung und durch die eigenthümliche Bildung des Gesichts anzieht, sieht man im Berliner Museum. Ein anderes Bild, der h. Eligius, der als Goldschmied einem Brautpaar einen Brautring verkauft, vom J. 1449, mit der Bezeichnung: petr° xpi me fecit a° 1449, das Eigenthum des Hrn. Bankier Oppenheim in Köln, ist in der Formenbildung und Färbung allgemeiner gehalten, und erinnert in dem bräunlichen, aber lichten Schattenton mehr an die Manier des Jan van Eyck. Ferner verwahrt das Berliner Museum noch zwei weitere Bilder dieses Meisters mit der Jahrszahl 1452, schmale Flügelbilder, die Verkündigung und Geburt und das jüngste Gericht darstellend, die aus Burgos in Spanien, woselbst sich Christophsen um jene Zeit aufgehalten haben soll, stammen. Sie zeigen eine weniger tiefe und grossartige Behandlung, als das Bild vom Jahr 1417. Auch das k. Museum zu Madrid besitzt vier Bilder: die Verkündigung, die Heimsuchung, die Geburt Christi und die Anbetung der Könige, die unverkennbar von Christophsen herrühren. Endlich wird ihm im Museum von Antwerpen: ein h. Hieronymus in einer Landschaft zugeschrieben.

Ciamberlano, Luca, aus Urbino, ein Maler und Kupferstecher, der von 1599 bis 1645 zu Rom lebte, den Gelehrtenstand, dem er zuerst angehörte, verliess und sich der Kunst widmete. Er stach nach eigenen Zeichnungen und nach den Bildern der grossen italienischen Meister im Geschmack von Agostino Caracci. Seine besten Blätter sind: der h. Thomas, und neun Blätter Engel, welche Passionsinstrumente tragen. Seine ziemlich zahlreichen Blätter sind bezeichnet: L. C.; Lucas Ciamb' E.; Lucas Ciamb' delineavit fecit q.; Lucas Ciamb' Urbanus F.; Lucas C. F.; Lucas Ciamb. incidit.; LVCAS CIABS. Vrbinas f.

Ciampelli, Agostino, Maler, geb. zu Florenz 1578, gest. 1640 zu Rom, war ein Schüler des Santo Titi, kam aber später nach Rom, wo ihm Clemens VIII. mehrere

Gemälde im Vatikan und im Lateran übertrug. An der Wand der Chornische von S. Maria in Trastevere sieht man von ihm einen höchst anmuthigen Engelreigen mit Weihgeschenken, und in St. Pudenziana zwei Gemälde, heilige Frauen, Märtyrerleichen bestattend, in denen bei vielem Manierirten ein Sinn für Ausdruck und einfache Schönheit nicht zu verkennen ist.

Cianfanelli, N., ein Maler zu Florenz, der 1840 mit L. Sabatelli und G. Martellini die Fresken in der Tribune des naturhistorischen Museums zu Florenz ausführte. Von seiner Hand ist u. A. das schönste Bild der ganzen Reihenfolge: Leonardo da Vinci mit Fra Luca Paciola vor Lodovico il Moro, Herzog von Mailand.

Cianfanini, Benedetto, einer der besseren Schüler des Fra Bartolomeo di S. Marco und Testamentsvollstrecker des Lorenzo di Credi, von dem aber kein zuverlässiges Werk bekannt ist.

Ciarla, Rafaello, aus Urbino, einer der vorzüglichsten Maler von Majolikagefässen, der um die Mitte des 16. Jahrhunderts lebte, und eine Menge solcher Gefässe nach Zeichnungen von Zuccaro, Raphael, Michelangelo u. A. bemalte. Auf Befehl des Herzogs von Urbino brachte er eine grosse Auswahl von Erzeugnissen solcher Art an den spanischen Hof. Von ihm dürften die meisten jener Majolikamalereien herrühren, die man dem Raphael insgemein zuschreibt, weil die grösste Anzahl davon nach dessen Zeichnungen oder Gemälden ausgeführt ist, und Ciarla mit ihm denselben Vornamen und Geburtsort theilte.

Cibber, Cajus Gabriel, Bildhauer, geb. zu Flensburg in Holstein 1630, gest. 1700 zu London, machte seine Studien in Rom und ging dann nach England, wo er eine Menge Arbeiten ausführte, und einer der angesehensten Bildhauer unter der Regierung Karls II. wurde. Von ihm sind viele der Statuen im Hof der Londoner Börse, und das Basrelief am Monument in der City. Als seine besten Arbeiten werden gerühmt: die Bildsäulen des Wahnsinns und der Melancholie über dem Eingang des Irrenhauses von Bedlam. Er war auch Architekt. Die dänische Kirche zu London, woselbst er mit seiner Gattin begraben liegt, ist sein Werk.

Ciccio, siehe **Solimena**.

Ciccione, Andrea, ein Bildhauer in Neapel, der zu Anfang des 15. Jahrhunderts blühte, und mehrere Grabmäler in der Kirche Giovanni a Carbonara daselbst fertigte, unter denen das des 1414 verstorbenen Königs Ladislaus II. das bedeutendste ist. Das Grabmal des Seneschalls Sergiani Caraccioli, vom Jahre 1432, in derselben Kirche, ist ebenfalls von seiner Hand. In seinen Werken verbindet sich mit dem noch alterthümlichen, germanisirenden Geschmack bereits eine freiere und grossartigere Fülle der Formen. Sie sind viel lebendiger und bedeutender als die des jüngern Masucci, dessen Schüler Ciccione gewesen sein soll, und es lässt sich in ihnen der Uebergang in den eigenthümlich realistischen Styl des 15. Jahrhunderts nicht verkennen.

Cignani, Carlo, berühmter Historienmaler, geb. zu Bologna 1628, gest. daselbst 1719, erlernte die Anfangsgründe der Malerei bei Giov. Batt. Cairo, kam aber später zu Albani in die Lehre, den er bald täuschend nachzuahmen wusste, studirte jedoch hernach, um sich in seiner Kunst immer mehr zu vervollkommnen, auch noch die Werke des Correggio, Tizian und Raphael. Schon durch seine ersten Arbeiten verschaffte er sich so viele Aufträge, theils im eigenen Vaterlande, theils vom Auslande, dass er verhindert wurde, seinen Werken diejenige Vollendung zu geben, zu der er vermöge seiner Talente befähigt gewesen wäre. Eines seiner ersten bedeutenden Bilder war das Urtheil des Paris, das er in Livorno malte. Hierauf führte er mit seinem Mitschüler Taruffi im öffentlichen Palast zu Bologna zwei grosse Bilder in Fresco aus: König Franz I., wie er in Bologna Skrophelkranke heilt, und den Einzug des Papstes Paul III. in Rom, begab sich sodann nach Rom, fertigte dort für die Kirche S. Andrea della Valle Scenen aus dem Leben des h. Andreas, und verschiedene andere Bilder für hohe und vornehme Personen. Nach Bologna zurückgekehrt, schmückte er die Kirche S. Michele in Bosco mit Gemälden aus der h. Schrift, reiste sodann nach Parma, auf den Ruf des Herzogs Ranuccio II., um daselbst einige Zimmer in einem seiner Lusthäuser mit Bilder auszumalen, in denen er den Triumph der Liebe darstellte. Um diese Zeit entstand auch das schöne Bild der Empfängniss Mariä, für eine Kirche zu Piacenza gemalt, und die Madonna mit dem, den Johannes und die h. Theresia krönenden Kinde, in S. Lucia zu Bologna. Durch alle diese Werke hatte er sich einen so grossen Ruhm erworben, dass er für seine Verdienste vom Papst mit dem Ritterkreuz belohnt, vom Herzog Franz von Parma aber für sich und seine Nachkommen in den Grafenstand erhoben wurde. Ja, der Ruf seiner Geschicklichkeit verbreitete sich so allgemein, dass Jünglinge von nah und fern zu ihm in die Schule treten wollten, und er sich dadurch genöthigt sah, eine grosse Akademie zu errichten, mit der er, als er den Auftrag bekam, die grosse Kuppel der Madonna del Fuoco zu Forli zu malen, dahin übersiedelte und sie dort 1694 in einem Zimmer des öffentlichen Palastes eröffnete. Ausser jener im J. 1706 beendigten Kuppel, in der er die Himmelfahrt der Maria darstellte, malte er noch viele andere Bilder daselbst, theils für Kirchen, theils in verschiedenen Palästen, auch war er für den Kurfürsten von Bayern und der Pfalz vielfach beschäftigt. Unter der Regierung Clemens XI. wurde sodann auch in Bologna die Clementinische Akademie errichtet, und Cignani 1709 zu deren Direktor erwählt, er blieb aber bis an sein Ende zu Forli.

Geschichtliche Darstellungen von Cignani sind selten, dagegen sieht man von ihm desto mehr der biblischen Historie entnommen, insbesondere Madonnen, auch andere Bilder verschiedenen Inhalts, mit einer oder zwei halben Figuren. In ihrer Anordnung und Zusammenstellung hielt er sich an die Art und Weise der Caracci, die Grazie in seinen Umrissen aber erinnert etwas an Correggio. Sein Colorit ist hell und lebendig und von grosser Kraft, lieblichem Helldunkel und zartem Schmelz. Obgleich er sehr lange an seinen Bildern malte, wie er z. B. an der grossen Kuppel in Forli 20 Jahre arbeitete, scheinen sie nichts weniger als mühselig, sondern es macht sich in ihnen eine erfreuliche Leichtigkeit bemerkbar.

Ausser den vielen Bildern, die er in Italien hinterliess, besitzen auch die deutschen Gallerieen mehrere für seine Richtung bezeichnende Gemälde von ihm. So sieht man im Museum zu Berlin: Venus und Anchises; in der Gallerie zu Dresden: Joseph, der sich den Armen der Potiphar entwindet (meisterhaft lithographirt von Léon Noël); in der Pinakothek zu München (woselbst man ausserdem in der Theatinerkirche auch noch eine heil. Familie mit kolossalen Figuren sieht): Jupiter als Kind von der Ziege Amalthea gesäugt (Cignani's letztes Bild, das er 80 Jahre alt für den Kurfürsten Johann Wilhelm von der Pfalz malte); die Himmelfahrt der Maria (in überlebensgrossen Figuren); Maria vor dem in der Wiege schlafenden Jesuskinde knieend; die heil. Magdalena in Betrachtung; in der Gallerie zu Pommersfelden: drei Plafondsgemälde, worunter Bacchus und Ariadne eine der besten Compositionen des Meisters und in Form und Farbe besonders gefällig behandelt ist; im Belvedere zu Wien: Maria mit dem Kinde auf den Armen, das ein Kreuzchen hält, und Cimon von seiner Tochter Pera im Kerker gesäugt.

Endlich zeigt man auch in einigen Gallerien Englands bemerkenswerthe Bilder von Cignani. Die Gemäldesammlung in Staffhordhouse besitzt einen Antonius von Padua, der in Gegenwart der Maria das Christuskind liebkost; die Bildersammlung zu Corshamhouse: Maria mit dem Kinde, sehr lieblich und anziehend; die Gallerie zu Chatsworth: Joseph und Potiphars Weib (eine Wiederholung des Dresdner Bildes mit einigen Abweichungen) u. a. m.

Cignani's beide Söhne, **Felice** und **Paolo**, widmeten sich ebenfalls der Malerei, kamen aber ihrem Vater nicht gleich.

Cignaroli, Gianbettino, Historienmaler, geb. 1706 zu Salo in der Nähe von Verona, gest. 1770 zu Verona, ging zu Santo Prunato in die Lehre, bildete sich aber auf Reisen im Venetianischen und Lombardischen nach Paolo Veronese und besonders nach Correggio, nach dessen Grundsätzen er das Helldunkel behandelte. Er malte für eine Menge Fürsten und vornehmer Personen und glänzte unter den ersten Malern seiner Zeit. Seine Bilder sind aber sehr ungleich; sie haben in der Regel ein kräftiges Colorit, sind jedoch nicht immer correkt gezeichnet. Seine besten verrathen ein schönes Talent. In Deutschland sind sie selten, in Italien dagegen trifft man sie häufig. Eine Maria mit dem Kinde, der h. Ottilie und dem h. Petrus in der Gallerie des Belvedere zu Wien ist aus seiner besten Zeit, und eine h. Jungfrau mit dem Kinde und Heiligen im Museum zu Madrid, zeigt, zu welcher Höhe er sich durch Anstrengung seines Talentes erheben konnte.

Literatur. Ippolito Bevilaqua, Memorie della vita di Giambettino Cignaroli, Pittore, 1771. Mit seinem Bildniss.

Cigoli, Lodovico, siehe **Cardi.**

Cima, Giambatista, genannt **da Conegliano,** von seinem Geburtsort in der Treviser Mark, geb. um 1460, war einer der vorzüglichsten und bedeutendsten unter den Anhängern des Giovanni Bellini, dessen Schüler er gewesen sein soll. Alle seine Bilder, die oft mit denen seines Lehrers verwechselt werden, erinnern an jene glückliche und fruchtbare Jugendblüthe der venetianischen Schule von 1490—1520. Seine Gestalten, vorzüglich die männlichen, zeichnen sich durch eigenthümliche Kraft, Ernst und Würde, durch eine grossartige Ruhe in Geberde und Bewegung, Schönheit in den Charakteren und Feinheit des Ausdrucks aus, während die Ausführung immer von grösster Entschiedenheit und Sorgfalt bleibt und die Farbengebung in Lebhaftigkeit und Gluth, Helle, Klarheit und Weichheit nicht selten die des Bellini erreicht. Doch haben sie durchweg weniger Anmuth als die des Letzteren, namentlich sind seine im Ganzen keineswegs unschönen Madonnenköpfe leb- und reizloser als die seines Meisters; er opferte dem Charakteristischen in den Physiognomieen hin und wieder lieber sogar das Wohlgefällige auf, auch fällt sein Ernst oft in's Strenge und seine Schatten werden hin und wieder zu schwärzlich. Cima hinterliess wenige Werke in Conegliano, er liebte es jedoch, in den landschaftlichen Hintergründen seiner Bilder Ansichten seiner Heimath anzubringen. Er malte zu Venedig, Bologna, Parma und Rovigo, war auch vielfach in den Schlössern von Vornehmen und Grossen beschäftigt. Das erste bekannte Bild von ihm befindet sich in der Kirche S. Bartolommeo zu Conegliano und trägt die Jahrzahl 1489; ein zweites im Dome seiner Vaterstadt gibt 1493 als das Jahr seiner Vollendung an. Cima malte noch 1517 und unterhielt eine zahlreiche Schule, aus der sein Sohn Carlo Cima, ein guter Nachahmer der Bilder seines Vaters und Vittore Belliniano hervorgiengen.

Von seinen Werken trifft man noch, im Museum zu Berlin: die in einer Kapelle auf dem Throne sitzende Maria mit dem stehenden, den Segen ertheilenden Kinde und vier männlichen Heiligen, ein sehr bedeutendes Bild; Maria mit dem Kind auf dem Schoose, das den verehrenden Donator segnet; den h. Anianus von Alexandrien, der durch seinen Segen die mit der Ahle durchstochene Hand eines Schusters heilt, durch die lebendige Charakteristik der Köpfe ausgezeichnet; das Bildniss des Giov. Bellini in schwarzer Kleidung; Maria mit dem stehenden Kinde auf dem Schoose, welches einen Stieglitz in der Hand hält; ferner in der Pinakothek zu Bologna: eine Madonna mit dem Kinde; in der Gallerie zu Dresden: die Darstellung der Maria im Tempel, eines der vorzüglichsten Gemälde des Meisters, das früher für ein Werk des Giov. Bellini gehalten wurde; im Städel'schen Institut zu Frankfurt a. M.: Maria mit dem Kinde, das die Hand zum segnen erhebt; in der Brera zu Mailand: mehrere Bilder, worunter Petrus, als Statthalter Christi auf dem Throne sitzend, in denen jedoch das Streben nach Kraft und Strenge bereits in's Schwerfällige ausartet; in der Pinakothek zu München: die h. Jungfrau mit dem Kinde, zur Seite der h. Hieronymus und die h. Magdalena; im Louvre zu Paris: Maria mit dem Kind auf dem Throne, von dem h. Johannes und der h. Magdalena verehrt, ein Gemälde, das sehr schöne Charaktere vom feinsten Ausdruck zeigt; eine Madonna in trono mit männlichen und weiblichen Heiligen; zu Parma, in der Akademie: Madonna in trono mit Heiligen; zu Venedig, in der Kirche al Carmine: die Anbetung der Hirten und Heiligen, des Meisters vorzüglichstes Bild, dessen Farben wie Juwelen leuchten; in S. Giovanni in Bragora: eine Taufe Christi, ein in dem Adel des Christuskopfes, in der Schönheit der Engel und in der weihevollen Geberde des Täufers unvergleichliches Gemälde; Constantin und Helena ebendaselbst; in der Abbazia: Tobias mit dem Engel; in der Akademie: Madonna mit Heiligen, und den h. Thomas, die Wundenmale Christi berührend; auch im Pal. Reale sind einige Gemälde von ihm. Zu Vicenza sieht man in der Akademie: eine Madonna in trono mit Heiligen. Endlich besitzt die Gallerie des Belvedere zu Wien: eine Maria mit dem Kinde und Heiligen in einer Landschaft und die Gallerie des Fürsten Esterhazy ebendaselbst: die h. Jungfrau mit dem Jesuskinde. — Cima pflegte seine Bilder mit seinem Namen: Joannis Baptiste Coneglianensis, Joanes baptista Coneglianensis, oder mit mehr oder weniger Anfangsbuchstaben desselben zu bezeichnen.

Literatur. Kugler, Handbuch der Geschichte der Malerei. — Burckhardt, Der Cicerone.

Cimabue, Giovanni, ein berühmter Maler aus der edlen Familie der Cimabue, mit dem Beinamen Gualtieri, der gewöhnlich als Gründer der neuern italienischen Malerei betrachtet wird, jedenfalls aber das Verdienst hat, den grossen Aufschwung derselben in der folgenden Periode vorbereitet zu haben, wurde im Jahr 1240 zu Florenz geboren, lebte noch 1302, scheint aber in diesem Jahre gestorben zu sein. In seinen Werken herrscht zwar noch vorzugsweise die byzantinische Manier, aber er wusste durch Belebung jener in vertrockneter und erstarrter Form überkommenen, obwohl immerhin höchst würdigen Gebilde der altchristlichen (griechischen) Kunstweise zu einer weit grösseren Ausbildung zu gelangen. Es macht sich in ihnen durchweg ein auf Edles und Hohes gerichteter Sinn, ein Streben nach Würde und Ehrfurcht gebietender Hoheit geltend. Befolgen sie auch noch die byzantinische Anordnung, so ist dieselbe doch bereits mit künstlerischer Freiheit aufgefasst; behalten sie auch noch die typischen Formen bei, so ist doch die Zeichnung schon durch Naturanschauung vervollkommnet, die Malerei, im Gegensatz zu der Strenge der Byzantiner, ungemein weich in einem flüssigen Farbenauftrag durchgeführt, und der Ausdruck lebendiger und seelenvoller. Bei allen diesen Vorzügen vor seinen griechischen Vorbildern gewahrt man in ihnen gleichwohl noch die alte Monotonie der Composition, wodurch jede Figur nach ihrer Stellung und Verrichtung nur immer für sich und in sich abgeschlossen, ohne Beziehung zur andern oder zum Hauptgegenstand, möglichst gerade von vornen genommen, steif und einförmig neben die andere gestellt und durch strenge braune Umrisse gebunden und eingefasst erscheint. Und diese Einförmigkeit, welche Sache der Ueberlieferung war, der er sich weder ganz entschlagen durfte, noch konnte, zeigt sich im Ganzen wie im Einzelnen, in den sich fast in allen Köpfen wiederholenden Zügen, wie in den länglicht gezogenen Nasen, in den schmalen, in's Breite geschnittenen Augen mit dem Sterne dicht unter dem Augenliede, wie in den getheilten, von einander stehenden Fingern, Eigenthümlichkeiten, die ihn durchgehends kenntlich machen. In seinen bedeutendsten Werken sind jedoch auch die Handlungen durchweg mit Geist entwickelt und durch ein grossartiges Pathos belebt. So trägt Cimabue noch das Gepräge der alten ausgelebten byzantinischen Schule, aber aus diesen erstarrten Kunstgebilden blickt schon der Geist eines neu erwachenden schöneren Lebens der Kunst. Desshalb haben seine Bilder auch etwas Wundersames, Unheimliches und doch Anziehendes. Es ist der Zwiespalt und Kampf todter starrer Formen und des Ausdrucks von Seele, der sich mit Macht Bahn brechen will.

Unter die Malereien, welche man ihm, und zwar mit grösster Wahrscheinlichkeit, zuschreibt, gehören zuerst zwei grosse Madonnenbilder in Florenz. Das ältere, früher in der Kirche S. Trinità, gegenwärtig in der Gallerie der Akademie, mit Propheten und Patriarchen, schliesst sich noch beinahe ganz den byzantinischen Vorbildern an, zeigt aber doch bereits ein klares Bewusstsein für menschliche Anmuth; das jüngere, auf dem die Mutter Gottes zu beiden Seiten von knieenden Engeln umgeben dargestellt ist, während der Rand des Bildes mit kleinen Medaillons geschmückt erscheint, auf denen die Brustbilder von Heiligen angebracht sind, befindet sich in S. Maria Novella (in der südlichen Kapelle des Queerschiffs)* und offenbart schon einen eigentlichen Natursinn, besonders in dem Christuskinde und in einem Theil der Medaillons, in denen sich Cimabue, statt der vorgeschriebenen steifen altchristlichen

* Abgebildet in den Denkmälern der Kunst. Atlas zu Kuglers Handb. der Kunstgesch. Taf. 49, Fig. 2.

Darstellungsweise, eine freiere Behandlung erlauben durfte. Sehr verwandt diesem Gemälde ist ein kolossaler Christus in trono mit zwei Engeln, der sich in S. Simone zu Florenz, auf einem verlassenen Altar in einem dunklen Gange zwischen Kirche und Sakristei befindet. Von dem grossen Mosaik, welches die Haupttribüne des Domes von Pisa schmückt, einem riesigen Christus, zu dessen Seiten Johannes, der Täufer, und Maria stehen, ist der grösste Theil, dokumentlichen Nachrichten zufolge, von Cimabue gegen Ende seines Lebens ausgeführt worden. Bei der Gestalt Christi in diesem Bilde ist jedoch, wenn sie überhaupt von ihm herrührt, noch der vorgeschriebene starre byzantinische Typus beibehalten, während in der Figur des Johannes, die erwiesenermassen von seiner Hand ist, bereits eine lebendigere Bildung des Kopfes und eine naturgemässere Bewegung hervortritt.

Wichtiger aber noch als diese Werke sind die grossen Wandmalereien, welche dem Cimabue in der Oberkirche des h. Franciscus zu Assisi zugeschrieben werden, Bilder, in denen sich sein grosses Talent in seiner vollständigen Entwicklung, seine Kunst in ihrem ganzen Umfang offenbart. Sie sind jedoch leider zum grössten Theil zerstört. Was er in der Unterkirche gemalt, ist nicht mehr vorhanden, seine Arbeiten im Chor und im Querschiff der Oberkirche sind fast gänzlich erloschen, dagegen ist noch Einzelnes von den Malereien der gewölbten Decke und der oberen Wände des Langschiff's erhalten. Von jenen werden ihm die Gemälde der Felder des ersten, dritten und fünften Kreuzgewölbes zugeschrieben. Sie enthalten im ersten Raume die Gestalten der vier Evangelisten, die noch ziemlich byzantisirend gehalten sind, im fünften die vier Kirchenväter, ihren Schreibern diktirend, und im dritten Medaillons mit den Bildern Christi, der Maria, Johannes des Täufers und des h. Franciscus, sämmtlich Gemälde, die dem künstlerischen Gehalt nach den erwähnten Altarbildern zu Florenz verwandt sind. Interessanter aber als diese letzteren Gemälde selbst sind die Verzierungen, womit sie eingefasst erscheinen. Hier sieht man in den unteren Winkeln der Dreieckfelder nackte Genien dargestellt, welche geschmackvolle Vasen auf ihren Köpfen tragen; reiche Blumenranken wachsen aus diesen Vasen empor, an denen sich andere Genien aufschwingen, Früchte pflückend oder in den Kelchen der Blumen lauschend. In den freien Bewegungen, in der versuchten Modellirung des Nackten bei diesen Gestalten, erkennt man eine entschiedene und nicht unglückliche Annäherung an die Antike. Die Hauptleistung des Meisters aber bleiben die Malereien des obern Theils der Wände des Langhauses der Kirche mit 16 Geschichten aus dem alten und 16 Begebenheiten aus dem neuen Testament. In diesen Gemälden, unter denen: Joseph mit seinen Brüdern, die Hochzeit zu Kana, die Gefangennehmung Christi und die Kreuzabnahme als die vorzüglichsten geschildert werden, erscheint das Todte, Starre und Hässliche der byzantinischen Kunst, bis auf einen gewissen Grad vollkommen beseitigt und in Gruppirung, Stellung und Geberde eine lebendige Entwicklung eines besonderen Moments erzielt. Wenn es Cimabue darin auch noch nicht ganz gelungen ist, seine Gestalten individuell zu beleben, soweit es zu der bestimmten Darstellung einer besonderen Handlung nöthig ist, seinen immer noch ziemlich ähnlichen Köpfen den Ausdruck des Augenblicks zu verleihen, so sieht man doch wie mächtig er gerungen, der überlieferten Form den Ausdruck einer lebendigen Idee aufzuprägen, wie glücklich er manches grossartige und würdevolle Motiv hervorgebracht. Diese Werke sind es vornehmlich, die man als diejenigen zu betrachten hat, welche einer freieren Kunst Bahn gebrochen. Die unteren Wandbilder des Langhauses der Kirche mit 28 Darstellungen aus dem Leben des h. Franciscus werden von Einigen den Schülern des Cimabue, von Anderen dem Parri di Spinello zugeschrieben.

Ueber das Leben des Cimabue besitzen wir wenig beglaubigte Nachrichten und es ist mit Vorsicht aufzunehmen, was uns Vasari von ihm erzählt. Nach diesem, seinem Biographen, soll er in dem Kloster von S. Maria Novella in den Wissenschaften unterrichtet, später aber, als der Trieb der Kunst in ihm erwacht und unwiderstehlich geworden war, griechischen Malern, die der damalige Befehlshaber der Stadt nach Florenz berufen, in die Lehre gegeben worden sein. Durch unablässige Uebung soll er es dann, unterstützt durch sein bedeutendes Talent und unter Zugrundlegung fleissiger Naturstudien, dahin gebracht haben, dass er seine Meister in Erfindung, Anmuth, Zeichnung und Farbe weit übertroffen und sowohl in seiner Vaterstadt als auswärts mit Bestellungen überhäuft worden. Er wurde nach Pisa und Assisi berufen und malte dort verschiedene Altargemälde und Wandbilder, durch deren Vortrefflichkeit er seine Zeitgenossen in Erstaunen setzte. Nach Florenz zurückgekehrt, führte er im Klostergang von S Spirito Begebenheiten aus der Geschichte Christi und für S. Maria Novella eine Altartafel, Maria mit dem Kinde, von Engeln umgeben (das bereits erwähnte, noch daselbst befindliche Bild), aus, das, weil man bis dahin nichts Aehnliches oder Besseres gesehen, eine solche Bewunderung erregt haben soll, dass es nach seiner Vollendung unter festlichem Gepränge und grossem Jubel des Volkes vom Hause des Künstlers nach der Kirche gebracht worden sei. Wie hoch er von seinen Zeitgenossen anerkannt worden, geht auch aus dem bekannten Vers des Dante hervor:

Credette Cimabue nella pintura
  Tener lo campo, ed ora ha Giotto il grido,
  Si che la fama di colui è oscura.*
Es meinte Cimabue vordem, im Malen
  Das Feld zu halten, doch jetzt preisst man Giotto,
  Also, dass Jenes Ruf versinkt in Dunkel.

Denn wenn auch die bedeutenden Leistungen Giotto's, seines grossen Schülers, seinen Ruhm nachher mehr in Schatten stellten, so war derselbe doch seiner Zeit ein ebenso verdienter als allgemeiner, wie ein Commentator Dante's beweist, der zu Giotto's Lebzeiten und nicht lange nach des Dichters Tod, um's Jahr 1334, schrieb, und zu obiger Stelle bemerkt: „Cimabue aus Florenz war zur Zeit des Autor's (nämlich Dante's) ein vorzüglicher Maler, der mehr als irgend ein Mensch in der Kunst wusste, dabei aber so stolz und so leicht unwillig, dass wenn ihm Jemand einen Fehler an seiner Arbeit zeigte, oder er selbst einen gewahrte, er ein solches Werk sogleich zerstörte, ob es auch noch so kostbar war." Vasari erzählt weiter, dass des Künstlers Bildniss unter einer Reihe ausgezeichneter Männer und Frauen in dem Bilde der streitenden und triumphirenden Kirche von Symone aus Siena im Kapitel von S. Maria Novella angebracht sei.

Ausser den genannten Malereien werden dem Cimabue noch folgende zugeschrieben: ein Bild der Mutter Gottes in der Kirche S. Croce, das früher für ein Werk des Giotto galt; ein h. Franciscus, umgeben von Scenen aus seinem Leben, in 20 Bilderchen voll Figuren, auf Goldgrund, ebendaselbst; ein Crucifix, kolossal und wohlerhalten in einem Corridor derselben Kirche; eine Madonna in einem Oval über dem Altar von S. Piero Scheraggio; eine Maria im Kapitel der Theresianer von S. Paolino; eine dessgleichen im Kloster Ognisanti; ein Crucifix im Nonnenkloster von S. Jacopo di Ripoli, sämmtlich zu Florenz. Endlich in der Kapelle des Campo Santo zu Pisa: eine Madonna mit dem Kinde. Die dem Cimabue im Louvre zu Paris zugeschriebene Maria mit dem Kinde, auf jeder Seite von drei Engeln umgeben, in kolossaler Grösse, ein Bild, das in der Hauptdisposition Aehnlichkeit mit dem Bilde in S. Maria Novella zu Florenz hat, möchte (nach Waagen, Kunstwerke und Künstler in Paris) eher ein in der Composition noch vom Meister abhängiges Bild des Giotto sein. Auch die Pinakothek zu München glaubt ein Brustbild der Maria mit gefalteten Händen von Cimabue zu besitzen.

Literatur. Vasari, Leben der ausgezeichnetsten Maler, Bildhauer und Baumeister. — Lanzi, Geschichte der Malerei in Italien. — Fiorillo, Geschichte der Malerei in Italien. — Rumohr, Italienische Forschungen. — Speth, Die Kunst in Italien. — Förster, Beiträge zur neueren Kunstgeschichte. — Kugler, Handbuch der Geschichte der Malerei. — Burckhardt, Der Cicerone.
Kupferwerke. Riepenhausen, Geschichte der Malerei. — Seroux d'Agincourt, Histoire de l'Art par les monuments.

Cimerlini, Giovanni Paolo, ein Maler und Kupferätzer, der um 1568 zu Verona blühte, von dem wir aber nur zwei Blätter: eine reiche Landschaft mit dem grossen Christoph und ein allegorisches Blatt: den Tod, als Vogelsteller, der die Sterblichen in sein Netz lockt, kennen.

* La divina Comedia. Purgatorio, Canto XI.

Cimon, siehe **Kimon**.

Cincinnato, Romulo, ein Maler, der, zu Florenz geboren, in der Malerei von F. Salviati in Rom unterrichtet und 1567 von Philipp II. von Spanien an seinen Hof berufen wurde. Hier führte er viele Oel- und Frescogemälde für Kirchen und Paläste aus, die man heut zu Tage noch im Escorial, im Pal. del Pardo, in der real Academia zu Madrid, im Palast des Herzogs von Infantado zu Guadalaxara sieht. Seine Bilder werden von Kennern wegen der Grossartigkeit der Zeichnung, dem Verständniss in den anatomischen Theilen, wegen der Wirkung und dem Geschmack in Anwendung der Architekturen gerühmt. Er starb um 1600 und hinterliess zwei Söhne, Diego und Francisco, die er selbst in der Kunst unterrichtete und zu tüchtigen Künstlern heranzog.

Literatur. Bermudez, Diccionario historico de los mas illustres professores de las bellas artes en España.

Cinello, wird ein namhafter toskanischer Bildhauer, der Periode des germanischen Styls der Sculptur in Italien angehörig, genannt, der u. A. um 1337 das Grabmal des Cino d'Angibolgi in S. Andrea zu Pistoja fertigte.

Cini, Jacopo, malte u. A. im Jahr 1373 das Bild der Madonna mit mehreren Heiligen in der Zecca (Münze) zu Florenz.

Cioli, Valerio, Bildhauer aus Settignano, der Sohn des Bildhauers Simone Cioli, eines Schülers von Contucci, erlernte die Bildhauerkunst bei seinem Vater und bei Tribolo. Er ist namentlich wegen seiner Geschicklichkeit in der Restauration antiker Bildwerke und durch die Statue der Sculptur, die er für das Grabmal des Michelangelo in S. Croce in Florenz ausführte, bekannt.

Cione, Meister, ein trefflicher Goldschmied aus Florenz, der Vater des Folgenden, führte u. A. den grössten Theil eines für die Kapelle S. Johannes des Täufers in S. Giovanni zu Florenz bestimmten, 1356 begonnenen silbernen Altars aus, auf welchem in getriebener Arbeit und in halberhabenen Figuren, Begebenheiten aus dem Leben dieses Heiligen dargestellt waren.

Cione, Andrea di, mit dem Beinamen **Orgagna** oder **Orcagna**, richtiger aber **Arcagno**, verstümmelt aus **Arcagnolo***, einer der vorzüglichsten Architekten, Bildhauer und Maler seiner Zeit, war der Sohn des Vorigen, eines ausgezeichneten Goldschmieds und wurde zu Florenz geboren. Er bildete sein frühe schon hervortretendes Talent bei dem Bildhauer Andrea Pisano aus, widmete sich aber später der Malerei und führte mit Hülfe seines Bruder Bernardo in der Hauptkapelle von S. Maria Novella mehrere Fresken aus dem Leben der Maria aus, die aber schon wenige Jahre nach ihrer Vollendung zu Grunde gingen. Darauf fertigte er, theils in Gemeinschaft mit seinem Bruder, theils allein, mehrere Wand- und Tafelmalereien für verschiedene Kirchen von Florenz, wodurch er sich einen so grossen Ruhm erwarb, dass er nach Pisa berufen wurde, um im dortigen Camposanto einen Theil der Wände mit Gemälden zu schmücken. Er stellte dort in zwei grossen ausgezeichneten Bildern: den Triumph des Todes** und das Weltgericht mit einer Menge Figuren, unter denen sich verschiedene Porträts berühmter Zeitgenossen befinden sollen, dar. Die dritte Darstellung: die Hölle, nach dem Entwurfe des Andrea von seinem Bruder Bernardo ausgeführt, ist weniger bedeutend. (Die ganze untere Hälfte des letzteren Bildes ist im 16. Jahrhundert durch Sollazzino flau modern übermalt und verändert worden, so dass man das ursprüngliche Gemälde nur noch auf einem alten Kupferstiche, den Morrona in seiner „Pisa illustrata" mittheilt, erkennen kann.) Nach seiner Rückkunft führte er in S. Croce zu Florenz drei Frescobilder aus, die, einige kleinere Abänderungen ausgenommen, den in Pisa gemalten ganz ähnlich waren, nur noch fleissiger und richtiger behandelt gewesen sein sollen. (Sie sind nicht mehr vorhanden.) Zwischen diesen Malereien beschäftigte sich Orcagna hin und wieder auch mit Sculpturarbeiten, widmete sich aber zu gleicher Zeit mit grossem Fleisse

* Der wahre Beiname des Künstlers, wie er in den Urkunden des Domarchivs von Florenz zum Oefteren vorkommt, ist l'Arcagnuolo. Er wurde nämlich wegen der Schönheit seiner Engel und Erzengel Andrea degli Archagnuoli genannt, woraus l'Arcagnuolo und durch Verstümmlung Arcagna, Orcagna entstand.

** Abgebildet in den Denkmälern der Kunst. Atlas zu Kuglers Handb. der Kunstgesch. Taf. 63, Fig. 5.

der Architektur und brachte es darin so weit, dass bei einer von der Signoria von Florenz unter den besten Meistern der Stadt veranstalteten Konkurrenz von Plänen zur Erbauung einer Halle, seine Zeichnung als die grösste, schönste und prächtigste allgemein gebilligt wurde. Es wurde darnach die herrliche Loggia de' Lanzi erbaut, so genannt von den Landsknechten, welche daneben ihr Wachthaus hatten. Unter den Sculpturen daran werden unter Anderem die Madonna und einige allegorische Figuren der Tugenden als Arbeiten seiner Hand genannt. Da er aber nie unterliess, wenn er sich mit einer seiner Künste beschäftigte, auch die andere zu üben, so verfertigte er um dieselbe Zeit, als die Loggia erbaut wurde, eine Altartafel für die Kapelle Strozzi, einen thronenden Christus, Maria mit Engeln und Heiligen in fünf spitzbogigen Abtheilungen auf Goldgrund. (Dieses Bild mit der Bezeichnung: Anni domini MCCCLVII Andreas Cionis de Florentia me pinxit befindet sich noch wohl erhalten an Ort und Stelle.) Nach Vollendung dieses Bildes wurde er durch die Brüderschaft von Orsanmichele beauftragt, zu Ehren eines bei Anlass des schwarzen Todes 1348 sehr wirksamen Gnadenbildes der Madonna, die bisher offene Halle des, 1284 als städtischen Kornspeicher von Arnolfo begonnenen, 1337 von Taddeo Gaddi umgestalteten Orsanmichele zu vermauern und zur Kirche umzuschaffen, jene Statue aber mit einem Tabernakel zu umgeben. Dieses überaus prächtige, aus weissem Marmor gearbeitete Werk ist reich mit plastischen Darstellungen geschmückt, welche, ausser den Gestalten von Engeln und Propheten und einigen allegorischen Figuren, vornehmlich Scenen aus dem Leben der Maria enthalten. In einem der Apostel auf einem der Reliefs bildete er sich selbst ab und unten grub er die Inschrift ein: Andreas Cionis pictor Florentinus oratorii archimagister extitit hujus MCCCLIX. Andrea starb, wie es jetzt erwiesen ist, 1376 (nicht 1389, wie Vasari angibt, nach dessen Mittheilung er 60 Jahre alt geworden sein soll).

Orcagna entfaltete, wie wir gesehen haben, in den verschiedenen Künsten eine sehr erfolgreiche Thätigkeit. Als Baumeister bewies er in der Loggia de' Lanzi ein grosses Raum- und Formgefühl. Diese einfache Halle, von drei Bogen Breite, umfasst einen ungeheuren Raum, mit gewaltigen Spannungen, über leicht und originell gebildeten Pfeilern. Dabei ist sie von einer solch überraschenden Pracht, hat so edle und würdige Verhältnisse, dass Michelangelo an Cosmus I., der von ihm eine Zeichnung zu dem Palaste des Magistrats verlangte, geschrieben haben soll, er möge nur die Loggia des Orcagna weiter führen lassen und damit den Platz umgeben — etwas Besseres lasse sich nicht machen. In seinen Sculpturen, besonders in seinem plastischen Hauptwerke, dem Tabernakel in Orsanmichele, zeigt sich eine sehr edle Entfaltung des germanischen Styls, die sich namentlich an einigen köstlichen Füllfiguren, an den Pfeilern und an dem Relief der Rückseite der Himmelfahrt der Maria, zu hoher Anmuth steigert; zugleich aber lässt sich darin das Streben nach jener naturalistischen Behandlung, welche mit dem Beginn des 15. Jahrhunderts entschieden vorherrschend war, bereits deutlich erkennen. Die Reliefmedaillons der Loggia nehmen noch einen höheren und reineren Schwung an. Hat sich nun Orcagna durch diese Werke schon ausgezeichnete Verdienste erworben, so gehören seine Malereien vollends zu den grossartigsten Leistungen der Kunst des germanischen Styls in Italien überhaupt. Die beiden Darstellungen von ihm im Campo Santo zu Pisa sind das Werk eines Künstlers, der vermöge der Tiefsinnigkeit und Grossheit seiner Gedanken, der unwandelbaren Einheit der Phantasie, bei aller Freiheit der Bewegung zwischen hohem überirdischem Ernst und anmuthsvoller Erdenlieblichkeit, würdig gewesen wäre, die gewaltigen Darstellungsmittel eines Michelangelo zu besitzen. In dieser Divina commedia in Farben ist es Orcagna gelungen, seine Anschauung von Leben und Tod auf eine höchst bedeutungsvolle Weise, und, da er weder die Aushülfe der Symbole, noch eigentlicher Allegorien zum Ausdruck der darin enthaltenen Ideen bedurfte, in der unmittelbaren Verbindung zwischen Darstellung und Inhalt, um so energischer wirkend darzustellen. Das eine von diesen Bildern, der Triumph des Todes, enthält in mehreren Scenen eine ergreifende Darstellung, wie alle Lust und

Herrlichkeit der Welt dem Graus des Todes zu erliegen bestimmt ist. Das zweite schildert das jüngste Gericht mit derselben Tiefe und Energie des Gedankens und ist zugleich durch die hohe Majestät der Composition ausgezeichnet, wodurch es auf geraume Zeit das Vorbild für ähnliche Darstellungen wurde. Die Motive der Bewegung in den Gestalten Christi und der Maria dienten Michelangelo, die Anordnung der Patriarchen und Apostel dem Fra Bartolommeo und Raphael zum Vorbild. Da diese Gemälde freier und kühner, dabei aber auch roher im Auftrage, und minder vollendet in der Technik sind, als seine Wandmalereien in der Kapelle Strozzi in S. Maria Novella und die mit seinem Namen bezeichnete Altartafel ebendaselbst, so wurde schon die Meinung aufgestellt, dass sie nicht von Orcagna herrührten. Allein, abgesehen von der ausdrücklichen Angabe seines Geschichtsschreibers, dass er zur Ausführung derselben nach Pisa berufen worden, sind sie doch zu sehr geistesverwandt mit den letzteren, als dass man nicht annehmen müsste, sie stammen aus des Meisters früherer Zeit. Die Bilder in S. Maria Novella zeigen freilich die höchste Vollendung der Technik, deren Orcagna fähig war. Es weht durch sie ein hoher und edler Schönheitssinn; die Gestalten sind voll Adel, Klarheit und Heiterkeit, ebenso die Köpfe fast durchgehends höchst anmuthig, schön und voll Gefühl, während sie zu gleicher Zeit durch die Tiefe und Kraft des Ausdrucks fesseln.

Schüler des Orcagna in der Kunst der Malerei waren; Bernardo Nello di Giovanni Falconi, Tommaso di Marco und Francesco Traini.

Andrea hatte noch drei Brüder, die Künstler waren: den erwähnten Bernardo, der älter als er und gleich ihm Maler war; einen zweiten, Ristoro, der sich der Bildhauer- und Baukunst befliss, und Jacopo, der ebenfalls in dem Buch der Malercompagnie eingeschrieben war. Es kam ihm jedoch Keiner von ihnen in der Kunst auch nur entfernt nahe. Andrea selbst besass nur zwei Töchter, aber Bernardo hatte einen Sohn Mariotto, der sich auch der Malerei widmete, jedoch ebenfalls keine bedeutenden Werke, die überdiess alle untergegangen sind, schuf.

Literatur. Vasari, Leben der ausgezeichnetsten Maler, Bildhauer und Baumeister. — Lanzi, Geschichte der Malerei in Italien. — Rumohr, Italienische Forschungen. — Förster, Beiträge zur neueren Kunstgeschichte. — Kugler, Handbuch der Kunstgeschichte. — Burckhardt, der Cicerone. Kupferwerke. Lasinio, Pitture a fresco del Campo santo di Pisa. Firenze, 1832. (Vergl. Rosini, Descrizione delle pitture del Campo Santo di Pisa.) — Lasinio, La Piazza del Granduca di Firenze con i suoi Monumenti, dichiarati da M. Missirini. Firenze, 1830. — D'Agincourt, Histoire de l'Art par les monuments.

Cipriani, Galgagno, ein geschickter Kupferstecher, geb. 1775 zu Siena, ging in Raphael Morghen's Schule, wurde 1808 Professor an der Akademie zu Neapel und lebt derzeit als Professor der Kupferstecherkunst an der k. k. Akademie zu Venedig. Zu seinen besten Stichen zählt man: Petrus und Paulus, nach Guido Reni (1804) und Johannes in der Wüste, nach Tizian.

Cipriani, Giovanni Battista, Historienmaler und Kupferätzer, geb. zu Florenz 1732, gest. zu London 1785, hatte sich durch seine in seiner Vaterstadt und deren Umgegend ausgeführten Bilder einen Namen erworben, als er 1754 zur Ausführung einer Anzahl historischer Bilder nach England berufen wurde. Hier malte er viele geschichtliche und mythologische, auch einige christliche Bilder und seine Arbeiten fanden vielen Beifall. Seine Bekanntschaft mit dem Kupferstecher Bartolozzi, der mehrere Blätter nach seinen Gemälden stach, veranlasste ihn, sich auch im Kupferstechen zu versuchen und man kennt einige hübsche Arbeiten in diesem Fach von ihm nach eigenen und fremden Erfindungen. Für sein bestes radirtes Blatt gilt: eine Maria mit dem Kinde.

Literatur. Fiorillo, Geschichte der Malerei in Grossbritannien.

Circignano, Niccolò, genannt **delle Pomerance,** von seinem Geburtsort, im Gebiet von Volterra, geb. 1519, gest. 1591, war ein Maler von handwerklicher Tüchtigkeit, der besonders in Rom für die Kirchen der Stadt und die päpstlichen Paläste eine Menge Bilder ausführte. Er arbeitete äusserst schnell, aber so wohlfeil, dass er bei saurer Mühe wenig verdiente. J. B. de Cavalleriis, ein mittelmässiger Kupferstecher, stach nach seinen Zeichnungen eine Sammlung von 31 Blättern, die unter dem Titel: Die Siege der streitenden Kirche herauskamen, eine Benennung, die man damals zu Rom den in Paris verübten gräuelvollen Mordscenen der Bartholomäusnacht gab. — Sein Sohn Antonio, geb. 1570, gest. 1630, erhielt den Unterricht in der Kunst durch ihn, bildete sich aber später nach Roncalli, und wurde gleich seinem Vater vielfach beschäftigt; er übertraf auch Letzteren in seinen Werken.

Citrino, Marino, ein Bildhauer aus Venedig, von dem das grossartige Portal der Kathedrale von Forli mit Statuen und Reliefs im Jahr 1465 ausgeführt wurde, wie die daran befindliche Inschrift mit der Jahreszahl angibt.

Cittadella, Alfonso, geb. 1487, gest. 1537, ein Bildhauer aus Lucca, der zu seinem Oheim mütterlicher Seits, Pietro Lombardi, in die Lehre ging, und sich desshalb auch, sei es aus Liebe zu seiner Mutter oder aus Achtung vor seinem Lehrer, Lombardi nannte. Er verfertigte in seiner Jugend zu Ferrara eine unendliche Menge kleiner trefflicher Medaillen mit Bildnissen nach der Natur, arbeitete dann aber meistens in Bologna und zeichnete sich bald als einen der tüchtigsten Meister seiner Zeit aus, wie es denn schon als ein nicht unerhebliches Zeichen seiner Tüchtigkeit betrachtet werden kann, dass er als ganz junger Mensch mit Michelangelo, der in diesem Punkt sehr bedenklich war, gemeinsam an der (zwischen 1506—1508 ausgeführten, für die Kirche S. Petronio in Bologna bestimmten) Kolossalstatue Papst Julius II. arbeitete. Durch ein treffliches Bildniss Kaiser Karl V., der ihm während seiner Anwesenheit zu Bologna (1530) dazu sass, steigerte sich sein bereits grosser Ruf noch mehr und er gewann dadurch die Gunst des Kardinals Hippolyt von Medici, der ihn mit nach Rom nahm, woselbst er einen sehr gerühmten antiken Kopf des Kaisers Vitellius in Marmor nachbildete und die Porträts des Papstes Clemens VII. und des Julian von Medici in Marmor nach dem Leben ausführte. (Die letztere Büste wurde nicht vollendet, die erstere steht heute noch über einer Thüre im Pal. vecchio zu Florenz.) Darauf wurde ihm die Ausführung zweier Grabmäler für Papst Clemens VII. und Leo X. übertragen. Er hatte auch schon ein Wachsmodell dafür angefertigt, das für bewundernswerth galt, als sein Gönner, der Kardinal Hippolyt von Medici vom Tod ereilt wurde, in Folge dessen ihm der Auftrag entzogen und B. Bandinelli übertragen wurde. Alfonso grämte sich darüber so, dass er über Florenz nach Bologna zurückkehrte, ausser einem Bildniss des Herzogs Alexanders von Medici aber wenig mehr von Bedeutung arbeitete, und bald darauf einer unheilbaren Krankheit unterlag.

Zu den frühesten Werken Alfonso's, in denen er fast noch ganz naturalistisch erscheint, gehören: die bemalten Halbfiguren Christi und der Apostel in den beiden Queerarmen des Domes von Ferrara, eine Arbeit, welche trotz mancher Mängel eine grosse lebendige Schönheit in den Köpfen zeigt; dasselbe gilt von der bemalten Thongruppe des von seinen Angehörigen beweinten Christusleichnams, in der Krypta von S. Pietro zu Bologna. Später, und zwar zuletzt unter dem Einfluss Tribolo's, näherte er sich einer mehr idealen Bildung, wie eine solche durch Andrea Sansovino der ganzen oberitalischen Bildhauerschule vorgezeichnet worden war. Er wagte sich sogar an grosse Aufgaben, wie er durch die Ausführung des kolossalen sitzenden Herkules (von Thon) im obern Vorsaal des Pal. apostolico zu Bologna bewies. Eine grosse Anzahl seiner Arbeiten finden sich sodann in S. Petronio ebendaselbst. Dort sieht man einen englischen Gruss und den Sündenfall in runden Statuen an der Innenseite des rechten und linken Seitenportals der Façade; die Auferstehung Christi, eine Lunettengruppe am linken Seitenportal (1526), ein Werk voll klarer, einfacher Schönheit; ferner drei Reliefs aus der Geschichte Mosis, am rechten Pilaster desselben Portals. Mehr malerisch als plastisch, aber von trefflichster Arbeit, erscheinen die drei Reliefs am Untersatze des berühmten Grabmals des h. Dominicus in S. Domenico. Sein Grabmal des Ramazotti in S. Michele in Bosco (rechts vom Hauptportal) ist eines der besten jener oberitalienischen Soldatengräber, welche den Geharnischten schlummernd und über ihm die Madonna darstellen. Den gediegensten Meistern seiner Zeit aber gleich stellt er sich in der grossen figurenreichen und höchst würdig gehaltenen Gruppe von lebensgrossen, aus Thon gebrannten Statuen, welche den Tod der heil. Jungfrau darstellen (1519)*, im Oratorium bei S. Maria della Vita, einer der ausdrucksvollsten und edelsten Compositionen der vollendeten modernen Kunst. Endlich sind noch 14 Büsten von Aposteln und Heiligen im Chor von S. Giovanni in Monte zu Bologna, schöne, innige, lebensvolle Köpfe, wahrscheinlich zu einer Gruppe gehörig und die grossartigen Statuen der Schutzheiligen Petronius, Proculus, Franciscus und Dominicus in den Nischen der grossen Pilaster, welche die Bögen tragen, auf denen der Thurm von S. Madonna del popolo steht, anzuführen. Ausserdem gelten auch die Reliefhalbfigur einer Madonna in S. Giov. Battista in Ferrara, und die Büste des heil. Hyacinth in Domenico für seine Werke.

Literatur. C. Frediani, Intorno ad Alfonso Cittadella, esemio scultore Lucchese. Lucca, 1834. — Cicognara, Storia della scultura. — Vasari, Leben der ausgezeichnetsten Maler, Bildhauer und Baumeister. — Burckhardt, der Cicerone. — Kunstblatt, Jahrg. 1835. Nro. 73.

Cittadini, Pierfrancesco, genannt **il Milanese**, von seiner Geburtstadt Mailand, gest. 1681, ein Schüler Guido Reni's, erlangte eine grosse Fertigkeit in der Ausführung kleinerer Bilder, in denen er, ausser einigen wenigen geschichtlichen Gegenständen, meistens Landschaften, Früchte, todtes Geflügel mit anmuthiger Staffage darstellte. Seine drei Söhne Giov. Battista (gest. 1693), Carlo (gest. 1744) und Angiol Michele halfen ihm bei seinen Arbeiten. — Carlo's Söhne Gaetano und Giov. Girolamo waren ebenfalls tüchtige Maler in den von der ganzen Familie geübten Fächern.

Civerchio, Vincenzo, der Aeltere, ein tüchtiger Maler, der in Treviglio lebte und der Lehrer des Bernardo Zenale gewesen zu sein scheint. Er malte im Jahr 1464 in der Kapelle S. Antonio in der Kirche S. Pietro in Gessate zu Mailand Darstellungen aus dem Leben des h. Antonius von Padua an die Wand, dann mehrere Bischöfe und einzelne Heiligen in der Wölbung, Malereien, die sich nicht vor der allgemeinen Art und Weise der Meister aus der Mitte des 15. Jahrhunderts auszeichnen, auch sehr gelitten haben. Besser erhalten ist ein in Tempera gemaltes Altarblatt, in der anstossenden Kapelle des h. Ambrosius, Maria auf dem Throne mit dem h. Antonius und den in Verehrung knieenden Donatoren, das für ein Werk des Civerchio, des älteren, gilt. Grösstentheils überweisst sind seine gerühmten Malereien in der Kirche S. Eustorgio zu Mailand. Civerchio soll auch in der Architektur und Mechanik bewandert gewesen sein.

Civerchio, Vincenzo, der Jüngere, gebürtig aus Crema, später aber in Brescia thätig, wo er das Bürgerrecht erhalten hatte, war wahrscheinlich ein Verwandter des Vorigen, und wenn auch nicht Schüler, so doch der Nachfolger in seiner Kunstrichtung. Indessen verband er damit ein strengeres Naturstudium und eine grössere Freiheit in den Bewegungen seiner Figuren. Schönheit, Adel und ausgezeichnete Charakteristik darf man bei ihm freilich auch nicht suchen, aber doch hat gerade seine einfache, alterthümliche Weise der Darstellung öfters etwas sehr Anziehendes. Man kennt von ihm Bilder von 1504 bis 1539.

In der Kirche S. Alessandro zu Brescia sieht man von ihm ein Altarblatt, den Leichnam Christi zwischen dem Apostel Paulus und dem h. Alexander, ein braves Werk mit nebigem Monogramm und der Inschrift: VINCENTIUS. CREMENS. nebst der Jahrszahl 1504. Für den Dom in Crema seiner Vaterstadt malte er im Jahr 1515 eine Altartafel mit den h. h. Sebastian, Christoph und Rochus, ein Bild, das zwar in den Bewegungen der Gestalten freier und in den Gewändern von löblicher Färbung ist, aber im Uebrigen eine harte Modellirung und steife Umrisse zeigt, auch sind die Charaktere unbedeutend. Die Inschrift darauf heisst: VINCENTIVS. ĈIVERCHIO. CREMSES. CIVIS. BRIHIE. DONATVS. FACIEBAT. — Eines seiner Hauptwerke ziert den Hauptaltar der Kirche zu Palazzolo. Es stellt in der Mitte die h. Jungfrau mit dem Kinde, in den Seitenbildern Johannes den Täufer und den h. Alexander dar. In den Ecken befinden sich zwei weibliche Heiligen und in der Predella einige Darstellungen aus der Legende des h. Alexander. Das Bild trägt nebiges Monogramm und die Inschrift VINCENTIVS. CIVERCHIVS. DE. CREMA. PINXIT. MDXXV. Ein

* Abgebildet in den Denkmälern der Kunst. Atlas zu Euglers Handb. der Kunstgesch. Taf. 73, Fig. 4.

anderes Bild unseres Meisters, das sich einst in der Kirche S. Marta zu Crema befand, später aber in die Sammlung des Kunstinstituts Tadini zu Lovere übergegangen ist, eine Taufe Christi mit seinem Namen, ohne Monogramm und der Jahrszahl 1538, zeichnet sich, bei aller mangelhaften Zeichnung, durch eine vorzügliche Gruppe von drei Engeln und den hübschen landschaftlichen Hintergrund aus.

Der Zirkel in dem Monogramm des Meisters soll wahrscheinlich bedeuten, dass er auch in der Architektur bewandert gewesen.

Civetta, siehe **Bles, Herri de.**

Civitali, Matteo, aus Lucca, geb. 1435, gest. 1501, war ein trefflicher Bildhauer der toskanischen Schule seiner Zeit. Seine Hauptwerke, an denen man das Ebenmaass der Formen, den Adel des Ausdrucks, und den Geschmack und die Eleganz der Ausführung lobt, finden sich in seiner Vaterstadt. Man sieht daselbst im Dome S. Martino von ihm das Grabmal des Pietro Noceto, eines Sekretärs des Papstes Martin V. (mit der Inschrift: „Opus Matthaei Civitali"); ferner in der 1484 nach seinen Zeichnungen, auf Kosten des Grafen Domenico Bertini, ausgeführten Kapelle des Volto santo, d. h. des darin aufbewahrten, angeblich von Nicodemus unter Beihülfe der Engel verfertigten hölzernen Crucifixes, die Statue des h. Sebastian; dann in einer andern Kapelle den marmornen Altar des h. Regulus (mit der Jahrzahl 1484) mit dem Sarkophag des Heiligen, der Madonna mit dem Kinde darüber, den Figuren des h. Johannes, des Täufers, des h. Regulus und des h. Sebastian, in den drei Nischen darunter und den Reliefbildern der Martern dieser Heiligen an der Altarstaffel; sofort in der Kapelle del Sacramento das 1479 auf Kosten des erwähnten Bertini errichtete achteckige Tabernackel mit zwei knieenden Engeln und das Grabmal desselben mit seiner, von Civitali noch bei Lebzeiten gearbeiteten Büste; endlich die Sculpturen an der Kanzel (die er 1498 beendigt haben soll) und die Arabesken in der Kapelle del Santuario. Auch werden ihm zwei Weihwasserkessel daselbst und in S. Ponziano eine Verkündigung, als eine seiner ersten Arbeiten, zugeschrieben. Ein Hochrelief der Madonna, welche das Kind säugt, ehemals in S. Ponziano, jetzt in S. Trinità, die Figuren des Engels an der Façade und der Maria an der linken Seite der Kirche S. Michele sind ebenfalls von ihm. Sodann arbeitete er für den Dom von Genua die Statuen des Adam, der Eva, des Jesaias, Abraham's, S. Zacharias und der h. Elisabeth, nebst mehreren auf die Geschichte Johannes, des Täufers, bezüglichen Basreliefs. Eine Fides, die Hostie anbetend, in den Uffizien zu Florenz von ihm ist eine leichte anmuthige Arbeit von schönem Ausdruck.

Aus Civitali's Familie sind zahlreiche Künstler entsprossen, die sich jedoch mehr dem Geniefache und der Kriegsbaukunst widmeten.

Literatur. Mazzarosa, Lezioni intorno le opere di scultura e d'architettura di M. Civitali, 1826. — Trenta, Memorie sulla storia delle belle arti in Lucca. — Cicognara, Storia della scultura. — Vasari, Leben der ausgezeichnetsten Maler, Bildhauer und Baumeister. Deutsche Uebersetzung.

Claas, Alaert, ein Maler und Kupferstecher zu Utrecht, der zwischen 1520 und 1562 arbeitete. Er copirte Lucas von Leyden, auch H. S. Beham und verfertigte ein Blatt nach Andrea Mantegna. Seine Blätter sind mit einem leichten Grabstichel ausgeführt und correkt gezeichnet, gehören überhaupt zu den besten seiner Zeitgenossen. Unter die vorzüglichsten zählt man: David und Goliath; die Taufe des Mohren (1524); die h. Margaretha; die Geburt Christi; die Enthauptung Johannes, des Täufers; den Tod des General Gattamelata, nach Mantegna.

Claessens, Anthonie, der Aeltere, ein tüchtiger Maler von Antwerpen, soll ein Schüler von Quintin Messys gewesen sein. In der Akademie von Brügge befinden sich von ihm zwei, 1498 für das dortige Stadthaus gemalte Bilder, das Urtheil des Cambyses darstellend. Auf dem ersten sieht man, wie der König einen falschen Richter auf seinem Richterstuhle ergreifen, auf dem andern, wie er ihn lebendig schinden lässt, beides figurenreiche Compositionen von richtiger Zeichnung, scharf markirtem Ausdruck und kräftiger Farbe; doch sind die Schatten etwas stark braun und man vermisst im Colorit, wie in der Behandlungsweise, das eigentliche Leben, das seinem Vorgänger in Brügge, Hans Memling, in so hohem Grade eigen war.

In der Karthäuserkirche zu Miraflores befand sich ein Gemälde mit einem Johannes, dem Täufer, und einem Bischof, welches Antonio Claesins Brugensis bezeichnet war. Aus der Familie dieses Claessens scheint eine Reihe von Malern hervorgegangen zu sein, wenigstens werden häufig in den Kirchen spätere Bilder mit älteren Reminiscenzen ohne bedeutenderen Kunstwerth unter ihrem Namen gezeigt. — So scheint auch

Claessens, Anthonie, der Jüngere, ein Verwandter des Vorigen gewesen zu sein. Von diesem sieht man in der Akademie zu Brügge ein im Jahr 1574 für den Gerichtssaal des dortigen Stadthauses gemaltes Bild des jüngsten Gerichtes, in welchem neben manchem Guten die Einfalt der alten Schule bereits beinahe ganz verschwunden erscheint und die moderne auf scharfe Charakteristik und genaue Naturwahrheit gehende Richtung entschieden heraustritt. — Von einem **Pieter Claessens** — ein solcher wurde 1516 in die Malergilde von Brügge als Lehrling von Adriaan Bekaert eingeschrieben, im Jahr 1526 Meister und starb 1576 — sah man in der Gemäldesammlung des Prinzen von Oranien zu Brüssel das tüchtige Bild eines knieenden Ritters mit vier Söhnen. — Ob er derselbe mit jenem Maler aus der Familie Claessens, welcher sich auf einem Bilde, den Triumph des Friedens darstellend, eine reiche Allegorie auf Kaiser Karl V., **Petrus Claeis** unterschrieben, ist nicht ermittelt.

Claessens, Lambertus Antonius, ein vortrefflicher Kupferstecher, geb. 1764 zu Antwerpen, gest. 1834 zu Rueil bei Paris, legte sich anfänglich auf die Landschaftsmalerei, fühlte aber später eine stärkere Neigung für die Kupferstecherkunst, begab sich desshalb nach London, trat zu Bartolozze in die Lehre und bildete sich im Laufe der Zeit zu einem der ersten Künstler seines Fachs aus. Seine Stiche zeichnen sich durch die schöne Wirkung aus, welche er durch eine glückliche Verbindung der Nadel mit dem Grabstichel zu Stande brachte. Seine besten Blätter sind: die Abnahme vom Kreuz, nach Rubens' Bild in der Kathedrale von Antwerpen (1808); die wassersüchtige Frau, nach Gerh. Dow (1823); der Aufzug der bewaffneten Bürger von Amsterdam im Jahr 1642, die sogenannte Nachtwache, nach Rembrandt (1797); der Fischverkäufer, nach Ostade; Bauerntabagie, nach Ostade; Interieur hollandais, nach P. de Hooge; die Segnung Jakobs, nach Rembrandt.

Claessoon, Aert, auch **Aertgen de voller,** d. i. der Walker genannt, geb. zu Leyden 1498 und seit 1516 Schüler des Cornelis Engelbrechtsz, führte seine biblischen Gemälde erst im Style seines Lehrers, später in dem des Schoorel und Heemskerck aus. Bei einer guten und geistreichen Anordnung, haben dieselben aber dennoch etwas Hartes und Unliebliches. Man erwähnt von ihm: das Opfer Abrahams; Salomon's Urtheil; eine Geburt Christi; eine h. Familie und Hirten, das Christkind verehrend; die h. Anna bietet dem Christuskind eine Birne an; Jakobus, der Jüngere (die beiden Letzteren sind Flügelbilder); Christus vor Kaiphas; Christus am Kreuz. Claessoon führte auch Cartons für Glasgemälde aus, er scheint sie aber ziemlich fabrikmässig gefertigt zu haben, da er sich nur 7 Sols für das Blatt zahlen liess, lieferte sie aber in solch ungeheurer Menge, dass man sich über ihre Incorrektheit nicht wundern darf. Er starb 1564.

Clarke, George, ein englischer Bildhauer, geb. 1795, gest. 1842, der sich u. A. besonders durch eine Kolossalbüste Wellington's einen Namen gemacht.

Clarot, Alexander, ein geschickter Historien- und Porträtmaler zu Wien, von dem man auf den Kunstausstellungen seit einer Reihe von Jahren sehr gute Bildnisse und andere Gemälde sieht. In den Jahren 1840—1842 hatte er zu Prag unter Anderem auch einige treffliche Copien, eine nach der Madonna del Calderino und eine nach der Fornarina von Raphael ausgestellt.

Clasen, Carl, geb. 1812 zu Düsseldorf, bildete sich auf der Akademie seiner Vaterstadt zu einem sehr tüchtigen Historienmaler aus. In seinen ersten Bildern bewegte er sich mehr auf dem Gebiet des Genre, wie z. B. in seinem Rudolph von Habsburg, der dem mit dem Abendmahl zu einem Kranken gehenden Priester sein Pferd überlässt, einem Gemälde, mit dem er sich grossen Beifall erworben; in seinen Kindern mit den Schutzengeln u. s. w. Später beschäftigte er sich vorzugsweise mit der Ausführung von biblischen Gegenständen, unter denen man insbesondere eine Flucht nach Aegypten, eine Auferweckung von Jairi Töchterlein und mehrere Altarblätter für Kirchen rühmt. In allen seinen Bildern aber zeigt er sich als ein sinniger Künstler von reiner, unbefangener Anschauung und Verehrung der Natur; sie sind die Erzeugnisse eines reichen Gemüths, einer vollen reinen Künstlerseele. Er zeichnet mit grosser Feinheit und seine Malerei ist sorgfältig. Für das von den Bewohnern der Rheinprovinz dem Prinzen und der Prinzessin von Preussen im Jahr 1854 zur Feier ihrer silbernen Hochzeit übergebene, von rheinländischen Künstlern ausgeführte Album malte er: die Entdeckung der Aachener Quelle durch Kaiser Karls Ross. — Man kennt auch einige vortreffliche arabeskenartige Lithographien und Radirungen von ihm, unter denen besonders das Himmelsmahl, nach Pocci, grosse Anerkennung fand.

Clasen, Lorenz, der Vetter des Vorigen, geb. 1812 zu Düsseldorf, geschickter Historienmaler, der seine künstlerische Ausbildung auf der Akademie seiner Vaterstadt erhielt. Er widmete sich vorzugsweise der Behandlung von Stoffen aus der romantischen Geschichte und erreichte darin auch eine anerkennenswerthe Tüchtigkeit. Seine Bilder zeichnen sich durch sinnvolle und ansprechend milde Behandlung des Gegenstandes, durch verständige Anordnung, und Köpfe von zartem gemüthlichem Ausdruck aus. Man wünscht ihnen manchmal nur ein tieferes innerliches Leben und findet, dass sie oft mehr Abstraktionen des Verstandes als lebendige Ergüsse eines sprudelnden Künstlergeistes sind. Seine frühesten Bilder waren biblischer Natur. Die ersten Christen, die Hirten auf dem Felde, Davids Harfenspiel vor Saul u. A. waren Gemälde, die aus seinen ersten Studien hervorgingen. Bedeutender waren schon: die Bekehrung Chlodwig's durch Chlotilde und der Sängerkrieg auf der Wartburg. Für den Kaisersaal zu Frankfurt a. M. malte er Konrad II. ein Bild, das zu den besten jener Kaiserbilder gehört. Im Auftrage der Stadt Barmen führte er sodann drei grosse und sechs kleinere Transparents, allegorischen Inhalts, für den Empfang des Königs von Preussen in der Stadt aus. Darauf ging er bei der, von dem rheinischen Kunstverein ausgeschriebenen Konkurrenz für die mit Frescogemälden zu schmückende vierte Wand des Rathhaussales zu Elberfeld als Sieger hervor. Die andern drei Wände waren von Fay, Mücke und Plüddemann gemalt worden, an der vierten stellte er die Segnungen des Friedens und des Gewerbsfleisses in historisch symbolischen Bildern, von sehr klarer Anordnung und künstlerisch durchgebildeten Gedanken dar. Im Jahr 1848 sah man von Clasen auf der Kunstausstellung zu Berlin: Konrad, den Salier, und dessen Gemahlin Gisela, von den Bischöfen von Mainz und Cöln wegen ihrer zu nahen Verwandtschaft zur Scheidung aufgefordert, ein Bild, das in den Linien, Gruppen und Gewändern edles Maass hält, wenn man gleich die Gestalten schärfer charakterisirt und individueller durchgebildet wünscht, und die Ausstellung zu Düsseldorf vom Jahr 1850 beschickte er mit einem Bild, italienische Fischer und Fischerinnen darstellend. Für das Rheinlandsalbum, das Weihegeschenk der Bewohner der Rheinprovinz für den Prinzen von Preussen und dessen Gemahlin zur Feier ihrer silbernen Hochzeit, malte er (1854): die Ermordung des Erzbischofs Engelbert bei Schwelm, eine Composition voll Leben und Leidenschaft.

Claude, Lorrain, siehe **Gelée**.

Claude, Henriet oder **Claudio Francese**, ein berühmter französischer Glasmaler, der, von Papst Julius II. nach Rom berufen, mit Wilhelm von Marseille die Fenster des Vatikans daselbst mit Gemälden schmückte, auch einige Glasgemälde für S. Maria del Popolo ausführte, aber schon 1527 starb.

Clauder, Karl, ein trefflicher Steinzeichner zu Kassel, bekannt durch ausgezeichnete Leistungen in seinem Fache. Besonders rühmt man unter seinen lithographischen Blättern: Christus, nach Jakobs; Luther auf dem Reichstag zu Worms, nach demselben; und den Heirathskandidaten, nach Hübner.

Clays, ein Landschaftsmaler in Brüssel, der seit 1839 Bilder auf die Kunstausstellungen schickt und sich besonders als Seemaler einen Namen gemacht hat.

Claxton, Marshall, ein tüchtiger englischer Historienmaler, der sich besonders durch die Preise, die er für zwei seiner Arbeiten bei der für die Wandgemälde des neuen Parlamentshauses in London ausgeschriebenen Konkurrenz in den Jahren 1843 und 1844 erhielt, einen Namen erwarb. Diese preisgekrönten Cartons stellten dar: Alfred als Harfner im dänischen Lager und Spenser, welcher seiner Gattin und Sir Walter Raleigh die Feenkönigin vorliesst. Ein anderes Bild für jene Konkurrenz war: die Gründung der Universität Oxford. Sein im Jahr 1844 ausgestelltes Oelgemälde: Christus vor dem Grabe des Lazarus, wurde wegen der gemüthvollen Auffassung der edlen Charakteristik und dem würdigen, ernsten Colorit gerühmt.

Clayton, John, ein vielseitig gebildeter englischer Architekt, der im Jahr 1846 das in architektonischer und archäologischer Beziehung höchst interessante Werk: „Ancient Timber Edifices of England" herausgab.

Cleanthes, siehe **Kleanthes.**

Cleef, Hendrik van, ein gerühmter niederländischer Landschaftsmaler, der zu Antwerpen geboren wurde, sich aber namentlich in Italien ausbildete, nach seiner Rückkehr im Jahr 1533 in die Malergilde seiner Vaterstadt aufgenommen wurde und 1589 starb. Er führte einen leichten Pinsel, besass ein vorzüglich harmonisches Colorit, und versah die Bilder anderer Maler, z. B. die seines Bruders Marten und die des Fr. Floris mit landschaftlichen Hintergründen. Die Gallerie des Belvedere zu Wien besitzt von ihm ein Bild, die Geschichte des verlorenen Sohnes in verschiedenen Momenten darstellend. Hendrik soll auch einige Landschaften, nach seinen eigenen Reiseskizzen sowohl, als nach den Zeichnungen des Melchior Lorch aus Flensburg radirt haben, die mit nebenstehenden Monogrammen oder seinem Namen: Henricus Clivensis fecit bezeichnet sind.

Cleef, Jan van, ein Historienmaler, geb. 1646 zu Venloo, erlernte die Malerei bei Primo Gentil, bildete sich aber später bei Gaspard de Crayer aus, dessen vorzüglichster Schüler er wurde. Er wurde von diesem bei seinen vielen und grossen Bildern vielfach verwendet und führte auch nach dessen Tod mehrere der von ihm unvollendet hinterlassenen Bilder aus. Seine Zeichnung ist besser, als die seines Lehrers, sein Colorit dagegen erreicht die Glanzfülle in den Bildern des Crayer nicht. Seine Composition ist klar und verständig gedacht und geschmackvoll angeordnet; seine Figuren sind gut drappirt und seine Frauenköpfe voll Anmuth. Namentlich aber rühmt man seine Kinderdarstellungen. Die meisten seiner in grosser Anzahl vorhandenen Gemälde sind in den Kirchen Gent's, wohin er im Jahr 1681 übersiedelte und wo er 1716 starb.

Cleef, Joost van, auch **Cleve** geschrieben, genannt **Zotte Cleef** (der Einfältige), geb. zu Antwerpen um 1500, war ein ausgezeichneter Porträtmaler, der namentlich im Colorit Vorzügliches leistete, aber aus übermässiger Einbildung den Verstand verlor und jung starb. In der Gemäldegallerie des Schlosses zu Windsor sind zwei Bildnisse, welche ihn und seine Frau darstellen, Gemälde von grosser Bestimmtheit der Zeichnung, Weichheit der Formen und klarem, warmem, harmonischem Ton. Auch die Bildersammlung zu Althorp besitzt ein Selbstporträt von ihm. Er hatte einen Sohn, der ebenfalls ein sehr guter Maler wurde.

Cleef, Marten van, ein tüchtiger Historienmaler aus Antwerpen, der, nachdem er bei Fr. Floris seine künstlerische Ausbildung empfangen hatte, anfänglich grössere Bilder malte, bald aber sein Talent auf die Ausführung kleinerer figürlicher Gegenstände mit grösserem Glück verwendete. Er staffirte auch die Landschaften seines Bruders, des Gillis van Coninexloy und Anderer. Marten Cleef, der 1551 in die Malergilde von Antwerpen aufgenommen wurde, hatte vier Söhne: Gilles, Marten, Georges und Nicolas, die ebenfalls Maler waren. In der Gallerie des Belvedere zu Wien sieht man von ihm eine Bauernstube mit einer Gesellschaft bei Tisch und den verschiedenartig beschäftigten Hausleuten.

Cleef, Willem van, der Bruder des Hendrik und Marten und Vater des Joost, wurde 1518 in die Malergilde zu Antwerpen aufgenommen. Er wird als tüchtig in mehreren grösseren Bildern gerühmt.

Clein oder **Cleyn, Franz,** geb. zu Rostock um 1590 oder 1600, gest. zu London

1658, ein tüchtiger Maler und Kupferstecher, der zu Rom, Kopenhagen und London arbeitete und sich namentlich durch mehrere, an letzterem Orte mit äusserst fruchtbarer Phantasie entworfene Verzierungen für Tapetenfabriken auszeichnete. Man lobt von seinen radirten Blättern: eine Folge von Friesen mit Kindern und Thieren mit englischem Titel (1654); 10 Blätter Friese mit Kindergruppen, Thieren, Früchten und dergl. mit lateinischem Titel; die sieben Wissenschaften, 8 Blätter (1645); die fünf Sinne, durch weibliche Figuren dargestellt, 5 Blätter.

Clemens, Joh. Frederek, ein geschickter Kupferstecher, der 1749 zu Kopenhagen geboren wurde, ein Schüler von J. M. Preisler und J. G. Wille war und 1831 in seiner Vaterstadt starb. Zu seinen besten Stichen zählt man, sein Hauptblatt: den Tod des Generals Montgomery in der Schlacht von Quebec, nach Trumbull (1798); Friederich, den Grossen, mit seinen Generälen, nach Cunningham; eine h. Familie, nach H. Taraval und mehrere Porträts.

Clemente, Bartolommeo,
Clemente, Prospero, } siehe **Spani.**

Clennell, Luke oder **Lukas**, ein vorzüglicher englischer Formschneider, auch Maler, geb. zu Ulgham bei Morpeth 1781, gest. 1840 im Irrenhause zu Newcastle upon Tyne, erlernte die Holzschneidekunst bei Bewick, und begab sich im Jahr 1804 nach London, wo er, da ihm der Ruf seiner Geschicklichkeit bereits vorausgegangen war, vielfache Beschäftigung fand und die Tochter des Kupferstechers Charles Warren heirathete. Zu seinen besten Arbeiten in diesem Fach, die sich durch die freie künstlerische Ausführung und treffliche Wirkung auszeichnen, gehören: die Holzschnitte zu Falconer's Schiffbruch, unter denen besonders das vom Winde gejagte Schiff bewundernswerth ist, und zu Roger's Gedichten. Später widmete er sich auch der Malerei. Er gewann den vom brittischen Institute ausgesetzten Preis von 150 Guineen für die beste Skizze einer Darstellung des entscheidenden Angriffs der Leibgarde in der Schlacht von Waterloo (gest. v. Bromley) und erhielt 1814 von dem Grafen von Bridgewater den Auftrag, ein grosses Bild zum Andenken des von der Londoner City den verbündeten Monarchen gegebenen Gastmahls zu malen. Als er aber die schwer beizuschaffenden Materialien endlich alle beisammen, die Skizze bereits vollendet und die Ausführung des Gemäldes begonnen hatte, wurde er plötzlich wahnsinnig und blieb in diesem Zustande, in welchem er jedoch fortwährend dichtete, als Musiker componirte, zeichnete und in Holz schnitt, 22 Jahre lang bis zu seinem Ende.

Cleomenes, siehe **Kleomenes.**

Cleophantus, siehe **Kleophantos.**

Clerc, Johann, Maler, geb. 1594 zu Nancy, gest. 1633 daselbst, war ein Schüler von C. Saraceno zu Venedig. Er hielt sich fast zwanzig Jahre in Italien auf und führte dort viele Bilder ganz im Geist seines Lehrers aus. Es werden ihm auch einige Stiche nach Gemälden des Saraceno, namentlich: eine Ruhe in Aegypten und der Tod der Maria zugeschrieben.

Clerc, Sebastien le, ein vorzüglicher Zeichner und Kupferstecher mit der Nadel und dem Grabstichel, geb. zu Metz 1637, gest. zu Paris 1714, lernte die Anfangsgründe der Kunst bei seinem Vater Lorenz, kam aber später nach Paris, wo er sich ganz der Kupferstecherkunst widmete und darin binnen kurzer Zeit Vorzügliches leistete. Man rühmt an seinen Arbeiten besonders die Leichtigkeit in der Behandlung der Nadel, den geschmackvollen Wechsel im Stiche, die lieblichen und delikaten Tinten und die verständige Fertigkeit in der Ausführung der verschiedensten Gegenstände. Figuren, Landschaften, Gebäude, Wasser — Alles wusste er mit demselben Geschmack darzustellen. Viele seiner Blätter sind geistreicher und zarter behandelt, als die von Callot. Er scheint sich nach Le Brun gebildet zu haben, später sich aber, durch das Studium Raphael's veranlasst, mehr den grossen Styl der römischen Schule zum Muster genommen zu haben. Sein ganzes Werk beläuft sich auf 3400 Blätter. Zu den vorzüglichsten zählt man: die Vermehrung der Brode in der Wüste; die Akademie der Wissenschaften; den Einzug Alexanders in Babylon; die

Vorstellung der Maschine zum Steinaufrichten (1677); die Vergötterung der Isis u. s. w. Seine Blätter sind theils mit seinem vollständigen Namen, theils mit S. le C. f. bezeichnet. — Le Clerc hatte mehrere Söhne, die sich der Malerei widmeten. — Sebastien le Clerc, geb. 1677 zu Paris, gest. 1763, war ein Schüler von Bon Boulogne und widmete sich der Historienmalerei. Das Louvre zu Paris besitzt ein Bild von ihm: den Tod der Saphira, der Frau des Ananias. — Jacques Sebastien le Clerc, der jüngere Bruder des Vorigen wurde 1721 zum Professor der Perspektive an der k. Akademie zu Paris ernannt, erhielt aber später eine Anstellung an der Manufaktur der Gobelins.

Es gab noch mehrere Künstler, die den Namen le Clerc führten, die sich aber alle zu keiner grossen Bedeutung erhoben.

Clérisseau, Charles Louis, ein geschickter architektonischer Zeichner, geb. 1721 zu Paris, gest. daselbst 1820, dem man einen Theil der Zeichnungen des Kaiserpalastes zu Spalatro in Dalmatien (gest. v. Cunego und herausgegeben von Robert Adams), Ansichten der römischen Alterthümer in Frankreich (herausgegeben 1778 in 42 Blättern in Folio) und anderer antiker Ruinen verdankt. Er malte auch hübsche von Ant. Zucchi mit Figuren staffirte Aquarellen, grösstentheils Ruinen darstellend.

Clerck, Henri de, aus Brüssel, war ein Schüler von Martin de Vos und blühte um 1600. Eine Waldlandschaft von Alsloot, in der Gallerie des Belvedere zu Wien ist vor ihm mit Figuren staffirt.

Clesinger, A. J., aus Besançon, ein von seinen Landsleuten sehr gerühmter Bildhauer zu Paris, der sich seit 1843 zumeist mit Porträtbüsten beschäftigte, sich später aber auch im Figurenfach versuchte und in den Jahren 1847 und 1848 durch die Statuen einer von einer Schlange gestochenen Frau und einer Bacchantin sich mit einem Male in die Reihe der allgemein genannten und beliebten Künstler stellte. Seine Arbeiten sollen sich durch eine ausserordentlich weiche Behandlung des Marmors auszeichnen, aber in der Auffassung und in den Formen durch Lüsternheit und verführerischen Reiz eine wahre Herabwürdigung der Kunst sein, wie solche zur Zeit des Regenten und Ludwig XV. nicht weiter gegangen. Eine von der Verwaltung der schönen Künste zu Paris dem Künstler bestellte Pietà, die, von Clesinger seiner Schwiegermutter, der Madame Georges Sand gewidmet, auf dem Pariser Salon von 1850—1851 erschien, wird als ein ganz verfehltes Werk getadelt. Sein im Auftrag des Ministeriums für die grosse Vorhalle des französischen Schauspielhauses (1852) ausgeführtes Marmorstandbild der Tragödie entbehrt alles Adels und aller Strenge der Auffassung und sinkt dadurch zu einer porträtartigen Darstellung herab, die trotz dem finstern Ausdruck des Kopfes, der schlangenumwundenen Linken und der den Dolch zückenden Rechten, das schöne und charakteristische Bild einer Muse des Trauerspiels keineswegs erreicht. Innerhalb dieser vom Künstler selbstgesteckten Grenzen gebühren jedoch seinen Arbeiten, was den Geschmack der Anordnung und die Gewandheit der Ausführung betrifft, alles Lob. Im Jahr 1852 erhielt Clesinger den Auftrag, die von dem Grafen d'Orsay begonnene Statue Jeromes Buonaparte's, für das Versaillermuseum bestimmt, zu vollenden und im Jahr 1853 eine kolossale Bronzestatue Franz des I. für den Hof des Louvre zu fertigen. Der Natur des Talentes dieses Künstlers am meisten angemessen sind seine durch die weiche und kokette Behandlung des schönen Marmors besonders anziehenden Büsten, besonders seine weiblichen.

Cleve, siehe **Cleef.**

Clint, A., ein Landschaftsmaler der Gegenwart, der zu London lebt und dessen Bilder sich besonders durch ihre schöne Wirkung empfehlen.

Clint, G., ein englischer Genre- und Porträtmaler, der zu London lebt und sich durch seine Bilder einen geachteten Namen erworben hat.

Clott, Baron von, ein als Thierbildner rühmlichst bekannter Bildhauer, Professor an der k. Akademie der Künste zu S. Petersburg, nach dessen Modellen u. A. die zwei kolossalen Bronzegruppen von Rossebändigern in Petersburg gegossen wurden, welche, ein Geschenk des Kaisers von Russland an den König von Preussen, auf dem Platz vor dem Museum zu Berlin aufgestellt worden.

Cloos, ein englischer Baumeister, der von König Heinrich VI. (regierte von 1422 bis 1461) zum Oberintendanten aller königl. Bauten ernannt wurde, und als solcher alle Pläne zum King's College in Cambridge entwarf. Es wird ihm desshalb auch der Plan der Kapelle dieses Colleges, des schönsten Gebäudes der englisch gothischen Architektur (begonnen 1441, beendet 1530) zugeschrieben.

Clostermann, Joh., ein deutscher Porträtmaler, der sich im Jahr 1679 nach Paris begab und von da 1681 nach England reiste, wo er viele Porträts der Grossen des Reichs: die Kinder des Herzog von Somerset, die Familie des Herzogs von Malborough, des ersten Herzogs von Rutland u. A. malte, und in der Kunst der Bildnissmalerei dem berühmten Kneller gleich geschätzt wurde. Später ging er nach Spanien, wo er den König und die Königin malte, und von da nach Italien. Nach England zurückgekehrt, starb er 1710. Eines seiner besten Porträts ist das des Bildhauers Gibbons.

Clouet, Albert, siehe **Clowet**.

Clouet, François, genannt **Janet**, vom Vornamen seines Vaters Jean, der in Jehannet erweitert und dann wieder in Jannet zusammengezogen wurde, ein ausgezeichneter Porträtmaler, war, so viel wir aus Dokumenten, Akten und Rechnungen über sein Leben erfahren, der Sohn des Jean Clouet, des zweiten dieses Namens, und wurde von Franz I. von Frankreich im Jahr 1541 „in Anbetracht der von seinem Vater geleisteten Dienste" naturalisirt und zu Ende desselben Jahrs zum „paintre ordinaire du roy" und Kammerdiener ernannt. Nach dem Tode dieses Königs, im Jahr 1547, wurde er beauftragt, dessen Gesicht und Hände abzuformen und nach diesen Formen Masken in Wachs auszuführen, welche, gemalt und angekleidet, die Stelle des Todten bei den grossen Exequien vertreten mussten. Auch die Ausschmückung der Kirche, die Bemalung der Banner, Fahnen u. s. w. hatte er bei dieser Gelegenheit zu besorgen. Aus verschiedenen Rechnungen, während der Jahre 1551—1554, geht ferner hervor, dass der Künstler nach jener noch aus dem Mittelalter stammenden Sitte auch sehr geringfügige Arbeiten, z. B. die Devisen und jene verbundenen Halbmonde Heinrich II. und der Diana von Poitiers auf einem Wagen malen musste, und aus einer Quittung vom Jahr 1547 erfahren wir, dass er vierteljährig 600 Livres Gehalt bezog. Im Jahre 1553 führte er das lebensgrosse Bild Heinrich II. aus, welches aber nicht mehr vorhanden ist, und nach dem Tode desselben, im Jahr 1559, wurde ihm der gleiche Auftrag zur Anfertigung seines in Wachs gearbeiteten Abbilds, zur Ausschmückung der Kapelle u. s. w. zu Theil, wie vordem nach dem Ableben Franz des I. Janet behielt seine Stelle als Hofmaler auch unter den Königen Franz II. und Karl IX., 1570 kommt aber sein Name zum Letztenmal in den Rechnungen vor und 1572 scheint er gestorben zu sein, da in demselben Jahre, zur Zeit seines grössten Rufs, ein ungleich minder bekannter Maler, Jehan de Court, in den Hofrechnungen als dieselbe Stelle einnehmend vorkommt. Verschiedene Zeugnisse ausgezeichneter Zeitgenossen, unter ihnen ein Gedicht von Ronsard, beweisen, in welch hoher Achtung der Künstler gestanden.

Man kennt nur Bildnisse von Clouet. In dem Katalog der Gemälde des Königs vom Jahr 1709—1710 kommen zwar auch einige Bilder aus der Geschichte der Medici, namentlich der Katharina von Medici, von Janet gemalt, vor; da sie aber verschwunden, lässt sich über die Richtigkeit dieser Angabe kein Urtheil fällen.

Während die französische Schule der Malerei bis in die ersten Jahrzehnte des 17. Jahrhunderts in der Nachahmung der durch Rosso und Primaticcio nach Frankreich verpflanzten freien und grossen, aber oft affektirten und oberflächlichen italienischen Kunstweise beharrte, befolgte Clouet mehr die, zwar verhältnissmässig etwas steifere und trockenere, aber einfache und wahre niederländische. Wie die van Eyck, wie Memling, suchte auch er mit naivem Sinne die Natur mit möglichster Treue und grosser Vollendung der Details wieder zu geben. Wenn er aber nach dieser Seite hin Niederländer ist, so erscheint er als Franzose in der grossen Eleganz des Styls und in dem feinen Geschmack, der ihn lehrte, ohne sich von der Wahrheit zu entfernen, welcher die Niederländer und Deutsche ausschliesslich huldigten, sein Vorbild in der Natur in schöne Verhältnisse zu bringen, ihm die vortheilhafteste Seite abzugewinnen. In seinen Bildern ist alles klar, studirt; nirgends bemerkt man eine anscheinende Aufopferung, eine Pretention des Vortrags; aber je näher man sie untersucht, um so tiefer dringt man in den physischen und geistigen Charakter der dargestellten Persönlichkeit ein; um so grösser erscheint unter diesem weisslichen Aussehen, diesem Mangel an allen Hülfsmitteln des Helldunkels, die Feinheit der Modellirung; um so mehr erstaunt man über die Leichtigkeit und Sicherheit der Hand, mit der alle Einzelheiten vollendet sind. Diese feine und wahre Ausführung erinnert eines Theils an Holbein, und er dürfte diesem auch in der Feinheit des Geschmacks und Zierlichkeit überlegen sein; allein der deutsche Meister zeigt dagegen in seinen Bildern durchaus eine kräftigere und wärmere Färbung. Als sichere Gemälde seiner Hand betrachtet man: das Porträt Karl IX. von Frankreich und das seiner Gemahlin, Elisabeth von Oesterreich, im Louvre zu Paris, zwei kleine Bilder von ungemeiner Zartheit der Behandlung, feinem Schmelz und abgewogener Harmonie des Silbertons. Das Porträt Heinrich II. im Louvre*, wo ihm oder seiner Schule überhaupt, ausser den genannten, 18 Bilder zugeschrieben werden, wird jetzt nur für eine Copie eines grösseren desselben Meisters gehalten. In der Bildersammlung in Castle Howard, dem Landsitze des Lord Carlisle in England, sieht man das vortreffliche lebensgrosse Bildniss der Katharina von Medici mit ihren Kindern: Franz II., Karl IX. und Margaretha, sehr fleissig in seinem blassen Colorit ausgeführt und besonders fein in den Händen, und 88 nach Holbein's Weise in schwarzer und rother Kreide sehr geistreich und lebendig ausgeführter Porträts der bedeutendsten Personen an den Höfen Heinrich II., Franz II., Karl IX. und Heinrichs III. Dann befindet sich in der k. Gallerie im Belvedere zu Wien das auf Leinwand gemalte Bildniss Karl IX. in ganzer Figur und Lebensgrösse, ein äusserst lebendig und mit grosser Feinheit durchgeführtes Gemälde des Meisters, bezeichnet: Charles VIIII. très chretien roy de France en l'aage de XX. ans peinct au vif par Jannet 1563. (Das obenerwähnte Bildchen im Louvre ist eine Wiederholung dieses Porträts vom Meister selbst.) Dem François Clouet beigemessen werden: ein Porträt Franz II., Königs von Frankreich, als Knabe und ein weibliches Bildniss in der Gemäldesammlung zu Althorp, in England; ein kleines Porträt in der Gallerie in Staffordhouse zu London und Franz der II. als Kind im Schlosse Hamptoncourt bei London. Ferner: das Bildniss Königs Heinrich II. von Frankreich und das des jungen Herzogs von Anjou, nachmaligen Königs Heinrich III. von Frankreich, im Museum zu Berlin. Endlich ein Brustbild der Katharina von Medici im Besitz des Ministers Baron von Werther zu Berlin.

Literatur. Le comte de Laborde, La renaissance des arts à la cour de France. Paris, 1850. — F. Villot, Notice des tableaux exposés dans les galeries et du Musée impérial du Louvre. Paris, 1855. — Waagen, Kunstblatt, Jahrgang 1851, Nro. 10 und 11.

Clouet, Jean oder **Jehan Cloet**, war Maler in Brüssel um 1475, wie aus einer Quittung erhellt (vom Grafen de Laborde, in seinem Werke: „Les ducs de Bourgogne, Paris 1849“ mitgetheilt), wornach er in dem genannten Jahre für den Herzog Karl den Kühnen von Burgund 26 Felder auf Flaggen gemalt hatte. Er war auch für den französischen Hof, der sich damals in Tours befand, beschäftigt, doch scheint er sich nicht (wie der genannte Verfasser in einem neueren Werke: „La renaissance des arts à la cour de France“ meint) bleibend dort niedergelassen zu haben, weil erst sein Enkel in Frankreich naturalisirt wurde.

Clouet, Jean, der Sohn des Vorigen und Vater des François Clouet, geb. 1485, war ein Niederländer von Geburt, muss sich aber schon vor der Thronbesteigung Franz I. in Frankreich niedergelassen und sich im Fache der Bildnissmalerei ausgezeichnet haben, da er, wie aus einer Quittung hervorgeht, bereits im Jahr 1518 als Maler des Königs mit einem Gehalt von 1800 Livres vorkommt. Im Jahre 1522, um welche Zeit er schon mit der Tochter eines Goldschmied's und Bürgers von Tours, wo selbst sich der französische Hof damals aufhielt, verheirathet war, ertheilte ihm der

* Abgebildet in den Denkmälern der Kunst. Atlas zu Kuglers Handb. der Kunstgesch. Taf 84 A, Fig. 4.

König die Erlaubniss, sich die Stelle eines Kammerdieners kaufen zu dürfen. Um 1529 war er, wie einst Jan van Eyck für den Herzog Philipp den Guten von Burgund, mit Bildnissen verschiedener Gelichten Königs Franz I. beschäftigt, auch kommt er in seiner Stellung bei Hofe, wo er meistens nur Jehan, Jehannot, ou Jehannet Clouet genannt wird, ein Namen, aus dem durch Zusammenziehen Jennet, Jainet entstand, bis ums Jahr 1536 vor. Er starb im Jahr 1541. Als Bildnisse seiner Hand werden bezeichnet: das Porträt Königs Franz I. zu Pferd in voller Rüstung, ein Miniaturgemälde in der Gallerie der Uffizien zu Florenz, und ein Porträt desselben Monarchen im Louvre zu Paris. Ferner werden ihm zugeschrieben: das lebensgrosse Porträt der Schwester Kaiser Karl V. und zweiter Gemahlin Franz I., Leonore, im Schlosse Hamptoncourt bei London; fast dasselbe Bild, nur zwei Drittel lebensgross, im Besitz des Regierungsraths von Minutoli zu Liegnitz in Schlesien; das Bildniss der Margaretha von Valois, Schwester Franz I., ebenfalls halbe Figur in Lebensgrösse wie die vorigen, in der Royal Institution in Liverpool.

Jean Clouet liess sich nicht, wie die meisten französischen Maler seiner Zeit, von der beliebten Nachahmung der italienischen Schule fortreissen, sondern bestrebte sich mehr, den Charakter der national französischen Schule festzuhalten. Seine Bilder unterscheiden sich von denen seines Sohnes durch das Bestimmtere in den Umrissen, das Alterthümlichere in der ganzen Kunstform, durch eine grössere Tiefe und Sättigung des Silbertons. In der Feinheit der Modellirung weisen sie, wenn nicht auf direkten Einfluss des Leonarda da Vinci, der ebenfalls am Hofe Franz I. lebte, so doch auf ein tieferes Studium seiner Werke zu Fontainebleau hin.

Clouet, Pieter, siehe **Clowet**.

Clovio, Don Giulio, genannt **Macedo**, der berühmteste Miniaturmaler des 16. Jahrhunderts, geb. 1498 zu Grizane, einem unbedeutenden Dorfe des kroatischen Küstenlandes, studirte bis in sein 18. Jahr in einem Kloster, wo die Liebe zur Malerei plötzlich in ihm erwachte. Er ging desshalb nach Italien und hatte das Glück, dort den Kunstliebenden Kardinal Grimani kennen zu lernen, der ihm seine Gunst zuwandte und ihn beschäftigte. Clovio zeichnete für ihn in den Jahren 1516—1519 mit der Feder im kleinsten Format mehrere prachtvolle Medaillen, Siegel u. s. w., die in der Folge für die Stechkunst verwendet wurden. Bei diesen Arbeiten lernte er seine grosse Befähigung für kleinere Kunstarbeiten kennen; er legte sich daher, unterstützt von Giulio Romano, der ihn lehrte, wie man Tinten und Farben mit Gummi und Tempera auftragen müsse, und ein zartes und liebliches Colorit zu erreichen im Stande sei, auf die Miniaturmalerei. Eines seiner frühesten Gemälde war ein Muttergottesbild, das er nach einem der ersten Holzschnitte Albrecht Dürers aus dem Buche: Epitomae in divae Mariae historiam u. s. w. Fol. Norimbergae 1511 copirte. In der Folge malte er viele andere Miniaturen, die ihm einen so grossen Ruf verschafften, dass ihn Ludwig II., König von Ungarn, an seinen Hof berief. Hier entstanden mehrere prachtvolle Bilder, unter denen besonders: ein Urtheil des Paris und eine sich selbst entleibende Lucrezia gerühmt wurden. Der Tod Ludwigs und der Verfall des ungarischen Reiches zwangen Clovio jedoch, wieder nach Italien zurückzukehren. Er kam 1526 nach Rom, führte hier für den Kardinal Campeggio eine Madonna und mehrere kleinere Bilder aus, und beschäftigte sich vielfach mit dem Studium der Werke Michelangelo's, gerieth aber bei der Einnahme und Plünderung Roms im Jahr 1527 in Gefangenschaft und trat, nachdem er glücklich aus dem Kerker befreit worden war, einem während der Haft abgelegten Gelübde getreu, zu Mantua in ein Kloster. Während eines dreijährigen Aufenthalts daselbst malte er ein grosses Chorbuch mit zarten Miniaturen, unter denen die Darstellung eines Noli me tangere besonders gelang, und unternahm ein Werk mit grösseren Figuren: die Ehebrecherin, nach einem Gemälde Tizian's. Die harte Behandlung, welche ihm während einer Krankheit widerfuhr, entleidete ihm indessen das Klosterleben ganz und gar, so dass er sich durch Verwendung seines Gönners, des Kardinals Grimani, der jetzt Legat von Perugia geworden war, wieder davon entbinden liess, worauf er wieder in dessen Dienste trat. Er malte für denselben:

ein Gebetbuch mit vier Bildern, eine Pietà, Christus am Kreuze, ein Epistelbuch mit drei grossen Bildern, von denen aber eines später nach Spanien kam (dieses Manuscript, die Erklärung der Epistel Pauli an die Römer, befindet sich derzeit in der Sammlung des Architekten Soan in London); ferner ein Messbuch, stattete auch ein Manuscript der Gedichte Petrarca's mit prächtigen Bildern aus. Durch alle diese Bilder, auf deren immer höhere Vollendung die Bekanntschaft des damals sehr berühmten Miniaturmalers, Girolamo dai Libri, die er gemacht, ehe er noch das Kloster verliess, nicht ohne Einfluss geblieben war, hatte sich sein Ruhm in ganz Italien verbreitet. Der Kardinal Alessandro Farnese berief ihn für sich und Papst Paul III. nach Rom und er folgte, mit Einwilligung des Kardinals Grimani, seines Gönners, dem Rufe im Jahr 1540. Hier schmückte er für den Papst unter Anderem 1542 ein lateinisches Psalmenbuch mit herrlichen Miniaturen (gegenwärtig im Louvre zu Paris), dann im Jahr 1546 für den Kardinal Farnese ein lateinisches Messbuch mit einer ausserordentlichen Menge der prachtvollsten Bilder (gegenwärtig in Neapel); ferner jenes wundervolle Muttergottesbüchlein, an dem er 9 Jahre lang arbeitete (mit dem reichen und kostbaren Einband von Benvenuto Cellini in der k. Bibliothek des Museo Borbonico in Neapel); ausserdem eine grosse Anzahl einzelner Miniaturgemälde. Alle diese Arbeiten erhöhten Clovio's Ruhm so, dass beinahe alle Fürsten Bilder von ihm zu besitzen wünschten. Herzog Cosimo I. rief ihn an seinen Hof nach Florenz und er führte dort für denselben mehrere Bilder aus, von denen sich noch ein Cruzifix mit einer Magdalena (in der Gallerie zu Florenz) und eine Pietà (im Pal. Pitti) erhalten haben. Nach Rom wieder zurückgekehrt, malte er für Philipp II., König von Spanien, mehrere Bilder aus der Geschichte seines Vaters Karl V. (gegenwärtig im brittischen Museum zu London), und verzierte fast zu gleicher Zeit für Johann III., König von Portugal, ein Psalmenbuch mit einer Menge Bilder. Ausser diesen Werken stattete Clovio noch folgende grössere Manuscripte mit Bildern aus: die göttliche Komödie von Dante (in der Bibliothek des Vatikan); das Leben Francesco, Maria's von Montefeltro della Rovere, Herzogs von Urbino und das Leben Friedrichs von Montefeltro, Herzogs von Urbino; ferner die „Stanze d'Evrialo d'Ascoli" und eine grosse Anzahl von Choral-, Mess- und Gebetbüchern, die noch heute in verschiedenen Bibliotheken verwahrt werden. Auch malte er viele kleine Bildnisse, die in Medaillons um den Hals getragen wurden. Er arbeitete mit einer grossen Anzahl von Schülern, die ihm bei der Ausführung seiner ausserordentlich vielen Werke behülflich waren. Man zählt darunter vorzugsweise: Bart. Torri, Bern. Buontalenti und Marco du Vall. In fortdauernder Thätigkeit und rastloser Beschäftigung mit seiner Kunst erreichte Clovio ein sehr hohes Alter. Er starb 1578 zu Rom im 80. Jahre.

Clovio hat sich vorzugsweise nach Michelangelo und Raphael gebildet und seine Bilder sprechen namentlich durch die treffliche Anordnung und Gruppirung an; auch bewies er eine reiche Phantasie, einen guten Geschmack und ein grosses Talent in den ornamentistischen Theilen der Umrahmungen seiner Bilder, in Arabesken, Grotesken u.s.w. Wo er jedoch nicht nachahmt, erhält sich seine Composition auf keiner besonderlichen Höhe; ganz vorzüglich dagegen ist seine Ausführung. In der Weichheit, Zartheit und Abrundung der Ausführung, in der lebendigen Frische des blühenden Colorits sind seine Malereien ein wahres Wunder. Gleichen Schritt mit der Feinheit dieser meisterlichen Technik hielten sein Fleiss und seine Ausdauer, mit denen er oft kleine menschliche Figuren in Ameisengrösse so ausgezeichnet vollendete, dass sie in natürlicher Grösse nicht trefflicher hätten ausgeführt werden können. Er erhielt desshalb auch den Beinamen: il mirmecide, d. h. die Ameise.

Literatur. Ivan Kukuljevic Sakcinski, Leben des G. Julius Clovio. Agram, 1852. — Vasari, Leben der ausgezeichnetsten Maler, Bildhauer und Baumeister.

Clowet, Albert, auch **Clovet** oder **Clouet** geschrieben, Maler und Kupferstecher, geb. 1624 zu Antwerpen, gest. daselbst 1687, bildete sich unter seinem Oheim Pieter Clowet und in Italien unter Corn. Bloemart, mit dem er später zusammen arbeitete, aus. Er stach verschiedene Porträts für Bellori's: Vite de' pittori.

Roma 1675 und für die: Effigies cardinal. nunc vivent. von Rossi; ferner mit Bloemart auch einige Blätter nach Bildern in dem Pal. Pitti zu Florenz.

Clowet, Pieter, auch **Clovet, Clouet** und **Clouwet** geschrieben, ein geschickter Kupferstecher, geb. 1606 zu Antwerpen, gest. 1677, der Oheim des Vorigen, erlernte die Kunst in seiner Vaterstadt, arbeitete später unter Corn. Bloemart zu Rom und führte nach seiner Rückkehr nach Antwerpen verschiedene tüchtige Stiche nach Rubens, Van Dyck u.s.w. aus. Zu seinen besten Stichen gehören: der Liebesgarten; der Winter; Herodias mit dem Haupte des Johannes; und der Tod des heil. Antonius, sämmtlich nach Rubens.

Clussenbach, Georg und **Martin von**, gossen im Jahr 1373 die Reiterstatue des h. Georg auf dem Schlosshofe vor dem Dome zu Prag, ein Werk, in welchem typische Strenge mit einem glücklichen Streben nach Naturwahrheit verbunden ist. Es wurde im Jahr 1562 beschädigt und theilweise restaurirt.

Coccejus, Auctus, ein römischer Architekt, der von Agrippa mit verschiedenen Bauten in der Umgegend von Neapel betraut gewesen und die nach Pozzuoli führende Strasse durch den Berg Posilippo gebrochen haben soll. Ihm wird ein antiker Tempel korinthischer Ordnung von weissem Marmor, von dem man noch Trümmer zu Neapel sieht, zugeschrieben.

Cocherau, Matthieu, Maler, geb. zu Montigny bei Chateaudun 1793, gest. auf einer Reise nach Jerusalem 1817, war ein Schüler David's. Im Louvre zu Paris sieht man das Atelier seines Lehrers von ihm.

Coccopani, Giovanni, geb. 1582 zu Florenz, ein wissenschaftlich gebildeter Architekt, der 1622 als Kriegsbaumeister nach Wien berufen wurde und nach seiner Rückkehr in seiner Vaterstadt die schöne Villa imperiale für den Herzog und das grosse Nonnenkloster der h. Therese baute.

Cochin, Karl Nikolaus, Zeichner und Stecher mit der Nadel und dem Grabstichel, geb. zu Paris 1715, gest. 1790, erlernte die Kunst bei seinem Vater Karl Nikolaus (geb. 1688, gest. 1754), bildete sich dann in Italien und führte eine ungeheure Menge von Kupferstichen aus. Seine besten Blätter sind: die 14 Ansichten der Seehäfen Frankreichs, nach Vernet.

Cochin, Nikolaus, Zeichner und Kupferätzer, geb. zu Troyes 1619, gest. gegen das Ende des 17. Jahrhunderts, der Grossvater des Vorigen, arbeitete zu Paris und Venedig in der Manier Callot's, für dessen Schüler er gehalten wird. Zu seinen besten Arbeiten gehören: die Versuchung des h. Antonius (1653); die Israeliten gehen durch das rothe Meer; 7 Blätter Truppenmärsche und Seegefechte; die Hochzeit zu Cana, nach Andrea Vicentino.

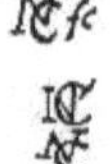

Cock, auch **Kock** geschrieben, **Hieronymus**, Maler, Kupferätzer und Kupferstecher, geb. zu Antwerpen 1510, gest. 1570, radirte mit leichter, kühner, sicherer und kräftiger Nadel, theils nach seinen eigenen Ideen, theils nach denen seines Bruders, und stach nach Hieronymus Bosch, dem alten Breughel, L. Lombard und nach den in Flandern befindlichen Gemälden des F. Floris. In Rom, wo er längere Zeit arbeitete, lernte er Vasari kennen, dem er für seine Künstlerbiographien ausführliche Nachrichten über die Kupferstiche der Niederländer mittheilte. Cock stach auch nach Werken italienischer Meister, besonders nach Raphael, von dem er fast sämmtliche Werke herausgab, ausserdem nach Andr. del Sarto, L. Penni, A. Bronzino und Seb. del Piombo. In späteren Jahren legte er einen Kupferstichhandel an, woher es rührt, dass eine so grosse Menge seiner Blätter aus den Jahren 1564—1570 mit H. Cock exc. oder Hieronymus Coquus excudebat bezeichnet sind. Seine Radirungen und Stiche bestehen in Bildnissen, historischen Gemälden, Alterthümern, Landschaften und sind in alten Abdrücken sehr gesucht. Zu seinen besten zählt man: 15 Blätter Landschaften, nach seinem Bruder Matthys und 12 Landschaften mit biblischen und mythologischen Staffagen. Einige derselben tragen nebenstehende Monogramme. In der Gallerie des Belvedere zu Wien befindet sich ein Bild von ihm, eine idealisirte Ansicht des Campo Vaccino und der Stadt Rom. — Schüler des Hieronymus Cock waren Hans Collaert und Corn. Cort.

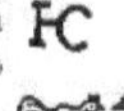

Cock, Matthys, aus Antwerpen, der ältere Bruder des Vorigen, gest. 1565, malte Landschaften in Wasser- und Oelfarben mit historischer Staffage in italienischem Style.

Cock oder **Coeck, Pieter**, siehe **Koeck**.

Cock, Xaverius de, geb. 1818 zu Gent, erlernte die Malerei bei F. de Braekeleer, widmete sich aber nicht dem historischen Fach, wie sein Lehrer, sondern malte Landschaften mit Vieh, in denen er, wie seine Bilder, mit denen er die verschiedenen Kunstausstellungen beschickt, beweisen, Tüchtiges leistet.

Cockerell, C. R., ein vielseitig gebildeter englischer Architekt, seit 1840 Professor an der Kunstakademie zu London, Mitglied der Akademie von S. Lucca zu Rom, der Akademien zu Paris und München, hat sich durch seine gelehrten Forschungen in Italien und Griechenland einen weit verbreiteten Namen erworben. Als praktischer Architekt scheint er aber, wie aus den nach seinen Plänen errichteten Bauten: dem Bibliothek- und Museumsgebäude zu Cambridge, dem Taylor and Randolph-Institut zu Oxford u. A. hervorgeht, weniger glücklich zu sein.

Coclers, Louis Bernard, Maler und Kupferstecher mit der Nadel und in Aquatinta, geb. zu Mastricht 1740, gest. zu Lüttich 1817, erlernte die Malerei bei seinem Vater Jan Baptist, der Hofmaler bei dem Fürstbischof von Lüttich war, besuchte Italien, übte nach seiner Rückkehr in Mastricht, Nymwegen, Dordrecht und Leyden seine Kunst in Porträts und Kabinetstücken, im Geschmack von Mieris, Metzu und Schalken, legte sich dann auch auf die Kupferstecherkunst und betrieb dabei einen Kunsthandel. Unter die besten seiner aus 103 Blättern bestehenden Kupferstich-arbeiten, die entweder mit nebigem Monogramm oder mit den Anfangsbuchstaben seines Namens bezeichnet sind gehören: das alte Weib mit der Eule, nach F. Hals, und ein holländischer Herr, lesend und rauchend. — Seine Schwester Maria Lambertina hat ebenfalls 25 Blätter geätzt.

Cocxie, auch **Coxcie, Coxis** oder **Cockisien** geschrieben, **Michel**, geb. 1497 zu Mecheln, gest. 1592 zu Antwerpen, war der Sohn eines Malers gleichen Namens, erhielt auch den ersten Unterricht in der Malerei durch seinen Vater, ging aber hernach zu Bernh. van Orley in die Lehre und folgte diesem noch sehr jung nach Italien, wo beide die Werke Raphael's zu ihrem besonderen Studium machten. Cocxie zeichnete und malte viel nach diesem Meister und wusste sich durch seine Werke binnen Kurzem so auszuzeichnen, dass ihm in Rom selbst grössere Arbeiten übertragen wurden. Vasari lernte ihn ihm Jahr 1532 in jener Stadt kennen, wo er bereits viele Frescobilder ausgeführt, vornehmlich aber zwei Kapellen in S. Maria de Anima ausgemalt hatte. (Die Malereien in einer dieser Kapellen, Begebenheiten aus dem Leben der h. Barbara darstellend, sind noch erhalten.) Nach seiner Rückkehr in die Heimath liess er sich in seiner Vaterstadt nieder, wurde hier 1539 in die S. Lucas Brüderschaft aufgenommen und führte mit seiner Frau, die er in Italien geheirathet, und seinen beiden Kindern ein glänzendes Leben. Von König Philipp II. von Spanien zu seinem Hofmaler ernannt, malte er für denselben mehrere grössere Gemälde, schlug aber alle Anerbietungen Franz I., der ihn an seinen Hof ziehen wollte, wie Schoreel, entschieden aus. Nach dem Tode seiner Frau 1569 zum zweiten Male verheirathet, erreichte er glücklich, und bis an sein Lebensende mit seiner Kunst beschäftigt, ein hohes Alter. In seinem 95. Jahre fiel er zu Antwerpen, wo er für den Magistrat der Stadt an einem grossen Bilde arbeitete, die Treppe hinunter und starb an den Folgen dieses Falls.

In seinen früheren Bildern befolgte Cocxie noch ziemlich die alte flandrische Kunstweise, nach seiner Rückkehr aus Italien aber führte er mehr den römischen Styl der Schüler Raphael's in seinen allgemeineren Typen ein, suchte denselben jedoch hin und wieder selbst mit Altflandrischem, besonders in den tiefen landschaftlichen Perspektiven zu verbinden. Den frommen ernsten Sinn der älteren Schule der van Eyck u. s. w. darf man in seinen Gemälden freilich nicht suchen, doch blieb ihm ihr Gefühl für Anmuth treu, auch behielt er manche Eigenthümlichkeiten der Anordnung und Gruppirung bei; dagegen glättete er die Härten und naiven Unregelmässigkeiten seiner Vorgänger durch sanfte graziöse Motive, zeichnete seine Gestalten grösser, schöner und richtiger, und machte die ganze Composition übersichtlicher, milder und freundlicher. In der Erfindung war er nicht besonders reich, er half sich daher, aus Mangel an Gedanken, durch seine in Italien gemachten Studien, namentlich nach Raphael und es soll ihm daher nichts weniger als angenehm gewesen sein, als Hieronymus Cock eine Sammlung von Kupferstichen nach den Werken dieses Meisters herausgab und diese dadurch in seiner Heimath bekannt machte. Man rühmt in seinen Bildern ausserdem noch den Ernst seiner männlichen und den Anstand seiner weiblichen Gestalten, die Nettigkeit und Sauberkeit des Vortrags und die Reize seines schönen farbigen Colorits.

Das erste Gemälde nach seiner Rückkehr aus Italien war eine Kreuzigung für das Schloss Halsenberg bei Brüssel, das aber wie sein grosses Bild: der Tod der Maria für die Kirche S. Gudula in Brüssel nach Spanien kam (das letztere Bild noch jetzt im k. Museum zu Madrid). In späteren Jahren führte er für Philipp II. von Spanien um die Summe von 2000 Dukaten eine vortreffliche, sehr schön in einem warmen Ton gehaltene Copie des Genter Altarbildes der Brüder van Eyck, deren Beendigung laut Inschrift in das Jahr 1559 fällt, aus. Diese Bilder zierten lange Zeit die Kapelle des alten Palastes zu Madrid, wurden aber von General Belliard zur Zeit der französischen Invasion in Spanien nach den Niederlanden zurückgeschickt und dort verkauft. Die Mittelbilder der obern und unteren Reihe des Werks befinden sich im Museum zu Berlin, zwei Tafeln sind in der Pinakothek zu München und die Flügel besitzt der König der Niederlande. Ausserdem copirte Cocxie die Kreuzabnahme des Rogier van der Weyde zu Löwen. Die meisten der vielen Bilder, die er während seiner langen Laufbahn ausführte, trifft man in den Niederlanden. In S. Gertrude zu Löwen sieht man eine, wahrscheinlich aus seiner früheren Zeit herrührende, höchst ausdrucksvolle Madonna der sieben Schmerzen und das minder bedeutende Bild des Hochaltars: Christus am Kreuz zwischen den Schächern. Die Gemäldesammlung des Stadthauses daselbst verwahrt ebenfalls ein Bild von ihm: Christus zwischen Petrus und Paulus, in welchem sich eine entschiedene und glückliche Nachahmung Raphael's bemerkbar macht. Schwächer zeigt er sich in dieser Beziehung in dem Martyrium des h. Stephans (bezeichnet MICIELO COCXYEN 1575), dem Martyrium des h. Mauritius, dem des h. Blasius und in einem Triumph Christi im Museum von Antwerpen. In dem ersteren erscheint er dem Vasari ähnlich, dabei trefflich im Nackten. In S. Gudula zu Brüssel verwahrt man von ihm die Auferweckung des Lazarus; das h. Abendmahl; Christus, den Aposteln die Füsse waschend; Christus am Oelberg; Christus mit der Dornenkrone; in der Kirche Notre Dame des Victoires sur le sablon ebendaselbst: einen Tod der Maria; in der Kirche des h. Gery daselbst: Christus, von den Juden verspottet; in der Kirche des h. Jakob zu Gent: eine Geburt Christi; Christus am Kreuz zwischen den Schächern und eine Auferstehung Christi; in der Jesuitenkirche zu Brügge: den h. Franciscus Xaverius, den Heiden predigend. Die Pinakothek zu München besitzt ausser den genannten Copien noch eine h. Katharina und eine h. Barbara und in der Gallerie des Belvedere zu Wien wird ihm eine h. Jungfrau mit dem Kinde zugeschrieben. Endlich sollen sich in Spanien noch mehrere Gemälde von ihm finden: Joachim und Anna, und Christus und Maria thuen Fürsprache vor dem ewigen Vater im Escorial, und in der alten Kirche dieses Gebäudes: die h. Cäcilia; David, der dem Goliath das Haupt abschlägt, und eine Kreuzabnahme; endlich eine Auferstehung Christi, im Kloster der unbeschuheten Karmeliter zu Medina del Campo in Spanien.

Dann zeichnete Cocxie auch 32 Blätter aus der Fabel von Amor und Psyche, die von Agostino Veneziano und Marcanton gestochen wurden und zu seinen bedeutendsten Erfindungen gehören. Ob Cocxie auch selbst in Kupfer geätzt und das Blatt: die in der Wüste errichtete eherne Schlange, von ihm radirt und von anderer Hand mit dem Grabstichel überarbeitet worden sei, ist noch nicht mit Sicherheit ermittelt worden. Mit Bernhard von Orley leitete Cocxcie die Anfertigung der Tapeten, welche nach den Raphael'schen Cartons in den Niederlanden gewirkt wurden. — Cocxie hatte einen Sohn, der Raphael hiess, ebenfalls Maler war und 1585 als Freimeister in die Brüderschaft des h. Lucas aufgenommen wurde. Er besass weniger Talent als sein Vater, auch scheinen wenige Werke von ihm auf die Nachwelt gekommen zu sein. Sein Schüler, der aber bald den Lehrer übertraf, war: Gaspard de Crayer.

Literatur. Rathgeber, Annalen der niederländischen Malerei. — Immerzeel, De Levens en Werken der Holl. en Vlaam. Kunstschilders u.s.w. Amsterdam 1842.

Coeck oder **Coek, Pieter**, siehe **Koeck.**

Coda, Bartolommeo, der Sohn des Folgenden, malte in Rimini, woselbst er u. A. in S. Rocco da Pesaro das Bild des h. Rochus mit dem h. Sebastian vor dem Throne der Maria (mit der Jahrszahl 1528) hinterliess, das besonders wegen dem glänzenden Colorit und der anmuthigen Kinderengeln gerühmt wurde.

Coda, Benedetto, aus Ferara, gest. um 1520, war ein Schüler von Giov. Bellini, lebte in Rimini und hinterliess daselbst viele Werke, unter denen eine Verlobung der h. Jungfrau im Dom und ein Rosenkranz bei den Dominikanern daselbst besonders angeführt werden.

Coello, Alonso Sanchez, ein vorzüglicher spanischer Porträt- und Historienmaler, geb. 1515 in Portugal, gest. 1590 zu Madrid, scheint sich, wie aus seinen Bildern zu schliessen, in Italien und zwar in der Zeichnung in der florentinischen oder römischen Schule, im Colorit nach den Venetianern, besonders nach Tizian gebildet zu haben. Im Jahr 1541 hielt er sich in Madrid auf und 1552 begab er sich mit Antonio Moro nach Lissabon, wo er die Bildnisse der ganzen königlichen Familie fertigte. Von der Gemahlin des Königs Johann III. von Portugal, nach dessen 1557 erfolgtem Tod ihrem Bruder Philipp II. von Spanien empfohlen, malte er nicht nur den König verschiedene Male sitzend, stehend und zu Pferd, sondern auch sämmtliche Mitglieder der königl. Familie, wofür er zum Hofmaler ernannt wurde, ausserdem noch viele andere Bildnisse, unter denen man besonders das des h. Ignatius von Loyola, des Stifters des Jesuitenordens rühmte. Er führte auch mehrere Altargemälde aus, von denen sich noch eines in der Kirche des Escorial, andere in einigen Kirchen Madrids erhalten haben sollen. Im königl. Museum zu Madrid sieht man von ihm: das Porträt des Don Carlos, des Sohnes Philipps II. Auch in der Gallerie des Belvedere zu Wien wird ihm das Bildniss einer jungen spanischen Dame (bezeichnet Sanchez F. 1571) zugeschrieben. Seine besten Schüler waren: seine Tochter Donna Isabel und Felipe de Liano.

Literatur. Bermudez, Diccionario historico de los mas illustros professores de las bellas artes en España. — Fiorillo, Geschichte der Malerei in Spanien.

Coello, Claudio, geb. zu Madrid, gest. 1693, lernte bei Francisco Rizi und machte unter dessen Leitung so rasche Fortschritte, dass er noch in der Schule mehrere grosse Altargemälde für einige Kirchen zu Madrid ausführte. Die innige Freundschaft, welche er darauf mit Don Juan Careño, der Hofmaler war, schloss, verschaffte ihm die Erlaubniss, die Bilder von Tizian, Rubens und Van Dyck in den königl. Gemächern copiren zu dürfen, wodurch sein Colorit bedeutend gewann. Ebensoviel trug zu seiner weiteren Vervollkommnung seine Bekanntschaft mit Josef Donoso bei, der sich in Rom gebildet hatte und mit dem er gemeinschaftlich zu Madrid, Toledo u. s. w. verschiedene tüchtige Frescogemälde ausführte. Durch alle diese Arbeiten hatte er sich einen so grossen Ruf erworben, dass ihn der Erzbischof von Saragossa ersuchen liess, die Kuppel der Augustinerkirche mit Frescomalereien zu schmücken, und ihn der König nach deren glücklichen Vollendung und nach seiner darauf erfolgten Rückkehr nach Madrid 1684 an die Stelle des eben verstorbenen Dionisio Mantuano zu seinem Maler, und 1686, nach dem Tode des Don Francisco Herrer el mozo, zu seinem Kammermaler unter äusserst ehrenvollen Bedingungen ernannte. Nach dem Tode seines Lehrers Francesco Rizi sollte er ein grosses von diesem begonnenes Altargemälde für die Sakristei des Klosters S. Lorenzo el Real im Escorial vollenden, er wurde aber während der Arbeit nach Madrid berufen, um einige Säle des alten Königs-Palastes mit Gemälden zu schmücken. Er wählte dazu die Fabel von Amor und Psyche, zeichnete die Cartons, deren Ausführung er dem Don Ant. Palomino übertrug und begab sich wieder in den Escorial, das angefangene Bild zu beendigen. Dieses Gemälde, die feierliche Procession einer Hostie darstellend, mit vielen Porträts vornehmer Personen des Hofs, worunter der in Verehrung knieende König Karl II. selbst, der hohen Geistlichkeit u. s. w., wird als ein Meisterwerk gepriessen und für die beste Arbeit Coello's erklärt. Im Jahr 1592 kam jedoch Luca Giordano nach Madrid, und wurde ihm bei der Vergebung der Malereien der grossen Treppe im Escorial vorgezogen, was Coello so kränkte, dass er aus Gram darüber starb.

Claudio Coello besass ein grosses Talent. Er war ein scharfer Beobachter und treuer Nachahmer der Natur, und zur Zeit Philipp des II. wäre er ein ausgezeichneter Meister geworden. So aber suchte er zwar, der in der spanischen Kunst gegen Ende des 17. Jahrhunderts einreissenden Geschmackverwirrung entschiedenen Widerstand zu leisten, statt ihr aber eine eigenthümliche und selbstständige Richtung entgegen zu setzen, suchte er sein Streben durch eine eklektische Nachahmung der früheren grossen Meister Spaniens, wie auch der Niederländer und Venetianer, zu erreichen. Er genoss jedoch unter seinen Zeitgenossen den höchsten Ruhm und verdient ihn auch mit Recht als der letzte tüchtige Meister der selbstständig spanischen Malerei. In verschiedenen Kirchen Madrids und anderen Hauptstädten Spaniens sieht man noch viele seiner Bilder. Sein „Bild der Hostie" befindet sich heute noch im Escorial. Im Museum zu Madrid wird unter mehreren Gemälden von ihm besonders eine von Engeln und Heiligen umgebene heilige Familie* rühmend genannt. In der Pinakothek zu München schreibt man ihm ein Bild des h. Petrus von Alcantara, welcher mit einem Laienbruder auf dem Meer wandelt, und in der Gallerie Esterhazy zu Wien: einen h. Joseph mit Maria und dem Jesuskinde zu. Auch in der vormaligen Sammlung des Marschalls Soult zu Paris waren zwei Eremiten in Lebensgrösse von ihm zu sehen. Seine Zeichnungen mit der schwarzen Kreide und mit der Feder sind sehr gesucht; nicht minder sind es die drei von ihm radirten Blätter: Christus am Kreuz mit der h. Jungfrau, dem h. Augustin und der h. Monica, und die Bildnisse Karl II. und seiner Mutter. — Sebastian Munoz und D. Teod. Ardemans waren Schüler von ihm.

Literatur. Bermudez, Diccionario historico de los mas illustres professores de las bellas artes en España. — Fiorillo, Geschichte der Malerei in Spanien.

Coene, Constantinus Fidelio, Historien- und Landschaftsmaler, geb. 1780 zu Vilvoorden, gest. 1841, erlernte die Malerei bei Faber, dem Vater, kam aber 1800 nach Amsterdam, wo er den Unterricht des Landschaftsmaler Barbiers genoss, und liess sich später in Brüssel nieder, wo er seit 1820 Professor an der Akademie ist. Sein Bild: Rubens, von Karl I. den Degen empfangend, durch den er ihn zum Ritter geschlagen, erwarb ihm den grossen Preis zu Gent, und seine Schlacht von Waterloo, die er 1815 nach London brachte, kaufte ihm der damalige Prinzregent ab. Seine anderen Bilder, besonders aus dem Genrefache, welche auf den verschiedenen Kunstausstellungen immerdar Gefallen erregten, sind in öffentlichen und Privatsammlungen Belgien und Hollands zerstreut. — Er hinterliess zwei Söhne, die sich ebenfalls zu Malern ausbildeten. Der ältere, Jean, malt Landschaften, der jüngere, J. B., Viehstücke.

Coene, Henri de, ein trefflicher, der Gegenwart angehöriger Genremaler aus Brüssel, dessen Bilder sich durch die wahre und in innigen Motiven feingefühlte Auffassung und glückliche Erfindung auszeichnen.

Cogels, Joseph, ein tüchtiger Landschafts- und Marinemaler, geb. 1786 zu Brüssel, gest. 1831 auf dem Schlosse Leitheim bei Donauwörth, bildete sich auf der Düsseldorfer Akademie und später auf Reisen, namentlich in Frankreich, aus, kehrte 1806 nach Belgien zurück und wurde dort zum Mitglied der königl. Gesellschaft der schönen Künste zu Gent ernannt. Im Jahr 1810 veranlasste ihn der Graf Max von Lamberg, ihn nach München zu begleiten, wo er für den König und die Königin, sowie für den

* Abgebildet in den Denkmälern der Kunst. Atlas zu Kuglers Handb. der Kunstgesch. Taf. 84 A, Fig. 7.

Herzog von Leuchtenberg verschiedene Gemälde ausführte. Im Jahr 1817 nahm ihn die königl. Akademie zu Antwerpen zum Mitglied, 1824 die Akademie zu München, wo er sich seit 1819 niedergelassen hatte, zum Ehrenmitglied auf. Seine Bilder, besonders diejenigen, welche Gegenden aus seinem Vaterlande, Wasserfälle und alte Monumente darstellen, sind sehr geachtet. Einige seiner Gemälde sind mit dem ersten der nebenstehenden Monogramme bezeichnet. Cogels hat auch mehrere Blätter nach J. Both, andere nach eigenen Zeichnungen radirt. Eines der letzteren trägt das zweite Monogramm.

Cogniet, Léon, ein viel genannter französischer Historien- und Porträtmaler, Professor der Zeichnenkunst an der polytechnischen Schule zu Paris, Offizier der Ehrenlegion, geb. zu Paris 1794, war ein Schüler von Guérin, bildete sich aber später hauptsächlich in Rom, wo er 1817 den ersten Preis erhielt. Seit dieser Zeit sah man auf den verschiedenen Kunstausstellungen seiner Vaterstadt zwar nicht sehr zahlreiche aber um so tüchtigere Gemälde, theils in historischen Bildern, theils in Porträts bestehend, während er sich zugleich mit Eifer dem künstlerischen Unterrichte widmete und eine grosse Anzahl von Schülern bildete, welche alle mit Verehrung an ihm hängen. Zu seinen ersten Gemälden, die seinen Ruf gründeten, gehören: Marius auf den Trümmern von Karthago (im Luxembourg zu Paris), und Numa in der Grotte der Egeria. Darauf folgte eine Scene aus dem bethlehemitischen Kindermord; der Raub der Rebecca, nach Walter Scott's Roman: Ivanhoe, und andere Bilder, die sich alle durch einfachen Styl, correkte Zeichnung, saftige Tinten und wahres, feines, mitunter glänzendes Colorit auszeichneten. Im Jahr 1836 vollendete er ein Deckengemälde in einem Saale des ägyptischen Museums, Napoleon darstellend, wie er auf den Ruinen eines ägyptischen Grabmonuments sich mit gelehrten Alterthumsforschern über aufgefundene Merkwürdigkeiten unterhält, ein Bild, das neben der: Apotheose Homers, von Ingres, zu den besten Plafonds des Louvre gehört. Kurze Zeit hernach malte er im Auftrag des Königs Louis Philippe: die Abreise der Pariser Nationalgarde im September 1792 (im Schlosse zu Versailles), ein Musterbild von Vorwürfen solcher Art, ausgezeichnet durch den Adel der Auffassung, die Klarheit der Composition, die Wahrheit des Ausdrucks, durch die Gewandtheit der Lichtvertheilung und die Feinheit des Tons. Im Jahr 1843 stellte er sodann nach längerer Enthaltsamkeit von grösseren Werken, zugleich mit einer Anzahl Porträts, sein grosses Bild: Tintoretto, seine Tochter auf dem Todtenbette malend, aus, das gleich bei seinem ersten Erscheinen grosses Aufsehen erregte, und als eine der gereiftesten, durchdachtesten und würdigsten Hervorbringungen der neueren französischen Malerei begrüsst wurde. Man bewundert darin besonders die rührende Tiefe des Gefühls, den interessanten Gegensatz der Charaktere, die ausserordentlich schön durchgeführte Beleuchtungsstimmung und die täuschend wahre Färbung. Ueberhaupt unterscheidet sich Cogniet dadurch sehr vortheilhaft von andern Künstlern unter seinen Landsleuten, dass er in stetem Fortschreiten begriffen, seinem letzten Bilde jedesmal eine grössere Durchbildung und höhere Vortrefflichkeit als den früheren zu geben weiss. So sah man unter anderen Porträts, in denen er überhaupt eine unbestrittene Virtuosität besitzt, auf der Pariser Aufstellung im Jahr 1852 ein weibliches Bildniss von ihm, das sich in Beziehung auf geistreiche Auffassung und meisterhafte malerische Behandlung den ausgezeichnetsten Meisterwerken des 16. Jahrhunderts im Porträtfache würdig anschliesst. Cogniet hat auch Kirchenbilder gefertigt: den h. Stephanus, in der Kirche S. Nicolaus des Champs, und Magdalena, Salben zum Grabe Christi tragend, in der Magdalenenkirche zu Paris, Gemälde, die in malerischer Grösse und Wirkung, überhaupt in künstlerischer Ausstattung seinen übrigen Arbeiten nicht nachstehen, aber wie die Werke der neueren französischen Schule überhaupt an dem Mangel, religiöser Ergriffenheit leiden.

Coignard, L., ein gewandter, derzeit in Paris lebender Thiermaler, von dem man auf den regelmässig wiederkehrenden Kunstausstellungen tüchtige Arbeiten in seinem Fache sieht.

Coignet, Jules Louis Philippe, ein ausgezeichneter französischer Landschaftsmaler, geb. zu Paris 1798, erlernte die Malerei bei Bertin, machte sodann verschiedene Reisen in seinem Vaterlande, in Italien und in dem Orient, und fertigte nach seinen an Ort und Stelle aufgenommenen Studien und Skizzen eine bedeutende Anzahl von Ansichten und Landschaften, die sich durch poetische und zum Theil grossartige Auffassung, naturgetreue Darstellung, kräftige und feine Nuancirung, geistreiche Behandlung und sicheren, markigen Pinsel auszeichnen. Sein Meisterwerk, eine Darstellung der Tempelüberreste von Pästum, befindet sich in der neuen Pinakothek in München.

Coignet, Gilles, auch wegen eines Muttermales auf der Wange Gillis met de vleck genannt, aus Antwerpen, bildete sich in seiner Vaterstadt zum Maler aus und ging dann nach Italien, wo er mit seinem Gehülfen Stello verschiedene Gemälde zu Terni, in Neapel, und an andern Orten in Oel und al fresco ausführte. Nach seiner Rückkehr in's Vaterland wurde er 1561 in die Malergilde seiner Vaterstadt aufgenommen, und malte nun hier und in der Umgegend, zum Theil von Cornelis Molenaer, dem Schielenden, unterstützt, viel für Kaufleute. Während der Kriegsunruhen zur Zeit des Prinzen von Parma, wohnte er in Amsterdam, später ging er nach Hamburg, wo er um 1600 starb. Coignet malte mythologische, allegorische, historische Gegenstände, alt- und neutestamentliche Ereignisse und liebte es auf seinen Bildern Fackel- oder Mondscheinbeleuchtungen anzubringen. Ein beachtungswerthes Gemälde, aber wohl nur eine Skizze zu einem grösseren Bilde (von Joh. Müller 1594 gestochen), das Abendmahl Christi, bezeichnet Egid. Coignet pin., besitzt die herzogl. Gallerie zu Gotha. Verschiedene seiner Bilder wurden in Kupfer gestochen, inbesondere von J. Sadeler.

Coigny, Jean Joseph, ein tüchtiger Kupferstecher, geb. zu Versailles 1761, gest. 1809, lernte bei Le Bas, ging hierauf nach Italien und stach nach seiner Rückkehr verschiedene Blätter, unter denen die Schlacht von Marengo, nach Le Jeune (1806) das beste ist.

Coindet, J., ein trefflicher Landschaftsmaler in Genf, der in poetischen Darstellungen des Anmuthigen und Reizenden der landschaftlichen Natur Ausgezeichnetes leistet. Grosses Aufsehen erregte er seiner Zeit durch seine treffliche Ansicht des Dent du Midi (1844).

Cola, Gennaro di, aus Neapel, geb. 1320, gest. 1370, war ein Schüler von Francesco di Simone, und führte mit seinem Mitschüler Stefanone mehrere grossräumige Wandbilder aus, unter denen namentlich eine Reihe von Darstellungen aus dem Leben des h. Ludwigs, andere aus dem Leben der Jungfrau Maria in S. Giovanni da Carbonara angeführt werden. Von seinen Bildern in Oel soll sich insbesondere eine um den Leichnam Christi trauernde Mutter Gottes ausgezeichnet haben. Er arbeitete pünktlich und besonnen, aber etwas langsam und mühselig.

Colandon, D., ein Landschaftsmaler und Kupferätzer, der zu Cannes geboren, 1670 zu Paris lebte, ein Schüler von P. F. Mola war und in der Manier von Genoels arbeitete. Sein bestes Blatt ist: eine Gebirgslandschaft mit zwei sitzenden Frauen und einem Kinde.

Colantonio del Fiore, siehe **Fiore.**

Cole, J., ein talentvoller Landschaftsmaler aus New-York, der sich in Italien ausbildete. An seinen 1842 zu Rom ausgestellten vier Bildern, die vier Lebensaltern in allegorischen Landschaften darstellend, lobte man manche glänzende und schön gedachte Parthien, wenn man sich auch dem Grundgedanken selbst, oder überhaupt dieser ganzen Richtung der Landschaftsmalerei abhold erklären mochte.

Colignon, Giuseppe, gegenwärtig Direktor der Akademie zu Siena, bildete sich in Florenz und Rom zum Historienmaler aus. Von ihm sind u. A. die Deckengemälde in der Stanza di Prometeo und in der Stanza di Psiche im Pal. Pitti zu Florenz, und ein Altargemälde im Dom zu Ravenna, S. Apollinaris darstellend, wie er durch Anrufung Gottes den Tempel des Apollo bricht.

Colin, Alexander, von Mecheln, geb. 1526, gest. 1612, ein sehr geschickter Bildhauer, der von Kaiser Ferdinand I. nach Innsbruck berufen wurde, um die Marmorreliefs an dem grossartigen Grabmonument Kaiser Maximilian I. in der Hofkirche daselbst, welche von den Brüdern Bernhard und Arnold Abel aus Köln begonnen worden waren, zu vollenden. Dieses Werk besteht im Ganzen aus 24 Tafeln, von denen jedoch nur die 20 letzten von seiner Hand herrühren, da die 4 ersten von jenen bereits ausgeführt waren. Sie bilden die Seiten des mächtigen Sarkophags, auf dem die Bronzestatue des Kaisers knieet, und stellen Scenen aus seiner Geschichte dar (vollendet 1566). Man rühmt an diesen Arbeiten die vorzügliche Sorgfalt der Ausführung und das treue Festhalten des Künstlers an der naiven Einfalt seiner heimischen Kunstrichtung. Ausserdem werden ihm noch mehrere andere Arbeiten zugeschrieben, z. B. das Grabmal des Erzherzogs Ferdinand und seiner Gemahlin Philippine Welser aus Augsburg, der Grabstein des Bischofs Johann Nas u. s. w.

Colin, Alexandre, Historien- und Genremaler zu Paris, geb. 1798, ein Schüler von Girodet, beschickt seit 1833 die Kunstausstellungen mit seinen Werken. Er malt Geschichts- und Altarbilder, sowie Scenen aus dem Leben und man rühmt an jenen einen den guten alten Meistern nachgebildeten Styl, an letzteren das Leben und die Charakteristik. Wir kennen von ihm: eine Flucht nach Aegypten; Christus am Kreuz; eine Himmelfahrt Mariä; eine Auferstehung Christi; Christoph Columbus; eine Rast von Zigeunern; Bretagner und Bretagnerinnen; Italiener und Italienerinnen; einen Fischerjungen u. s. w.

Collaert, Adriaan, ein Kupferstecher, der um 1540 in Antwerpen blühte und viel nach eigenen Zeichnungen und nach Jan Stradanus, H. Goltzius, M. de Vos u. A. stach. Seine Blätter sind sauber gearbeitet, aber ohne Effekt und nicht ohne Härten; die Köpfe seiner Figuren sind jedoch gewöhnlich charakteristisch und schön.

Collaert, Hans, der Sohn des Vorigen, geb. 1545 zu Antwerpen, lernte bei seinem Vater die Kupferstecherkunst, ging später nach Rom und führte nach seiner Rückkehr gemeinschaftlich mit seinem Vater mehrere grosse Werke aus. Er muss bis in sein hohes Alter gearbeitet haben, denn man findet noch Stiche von ihm mit der Jahrszahl 1622, lieferte auch im Ganzen eine beträchtliche Anzahl von Blättern, die er mit seinem abgekürzten Namen, mit dessen Anfangsbuchstaben oder mit nebigen Monogrammen bezeichnete. Sein Stich ist feiner und geschmackvoller, als der seines Vaters.

Collantes, Francisco, geb. 1599 zu Madrid, gest. 1656 ebendaselbst, ein Schüler von Vinc. Carducho, malte Figuren, Thiere, Landschaften, Frucht- und Blumenstücke. Besonders liebte er historische Gegenstände in landschaftlich naturalistischer Weise darzustellen. So sieht man u. A. von ihm im Louvre: Jehovah, der dem Moses im brennenden Busch erscheint, ein Bild, worauf die Figuren zwar wenig bedeutend sind, das Vieh aber mit vieler Wahrheit dargestellt, die Landschaft reich und das Colorit warm und gesättigt im Ton und von trefflichem Impasto ist. Seine Vision Ezechiels im Museo del Rey zu Madrid zeichnet sich durch die glückliche Mannigfaltigkeit der Gedanken und Handlungen, die seltene Energie der Charaktere, die Richtigkeit der Zeichnung und die leuchtende Kraft des Colorits aus.

Colle, Raffaele dal, gewöhnlich **Rafaellino dal Colle,** auch **dal Borgo San Sepolcro** genannt, geb. um 1490 zu Colle, einem kleinen Orte bei Città di Sepolcro, ein Schüler Raphael's und Giulio Romano's, malte viel nach den Erfindungen und Zeichnungen Anderer. Er half Raphael bei den Gemälden in der Farnesina, malte nach dessen Zeichnungen in den Logen des Vatikans ein Kuppelgewölbe mit Geschichten des Moses, in der Sala di Costantino ebendaselbst: die Schenkung Rom's an den Papst, nach einer Composition von Giulio Romano, war auch ein Gehülfe des Letzteren bei seinen Arbeiten in Mantua, dann des Girolamo Genga bei seinen Fresken im Pal. dell Imperiale bei Pesaro, ferner des Vasari bei seinen Malereien zur Feier der Ankunft Karl V. zu Florenz im Jahr 1536, endlich fertigte er nach Bronzino's Zeichnungen die Cartons zu den Teppichen für Cosimo I. Colle führte übrigens auch viele andere Bilder selbstständig aus, namentlich in seinem Geburtsort und dessen Umgegend. In S. Rocco und in der Kathedrale von Città S. Sepolcro sieht man ein höchst geistreiches Gemälde von ihm, eine Auferstehung Christi, und bei den

Osservanti des h. Franciscus eine Himmelfahrt der Maria. Zu Città di Castello behandelte er in der Kirche der Conventualen denselben Gegenstand in hoher Vollendung der Ausführung. Ebendaselbst befindet sich bei den Serviten eine Kreuzabnahme und in S. Angelo ein Bild mit den h. h. Michael und Sebastian. Die Kirche S. Francesco zu Cagli bewahrt von ihm eine Madonna mit Heiligen und die Sakristei des Domes von Urbino: die Apostel in kleinen oblongen Gemälden. Andere tüchtige Bilder von ihm sieht man zu Gubbio, Perugia u. s. w. Ausserdem entwarf Colle viele Zeichnungen für die während der Regierungszeit des Herzogs Guidobaldo II. von Urbino (reg. 1538—1574) in besonderer Blüthe stehende Majolica-Fabrik zu Urbino. Er bildete zu S. Sepolcro eine Schule, aus der tüchtige Künstler, wie Cristofano Gherardi, Gio. de' Vecchi u. A. hervorgingen.

Collet, Inigo, gest. 1780 zu London, ein englischer Maler, der die durch Hogarth eingeschlagene Richtung der Genremalerei, aber mit noch weit mehr vorherrschender Neigung zur Karikatur befolgte. Unter seinen Bildern rühmt man besonders: den patriotischen Schuhflicker, den sterbenden Geizigen, einen Orgeldreher u. A.

Collin, Alexandre, siehe **Colin**.

Collin, Richard, geb. 1627 zu Luxemburg, ein Kupferstecher und Aetzer, der längere Zeit zu Rom lebte, dort unter Joach. Sandrarts Leitung die Kupferstecherkunst erlernte und sich nach seiner Rückkehr in's Vaterland zu Antwerpen und später in Brüssel niederliess, wo er den Titel eines Kupferstechers des Königs von Spanien führte. Er arbeitete im Geschmack des Claudius Mellan und stach besonders viel für die „Teutsche Academie der edlen Bau-, Bild- und Malereikünste von Joach. v. Sandrart. Nürnberg, 1675." — Zu seinen besten Blättern gehören: Barth. Murillo, nach dessen Selbstporträt (1682); Esther und Ahasverus, nach Rubens.

Collins, ein englischer Glasmaler der neueren Zeit, dessen Bilder sich durch die Schönheit und harmonische Stimmung der Farben auszeichnen.

Literatur. Gessert, Geschichte der Glasmalerei.

Collins, William, ein englischer Landschafts-, Genre- und Historienmaler, Mitglied der Akademie zu London, geb. daselbst 1788, gest. 1847, bewegte sich in den verschiedenen Fächern seiner Kunst mit grossem Glück. Wir kennen von ihm Landschaften, die sich durch Wahrheit und Zartheit der Tinten auszeichnen, Genrebilder, unter denen ihm besonders die aus dem Leben der englischen Fischer und Landleute gelangen, ja er wagte sich auch an historische und kirchliche Darstellungen, an denen man namentlich die Kraft in Farbe und Ausdruck rühmt.

Collyer, Joseph, geb. um 1748 zu London, gest. um 1792, ein Kupferstecher, der mit der Nadel, mit dem Grabstichel, in Punktirmanier und in Schwarzkunst arbeitete, und eine grosse Anzahl Seestücke und Porträts ausführte. Unter seine besten Blätter gehört: eine grosse Bauernbelustigung im Freien, nach Teniers (1792), bekannt unter dem Namen: Dutsch Pastime.

Colomb oder **Coulomb, Michel**, geb. 1430 zu Tours, gest. um 1514, ein Bildhauer, „tailleur d'ymages", der, der Peter Vischer der dortigen Gegend, u. A. um 1506 das prachtvolle Denkmal Franz II. von Bretagne im Dom zu Nantes schuf. Er erlernte seine Kunst bei Claux Sluter, dem Verfertiger des Grabmals Philipp des Kühnen und des Mosesbrunnen in Dijon, und bei Pierre Antoine, dem „Moiturier". 1507 verfertigte er die Sculpturarbeiten zu dem Brunnen für den Kardinal d'Amboise in dessen Schloss von Gaillon und von 1507—1510 das h. Grab für die Kirche St. Sauveur de la Rochelle mit sieben Figuren in natürlicher Grösse, um den Preis von 40 „escus d'or" für jedes „ymaige". Endlich noch 1511 das Grabmal Philibert's von Savoyen für die Kirche zu Brou. Bei seinen Arbeiten halfen ihm seine drei Neffen, und zwar unterstützte ihn Guil. Regnault bei der Sculptur, Bastyen François besorgte das Architektonische und François Coulombe die Polychromie, eines der vielen Beispiele von jenem Ineinanderarbeiten, welches damals die reichsten und vielseitigsten Kunstschöpfungen so sehr vereinfachte.

Literatur. De Laborde, Les ducs de Bourgogne. Paris, 1849. — Didron, Annales archéologiques. Paris. Jahrgang 1845.

Colombel, Nicolas, ein ausgezeichneter französischer Historienmaler, geb. 1646 zu Sotteville bei Rouen, gest. 1717 zu Paris, kam schon in früher Jugend nach Rom und bildete sich hier namentlich nach Raphael und Nic. Poussin. Seine Bilder erhielten verdienten Beifall. Er wurde 1686 Mitglied der Akademie von S. Luca zu Rom und 1694 nach seiner Rückkehr nach Paris durch sein behufs der Aufnahme gemaltes Bild: Mars und Rhea Sylvia (im Louvre daselbst) Mitglied der dortigen k. Akademie. Im Jahr 1705 zum Professor ernannt, wurde er vom König Ludwig XIV. zu Versailles und Meudon vielfach beschäftigt. In seinem Wunder des h. Hyacinth im Louvre zu Paris zeigt er einen für seine Zeit sehr seltenen Adel der Sinnesweise und grosse künstlerische Gediegenheit. Dasselbe vereinigt mit einer Auffassung, welche ein freies Studium Raphael's verräth, wahre und schöne Motive, edle und doch individuelle Charaktere, einen ernsten würdigen Ausdruck, strenge Zeichnung, einen milden Ton des Fleisches, eine feine Luftperspektive der im Silberton gehaltenen Landschaft und eine sorgfältige Durchbildung in einem guten Impasto. Nur das Wasser ist zu eintönig und schwer und weicht nicht gehörig zurück.

Colonna, Jacopo, ein trefflicher Bildhauer, der die Kunst bei Jac. Sansovino erlernte, und zu Venedig und Padua für verschiedene Kirchen und Privaten Statuen in Marmor und gebrannter Erde ausführte, welche im Kunstwerthe den Arbeiten, die zu seiner Zeit an denselben Orten gefertigt wurden, gleich gestellt werden. In der Akademie der schönen Künste zu Venedig sieht man von ihm die für Santa Croce della Giudecca gearbeitete unbekleidete Marmorstatue eines unbekleideten Christus, der die Wundmale zeigt. Colonna starb, mitten in der Ausführung eines bedeutenden Werks begriffen, zu Colonna in den ersten Decennien des 16. Jahrhunderts.

Colonna, Michelangelo, ein Maler aus Ravenna, geb. daselbst 1600, erlernte die Malerei zu Bologna, und zeigte auch schon frühe in einigen daselbst und zu Parma gefertigten Wandmalereien ein tüchtiges Talent. Später schloss er sich an Girol. Curti, genannt il Dentone, und nach dessen Tod an Agost. Metelli an, mit denen er in den genannten Städten, dann zu Modena und insbesondere zu Florenz für Kirchen und Paläste viele von seinen Zeitgenossen mit grossem Beifall aufgenommene Bilder ausführte. Die grosse Anerkennung, welche diese Bilder fanden, verschafften ihm durch Velasquez, der im Jahr 1649 durch Bologna kam, im Jahr 1658 einen Ruf an den Hof zu Madrid, woselbst er mit seinem Kunstgefährten Metelli eine grosse Anzahl gelungener Frescobilder malte, aber nach dessen Tod (im Jahr 1662) in's Vaterland zurückkehrte. Einer im Jahr 1671 an ihn ergangenen Einladung nach Frankreich folgte er und vollendete auch die ihm übertragenen Aufträge; weitere Bestellungen, die ihm dort aufgedrungen wurden, nahm er jedoch Alters halber nicht mehr an, sondern reiste wieder nach Bologna zurück, wo er im Jahr 1687 starb.

Literatur. Museo Fiorentino, woselbst sich auch sein von Gregori gestochenes Porträt befindet. — Bermudez, Diccionario historico de los mas illustros professores de las bellas artes in España.

Colotes, siehe **Kolotes.**

Colyns, Arnold, ein kölnischer Maler gegen Ende des 16. Jahrhunderts, dessen Werke, unter denen besonders die Folge von acht Bildern, Scenen aus der Schlacht von Woringen darstellend (in der Thorhalle des städtischen Museums zu Köln mit der Jahrszahl 1582), erwähnt werden, sehr viele Aehnlichkeit mit denen seines Zeitgenossen Johann von Aachen haben.

Colyns, David, ein Historienmaler aus Amsterdam, der in der zweiten Hälfte des 17. Jahrhunderts blühte und biblische Vorgänge, namentlich solche, in welchen sich eine grosse Menschenmenge anbringen liess, malte.

Como, Guido da, ein Bildhauer, von dem u. A. die als Orgelchor benützte Kanzel von 1250 in S. Bartolommeo zu Pistoja herrühren soll.

Comodi, Andrea, Maler, geb. 1560 zu Florenz, erlernte die Malerei in der Schule des Lod. Cardi, genannt Cigoli, und begab sich, nachdem er sich schon in seiner Vaterstadt durch einige Gemälde vortheilhaft bekannt gemacht hatte, zu seiner weiteren Ausbildung nach Rom, wo er in S. Vitale, S. Giovanni in Fonte und anderen dortigen Kirchen verschiedene Bilder aus der christlichen Geschichte ausführte, auch für Privaten vielfach beschäftigt wurde. Papst Paul V. bestellte bei ihm ein grosses Bild für Monte Cavallo und Comodi, wählte dazu den Sturz Lucifers, von dem jedoch nur die Skizze (die nachher in die florentinische Gallerie kam) zu Stande kam. Von Rom begab sich Comodi nach Cortona, wo sich Pietro Berrettini als Schüler und nachheriger Gehülfe an ihn anschloss. Nach Florenz zurückgekehrt, malte er daselbst viele Bilder nach eigenen Erfindungen, besonders aber treffliche Copien nach grossen Meistern, die Kenner oft kaum von den Originalien zu unterscheiden im Stande waren. Seine Bilder sind sehr fleissig gemalt und haben ein tüchtiges Colorit. In der Zeichnung sind sie correkt und seine Frauenköpfe, besonders seine Madonnen haben oft eine eigenthümliche Anmuth.

Literatur. Museo Fiorentino, woselbst auch sein Porträt im Stich.

Comolli, Giov. Batista, einer der gerühmtesten italienischen Bildhauer der neueren Zeit, Professor an der Akademie zu Mailand, hat sich besonders durch seine Porträtstatuen und Büsten einen geachteten Namen erworben. Unter seine besten Arbeiten gehören: die vortreffliche Gruppe Dante und Beatrice in der Villa Melzi am Comersee; die Statuen von Dante und Alfieri ebendaselbst und einige Statuen am Glockenthurm zu Urgnano.

Comontes, Francisco de, ein spanischer Maler, der Sohn und Schüler des Iñigo Comontes, führte zu Toledo, woselbst er geboren, 1547 Maler des Capitels wurde und 1565 starb, eine grosse Anzahl Kirchengemälde, besonders Altarbilder, auch viele Altarsculpturen in „estofado“ bemalt, aus.

Compagna, Scipio, ein Maler, der in der Schule des Angelo Falcone gebildet worden war, um 1610 zu Neapel blühte, und Landschaften und Marinen, mit vielen kleinen Figuren staffirt, malte. Einige seiner Gemälde sind mit nebigem Monogramm bezeichnet.

Compe, Jan Ten, geb. 1713 zu Amsterdam, gest. 1761, bildete sich in der Schule des Dirk Dalens zum Landschaftsmaler aus, folgte aber in seinen Bildern, unter denen man die Städteansichten besonders schätzt, mehr der Manier des Jan van der Heyde und Berkheyden.

Comte, P. C., ein derzeit zu Paris lebender noch junger Maler, der sich der sogenannten historischen Genremalerei widmet und sich in diesem Fache durch treffliche Bilder bereits einen sehr geachteten Namen erworben hat. Sein: Besuch Karl IX. beim Admiral Coligny, und seine Jeanne von Albret, die mit ihren Kindern bei René, dem Parfumeur der Königin Katharina von Medici die Handschuhe einkauft, durch die sie vergiftet werden soll, zeichnen sich durch guten Geschmack in der Zeichnung, Klarheit der Farbe und sorgfältige Ausführung aus.

Comte, Jean François Joseph, ein viel genannter Baumeister, geb. 1783 zu Abbeville, studirte die Baukunst zu Paris, machte dann Reisen nach Italien und in die Niederlande und baute und restaurirte nach seiner Rückkehr viele Privatwohnungen in Paris und der Umgegend, leitete sodann als Architekt des Königs alle Feste und Ceremonien des Hofs, und fertigte eine Menge Zeichnungen und Pläne zu Gebäuden, Sälen, Grabmonumenten u. s. w.

Comte, Hippolyte le, ein sehr geachteter französischer Historien- und Genremaler, geb. 1781, erlernte die Malerei bei Regnault, und machte sodann zu seiner ferneren Ausbildung Reisen nach Tyrol und Italien. Er stellte mit besonderer Vorliebe Scenen aus dem Mittelalter dar, verherrlichte aber auch durch seinen Pinsel die siegreichen Erfolge der Waffen seiner Landsleute. Im Luxembourg, in den Gallerien zu Fontainebleau und Versailles sieht man verschiedene derartige Bilder von ihm, die sich beinahe sämmtlich durch poetische Auffassung, treffliche Gruppirung und geistreiche Details auszeichnen.

Comte, Felix le, geb. 1737 zu Paris, gest. 1817 als Professor und Mitglied der Akademie, fertigte Statuen und Reliefs für verschiedene Kirchen und Paläste in seiner Vaterstadt und deren Umgebung.

Comte, Marguerite le, geb. 1718 zu Paris, eine geschickte Kupferätzerin, die sehr geschätzte Blätter, unter denen man besonders den Kardinal Albani, nach Poussin, rühmt, lieferte, und desshalb von den Akademien von Rom, Florenz und Bologna als Mitglied aufgenommen wurde.

Conca, Sebastiano, Historienmaler, geb. 1679 zu Gaeta, gest. zu Neapel 1764, erlernte die Malerei bei Solimena in Neapel, begab sich sodann 1706 nach Rom, wo er die Werke Michelangelo's, Raphael's und der Caracci gründlich studirte und sich später durch seine Bilder einen so grossen Ruhm erwarb, dass ihn Papst Clemens XI. vielfach beschäftigte und ihn zum Ritter des Christusordens erhob. Er entfaltete in Rom überhaupt eine ungeheure Thätigkeit, denn nicht nur schmückte er eine Menge Kirchen und verschiedene Paläste der ewigen Stadt mit Altargemälden, sondern malte auch noch manche andere grosse Bilder für auswärtige Höfe, für die Könige von Spanien, Portugal, Sardinien, Polen, für den Kurfürsten von Köln, sowie Altargemälde für die Kirchen zu Siena, Pisa, Loretto, Palermo, Gaeta u. s. w. Conca war schon alt als er nach Neapel berufen wurde, wo er ebenfalls noch eine Anzahl Gemälde ausführte und in hohem Alter starb.

Conca bildet unter den Meistern seiner Zeit, die einem bereits tief gesunkenen Geschmack huldigten, immerhin noch eine erfreuliche Erscheinung. Zwar ist er auch nicht frei von Manier, allein er besass eine fruchtbare Phantasie, eine grosse Gewandtheit des Pinsels, zeichnete gut, drappirte mit Geschmack und wusste durch ein glänzendes Colorit dem Auge zu schmeicheln. Im Museum zu Berlin sieht man von ihm: Abraham, wie er die Hagar verstösst und in der Gallerie zu Dresden: Herodes, der die drei Weisen aus dem Morgenland um den Zweck ihrer Reise nach Bethlehem befragt.

Sein Bruder Giovanni half ihm bei seinen Bildern, führte aber auch selbst mehrere Gemälde mit Geschmack und sicherer Leichtigkeit aus. Er besass eine grosse Gewandtheit im Copiren guter Bilder und wurde desshalb vielfach für Anfertigung von Cartons für Mosaiken nach Gemälden von Guercino, Lanfranco u. s. w. gebraucht.

Condivi, Ascanio da Ripatransone, war ein Schüler von Michelangelo, brachte es aber bei grossem Fleiss nicht weit in der Kunst. Er beschrieb das Leben seines Lehrers und gab es 1553 zu Rom im Druck heraus.

Conegliano, siehe **Cima.**

Coning, Salomon, siehe **Koningh.**

Coninexloy, auch **Coningsloo** geschrieben, **Gilles van,** ein tüchtiger Landschaftsmaler, geb. zu Antwerpen 1544, erlernte die Malerei bei seinem Verwandten Pieter, dem Sohne des alten Pieter van Aelst und später bei dem auch im landschaftlichen Fache thätigen Gillis Mostart, machte dann Reisen nach Frankreich und Deutschland und liess sich nach seiner Rückkehr in Amsterdam nieder, wo wir ihn 1604 noch thätig finden. Anfänglich verfertigte er nur grosse Gemälde, welche Martin van Cleef staffirte, später aber nahmen seine Bilder einen viel kleineren Umfang an, und er folgte in ihnen der von D. Vinckebooms in der niederländischen Landschaftsmalerei eingeschlagenen Richtung, welche Natur und Volk zu einem fröhlichen Ganzen zu verschmelzen suchte. Obgleich er sehr fleissig war, sind indessen nur noch wenige Gemälde von ihm vorhanden. In der fürstlich Lichtenstein'schen Gallerie zu Wien sieht man eine baumreiche Landschaft mit Figuren und Vögeln belebt (1598) und in der k. Bildergallerie zu Kopenhagen: den Propheten Jonas, wie er den Ninivitern predigt (1585). — J. C. Vischer, Bolswert, namentlich aber Nicol. de Bruyn haben nach ihm gestochen.

Literatur. Rathgeber, Annalen der niederländischen Malerei u. s. w.

Conjola, Karl, Landschaftsmaler, geb. zu Mannheim 1773, gest. als k. Hofmaler zu München 1831, zeichnete sich namentlich in landschaftlichen Darstellungen der Hochgebirge von Bayern und Tyrol, von Salzburg und eines Theils von Oberitalien, in Oel- und in Wasserfarben ausgeführt, aus. Man sieht auf einigen seiner Bilder und Aquarellen nebenstehendes Monogramm.

Connel, O', siehe **O'Connel.**

Connor, O', siehe **O'Connor.**

Conquy, E., ein trefflicher Kupferstecher zu Paris, dessen Blätter sich durch Kraft und Zartheit der Vollendung auszeichnen. Zu seinen besten Stichen zählt man: La jeune mère napolitaine, nach Horace Vernet (1838); La jeune mère française (1839), nach Steuben; Jesus als Knabe auf den Stufen des Tempels vor seinen ihn suchenden Aeltern, nach Carlo Dolci; die h. Cäcilia, nach Dominichino.

Conrad, ein Mönch im Kloster Scheyern, der gegen die Mitte des 13. Jahrhunderts lebte und sich durch die Abfassung vieler gelehrten Werke, die er selbst schrieb und mit Bildern verzierte, auszeichnete. Die Hofbibliothek zu München besitzt von ihm mehrere Bilderhandschriften, unter denen besonders ein Evangeliarium und Lectionarium hervorgehoben wird, worin sich bereits ein entwickelterer Sinn für naturgemässe Form, als in den meisten Miniaturen des romanischen Styls in Deutschland bemerkbar macht. Die Bewegung ist noch freier, der Faltenwurf noch leichter bewegt, mehr durch die Formen des Körpers motivirt und in grossartig weichen und edlen Linien gebildet.

Literatur. Kugler, Kleinere Schriften und Studien zur Kunstgeschichte.

Conrad, Karl Emanuel, ein tüchtiger Architekturmaler aus Berlin, der sich auf der Düsseldorfer Akademie ausbildete und treffliche Gemälde interessanter Architekturen, namentlich deutscher, liefert. In das Rheinlandsalbum, das Weihegeschenk der Bewohner der Rheinprovinz zur Feier der silbernen Hochzeit des Prinzen und der Prinzessin von Preussen (1854), malte er das Wohnzimmer der letzteren im Schloss zu Coblenz. Seine Arbeiten zeichnen sich durch wissenschaftliche Strenge und grosse Genauigkeit der Detailausführung aus.

Conrad, Karl Ernst, geb. zu Eisfeld 1818, bildete sich unter Burgschmiet und Heideloff in Nürnberg, und dann in Schwanthalers Atelier zu einem tüchtigen Bildhauer aus. Nachdem er sich anfänglich hauptsächlich mit dem Modelliren von Thiergruppen beschäftigt, wendete er sich unter Karl Barth's Leitung in Hildburghausen mit besonderer Vorliebe dem Porträt und höheren Kunststudien zu. Im Jahr 1844 sah man von ihm eine kolossale Büste des Dichters Rückert von geistreicher Auffassung, die später in den Besitz des Königs von Bayern kam, und ein grosses Basrelief: Herkules als Knabe die Schlangen der Juno erwürgend; ferner das schöne Wachsmodell eines Jagdbechers, den Erzherzog Johann von Oesterreich, durch Burgschmiet in Bronze giessen liess.

Conradsen, H., ein geschickter Medailleur zu Kopenhagen, der u. A. 1852 eine Medaille zur Erinnerung an den Dichter Oehlenschläger für den dortigen Kunstverein fertigte.

Consoni, Niccolò, ein geistvoller Zeichner und Historienmaler in Rom, der die Malerei bei Minardi erlernte und dessen vorzüglichster Schüler wurde. Er folgt in seinen Bildern der neueren römischen Schule, welche, wie es scheint, durch die deutschen Bestrebungen in Rom angeregt, sich von der französisch-akademischen Weise immer mehr entfernt und sich in Uebereinstimmung mit der vaterländischen Kunst des 15. und 16. Jahrhunderts zu setzen bestrebt ist. In Anordnung, Bewegung und den dadurch gewonnenen Linien, in Formenwahl und Zeichnung hält sich Consoni meistens an Raphael, besonders an dessen vorletzte Periode, im Colorit an einen bräunlichen, den alten Bildern eigenen Ton. Man vermisst zwar in seinen Gemälden allerdings noch die freie Eigenthümlichkeit der Auffassung und ein frisches Studium der Natur, diess hindert aber nicht, dem Bestreben, sich von allem theatralischen Pathos abzuwenden und zum einfachen wahren Ausdruck zurückzukehren, freudigste Anerkennung wiederfahren zu lassen. Diese Bemerkungen über Consoni's Kunstweise riefen namentlich zwei von ihm 1843 in München aufgestellte Bilder: Minerva und die neun Musen, und Dante, von Virgil begleitet, in der Vorhölle, hervor. Als Zeichner lebt er sich mit Geist in das Wesen und den Charakter seines Vorbilds hinein. Die Zeichnungen, die er zu Gruner's Kupferwerken: „I Mosaici della Cupola nella Capella Chigiana di S. Maria del Popolo in Roma, inventati da Raffaelle Sanzio d'Urbino" (1839) und: „The Caryatides from the Stanza dell' Elliodoro, designed by Raffaelle d'Urbino (London 1852)" lieferte, sind wirklich ausgezeichnet. Ausserdem veranstaltete Consoni 1841 die Herausgabe einer Sammlung sämmtlicher Compositionen Raphael's in einfachen, von ihm radirten Umrissen.

Consorti, Bernard, ein Kupferstecher zu Rom, der zuerst im Jahr 1810 ehrenvoll erwähnt wurde und unter dessen beste Blätter man zählt: Johannes, den Täufer, als Knabe sitzend, und Psyche, stehend mit dem Schmetterling, nach den Statuen Canova's und eine h. Familie, nach Garofalo.

Constable, John, gest. 1837 zu London als Mitglied der k. Akademie, malte Landschaften von grossartiger Composition und wundervoller Frische der Farbe, aber nicht ohne Extravaganzen in der Auffassung und Behandlung. Er gefiel sich namentlich in Darstellungen der Natur in Regenschauern, die er meisterlich und mit grosser Wirkung wieder zu geben wusste. Unter seine besten Bilder gehört sein: Kornfeld, eine treffliche Landschaft, die nach seinem Tode von der Nationalgallerie zu London angekauft wurde.

Constantin, Abraham, der berühmteste Porzellanmaler unserer Zeit, geb. 1785 zu Genf, bildete sich in Paris und verlebte dann eine lange Reihe von Jahren in Italien, wo er sich mit Copien der klassischen Meisterwerke der italienischen Malerei, insbesondere der Bilder Raphael's auf Porzellan beschäftigte. Seine Porzellangemälde zeichnen sich durch die Sorgfalt und das liebevolle Eingehen in den Geist und Charakter des Originals aus. Er ist ein gründlicher Zeichner und langjährige Uebung und Studium haben ihm eine ausserordentliche Sicherheit in der Berechnung des Effekts gegeben, der bei der Porzellanmalerei erst nachdem die Platten in den Ofen gebracht sind, wo sich die Farben verändern, hervortritt, also immer ausserordentlich schwierig genau zu bestimmen ist. Die Nuancirungen sind vollkommen und der Ton des Bildes kann in der sorgfältigsten Copie in Oelfarben nicht besser getroffen werden. Eine Reihe seiner besten Porzellangemälde, namentlich Copien florentinischer Bilder, sind in der k. Gallerie zu Turin, andere befinden sich im Palast der Tuilerien, in der Porzellanfabrik von Sèvres, im Louvre zu Paris, in der Nationalgallerie zu London, in der Tribune zu Florenz, zu Genf u. s. w. Die ausgezeichnetsten seiner derartigen Bilder, von denen einige zu den grössten gehören, welche die Porzellanmalerei je hervorgebracht, sind: die Schule von Athen; die Messe von Bolsena; die Befreiung Petri; die Verklärung; die Madonna von Fuligno; die Galathea; die Vision Ezechiel's; die Madonna della Seggiola; die Madonna Tempi und del Granduca; die Fornarina, sämmtlich nach Raphael; die Venus (in der Tribune zu Florenz), nach Tizian; die Vermählung der h. Katharina (im Louvre) und die Vierge au panier (aus der Nationalgallerie zu London), nach Correggio; die Madonna del Sacco, nach Andrea del Sarto; die Poesie, nach Carlo Dolci; der Einzug Heinrich IV., nach Gérard u. s. w. Einige Bilder nach seinen eigenen Compositionen sind weniger bedeutend. Sein von ihm selbst gemaltes Bildniss befindet sich in der Porträtsammlung der Florentiner Gallerie.

Constantin gab auch eine Schrift: Idées italiennes sur quelques tableaux célèbres (Florence, Vieusseur. 1840. — Tübingen bei Fues) heraus, in der manche treffliche Bemerkungen über die Technik der grossen italienischen Meister und die seiner eigenen Kunst, der Porzellanmalerei, niedergelegt sind.

Der König von Frankreich ernannte Constantin zu seinem Kammermaler und verlieh ihm 1828 das Kreuz der Ehrenlegion.

Contarini, Giovanni, Bildniss- und Historienmaler, geb. 1549 zu Venedig, gest. 1605, war Anfangs Notar und widmete sich erst in späteren Jahren der Malerei, in welcher er sich nach Tintoretto, insbesondere aber nach Tizian bildete und binnen kurzer Zeit in Bildnissen und Altargemälden, die er für einige Kirchen seiner Vaterstadt malte, ein so blühendes Colorit erreichte, dass er immer noch zu den besseren der im mannigfachsten Manierismus befangenen venetianischen Maler seiner Zeit zu zählen ist. Er war auch in Deutschland thätig und malte namentlich am Hofe Kaiser Rudolph II. verschiedene Bildnisse, worin seine Hauptstärke bestand, und mythologische Gegenstände, wofür ihm letzterer die Ritterwürde verlieh. Ausser vielen Oel- und Wandgemälden, die er in seiner Vaterstadt für Kirchen und Paläste ausführte, sieht man von ihm im Museum zu Berlin: den h. Sebastian, wie er vom Henker an einen Baumstamm gefesselt wird (bezeichnet Johannes Contarinus), und in der Gallerie des Belvedere zu Wien: die Taufe Christi (bezeichnet Joannes Contarenus f.). In der Bildnisssammlung der Florentiner Gallerie befindet sich sein von ihm selbst gemaltes Bildniss (gest. v. Gregori im Museo fiorentino).

Conte, Jacopo del, geb. 1510 zu Florenz, gest. 1598, erlernte bei Andrea del Sarto die Malerei, übte seine Kunst in Oel und in Fresco, aber meistens in Rom. Dort wurden von ihm unter anderen Kirchenbildern, in der Kirche S. Giovanni Decollato Scenen aus dem Leben S. Johannes, des Täufers, an die Wand gemalt. Ausgezeichnet war er aber namentlich in der Porträtmalerei, die er selbst als seinen eigenthümlichen Beruf erkannte. Er malte alle Päpste, von Paul III. bis auf Clemens VIII., und die Gesandten und vornehmsten Männer und Frauen zu Rom. Unter seinen Bildnissen wird auch eines von Michelangelo angeführt.

Conti, Bernardino de, geb. 1452, ein Maler, welcher der älteren Mailänder Schule aus dem Ende des 15. Jahrhunderts angehört, und von dem die Gallerie des Capitols zu Rom das Bildniss eines Knaben (vom Jahr 1496) und das Berliner Museum das sehr beachtenswerthe, charaktervolle Porträt eines Kardinals (bezeichnet: Bernardinus de Comitibus Etatis Ann. XLVII. MCCCCLXXXXVIII) besitzt.

Contreras, Antonio de, geb. 1587 zu Cordova, gest. 1654 zu Bujalance, erlernte die Malerei bei Pablo de Cespedes, und übte sie nach dessen Tod zu Granada. Man rühmt an seinen Bildern die correkte Zeichnung und frische Farbe.

Contreras, Manuel de, gest. um 1656, war ein Schüler des Bildhauers Dom. de Rioxa und half diesem bei der Ausführung der von König Philipp IV. bestellten Bronzestatuen im alten Palast zu Madrid. Von seiner Hand ist auch die schöne Statue des h. Lazarus in der Klosterkirche des h. Martin.

Contucci, Andrea di Domenico, genannt **Sansovino**, nach seinem Geburtsort (der aber eigentlich Monte San Savino heisst), einer der ausgezeichnetsten Bildhauer seiner Zeit, wurde im Jahr 1460 geboren und hütete in seiner Jugend die Schafe, bis ein florentinischer Bürger, auf das Talent des Hirtenknaben, mit welchem derselbe die seiner Hut anvertrauten Thiere im Sand nachzeichnete, oder aus Erde formte, aufmerksam gemacht, sich seiner annahm und ihn zu Antonio del Pallajuolo zu Florenz in die Lehre that, wo er in kurzer Zeit ausserordentliche Fortschritte im Zeichnen und Modelliren machte. Unter seine ersten Sculpturen in Florenz gehören zwei Basreliefs in gebrannter Erde, den h. Laurentius mit andern Heiligen und eine Himmelfahrt der Maria vorstellend, die er für die Kirche S. Agata in seinem Geburtsort ausführte. Während dieser und anderen Arbeiten wurde sein Talent gelegentlich der Ausführung von Pfeilerkapitellen für seinen Meister auf die Baukunst gelenkt, und er widmete sich ihr mit gutem Erfolg. Er baute den Vorsaal zwischen der Sakristei und der Kirche S. Spirito und erhielt nach dessen Vollendung den Auftrag, die Kapelle des Sakraments in derselben Kirche mit Sculpturen zu schmücken. Es scheinen aber von dem ganzen überaus reichen Figurenschmuck derselben nur die Statuetten der beiden Apostel Jacobus und Matthäus, die Engel mit den Kandelabern, das Christuskind oben im gebrochenen Giebel und möglicherweise die Reliefs der Predella, Arbeiten von ausserordentlicher Schönheit, von seiner Hand herzurühren. Alle diese Werke verbreiteten Andrea's Ruf immer weiter; er wurde vielfach ausserhalb Italiens beschäftigt und sogar vom König von Portugal an seinen Hof berufen, wo er u. A. einen Palast erbaute, der nach seinen Entwürfen und Cartons ausgemalt wurde, einen in Holz geschnitzten Altar mit Reliefs und den runden Figuren der Propheten errichtete, eine Marmorstatue des h. Marcus von seltener Schönheit vollendete und ein treffliches Basrelief, des Königs Sieg über die Sarazenen darstellend, in gebrannter Erde ausführte. Nach neunjährigem Aufenthalt in Portugal kehrte Contucci im Jahr 1500 nach Florenz zurück, fertigte hier zuerst die Taufe Christi über dem Ostportal des Baptisteriums, eine Gruppe von ungemeinem Adel der Formen, hoher Weihe des Ausdrucks und grandiosen Motiven; er konnte dieselbe aber nicht vollenden, da er für die Domkirche von Genua zwei Marmorstatuen, S. Johannes und Maria mit dem

Kinde (noch heute daselbst zu sehen) ausführen musste und nach Vollendung der letzteren von Papst Julius II. nach Rom berufen wurde, um für Santa Maria del Popolo die Grabmäler der Kardinäle Girolamo Basso und Ascanio Sforza anzufertigen. Diese Grabmonumente (begonnen 1505) sind, was sowohl den Reichthum der Architektur und der Dekoration, als die Schönheit des plastischen Schmucks betrifft, die herrlichsten, welche Rom besitzt. Die allegorischen Figuren sind von idealer Energie, die Statuen der Verstorbenen wunderbar edel und von schönster Durchbildung, und wenn es auch ein nicht ganz reiner naturalistischer Zug sein mag, dass die letzteren nicht mehr strenge in liegender Stellung — wie solche Figuren das ganze Jahrhundert hindurch dargestellt wurden — sondern das Haupt auf die Hand gestützt, als hielten sie ihren Mittagsschlaf, gebildet sind, so sind diese Motive doch so vollkommen durchgeführt, dass jeder Tadel vor ihrer Schönheit verstummen muss. Auch die Madonnenreliefs in den Lunetten und vorzüglich die Engel mit Leuchtern oben, sind bewundernswerth. Darauf arbeitete Andrea im Jahr 1512 für S. Agostino zu Rom eine Marmorgruppe der h. Anna und der Maria mit dem Kinde, ein Werk, das ebenso wegen der liebevollen Anmuth und Milde, wie wegen der hohen Würde, der Schönheit und Freiheit in den Linien und Formen und dem holdesten Ausdruck zu den edelsten Erzeugnissen der gesammten italienischen Sculptur zu zählen ist. Nach Beendigung dieser Arbeiten übertrug ihm Papst Leo X. die innere Ausschmückung des von Bramante umgebauten heiligen Hauses in der Kirche von Loretto mit marmornen Sculpturen. Seine Thätigkeit beschränkte sich dabei jedoch mehr auf die Leitung und Anordnung des reichen plastischen Schmucks, Reliefs aus der Geschichte der Maria, Propheten und Sibyllen darstellend, nach seinen Ideen und Entwürfen; denn von seiner eigenen Hand rühren nur die Scenen der Verkündigung, eine höchst anmuthsvolle Darstellung, und der Geburt Christi her. Während seines Aufenthalts zu Loretto gab man Andrea des Jahrs vier Monate Ferien, die er zu Monte Sansavino, seiner Heimath, zubrachte, wo er im Kreise von Freunden und Verwandten die Freuden des Landlebens genoss und mehrere plastische Arbeiten ausführte, auch einige Gebäulichkeiten nach seinen Plänen errichten liess. Sein letztes Sculpturwerk soll die Statue eines h. Rochus in natürlicher Grösse gewesen sein. Er starb 1529. — Schüler von ihm waren: Girolamo Lombardo, Simone Cioli, Domenico von Monte Sansavino, Lionardo del Tasso, vornehmlich aber Jacopo Tatti, der nach ihm Jacopo Sansovino genannt wurde.

Andrea Contucci war der erste und vielleicht der edelste der italienischen Bildhauer, welche das 16. Jahrhundert vertreten. Mit einer milden schönen Empfindungsweise begabt, die in ihren Aeusserungen ein verwandtschaftliches Verhältniss zu Leonardo da Vinci zeigt, schwingt er sich mit Macht in die volle Freiheit des 16. Jahrhunderts hinüber. Seine Gestalten reissen daher ebensowohl wegen der hohen grossartigen Reinheit und Einfalt, als wegen dem an die Formenschönheiten der Antike erinnernden Styl und die vollendete Durchbildung zur Bewunderung hin. Sie gehören zu jenen Arbeiten, welche uns in der Sculptur den Geist markvoller Schönheit repräsentiren, den in der Malerei vorzüglich Raphael vertritt. Auch gleichen ihnen am meisten diejenigen Sculpturwerke, welche letzterer selbst schuf oder durch Lorenzetto ausführen liess.

Ausser den genannten Werken werden ihm in Italien noch mehrere kleinere Arbeiten zugeschrieben, von denen indessen ein Salvator auf einem Grabmal in Aracoeli zu Rom am meisten Anspruch auf Aechtheit machen dürfte. Im Museum zu Berlin sieht man ein in der Kunstweise auf der Grenze des 15. und 16. Jahrhunderts stehendes Relief seiner Hand, anbetende Engel darstellend, aus dem Kloster der Kirche S. Maria del Popolo zu Rom.

Literatur. Vasari, Leben der ausgezeichnetsten Maler, Bildhauer und Baumeister. — Quatremère de Quincy, Dictionnaire historique d'Architecture. — Cicognara, Storia della Scultura. — Kugler, Handbuch der Kunstgeschichte. — Burckhardt, Der Cicerone.

Coocke, Thomas, geb. 1734, gest. 1809, ein englischer Kupferstecher, der sich unter dem Franzosen S. Ravenor zu London in seinem Fache ausbildete und schätzbare Blätter lieferte, unter denen 2 Stiche nach B. West, Jupiter und Semele und Jupiter und Europa zu den besten gezählt werden.

Cook, W. und **H. R.**, jetzt lebende Kupferstecher zu London, von denen man besonders: The Battle of Waterloo, nach Sauerweidt, und The Infant Bacchus, nach Westall rühmt.

Cooke, Georg und **Wilhelm Bernhard**, Kupferstecher zu London, die sich besonders durch die 1817—1827 herausgegebene Sammlung von Ansichten der südlichen, östlichen und westlichen Küstengegenden von England einen geachteten Namen erworben. — W. B. Cooke gab auch 1841 ein Prachtwerk über das Colosseum in Rom heraus.

Cooke, E. W., ein englischer Landschaftsmaler, der zu London lebt und treffliche Landschaften, besonders Marinen liefert.

Coomans, Pierre Olivier Joseph, ein Genre- und Historienmaler zu Gent, der 1816 in Brüssel zur Welt kam, und sich durch seine Bilder, mit denen er seit 1836 die Kunstausstellungen beschickt, einen geachteten Namen erworben. Zu seinen besten Gemälden zählt man: Ossian und Malvina; die Sündfluth (1839); die Einnahme von Jerusalem (1841 für die Königin von Belgien gemalt). Im Jahr 1852 sah man von ihm auf der Kunstausstellung zu Berlin: die Schlacht der Hunnen unter Attila gegen die Gallier, Römer und Gothen bei Chalons, in der man zwar die Klarheit und Einheit der Ideen vermisste, aber die Keckheit des Vortrags und die Lebendigkeit der Darstellung lobte.

Cooper, Abraham, ein englischer Genre- und Historienmaler, der besonders Scenen aus der englischen Geschichte zum Gegenstand seiner Darstellungen wählt und bei seinen Landsleuten sehr beliebt ist. Man nennt unter seinen Bildern mit vorzüglichem Lob: Cromwell, der, in der Schlacht verwundet, von einem Soldaten gerettet wird; Richard Löwenherz und Saladin in der Schlacht bei Ascalon; den Kampf um die Standarte bei Marston Moor (gest. v. Giller); Wellington zu Waterloo (gest. von Bromley); Richard III. und Richmond in der Schlacht von Bosworth (gest. v. Giller) u. s. w. Im Jahr 1836 sah man von ihm auf der Londoner Kunstausstellung: den Tod Harold's. Abr. Cooper hat auch einige Blätter radirt, die mit nebigen Monogrammen bezeichnet sind.

Cooper, Alexander, ein englischer Maler, der sich in J. Hoskins Schule ausbildete und treffliche Landschaften und Porträts in Wasserfarben malte.

Cooper, Richard, geb. 1736, ein trefflicher englischer Kupferstecher, der sich unter J. Ph. le Bas bildete und mit gleicher Geschicklichkeit mit dem Stichel, mit der Nadel, in Schwarzkunst und in Tuschmanier arbeitete. Zu seinen besten Blättern zählt man: die Geliebte Rembrandt's (1777); die Procession der Ritter des Hosenbandordens, nach van Dyck (1782); ferner mehrere Ansichten der Peterskirche, des Colosseums und der Villa Negroni zu Rom u. s. w.

Cooper, Samuel, geb. 1609, gest. 1672, ein berühmter englischer Miniaturmaler, war der Bruder des Alexander und Schüler seines Oheims J. Hoskins, bildete sich aber vorzugsweise nach van Dyck aus. Er hielt sich viele Jahre in Holland und Frankreich, die längste Zeit aber in London auf und malte die ausgezeichnetsten Personen seiner Zeit. Man besitzt von ihm vorzügliche Bildnisse von Cromwell (gest. v. G. Vertue), von Karl II., von dem Dichter Milton vor seiner Erblindung, von dem General Monk u. s. w.

Cooper, T. Sidney, ein vielgerühmter derzeit lebender Landschafts- und Thiermaler, dessen Bilder auf den Ausstellungen stets Auszeichnung finden. Zu seinen besten gehören: der Sommermittag; ein Abend an den Ufern der Themse; der Sommerabend; hochschottische Kreiser, mit Wild heimkehrend. — Hullmandel lithographirte 24 Blätter nach der Natur gezeichnete Viehgruppen von ihm.

Coosemans, Alexis, ein Blumen-, Früchte- und Stillebenmaler, der um 1630 in den Niederlanden thätig war. In der Gallerie des Belvedere zu Wien sieht man von ihm ein Früchtestück.

Cootwyck oder **Kootwyck, Juriaan**, Goldschmied und Kupferstecher, geb. zu

Amsterdam 1714 und 1768 noch Mitglied der Akademie daselbst, fertigte eine ziemliche Anzahl geschätzter Blätter in Zeichnungsmanier. Die besten darunter dürften sein: Venus und Cupido, nach Vinkeles; der Mann im Lehnstuhle, nach Rembrandt; ein Hirt, die Flöte blasend, nach Berghem; und eine Marine, nach Backhuysen.

Cope, C. W., ein trefflicher englischer Genre- und Historienmaler, ausgezeichnet durch scharfe Charakteristik, Wahrheit und den glänzenden Farbenton des Colorits in seinen Bildern. Unter seinen seit 1836 auf den Kunstausstellungen erscheinenden Genrebildern fanden besonders seine Osteria di Campagna, das Innere eines ländlichen Wirthshauses in Italien; ein Mädchen, das einem verschmachtend am Boden liegenden Kinde zu trinken gibt; die Herzensunruhe; der Heirathsantrag; Jakobs und Rahels Liebe u. a. m. rühmende Anerkennung. Cope hat auch einige der Fresken in den neuen Parlamentshäusern zu London gemalt und man rühmt namentlich sein Bild: das erste Geschworenengericht, das ihm einen der drei ersten für jene Frescomalereien ausgesetzten Preise eintrug und von Vielen für das vorzüglichste unter allen ausgestellten Cartons gehalten wurde.

Coops oder **Coopse, Pieter**, ein tüchtiger Landschafts- und insbesondere Marinenzeichner, der um das Ende des 17. Jahrhunderts in Holland lebte. Ploos van Amstel u. A. haben nach seinen geistreichen Zeichnungen gestochen.

Copin, Diego, ein Bildhauer aus Holland, den wir von 1500 an in Spanien in mannigfacher Weise, namentlich in der Kathedrale von Toledo thätig finden. Unter die schönsten seiner dort ausgeführten Arbeiten zählt man die 1541 mit Hülfe seines Sohnes Miguel und anderer Schüler vollendeten Sculpturen in Holz an der innern Seite der Thüre am Portal der Löwen, viele kleine unbekleidete Figuren und Reliefs, Turniere, Schlachten und dergl. darstellend, sehr schön im Renaissancestyl gearbeitet.

Copley, John Singleton, ein seiner Zeit vielgerühmter Porträt- und Historienmaler, wurde 1738 zu Boston geboren, ging 1774 nach Italien und kam 1776 nach England, wo er 1815 als Mitglied der königl. Akademie zu London starb. Er zeichnete sich namentlich durch mehrere grössere Bilder aus der englischen Geschichte, auf denen er viele Porträts der an dem dargestellten Vorgang betheiligten Persönlichkeiten anbrachte, aus. Seine Gemälde sind in der allgemeinen Anordnung, in der Charakteristik und Haltung nicht ohne Vorzüge und seine Zeichnung ist correkt, dagegen sind seine Farbe und Behandlungsweise kalt. Seine berühmtesten Bilder sind: der Tod Lord Chatham's in der Nationalgallerie zu London (gest. von Bartolozzi); Karl I. vor den Gemeinen; Major Pierson's Tod; die Familie König Georgs III.; die Zerstörung der schwimmenden Batterien bei Gibraltar durch Heathfield u. s. w.

Copley-Fielding, ein tüchtiger Landschaftsmaler in London, von dem man seit 1836 auf den Kunstausstellungen sehr gelungene Landschaften von meisterhafter technischer Ausführung und schönem Effekt sieht.

Coponius, ein römischer Erzgiesser, der gegen die Mitte des I. Jahrhunderts vor Chr. Geb. blühte und u. A. die Statuen der vierzehn von Pompejus überwundenen Nationen fertigte, welche in dem Porticus des Pompejus-Theater zu Rom aufgestellt wurden.

Coppi, Jacopo, genannt **Jacopo di Meglio**, geb. 1523 zu Peretola, gest. 1591 zu Florenz, besuchte die Schulen verschiedener florentinischer Meister und bildete sich darin zu einem Maler aus, der zu den besseren seiner Zeit gehört, wie seine Gemälde, deren er eine grosse Menge der verschiedensten Art fertigte, zu Florenz und in der Umgegend, sowie zu Rom beweisen.

Literatur. Museo Florentino, woselbst sich sein von Rossi gestochenes Porträt im Stich befindet.

Coqueret, Pierre Charles, ein Kupferstecher in Tuschmanier, der 1761 zu Paris geboren wurde, seine Kunst bei Janinet erlernte und eine grosse Anzahl schöner Blätter fertigte, unter die man namentlich: Junius Brutus, der über seine Kinder das Todesurtheil ausspricht und den Tod der Virginia, nach Lethière, ein Jagdstück, nach Vernet und mehrere Porträte zählt.

Coques, Gonzales, geb. 1618 zu Antwerpen, gest. 1684, erlernte die Malerei bei

David Ryckaert, dem älteren, dessen Tochter er später heirathete, bildete sich aber hernach vorzugsweise nach van Dyck und zeichnete sich besonders in kleinen Familienporträts aus, die er mit grosser Feinheit der Empfindung zu ungemein ansprechenden Conversationsstücken zu vereinigen und mit äusserster Zartheit und Eleganz der Ausführung, Klarheit und Frische des Colorits, mit freiem leichtem Pinsel darzustellen wusste. Seine Bilder machten grosses Glück und er wurde mit Bestellungen von Fürsten und Privaten überhäuft. Unter seine besten Bildnisse sollen die des Erzherzogs Leopold, des Herzogs von Brandenburg, Don Juan's, des Königs von England und des Prinzen von Oranien gehören. In den Kunstsammlungen Englands, Brüssels, Gents und des Haags sieht man noch manche vorzügliche Gemälde von Coques. Das Berliner Museum besitzt von ihm: das Bildniss eines französischen Geistlichen und in der Dresdner Gallerie schreibt man ihm mehrere Porträts und ein mythologisches Bild: Jupiter und Danae zu.

Literatur. Immerzeel, De Levens en Werken der Holl. en Vlaam. Kunstschilders u. s. w. Amsterdam 1842. — Descamps, La vie des peintres flamands, allemands et hollandois.

Corbould, Edward, ein mit Auszeichnung genannter englischer Historienmaler, der im Jahr 1844 unter den für das neue Parlamentsgebäude ausgestellten Cartons für zwei seiner Darstellungen: die Pest von 1349 in London und den Willkomm des Königs Heinrich VI., den Preis erhielt. Im Jahr 1846 sah man sodann von ihm auf der Kunstausstellung zu London: König Heinrich VI. Einzug in London nach seiner Krönung, eine Scene voll Glanz und Leben und zwei allerliebste kleinere Gemälde mit der Bezeichnung „zum Markt“ und „der Schrittstein“, hübsche graziöse Kabinetstücke in leichter und sicherer Ausführung. Minder gelungen ist sein Frescobild: Schön Rosamund, im Park von Woodstock König Heinrich II. erwartend, während seine grosse Composition: die Erweckung von Jairi Töchterlein zu viel süssliche Eleganz verräth und bei unkräftigem Colorit dem biblischen Ernst wiederstreitet.

Corbould, Henry, der Vater des Vorigen, geb. zu London 1787, gest. 1845, hatte durch ganz England einen grossen Ruf als Zeichner, vornehmlich nach Antiken. Nach seinen Zeichnungen erschienen im Kupferstich die Sammlungen des Herzogs von Bedford, des Grafen von Egremont, des brittischen Museums u. s. w.

Cordegliaghi, siehe **Agi**.

Cordier, Ch., ein tüchtiger Bildhauer zu Paris. Im Jahr 1852 sah man von ihm auf der Pariser Kunstausstellung eine „afrikanische Venus“, eine halbe Figur aus Bronze, bewundernswürdig durch Schärfe und Genauigkeit im Einzelnen und von eigenthümlich naturalistischer Auffassung, und ein „chinesisches Ehepaar“ aus Gyps. Sehr fleissig und sauber in Marmor ausgeführt war ferner seine Marmorbüste des Kardinal Erzbischofs von Cambray.

Cordier oder **Cordieri, Niccolò**, genannt **il Franciosino**, geb. 1567, gest. 1612, ein Bildhauer aus Lothringen, der aber meistens in Italien arbeitete. Noch sieht man von ihm in der Kirche S. Gregorio zu Rom: die Statuen der h. Sylvia und des h. Gregor des Grossen (letztere der Sage nach von Michelangelo begonnen), sowie in S. Agnese ebendaselbst: die Bildsäule der Heiligen aus dem Fragment einer antiken Statue von orientalischem Alabaster.

Cordova, Pedro de, Maler von Cordova, war der Schüler des Alexo Fernandes und wurde der Gründer der Schule von Cordova. Von ihm hat sich in der Kathedrale seiner Vaterstadt das Bild einer Verkündigung mit sechs Heiligen und zwei knieenden Donatoren erhalten, welches er, laut Inschrift, im Jahr 1475 für den Canonicus Don Diego Joachim de Castro ausgeführt. Die Malerei ist etwas flach in der Wirkung, die Köpfe aber sind gut gezeichnet, die Gewänder, in denen viel Gold angebracht ist, haben schmale Falten in deutschspanischer Art.

Cordelle, siehe **Agi**.

Coreggio, siehe **Allegri**.

Corenzio, Belisario, ein Grieche von Geburt, geb. 1558, gest. zu Neapel 1643, erlernte die Malerei in seinem Vaterlande, kam aber 1580 nach Venedig, wo er 5 Jahre lang unter Tintoretto studirte und sich zu einem fertigen und kühnen

Maler ausbildete. Später kam er nach Neapel, wo er sich mehr der naturalistischen Richtung des Spagnoletto anschloss, ohne sich jedoch mannigfachen Einflüssen der Kunstweise der Caracci zu verschliessen. Er bildete mit jenem und Giambattista Caracciolo ein Triumvirat, das die Kunst in Neapel und Umgegend beherrschte und alle übrigen, besonders die ausgezeichneten fremden Maler, wie Annib. Caracci, Guido Reni und Dominichino mit Intriguen, Gift und Dolch verfolgten. Corenzio malte zu Neapel eine grosse Anzahl von Bildern in Oel und Fresco, für Kirchen und Paläste, und man rühmt an ihnen besonders den Geist und Geschmack in der Anordnung, das Leben und Feuer in seinen Gestalten und die Leichtigkeit der Ausführung. Man sieht noch heute viele seiner Gemälde dort; namentlich zeigt man, ausser seinen Fresken in der Annunziata, sein grosses Bild der wunderbaren Speisung, in S. Severino, das er in 40 Tagen vollendete.

Coriolano, Bartolommeo, ein vorzüglicher Formschneider in Helldunkel, geb. zu Bologna 1599, gest. 1676, arbeitete meistens nach Guido Reni und lieferte äusserst liebliche Blätter von geschmackvoller Zeichnung und charakteristischem Ausdruck. Die besten sind: der Riesensturz, in vier grossen Blättern; die Herodias, der das Haupt des h. Johannes gebracht wird; der Friede und Ueberfluss; der h. Hieronymus, sämmtlich nach Guido Reni. Seine Blätter sind B. C. sc.; B. C. EQ. SC.; BART. COR. EQVES. F. bezeichnet.

Coriolano, Cristoforo, ein Formschneider, der 1540 in Nürnberg geboren worden, um 1560 nach Venedig gekommen, dort seinen deutschen Namen: Lederer italienisirt und die Bildnisse zu Vasari's 1568 erschienenen Künstlerbiographien, sowie die Figuren in der Naturgeschichte des Ulysses Aldrovandini in Holz geschnitten haben soll. Man hält ihn für den Vater des Vorigen und des Folgenden.

Coriolano, Giov. Battista, ein geschickter Kupferstecher und Formschneider, geb. zu Bologna 1589, gest. 1649, soll der Sohn des Vorigen und der Bruder des Bartolommeo gewesen sein. Er erlernte die Malerei bei Jean Louis Valesio, übte dieselbe aber wenig, sondern legte sich mehr auf die Kupferstecherkunst. Er war ein guter Zeichner und führte einen leichten und zierlichen Stichel. Unter seinen (von Bartsch im „Peintre graveur" verzeichneten) Blättern, die sich der Manier des F. Villamena mehr als die jedes anderen Künstlers jener Zeit nähern, zählt man zu den besten, unter den Kupferstichen: die Dornenkrönung, nach L. Caracci, und das Wappen des Hauses Medicis; unter den Holzschnitten: die h. Jungfrau mit dem Kinde und Johannes, nach A. Tiarini; den h. Borromäus und das Bildniss des Fortunius Licetus. Er bezeichnete sie mit den Anfangsbuchstaben B. C. f. mit Cor. oder Corio. und mit seinem ganzen Namen.

Coriolan, Joachim Theodorich, ein deutscher Formschneider, der um 1580 in Basel für die Kosmographie von Seb. Münster arbeitete. Er bezeichnete seine Blätter mit seinem ganzen Namen oder mit den Anfangsbuchstaben: ITCF. oder ITCFB.

Cornacchini, Agostino, ein Bildhauer aus Pistoja, der zu Anfang des vorigen Jahrhunderts in Rom thätig war. Von ihm ist die kolossale Statue Karl des Grossen in einer der Vorhallen der Peterskirche daselbst.

Corneille, Jean Baptiste, genannt der Jüngere, Maler und Kupferätzer, geb. 1646 zu Paris, gest. 1695, der Sohn und Schüler des Michel Corneille, war einer der verdienstvolleren Maler seiner Zeit. Er erhielt 1664 den zweiten, 1668 den ersten Preis, wurde 1675 Mitglied und nach seiner Rückkehr von Rom, 1692, Professor an der Akademie. Er malte viele Bilder für verschiedene Kirchen von Paris, unter denen man namentlich das im Jahr 1679 für die Goldschmiedezunft seiner Vaterstadt ausgeführte Votivgemälde: die Befreiung Petri aus dem Gefängniss (gest. v. B. Picart) rühmt. Im Louvre daselbst sieht man von ihm das für die Aufnahme in die k. Akademie gemalte Bild: Herkules, der den Busiris bestraft. — Unter seinen radirten Blättern gehören zu den besten: der Heiland, der heil. Theresia und dem heil. Johannes erscheinend, und Merkur, als Bote des Olymps.

Corneille, Michel, genannt der Aeltere, Bruder des Vorigen, Historienmaler und Kupferätzer, geb. zu Paris 1642, gest. 1708, erhielt den ersten Unterricht durch seinen

Vater und machte in dessen Schule so tüchtige Fortschritte, dass er einen akademischen Preis und damit eine Reiseunterstützung nach Italien davontrug, woselbst er nachher namentlich die Werke der Caracci studirte. Nach seiner Rückkehr in's Vaterland wurde er 1663 Mitglied der Akademie und 1690 Professor an derselben. Für den König war er zu Versailles, Trianon, Meudon und Fontainebleau vielfach beschäftigt, auch schmückte er einige Kirchen mit Bildern und malte die Kapelle S. Grégoire des Invalides al fresco. In den letzten Jahren seines Lebens erhielt er eine Wohnung in der Manufaktur der Gobelins, für die er Vieles zeichnete, wesshalb man ihn auch: Corneille des Gobelins nannte. Er hatte nur einen Schüler Namens Desormeaux, der ihm aber keine grosse Ehre machte. Ch. Simonneau, Tardieu, Sarrabat, Jean Marriette, J. Audran haben nach Corneille gestochen, er selbst hat aber auch mehrere mit sicherem und breitem Instrument geistreich behandelte Blätter radirt und gestochen, unter denen die vorzüglichsten sind: die Flucht nach Aegypten; Dalila; die Anbetung der Könige.

Corneille, Michel, der Vater der beiden Vorigen, Maler und Kupferstecher, geb. 1603 zu Orleans, gest. zu Paris 1664, war ein Schüler von Simon Vouet und einer der zwölf Künstler, die 1648 die k. Akademie gründeten. Sein bestes Bild stellt Paulus und Barnabas dar, denen man in der Stadt Lystra ein Opfer bringen will.

Cornelis, Lambert, ein geschickter niederländischer Kupferstecher, der zu Ende des 16. Jahrhunderts thätig war und längere Zeit auch in Frankreich arbeitete. Man findet Porträts von ihm, die mit nebigen Monogrammen oder mit seinem Namen bezeichnet sind. Eines der schönsten ist das Bildniss der Königin Anna von Polen (mit der Jahrzahl 1596).

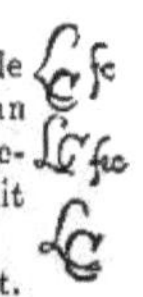

Cornelisz (oder **Cornelissen**), **Cornelis**, ein Maler von Harlem, geb. 1562, gest. 1638, war anfänglich ein Schüler von Pieter Aertsen, reiste aber schon als 17jähriger Jüngling nach Frankreich, wurde von hier jedoch durch die Pest wieder vertrieben und begab sich dann nach Antwerpen, wo er unter Franz Porbus und Gillis Coignet arbeitete. Nach Harlem zurückgekehrt, gründete er daselbst mit C. van Mander eine Malerakademie, aus welcher viele und zum Theil sehr tüchtige Künstler hervorgingen. Cornelissen selbst malte mythologische, allegorische und geschichtliche Darstellungen, man kennt aber auch Bildnisse, ja sogar Blumenstücke von ihm. Man vermisst zwar in seinen Bildern den belebenden Geist, die Leidenschaft und sinnliche Lust, welche ein tieferes Interesse zu erregen vermögen, allein in den besseren zeigt er sich doch als einer der tüchtigsten Maler seiner Zeit. Seine Zeichnung ist nicht allein richtiger und nicht so manierirt, wie in den meisten Bildern seiner Zeitgenossen, sondern das Nackte ist auch warm und weich behandelt und das Colorit frisch und rein. Unter seine besten Bildnisse zählt man das 1583 gemalte Bild der Vorsteher des Schützenhauses zu Haarlem und die Versammlung der dortigen Bürgerkapitäne. (1599 für das Coocker-Huys daselbst gemalt.) Seine Gemälde, welche theils mit nebigen Monogrammen, theils nur mit den Anfangsbuchstaben seines Namens bezeichnet sind, trifft man ausserhalb der Niederlande, wo zu Amsterdam, in seiner Vaterstadt, zu Leyden u. s. w. noch verschiedene von ihm zu sehen sind, selten. Das Museum zu Berlin besitzt von ihm: Bathseba und den verlorenen Sohn unter Freudenmädchen; in der Gallerie zu Dresden zeigt man Venus und Amor und einen Alten, der einem sich an einen jungen Mann anklammernden Mädchen einen vollen Beutel zeigt; in dem Museum zu Kopenhagen sieht man: eine Allegorie auf die Kürze des Lebens; die Gemäldegallerie zu Pommersfelden verwahrt eine Wiederholung der Bathseba im Berliner Museum; und die k. k. Gallerie des Belvedere zu Wien: den Drachen, welcher die Leute des Kadmus auffrisst. Verschiedene seiner Bilder wurden von Kilian, Goltzius, Joh. Müller, Nahl, Saenredam u. s. w. gestochen. Er selbst stach eine Platte nach einem Gemälde von ihm: die Ruhe auf der Flucht nach Aegypten, jedoch ohne seinen Namen.

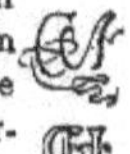

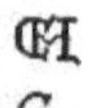

Literatur. Dr. Rathgeber, Annalen der niederländischen Malerei u. s. w.

Cornelisz (oder **Cornelissen**), **Jacob**, ein tüchtiger Maler und Formschneider, der zu Ost-Zaanen in Nordholland geboren wurde, im ersten Viertel des 16. Jahrhunderts zu Amsterdam, wo er Bürger war, arbeitete, und des neben abgebildeten, auf seinen Holzschnitten angebrachten Monogramms wegen irrthümlich Jan Walter van Assen genannt wurde. In seinen Bildern, in denen er sich so viel wie möglich bestrebte, Alles nach der Natur zu malen, sind die nackten Figuren nicht immer fehlerfrei, dagegen ist der Ausdruck in den Köpfen, die Mannigfaltigkeit der Charaktere und die verständige, geistreiche Behandlung zu loben. Er war der zweite Lehrer des Jan Schoreel und führte eine grosse Anzahl von Gemälden für Kirchen aus, die aber grösstentheils im Bildersturme zu Grunde giengen. Ein von ihm 1524 gefertigtes Gemälde, Herodias mit dem Haupte Johannis (früher irrigerweise dem Quintin Messys zugeschrieben), befindet sich in der königl. Sammlung im Haag. In dem Berliner Museum sieht man von ihm das Bildniss eines Mannes mit langem grauem Bart (1523) und in der Pinakothek zu München schreibt man ihm unter dem Namen Jan Walter van Assen einen kleinen Hausaltar mit Flügeln, die Kreuzabnahme und rechts und links die Donatoren darstellend, zu, der aber von Passavant für ein schönes Werk des Frankfurter Malers Konrad Fyoll gehalten wird.

Durch seine Leistungen im Holzschnitt hat sich Cornelisz dieselben grosse Verdienste um die Formschneidekunst erworben, wie sein Zeitgenosse Lucas van Leyden durch seine Kupferstiche um die Kupferstecherkunst. Zu seinen vorzüglichsten Arbeiten in diesem Fache gehören: 12 Blätter, das Leiden Christi (1517) und 12 desgl. aus dem Leben Christi; 4 Blätter: die Grafen und Gräfinnen von Holland zu einem Turnier reitend und der h. Hubertus. — Jacob Cornelissen hatte einen Sohn Dirk, gest. 1567, der ein für seine Zeit nicht unverdienstlicher Maler gewesen sein und namentlich gute Bildnisse gemalt haben soll.

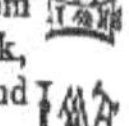

Literatur. Dr. Rathgeber, Annalen der niederländischen Malerei u. s. w.

Cornelisz, Lucas, ein Porträt- und Historienmaler aus Leyden, geb. 1493, gest. 1552, war der Sohn und Schüler des Malers Cornelis Engelbrechtsen, man kennt indessen seinen Familiennamen so wenig wie den seines Vaters, da Cornelisz eben Sohn des Cornelis, wie Engelbrechtsen Sohn des Engelbrecht heisst. Er malte in Wasser- und Oelfarben und war lange Zeit am Hofe König Heinrich VIII. von England thätig. Seine Bilder sollen mit nebenstehendem Monogramm bezeichnet sein.

Cornelius, Peter von, der Hauptmeister der deutschen Malerei der Gegenwart, geb. 1787 zu Düsseldorf, wo sein Vater Alois Maler und Gallerieinspektor war, widmete sich von frühester Jugend an unter der Leitung des Letzteren mit entschiedener Vorliebe der Kunst, und gab auch schon ungemein bald Beweise eines ausserordentlichen Talentes und einer besonderen Leichtigkeit, seinen Vorstellungen Gestalt zu verleihen. Kaum war er nämlich durch den Unterricht beim Vater, der ihn nach Raphael, nach den Köpfen in den Stanzen, nach den Kupferstichen von Marc Antonio, Volpato u. a. zeichnen liess, mit den schönsten Kunstformen einigermassen vertraut worden, als ihn seine lebhafte Phantasie, die frühe an den grossen Rubens'schen Bildern der Gallerie, an der Amazonenschlacht und dem Bacchusfest, der heil. Dreieinigkeit und dem jüngsten Gericht mit dem Gedränge theilweise nackter, riesenhafter Gestalten, genährt worden zu sein scheint, drängte, sich auch in eigenen Erzeugnissen zu versuchen. Er componirte daher schon als zwölfjähriger Knabe weitläufige Schlacht- und Jagdstücke, in denen sich bereits ein lebendiger Kunstsinn offenbarte. Bald darauf kam er an die Düsseldorfer Akademie, wo er unter dem Galleriedirektor Langer sehr fleissig studirte, namentlich auch grössere Compositionen entwarf, und schon als Jüngling eine grosse Selbstständigkeit an den Tag legte, indem er in dem damaligen Streit der Kunstansichten zwischen den weimar'schen Kunstfreunden, welche die winkelmann'sche Kunstlehre und Kunstansichten vertraten, an deren Spitze Göthe stand, und unter denen sich auch sein Lehrer befand, und den Bestrebungen zur Wiederaufnahme der mittelalterlichen Kunst, für welche Tieck, Novalis und die beiden Schlegel eifrig kämpften, mit voller Entschiedenheit auf Seite der letzteren trat. Unterdessen starb aber sein Vater, als er kaum 15 Jahre zählte und vielleicht wäre Cornelius jetzt der Kunst für immer entzogen worden, wenn die Mutter dem Rath ängstlicher Hausfreunde Gehör geschenkt hätte, welche der sichereren Existenz wegen die Erlernung des Goldschmiedehandwerks, wozu durch seine im Zeichnen erworbenen Kenntnisse bereits ein guter Grund gelegt sei, angerathen hatten. Sie widerstand jedoch dem Ansinnen und steigerte dadurch, dass sie, in richtiger Würdigung des Talents ihres Sohnes, volles Vertrauen auf seine Kraft setzte, seine Liebe für die Kunst zur Begeisterung. Unermüdlich arbeitete er nunmehr Tag und Nacht, denn ihm und seinem älteren Bruder lag die Sorge der ganzen zahlreichen Familie ob, und seine damalige Thätigkeit grenzt an's Unglaubliche. Er zeichnete Bilder zu Kalendern und malte Processionsfahnen, ja es gibt vielleicht nicht eine Gattung der Malerei, die er nicht geübt hätte, um jeden kleinen sich ihm darbietenden Gewinn wahrzunehmen, immer eingedenk des Ausspruchs seines Vaters, dass man bei jeder Arbeit lernen könne, wenn man sich bestrebe, sie auf's Beste zu machen. Dabei war er stets bemüht, seine Gedanken auf eine eigenthümliche und mächtig ergreifende Weise auszudrücken, was ihm um so besser gelingen musste, als er, um nicht in sclavische Nachahmung zu versinken und die eigene Schöpfungskraft lebendig zu erhalten, sich immerwährend übte, die früher nach den Antiken und dem lebenden Modell gemachten Zeichnungen aus dem Gedächtniss zu wiederholen, wodurch er eine ausserordentliche Fertigkeit erlangt hatte, sie so unmittelbar und ursprünglich als möglich wieder zu geben. Zu gleicher Zeit suchte er sich auf die mannigfachste Weise zu unterrichten und seine dichterische Kraft an den Werken der besten deutschen Poeten, namentlich Göthe's, zu begeistern, auch las und studirte er viel die Bibel. Die ersteren grösseren Bilder, welche er sodann als 19jähriger Jüngling im Jahr 1807 schuf und die bei aller Unvollkommenheit den Charakter des Gewaltigen nicht verläugnen, sind die nach den Angaben des Canonicus Wallraff gemalten Darstellungen des Reiches Gottes in der Kirche zu Neuss bei Düsseldorf. Nach Vollendung derselben begab er sich, von dem Wunsche beseelt, jetzt nach Italien zu pilgern, nach Frankfurt, wurde aber hier durch theilnehmende Freunde, namentlich den geistreichen Förderer und Unterstützer der Kunst, den Fürst-Primas von Dalberg, festgehalten. Er malte für letzteren in Oel eine h. Familie, eine Grablegung, eine Flucht nach Aegypten und die klugen und thörichten Jungfrauen. Namentlich aber begeisterte ihn Göthe's Geburtsstadt zu den Compositionen zum Faust (gest. v. Ruscheweyh), zu jenen meisterhaften Leistungen von sprühender Genialitat, die ihm in der ganzen Kunstwelt einen berühmten Namen machten.

Endlich reiste er ab und im Jahre 1811 langte er in Rom an. Cornelius traf hier bereits mehrere ihm vorausgeeilte deutsche Künstler, die sich zur Bekämpfung des akademischen Zunftzwangs und antiken Götzendienstes, jener in der Malerei eingerissenen falschen Richtung, auf's Engste verbunden hatten, und mit ihm, der sich ihnen sogleich angeschlossen, nun voll schöpferischer Fülle sich die Wiederherstellung ächter deutscher Kunst zum Ziele ihres Lebens setzten. Es waren Overbeck, Koch, Schadow, Veit. Besonders aber zu Overbeck fühlte sich Cornelius auf's Innigste hingezogen. Sie bewohnten die Zellen des verlassenen und verfallenen Klosters San Isidoro, arbeiteten, gehoben von dem begeisterten Gedanken eine neue deutsche Malerei zu erziehen, von Morgen bis zum Abend, theilten sich jeden Sonntag ihre die Woche über gemachten Zeichnungen mit und unterwarfen sie gegenseitiger rückhaltloser und strenger Kritik. In dieser glücklichen Abgeschiedenheit entstanden Cornelius' herrliche Compositionen zu den Nibelungen (gest. von Amsler, Barth, Lips und Ritter), jene viel bewunderten Bilder, in denen er zum erstenmale feststehende, aus dem innersten Kern deutschen Wesens gestaltete Typen für die Helden jenes Liedes schuf und durch die er die, nach dem Sturz der französischen Fremdherrschaft eben wieder neu erwachende Liebe zu den deutschen Schöpfungen der Poesie und Kunst, indem er sie gerade auf die grossartigsten und schönsten hinlenkte, mächtig förderte.

So vergingen in reger schöpferischer Thätigkeit, die aber, da es an Aufträgen fehlte, nur die Mappen füllte, mehrere Jahre in Rom, und es war eine schöne treue Verbrüderung, in der diese deutschen Künstler, denen sich später noch Schnorr, Fohr u. A. angeschlossen hatten, trotz aller Noth, die sie litten, lebten, und in der sie durch tiefes Studium der alten Meister die Geschichte der Kunst und ihrer Entwicklung seit Jahrhunderten geistig und künstlerisch an sich selbst durchmachten. Hatte sich Cornelius von Anfang an zur altdeutschen Kunst hingeneigt, so zog ihn jetzt, nachdem er erkannt, dass dieselbe von ihrem Beginne an bis zu ihrer höchsten Ausbildung ihrem geistigen Gehalt nach mit der altitalienischen auf's Innerlichste verschwistert sei, diese, insbesondere jene schöne Kunstzeit, die dem Raphael vorausging und noch zum Theil in dessen Jugend fiel, unwiderstehlich an. Aber Angesichts der höchsten Meisterwerke wurde er zugleich auf die reineren Verhältnisse der äusseren Form hingewiesen und die Betrachtung der Werke Masaccio's, Raphael's und Buonarotti's, veredelte seinen Geschmack, führte ihn zur Correktheit des Styls, mässigte die Strenge der Umrisse und brachte Anmuth in die freiere Bewegung. Dabei bildete sich in ihm, neben seinem reichen und innigen Gemüth und frischem mächtigem Geist, jener ernste, feste männliche Charakter heraus, der, indem er auf die sogenannte römisch deutsche Schule, wie man jene von ihm und seinen Freunden angeregte und geübte Kunstrichtung nannte, bestimmend einwirkte, sich selbst von derselben, wenn sie von der religiösen Seite aus für schwächere Gemüther gefährlich wurde, d. h. zu jener krankhaft ascetischen Kunstanschauung führte, vom Spott mit dem Ausdruck „Nazarenerthum" bezeichnet, niemals beherrschen liess. Sein Geist blieb frei von aller Beschränktheit und fort und fort war er bestrebt, sich im Umgang mit geistreichen Männern, durch das Lesen alter und neuer Klassiker weiter zu bilden. Unter jene gehörte besonders der geistreiche preussische Gesandte Niebuhr, der in dem Palaste, welcher sich aus den Trümmern des ehemaligen Marcellustheaters erhebt, die Kunstbrüderschaft im behaglichen Wohnzimmer versammelte, um mit ihr deutsche und italienische Schriften, die zugleich anregend und belehrend waren, zu lesen und zu besprechen. Auch dem, aller materiellen Grundlage entbehrenden Eifer dieser Künstler durch passende Bestellungen sicheren Boden zu geben, war jener warme Kunstfreund, wiewohl stets erfolglos, bemüht. Der verstorbene König von Preussen schien keinen Glauben in die Leistungen der schwärmerischen Künstler zu setzen, war auch kein Freund von Heiligenbildern und noch weniger von grossräumigen Malereien, in denen sie ihre kühnen Gedanken aussprechen wollten.

Endlich sollte ihnen jedoch, wenn auch ohne alle Aussicht auf Gewinn, wenigstens Gelegenheit geboten werden, ihre Kräfte in grösseren künstlerischen Leistungen zu erproben. Cornelius, immer auf Mittel sinnend, seinen grossartigen und umfassenden Compositionen, aus denen bereits für jeden Kundigen die Wiedergeburt der deutschen Malerei leuchtete, in einem ihrem Gedankengehalte würdigen Raume auszuführen, hatte die Idee der Wiedererweckung der Frescomalerei, die er allein für episte Darstellungen auf grossen Wandflächen geeignet hielt, angeregt. Der preussische Consul Bartholdy räumte den Künstlern zu einem derartigen Unternehmen bereitwillig einen Saal in seinem ehemals von Fed. Zuccaro, einstigem berühmtem Direktor der Lucasakademie, bewohnten Hause ein, und Cornelius, Overbeck, Veit und Schadow stellten nun in demselben in einer Reihe von Gemälden die Geschichte Joseph's mit seinen Brüdern dar. Am Schönsten fielen die von Cornelius aus. Er hatte für sich: die Traumdeutung und die Wiedererkennung Joseph's (gest. v. A. Hoffmann) gewählt und in diesen Darstellungen über alle Erwartung Bedeutsames geleistet. Brach schon in seinen früheren Compositionen zum Faust und zu den Nibelungen sein gewaltiges Genie siegreich, wiewohl hin und wieder noch in ungezügelter Kraft hindurch, so drückte nun in diesen Schöpfungen, bei nicht minder genialer Durchdringung der Aufgabe, ein hoher Geist des Masses dem Ganzen das Gepräge der edelsten Harmonie auf. Dabei offenbarte sich in ihnen eine schöpferische Fülle der Erfindung, grosse Feinheit der Charakteristik und die mannigfaltigste Abstufung des Gefühls, neben höchster Kraft des Ausdrucks.

Kaum waren diese Bilder vollendet, als die Kühnheit der jungen rüstigen Künstler, die den Geist altflorentinischer Meister heraufbeschwuren, die lebhafteste Theilnahme fand, selbst den Italienern, die damals noch in der Verehrung des Raphael Mengs befangen waren, die grösste Achtung abnöthigte und Veranlassung zu Bestellungen von allen Seiten her wurde. Cornelius bekam gleichzeitig das Anerbieten, Frescobilder im vatikanischen Museum, in der Villa des Marchese Massimi und in der zu errichtenden Glyptothek in München auszuführen. Er entschied sich zunächst für den Auftrag des Marchese. Nicht fehlte es ihm an ausgiebigem Stoff in der Masse seiner Entwürfe mit cyklischen Vorstellungen aus dem christlichen Ideenkreise und der griechischen Mythe. Der Marchese aber wünschte, dass aus Dante, Ariost und Tasso der Inhalt für die Decken und Wandgemälde dreier Säle in seiner Villa geschöpft würde und Cornelius entschloss sich zu Darstellungen aus den Dichtungen des ersteren. Er zeichnete die Umrisse zu Dante's Paradies, Compositionen voll hoher Anmuth und erhabenster Seelenruhe, die später (1831 von Eberle in 9 Blättern) lithographirt wurden, führte sie jedoch nicht mehr aus. Er hatte 1819 eine ehrenvolle Berufung nach seiner Vaterstadt Düsseldorf als Direktor der dortigen Akademie erhalten und angenommen. Beruhigt über seine Thätigkeit in Rom konnte er die ewige Stadt verlassen. Er hatte durch sein dasiges Wirken nicht nur den zurückbleibenden, mitstrebenden Freunden Bahnen einer höheren Wirksamkeit eröffnet, sondern der deutschen Kunst überhaupt ihre neue Richtung vorgezeichnet. Von den Malereien der Casa Bartoldi (1815) und der Villa Massimi (1817) datirt sich die Wiedergeburt der neueren deutschen Malerei.

Die Seele voll grossartiger Entwürfe zu andern Bildern, trat er die Rückreise in die Heimath an, kam 1820 nach Berlin und übernahm noch in demselben Jahre seine Stelle in Düsseldorf. Bereits harrte hier seiner eine Anzahl talentvoller, für ihn begeisterter Kunstjünger, mit denen er nun eine neue Schule gründete, die bald allgemeine Anerkennung fand. Denn gegenüber dem akademischen Zunftzwang, den eklektischen und manieristischen Richtungen, in welchen die Malerei in Deutschland grossentheils damals noch befangen lag, suchte er, sie wieder zur reinen Wahrheit der Natur, zum Ausdruck edler Gesinnungen zu erheben, die hohe ideale Kunst wieder in ihre geheiligten Rechte einzusetzen. Sein Hauptaugenmerk war dabei auf die monumentale Malerei gerichtet und so konnte er das schon in Rom begonnene Werk, die Frescomalerei im Vaterlande wieder zu Ehren zu bringen, fortsetzen. Die besten Kräfte unter seinen Schülern: W. Kaulbach, Götzenberger, Stilke, H. Stürmer, Ad. Eberle, C. H. Herrmann und Ernst Förster schaarten sich um ihn und fanden bald Gelegenheit, ihre Talente und erlangten Geschicklichkeiten in der vom Meister angebahnten Richtung in grösseren Bildern zu erproben. Der Assisensaal zu Coblenz, die Universitätsaula in Bonn, die Landhäuser des Grafen Spee und des Barons von Plessen sollten mit Fresken aus der christlichen und Profangeschichte, sowie aus der Mythologie geschmückt werden und Cornelius übertrug die Entwürfe und deren Ausführung den fähigsten unter ihnen.

Für den Meister selbst aber eröffnete sich ein grossartiger, würdiger Wirkungskreis, der ihn fast zehn Jahre beschäftigte und ihm Gelegenheit gab, die ganze epische Fülle seiner geistreichen Anschauungen zu offenbaren. König Ludwig von Bayern hatte schon als Kronprinz in Rom, nachdem er die Malereien in der Casa Bartholdi und der Villa Massimi gesehen, den Gedanken gefasst, Cornelius zu München in umfassender Weise zu beschäftigen, und jetzt von der preussischen Regierung die Erlaubniss erlangt, dass es dem Meister gestattet wurde, sich während des Sommers in Bayerns Residenzstadt aufhalten zu dürfen, um in zwei gewölbten Festsälen der Glyptothek die Mythologie der Griechen und die Ilias in ihren hervorragendsten Momenten darzustellen. Mehrere Jahre wanderte nun Cornelius, dessen Name bereits durch ganz Deutschland klang und mit allem, was die Zeit Herrliches hervorgebracht, zugleich genannt wurde, mit den besten seiner Schüler im Anfang des Sommers von Düsseldorf nach München, und es entfaltete sich jetzt hier allmählig, namentlich nachdem der Meister später selbst ganz dahin übersiedelt war, ein Kunst- und Künstlerleben, wie es früher vielleicht nur Italien gekannt. Während Cornelius nämlich noch mit der Ausführung der ersten Reihenfolge von epischen Darstellungen in der Glyptothek beschäftigt war, bei denen er vorzugsweise durch die Beihülfe der Professoren an der Münchner Akademie Zimmermann und Schlotthauer unterstützt wurde, starb der bisherige Vorstand jener Anstalt, Johann v. Langer 1824 und Cornelius wurde an dessen Stelle nach München berufen. Die Residenz an der Isar wurde die Wiege der neuen geschichtlichen Malerei für Deutschland. Cornelius war das Haupt und die Seele dieser neuen Schule, in deren Richtung aber auch selbst ältere Künstler, theils aus freier Wahl, theils unbewusst hineingezogen wurden. Ernst und ideale Würde der Conception, grossartige Auffassung der Charaktere und scharfe Beobachtung der Aeusserungen des geistigen Lebens, um nicht blos durch flüchtige Reize gefälliger Compositionen, anmuthsvoller Bewegungen und Formen und harmonischen Colorits zu ergötzen, sondern den Geist wahrhaft zu erheben, war das Hauptprincip derselben. Aller Welt Blicke richteten sich nach München, am meisten aber mochte wohl der kunstbegeisterte König Ludwig von Bayern selbst die Werke seiner Künstler und namentlich des Meisters Cornelius würdigen, dem er am letzten Tage des Jahres 1825 im Angesicht seines Bildes der Zerstörung Troja's den ersten der von ihm seit seiner Thronbesteigung verliehenen Civilverdienstorden mit den Worten auf die Brust heftete: „Man pflegt Helden auf dem Schauplatze ihrer Thaten zu Rittern zu schlagen."

Im Jahr 1830 waren die Fresken in der Glyptothek vollendet. Sie schmücken zwei Säle und eine Vorhalle und der Architekt hatte schon bei seinem Plane zum Bau sich jenen Darstellungen, die in Entwürfen zum Theil bereits in Rom entstanden waren, anbequemt. Sie umfassen die Götter- und Heroensage der Griechen, ihre religiösen und poetischen Ueberlieferungen über die Entstehung der Dinge und die Urgeschichte ihres Volks. Der erste Saal wird der Göttersaal genannt, weil sich uns in demselben das Reich der Götter erschliesst. In den Hauptbildern der Wände, welche grosse Halbkreise bilden, denen auf der vierten ein Fenster von ähnlicher Form entspricht, erscheinen nämlich die drei Reiche der Kroniden, des Jupiter, als Beherrschers des Olymps oder der oberen Luftregion, nebst seiner Gemahlin, der Beherrscherin der unteren Luftregion, sodann des Neptuns oder der Wasserwelt und des Pluto oder der Unterwelt. Die übrigen Darstellungen, die sowohl unter sich verbunden, als zu jenen in nächste Beziehung gebracht sind, umfassen die vier Elemente, die Jahres- und Tageszeiten, vom Mittelpunkte der Decke aus von Eros, dem Gott der Liebe, beherrscht. In der ersten der vier Gewölbeabtheilungen erblickt man also zu oberst: Eros als Ordner und Herr des Wasserelementes mit dem Dreizack; darunter: die Hore des Frühlings in der Gestalt der Flora mit Amor und Psyche, und als Hauptbild: Aurora auf dem Zwiegespann mit den Horen den Tag verkündigend; daneben ihr Erwachen und ihr Gebet zu Jupiter um Unsterblichkeit ihres Geliebten. In den ornamentirten Feldern sind Cephalus und Procris und Aurora mit Cephalus, als Arabeske: Nereiden und Tritonen dargestellt. Das grosse Hauptgemälde an dieser Wand versinnlicht die Wasserwelt oder das Reich des Neptun und stellt diesen dar, wie er mit seiner Gemahlin Amphitrite, mit Tritonen und Nereiden, dem Saitenspiele Amphion's folgt. Die zweite Abtheilung des Gewölbes zeigt oben: Eros als Ordner und Beherrscher des Lichtelements mit dem Adler des Jupiters; darunter den Sommer als Ceres in Gesellschaft des Zephyr an der Herme des Pan; dann den Mittag unter dem Bilde des Helios auf dem Sonnenwagen, von den Horen begleitet, daneben rechts Daphne in einen Lorbeerbaum, links Leukothea, Clytia und Hyacinth in Weihrauchstaude, Sonnenblume und Hyacinthe sich verwandelnd. In den kleineren Feldern dazwischen erkennt man Apoll unter den Hirten und das Urtheil des Midas, und in der Arabeske den Genius des Gesangs zwischen Mänaden auf Greifen, und Amorinen, von Tigern getragen. Das Wandgemälde in der Lunette stellt den Olymp oder das Lichtreich des Zeus dar, der, neben Juno thronend und von den Grazien bekränzt, in Gegenwart aller Götter dem vergötterten Herkules durch Hebe den Trank der Unsterblichkeit reichen lässt. Das dritte Gewölbeviertel enthält oben: die Darstellung des Eros als Ordner und Beherrscher des Luftelements, mit dem Pfau der Juno, darunter: den Herbst, als Bacchus mit zwei Amorinen; dann als Hauptbild: den Abend unter der Gestalt der Luna auf einem Rehgespann mit dem Hesperus und der Abenddämmerung; daneben rechts: Diana und Aktäon, links: Diana und Endymion. Endlich in den kleineren Bildern: das Opfer der Iphigenia und die Jagd der Diana; und in der Arabeske: eine Jagd. An der Stelle des Hauptbildes dieser Wand ist hier das Fenster. Eros als Ordner und Beherrscher des Erdelementes mit dem Cerberus steht an der Spitze der Darstellungen der vierten Gewölbeabtheilung; darunter schmückt sich der Winter als Hore in Gesellschaft Cupido's und des Comus zu winterlichen Freudenfesten; das Hauptbild stellt hierauf die Nacht auf einem von Eulen gezogenen Wagen mit Schlaf und Tod in den Armen, begleitet von den Traumgestalten, dar; daneben sieht man rechts: die Parzen, die verborgenen Fäden des Lebens spinnend, links: Hekate, mit dem magischen Scepter, und Nemesis, mit der Schleuder und dem Rade, die beiden Schicksalsgöttinnen, nebst Harpokrates, dem Gott des geheimnissvollen Wirkens der Natur. In den kleineren Feldern bemerkt man sodann: Psyche, den schlafenden Amor mit der Lampe beleuchtend, und Zeus bei Alkmene, dann in der Arabeske: den Streit der Naturkräfte, welche das organische Leben vorbereiten. Das Hauptgemälde der Wand aber zeigt uns die Unterwelt oder das Reich des Pluto, welchen Orpheus durch Gesang zur Zurückgabe seiner geraubten Gattin Eurydice zu bestimmen sucht (gest. v. Schaeffer).

An diesen Malereien, in welchen Cornelius gleich gross als Denker, Dichter und Maler sich darstellt, bewundert man die tiefe Durchdringung der Aufgabe, das geistvolle Erfassen ihres innersten Kerns und die Vertheilung desselben in seine Hauptmomente, je nach ihrer Bedeutsamkeit in kleineren oder grösseren Bildern, das passende Aneinanderreihen derselben, die Bedeutung der einzelnen Darstellung für sich und in ihrer Beziehung zum Ganzen, den Reichthum der Phantasie, den Schwung und die Poesie der Gedanken und die Klarheit der Composition und der Anordnung, die wohlgemessene Ausfüllung der Räume und den gedankenvollen Arabeskenrahmen, der sich um jede dieser wundersamen Erfindungen schlingt.

Die kleine Vorhalle, welche die beiden grösseren Säle mit einander verbindet, enthält nur drei Gemälde nach Compositionen von Cornelius. Sie bilden den natürlichen Uebergang von der Götterwelt zu den Geschlechtern der Sterblichen, deren Thaten und Schicksale der folgende Saal schildert, und stellen Scenen aus der Prometheussage, in ihrer Beziehung auf das Wesen der Kunst, dar, und zwar: Prometheus, den Menschen bildend, Pandora, die verhängnissvolle Büchse öffnend, und die Befreiung des Prometheus durch Herkules.

Der anstossende Saal wird der Heroensaal genannt. Seinen Hauptinhalt bilden die Fresken aus dem trojanischen Krieg. Die oberen kleineren Bilder der Decke beziehen sich auf die Veranlassungen des Kriegs, während die unteren grösseren die acht Hauptheiden, die Wandgemälde die drei entscheidende Hauptbegebenheiten desselben schildern. Das Gewölbe ist hier so eingerichtet, dass oben in der Mitte ein rundes Feld angebracht werden konnte, auf dem wir die Hauptveranlassung des Kriegs: die Vermählung des Peleus und der Thetis, wobei die Göttin der Zwietracht den verhängnissvollen Apfel hereinwirft, dargestellt sehen. Um dieses runde Mittelbild sind die zwölf Hauptgötter der griechischen Mythologie angebracht (in Reliefs, von Schwanthaler modellirt) und unter denselben vier Bilder in grüner Erde: das Urtheil des Paris; die Hochzeit des Menelaus und der Helena; die Entführung der Helena und das Opfer der Iphigenia. An sie schliessen sich die acht grösseren Bilder, Scenen aus dem Leben der Haupthelden des Kampfes, an: Odysseus, als Kaufmann verkleidet, entdeckt den in Weiberkleidung versteckten Achill unter den Töchtern des Lykomedes; Diomedes verwundet Mars und Venus; Zeus lässt den schlafenden Agamemnon durch den Traumgott zur Schlacht auffordern; Menelaos, im Begriff, den niedergestürzten, aber von der Venus beschützten, Paris zu erschlagen; Hektor wird von Apoll gegen Ajax geschützt; Nestor und Agamemnon wecken den schlafenden Diomed zur Rathsversammlung; Achill gewährt dem Priamus den Leichnam des Hektor; Hektor's Abschied von Andromache. Die Arabesken zwischen diesen Bildern beziehen sich auf andere griechische Mythen. Die Hauptdarstellungen an den drei Wänden endlich sind: der Zorn des Achilles; der Kampf um den Leichnam des Patroklus und die Zerstörung Troja's.

Derselbe reiche künstlerische Geist, der aus den Malereien des Göttersaales spricht, waltet auch mit demselben Ernst und derselben Hoheit in diesen Bildern, und hat uns dort in den Wandgemälden besonders das Ergreifende der poetischen Erfindung für den Meister begeistert, so bewundern wir in denen dieses Saales neben den sonstigen, an jenen schon gerühmten Vorzügen namentlich die machtvolle dramatische Entwicklung. Sämmtliche Darstellungen wurden nach den Compositionen von Cornelius, von ihm selbst, von Schlotthauer, Zimmermann, dem General Heideck und einigen anderen Künstlern und Schülern ausgeführt.

Neben der Glyptothek war unterdessen die neue Bildergallerie, Pinakothek genannt, emporgestiegen, und Cornelius hatte den Auftrag erhalten, die Gewölbeflächen des aus 25 Loggien bestehenden Corridors derselben mit einem Gemäldecyklus aus der Geschichte der christlichen Kunst seit ihrem Wiederaufleben bis zu ihrer höchsten Blüthe zu schmücken. Diese Aufgabe suchte er zu lösen, indem er die Hauptmomente aus dem Leben der berühmtesten Maler jener Zeit so darzustellen bedacht war, dass darin Wesen, Wirken und Charakter, nicht nur der einzelnen Künstler, sondern selbst der verschiedenen Entwicklungsperioden der mittelalterlichen Kunst klar zur Anschauung gebracht würden. Der durch diesen umfassenden Stoff gebotene Reichthum an Thatsachen und die grosse Mannigfaltigkeit geistiger Beziehungen geboten die Anwendung der Arabeske und einer damit verbundenen allegorischen Bildersprache. So sehen wir in den Lünetten, der dem Fenster gegenüberstehenden Wand, die Hauptbilder, welche die Begebenheiten schildern, und in den Bogenwinkeln die Bildnisse von Zeitgenossen, in den Kuppelgewölben dagegen, mit ihren Arabesken und allegorischen Figuren, mehr die leitenden Grundgedanken, die sich über Wesen, Ursprung und Fortgang der Malerei im Allgemeinen und über die Verhältnisse der einzelnen Schulen und Künstler zu einander aussprechen, versinnbildlicht. Von den 25 Loggien sind die ersten dreizehn der italienischen Kunst bis Raphael, die andern zwölf der deutschen und niederländischen, mit Einschluss der französischen Malerei bis auf Rubens gewidmet. Die Reihenfolge der ersteren beginnt am östlichen, die der letzteren am westlichen Ende des Ganges, so dass beide in Raphael, als dem Mittel- und Höhenpunkt der neueren Kunst, zusammentreffen. Die erste Loggia der östlichen Bilderfolge versinnlicht in der Kuppel: den Bund der Kirche mit den Künsten und zeigt an der Wand den königl. Gründer des Gebäudes, von seinem Genius in den Kreis von Dichtern und Künstlern der Vor- und Mitwelt eingeführt; die zweite enthält als Kuppelbild: die Muse der Geschichte und zwei Bilder aus den Kreuzzügen, als der Periode des Wiedererwachens der Kunst, als Wandgemälde: die Gründung des Campo Santo von Pisa, durch Giovanni Pisano; die dritte und die folgenden Loggien sind sodann Darstellungen aus dem Leben des Cimabue, des Giotto, des Fra Beato Angelico da Fiesole, des Masaccio, des Perugino, des Luca Signorelli, des Leonardo da Vinci, des Correggio, des Michelangelo und endlich des Raphael Sanzio gewidmet. Die westliche Reihenfolge beginnt in der ersten Loggia mit einer Wiederholung des Kuppelbilds des ersten Bogens der östlichen Reihe, um anzudeuten, dass die Religion überall die Grundlage der Kunstentwicklung ist; in der Lunette trägt dann der Genius der Menschheit die Kunst, die die Flamme des Opferaltars in seiner Hand unterhält, zu den Göttern des Olymps empor. Die zweite schildert in den Kuppelbildern zwei für die Entwicklung der Kunst bei den germanischen Völkern wichtige Begebenheiten: Karl Martell, der die Araber bei Tours schlägt, und Bonifazius, das Christenthum in Deutschland predigend; an der Wand sieht man: Karl den Grossen, den Gründer deutscher Bildung auf seinem Throne, umgeben von Gelehrten und Sängern. Die dritte Loggia zeigt, da die Grundlage der Kunstentwicklung in Deutschland wesentlich auf der Architektur, sowohl der bürgerlichen, als der monumentalen, beruht, in den Kuppelbildern: die Städtegründung durch Heinrich I., den Vogler, und die Uebergabe des Modells vom Kölner Dom durch dessen Baumeister Gerhard an den Bischof Conrad von Köln, in den Wandmalereien links und rechts: den Märtyrertod der h. Ursula und des h. Gereon, der Schutzpatrone von Köln, dem Sitz einer der ältesten deutschen Malerschulen, in der Mitte aber: den feierlichen Einzug der Reliquien der heil. drei Könige, die erste Veranlassung zum Dombau. Die vierte Loggia ist der Erinnerung an die ältesten Kölner und schwäbischen Maler gewidmet und zwar die Malereien der Kuppel dem Meister Wilhelm und seinem Schüler Meister Stephan von Köln, die an der Wand dem B. Zeitbloom und H. Holbein, dem älteren. In der fünften und den folgenden Loggien sind sodann in den Kuppeln und an den Wänden Scenen aus dem Leben: der Brüder Hubert und Johann van Eyck, des Hans Memling, des Joh. Schoorel und Lucas von Leyden, Hans Holbein's, des Jüngeren, Albrecht Dürer's, Claude Lorrain's und Paul Rembrandt's, des Nic. Poussin und Eustache Le Sueur und des Peter Paul Rubens dargestellt.

Die höchst geistreiche und wahrhaft dichterische Anordnung und Durchführung der Hauptidee und der Entwurf dieser sämmtlichen Compositionen mit ihren Beiwerken rühren von Cornelius her; sie wurden jedoch nicht von ihm selbst, sondern, von 1827 an, von Prof. Cl. Zimmermann unter Beihilfe von W. Gassen, Hiltensperger und Anderer sehr würdig ausgeführt, denn der Meister hatte bereits eine andere grossartige Aufgabe zur Ausführung übernommen.

Schon im Kloster San Isidoro zu Rom hatte ihn die Idee zu einem, in einem umfassenden Freskencyklus für kirchliche Zwecke darzustellenden christlich religiösen Epos beschäftigt; sie hatte während der Ausführung seiner Götter- und Heroenbilder in der Glyptothek bestimmtere Gestalt gewonnen und war von König Ludwig mit Begeisterung ergriffen worden. Sie wurde die Veranlassung zum Bau der Ludwigskirche in München, deren Gewölbe und Wände die geeigneten Felder für ihre Verwirklichung darbieten sollten. Begleitet von seiner Gattin, einer Römerin, wallfahrte Cornelius 1830 zum zweitenmale nach Rom, um hier wieder mit den Geistern des 15. und 16. Jahrhunderts zu verkehren und in ihrer Gemeinschaft die Cartons zu den, der Verherrlichung des Christenthums gewidmeten Bildern der Ludwigskirche zu entwerfen. Nach einjähriger Abwesenheit langte er wieder in München an, setzte hier rüstig seine Arbeiten daran fort, begab sich aber später nochmals nach Rom, wo er 1834—1835 den Carton zum jüngsten Gericht zeichnete. Nach seiner Rückkehr begann er sodann mit seinen Schülern und andern Künstlern 1836 in München die Ausführung der Bilder al fresco.

Den Hauptinhalt dieser Malereien bildet das allgemeine christliche Glaubensbekenntniss: der Glaube an Gott den Vater, als Schöpfer und Erhalter der Welt; an Christus, den Heiland, Erlöser und Richter der Welt, endlich der Glaube an den h. Geist, der von beiden ausgehend und mit beiden zur göttlichen Einheit verbunden, in der Gemeinschaft der Heiligen und in der allgemeinen christlichen Kirche sich offenbart. Dieses Wirken der heil. Dreieinigkeit hatte der Künstler an die für die Gemälde bestimmten Räume so vertheilt, dass an die Wand des Hauptchors und die Wände der Nebenchöre des Querschiffs die auf Christus bezüglichen Bilder zur Darstellung kommen, die Wirkungen des heil. Geistes an den Kreuzgewölben des Querschiffs versinnbildlicht werden sollten, an der Decke des Hauptchors über dem Hochaltar aber das Walten Gottes dargestellt würde. Die Construktion des Gebäudes, einer durch ihre beträchtlichen Mauerflächen grossräumigen Wandmalereien das geeignetste Feld bietenden Basilika, veranlasste ausserdem, in Uebereinstimmung mit der Idee des Malers, noch eine weitere Eintheilung, nach welcher für jeden dieser Gegenstände drei Räume bestimmt werden konnten: für Gott Vater das Bandgewölbe des Hauptchors mit den beiden Stichkappen, die es mit den Seitenwänden verbinden; für Christus die drei senkrechten Rückwände der drei Chöre und für den heil. Geist das Gewölbe über dem Kreuz der Schiffe und die beiden etwas niedrigeren Kreuzgewölbe zu beiden Seiten im Querschiff, so dass der Gesammtinhalt in dreimal drei Räume vertheilt erscheint.

In dem mittleren Felde des Bandgewölbes sehen wir Gott als Schöpfer und Erhalter der Welt. Gott der Herr sitzt auf dem Himmelsbogen, Sonne und Mond ihre Bahnen anweisend; um ihn die himmlischen Heerschaaren, die Seraphim und Cherubim, die Herrschaften und Herrlichkeiten, die Kräfte und Würden, die Tugenden oder Künste und Wissenschaften, den Erdball als Schemel seiner Füsse haltend, sich neigend, lobpreissend, anbetend. Rechts und links von diesem Hauptbilde sieht man sodann in den Stichkappen die nächsten Mittelspersonen zwischen Gott und den Menschen, die Erzengel in zwei Gruppen, in denen links Gabriel, der schützende und vermittelnde Engel der Verkündigung, rechts Michael, der abwehrende und streitende Ueberwinder des Satans den Mittelpunkt bilden. (Diese Bilder wurden nach den Entwürfen und Cartons des Meisters von Hermann, C. Stürmer, Hellweger, Kranzberger, Schabet und Heiler ausgeführt.) — Gott den heiligen Geist finden wir dargestellt in der Mitte des Gewölbes über der Kreuzung des Haupt- und Querschiffs in Gestalt einer Taube, sodann in den vier Feldern desselben, in seiner Erscheinung und Bethätigung in der Kirche von Anbeginn der Welt, veranschaulicht durch Chöre von Heiligen des alten und neuen Bundes, der Patriarchen und Propheten, der Apostel und Märtyrer, Kirchenlehrer und Ordensstifter, der Verbreiter und Beschützer des Christenthums, der Könige und Jungfrauen. Die beiden noch dazu gehörigen Gewölbe des Querschiffs enthalten die Darstellungen der vier Evangelisten und der vier Kirchenväter. (Gemalt von: Hermann, Kranzberger, Moralt, Halbreiter, Helweger, Heiler, Schabet, Lang und Lacher.) — Gott als Heiland, Erlöser und Richter der Welt zeigen endlich die Chorwand des mittleren Langschiffs und die Wände der beiden Seitenschiffe. Als Heiland schildert ihn die Altarwand des nördlichen Seitenschiffs, in der Geburt Christi. In der Höhe schwebt Gott Vater, in einer Glorie von singenden und musicirenden Engeln, den heil. Geist in Gestalt einer Taube herabsendend, unten sieht man die Könige der Erde, wie die Hirten vom Felde, vor dem Neugeborenen niederfallen (gest. v. H. Merz), ein Gemälde, in welchem sich idyllische Anmuth mit hoher religiöser Weihe und Feierlichkeit verbindet (gemalt von Moralt, Lacher und Heiler). Zu beiden Seiten darüber ist, die Ankunft Christi vorbereitend, die Verkündigung (comp. von Hermann, gem. von Helweger) an die Wand gemalt. Als Erlöser bezeichnet ihn das Bild an der Altarwand des südlichen Querschiffs: die Kreuzigung (gest. v. H. Merz), eine der vorzüglichsten und tief durchdachtesten Compositionen des grossen Meisters. Darauf sieht man zu beiden Seiten, in vorbildlicher Bezeichnung des Weltgerichts des Gekreuzigten, die Begnadigung des bekehrten, die Verurtheilung des verstockten Sünders durch einen Engel und einen Teufel, die ihre Seelen in Empfang nehmen. Um den Fuss des Kreuzes drängen sich die Freunde Christi, seine erste Gemeinde, die Mutter, Johannes, Magdalena u. s. w. Seitwärts die höhnischen Pharisäer, die theils gleichgültigen, theils verächtlich blickenden Sadducäer, gegenüber die wohlwollend gesinnten Römer mit dem gläubigen Hauptmann; ferner die um Christi Rock würfelnden Henkersknechte (gemalt von Hermann, Stürmer und Moralt). In den beiden schmäleren Nebenbildern darüber sind, wie bei der Geburt die Ankunft Christi, so hier dessen Rückkehr in's Himmelreich durch das Bild der Auferstehung und der Erscheinung Christi im Garten angedeutet (componirt von Hermann, gemalt von Heiler). Endlich erscheint Christus auf der Hauptwand des Chors in dem jüngsten Gericht (gest. v. Heinr. Merz) als Richter, auf hohem Wolkenthrone, voll majestätischer Würde, mit erhobener, geöffneter Rechten die Annahme der Frommen, mit abgewandter Linken das Verdammungsurtheil der Bösen aussprechend, über ihm Engel mit den Passionswerkzeugen, zu seinen beiden Seiten die Heiligen des alten und neuen Bundes, zu seinen Füssen als Fürbittende: Maria und Johannes, der Täufer. Unter ihm der apokalyptische Engel mit dem aufgeschlagenen Buche des Leben und Todes, umgeben von vier Engeln, die, ihre Posaunen nach den vier Winden richtend, die Lebenden und Todten zum Gericht rufen, und unter diesen wieder: der Erzengel Michael, die aus den Gräbern Erstandenen von einander scheidend und ihrer Bestimmung zuweisend, rechts von ihm die Seligen, die, mit den Händen liebevoll aneinander gekettet und von Engeln begleitet, gen Himmel empor schweben und im Paradiese von Engeln empfangen werden, links die Verdammten, die von den Engeln des Zorns aus dem keckerstürmten Himmel gestossen und, zu wilden Knäueln zusammengeballt, durch Teufel in den Abgrund gestossen werden. Den untern Theil des Bildes endlich nimmt, rechts vom Beschauer, die Hölle ein. Vor dem Eingang dazu sitzt der Fürst der Finsterniss, in der Linken einen Zweizack, in der Rechten ein Schlangenbündel, die Füsse auf zwei Verräther, Judas und Segest setzend, vor ihm, in den Gestalten Verdammter, die sieben Todsünden und das Gezücht der Heuchler. Vor den Pforten der Hölle liegen die Neidischen zur Fortsetzung ihres genusslosen Lasters. Zwischen der Hölle und der Auferstehung, welche die Umwandlung des verklärten Leibes in verschiedenen Scenen des Wiederfindens und Wiedererkennens zeigt, sehen wir ein Weib, das, von einem Teufel gezerrt, sich flehentlich an einen Engel wendet, der den Bösen mit dem Schwerte abwehrt, wodurch der Erfolg der Fürbitte Mariens für die schuldbewussten und strafwürdigen Sünder am Throne des Weltrichters angedeutet und der untere Theil des Bildes mit dem oberen geistig verbunden wird. Dieses grosse 63 Fuss hohe und 39 Fuss breite Gemälde wurde von Cornelius in allen Theilen selbst in fresco ausgeführt.

Wie in der Glyptothek die Lehre von der Entstehung der Welt bei den Griechen im Zusammenhang mit ihrer Götter- und Heroensage, so hat Cornelius in den Gemälden der Ludwigskirche die christlich-religiösen Ideen der Weltordnung mit einem philosophisch gebildeten Kunstgeiste von seltenster Tiefe und einer unvergleichlichen schöpferischen Gestaltungskraft zu einem grossen Ganzen von gewaltigster Wirkung zusammengefasst. Die ewigen Ideen von Grösse, Macht und Erhabenheit sind darin in der grossartigsten Symbolik auf das Lebendigste versinnlicht. Mit dem tiefsten Erfassen des Gegenstandes, schlagender Richtigkeit der Wahl, sowie möglichster Kürze und Klarheit im Ausdruck, verbindet der Künstler eine bewundernswürdige, durch lebendige Symmetrie und sicheres Maassgefühl geleitete Architektonik des Aufbau's und Schönheit und Grossartigkeit der Anordnung, sowohl in den Gruppen im Allgemeinen, als im Gang und der Verbindung der Linien im Einzelnen, der Massen und der Beleuchtung, einen unerschöpflichen Reichthum der wahrsten und schönsten Motive, sowohl in den Gestalten und deren Bewegungen, als in den Gesichtszügen und Gewändern, und eine eigenthümliche charakteristische Formgebung, so dass seine Kunstweise an die verschiedensten, oft entgegengesetztesten grossen Vorbilder der klassischen Zeiten christlicher Malerei erinnert und doch zugleich durch und durch eigenthümlich ist. Diess sind Vorzüge von so hoher Bedeutung und Tragweite für die deutsche Kunst der Gegenwart, der sein Genius die Wege zur Entfaltung all ihrer inwohnenden Kraft vorgezeichnet, dass darüber selbst der Tadel, Cornelius verfolge und entwickle in diesen Bildern den dogmatischen Gedanken zu sehr in einer entschieden mittelalterlichen scholastischen Richtung, die mit der Naivität künstlerischer Conception hin und wieder in einen bedenklichen Widerspruch gerathe, sowie die Rüge der Mangelhaftigkeit eines die malerische Wirkung vernachlässigenden oder verschmähenden Colorits, in den Hintergrund treten.

Ausser diesen Werken wurden um jene Zeit zwei weitere Arbeiten des Meisters bekannt, deren wir am besten hier gedenken. Es ist die Zeichnung zu einer Scene aus Shakespeare's Romeo und Julie, die durch Eugen Schäffer's Stich ein Gemeingut geworden ist, und ein Oelbild: die drei Marien am Grabe Jesu.

Nach Vollendung der Malereien in der Ludwigskirche im Jahr 1839 machte Cornelius eine Reise nach Paris und erhielt nach seiner Rückkehr von dort, nachdem er gerade nochmals und nunmehr die letzte Hand an sein Gemälde des jüngsten Gerichts gelegt hatte, im Jahr 1840 einen Ruf nach Berlin als Direktor der dortigen Kunstakademie, dem er im Jahr 1841 folgte. Seine Mission in München schien ihm erfüllt, auch glaubte er künstlerische Kräfte genug zu hinterlassen, welche die Malerei auf dem durch ihn erhobenen Höhengrade zu erhalten und in derselben Richtung fortzuführen versprachen. Vielleicht mochten Manche sogar seine Abreise für die Selbstständigkeit der bedeutenderen unter den mit- und nachstrebenden Künstlern, deren Eigenthümlichkeit die unbeugsame Entschiedenheit des künstlerischen Charakters ihres Meisters, mehr oder minder beherrschte, als ein Glück erachten. In Berlin legte Cornelius zuerst wieder Hand an das bereits in München angefangene, aber erst 1843 vollendete Bild: Christus unter den Erzvätern in der Vorhölle für den Grafen Raczinsky daselbst. Ganz im Geiste der Conceptionen der Bilder in der Ludwigskirche, zu denen es sogar eine Ergänzung bildet, erfunden, stellt es sich als die Vereinigung des alten Bundes mit dem neuen dar, als die Vollendung der Offenbarung, indem er darin den grossen Gedanken versinnlicht, dass Christus von Anbeginn der Welt an von der Menschheit geahnt, ja als nothwendige Erscheinung mehr oder minder klar vorausgesehen und dadurch ihr Heiland geworden. Das Bild ist von einer gewaltigen Gedankenkraft und Tiefe; die grossen Gestalten des alten Bundes sind mit der vollen Energie eindringendster Auffassung dargestellt und, in dem Momente ihres Erwachens zu dem höheren Leben der mit Joseph, Johannes und Christus auftretenden Erlösung, von ergreifendster Wirkung.

Nach der Rückkehr von einer im Sept. 1841 unternommenen Reise nach England, wohin er von mehreren angesehenen Kunstfreunden berufen worden, um die Ausführung einiger Fresken zu überwachen, die dort nach seinen Zeichnungen ausgeführt werden sollten, erhielt sodann der Meister vom König von Preussen den Auftrag, die Zeichnungen zu dem für den Prinzen von Wales als Pathengeschenk bestimmten Glaubensschild (gest. in 6 Blättern von A. Hoffmann und L. A. Schubert) zu entwerfen. Der Inhalt dieser Darstellungen bezieht sich auf die heiligen Mysterien des Glaubens, auf die Bedeutung desselben für das Leben und namentlich auf die Geburt des königl. Prinzen, zu dessen Gedächtniss das Ganze bestimmt war. Der Schild hat eine kreisrunde Gestalt und besteht aus einem mittleren Kreis und einem breiten Fries, welcher, nur durch ein reich ornamentirtes Band von ihm getrennt, denselben umgibt. Ueber den mittleren Kreis ist ein Kreuz gelegt, in dessen Mitte sich das Brustbild des Erlösers befindet, während an den Enden der Kreuzesarme Medaillons mit den Brustbildern der vier Evangelisten angeordnet sind. Ueber diesen Medaillons sieht man, von sinnreichen Arabesken getragen, die Bilder der drei Haupttugenden der Liebe, des Glaubens und der Hoffnung, denen als vierte, bedeutsam für den künftigen Regenten, die Gerechtigkeit beigefügt ist. In den Dreieckfeldern zwischen den Kreuzesarmen sind die Taufe und das Abendmahl, die in der protestantischen Kirche als Sakramente gefeiert werden, und zwei Scenen aus dem alten Testament, die als Vordeutungen jener Ereignisse gelten: Moses, Wasser aus dem Felsen schlagend, und das Mannalesen angebracht. Das Band zwischen dem Kreis und dem Fries enthält zwischen ornamentistischen Füllungen, in denen, auf das Abendmahl anspielend, Reben und Kornähren wechseln, zwölf kleine Felder mit den Gestalten der Apostel, welche auf dem Schild selbst in Karneol geschnitten wurden. Auf dem breiten Fries endlich, der den Rand des Schildes umgibt, ist eine Folge von Scenen, welche die Hauptpunkte des christlichen Glaubens ausmachen, dargestellt und zwar: Christi Einzug in Jerusalem; der Verrath des Judas und dessen Folgen; Tod, Grablegung und Auferstehung Christi; die Ausgiessung des heil. Geistes; Petri Predigt vor allerlei Volk und, indem der Künstler die ferne Vergangenheit mit der Gegenwart und das freudige Ereigniss auf die sinnvollste Weise verknüpfte, ein Priester, der zur Taufe des Prinzen von Wales durch Jordanwasser, welches englische Priester gebracht, schreitet; die Königin Viktoria auf dem Ruhebette, ihren Sohn in den Armen haltend; ein Eilbote, der den Besuch des königl. Pathen aus Preussen ankündigt; König Wilhelm IV. von Preussen's Fahrt auf dem Dampfboot, in Begleitung von Alexander v. Humboldt und Anderen; Prinz Albert und der Herzog v. Wellington an der Themse Strand, zum Empfang des hohen Gastes gesandt. In diesen Darstellungen bewundert man abermals die geistvolle Durchdringung der Aufgabe, die Tiefe und sinnige Durchbildung der Ideen, verbunden mit der harmonischen Gestaltung des Raums und der Grossartigkeit und Anmuth der Darstellung. (Der Schild selbst wurde von Fischer modellirt, von Wolf und Lambko in Silber gegossen und von Mertens ciselirt. Das eigentlich Ornamentistische rührt von Stüler her.)

Darauf leitete Cornelius die Ausführung der für die Wände der Vorhalle des

Museums in Berlin bestimmten Fresken durch Hermann, C. Eggers, C. Stürmer und Hermann Schultz nach Schinckels geist- und gedankenvollen Skizzen, deren Inhalt als eine in grossartigen Zügen geschriebene Entwicklungsgeschichte des Geistes bezeichnet werden kann. Gelegentlich eines Hoffestes hatte er sodann auch die Entwürfe zu lebenden Bildern aus Tasso's befreitem Jerusalem zu liefern. Er wählte und stellte dar: den Erzengel Gabriel, der Gottfried von Bouillon erscheint und ihm befiehlt, mit dem Heer aufzubrechen; die gefangene Armide, wie sie dem Anführer der Kreuzritter vorgeführt wird; Erminia und Fanvrin finden den erschöpften Tancred; Erminia in Chlorindens Rüstung unter den Hirten; Tancred tauft die sterbende Chlorinde; die Kreuzfahrer sehen Jerusalem (gest. v. Eichens. Berlin, bei G. Reimer). Später machte er die Entwürfe zu Frescomalereien für das Mausoleum des Königs in Charlottenburg und stellte in denselben die Gestalten des verewigten Königs Friedrich Wilhelm III. und der Königin Louise in Verbindung mit dem Erlöser dar.

Im Spätjahr 1843 aber begab sich Cornelius nach Rom, um dort die Compositionen zu einem christlichen Gemäldecyklus für den Camposanto, den Vorhof zur Begräbnissstätte der preussischen Königsfamilie neben dem Dom zu Berlin, eines neuen und umfassenden Werkes seiner schöpferischen Thätigkeit, womit ihn der König von Preussen beauftragte, zu entwerfen, kehrte aber schon nach fünfmonatlicher Abwesenheit mit einer reichen Erndte des Schönen und Geistvollen im Mai 1844 wieder nach Berlin zurück. Im Herbst 1845 sehen wir sodann den Meister abermals in Rom mit der Ausführung von weiteren Studien uud Skizzen zu den genannten Bildern beschäftigt und im Jahre darauf den Heimweg einschlagen, um sich von nun an ausschliesslich dem grossen Werke zu widmen.

Diese grossartigen Compositionen sind zwar bis heute noch nicht als Gemälde ausgeführt worden, doch hat der Meister seine Entwürfe durch den Stich veröffentlicht (gest. v. Thäter in 11 Blättern vom grössten Querfolio. Leipzig 1848) und uns darin die ganze unendliche Fülle seines schöpferischen Kunstgeistes geoffenbart. Die Bilder sind bestimmt, die vier Wände der, den ehemaligen Klosterhöfen oder Kreuzgängen nachgeahmten königlichen Begräbnisshalle, von 180 Fuss im Geviert, zu schmücken und sollen, dem Zwecke des Gebäudes entsprechend, den Sieg Christi über den geistigen und leiblichen Tod, das Walten der göttlichen Gnade gegenüber der Sünde des Menschen darstellen, die ewigen Wahrheiten des Christenthums, die ganze Hoheit der christlichen Moral zur Anschauung bringen. Diesen gegebenen Raum benützte Cornelius zur Entwicklung seines Gedankens in der Art, dass er auf der östlichen und westlichen Wand, das Leben und Wirken Christi auf Erden darzustellen suchte, während er auf der dritten die Gründung der Kirche und auf der vierten die letzten Dinge durch Bilder veranschaulichen will. Der östlichen Wand gab er vier, der westlichen nur drei Hauptgemälde mit Lünetten und Predellen, auf den beiden andern Wänden schaltete er dagegen in der Mitte zwischen die vier Hauptbilder ein fünftes ohne Lünette und Predella ein, so dass dadurch 17 Hauptbilder und 15 Lünetten und Predellen entstanden. Die Darstellungen jeder Wand stehen unter sich in enger Beziehung und machen ein Ganzes für sich aus. In näheren Bezug und Zusammenhang sind aber noch die Theile des einzelnen Gesammtbildes gebracht, das aus einem Hauptbild, der Predelle unter und der Lünette über demselben besteht. Durch sämmtliche Bilder ziehen sich die Darstellungen der acht Seligkeiten und zwar so, dass jede derselben ihre Stellung durch sinnigen Bezug auf den Inhalt der ersteren rechtfertigt. Die Hauptbilder sind zum grössten Theil historisch im engeren Sinne aufgefasst; die Handlung, welche sie darstellen, ist dramatisch im grossen monumentalen Styl dargestellt. Die Lünette eröffnet uns in der Mehrzahl der Bilder den Himmel und zeigt uns Gestalten vom idealsten Gepräge und höchsten Schwung, die Predelle führt uns Scenen der Erde vor. Sie schildert Leidenschaft, Tugend und Schwäche, Freud und Leid des Menschen. Die Gruppen der Seligkeiten sind kolossal, statuarisch gedacht und sollen auch statuenartig ausgeführt werden. Sie sind, wie der Meister selber sagt, in die christliche Bilderdichtung eingefügt, wie der Gesang des Chors in die griechische Tragödie. Sie führen an Ort und Stelle jedem, der ernst betrachtend durch diese Räume schreitet, wo jeder Schritt an die Ohnmacht und Vergänglichkeit des irdischen Daseyns erinnert, in grossen Zügen und immer wieder anderer Gestalt, die Verheissungen der ewigen Seligkeit vor Augen und bilden unter den mannigfach ergreifenden und aufregenden dramatischen Hauptdarstellungen in ihrem entschieden lyrischen Charakter eine schöne, wohlthuende Beruhigung.

Das erste Hauptbild der östlichen durch den Eingang zur Königsgruft in zwei Hälften getheilten Wand stellt die Geburt Christi, die Lünette darüber die Freude der Engel im Himmel, die Predella den Sündenfall und die Vertreibung aus dem Paradiese als die Grundlage des Glaubens an den Erlöser, als die Ursache seiner Sendung dar. Das zweite Hauptbild ist die Grablegung, in Ton und Haltung eine der vollendetsten Compositionen des ganzen Cyklus. Gegenüber der Freude im Himmel des ersten Bildes ist hier die Klage der Engel in der Lünette dargestellt, in der Predella aber die erste Arbeit und die erste Missethat, beides Folgen des Verlustes des Paradieses, in das wir durch den Opfertod Christi wieder Zutritt erlangen. Leibliches und geistiges Elend hat der Abfall der ersten Menschen über sie und ihre Nachkommen gebracht. In dem folgenden dritten und vierten Hauptbilde, in welch ersterem er den Gichtbrüchigen heilt, während er auf Letzterem der Ehebrecherin vergibt, nimmt Christus beides, Sünde und Krankheit, von ihnen hinweg. Seine Gnade öffnet den grössten Sündern die Pforten des Himmels. Diess sehen wir in der Lünette über dem dritten Hauptbild, wo der Heiland Adam und Eva, David und Salomo, Magdalena und den Schächer in seine Herrlichkeit aufnimmt. Von der Versöhnung ausgeschlossen ist nur, wer sich selbst ausschliesst, d. h. die Sünde gegen den h. Geist, vor der er in der Predelle warnt. Auf der Predelle des vierten Hauptbildes schliesst Jehovah einen Bund mit Noah, während die Lünette darüber die Verheissung Christi andeutet: Im Himmel wird mehr Freude sein über einen Sünder, der Busse thut, als über neunundneunzig Gerechte, die der Busse nicht bedürfen. Die Stellen aus der Bergpredigt, welche den beiden Darstellungen zwischen diesen Bilderabtheilungen zu Grunde liegen, sind die Verheissungen: „Selig sind die Armen im Geiste!“ und „Selig sind die Traurigen!“, Gruppen von unvergleichlicher Schönheit und Innigkeit, deren Beziehung zu den Hauptbildern sich von selbst ergibt. — In engster Beziehung zu den Gemälden der Ostwand stehen die der westlichen Wand. Weil erst die Erkenntniss, dass Christus Gottes Sohn sei, seiner Geburt und seinem Tode, die auf jener Wand dargestellt sind, die welterlösende Bedeutung verleihen, so sind die Darstellungen der Westwand bestimmt, die Göttlichkeit Christi zum Bewusstsein des Beschauers zu bringen. Wir erblicken daher in dem mittleren Hauptbilde: Christus mit verklärtem Leibe inmitten der in verschlossenem Zimmer versammelten Apostel, in der Lünette: die Auferstehung und in der Predella: die vorbildliche Hindeutung auf dieselbe, die Geschichte des Jonas. Derselben Idee dienend, schliessen die Bilder zur Seite sich dem Mittelbilde an. Auch sie verkündigen das göttliche Wesen des Heilandes und zwar in Wundern, in welchen sich der Herr über Leben und Tod zeigt, während Lünette und Predella derselben an die am meisten charakteristischen Tugenden, die Liebe und Demuth, erinnern, welche seiner wie jeder Macht erst die beglückende Weihe geben. So vergegenwärtigt uns das Hauptbild rechts vom Beschauer: die Auferweckung des Lazarus, wohl eine der gelungensten Compositionen unter sämmtlichen Bildern, die Lünette hingegen das Beispiel der tiefsten Demuth, die Fusswaschung Christi an seinen Jüngern, die Predella aber den über den Hochmuth Goliath's siegenden David. Auch die letzte Predella dieser Wand zur Linken enthält eine Scene aus David's Leben: seinen Siegestanz vor der Bundeslade, als Zeugniss seiner Liebe zu Gott dem Herrn. „Liebe Gott über alles und deinen Nächsten, wie dich selbst!“ ist das Gebot des alten und neuen Bundes, dessen ersten Theil David hier vollbringt, während im Hauptbild der Heiland selbst das Beispiel der Erfüllung des zweiten gibt, indem er aus Mitleid mit der trostlosen Mutter das Wunder der Auferweckung des Jünglings von Nain verrichtet. Die aber mit dem hartherzigen

Schriftgelehrten die Frage stellen: „Wer ist mein Nächster?" denen antwortet der göttliche Meister mit der Parabel vom barmherzigen Samariter, die den Gegenstand der Lünette bildet. Auch die Gruppen der Seligkeiten zwischen den beiden Hauptbildern stehen im Zusammenhang mit dem Inhalt der letzteren. Die zur Linken bezieht sich auf den Spruch: „Selig sind die Barmherzigen!" die zur Rechten auf den Spruch: „Selig sind die Friedfertigen!" — Auf der Südwand bildet die Apostelgeschichte oder die Gründung der Kirche das Hauptthema. Desshalb veranschaulicht uns auch das Mittelbild über der Thüre, die von der Begräbnisshalle in den Dom führt, die Ausgiessung des h. Geistes am Pfingstfeste. Die Felder links sind dem Leben der beiden Apostelfürsten, die zur Rechten den Leiden der Bekenner Christi und dem Sieg des Evangeliums gewidmet. Auf dem ersten Hauptbilde der linken Seite sehen wir Petrus, der durch seinen Schatten im Vorbeigehen Kranke heilt, und in der Lünette, wie er die Tabitha aus dem Tode auferweckt. Zum Beweise aber, dass nicht eigene Kraft des Apostels, sondern der Geist Gottes diese Thaten wirkt, zeigt die Predella den Apostel in zwei Momenten seines früheren, noch nicht vom heil. Geist durchdrungenen Lebens, in der Verläugnung des Herrn und in seiner Kleingläubigkeit. Diesen Augenblicken menschlicher Schwäche des einen Apostels entspricht die Verblendung und der falsche Eifer, von dem der andere Apostelfürst Paulus zur Verfolgung der Christen angetrieben wurde. Diese blinde Verfolgungswuth schildert die Predelle des Nebenbildes, während die Hauptdarstellung uns Pauli wunderbare Bekehrung veraugenscheinlicht und die Lünette ihn in dem heiligen Eifer der weiteren Verbreitung des vordem von ihm verfolgten Christenthums, wie er zu Athen predigt, zeigt. In den Darstellungen zur Rechten des Hauptmittelbildes schildert dann der Künstler die grossen Schicksale der Kirche, ihre Kämpfe und Leiden, ihre Freuden und Triumphe. So bildet die Steinigung des heil. Stephanus, des ersten Blutzeugen, den Gegenstand des nächsten Hauptbildes, der verzweiflungsvolle Tod der Sünder den der Predella, und die Anbetung des Lammes durch die Heiligen des Himmels den der Lünette, während das Hauptbild daneben, um zu verdeutlichen, wie dem Leiden der Bekenner die Siege des Evangeliums über die Völker der Erde zur Seite gehen, Philippus zeigt, der den Kämmerer der äthiopischen Königin in der neuen, die alten Weissagungen erfüllenden Lehre unterweist, in der Lünette aber der Engel, der dem Heiden Cornelius erscheint und ihn zu Petrus sendet, dargestellt ist, die Predella jedoch, als Gegensatz, die Opposition des Heidenthums gegen die Kirche in den für ihre Industrie in Aufruhr gerathenen Goldschmieden von Ephesus veranschaulicht. Die zwischen den Bildern dieser Wand eingeschalteten Darstellungen von Seligkeiten erinnern an die Sprüche des Heilandes: „Selig sind die Sanftmüthigen!" und: „Selig sind, die reines Herzens sind!" — Endlich vergegenwärtigt uns die vierte und letzte, die nördliche Wand: das Ende des Irdischen und den Uebergang zum Ewigen, die letzten Dinge des Menschengeschlechts, des Meisters grösste Schöpfungen, in denen es ihm gelang, die apokalyptischen Anschauungen vom Untergange der Welt und dem Neubau einer verklärten, seligen, so klar und kräftig, so maassvoll und schön in die bildende Kunst zu übertragen. Das Mittelbild stellt Christus als Weltrichter dar, indem er unter dem Gleichniss von den klugen und thörichten Jungfrauen die Guten von den Bösen scheidet, während die vier Seitenbilder die letzten Dinge selbst schildern und zwar so, dass die zwei zur Linken des richtenden Christus die Scenen des Zorns und der Strafe, die zwei zur Rechten aber die der Hoffnung und des Heils versinnlichen und, noch näher sich entsprechend, das äusserste rechts vom Beschauer den Untergang des Fleisches, das äusserste links die Auferstehung der Todten, von den beiden inneren das eine rechts den endlichen Sieg über das Böse in der Zerstörung des alten Babylons, das andere links die Gründung des neuen himmlischen Jerusalems veranschaulichen. Die Predellen der vier Seitenbilder sind einer fortlaufenden Versinnlichung des in Liebe thätigen Lebens, den Werken der Barmherzigkeit gewidmet. Das erste grosse Hauptbild: die Aussendung der vier apokalyptischen Reiter: der Pest, des Hungers, des Krieges und des Todes, ist eine der ergreifendsten Compositionen, in welcher das schrecklichste

Schicksal der Welt eben so gewaltig als edel und erhaben ausgedrückt ist (nach dem Carton gest. v. J. Thäter). In der Lünette darüber sieht man die sieben Engel mit den Zornschalen Gottes. Diesem Bilde entspricht mit dem Worte der Beruhigung das entgegengesetzte am anderen Ende: das Bild der Auferstehung der Todten auf den Ruf Gottes (der in der Lünette erfolgt). Der Engel des Gerichts sitzt aber noch mit verschlossenem Buche auf einem Hügel und Leben und Wiedersehen werden nur berührt von der Ahnung des bevorstehenden Gerichts. In der Lünette des rechts dem Mittelbilde sich anreihenden Feldes erscheint der Menschensohn auf einer Wolke mit der Sichel zur Erndte gerüstet, umgeben von den Engeln der Rache und des Gerichts. In dem Hauptbild darunter ist dann der Untergang des alten Babylons als Sinnbild der Strafe der Ungerechten in einfachen grossen und ergreifenden Zügen dargestellt. Links vom Mittelbilde dagegen sehen wir als Gegensatz die Vereinigung der Auserwählten zum Reiche Gottes im himmlischen Frieden, versinnbildlicht durch die Herabkunft des neuen Jerusalem in der Gestalt einer Jungfrau, die, geschmückt wie eine Braut für ihren Bräutigam, von zwölf Engeln getragen, vom Himmel niederschwebt, zu den verjüngten Geschlechtern der Erde, die ihrer harren. In der Lünette wird der Satan in den Abgrund gestürzt. Zwischen den Bildern des Zorns und der Strafe wird der Spruch: „Selig sind, die Verfolgung leiden um der Gerechtigkeit willen!", zwischen denen der Hoffnung und der Gnade, der: „Selig sind die Hunger und Durst haben nach der Gerechtigkeit!" durch die Gruppen der hieher bezüglichen Seligkeiten veranschaulicht.

Diess ist das grosse Werk, das gleich bei seinem Erscheinen als das schönste Denkmal der schöpferischen Kraft unserer, durch den mächtigen Genius dieses Meisters repräsentirten lebenden deutschen Kunst begrüsst und bewundert wurde. Man findet darin denselben erstaunlichen Reichthum der Erfindung, die überwältigende Grossheit in der Conception, den Adel und die Würde der Gestalten, dieselbe gewaltige Charakteristik, dieselbe Tiefe der Erfindung und des Ausdrucks, die grosse architektonische Strenge neben grösster Freiheit der Anordnung und denselben grossstylistischen Vortrag, wie in seinen früheren Werken. Wenn Cornelius aber in jenen Darstellungen zuweilen einer Neigung zum Ueberkräftigen nachgegeben hat, wenn wir in ihnen neben dem Grossen und Erhabenen auch Herbes, Schroffes, Angestrengtes finden, so herrscht dagegen in den Compositionen zu der Friedhofshalle in Berlin bei der grössten Energie eine Milde, Gelassenheit und Schönheit vor, wie sie der Genius nur in seinen glücklichsten Weihestunden schafft. Die Bilder sind geboren, nicht aus einem noch ringenden, sondern aus einem vollendeten Geist, der mit der höchsten Reife der Erfahrung die Frische der Jugend paart. Mit allen diesen Vorzügen verbindet der Meister eine Sicherheit und maassvolle Bestimmtheit, die jeder Scene eine Wirkung von schlagender dramatischer Kraft gibt, ein edles stylistisches Gesetz, das sowohl in dem Rythmus der Gruppen, als in der Behandlung der Gewandung überall vorwaltet. Ausserdem hat er, neben der durchaus freien, neuen und selbstständigen Auffassung bekannter Scenen, mehrere andere und vorzüglich bedeutende dargestellt, die dem Kunstgebiet ganz neue Anschauungen zuführen, und doch ist das Ganze in einer Stimmung gehalten, in der wir durchgängig den Ton der heiligen Schriften selber wieder erkennen.

Seit der im Jahre 1846 erfolgten Rückkehr des Meisters aus Rom, war Cornelius emsig beschäftigt, diese seine Entwürfe zu dem grossartigen Bildercyklus aus der Blüthe der ersten Skizze in kleinem Maassstab zu prachtvollen kolossalen Cartons auszuarbeiten, deren jedem nach seiner Vollendung immer begeistertere Bewunderung gezollt wurde, die jedoch leider immer noch auf die Mauer warten, die ihre Uebersetzung in Farbe tragen soll.

Ausser diesen herrlichen, die vollste Thätigkeit des Künstlers in Anspruch nehmenden Werken, fand Cornelius aber immer noch Zeit zur Ausführung verschiedener anderer kleinerer und grösserer Arbeiten. So fertigte er unter Anderem, ausser einzelnen Zeichnungen für literarische Werke, dem Titelblatt für einen Kalender: die vier Jahreszeiten im Sinne der christlichen Religion aufgefasst, Compositionen zum neuen Testament u.s.w., die Entwürfe zu mehreren Medaillen: zu einer Ehrendenkmünze auf Alex. v. Humboldt, zu einer Denkmünze zum Andenken der neuen politischen Entwicklung Preussens, zu einer Medaille zur Erinnerung an das tausendjährige Bestehen des deutschen Reichs, zu einer Denkmünze auf die Säcularfeier der Universität Königsberg, zu einer kleineren Medaille zur Vertheilung für vorzügliche gewerbliche Leistungen bestimmt, zu einer Denkmünze zu Ehren des Grafen von Brandenburg u.s.w.; dann führte er die Cartons zu drei Glasfenstern für die heilige Blutskapelle im Dom zu Schwerin: die Himmelfahrt Christi mit Maria und Johannes dem Evangelisten, Petrus und Paulus, und Moses und Jesaias, den Repräsentanten des neuen und alten Bundes, in Farben aus, machte auch die Entwürfe zu dem unter seiner Leitung von Teschner ausgeführten Carton zu einem Glasgemälde für den Dom zu Aachen, mit einer Darstellung der Krönung Mariä.

Im Jahre 1853 begab sich Cornelius abermals nach Rom, um wiederum neue und umfassende Pläne zur Ausführung zu bringen. Es handelte sich nämlich um die Anfertigung einer Composition für die 90 Fuss hohe Absis des neuen Domes zu Berlin, die Vorbereitungen zum jüngsten Gericht darstellend. Diese Arbeit, die grösste und umfangreichste des Meisters, ist nahezu beendigt und soll künstlerisch noch höher stehen als Alles, was Cornelius bis jetzt geschaffen. Die Neuheit der Idee des Darzustellenden soll dem Künstler eine glückliche Gelegenheit gegeben haben, seinen schöpferischen Geist in seiner ganzen Macht- und Schönheitsfülle zu entfalten, um so mehr, als er durch die gestellte Bedingung: die königliche Familie in die Darstellung zu verflechten, die schwierige Aufgabe taktvoller Verbindung der göttlichen Welt mit der momentanen Wirklichkeit zu erfüllen hatte. Wegen der überraschenden Besiegung dieser Schwierigkeit, durch tief poetische Uebergänge, in der höchst gelungenen und einfachen Entwicklung des Ganzen, wie des monumentalen Styls, der an die Strenge und Grossartigkeit altchristlicher Mosaiken erinnern soll, wird diesem neuesten Werke des Künstlers von denen, die es gesehen, bereits die allgemeinste Bewunderung gezollt. Möge es dem Meister, der gegenwärtig noch in Rom weilt, vergönnt sein, seine begonnenen Arbeiten im Vaterlande der Vollendung entgegenzuführen, zum unvergänglichen Ruhme ihres Urhebers, zur ewigen Ehre deutschen Namens!

Bildnisse des Meisters sind viele bekannt, am besten aber ist er in einem Medaillon von dem Bildhauer Afinger in Berlin und in den deutschen Zeitgenossen nach Biow's Lichtbildern dargestellt. Beide Porträts schildern die Physionomie des Künstlers mit dem scharfdringenden Adlerblick, in der sich Milde mit Kraft, Bescheidenheit mit Würde paaren, auf's Meisterhafteste.

Cornelius ist Mitglied der Akademien zu Berlin, Kassel, München, Wien, zu Antwerpen, zu Florenz, im Haag und zu Paris. Ausser dem angeführten bayrischen Orden wurde ihm der Orden pour le mérite, zu dessen Vice-Ordenskanzler er zugleich ernannt wurde, der Orden der Ehrenlegion, der schwedische Nordsternorden und vom Papst der Piusorden verliehen. Ueberdiess sandte ihm die philosophische Fakultät in Münster das Ehrendiplom eines Doktors der Philosophie zu, worin er bezeichnet wird, als „einer der ersten Künstler unseres Zeitalters, dessen unsterbliche Werke so lange dauern werden, als man Kunst und Wissenschaft, Tugend und christliche Frömmigkeit zu ehren wissen werde".

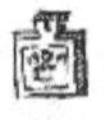

Die nebigen Zeichen sieht man auf Zeichnungen des Meisters und auf Kupferstichen nach seinen Bildern.

Cornet, Jacobus Ludovicus, ein tüchtiger Genremaler, geb. 1815 zu Leyden, der die Malerei bei van den Broek erlernte und seit 1841 zart und fein in der Manier des G. Dow behandelte Genrebilder auf die Kunstausstellungen liefert. Man hebt unter ihnen besonders hervor: den Schützenkönig; Rembrandt mit seinen Eltern in der Mühle bei Koudekerk; eine Einquartirungsscene (1848); die Studierstube des Dichters J. van Vondel (1851).

Corniole, Giovanni delle, siehe **Carniuole**.

Cornu, Sebastien, vorzüglicher Porträtmaler, ein Lyoner von Geburt und Schüler von Bonnefond, machte sich seit 1837 auf den Kunstaustellungen zu Paris durch seine ausgezeichneten Bildnisse voll Leben, Wahrheit und Farbe einen geachteten Namen. 1845 erhielt er für seine ausgestellten Arbeiten den goldenen Preis erster Klasse.

Coroebus, siehe **Koroebos**.

Corona, Jacob Lucius, ein Formschneider aus Kronstadt, der biblische Gegenstände und Porträts schnitt. Eines seiner besten Blätter ist: Joseph und die Potiphar (1557). Er bezeichnete seine Arbeiten mit den Anfangsbuchstaben J. L. C. T. (Jacopus Lucius Corona Transylvanus), mit dem Namen: Jacob Siebenbürgen oder nachfolgenden Monogrammen.

Corona, Leonardo, ein Maler aus Murano, geb. 1561, gest. zu Venedig 1609, bildete sich durch das Studium der Werke Tizian's und besonders Tintoretto's, die er so genau zu copiren wusste, dass Kenner selbst sie für Originale hielten. Er malte für Kirchen und Paläste, war übrigens auch in seinen eigenen Bildern ein Copist Tintoretto's. Einige derselben sind mit nebigem Monogramm bezeichnet.

Corot, Jean Baptiste, geb. 1796, ein Schüler Bertin's, bildete sich zu einem der ausgezeichnetsten französischen Landschaftsmaler aus, in dessen, seit 1827 auf den verschiedenen Kunstausstellungen erschienenen Bildern sich ein höchst bedeutendes Talent ausspricht. Sie sind von Poesie und inniger Empfindung durchdrungen, imponiren durch den würdigen Ernst der Composition und schwimmen in Licht, Duft und Glanz; doch sind sie nicht immer frei von einem gewissen Haschen nach Effekt und ermangeln der Bestimmtheit und Schärfe im Einzelnen. Unter seinen sehr zahlreichen Landschaften sind diejenigen die schwächeren, in denen er sich einer idealeren Richtung und den Reminiscenzen der alten historischen Schule hingibt, wie in dem h. Hieronymus, der Hagar in der Wüste, dem Demokrit unter den Hirten. Wo er sich dagegen mehr an die Natur hält, sprechen sie durch die geistreiche Auffassung, kräftige Behandlung und beneidenswerthe Tüchtigkeit des Gesammtvortrags an, wie in seinem: Winter in der Campagna, und einigen anderen italienischen Ansichten; einer Flucht nach Aegypten und einer Umgegend von Neapel, zweien sanft elegischen Darstellungen der Waldeinsamkeit u. a. m.

Corradi, Domenico, siehe **Ghirlandajo**.

Corradini, Antonio, ein Bildhauer aus Este, der in der ersten Hälfte des vorigen Jahrhunderts thätig war, und sich durch seine sonderbaren Künsteleien in Marmor einen grossen Ruf verschaffte. Er gefiel sich in Verhüllungen der Körperformen durch Schleier, durch welche er dann die menschlichen Gesichtszüge oder sonstigen Körpertheile durchblicken liess. So sieht man u. A. von ihm in der Kirche S. Severo zu Neapel den todten Heiland, ganz in durchscheinende Linnen gewickelt und die Statue des Lasters in einem Netze, aus dem es sich vergeblich zu befreien sucht, Geschmacklosigkeiten, die nur das darauf verwendete Talent und eine nicht gewöhnliche Geschicklichkeit im Technischen bedauern lassen. -- Von ihm sind ferner auch noch die Statuen in dem von Fischer von Erlach erbauten Tempel der Vermählung Joseph's und der Maria zu Wien (1732).

Corradini, Bartolommeo, ein Dominikaner, genannt **Carnovale**, aus Urbino, war ein Zeitgenosse von Perugino und um 1474 in seiner Vaterstadt thätig, wo man in S. Bernardino noch eine Altartafel von ihm sieht. Er war einer der ersten, der Bildnisse in seine historischen Gemälde einführte. Bramante und Raphael sollen anfänglich nach ihm studirt haben, weil damals sich nichts Besseres in Urbino befunden.

Corrales, Juan Martinez de los, ein Miniaturmaler, der 1583—1590 mit der Ausschmückung der Chorbücher der Kathedrale zu Toledo beschäftigt war und an dessen Bildern man besonders die phantastischen Arabesken und das heitere Colorit rühmt.

Correa, D., ein spanischer Maler, von dem die Malereien über dem Hauptaltar des Bernardinerklosters von Valdeiglesias, Scenen aus der Leidensgeschichte darstellend (bezeichnet mit seinem Namen und der Jahrzahl 1550), herrühren. Diese und einige andere Gemälde hier und in der Umgegend, die von ihm sind oder ihm zugeschrieben werden, zeigen einen an den besten Mustern der florentinischen Schule gebildeten Styl.

Corr, Erin, Professor der Kupferstecherkunst an der Akademie zu Antwerpen, geb. 1805 daselbst, machte die ersten Studien in seinem Fach bei dem Kupferstecher Meulemeester, ging dann nach Paris und bildete sich dort unter Wedgwood und Forster aus. In's Vaterland zurückgekehrt, machte er sich durch seine vorzüglichen Arbeiten bald einen geachteten Namen. Im Jahr 1834 stach er das schöne Porträt des Königs von Belgien, nach Wappers, und später das der Königin von Belgien, nach A. Scheffer. Unter seinen übrigen Stichen rühmt man noch besonders: Hagar in der Wüste; Christus am Kreuz; das Bildniss des Kardinal-Erzbischof von Mecheln und acht Blätter nach den Bildern in Raphael's Logen zu Rom, die sein Lehrer Meulemeester unvollendet hinterlassen.

Correggio, siehe **Allegri.**

Correggio da, siehe **Bernieri.**

Correns, Erich, geb. zu Köln um 1820, bildete sich auf der Akademie zu München zu einem tüchtigen Maler und Lithographen aus. Namentlich rühmt man seine geschmackvollen Bildnisszeichnungen, zu denen besonders die des Königs Max und der Königin Maria von Bayern, das des Direktors Zimmermann u. s. w. gehören.

Correnzio, siehe **Corenzio.**

Corrodi, Salomon, aus Zürich, ein ausgezeichneter Landschaftsmaler, der die Anfangsgründe der Malerei bei Wetzel erlernte, sich aber namentlich in Italien weiter ausbildete. Zu den besten seiner durch die schöne poetische Auffassung und äusserst vollendete Behandlung ausgezeichneten Aquarellbilder, die man seit 1839 auf den Kunstausstellungen sah, gehören verschiedene seiner heimathlichen Natur entnommene Darstellungen, worunter besonders sein Comersee gerühmt wird, und seine Ansichten von Rom, Florenz, Venedig und aus den Golfen von Neapel und Salerno, Bilder von hoher Vortrefflichkeit.

Corso, Gio. Vinc., ein Maler aus Neapel, der sich in der Schule des älteren Amato und dann unter Pietro Perugino bildete, später nach den Werken des Andr. Sabbatini und Polid. da Caravaggio studirte, dann Gehülfe des Perin del Vaga in Rom wurde und 1545 starb. Die meisten seiner Bilder sieht man zu Neapel und es wird darunter besonders eine Kreuztragung Christi in der Kirche S. Domenico gerühmt.

Cort, Cornelius, einer der vorzüglichsten Kupferstecher seiner Zeit, geb. 1536 zu Horn in Holland, gest. 1578 zu Rom, war ein Schüler des H. Cock, für dessen Verlag er Anfangs, grösstentheils unter dessen Namen, verschiedene Kupferstiche nach Rogier van der Weyden, Michael Cocxie, Fr. Floris und H. Mostaert arbeitete. Berühmt geworden durch diese Stiche, reiste er nach Italien und liess sich vorerst in Venedig nieder, wo ihn Tizian gastlich in sein Haus aufnahm und einige seiner schönsten Compositionen von ihm stechen liess. Später ging er sodann nach Rom und entfaltete hier von 1571 an eine ausserordentliche Thätigkeit, indem er daselbst nicht nur eine grosse Anzahl der noch heute beliebten Kupferstiche nach Raphael, Polidoro Caldara, Franc. Salviati, Taddeo Zuccheri, Giulio Clovio, Muziano, F. Zuccaro, Fed. Baroccio stach, sondern auch eine Schule der Kupferstecherkunst gründete, in welcher sich viele junge Künstler zu tüchtigen Meistern in diesem Fache ausbildeten.

Es ist das unbestreitbare Verdienst des Corn. Cort, der bisher nur im Kleinen geübten Kupferstecherkunst durch Anwendung und Ausbildung neuer technischer Mittel einen viel grösseren Wirkungskreis eröffnet zu haben. Einerseits nehmen seine halbschattirten in einer freieren als der bisher üblichen Manier gearbeiteten Kupferstiche einen bedeutend grösseren räumlichen Umfang als die bisher gekannten ein, anderseits befolgte er darin einen grossartigeren Styl des Vortrags. Er führte einen ebenso leichten als breiten und markigen Stichel, der sich besonders im Baumschlag, überhaupt in der Landschaft, mit bewunderungswürdiger Freiheit bewegt. Nur die Farbe gelang es ihm noch nicht seinen Stichen zu geben, doch soll auch er schon auf dem Wege der später von den Rubens'schen Stechern geübten Kunst gewesen sein.

Zu den besten seiner aus 151 Blättern bestehenden Kupferstichen zählt man: Prometheus (1566), die Dreieinigkeit (1566), die Schwangerschaft der Calisto (1566), und die Marter des h. Laurentius (1571), nach Tizian; Moses und Aaron (1567), die Dummheit auf dem Throne, umgeben von der Tyrannei und Bosheit (1572), und die Erscheinung des h. Geistes (1574), nach F. Zuccaro; die Anbetung der Hirten (1567) und die Verkündigung (1571), nach Taddeo Zuccaro; die Anbetung der Hirten, nach Caravaggio; eine h. Familie, nach Baroccio; die Steinigung des h. Stephanus, nach M. Venusti (1576); die Schlacht der Perser und ihrer Elephanten, welche die Feinde zertreten (1567) und die Transfiguration (1573), nach Raphael; die Akademie, nach Stradanus (1578) u. s. w. — Er führte auch einige Stiche nach eigenen Compositionen aus. Seine Blätter sind mit C. C. f., Corn. Co. f. oder mit nebigem Monogramm bezeichnet.

Cort, Hendrik de, ein Landschaftsmaler, geb. zu Antwerpen 1742, gest. zu London 1810, war ein Schüler von C. Herreyns und H. J. Antonissen und begab sich 1790 nach England, wo er Städteansichten, Kirchen, Ruinen u. dgl., welche er meist durch andere Meister staffiren liess, mit vieler Naturwahrheit malte, auch eine grosse Anzahl Sepiazeichnungen fertigte. In der Gallerie des Belvedere zu Wien ist von ihm eine Ansicht des alten Schlosses Temsch an der Schelde bei Antwerpen (1774).

Corte, Juan de la, geb. 1597 zu Madrid, gest. daselbst 1660, erlernte die Malerei in der Schule des D. Velasquez und eignete sich in derselben einen tüchtigen Vortrag und guten Geschmack im Colorit an. Er malte Bildnisse und Historien, zeichnete sich aber namentlich in Schlachten aus. — Sein Sohn Gabriel, geb. 1648, war ein geschickter Blumenmaler, starb aber in grossem Elend 1694.

Corte, Valerio, aus Pavia, malte unter Tizian's Leitung tüchtige Bildnisse und liess sich später in Genua nieder, wo er 1530 in seinem 50. Jahre im grössten Elend starb. Er schrieb auch das Leben seines Freundes Cambiaso. — Sein Sohn Cesare erlernte die Malerei bei Cambiaso und malte für Sammlungen und Kirchen Bildnisse, Geschichts- und Kirchenbilder, die nicht ohne Verdienst sind. Er starb 1613 in seinem 63. Jahre. — Sein Sohn Davide, gest. 1657, war ebenfalls Maler und copirte die Werke berühmter Meister auf eine höchst täuschende Weise.

Cortenbach, Ivan von, nennt sich der Maler eines im Charakter der Nürnberger Schule gemalten Bildes vom Jahr 1494 in der Marienkirche zu Colberg. (Siehe Kugler's Pommer'sche Kunstgeschichte.)

Cortese oder **Cortesi,** siehe **Courtois.**

Cortona, Pietro da, siehe **Berrettini.**

Cortot, Jean Pierre, ein tüchtiger Bildhauer, Mitglied der Akademie, Ritter der Ehrenlegion und Professor an der Ecole des beaux arts zu Paris, geb. 1787, gest. 1843, war ein Schüler des jüngeren Bridan besuchte zu seiner Weiterbildung sodann Italien und galt bald nach seiner Rückkehr für einen der vorzüglichsten Künstler seines Fachs. Seine Landsleute bewunderten vornehmlich in seinen zu immer höherer Vollendung reifenden Werken ein eifriges Studium und eine grosse Kenntniss der Anatomie des Menschen, ein ausgebildetes Gefühl für Klarheit der Anordnung und ein wohlthuendes Maass in der Wärme des Ausdrucks, ein grosses Geschick, sich in der Formengebung an die klassische Sculptur anzuschliessen und namentlich eine seltene Schönheit und Reinheit des Styls in der Gewandung, und sie behaupten, dass namentlich sein Beispiel sehr viel zur Erhebung und Läuterung der französischen Bildhauerkunst beigetragen. Seine zahlreichen Arbeiten zieren Kirchen, Paläste, öffentliche Plätze und Gärten und man zählt unter die schönsten von ihnen: den von Apollo verwundeten Hyacinth; die Statue der h. Katharina und einen Ecce homo in der Kirche S. Gervais zu Paris; die h. Jungfrau mit dem Kinde in der Kirche zu Arras; Daphne und Chloë, eine besonders durch die Feinheit und Lieblichkeit der Köpfe ungemein ansprechende Marmorgruppe in der Gallerie Luxembourg; die Marmorgruppe der Marie Antoinette in der Chapelle expiatoire in der Rue d'Anjou-Saint

Honoré; die Statue der Unsterblichkeit im Pantheon; mehrere Bildnissstatuen und Porträtbüsten; Grabdenkmäler mit figürlichem Schmuck; einige Basreliefs am Triumphbogen de l'Etoile, im Giebelfeld der Deputirtenkammer u. s. w.

Cosimo, Piero di, ein Maler aus Florenz, geb. 1441, gest. 1521, war der Sohn eines Goldschmied's Namens Lorenzo und der Pflegsohn und Schüler des Cosimo Roselli, nach welchem er Piero di Cosimo genannt wurde. Er bekleidete seinen Lehrer nach Rom, wo er ihm bei seinen Malereien in der Sixtina half und ausserdem eine Menge Bildnisse berühmter Personen ausführte. Nach seiner Rückkehr nach Florenz fertigte er theils für Kirchen, theils für Privatpersonen viele Bilder in Fresco, Tempera und Oel, aus der biblischen Geschichte, der Mythologie oder nach eigener Erfindung. Durch alle diese seine Gemälde geht das Streben nach naturalistischer Durchbildung, namentlich des Nackten, nach jener rein sinnlichen Schönheit der Form, wie wir sie bei den lombardischen Meistern der letzten Decennien des 15. Jahrhunderts erblicken. Damit suchte er sodann die Vorzüge des Leonardo da Vinci, mit dem er sich überall gerne zu messen bemühte, zu verbinden, was ihm auch im Helldunkel und in der Weichheit der Modellirung hie und da mit Erfolg gelang; aber es fehlt ihm fast durchweg der innere Adel und das hohe Schönheitsgefühl jenes grossen Meisters. So heiter und poetisch er oft in der Auffassung sein konnte, so phantastisch wird er hin und wieder, was mit der abenteuerlichen Lebensweise des bizarren Mannes zusammenhing, der sich oft völlig von der Welt zurückzog und in der äussersten Entbehrung von rohen Speisen lebte, oft auf die ungebundenste Weise dem Leben huldigte, sich den sonderbarsten Carnevalsbelustigungen hingab u. s. w. Im Uebrigen zeichnen sich seine Bilder durch die liebevolle Vollendung und besonders durch die grosse Ausbildung der Landschaft aus.

Hauptbilder von Cosimo findet man namentlich in Florenz. Sein bestes Bild: die Empfängniss Mariä mit sechs Heiligen (für die Servitenkirche gemalt, jetzt in den Uffizien) ist von ausserordentlicher Gediegenheit der Composition und der Charaktere. Ebendaselbst sieht man: die Geschichte des Perseus in vier Bildern, welche trotz mehreren phantastischen Wunderlichkeiten voll reizender Einzelheiten sind. Für das Spital des florentinischen Findelhauses (agli innocenti) malte er eine Madonna auf dem Throne von Heiligen und Engeln umgeben, jetzt in der kleinen Gallerie dieser Anstalt aufgestellt (gest. in der Etruria pittr.), und für S. Pier Gattolini: eine Krönung der Maria (wahrscheinlich das derzeit im Louvre befindliche Bild des Meisters). Die Casa Nerli im Borgo S. Niccolo bewahrt ein Bild: Mars und Venus mit Liebesgöttern, einen Gegenstand, den er mehrfach behandelte, denn man findet ihn auch in einem Temperabild im Berliner Museum, das ausserdem noch ein reizendes Bildchen des Meisters: Christus und Johannes der Täufer als Knaben, von Cosimo, besitzt. Auch in der Kirche S. Francesco zu Fiesole soll sich noch ein Altarbild mit der Aufschrift: Pier di Cosimo 1480 befinden.

Piero di Cosimo hatte viele Schüler, unter denen Andrea del Sarto der vorzüglichste war.

Literatur. Vasari, Leben der ausgezeichnetsten Maler, Bildhauer und Baumeister. — Rumohr, Italienische Forschungen. — Kugler, Handb. der Geschichte der Malerei. — Burckhardt, Der Cicerone.

Cosimo di, Andrea, siehe **Feltrini**.

Cosmaten, werden die Künstler aus der römischen Steinmetzenfamilie Cosma genannt, welche vom Schlusse der Periode des romanischen Styls, etwa von der Mitte des 12. Jahrhunderts an thätig waren, und sich in Werken architektonischer Dekoration, in Tabernakelarchitekturen über Altäre und Grabmäler, in Ambonen und Arkadenbauten von Klosterhöfen auszeichneten. Der älteste bekannte Cosmat ist Lorenz, der mit seinem Sohne Jacob in der zweiten Hälfte des 12. Jahrhunderts die Hauptthüren von Civita Castellana und von Falleri, ferner (vor 1205) die Ambo S. Maria in Araceli ausführte. Sein Sohn Jacob fertigte laut Inschrift 19 Säulen nebst den Kapitellen in S. Bartolommeo auf der Tiberinsel, die Seitenthüre in Cività Castellana und die Thüre von S. Saba (1205); ferner mit seinem Sohne Cosma den herrlichen Porticus von Civita Castellana (1210) und das Thor von S. Tommaso in

Formis (nach 1218). Den letzteren Cosma sehen wir dann 1230 allein und mit seinen Söhnen in der Krypta der Hauptkirche zu Anagni thätig. Mit den letzteren, Luca und Jacob, erbaute er auch 1235 den Klosterhof von S. Benedetto zu Subiaco, der sich durch die Eleganz seiner Verhältnisse auszeichnet. Bald darauf tritt wieder ein Cosma, ein zweiter dieses Namens, auf, von dem aber keine hinterlassenen Werke bekannt sind. Dagegen hatte derselbe drei Söhne: Jacopo, Deodato und Giovanni, von denen Deodato 1277 die Kapelle Sancta Sanctorum im Lateranischen Palast (bereits dem gothischen Styl angehörig) erbaute, das Tabernakel von S. Maria in Cosmedin fertigte, in S. Jacopo alla Lungara thätig war und die Reliquienverschliessung in S. Maria in Portico ausführte. Von Giovanni endlich sieht man noch mehrere aus Sculpturen im edel germanischen Styl und aus Mosaiken bestehende Mausoleen, und zwar in S. Maria maggiore das des Bischofs Durandus (1296), des Kardinals Consalvo (gest. 1299), ferner ein drittes in S. Balbina (1303) und das Grabmal des Papstes Honorius IV., rechts vom Hochaltar in S. Maria in Araceli. Endlich wurde der in reichster Pracht erscheinende Klosterhof von S. Paolo fuori le mura zu Rom in der ersten Hälfte des 13. Jahrhunderts von zwei Meistern des Namens Petrus und Johannes ausgeführt, die ebenfalls als Glieder oder Zöglinge der Cosmaten-Familie betrachtet werden.

Literatur. De Witte, Ueber die Cosmaten, Kunstblatt, Jahrg. 1828, Nro. 41. — Dr. Gaye, Kunstblatt, Jahrg. 1839, Nro. 61—64.

Cosme, siehe **Tura**.

Cossa, Francesco, einer der vorzüglichsten Maler seiner Zeit, der zu Ferrara das Licht der Welt erblickte, aber die grössere Hälfte seines Lebens in Bologna zubrachte. Von ihm sieht man in der Kirche del Baracano daselbst ein Frescogemälde mit der Jahrzahl 1450 und in der dortigen Pinakothek ein Temperabild auf Leinwand, eine grosse Madonna mit Heiligen vom Jahr 1474, von einfach derber Auffassung der Natur in der paduanischen Manier der damaligen Zeit. Er bildete eine zahlreiche Schule, von seinen Lebensumständen ist aber sonst nichts bekannt.

Cossiau, auch **Cosziau** geschrieben, **Jan Jost van**, geb. 1654 zu Breda, gest. 1732, ein Landschaftsmaler, der sich in seinen Bildern namentlich auf die Nachahmung des Gaspard Poussin legte. In der Pinakothek zu München sieht man eine grosse Landschaft von ihm.

Cossiers, Johannes, Genre- und Historienmaler, geb. 1603 zu Antwerpen, gest. 1652 als Direktor der Akademie daselbst, erlernte die Malerei bei Cornelis de Vos, und erlangte darin binnen kurzer Zeit einen so grossen Ruf, dass er vielfach von fremden Höfen beschäftigt wurde. Er malte meistens Kirchenbilder, von denen man in den Kirchen und Museen seines Vaterlandes noch verschiedene sieht.

Cossutius, ein römischer Baumeister, der unter der Regierung des Antiochus Epiphanes, Königs von Syrien (reg. 176—164 v. Chr. Geb.), welcher die nöthigen Geldmittel dazu vorschoss, den von Antistates, Kalläschros, Antimachides und Porinos unter der Herrschaft der Pisistraten begonnenen Tempel des olympischen Zeus zu Athen korinthisch umbaute. Er errichtete die Cella, liess die Säulen setzen und bestimmte die Verhältnisse von Gebälk und Giebel. Der kolossale Bau wurde aber erst unter Hadrian vollendet.

Cossutius Cerdo nennt sich ein Künstler auf zwei in Civita Lavigna gefundenen antiken Statuen von Panisken, Jünglingen mit spitzen Ohren und kleinen Hörnern, aber von einem mehr weichen und zarten, als sinnlichen und thierischen Ausdruck, Arbeiten, der Zeit um 135—75 v. Chr. G. angehörig, von correkter Zeichnung und sorgfältiger Durchbildung.

Costa, Andrea, ein Maler aus Bologna, der sich in der Schule der Caracci bildete und sich in Malereien für die S. Casa in Loretto ausgezeichnet haben soll.

Costa, Fermo, ein Maler, der im Jahr 1531 mit anderen Künstlern von Giulio Romano im Pal. del T. zu Mantua beschäftigt wurde.

Costa, Girolamo, der Bruder des Ippolito, geb. 1529, gest. 1595, ein Maler, dessen Lebensumstände unbekannt sind, und von dem man nur weiss, dass er zwei

Söhne hatte, Francesco und Alessandro, die ebenfalls Maler waren und 1575 an der Pest starben.

Costa, Ippolito, Maler aus Mantua, geb. 1506, gest. 1561, war zwar kein Schüler des Giulio Romano, ahmte aber dessen Manier nach. Er eröffnete eine Schule in seiner Vaterstadt, welche u. A. auch von Bernardino Campi besucht wurde.

Costa, Lorenzo, ein tüchtiger Maler seiner Zeit, geb. 1460 zu Ferrara, gest. 1535 zu Mantua, erlernte die Malerei in seiner Vaterstadt nach den Grundprincipien der damaligen paduanischen Schule, bildete sich aber später in Florenz nach Filippo Lippi und in der Schule des Benozzo Gozzoli weiter aus, kehrte hierauf in seine Vaterstadt zurück, und malte hier und in Ravenna verschiedene Bilder für Kirchen in Oel und Fresco, auch mehrere Porträts des Herzogs von Ferrara und einiger Edelleute des dortigen Hofs. Von Giov. Bentivoglio, dem damaligen Machthaber der Stadt, nach Bologna berufen, fertigte er, nachdem er vorher schon für mehrere Kapellen von S. Petronio daselbst einige Gemälde auf Leinwand und Holz ausgeführt (meist in verdorbenem Zustand noch daselbst vorhanden), für jenen eine Reihe von Fresken, sowohl in dessen Palast (im Jahr 1507 sämmtlich zu Grunde gegangen), als in der Kapelle Bentivogli in der Kirche S. Giacomo maggiore, welch letztere er mit einer thronenden, von der gesammten Familie des Stifters verehrten Madonna, mit der Jahrszahl 1488, begann, einem Bilde (abgebildet in Litta's Famiglie celebri italane), das noch die einfach derbe Auffassung der Natur nach paduanischer Weise zeigt und von dem man erzählt, dass es den Francia veranlasst habe, die Goldschmiedekunst, der er sich bis daher gewidmet, aufzugeben und sich der Malerei zu widmen. Costa half hierauf Letzterem, der ihn in kurzer Zeit an Schönheit und Adel, an Würde und Schwung in seinen Werken überflügelt hatte, so dass sich Costa sogar auf einem Bildnisse des Giov. Bentivoglio selbst als Schüler Francia's bezeichnete, an seinen Bildern in der Kirche S. Cecilia, im Palaste des Giov. Bentivoglio u. s. w. Bologna besitzt übrigens noch manche andere tüchtige Beweise seines dortigen Aufenthalts. So sieht man in der genannten Kapelle Bentivogli noch zwei grosse allegorische Darstellungen, den Triumph des Lebens und den Triumph des Todes, in denen sich, wenn man auch noch eine wärmere Belebung der Gestalten vermisst, schon gewisse gemüthliche Motive bemerkbar machen, die bereits auf seine spätere Entwicklung unter Francia's Einwirkung hindeuten, und einige andere Bilder, in welchen dieselbe mehr oder minder deutlich hervortritt. Zwischen die Ausführung zweier anderer mit Namen und Jahrszahl bezeichneten Gemälde zu Bologna, des schönen, gut gezeichneten und ausdrucksvollen Oelbilds der Madonna in trono mit den h. h. Sebastian, Jacob, Georg und Hieronymus mit der Jahrszahl 1492 in der Kapelle Rossi in S. Petronio und der Altartafel mit der Madonna, dem Evangelisten Johannes, St. Augustin und anderen Heiligen vom Jahre 1497, fällt Costa's Aufenthalt in Ferrara, wo er eine Schule gründete. Im Jahr 1499 malte er aber schon wieder zu Bologna die Predella des Hochaltars in der Kirche della Misericordia, eine Anbetung der Könige darstellend (gegenwärtig in der Brera zu Mailand), zu der Francia das Hauptbild geliefert hatte, und zu Anfang des 16. Jahrhunderts finden wir ihn daselbst in voller Thätigkeit. Zu den trefflichsten von ihm dort ausgeführten Bildern, die den Einfluss des Francia, aber zugleich verschmolzen mit den Ergebnissen seiner früheren Studien in Florenz, namentlich auch nach den Werken des Leonardo da Vinci, zeigen, gehören: eine Darstellung im Tempel (mit der Jahrszahl 1502) im Museum zu Berlin (woselbst auch noch ein kleineres Bild desselben Inhalts), die in der Farbe grosse Aehnlichkeit mit den Bildern des Francia hat, und ein Altargemälde in der Pinakothek zu Bologna von demselben Jahr, der h. Petronius auf dem Throne, die Stadt Bologna auf der Hand haltend, neben ihm die h. h. Franciscus und Thomas, ein Bild von einfacher Würde und Schönheit. Auch schreibt man ihm einen heil. Sebastian über der Sakristei in der Kirche della Misericordia zu Bologna vom Jahr 1503 zu. Eine Grablegung im Museum zu Berlin, eine Composition voll schlichter harmonischer Ruhe, mit edlen, milden Gestalten, trägt seine gewöhnliche Inschrift: Lavrentius Costa und die Jahrszahl 1504. Endlich ist eines seiner merkwürdigsten

Gemälde das aus 5 Theilen bestehende frühere Hauptaltarbild der Kirche delle Grazie zu Faenza, das später in die Gallerie Ercolani zu Bologna kam und sich jetzt im Privatbesitz befindet, mit der Jahrszahl 1505 bezeichnet.

Costa blieb bis 1509 in Bologna, in welchem Jahre er von Francesco Gonzaga, Marchese von Mantua, an seinen Hof berufen wurde, woselbst er bis zu seinem Tode verweilte. Hier malte er in Oel- und Wasserfarben den Marchese und die Marchesin, theils allein, theils mit ihren Söhnen oder anderen vornehmen Herren und Damen in mythologische Darstellungen verflochten, in welchen sie die Hauptrolle spielen, auch einige Bildnisse der herzogl. Familie (sämmtlich bei Eroberung und Plünderung von Mantua im Jahr 1630 zu Grunde gegangen). Die von ihm während der Gefangenschaft des Marschese Giov. Francesco II. von Mantua in Venedig gemalten Bildnisse seiner Gemahlin Isabelle d'Este und seiner Tochter Leonore sind ebenfalls nicht mehr vorhanden. Ferner führte er 1525 für die Kirche S. Silvestro eine grosse Madonna mit Heiligen aus, jetzt in der Kirche S. Andrea, in deren Vorhalle auch noch zwei von Costa al fresco gemalte Medaillons zu sehen sind. Ausser den genannten Bildern sieht man von ihm zu Bologna noch in S. Petronio: ein Temperabild, den heil. Hieronymus darstellend (dieses Bild wird von Einigen für ein Werk des Francesco Costa gehalten), und ein anderes mit dem h. Vincenz in der Casa Aldrovandi (die Staffel ist von Ercole Grandi); eine Verkündigung und die Apostel in Lebensgrösse, letztere von grossartigem Styl und kräftiger Farbe; ein Bildniss des Andrea Bentivoglio (1520), in der Bibliothek des Instituts; eine Madonna in der Glorie zwischen Gott Vater und Sohn, darunter Heilige, ein Bild, das Costa nach der Zeichnung des Francia gemalt haben soll, am Hochaltar von S. Giovanni in monte; die Lünette einer für die Kirche S. Francesco gemalten, aber zu Grund gegangenen Altartafel, einen todten Christus zwischen zwei Engeln darstellend, in der Pinakothek der Akademie; die Himmelfahrt Mariä in S. Martino maggiore. — Ausserhalb Italiens trifft man wenige Bilder von ihm. Doch besitzt das Louvre in Paris ein vortreffliches Gemälde von Lorenzo: Amor, der Isabella, die Tochter Herkules I., Herzogs von Ferrara, krönt (wahrscheinlich um 1510 gemalt), eine höchst anziehende und gemüthliche Idylle, voll schöner poetischer Motive und in einem warmen, sehr gesättigten Ton mit seltener Feinheit ausgeführt.

So wenig Costa in den meisten dieser Bildern seiner entwickelteren Künstlerschaft an Kraft der Farbe, an Wissen, Energie und Breite, an Schönheitssinn und Seelenausdruck, mit Francia wetteifern kann, so kommt er ihm doch in seinen glücklichsten Leistungen an Grazie, Heiterkeit, Reinheit und manchmal sogar an Tiefe gleich. Ausgezeichnet sind die landschaftlichen Gründe in seinen Bildern. Sie sind wahrer und kräftiger in der Farbe, mannigfaltiger in den Formen und breiter behandelt als die des Perugino, so dass man versucht wird anzunehmen, Costa habe landschaftliche Bilder von Tizian vor Augen gehabt.

Dass Lorenzo Costa sich auch im Kupferstich und zwar mit vielem Glück versucht, davon gibt ein Blatt Zeugniss, welches die Darstellung des göttl. Kindes im Tempel zum Gegenstande hat. Es ist mit feinem künstlerischem Gefühl und sehr bestimmt in der Vertheilung von Licht und Schatten behandelt und ist überhaupt eine sehr tüchtige Arbeit. Es ist bis auf wenige Abweichungen dieselbe Composition, wie das erwähnte Bild im Berliner Museum.

Die Zahl von Costa's Schüler soll sich auf 220 belaufen haben. Seine besten waren: Ercole Grandi, Lodovico Mazzolino und die beiden Brüder Dosso.

Literatur. Vasari, Leben der ausgezeichnetsten Maler, Bildhauer und Baumeister. — O. Mündler, Essai d'une analyse critique de la notice des tableaux italiens au Louvre. Paris, 1850.

Costa, Lorenzo, der Jüngere, ein geschickter Maler, geb. 1537, gest. 1583, der die Kunst bei seinem Oheim Ippolito erlernte und Taddeo Zuccaro im Jahr 1560 bei seinen Malereien im Belvedere zu Rom half.

Costa, Luigi, der Bruder des Girolamo und Ippolito, war ein schwacher Maler.

Costoli, Aristodemo, Professor der Bildhauerkunst in Florenz, ein tüchtiger Künstler, der sich aus dem Studium der Werke des Ghiberti und des Lucca della Robbia mit Hülfe aufmerksamer Beobachtung der Natur einen Styl gebildet, der Charakteristik und Naturwahrheit mit Schönheit der Formen vereinigt. Seine für die im naturwissenschaftlichen Museum zu Florenz im Jahr 1842 errichtete prachtvolle Tribüne zu Ehren Galilei's ausgeführte Statue dieses berühmten Astronomen zeichnet sich durch den männlichen Ernst und die ruhige Würde der Auffassung, treffende Charakteristik und lobenswerthe Ausführung aus. Auch sein Pegasus im Garten Boboli und einige Reliefs, eine Darstellung des „Gebet dem Kaiser, was des Kaisers ist u. s. w." und eine zur Madonna betende Familie, werden wegen der schönen Composition, der Wahrheit und Lebendigkeit des Ausdrucks, der Schönheit der Köpfe und der vortrefflichen Gewandung gerühmt.

Cosway, Maria, eine seiner Zeit sehr gefeierte Malerin, kam zu Livorno auf die Welt und verehlichte sich mit dem berühmten englischen Miniaturmaler Richard Cosway (gest. 1810). Sie malte historische, mythologische und allegorische Gegenstände, auch einige Kirchenbilder und Porträts.

Cotan, Juan Sanchez, geb. 1561 zu Alcazar de S. Juan, erlernte die Malerei bei Blas del Prado, trat aber 1604 in den geistlichen Stand und zwar in der Karthause del Paular, von der er 1612 in das Karthäuserkloster zu Granada übersiedelte, woselbst er 1627 starb. Seine Bilder athmen tiefe Bescheidenheit und Frömmigkeit, das Colorit ist äusserst lieblich, die Zeichnung correkt und in den Bewegungen seiner Figuren offenbart sich die grösste Seelenruhe. In den genannten beiden Klöstern sieht man viele seiner Bilder. In dem ersten stellte er meistens Scenen aus dem Leben der Jungfrau Maria, in dem letzteren Geschichten aus dem Leiden Christi dar.

Literatur. Bermudez, Diccionario historico de los mas illustres professores de las bellas artes in España.

Cotelle, Jean, der jüngere, geb. 1650 zu Paris, gest. daselbst 1708, der Schüler seines Vaters Jean, der ebenfalls Maler und Kupferstecher war (gest. 1676), hielt sich einige Zeit in Italien auf und war nach seiner Rückkehr in seine Vaterstadt als Historienmaler, Kupferätzer und Arbeiter in Schwarzkunst thätig. Zu seinen besten Stichen zählt man: 7 Blätter aus der Geschichte der Venus und Christus am Oelberg.

Cotes, Francis, geb. 1726, gest. 1770, war einer der vorzüglichsten englischen Porträtmaler, besonders in Pastellfarben.

Cotignola, Girolamo Marchesi da, ein tüchtiger Maler, geb. um 1480 zu Cotignola, gest. 1550 zu Rom, war ein Schüler Francia's, ahmte aber später vorzugsweise Raphael nach. Er malte in Bologna, woselbst man in der Pinakothek und in S. Michele in Bosco Bilder von ihm sieht, in Rom und in Neapel. Aus seiner früheren Zeit stammt eine Krönung Mariä mit Engeln im Berliner Museum, ein Gemälde von befangener Anordnung, aber von grossem Liebreiz in den Köpfen. In seiner späteren Malweise, die er zu Rom nach der dort üblichen umänderte, ist das Bild einer Madonna mit knieenden Ordensgeistlichen ausgeführt (ebenfalls im Museum zu Berlin), das namentlich vorzügliche Köpfe enthält. Eine Madonna in den Wolken, unten eine Conversation von Heiligen, lebendig bewegt, und von gewaltiger Wirkung, befindet sich in der Solly'schen Sammlung zu London.

Cotignola, Bernardino da,
Cotignola, Francesco da, } siehe **Zaganelli.**

Cotterill, ein trefflicher englischer Bildhauer, der sich namentlich in der Darstellung von Thieren, insbesondere von Pferden eine ungewöhnliche Geschicklichkeit erworben hat. Seinen Reiterangriff des Sir Bevil Granville in der Schlacht von Landsdownehill, ein ebenso schön gedachtes als behandeltes Werk, wurde 1837 für den Marquis von Chandos in Silber ausgeführt. Auch bewunderte man damals in seinem Atelier: den Tod eines Hirsches, dem eine Dame zu Pferd zusieht. Im Jahr 1844 führte er eine $2^1/_2$ Fuss hohe Reiterstatuette des Prinzen Albert in Marmor mit reichen Silberzierrathen, und 1850 eine geschmackvolle Vase für das Ascotwettrennen in Silber aus, auf der er den Sieg des Herkules über den thracischen König Diomedes und dessen Rosse darstellte.

Couché, François Louis, ein tüchtiger Kupferstecher zu Paris, geb. 1782, der

Schüler seines Vaters Jacques führte mehre grosse Stiche meisterhaft aus. Seine besten Blätter sind: die Schlacht bei Austerlitz, nach Gérard, und der Tod des Poniatowsky, nach Vernet.

Couché, Jacques, ein Kupferstecher, der 1750 zu Cournai geboren wurde, seine Kunst bei Le Vasseur erlernte, zu Paris lebte und der Vater des Vorigen war. Er machte sich durch Herausgabe der Gallerie du Palais royal, für die er ein paar Blätter stach, einen geachteten Namen. Unter jenen Stichen rühmt man namentlich eine Maria, nach Albano.

Couder, Louis Charles Auguste, ein vorzüglicher französischer Historienmaler, Mitglied der Akademie und Offizier der Ehrenlegion, war anfänglich ein Schüler von David, bildete sich aber später unter Regnault's Leitung weiter aus. Schon seine ersten Geschichtsbilder: sein Levite von Ephraim (1817) im Luxembourg, der ihm den ersten Preis errang, sein Tod Masaccio's u. s. w. erwarben ihm ungemeinen Beifall und erweckten grosse Hoffnungen, die er auch im Verlaufe der Zeit glänzend rechtfertigte. Im Jahr 1833 begab sich Couder nach München, um dort die Enkaustik und Frescomalerei zu studiren und nach Paris zu verpflanzen, fand auch nach seiner Rückkehr mehrfach Gelegenheit, dieselbe auszuüben, da er von der Staatsregierung vielfältig mit der Ausführung von Bildern für die Staatsmuseen und Kirchen beauftragt wurde. Unter seinen zahlreichen Gemälden fanden besonders diejenigen, welche Scenen aus der französischen Geschichte behandeln, ausgezeichnete Anerkennung, wie sein Franz I. zu Pferd (in Fontainebleau); die Einnahme von Lerida; die Belagerung von York-Town (mit den Porträts von Washington, Rochambeau und Lafayette); die Schlacht von Lawfeld; die Eröffnung der Generalstaaten in Versailles; der Schwur im Ballhaus; das Bündniss der Nationalgarden und der Armee auf dem Marsfelde, sämmtliche Bilder im historischen Museum zu Versailles, ausgezeichnet durch dramatische Auffassung des Moments, sinnreiche Anordnung der Gruppen, durch kräftiges Colorit, durch die malerische Stimmung und die meisterliche Virtuosität der Behandlung. Ferner rühmt man seine drei allegorischen Darstellungen der Elemente Feuer, Wasser und Erde in der Kuppel des Apollosaals im Louvre. Endlich fertigte Couder auch verschiedene Kirchenbilder, unter denen besonders zu erwähnen sein dürften: der h. Ambrosius, der dem Kaiser Theodosius den Eintritt in den Tempel verwehrt, in der Kirche S. Gervais; der h. Stephan, vom Volke gesteinigt, in Notre Dame de Lorette; das Gastmahl bei dem Pharisäer, die h. Magdalena zu den Füssen Christi, in der Magdalenenkirche; seine Frescomalereien aus der biblischen Geschichte in der Marienkapelle der Kirche S. Germain l'Auxerrois, sämmtlich zu Paris. Diese kirchlichen Gemälde stehen zwar, was die künstlerische Darstellungsweise betrifft, denen aus der Profangeschichte nicht nach, es fehlt ihnen jedoch, wie den meisten ähnlichen Werken der modernen französischen Schule überhaupt die tiefere religiöse Auffassung. Andere Bilder von Couder befinden sich, wie seine in historischem Styl gehaltenen Porträts, im Privatbesitz.

Coudres, L. des, Maler aus Kassel, bildete sich auf der Düsseldorfer Akademie und befolgte in seinen Bildern bisher die Richtung, welche man mit dem Namen des historischen Genre bezeichnet hat. Seine Arbeiten, unter denen besonders seine Francesca da Rimini (1850 auf der Düsseldorfer Kunstausstellung) und seine büssende Magdalena rühmend hervorgehoben werden, zeichnen sich durch die meisterhafte malerische Behandlung aus. Ein gleiches Lob verdienen seine trefflich aufgefassten und vorzüglich ausgeführten Bildnisse.

Courbet, Gustave, ein Genremaler in Paris, der seit einigen Jahren die dortigen Kunstausstellungen mit Bildern beschickt, die ebenso durch das darin sich geltend machende ungewöhnliche Talent, die grosse Meisterschaft der Behandlung, die gewandteste Handhabung der technischen Mittel, den malerischen Sinn der Anordnung, die kräftige Zusammenstellung der Farben und die malerische Wirkung imponiren, wie sie durch die offen zur Schau getragene Tendenz, durch die Wahl seiner Gegenstände aus den niedrigsten Klassen der Gesellschaft und die deutlich ausgesprochene Hinneigung zum Niedrigen und Gemeinen in Form, Charakter und Ausdruck, ja sogar absichtliche Uebertreibung des Unedlen, des Hässlichen und Lächerlichen abstossen. Unter die herausforderndsten Bilder dieser Art gehören: sein 1850 ausgestelltes Leichenbegängniss in Ornus; seine Steinklopfer; seine Badenden; seine Ringenden (1853). Zu seinen besseren Werken, in denen diese Geschmacksverirrung weniger auffallend hervortritt, zählt man: die vom Jahrmarkt heimkehrenden Bauern; die über der Arbeit eingeschlafene Spinnerin. Sein eigenes Bildniss, das im Jahr 1850 auf der Kunstausstellung in Paris zu sehen war, erreichte, so trivial und fast abstossend es in der Auffassung ist, durch die unvergleichliche Wahrheit, die breite fette Behandlung und den meisterhaften Vortrag eine Höhe, die dem Künstler neben den besten Leistungen der holländischen und spanischen Porträtmalern des 17. Jahrhunderts eine Stelle anweisen.

Couronne, ein ausgezeichneter Blumenmaler zu Genf, dessen Blumen- und Fruchtstücke wegen der schönen Anordnung, der Wahrheit, der zarten naturgetreuen Behandlung und dem Schmelz der Farben überall Bewunderung erregen.

Court, J., ein Historien- und Porträtmaler zu Paris, der sich auf der dortigen Akademie, unter Gros und später in Rom ausbildete. Er erweckte durch seinen 1827 vollendeten: Tod des Cäsar, eine ernstlich durchdachte und gewissenhafte, im Styl David's ausgeführte grosse historische Schöpfung (im Luxembourg) bedeutende Erwartungen, rechtfertigte dieselben jedoch mit jedem Jahre weniger. Denn während er durch jenes Bild und einige andere darauf folgende historische Darstellungen, wie durch den Tod des Hippolyt, Marcus Antonius bei der Leiche Cäsar's u. a. ernsten Sinn und energische Bemächtigung des Stoffs bewies und in seinen Porträts durch eine schöne Auffassung, treffliche Zusammenstellung der Farben und meisterhafte Behandlung ansprach, begnügte er sich, seit er von König Louis Philipp mit der Ausführung grösserer historischer Gemälde und Porträts beauftragt worden war, in seinen geschichtlichen Gemälden, wie in seiner: Vertheilung der Fahnen an die Nationalgarde im Aug. 1830; seinem Herzog von Orleans, der am 31. Juli 1830 die Proklamation der Generallieutenantschaft des Königreichs unterschreibt; seiner Heirath der Königin der Belgier; der Grundsteinlegung des Kanals von Agen; seinem Ludwig dem Heiligen, der die aus dem gelobten Lande mitgebrachte Dornenkrone in der heiligen Kapelle niederlegt; seinem Louis Philipp, die Charte von 1830 beschwörend u. a., mit augenblicklichen Erfolgen durch eine bestechliche oberflächliche Wirkung. Auch in seinen Bildnissen ging, seit der Hof ihm seine Gunst zuwandte und er der beliebteste Porträtmaler der höheren Bourgoisie wurde, sein Hauptbestreben darauf aus, durch äusserliche Aehnlichkeit, liebliche Farben und eine geleckte süssliche Manier sich in die Gunst der Menge einzuschmeicheln.

Court, auch **Courteys** oder **Courtois,** eine Familie von Emaillemalern zu Limoges, die zum Theil ganz treffliche Arbeiten lieferten. — Jean de Court, war ein etwas manieristischer Künstler. — Jean Court, mit dem Beinamen Vigier, suchte die Vorzüge der Arbeiten des P. Rexmon und Léonard Limosin zu vereinigen, ohne jedoch die eigenthümliche Eleganz des letzteren zu erreichen. — Suzanne de Court, eine Tochter des Jean de Court, ergab sich mehr dem handwerklichen Betrieb der Emaillemalerei. — Pierre Courtois oder Courteys war ein energischer und vorzüglicher Meister. Von den schönen Emaillen, die einst die Hauptzierde des von Franz I. im Boulogner Gehölz erbauten Schlosses von Madrid bildeten, und die Tugenden und vornehmsten Gottheiten des Alterthums darstellten, nach dessen Zerstörung aber zerstreut worden waren, sieht man noch neun Stücke, welche die französische Regierung im Jahr 1845 für das Museum der Thermen und des Hôtels Cluny zu Paris kaufte. Sie sind mit der Inschrift: Pierre Courteys. Fet à Limoges 1559 bezeichnet. — Vielleicht von diesem Meister ist auch die sehr gut gearbeitete Schale von französischem Email in Castle Howard in England, auf welcher die Monate Juni, Juli und August mit ihren Beschäftigungen dargestellt sind und auf deren Rückseite steht: Fet a Limoges par P. C.

Court, Jehan de, war 1572 Hofmaler König Karl IX. von Frankreich.

Courteys, siehe **Court.**

Courtois, Guillaume, genannt **Bourguignon,** Maler und Kupferätzer, der Bruder des Jacques, geb. zu Saint-Hippolyte im Jahr 1628, gest. zu Rom im Jahr 1679, war ein Schüler seines Vaters, ging aber später nach Rom, wo er sich unter Pietro da Cortona weiter ausbildete, für verschiedene Kirchen der Stadt arbeitete und seinem Bruder half. Für den venetianischen Gesandten vollendete er mehrere Bilder, welche der mit Aufträgen überhäufte P. da Cortona nicht hatte fertig bringen können; dann malte er in einer Kapelle von S. Giovanni in Laterano, in der Gallerie des Monte Cavallo, für den Fürsten Borghese und für die Jesuiten. Zu seinen besten radirten Blättern zählt man: die Pest; die Darstellung im Tempel, nach Paolo Veronese und die Auferweckung des Lazarus, nach Tintoretto.

Courtois, Jacques, genannt **le Bourguignon, Jacopo Cortese** oder **Borgognone,** einer der ausgezeichnetsten und berühmtesten französischen Schlachtenmaler, geb. zu Saint Hippolyte im Jahr 1621, gest. zu Rom 1676, erhielt den ersten Unterricht von seinem Vater Jean Courtois, kam aber schon in seinem 15. Jahre nach Italien, wo er Kriegsdienste nahm und drei Jahre lang der Armee folgte, während welcher Zeit er alle Kämpfe und Belagerungen, denen er beiwohnte, zeichnete. Er ging hierauf nach Bologna, knüpfte dort Bekanntschaft mit Guido Reni und Albani an und begab sich von da nach Florenz, Siena und Rom, wo er verschiedene Kirchengemälde für das Kloster der Cisterziensermönche malte, durch die er die Freundschaft des P. da Cortona und des P. de Laar gewann. Bisher hatte er keinem besonderen Felde der Malerei ausschliesslich gehuldigt, als er aber die Constantinsschlacht im Vatikan sah, offenbarte sich ihm erst seine wahre Bestimmung, in der ihn Cerquozzi mit Rath und That bestärkte. Er widmete sich nunmehr gänzlich der Schlachtenmalerei und malte fast nichts mehr als Gefechte, Scharmützel und Scenen aus dem Soldatenleben für hohe und vornehme Personen. Nach dem Tode seiner Frau, einer Tochter des florentinischen Malers Orazio Vejani, zog er sich 1655 von der Welt zurück und trat als Laienbruder in den Jesuitenorden, als welcher er Padre Jacopo Cortesi genannt wurde. Von nun an durfte er nur noch heilige Gegenstände malen, doch wurde ihm später, da so viele Fremde Gemälde von seiner Hand zu besitzen wünschten, die freie Ausübung seiner Kunst wieder gestattet. Ueber den Entwürfen zur Ausschmückung der Tribune des Jesuitenklosters zu Rom starb er.

Courtois besass eine feurige Einbildungskraft und eine ungemeine Fertigkeit, seine Gedanken rasch, und, ohne vorheriger Cartons zu bedürfen, mit dem Pinsel malerisch auszudrücken. Seine Schlachtbilder sind meistens geistreich und dramatisch belebt, doch tragen sie leider oft das Gepräge allzugrosser Flüchtigkeit.

Seine zahlreichen Bilder sind in beinahe allen grösseren öffentlichen und Privatkabinetten Europa's zerstreut. In den Gallerien zu Berlin, Dresden, in den verschiedenen Sammlungen England's, in dem Palast Pitti und den Uffizien zu Florenz, in der Pinakothek zu München, im Louvre zu Paris, in der Eremitage zu St. Petersburg, in einigen Palästen zu Rom, im Belvedere zu Wien u. s. w. sieht man zum Theil treffliche Gemälde von ihm. Die Bilder einer grossen Anzahl seiner Nachahmer tragen ebenfalls seinen Namen, aber meistentheils nicht zu seinem Ruhme.

Man kennt nur einen Schüler von ihm: Parrocel, den Vater. Audran, Zocchi, Blondeau und Vorsterman haben nach ihm gestochen.

Courtois hat auch mit einer höchst geistreichen Nadel 16 Blätter radirt; nämlich: 8 Blätter Kriegsscenen; 4 Blätter zu Fabian Strada's Werk: De bello belgico; ein Kavalleriegefecht am Fusse eines Festungsthurmes und ein dessgl. am Fusse eines Gebirgs; verwundete Soldaten, welche vom Schlachtfeld weggebracht werden und ein Gefecht zwischen Christen und Türken.

Courtois, Jean Baptiste, ein Bruder des Vorigen, war ebenfalls Maler, trat aber später in den Kapuzinerorden und lebte zu Rom um 1650. Er malte verschiedene Bilder für das Kloster seines Ordens und radirte auch ein Blatt: einen Kapuziner, vor der Staffelei malend, in welchem er sich selbst porträtirte.

Courtois, Pierre, siehe **Court.**

Cousin, Jean, Glasmaler, Historienmaler und Bildhauer, geb. um 1500 zu Soucy bei Sens, gest. 1589, scheint sich zuerst der Glasmalerei gewidmet und den Unterricht der Glasmaler Jacques Hympe und Tassin Grassot, welche zwischen 1512 und 1515 die schönen Fenster des südlichen Portals der Kathedrale von Sens ausführten, genossen, aber seine Lehrer bald übertroffen zu haben. Denn die von ihm gemalten Glasfenster in der Kathedrale von Sens vom Jahr 1530, die Legende des h. Eutropius darstellend; die vier Gemälde: das Martyrium des h. Lorenz, die Samariterin, der Gichtbrüchige, die Königin von Saba, im Chor der Kirche Saint-Gervais zu Paris vom Jahr 1551; das jüngste Gericht in der Kirche Notredame zu Villeneuve sur Yonne, nicht zu gedenken der ihm zugeschriebenen Glasgemälde in der Kirche zu Moret, in der Schlosskapelle zu Fleurigny u. a. m. beweisen seine grosse Erfahrungen in dieser schwierigen Kunst und geben eine hohe Idee von seinem Styl. Von 1552 bis 1560 malte er in dem der Diana von Poitiers gehörigen Schlosse Anet, fünf Fenster grau in grau, ferner verschiedene Bilder für andere Kirchen zu Sens u. s. w., die aber sämmtlich während der Revolution entweder zerstreut wurden oder zu Grund gingen. — Als Historienmaler wurde er früher von seinen Landsleuten sehr gerühmt und der französische Michelangelo genannt, das einzige von ihm noch vorhandene Oelgemälde im Louvre aber, das jüngste Gericht (gest. v. P. de Jode), eine reiche Composition, hat zwar hin und wieder einige gute Motive, auch sind die Einzelheiten sorgfältig gezeichnet, in einem warmen Ton sehr fleissig ausgeführt, allein es zeigt im Ganzen doch kaum mehr als ein geschmackloses und sehr buntes Gewirre von Figuren. Sodann scheinen unter seinem Einflusse mehrere Miniaturen entstanden zu sein, die in der Bibliothek zu Paris verwahrt werden. Auch in Holz soll Cousin geschnitten haben, jedenfalls aber sollen nach seinen Zeichnungen fast alle Holzschnitte der unter Heinrich II., Franz II., Karl IX. und Heinrich III. gedruckten Bücher ausgeführt worden sein. Als Bildhauer endlich gilt Cousin ebenfalls für einen der tüchtigsten Künstler seiner Zeit. Zeuge dessen ist die Statue am Grabmal des Ph. von Chabot und die Franz des I. im Harnisch, den Commandostab haltend, halbe Figur in Bronze, sehr lebendig (im Louvre zu Paris), wiewohl etwas derb aufgefasst und von nicht feiner, aber tüchtiger Arbeit. Ferner wird ihm das prachtvolle Monument des Louis de Brezé (gest. 1531) in einer Kapelle der Kathedrale von Rouen zugeschrieben. Im Jahr 1560 gab er ein Buch über die Perspektive und im Jahr 1571 ein anderes über die „pourtraicture" heraus, die von den gründlichen Kenntnissen des Verfassers Zeugniss ablegen.

Cousins, Henry, ein tüchtiger englischer Kupferstecher in London, unter dessen besten Stiche gehören: The Roman Girl, nach H. Vernet (1835); das Porträt des Herzogs von Cambridge, nach Lucas; das Bildniss der Lady Cust, nach J. G. Middleton.

Cousins, Samuel, ein zu London lebender ausgezeichneter Kupferstecher, der namentlich in der neuerdings beliebten Mezzotinto und Aquatintamanier in Verbindung mit Nadel, Roulette und anderen Hilfsmitteln Vorzügliches leistet. Unter die besten seiner sehr beliebten Blätter gehören: The maid of Saragossa, nach Wilkie; Mistress Wolff und Master Lambton, nach Th. Lawrence; Bolton Abbey und Return from Hawking, nach Landseer.

Coustain, Pierre, ein Maler und Bildhauer, der am Hofe Philipp des Guten lebte und vielfach von diesem Fürsten beschäftigt wurde. So arbeitete er für denselben u. A. zwei Standbilder der h. h. Philipp und Elisabeth, welche zugleich bemalt und im Schlosse des Herzogs zu Brüssel aufgestellt wurden. Coustain wurde im Jahr 1450 in die Brüderschaft des h. Lucas zu Brügge unter dem Namen „Maler der Prinzen" eingeschrieben.

Coustou, Guillaume, der Aeltere, geb. zu Lyon 1678, gest. zu Paris 1746, bildete sich unter Coysevox und später in Italien zu einem geschickten Bildhauer aus, dessen Werke, obgleich ziemlich theatralisch in der Auffassung, seinen Zeitgenossen durch meisterhafte Technik und Zierlichkeit imponirten. Er schmückte die öffentlichen Gärten und Paläste von Paris mit mythologischen und allegorischen Gruppen, Figuren und Reliefs.

Coustou, Guillaume, der Jüngere, geb. 1716 zu Paris, gest. 1777 als Rektor der Akademie, der Sohn des Vorigen, ebenfalls Bildhauer, war der Schüler seines Vaters, vollendete aber seine künstlerische Ausbildung später in Rom. Er war ein erfindungsreicher Künstler, der in seinen Werken, mythologischen und Porträtstatuen, Reliefs für den innern und äussern Schmuck von Kirchen und Palästen, eine graziöse Auffassung mit correkter Zeichnung verband.

Coustou, Nicolas, ein tüchtiger Bildhauer, der jüngere Bruder des älteren Guillaume Coustou, geb. 1683 zu Lyon, gest. 1733 zu Paris, erlernte die Kunst bei Coysevox, bildete sich dann in Italien weiter in derselben aus und wurde nach seiner Rückkehr in's Vaterland ein gefeierter Künstler, der in seinen Werken grossartige Auffassung mit trefflicher Behandlung verband, aber nicht frei war von einer gewissen theatralisch bewussten Darstellungsweise und der affektirten Grazie des damals herrschenden französischen Geschmacks. In den Tuillerien, in Versailles u. s. w. sieht man allegorische und mythologische Gruppen und Figuren, in verschiedenen Kirchen von Paris Statuen und Reliefs von ihm.

Coutan, Paul Aimable, Historienmaler, geb. 1792 zu Paris, gest. 1837, war ein Schüler von Gros, bildete sich dann als Pensionär der franz. Akademie zu Rom und führte nach seiner Rückkehr verschiedene geschätzte Bilder aus der Mythologie und nach griechischen Dichtern aus. Im Luxembourg sieht man von ihm: Ceix und Alcyone, auch hatte er einen nicht unbedeutenden Antheil an der Ausschmückung der Kirche Notre Dame de Lorette zu Paris mit Bildern aus der christlichen Geschichte.

Couture, Thomas, einer der vorzüglicheren französischen Historien- und Genremaler, Ritter der Ehrenlegion, geb. 1815, war ein Schüler von Gros und Delaroche und machte so rasche Fortschritte in der Kunst, dass er schon 1837 den zweiten grossen Preis der Malerei gewann. Seitdem erregte er durch seine mit aller Macht meisterhaften Vortrags behandelten Bilder immerdar grosses Aufsehen auf den Ausstellungen. Im Jahr 1844 sah man sein Gemälde: die Liebe des Goldes, ein moralisches Tendenzstück von eigenthümlicher Auffassung und blendendem Licht- und Farbeneffekt, und im Jahr 1847 stellte er sein grosses Bild: eine römische Orgie (jetzt im Luxembourg) aus, eine Darstellung von grossartiger Auffassung, geistreicher Behandlung und schlagender Wirkung, aber ohne tieferen geistigen Gehalt. Couture ist auch im Porträt ausgezeichnet und es gibt Bildnisse von ihm, die im reizenden Colorit und in der kühnen Behandlung an die alten spanischen Meister erinnern.

Couvillier, François, geb. 1698 zu Soisson, gestorben als churfürstlicher Hofbaumeister in München, erbaute in letzterer Stadt und Umgegend mehrere Gebäude, die, trotz dem verschrobenen und unreinen Styl in Architektur und Sculptur, durch die malerische Wirkung ihrer Verhältnisse und Massen wie durch den Reichthum ihres plastischen Schmuckwerks imponiren. Unter seine besten Bauten gehören: die Badenburg und die Amalienburg, der Pagodenthurm, die Eremitage im Nymphenburger Schlossgarten, der gräfl. Törring'sche und der Fuggers'sche Palast, die Façade der Theatinerkirche u. s. w. — Sein Sohn Franz, der Jüngere, der Verfasser des Vitruve bavarois, geb. 1734, gest. 1777, erbaute in ähnlichem Style die Hauptwache.

Couwenberg, Abraham Johannes, geb. zu Delft im Jahr 1806, gest. 1844, war ein tüchtiger Landschaftsmaler, dessen Bilder auf den verschiedenen niederländischen Kunstausstellungen immerdar ehrende Beachtung fanden.

Couwenberg, Henricus Wilhelmus, geb. zu Gravenhage 1814, ein vorzüglicher Kupferstecher und Mitglied der k. Akademie der bildenden Künste zu Amsterdam, war ein Schüler von F. L. Huygens und Prof. Taurel. Zu seinen besten Stichen gehören: das Mädchen am Fenster, nach Ger. Dow; die Porträts des Bischofs von Curium und des holländischen Dichters Willem de Clercq.

Covarrubias, Alonso de, der berühmte Baumeister der Kirche von Toledo, unterstützte 1521 mit Alonso Berruguete den Pedro de Ibarra beim Bau des Colegio mayor de Sanjago und führte im Jahr 1548 mit Henrique de Egas die nördliche Façade des Palastes zu Toledo aus. Nach seinen Entwürfen wurde auch 1531—1533 die Capilla de los reyes nuevos in der Kathedrale daselbst* von Alvaro Monegro ausgeführt.

Cowper, Douglas, geb. 1818, gest. 1840, war ein vielversprechender Maler, dessen Gemälde, theils dem Genre angehörig, theils Scenen aus Schauspielen darstellend, in England grossen Beifall erhielten, der aber der Kunst leider zu früh entrissen wurde. Sein bestes Bild „Kate Kearney" wurde von J. Porter gestochen.

Coxcie, siehe **Coexie.**

Coxie, Johan, Anthonis, wird ein niederländischer Historien- und Porträtmaler genannt, der am Hofe des Königs Friedrich I. von Preussen gearbeitet und für dessen Schlösser und Kapellen Plafondsgemälde und Altarbilder gemalt haben soll.

Coypel, Antoine, Historienmaler, geb. zu Paris 1661, gest. daselbst 1722, der älteste Sohn und Schüler seines Vaters Noel, kam mit diesem, der zum Direktor der französischen Akademie in Rom berufen worden war, schon in seinem elften Jahre nach Rom, und machte hier, unterstützt durch sehr glückliche Anlagen und gebildet durch das Studium der Werke Raphael's, Michelangelo's und Annibale Caracci's so grosse Fortschritte, dass er einen Preis der Akademie von S. Luca davon trug und sich das Wohlwollen Bernini's und Carlo Maratti's erwarb. Nach dreijährigem Aufenthalt in Rom kehrte er mit seinem Vater nach Paris zurück, erhielt hier einen zweiten Preis von der Akademie und erregte durch seine Bilder für verschiedene Kirchen und das Schloss von Choisy so grosse Bewunderung, dass er vom Bruder des Königs Ludwigs XIV. zu seinem Maler ernannt, in seinem zwanzigsten Jahre in die Akademie aufgenommen und im Jahr 1684 zum Professor ernannt wurde. Im Jahr 1709 malte er die Kuppel der Kapelle zu Versailles und fertigte mehrere grosse Gemälde für Tapeten. 1710 wählte ihn der König zum Direktor der Gemälde und Zeichnungen der Krone, 1714 ernannte ihn die Akademie zu ihrem Direktor, 1716 erhielt er die Stelle eines Hofmalers und 1717 den Titel eines Stallmeisters und das Adelsdiplom. Hierauf malte er im Auftrag des Herzogs von Orleans, des damaligen Regenten von Frankreich, vierzehn Bilder aus der Aeneide in der Gallerie des Palais royal, fertigte ferner verschiedene Cartons aus der Iliade und der heiligen Schrift, die in Tapeten ausgeführt werden sollten, der Tod überraschte ihn aber über dieser Arbeit.

Coypel führte eine beträchtliche Anzahl von Bildern für Kirchen und Paläste aus, die von den ersten Kupferstechern seiner Zeit: Poilly, Tardieu, Desplaces, B. Picart, Duchange, Edelinck, Audran Simonneau und Drevet gestochen wurden. Er besass ein sehr bedeutendes Talent, missbrauchte dasselbe aber dadurch, dass er der Mode des damaligen affektirten theatralischen Flitterwesens und gezierter Grazie huldigte. Durch kluges Schmeicheln und Eingehen auf die herrschende Sitte und den Geschmack, durch ein fächerartiges buntes Colorit wusste er sich als den ersten Maler seiner Zeit geltend zu machen. In Paris sieht man die meisten seiner Bilder. Das Louvre allein verwahrt von ihm fünf Darstellungen aus dem alten Testament: Athalia, aus dem Tempel verjagt; Susanna, von den beiden Aeltesten fälschlich angeklagt; Esther vor Ahasver; Rebekka und Elieser. Coypel hat auch einige Blätter radirt, unter denen ein Ecce homo (1692); eine Taufe Christi; ein grösseres und ein kleineres Bildniss der berüchtigten Giftmischerin la Voisin besonders genannt werden. Ein Blatt: die Judith darstellend (1694), wurde von C. Simonneau mit dem Grabstichel beendigt. — Das Museo fiorentino enthält sein Porträt im Stich.

Coypel, Charles Antoine, Maler und Kupferätzer, der Sohn und Schüler des Vorigen, geb. zu Paris 1694, gest. daselbst 1752, malte historische Bilder und Porträts in Oel und in Pastellfarben. Er wurde im Jahr 1730 Professor, 1746 Rektor der Akademie und 1747 Maler des Königs. Sein Geschmack für das Theater, der ihn zum Dichten von Tragödien und Comödien verleitete, trug sich auch in forcirten Stellungen und künstlichem Ausdruck in seine Bilder über. Eine Folge von Gemälden aus dem Roman: Don Quixotte, die in Tapeten ausgeführt werden sollten, befindet sich derzeit im Schlosse von Compiègne. Drevet, der Sohn, hat sein Porträt der Schauspielerin Adrienne Lecouvreur gestochen.

* Abgebildet in den Denkmälern der Kunst. Atlas zu Kuglers Handb. der Kunstgesch. Taf. 87 A, Fig. 4.

Coypel, Noel, Historienmaler, geb. 1628, gest. zu Paris 1707, lernte anfänglich die Malerei zu Orleans bei einem mittelmässigen Maler Namens Poncet, kam aber schon in seinem vierzehnten Jahre nach Paris, wo er in Quillerier's Atelier trat und dort so grosse Fortschritte machte, dass er bereits bei bedeutenderen Arbeiten verwendet werden konnte. Charles Errard bediente sich seiner bei seinen Bildern im Louvre und von dieser Zeit an nahm er an fast allen vom König bestellten Malereien Theil, malte aber auch selbstständig von 1655 an verschiedene Gemälde für Letzteren im Louvre, in den Tuilerien und zu Fontainebleau, im Palais royal u. s. w. Im Jahre 1664 wurde er zum Professor, und 1672 zum Direktor der Akademie in Rom ernannt, wohin er sich auch in demselben Jahre noch mit seinem Sohn Antoine Coypel und Charles Herault begab. Nach dreijährigem Aufenthalt daselbst, während dessen er in die Akademie von S. Luca aufgenommen worden war, sich Carlo Maratti und Bernini zu Freunden gewonnen und fünf Bilder aus der alten Geschichte (wovon vier noch heutigen Tages im Louvre verwahrt werden) gemalt hatte, kehrte er nach Paris zurück, wo er, vielfach beschäftigt, im Jahr 1690 zum Rektor und 1695 zum Direktor der Akademie gewählt wurde, in seinem siebenundsiebzigsten Jahre aber den Schwierigkeiten einer über seine Kräfte gehenden Arbeit, an dem Altargemälde in der Invalidenkirche, die Himmelfahrt Mariae darstellend, erlag. Ausser seinen beiden Söhnen Antoine und Noel Nicolas war auch noch Charles Poerion sein Schüler. Poilly, Boulanger, Dupuis, Cochin u. s. w. haben nach ihm gestochen.

In seinen besseren Bildern erscheint Coypel als ein glücklicher Nachfolger des Poussin und Lebrun, und er wusste Reminiscenzen aus den Werken dieser Meister sowie Raphael's mit Geschick zu benützen. Seine Färbung ist sehr zart, warm und klar und die Ausführung fleissig. Man bemerkt in ihnen weniger von der gezierten theatralischen Manier der meisten damaligen Maler oder Nachahmer Lebrun's. Im Louvre sind von ihm die erwähnten vier Bilder: Solon, den Atheniensern seine Gesetze erklärend; Ptolemäus Philadelphos, welcher den Juden die Freiheit ertheilt; Alexander Severus, während einer Hungersnoth Getreide austheilend, und Trajan, der selbst öffentlich Recht spricht. Ausserdem sieht man daselbst noch sein für die Aufnahme in die Akademie gemaltes Bild: den Mord Abels. — Coypel radirte auch einige Blätter in Kupfer. Wir kennen von ihm: Maria mit dem Kinde (1664) und ein junges Mädchen mit einer Taube (von Edelinck mit dem Grabstichel beendigt).

Coypel, Noel Nicolas, Maler und Kupferätzer, geb. 1692 zu Paris, gest. 1734, der Sohn des Vorigen aus zweiter Ehe, genoss den Unterricht seines Vaters, trug mehrere Preise davon und wurde im Jahr 1720 in die Akademie aufgenommen. Er malte die Kapelle der heil. Jungfrau in der Kirche Saint-Sauveur, führte Bilder für die Minen auf dem Place Royal und die Kirche de la Sorbonne aus, und wurde 1733 Professor an der Akademie. Ausser historischen Bildern malte er auch Porträts in Oel und in Pastel. Sein Aufnahmestück in die Akademie stellte die Entführung der Amymone dar.

Coysevox, auch **Coyzevox** geschrieben, **Antoine,** ein gefeierter Bildhauer seiner Zeit, Rektor und Kanzler der Akademie, geb. in Spanien 1640, gest. zu Paris 1720, gab schon in seiner Jugend überraschende Beweise eines grossen Talents und wurde in der Folge von König Ludwig XIV. vielfach zur Verschönerung seiner Paläste, Parkanlagen und öffentlichen Gärten durch mythologische und allegorische Gruppen und Statuen verwendet. Er fertigte auch einige Porträtstatuen des Königs, sowie Ludwig's des XV., führte mehrere Grabmäler aus, und erwies sich in allen seinen Arbeiten als ein äusserst geschickter, in der Ausführung ausgezeichneter Künstler im herrschenden Geschmack, der in einer gezierten Grazie und theatralischer Schaustellung bestand, womit er aber eine grosse Meisterschaft der Technik verband. Das von ihm in St. Eustache zu Paris nach Lebruns Zeichnungen ausgeführte Grabmal des Ministers Colbert bildet noch immer eine der grössten Zierden dieser Kirche.

Cozza, Francesco, Maler und Kupferätzer, geb. 1605 zu Istilo in Calabrien, gest. 1682 zu Rom, ein Schüler von Dominichino, der in seinen Bildern seinen Lehrer nachahmte und mehre Blätter im Geschmack des Pietro del Po ausführte. Unter die besten gehören: der heil. Petrus (1630); Cimon und Pera; das schlafende Christuskind, von Engeln verehrt; die heil. Magdalene (1650).

Cozzerello, Jacopo, ein geschickter Baumeister, Bildhauer und Erzgiesser in Siena, gest. 1514, von dessen Leben sich aber ebenso wenig Nachrichten als von seinen Werken Ueberreste erhalten zu haben scheinen.

Craasbeek, Jost, van, siehe **Craesbecke.**

Crabatie, siehe **Asselyn.**

Crabeth, Adriaan, geb. 1550, ein Maler zu Gouda, der zu Jan Swart in die Schule gieng, seinen Lehrer aber sehr bald übertraf, jedoch noch sehr jung, 1581, auf einer Reise nach Rom zu Autun in Frankreich starb.

Crabeth, Dirk, Bruder des Wouter Crabeth, ein tüchtiger Glasmaler zu Gouda der von 1557—59 für die Kirche zum heil. Johannes in Gouda sechs prachtvolle Fenster mit Darstellungen aus der heil. Schrift nach eigenen Erfindungen malte. Im Jahr 1567 führte er ein weiteres treffliches Glasgemälde: Christus, der die Wechsler zum Tempel hinausjagt, und im folgenden Jahr den Tod des Holofernes für dieselbe Kirche aus. Man rühmt besonders die Kraft in seinen Farben, während sein Bruder mehr im Glanz und Licht derselben sich auszeichnete.

Crabeth, François, geb. 1500, ein niederländischer Maler, der in Tempera malte, seinen Bildern aber dieselbe Kraft zu geben wusste, als wären sie in Oelfarben ausgeführt. Er fertigte u. A. für die Franziskaner zu Mecheln, wo er 1548 starb, ein Altargemälde mit Christus am Kreuz in der Mitte und Scenen aus der Leidensgeschichte auf den Flügeln. In den Köpfen ahmte er Quintin Messys, in allem Uebrigen aber den Lucas van Leyden nach.

Crabeth, Wouter, ein vorzüglicher Glasmaler zu Gouda, der für die Kirche zum heil. Johannes daselbst von 1560 an mehrere grosse Glasfenster mit Darstellungen aus der biblischen Geschichte nach eigenen Erfindungen, unter denen die Geburt Christi und die Vertreibung des Heliodor aus dem Tempel besonders hervorgehoben werden, fertigte. Wouter hatte Frankreich und Italien besucht und nach dem Gebrauche seiner Zeit in jeder Stadt, durch die er kam, eine gemalte Fensterscheibe hinterlassen. Er übertraf seinen Bruder in seinen Bildern in der Zeichnung und im leuchtenden Glanz der Farben. Beide Brüder bildeten eine grosse Anzahl von Schülern, die ebenfalls mehrere Glasfenster für die genannte Kirche nach den Cartons ihrer Lehrer ausführten.

Crabeth, Wouter, der Enkel des Vorigen, war ein Schüler von Cornelis Ketel, reiste dann nach Frankreich und Italien, und bildete sich vornehmlich nach den Vorbildern der grossen Meister in Rom. Nach seiner Rückkehr im Jahr 1628 liess er sich in seiner Vaterstadt Gouda nieder und lebte dort als geschätzter Porträt- und Historienmaler. Von seinem tüchtigen Talent zeugte ein von ihm ausgeführtes Altargemälde: die Himmelfahrt Mariae in einer Kapelle und eine sog. Schützenmahlzeit, d. h. die Bildnisse der zu einer Gesellschaft vereinigten Schützenoffiziere im St. Georgen Schiesshaus zu Gouda.

Craesbecke, auch **Craasbeek** geschrieben, **Jost van,** geb. 1608 zu Brüssel, gest. 1668 zu Antwerpen, übte das Bäckergewerbe bis er mit Brouwer bekannt wurde, an den ihn bald gemeinsame Vorliebe für ein ausschweifendes Leben, später aber auch der Geschmack an der Malerei fesselte. Er begann selbst zu malen, Brouwer unterrichtete ihn und binnen kurzer Zeit erreichte er eine solche Meisterschaft, dass er in manchen Bildern seinem Lehrer gleichkam. Er malte Wirthshausscenen, Wachtstubenbilder, Bauernprügeleien, Streitereien von Betrunkenen u. s. w. in der Manier seines Meisters, stellte aber auch oft vornehmere Scenen in der Weise der Rembrandt'schen Schule dar. Seine Bilder sind selten. In der Schleissheimer Gallerie sind einige Gemälde von ihm, in denen er dem Brouwer sehr verwandt, nur minder geistreich erscheint. Im Museum zu Amsterdam sieht man von ihm ein Porträt von Hugo de Groot (Grotius); in der Gallerie des Belvedere zu Wien: drei Soldaten im Gespräche mit Weibern und im Louvre zu Paris den Maler selbst, eine vornehme Person malend. Eines seiner besten Bilder malte er für die Schützengesellschaft in Antwerpen.

Craeyvanger, Gysbertus, Genremaler und Lithograph zu Utrecht, geb. daselbst 1810, malt Jagden, militärische Aufzüge, Reisende zu Pferd u. s. w., liefert aber auch treffliche Steinzeichnungen wie seine Lithographien nach Potter, Wouverman, Du Jardin u. s. w. beweisen.

Craeyvanger, Reinier, Genremaler, der Bruder des Vorigen, geb. 1812 zu Utrecht, bildete sich vorzugsweise unter Prof. Pieneman's Leitung zu einem tüchtigen Componisten aus. Seine Genrebilder aus dem häuslichen Leben in Wasser- und Oelfarben finden überall grosse Anerkennung.

Crakoo, Jan, ein tüchtiger Porträtmaler, der 1761 zu Utrecht geboren wurde, sich namentlich zu Paris ausbildete und in seiner Vaterstadt seine Kunst ausübte.

Cramer, ein Maler, der, nach den von ihm in der Moritzkapelle befindlichen Bildern, zwei Tafeln mit Heiligen von alterthümlichem Zuschnitt und plumpen derben Formen, zu schliessen, ein Vorgänger des Martin Schaffner war. Dass derselbe aus Ulm gebürtig und mit Hans Wild die Glasgemälde im Chor des Ulmer Münsters gefertigt, wird neuerdings bestritten. (Hassler, Beiträge zur Ulmischen Kunstgeschichte. Ulm, 1855.)

Cramer, Hendrik Willem, geb. zu Amsterdam im Jahr 1809, bildete sich bei M. J. van Breen und auf Reisen zu einem tüchtigen Genremaler aus. Unter seine besten Bilder zählt man: die Liebeserklärung eines Dorfmusikanten.

Cramer, N., geb. zu Leyden 1670, ein Schüler von W. van Mieris und später von Karel de Moor, malte Bildnisse und Genrestücke in der Manier des Letzteren.

Cranach, Lucas, siehe **Sunder**.

Craterus, ein römischer Bildhauer, der im ersten Jahrhundert n. Chr. Geb. lebte und mit Pythodorus unter den Künstlern genannt wird, welche nach Plinius die palatinischen Paläste der Kaiser mit ausgezeichneten Werken anfüllten.

Crawford, ein ausgezeichneter Bildhauer aus New-York, der in Rom arbeitet und treffliche Werke geliefert hat. Seine erste, hohe Erwartungen versprechende Arbeit war ein Orpheus. Dieser Statue folgte 1842 eine Gruppe: Hebe mit Ganymed, von grosser Schönheit und Anmuth. Vom Jahr 1851 an arbeitet er an dem Washingtondenkmal, das in Richmond, der Hauptstadt des Staates Virginien, aufgestellt werden und aus der kolossalen Reiterstatue des Gefeierten und sieben anderen Kolossalstatuen verdienter Amerikaner bestehen soll. Die Seitenflächen des marmornen Fussgestells werden mit Reliefs verziert, von denen das erste die allegorische Darstellung des Staates Virginien, durch eine weibliche Figur veraugenscheinlicht, im Jahr 1853 zu München in Erz gegossen wurde.

Crayer, auch **Craeyer** oder **Krayer, Gaspard de**, ein berühmter Historien- und Porträtmaler, geb. 1582 zu Antwerpen, gest. zu Gent 1669, erlernte die Malerei bei Raphael Cocxie, übertraf aber den Lehrer an Geschicklichkeit, noch ehe er dessen Schule verliess. Nachdem er seine Studien, insbesondere nach den besten älteren Meistern in seiner Vaterstadt, vollendet, liess er sich in Brüssel nieder, wo er im Jahr 1607 in die Malergilde eingeschrieben wurde. Mehrere dort ausgeführte Bilder verschafften ihm die Gunst des Kardinals Ferdinands, der sich in Lebensgrösse von ihm malen liess, und dieses Bild seinem Bruder, dem König von Spanien, schenkte, der dem Künstler dafür eine goldene Kette mit Medaille verehrte und einen Jahresgehalt aussetzte. Von nun an war Crayer's Glück gemacht. Er wurde mit Aufträgen überhäuft und erhielt eine höchst ehrenvolle Anstellung; allein vergebens suchte man ihn in Brüssel zu halten. Er zog sich von dem rauschenden Lärmen des Hofs nach Gent zurück, wo er eine ausserordentliche Thätigkeit entfaltete und bis an sein Lebensende eine ungemein grosse Menge von Kirchenbildern und Porträts ausführte. Sein letztes im 86. Jahre begonnenes Bild war das Martyrium des heil. Blasius (im Museum zu Brüssel), das zwar nicht vollendet, indessen noch mit einer Frische und Kraft gemalt ist, als hätte er es in seiner Jugend gefertigt. Crayer war ein Freund von van Dyck und Rubens und ist beiden auch als Künstler nahe verwandt, jedenfalls zählt man ihn zu den besten Meistern der Schule von Brabant. Obgleich er an umfassendem Talent, an Feuer und Poesie dem Rubens weit nachsteht, weiss er doch in seinen besseren Werken auf eine kaum minder unwiderstehliche Weise durch sein ruhiges und feines Gefühl, seinen reineren Naturalismus, seinen Schönheitssinn, durch den grossen Styl in der Composition und in den Gewändern, durch sorgfältige Zeichnung, edle Charaktere, die Wahrheit und Anmuth des Ausdrucks, und durch die bedeutende künstlerische Vollendung zu fesseln. Im Colorit erreicht er freilich die Glanzfülle des Rubens nicht, zieht aber nichtsdestoweniger durch die Wärme und Harmonie desselben ungemein an. In seinen Bildnissen kommt er von allen Meistern dem van Dyck am nächsten, so dass es einige gibt, die man kaum von denen des letzteren unterscheiden kann. Die Landschaften in seinen Gemälden liess er durch de Vadder und nach dessen Tod von Lucas Achtschelling malen.

In Flandern und Brabant sind eine Menge Bilder von ihm, die meisten aber sieht man in Gent, und unter diesen wird die Himmelfahrt der heil. Katharina in der Michaelskirche für eines der schönsten gehalten. Ausserdem gehören zu den besten seiner Werke: eine Anbetung der Hirten und eine Kreuzabnahme, in lebensgrossen Figuren, und einen Ecce homo zu Amsterdam; Elias in der Wüste im Museum zu Antwerpen; eine Krönung der Maria mit Heiligen in der Martinskirche zu Ambery, eines der Hauptbilder des Meisters vom Jahr 1658, und eine Kreuzabnahme in der Maltheserkirche daselbst; eilf Bilder mit Darstellungen aus dem Leben verschiedener Heiligen; eine heilige Familie und ein Porträt im Museum zu Brüssel; Christus mit den Jüngern zu Emaus, im Museum zu Berlin; sein eigenes Porträt im Fitzwilliam-Museum zu Cambridge; Maria mit dem Kinde und Heiligen (vom Jahr 1646) in der Pinakothek zu München; eine thronende Maria mit dem Kinde, von Heiligen verehrt, eines der herrlichsten Bilder des Meisters; der heil. Augustin in Verzückung, und das Bildniss des Kardinal-Infanten Ferdinand zu Pferd, im Louvre zu Paris; die heil. Jungfrau mit dem Kinde auf dem Throne, von Heiligen umgeben; die heil. Theresia, die knieend vor einer Kirche eine goldene Halskette von der heil. Jungfrau empfängt, und eine Verkündigung, in der Gallerie des Belvedere zu Wien.

Neuerdings wird de Crayer auch ein Holzschnitt, ein heil. Sebastian zugeschrieben, welcher in den Nachbildungen der Holzschnitte berühmter Meister, herausgegeben von R. Weigel, Leipz. 1852, nachgeschnitten ist.

Crayers Porträt wurde von van Dyck gemalt und von Paul Pontius gestochen. Er bediente sich auf seinen Bildern zur Bezeichnung öfters der nebigen Monogramme.

Literatur. Descamps, La vie des peintres flamands. — Immerzeel, De Levens en Werken der Holl. en Vlaam. Kunstschilders u. s. w. Amsterdam, 1842.

Credi, Lorenzo, di, ein florentinischer Maler, geb. 1453, lebte noch 1536, gieng mit Pietro Perugino und Leonardo da Vinci in die Schule des Andrea del Verocchio und wurde bald der Vertraute, Freund und Testamentsvollstrecker seines Lehrers, der ihn zum Erben seines künstlerischen Nachlasses einsetzte. Er folgte jedoch in seinen Bildern weniger der Weise des Meisters, als der seines Mitschülers Leonardo, dessen Gemälde er aufs Glücklichste copirte. In seinen eigenen Darstellungen, in denen er den Mangel höherer Begabung durch sorgsame Liebe und Hingebung zu ersetzen suchte, spricht sich auf das Anziehendste die reine und liebenswürdige Seele des Künstlers aus. Er hielt sich in ihnen gewöhnlich in dem engen Kreise schlichter und stiller Madonnenbilder und heiliger Familien, die er auf eine einfach anmuthige Weise, zuweilen mit Anklängen an die Weise des Perugino, in klarer, lichter Färbung und dabei in abgeschlossener Vollendung zu malen wusste. Seine männlichen Charaktere haben hie und da etwas nervös Verkümmertes, dagegen offenbart sich grösstentheils in seinen Madonnen, zuweilen auch im göttlichen Kinde, eine zauberhafte Schönheit der Gestalt. Meistens für die Kirchen seiner Vaterstadt, die er nicht verlassen zu haben scheint, beschäftigt, malte er dennoch auch einige Bildnisse, unter denen besonders sein eigenes und die des Perugino und des Verrochio genannt werden. In Florenz sieht man heute noch mehrere ausgezeichnete Gemälde von ihm. In der Gallerie der Uffizien sind zwei schöne Rundbilder: die, das Kind anbetende Madonna darstellend, vornehmlich aber drei Bilder mit kleineren Figuren: Maria und Johannes, Christus als Gärtner, und die Samariterin am Brunnen, Gemälde voll des innigsten Gefühls, von trefflichem Colorit und überaus zarter Ausführung. Sein Hauptwerk ist aber die Geburt Christi in der Akademie daselbst, ein grösseres Bild, in welchem sich eine glückliche Verbindung der Weise des Perugino mit dem freien Sinne der Florentiner bemerkbar macht. Im Dome von Pistoja wird eine reizvolle Madonna mit Heiligen von ihm verwahrt, und in S. Maria del letto ebendaselbst: eine Madonna in trono. Auch in S. Domenico zu Fiesole ist eine Taufe Christi und in der Gallerie Borghese zu Rom eine heilige Familie von ihm zu sehen. Unter den ausseritalienischen Gallerien besitzt namentlich das Museum in Berlin mehrere treffliche Temperabilder des Meisters: eine das Kind verehrende Maria; eine Anbetung der Könige; eine heil. Magdalena, und eine Maria, welche knieend das Kind verehrt. Die Gallerie zu Karlsruhe ist im Besitz einer Maria mit dem Kinde, welche ganz die dem Meister eigenthümliche Milde und Liebenswürdigkeit des Gefühls verräth, ganz die Klarheit seiner Färbung zeigt. In der städtischen Sammlung im alten Schloss zu Mainz befinden sich ebenfalls zwei Bilder von Credi, zwei Madonnen, eine in Oelfarben, die andere in Tempera ausgeführt. Das schönste Bild des Meisters aber, ein in allen Theilen mit grösster Feinheit durchgebildetes Werk besitzt das Louvre zu Paris: eine Maria mit dem Kinde auf dem Throne und Heiligen. — Schüler von L. di Credi waren Giov. Ant. Sogliani und Tomaso di Stefano.

Creitz, Ulrich, ein Bildhauer, der u. A. mit dem Baumeister Stephan Weyrer 1511—1525 das Sacramentshäuschen in der Hauptkirche zu Nördlingen ausführte. Die gothische Architektur des fast bis an die Decke reichenden Thürmchens daran, ist in der verschnörkelten Art der Zeit, die Figuren aber, für die der Meister im Ganzen 55 Gulden erhielt, sind, obwohl meist etwas kurz in den Verhältnissen, doch von Verdienst.

Cremonese, siehe **Caletti.**

Crepu, Nicolaas, ein tüchtiger Blumenmaler, der 1680 zur Welt kam und sich zu Antwerpen und später zu Brüssel niederliess. Seine sehr gesuchten Bilder sind mit vielem Sinn und Geschmack gemalt.

Crespi, Antonio Maria
Crespi, Benedetto } siehe **Bustini.**

Crespi, Daniele, ein Maler aus Mailand, geb. 1592, gest. 1630, war ein Schüler seines Vaters Giov. Batista und später des Giulio Cesare Procaccini. Er half anfänglich seinen Lehrern bei der Ausführung ihrer Werke, versuchte sich aber später auch in eigenen Bildern und brachte es bald so weit, dass er unter die besten Meister seiner Vaterstadt gezählt wurde. Er führte eine ungemein grosse Anzahl von Oelgemälden und Fresken für Paläste und Kirchen zu Mailand und in der Umgegend aus, unter denen eine Reihe tüchtiger Bildnisse, Freskobilder in S. Maria della passione und die in einer hinteren Kapelle von S. Eustorgio in Mailand zu den besten gehören. Crespi beobachtete in seinen Bildern eine verständige Vertheilung der Figuren, seine Gewänder sind mannigfaltig und hübsch geworfen und sein Colorit ist feurig und kräftig. Er zählt jedenfalls zu den tüchtigsten Malern, die der eklektischen Richtung der Procaccini folgten. Das Berliner Museum besitzt von ihm: einen am Oelberg betenden Christus, und die Gallerie des Belvedere in Wien: einen heil. Joseph, vom Engel im Traum zur Flucht ermahnt. Auch die Gallerie zu Turin verwahrt ein interessantes Bild des Meisters von erfreulicher unbefangener Naturnachahmung: den heil. Nepomuk, die Beichte der Königin von Böhmen anhörend (gest. von Ferreri). — Das Museo fiorentino enthält sein Porträt im Stich.

Crespi, Giov. Batista, gen. **il Cerano,** von seinem Geburtsort, geb. 1557, gest. 1653, der Vater des Vorigen, war der bedeutendste Künstler, der aus der Schule der Procaccini hervorgieng. Die besten seiner Gemälde tragen das Gepräge einer eigenthümlichen Kraft und Grossartigkeit und wenn sie auch hin und wieder manierirt erscheinen, sind sie doch immer von Geist durchdrungen. Treffliche Bilder der Art sieht man in der Brera zu Mailand, unter denen namentlich die Madonna del rosario durch die gross gefühlte symmetrische Anordnung überrascht. Ein sehr tüchtiges und als Höhepunkt ekstatischen Ausdrucks merkwürdiges Bild besitzt das Berliner Museum:

eine Versammlung von Franziskanern; ein anderes: Christus, den Aposteln Petrus und Paulus erscheinend, sieht man in der Gallerie des Belvedere zu Wien.

Crespi, Giuseppe Maria, gen. **lo Spagnuolo**, geb. 1665 zu Bologna, gest. 1747, Maler und Kupferätzer, erlernte das Zeichnen bei A. M. Toni, kam dann in die Lehre zu D. M. Canuti, verliess aber dessen Schule bald wieder und trat in die von C. Cignani eröffnete Akademie, vollendete jedoch, nachdem Letzterer nach Forli abgereist war, seine Studien erst bei G. A. Burrini. Er gieng hierauf nach Venedig, Parma und Modena, ahmte dort die Werke der damals beliebtesten Meister, hauptsächlich Baroccio, Guercino und Pietro da Cortona nach und malte nach seiner Rückkehr in Bologna, Livorno, Florenz u. a. O. für Fürsten und Privaten, für Paläste und Kirchen eine Menge Bilder. Es ist Schade für sein bedeutendes Talent, dass sein Humor ihn oft zu abenteuerlichen Seltsamkeiten hinreissen liess; dass er namentlich in seiner späteren Zeit zu flüchtig arbeitete und in der Behandlung der Farben zu wenig Sorgfalt beobachtete, so dass viele seiner Gemälde verblasst sind, während andere stark nachgedunkelt haben. Ausser Italien, wo man eine grosse Menge Bilder von ihm trifft, sieht man in der Gallerie zu Dresden: die Jungfrau Maria mit dem Kinde und dem kleinen Johannes; eine Anbetung der Hirten; den heil. Joseph mit dem Zweige und einem Buche; den dornengekrönten Heiland zwischen Kriegsknechten, und ein Porträt; in der Sammlung des Sir Th. Baring zu London: ein italienisches Bauernmädchen, ein Bild von feiner Ausführung; in der Pinakothek zu München: eine in einen weissen Mantel gekleidete trauernde Nonne, Kniestück in Lebensgrösse; im Louvre zu Paris: eine Schulmeisterin, ein Bild aus der früheren fleissigen Zeit des Meisters; einen unter der Eingebung der heil. Jungfrau schreibenden Abt; in der Gallerie des Belvedere zu Wien: den Centauren Chiron, wie er den jungen Achilles im Bogenschiessen unterrichtet.

Crespi radirte auch eine Anzahl Blätter mit freier und leichter Nadel. Einige davon tragen den Namen seines Freundes L. Mattioli, dessen gedrückte Lage er durch den Erlöss aus denselben zu verbessern gedachte. Unter die bessern zählt man: den Kindermord; die an einen Baum gebundene Diana, von einem Satyr gezüchtigt; die Beschneidung Christi nach L. Caracci, und die Säugamme des van Dyck, nach van Dyck.

Crespi erreichte ein hohes Alter. Er wurde vom Papste mit der Anszeichnung eines Ritters beehrt und galt für einen der besten Maler seiner Zeit.

Antonio Crespi, sein ältester Sohn, gest. 1781, malte in einer sorgsameren und fleissigeren Weise, als sein Vater. — Sein zweiter Sohn, **Luigi Crespi**, gest. 1779, war Domherr, malte aber auch und schrieb über die schönen Künste. Im Jahr 1769 veröffentlichte er im Supplement der Felsina pittrice des Malvasia das Leben seines Vaters.

Literatur. Museo Fiorentino, woselbst auch sein Porträt im Stich. — Bartsch, Le peintre graveur.

Cresti, Domenico, gen. **il Passignano** nach seinem Geburtsort, ein Maler, geb. 1558, gest. 1638, kam in die Lehre zu Girolamo Macchietti, gen. il Crocifissaio, verliess dieselbe aber bald wieder, um die Schule des Battista Valdini zu besuchen. Als jedoch Fed. Zuccaro nach Florenz kam, um die Malereien der Kuppel des dasigen Doms zu beginnen, begab er sich zu diesem und half ihm bei seinen Arbeiten. Nach deren Vollendung begleitete er Zuccaro nach Venedig, wo er ihm ebenfalls bei seinen Gemälden im Saale des grossen Raths Hülfe leistete. Er studirte dort auch die venetianischen Meister und genoss den Unterricht des Paolo Veronese. Vom Grossherzog Ferdinand I. nach Florenz, von den Päpsten Clemens VIII. und Paul V. nach Rom berufen, führte er darauf in beiden Orten eine Menge Bilder für Paläste und Kirchen aus. Unterstützt durch eine äusserst fruchtbare Phantasie, konnte er sein glückliches Talent, namentlich in grossräumigen Darstellungen, die er geschickt mit vielen Figuren zu füllen wusste, geltend machen und seine erlangte ungemeine Fertigkeit vermochte sie in einer kaum glaublich kurzen Zeit auszuführen. Er gehörte unter diejenigen Künstler, welche sich aus dem nach dem Tode der grossen Meister eingeschlichenen Manierismus in der Kunst befreit und dem neuen Aufschwung angeschlossen hatten, welcher sich damals in der florentiner Schule zu regen begann. Er war der erste Lehrer der Zeichenakademie zu Florenz und bildete viele Schüler, unter denen sich hernach besonders Ales. Tiarini und Lod. Caracci auszeichneten.

Ausserhalb Italien sieht man wenige Bilder von Crespi, auch sind diejenigen in kleineren Dimensionen sehr selten. Im Louvre zu Paris zeigt man von ihm: die Kreuzerfindung, in der man das Studium des Tintoretto's erkennt, und in der Gallerie des Belvedere zu Wien: das Gastmahl des Königs Ahasverus.

Creswick, Th., ein trefflicher Landschaftsmaler zu London, dessen seit 1839 auf den Kunstausstellungen erscheinenden landschaftlichen Darstellungen sich durch die poetische Auffassung, schöne Beleuchtung und meisterhafte Technik auszeichnen. Besonders gerühmt wurden: des Müllers Haus; der Strom im Thale; der Wind an der Seeküste; eine See- und Gebirgslandschaft (1844); der Schlossgarten (1846); the first glimpse of the sea (1850) u. s. w. Er lieferte auch verschiedene Zeichnungen zu illustrirten Büchern, z. B. zu Oliver Goldsmith's poetischen Werken, und radirte selbst mehrere sehr geistreich ausgeführte Blätter.

Creti, Donato, geb. 1671, gest. 1749, ein Maler aus Cremona, der in der Schule des Lorenzo Pasinelli gebildet wurde und die Kirchen von Bologna, Rimini, Bergamo, Luca und Palermo mit zahlreichen Malereien schmückte. Im Louvre zu Paris sieht man von ihm ein kleines Bild, ein schlafendes Kind darstellend.

Cretius, Franz Constantin, ein tüchtiger Historien-, Genre- und Porträtmaler aus Breslau, der sich unter Wach in Berlin bildete, und unter der Leitung seines Lehrers so tüchtige Fortschritte machte, dass er, während seine ersten Bilder: ein Ritter, die Cyther spielend (1835), auswandernde Griechen und der Wettkampf der Syrinx, bereits ein tüchtiges Talent und fleissige Studien beurkundeten, 1838 für sein Concurrenzbild: Jakobs Trauer um Joseph, den ersten Preis der Akademie in Berlin und damit eine Pension zu einer Studienreise nach Italien erhielt. Von hier aus machte er eine Reise in den Orient, die ihn auch nach Constantinopel führte, wo ihm die Auszeichnung zu Theil wurde, den Sultan malen zu dürfen, wofür der Künstler von Letzterem mit dem Orden des Nischan Iftihar beehrt wurde. Nach den Studien, welche er auf seinen Reisen gemacht, malte Cretius dann, theils auf der Reise selbst, theils nach seiner Rückkehr eine Anzahl von Genrebilder, denen er durch hübsche Erfindung, wohlgelungene Gruppirung, und durch warme Färbung einen ganz eigenthümlich anziehenden Reiz zu verleihen wusste. Unter den seit dieser Zeit auf den Ausstellungen erschienenen Bildern von Cretius zeichnete man rühmend aus: eine Römerin (Porträt); eine Albaneserin; eine Spinnerin; eine Griechin; Scenen aus der griechischen Osterfeier in Constantinopel; ein Ave Maria italienischer Landleute u. a. m.

Creutzberger, Paul, gest. um 1660, hatte den Ruf eines sehr geschickten Formschneiders seiner Zeit. Er lebte zu Nürnberg und soll namentlich viele Gewandtheit im Schneiden von Buchstaben gehabt haben. Man schreibt ihm nebige Monogramme, denen man noch das Zeichen eines P mit einem griechischen Kreuz darüber beizählt, zu.

Creuzfelder, Johann, ein Maler aus Nürnberg, gest. daselbst 1636, erlernte die Kunst bei Nikolaus Juvenel und übte sie in seiner Vaterstadt. 1603 malte er dort Adam und Eva im Paradiese in der Sebalduskirche (über der Schauthüre). In der Gallerie des Belvedere zu Wien ist von ihm: die Marter des heil. Ignatius. Nebenstehendes Monogramm findet man auf sehr ausgeführten Bildnissen in Oel von ihm.

Crevaleore, Antonio da, ein Maler, der um die Mitte des 15. Jahrhunderts arbeitete und seinen Bildern zufolge der venetianischen Schule in der Richtung Vivarini anzugehören scheint. Im Museum zu Berlin ist ein mit der Jahrszahl 1453 bezeichnetes Gemälde von ihm: Maria, der heil. Joseph und der kleine Johannes verehren das Christuskind.

Criscuolo, Giov. Angelo, ein Maler aus Neapel, der Bruder des Folgenden, war Notar, bildete sich aber bei Marco da Siena in der Malerei aus, und malte in seiner Vaterstadt und deren Umgegend verschiedene Kirchenbilder. Er schrieb auch eine Geschichte der neapolitanischen Künstler bis zum Jahr 1569.

Criscuolo, Giov. Filippo, ein Maler, der Bruder des Vorigen, geb. zu Gaeta 1495, gest. 1584, erlernte die Malerei bei A. Sabbatini, bildete sich aber später mehr nach Perino del Vaga. Die schönsten seiner Bilder sind in den Kirchen Neapels.

Cristofano, ein Maler aus Bologna, der mit Jacopo und Simone aus Bologna in dem 1404 vollendeten Cyclus von Fresken aus der christlichen Geschichte in der Kirche Madonna della Mezzaratta bei Bologna die Begebenheiten von der Erschaffung Adams bis auf Moses malte.

Critias, siehe **Kritios.**

Criton, siehe **Kriton.**

Crivelli, Carlo, ein Maler, der aus einer edlen Familie Venedigs stammte, ein Schüler von Jacopo del Fiore war, lange Zeit ausserhalb seiner Vaterstadt lebte und sich zuletzt in Ascoli niederliess, wo er nach 1486 in hohem Alter starb. Ein Zeitgenoss des Bartolommeo Vivarini, gleicht er diesem im Ernste der Auffassung, in der Pracht der Anordnung, im scharfen Hervorheben des Individuellen, in dem charakteristischen Ausdruck der Köpfe, in der Kraft der Farbe, in Vollendung der Ausführung, und in der Härte und Strenge, doch dringt er zuweilen zu grosser Anmuth hindurch. Seine Bilder sind in Venedig selbst sehr selten; die bedeutendsten findet man in der Brera zu Mailand. Doch sieht man auch in den Kirchen von Ascoli noch einige, dann in der Sammlung des vatikanischen Palastes zu Rom: eine Pieta, und einen Papst auf seinem Throne in S. Marco daselbst. Ausserhalb Italiens trifft man zwei interessante mit seinem Namen bezeichnete Temperabilder im Museum zu Berlin: Maria Magdalena mit dem goldenen Salbgefäss (auf Goldgrund), und das Begräbniss Christi, zu beiden Seiten der heil. Hieronymus und die heil. Magdalena, und im Städel'schen Museum zu Frankfurt: zwei kleine Gemälde, die zusammen die Verkündigung darstellen, ebenfalls in Tempera gemalt. Der umfangreiche Altarschrein (früher im Besitz des Cardinals Lelades), wahrscheinlich die bedeutendste Schöpfung Crivelli's mit seinem Namen und der Jahrszahl 1476 bezeichnet, wurde im Jahr 1854 von dem Fürsten Demidoff zu Florenz um 4000 Scudi erstanden.

Croce, Baldassare, geb. 1553 zu Bologna, gest. zu Rom 1628, war ein geschickter Maler in Fresco, wie man an seinen Malereien in verschiedenen Kirchen zu Rom und deren Umgebung sieht. Als die Schule der Caracci immer mehr an Bedeutung und Geltung gewann, suchte er seine Bilder in der Kunstweise dieser Meister auszuführen.

Croce, Francesco Rizzo da Santa, ein Maler aus S. Croce im Bergamesischen, der um 1515 blühte und 1541 noch lebte. Er war ein Schüler von Vittore Carpaccio und folgte in seinen Bildern noch der alterthümlich strengen Weise, huldigte jedoch bereits zum Theil einem lebendigeren Naturalismus, erreichte auch ein weicheres und wärmeres Colorit. Das Museum in Berlin besitzt von ihm ein Bild von gemüthlichem Ausdruck und weicher Behandlung: die Könige aus dem Morgenland, welche dem neugeborenen Kinde Geschenke bringen, bezeichnet Franciscus de Santa. Ein Abendmahl in S. Francesco della Vigna zu Venedig ist mittelmässig und in den Gewändern sehr manierirt.

Croce, Girolamo da Santa, ein Maler, der in Giov. Bellini's Schule gieng und 1520—1549 zu Venedig arbeitete. Er folgte der Richtung seines Meisters und ist besonders in Kabinetbildern mit kleinen zierlichen Figuren, unter denen namentlich die in der Luft schwebenden oder auf Wolken stehenden Engelknaben von grossem Liebreiz sind, ausgezeichnet. Im Museum zu Berlin sieht man fünf derartige Bilder von ihm: den heil. Sebastian, von Pfeilen durchbohrt; eine Krönung Mariae; den, von den heil. Frauen und Johannes dem Evangelisten beklagten, kreuztragenden Christus; einen Christus am Kreuz; eine Geburt Christi, und in der Dresdner Gallerie: die Marter des h. Laurentius, und Maria und Joseph, von Engeln umgeben, welche das neugeborene Christuskind verehren. Eine Auferstehung Christi in der Liverpool-Institution ist in den Charakteren besonders edel und in der Färbung sehr warm. Die Gallerie Manfrini zu Venedig besitzt eine Anbetung der Könige und zwei zierliche, bereits klassisch entwickelte Bildchen mit antiken Darstellungen, und die der Studi publici zu Neapel: eine Marter des heil. Laurentius. In S. Francesco zu Padua ist von seiner Hand eine ganze Kapelle mit Geschichten der heil. Jungfrau ausgemalt. Später näherte er sich mehr der Kunstweise Tizian's, ohne dass jedoch seine Bilder dadurch bedeutend gewonnen hätten. Unter die besseren Bilder dieser Art gehört eine Madonna mit Heiligen in der Akademie zu Venedig.

Croce, Girolamo da Santa, geb. 1502 zu Neapel, gest. daselbst 1537, ein vortrefflicher Bildhauer, der fast nur für seine Vaterstadt thätig war, dessen Werke sich aber eben so sehr durch liebenswürdige Naivität, wie durch hohe und reine Schönheit auszeichnen. In der Kirche S. Giovanni a Carbonara steht von ihm eine Statue des Johannes und in der Kirche Monte Oliveto: eine Madonna zwischen St. Johannes und St. Petrus. Zwei Grabmonumente in S. Domenico maggiore sind ebenfalls anziehende Arbeiten seiner Hand. Ueber der Ausführuug eines in Gemeinschaft mit Montorsoli unternommenen Grabmals für den Dichter Sannazaro in S. Maria del Parto zu Neapel starb er.

Croce, Pietro Paolo da Santa, ein Maler, der vorzugsweise in Padua thätig war und von dem man in S. Antonio u. A. eine Anbetung der Könige vom Jahr 1591 sieht.

Crocifissajo,
Crocifissi, } siehe **Benvenuti, Simone.**

Croff, G., ein Bildhauer zu Mailand, von dem man in den unteren Räumen der k. k. Gallerie im Belvedere zu Wien ein sitzendes ganz nacktes Mädchen mit übergeschlagenen Beinen, „Parze“ betitelt, sieht, eine Marmorstatue, die wenig Geist in der Auffassung verräth, aber hübsch und mit Geschmack behandelt ist. Kaiser Ferdinand hatte bei ihm wie bei andern mailändischen Bildhauern 1838 gelegenheitlich seiner Krönung zu Mailand ein Werk bestellt und ihm wie jedem der anderen die Wahl des Stoffes frei gelassen, worauf Croff jenen Gegenstand gewählt.

Crola, Heinrich, ein trefflicher Landschaftsmaler, geb. zu Dresden 1804, erhielt den ersten Unterricht in der Malerei in seiner Vaterstadt und bildete sich hernach durch fleissige Studien nach der Natur und nach den Werken der besten niederländischen Meister weiter aus. Ohne sich auch nur einem der unendlichen Anzahl von darstellungsfähigen Momenten und Stimmungen der landschaftlichen Natur zu verschliessen, liebt er insbesondere die Darstellung von Eichengruppen und Wäldern im vollen Strahle der Sonne oder in kühler Morgenbeleuchtung; jedoch malt er auch Landschaften mit bewegteren Motiven aus den mannigfaltigen Naturerscheinungen, oder auch sanftere Idyllen, und seine Bilder zeichnen sich durch die Wahrheit, Treue und Charakteristik, die lebensfrische Farbe, durch schöne und geschmackvolle Haltung und meisterhafte Behandlung der Details aus. Unter seinen zahlreichen Bildern hebt man besonders hervor: den Traunfall; die Gegend am Starenbergersee; das Alpenglühn bei Sonnenuntergang; Gewittersturm am Chiemsee; den Ammersee; den Teutoburgerwald; Aussicht am Brocken u. s. w.

Crom, Stephan, ein ausgezeichneter Bildhauer, dem das prachtvolle Tabernakel in der Kirche der h. Elisabeth zu Kaschau in Ungarn (vom J. 1472) zugeschrieben wird.

Crome, J. B., ein englischer Landschaftsmaler, dessen Bilder auf den englischen Kunstausstellungen viele Bewunderer finden. Namentlich rühmte man seine Mondlandschaften, die er 1839 in Norwich ausstellte.

Cronaca, Simone (von Vasari auch **Simone Pollajuolo** genannt), einer der berühmtesten Architekten der Frührenaissance in Italien, geb. 1453 zu Florenz, gest. daselbst 1508, kam jung nach Rom und studirte dort längere Zeit mit emsigem Fleisse und besonderer Vorliebe die Werke der klassischen Baukunst, so dass er nach der Rückkehr in seine Vaterstadt binnen kurzer Zeit einer der ersten dortigen Baumeister wurde. Kaum war er nämlich daselbst angekommen, als ihm der Ausbau des von Benedetto da Majano im Jahr 1489 begonnenen Palastes Strozzi übertragen wurde, durch den er sich seinen Ruhm auf alle Zeiten sicherte. Er schloss das Gebäude nach oben durch die grandiose Bekrönung ab*, jenes berühmte herrliche Kranzgesims, das dem ganzen Bau sein vorzüglich bedeutsames Ansehen verleiht und bis heute als das unnachahmliche Muster eines grossartigen Hauptgesimses italienischer Palastarchitektur gilt. Ferner baute er das Innere desselben und den mit dori-

* Abgebildet in den Denkmälern der Kunst. Atlas zu Kuglers Handb. der Kunstgesch. Taf. 64, Fig. 4.

schen und korinthischen Säulen und Portiken geschmückten Hof aus. Hierauf errichtete er die Sakristei von S. Spirito, einen achteckigen, höchst reizenden Zierbau mit Nischen in den mit Pilastern eingefassten Wänden, baute er die Kirche S. Francesco al Monte, welche Michelangelo „das schöne Landmädchen" zu nennen pflegte und leitete den Bau des Klosters der Annunziata. Sodann wird ihm auch der Bau des schönen Palastes Guadagni zugeschrieben. Endlich erbaute er den grossen Rathsaal im Palast der Signoria *, zu dem die gerühmtesten damals lebenden Architekten Entwürfe eingesandt hatten, einen der ausgedehntesten Säle in ganz Italien, der aber später von Vasari umgebaut wurde, und die grosse zu demselben führende Treppe, reich verziert mit korinthischen Pfeilern und Kapitellen, Gesimsen und Bögen.

Cronaca hatte einen Bruder Matteo, der ein Schüler von A. Rossellini war und viele Anlagen besass, aber schon in seinem 19. Jahre starb.

Literatur. Vasari, Leben der ausgezeichnetsten Maler, Bildhauer und Baumeister. — Quatremère de Quincy, Histoire de la vie et des ouvrages des plus célèbres architectes.

Cros, Pierre du, siehe **Ducros**.

Cross, J., ein englischer Historienmaler, von dem man u. A. im Jahr 1845 auf der Kunstausstellung zu Westminster Hall in London unter den zur Bewerbung um die Malereien in den neuen Parlamentsgebäuden eingesandten Bildern: den Tod des Thomas a Becket, eine durch die Gegensätze von Seelenruhe, Wuth und Angst lebendige und ergreifende Darstellung rühmte.

Cruikshank, George, ein genialer Maler und Kupferätzer zu London, der Meister der neueren englischen Carricatur, ist ein Künstler voll unerschöpflicher Phantasie, welche sich in launigen und seltsamen Verzerrungen der Gestalten des gemeinen Lebens, oft aber auch im Reich phantastischer Mährchenwelt und dämonischen Spucks gefällt. Seine Radirnadel, die er mit leichter und gewandter Hand führt, gleicht dem Stab in der Hand des Zauberers, wo sie die Platte berührt, tauchen die seltsamsten Gestalten in wunderlichster Leibhaftigkeit auf. Ausser vielen einzelnen humoristischen und satyrischen Blättern, ist er durch seine Bilder zu Walter Scott's Dämonologie; zu Chamisso's Schlemihl; durch eine Sammlung von Illustrationen zu Smollet, Fielding und Goldsmith; seinen komischen Almanach (1836) voll der heitersten Zerrbilder englischer Sitte und Gewohnheit; eine Reihe von Blättern: die Trunkenheit und des Trunkenbold's Kinder, die ihn Hogarth zur Seite stellen; durch seine Zeichnungen zum Don Quixotte u. s. w. bekannt.

Cruz, Diego de la, ein spanischer Bildhauer, der u. A. mit Gil de Siloe für die Karthause zu Miraflores im Jahr 1499 den Figurenschmuck des Hauptaltars mit den Statuen der Apostel, der Evangelisten und anderer Heiligen nebst dem Leben Christi in Relief in Alabaster ausführte. Die Gestalten sind im Allgemeinen würdig gehalten, der Faltenwurf ist einfach, die Ausführung jedoch zu sehr auf Wirkung berechnet.

Cruz, Juan de la, ein spanischer Miniaturmaler, der um 1628 zu Madrid viele Bildnisse malte, die sich durch die Aehnlichkeit, Correktheit der Zeichnung und Frische des Colorits auszeichneten.

Cruz, Juan Pontoja de la, ein sehr gerühmter spanischer Historienmaler, geb. 1551 zu Madrid, gest. 1610, erlernte die Malerei bei Alonso Sanchez Coello und machte darin bald so grosse Fortschritte, dass ihn Philipp II. noch sehr jung zu seinem Hofmaler ernannte. Er malte meistens Bildnisse, da er eine ungemeine Geschicklichkeit besass, die Natur täuschend nachzuahmen; so richtig er aber auch zeichnete und gefällig colorirte, so kleinlich und glatt war er in der Ausführung, was seinen Darstellungen vielfach Eintrag that. Zu seinen Hauptwerken gehören: die Porträts Kaiser Karl V. in ganzer Figur (lithogr. in der Coleccion litogr. de Cuadros del Rey de España. Madrid 1826), der Könige Philipp II. und Philipp III. u. s. w. im k. Museum zu Madrid, im Escorial u. s. w. — Pontoja malte übrigens auch historische Bilder und Kirchengemälde.

Literatur. Fiorillo, Geschichte der Malerei in Spanien.

Cruz, Manuel de la, ein spanischer Maler, Mitglied der Akademie S. Fernando,

* Abgebildet in den Denkmälern der Kunst. Atlas zu Kuglers Handb. der Kunstgesch. Taf. 87, Fig. 6.

geb. 1750 zu Madrid, gest. 1792, der sich namentlich durch seine Bilder in der Hauptkirche zu Carthagena und im Kloster S. Francisco el Grando zu Madrid einen seiner Zeit sehr geachteten Namen erworben. Er radirte auch in Kupfer und man rühmt von ihm besonders acht charakteristische Köpfe in spanischer Kleidung.

Cruz, Miguel de la, ein spanischer Maler, der um 1633 zu Madrid arbeitete und durch seine Bilder grosse Hoffnungen erweckte, aber jung starb. Er copirte u. A. für König Karl I. von England verschiedene Bilder grosser Meister nach den Originalien, die sich im Besitz König Philipp IV. von Spanien befanden.

Cruz, Santos, ein spanischer Historienmaler, der mit Pedro Berruguete und Juan de Borgogna mehrere Tafeln des 1508 vollendeten Hauptaltars der Kathedrale zu Avila malte. Unter den Darstellungen dieses Altars sind wohl die acht Bilder mit den Figuren der Evangelisten und Kirchenväter, sowie die Anbetung der Könige und die Darbringung im Tempel von seiner Hand. Sie sind die alterthümlichsten, aber zugleich grossartigsten in der Anordnung und in ihrer ganzen Haltung. Die Köpfe erfreuen durch Schönheit oder ergreifen durch tiefe Charakteristik. Die in grossen Massen gehaltenen Gewänder haben reiche Ausschmückungen in Gold.

Literatur. Bermudez, Diccionario historico de los mas illustres professores de las bellas artes en España. — Passavant, Die christliche Kunst in Spanien.

Ctesidemus, siehe **Ktesidemos.**

Ctesikles, siehe **Ktesikles.**

Ctesilaus, siehe **Ktesilaos.**

Ctesilochus, siehe **Ktesilochos.**

Ctesiphon, siehe **Chersiphron.**

Cuerenhert oder **Koornhaert, Dirk Volkertsz**, ein Kupferstecher, geb. zu Amsterdam 1522, gest. zu Gouda 1590, war der Lehrer des H. Goltzius, der auch sein Porträt stach. Unter die besten seiner wie mit dem Stichel gemalten Blätter zählt man: eine Kreuzabnahme, nach L. Lombard (1556); den Kindermord und Bileam's Esel (1554), nach Hemskerk. Er bezeichnete seine Blätter mit nebigen Monogrammen oder mit den Initialen: D. V. C. Die Buchstaben J H M auf dem zweiten Zeichen sind, gleich denen darunter, umgekehrt zu lesen, und bedeuten: Martin Hemskerk Inventor.

Cuevas, ein spanischer Maler aus Huesca, der die Malerei bei Tomas Pelegret erlernte, seinen Lehrer aber bald an Grazie und Lebensfrische der Gestalten übertraf. Er malte mit letzterem um die Mitte des 16. Jahrhunderts die Sakristei der Kathedrale zu Huesca, starb aber schon in seinem 33. Jahre.

Cuevas, Eugenio de las, geb. zu Madrid 1613, gest. daselbst 1667, ein Sohn des Pedro de las Cuevas, erlernte mit seinem Halbbruder Francisco Camilo die Malerei bei seinem Vater und zeichnete sich in kleineren Bildnissen aus.

Cuevas, Pedro de las, geb. 1568 zu Madrid, gest. daselbst 1635, ein spanischer Maler, der den Ruhm eines guten Zeichners besass, dessen Hauptverdienst aber darin besteht, in seiner Vaterstadt eine Schule gegründet zu haben, in welcher sich viele der bedeutendsten Maler ihrer Zeit: Antonio Pereda, Francisco Camilo, Josef Leonardo, Antonio Arias Fernandez, Juan Careño de Miranda u. A. bildeten, lauter Künstler, in deren Werken man die Blüthe der sogenannten Schule von Madrid bewundert, jener eigentlichen Hofschule Spaniens im 17. Jahrhundert, die sich durch ihre ausserordentliche Meisterschaft im Colorit auszeichnete.

Culmbach, Hans von, siehe **Wagner, Hans.**

Cunego, Domenico, Zeichner und sehr geschickter Kupferstecher mit der Nadel und dem Grabstichel, auch in Schwarzkunst, geb. zu Verona 1727, gest. zu Rom 1794, erlernte die Malerei bei Ferrari, widmete sich aber später der Kupferstecherkunst allein. Er hat sich vorzüglich durch den Stich einer grossen Anzahl von Blättern nach den berühmtesten Gemälden italienischer Meister, einen geschätzten Namen erworben und seine Arbeiten verdienen auch was Verständniss des Vorbilds, Tüchtigkeit der Zeichnung und leichte malerische Behandlungsweise betrifft alles Lob. Zu den besten zählt man: das jüngste Gericht und die Schöpfung Adams, nach Michelangelo; die Kreuztragung (1781), nach Raphael; die h. Magdalena (1772), nach Ann. Caracci; die Beschneidung, die Anbetung der Könige und die Himmelfahrt Mariä (1779), nach Dominichino; Maria in himmlischer Betrachtung, nach Guido Reni; Madonna mit Heiligen, nach Tizian; Joseph Nicola de Azara, nach Raph. Mengs; Tamerlan enferme Bajazeth dans une cage de fer, nach A. Celesti; Moses, nach Mazzuoli. — Cunego hatte zwei Söhne: Luigi, geb. 1750, und Giuseppe, geb. 1760, die ebenfalls Kupferstecher waren, aber in der Kunst ihren Vater nicht erreichten.

Cuningham, Edmund Francis, genannt **Calzo** von seinem Geburtsort in Schottland, geb. 1741, gest. 1795, bildete sich in Italien unter Mengs und Battoni, nach den Werken Correggio's in Parma und den vorzüglichsten venetianischen Meistern zu einem tüchtigen Maler aus, dessen geniale Auffassung und Erfindungsgabe aber nicht gleichen Schritt hielt mit dem nothwendigen liebevollen Fleiss der Ausführung. Er malte zwar einige Geschichtsbilder, widmete sich aber beinahe ausschliesslich der Porträtmalerei und fand an den Höfen von Frankreich, Dänemark, Russland und Preussen vielfach Beschäftigung. Mehrere seiner Bildnisse rühmt man als wahre Meisterstücke. So lobt man u. A. insbesondere ein äusserst ähnliches und charaktervolles Porträt König Friedrich II. von Preussen (lith. in der Sammlung von Bildnissen preussischer Monarchen, herausgegeben v. Freih. v. Stillfried-Rattonitz. Berlin 1847). Sie zeichnen sich zwar nicht durch Schönheit des Colorits aus, auch fehlt es ihnen an malerischer Durchbildung, allein sie sind in der Regel vortrefflich aufgefasst und scharf charakterisirt.

Curia, Francesco, ein Maler aus Neapel, geb. 1538, gest. 1610, erlernte die Malerei bei Lionardo di Pistoja, bildete sich in Rom aber namentlich nach Raphael, wurde jedoch später auch in die von Vasari und Zuccaro befolgte manieristische Richtung hineingerissen. In seine Vaterstadt zurückgekehrt, bildete er dort eine zahlreiche Schule und arbeitete viel für die Kirchen von Neapel, in denen man noch heute verschiedene Bilder von ihm trifft, die sich durch die anmuthige und würdevolle Composition und die Wahrheit des Colorits auszeichnen. Besonders glücklich soll er in der Darstellung reizender Kinderengel und weiblicher Gestalten gewesen sein.

Curiger, Joseph Anton und **Joseph Benedikt**, waren gleich den Söhnen des Letzteren: **Augustin, Ildephons** und **Xaver**, als geschickte Bossiren gegen Ende des vorigen und zu Anfang des jetzigen Jahrhunderts in der Schweiz, ihrem Vaterlande, thätig. Sie bossirten meistens Bildnisse in gefärbtem Wachs. Joseph Benedikt zeichnete sich aber auch in Verfertigung von anatomischen Präparaten aus.

Currado, Francesco, ein Maler, geb. 1570 in der Nähe von Florenz, gest. 1661, war der Sohn des Bildhauers Taddeo Currado, gen. Battiloro, der besonders schöne Crucifixe verfertigt haben soll. Er kam in die Lehre zu Battista Naldini, und machte hier so tüchtige Fortschritte, dass ihn sein Meister bald zur Ausführung der ihm übertragenen Bilder nach seinen Zeichnungen verwenden konnte. Die hierauf nach seinen eigenen Erfindungen gemalten Bilder fanden grosse Anerkennung. Man rühmte an ihnen die Schönheit der Composition, den Adel des Ausdrucks in Gesichtszügen und Handlung, die Kenntniss der menschlichen Leidenschaften, die correkte Zeichnung und die Kraft des Colorirts. Namentlich bewunderte man die reizenden und engelhaften Köpfe der Kinder und Frauen. Er führte deren mehrere für einige Kirchen von Florenz aus und begab sich dann nach Rom, wo er längere Zeit thätig war und u. A. einige Gemälde für den König von Portugal malte, der ihn dafür mit Verleihung des Christusordens beehrte. Nach seiner Rückkehr nach Florenz entfaltete er eine ungemeine Thätigkeit, denn die Anzahl der bis in sein hohes Alter dort ausgeführten Gemälde ist ausserordentlich gross. In der Gallerie des Belvedere zu Wien verwahrt man ein Bild dieses Meisters: Abraham, der vor seinem Hause knieend die drei Engel empfängt. — In seinen Brüdern Pietro und Cosimo hinterliess er zwei Schüler, die der Nachahmung ihres Lehrers treu blieben. — In den Uffizien zu Florenz ist sein von ihm selbst gemaltes Bildniss (gest. im Museo fiorentino, woselbst auch seine Biographie).

Currado, Rafaello, ein Bildhauer in Porphyr, der u. A. mit Fabrizio Farina die Bildnisse Ferdinand I. und Cosmus II. in der Vorhalle der Gallerie der Uffizien nach Orazio Mocchi's Modellen in diesem Stein ausführte, sich aber 1636 in ein Franciskanerkloster zurückzog und dort seine Behandlungsweise des Porphyrs, die damals als Geheimniss betrachtet wurde, begrub.

Curti, Girolamo, genannt **Dentone,** ein ausgezeichneter Dekorationsmaler, geb. 1575 zu Bologna, gest. 1631 zu Parma, legte sich, nachdem er sich vorher im Figurenzeichnen geübt, dasselbe aber zu schwierig gefunden, auf die Verzierungs-, Prospekt- und Architekturmalerei, in der er seinen eigentlichen Beruf erkannte. Er bildete sich darin beinahe gänzlich durch sich selbst und wurde bald der berühmteste Meister dieses Fachs in der ganzen Lombardei und selbst in Rom, überall bemüht, in dieser Gattung der Malerei einen besseren Geschmack einzuführen. Seine für Kirchen und Paläste gemalten Verzierungen und Fernen, Blendgesimse, Geländerdocken, Sparrenköpfe, Bögen, Säulengänge und Säulenhallen, sind mit ausserordentlicher Leichtigkeit behandelt und von täuschender Wahrheit, so dass selbst angesehene und berühmte Künstler es nicht verschmähten, seine Malereien mit Figuren zu schmücken. Auch in der Theaterdekorationsmalerei in der er eine täuschendere Behandlungsweise einführte, leistete er Ausgezeichnetes. Er malte ungemein viel in Bologna, Ravenna, Modena, Parma u. s. w. und seine Bilder verdienen auch wirklich die Anerkennung, die ihnen seine Zeitgenossen zollten.

Custos, Dominicus, ein niederländischer Kupferstecher, geb. 1560 zu Antwerpen, gest. 1612 zu Augsburg, war der Sohn des Malers und Dichters Pieter Baltens, nahm aber später seinen obigen Künstlernamen an. Er war ungemein thätig und fertigte nicht nur eine grosse Anzahl einzelner Blätter Bildnisse und Historien, sondern ganze Sammlungen von Kupferstichen, die, wenn sie auch nicht gerade ausgezeichnet genannt werden können, doch nicht ohne Verdienst sind. — Er hatte drei Söhne, Raphael, David und Jacob, die ebenfalls Kupferstecher waren, von denen aber nur der erstere sich über die Mittelmässigkeit erhob. — Zu seinen besten Arbeiten gehören: 64 Blätter Bildnisse der Familie Fugger; die Porträts Maximilian's, Herzogs von Bayern, und Kaiser Rudolph II.; die Judith, nach Joh. van Aachen und die Geschichte des verlorenen Sohns in 4 Blättern. Er bezeichnete seine Blätter mit nebigen Monogrammen oder den Anfangsbuchstaben seines Namens. Das erstere Monogramm findet man auch auf einem Holzstich.

Cuyck van Mierop, Frans van, ein geschickter Maler, der 1640 zu Brügge geboren wurde, seine Kunst aber in Gent ausübte. Er malte geschichtliche Bilder mit Porträts der darin handelnden Personen, zeichnete sich aber besonders in der Darstellung von Thieren, namentlich von Fischen aus. Snyders übertraf ihn zwar als Thiermaler, doch gibt es Thierstücke von Cuyck, die kaum von denen jenes berühmten Meisters zu unterscheiden sind.

Cuyck, Pieter van, ein tüchtiger Zeichner, geb. im Haag 1687, war ein Schüler des Historienmalers Terwesten, malte auch in der Manier seines Lehrers, beschäftigte sich aber mehr mit Zeichnen, als mit der Malerei. J. Punt hat nach seiner Zeichnung: das Leichenbegängniss des Prinzen Wilhelm IV. gestochen.

Cuyck, Pieter van, der jüngere, Maler und Zeichner, der Sohn des Vorigen, geb. im Haag 1720, gest. 1787, übte in seiner Jugend die Malerei, lebte aber in späteren Jahren mehr den Wissenschaften. Man kennt von ihm zwei Werke: „Beschreibung einiger Alterthümer auf der Insel Texel" und „Briefe über Texel", mit Kupferstichen nach seinen Zeichnungen. — Auch sein Bruder Karel Cuyck lieferte Zeichnungen zu Kupferwerken.

Cuylenburg oder **Kuylenburg, Abraham van,** ein Schüler von Corn. Poelenburg, der im Jahr 1639 Meister in Utrecht wurde und in der Manier seines Lehrers Landschaften mit idyllischer oder mythologischer Staffage malte, denselben aber nicht erreichte. Nebenstehendes Monogramm sieht man auf einigen seiner Bilder.

Cuylenburgh, C. van, ein Maler im Haag, der in den ersten Decennien dieses Jahrhunderts auf den Kunstausstellungen seiner Vaterstadt Gemälde und Zeichnungen, bestehend in Porträts, Genrebildern und Landschaften, ausstellte. — Von seinem Sohn J. van Cuylenburgh sah man im Jahr 1819 auf der Kunstausstellung im Haag drei Landschaften mit Vieh.

Cuyp — oder Kuyp —, Aelbert, ein ausgezeichneter niederländischer Maler, von dessen Lebensverhältnissen wir aber nur so viel wissen, dass er 1605 zu Dordrecht geboren wurde, der Sohn und Schüler des Jacob Gerritse Cuyp war, sich meistens auf dem Landhause Dordwyk bei Dordrecht, wo man an einer Thurmthüre noch heute ein von ihm gemaltes 10 Fuss hohes männliches Bildniss sieht, aufhielt, und 1683 noch am Leben war. Er malte zunächst Landschaften und Thiere, versuchte sich aber auch in anderen Gattungen der Malerei, wie im Bildniss, nicht ohne Glück. Als Landschaftsmaler jedoch nimmt er unter seinen Landsleuten eine Stelle ein, wie Claude Lorrain unter den Italienern. Wie dieser die südliche Landschaft, so schildert er die nördliche, die flachen, nur von einzelnen Bäumen und gewöhnlichen Häusern unterbrochenen, von Gewässern durchschnittenen Gegenden Hollands mit ausserordentlicher Treue, und weiss dieser einförmigen Natur durch eine bald warme, abendliche, bald kühle, morgenliche, bald klare, bald dunstige, mit der seltensten Meisterschaft durchgeführte Beleuchtung und eine sehr kunstreiche Abtönung die grösste Mannigfaltigkeit der anziehendsten Reize zu entlocken, einen eigenen poetischen Zauber über sie auszugiessen. Dabei ist sein Vortrag sehr frei und geistreich, sein Impasto vortrefflich und er erinnert in letzteren Beziehungen an Rembrandt, was namentlich in seinen Bildnissen am auffallendsten hervortritt. In der Grossartigkeit der Auffassung aber, in der Kenntniss der Luftperspektive, verbunden mit der grössten Gluth und Wärme, der dort duftigen, hier klaren Beleuchtung, steht er ganz einzig da. Er staffirte seine Landschaften weniger mit menschlichen Figuren, als mit Thieren, die er meisterlich darstellte und freier als Potter behandelte, jedoch immer der Hauptdarstellung unterordnete. Cuyp's Werke wurden lange wenig beachtet und erst in der letzten Hälfte des vorigen Jahrhunderts gelangten sie in England, woselbst sich jetzt auch die meisten Bilder von ihm finden, zur gehörigen Geltung, und nunmehr fehlen sie in keiner grösseren Sammlung.

Ausgezeichnete Gemälde von ihm sieht man: im Museum zu Amsterdam; im Museum zu Berlin; in der Gallerie zu Darmstadt; in der Gallerie zu Dresden; in verschiedenen Sammlungen Englands, und zwar: in der Nationalgallerie; in der Sammlung von Sir Rob. Peel; in der Bildersammlung zu Lutonhouse; in der Bridgewatergallerie; in der Grosvenorgallerie; in der chem. Privatsammlung des Königs Georg IV.; im Dulwich College; bei Lord Yarborough; bei Lord Dudley; bei Hrn. Sauderson zu London; in der Sammlung zu Keddlestonhall; in der Gallerie in Woburn Abbey; in der Bildersammlung des Lord Ashburton; in der Gallerie des Sir Abr. Hume. Dann im Städel'schen Institut zu Frankfurt; in der Gallerie zu Gotha; im Museum im Haag; in der Gallerie zu Mannheim; in der Pinakothek und in der Leuchtenberg'schen Gallerie zu München; im Louvre zu Paris; im Museum der bildenden Künste zu Stuttgart; in der Gallerie des Belvedere und in der fürstlich Esterhazy'schen Gallerie zu Wien u. s. w.

Das Selbstporträt des Meisters findet man in der Woburn-Abbey, dem Landsitz des Herzogs von Bedford in Bedfordshire (England).

Verschiedene Künstler haben nach seinen Bildern gestochen. Cuyp hat aber auch selbst einige Blätter mit Kühen geistreich radirt.

Literatur. Immerzeel, De Levens en Werken der Holland. en vlaam. Kunstschilders. Amsterdam 1842. — Rathgeber, Annalen der niederländischen Malerei (worin ein Verzeichniss seiner Bilder). — Waagen, Kunstwerke und Künstler in England. — Waagen, Kunstwerke und Künstler in Frankreich.

Cuyp, Benjamin, ein Maler aus Dordrecht, der Neffe des Jacob Gerritse Cuyp, geb. 1608, malte historische und christliche Bilder, Strandscenen und Bauerngesellschaften in warmer und kräftiger Färbung. Er folgte darin anfänglich der Art und Weise des Aelbert Cuyp, dann der des Rembrandt und endlich der des älteren Teniers. Im Museum zu Brüssel sieht man eine Anbetung der Weisen von ihm.

Cuyp — auch **Kuyp** geschrieben —, **Jacob Gerritse**, genannt der **alte Cuyp**, der Vater des Aelbert Cuyp, geb. 1575 zu Dordrecht, war ein Schüler von Abraham Bloemart. Er malte Landschaften, besonders Ansichten der Umgegend seiner Vaterstadt, von der Wasser- und Landseite, Gefechte, Feldlager und dergleichen, namentlich aber zeichnete er sich in der Bildnissmalerei aus. Sein Colorit ist warm und durchsichtig, seine Behandlung breit und geistreich, so dass manche seiner Bilder mit denen seines Sohnes verwechselt werden. Cuyp war einer der Gründer der Malergilde von S. Luca zu Dordrecht im Jahr 1642. In der vormaligen Münze zu Dordrecht sah man noch vor wenigen Jahren ein Gemälde mit verschiedenen Porträts des Münzmeisters und anderen Münzbeamten (mit der Jahrszahl 1617) von ihm. Das Museum zu Amsterdam besitzt von seiner Hand: die Porträts der Eltern des Malers C. Troost und ihrer Kinder; das Museum zu Berlin: das Porträt einer wohlgenährten alten Frau (mit der Bezeichnung J. G. Cuyp 1624); das Museum zu Brüssel: eine Landschaft; das Städel'sche Institut in Frankfurt: das Porträt einer Frau; die Pinakothek in München: Ansicht einer Stadt u. s. w. Ein im Louvre zu Paris dem Aelbert Cuyp zugeschriebenes Bild mit zwei Kinderporträts scheint eher von Jacob Gerritse gemalt zu sein.

Cuyper, Joannes Baptista de, ein Bildhauer, geb. 1807 zu Antwerpen, ein Schüler des Bildhauers van der Neer, fertigt Standbilder für Kirchen und Paläste, Grabmäler, Porträtstatuen und Büsten. Unter den letzteren zeichnet sich die des Malers de Keyser durch Aehnlichkeit und treffliche Behandlung aus. — Sein Bruder Petrus Josephus, geb. zu Antwerpen 1808, bildete sich auf der Akademie seiner Vaterstadt und sein jüngerer Joannes Leonardus, geb. 1813, unter seiner Leitung zum Bildhauer aus.

Cyfflé, Paulus, ein Bildhauer aus Brügge, geb. 1724, bildete sich in seiner Vaterstadt und von 1741 an in Paris. Stanilas Leszcynski, König von Polen und nachheriger Herzog von Lothringen, ernannte ihn zum Direktor der Porzellanfabrik zu Luneville und nach dessen Ableben war er am Hofe der Kaiserin Maria Theresia in Wien thätig.

Cyl, Gerard van, ein Maler aus Amsterdam oder Leyden, der um's Jahr 1649 arbeitete und Conversationsstücke und Porträts in der Art des van Dyck, dessen Bilder er täuschend nachzuahmen verstand, malte.

Czermak, Jaroslav, ein talentvoller Historienmaler aus Prag, der seine künstlerische Ausbildung an der Akademie seiner Vaterstadt empfieng und seitdem verschiedene gelungene Geschichtsbilder lieferte, die man auf verschiedenen österreichischen Ausstellungen sah. 1844 stellte er seinen Dalibor, 1845 Conradin von Hohenstaufen und Friedrich von Baden, denen ihr Todesurtheil vorgelesen wird, 1847 die Erstürmung eines Mönchsklosters durch die Hussiten, ein grosses ausgeführtes Oelgemälde, aus. 1854 beschickte er die Ausstellung des österreichischen Kunstvereins zu Wien mit einem sogenannten historischen Genrebild: den Hofpoeten Kaiser Rudolph II., bettelnd auf der Brücke zu Prag, darstellend, das eine glänzende bestechende Technik zeigte, aber in der Erfindung und Charakteristik als weniger gelungen geschildert wurde.

D.

Dabos, Laurent, Historien-, Genre- und Porträtmaler, geb. zu Toulouse 1762, war ein Schüler von François André Vincent und galt seiner Zeit für einen tüchtigen Künstler. Unter seinen Gemälden rühmt man besonders: Ludwig XVI., wie er sein Testament schreibt (nach einer Aufnahme nach der Natur im Temple gemalt); die Rückkehr der grossen Armee; Maria von England, den Tod ihres Gemahls beweinend, und einige andere im niederländischen Geschmack gemalten Genrestücke.

Daddi, Bernardo, ein Maler aus Florenz, der ein Schüler von Spinello war, eine.

Menge Bilder in verschiedenen Kirchen und anderen Gebäuden in seiner Vaterstadt, in der er in grossem Ansehen stand, malte und 1380 in hohem Alter starb. Im Innern der Porta a Pinti zu Florenz sieht man noch Fresken von ihm.

Daddi, Cosimo, ein Maler aus Florenz, der sich unter B. Naldini bildete und um 1614 blühte. Er liess sich später in Volterra nieder, wo noch einige Bilder von ihm zu finden sind.

Daedalos, Bildner und Baumeister, der mythische Ahnherr des Künstlergeschlechts der Dädaliden zu Athen, soll der Sage nach aus einem der alten herrschenden atheniensischen Geschlechter stammen, wegen der Ermordung seines Neffen Talos, der durch die Erfindung des Zirkels und der Säge den Künstlerruhm des Oheims zu verdunkeln gedroht, aus seiner Vaterstadt entflohen sein, und sich darauf in Kreta niedergelassen haben, wo er für Minos thätig gewesen und für dessen Gemahlin Pasiphae zur Befriedigung ihrer unnatürlichen Liebe zu einem Stier jene berüchtigte Kuh gefertigt. Diese That soll ihn abermals zur Flucht gezwungen haben und zwar soll er sich nach Sicilien und von da über Sardinien nach Cumae in Campanien begeben haben, von wo sich sein Ruhm über einen grossen Theil von Italien erstreckte. Andere Sagen lassen ihn aus Kreta wieder nach Athen zurückkehren oder nach seiner zweiten Entweichung in Theben und Pisa thätig sein.

Von der weiten Verbreitung seines Namens erhalten wir durch die Erwähnung einzelner Werke von ihm Kunde. Mit Bestimmtheit legte ihm das Alterthum: die Holzbilder einer Artemis zu Olus auf Kreta; einer Athene zu Knosos auf Kreta; einer Aphrodite in Hermenform; eines Trophonius zu Lebadea in Böotien; dann einige Holzbilder des Herakles, von deren einem die Sage berichtet, Herakles habe dasselbe in der Nacht für lebendig gehalten und mit einem Steine darnach geworfen; mehrere Weihegeschenke und einen grossen Altar des Poseidon, bei. Zweifelhafter ist es bei einem bewundernswürdigen Bild des Zeus Stratios zu Nikomedia in Bithynien und einem Artemisbilde zu Monogissa in Karien. Von architektonischen Werken wird ihm zugeschrieben: die Kolymbethra, eine Art Emissar, durch den sich der Fluss Alabon bei Megaris in Sicilien in's Meer ergoss; die Befestigung von Agrigent; warme Bäder bei Selinunt; der Unterbau des Tempels der Aphrodite auf dem Berge Eryx, und viele grosse Werke in Sardinien, im Auftrag des Jolaos ausgeführt. Ferner misst ihm die italische Sage die Gründung des Apollotempels von Cumae bei; das ihm ebenfalls zugeschriebene knosische Labyrinth hat dagegen wahrscheinlich nie in der Wirklichkeit, sondern nur im Mythus existirt. Die Sage lässt ihn auch in Aegypten auftreten, wo er am Hephästostempel das schönste Propylon errichtet und im Innern des Tempels sein eigenes, von ihm selbst verfertigtes hölzernes Bildniss aufgestellt haben soll.

Das Vorhandensein dieser und anderer Werke von Dädalos in solch entlegenen Gegenden wird von der Sage durch die Geschichte seiner Wanderungen erklärt; es ist aber vielmehr anzunehmen, dass eben überall, wo sich an verschiedenen Orten künstlerisch Verwandtes aus der Urzeit der Geschichte zeigte, dieses auf die eine Person des Dädalos übertragen wurde. Der Stoff, aus dem der Künstler bildete, ist, wo er ausdrücklich genannt wird, immer Holz, in dessen Bearbeitung er durch die Erfinduug der Säge, der Axt, des Bleiloths, Bohrers, Leims, Fischleims, grosse Fortschritte gemacht haben soll. Die Gegenstände seiner Darstellung waren Götterbilder und das Kennzeichen derselben die täuschende Lebendigkeit. Vor seiner Zeit wurde die menschliche Figur noch mit geschlossenen Füssen, enganliegenden Armen und meistens auch mit geschlossenen Augen gebildet. Dädalos öffnete nun dieselben, löste die Arme vom Körper los und liess die freistehenden rund herumgearbeiteten Füsse ausschreiten; er machte also die griechische Kunst zuerst von den Fesseln frei, in denen sie bis daher befangen gewesen, in denen die ägyptische bis an ihr Ende verharrte. Im Uebrigen sollen seine Bildwerke, wie Pausanias sagt, noch ziemlich wunderlich anzuschauen gewesen sein, gleichwohl aber soll selbst aus ihnen schon eine gewisse Gottbegeisterung hervorgeleuchtet haben. — Auch als Architekt wird er in seinen in den verschiedenen Ländern ausgeführten Bauten als ein wahrer Odysseus voll neuer Gedanken, sinnig im Erfinden, gewandt im Ausführen, geschildert. Allein auch hier gehört seine Person der Sage an, und die Thatsachen, die in ihr verkörpert erscheinen, liegen dem Raum, wie der Zeit nach, weit auseinander. Da überdiess nirgends ein Künstler neben ihm erscheint, so hat man auf ihn allein fast alles übertragen, was überhaupt von den Anfängen der griechischen Kunst bekannt war. Dädalos ist somit der Gesammtname, auf den das Alterthum überhaupt die ältesten Werke der Baukunst, Steinhauerei und Holzschnitzkunst, sowie die nützlichsten technischen Erfindungen, deren Urheber nicht bekannt waren, zusammen übertrug. Daedala wurden daher auch die ältesten Statuen von den alten Griechen genannt.

Daedalos, Erzgiesser aus Sykion, ein Sohn und Schüler des Patrokles, blühte von 395—365 v. Chr. Geb. Das früheste Werk des Künstlers, von dem wir Kunde haben, ist die Trophäe, welche die Eleer wegen des in der Altis über die Lakedämonier (um 396 v. Chr. Geb.) erfochtenen Sieges in Olympia errichteten. Spätere Werke von ihm waren: die Statuen der Nike und des Arkas unter dem figurenreichen Weihegeschenke der Tegeaten in Delphi, und die der olympischen Sieger: Eupolemos, Aristodemos, Timon und dessen Sohn Aesypos. Plinius spricht von ihm auch als Marmorbildner, rühmt jedoch besonders zwei Knaben (aus Erz), die sich mit dem Striegel reinigen. Endlich werden ihm neuerdings noch die dem alten Dädalos zugeschriebenen Statuen des Zeus Stratios zu Nikomedia in Bithynien und der Artemis zu Bithynien in Karien beigelegt.

Literatur. Brunn, Geschichte der griech. Künstler.

Daege, Eduard, Professor und Mitglied der Akademie zu Berlin, geb. 1805 daselbst, bildete sich an der dortigen Akademie unter Professor Wach und später auf Reisen in Italien zu einem trefflichen Historienmaler aus, dessen Bilder sich durch wohlerwogene Composition, edlen Styl und harmonische Färbung auszeichnen. Er malt aber auch kleinere Genrebilder, an denen man den ansprechenden Inhalt und die Präcision der Ausführung rühmt. Unter den verschiedenen, seit den letzten zwanzig Jahren von ihm ausgeführten Bildern, die man auf den Ausstellungen sah, wurden mit besonderer Anerkennung genannt: die Zuflucht zum Altar (gest. v. H. Eichens); die Einkleidung einer Nonne; die h. Elisabeth, eine kranke Frau besuchend; Maria mit dem Kinde; betende Landmädchen; der wohlthätige Mönch (lith. v. Oldemann), und das Gegenstück dazu: ein Messner mit dem Allerheiligsten; von einem Knaben durch den Bach geleitet (lith. v. C. Lange); das Weihwasser (lith. v. Wildt); eine Römerin mit dem Kinde auf dem Schoosse (gest. v. A. Teichel); eine italienische Pilgerin mit ihrem Sohne. — Das erste der nebigen Monogramme fanden wir auf einigen Bildern, das zweite auf Zeichnungen des Meisters.

Dähling, Heinrich, Historienmaler, Mitglied und Professor der Akademie zu Berlin, geb. zu Hannover 1773, gest. zu Berlin 1850, bildete sich vorzugsweise an der Akademie der letzteren Stadt. Er malte historische, kirchliche und Genrebilder, reich an poetischem Gehalt und selbst zum Theil an grossartigen Intentionen. Unter seine besten künstlerischen Produktionen zählt man: eine Kreuzabnahme in der Garnisonskirche zu Potsdam; einen Wettgesang; die Kranzwinderinnen; eine Bacchantin mit Panthern spielend; Christus die Mühseligen und Beladenen zu sich ladend; den Anbruch des jüngsten Tags; die Jubelfeier und mehrere Genrebilder.

Dael, Jan F. van, ein seiner Zeit sehr geschätzter Blumen- und Früchtenmaler, geb. 1764 zu Antwerpen, gest. 1840 zu Paris, erlernte anfänglich die Baukunst, trug auch 1784 und 1785 die ersten Preise in der Architektur an der Akademie seiner Vaterstadt davon, gieng aber später nach Paris, um sich daselbst der Malerei zu widmen, und fand, da er binnen Kurzem schon eine ausgezeichnete Gewandtheit erlangt hatte, bei den Dekorationsmalereien in den Schlössern von Chantilly, Saint-Cloud und Bellevue vielfach Arbeit. Er verliess jedoch bald auch dieses Fach wieder, um sich ausschliesslich mit der Blumen- und Früchtemalerei zu beschäftigen, für die er ein eminentes Talent besass. Er wurde rasch bekannt und vom Hof, von der Kaiserin Josephine, von Napoleon I., von Ludwig XVIII., Karl X., der ihn zum Ritter der Ehrenlegion ernannte, mit Bestellungen überhäuft. Im Louvre zu Paris sieht man drei treffliche Blumen- und Früchtestücke von ihm. Sein unter dem Namen: la Croisée bekanntes Hauptbild, das ihm die Kaiserin Josephine um die Summe von 15,000 Franken abkaufte, kam nach dem Tod der Letzteren in das Museum zu Antwerpen. Auch in die Leuchtenberg'sche Gallerie gingen aus der Hinterlassenschaft der Kaiserin Josephine einige schöne Blumenstücke von ihm über.

Daetondas, ein Erzgiesser aus Sikyon, der um 300 v. Chr. blühte. Er ist durch eine Statue des Theotimos aus Elis, der im Faustkampfe der Knaben zu Olympia gesiegt, bekannt.

Daffinger, Moritz Michael, ein sehr gerühmter Miniaturmaler zu Wien, geb. 1790, bildete sich auf der Akademie seiner Vaterstadt unter Füger aus und widmete sich später ausschliesslich der Miniaturmalerei, in der er auch Ausgezeichnetes leistete. Seine Bildnisse zeichnen sich durch geistreiche Auffassung der Natur, sprechende Aehnlichkeit und glänzendes Colorit aus, und man rühmt unter ihnen besonders mehrere von Personen höchsten Ranges, namentlich die des Herzogs von Reichstadt, den er einigemale darstellte. Die Akademie zu Wien besitzt von ihm ausserdem: eine Fauna Austriaca in Aquarellen, welche mit einem Geiste und malerischem Takte ausgeführt sind, welche diese Sammlung zu einem Unicum in ihrer Art macht.

Dagnan, Isidor, ein tüchtiger Landschaftsmaler der neueren französischen Schule, dessen Bilder treue Auffassung der Natur und grossartige Composition mit einem freien netten Vortrag, pastosem Pinsel und wahrem Colorit verbinden.

Dagoty, siehe **Gautier.**

Daguerre, Louis Jacques, geb. 1788 zu Corneilles, erlernte die Malerei bei E. Degoty und malte anfänglich Theaterdekorationen, dann auch selbstständige Landschaften und Architekturen, die er täuschend nachzuahmen wusste. Später erfand er das Diorama, und mit Niepce das nach ihm benannte Daguerrotyp, das seit 1839 so ungeheures Auftreten erregte und ihm einen weltberühmten Namen verschaffte. In Anerkennung dieser seiner Verdienste wurde er Offizier der Ehrenlegion, Ritter des preussischen Ordens pour le mérite und Mitglied der Akademien der Wissenschaften zu Dublin und München, ausserdem setzte die französische Regierung ihm eine lebenslängliche jährliche Pension von 6000 Franken aus.

Dahl, Joh. Christian, ein ausgezeichneter Landschaftsmaler, Professor und Mitglied der Akademie zu Dresden, geb. 1788 zu Bergen in Norwegen, erlernte die Anfangsgründe der Malerei in seiner Vaterstadt, begab sich aber zu seiner weiteren Ausbildung 1811 nach Kopenhagen und 1818 nach Dresden, bereiste sodann Tyrol, Italien, einen Theil von Deutschland und zu wiederholten Malen sein Vaterland, dessen romantische Gegenden und Küsten er vorzugsweise zum Gegenstand seiner künstlerischen Thätigkeit zu machen liebte. Seine Bilder erregten bald die allgemeine Aufmerksamkeit, denn von seinem ersten selbstständigen Auftreten an, wandte er sich, dem damals in der Kunst eingerissenen Idealismus gründlich abhold, entschieden einem frischen und kräftigen Naturalismus zu, und lernte in Folge eines gewissenhaften und treuen Studiums der Natur dieselbe mit ergreifender Wahrheit und in allen ihren, oft so sehr entgegengesetzten Stimmungen darzustellen. Vermisst man in ihnen vielleicht auch hin und wieder eine höhere Einheit und die stylistische Schönheit der Composition, so wird dieser Mangel hinreichend durch die überraschende Unmittelbarkeit der Darstellung ersetzt. Seine Zeichnung ist sehr correkt, die Färbung von seltener Tiefe und der Vortrag in allen Theilen meisterhaft. Zu seinen besten Bildern, die man in vielen öffentlichen und Privatgallerien findet, gehören: das Friedrichsburger-Schloss im Mondschein (1818); der Ausbruch des Vesuv's in Neapel (1820); Ansicht der Stadt Bergen; ein norwegischer Wasserfall; eine Ansicht von Dresden im Mondschein; der Hafen von Kopenhagen, ebenfalls im Mondschein; ein Seesturm; eine wildromantische Landschaft zwischen Christiania und Bergen (1851) u. s. w.

Dahl hat sich auch um die kunsthistorische Forschung Verdienste erworben, durch die Herausgabe seines Werkes: „Denkmale einer sehr ausgebildeten Holzbaukunst aus den frühesten Jahrhunderten in den innern Landschaften Norwegens. Dresden 1837."

Der König von Dänemark hat den Künstler zum Danebrogman ernannt und der König von Schweden verlieh ihm den schwedischen Wasa- und den norwegischen St. Olafsorden; auch wurde er zum Mitglied der Akademien von Berlin und Kopenhagen erwählt.

Dahl, Karl, ein Landschaftsmaler aus Berlin, der sich zu Düsseldorf unter Schirmer bildete und viele erfreuliche Bilder aus den Rheingegenden malte, die Kunst aber später wieder verliess und sich einen anderen Lebensberuf wählte.

Dahl, Siegwald, der Sohn des Professors Joh. Christ. Dahl, widmet sich vorzugsweise der Thiermalerei, in der er bereits viel Verdienstliches geleistet und noch Bedeutenderes zu leisten verspricht. Er hat sich auch schon mit Glück in der Porträtmalerei versucht.

Dahmen, Franz, ein tüchtiger, zu München lebender Lithograph, von dem besonders die Blätter: Jesus als Knabe, nach Carlo Dolci, und ein Mädchen am Fenster, nach Gerh. Dow als sehr gelungen gerühmt werden.

Daïppos, ein altgriechischer Bildner und Erzgiesser, der um 290 v. Chr. Geb. blühte und ein Sohn und Schüler des Lysipp's war. Man nennt unter seinen Arbeiten die Statuen des Kallon, welcher im Faustkampfe der Knaben, und des Nikandros, welcher im Doppellauf zu Olympia gesiegt hatte, ferner einen Athleten mit der Striegel.

Daiwaille, Alexander Joseph, ein tüchtiger Landschaftsmaler, der Sohn des Nachfolgenden, geb. 1818 zu Amsterdam, erlernte die Malerei bei seinem Vater, kam aber später zu seinem Schwager B. C. Koekkoek, unter dessen Leitung er sehr bedeutende Fortschritte machte. Seine Bilder, unter die wir besonders zwei Landschaften, Sommer und Winter (1841), und eine Parthie aus den Ardennen zählen, zeigen bei manchem Trockenen in der Färbung eine malerische Composition und treffliche Perspektive.

Daiwaille, Jean Augustin, der Vater des Vorigen, ein tüchtiger Genre-, besonders aber trefflicher Porträtmaler, geb. 1786 zu Keulen, gest. 1850 zu Rotterdam, lernte bei A. de Lelie die Malerei und wurde 1820 Direktor der Akademie zu Amsterdam, legte aber schon nach sechs Jahren seine Stelle wieder nieder und zog später nach Rotterdam, wo er die Porträtmalerei, in der er Ausgezeichnetes leistete, übte.

Dalcò, Antonio, ein Kupferstecher, der einer der besten Schüler Toschi's war und zu Parma lebt. Zu seinen besten Blättern, die sich durch grosse Vollendung des Stichs auszeichnen, gehören: ein Salvator mundi, nach Andrea del Sarto, und Christus am Kreuz, nach G. Reni.

Dalen, Cornelis van, ein verdienstvoller Kupferstecher mit dem Grabstichel und der Nadel, war ein Schüler des Corn. Visscher. Er arbeitete in der Manier seines Lehrers und des Abr. Blooteling, doch erreichte er in seinen Stichen mehr Kraft als jener. Zu seinen vorzüglichsten Blättern, unter denen namentlich die nach Tizian sehr gesucht sind, zählt man: die vier Kirchenväter und die Natur von den Grazien geschmückt, nach Rubens; Madonna mit dem Kinde und das Porträt des Johann Moritz, Prinzen von Nassau (1658), nach G. Flinck; Karl II., König von England; Dr. Franciscus Silvius Deleboe (1659); Anna Maria Schurman, nach Cornelis Jonson van Keulen; die Porträts des Pietro Aretino, Giorgio Barbarelli, des Boccacio und des Seb. del Piombo, nach Tizian. (Das Original des Letzteren, welches auch für das Bildniss des Campanella gehalten wird, schreibt man auch dem Tintoretto zu.) Er bezeichnete seine Stiche mit C. D. oder C. v. D.

In der Gallerie des Belvedere zu Wien wird ihm auch ein Bild: Bacchus mit Epheu bekränzt und ein Weinglas in der Hand zugeschrieben. Als Geburtsort des C. v. Dalen wird von Einigen Harlem, von Anderen Antwerpen und als das Jahr seiner Geburt bald 1613, bald 1626 oder 1630, bald sogar 1640 angegeben.

Dalens, Dirk, ein geachteter Landschafts- und Thiermaler, geb. 1659 zu Amsterdam, gest. 1688, war ein Schüler seines Vaters, Willem Dalens, eines mittelmässigen Malers.

Dalens, Dirk, der Jüngere, der Sohn des Vorigen, geb. 1688, ein Schüler von Theodoor van Pee, malte Landschaften mit Architekturen, Vieh u. s. w. in der Weise des Pynacker. Er führte auch grössere Gemälde aus, die in den Sälen der Reichen und Vornehmen in Amsterdam, Leyden und Haag die Wände als Tapeten zierten.

Dallinger, Andreas Leonhard, geb. 1806 zu Nürnberg, ein geschickter Stein- und Stempelschneider, der die Kunst bei seinem Vater Ant. P. Dallinger erlernte und viele treffliche Denkmünzen lieferte, unter denen man die auf Melanchton (1826); für den Hilfsverein der Handlungsdiener (1842); für den Pegnesischen Blumenorden (1844) zu den besten zählt.

Dallinger, Anton Paul, Stein- und Stempelschneider in Nürnberg, geb. 1772, der Vater des Vorigen und Schüler von J. P. Werner, fertigte eine Menge in sein Fach einschlagender Arbeiten. Besonders rühmt man die Denkmünze auf A. Dürer und M. Behaim.

Dallinger von Dalling, Alexander Johann, ein tüchtiger Thier- und Landschaftsmaler, geb. 1788 zu Wien, gest. daselbst 1844, war der Schüler seines Vaters, Johann Dallinger. Die Gallerie im Belvedere zu Wien besitzt ein Bild von ihm: eine Heerde Kühe, die von einem Hirten durch ein kleines Wasser getrieben wird.

Dallinger von Dalling, Johann Baptist, ein geschickter Thiermaler, der Bruder des Vorigen und Schüler und Sohn des Nachfolgenden, geb. 1782 zu Wien, malte besonders Pferde mit grosser Geschicklichkeit. Er staffirte seine Bilder mit sorgfältigen Landschaften, zeichnete sich übrigens auch in Conversationsstücken und im Porträt aus. Ausser der fürstlich Lichtenstein'schen Gallerie, deren Direktor er 1831 wurde, besitzt auch die Gallerie im Belvedere zu Wien einige tüchtige Bilder von ihm: fünf Ackerpferde auf der Weide (1830) und zwei Zugpferde im Stalle (1832).

Dallinger von Dalling, Johann, Historien- und Thiermaler, geb. 1741 zu Wien, gest. daselbst 1806, der Vater und Lehrer der beiden Vorigen, seit 1771 Inspektor der fürstlich Lichtenstein'schen Gallerie, malte grosse Altarbilder, wie kleinere historische Darstellungen, Pferde- und Schlachtstücke.

Dallwig, Heinrich, geb. 1811 zu Kassel, ein sehr geschätzter Landschaftsmaler, der schon bei seinem ersten Auftreten mit grösseren Bildern in seiner Vaterstadt im Jahr 1838 Erwartungen künftiger ausgezeichneter Leistungen erregte und diese auch in der Folge rechtfertigte. Er siedelte sich 1839 in München an, machte hin und wieder kleinere und grössere Reisen und beschickte seither die Kunstausstellungen mit landschaftlichen Gemälden, an denen man besonders die frische Auffassung, die grosse Naturwahrheit, ein glänzendes Colorit und sorgfältige Ausführung rühmt.

Dalmasio, Lippo di, ein Maler aus Bologna, der ein Schüler des Vitale dalle Madonne, eines damals sehr berühmten Malers, war, um 1400 blühte und wegen der Anmuth seiner Madonnen, gleich seinem Lehrer, den Beinamen: dalle Madonne erhielt. Er war namentlich für die verschiedenen Kirchen seiner Vaterstadt thätig und man schreibt ihm auch dort noch in S. Domenico, S. Paolo, ai Servi, im Pal. Ercolani u. s. w. verschiedene Bilder zu. Als sein grösstes Verdienst wird ihm angerechnet, dass er die h. Katharina von Bologna in der Malerei unterrichtet. Auch Ant. Solario, genannt il Zingaro, soll ein Schüler von ihm gewesen sein.

Dalmatia, il Federighetto di, siehe **Bencovich.**

Dalmau, Ludovicus, ist der Name eines Malers, den man sammt der Jahrszahl 1445 auf einem grossen Bilde der Maria mit dem Kinde in der S. Michaeliskirche zu Barcelona findet. Dieses Gemälde ist ganz in der Weise der Schule der van Eyck gemalt, aus der der Künstler unmittelbar hervorgegangen zu sein scheint.

Dalström, C. A., geb. 1806, ein geschickter schwedischer Schlachtenmaler, unter dessen Bildern besonders: das Gefecht bei Lübeck; Bernadotte's Uebergang über den Rhein; Tilly's Einzug in Magdeburg; die Revue auf Ladugaardsgärde gerühmt werden.

Dameas, Erzgiesser aus Kleitor in Arkadien, ein Schüler des Polykleitos, blühte um 400 v. Chr. Geb. Wir wissen von ihm, dass er mit Athenodoros an den von den Lacedämoniern wegen ihres Sieges über die Athener bei Aegospotamoi nach Delphi gestifteten Weihegeschenken arbeitete und zwar die Statuen der Artemis, des Poseidon und des Lysandros fertigte.

Damer, Mistress, geborne **Conway**, eine englische Bildhauerin, die bei Ceracchi und Bacon lernte und sich zu Ende des vorigen Jahrhunderts durch ihre Büsten und Porträtstatuen einen berühmten Namen erwarb. In der Gallerie der Uffizien zu Florenz ist ihre, von ihr selbst gefertigte und gestiftete Büste aufgestellt.

Damery, Jacques, der Bruder des Walter Damery, geb. zu Lüttich, begab sich schon in früher Jugend nach Italien, woselbst er auch starb. Er malte Blumen und Früchte mit grosser Geschicklichkeit und radirte auch in Kupfer. Man kennt von ihm 12 Blätter: Blumenvasen, die mit der Jahrszahl 1657 bezeichnet sind.

Damery, Simon, Maler aus Lüttich, geb. daselbst 1597, war ein Schüler von Jan Taulier, begab sich aber frühzeitig nach Italien und liess sich zuletzt in Mailand nieder, wo er sich verheirathete und 1640 an der Pest starb. Er malte Historien, besonders aber Kirchenbilder.

Damery, Walter, ein Maler, der 1614 in Lüttich zur Welt kam, den ersten Unterricht in der Kunst in seiner Vaterstadt genoss, bald aber Reisen nach England, Frankreich und Italien machte, und zu Rom Schüler des Pietro da Cortona wurde. Nachdem er daselbst mehrere Jahre zugebracht, auf der Heimreise zur See von Seeräubern gefangen genommen, nach Algier geschleppt worden, aber wieder entkommen war, ging er nach Frankreich, woselbst er zu Paris für die Karmelitermönche die Himmelfahrt des Elias malte und auch für andere Kirchen beschäftigt wurde. Er brachte gerne nackte Kinder in seinen Bildern an, weil er in der Darstellung derselben eine grosse Fertigkeit besass, auch verstand er es, seine Gemälde mit hübschen landschaftlichen Gründen zu schmücken. Er blieb bis an sein 1678 erfolgtes Lebensende thätig, seine letzten Bilder sind aber minder verdienstlich als seine früheren.

Damiani, Felice, auch **Felice da Gubbio** genannt, nach seinem Geburtsort, ein Maler, der sich zu Venedig gebildet, dessen Bilder aber mehr den römischen Geschmack der zweiten Hälfte des 16. Jahrhunderts, gegen dessen Ende auch seine Blüthezeit fällt, tragen. In seiner Vaterstadt sieht man noch verschiedene Kirchengemälde von ihm. Er lebte noch 1606.

Damini, Pietro, ein Maler aus Castelfranco, geb. 1592, gest. 1631, der bei Giov. Battista Novelli die Malerei erlernte, sich aber insbesondere nach Kupferstichen, namentlich nach denen des Albr. Dürer, bildete und in seinen Gemälden einen Styl voll Schönheiten und anziehender Reize erreichte, der, wenn er auch in des Künstlers Streben nach Vervollkommnung öfters wechselt, und bald dem Naturalismus huldigt, bald sich auf der Höhe des Idealismus erhält, inmitten des damals in der Kunst eingerissenen Manierismus wohlthuend wirkt. In Padua, Vicenza und Venedig, namentlich aber in seiner Vaterstadt, sieht man noch viele Bilder von ihm.

Giorgio Damini, sein Bruder, malte tüchtige Porträts und Bilder mit kleinen Figuren, starb aber jung und, wie der letztere, an der Pest 1631.

Damini, Vincenzo, ein Maler, der wahrscheinlich aus Venedig gebürtig und ein Schüler von Pellegrini war, lebte von 1720—1730 in London und zeichnete sich insbesondere durch vorzügliche Bildnisse aus.

Damophilos, ein griechischer Thonbildner und Maler von grossem Ruf, der mit Gorgasos den 493 geweihten Tempel der Ceres beim Circus Maximus zu Rom mit Werken von beiden Gattungen seiner Kunst schmückte. Etwa zehn Olympiaden später lebte Damophilos aus Himera, der der Lehrer des Zeuxis gewesen sein soll, woraus, wenn dieser, wie behauptet wird, eine und dieselbe Person mit dem Genossen des Gorgasos gewesen, folgen würde, dass die Gemälde und plastischen Arbeiten der beiden Künstler am Tempel der Ceres erst längere Zeit nach dessen Vollendung ausgeführt worden wären.

Literatur. Brunn, Geschichte der griechischen Künstler.

Damophon, ein ausgezeichneter griechischer Bildhauer aus Messene, der um 370 v. Chr. Geb. lebte und eine grosse Anzahl vorzüglicher Werke aus Marmor und Holz schuf, aber auch mit der Technik von Arbeiten aus Gold und Elfenbein vertraut war. In ihm erkennen wir einen der religiösesten Künstler seiner Zeit, der, wie fast kein anderer, ausschliesslich für den Cultus beschäftigt war und sich in seinen künstlerischen Erzeugnissen bestrebte, die Kunst auf derjenigen Stufe geistiger Höhe zu erhalten, auf welche sie durch Phidias erhoben worden war. Als Werke seiner Hand werden angeführt zu Messene: ein merkwürdiges Bild der Göttermutter aus parischem Marmor; die Artemis Laphria, jugend dargestellt; eine Gruppe des Asklepios und seiner Kinder, und die marmornen Bildsäulen des Apollo, der Musen, des Herakles, der Stadt Theben, der Tyche und der Artemis Phosphoros im Tempel des Asklepios. Zu Aegion befand sich eine Statue der Eileithyia, der Göttin der Geburt, vom Haupt bis auf die Füsse mit einem dünnen Schleier verhüllt, ein Holzbild bis auf das Gesicht und die hervortretenden Theile der Hände und Füsse, welche aus pentelischem Marmor gebildet waren. Nicht weit von dem Tempel dieser Göttin stand das Heiligthum des Asklepios, in welchem man eine Statue dieses Gottes und der Hygieia von ihm sah. Besonders reich an Werken dieses Künstlers aber war Megalopolis. Dort war am Ende einer Säulenhalle ein heiliger Bezirk der grossen Göttinnen Demeter und Kora, worin deren Statuen in einer Grösse von 15 Fuss standen. Die Demeter war ganz von Stein, an der Kora war dagegen die Bekleidung aus Holz gebildet. Vor dem Eingange standen in erhobener Arbeit, auf der einen Seite Artemis, auf der andern Asklepios und Hygieia, und vor ihnen stellte der Künstler Mädchen von geringer Grösse auf, deren jede einen Korb mit Blumen trug und die von Einigen für Töchter des Damophon, von Andern für Athene und Artemis, welche mit der Persephone Blumen lesen, gehalten wurden. Auch ein etwa eine Elle hoher Herakles stand neben der Demeter und davor ein Tisch, reich mit figürlichen Reliefs geschmückt. (Von dem Tisch wird jedoch nicht ausdrücklich gesagt, dass er von Damophon herrühre, doch stand er mit den Hauptbildern in so genauem Zusammenhange, dass daran wohl nicht zu zweifeln ist.) In dem heiligen Bezirk der grossen Göttin befand sich ferner ein Heiligthum der Aphrodite und darin stand die Statue dieser Göttin und des Hermes. Letztere war ganz von Holz, an der ersteren waren Gesicht, Hände und Füsse von Stein. Endlich sah man von seiner Hand im Tempel der Despoina, bei den Ruinen von Akakesion, vierzig Stadien von Megalopolis entfernt, die Bilder jener Göttin und der Demeter. Diese Statuen waren nebst dem Throne, auf dem sie sassen, und dem Schemel unter ihren Füssen aus einem Steine gebildet, der in Folge von Traumerscheinungen innerhalb des Tempelbezirks ausgegraben worden war. Demeter trug in der Rechten eine Fackel, während sie die andere Hand auf die Despoina legte. Diese hielt in der Linken ein Scepter und trug auf den Knieen die so genannte Kiste. Neben der Demeter stand die Artemis mit einem Hirschfell angethan und dem Köcher auf der Schulter, neben dem Bilde der Despoina aber Anytos, als Schwerbewaffneter.

Literatur. Brunn, Geschichte der griechischen Künstler.

Danby, Francis, ein englischer Landschaftsmaler und Mitglied der Akademie zu London, dessen Bilder mit historischer und genreartiger Staffage viele glückliche Motive und poetische Momente zeigen. Gerühmt werden: seine bezauberte Insel; das goldene Zeitalter; Pharao's Untergang im rothen Meer; das Grab Christi unmittelbar nach der Auferstehung; des Künstlers Sonntag (1844); das Thor des Harems (1845); früher Morgen (1846); der Zürchersee (1849); ein goldner Augenblick (1850), ein Bild voll glücklicher Verwirklichung der Poesie des Sonnenglanzes.

Dancart oder **Danchart, Maestro**, gest. 1497, Architekt und Bildhauer, wahrscheinlich von deutscher Abkunft, den wir seit 1478 in Sevilla thätig sehen und der im Jahr 1482 den Hochaltar des Chors in der Kathedrale daselbst zu fertigen begann. Dieses gothische in Holz geschnitzte und vergoldete Altarwerk überbietet an Kunst, Reichthum und Pracht alles, was das an derartigen Werken einzig reiche Spanien aufzuweisen hat und ist dennoch bei all dieser überwältigenden Grösse nicht überladen. Es nimmt die ganze, bis an das 145 Fuss hohe Gewölbe reichende Altarwand ein, wurde aber erst 1526 durch zwei Deutsche, den Jorge Fernandez Aleman und seinen Bruder, den Maler Alexo Fernandez, vollendet. Später, während der Jahre 1551—1564 wurden dem mittleren Theile Seitenvorsprünge angefügt, an denen verschiedene Künstler thätig waren.

Literatur. Bermudez, Diccionario historico de los mas illustres professores de las bellas artes in España. — Passavant, Die christliche Kunst in Spanien.

Dance, Nathaniel, ein englischer Porträt- und Historienmaler, Mitglied der Akademie zu London, von dessen Gemälden als Hauptwerke: Richard III. nach der verlorenen Schlacht, und Orpheus, der den Verlust der Eurydice beweint, ein Bild, das auf der Ausstellung der Akademie im Jahr 1774 als das vorzüglichste der ganzen Sammlung bewundert wurde, angeführt werden.

Danckerts, Cornelis, genannt **de Ry**, ein geschickter Bildhauer und Baumeister, geb. 1561 zu Amsterdam, gest. 1634, war der Sohn eines Architekten gleichen Namens. Er führte in seiner Vaterstadt eine Menge Gebäude auf, die sich ebensowohl durch ihre Schönheit, als durch zweckentsprechende Klugheit der Anordnung und Eintheilung auszeichnen. Darunter gehören namentlich: die drei neuen Kirchen, das Harlemer Thor und die neue Börse. Danckerts war der erste, der ein Mittel fand, steinerne Brücken über grössere Flüsse zu bauen, ohne den Lauf des Wassers zu hemmen. Er schrieb auch ein Buch über die Baukunst und gab eine Uebersetzung des Scamozzi heraus.

Danckerts, Dancker, Kupferstecher mit dem Grabstichel und der Nadel, geb. 1600, war der Schüler seines Vaters Cornelis Danckerts (geb. 1561), eines Stechers und Kupferstichhändlers, und lebte noch 1660. Zu seinen besten Stichen gehören: die Nacht oder das Krebsfangen; die Landschaft mit dem schwankenden Steg; die Landschaft mit der Hirtenfamilie; die vier Tageszeiten, sämmtlich nach Berghem. Er pflegte seine Blätter mit: D. D., D. D. f., D. Danck. f. zu bezeichnen.

Danckerts, Hendrick, ein Bruder des Nachfolgenden, war anfänglich Kupferstecher und stach nach Tizian, Palma u. s. w., widmete sich aber später der Landschaftsmalerei, in der er sich in Italien ausbildete. Von König Karl II. nach England berufen, malte er für diesen Fürsten die königl. Paläste und Seehäfen von England und Wales.

Danckerts, Johann, der Bruder des Vorigen, war als Maler und Kupferstecher um 1650 in Amsterdam thätig.

Danckerts, Justus, ein Kupferstecher und Kunsthändler zu Amsterdam, von dessen Hand man verschiedene Stiche nach Berchem, Wouverman und Anderen kennt. Er soll der Vater der beiden Vorigen gewesen sein.

Danckerts, Peter, genannt **de Ry**, geb. zu Amsterdam 1605, gest. 1659 zu Stockholm, war ein geschickter Porträtmaler.

Dandini, Cesare, Maler und Bruder des Vincenzo Dandini, geb. zu Florenz um 1595, gest. 1658, besuchte verschiedene Schulen, hielt sich aber am meisten an die Manier des Passignano. Er arbeitete viel in seiner Vaterstadt, aber die meisten seiner Gemälde sind durch den damaligen Gebrauch dunkler Grundirungen zu Grunde gegangen.

Dandini, Piero, Maler, geb. zu Florenz 1646, erlernte die Anfangsgründe der Malerei bei Valerio Spada, einem braven Miniaturmaler, und kam später, nachdem er Proben eines tüchtigen Talents abgelegt, zu seines Vaters Bruder Vincenzio Dantini in die Lehre, wo er solch glänzende Fortschritte machte, dass er seinen Oheim und Lehrer binnen kurzer Zeit übertraf. Er besass schon eine grosse Fertigkeit, als er sich zu seiner weiteren Ausbildung nach Venedig begab, wo er nach Tizian, Tintoretto und Palma, und von da nach Modena, wo er Correggio's Werke, endlich nach Rom, wo er Raphael und Michelangelo studirte. In's Vaterland zurückgekehrt, erregte er sodann durch den grossartigen und kräftigen Styl, das glänzende Colorit und die Leichtigkeit der Ausführung in seinen Bildern grosses Aufsehen. Er bekam eine ausserordentliche Menge von Aufträgen, führte eine sehr grosse Anzahl von Bildern in Oel und in Fresco, für Privaten, viele Grossen und Fürsten, in Palästen und öffentlichen Gebäuden, aus der Profan- und heiligen Geschichte, aus der Mythologie und nach Poesien in Florenz und der ganzen Umgegend aus. Seine Gemälde verrathen ein bedeutendes Talent, das in der Weise des Pietro da Cortona mit Erfolg sich thätig zeigte; allein sie sind oft gar zu flüchtig und manierirt. Er starb 1712.

Literatur. Museo Fiorentino, woselbst auch sein Porträt im Stich.

Dandini, Ottavio, ein Maler zu Florenz, der Sohn und Schüler des Vorigen, malte in der Weise seines Vaters und führte eine Menge Oelbilder und grossräumige Wandbilder aus.

Dandini, Vincenzo, ein zweiter Sohn des Piero, war ebenfalls Maler.

Dandini, Vincenzo, ein Bruder des Cesare, geb. 1607 zu Florenz, gest. 1675, erlernte bei diesem die Malerei, wurde dann Schüler des Pietro da Cortona und erwarb sich durch seine Bilder in Oel und Fresco, aus der Geschichte, der Mythologie und heil. Schrift in seiner Vaterstadt sowohl als in Rom einen geachteten Namen. Er übertraf seinen Bruder in der Zeichnung, in der Gewandung, in der Weichheit des Colorits, überhaupt in der ganzen Technik, und gründete eine Schule, aus der tüchtige Künstler hervorgingen und in der auch sein Neffe Piero Dandini gebildet wurde.

D'André Bardon, siehe **Bardon.**

Danedi, Giuseppe, ein Maler aus Trevilio im Mailändischen, der in Morazzone's Schule ging, sich aber mehr nach Guido Reni bildete und verschiedene der heiligen und Profangeschichte entnommene Bilder, deren man im Mailändischen noch viele findet, malte. In der Dresdner Gallerie sieht man von ihm einen h. Antonius von Padua, das auf einem Tisch stehende Jesuskind liebkosend.

Danedi, Stefano, ein Maler aus Trevilio, geb. 1608, gest. 1689, der Bruder des Vorigen und, wie dieser, Schüler des Morazzone, hielt sich in seinen Bildern an die Manier seines Lehrers, vervollkommnete seine Kunstweise nach der seines Bruders und gehörte überhaupt, gleich diesem, zu den besseren Malern seiner Zeit.

Danese, siehe **Cataneo.**

Danet, siehe **Duvet.**

Danforth, M. J., ein jetzt lebender Kupferstecher in England, dessen Blätter, deren bestes: The sentry Box, nach C. R. Leslie (1833), ist, sich durch ihre gefällige Manier seinen Landsleuten empfehlen.

Danhauser, Joseph, geb. zu Wien 1805, gest. daselbst 1845, war ein Schüler von Peter Krafft und wandte sich anfänglich der Historienmalerei zu, fand aber später seine eigentliche Bestimmung im Genrefache, das ihn zu einem seiner würdigsten und ausgezeichnetsten Vertreter in der neueren Zeit zählt. Schon seine ersten Versuche, Scenen aus dem damals erschienenen Heldengedichte: Rudolph von Habsburg, von L. Pyrker, darstellend, erregten Aufsehen und gewannen ihm die Gunst dieses ausgezeichneten Kirchenfürsten, der um jene Zeit Patriarch von Venedig war und den jungen Künstler einlud, die dortigen Kunstschätze zu studiren. Hier wirkten die Werke Tizian's, Paolo Veronese's u. A. mächtig auf sein Gemüth und gaben seiner künstlerischen Thätigkeit jene tief durchdachte, ernste Richtung, in welcher er sich nachmals so rühmlich auszeichnete, wie sie seiner technischen Ausbildung jene hohe Weihe ertheilten, die aus allen seinen Bildern spricht. Im Jahr 1838 wurde er zum Correktor der Akademie zu Wien ernannt, er gab jedoch diese Stelle, um sich unabhängig der Kunst widmen zu können, schon 1844 wieder auf. Zu seinen früheren historischen Bildern gehören, ausser den erwähnten Darstellungen aus dem Gedichte von Rudolph von Habsburg: Wallenstein's Grab (1828); Ottokar's Tod (1832); und das für die neuerbaute Kathedrale zu Erlau in Ungarn, dem Bischofssitze seines Gönners L. Pyrker, im Jahr 1835 vollendete grosse Altarblatt, die Marter des heil. Johannes. An der Vollendung eines weiteren grossen Altarbildes für die Domkirche zu Gran hinderte ihn der Tod. Sodann sieht man in der Gallerie des Belvedere zu Wien sein Conkurrenzbild: die Verstossung Hagar's und Ismael's, welches 1836 den ersten akademischen Preis erhielt. Zu seinen besten durch treffliche Lithographien und Kupfer- oder Stahlstiche auch in weiteren Kreisen bekannt gewordenen Genrebildern gehören: die Gratulanten; das Scolarenzimmer eines Malers (1828); komische Scene in dem Arbeitszimmer eines Malers (1829), beide letzteren in der Gallerie des Belvedere zu Wien; Pegasus im Joche (1830); die Schlafenden; die Neujahrsgratulanten (1832); die Vergänglichkeit; das Bekenntniss (1834); der Prasser (1835), gest. v. Fr. Stöber; die Fischerin; eine Sündfluthsscene; der Augenarzt (1837); das Lotterieloos; der Liebesantrag eines Landjunkers; Dichterliebe (1838); die Schachpartbie; die Testamentseröffnung (1834); die Klostersuppe (gest. v. Fr. Stöber); der Pfennig der Wittwe (1839); Trost der Betrübten; Wein, Weib und Gesang; die aufgehobene Zinspfändung (1840); die Romanlektüre; die Sonntagsruhe (1841); die Gratulation (1842); Stillleben; ein Mohr; die kleine Virtuosin; der kleine Maler; die Brautwerbung; ein Antiquitätenfreund und eine Wiederholung der Testamentseröffnung (1843); der Raisonneur im Wirthshause; die Weinkoster; das Tischgebet der Karthäuser (lith. v. Hanfstängl); die Grossmutter; die Klavierspielerin; das Kind und seine Welt, ein Bild, von dem er, wie diess auch von anderen geschah, mehrere Wiederholungen machen musste (1844); das Mädchen mit der Katze; der Dudelsackpfeifer in einem Bauernhofe; der Brautbewerber (gest. v. Fr. Stöber); das Weib auf der Stiege; der Feierabend, des Künstlers letztes Bild, durch das sich bereits, wie durch mehrere der letzten Zeit, gleich einer Ahnung seines frühen Endes, eine wehmüthige elegische Stimmung zieht.

Danhauser fasste das Genre auf die würdigste Weise, als eine Sittenmalerei der Zeit, vom höheren historischen Standpunkt betrachtet, auf. Mit einer Fülle der Erfahrung und Lebensanschauung, einer bis in's Innerste dringenden Kenntniss der Seelenthätigkeiten und einem scharfen Blick in die Leiden und Geschicke des Menschenlebens, verband er eine tiefe Poesie des Gedankens, eine geistvolle Composition, sichere Charakterzeichnung, einen edlen Styl der Darstellung, blühendes Colorit und eine in allen Theilen meisterliche Technik. Während andere Leistungen der Genremalerei bei dem Sinnenscheine und Farbenspiele, der flüchtigen Erscheinung des Volkslebens, stehen bleiben, hielt er die vorübergehenden Momente aus dem Leben, indem er ihnen die schönste poetische Seite abzugewinnen suchte, oder sie in eine solche hineindichtete, in ihrer höheren Bedeutung fest. Darum wirken seine Bilder wie Scenen aus Schau- oder Trauerspielen, wie die Haupt- und Entwicklungsmomente in historischen Romanen. Leider erlaubte ihm die Kürze seiner Lebensdauer nicht, das Ideal zu erreichen, das ihm von seinem Berufe vorschwebte. So leiden denn auch seine Bilder zum Theil an jenen Gebrechen, an denen die moderne Genremalerei überhaupt meistens krankt. Es tritt nämlich in ihnen das Porträtartige, Modellmässige zu viel hervor und seine Virtuosität in der Technik, verbunden mit einem herrlichen Farbentalente, verleitete ihn oft, die psychologische Tiefe der Gedanken, die Einheit der Darstellung, ja selbst die Motivirung der Situation gegen die Darstellung prächtiger Beiwerke und Einzelheiten auf's Spiel zu setzen. So entbehren nicht selten die constituirenden Theile eines festen Angelpunktes und machen sich mehr als besondere abgeschlossene Individualitäten geltend, statt untergeordnete Theile des Ganzen zu bleiben. Auch fehlt seinen, wenn gleich noch so charakteristischen und ausdrucksvollen Köpfen durchgehends fast ein feinerer Schönheitssinn und nicht immer gelang es ihm, seinen, aus der Wirklichkeit entlehnten Physionomien, dem Affekt der Situation anzupassen. Nichtsdestoweniger gehören aber Danhauser's beste Bilder immerhin zu den trefflichsten Leistungen, welche die Genremalerei aufzuweisen hat. — Des Künstlers Porträtbüste wurde nach seiner Todtenmaske von seinem Freunde, dem Bildhauer Dietrich, gefertigt.

Daniele da Volterra, siehe **Ricciarelli**.

Daniell, James, ein geschickter englischer Arbeiter in Schwarzkunst, der um 1800 thätig war. Zu seinen besten Blättern gehören: Admiral Nelson in der Schlacht am Vorgebirge St. Vincent; der Tod des Kapitän Alex. Hood und die Gefangennehmung des Admiral Winter, sämmtlich nach H. Singleton; ferner: der junge Samuel bei dem Oberpriester Eli, nach Coypel.

Daniell, John, ein englischer Landschaftsmaler, der sich lange in Indien aufhielt und verschiedene Ansichten dieses Landes mit interessanten Staffagen, Scenen aus dem Leben der Eingeborenen darstellend, malte. Er starb um 1808.

Daniell, Samuel, ein englischer Landschaftsmaler, der sich längere Zeit in der Nähe des Caps der guten Hoffnung aufhielt und tief in's Innere von Africa eindrang. Nach seiner Rückkehr malte er verschiedene Ansichten jenes Landes, sowie der Bewohner und der einheimischen Thiere nach den an Ort und Stelle aufgenommenen Studien. Er gab auch zwei Kupferwerke mit Darstellungen der Gegenden, Bewohner, Costüme und Thiere des südlichen Afrika (London 1806) und Ansichten der Insel Ceylon, der Bewohner und Thiere dieses Landes (London 1808) heraus. Seine sechs Blätter, welche London von verschiedenen Seiten darstellen und von ihm selbst gestochen sind, gehören zu den besten Werken dieser Art.

Daniell, Thomas, ein englischer Landschaftsmaler und Kupferstecher, Mitglied der Akademie, geb. 1748, gest. zu Kensington 1840, lernte die Malerei bei einem Wappenmaler, besuchte aber zugleich die Akademie zu London, wo er in der Landschaftsmalerei bald ausserordentliche Fortschritte machte. Im Jahr 1783 reiste er in Gesellschaft seines Neffen William Daniell nach Ostindien, wo er binnen 10 Jahren alle merkwürdigen Gegenden zeichnete. Zu Calcutta gaben Onkel und Neffe eine Reihe von Ansichten aus jener Stadt heraus und bei ihrer Rückkehr nach England begannen sie ihr Foliowerk: Oriental Scenery, das (1795—1807) zu London erschien. An dasselbe schliessen sich: die Antiquities of India (London 1799—1808) und die: Hindoo excavations in the mountains of Ellora an. Seine Malereien bestehen fast ausschliesslich in morgenländischen Scenen. Im Sitzungssaal der Akademie zu London sieht man von ihm ein interessantes, aber in der Farbe etwas trockenes Bild: den Hindutempel zu Bindrabund.

Daniell, William, ein englischer Landschaftsmaler und Kupferstecher, Mitglied der k. Akademie zu London, der Neffe und Reisegenosse seines Oheims Thomas Daniell, stach die Platten nach dessen Zeichnungen zu den von ihm herausgegebenen Werken über Indien, ferner einen grossen Theil der Blätter nach Samuel Daniell's Zeichnungen zu dessen Werk über Südafrika und Ceylon, und zu verschiedenen anderen Kupferwerken. Er malte gleichfalls mehrere Ansichten aus dem Orient, aber seine Farbe ist etwas hart und bunt.

Dankberg, F. W., ein geschickter Bildhauer zu Berlin, der sich durch gelungene Arbeiten einen wohl verdienten Namen erworben. Von ihm sind u. A. die Reliefs im Vestibüle des Diakonissenhauses zu Berlin mit allegorischen, auf die Krankenpflege sich beziehenden Darstellungen, und die Statuetten der neun Hohenzollerischen Kurfürsten, welche man 1850 auf der Berliner Kunstausstellung sah. Auch fertigte er die 10 Fuss hohen Statuen Albrecht des Bären und Friedrich Wilhelm I., welche gelegentlich der Enthüllung des Denkmals Friedrich des Grossen von Rauch zu Berlin auf die hinter demselben errichteten Pfeiler zu stehen kamen. Auf der Kunstausstellung im Jahr 1852 zu Berlin befanden sich von ihm vier grössere und drei kleinere Statuen, von denen die ersteren: die Eintracht, der Fleiss, die Fischerei und die Erndte, gut in den Verhältnissen und mit vielem Geschick in der Haltung und Auffassung behandelt waren. Von den letzteren stellten zwei den Morgen und Abend, die dritte die Nymphe Echo dar, und beurkundeten auf's Augenfälligste das bedeutende Talent des Künstlers für derartige Bildwerke.

Dankerts, siehe **Danckerts**.

Danks, Franz, ein Maler aus Amsterdam, der um 1650 zur Welt kam und kleine Geschichtsbilder sowie gute Porträts malte. Er modellirte auch in Erde und in Wachs. Den Zunamen: Schildkröte soll er von der akademischen Brüderschaft in Rom erhalten haben.

Dankworth, A., ein Maler aus Cette, der seit einigen Jahren die Kunstausstellungen mit Porträts von guter Auffassung und mit gelungenen Genrebildern beschickt.

Dannecker, Johann Heinrich von, ein berühmter Bildhauer, geb. 1758 zu Stuttgart, gest. daselbst 1841, war der Sohn eines herzogl. württ. Stallknechts und zeigte schon von früher Jugend an Regungen künstlerischen Talentes, hatte aber bei der Armuth seiner Aeltern keine Aussicht, dasselbe ausbilden zu dürfen, bis er 1771 in die von Herzog Karl von Württemberg errichtete militärische Pflanzschule auf dem Lustschloss Solitude kam, wo er anfänglich zum Tänzer erzogen werden sollte, jedoch im Zeichnen, worin er ebenfalls Unterricht genoss, so rasche Fortschritte machte, dass er sich den bildenden Künsten widmen durfte und schon nach zwei Jahren in die Bildhauerklasse aufgenommen werden konnte. Hier entwickelten sich im Umgange mit hochbegabten Jünglingen, mit Schiller, dem sich ebenfalls zum Bildhauer bildenden Scheffauer, dem geschickten Kupferstecher J. G. Müller, sowie mit dem genialen Musiker Zumsteeg, und unter der Leitung des Bildhauers Le Jeune und der Maler Guibal und Harper seine Anlagen ungemein glücklich, so dass er schon in seinem 18. Jahre in der Concoursprüfung mit seinem Milo von Kroton, der, die Hände in den Baumspalt geklemmt, von einem Löwen angefallen wird, den Preis davon trug. Bald darauf, im Jahr 1780, wurde er als herzoglicher Hofbildhauer angestellt und war als solcher namentlich für die herzoglichen Schlösser in der Ausschmückung von Festsälen durch Kinderengel, Karyatiden u. s. w. thätig. Er sehnte sich jedoch nach höherer Ausbildung und trat daher 1783 in Begleitung Scheffauer's zu Fuss die Reise nach Paris an, wo er mit diesem im Atelier Pajou's und unter dessen liebevoller Leitung und Berathung den eifrigsten Studien oblag. Einen sitzenden Mars schickte er von dort als Probe seines Fleisses und Fortschrittes nach der Vaterstadt. In Begleitung Scheffauer's machte er sodann 1785 auch die Reise nach Rom, wo er 5 Jahre verweilte, während welcher ihm im Anschauen und Studium der Antiken ein reineres Verständniss wahrer Kunstschönheit aufging. Hier wurde er auch mit Göthe und Herder bekannt; den meisten Einfluss auf seine künstlerische Ausbildung übte jedoch Canova, dessen Streben, das eine ganz neue Kunstrichtung anbahnte, in ihm ein ähnliches weckte. Rühmliche Zeugen seiner ernsten Studien und gewaltigen Fortschritte waren die trefflich ausgeführten Marmorstatuen der Ceres und des Bacchus (jetzt im Residenzschloss zu Stuttgart), die zu Rom entstanden.

Im Jahre 1790 kehrte Dannecker in seine Vaterstadt zurück, welche er, mit Ausnahme einiger kleineren Reisen nach Paris, Wien und Zürich, nimmer verliess. Er wurde bald nach seiner Ankunft in der zur hohen Schule erhobenen und nunmehr nach Stuttgart verlegten Karlsakademie zum Professor der Bildhauerkunst ernannt und von Herzog Karl für seine Schlösser mit verschiedenartigen Arbeiten vielfach beschäftigt, war aber auch sonst in eigenen Produktionen unermüdlich thätig. In diesem Wirkungskreise fand er in dem späteren Geheimen Hofrath und Hofbankdirektor Rapp einen Freund, dessen ideale Lebensansicht und geistvolle Kunstanschauung ihn mächtig anzogen und auf sein ganzes künstlerisches Schaffen bestimmend einwirkten. Jedes neue Werk des Künstlers verdankte sein Entstehen der gemeinschaftlichen Berathung und dem vertrauenden Gedankenaustausche der beiden Freunde. Der grössere Horizont von Rapps wissenschaftlichen Kenntnissen und der geübte künstlerische Takt Danneckers kamen sich, einander gegenseitig ergänzend, entgegen, um die schönen Ideen, die in des Künstlers Seele erwacht, oder die ihm durch einen Wink des Freundes dargeboten waren, zur würdigsten Ausführung zu bringen. So riefen innerer Trieb und günstige Aufforderungen von Aussen eine Reihe von Werken in's Dasein, welche von jetzt an, wenn auch nicht in rascher Folge, doch mit innigem Verständniss der Natur, mit ungemeinem Fleiss und in dem reinsten Streben nach dem edelsten Ausdruck würdiger Ideen unter seiner Hand entstanden.

Seine erste Arbeit nach seiner Zurückkunft war das für einen seiner Gönner begonnene Modell eines um seinen Vogel trauernden Mädchens, das aber erst in den letzten Jahren seines Lebens in Marmor ausgeführt wurde. Sodann entwarf er für den Herzog u. A. für das Hypothyron des herzogl. Geheim-Kabinets zu Hohenheim die geistreiche Skizze Alexander des Grossen, der seinem Freunde, welcher nach einem Briefe schielt, den der König liest, einen Siegelring auf den Mund drückt. Für das Lustschloss Monrepos fertigte er (1796) eine Sappho in Marmor, und für das Jagdschloss Favorite bei Ludwigsburg zwei Opferdienerinnen. Ungefähr um dieselbe Zeit schuf er seinen Hektor, der den Paris der Weichlichkeit beschuldigt, eine kolossale energische Statue, die aber nicht in Stein ausgeführt wurde. (Das Modell davon steht im Museum der bildenden Künste zu Stuttgart.) Nach dem Tod des Herzogs Karl wurde er von Kurfürst Friedrich von Württemberg gleichfalls mannigfach beschäftigt. Derselbe liess von ihm (1804) die Statue der trauernden Freundschaft für das Mausoleum des Grafen Zeppelin zu Ludwigsburg ausführen. Auch bestellte ihm derselbe, unter der Zeit zur Königswürde gelangte Monarch (1809), das Modell der Gruppe einer Wasser- und Wiesennymphe, welche von einem seiner Schüler kolossal in Sandstein ausgeführt wurde und nun den See im königl. Schlossgarten schmückt; einen Faun mit dem Weinschlauch, aus dem ein Wasserstrahl aufsteigen und über den Körper des Jünglings herabfallen sollte (1810), für den Hofgarten in Ludwigsburg bestimmt; eine knieende Wassernymphe, welche ihr Gefäss in den Teich entleert, für das Bassin bei dem Waisenhause. Dieses Modell kam jedoch erst nach seinem Tode in Sandstein zur Ausführung. (Die Statue ist jetzt auf einem Brunnen der Neckarstrasse zu Stuttgart aufgestellt.) Im Jahr 1812 bildete er sodann für denselben Fürsten eine Statue des Amor, der später als Gegenstück die Psyche, eine Wiederholung der für den General Murray im Jahr 1814 gefertigten Statuette, beigefügt wurde (beide Statuen im k. Landhaus Rosenstein). Seine Ariadne* auf dem Panther (gest. v. Nahl, in Amethyst geschnitten von Hofgraveur Hirsch), die er 1806 begann und im Jahr 1816 vollendete (im Besitz des Bankiers von Bethman in Frankfurt a. M.), entsprang aus der freien Idee des Künstlers, wie seine Christusstatue (gest. v. Amsler), die ihre physiognomische Ausbildung unter dem Einfluss der geistvollen Theilnahme der verewigten Königin Katharina erhielt. Das erste Exemplar dieses 1824 vollendeten Standbildes kam nach Petersburg, eine Wiederholung 1831 in den Besitz des Fürsten von Thurn und Taxis (jetzt in der Familiengruft desselben zu Regensburg). Die Klage der Ceres, nach Schillers Dichtung, eine lebensgrosse sitzende Statue wurde 1818 für das Grabmal des Prinzen von Oldenburg in Marmor ausgeführt. Im Jahr 1823 vollendete Dannecker sofort in Marmor die knieende Gestalt des betenden Glaubens für das Grabmal der beiden verewigten Gemahlinnen des Grossherzogs von Oldenburg. Zwischen die Vollendung seines ersten und zweiten Christus fällt sodann die Ausführung der 1826 vollendeten Marmorstatue des Johannes, die er für die Gruftkapelle der verstorbenen Königin Katharina von Württemberg auf dem Rothenberge arbeitete. Im Jahr 1825 wiederholte er hierauf sein schon 1789 in Rom modellirtes und für den Grafen Szeceny in Ungarn in Marmor ausgeführtes Relief: die tragische Muse, welche sich auf die Muse der Geschichte stützt, für Herrn van der Hoop in Holland, eine der seelenvollsten Allegorien der neueren Zeit. Vortrefflich ist auch das Relief, das er für das Monument Kepplers im Regensburger Dom, den Genius, der die Wissenschaft entschleiert, darstellte. Schillers Büste, die er 1793 lebensgross nach der Natur modellirt und in Marmor vollendet hatte (jetzt in der grossherzoglichen Bibliothek zu Weimar), führte er erst nach des grossen Dichters Tod kolossal in Marmor aus. Sie wurde 1819 fertig und gehört dem Museum der bildenden Künste in Stuttgart, woselbst sie aufgestellt ist. Ein zweites Exemplar derselben besitzt Graf Schönborn. Eine kleinere Büste Schillers hat Dannecker für König Ludwig von Bayern gefertigt. Sie kam mit den für dieselbe Bestimmung von ihm ausgeführten Büsten Gluck's und Friedrich, des Siegreichen, in die Walhalla.

Andere treffliche Büsten von ihm sind sodann noch: die des Generals von Benkendorf und seiner Gemahlin in deren Gruftkapelle zu Heslach (bei Stuttgart); ferner Lavaters (in der Züricher Wasserbibliothek); des Herzogs Friedrich Eugen von Württemberg und seiner Gemahlin; des Erzherzogs Karl von Oesterreich; der Könige Friedrich und Wilhelm von Württemberg; der Königin Katharina und des

* Abgebildet in den Denkmälern der Kunst, Atlas zu Kuglers Handb. der Kunstgesch. Taf. 103, Fig. 7.

Prinzen Paul von Württemberg; der Grossherzogin Stephanie von Baden; des Prinzen Maximilian von Thurn und Taxis; der Freifrau von Alopeus; des Fürsten Metternich; des Musikers Zumsteeg; des Prof. Bethman-Holweg in Bonn; des Freiherrn von Neurath; der Gattin des geheimen Legationsraths von Pistorius. Endlich verdienen hier auch die Porträtreliefs von Jung Stilling und Friedrich Haug genannt zu werden.

Den Lebensabend des Meisters trübte eine bis an sein Ende dauernde Störung der Seelenkräfte. Seine früher unerschütterte Gesundheit wurde zuerst in Folge der anstrengenden Arbeit bei der Johannesstatue untergraben, so dass man seinem nahen Ende schon 1829 entgegensah. Er erholte sich jedoch wieder, verlor aber allmählig das Gedächtniss, so dass sich ihm später sogar die Kenntniss der nächsten Umgebung und das Bewusstsein der Werke eigener Schöpfung verdunkelte, bis der Tod diesem trübseligen Zustande ein Ende machte.

Unter den Schülern Dannecker's sind besonders: Wagner, Zwerger, Imhof, L. Mack und Distelbarth zu nennen.

Mehr die Trefflichkeit, als die Zahl der Werke ist es, was Dannecker berühmt gemacht. Er folgte der von Canova zuerst wieder eingeschlagenen edleren, zugleich der Antike und der Natur zugewendeten Richtung der Plastik und zeichnete sich in seinen Werken besonders durch das zarte Gefühl für Naturwahrheit, namentlich an weiblichen Formen und im Porträt, durch sorgfältiges anatomisches Studium und feine Individualisirung aus. Ihm gebührt daher das bleibende Verdienst, an der Wiedererweckung der Bildhauerkunst aus ihrer tiefen Erschlaffung während des verflossenen Jahrhunderts, in die noch seine Jugend fiel, mitgearbeitet zu haben und namentlich für Deutschland der erste ausgezeichnete Vertreter der neuen Richtung geworden zu sein. Man kann auch in seinen Werken beinahe die ganze Entwicklung der neueren Sculptur erkennen. An den Genien, Karyatiden und anderen plastischen Arbeiten im Schlosse zu Hohenheim, an den Figuren des umfangreichen Monuments für den Bürgermeister Bonhöfer in Schwäbisch Hall, woran unter anderen Zöglingen der Anstalt Dannecker ein vorzüglicher Antheil zugeschrieben wird, nimmt man noch die alte französische Manier der pausbackigen Engel, der gesuchten graziösen Wendungen, der frisirten Haare, der hinausflatternden, gedrehten Gewänder wahr. Die Gestalt des Milo von Kroton verräth dagegen schon eine selbstständigere Annäherung an die Natur und ein tieferes Studium des Laokoon. Später wandte er sich dann immer entschiedener einer edlen einfachen Naturauffassung zu und er erreichte bei seinem liebevollen Eingehen auf die Schönheit des Details eine ungemein zarte und richtige Behandlung des Nackten. Sein Entzücken an der Schönheit trieb ihn jedoch zugleich, sich immer lebendiger in den Geist und den Styl der antiken Kunst, in der er sie am Vollendetsten ausgeprägt fand, hineinzuleben und mehr als ein Werk ist Zeuge dieses Ringens. So nähern sich die Ariadne, jenes mit Recht gefeierte Werk, das als die schönste Blüthe seines Genius zu betrachten ist, und die trauernde Ceres mehr dem idealen Schönen, während Amor und Psyche mehr die schöne Wirklichkeit repräsentiren. Dabei ist nicht unerwähnt zu lassen, dass ihm die Darstellung des Zarten, Weichen, Weiblichen besser gelang, als die des Bestimmten, Kraftvollen, Männlichen, wesshalb auch die Mehrzahl seiner Werke in weiblichen Gestalten besteht. Seine Darstellungen aus der griechischen Mythe gehören seiner früheren Zeit, die christlichen einer spätern an. Die Statuen des Heilandes und des Johannes, sowie die Gestalt des Glaubens fallen in den Abend seiner künstlerischen Thätigkeit. Es ist darin ein ernstes Streben nach Verkörperung der Ideale eigener Religiosität nicht zu verkennen, allein sie tragen gerade desshalb das Gepräge der Subjektivität, streifen in das Gebiet des Malerischen hinüber und entfernen sich von dem eigentlichen Typus der christlichen Kunst. Dannecker's vorzüglichstes und unbestreitbares Verdienst besteht jedoch im Bildniss. Er wusste in seinen Büsten eine höchst würdige und schöne Auffassung der Individualität mit der frappantesten Naturwahrheit und dem ganzen Adel der plastischen Darstellung zu verbinden. Sein grösstes und mit Recht viel bewundertes Werk in dieser Gattung ist die geistreiche Büste Schillers.

Dannecker wurde zum Hofrath, Galleriedirektor zu Stuttgart und Ritter des

Ordens der württembergischen Krone ernannt. Einen Ruf als Professor an die Akademie nach München im Jahr 1808 hatte er abgelehnt. Er war Mitglied der Akademien von Bologna, Mailand und der S. Luca zu Rom. — Sein Bildniss wurde von Leybold gemalt, von dem Franzosen David in Medaillonform modellirt.

Literatur. C. Grüneisen und Th. Wagner, Danneckers Werke. Mit 24 lithogr. Umrissen. Hamburg. — Kunstblatt. Jahrg. 1842. Nro. 2 ff.

Dantan, Antoine Laurent, ein geschickter Bildhauer zu Paris, Ritter der Ehrenlegion, der Bruder des Nachfolgenden, geb. 1798 zu St. Cloud, erlernte die Anfangsgründe der Kunst bei seinem Vater, der Holzbildhauer war, begab sich dann zu seiner Weiterbildung nach Rom und machte sich nach seiner Rückkehr in's Vaterland durch gelungene Sculpturen von Statuen und Porträtbüsten einen geachteten Namen. Unter seinen Arbeiten rühmt man besonders: einen Jäger, der mit seinem Hunde spielt, eine höchst anmuthige Gruppe (im Pal. Luxembourg zu Paris); die kolossale Statue des heil. Raphael im Peristyl der Magdalenenkirche zu Paris; die Statuen Duquesne's für die Stadt Dieppe, la Place's für die Stadt Caen, und verschiedene Statuetten und Büsten bekannter zeitgenössischer Persönlichkeiten. — Eine vortreffliche Arbeit, ganz im Geist der antiken Kunst, war sein im Jahr 1835 ausgestelltes Relief, den trunkenen Silen darstellend.

Dantan, Jean Pierre, ein ausgezeichneter französischer Bildhauer, der sich durch seine geistvollen Porträtstatuetten einen berühmten Namen gemacht, ist 1800 zu Paris geboren. Seine ersten Versuche in der Sculptur machte er mit seinem älteren Bruder Antoine Laurent im Atelier seines Vaters, der Holzverzierungen für Kirchen schnitzte, sodann besuchte er das Institut und bildete sich unter Bosio's Leitung in der Bildhauerkunst weiter aus. 1827 brachte er seine erste Arbeit, die Büste eines Osagen, auf die Ausstellung, hierauf reiste er mit seinem Bruder nach Rom, kam aber schon 1830 wieder nach Paris zurück, wo sich ihm gelegentlich einiger auf ein paar Maler gemachte Karikaturen auf einmal das Feld einer Wirksamkeit eröffnete, die sein Atelier bald zu einem der besuchtesten der ganzen Weltstadt machte. Sein ausgesprochenes Talent für die Porträtsculptur verleitete ihn, bei seiner schon frühe vorherrschenden Neigung zu Humor und Satyre, die Karikatur in deren Bereich zu ziehen, und es gelang ihm das physisch Lächerliche von Physiognomien und ganzen Figuren bei unverkennbarer Aehnlichkeit mit so viel Geist und Takt zu übertreiben und geschmackvoll darzustellen, dass er sich durch solche karikirte Porträtstatuetten einen ausserordentlichen Ruf erwarb. Bekannt sind unter denselben besonders die sogenannten Chargen des Fürsten Talleyrand; des Herzogs v. Wellington; des Lords Brougham; des irischen Agitators O'Connell; des Claviervirtuosen Liszt; des Lords Grey; der Mad. Malibran; des Componisten Rossini; des Dichters Victor Hugo; des Sängers Lablache u. s. w. Dantan trieb indessen mit seinem Talente keinen gefährlichen Missbrauch, indem er nie eine Karikatur aus irgend einem persönlichen Grunde, sondern immer nur mit Erlaubniss der betreffenden Personen machte. Der Künstler vernachlässigte über diesen geistreichen Spielereien jedoch die ernste Sculptur keineswegs und von einer Menge Berühmtheiten unserer Zeit und meistens unter seinen Landsleuten hat er entweder Büsten oder Statuen gefertigt. Man zählt darunter namentlich die Büsten: Jean Beart's; Louis Philipp's; Bellini's; Meyerbeer's; Lekain's; der Grisi; Lamennais'; Nourrit's; der Malibran; der Fanny Elsler u. s. w. Von seinen Statuen sind uns bekannt: das Standbild Boieldieu's zu Rouen; die Bildsäule des Fürsten Demidoff; die Statue Lekain's; die Statuetten der Tänzerinnen Fanny Elsler und A. Dupont; der Sängerin Miss Kemble u. s. w.

Dantan erhielt im Jahr 1841 den Orden der Ehrenlegion.

Dante, Girolamo, genannt **Girolamo di Tiziano**, weil er ein Schüler Tizian's und bei weniger wichtigen Arbeiten auch dessen Gehülfe war, gest. 1580, legte sich ziemlich stark auf das Copiren der Gemälde seines Meisters und seine Nachbildungen werden daher oft für Originalien ausgegeben.

Danti, Ignatio Fra, Dominikanermönch, berühmter Mathematiker, Kosmograph und Maler, geb. 1537 zu Perugia, malte unter Anderem für Herzog Cosimo I. in einem

Saale seines Palastes zu Florenz auf die Thüren verschiedener Schränke zwischen die Verzierungen die Tafeln des Ptolemäus in 57 Bildern in Oel. Später kam er nach Rom, wo er am Hofe Papst Gregor XIII. thätig war, und in einer Gallerie des vatikanischen Palastes geographische Bilder des ganzen alten und neuen Italiens darstellte, auch die Aufsicht über die Maler führte, welche in der Fortsetzung der Raphael'schen Logen Bilder aus dem neuen Testament malten. Im Jahr 1587 gab er Vignola's Abhandlung über die Perspektive mit einem Commentar heraus.

Danti, Vincenzio, ein ausgezeichneter Bildhauer, Kriegsbaumeister und Dichter, geb. 1530 zu Perugia, gest. 1576, trieb anfänglich die Goldschmiedekunst, bildete sich aber später bei Michelangelo und führte schon in seinem 25. Jahre die Statue des Papstes Julius III. in trefflichem Erzguss (jetzt auf der Piazza del Papa zu Perugia) aus. Später trat er zu Florenz in die Dienste des Herzogs Cosimo I. und fertigte hier das überlebensgrosse Wachsmodell zu einem in Erz zu giessenden Herkules, der den Antäus erdrückt, da aber der Guss der Gruppe misslang, beschloss er, sich lieber ausschliesslich der Ausführung von Marmorarbeiten zu widmen. Er meiselte demnach aus Marmor zwei Figuren: die Ehre, welche den Betrug entlarvt (noch jetzt am Eingang der Allee des Gartens von Boboli zu Florenz), machte zu Fiesole viele Ausschmückungen zu einem Garten und zu einigen Brunnen und führte dann wieder für den Herzog mehrere Marmor- und Bronzebasreliefs aus. Darauf stellte er im Auftrag desselben Monarchen über der Thüre zur Sakristei der Dechanei von Prato einen Marmorsarg mit einer Statue der Madonna mit dem Kinde und zwei Kindern, welche das halberhabene Brustbild des Messer Carlo de Medici, eines natürlichen Sohnes des alten Cosimo und ehemaligen Propsts von Prato, halten, dar. Sein bedeutendstes Werk aber ist die Gruppe der Enthauptung Johannis über der südlichen Thür des Baptisteriums von Florenz. Danti's Kunstweise bewegt sich bei manchen trefflichen Anklängen an die des A. Sansovino, doch schon in dem bereits unter Michelangelo's unmittelbaren Nachfolgern eingerissenen Manierismus.

Danzel, Jérôme, ein tüchtiger Kupferstecher, Mitglied der Akademie zu Paris, geb. zu Abbeville 1755, gest. um 1810, war ein Schüler von Flipart und lieferte mehrere treffliche Blätter, unter denen man zu den besten zählt: Sokrates im Kerker, nach Sané; den Oberpriester Corösus, nach Fragonard, und Creusa, nach F. F. de Troy.

Danzica, Salomone di, ein geschickter Maler, der sich besonders durch seine kleinen spasshaften Darstellungen, die er mit besonderem Fleiss, höchster Feinheit und leuchtendem Colorit ausführte, einen Namen gemacht. Er soll 1695 nach Italien, wo man noch eine grosse Menge Bilder von ihm trifft, gekommen und dann in Mailand gestorben sein. Unter den Malerbildnissen der Florentiner-Gallerie befindet sich auch sein Porträt (gest. v. C. Gregori im „Museo Fiorentino").

Daphnis, ein Baumeister aus Milet, der unter Anderem mit Päonios nach 450 v. Chr. Geb. den Tempel des Apollo in seiner Vaterstadt, einen Prachtbau jonischer Gattung, erbaute.

Darbes, Jos. Friedr. Aug., ein seiner Zeit wegen seiner äusserst ähnlichen Bildnisse sehr gerühmter Porträtmaler, war ein Däne von Geburt, kam aber 1785 nach Berlin, woselbst er 1810 starb.

Dardel, Robert Guillaume, ein Bildhauer, geb. 1749 zu Paris, gest. 1821, war ein Schüler von Pajou und machte sich durch plastische geschichtliche Darstellungen, sowie Standbilder von berühmten Männern einen geachteten Namen. Mehrere solche Porträtstatuen wurden nach seinen Modellen in Erz gegossen.

Daret, Jean, ein französischer Maler, der um 1650 blühte, und namentlich Porträts malte. Man kennt von ihm auch einige radirte Blätter, namentlich 7 allegorische Darstellungen von Tugenden.

Daret, Pierre, ein Zeichner und Kupferstecher, geb. 1610 zu Paris, gest. daselbst 1675 (nach Anderen zu Aix 1684), von dem man eine grosse Anzahl von Bildnissen und andern Gegenständen, die sehr sauber gestochen sind, kennt. Unter die besten seiner Blätter, von denen mehrere mit nebigem Monogramm bezeichnet sind, zählt man: den heil. Johannes, nach Guido Reni; eine heil. Familie, nach Vouet; die Grablegung Christi, nach Baroccio.

Darif, Giovanni, ein Maler, von dem man 1846 auf der Ausstellung zu Mailand einige sehr schöne Bilder sah: eine Nymphe im Bad, mit feinstem Gefühl gezeichnet, und eine heil. Familie von gesunder Auffassung. Nur der Sinn für die Farbe erschien darin noch nicht so durchgebildet wie der für die Formen.

Dario da Trevigi, ein Schüler des Squarcione und Mitschüler des Mantegna, der um 1474 blühte, und unter Anderem in S. Bernardino bei Bassano zugleich mit letzterem malte, diesem aber in seiner Kunstweise bedeutend nachsteht.

Darnstedt, Johann Adolph, ein geschickter Kupferstecher, namentlich im landschaftlichen Fache, geb. 1769 zu Auma, bildete sich unter Schulze und Zingg in Dresden, woselbst er sich seit 1784 bleibend niederliess und später Mitglied der Akademie und Professor an derselben wurde. Seine schönsten Blätter sind: die äussere Ansicht des Doms zu Köln, nach Quaglio; der Morgen, nach Klengel; eine Landschaft, nach Moucheron (1810); die Magier unter den Hirten, und die Magier, zwei Blätter, nach Dieterich.

Dassier, Jacques Antoine, ein trefflicher Medailleur, geb. 1715 zu Genf, gest. 1760, bildete sich in Paris und ging dann zu seiner weiteren Ausbildung nach Rom. Von da kam er als Münzmeister nach London und starb auf der Rückreise dahin von Petersburg, wohin er berufen worden war. Seine Denkmünze auf Montesquieu soll zu dem Geistvollsten und Schönsten gehören, was die Stempelschneidekunst aufzuweisen hat.

Dassier, Jean, ein geschickter Medailleur, geb. 1676, war der Vater des Vorigen und Sohn des Dominique Dassier, der Münzmeister der Republik Genf war und 1718 starb. Er erlernte seine Kunst zu Paris, kam dann nach Genf zurück, wo er seinem Vater im Stempelschneiden half, sich aber nach dessen Tod an bedeutendere Arbeiten machte, die ihm den Ruf an verschiedene Höfe eintrugen. Bekannt ist seine Reihenfolge der 72 Könige von Frankreich und der 24 Reformatoren.

Dassonville, auch **da Sonneville** geschrieben, **Jacques**, Maler und Kupferätzer, geb. 1619 im Hafen St. Quen bei Rouen, war ein Nachahmer von Adriaan van Ostade, wesswegen man ihn auch gewöhnlich den französischen Ostade nennt. Zu den besten seiner radirten Blätter gehören: die Lauserin (1653); der streitige Bierkrug; die Trinker; der Flötenspieler; eine Alte mit zwei Kindern. Er bezeichnete seine Blätter mit seinem ganzen Namen oder mit den Buchstaben: D J S.; D. J. S.; J. D.; J. D. fe.

Dassy, ein französischer Historien- und Porträtmaler, der seit 1824 die verschiedenen Kunstausstellungen mit Bildern beschickte, die Anerkennung fanden. Im Jahre 1841 hatte er im Pariser Salon: eine Magdalena in der Grotte auf Pathmos ausgestellt. Im historischen Museum zu Versailles sieht man mehrere Bilder von ihm.

Dathan, Georg, Porträt- und Historienmaler, geb. 1703 zu Mannheim. Von ihm sieht man in der Dresdner Gallerie ein allegorisches Gemälde auf die (1747 statt gehabte) Vermählung der Prinzessin Marie Josephe, Tochter August's III., Königs von Polen, mit dem Sohne Ludwig's XV. von Frankreich.

Dati oder **Dei**, siehe **Mathieu**.

Datti, Natalis, oder der Meister mit der Rattenfalle, le maitre à la ratière, il maestro della trappola, oder der Meister mit der Mausfalle, le maitre à la sourcière, wird ein Kupferstecher genannt, der in der ersten Hälfte des 16. Jahrhunderts in Italien arbeitete, von dem man aber nur zwei sehr seltene mit nebigem Monogramme bezeichnete Blätter: die heil. Jungfrau mit dem Kinde und der heil. Anna und: die beiden Armeen in Schlachtordnung oder die Schlacht von Fornoue mit der Jahrszahl 1530 kennt.

Daubigny, C. F., ein junger Landschaftsmaler zu Paris, der im Jahr 1853 mit zwei sehr schönen Bildern den ersten Preis davontrug. Es waren zwei Landschaften mit höchst einfachen Motiven, ein mit Binsen bewachsener Teich und ein enges bewässertes Thal, aber von unübertrefflicher Wahrheit, so harmonisch klarer und milder

Farbenstimmung, dabei so erstaunlich sonniger Helle und von so weicher Pinselführung und schlichter malerischer Behandlung, dass ihnen die allgemeinste ungetheilteste Bewunderung zu Theil wurde.

Daudet, Robert, ein geschickter Kupferstecher, besonders im Landschaftsfache, geb. zu Lyon 1737, gest. 1824, der sich unter seinem Vater, unter Balechou und Wille in seiner Kunst ausbildete. Er stach eine grosse Anzahl von Blättern, unter denen: eine Heerde, nach Berchem; die Ruinen von Palmyra, nach Cassas; ein Reitergefecht bei einer Dorfbrücke, nach van der Meulen (1775) zu den besten gehören.

Daullé, Jean, ein Kupferstecher, geb. 1703 zu Abbeville, gest. zu Paris 1763, war ein Schüler von Robert Hecquet und wurde 1742 Mitglied der Akademie. Er fertigte eine grosse Anzahl von Stichen, wodurch er einzelnen nicht immer den nöthigen Fleiss und das erforderliche Studium widmen konnte; doch lieferte er auch einige treffliche Blätter im Porträt- und Geschichtsfache, unter denen zu den besten gehören: Claudius Dehais Gendron; Marguerite de Valois, und Hyazinthe Rigaud (1742), sämmtlich nach Rigaud; Catherine Mignard, Comtesse de Feuquière, nach Mignard (1735), das beste Blatt des Meisters; M. Gauffecourt, nach Nonnote (1754); Fr. D. Emmanuel Pinto (1744); die heil. Margarethe, nach Correggio; Diana und Calisto und Jupiter und Antiope, nach Poussin; ein Kind, das mit dem Amor spielt, nach van Dyck (1750). Seine Stiche sind theils mit den Buchstaben J. D., theils mit nebigem Monogramm bezeichnet.

Daumier, H., ein trefflicher satyrischer Zeichner des pariser Witzblatts: Charivari, der aber auch seit neuerer Zeit die Kunstausstellungen mit Bildern beschickt. Unter den beiden Gemälden, die man von ihm auf dem Pariser Salon von 1851 sah, brachte besonders das eine, Nymphen von Satyrn verfolgt, eine erschütternd komische Wirkung hervor.

Dauthe, Joh. Friedr. Karl, Baumeister und Baudirektor zu Leipzig, geb. 1749 zu Grosschocher, gest. 1816, ist der Erbauer des Concertsaals des Gewandhauses daselbst, der heute noch als ein Muster akustischer Bauart gilt. Er übte auch die Kupferstecherkunst und fertigte einige Blätter in Tuschmanier.

Dauzat, A., ein tüchtiger zu Paris lebender Architekturmaler, dessen Bilder sich namentlich durch poetische Auffassung und die Reize der Beleuchtung auszeichnen. Er behandelt die Landschaft, die Architektur, wie die Figuren, mit derselben Meisterschaft, liebt aber vorzugsweise die Darstellung maurischer Bauten mit figürlichem Beiwerk. Unter seinen Bildern rühmte man besonders: eine Ansicht des Doms von Brügge und der Kirche von Belem in Lissabon. In das Album, welches König Louis Philippe von Frankreich im Jahr 1844 der Königin Viktoria zum Andenken an ihre Reise nach Eu übersandte, malte er den Salon der Königin und ein Zimmer derselben und des Prinzen Albert.

Daven, Davent, Davin, Davis, Leo, siehe **Thiry.**

David, François Anne, Zeichner und Kupferstecher, geb. 1741 zu Paris, gest. daselbst 1824, war einer der besten Schüler von Le Bas und fertigte eine sehr grosse Anzahl von Stichen, unter denen: die Familie des Malers Netscher, nach einem Gemälde dieses Meisters (1772); ein Charlatan auf dem Theater (le marchand d'Orvietan), nach C. du Jardin (1778) und le marché aux herbes d'Amsterdam, nach Metzu (1775), zu den besten gehören.

David, Jacques Louis, ein berühmter Historienmaler, der Wiederhersteller der französischen Malerei im 18. Jahrhundert, wurde 1748 zu Paris geboren. Er zeigte schon in früher Jugend ziemlich ausgesprochene Anlagen für die Kunst und veranlasste desshalb seine Mutter, ihn dieselbe bei Boucher, einem entfernten Verwandten, erlernen zu lassen. Der letztere aber, schon sehr betagt, zeigte keine Lust, sich der Sorge des vielversprechenden jungen Mannes anzunehmen, sondern schickte ihn zu Vien, der David auch recht gerne aufnahm und zwei Jahre in seinem Atelier behielt, wo er so grosse Fortschritte machte, dass ihm für sein Bild: der Kampf der Minerva gegen Mars und Venus (im Louvre zu Paris) 1771, der erste

Preis, mit dem eine Reiseunterstützung nach Italien verbunden war, zuerkannt wurde. Vien aber, erzürnt, dass sein Schüler sich auf die Liste hatte setzen lassen, ohne ihn davon zu benachrichtigen, veranlasste eine Abänderung des Urtheils und David wurde jetzt nur der zweite Preis zu Theil. Im Jahr 1772 bewarb er sich hierauf mit seinem Bilde: die von den Pfeilen Diana's und Apoll's getödteten Kinder der Niobe, zum zweitenmal um den Preis, trug aber damit nicht einmal eine ehrenvolle Erwähnung davon, und mit seinem: Tod des Seneca ging es ihm im Jahr 1773 nicht besser. Erst 1774 erhielt er durch sein Bild: die Liebe des Antiochus zu Stratonice den ersten Preis, der so lange das Ziel seiner Anstrengungen gewesen, und im folgenden Jahre begab er sich sodann, nachdem er vorher noch ein von Fragonard begonnenes Deckengemälde im Hause der Tänzerin Guimard vollendet hatte, mit seinem Lehrer Vien, der zum Direktor der französischen Akademie in Rom ernannt worden war, nach Italien, wo er von 1775—1780 blieb und sich bis zu seiner Rückreise dem rückhaltlosesten Studium der Antike hingab, sich auch, obgleich er im Ganzen mehr zeichnete als malte, durch eine kleine Zahl trefflicher Gemälde, unter denen namentlich sein 1779 zu Rom ausgestelltes Bild: der heil. Rochus, welcher die heil. Jungfrau anruft, der Pest ein Ende zu machen (derzeit im Geneshaus des Lazareths zu Marseille), grosses Aufsehen erregte, einen ziemlich bedeutenden Ruf erwarb. Nach seiner Rückkehr stellte er zu Paris seinen Belisar (1784), jetzt in der Bildersammlung zu Alton Tower in England (gest. v. Morel), aus, und malte hernach seinen Tod Hektor's, sein Aufnahmstück in die Akademie. Diese Bilder hatten bereits seinen Namen so berühmt gemacht, dass ihm der König ein Bild auftrug und den Gegenstand desselben freistellte. Er ging nach Rom, malte dort: seinen Schwur der Horatier (bezeichnet: L. David faciebat Roma Anno MDCCLXXXIV. Gegenwärtig im Louvre zu Paris, gest. v. Morel), und brachte denselben 1786 nach Paris, wo dem Bilde, wie früher in Rom, die allgemeinste Bewunderung gezollt wurde. Im Jahr 1787 begab sich David nach Flandern und malte hierauf nach seiner Rückkehr die Liebe des Paris zu Helena (1788) für den Grafen von Artois (gegenwärtig im Louvre), für Ludwig XVI. (1789): die Lictoren, welche dem alten Brutus die Leichname seiner von ihm selbst zum Tod verurtheilten Söhne bringen (ebenfalls im Louvre) und den Tod des Sokrates (gest. v. Massard). Sein im folgenden Jahre (1790) ausgeführtes Bild: die Ankunft des Königs in der Parlamentssitzung vom 14. Febr., machte er der Nationalversammlung zum Geschenk, welche ihm hierauf den Schwur im Ballhause bestellte (gest. v. Jazet), jene effektvolle Composition, die aber nur Skizze blieb. Unterdessen war die Revolution ausgebrochen und David hatte sich mit aller Lebhaftigkeit seines Geistes daran betheiligt. Er wurde 1793 Mitglied des corps électoral von Paris und Deputirter des Nationalconvents, in welcher Eigenschaft er für den Tod des Königs stimmte. Ueber seiner Theilnahme an den politischen Zeitereignissen vergass er jedoch die Malerei nicht ganz. Er malte mehrere Revolutionsscenen, unter denen sein Tod Marats und der Mord Pelletiers besonders hervorgehoben werden, und ward vielfach mit Leitung der künstlerischen Angelegenheiten dieser Periode, mit den Dekorationen der grossen Volksfeste, welche gefeiert wurden, beschäftigt. Nach dem Sturze Robespierre's, dessen Freund er gewesen, wurde er mehreremale in's Gefängniss geworfen, und nur sein Ruf als Maler und die Aufopferung seiner Schüler retteten ihn vom sicheren Untergange. Während seiner Gefangenschaft entstand der Entwurf eines Bildes, das er nach seiner Wiederbefreiung im Jahr 1795, in deren Folge er aller thätigen Theilnahme an der Politik entsagte und sich mit um so regerem Eifer wieder seinem Beruf widmete, begann und 1799 vollendete. Es war sein Gemälde der Sabinerinnen (im Louvre zu Paris, gest. von Massard), mit dem er eine öffentliche Ausstellung veranstaltete, die ihm die Summe von 65,627 Franken eintrug. Nachdem Napoleon, der ihn schon nach Aegypten hatte mitnehmen wollen, zur Herrschaft gelangt war, diente David's Kunst der Verherrlichung des Gewaltigen. Er wurde erster Maler des Kaisers und von diesem durch grossartige Aufträge bestimmt, seinen Pinsel den glorreichen Ereignissen des Kaiserreichs und Napoleons zu weihen. Doch blieb das Feld der griechischen Geschichte nicht unbebaut. Er begann seinen Leonidas in den Termopylen (im Louvre zu Paris, gest. v. Laugier), der indessen erst 1814 vollendet und von ihm 1819, sammt seinen Sabinerinnen, um die Summe von 100,000 Franken (für jedes Bild) verkauft wurde. Auch behandelte er das Fach der historischen Porträtmalerei und sein Bildniss Pius VII., im Jahr 1805 in Paris gemalt, gehört, was grossartige historische Stylistik, edle und wahre Auffassung, feine Zeichnung, meisterliche Modellirung, treffliche Behandlung und Harmonie und Klarheit des Colorits betrifft, zu seinen ausgezeichnetsten Erzeugnissen, ja nimmt als solches selbst einen höheren Rang ein als seine historischen Gemälde. Von den ihm vom Kaiser bestellten Prunkgemälden kamen indessen nicht alle zur Ausführung. Er stellte Napoleon im Kaiserornat dar, malte das sehr grosse und figurenreiche Gemälde seiner Kaiserkrönung (1808) und die Vertheilung der Adler an die Armee (1810). Sein Porträt Napoleon's auf wildbäumendem Pferde als General der italienischen Armee, mit der erhobenen Rechten über die Spitzen der Alpen hinausdeutend, die er zu übersteigen im Begriff steht, ist ein Bild von grossartigem Charakter und von merkwürdiger Gewalt des Eindrucks. (Dieses Gemälde, von dem mehrere Wiederholungen existiren, kam später als Siegesbeute nach Berlin und befindet sich noch daselbst im Königs-Schlosse.) Trotz all der Achtung und ausgezeichneten Gunst, die David beim Kaiser genoss, blieb er doch, ein Mann von unbeugsamem Charakter, im Herzen immer Republikaner und wurde Napoleon nie im Innern befreundet.

Nach dem Sturz des Kaisers und der Rückkehr der Bourbons wurde David im Jahr 1816 aus Frankreich verbannt. Er liess sich desshalb in Brüssel nieder, weil diese Stadt seinem Vaterlande, das er so heiss liebte, am nächsten lag und schlug alle Anerbietungen des Königs von Preussen aus, der ihm die Stelle eines Direktors aller seiner Kunstsammlungen übertragen wollte. Während seines Exil's war er, trotz seines vorgerückten Alters, immer noch unermüdlich thätig. Er setzte in Brüssel nicht allein seine zahlreiche Schule fort, sondern malte auch noch verschiedene Gemälde, z. B. Amor und Psyche, und einen Mars, durch Venus, Amor und die Grazien entwaffnet, die er zu Gent, Brüssel und Paris ausstellte. Auch zwei andere Bilder von ihm gehören dieser letzteren Zeit seines Lebens an: der Zorn des Achilles und der Abschied der Nymphe Eucharis von Telemach. Im Jahr 1825 starb er, 77 Jahre alt. Unter seinen Schülern, die nachher zum Theil selbst ausgezeichnete Meister wurden, zählt man: Girodet, Drouais, Gros, Gérard, Isabey, Ingres, Leop. Robert, Granet u. s. w. David erhielt von Napoleon während des Kaiserreichs das Ritter- und nach seiner Rückkehr von Elba das Commandeurkreuz des Ordens der Ehrenlegion.

Von David ging zuerst eine durchgreifende Umwandlung in der in grenzenlose Entartung versunkenen französischen Kunst aus. Er war der erste, der sich in seinen Werken wieder dem Studium der Antike, einem reineren Style, einer gesunden naturgemässeren Auffassung zuwandte und seiner Richtung mit einer Energie Eingang zu verschaffen wusste, die in der französischen Malerei eine Revolution hervorrief, welche fast mit demselben Terrorismus zu Werke ging, wie die gleichzeitige Umwälzung des Staats, mit der sie überdiess in die engste Verbindung trat. Vor Allem bemüht, den Geist des klassischen Alterthums, die schlichte Kraft, den strengen Adel desselben in sich aufzunehmen und zu reproduciren, verdankt er namentlich dem energischen, aus dem Innern hervorquellenden Pathos, dem grossartigen Rhythmus in den Bewegungen seiner Gestalten, der feierlich gemessenen Gesammtanordnung seiner Gemälde seine siegreichen Erfolge; allein ihm blieb jene hohe Stille und Reinheit der Seele, welche das Hauptverdienst der griechischen Kunstwerke ausmacht, durchaus fremd. Die Antike wurde nie sein Eigenthum; er begriff von ihr nur die äussere Form. Daher das Starre und Todte in seinen Bildern, daher das akademisch Studirte, anstatt des lebendigen Lebens, das theatralisch Outrirte, anstatt des natürlichen, wahren Gefühls. Jenes leidenschaftliche Pathos, das in ihm glühte, veranlasste ihn ausserdem nicht nur zu Uebertreibungen, sondern es ging sogar sehr oft in eine mehr die Berechnung des Verstandes durchblicken lassende Manier über. Ueberdiess sind seine Bilder arm in der Erfindung, die Composition ist zerstreut, seine Figuren haben oft sehr unangenehme gespreizte Stellungen, und sein Colorit leidet am Mangel gründlicher Durchbildung; dagegen herrscht in allen seinen Darstellungen eine kräftige, sorgfältig durchgeführte Zeichnung, eine feine Eleganz der Formen, besonders der weiblichen, und seine wohlstudirten Gewänder sind durchaus von edlem Styl. David bleibt daher, was man auch seiner Kunstweise überhaupt vorwerfen mag, ein selbstständiger Geist, der hoch über der Mittelmässigkeit seiner Zeitgenossen, wie über der Dürftigkeit seines Jahrhunderts stand, und ihm hat vorzugsweise die französische Malerei im 18. Jahrhundert ihren grossartigen Aufschwung zu verdanken. Ein Hauptverdienst bleibt dabei ferner die Gründung einer Schule, in der sich seine Zöglinge mit der grösstmöglichen Freiheit ihrer eigenthümlichen Natur gemäss ausbilden konnten, um, nachdem einmal, sowohl für sie als ihre Zeitgenossen überhaupt, durch ihren Meister jener höhere Standpunkt für die Malerei wieder erobert war, durch Verlassen der blossen Nachahmung der Antike und des theatralischen Pathos, auf freierem Wege die Vollendung der Kunst anzustreben.

David, Pierre Jean, Mitglied der Akademien der Künste zu Paris, Brüssel und Berlin, ein berühmter französischer Bildhauer, der 1792 zu Angers geboren wurde und den ersten Unterricht bei dem Maler David erhielt, aber später in die Schule des Bildhauers Roland trat. Im Jahr 1811 erhielt er durch ein Basrelief, den Tod des Epaminondas darstellend, den ersten Preis in der Bildhauerkunst und damit eine Pension nach Italien, wohin er sich im folgenden Jahre begab. Nachdem er daselbst fleissig nach den Antiken studirt, auch eine Zeit lang in Canova's Werkstätte gearbeitet hatte, reiste er 1816 nach England und von da nach Paris zurück, wo eine glorreiche Laufbahn sich für ihn aufthat. Schon seine früheren Arbeiten hatten ein eminentes Talent beurkundet, seine jetzt in rascher Folge ausgeführten Werke legten Zeugniss davon ab, wie sehr er dasselbe auch ausgebildet. Er wurde mit Aufträgen überhäuft und vollendete eine ungeheure Anzahl von plastischen Arbeiten. Eine später in mehreren Ländern, vorzugsweise aber in Deutschland unternommene Reise, auf der er die berühmtesten Persönlichkeiten porträtirte, erweiterte seinen Ruf zu einem europäischen. Im Jahr 1852 wurde er als zu eifriger Republikaner aus Paris ausgewiesen, worauf er sich nach Brüssel und von da nach Griechenland begab. Er durfte aber schon nach einigen Jahren wieder zurückkehren, starb jedoch 1855 unerwartet schnell.

David's Werke bestehen in Porträtstatuen und Gruppen, grossen Basreliefs, Porträtbüsten und Bildnissmedaillons, und er zeigt sich in ihnen als ein geistreicher und eigenthümlicher Künstler, der mit der Sturmlust des Revolutionseifers, als der entschiedenste Gegner des Idealismus in der Kunst, die Fesseln der kalten Nachahmung antiker Sculptur zerbrach und ausschliesslich der Richtung des Naturalismus folgte. Auch ist es ihm gelungen, in dieser neuen, das Leben in seiner ganzen jetzigen äusseren Erscheinung auffassenden Art Werke zu schaffen, welche durch ihre Lebendigkeit, wie durch eine bis in die kleinsten Details gehende Ausführung eine schlagende Wirkung hervorbringen. Wenn indessen bei dieser reinen Naturnachahmung der schaffende und ordnende Geist des Künstlers ganz ausser Thätigkeit gesetzt erscheint, so suchte sich dagegen seine Poesie an anderer Stelle Einfluss zu verschaffen und zu bewahren, und zwar im Gedanken, in welchem er viele seiner Zeitgenossen, wie die meisten seiner Porträtstatuen beweisen, überragt. Besonders aber war er mit seinen lebhaften und feinen Fühlfäden für den Ausdruck geistigen Lebens mehr als einer von den Letzteren geeignet, die geistige Organisation der Zeit, im figürlichen Denkmal, in der Büste, im Porträtmedaillon festzuhalten und der Nachwelt zu überliefern. Man fühlt sich desshalb auch vor seinen Darstellungen historischer Ereignisse mitten in dieselben hineinversetzt, wie wir uns vor seinen Bildnissen in geistige Beziehungen zu den Personen gesetzt glauben. Nur schade, dass er in dem an und für sich sehr löblichen Streben, die eigensten Eigenthümlichkeiten der Persönlichkeiten wieder zu geben, auf den Abweg einer forcirten Art von Geistreichigkeit gerieth, welche gar zu willkürlich auf Kosten der Wahrheit und Natur erreicht wird.

Zu David's besten Werken zählt man, und zwar unter den Statuen aus der Mythe der Allegorie, der christlichen Geschichte oder dem Genre angehörig: Philopömen, der sich den Wurfspiess aus dem Schenkel zieht (im Tuileriengarten); die heil. Cäcilie (in der Kirche S. Roch); eine Gruppe: Christus, Maria und Johannes; ein junger Hirte, 1830 (im Museum zu Angers); die zwölf Apostel; die Statuen der Klugheit, Resignation, Ergebenheit und Tapferkeit, am Triumphbogen zu Marseille; vier kriegerische Genien, für einen Saal des Schlosses zu Fontainebleau ausgeführt; die Statuen des Prinzen Condé, 1827 (auf dem Pont Louis XVI. zu Paris); des Königs René von Anjou, 1822 (auf einem öffentlichen Platz in der Stadt Aix); des Präsidenten Jefferson; des Schauspielers Talma (für das Foyer des Theatre français); des Naturforschers Cuvier (für seine Vaterstadt Mömpelgard und für den Jardin des Plantes zu Paris); des Dichters Corneille (zu Rouen); des Dichters Racine (für seine Vaterstadt La Ferté Milon); Fenelon's (für die Stadt Cambray); Guttenberg's (in Strassburg); die sitzende Statuette Tieck's; die Denkmale der Marschälle Gouvion St. Cyr, Bonchamps (1824), Lefèbvre, Suchet; des Generals Frotté; der Grafen Bourk und Visconti und der Gräfin Brissac; des Generals Foix; der Frau von Stael; endlich eine allegorische Gruppe, Griechenland, des Helden Marco Bozzaris Tod betrauernd, wofür er vom König von Griechenland mit dem Erlöserorden beehrt wurde u. s. w. Unter den Reliefs: den reichen Figurenschmuck im Giebel des Pantheon; verschiedene Reliefs am Triumphbogen zu Marseille; ein Basrelief für den Triumphbogen des Caroussel; einen mehr als 300 Fuss langen Fries, sämmtliche tragische und komische Dichter, von dreien ihrer personificirten Werke begleitet, für den Schauspielsaal im Odeon zu Paris; einen 54 Fuss langen Fries, einen Kriegsmarsch vorstellend, für Fontainebleau und mehrere Reliefs an den von ihm ausgeführten Monumenten. Zu seinen besten Büsten, deren er eine ungeheure Menge ausführte, gehören die von: Chateaubriand; Cooper; Lafayette; Rossini; Göthe (1829); Lamartine; Viktor Hugo; Washington; Lady Morgan; C. Perrier; C. Delavigne; Beranger; Rouget de Lile; Keratry; Hahnemann; Armand Carrel; Jussieu; Alex. v. Humboldt; O'Connell; Tieck; Chenier; V. Hugo; der Schauspielerin Mars u. s. w. Seine grosse Sammlung von Bildnissen berühmter Zeitgenossen, in Medaillenform ausgeführt, kam von 1838 zu Paris im Stiche heraus.

Davidson, Ezechiel, Maler zu Leyden, geb. 1792 zu Gravenhage, malte anfänglich Landschaften, widmete sich aber später ganz der Porträt-, Genre- und Historienmalerei. Unter seine besten Bilder gehört: die Gräfin von Egmont vor dem Herzog Alba.

Davis, R. B., ein jetzt lebender englischer Porträt- und Genremaler, der namentlich durch Hofceremonienbilder mit Porträts sich einen Namen unter seinen Landsleuten erworben. Wir kennen von ihm: „the Royal Cortege in die Windsor Park“ (gest. v. Bromley), die Königin Viktoria von England, wie sie mit ihrem Gefolge nach ihrem Schloss Windsor zurückkehrt, mit mehreren Porträts der königl. Familie und deren Umgebung.

Davison, Jeremiah, ein englischer Porträtmaler, geb. um 1695, gest. 1745, der insbesondere in Schottland viele Bildnisse hoher Personen malte, in denen namentlich die Stoffe auf's Täuschendste dargestellt sind.

Dawe, Georg, geb. 1781 zu London, gest. 1829, kaiserlich russischer Hofmaler und Mitglied der Akademie von St. Petersburg, ein ausgezeichneter Porträtmaler, der für die verschiedenen europäischen Höfe eine Menge Porträts von Personen höchsten Ranges, namentlich aber am russischen Hofe, ausführte, wo er ausser der kaiserlichen Familie eine Reihenfolge von Porträts derjenigen Russen malte, welche sich in den jüngsten Kriegen ausgezeichnet.

Deas, ein der Gegenwart angehöriger Genremaler in New-York, der insbesondere die Romane Coopers, das Leben der Indianer, Mulatten, Wildschützen, die wilden Räuber der Prairien zum Gegenstand seiner Darstellungen wählt.

Debacq, Alexandre, Historien-, Genre- und Porträtmaler, geb. 1804, ein Schüler von Baron Gros, der sich durch mehrere Gemälde aus der Geschichte seines Vaterlandes einen geachteten Namen erworben. Unter die besten darunter zählt man: den Tod des Bildhauers Jean Goujon in der Bartholomäusnacht und Bernard Palissy, der, seinen Gläubigern, dem Jammer seiner Frau und dem Geschrei seines eigenen Elends zum Trotz, seine Möbel zerschlägt, um seine (noch heute bewunderten) thönernen Vasen zu brennen.

Debay, siehe **Bay, de.**

De Boissieu, siehe **Boissieu de.**

Deboucourt, Philippe Louis, Maler und Kupferstecher, geb. 1757 und 1824 noch am Leben, erlernte die Malerei bei Vien, und fertigte anfänglich Genrebilder von sinnreicher Composition und angenehmer Färbung, bekam auch den Namen eines königl. Malers und wurde Mitglied des Instituts, widmete sich aber später fast ausschliesslich der Kupferstecherkunst. Er lieferte Anfangs einige hübsche Blätter in Farben, die sehr viel Liebhaber fanden, legte sich hernach jedoch fast ausschliesslich auf die Schwarzkunst und Aquatinta Manier und zwar mit entschiedenem Glück. Zu den besten seiner theils von ihm selbst componirten, theils nach den Compositionen anderer gestochenen Blätter zählt man: Sortie d'un Officier d'Houssard français, nach Vernet (Schwarzkunst und in Farben); la Noce du Chateau und Le Menuet de la Mariée (in Farben mit je 4 Platten); L'incendie, nach eigener Composition (Schwarzkunst); La chasse au renard, nach Vernet u.s.w. Er bezeichnete seine Blätter mit: DB; P. L. D.; Deb. sc.; Debt. fec.

Debret, ein französischer Historienmaler, der zu David in die Schule ging, als Pensionär des Königs nach Rom reiste, dort mehrere Jahre studirte und nach seiner Rückkehr meistens Darstellungen aus der neueren Geschichte, namentlich aus dem Leben Napoleons, an denen man besonders die correkte Zeichnung rühmte, malte. Im Jahr 1816 begab er sich mit andern Künstlern nach Brasilien, wo er als Professor der Malerei an der Akademie zu Rio Janeiro angestellt wurde und 1836 eine „Voyage pittoresque et historique du Brésil, depuis 1816 jusqu'en 1831" herausgab.

Debret, François, Architekt, Mitglied des Instituts und Ritter der Ehrenlegion, geb. zu Paris 1777, war ein Schüler von Percier und Fontaine. Er baute unter Anderem das Theatre des nouveautés, den neuern Opernsaal, auch leitete er die Restaurationen der Kirche Notre Dame zu Paris, sowie der Kirche St. Denis, Arbeiten, bei denen ihm wenigstens ein entschiedener archäologischer Willen zugestanden werden muss.

Decaisne, Henri, bekannter Historien- und Porträtmaler, Ritter der Ehrenlegion und des belgischen Leopoldordens, geb. 1799 zu Brüssel, war anfänglich ein Schüler von P. J. C. François und von J. L. David, begab sich aber später nach Paris, besuchte dort die Schulen von Girodet und Gros, und erhielt im Jahr 1827 daselbst die grosse Preismedaille. Nachdem er hierauf noch einige Reisen gemacht, liess er sich ganz in Paris nieder, wo er sich bald als ausgezeichneter Bildnissmaler einen weit verbreiteten Namen verschaffte. In seinen Porträts bewundert man den grossartigen Vortrag neben der grösstmöglichen Aehnlichkeit, in seinen historischen Bildern die erstaunliche Herrschaft über alle Mittel der Technik, die sichere Zeichnung, die Pracht und Harmonie des Colorits, den Geschmack der Composition und die Grazie in den Bewegungen. Unter jenen rühmt man besonders: die Bildnisse des Herzogs von Orleans und der Prinzessin Clementine; des Königs und der Königin von Belgien; des Dichters Lamartine; unter letzteren: den blinden Milton, seinen Töchtern das verlorene Paradies diktirend (1828); den Abschied Karl I. von seinen Kindern (1829); die letzten Augenblicke Ludwig XIII. (1830); Cromwell und seine Tochter (1830); Ludwig XIV. und Fräulein La Vallière (1831); Fenella, vor Karl II. tanzend (1832); Anna von Boleyn's Abschied von ihrer Tochter (1833); eine Kreuzabnahme (1835); der Schutzengel (1836); eine Mater dolorosa (1836); Hagar in der Wüste (1836); Belgien, seine grossen Männer belohnend, lith. v. C. Bilion (1839); die

Anbetung der Hirten (1841); eine heil. Familie (1844); eine Charitas (1850), ein mit den besseren Gemälden Guido Reni's vergleichbares Bild.

Decamps, Alexandre Gabriel, einer der gefeiertsten neueren Historien- und Genremaler in Frankreich, Offizier der Ehrenlegion, geb. 1803 zu Paris, erlernte die Malerei bei Abel de Pujol und entwickelte frühzeitig ein so ausserordentliches Talent, dass er binnen kurzer Zeit neben Ingres, Delaroche und Delacroix zu den Häuptern der modernen romantischen französischen Schule gezählt wurde. Mit ungewöhnlicher Originalität, grosser Fruchtbarkeit der Erfindung und erstaunlicher Meisterschaft der Technik verbindet er in seinen Genrebildern eine ausserordentliche Lebendigkeit der Darstellung und einen wunderbaren Farbensinn, während seine historischen Gemälde durch das Stylgefühl, den Adel der Auffassung und die eminente malerische Wirkung sich auszeichnen. Er bereiste die Türkei und Algier, wo er Land und Volk fleissig studirte und beides häufig zum Gegenstand seiner Darstellungen wählte. In seinen Genrebildern spielen daher Türken, Hunde und Affen, welch' letztere er mit unbeschreiblicher Persiflage menschlicher Physionomie darzustellen weiss, eine Hauptrolle. Zu den vorzüglichsten derselben gehören: seine türkische Wachstube; der Bilderliebhaber, ein grosses Genrebild, das in Anordnung und Färbung an die besten niederländischen Gemälde erinnert; seine türkischen Kinder; die Hakenhinrichtung in der asiatischen Türkei, ein dem Gegenstand nach grässliches Bild; eine Scene von Kunstverständigen, Menschen mit Affenköpfen betrachten ein Gemälde, eine von Witz und Malice übersprudelnde Composition; die Entlassung einer türkischen Knabenschule, ein Bild von wirklich genialer Laune und Grazie, von origineller Erfindung und feiner Naturbeobachtung; Beduinenkinder am Strande mit Schildkröten spielend; ein orientalischer Eselstall; ein Affe vor der Staffelei; eine Aeffin, sich im Spiegel beschauend; Erinnerung an die Türkei, gewöhnlich „die Enten" genannt; der Reitunterricht; Sancho Panso auf dem Esel, seinem Herrn durch's Kornfeld voranreitend u. s. w. Zu den besten seiner kühn und genial ausgeführten historischen Gemälden werden gezählt: Joseph, der von seinen Brüdern verkauft wird; Samson, der die Philister schlägt; Elieser und Rebecca am Brunnen; die Cimbernschlacht u. a. m. Decamps hat auch seiner Zeit vortrefflich lithographirt und alle anziehenden Eigenthümlichkeiten seines grossen Talentes findet man auch in seinen Lithographien wieder. — Viele seiner Bilder wurden gestochen und lithographirt.

Decker, Coenraet, auch **Dekker** geschrieben, ein Maler und Kupferstecher, der im 17. Jahrhundert lebte und auch Jan, Cornelis, Adriaan, Frans, Karel zubenannt wird. Er malte Landschaften im Geschmack des Ruysdael, den er glücklich nachzuahmen wusste, mit figürlichen Staffagen von A. van Ostade und van den Velde. Das Louvre zu Paris verwahrt zwei Landschaften von seiner Hand. Wahrscheinlich von demselben Meister ist eine Landschaft im Städel'schen Institut zu Frankfurt und ein von Bäumen beschattetes Bauernhaus in der Pinakothek zu München (an beiden Orten wird der Meister Cornelis Dekker genannt). Von einem Frans Decker sieht man im Berliner Museum das Innere einer Schmiede (bez. F. Decker 1644).

Decker, auch **Dekker, Frans**, Maler, geb. zu Harlem 1684, gest. 1751, war ein Schüler von R. de Hooge und Barth. Engels. Er malte Porträts und Genrebilder, zeichnete sich aber namentlich in Caricaturen aus.

Decker, Johann Stephan, ein trefflicher Miniaturmaler, geb. 1784, malte besonders am österreichischen Hofe zu Wien eine grosse Anzahl von Miniaturbildnissen und Aquarellen, die seiner Zeit sehr beliebt waren und bewundert wurden.

Decker, Hans, ein um die Mitte des 15. Jahrhunderts in Nürnberg vorkommender „Pildhawer", dem man eine Grablegung Christi (1446) in der Wolfgangskapelle der Aegidienkirche und den grossen Christoph mit dem Christkind auf der Schulter, neben der Läutthüre der Sebaldskirche, eines von einem Gliede der Familie Schlüsselfeld im Jahre 1447 gestifteten Denksteins, zuschreibt.

Decker, Paul, Architekt und Kupferstecher, geb. 1677 zu Nürnberg, ging 1699 nach Berlin, um unter Andr. Schlüter die Baukunst zu studiren. Er zeichnete und stach viel für diesen grossen Meister und darunter namentlich der Entwurf desselben zum königl. Residenzschloss in sechs Blättern. Nach seiner Rückkehr in seine Vaterstadt wurde er 1707 als Hofarchitekt nach Baireuth berufen, woselbst er 1713 starb. Er gab Anleitungen zu Bauten, Stuccaturen, Goldschmiedsarbeiten in einem seltsam überladenen Barockstyl heraus. — Sein Sohn **Paul**, von 1739 bis an seinen 1742 erfolgten Tod Direktor der Malerakademie zu Nürnberg, malte Geschichtsbilder und Porträts, die seiner Zeit in grossem Ruf standen.

Decrianus, ein Architekt und Mechaniker, der bei Kaiser Hadrian sehr in Gunst gestanden haben soll. Es wird von ihm besonders erwähnt, dass er die von Zenodoros gefertigte als Helios dargestellte 110 Fuss hohe Erzstatue des Nero, die vor der Fronte des goldenen Hauses, auf dem Platze des nachmaligen Tempels der Venus und Roma zu Rom stand, mit Hülfe von 24 Elephanten translocirt habe.

Deelen, siehe **Delen.**

Defraisne, Pieter, ein trefflicher Goldschmied, geb. 1612 zu Luik, gest. 1660 daselbst, erlernte seine Kunst bei seinem Vater, ging dann nach Frankreich, und von da nach Italien, wo er im Umgang mit seinem Landsmann Fr. du Quesnoy und anderen Bildhauern grosse Fortschritte in seinem Fache machte. Nach seiner Rückkehr verschaffte er sich durch seine Arbeiten einen Namen, der durch die Niederlande, durch Frankreich und Deutschland klang, ja selbst nach Schweden drang und ihm vielfache Bestellungen eintrug. Er fertigte Gefässe, Lampen, Altargeräthe, machte auch Bildnisse in Medaillonsform.

Defrance, Leonard, ein Maler, geb. zu Lüttich 1735, gest. als Professor an der neu errichteten Akademie daselbst 1805, erhielt den ersten Unterricht in der Kunst durch J. B. Coclers, begab sich hierauf 1753 nach Rom, wo er bis zum Jahr 1759 blieb und reiste dann über Florenz, Bologna, Venedig, Padua und Mailand und endlich über Frankreich nach Hause zurück. Anfänglich malte er historische und Genrebilder, Landschaften, Thiere, Früchte und Blumen, legte sich aber zuletzt fast allein auf Darstellungen des Innern von Häusern, Kirchen und dergl.

Deger, Ernst, Professor an der Akademie in Düsseldorf, geb. 1809 zu Boeckenem bei Hildesheim, und zum Künstler gebildet in der Akademie zu Berlin und später in der zu Düsseldorf unter Schadow, ist einer der ausgezeichnetsten religiösen Historienmaler unserer Zeit, der Werke schuf, welche zu den schönsten christlichen Malereien der Gegenwart gehören. Aus seinen Bildern spricht vor Allem ein wahres und treues, nicht von aussen angeeignetes, sondern mit dem Künstler von Jugend auf verwachsenes Christenthum, das ebensoweit entfernt ist, in überlegte Trockenheit, wie in zerfliessende Phantasterei zu verfallen. Im Gegentheil herrscht in seinen Darstellungen neben der seelenvollsten Innigkeit, die frischeste geistige Klarheit; neben einer höchst edlen und reinen, einem ebenso ernsten und milden wie streng sittlichen Gemüthe entsprungenen Gläubigkeit, die volle Schönheit und der anmuthsvolle Reiz der Gestalten. Seine Heiligengestalten tragen der Form, wie insbesondere dem Ausdrucke nach, das Gepräge einer höheren Welt, die ihren verklärenden Abglanz durch die Kunst über sie ausgiesst; der stillselige, aber doch klar bewusste und starke Geist des Christenthums verkörpert sich in ihnen zu vollendet schönen Bildungen. Dabei liegt in diesen aus tiefster Seele aufgestiegenen Gemälden, ohne alle Absichtlichkeit oder Tendenz, schon von selbst etwas Ueberzeugendes, etwas Bekehrendes; ähnlich der Bibelsprache wirkt die mit Geist und Glauben gegebene Uebertragung durch das Kunstwerk. Es ist die Tradition — die giotteske — in ihrer edelsten Erscheinung, was diesen Arbeiten zu Grund liegt, ein kirchlich Geheiligtes, in der Art wie Fiesole die Tradition auffasste, ein durch stille innere Scheu Gebundenes, aber mit dem Bewusstsein hierüber, und ein mächtig hervorquellender, lebendiger, feiner, bestimmter Natursinn.

Die erste Periode von Deger's Wirken war vorzugsweise der anmuthigen Frömmigkeit gewidmet. Alle seine Bilder aus dieser Zeit äusserten einen ungewöhnlichen Reiz und wurden rasch populär, weil sie so recht in das Herz der stillen kindlichen

Pietät sprechen. Im Jahr 1831 malte er die Grablegung Christi (lith. von Sonderland); 1832 den kreuztragenden Heiland und eine Maria mit dem Kinde; 1834 die Auferstehung Christi (Altarbild in der Kirche zu Arnsberg); Maria, welche den Christusknaben auf eine grüne Wiese hinausführt (gest. v. C. Müller). Hierauf folgten die drei hochgepriesenen Bilder: die heil. Jungfrau betet das Kind an, gest. v. J. Caspar (1836); der englische Gruss (1837) und die Himmelskönigin mit dem Christuskind, jenes wundervolle Altarbild in der vormaligen Jesuitenkirche zu Düsseldorf (gest. v. J. Keller; Konst. Müller; A. Glaser). Diese Belege eines höchst seltenen Talentes für die christliche Kunst lenkten frühe alle Augen auf Deger und waren die Veranlassung, dass der Graf von Fürstenberg-Stammheim den Künstler dazu auserkor, eine von ihm für den Appollinarisberg bei Remwagen durch den Dombaumeister Zwirner zu erbauende Kirche mit Fresken zu schmücken. Die Aufgabe war indessen für eine einzige Kraft zu umfassend. Deger wählte sich daher in den Brüdern Andreas und Karl Müller aus Darmstadt und Friedr. Ittenbach in Königswinter würdige Genossen, mit denen er 1837 nach Italien reiste, um dort die Cartons zu jenem Gemäldecyklus zu entwerfen. Hier studirten die auf's Innigste sich aneinander anschliessenden Künstler in freier Aufnahme und Weiterbildung vorzüglich die, ihrer Individualität am meisten zusagende Kunstweise der vorraphaelischen Meister, und kehrten einige Jahre später reichbeladen mit Entwürfen, Cartons und Studien in die Heimath zurück, um sich mit rüstigem Fleisse an ihr Werk zu begeben.

Deger übernahm für die Chornische die Darstellung des Erlösers mit Maria und Johannes dem Täufer, an welche sich links die Altväter, rechts die Propheten anschliessen, lauter höchst würdevolle Gestalten; für zwei kleine Seitenaltäre: einerseits Maria und andererseits den heil. Joseph. Für den einen grossen Kreuzesarm der Kirche componirte er die Kreuzigung, ein Bild, reich an Motiven, voll Kraft der Darstellung und von der grossartigsten Wirkung, nebst vier kleineren Gemälden darunter, ebenfalls Passionsscenen: Christus am Oelberg; die Geisselung; die Dornenkrönung und die Kreuztragung; sodann für die erste Wand beim Eingange: die Geburt des Heilandes und auf der dritten: die Auferstehung. Mit diesen Darstellungen begann für Deger die zweite Periode seiner künstlerischen Entwicklung. War die erste mehr der Anmuth geweiht, so erfasste er in dieser mehr die Tiefe und den Ernst der christlichen Geschichte, und es gelang ihm darin den ganzen Reichthum an innern Mitteln, seine ganze mächtige Schöpferkraft und den Umfang seines Talentes in dramatischer Kraft und Fülle zu entfalten, indem er zugleich der von ihm verfolgten Richtung ganz neue und frische Seiten abzugewinnen wusste.

Die Malereien der Kirche auf dem Apollinarisberge kamen erst vor einigen Jahren zur Vollendung, Deger hatte aber mittlerweile seine Thätigkeit auch in christlichen Bildern in Oel fortgesetzt. So bewunderte man unter Anderem 1845 auf der Kunstausstellung zu München seine: Himmelskönigin mit dem göttlichen Kinde, eine Darstellung, die so viel Hoheit und Anmuth, so viel erhabenen Ernst und Seligkeit in sich vereinigte, und mit leuchtender Kraft und gesättigter Tiefe der Färbung, grosse Schönheit der Zeichnung und Lebendigkeit des Ausdrucks verband. Nachdem er sodann 1851 die in jener Kirche gestellte Aufgabe auf's Rühmlichste gelöst hatte, begab er sich nach Burg Stolzenfels, um die ihm bestellten Wandmalereien in der dortigen Schlosskapelle in Angriff zu nehmen.

Literatur. Wolfg. Müller, Düsseldorfer Künstler. — Kugler, Kleinere Schriften u. s. w.

Dehérain, Madelaine, Malerin zu Paris, gest. 1839, malte anfänglich Genrebilder, fertigte aber später besonders Kirchenbilder, die nicht ohne Verdienst waren.

Dei, siehe **Mathieu**.

Deicker, ein Thiermaler aus Braunfels, von dem man unter Anderem auf der Kunstausstellung zu München im Jahr 1854 ein mit unvergleichlicher Meisterschaft gemaltes Rudel Wildschweine von treffendster Charakteristik, wahrstem Ausdruck und voll Leben und Natur sah.

Deig, Sebastian, siehe **Taig**.

Deinias, auch **Dinias** geschrieben, gehörte neben Hygiaenon, Charmadas,

Eumaros von Athen, Kimon von Kleonae zu den ersten Monogrammenmaler der Griechen und lebte wohl lange vor dem Beginne der griechischen Zeitrechnung, nach Olympiaden.

Deinokrates, auch **Dinokrates, Dinochares, Timochares, Cheirokrates, Stasikrates** oder **Hermokrates** geschrieben, aus Macedonien, nach Anderen aus Rhegium oder von der Insel Rhodos, ein Architekt Alexander des Grossen von riesigem Unternehmungsgeiste, der, nachdem er den von Herostrat angezündeten Tempel der Diana zu Ephesos wieder aufgebaut, die Stadt Alexandria erbaute. Ihm übertrug Alexander ferner wegen der Kühnheit und Grossartigkeit seiner Erfindungen nach dem Tode des Hephästion die Errichtung eines Denkmals für denselben in der Form eines geistreich und phantastisch in pyramidalischen Terrassen emporgethürmten Scheiterhaufens. Auch soll er den Tempel, welchen Ptolemäus Philadelphus seiner verstorbenen Schwester Arsinoe erbauen lassen wollte, mit Magnetsteinen zu wölben begonnen haben, damit darunter die eiserne Statue der Königin in der Luft zu schweben scheinen möchte, vor der Beendigung des Bau's aber, 259 v. Chr. Geb., gestorben sein.

Literatur. Müller, Handbuch der Archäologie der Kunst. — Brunn, Geschichte der griech. Künstler.

Deinomenes, ein Erzgiesser, der um 400 v. Chr. Geb. blühte, und unter Anderem nach Plinius die Bilder des Protesilaos und des Ringers Pythodemos fertigte. Pausanias sah von seiner Hand auf der Akropolis die Statue der Jo und Kallisto, auch fand man daselbst auf der Basis eines unbekannten Weihgeschenkes seinen Namen. Tatian erwähnt ebenfalls eines Werks von ihm, eines Bildes der Königin der Päonier, Besantis, welche einen schwarzen Knaben geboren hatte.

Deis, Karl, geb. 1810 zu Stuttgart, ein geschickter Xylograph und Arbeiter in Schwarzkunst, der seine Ausbildung rein sich selbst und seinem technischen Talente zu verdanken hat. Unter seinen Holzstichen wurde namentlich eine 1851 herausgegebene Reihenfolge von Nachschnitten älterer Blätter dieser Kunst nach Albr. Dürer wegen der Genauigkeit und Feinheit des Stichs gerühmt.

Dejoux, Claude, geb. zu Vaudan 1732, gest. 1816, Professor und Rektor der k. Schule der schönen Künste, Ritter der Ehrenlegion, war ein Schüler von W. Coustou. Unter seinen besten Arbeiten nennt man: die Marmorstatuen des heil. Sebastian; Ajax und Kassandra; den Ruhm, ein 25 Fuss hohes Standbild für das Pantheon; die Porträtstatue des Generals Desaix u. s. w. Sowohl in der Auffassung als in der Ausführung beurkunden diese Werke einen der geschickteren Künstler seiner Zeit.

Dejuinne, François Louis, Historienmaler zu Paris, geb. 1786, gest. 1844, war ein Schüler von Girodet, und studirte als Pensionär der französischen Akademie zu Rom. Nach seiner Rückkehr trat er zuerst mit seinem Priamus und dessen Familie klagend um Hektors Leichnam auf. Seine Verdienste fanden Anerkennung und der König ertheilte ihm 1824 das Kreuz der Ehrenlegion. Er erhielt von der Regierung ehrenvolle Aufträge und malte unter Anderem: eine Himmelfahrt der heil. Jungfrau und eine heil. Genovefa für Notre Dame de Lorette; Christus, der die Blinden und Kranken heilt, für die Kirche S. Vincent de Paula; St. Fiacre verweigert die Krone, für St. Sulpice; die vier Jahreszeiten für den Palast Trianon; die Taufe Chlodwigs u. A. für die Versailler Gallerie. Unter seinen Pastellbildern rühmt man besonders der Feinheit der Ausführung wegen: das Haus des Michelangelo und das des Tasso; Girodet, wie er bei Nacht seine Galathea malt u. a. m. Auch schöne Copien nach Tizian, Paolo Veronese, Tintoretto u. A. hat er während seines Aufenthalts in Rom und Venedig ausgeführt. Sein Gemälde: Inez zu den Füssen des Childe Harold, wurde von A. Lecomte lithographirt.

Dekker, siehe **Decker.**

Delaborde, Henri, Historienmaler zu Paris, geb. zu Rennes, ein Schüler von Paul Delaroche, bekannt durch verschiedene Geschichtsbilder, deren einige sich im historischen Museum zu Versailles befinden. Im Pariser Salon von 1850—1851 sah man von ihm: Christus in Gethsemane und Fiesole im Marcuskloster zu Florenz; sodann im Jahr 1855 auf der grossen Kunstausstellung ebendaselbst: den Tod der h. Monica und ein Opfer der Hygiaea.

Delacroix, Auguste, geb. zu Boulogne sur Mer, ein französischer Marinemaler, der auf der grossen Kunstausstellung zu Paris im Jahr 1855 einige hübsche Seestücke ausgestellt hatte, von denen besonders ein Sturm sehr wohl gefiel.

Delacroix, Eugène, geb. in Charenton Saint Maurice, ein äusserst begabter und geistvoller französischer Historienmaler zu Paris, der anfänglich in Géricault's Schule ging, aber später, als er sich künstlerisch hinlänglich erstarkt fühlte, der älteren klassischen Schule David's mit der grössten Entschiedenheit entgegen trat, und der kühne Vorkämpfer einer neuen romantischen Richtung wurde, zu der ihm schon sein Lehrer den Uebergang vermittelt hatte. Sein Streben ging zunächst auf frappante Darstellung des augenblicklichen Lebens, des lyrisch Ergreifenden, des Ausserordentlichen, oft auch des Schauerlichen, Entsetzlichen, furchtbarer Katastrophen des Schicksals, oder menschlicher Leidenschaften, durch scharfe Kontraste in den Motiven, im Ausdruck und in der Beleuchtung, durch eine imponirende Wirkung, und er hat seit seiner 1824 ausgestellten Mordsscene auf Chios, die so grosses und tief einschneidendes Aufsehen unter seinen Landsleuten erregte, unermüdlich dahin gewirkt, seiner Richtung Eingang zu verschaffen und auch durch zahllose Schöpfungen einen unberechenbaren Einfluss auf den Geschmack und die künstlerische Anschaunng seiner Zeitgenossen ausgeübt. Es gibt aber auch keine Gattung der Malerei bis zum Stillleben herab, in der er sich nicht versucht; alle Länder und alle Himmelsstriche hat er im Geiste durchwandert; Griechenland's und Rom's Geschichte, das Mittelalter, die Gegenwart, Alles ist ihm zinsbar; das alte und das neue Testament, Dante, Shakespeare, Göthe, Byron, Walter Scott sind die Fundgruben, aus denen er das Gold seiner Poesie zu Tage fördert. Nichts kommt der Lebhaftigkeit seiner Einbildungskraft gleich, nichts der Gewandtheit, mit der sein Geist jedem Stoffe die darstellbare, die ergreifende und hinreissende, die grosse und bedeutungsvolle Seite abzugewinnen weiss, nichts der zügellosen Energie, mit der er ihn behandelt. In seinen Bildern ist Alles Leben und Bewegung, der Ausdruck ist sprechend und wahr, die Charaktere sind würdig, die Stellungen ungesucht und angemessen. Dazu kommt, und diess ist die hervorragendste Seite seines Talentes, eine harmonische, gesättigte, kraftvolle Färbung von unbeschreiblichem Reiz und von magischer Wirkung, ein Colorit, das selbst in den kühnsten und wildesten Farbenkontrasten, selbst in der Disharmonie das grosse Talent verräth, dessen grosse Eigenschaften jedem seiner Gebilde Styl und Haltung verleihen. Dabei bleibt Delacroix, trotz mancher zerstreuten Anklänge an P. Veronese, an Rubens und van Dyck, doch immer er selber, verschieden von allem Dagewesenen. Dieser glänzende Verein von Vorzügen wird aber durch eine Menge von Flecken verdunkelt, die seine Bilder für eine grosse Anzahl von Beschauern geradezu ungeniessbar machen. Es sind diese: eine auffallende, unverantwortliche Vernachlässigung der Zeichnung, eine oft sogar zurückschreckende Hässlichkeit, der häufig allerdings nur angedeuteten Köpfe; störende Verstösse gegen die Verhältnisse der Glieder zum Körper; ungestaltete Hände und Füsse und eine bald unsaubere, bald gequälte Ausführung. Es fehlt seinen Werken durchweg an Erhabenheit, höherem Styl und Eleganz, aber nie an Kraftgenialischem, an schlagender, poetischer Wirkung. Oft kann man vor ihnen, neben der Anerkennung des wahrhaft Schönen, das Gefühl des Schauerlichen nicht unterdrücken, und doch versöhnt er zugleich wieder durch rührende, der Natur abgelauschte Züge und ein mächtiges Gefühl des Ensemble's.

Vor jenem erwähnten Blutbad auf Chios hatte Delacroix schon 1822: Dante und Virgil über den See der Höllenstadt fahrend (im Palast Luxembourg), ein Gebilde, das den Beschauer selbst wie eine phantastische Fabel anstarrt, gemalt und jenem folgte nun 1827 sein: Tod des Dogen Marino Falieri, und Kaiser Trajan, seine Gesetze niederschreibend; dann 1828 sein Schauder erregender: Sardanapal, der auf dem Scheiterhaufen, in einem Luxusbette liegend, Frauen, Pagen, Hunde und Pferde erwürgen lässt, ein höchst bizarres Bild, das aber bei allen Fehlern das unverkennbare Gepräge eines eminenten Talentes trägt. Ferner im Jahr 1830: König Johann in der Schlacht von Poitiers; dann der Tod des Bischofs von Lüttich (den 28. Juli 1830); Boissy d'Anglas (1831); der Tod Karl des Kühnen in der Schlacht bei Nancy; algierische Frauen in ihren Gemächern (1834); der Gefangene von Chillon, nach Byron's Dichtung; Kampf des Giaurs mit dem Pascha (1835). Sehr energisch gemalt, aber ohne sonderliche Haltung war sein 1834 ausgestelltes Bild: algierische Frauen in ihrem Gemache (im Luxembourg). Sein Märtyrthum des heil. Sebastian war dagegen bei manchen Fehlern der Zeichnung und des hier seltsamerweise weniger durchsichtigen Colorits, was Composition, Innigkeit des Gefühls, edlen Ausdruck und lebensvolle Handlung betrifft, eines der ausgezeichnetsten Bilder der Kunstausstellung zu Paris vom Jahr 1836, wie sein: h. Ludwig in der Schlacht gegen die Engländer auf der Brücke von Taillebourg, wenn der Künstler auch hier die Form dem Effekt, die Zeichnung der Färbung zu sehr opferte, wegen der Lebensfülle und dem glänzenden Colorit auf dem Pariser Salon von 1837 allgemein bewundert wurde. In demselben Jahre begann er sodann den Thronsaal der Deputirtenkammer zu Paris mit einem Cyklus allegorischer Darstellungen in Oelfarben zu schmücken. Und zwar malte er an die vier länglichen Deckenfelder die allegorischen Figuren der Gerechtigkeit, der Industrie, des Ackerbau's und des Kriegs, vier weibliche dramatisch bewegte Gestalten von derben, üppigen Formen, an die Wände kleinere darauf Bezug nehmende Bilder und Scenen, und an die Pfeiler die Kolossalfiguren der Meere und Flüsse Frankreichs, Darstellungen, die, bei manchen Unschönheiten und Uebertreibungen, hinsichtlich der geistreichen Anordnung und glücklich durchgeführten Symmetrie wenig zu wünschen übrig lassen, während sein Styl hier sogar eine gewisse Eleganz und geschmeidige Glätte entfaltet, die an die Glanzperiode der französischen Renaissance erinnert. Unter den historischen Bildern der Ausstellung von 1838 gebührte seiner: wüthenden Medea die erste Erwähnung; weniger Anerkennung dagegen fanden 1839 sein: Hamlet, den Schädel Yorks betrachtend, und seine Kleopatra. Zahlreiche Mängel bei glänzenden Vorzügen vereinigte seine: römische Wittwe, welche den Kaiser Trajan um Gerechtigkeit wegen ihres ermordeten Sohns anfleht (1840). Im Jahr 1841 ragte sodann auf der Pariser Kunstausstellung sein Bild der Eroberung Constantinopels durch die Kreuzfahrer, mehr aber noch sein: Schiffbruch, eine Scene voll kühner Originalität, Macht der Phantasie und erschütternder Wahrheit im Ausdruck geistiger Affekte besonders hervor, während dagegen ein Genrebildchen von ihm: eine jüdische Hochzeit in Marocco, durch die Frische und Helligkeit des Tons, die Leichtigkeit und Sicherheit des Vortrags und die warme energische Wirkung des Sonnenlichts einen überaus angenehmen Eindruck erzeugte. 1842, in welchem Jahre er auch seine im Jahr 1837 begonnenen Gemälde im Königsaal der Deputirtenkammer beendigt, sah man hierauf von ihm ein kleines Bild: den letzten Tag Don Juan's und ein arabisches Lager. Für die Bibliothek der Deputirtenkammer malte er noch im Jahre 1843 in den mit Arabesken eingefassten Zwickeln die Figuren des Sokrates, Archimedes, Plinius und Seneca und beschickte dann den Salon von 1845 abermals mit drei grösseren Bildern: einer Magdalene in der Wüste; einer Sibylle und dem sterbenden Marc Aurel. Ein kleineres Bild: Margarethe in der Kirche, nach Göthe's Faust, sah man nebst einem Abschied von Romeo und Julie auf der Pariser Kunstausstellung vom Jahr 1846. Im folgenden Jahre beendigte er sodann sein grosses Wandgemälde in Wachsfarben in dem Palast der Pairskammer: Dante's Einführung durch Virgil bei den Heroen des heidnischen Alterthums; stellte hierauf 1848 den Tod Valentin's, nach Göthe's Faust, aus und vollendete im Jahr 1850 sein grosses Deckengemälde in der Apollogallerie im Louvre, Apoll, der die Schlange Python tödtet, das allgemein für eine seiner besten Arbeiten gehalten wird, hatte aber ausserdem noch 5 Bilder auf der Ausstellung jenes Jahrs: die Auferweckung des Lazarus, ein Bild von reicher harmonischer Farbenwirkung; den barmherzigen Samariter; Lady Macbeth, schlafwandelnd; den Giaur, nach Lord Byron, und ein Mädchen unbekleidet vor dem Spiegel stehend, hinter welchem der Versucher Satan lauert, ein Bild voll Poesie und von prachtvoller Färbung. Endlich sahen wir noch ausser einigen anderen kleineren Gemälden eine arabische Familie (1855). — Auch in grösseren Bildern aus der christlichen Geschichte hat sich Delacroix versucht. Im Jahr 1827 malte er: Christus am Oelberg, 1847 einen Christus am Kreuz, 1848 einen Christus im Grabe und 1852 eine Grablegung Christi. Weitere bemerkenswerthe Bilder von ihm sind noch: Karl V. im Escorial; Locusta; Natschez, nach Chateaubriand's Atala; die beiden Foscari; Tasso im Gefängniss; die Verzückten zu Tanger; eine Löwenjagd und einige Blumen- und Früchtenstücke. — Selbst der Lithographie hat Delacroix sein bedeutendes Talent gewidmet und seine Leistungen blieben nicht ohne nachdrücklichen Erfolg auf die weitere Ausbildung dieses Kunstfachs in Frankreich.

Delacroix wurde 1831 Ritter, 1846 Offizier der Ehrenlegion und 1850 in das Institut gewählt.

Delaistre, François Nicolas, Mitglied der Akademie zu Paris, geb. 1746, gest. 1832, ein Bildhauer, der Ideal- und Porträtstatuen, Büsten und Medaillons ausführte und im Geschmack seiner Zeit Tüchtiges leistete.

Delaroche, Paul, einer der ausgezeichnetsten und gefeiertsten Historienmaler der neueren romantischen Richtung in Frankreich, geb. 1797 zu Paris, legte sich anfänglich auf die Landschaftsmalerei, trat aber später in das Atelier des Baron Gros und widmete sich von nun an der Historienmalerei, in der er seinen eigentlichen Beruf erkannte. Im Jahr 1824 erhielt er die grosse goldene Medaille, im Jahr 1832 wurde er Mitglied des Instituts und 1833 Professor an der Akademie.

Das erste Bild, mit dem Delaroche 1822 die allgemeine Aufmerksamkeit auf sich lenkte, war: Joas, durch Josabeth dem Tod entrissen. In demselben machte sich, bei aller akademischen Grundlage, bereits das Ringen nach individualisirender Durchbildung in Auffassung und Darstellung, überhaupt jene romantische Richtung geltend, die er in seinen folgenden Gemälden, namentlich in seinem Tod der Königin Elisabeth von England (1827); dem Kardinal Mazarin auf dem Sterbebette, 1829 (gest. v. Girard); seinem Richelieu, der mit de Thou und Cinq Mars die Rhône hinauf fährt, 1830 (gest. v. Girard); seinen Söhnen Eduards im Tower, 1834 (gest. v. Prudhomme); der Ermordung des Herzogs von Guise (1835); seinem Karl I., von Cromwells Soldaten bewacht und verhöhnt; seinem Cromwell am Sarge Karl I. (gest. v. H. Dupont); seinem Graf Strafford vor dessen Hinrichtung (gest. v. Prudhomme und H. Dupont, lith. v. L. Müller), und dem Tod der Jane Gray, 1837 (gest. v. Mercury), mit so grossem Erfolg betrat. Allein die Schärfe seines Verstandes und die Unbestechlichkeit seines Urtheils, verbunden mit einer Ausdauer, die ihn nirgends stehen bleiben liess, arbeiteten rastlos an seiner künstlerischen Weiterbildung und Entwicklung, und so hat er sich im Laufe der Zeit in seinen bedeutendsten Leistungen, wenn auch nicht gerade in der Grösse der Gedanken und der wahren Freiheit des Geistes, so doch, was Tiefe der Poesie in der Erfindung und vollendete Lebenswärme der Darstellung betrifft, auf die gleiche Höhe mit den besten Geschichtsmalern emporgeschwungen. Er liebt zwar besonders die Darstellung jener dramatischen Scenen und blutigen Katastrophen, womit die Blätter der englischen und französischen Geschichtsbücher angefüllt sind und er weiss durch glückliche Wahl der Gegenstände und das melodramatische Interesse, das er in sie legt, die Beschauer vor seine Bilder zu fesseln; allein er versteht es ebensogut in seinen christlichen Gemälden die Accorde der reinsten Frömmigkeit und tiefsten Glaubens- und Gefühlsinnigkeit anzuschlagen. Was man daher vor Allem an seinen Bildern rühmt, ist die tiefe Durchdringung der Aufgabe, die dichterische Wahl und geistreiche Conception, das haarscharfe Erfassen des Moments, die ausgezeichnete Bestimmtheit der Charakterzeichnung, den treffenden Ausdruck, die individuelle Durchbildung der Gestalten, die schlagende Wirkung durch Gegensätze der Motive, Formen, Farben und der Haltung, die tadellose Reinheit und Correktheit der Zeichnung, die Wärme und Durchsichtigkeit, Kraft und Vollendung des Colorits und die bisweilen dem Frans Hals, mitunter dem van Dyck verwandte Breite und Meisterschaft des Vortrags.

Im Jahr 1841 vollendete Delaroche nach vierjähriger Arbeit im Palast der schönen Künste zu Paris sein grosses Gemälde: die Apotheose der bildenden Künste, das für seine ausgezeichnetste Leistung gilt und auch unter die hervorragendsten Werke der neueren französischen Malerei überhaupt gehört. Dasselbe schmückt in friesartiger Weise die Halbrotunde des Preisvertheilungssaals der Pariser Kunstschule und ist mit Oelfarbe auf den mit siedendem Oel geträukten Stein an die Wand gemalt. Der Inhalt des Bildes von circa 50 Fuss Breite und 15 Fuss Höhe mit 74 Figuren, von denen die im Vorgrunde um ein Dritttheil die natürliche Grösse überragen, bezieht sich auf den Zweck des Saals. Es ist nämlich eine Versammlung der Heroen unter den Künstlern der verschiedenen Zeiten und Völker bis zum 17. Jahrhundert, in deren Anwesenheit oder im Hinblick auf welche die Preise an die lebenden nacheifernden Kunstjünger vertheilt werden sollen. In der Mitte desselben thronen vor einer marmornen Halbrotunde auf einer um vier Stufen erhöhten Bank, als die Richter der Preisvertheilung, die vornehmsten Vertreter griechischen Kunstgeistes: Iktinos, Apelles, Phidias. Auf den Stufen, die zu dieser Richterbank führen, gewahrt man zu beiden Seiten je zwei allegorische weibliche Gestalten, von denen die beiden zur Linken: die griechische Kunst und die des christlichen Mittelalters, die rechts die römische und die Renaissance darstellen. Zu dieser allegorischen Mittelgruppe gehört sodann, dieselbe nach vorn abschliessend, ein knieender Genius, der im Begriff steht, aus einem Haufen von Kränzen einen Kranz aus dem Gemälde heraus unter die lebenden Anwesenden zu werfen. An die halbrunde Tribüne lehnen sich dann zu beiden Seiten, von je vier jonischen Säulen getragen, Marmorhallen, vor welchen sich, auf Ruhebänken sitzend oder vor denselben stehend, die berühmtesten Maler, Bildhauer und Architekten in den mannigfaltigsten Gruppen versammelt haben, und zwar schliessen sich rechts an die mittlere Halle die Bildhauer, links die Architekten an, während die Maler sodann beide Flügel einnehmen. Dieses grossartige Gemälde erregte gleich nach seiner Vollendung grosses Aufsehen, und wenn man auch eine gewisse Disharmonie, die darin besteht, dass die Seitentheile in Auffassung und Ausführung die vornehme Pracht, den grossartigen Prunk und kühnen Vortrag der neuen romantischen Schule vergegenwärtigen, während die Mitte zu sehr wieder an die kalte Strenge, die nüchterne Leere und das todte Wesen der alten klassischen Richtung erinnert, störend fand; wenn man auch tadelte, dass keiner der drei Theile, in welche das Bild zerfällt, wesentlich hervortritt, dem Mittelbilde die bestimmte Angabe seines Inhalts fehlt, die allegorischen Figuren der vier Kunstmusen nicht recht erklären, in welchen Beziehungen sie zu jenen drei grossen Künstlern des Alterthums und zu den übrigen Versammelten der neueren Zeitrechnung stehen, und dass die vorderste Figur der Kränzespenderin zu dramatisch bewegt erscheine; so musste man dagegen doch die glückliche, im schönsten Einklange zu der Architektur des Saales stehende Disposition; das feine individuelle und zugleich vollkommen edle höhere Leben der Gestalten; die treffenden Charaktere, denen nicht bloss eine treue Copie vorhandener Porträts, sondern ein sorgfältiges Studium der Werke jedes einzelnen der dargestellten Meister zu Grunde liegt; den Reichthum und die Feinheit geistiger Beziehungen in der Gruppirung der besonderen Kreise, sowie im künstlerischen Aufbau des ganzen Werks; die sichere Objektivität, überhaupt die geniale Virtuosität der Darstellung hoch bewundern. Nicht minder ist die Linienführung, der Ton, die überall warme Färbung durchaus ruhig und edel gehalten und das Ganze von wunderbar schöner Gesammtwirkung.

Nach der Vollendung dieser grossartigen Wandmalereien, während deren Ausführung mancherlei Entwürfe zu künftigen Bildern entstanden, malte der Künstler den jungen Pic de la Mirandole, den seine Mutter lesen lehrt, eine heil. Familie für die Königin von England und begann hernach für die Viktoriengallerie in Versailles die ihm von Louis Philipp bestellte Darstellung der ersten Zusammenkunft des Königs der Franzosen mit der Königin von England in Eu. Im Jahr 1844 begab sich Delaroche zum zweitenmale nach Rom, um dort einige Bilder für den König Louis Philipp zu fertigen. Er wurde während seines Aufenthaltes daselbst zum Mitglied der Akademie von S. Luca ernannt und stellte vor seiner Abreise von dort ein Bildniss des

Papstes, eine heil. Familie und eine Italienerin mit ihren zwei Kindern, eine ausserordentlich reizende und liebliche Darstellung, eines der vollendetsten Bilder des Meisters öffentlich aus. Nach seiner Rückkehr sah man in seinem Atelier sodann im Jahr 1845 die kleineren Farbenskizzen zu vier grossen Bildern für Versailles: zu einer Schlacht der Franken und Longobarden, der Krönung Karl des Grossen, der Taufe Chlodwigs und der Anerkennung des Papstes durch Karl den Grossen zu Aachen. Eine Frucht seines Aufenthalts in Rom war ferner das Bild in der gräflichen Raczynski'schen Sammlung zu Berlin: Pilger auf dem St. Petersplatz zu Rom (1847).

Nachdem Delaroche sofort längere Zeit nichts mehr öffentlich ausgestellt gehabt, sah man von ihm 1851 zu Paris wiederum ein grossartiges Gemälde: Marie Antoinette vor ihren Richtern (gest. v. François), auf dem besonders der Kopf der unglücklichen Königin als ein Meisterstück von Charakteristik und Ausdruck, als das Gelungenste und Ergreifendste bewundert wurde, was der Künstler überhaupt geschaffen. Dasselbe gehört, wie der grösste Theil von Delaroche's Bildern, durch den Adel des Styls unbedingt der historischen Gattung an; ein historisches Gemälde ist es aber in so ferne nicht, als der Künstler sich, wie in den meisten seiner Werke, darauf beschränkte, einen an sich schon ergreifenden und inhaltsvollen Moment zu wählen und einzig und allein für sich reden zu lassen, statt mit philosophischem Geiste und mit schöpferischer Einbildungskraft eines jener erfolgreichen Ereignisse aus den Jahrbüchern der Menschheit, das in der Bildungsgeschichte unseres Geschlechts Epoche gemacht, herauszuheben und seiner vollen Bedeutung nach darzustellen. Sein neuestes Gemälde: die Girondisten (1856), stellt diese dar, wie sie, im Gefängniss vereinigt, vom Commissär abgerufen werden, um zur Hinrichtung abgeführt zu werden.

Auf Delaroche's Malereien aus der christlichen Geschichte übte seine 1834 unternommene erste Reise nach Rom, wohin er sich begab, um sich durch Studien für die Ausschmückung der Kirche St. Madelaine zu Paris mit einem Freskencyklus aus der Magdalenenlegende vorzubereiten, eine Arbeit, die sich aber später zerschlug, den grössten Einfluss. Mit der ganzen Energie seines Geistes suchte er daselbst in den Sinn der alten, vorraphaelischen Meister, besonders des Fiesole, einzudringen, und es gelang ihm, seine Bilder ebenfalls zum Ausdruck jener auf Seelenreinheit und Innigkeit ausgehenden Gefühlsweise zu machen, zugleich aber mit der Einfalt und Strenge des alten Kirchenstyls die Ergebnisse einer gereifteren Kunstbildung zu verbinden. Zeuge davon ist namentlich seine heil. Cäcilie (gest. v. Forster), ein Bild von unendlicher Grazie und mit ausserordentlicher Delikatesse gemalt. Seine heil. Amalie (gest. von Mercury) wurde für ein Fenster der Kapelle im Schlosse Eu auf Glas copirt; seine heil. Familie, für die Königin von England gemalt, ist ein Gemälde voll zarten religiösen Gefühls und seine „Vierge à la vigne" (gest. von S. Jesi) hat eine reizende, wenn auch etwas üppige Gesichtsbildung.

Auch in der Porträtmalerei hat Delaroche höchst Bedeutsames geleistet. Seine Bildnisse des Ministers Guizot (gest. v. Calamatta) und des Grafen Molé sind hervorragende Erscheinungen, namentlich aber sein Porträt Napoleons (gest. v. Aristide Louis) ist, obgleich nicht nach der Natur gemalt, das ähnlichste und geistreichste von allen Bildnissen des Kaisers.

Ausser den angeführten Werken des Meisters sind uns von Zeichnungen und Bildern von Delaroche noch bekannt, unter den ersteren: der Tod Ludwig XIII.; die Folgen eines Zweikampfs; der Abschied Karl I. von seinen Kindern; eine Vorlesung; das Kartenhaus; der Herzog von Guise bei der Belagerung von Metz und ein umgeschlagenes Boot in der Brandung (in der Gallerie des L. Ravenet zu Berlin), eine in Kreide ausgeführte Zeichnung, welche von der früheren Richtung des Künstlers in der Landschaftsmalerei eine hohe Vorstellung gibt. Unter den letzteren: eine Kreuzabnahme; die sieben Schmerzen der Maria; die Jungfrau von Orleans; der heil. Vinzens von Paula; der Tod des A. Caracci; Filippo Lippi; die Kinder im Gewitter; eine Scene aus der Bartholomäusnacht; der letzte Präsident und Gallilei, in das Album der Herzogin von Montpensier malte er 1846 eine sehr schöne Aquarelle: das letzte Gastmahl der Girondisten.

Delaroche ist Mitglied der Akademien zu Paris, Amsterdam und St. Petersburg. Er erhielt 1828 das Ritter- und 1834 das Offizierskreuz der Ehrenlegion, 1843 vom Grossherzog von Sachsen Weimar das Ritterkreuz des Ordens vom weissen Falken und vom Könige von Preussen den Orden pour le mérite. — Seine im Jahr 1845 verstorbene Gemahlin war eine Tochter von Horace Vernet.

Delaroche's Bruder, **Jules Delaroche**, widmete sich ebenfalls der Historienmalerei und nicht ohne Erfolg; doch stehen seine Bilder aus der heiligen, sowie der profanen Geschichte hinter denen Paul's weit zurück.

Delatre, Jean Marie, geb. zu Abbeville 1746, ein Kupferstecher, der sich vorzugsweise unter Bartolozzi, dem er später bei vielen seiner Arbeiten half, ausbildete und eine grosse Anzahl von Blättern ausführte. Er stach Historien und Bildnisse, unter ersteren namentlich mehrere nach Angelica Kaufmann.

Delattre, H., — auch **Delâtre** geschrieben, — ein französischer Thiermaler, der sich besonders auf das gewissenhafte, porträttreue Wiedergeben der jeweiligen Thierindividuen legt, und ausgezeichnete Leistungen in seinem Fach lieferte. So sah man unter Anderem auf den Kunstaustellungen zu Lyon in den Jahren 1845 und 1846 eine schlafende Dogge und weidende Ochsen mit Kühen mit ganz ausserordentlicher Naturwahrheit dargestellt.

Delaunay, Nicolas, ein tüchtiger Kupferstecher, geb. 1739 zu Paris, gest. 1792, erlernte seine Kunst bei Lempereur und führte in dessen Manier eine grosse Menge von Blättern, in geschichtlichen Darstellungen, Bildnissen und Landschaften bestehend, aus. Unter die vorzüglichsten derselben zählt man: den Silenenzug, nach Rubens (1777); la partie de plaisir, nach Weenix; Angelica und Medor, nach Raoux; die Vertreibung der Verkäufer aus dem Tempel, nach Jordaens.

Delaunay, Robert, ein Kupferstecher, geb. 1754 zu Paris, gest. 1814, der Bruder und Schüler des Vorigen, stach ebenfalls viele Blätter im Geschmack seines Lehrers, von denen: le Mariage conclu, nach A. Borel, und le mariage rompu, nach Aubry; les Vendeurs d'Oeufs, nach van der Werf; der Triumph der heil. Agnes, nach P. da Cortona; die Verläugnung des heil. Petrus, nach Teniers (für das Musée Napoleon gestochen), zu den besten gezählt werden.

Delaval, Pierre Louis, Historienmaler zu Paris, geb. 1790, ging zu Girodet in die Schule, bildete sich aber namentlich durch das Studium älterer Künstler, die er fleissig copirte, weiter aus. Er malte Bilder aus der heiligen und Profangeschichte, sie sind aber nicht frei von Reminiscenzen seiner früheren Studien nach den Werken anderer Meister. Die von ihm ausgeführten Gemälde: die Eidesleistung und die Krönung Karl X. werden nicht besonders gelobt. Unter anderen Gemälden von ihm, mit denen er seit 1812 die verschiedenen Kunstausstellungen beschickte, lobte man zwei: die heil. Celina, wie sie ihren Brautschmuck zu Füssen der heil. Genovefa niederlegt und den heil. Bischof Faron, wie er einem Blinden das Gesicht wieder schenkt, welche 1841 zu Paris ausgestellt waren und vom französischen Ministerium der Kathedrale zu Meaux geschenkt wurden.

Delcour, Jan, der Bruder des Folgenden, geboren um die Mitte des 17. Jahrhunderts zu Hamoir bei Lüttich, gest. 1707 zu Lüttich, erhielt den ersten Unterricht in der Kunst in letzterer Stadt, besuchte sodann zweimal Italien, wo er sich durch das Studium der Antiken und den Unterricht der berühmtesten Meister seiner Zeit zu einem tüchtigen Bildhauer ausbildete. Unter seine besten noch erhaltenen Arbeiten zu Lüttich gehören: der Heiland im Grabe, Marmorgruppe in der Kathedrale; die Bronzestatue Johannes des Täufers auf einem Brunnen in der Strasse Hors-Chateau; das hölzerne Standbild Johannes des Täufers, in der Wüste predigend, in der Kirche dieses Heiligen; der marmorne Brunnen mit der Bronzestatue der heil. Jungfrau und vier bronzenen Löwen in der Strasse Vinâve-d'Ile; der marmorne Altar in der Kapelle der h. h. Cosmus und Damian in der Hauptkirche und das bronzene Christusbild über dem Haupteingang ebendaselbst; die Statuen der h. Jungfrau und des h. Dionysius am Hauptaltar der Dionysiuskirche; der Hauptaltar mit zwei Marmorstatuen in der Kirche Johannis des Täufers. — Auch das Grabmal des Bischofs von Allamont in der Kathedrale zu Gent ist von Jan Delcour.

Literatur. Immerzeel, De Levens en Werken der Holl. en Vlaam. Kunstschilders u.s.w. Amsterdam, 1842.

Delcour, Jan Gilles, Historienmaler, der Bruder des Vorigen, gebürtig aus Hamoir, gest. zu Lüttich 1694, erlernte die Malerei bei Bertholet Flemalle, begab sich aber später nach Italien, wo er mehrere Copien von Bildern grosser Meister, unter denen besonders die nach Raphael's Konstantinschlacht und dem Sturz Simon des Zauberers hervorgehoben werden, ausführte. In's Vaterland zurückgekehrt, malte er das Altarbild in der Peterskirche zu Lüttich und begann 1690 das Deckengemälde in der Kirche Notre Dame aux Fonts, starb aber während der Arbeit eines plötzlichen Todes.

Delehaye, P., ein tüchtiger Historien- und Genremaler in Antwerpen, von dem man auf den verschiedenen Kunstausstellungen Bilder sieht, die namentlich durch ihr Colorit anziehen. Eine Scene aus dem Roman, die Verlobten von Manzoni, von ihm befand sich 1852 auf der Kunstausstellung zu Freiburg.

Delen, — auch **Deelen, Dalens, Daelens, Delins**, — **Dirk van**, geb. zu Alkmaar 1607 (nach Andern zu Heusden um's Jahr 1635, was aber unwahrscheinlicher ist), erlernte die Malerei bei dem Porträtmaler Frans Hals, widmete sich jedoch später vorzugsweise der Architekturmalerei und erreichte auch in der Darstellung des Inneren kirchlicher Gebäude im prächtigsten italienischen Style, von säulengeschmückten Palästen oder freundlichen Wohnzimmern, die in der Regel von van Herp, Palamedes, Stevens, Wouverman mit Figuren staffirt wurden, eine tüchtige Meisterschaft. In seinen späteren Jahren liess er sich zu Arnemuiden in Zeeland nieder, wo er Burgermeister wurde und um 1670 noch lebte. In der Gemäldegallerie im Haag sieht man von ihm ein Bild, das Innere des Saals darstellend, worin die Generalstaaten im Jahr 1651 ihre Versammlungen hielten. Das Berliner Museum besitzt von ihm eine Ansicht von mehreren prächtigen Gebäuden in italienischer Bauart (bez. D. v. Delen 1647) und die Gallerie des Belvedere zu Wien: ein prachtvolles Gebäude mit Säulen, mit vielen Figuren (mit dem Namen und der Jahrszahl 1640) und ein weitläufiges Säulengebäude ohne Figuren. Im Louvre zu Paris zeigt man von ihm: einen von Säulengängen und Gebäuden umgebenen Hof mit Ballspielern (bez. Dirck van Delen 1628). In der Gemäldesammlung des Hrn. H. T. Hope in London befindet sich ebenfalls ein schönes, in der Farbe besonders kräftiges und brillantes Bild des Meisters, das Innere einer Kirche darstellend.

Deleu, siehe **Leu, Thomas de.**

Delff oder **Delft, Jacob Willemszen**, ein geschickter Porträtmaler aus Delft, gest. daselbst 1601, unter dessen beste Bilder eine 1592 gemalte Schützenmahlzeit und sein eigenes Porträt mit seiner Frau und seinen drei Söhnen in Lebensgrösse gehören. — Sein ältester Sohn, **Cornelis Jacobz**, genoss den Kunstunterricht bei Cornelis Cornelisz und malte sehr schöne Stillleben. Er hatte einen Sohn, **Nicolaas Cornelisz**, der sich unter seiner Leitung zum Glasmaler bildete. — Der zweite Sohn des Jacob Willemszen Delff, **Rochus Jacobz**, war ein guter Porträtmaler. — Sein dritter Sohn

Delff, Willem Jacobz, ein tüchtiger Historienmaler und geübter Kupferstecher zu Delft, geb. 1580, gest. 1638, lernte bei seinem Vater und bei seinem nachherigen Schwiegervater M. Mierevelt die Malerei, legte sich aber später ausschliesslich auf die Kupferstecherkunst. Er stach besonders nach den Bildnissen des Letzteren, nach van Dyck, A. Mytens, van der Voort, und man rühmt an seinen Stichen namentlich die Sicherheit der Zeichnung und die Leichtigkeit und Sauberkeit der Ausführung. Sie sind in guten Abdrücken selten. Zu den besten zählt man: die Bildnisse Gustav's Adolph's, Königs von Schweden (1633); des Moritz von Oranien, Grafen von Nassau; des Wilhelm von Oranien (1625); des Friedrich Heinrich von Oranien; des Wolfgang Wilhelm, Pfalzgrafen am Rhein, und Herzogs von Bayern; des Grafen Caspar von Colligni; des Ludwig Joach. Camerarius (1629), sämmtlich nach M. Mierevelt, und die Porträts einiger anderer berühmter Männer seiner Zeit. Nach van Dyck stach er das Bildniss seines Schwiegervaters. Seine Blätter sind mit nebenstehenden Monogrammen oder mit den Buchstaben G. V. D. sc. bezeichnet. — Einer seiner Söhne, **Jacob Willemszen**, nach seinem Grossvater genannt, geb. 1619 zu Delft, gest. daselbst 1661, war ein tüchtiger Porträtmaler und ein Mann von Ansehen, der mehrere städtische Stellen bekleidete.

Delfos, Abraham, ein Kupferstecher, geb. 1731 zu Leyden, der verschiedene Blätter nach Teniers, Berchem, Brouwer und Anderen stach. Seine nach Gemälden der bedeutendsten niederländischen Meistern gemachten Zeichnungen sind sehr gesucht.

Deliberatore, Niccolò, ein Maler aus Foligno, soll 1461 mit Pietro di Mazzaforte ein sehr schönes Altarbild für die Kirche S. Francesco zu Cagli gemalt haben. Man schreibt ihm desshalb auch ein Altarblatt auf Goldgrund in S. Venanzio in Camerino, Christus am Kreuz unter mehreren Heiligen zu, weil die Inschrift: Opus Nicolai Fulginatis 1480 lautet. Der Styl in diesem Bilde ist der der letzten Giottisten und der Meister desselben scheint sich in Florenz gebildet zu haben.

Delignon, Jean Louis, geb. 1755 zu Paris, gest. 1804, ein Kupferstecher, der für einige Gallerieswerke und andere literarisch artistische Publikationen viele brave Blätter stach.

Delin, Joannes Josephus, Historien- und Porträtmaler, geb. 1776 zu Antwerpen, gest. 1811, bildete sich auf den Akademien zu Brüssel und Antwerpen und ging dann nach Paris, um unter Vincent seine Studien fortzusetzen. Man rühmt von ihm seinen Simeon im Tempel in der Kirche des h. Karl Borromäus und eine Reinigung Mariä in der alten Jesuitenkirche zu Antwerpen.

Dell, Peter, ein Bildhauer in Würzburg, der unter Anderem im Jahr 1556 das in der Marienkirche daselbst befindliche Grabmal des Ritters von Schrimpf mit dessen beinahe lebensgrosser Figur fertigte. Es befindet sich daran nebiges Monogramm.

Dellarocca, siehe **Rocca**.

Dello, Fiorentino, Maler und Bildhauer aus Florenz, gest. um 1421 im 49. Jahre, legte sich anfänglich auf die Bildhauerkunst und verfertigte viele Werke in gebranntem Thon, unter denen besonders eine Krönung Mariä, ein vergoldetes Hochrelief aus zwei Figuren im Bogenfelde einer Thüre von S. Maria Nuova in seiner Vaterstadt (noch heute dort zu sehen); die Statuen der zwölf Apostel im Innern derselben und ein todter Christus im Schoose der Mariä für die Servitenkirche (die beiden letzteren Arbeiten sind zu Grunde gegangen) angeführt werden. Da ihm aber diese Werke einen zu geringen Verdienst eintrugen, widmete er sich der Malerei und führte eine grosse Anzahl von Bildern mit kleinen Figuren, die er mit grosser Anmuth behandelte, aus, und man zeigt heute noch in der florentinischen Gallerie zwei ihm zugeschriebene Gemälde: die heil. drei Könige und die Predigt und den Tod des heil. Petrus. Lange Zeit verzierte er sodann, nach der Sitte der damaligen Zeit, Kästen, Ruhebette, Lehnstühle mit kleinen Bildern; namentlich schmückte er in solcher Weise für Giovanni de' Medici sämmtliche Geräthschaften eines Zimmers, eine Arbeit, bei der ihm Donatello als Knabe durch Verfertigung der Verzierungen daran in Basrelief geholfen haben soll. Dann malte er auch in fresco mit grüner Erde in einer Ecke des Kreuzgangs von Santa Maria Novella zu Florenz, ein Bild, wie Isaak den Esau segnet, und man glaubt, dass auch die Malereien in den übrigen Theilen des Kreuzgangs von seiner Hand herrühren, da die Manier, die, bei allem Mangel der Perspektive in der Erfindung, dennoch für jene Zeit schätzenswerth, aber sehr roh und flüchtig in der Behandlung, ganz dieselbe wie bei jenem Gemälde ist. Bald darauf trat er in den Dienst des Königs Alfons V. von Arragonien, wo er sich Ehre und Reichthümer erwarb. Er wurde zum Ritter erhoben, besuchte hierauf nach einiger Zeit sein Vaterland wieder, kehrte jedoch bald nach Spanien zurück, wo er auch starb. Sein Bildniss wurde in Santa Maria Novella von Paolo Ucello in dem Bilde des Noah in Helldunkel ausgeführt.

Dello Fiorentino soll nebst Starnina der erste gewesen sein, der den neuen italienischen Styl an den spanischen Hof gebracht.

Delmont, Deodatus, geb. 1581, zu St. Truyen, gest. 1634 zu Antwerpen, ein erfahrener Geometer, der einige Zeit am Hofe des Herzogs von Neuburg lebte, auch dem Könige von Spanien als Ingenieur diente, später aber mit Rubens befreundet wurde, bei diesem die Malerei erlernte und dann denselben auf allen seinen Reisen begleitete. Er malte für Kirchen und Gallerien und man lobt an seinen Bildern die edle Composition, die richtige Zeichnung, das heitere Colorit und die leichte Ausführung. Das Museum zu Antwerpen besitzt von seiner Hand eine Verklärung Christi. Eine Anbetung der Könige sieht man von ihm in der Kirche der Nonnen, genannt Façons, ebendaselbst; ein denselben Gegenstand behandelndes Bild in der Liebfrauenkirche dort, und eine Kreuztragung und eine Anbetung der Könige in der Jesuitenkirche zu Antwerpen. — Sein Bildniss wurde von van Dyck gemalt und von L. Vorsterman in Kupfer gestochen.

Literatur. Immerzeel, De Levens en Werken der Holl. en Vlaam. Kunstschilders u. s. w. Amsterdam 1842. — Descamps, La vie des peintres flamands, allemands et hollandois.

Delorme, Philibert, ein berühmter Baumeister, geb. um 1500 zu Lyon, gest. 1577 oder 1578, wird als einer der Wiederhersteller eines besseren Baustyls in Frankreich betrachtet, und er hat sich, wenn er auch Pierre Lescot, dem grössten französischen Architekten, in Feinheit des Geschmacks, Reichthum der Erfindung und Reinheit der Ausführung nachsteht, in der Konstruktion einen bleibenden Namen erworben. Er kam schon in einem Alter von 14 Jahren nach Rom, wo er an Marcello Cervini, dem nachherigen Papst Marcello II. einen Beschützer fand, der ihn in seinen Studien und seiner künstlerischen Ausbildung wesentlich förderte. Mit tüchtigen Kenntnissen bereichert, kehrte er 1536 in seine Vaterstadt zurück, wo er unter Anderem das Portal Saint-Nizier, einen mit Säulen und Pilastern dorischer Ordnung und mit dazwischen angebrachten Nischen geschmückten Bau, errichtete, denselben aber nicht vollenden konnte, da er vom Kardinal du Belly nach Paris berufen wurde, wo ihm, nachdem er durch denselben am Hofe Heinrich II. eingeführt worden war, ein grosser Theil der damals projektirten Bauten übertragen wurde. Seine erste Arbeit war das Rondell zu Fontainebleau. Darauf wurden nach seinen Plänen die Schlösser von Anet (1548) und Meudon (von denen gegenwärtig aber nur noch von ersterem ein Ueberrest im Hof der école des beaux arts zu Paris, von letzterem nur noch ein Theil einer beim Bau des neuen Schlosses zerstörten Grotte vorhanden ist); der, sowohl der Konstruktion als dem Geschmack nach interessante Portikus von korinthischer Ordnung an der Kapelle von Villers-Coterets und das Grabmal der Valois bei der Kirche von St. Denis erbaut. Das letztere, ein kreisrunder Bau, dessen Aeusseres mit einer dorischen und einer jonischen Säulenstellung von je 24 Säulen, mit Pilastern derselben Ordnung, Nischen u. s. w. verziert und von einer Kuppel mit Laterne bedeckt war, während das noch reicher verzierte Innere in seinen beiden Säulenordnungen, einer korinthischen und einer zusammengesetzten, mit grosser Einheit und Regelmässigkeit die Anordnung des Aeusseren wiederholte, wurde wegen Baufälligkeit im Jahr 1719 eingerissen und ist jetzt nur noch durch die Zeichnungen bekannt, die J. Marot darnach stach. In Gemeinschaft mit Primaticcio errichtete er sodann das Mausoleum Franz I. in der Kirche von St. Denis, bei welchem die Architektur die Hauptrolle spielt, und im Jahr 1564 entwarf er im Auftrag der Königin Katharina von Medicis die Pläne zum Palast der Tuilerien, an denen jedoch auch Jean Bullant Antheil gehabt haben soll. Die Theilnahme des Letzteren scheint sich aber mehr auf die Details der Verzierungen und der Ausführung beschränkt zu haben. Zu Lebzeiten der Königin kamen indessen nur der grosse Pavillon in der Mitte, die zwei Gallerien und die anstossenden kleinen Pavillons zu Stande. Der Bau wurde jedoch auch unter Heinrich IV. fortgesetzt und unter Ludwig XIII. nach Ducerceau's Entwürfen, dann später unter Ludwig XIV. nach Leveau's und Dorbay's Zeichnungen erweitert. Dadurch verschwanden viele Theile der Architektur Delorme's, so dass jetzt nur noch die untere Ordnung jonischer Säulen mit verzierten horizontalen Bändern am mittleren Pavillon, das untere Stockwerk der beiden Flügel und die beiden äusseren Pavillons als von ihm herrührend zu betrachten sind. Auch die herrliche, sich frei tragende Wendeltreppe von ihm ohne Spindel, im Vestibule des mittleren Pavillons, ein Meisterwerk des Steinschnitts, wurde im Jahr 1664 abgetragen. Dessen ungeachtet konnten alle späteren Veränderungen an dem Gebäude das originelle Gepräge seines ursprünglichen Plans, das in der grossartigen Gesammtanlage, der allgemeinen Anordnung und in dem freilich etwas zu reichen und überladenen Styl der verzierenden Theile besteht, nicht verwischen, und Delorme ist unbestritten als der Urheber eines der grössten und prächtigsten Paläste Frankreichs zu betrachten.

Katharina von Medicis belohnte die Dienste des Künstlers durch die Einkünfte der Abteien von St. Eloi, Noyon und St. Serge d'Anvers und ernannte ihn zum Rath und Almosenier des Königs.

Philibert Delorme gab auch zwei Werke über die Baukunst heraus. Das erste führt den Titel: „Un traité complet de l'art de bâtir", und kam 1561 zu Paris heraus, das andere: „Nouvelles inventions pour bien bâtir et à petits frais, Paris 1576. Beide Werke erschienen später (1626 zu Paris, 1648 zu Rouen) gesammelt unter dem Titel: „Oeuvres d'Architecture de Ph. Delorme". In dem ersteren entwickelt er alle theoretischen und praktischen Lehrsätze, auf denen die Kunst und Wissenschaft der Architektur beruht, das andere enthält die Beschreibung seiner Erfindung einer höchst wichtigen Holzkonstruktion zur Bedeckung der Gebäude in verschiedenen Formen und mit fast allen Holzarten, die man immer noch mit dem glücklichen Erfolg erneuert und durch die er zu einem kaum minder dauernden Ruhm gelangte, als durch seine, wie bereits bemerkt, meistens zu Grunde gegangenen Bauten.

Literatur. Quatremère de Quincy, Dictionnaire historique d'Architecture. — Quatremère de Quincy, Histoire de la vie et des ouvrages des plus célèbres architectes.

Delorme, Pierre Claude François, Historienmaler, geb. zu Paris 1783, erlernte die Malerei bei Girodet, besuchte später Rom und führte nach seiner Rückkehr in seine Vaterstadt eine Menge, zum Theil sehr grossräumigen Bilder, aus, in denen er der Auffassungs- und Darstellungsweise der klassischen Richtung der französischen Malerei in der Art seines Meisters unwandelbar treu blieb. Sie zeichnen sich durch richtige und geschmackvolle Zeichnung, Adel und Anmuth der Formen, Bestimmtheit der Charaktere und treffenden Ausdruck aus. Unter seine besten Gemälde gehören: der Tod Abels (1810 in Rom gemalt) und der Tod des Leander (gest. v. J. N. Laugier); Hero und Leander (1814); die Erweckung der Tochter Jairi (1817); Christus im Limbus (1819); Cephalus von der Aurora entführt (1822, im Luxembourg); Amor und Psyche (1824); Hektor, der dem Paris seine Weichlichkeit vorwirft (1827). Im Jahr 1838 vollendete Delorme die Kuppelgemälde der Kirche Notre Dame de Lorette, in denen er die wunderbare Versetzung der Santa casa von Nazareth nach Loretto darstellte und 1842 die Malereien auf Kalk in der Kapelle der heil. Jungfrau von St. Gervais zu Paris. — Delorme erhielt 1841 das Ritterkreuz der Ehrenlegion.

Delpo, siehe **Po.**

Delvaux, Eduard, ein verdienstvoller Landschaftsmaler, geb. 1806 zu Brüssel, erlernte seine Kunst bei van Assche, bereiste sodann die malerischsten Gegenden Frankreichs, der Schweiz, Italiens und Deutschlands, und liess sich nach seiner Rückkehr in seiner Vaterstadt nieder. An seinen Bildern, die man in Belgien in öffentlichen Sammlungen und fast in jeder grösseren Privatgallerie sieht, wird besonders die Ursprünglichkeit der Auffassung, die kräftige und klare Farbe und die leichte Behandlung der grossen, sehr hübsche Durchblicke gewährenden Bäume und Baumgruppen gerühmt.

Delvaux, Ferdinand Marie, Historien- und Genremaler, geb. 1782 zu Brüssel, gest. 1815 in Italien, war ein Schüler von Lens. Zu seinen Hauptarbeiten gehören: David vor Saul und das Martyrium des heil. Stephanus, letzteres Bild in dem Franziskanerkloster seiner Vaterstadt befindlich.

Delvaux, Laurent, ein tüchtiger Bildhauer, geb. 1695 zu Gent, gest. 1778 zu Nivelles, erlernte die Kunst bei Dieudonné Plumier zu Brüssel, begab sich aber später, da er in Belgien keine Beschäftigung fand, 1717 nach London, wo er neun Jahre verweilte und mit dem Bildhauer Pieter Scheemaeckers aus Antwerpen viele

Werke für Kirchen und Paläste ausführte. Im Jahr 1727 reiste er nach Italien, um die Antiken zu studiren, und blieb dort vier Jahre, während welcher Zeit er mehrere belangreiche Arbeiten fertigte. Nach seiner Rückkunft in's Vaterland wurde er 1734 zum Hofbildhauer Kaiser Karl VI. ernannt und mit Bestellungen überhäuft. Mit seiner Büste der Kaiserin Maria Theresia war diese so zufrieden, dass sie ihm, ausser dem ausbedungenen Honorar, einen Jahresgehalt von 400 fl. aussetzte. Zu seinen besten Arbeiten zählt man, zu Brüssel: zwei Engel in Marmor am Hochaltar der Königskapelle; einen kolossalen Herkules an der grossen Treppe des alten Palastes, die Figuren des Giebels an demselben und das Standbild der Kaiserin Maria Theresia; das Grabmal des Leonard Matthias van der Noot; zu Tervueren: vier Kindergruppen in Marmor und das Marmorbrustbild des ersten Grossmeisters des Deutschordens, H. Walpole; zu Gent: die schöne Kanzel in der Kathedrale S. Bavo; zu Namen: den heil. Antonius mit dem Jesuskinde in der Hauptkirche, eine Gruppe, welche der Künstler selbst für sein bestes Werk hielt; zu Nivelles: die Kanzel in der Jesuitenkirche, die vier Evangelisten und die Kanzel in der Kirche der h. Gertrud.

Literatur. Immerzeel, De Levens en Werken der Holland. en vlaam. Kunstschilders. Amsterdam 1842. —

Delvaux, Remi Henri Joseph, ein französischer Kupferstecher, geb. 1748, gest. 1823. Er arbeitete viel für Buchhändler, doch sind auch einige hübsche grössere Blätter, z. B. der Jäger, nach Metzu; der wunderbare Fischzug, nach Rubens u. A. von ihm bekannt. — Auch seine Tochter **Marie Auguste**, geb. 1786, widmete sich unter der Leitung ihres Vaters der Kupferstecherkunst.

Demarne, Jean Louis, genannt **Demarnette**, Landschaftsmaler und Kupferätzer, Mitglied der Akademie zu Paris und Ritter der Ehrenlegion, geb. 1744, nach Anderen 1752 zu Brüssel, gest. zu Paris 1829, erlernte die Malerei bei Briard, und malte Landschaften mit historischer Staffage, mit Vieh, Schlachtscenen, See-, Mondschein und Schneeeffekte, wobei ihm verschiedene Meister, wie Karel du Jardin, Berchem, Potter, Wouverman zum Vorbild dienten. Er ätzte auch in Kupfer und sein vollständiges Werk besteht in 38 Blättern Viehstücken und Landschaften, zum Theil in Berchem's und Glauber's Manier geistvoll radirt.

Demarteau oder **Desmarteaux, Gilles**, Kupferstecher, geb. 1729 zu Lüttich, gest. 1776 zu Paris, als Mitglied der dortigen Akademie, lieferte vorzügliche Werke in der Crayonmanier, die er wesentlich vervollkommnete. Zu seinen besten Blättern, deren man gegen 700 kennt, zählt man: den in einem Aufruhr verwundeten Lykurg, nach Cochin (sein Aufnahmsblatt in die Akademie); die Grablegung Christi, nach Stellaert; die Gerechtigkeit beschützt die Künste, nach Cochin; Karl Vanloo (in Röthelmanier); einen weiblichen Kopf, nach Doyer (in schwarzer Kreide und Rothstein). — Einige seiner Blätter sind mit nebigem Monogramm bezeichnet.

Demarteau, Gilles Antoine, ein Kupferstecher, der Neffe und Schüler des Vorigen, geb. 1750 zu Lüttich, gest. 1806 zu Paris, arbeitete in der Manier seines Lehrers, und seine Leistungen sind nicht ohne Verdienst.

Demaszne, Jean Louis, geb. zu Brüssel 1744, gest. 1829 zu Batignolles, malte Landschaften mit Thieren und Kirchweihscenen, Stadt- und Dorfansichten. Seine besten Arbeiten werden den Bildern des Berchem und Karel du Jardin gleichgestellt.

Demeas, siehe **Dameas.**

Demetrios, aus Alopeke in Attika, ein altgriechischer Bildhauer, der um 415 v. Chr. Geb. zu Athen thätig war und in seinen Werken, abweichend vom herrschenden Geist und Sinn der griechischen Kunst seiner Zeit, einem bis in's Einzelne gehenden Naturalismus huldigte. Er war der erste, der in Nachbildungen von Individuen, besonders älteren Leuten, eine Treue erstrebte, welche auch das Zufällige, zur Darstellung des Charakters Unwesentliche und Unschöne gewissenhaft wiedergab. Als Werke seiner Hand werden von den alten Schriftstellern angeführt: das Bild der Lysimache, welche 64 Jahre Priesterin der Minerva war; ferner eine Minerva, welche „Musica" genannt worden sein soll, weil die Schlangen an ihrer Gorgo beim Anschlag der Cither mit Getön wiederhallten; dann der Ritter Simon, welcher zuerst über das Reiten schrieb; endlich eine Statue des korinthischen Feldherrn Pellichos.

Demetrios, ein alexandrinischer Maler, der um 160 v. Chr. Geb. zu Rom sich mit der Landschafts- oder Landkartenmalerei beschäftigte.

Demetrios, aus Ephesos, ein Tempeldiener der Diana und Architekt, der mit Päonios von etwa 420—380 v. Chr. den berühmten Tempel der Artemis in Ephesos vollendete.

Demetrios, ein Goldschmied zu Ephesos in der ersten Hälfte des ersten Jahrhunderts nach Chr. Geb., der, nach der Apostelgeschichte, mit Arbeiten für den Tempel der Diana daselbst beschäftigt war.

Demi, Emilio, ein tüchtiger Bildhauer aus Livorno, Professor an der Akademie zu Florenz, arbeitete längere Zeit in Thorwaldsen's Atelier zu Rom unter dessen Leitung und erregte später durch seine selbstständigen Arbeiten glänzende Hoffnungen. Zu seinen besten Werken zählt man: die grosse sitzende Marmorstatue Galilei's, 1839 im Palast der Universität Pisa aufgestellt; die 14 Fuss hohe Statue Leopold II. für Livorno bestimmt (1841); die Marmorstatuen Dante's (1842), Giotto's und Petrarca's in den Nischen des Palazzo degl' Uffizi zu Florenz.

Demokopos, ein altgriechischer Architekt, der um 420 v. Chr. Geb. blühte, den Beinamen: Myrilla führte und als Erbauer des Theaters zu Syrakus genannt wird.

Demokritos, ein Baumeister, der um 400 v. Chr. Geb., 90 Jahr alt, gestorben und nach der Ueberlieferung der Alten die Kunst zu wölben erfunden haben soll.

Demokritos, aus Sikyon, ein altgriechischer Erzgiesser, der aus Kritios Schule hervorging, um 380 v. Chr. Geb. blühte und als Bildner von Philosophen- und Siegerstatuen gerühmt wird. Unter Anderem führt man als von seiner Hand gefertigt an: die Statue des Hippos aus Elis, der im Faustkampfe der Knaben zu Olympia gesiegt hatte.

Demophon, siehe **Damophon.**

Demugiano, aus Mailand, ein tüchtiger Bildhauer, von dem man im Louvre zu Paris eine Bronze, Ludwig XII. in halber Figur darstellend, die nach einer mit 1508 bezeichneten Marmorarbeit des Künstlers gegossen wurde, und die besonders durch die geistreiche und lebendige Auffassung anzieht.

Denanto, Francesco, Maler und Formschneider, gebürtig aus Savoyen, arbeitete von 1440—1450 zu Venedig. Er soll ein Schüler von Tizian, nach welchem er die meisten seiner Blätter stach, gewesen sein. Zu den besten seiner, meistens mit seinem Namen bezeichneten Holzstiche gehören: die Predigt Johannes des Täufers; Christus heilt den Gichtbrüchigen; Leben der Anachoreten in der Wüste und eine Landschaft mit der Flucht nach Aegypten. Man schreibt ihm auch nebiges Monogramm zu. D.F.N.

Denecker, siehe **Necker.**

Denis, Simon Joseph Alexandre Clemens, ein trefflicher Landschaftsmaler, geb. 1755 zu Antwerpen, war ein Schüler von Hendrik Antonissen, liess sich aber später zu Neapel nieder, wo er auch 1813 starb. Seine meistens mit Vieh von holländischer Race staffirten Landschaften zeigen einen brillanten Pinsel und sprechen besonders durch die schönen sonnigen Vorgründe an. Im Louvre zu Paris sieht man von ihm eine Ansicht von Arpino und im Museum zu Antwerpen: einen Wasserfall, eine offene Gegend und eine Abendlandschaft.

Dennel, Louis, Kupferstecher, geb. zu Abbeville 1741, gest. zu Paris 1806, war ein Schüler von Beauvarlet und Wille. Zu seinen besten Blättern, deren grössere Zahl in galanten Darstellungen besteht, zählt man: L'essai du Corset und Le Dejeuner, nach P. A. Wille.

Denner, Balthasar, ein berühmter Porträtmaler, geb. 1685 zu Altona, gest. zu Rostock 1749, zeigte schon frühe grosses Talent für die Kunst. Sein Vater liess ihn daher in den Anfangsgründen derselben durch einen mittelmässigen Maler in Altona, Namens Amama, und von seinem 14. Jahre an zu Danzig in der Oelmalerei unterrichten. Besorgt aber für die Zukunft seines Sohnes, veranlasste er denselben später wieder, die Laufbahn des Künstlers zu verlassen und sich dem Kaufmannsstande zu widmen. Gehorsam seinen Eltern, erlernte Denner nun die Handlung und kam 1707 als Commis nach Berlin. Hier fand er jedoch Gelegenheit zu Kunststudien an der Akademie, er machte rasche Fortschritte und sah sich schon im Jahr 1708 im Stande, durch Porträtmalen sein Brod zu verdienen. Der erstaunliche Fleiss der Ausführung in seinen Bildnissen und ihre Aehnlichkeit verschafften ihm hohe Gönner, so dass, nachdem er 1709 den Herzog Christian August, Administrator von Holstein-Gottorp, und dessen Schwester, sowie bald darauf die ganze holstein'sche Fürstenfamilie nebst mehreren Hofbeamten auf einem grossen Bilde gemalt hatte, sein Ruf als Porträtmaler gegründet und sein Glück gemacht war. Er reiste an allen deutschen Höfen umher, malte die Porträts der Fürsten und Grossen der verschiedenen Länder und liess sich für seine Bilder sehr hohe Preise bezahlen. Auch an den Höfen von Holland und England fand er vielfache Beschäftigung, rühmende Auszeichnung und fürstliche Belohnung für seine Arbeiten.

Denner's Porträts sind bewundernswerth wegen der unsäglichen Sorgfalt der Ausführung und der ausserordentlichen Vollendung, wegen der frappanten Wahrheit und Aehnlichkeit der Formen, die sie wie unmittelbare Spiegel des Lebens erscheinen lassen. Kein Maler hat die Nachahmung der Natur so weit getrieben, als er. Man sieht die Poren und Blutgefässe auf der Oberfläche der Haut, ja die schwächsten Falten ihres Gewebes, jede Runzel nachgebildet, zuweilen hat er sogar in dem Augapfel die Gegenstände abgemalt, die sich darin spiegeln; und trotz dieser mikroscopischen Genauigkeit der Behandlung verfiel er doch weder in Trockenheit oder kleinliche Geleckheit, noch verlor er darüber die malerische Haltung. Seine Bildnisse behalten auch, von der Ferne betrachtet, ihre Kraft und Wirkung und sind mit warmem Naturgefühl gemalt. Die Farbe ist wahr und der Vortrag durchaus nicht manierirt. Trotz dieser aussergewöhnlichen Vorzüge machen seine Porträts entfernt nicht den Eindruck der Bildnisse eines van Dyck's, Rubens', Tizian's oder Rembrandt's. Man ist erstaunt über diese wunderbare Treue der Nachahmung — die ihn indessen viel weniger gekostet haben mag, als man glaubt, denn er hat im Ganzen eine sehr grosse Menge Bilder gemalt —; aber das Gefühl bleibt kalt und empfindet nichts von der poetischen Wirkung, welche die Werke jener Meister auf den Beschauer hervorbringen. Es fehlt ihnen jene dichterische Weihe, welche das körperliche Leben als den Ausdruck des geistigen darstellt. Ausserdem ist in den übrigen Theilen seiner Bilder die Zusammenstellung ziemlich geschmacklos, die Zeichnung schwach und die Gewandung formlos. In den Beiwerken soll ihm später seine älteste Tochter, eine geschickte Miniaturmalerin, geholfen haben.

Von Denner's Bildnissen, die sehr theuer bezahlt werden, sind viele im Privatbesitz; doch sieht man immerhin noch schöne Exemplare in öffentlichen Gallerien. So besitzt das Museum zu Berlin: das Bildniss eines alten Mannes in braunem Pelz, und das eines Mannes in mittleren Jahren in einer gepuderten Alongeperücke; die Gallerie zu Dresden: sechs Bildnisse bejahrter Personen, drei männliche und drei weibliche und ein als St. Hieronymus aufgeführtes Brustbild; das Städel'sche Institut in Frankfurt a. M.: das Porträt einer alten Frau. In der Pinakothek zu München sieht man: die Bildnisse eines alten Mannes und einer alten Frau; in der Leuchtenberg'schen Gallerie: den Kopf einer alten Frau. Das Louvre zu Paris verwahrt von ihm: das treffliche Porträts einer alten Frau (bez. Denner. fec. 1724 London) und die Eremitage in St. Petersburg: einige kleinere Bildnisse. Auch das Museum der bildenden Künste zu Stuttgart ist im Besitz einiger Porträts von Denner, worunter das des Malers Seibold, der sein Schüler gewesen sein soll. In der Gallerie des Belvedere zu Wien zeigt man ebenfalls zwei Bildnisse von ihm, das eines alten Mannes und einer alten Frau, und in der fürstlich Esterhazy'schen Sammlung ebendaselbst: das Porträt des Grafen von Zinzendorf.

Denner hat auch einige Bildnisse radirt, sie sind aber äusserst selten. Man nennt darunter besonders: das Brustbild eines Mannes von mittlerem Alter mit einer Alongeperücke und das Brustbild des Pastors Joan. Conrad. Held Eimbeck.

Der Künstler hatte einen Sohn, **J. Denner**, der 1720 zu Hamburg geboren wurde, bei seinem Vater lernte, auch ein erfreuliches Talent an den Tag legte, aber in der Blüthe seiner Jahre starb.

Denon, Dominique Vivant, Baron, Zeichner und Kupferätzer, Generaldirektor der französischen Kunstmuseen, Kunstschriftsteller, Mitglied des Instituts, geb. 1745 zu Chalons an der Saone, gest. 1825 zu Paris, beschäftigte sich, da er die diplomatische Laufbahn betreten hatte, anfänglich nur aus Liebhaberei mit der Malerei, widmete sich aber später längere Zeit der Kupferstecherkunst, die er bei Claude Hallé erlernte, und erlangte durch ein radirtes Blatt nach L. Giordano: die Anbetung der Hirten, 1787 Eintritt in die Akademie. Während der Revolution stach er für den Maler David die von diesem entworfenen Zeichnungen zu den republikanischen Costümen, die man der Nation geben wollte, und später begleitete er Napoleon nach Aegypten, woselbst er die Materialien zu dem grossen Werk sammelte: „Voyage dans la Basse- et la Haute-Egypte" (Paris 1802), das er nach seiner Rückkehr herausgab und das seinen Ruhm begründete. Im Jahr 1803 wurde er von Napoleon zum Generaldirektor der Museen ernannt, in welcher Stellung er insbesondere die Auswahl und Wegführung der Kunstschätze aus den besiegten Ländern, sowie ihre Aufstellung zu besorgen hatte, und darin ebensoviel feine Kunstkenntniss als seltene Allgemeinheit des Standpunktes an den Tag legte. Als Oberaufseher der öffentlichen Arbeiten entstanden unter seiner Leitung ferner zahlreiche Monumente, unter denen das bedeutendste die zu Ehren der grossen Armee auf dem Vendômeplatze errichtete Triumphsäule zu nennen ist; als Direktor des Medaillenkabinets liess er eine grosse Anzahl von Münzen schlagen, die eine numismatische Geschichte der Zeit von der Schlacht bei Montenotte (1796) bis zum Gefecht von Montmirail (1814) bilden, und als Verwalter der Porzellanfabrik zu Sèvres unter anderen Prachtstücken jenen wundervollen Tafelaufsatz anfertigen, den Napoleon nach dem Tilsiter Frieden dem Kaiser Alexander schenkte. Nach der zweiten Restauration seiner Aemter beraubt, lebte er zurückgezogen, mit der Publikation seiner reichen Privatsammlung und den Vorarbeiten zu einer Geschichte der Kunst beschäftigt, eine Arbeit, über der ihn der Tod überraschte und die erst 1829 von A. Duval unter dem Titel: „Monuments des arts du dessin chez les peuples, tant anciens que modernes, recueilli par le Baron de Denon pour servir à l'histoire de l'art" erschien. Auch an dem grossen berühmten Werke über Aegypten: „Description de l'Egypte" hatte er seiner Zeit wesentlichen Antheil genommen.

Baron Denon war Offizier der Ehrenlegion, Ritter des russischen St. Annen-Ordens und der bayrischen Krone.

Als Kupferstecher war Denon sehr fruchtbar. Der Katalog der von ihm ausgeführten Radirungen, in denen er sich gerne an die Manier Rembrandt's anschloss, zählt mehr als 300 Blätter, worunter 47 Bildnisse berühmter Maler, 62 andere Porträts und 11 Blätter republikanische Costüme. Die besten sind: ein Viehstück, nach dem unter dem Namen „der junge Stier" berühmten Gemälde von P. Potter; das Innere eines Zimmers mit zwei lesenden Frauen und einem schlafenden Kinde bei Kerzenschein, nach Rembrandt; Gruppe von drei grossen Löwen, nach Quadal; das Porträt van Dyck's, nach ihm selbst.

Dens, J., Genremaler zu Antwerpen, ein Schüler von F. de Braekeleer, beschickt seit 1829 die verschiedenen Kunstausstellungen mit Bildern, denen fast jederzeit Lob gezollt wurde.

Dente, Marco, bekannter unter dem Namen **Marc da Ravenna,** ein vorzüglicher Kupferstecher, der in der zweiten Hälfte des 15. Jahrhunderts geboren wurde und zu Rom, wo er arbeitete, bei dessen Einnahme im Jahr 1527 getödtet wurde. Er war einer der vorzüglichsten Schüler von Marc Anton und verstand seinen Meister bis zur vollständigsten Täuschung nachzuahmen. Er übertraf seinen Mitschüler und Nebenbuhler Agostino Veneziano an Reinheit und Sorgfalt des Stichs, allein als Zeichner steht er hinter ihm zurück; es scheint ihm überhaupt an Selbstständigkeit gefehlt zu haben und wo er ohne fremde Leitung arbeitete, fällt er in der Zeichnung, besonders im Ausdruck der Physiognomie, leicht in's Uebertriebene. Zu seinen besten Blättern, deren Bartsch 77 zählt, gehören: der Mord an den unschuldigen Kindern und die Skelette oder das Todtengericht, nach Baccio Bandinelli; das grosse Reitergefecht zwischen römischen Truppen, nach Raphael oder Giulio Romano; die Entführung der Helena; Gott erscheint dem Isaak; das Abendmahl; der Triumph der Galathea; die heil. Jungfrau mit dem langen Schenkel; die Madonna mit dem säugenden Kinde und Entellus und Dares, zwei berühmte Gladiatoren im Wettkampfe mit dem Cestus, sämmtlich nach Raphael; die Akademie oder die Versammlung der Gelehrten, nach F. Salviati. Das früher dem Marc da Ravenna zugeschriebene Blatt: der Kindermord, nach Raphael, „ohne Tannenbäumchen", ist von Marc Anton gestochen.

Marc von Ravenna hat nur ein einziges Blatt mit seinem Namen: MARCVS RAVENAS bezeichnet. Einige Blätter tragen das nebige Zeichen R, das Ravignano bedeuten soll; sein gewöhnliches Zeichen aber bestand in den in einander geschlungenen Buchstaben R und S. Zwei Blätter haben auch nebenstehende Monogramme, welche: Dente Marco Ravennate gelesen werden, doch scheint das Zeichen zwischen D und R kein M, sondern eine Zierrath zu sein, und D und R eben Dente Ravennate zu bedeuten.

Literatur. Bartsch, Le Peintre graveur. — Heller, Handbuch für Kupferstichsammler.

Dentone, Antonio, ein tüchtiger Bildhauer, der gegen das Ende des 15. Jahrhunderts in Venedig blühte und an dem bedeutenden Aufschwung, den die Sculptur um jene Zeit daselbst nahm, nicht ohne Antheil war. Unter den ihm zugeschriebenen Arbeiten wird die Gruppe des Vittore Capello, knieend vor der heil. Helena (1480), als ein Werk von eigenthümlich schöner Naivität geschildert.

Literatur. Cicognara, Storia della scultura. Venez. 1813—1818.

Dentone, Girolamo, siehe **Curti**.

Denys, Jacob, Historien- und Genremaler, geb. 1647 zu Antwerpen, lernte bei J. Jordaens, ging aber schon in jungen Jahren nach Italien, wo er sich nach den Antiken und den besten Werken der römischen und venetianischen Schule bildete und sich bald eines Ruhms erfreute, der ihm eine Berufung in die Dienste des Herzogs von Mantua verschaffte, für den er viele Bilder ausführte. Er begab sich aber auch mit dessen Bewilligung nach Florenz, wo er die Bildnisse des Grossherzogs und seiner Familie malte. Nach 14jähriger Abwesenheit kehrte er in's Vaterland zurück, wo er mit grossen Ehren empfangen wurde, aber bald hernach starb. Seine Bilder tragen mehr das Gepräge der italienischen als der niederländischen Kunstweise. Die Zeichnung ist fein und correkt, seine Farbe warm, sein Vortrag markig und keck.

Literatur. Descamps, La vie des peintres flamands, allemands et hollandois.

Deodatus, nennt sich ein alter Maler aus Lucca, auf einem Crucifix (bezeichnet: A. D. 1284 Deodatus filius Orlandi de Lucca me pinxit) in der griechischen Kapelle der Villa di Marlia bei Lucca. Dasselbe zeigt in der Anordnung den gewöhnlichen griechischen Styl, dagegen ist die Zeichnung bereits ungleich feiner als die des Giunta von Pisa, obschon die Gesichtszüge noch scharf geschnitten, breit und ausdruckslos sind. Das Beste daran ist die Ausführung, der Farbenauftrag und die Vermalung, beide von ganz ungewöhnlicher Vollendung, das Bemerkenswertheste aber der Versuch der Modellirung, durch eine gründliche Untermalung, die in den Schattenparthien deutlich durchschimmert. Der Meister ist höchst wahrscheinlich derselbe, der unter dem Namen: Datas mit einem anderen Luccheser, Joannes Apparechiati die Kapelle im Campo santo zu Pisa ausmalte.

Literatur. Förster, Beiträge zur neueren Kunstgeschichte.

Deodatus, siehe **Cosmaten**.

Depaulis, Alexis Joseph, ein sehr geschätzter Stempelschneider, Ritter der Ehrenlegion, geb. zu Paris 1790, war ein Schüler von d'Andrieu und Cartellier. Er lieferte eine grosse Anzahl von Schau- und Denkmünzen, die sehr gerühmt werden.

Dequevauviller, François, ein tüchtiger Kupferstecher, geb. zu Abbeville 1745, gest. zu Paris 1807, erlernte seine Kunst bei Daullé und wurde bald einer der vorzüglichsten Schüler seines Lehrers. Zu seinen besten Blättern, die meistens dem landschaftlichen Fache angehören, zählt man: eine schöne Landschaft, nach Wynants; le Midi und le Soir, nach Berchem; 3 Blätter Seegefechte der französischen Flotte, nach de Rossel.

Dequevauviller, François Jacques, Kupferstecher, der Sohn des Obigen, ein Schüler seines Vaters und des berühmten Desnoyers, stach meistens Historien und Porträts. Unter seine vorzüglichsten Blätter gehören: das Bildniss des Erasmus, nach Holbein, und Fénélon, welcher einer Bauernfamilie die Kuh wieder zuführt, nach Hersent.

Derichs, Sophonias de, ein geschickter Historien- und Porträtmaler, geb. 1712 zu Stockholm, hielt sich die längste Zeit seines Lebens in Deutschland auf und ging dann nach Petersburg, wo er 1773 starb.

Dericksen, Philipp, ein Flamländer von Geburt, Historienmaler, war ein Schüler von Otto Venius, und kam im Jahr 1627 nach Spanien, wo er sich um die durch den Tod des B. Gonzalez erledigte Stelle eines Hofmalers bewarb. In der Sakristei der Karmeliterkirche zu Toledo sieht man von ihm einen heil. Diego, vor dem eine Nonne kniet, ein in niederländischer Kunstweise ausgeführtes Bild.

Derrand, François, französischer Architekt, geb. 1588, gest. zu Agde 1644, erbaute die Jesuitenkirche zu Paris (1627—1641). Er gab auch ein architektonisches Werk unter dem Titel: „Traité de l'architecture des voûtes, ou de l'art des traits et coupe des voûtes“ heraus.

Derre, François, ein tüchtiger Bildhauer, der zu Brügge geboren wurde, aber später nach Paris übersiedelte. 1850 fertigte er eine grosse Reiterstatuette: St. Georg, den Drachen bezwingend. Von ihm sind auch die schönen Löwen der Sulpizfontaine zu Brüssel. Auf der Pariser Kunstausstellung von 1855 hatte er eine sehr schöne Büste ausgestellt.

Derroy, Isidor Laurent, geb. zu Paris 1797, ein sehr geschickter Lithograph, der namentlich im landschaftlichen Fache für illustrirte Reise- und für grössere Galleriewerke schöne Blätter lieferte. Für das Dresdner Galleriewerk lithographirte er eine schöne Landschaft, nach Berchem; die Eberjagd, nach Rubens, und die Flucht nach Aegypten, nach Claude Lorrain.

Dertinger, E., ein zu Stuttgart lebender Kupferstecher; der sich durch mehrere hübsche Stiche: den Frühling, nach A. van der Embde; ein Blatt aus Hermann's Geschichte des deutschen Volks (1852) und die erste Communion, nach Th. Schütz u. s. w. vortheilhaft bekannt gemacht hat.

Desangives, Nicolas, ein trefflicher Glasmaler, der sich unter Anderem durch seine Glasmalereien für das Beinhaus der Paulskirche zu Paris um 1608—1635 berühmt gemacht. Seine Arbeiten tragen nebiges Monogramm. ND

Desboeufs, Antoine, ein geachteter Bildhauer zu Paris, war ein Schüler von Cartellier. Zu seinen besten durch grosse Aehnlichkeit und sorgfältige Ausführung sich auszeichnenden Büsten zählt man: die des Akademikers Arnault; des Ritters Geoffroy Saint-Hilaire; des Lesage im Foyer der Comédie française. Unter seinen grösseren Sculpturarbeiten nennt man: die lebensgrosse Gruppe der den Heiland beweinenden Magdalena in der Kirche St. Laurent; eine heil. Genovefa in der Kirche St. Germain-des-Prés und die kolossale Statue der heil. Anna im Peristyl der Kirche St. Madeleine zu Paris; den Hirtenknaben vom Libanon (1835), eine höchst anmuthige Composition; eine neapolitanische Scene beim Feste der Madonna di pié di Grota (1837), eine treffliche Bronzegruppe voll Leben; die kolossalen Figuren: Sieg und Frieden für die Barrière du Trone. Auf der grossen Pariser Kunstausstellung vom Jahr 1855 sah man von ihm: eine Marmorgruppe von Wassernymphen; die Pandora, eine Marmorstatue, und zwei Reliefs: den menschlichen Fortschritt, Modell des Frieses für den Industriepalast, und die allegorische Figur der Architektur. Desboeufs hat auch im Stempel- und Steinschnitt, in welcher Kunst er von Jeuffroy unterrichtet wurde, Verdienstliches geleistet. Ausser mehreren Medaillen, die ihm für seine Leistungen zu Theil wurden, erhielt er auch im J. 1851 das Ritterkreuz der Ehrenlegion.

Descamps, Jean Baptiste, ein Maler und Schriftsteller, geb. 1711 zu Dünkirchen, gest. zu Rouen 1791, soll den ersten Unterricht in der Malerei von seinem Oheim Louis Coypel erhalten haben. Hierauf kam er nach Paris, wo er in Largillière's Atelier trat und einige Zeit an den Dekorationen für die Krönung Ludwig XV. arbeitete. Später liess er sich in Rouen nieder, wo er eine Zeichnungsschule gründete, auch die Dekorationsarbeiten an öffentlichen Monumenten leitete. Er malte ländliche und häusliche Scenen, deren eines: eine Mutter in der Küche mit zwei Kindern (im Louvre zu Paris) ihm 1764 den Eintritt in die Akademie verschaffte. Auch zeichnete er die Hauptmomente der Ankunft Ludwig XV. in Havre und der zu dessen Ehren veranstalteten Feierlichkeiten (gest. von Le Bas). Seinen Ruf verdankte er aber hauptsächlich seinem Werke: „Vie des peintres flamands, allemands et hollandois" (3 Bände, Paris 1753—1760), das lange Zeit in einer gewissen Achtung stand, durch neuere Forschungen aber bis auf Weniges unbrauchbar geworden ist. Es muss jedenfalls mit grosser Vorsicht zu Rath gezogen werden, denn es wimmelt von Unrichtigkeiten und ist höchst unvollständig. Auch seinem darauf erscheinenden Buche: „Voyage pittoresque de la Flandre et du Brabant" (Paris 1769) gehen richtiges Urtheil und Genauigkeit ab.

Descamps, Guillaume Desiré Joseph, Historien- und Porträtmaler, geb. 1781 zu Lille, war ein Schüler von Vincent, bildete sich hierauf in Italien weiter aus und malte seit seiner Rückkehr zu Paris, wo er sich niederliess, viele Bildnisse, Genrebilder und historische Darstellungen, die man in öffentlichen und Privatsammlungen, sowie in Kirchen zu Paris und anderen Städten Frankreichs trifft. — Descamps radirte auch mehrere Blätter in Kupfer.

Descaulx, Theophile Victor, ein französischer Kupferstecher, der seit 1808 seine Kunst zu Paris mit Erfolg übt. Zu seinen schönsten Blättern gehören: die Fischer und die Schnitter, nach Leopold Robert; die Ermordung des Herzogs von Guise, nach Delaroche; der Hellebardier, nach M. Meissonier.

Deschwanden, Paul, ein höchst talentvoller Historienmaler aus Stanz in Unterwalden, der sich von 1840 an in Italien besonders durch das Studium der Werke Raphael's gebildet und nun zu den bedeutendsten und produktivsten Malern der Schweiz gehört. Schon die ersten Schöpfungen des jungen Künstlers, eines Mannes von kindlich gläubigem Gemüth, erregten durch die Tiefe der Empfindung, durch Innigkeit und Anmuth, verbunden mit einer geistreichen Composition, grosser Einfachheit und vielem Adel des Styls grosses Aufsehen, und er rechtfertigte die Erwartungen, die sich an seinen Namen knüpften, durch einige höchst ergreifende Bilder und durch eine immer mehr sich entwickelnde Meisterschaft der Technik. Allein durch die vielen Aufträge, die ihm von allen Seiten zukamen, wurde er zu einer Schnellmalerei verleitet, die ihn zum Oefteren veranlasste, sich in seinen Engeln, Marien u. s. w., die übrigens wunderbar rein gedacht sind, zu wiederholen und zu copiren. Auch lässt er sich nicht selten in den Beiwerken Kleinlichkeiten in Fähnchen, Papierstreifen u. s. w. beikommen, die oft den schönsten Gedanken wieder zerstören. In allen Werken aber zeigt er eine tiefe religiöse Ueberzeugung, eine ausserordentlich reine Zeichnung und ein zartes sinniges Colorit. Zu seinen besten religiösen Bildern, deren er namentlich eine grosse Anzahl für die Kirchen der katholischen Schweiz malte, gehören: Jesus, als Kind; Jesus, mit dem Tod kämpfend; Jesus, auferstanden, und Jesus, als Richter am jüngsten Tage, vier grosse Gemälde in der restaurirten Kapelle zu Luzern; Glaube, Liebe, Hoffnung; eine heil. Familie in der neuen Kapelle zu Ennemoos; Moses und Johannes, zwei merkwürdige Bilder voll Tiefe und Frömmigkeit.

Descourtis, Charles Melchior, geb. 1753 zu Paris, gest. 1820, ein französischer Kupferstecher, der in Janinet's Schule ging und in der Manier seines Lehrers schöne Blätter mit mehreren Platten in Farbenmanier fertigte. Die besten darunter sind: 6 Blätter aus dem Roman Paul und Virginie, nach Schall; Foire de Village, nach Taunay.

Deseine, Louis Pierre, ein geschätzter Bildhauer zu Paris, geb. daselbst 1750, gest. 1822, fertigte eine grosse Anzahl trefflicher Büsten der berühmtesten und bedeutendsten Männer seiner Zeit, wie eines Winkelmanns, Montaigne, Ludwig XVIII., des Prinzen Condé u. a. m.

Desgodets, Antoine, ein französischer Architekt, geb. 1653 zu Paris, gest. daselbst 1728, zeigte frühe Neigung und Talent für die Baukunst. Er wurde desshalb schon in seinem 21. Jahre von dem Minister Colbert nach Italien geschickt, um dort die schönsten architektonischen Ueberreste des Alterthums zu zeichnen, und er entledigte sich seiner Aufgabe, an deren Ausführung er jedoch $1^1/_2$ Jahre lang verhindert wurde, da er, von Seeräubern gefangen genommen, nach Algier geschleppt und dort 16 Monate zurückgehalten worden war, mit grosser Geschicklichkeit und Genauigkeit. Nach seiner Rückkehr wurden seine Zeichnungen von den besten Künstlern gestochen und zu einem Bande gesammelt, der auf Kosten der Regierung unter dem Titel: „Les édifices antiques de Rome" zu Paris im Jahr 1682 herauskam und ein Prachtwerk der damaligen Zeit war. Er übertraf darin alle seine Vorgänger, doch hat es vom jetzigen Standpunkt unserer Kenntnisse der Alterthümer des klassischen Rom und der über dasselbe seither erschienenen Schriften nur noch geringen Werth. Nach der Vollendung desselben schenkte der König dem Künstler die ganze Auflage, ernannte ihn zum Aufseher der königl. Gebäude und im Jahr 1699 zum Mitglied der Bauakademie. Ludwig XV. beförderte Desgodets 1719 zum Professor an derselben, in welcher Eigenschaft er eine Reihe sehr interessanter und nützlicher Vorlesungen hielt, wovon einige nach seinem Tode im Druck erschienen.

Literatur. Quatremère de Quincy, Dictionnaire historique d'Architecture.

Desgoffe, Alexandre, geb. zu Paris, ein Schüler von Ingres, malte anfänglich Landschaften, widmete sich aber später mehr der historischen Malerei, doch herrscht in allen seinen Bildern das Landschaftliche vor. 1852 führte er für eine Kirche zu Paris: Jesus, die zwei Blinden vor Jericho heilend, aus, und im Jahr 1855 sah man auf der grossen Kunstausstellung zu Paris drei Bilder: die Wurfsteinspieler; die Betrachtung; die Ruhe, eine Erinnerung an Montmorency.

Deshayes, Jean, ein Kupferstecher, der ein Schüler von Claude Vignon gewesen zu sein scheint und um 1660 in Frankreich arbeitete. Seine besten Blätter sind: die Marter der heil. Katharina; der heil. Johannes, der Täufer und der heil. Benedikt.

Deshayes, Jean Baptiste, Historienmaler, geb. 1729 zu Rouen, gest. 1765 zu Paris, empfing den ersten Unterricht bei seinem Vater, und kam dann nach Paris, wo er sich an Fr. Boucher anschloss, dessen Tochter er später heirathete. Nach seiner Rückkehr aus Italien wurde er 1758 Mitglied der Akademie und für Paläste und Kirchen vielfach beschäftigt. Seine Bilder, vorzüglich seine Altargemälde, in verschiedenen Kirchen von Paris, seiner Vaterstadt u. s. w. gehören zu den besten seiner Zeit. Sie sind mit Leichtigkeit in einem gefälligen Styl componirt.

Literatur. Fiorillo, Geschichte der Malerei in Frankreich.

Desiderio da Settignano, siehe **Settignano**.

Desjardins, siehe **Bogaart**.

Desmarées, Georg, oder **des Marés**, ein seiner Zeit sehr geschätzter Porträtmaler, geb. zu Stockholm 1697, gest. zu München 1776, erlernte die Malerei bei Peter Martin van Meytens, dem er nach vollendeter Lehrzeit noch viele Jahre als Gehülfe zur Seite stand, dann begab er sich nach Amsterdam und von da nach Nürnberg und über Innsbruck, Padua und Venedig nach Rom, überall theils Bildnisse malend, theils sich weiter in seiner Kunst auszubilden bemüht. Nach seiner Rückkehr nach Deutschland malte er in Nürnberg und Augsburg, und liess sich endlich dauernd in München nieder, wo er von dem kurfürstlichen Hof und von Privaten vielfach beschäftigt wurde. In der Pinakothek zu München sieht man mehrere Porträts von ihm: das Bildniss des Künstlers selbst mit seiner Tochter; das Porträt des kurbayrischen Hofarztes Winterhalter; des Malers Beich. — Viele seiner Bildnisse wurden gestochen.

Desmarest, — auch **de Marés** geschrieben, — ein französischer Geschichtsmaler, gest. 1803 in Toscana, malte meistens Scenen aus der römischen und griechischen

Geschichte und der Mythologie. Er war erfindungsreich und componirte mit Feuer und Energie, allein seine Anordnung ist zu theatralisch und sein Colorit unharmonisch. Sein bestes Bild, das er während seines Aufenthaltes in Rom vollendete, ist: Pindar, der in den Armen des schönen Theoxenus stirbt.

Desmit, Alexandre, Genremaler, geb. 1812 zu Dünkirchen, bildete sich an der Akademie zu Antwerpen, woselbst er noch thätig ist. Er beschickt die Kunstausstellungen seit 1837 mit verschiedenen Bildern, an denen man besonders das angenehme Colorit und die tüchtige Behandlung der Stoffe rühmt. Eines seiner schönsten Gemälde ist sein: Heinrich IV. bei der schönen Gabrielle d'Estrée.

Desmoles, Arnaud, ein Glasmaler aus Auch, der alten Hauptstadt der Gascogne, der sich durch seine Geschicklichkeit Ruhm erwarb. Er malte unter Anderem im Auftrag des Erzbischofs jener Stadt, des Kardinals François Guillaume de Lodeve, zwanzig Fenster für die dortige Hauptkirche (mit seinem Namen und mit der Inschrift 1509 bezeichnet).

Desnoyers, Auguste Gaspard Louis Boucher, einer der ausgezeichnetsten Kupferstecher unserer Zeit, geb. 1779 zu Paris, genoss den Unterricht im Zeichnen bei Lethière, besuchte sodann Italien, um sich in der Historienmalerei auszubilden, widmete sich aber später ganz der Kupferstecherkunst, in der er von A. Tardieu unterrichtet wurde. Er machte überraschend schnelle Fortschritte und sein 1805 vollendeter Stich, nach der sogenannten „belle Jardinière" von Raphael, begründete bereits seinen Ruf als Meister des Grabstichels und eröffnete ihm eine ruhmvolle Laufbahn. Nachdem er schon 1804 eine goldene Medaille erhalten hatte, nahm ihn 1816 das Institut unter seine Mitglieder auf, 1820 wurde er Ritter der Ehrenlegion und 1822 erhielt er den Orden des heil. Michael. Im Jahr 1825 ernannte ihn der König zu seinem ersten Kupferstecher und 1828 wurde er in den Stand eines Barons erhoben. Endlich wurde er später auch noch zum Mitglied der Akademien von Berlin und Brüssel erwählt.

Desnoyers' Stiche zeichnen sich durch den einfachen, edlen Vortrag und die höchst malerische Wirkung aus. Ein tief in die innigen Schönheiten des Originals eingehender Sinn, ein glänzender, kräftiger und zugleich in den feinen Theilen sehr zarter Grabstichel, eine mannigfaltige und doch harmonische Abwechslung der Töne und eine liebende Vollendung aller, auch der kleinsten Einzelheiten waltet in allen seinen Arbeiten vor. Mit der grössten Gewissenhaftigkeit gibt er in seinen Stichen nach älteren Meistern, namentlich nach Raphael, dem er sein grosses Talent mit besonderer Vorliebe widmete, das Charakteristische des Originals wieder. Die landschaftlichen Hintergründe sind grösstentheils von dem deutschen Kupferstecher Geissler gearbeitet. Seine besten Stiche, die fast sämmtlich nach den Originalien von ihm selbst gezeichnet wurden, in grossem Format erschienen sind, und die alle als kostbare Kapitalblätter geschätzt werden, sind, nach Raphael: Maria mit Jesus und Johannes in einer Landschaft (bekannt unter dem Namen „la belle Jardinière" im Louvre zu Paris); die Verklärung Christi, nach dem Gemälde im Vatikan; Maria mit dem Kinde empfängt die Bitten des Donators Sigismund Conti, welcher ihr durch den h. Johannes den Täufer, den h. Hieronymus und den h. Franz von Assisi vorgestellt wird, die sogenannte Madonna di Foligno oder La Vierge au donataire (1810), nach dem Bilde im Vatikan; Maria mit dem kleinen Johannes hebt den Schleier von dem schlafenden Kinde, genannt La Vierge au Linge, nach dem Gemälde im Louvre zu Paris; Maria mit Johannes und Jesus in einer Landschaft sitzend, genannt la Madonna de la maison d'Alba (1827), nach dem Original in der Eremitage in St. Petersburg; der h. Jungfrau mit dem Kinde auf dem Throne wird durch einen Engel der junge Tobias mit dem Fisch vorgeführt, nach dem Bild im Escurial, genannt La Vierge au poisson (1822); Maria mit dem in einer Wiege stehenden Christuskinde sitzt mit Johannes und der h. Anna in einer Landschaft, genannt La vierge au berceau, nach dem Gemälde im Louvre zu Paris; Maria mit dem Kinde in einer Landschaft; die sogenannte Madonna aus dem Hause Tempi, nach dem Bilde in der Pinakothek zu München; die h. Katharina von Alexandrien, nach dem Original im Besitz des W. Beckford in

Bath; die Heimsuchung der Elisabeth, nach dem Gemälde im Escurial; Maria, in einem Sessel sitzend, umfasst das auf ihrem Schoosse ruhende Kind, neben ihr der h. Johannes, die sogenannte Madonna della Sedia, nach dem Bilde im Pal. Pitti zu Florenz; die h. Margaretha, nach dem Gemälde im Louvre zu Paris. Dann: Maria mit dem Kinde in einer Felsengrotte, genannt La Vièrge aux rochers, nach Leonardo da Vinci's Gemälde im Louvre zu Paris; Belisar, nach Gérard's Bild in der Leuchtenberg'schen Gallerie; Franz I. im Schlosse zu Chambord, nach Richard; Alexander von Humboldt, nach Gérard; Elieser und Rebecca am Brunnen, nach Poussin's Gemälde im Louvre; Phädra und Hippolyt, nach Guérin; Napoleon im Krönungsornat, ganze Figur, nach Gérard (für diese Platte zahlte Napoleon dem Künstler 50,000 Franken und überliess ihm dieselbe, nachdem 1000 Exemplare davon abgezogen waren); Charles Maurice de Talleyrand-Périgord in ganzer Figur sitzend im Lehnstuhle, nach F. Gérard; Venus von Amor entwaffnet, nach P. Guérin; Amor und Psyche, nach Ingres.

Im Jahr 1821 gab Desnoyer ein Werk unter dem Titel: Recueil d'estampes gravées d'après des peintures antiques italiennes u. s. w., enthaltend 34 Blätter nach antiken Gemälden, Bildern italienischer Meister u. s. w. heraus, nach Zeichnungen, die er in Italien in den Jahren 1818 und 1819 gemacht, von ihm und Anderen gestochen.

Literatur. Gabet, Dictionnaire des artistes de l'ecole française au 19. siècle. — Joubert, Manuel de l'amateur d'estampes. — Bartsch, Anleitung zur Kupferstichkunde. — Quandt, Entwurf zu einer Geschichte der Kupferstecherkunst.

Desplaces, Louis, Zeichner und Kupferstecher, geb. zu Paris 1682, gest. daselbst 1739, stach Historien und Bildnisse für Kupferwerke und als einzelne Blätter. Er führte sowohl Nadel als Stichel mit gewandter Hand und Kraft; seine Stiche sind sehr gut gezeichnet und mit Geschmack behandelt. Unter die besten gehören: die Kreuzabnahme; die Kreuzerhöhung; der h. Bruno im Gebet und die Heilung des Kranken, nach Jouvenet; die Entführung der Helena, nach Guido Reni; der Triumph des Titus und Vespasian's, nach Giulio Romano.

Desportes, Claude François, Thiermaler, geb. 1695 zu Paris, gest. daselbst 1774, war der Sohn und Schüler des Folgenden, kam demselben aber an Talent nicht gleich. Ein grosses Stillleben (im Louvre zu Paris) verschaffte ihm 1723 den Eintritt in die Akademie.

Desportes, François, ein vorzüglicher Landschafts-, Thier-, Stillleben-, Blumen- und Früchtemaler, geb. 1661 zu Champigneul, gest. 1743 zu Paris, lernte die Malerei bei Nicasius, einem flämischen Thiermaler zu Paris, blieb aber nach dessen 1678 erfolgtem Tod auf sich selbst angewiesen. Er studirte jetzt fleissig die Natur, die besten Werke der Akademie und half, um sich die nöthigen Subsistenzmittel zu sichern, anderen Malern bei ihren Arbeiten für Wände, Decken und Theaterdekorationen. Da es ihm aber, trotz seiner bereits hinlänglich an den Tag gelegten Geschicklichkeit im Porträtmalen, immer nicht gelingen wollte, in Paris passend beschäftigt zu werden, ging er 1695 nach Polen, wo er binnen kurzer Zeit einen so grossen Ruf erlangte, dass sich der König Sobiesky, die Königin und verschiedene vornehme Personen von ihm malen liessen. Nach Sobiesky's Tod kehrte er auf den Wunsch Ludwig XIV. nach Frankreich zurück, gab aber hier die Porträtmalerei beinahe ganz auf, um nur noch Jagden und Thiere zu malen. Der König, den er auf allen Jagden begleiten durfte, um die Stellungen und Bewegungen der Thiere besser studiren zu können, bewilligte ihm eine Pension, gab ihm eine Wohnung im Louvre, ernannte ihn 1704 zum Kanzler der Akademie, in die er 1699 durch sein Porträt im Jagdcostüme aufgenommen worden war (gest. v. Fr. Joullain), und überhäufte ihn mit Bestellungen. Auch die Fürsten und Grossen des Reichs beschäftigten seinen Pinsel, in England, wohin er 1712 reiste, wurden seine Bilder reissend und zu hohen Preisen verkauft, und nach Ludwig XIV. Tod blieb er in der gleichen Gunst bei Hof. Obgleich er die allergrösste Sorgfalt auf die Vollendung seiner Arbeiten verwendete, malte er doch eine ungeheure Anzahl von Bildern, bestehend in Jagden, Wild, Jagdhunden, seltenen Thieren, die Ludwig XIV. für seine Menagerie gekauft hatte, Frucht-

und Blumenstücken; auch fand er immer noch Zeit zur Ausführung von Zeichnungen und Cartons für Meubles, spanische Wände, Teppiche, Tapeten u. s. w. Seine Hauptstärke bestand aber in der Darstellung von Thieren und der Landschaft und seine Gemälde, die sich durch Leben und Bewegung, treue Nachahmung der Natur, richtige Zeichnung, lebhafte und harmonische Farbe, tüchtiges Impasto und sichere, fleissige Ausführung auszeichnen, können den Vergleich mit den besten flämischen Werken dieser Art aushalten. Im Louvre sieht man von ihm, ausser seinem oben erwähnten Porträt, 21 Bilder in den verschiedenen Richtungen seiner Kunst.

Desportes, Nicolas, Porträt- und Thiermaler, geb. 1718, gest. 1787, war der Schüler seines Oheims François Desportes, widmete sich aber später mehr der Bildnissmalerei, worin ihn H. Rigaud unterrichtete. Er wurde im Jahr 1757 mit einem Bilde, ein von Hunden verfolgtes Wildschwein darstellend, in die Akademie aufgenommen.

Desportes, Mad., geb. **Beuzelin**, eine Malerin zu Paris, die sich in der Schule von Vinchon bildete. Auf der grossen Kunstausstellung zu Paris im Jahr 1855 sah man von ihr Blumen- und Früchtenstücke, die allgemein gefielen.

Deprez, Mad., Emma, geb. zu Nantes, eine Schülerin von Chapsal und Couture, malt Stillleben mit Geschmack. Einige Bilder von ihr auf der grossen Pariser Kunstausstellung im Jahr 1855 sprachen allgemein an.

Deprez, Louis, geb. zu Paris, ein tüchtiger Bildhauer, der zu Bosio in die Schule ging und sich durch Porträtstatuen und Büsten, durch Sculpturen für öffentliche Gebäude und Brunnen u. s. w. einen geachteten Namen erworben. Auf der Pariser Ausstellung vom Jahr 1855 waren von ihm eine Gypsstatue der Unschuld, eine Marmorstatue der Treuherzigkeit und zwei Porträtbüsten zu sehen.

Desprez, Louis Jean, Maler und Architekt, geb. 1740 zu Lyon, gest. 1804 zu Stockholm, bildete sich in seiner Vaterstadt, in Paris und später in Rom, kam dann nach Schweden, wo er einige historische Gemälde schuf, grössere Dekorationsmalereien ausführte und mehrere Pläne zu Gebäuden entwarf. Er besass eine reiche Phantasie und sein Streben beruhte auf tüchtigen Grundsätzen, allein in der Ausführung war er zu flüchtig.

Desrochers, Etienne Jehandier, Kupferstecher, geb. zu Lyon 1693, arbeitete aber seit 1723 zu Paris, wo er 1741 starb. Er war Mitglied der Akademie und Kupferstecher des Königs. Unter seinen Blättern, die meistens in Bildnissen bestanden, sind die Porträts des Malers Verdier und des Car. Franc. Poerson Eques (1723) die besten.

Dessoulavy, T., ein englischer Landschaftsmaler, der sich lange Zeit zu Rom aufhielt und sich insbesondere durch verschiedene Ansichten der ewigen Stadt einen geachteten Namen erworben. Sein Palast der Cäsaren (1846 auf der Londoner Kunstausstellung) wurde sehr gerühmt.

Destouches, Paul Emile, Historien-, Genre- und Porträtmaler, geb. zu Dampier 1794, bildete sich unter David und später unter Guérin und Gros, dann in Italien zum Geschichtsmaler aus, legte sich aber später mehr auf das Genrefach. In seine Darstellungen in dieser Richtung, die sich theils in Familienscenen aus dem Leben des höheren Mittelstandes, theils in den niederen Verhältnissen des häuslichen Lebens bewegen, herrscht mehr eine gemüthliche, pathetische, sentimentale Auffassung vor; sie sind glücklich erfunden und allgemein ansprechend, haben ein treffliches Ensemble und sind sehr sorgfältig und leicht ausgeführt, wesshalb sie auch vielfältig gestochen und lithographirt wurden. Zu seinen geschätztesten Genrebildern gehören: der junge Conscribirte; das Waisenmädchen; der verwundete polytechnische Schüler; die Wiedergenesung. Weniger gelobt werden seine historischen Bilder: seine Jeanne d'Arc auf dem Scheiterhaufen; seine heil. Elisabeth unter den Armen.

Detrianus, siehe **Decrianus**.

Detroy, siehe **Troy**.

Deucker, C., ein jetzt lebender Kupferstecher, der treffliche Arbeiten liefert. Wir kennen von ihm die schönen Stiche: Friedrich der Grosse in der Schlacht bei Leuthen, nach C. F. Schulz; die tiburtinische Sibylle, nach Steinle; die Aussetzung Mosis, nach Veit. Die Behandlungsweise dieser Blätter ist brillant, die Zeichnung getreu und bestimmt und das Ganze harmonisch abgerundet.

Deuerlein, Johann Hieronymus, Maler, kam im Jahr 1619 als Schüler zu dem Hofmaler Büler und wurde 1624 in die Lucas-Brüderschaft aufgenommen. Er malte ein im Chor der Peterskirche zu Würzburg befindliches Bild, den Triumph des Todes darstellend, und ein Votivbild im Kreuzgang des Doms. Dieses stellt den Maler und seine Frau, in knieender Stellung vor der Jungfrau Maria, dar und trägt, ausser dem Wappen der Malerzunft mit den drei Schilden, nebiges Monogramm des Künstlers. HD.

Deurer, Ludwig, Historienmaler, geb. zu Mannheim im Jahr 1806, gest. daselbst 1847, der Sohn des Nachfolgenden, besuchte die Kunstschule zu Nürnberg, dann die Akademie zu München und ging 1828 nach Rom, wo er fleissig studirte und sich zu einem tüchtigen Künstler ausbildete. Sein 1839 vollendetes Bild: die Kreuzritter vor Jerusalem, zeichnete sich durch den gediegenen Ernst der Auffassung, die grossartige Anlage, tüchtige Zeichnung und treffliches Colorit aus.

Deurer, Peter Ferdinand, Historien- und Porträtmaler, geb. im Jahr 1779 in Mannheim, gest. 1844 in München, machte seine Kunststudien in Düsseldorf und Kassel, und kam später nach Augsburg, wo er sich durch gelungene Porträts ungemeinen Beifall erwarb und zur Belohnung für seine Verdienste, die er bei der Belagerung seiner Vaterstadt dadurch erwarb, dass er die Kunstschätze der dortigen Gallerie rettete, Gallerieinspektor und Professor an der Kunstschule wurde. 1826 gab er jedoch den Staatsdienst wieder auf, um in Rom ganz der Kunst zu leben. Dort machte er sich eine Copie der Grablegung Christi, nach Raphael's berühmtem Bild in der Gallerie Borghese zur Lebensaufgabe (jetzt in der grossherzoglichen Kunsthalle zu Carlsruhe) und legte eine schöne Sammlung älterer Gemälde an.

Deutsch, Hans Rudolph, siehe **Manuel.**

Deventer, Jan Frederik van, ein Landschaftsmaler, geb. 1822 zu Brüssel, genoss den Unterricht seines Oheims, des trefflichen Landschafts- und Thiermalers H. van de Sande Backhuysen in Gent und bildete sich unter dessen Leitung zu einem tüchtigen Künstler aus, dessen Landschaften seit 1841 auf den Kunstausstellungen erscheinen und Gefallen finden.

Devéria, Achille, Maler und Lithograph zu Paris, machte sich zuerst durch Lithographien von Porträts, besonders von Sängerinnen und Schauspielerinnen, von denen er mit Grévedon von 1830 an eine Sammlung herausgab, der später eine historische Frauengallerie folgte, einen Namen. Später malte er religiöse Bilder, in denen das Streben hervortritt, ein gewisses religiöses, aber, wenn auch wahres, dennoch schwächliches und süssliches religiöses Gefühl zum Ausdruck zu bringen. Es herrscht in ihnen daher meistens eine weichliche Sentimentalität vor, die oft sogar zur widerwärtigen Coquetterie herabsinkt, obgleich ihnen das Verdienst einer gefälligen Composition, einer ansprechenden Zierlichkeit in Form und Bewegung und einer eleganten Ausführung nicht abgesprochen werden kann. Sie waren ihrer Zeit, bezeichnend für die religiöse Gefühlsweise der gleichzeitigen gebildeten Pariser Welt, als Andachtsbilder für Privatkapellen, Oratorien und Boudoirs sehr beliebt und gesucht. So kennen wir: eine Kreuzigung; einen heil. Sebastian, dessen von Pfeilen durchbohrten Körper heilige Frauen vom Baume losbinden; eine Himmelfahrt Mariä; eine Verkündigung; eine Charitas; Glaube, Liebe, Hoffnung. — Das Porträt des Künstlers hat Boulanger gemalt.

Devéria, Eugène, ein ausgezeichneter Historien-, Genre- und Porträtmaler zu Paris, der jüngere Bruder des Vorigen, befolgt in seinen geschichtlichen Darstellungen die moderne romantische Richtung der französischen Schule. Nachdem er sich durch einige Genrebilder: die von einem Grenadier vertheidigte Nonne, und dieselbe, die Wunde des Grenadiers verbindend (beide lith. v. Devéria), auch einige Kirchenbilder, bereits vortheilhaft bekannt gemacht, steigerte sich sein Ruhm besonders durch sein Prachtbild: Heinrich des IV. Geburt (im Palast Luxembourg, lith. von A. Devéria), ein grosses Compositionstalent verrathendes Gemälde, durch die individuellen Köpfe, die blühende, klare Farbe, die fleissige Ausführung aller Einzelheiten von hohem Verdienst. Er malte sodann verschiedene grosse Bilder für das historische Museum in Versailles, für die Plafonds über den Sälen des Musée français im Louvre, für das Palais royal zu Paris, und zeigte sich in diesen offiziellen Paradescenen französischer Geschichte: der Einweihung der Bildsäule Heinrich IV.; der Schlacht bei Marseille; Ludwig XIV. besicht mit Pujet eine Statue in Versailles; dem Coadjutor von Paris, von dem das Volk die Freigebung von Broussel und Blancménil verlangt, als ein Meister gleich befähigt und geschickt, markige Schlachtbilder, wie prachtvolle Hofscenen auszuführen. Wir sehen ihn darin viele Empfänglichkeit für das Poetische, Dramatische und Malerische der Vergangenheit, tüchtige historische Studien an den Tag legen und finden in ihnen Kraft des Gedankens, energische Durchführung der Composition und ein klares, frisches und kräftiges Colorit. Auch seinen kirchlichen Gemälden, seinen Darstellungen aus dem Leben der heil. Genoveva in der Kirche Notre Dame de Lorette zu Paris und einigen anderen Bildern für Kirchen in der Bretagne lässt sich eine sorgfältige Behandlung und glänzendes Colorit nicht absprechen, es fehlt ihnen aber doch mehr oder minder die religiöse Weihe. Seine Bildnisse zeichnen sich durch ihre Aehnlichkeit und gute Haltung aus, zeigen aber oft eine gar zu nüchterne Auffassung.

Devers, Joseph, ein geschickter Porzellan- und Emailmaler, geb. zu Turin, bildete sich unter Jollivet, Ary Scheffer und Picot, und stellte von 1849 an treffliche Bilder auf Porzellan und in Email aus. Auf der grossen Kunstausstellung zu Paris im Jahr 1855 sah man von ihm mehrere derartige Gemälde nach Murillo, Lesueur, Delacroix und Velasquez.

Devosges, Anatole, Historienmaler, geb. 1770 zu Dijon, der Sohn des Nachfolgenden, bildete sich in David's Schule und malte in der Art seines Lehrers verschiedene Bilder aus der römischen und griechischen Geschichte, aus der Mythologie und dem alten Testament. Er war Mitglied der Akademie und Professor an der Kunstschule zu Dijon.

Devosges, François, Historienmaler, geb. 1732, der Vater des Vorigen, wollte sich unter G. Coustou's Leitung zu Lyon zum Bildhauer ausbilden, musste aber in Folge einer Operation, durch die er ein Auge verlor, davon abstehen. Er widmete sich jetzt ausschliesslich der Zeichenkunst und gründete in Dijon eine Zeichenschule, aus der tüchtige Schüler hervorgingen.

Devouge, Louis Benjamin Marie, Porträtmaler, geb. 1770 zu Paris, ging zu David, Regnault und Demarne in die Schule und lieferte mehrere historische Compositionen, legte sich aber später ganz auf die Bildnissmalerei, in der er Tüchtiges leistete.

Devrient, Wilhelm, ein derzeit zu Berlin lebender Maler, Kupferstecher und Lithograph, der sich besonders durch seine trefflichen Steinzeichnungen, unter denen man: eine Füchsin, mit dem Raub zum Baue gehend; den Rammler und die Häsin; die Berliner Sonntagsjäger, nach C. Schulz; den Postillon und den Federviehhändler, nach Jul. Schulz, zu den besten zählt, vortheilhaft bekannt gemacht hat. — Nebiges Monogramm sah man auf gezeichneten Porträts von ihm, die 1824 auf der Kunstausstellung zu Berlin zu sehen waren.

Dewandre, François Joseph, Bildhauer, geb. zu Lüttich 1758, gest. 1835, genoss den Unterricht des Malers, Bildhauers und Architekten Jan Latour, kam dann nach Rom, wo er sich unter Battoni und Conca weiter bildete und im Jahr 1783 den ersten Preis in der Sculptur erhielt. Nach seiner Rückkehr im Jahr 1784 führte er viele Statuen, Büsten und Grabdenkmäler aus und wurde 1817 Professor der Zeichenkunst in seiner Vaterstadt.

Deyster, Lodewyk de, Historienmaler und Kupferätzer, geb. zu Brügge 1656, gest. zu Lissabon 1711, lernte bei Jan Maes, begab sich zu seiner weiteren Ausbildung nach Italien und wurde 1688 in die Malerzunft seiner Vaterstadt als Meister eingeschrieben. Er malte viele Bilder für verschiedene Kirchen zu Brügge und anderen Städten, unter denen der Tod der Maria in der St. Jacobskirche seiner Vaterstadt das schönste sein soll. Ueberhaupt lobt man an ihnen die grosse und breite Manier, die verständige Composition, die charaktervollen Köpfe, die geschmackvolle Gewandung, die Klarheit und Kraft des Helldunkels und die wunderbare Wirkung. Er radirte auch in Kupfer mit leichter, aber etwas nachlässiger Nadel; man kennt von ihm jedoch nur wenige Blätter, die überdiess sehr selten sind, da die meisten der Platten während eines Schiffsbruchs zu Grunde gingen. Zu den besten derselben gehören: Hagar entflieht in die Wüste; die h. Magdalena; die kleinen Götzendiener; Noah's Opfer. — Seine Tochter Anna, gest. 1746, malte ebenfalls. Sie copirte die Bilder ihres Vaters so täuschend, dass sie kaum von den Originalien zu unterscheiden sind.

Literatur. Descamps, La vie des peintres flamands, allemands et hollandois. — Immerzeel, De Levens en Werken der Holl. en Vlaam. Kunstschilders u. s. w. Amsterdam 1842. — Bartsch, Le peintre graveur.

Dialer, Joseph Alois, ein tüchtiger Bildhauer, geb. 1797 im Tyroler Markte Tacht, gest. 1846 zu Wien, besuchte von 1815—1823 die k. k. Akademie in letzterer Stadt, woselbst er mehrere Preise erhielt. Unter seine vorzüglichsten Leistungen, die weniger in der Conception als in der Ausführung und Behandlung ausgezeichnet sind, gehören: die Büsten des Musikers Franz Schubert und des Komikers F. Raimund. Eine andere grössere Arbeit von ihm sind die am Oedenburger Theater aufgestellten 9 Fuss hohen allegorischen Figuren. Er schnitt in Buchs und Elfenbein, arbeitete in Marmor und goss in Erz.

Diamante, Fra, Karmelitermönch aus Prato, war ein Schüler von Fra Filippo Lippi und half seinem Lehrer bei seinen beiden grossen Frescowerken im Chore des Domes von Prato und im Chore des Domes von Spoleto, welche letztere er nach dem Tod des Meisters vollendete. Von eigenen Gemälden des Fra Diamante ist wenig bekannt. Ein Bild von ihm mit fast lebensgrossen Figuren, der heil. Hieronymus, welchem Johannes der Täufer und die heil. Thekla zur Seite stehen, ist im Besitz des Hrn. Fil. Berti in Prato. Es hat viel Uebereinstimmung mit denen des Filippo, nur geht der Farbenton mehr in's Weissgraue und es mangelt die Letzterem eigenthümliche derbere Auffassung. Ohne Zweifel ist auf manches Werk des Diamante der Name Filippo's übergegangen.

Diamantini, Giuseppe, Historienmaler und Kupferstecher, geb. 1660 zu Fossombrone, gest. zu Venedig 1708, malte verschiedene Altarbilder für die Kirchen der letzteren Stadt und deren Gebiet, auch andere Gemälde launenhaften Inhalts, bei denen ihm Salvator Rosa zum Vorbild gedient zu haben scheint. Ausserhalb Italiens sieht man seine Bilder selten; doch findet man von ihm einen David mit dem Haupte Goliath's in der Dresdner Gallerie. Er ätzte auch in Kupfer, seine Radirungen sind aber mehr geistreiche Skizzen als ausgeführte Blätter; doch herrscht eine gewisse Anmuth in den Bewegungen seiner Figuren und Lieblichkeit in den Formen und im Ausdruck der Köpfe. Sein Kupferwerk besteht aus mehr als 40 Blättern, unter denen: die fünf Musen; Bacchus, Ceres und Venus; Psyche mit der Urne; Merkur und Argus; Venus und Adonis und eine Geburt Christi, letztere, nach Ott. Angorano, zu den besten gehören.

Literatur. Bartsch, Le peintre graveur.

Diana, siehe **Ghisi.**

Diana, Benedetto, ein Maler, der um 1450 zu Venedig geboren und nach 1500 gestorben zu sein scheint, wahrscheinlich in Bellini's Schule gelernt hat, nachher sich aber mehr dem Einfluss des Giorgione und Tizian hingab. Als ein vorzügliches Bild von ihm wurde ein heil. Johannes zwischen zwei anderen Heiligen, für S. Francesco della Vigna in Venedig gemalt, gerühmt, das aber zu Grunde gegangen ist. Dagegen sieht man von ihm noch in der Akademie zu Venedig ein Gemälde, welches sich ehemals in S. Luca zu Padua befand, und ein zweites, das Almosengeben darstellend, welches Diana in Concurrenz mit Bellini für die Scuola di S. Giovanni gemalt.

Diaz, Alonso, ein spanischer Bildhauer, der mit seinem Bruder Francisco im Jahr 1418 an dem Schmuck der Hauptfaçade der Kathedrale von Toledo arbeitete.

Diaz, Diego Valentin, ein spanischer Maler, gest. 1660, der für verschiedene Kirchen Valladolids Bilder mit vielem Geschmack ausführte.

Diaz, Francisco, Maler, war einer der ersten Schüler der königl. Akademie von S. Fernando zu Madrid, an der er 1753 für sein Bild: den Raub der Dejanira (das noch daselbst bewahrt wird), den ersten Preis erhielt.

Diaz — auch **Dies** geschrieben —, **Gaspard,** gest. 1571 zu Lissabon, bildete sich in Rom unter Raphael und Michelangelo und lieferte, in's Vaterland zurückgekehrt, verschiedene kirchliche Gemälde, an denen man die Reinheit der Zeichnung, die Zartheit des Pinsels und den bewundernswerthen Ausdruck der Leidenschaften rühmt.

Diaz, Gines Fra, ein Maler aus Villena und Mönch der Karthause Portacoeli, in deren Kapitelsaal man noch einige Bilder aus dem Leben des h. Bruno von ihm sieht.

Diaz, Gonzalo, ein Maler, der um 1498 und 1499 in der Kathedrale zu Sevilla thätig war, und unter Anderem die Tafeln des Altars der h. Magdalena daselbst malte.

Diaz de Aragon, Josef, der Aeltere, ein Maler, der um 1661 mit seinem Sohn gleichen Namens in Valladolid verschiedene denkwürdige Bilder malte.

Diaz, Manuel, Historienmaler, geb. zu St. Sebastian in Brasilien, kam in den letzten zwei Decennien des vorigen Jahrhunderts nach Rom und bildete sich daselbst unter Cavallucci. Nach seiner Rückkehr in's Vaterland wurde er Professor der Zeichenkunst in Rio Janeiro.

Diaz de la pena, Narcisse, geb. zu Bordeaux und seit 1851 Ritter der Ehrenlegion, ein sehr geschätzter Genremaler der romantischen Schule zu Paris, der seit den letzten 15 Jahren ausserordentlich viele Bilder aus dem Genrefache ausgeführt und sowohl durch ihre grosse Anzahl und die Wahl der Gegenstände, als durch die Art der Darstellung die Gunst des Publikums in hohem Grade gewonnen, und, unterstützt durch einen Kreis mit- und nachstrebender künstlerischer Zeitgenossen, einen mächtigen Einfluss auf dessen Geschmack ausgeübt. Er griff seine Stoffe nicht aus dem gewöhnlichen Leben, sondern entlehnte sie meistens dem weiten Reich der Phantasie, häufig mit Hereinziehung der Mythologie, so dass, wenn wir beispielsweise einige der hervorragendsten seiner Bilder nennen: die zum Feste ausziehenden Zigeuner; die Orientalin im Inneren eines Serails (1844); die Verlassenen; der Liebesgarten (1846); Diana begibt sich auf die Jagd; Venus und Adonis; Zigeuner hören einem wahrsagenden Mädchen aus ihrer Mitte zu (1848); den entwaffneten Amor; Amors Grab; Amors Geschenke; badendes Mädchen von Liebesgöttern geneckt; Zigeuner; die untergehende Sonne; die letzten Thränen (1850—1851); die Nebenbuhlerin; die eingeschlafene Nymphe; das Ende eines schönen Tags (1855), — wir auch zugleich den Ideenkreis bezeichnet und so ziemlich umgränzt haben, in denen sich seine Darstellungen bewegen. Trotz diesem ewigen Einerlei im Wechsel zumeist frivoler Gegenstände, verbunden mit einer Unbestimmtheit in Form und Zeichnung, in Charakter und Haltung, einem unsicheren Spiel der Gestalten, deren Umrisse, wie im Nebel schwankend, zerfliessen, wurde seinen Gemälden dennoch wegen der schönen Färbung und Behandlung, dem geistreichen Vortrag, dem verführerischen Helldunkel, dem Anmuthigen der Gegenstände, dem Reiz in den Stellungen und Bewegungen, ja selbst der Köpfe, dem Schalkhaften des Ausdrucks, und wegen der, bei aller geringen Erfindungsgabe, doch lebhaften Einbildungskraft, der Beifall von Künstlern und Liebhabern in reichem Maasse zu Theil.

Dibutades, ein Töpfer aus Sikyon, den die historische Sage um 660 v. Chr. Geb. leben lässt, soll zu Korinth die Plastik, das Bilden in weichen Massen, namentlich Thon, erfunden haben.

Dichtl, Martin, Maler und einer der frühesten Arbeiter in Schwarzkunst in Deutschland, lebte um 1680 zu Nürnberg. Zu den besten seiner Blätter, von denen einige mit nebigem Monogramm bezeichnet sind, gehören: eine Alte, in der Linken eine Laterne, in der Rechten eine Weintraube haltend, bei ihr ein Knabe; eine andere Alte, die in der rechten Hand eine Laterne, in der linken ein Licht hält, vor ihr ein

Knabe; ein sitzender Bauer mit einem Krug; eine Köchin, welche einen kupfernen Kessel scheuert.

Dickinson, William, ein seiner Zeit sehr berühmter Kupferstecher in Schwarzkunst und punktirter Manier, geb. in England um 1740, arbeitete in London und starb am Ende des vorigen Jahrhunderts. Namentlich verdienen einige Bildnisse, deren er eine grosse Anzahl stach, noch heute alle Beachtung. Zu den schönsten seiner Blätter zählt man: Aristides, nach Angelika Kaufmann (1774); The gardens of Charletonshouse with Neapolitain Ballad Singers (1784), Hauptblatt des Meisters; eine h. Familie, nach Correggio; Mistriss Gates als Medea, nach Pire (1771); Mistr. Sheridan als Cäcilie (1778); Lady Spencer; Mistr. Matthews; Johanna, Herzogin von Chordon, sämmtlich nach Reynolds.

Diday, François, ein ausgezeichneter Landschaftsmaler in Genf, seit 1842 Ritter der Ehrenlegion, gehört zu den ersten Meistern seines Fachs, dessen Bilder seit mehr als 20 Jahren auf den Kunstausstellungen allgemeine Bewunderung erregen. Einer entschieden naturalistischen Richtung folgend, weiss er mit seinem ungemein energischen Naturgefühl ebenso gut die kolossalen, an Effekten des Lichts, der Farben und der mächtigen Formen in Wolken, Felsen und Bäumen, wie an herrlichen Lichtblicken und furchtbaren Stürmen so reichen Hochalpen in einem erhabenen Epos zu schildern, wie die grossartige Idylle des Genfersee's mit seinem Abend- und Morgenglühen der Gletscher darzustellen. Frappante Charakteristik, tiefes und inniges Eingehen auf das Leben und Weben der Natur, verbindet sich in ihnen mit einer durchaus gediegenen Technik, die nur hie und da im Vorgrund etwas zu sehr in's Pastose ausartet, zu einem Ganzen von ergreifender Wirkung. Unter der grossen Anzahl der von ihm gemalten Bildern, führen wir an: die Mühle zu Montreux (1832); eine Sennhütte auf einer Alp des Meyringer Thals (1834); seinen Rosenlauigletscher im Canton Bern (1841); die Eiche und das Schilf (1844); eine Gruppe Eichen aus dem Meyringer Thal (1847); Erinnerung an's Berner Oberland. — Aus Diday's Schule gingen bedeutende Künstler hervor, unter denen Calame und Guigon obenan stehen; ferner Georges, Hugard und Dunand.

Diday hat auch einige Blätter Schweizer Landschaften meisterhaft sowohl radirt, als auch lithographirt.

Diebolt, Georges, Bildhauer aus Dijon, ein Schüler von Ramey, dem Sohn, und A. Dumont, erhielt 1841 mit seinem Conkurrenzstück, den Tod des Demosthenes darstellend, den ersten Preis und fertigte seither viele gelungene Büsten und andere Sculpturen, unter denen man besonders eine vom reinen Geist des griechischen Alterthums durchdrungene Marmorstatue, keusch in der Auffassung, einfach in den Formen, ruhig in den Linien, vom Künstler das „Nachdenken" genannt, auf dem Salon von 1852, bewunderte. Auf der grossen Kunstausstellung zu Paris im Jahr 1855 sah man von ihm das Modell der im Jahr 1851 für die Champs Elysées zu Paris ausgeführten Statue: „La France rémunératrice" und einige Marmorbüsten. — Diebolt erhielt im Jahr 1852 das Ritterkreuz der Ehrenlegion.

Dieffenbach, L., ein Genre- und Architekturmaler aus Hadamar, von dem wir auf der Kunstausstellung zu Wiesbaden im Jahr 1842 eine Kerkerscene sahen, ein mit Gefühl erfasstes Bild aus der Nachtseite des Menschenlebens.

Diehl, Hugo, ein sehr talentvoller Maler, der einige Zeit Schüler von Horace Vernet war und im Jahr 1853 zuerst mit einem grossen Schlachtgemälde, die Schlacht bei Szoereg (5. Aug. 1849), öffentlich auftrat, das grosse Hoffnungen erweckte. Man rühmte daran, bei einzelnen Mängeln der Zeichnung, die geschickte Behandlung der Farben und die brillante Wirkung. Auf der Kunstausstellung zu München sah man 1854 ein zweites Bild: das Avantgardegefecht bei Gjat (im russischen Feldzug von 1812), das durch die sehr lebendige Darstellung ansprach und erwarten liess, dass der Künstler bei ferneren tiefer eingehenden Studien einst Ausgezeichnetes leisten werde. Diehl ist Hauptmann in der baierischen Armee und treibt die Kunst als Dilettant.

Dielai, siehe **Surchi**.

Dielmann, Jakob, ein sehr talentvoller Genremaler, geb. 1810 zu Sachsenhausen, genoss den ersten Unterricht in der Kunst im Städel'schen Institut zu Frankfurt a. M., bildete sich dann an der Düsseldorfer Akademie weiter aus, und lebt nunmehr seit längerer Zeit in Frankfurt. Er malt beinahe nur idyllische Zustände aus dem Landleben, meistens im Freien, so dass die Landschaft immer eine grosse Rolle dabei spielt, aus den Gebieten des Rheins, des Westerwalds, der Lahn und des Taunus und sein Pinsel stellt am liebsten Scenen der Lust und Freude, der Heiterkeit und des Humors, des Friedens und der stillen Beschaulichkeit dar. Namentlich aber liebt er die Darstellung des Kinderlebens, das er mit aller der demselben eigenen Reinheit, Unschuld, Naivität und Anmuth und mit all der unerschöpflichen Mannigfaltigkeit seiner Erscheinung wieder zu geben weiss. Dabei verbindet er mit einer Wärme, Beschaulichkeit, Wahrheit, unmittelbaren Naturtreue, vielfältigen, scharfen und feinfühlenden Beobachtungsgabe, eine ebenso treue, sorgfältige Ausführung, detaillirte Feinheit der Behandlung und reizende Harmonie des Colorits. Besonders findet man diese Vorzüge in seinen Aquarellen vereinigt, obgleich er in der Oelmalerei ebenfalls Vortreffliches leistet. Wir erinnern hier nur an seine: Procession in einem rheinischen Städtchen; sein hessisches Landmädchen (lith. v. Jentzen); seine vor einem Heiligenhäuschen spielenden Kinder; seinen Schmied mit dem Stelzfuss; seinen Bauernhof an der Ahr; seine Weinlese in Sachsenhausen; sein Kirchweihfest; seinen Bauernhof im Taunusgebirge u. s. w.

Dielmann, Johann, ein derzeit zu Frankfurt lebender trefflicher Holzschnitzler, der besonders auf dem Felde der Ornamentik Tüchtiges leistet.

Dielmann, Petrus Emanuel, Historien-, Genre- und Porträtmaler, Direktor der Kunstschule in Herzogenbusch, geb. zu Gent 1800, erhielt den ersten Unterricht in der Kunst an der Akademie seiner Vaterstadt, studirte dann auf einer Kunstreise in Frankreich und Italien besonders die Werke der grossen alten Meister, und fertigte seit seiner Rückkehr im Jahr 1831 eine grosse Anzahl von Bildern, unter denen Jupiter und Leda; die Entführung der Psyche; einige Darstellungen aus dem Leben des heil. Augustinus in der Kirche der englischen Frauen zu Brügge; der Fischmarkt zu Gent; die Zurückkunft von Schweninger Fischern; eine Fischerfamilie und verschiedene Porträts genannt werden.

Dien, Claude Marie François, geb. zu Paris, ein sehr geschickter Kupferstecher, war ein Schüler von Audoin. Zu seinen besten Blättern zählt man: die Sibyllen, nach Raphael's Fresken in S. Maria della Pace zu Rom (1838); Raphael und Perugino, aus Raphael's Schule von Athen; die Marter der heil. Cäcilie; den Tod des Demosthenes, nach Boisselier; den blinden Homer, von einem Knaben geleitet, nach Blondel; eine heil. Familie, nach Raphael. — Dien erhielt 1853 das Ritterkreuz der Ehrenlegion.

Diepenbeck, Abraham van, berühmter Maler, geb. zu Herzogenbusch 1607, gest. zu Antwerpen 1675 (nach Waagen geb. 1589, gest. 1657), beschäftigte sich anfänglich mit der Glasmalerei und fertigte 1635 ein Fenstergemälde für die Kapelle der Almoseniere in der Kathedrale zu Antwerpen, die sieben Werke der Barmherzigkeit darstellend, worauf einige Köpfe so schön gemalt sind, als wäre van Dyck der Meister derselben gewesen. Auch andere Kirchen dort, in Ryssel und in Brüssel, woselbst man die gemalten Fenster im Chor des Doms, als von seiner Hand herrührend, nennt, hatten Malereien auf Glas von ihm aufzuweisen. Die Zufälle, denen die Glasmalerei durch Zerbrechen und das Zersprengen beim Farbeneinschmelzen ausgesetzt ist, veranlassten ihn aber, diese Kunst wieder aufzugeben und sich fortan in der Schule des P. P. Rubens der Oelmalerei zu widmen. Er machte dort so bedeutende Fortschritte, dass er dem Meister bald als Gehülfe tüchtige Dienste leistete, begab sich aber später nach Italien, hielt sich einige Zeit in Rom auf und wurde nach seiner Rückkehr nach Antwerpen im Jahr 1641 Direktor der Akademie daselbst. Unter der Regierung Karl I. von England soll er sich auch einige Zeit in London aufgehalten und dort mehrere Gemälde ausgeführt haben. Von nun an malte er in Oel, sowohl auf Leinwand, als auf Holz, fast lauter religiöse Bilder, später sehr häufig und fast ausschliesslich auf Tapeten und Getäfel der Zimmer, worin er ganz Ausgezeichnetes leistete. In seiner letzten Zeit fertigte er beinahe nur noch Zeichnungen für Kupferstecher, und es existiren nach denselben einige Prachtwerke, unter denen der sogenannte Tempel der Musen, der zuerst 1655 zu Paris mit 59 Kupfern herauskam, für das schönste gehalten wird.

Diepenbeck ist einer der besten Schüler von Rubens, und derjenige, welcher vielleicht am treusten die spätere, mehr auf das Sinnliche ausgehende, Weise seines Meisters sich aneignete. Man rühmt an seinen Bildern die edle, lebendige Composition, die glückliche Erfindung, die kühne Ausführung, die Frische und Kraft des Colorits und das hübsche Helldunkel; nur ist die Zeichnung nicht immer correkt. Unter den vielen Gemälden, die er ausführte, dürften zu nennen sein: Cloelia, mit ihren Gefährtinnen dem Porsenna entfliehend, im Museum zu Berlin; Maria sitzend mit dem auf ihrem Schooss stehenden Kinde; Neptun mit Salacia, in der Gallerie zu Dresden; Abraham bewirthet die drei Engel; eine Brodspende unter die Armen, wobei Christus und Maria in den Wolken erscheinen, in der Pinakothek zu München; Cloelia, mit ihren Gefährtinnen den Tiber passirend; das Bildniss eines Mannes und einer Frau, im Louvre zu Paris; die Vergänglichkeit und Nichtigkeit der menschlichen Dinge; der vom Kreuz genommene Erlöser, von seiner Mutter beweint, in der Gallerie des Belvedere zu Wien.

Diepenbeck radirte auch in Kupfer. Man kennt jedoch nur ein einziges Blatt von ihm, einen ruhenden Bauern mit gesatteltem Esel (1630), das aber ausserordentlich selten ist. — Er bezeichnete seine Gemälde und Zeichnungen mit nebenstehenden Monogrammen.

Diepraam, Abraham, Maler, erlernte die Kunst anfänglich bei dem Glasmaler Stoop, bildete sich aber später unter H. M. Zorg und endlich unter Adr. Brouwer aus, dessen Compositionsweise und Behandlung er in seinen Bildern nicht unglücklich nachahmte. Er wohnte geraume Zeit in Dordrecht und wurde 1648 daselbst in die St. Lucas-Brüderschaft aufgenommen. Alle seine Werke sind geistreich componirt, von tüchtigem Ausdruck und wahr im Colorit.

Dies, Christoph Albert, ein tüchtiger Landschaftsmaler, Kupferätzer und Stecher, geb. zu Hannover 1755, gest. zu Wien 1822, arbeitete von 1775 bis 1796 in Rom, fertigte viele geschätzte Landschaftsgemälde und gab mit Reinhard und Mechau die schönen malerisch radirten Prospekte von Italien heraus, welche unter dem Titel: „Collection de vues pittoresques de l'Italie dessinées d'après nature et gravées à l'eau forte à Rome par C. A. Dies, Ch. Reinhart et J. Mechau" in 72 Blättern 1799 zu Nürnberg erschienen. Zu den schönsten seiner Radirungen zählt man: den Wasserfall zu Tivoli in 3 Blättern; Ansicht der Stadt Tivoli, und Ueberreste von der Villa des Brutus zu Tivoli. — In der Gallerie des Belvedere zu Wien sind zwei in Oel gemalte Landschaften von ihm: eine Gegend aus der Nähe von Salzburg (1796) und die Umgegend von Salzburg mit Gewitter (1797).

Dietrich, Adelheid, eine geschickte Blumenmalerin zu Erfurt, von der wir seit den letzten Jahren gelungene Blumenstücke auf verschiedenen Ausstellungen sahen.

Dietrich, Anton, Bildhauer zu Wien, geb. 1799, Zögling der Akademie daselbst und Schüler von J. Klieber, hat sich durch die Ausführung trefflicher Sculpturen, bestehend in Büsten und Statuen, Schnitzwerken aus Holz und Elfenbein, als ein tüchtiger Künstler erwiesen. Unter seine besten Büsten zählt man: die des grossen Beethoven und die seines Freundes, des Malers Danhauser.

Dietrich, Christian Wilhelm Ernst, berühmter Historien-, Genre-, Landschaftsmaler und Kupferätzer, wurde 1712 zu Weimar geboren, wo sein Vater, Johann Georg Dietrich, sich als Hofmaler aufhielt, bei dem er sein schon frühe sich aussprechendes Talent ausbildete, bis er zu dem Landschaftsmaler Thiele zu Dresden in die Lehre kam, den er jedoch bald selbst übertraf. Er erregte dadurch die Aufmerksamkeit des Ministers Grafen von Brühl, der ihn vielfach auf seinen Schlössern beschäftigte, und des Königs August II., der ihn zu seinem Hofmaler ernannte. Da er jedoch sah, dass ihm die italienischen Maler vorgezogen wurden, zog er sich zurück, schützte 1734 eine Reise nach Holland vor, begab sich aber nur nach Weimar, wo er vielseitig thätig war und kam erst 1742 wieder nach Dresden. Um dieselbe Zeit änderte er auch seinen Namen in Dietericy oder Dietrici. Im Jahr 1743 besuchte er sodann Italien, kehrte aber schon 1744 wieder in's Vaterland zurück, wo er 1745 zum Inspektor der Bildergallerie ernannt wurde, viel für den Hof zu thun bekam und bald auf der Höhe seines Ruhmes, sowie seines Kunstvermögens stand. Der siebenjährige Krieg war zwar Veranlassung, dass er seinen Aufenthalt in Dresden mit dem in Freiberg und Meissen vertauschte, er blieb aber in der fleissigen Ausübung seiner Kunst consequent und schlug vortheilhafte Rufe nach Kopenhagen und Berlin aus Vaterlandsliebe aus. Im Jahr 1763 wurde er zum Direktor der Malerschule der Meissner-Porzellanmanufaktur und 1765 zum Professor an der Akademie zu Dresden ernannt. Obgleich in späteren Jahren durch Körperleiden geschwächt, arbeitete er doch bis an seinen Tod rüstig fort, der im Jahr 1774 erfolgte. Dietrich war Mitglied der Akademien von Augsburg, Bologna und Kopenhagen. Sein Porträt wurde nach seinem eigenen Gemälde von Schmutzer, nach Reclam's Zeichnung von Chodowiecki gestochen.

Dietrich's Bilder beurkunden einen glücklichen Eklekticismus, welcher die Manieren verschiedener älteren niederländischen Meister, wie Poelenburg's, Ostade's, Berchem's, Elzheimer's, am längsten aber die des Rembrandt in sich aufnahm und im Einzelnen Treffliches in dieser Weise leistete. Er malte geschichtliche und Genregemälde, kirchliche Bilder, namentlich aber Landschaften, theils mit genreartiger, theils historischer Staffage, und Alles mit derselben Freiheit, demselben leichtbeweglichen Talente und einer grossen Wärme des Gefühls. Sie verrathen einen schönen Farbensinn, haben einen hohen Grad von technischer Vollendung, ein kräftiges, helles und frisches Colorit. In den meisten europäischen öffentlichen und Privatsammlungen sieht man Exemplare von ihnen, die grösste Anzahl aber besitzt die Dresdner Gallerie. Ausserdem befinden sich von seinen Zeichnungen mehrere hundert in dem k. Kupferstichkabinet zu Dresden. Seine Bilder wurden seiner Zeit zu hohen Preisen verkauft.

Neben dieser vielseitigen Thätigkeit als Maler, beschäftigte sich Dietrich auch noch unausgesetzt mit der Nadel, und man sieht seinen Radirungen, wie seinen Bildern, die Vorliebe für die niederländischen Meister an. Sie sind leicht und geschmackvoll behandelt und werden eiftrig gesucht. Ihre Zahl beläuft sich auf 181. Als seine schönsten werden genannt: Jupiter und Antiope (Hauptblatt 1735); der grosse Charlatan (1740); der Marktschreier (1764); Nero von den Furien geplagt; eine Frau mit ihren Kindern am Fenster (1739); Christus heilt die Kranken (1736); die badenden Nymphen in der Felsenhöhle (1741); der Tablettenkrämer unter der Weinlaube (1741); der verlorene Sohn bei dem Pächter (1756); der Scheerenschleifer vor der Schusterbude (1741); Ruinen römischer Gebäude; die Musikantenfamilie (1756); der Rattengiftverkäufer (1732); die Auferweckung des Lazarus; die wandernden Musikanten vor dem Thorbogen; der Sibyllentempel zu Tivoli (1745); die Flucht nach Aegypten (1734); ein blinder sitzender Bettler mit dem Kruge (1757); Loth und seine Töchter (1731); die Beschneidung (1732); die Kuchenbäckerin; das Opfer Abraham's; der Engel hindert Isaak's Opferung (1730); der Satyr beim Bauern (1739); der heil. Jakobus, in einem Dorf predigend; Venus, dem Amor die Maske vorbindend (1735); die Modehändlerin; der Alchimist oder der Chirurg; die Gärtnerin mit dem Strohhute (1731) und verschiedene Landschaften mit Staffage.

In seiner früheren Zeit bezeichnete Dietrich seine Bilder und Radirungen mit nebigem Monogramm; später nur mit D., mit C. W. E. D. oder seinem Namen. CD

Literatur. Heinecken, Dictionnaire des artistes. — J. E. Linck, Monographie der von C. W. E. Dietrich radirten, geschabten und in Holz geschnittenen Vorstellungen. — O. v. Schorn, C. W. E. Dietrich. Ein Beitrag zur deutschen Kunstgeschichte des 18. Jahrh. Kunstblatt, Jahrg. 1856, Nro. 4.

Dietrich, F., ein junger Bildhauer in Berlin, fertigt Büsten und Statuen, die ein tüchtiges Talent verrathen. Auf der Kunstausstellung zu Berlin im Jahr 1852 sah man von ihm unter Anderem zwei Mädchen in liebender Umarmung, eine sehr hübsch ausgeführte Gruppe.

Dietrich, Joh. Friedr., ein trefflicher Historienmaler, geb. 1789 zu Biberach, gest. 1846 zu Stuttgart als Professor an der dasigen Kunstschule, erlernte die Anfangsgründe der Malerei bei dem Gallerieinspektor Seele und Prof. Heideloff, genoss auch den Rath Eberhard von Wächter's, und begab sich dann, würdig vorbereitet, 1820 nach Rom, wo er sich dem Studium der klassischen Meisterwerke, namentlich aber der vorraphaelischen Maler widmete und als höchst erfreuliches Resultat desselben 1823 sein grosses Bild: Abraham's Einzug in's gelobte Land (im königl. Residenzschlosse zu Stuttgart) schuf, eine poetische Composition, voll der anmuthigsten, der Natur abgelauschten Motive, von fleissiger Ausführung und kräftiger Färbung. In Rom malte er auch noch eine Anbetung der Hirten; Christus mit den Jüngern zu Emmaus (im Museum der bildenden Künste in Stuttgart), und führte eine Copie des oberen Theils der Madonna di Foligno, nach Raphael (jetzt über dem Hauptaltar der Kirche zu Dotternhausen), aus. Nach seiner Rückkehr in's Vaterland malte er 1826 für die Giebelfelder des Landhauses Rosenstein die Cartons zu Reliefdarstellungen, in der Grösse der Ausführung in Stein, grau in grau in Oel, zwei herrliche Compositionen, deren eine Helios mit den Horen u. s. w., die andere Luna mit Herse u. s. w. zeigt. Später schmückte er den Speisesaal desselben Landhauses mit Deckengemälden aus der Mythe des Dionysios, drei oblonge Bilder, deren kleinere die Erziehung und die Kämpfe des jungen Gottes darstellen, während das Hauptbild den Brautzug des Bacchus und der Ariadne enthält, Gemälde, in denen wiederum, neben der geistvollen Erfindung und charakteristischen Durchführung, die grosse Mannigfaltigkeit der reizendsten Motive zu rühmen ist. Im Jahr 1833 wurde Dietrich Professor an der Kunstschule zu Stuttgart und er entwickelte in dieser Stellung, neben seinem künstlerischen Schaffen, ein thätiges und erfolgreiches Wirken als Lehrer. Neben anderen Bildern, Porträts u. s. w. vollendete er im Jahr 1834 ein Altargemälde für die Kirche zu Schemmerberg. Darauf führte er in der neuen von Hübsch erbauten Kirche in Bulach bei Karlsruhe an den Wandflächen der Absis fünf, und an den daran gränzenden Wänden, worauf die Seitenschiffe stossen, zwei Bilder, welche die Heimsuchung, die Geburt, die Anbetung der Könige, Christus am Oelberg, die Kreuzigung, die Grablegung und die Auferstehung darstellen, in Fresco aus. 1840 vollendete er sodann ein grosses Altargemälde für die katholische Kirche zu Stuttgart: die Auferstehung Christi, ein Bild von würdigster Auffassung, auf dem man besonders die Engelgruppen, die über den Sieg des Heilands sich freuen, rühmt. Später machte er auch die Entwürfe zu den Glasmalereien in der Stiftskirche zu Stuttgart, die jedoch erst nach seinem Tode nach den Cartons des Prof. B. v. Neher ausgeführt wurden. Sein letztes Bild: Christus am Oelberg, für die katholische Kirche in Ravensburg, war auch zugleich in Auffassung und in der Technik sein bestes.

Von seinen anderen Bildern, theils der christlichen Geschichte angehörig, theils zarte sinnige Motive aus der Natur darstellend, sind, ausser mehreren trefflichen Porträts, besonders noch zu erwähnen: sein Christus auf dem Meere; eine Himmelfahrt Mariä und der Knabe am Bache. Eine ausgezeichnete Composition, die er aber nicht grösser ausführte, ist: ein Vehmgericht.

Dietrich entfaltete in seinen christlichen Bildern ein glaubensbegeistertes frommes Gemüth, der Ausdruck in seinen Köpfen ist oft voll Geist und Empfindung, die Zeichnung correkt und die Farbe warm, kräftig und klar. Seine historischen Gemälde zeichnen sich durch den Ernst der Auffassung und die treffende Charakteristik aus. Seine Bildnisse sind Meisterwerke in Beziehung auf Aehnlichkeit und trefflichen Vortrag.

Dietterlin oder **Dieterlein, Bartholomäus**, Maler und Kupferätzer, der Sohn eines Malers Hilarius Dietterlin, lebte zu Strassburg in der ersten Hälfte des 17. Jahrhunderts. Von ihm kennen wir ein sehr seltenes Blatt: die Himmelfahrt Christi, und eine Landschaft.

Dietterlin oder **Dieterlein, Wendel**, Architekt, Maler, Goldschmied und Kupferätzer, geb. zu Strassburg 1550, gest. daselbst 1599, der Grossvater des Vorigen und Vater des Hilarius. Von ihm ist ein Gemälde in der Gallerie des Belvedere zu Wien, ein Architekturstück, worin die Berufung des Matthäus zum Apostelamte vorgestellt ist. Dasselbe ist mit dem ersten der nebigen Monogramme bezeichnet. Von seinen Arbeiten in Kupfer, auf denen man auch die anderen mitgetheilten Monogramme sieht, kennt man: 12 Blätter geistreich radirte Grotesken mit komischen Figuren; das Porträt des Johann Reinhard, Grafen zu Hanau und Zweibrücken, und sein eigenes Bildniss, eine von allegorischen Figuren umgebene Büste mit der Unterschrift: Wendelinus Dietterlin Pictor Argentinensis.

Dietz, Cornelius, ein Glasmaler zu Köln, der zu Anfang des vorigen Jahrhunderts blühte und unter Anderem in den Jahren 1711 und 1712 die Fenster, mit denen der Kreuzgang beim Karmeliterkloster zu Frankfurt a. M. rings zugeschlossen wurde, malte.

Dietz, Feodor, ein trefflicher Historien- und Schlachtenmaler, grossherzogl. badischer Hofmaler, geb. 1813 zu Carlsruhe, entwickelte schon sehr früh ein grosses Talent für die Kunst, das er anfänglich in Carlsruhe unter dem Pferdemaler Kuntz und später an der Akademie in München ausbildete, wo er schon 1834 Philipp Folz bei der Ausschmückung des Servicezimmers der Königin im neuen Königsbau mit Bildern aus Bürger's Gedichten erfolgreiche Hilfe leistete. Später begab er sich nach Paris, wo er unter Horace Vernet seine Studien fortsetzte, und darauf durch eine Reihe geistreich componirter und trefflich ausgeführter Schlachtstücke seinen Ruf fest begründete. Dietz's Gemälde zeichnen sich besonders durch die Wahl höchst pathetischer Momente, klares Verständniss der Anordnung, Wahrheit und Lebendigkeit, edle Würde des Ausdrucks, Sorgfalt und Fleiss der Behandlung, Frische der Färbung, meisterhafte Technik und durch die hohe künstlerische Wirkung aus. Unter seine besten Leistungen gehören: der Tod des Max Piccolomini; Gustav Adolph's Tod; der Abschied auf dem Schlachtfelde; Pappenheim's Tod; Markgraf Ludwig von Baden schlägt unter Joh. Sobiesky die Türken vor Wien; der erschlagene Ritter; die Erstürmung des Montmartre durch die badische Leibgrenadiergarde im Jahr 1814; die Heldenthat der Pforzheimer im 30jährigen Kriege; die Erstürmung von Belgrad durch Max Emanuel (für König Max von Bayern ausgeführt); die nächtliche Heerschau, ein Bild von bezaubernder Wirkung, im Besitz des Kaisers der Franzosen Napoleon III. — Im Jahr 1850 gab Dietz ein Album, gesammelt im Feldzug in Schleswig, dem er im Jahr 1848 beiwohnte, heraus. Viele seiner Schlachtbilder sind dem grösseren Publikum auch durch Lithographien bekannt.

Dietzsch, Johann Christoph, trefflicher Maler in Aquarell, besonders in Landschaften, Blumen und Früchten, geb. zu Nürnberg 1710, gest. daselbst 1769, war der Schüler seines Vaters Joh. Israel Dietsch (1681—1754). Er radirte gegen 50 Blätter mit sicherer leichter Nadel, unter denen man eine Reihe von 6 Blättern Landschaften mit Figuren und eine andere von 8 Blättern ähnlichen Gegenstandes (1759—1768) zu den besten zählt. Er ätzte auch das Bildniss des Zacharias Wörlin, Kupferstechers in Nürnberg. — Johann Christoph Dietzsch hatte vier Brüder: Johann Sigmund, Johann Jakob, Georg Friedrich und Johann Albert, sowie zwei Schwestern: Barbara Regina und Margaretha Barbara, die sich sämmtlich der Malerei widmeten.

Dieu, Antoine de, Historien- und Porträtmaler, geb. 1662 zu Paris, ein Schüler und Nachahmer von Lebrun, fertigte eine grosse Anzahl von Geschichtsbildern und Porträts, die von den ersten Kupferstechern seiner Zeit gestochen wurden. Im historischen Museum von Versailles sieht man unter Anderem von ihm: den Herzog von Burgund, wie er im Jahr 1628 dem König vorgestellt wird, und die Heirath des Herzogs von Burgund 1697.

Dieudonné, Jacques Augustin, ein zu Paris lebender Bildhauer, Schüler von Gros und Bosio, fertigt Statuen und Büsten, die gelobt werden. Im Jahr 1848 sah man von ihm auf der Kunstausstellung zu Paris einen Christus am Oelberg, Statue in Marmor.

Diez, Hofmaler in Meiningen, bekannt durch sein Album europäischer Berühmtheiten, das er sich auf grösseren Reisen gesammelt und worin die grössten lebenden Notabilitäten wunderbar ähnlich, treffend in Ausdruck und Charakter dargestellt sind. Im Jahr 1840 malte der Künstler in Petersburg den Kaiser und die Kaiserin von Russland für die Sammlung des Herzogs von Meiningen.

Dillens, Hendrik, geb. zu Gent 1812, ein Genremaler, der sich durch seine Leistungen, die man seit 1832 auf den Kunstausstellungen zu Brüssel und Antwerpen, sowie in Deutschland sah, einen geachteten Namen erworben. Unter seine besten künstlerischen Erzeugnisse, die sich durch tüchtige Composition und Zeichnung, Geist und Gefühl empfehlen, rechnet man: einen Greis, der zwei jungen Männern Rath ertheilt; die Vorlesung; eine Kirchweih mit mehr als 200 Figuren, meistens Bildnissen der meisten damaligen Genter Künstler. Faschingsbelustigung zu Gent; der Nestausnehmer; der moderne Maler; die Gefangennehmung der Jungfrau von Orleans, eine geniale Darstellung; ein französischer Cavallerist, der sein Kind liebkost. — Sein Bruder und Schüler: Adolf Alexander Dillens, geb. 1821, liefert ebenfalls bereits Genrebilder und Zeichnungen, die vielen Beifall finden.

Dillis, Cantius von, Landschaftsmaler, geb. 1785 zu Giebing, ein Schüler seines Bruders Johann Georg, bereiste in den Jahren 1805—1807 Italien, wurde nach seiner Rückkehr zum Hofmaler ernannt und lieferte seit dieser Zeit viele höchst anziehende Landschaftsgemälde. Er radirte auch mehrere hübsche Blätter, unter denen: eine Bauernhütte, in Bäumen versteckt (1800): zwei felsige Gegenden mit Mühlen, und eine Ansicht des Schlosses Harlaching (1801) besonders hervorgehoben werden. Auf seinen Gemälden findet man zuweilen das erste, auf anderen, sowie auch auf einigen Zeichnungen das zweite Monogramm. Einige radirte Blätter, nach Everdingen, sind mit den Buchstaben J. K. D. bezeichnet.

Dillis, Johann Georg von, Landschaftsmaler, königl. bayerischer Centralgallerie-Direktor, geb. zu Grüngiebig 1759, gest. 1841 zu München, widmete sich anfänglich dem geistlichen Stand, und bildete erst später, von 1783—1790, sein schon früh hervortretendes Talent für die Kunst aus. Er wurde hierauf 1790 zum Inspektor der kurfürstlichen Gallerie ernannt, machte sodann theils allein, theils mit seinem Bruder Cantius, dem Domherrn B. Speth in München, und dem damaligen Kronprinzen Ludwig von Bayern mehrere Reisen in die Schweiz und nach Italien, sowie nach Frankreich. Im Jahr 1808 mit dem Ritterkreuz des königl. Verdienstordens der bayerischen Krone beehrt, und 1822 zum Direktor sämmtlicher Kunstsammlungen ernannt, empfing er 1837 für seine bei der Aufstellung der Gemälde in der königl. Pinakothek bewiesenen Verdienste das Commandeurkreuz des königl. Civilverdienstordens, und 1840 aus Veranlassung seines 50jährigen Dienstjubiläums das Ehrenkreuz des königl. Ludwigsordens. Wegen seiner vielfachen Amtsgeschäfte konnte er sich nur wenig der Ausführung von Bildern widmen, doch zeigte er in diesen wenigen ein tüchtiges Talent. Seine Behandlung ist frei, breit und geistreich, dabei durchsichtig, wahr und harmonisch. In der neuen Pinakothek zu München sieht man von ihm: eine Ansicht des Tegernsee's, und die Gegend bei Grotta ferrata.

Von 1791—1806 radirte Dillis 43 Blätter, von denen: ein Wasserfall (1801); sein Geburtshaus in Giebing (1793); ein Dorf, in Bäumen versteckt, und 2 Blätter Waldgegenden (1793) zu den besten gehören. Sie sind theils mit den Buchstaben G. V. D., theils wie seine Bilder mit nebenstehendem Monogramm bezeichnet.

Dillis, Ignaz, ein Bruder und Schüler des Vorigen, geb. 1772 zu Giebing, gest. 1808 zu München, radirte Landschaften mit Figuren und Thieren staffirt, von denen einige mit nebigem Monogramm bezeichnet sind. Trotz seines Talents gab er die Kunst auf und widmete sich später der Forstwissenschaft.

Dinochares, } siehe **Deinokrates.**
Dinokrates, }

Dinomenes, siehe **Deinomenes.**

Dinzenhofer, Johann, ein Baumeister aus Bamberg, der, ausser verschiedenen Gebäuden in seiner Vaterstadt, von 1704—1712 die Domkirche zu Fulda baute.

Dinzenhofer, Johann Heinrich, ein Architekt aus Bamberg, der mehrere Bauten dort ausführte, den Titel eines Hofbaumeisters führte und 1745 starb.

Dinzenhofer, Johann Leonhard, ein seiner Zeit viel gerühmter Architekt aus Bamberg, Rathsherr und Hofbaumeister, der von 1686 an thätig war, und in seiner Vaterstadt, in Baireuth, in Ansbach und der Umgegend Klöster, Kirchen und Paläste baute. An seine Stelle trat 1730

Dinzenhofer, Justus Heinrich, Architekt aus Bamberg, der ebenfalls in seiner Vaterstadt und deren Umgegend vielfach thätig war.

Dinzenhofer, Kilian Ignatz, einer der bedeutendsten Architekten Böhmens, geb. 1690 zu Prag, gest. 1752, baute eine Menge Gebäude, Kirchen und Paläste in seiner Vaterstadt und Umgegend im Geschmack seiner Zeit.

Literatur. Dlabacz, Künstlerlexikon für Böhmen.

Diogenes, aus Athen, ein Bildhauer, der zur Zeit des Kaisers Augustus in Rom lebte, und unter Anderem das Pantheon des Agrippa, das im Jahr 27 v. Chr. Geb. geweihet wurde, mit Bildwerken im Giebel und mit Karyatiden schmückte, von welch letzteren uns möglicherweise zwei, die eine im Vatikan, die andere im Hofe des Palastes Giustiniani zu Rom erhalten sein könnten.

Diogenes, oder, wie jetzt richtiger gelesen wird, **Dikaeogenes,** war ein griechischer Maler, der um 300 v. Chr. Geb. am Hofe des Demetrios lebte.

Dionysicles, ein altgriechischer Bildhauer, der um die letzte Zeit der selbstständig griechischen Kunst die Statue des Ringers Damokrates aus Tenedos fertigte.

Dionysios, altgriechischer Bildhauer aus Argos, fertigte unter Anderem unter den in Gemeinschaft mit Glaukos ausgeführten Geschenken, welche Mikythos, der Vormund der Kinder des rheginischen Tyrannen Anaxilas, vor 460 v. Chr. Geb. aus Veranlassung der Genesung eines schwindsüchtigen Sohns nach Olympia weihte: die Statuen der Proserpina, Venus, Artemis, des Ganymeds, der Dichter Homer und Hesiod, der Götter Aeskulap und Hygea; ferner eine Personifikation des Wettkampfes, Agon, mit den Springgewichten; dann Bacchus; den Thracier Orpheus und einen unbärtigen Zeus. Ausserdem wird als von seiner Hand herrührend eines von den zwei Rossen mit ihren Lenkern genannt, welche der Arkadier Phormis nach Olympia weihte, und das dadurch grosse Berühmtheit erlangt haben soll, dass ihm die Hengste wie einem lebendigen Thiere nachtrachteten.

Dionysios, ein griechischer Bildhauer, der um 150 v. Chr. Geb. zu Rom arbeitete und von dem unter Anderem eine Statue der Juno innerhalb des Portikus der Oktavia im Tempel der Göttin zu sehen war. Ferner führte er gemeinschaftlich mit Polykles das Standbild des Jupiter in dem zunächst stehenden Tempel aus.

Dionysios, aus Kolophon, ein altgriechischer Maler, der vor 470 v. Chr. Geb. thätig war, und sich weniger durch angeborenes poetisch künstlerisches Genie als durch angestrengten Eifer und Studium zu einem Künstler von Bedeutung emporarbeitete. Er erreichte Polygnots Kunst, die er nachahmte, in der strengen Sorgfalt, im Pathos und Ethos, in den Gestalten und Gewändern, aber ohne dessen Grossartigkeit und Freiheit.

Dionysios, ein griechischer Maler, der um 100 v. Chr. Geb. in Rom arbeitete und ausschliesslich Bildnisse malte.

Dioskurides, ein zu Zeiten des Kaisers Augustus zu Rom arbeitender berühmter Edelsteinschneider, der Werke von höchster Schönheit fertigte, von denen uns noch eine ziemliche Anzahl erhalten ist. Es gibt aber viele, deren Aechtheit zweifelhaft ist, da auch andere Künstler diesen Namen auf ihre Gemmen schnitten, um ihnen dadurch einen grösseren Werth zu verleihen. Er schnitt unter Anderem den Kopf des Kaisers Augustus in einen Stein, der Letzterem als Siegel diente, dann die Porträts mehrerer seiner berühmtesten Zeitgenossen, auch mythologische Darstellungen u.s.w.

Dioskurides, aus Samos, nennt sich der Künstler zweier in Pompeji in der Mitte des vorigen Jahrhunderts in der Villa Cicero's gefundenen Mosaiken von grosser Feinheit, die beide drei maskirte weibliche Figuren nebst einem Kinde, welche einen Tanz aufführen, darstellen (gegenwärtig in den Studj zu Neapel).

Diotisalvi, eigentlich **Dietisalvi**, Maler und Zeitgenosse Duccio's, der von 1259 an zu Siena thätig und Miniaturgemälde fertigte, die in Ansehung der Zeit für lebendig und ausdrucksvoll gelten können und von denen in der Akademie daselbst noch einige erhalten sind. Er malte indessen auch grössere Bilder, von denen besonders eine Madonna im alten Palaste genannt wird.

Diotisalvi, heisst der Erbauer des Baptisteriums am Dom zu Pisa, wie eine Inschrift daran sagt, die zugleich 1153 als das Jahr der Gründung desselben angibt.

Diotti, Giuseppe, Historienmaler und Professor an der Akademie zu Bergamo, geb. daselbst 1773, bildete sich sowohl in der Composition als im Colorit nach den grossen italienischen Meistern. Unter seine besten Bildern gehört: Leonardo da Vinci, dem Lodovico Sforza die Skizze seines berühmten Abendmahls zeigend (1823); Tobias erhält sein Gesicht wieder (1828); der Bundesschwur der Lombarden in Pontida (1837). Die Gallerie des Belvedere zu Wien besitzt ebenfalls ein Gemälde von ihm: den Judaskuss.

Diphilos, ein Architekt, welcher bei Villenbauten für die Familie Cicero in der Nähe von Arpinum beschäftigt war.

Dipoenos, altgriechischer Bildhauer aus Kreta, der um 570 v. Chr. Geburt thätig war und mit seinem Landsmanne Skyllis, mit dem er gemeinschaftlich arbeitete, unter die ersten griechischen Künstler gehörte, die sich in Marmorarbeiten auszeichneten. Im Tempel der Dioskuren zu Argos war von ihrer Hand eine Statuengruppe, die Dioskuren mit Frauen und Kindern vorstellend, von Ebenholz und zum Theil von Elfenbein gearbeitet. Ferner werden als Werke von ihnen angeführt: eine aus vier Figuren, dem Apoll, der Diana, dem Herkules und der Minerva bestehende Gruppe; ein Bild der Minerva in Kleonae; eine Statue des Herkules in Tyrinth. Der Hauptsitz ihrer Thätigkeit war die Gegend von Argos und Sikyon. Sie übten den grössten Einfluss auf die spartanische Kunst. Mehrere ihrer Schüler waren Spartaner und wurden die bedeutendsten spartanischen Künstler, die wir kennen.

Dirk von Haarlem, siche **Stouërbout.**

Discepoli, Giov. Batista, genannt **lo Zoppo di Lugano**, geb. 1590, gest. 1660, war ein Schüler von Camillo Procaccini. Seine Bilder, meistens aus der christlichen Geschichte, die in der Lombardei nicht selten zu treffen sind, haben ein kräftiges und saftiges Colorit, er erhebt sich darin aber nicht über die gewöhnliche treue Nachahmung der Natur.

Distelbarth, Friedr., königl. Hofbildhauer zu Stuttgart, ein Schüler von Dannecker, geb. 1780, gest. 1835, war ein tüchtiger Meister in der Ausführung von Sculpturen, wie er an einem der Giebelfeldern des königl. Landhauses Rosenstein bei Stuttgart (nach dem Carton von Prof. Dietrich); der Gruppe einer Wasser- und Wiesennymphe, im königl. Schlossgarten zu Stuttgart, nach Dannecker's Modell; der Vase vor dem Museum der bildenden Künste ebendaselbst, mit Reliefs nach Thorwaldsen's Liebesgötterverkauf u. s. w. bewies.

Disteli, Martin, Maler und einer der geistreichsten Carricaturenzeichner, geb. zu Olten im Canton Solothurn 1802, gest. zu Solothurn 1844, war anfänglich für den Staatsdienst bestimmt, erkannte aber bald durch sein ausgesprochenes Talent für die Carricatur, das sich schon auf der Hochschule mit aller Macht geltend machte, den Beruf für die Kunst, vertauschte daher die Universität Jena mit der Akademie zu München und führte in letzterer Stadt sein erstes grösseres Gemälde aus, das von Seiten der Composition alle Anerkennung fand. Da er aber fühlte, dass er es im Malen nicht mehr zur Meisterschaft bringen möchte, widmete er sich ausschliesslich der Composition und erwarb sich gleich durch seine ersten satyrischen Zeichnungen zu A. E. Fröhlich's Fabeln einen allgemein geachteten Namen. Er setzte sodann diese Kunstweise mit immer grösserer Anerkennung in Taschenbüchern u. s. w. fort, den grössten Ruhm verschaffte er sich aber als politischer Satyrist durch seinen seit 1839 herausgegebenen Bilderkalender, bekannt unter dem Namen „Distelikalender", der jährlich eine Menge der geistreichsten und witzigsten Zeichnungen von seiner Hand brachte. Ausserdem zeichnete er noch eine Menge anderer burlesker, humomoristischer und satyrischer Compositionen, die als einzelne Blätter oder als Illustrationen in Büchern erschienen.

Diterichs, Friedr. Wilh., Oberbaudirektor, geb. 1702 zu Uelzen, gest. 1784 zu Berlin, war ein Schüler des Baumeisters Böhme. Er erbaute die böhmische Kirche zu Berlin, gab der Spitalkirche ihre heutige Gestalt und entwarf die Pläne zu mehreren Palästen, z. B. zu dem Palast der Königin der Niederlande, des Kriegsministeriums, sowie zu verschiedenen Privathäusern in Berlin und Potsdam.

Dittenberger, Joh. Gust., Historien- und Porträtmaler zu Wien, geb. 1799 zu Neuenweg in Baden, war anfänglich ein Schüler von Rottmann und Roux in Heidelberg, kam aber schon 1821 nach München, um sich an der dortigen Akademie weiter auszubilden. Später besuchte er Paris, wo er eine Zeit lang im Atelier von Baron Gros arbeitete, dann auch Rom, wo er bis 1831 verweilte. In's Vaterland zurückgekehrt, liess er sich hernach in Wien nieder, woselbst er seither verschiedene grosse Bilder, namentlich für Kirchen, ausführte, an denen, obgleich man tiefere Wärme und inneres Leben vermisst, die gute Auffassung und die in allen Theilen verständige Ausführung gerühmt wird. Man hebt unter ihnen besonders hervor: die Verkündigung Mariä; den heil. Andreas, der die Russen bekehrt; einen englischen Gruss (für die Olmützer Domkirche); den heil. Severin, der das Land Oesterreich segnet; Germania im Jahre 1850 und Schleswig-Holstein, zwei allegorische Gemälde. — Dittenberger radirte auch eine Anzahl Blätter in Umrissen zu Schiller's Gedichten, die bei Cotta erschienen. — Auf seinen Bildern und Zeichnungen sieht man zuweilen die beiden ersten Monogramme; mit dem letzten sind einige der genannten Radirungen bezeichnet.

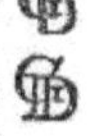

Dixon, John, Zeichner und vortrefflicher Arbeiter in Schwarzkunst, geb. 1740, gest. zu London um 1780. Unter seine besten Blätter, theils Bildnisse, theils Historien darstellend, zählt man: den Grafen Ugolino im Hungerthurm, nach Reynolds; Rembrandt's frame Maker, nach ihm selbst; eine ruhende Tigerin, nach Stubbs (1773); Garrick, als König Richard III., nach N. Dance (1772); eine junge Frau in der Hütte einer Zauberin, nach Mortimer; die Bildnisse des Lord Mayors von London, Wilhelm Beckfort (1771); der Mistriss Blacke (1771) und des Wilh. Robertson (1772), beide letztere nach Reynolds (1772).

Dobiaschofsky, Franz, Historien- und Porträtmaler, Mitglied und Lehrer der Akademie zu Wien, geb. daselbst 1818, ein Schüler von Führich und Kuppelwieser, hat sich durch seine seit 1845 in die Oeffentlichkeit gebrachten Bilder, an denen man die poetische Auffassung und hübsche Behandlung rühmt, einen geachteten Namen erworben. Es werden von denselben besonders hervorgehoben: die heil. Barbara (1845); Kaiser Otto auf der Jagd mit Leopold dem ersten Babenberger (1846); Herzog Albrecht III. bei seiner Rückkehr nach Wien als Sieger über die heidnischen Preussen aus den Händen seiner Gemahlin seinen erstgeborenen Sohn empfangend; Cimabue, das Malertalent Giotto's entdeckend (1847); der Traum einer Nonne; eine Scene aus dem Leben Herzogs Ernst des Eisernen, 1850 (in der Gallerie des Belvedere zu Wien); der heil. Ferdinand und der heil. Joseph mit dem Kinde, zwei Altarbilder (1851 für den Erzherzog Ferdinand von Este gemalt); Faust und Gretchen des 19. Jahrhunderts (in der Gallerie des Belvedere). Dobiaschofsky malte auch das Porträt des Kaisers zum öfteren.

Dobson, William, Maler, geb. zu London 1610, gest. 1646, bildete sich unter und nach van Dyck, wurde nach dessen Tod zum Hofmaler des Königs und zum Kammerherrn ernannt. Er war der ausgezeichnetste englische Maler seiner Zeit. Seine Bildnisse kommen denen seines Lehrers und Vorbildes sehr nahe; sie haben etwas sehr Charakteristisches, sind tüchtig in der Zeichnung und fleissig in der Ausführung, klar und wahr im Ton, nur ist die Harmonie der Färbung im Ganzen geringer als bei jenen. Obgleich er nicht lange lebte, führte er sehr viele Bilder aus, von denen sich in den englischen Gemäldesammlungen noch eine grosse Anzahl findet. Unter die vorzüglichsten der zugänglichen Sammlungen zählt man in der Bridgewatergallerie zu London: das Bildniss Karl I. und das des Dichters Cleveland; in der Sammlung des Herzogs von Devonshire: ein Familienbild; in der Gallerie zu Corshamhouse: die Amme der Königin Anna; in der Sammlung zu Warwickcastle: ein Bildniss im Harnisch. Ferner bewahrt die Bildersammlung des Grafen Pembroke zu Wiltonhouse ein historisches Bild von ihm: die Enthauptung Johannis.

Doceno, siehe **Gherardi.**

Dodd, Robert, ein englischer Maler, der sich anfänglich dem landschaftlichen Fache widmete, in der Folge aber in der Darstellung von Seestürmen und Seegefechten, in denen er die Gefahren und Schrecken des Seelebens und der Seekämpfe mit ausserordentlicher Naturtreue schilderte, eine grosse Meisterschaft erreichte. Ausser verschiedenen derartigen Bildern, die theils den Kampf grosser Fahrzeuge und ihrer Passagiere gegen die Elemente, theils wirkliche Seegefechte darstellten, wurden namentlich ein 1796 ausgeführtes 110 Fuss breites Oelgemälde der grossen brittischen Flotte zu Spithead, die einem brennenden Linienschiffe entflieht, und die Seeschlacht bei Trafalgar, die Dodd 1806 auf der königl. Akademie aufstellte, gerühmt. Aber nicht nur in Bildern zeichnete er sich aus, er war auch ein vorzüglicher Kupferätzer und Arbeiter in Punktirmanier und Aquatinta, und man zählt unter seine besten Blätter: die Vorstellung des schrecklichen Sturmes, der den 16. Sept. 1782 die Jamaicaflotte betraf (1783), in Aquatinta (von ihm auch als Bild ausgeführt); die französische Fregatte, Amazone, ergibt sich der englischen Fregatte St. Margaretha, 1784 (Aquatinta); die Schlacht zwischen einem englischen und einem französischen Schiffe (1795); den Aufruhr der Matrosen auf dem „Bounty" zu Otahaiti (1790).

Doell, Friedr. Wilh. Eugen, Hofbildhauer und Professor, geb. 1750 zu Hildburghausen, gest. 1816 zu Gotha, fertigte Reliefs, Büsten, Statuen und Gruppen, die eine tüchtige Fertigkeit im Geschmack der damaligen Zeit verrathen. Unter seinen Arbeiten werden besonders hervorgehoben: die Büsten Winkelmann's, Zollikofer's, Weisse's und Mengs'; die Statuen der Kaiserin Katharina II. als Minerva; der Hygiea; der neun Musen; eine Marmorgruppe, dieselbe Kaiserin und ein vor ihr auf einem Altare opferndes Mädchen darstellend, und einige Grabdenkmale.

Literatur. Meusel, Teutsches Künstlerlexikon.

Doell, Johann Veit, königl. sächsischer Hofmedailleur, geb. 1750 zu Suhl, im Hennebergischen, einer der vorzüglichsten Medailleure unter seinen Zeitgenossen, fertigte Schaumünzen und schnitt Steine, auf denen er meistens Gestalten und Scenen aus der Mythologie der Alten darstellte, und die seiner Zeit sehr geschätzt wurden.

Doerbeck, Franz Burchardt, Zeichner und Kupferstecher, geb. zu Fellin 1799, gest. zu Berlin 1835, war zuerst Graveur bei der königl. Bank zu Petersburg, kam aber 1823 nach Berlin, um sich weiter auszubilden, und machte sich hier durch seine illuminirten lithographischen Federzeichnungen, die sogenannten Berliner Witze, in denen er nicht nur einen sehr schätzenswerthen Beitrag, sowohl zur komischen Kunst als zur Geschichte der Sitten unserer Zeit überhaupt lieferte, bald einen allgemein geachteten Namen. Die Zeichnung dieser das Leben der unteren Volksklassen Berlin's mit unübertrefflicher Charakteristik, all seinem Witz und Humor schildernden Blätter ist untadelhaft, die Auffassung voll Leben und die Arbeit durchweg geschmackvoll. Auch in der Kupferstecherei hat er, wenn nicht gerade Ausgezeichnetes, so doch tüchtige und brauchbare Arbeiten geliefert. — Seine Blätter sind meistens mit B. D.; D.; B. Dbeck. f. bezeichnet.

Dörr, Friedrich, Porträt- und Historienmaler, geb. 1783 zu Tübingen, gest. 1841 als Universitätsmaler daselbst, malte gute Bildnisse und auch einige Geschichtsbilder. Im Museum der bildenden Künste zu Stuttgart sieht man von ihm ein grosses Gemälde: Elieser bei Rebecca am Brunnen.

Dörr, Karl, ein Landschaftsmaler zu Heilbronn, der in den ersten Decennien unseres Jahrhunderts zu Heilbronn thätig war, und artige Transparente mit Mondscheinbeleuchtungen, die er unter optischen Gläsern als sogenannte „malerische Zimmerreise" an verschiedenen Orten sehen liess, fertigte.

Does, Aart van der, Kupferstecher im Haag, geb. 1610, der in der Weise des Paul Pontius arbeitete, und vorzüglich das Porträtfach pflegte. Man schreibt ihm den grössten Theil der zu Amsterdam unter dem Titel: „Portraits des hommes illustres du 17 ième siècle" erschienene Reihenfolge von Bildnissen berühmter Zeitgenossen, von denen einige mit der Jahrszahl 1649 bezeichnet sind, zu. Einige seiner Blätter haben nebiges Monogramm, andere sind nur mit den Anfangsbuchstaben A. V. D. bezeichnet.

Does, Jacob van der, der Aeltere, ein ausgezeichneter Thiermaler, geb. 1623 zu Amsterdam, gest. 1673 im Haag, war ein Schüler von Nic. Moyaert, besuchte später Italien und nahm dort P. van Laar zum Vorbild. Er malte besonders Ziegen und Schafe, die er mit grosser Meisterschaft darstellte, aber auch seine Landschaften sind nicht ohne Verdienst. Doch trug sich in alle seine Bilder seine melancholische Stimmung über; sie haben meistens einen düsteren braunen Ton. Die Gallerie des Belvedere zu Wien besitzt zwei Bilder von ihm: eine Landschaft mit einer Schafheerde und einem bepackten Maulesel (1662), und eine italienische Landschaft mit Ruinen und Thierstaffage. — Does ätzte auch in Kupfer. Man kennt von ihm aber nur ein einziges sehr seltenes, schön radirtes Blatt: eine Gruppe von 5 Schafen (1650).

Literatur. Descamps, La vie des peintres flamands. — Immerzeel, De Levens en Werken der Holl. en Vlaam. Kunstschilders u. s. w. Amsterdam, 1842.

Does, Jacob van der, der Jüngere, Historienmaler, der Sohn des Vorigen, war anfänglich ein Schüler von Karel du Jardin, dann lernte er bei Gaspard Netscher und endlich trat er in die Schule des Gerard de Lairesse. Er malte Geschichtsbilder, die von seinen Zeitgenossen bewundert wurden, soll aber in der Blüthe seiner Jahre zu Paris ermordet worden sein.

Does, Simon van der, der Sohn des älteren Jacob van der Does, geb. 1653, gest. 1717, malte Landschaften mit Figuren, Kühen und besonders Schafen, die ihm einen Namen verschafften, auch Bildnisse in der Art des Gaspard Netscher. Er führte eine grosse Anzahl von Bildern aus, die besonders in Holland nicht selten sind. Auch das Städel'sche Institut in Frankfurt a. M. besitzt zwei Bilder von ihm: einen Knaben und ein Mädchen, die ihre Heerde an den Brunnen führen, und einen Knaben und ein Mädchen mit Vieh an einem Brunnen (1711).

Dolce, Luzio, ein Maler zu Castel Durante, der um 1589 noch lebte und wegen verschiedener in und ausser seinem Geburtsort ausgeführter Gemälde und anderer Kirchenbilder gerühmt wird. — Auch sein Grossvater Bernardino Dolce und sein Vater Ottaviano Dolce sollen die Malerei getrieben haben.

Dolci, Carlo, berühmter Maler, geb. 1616 zu Florenz, gest. 1686, zeigte in frühester Jugend schon ein so grosses Talent für die Malerei, dass er, nachdem er seit seinem 9. Jahre den Unterricht darin bei Jacopo Vignali genossen, bereits in seinem 11. Jahre zwei Bilder nach eigenen Erfindungen, Christus, als Kind, und Johannes, den Täufer, ausführen konnte, die Aufsehen erregten, und ihm die Gunst einiger Grossen und selbst des Hauses Medici erwarben. Er wurde sofort bei immer reiferer Ausbildung seiner Fähigkeiten vielseitig beschäftigt, namentlich für Kirchen, wurde auch einmal an den Hof des deutschen Kaisers berufen und vollendete im Ganzen eine sehr grosse Anzahl von Gemälden. Beschränkte er sich auch in ihnen meistens auf den engeren Kreis der Madonnen und anderer Heiligen, vorzugsweise in halben Figuren, so entwickelte er in ihnen doch, indem er in der Gefühlsweise den Matteo Rosselli zum Vorbild nahm, im Colorit dem Cigoli folgte, eine eigenthümliche Milde, Anmuth und Zartheit. Freilich geht er in seiner Auffassung oft in grosse Sentimentalität über, die zwar in einzelnen Fällen sehr liebenswürdig erscheint, häufig aber zu einer widerwärtig süssen Koketterie herabsinkt. Auch wiederholt er sich zum Oefteren und bringt dasselbe süsse Motiv in mehreren Gestalten wieder, bald als Madonna, bald als heil. Magdalena, als heil. Apollonia u. s. w. Doch darf man über seiner Süsslichkeit, seiner conventionellen Andacht im Kopfhängen und Augenverdrehen, der übereleganten Haltung der, übrigens meistens trefflich gebildeten Hände nicht verkennen, dass er ein, wenn auch schwächliches und süssliches, dennoch in seiner Seele wahres religiöses Gefühl auszudrücken strebte; darf man den ihm angeborenen bedeutenden Schönheitssinn und den ausserordentlichen Fleiss der Ausführung nicht vergessen. Mit jenem Ausdruck zarter Regungen stimmt sodann auch das Colorit und der Hauptton der Bilder, die liebliche Zeichnung und eine Färbung von sanftem Einklange ganz überein. Seine Gemälde waren, bezeichnend für die religiöse Gefühlsweise der damaligen Zeit, für Kirchen, Privatkapellen, Betpulte u.s.w. sehr gesucht. Sie wurden häufig von ihm wiederholt, aber noch häufiger von Anderen nachgeahmt oder copirt. Doch ist von seinen eigenen immerhin noch eine grosse Anzahl, namentlich in Italien, vorhanden. Unter die schönsten gehört: eine Madonna im Sternenkranze zu Blenheim in England; eine Madonna mit dem Kinde in der Gallerie Pitti zu Florenz; eine h. Cäcilia; die Tochter der Herodias, und Christus, das Brod segnend, in der Dresdner Gallerie; der Evangelist Johannes im Berliner Museum. Unter seinen historischen Bildern, deren er jedoch nicht viele ausführte, ist ein S. Andreas vor der Hinrichtung zu dem Kreuze betend (bez. 1646) im Pal. Pitti das vorzüglichste. Ausser den angeführten Gemälden sieht man aber auch noch in anderen Gallerien viele nicht unbedeutende Werke des Meisters. In Italien kann man ihn besonders im Pal. Pitti, in den Uffizien, namentlich aber im Pal. Corsini zu Florenz studiren. Dann trifft man in England viele Bilder von ihm, in Althorp: eine Vermählung der h. Katharina; in Burleighhouse: Christus, das Brod segnend (eine Wiederholung des Dresdner Bildes), und die Geburt Christi; in Corshamhouse: einen h. Bruno; einen Schutzengel; Christus, das Brod brechend (ähnlich dem Dresdner Bild); in Devonshirehouse: einen Christuskopf mit Blumen vom feinsten Schmelz der Ausführung; in Dullwichcollege: eine Veronica und Mater dolorosa; in Keddlestonhall: den Kopf einer Heiligen mit einem Pfeil durch den Hals, von seltener Schönheit der Form und des Ausdrucks, Klarheit der Färbung und Zartheit der Vollendung; in Landsdownehouse: Maria mit dem Kinde, eine Miniatur in Oel von der grössten Feinheit; in Leight Court: eine Maria; in Longfordcastle: des Meisters eigenes, sehr sorgfältig ausgeführtes Bildniss; zu Pansanger: die Geburt Christi; Christus verlangt von Joseph das Kreuz; das Bildniss seiner Frau; zu Stratton: Magdalena betrachtet einen Todtenkopf; die Mater dolorosa, ungewöhnlich edel und von zartester Vollendung; Maria mit dem Kinde, feinste Miniatur in Oel. Von den übrigen bedeutenderen Gallerien bewahrt die Bildergallerie zu Gotha: Christus auf dem Oelberge; die Pinakothek zu München: die heil. Jungfrau mit dem Kinde; eine anmuthsvolle weibliche Gestalt, ein Lamm umschlingend; die reuevolle Magdalena; Jesus als Knabe mit einem Blumenbouquet; die h. Agnes mit dem Palmzweige; einen Ecce homo; die Leuchtenberg'sche Gallerie: den h. Johannes; das Louvre zu Paris: den todten Christus auf dem Schoosse der Maria; die Eremitage zu St. Petersburg: mehrere Bilder, unter denen besonders eine h. Cäcilie, ähnlich der in Dresden, nennenswerth; die Gallerie zu Pommersfelden: eine Maria; einen h. Sebastian (gest. v. Fr. Wagner) und einen Ecce homo; die Gallerie des Belvedere zu Wien: eine allegorische weibliche Gestalt, die Aufrichtigkeit darstellend; Maria mit dem Kinde; eine Mater dolorosa; Christus mit dem Kreuze; die Sammlung des Grafen Schönborn: die h. Katharina (gest. v. P. Gleditsch). — Eine Menge seiner Bilder wurden durch den Stich oder durch die Lithographie vervielfältigt.

Das Museo fiorentino enthält sein Porträt im Stich.

Seine Tochter Agnese Dolci übte ebenfalls die Malerei, ihre Kunst bestand aber meistens im Copiren der beliebtesten Bilder ihres Vaters, woher es zum Theil rühren mag, dass so viele schwächliche Gemälde, die wahrscheinlich Copien der Tochter sind, als von ihm herrührend betrachtet werden. Eine solche Copie des berühmten Christuskopfes in der Dresdner Gallerie von ihr besitzt das Louvre.

Dolendo, Bartholomeus, ein Kupferstecher, der zu Leyden um's Jahr 1560 geboren wurde und ein Schüler von H. Goltzius oder Jacob de Gheyn gewesen sein soll. Er arbeitete in einer sehr anmuthigen Manier, theils nach eigenen Compositionen, theils nach K. van Mander, Martin Hemskerken, H. Goltzius, Crispin van den Broeck und anderen holländischen Meistern. Seine Blätter sind mit nebigen Monogrammen bezeichnet.

Dolendo, Zacharias, ein geschickter Kupferstecher, der Bruder des Vorigen, geb.

1561 zu Leyden, war ein Schüler von Jacob de Gheyn, bei dem er den Grabstichel mit sicherer, fester Hand zu führen lernte. Die meisten seiner sehr hübsch ausgeführten Blätter, die er mit Za. Do. oder Z. Do. oder mit nebigen Monogrammen bezeichnete, sind nach seinem Lehrer, nach K. van Mander, Barth. Spranger, H. Goltzius und einigen anderen Meistern dieser Schule.

Domard, Josephe François, ein geschickter Steinschneider und Medailleur, der 1792 zu Paris geboren wurde, den Unterricht von Cartellier und Jeuffroy genoss und sich durch verschiedene Denkmünzen auf berühmte Persönlichkeiten, denkwürdige Ereignisse u. s. w. einen geachteten Namen erwarb.

Domenichino, siehe **Zampieri.**

Domenico Fiorentino, siehe **Barbieri, Domenico.**

Domenico Veneziano, siehe **Veneziano.**

Dominici, Francesco, ein wenig bekannter, aber vortrefflicher Maler aus Treviso, der in seinem 35. Jahre starb. Im Dom seiner Vaterstadt sieht man unter Anderem eine Procession von ihm mit der Jahrszahl 1572 bezeichnet.

Donatello, eigentlich **Donato di Betto Bardi**, einer der ausgezeichnetsten Bildhauer und Erzgiesser des 15. Jahrhunderts und einer der Mitbegründer der modernen Kunstrichtung in Italien, wurde 1383 zu Florenz geboren und starb daselbst 1466. Er widmete sich von früher Jugend an der Bildhauerkunst, zeigte auch in der Stuccaturarbeit viele Uebung, war in der Perspektive vorzüglich und in der Baukunst sehr geschätzt. Schon durch seine ersten Arbeiten erwarb er sich Ruhm und Namen, und besonders wird unter denselben ein sehr schönes Relief der Verkündigung, in Sandstein ausgeführt für S. Croce zu Florenz*, erwähnt. Für dieselbe Kirche arbeitete er sofort ein Crucifix in Holz (Capella Bardi), das den Wetteifer des Brunelleschi hervorrief, ein ähnliches zu schaffen, welch letzteres aber das des Donatello bei Weitem übertraf. Dann führte er das Grabmal des Papstes Giovanni Coscia (Johann des XXIII) in S. Giovanni ebendaselbst aus, bei welchem ihm sein Schüler Michelozzo half, der die dazu gehörige Figur des Glaubens fertigte; ferner eine büssende Magdalena in Holz, eine Statue von merkwürdig realistischer Auffassungs- und Behandlungsweise (im Baptisterium), und die Statue des Ueberflusses auf eine Granitsäule auf dem alten Markte (zu Grund gegangen). Sehr jung noch fertigte er für die Façade von S. Maria del Fiore in Marmor: den Propheten Daniel, die sitzende Statue des Johannes und die Bildsäule eines Greises; verzierte dann im Inneren der Kirche die Orgel mit Marmorreliefs und die neue Sakristei derselben Kirche mit den anmuthigsten Kindergestalten, welche die Blumengewinde halten, die den Fries umgeben. In grossartigster Entwicklung zeigt sich sodann seine Kunst in den drei grossen für Orsanmichele gearbeiteten Figuren des Petrus, des Marcus und des Georg, wie in den für die Façade des Glockenthurms von S. Maria del Fiore verfertigten drei mächtigen Gestalten, unter denen der sogenannte Zuccone (Kahlkopf), ein Porträt des Giov. di Bartuccio Cherichini, eines der ausgezeichnetsten Werke des Meisters ist, in dem sich das kräftigste Leben mit ungemeiner Grossheit des Styls glücklich vermählt. Auch über einer Thüre desselben Thurms stellte er Abraham's Opfer und einen Propheten in kräftiger naturalistischer Formengebung dar. Für die Signoria von Florenz führte er hierauf die Bronzestatuen der Judith, welche dem Holofernes das Haupt abschlägt (in der Loggia dei Lanzi), und des David (in der florentinischen Gallerie); dann im Hause der Medici, nachher Palazzo Riccardi, acht runde Marmorbilder, zum Theil nach antiken Cameen, zum Theil nach seiner Erfindung, ferner für Cosimo verschiedene Madonnen halberhoben in Marmor und Bronze, auch andere Marmorreliefs aus. Später machte er im Auftrag von Cosmus das Marmorgrabmal des Erzbischofs Rinaldo Brancaccio, das in die Kirche S. Angelo a Nilo in Neapel kam, und vollendete 1435 die Marmorkanzel im Dom von Prato, die er mit Reliefs, singende und musicirende Kinderengel darstellend, schmückte. Nachdem der Ruhm, den er sich durch alle diese Werke erworben, auch nach Venedig

* Abgeb. in den Denkmälern der Kunst. Atlas zu Kuglers Handb. der Kunstgesch. Taf. 66, Fig. 6 u. 8.

gedrungen war, erhielt er von der Signoria dieser Stadt den Auftrag, zu Padua dem Gattamelata, Condottiere der venezianischen Truppen, ein Denkmal zu errichten, bestehend in einer Reiterstatue, und er entledigte sich desselben zur so grossen allgemeinen Zufriedenheit, dass die Paduaner ihn auf alle mögliche Weise festzuhalten suchten. Er blieb auch längere Zeit daselbst und lieferte während seines dortigen Aufenthalts eine grosse Anzahl trefflicher Werke, worunter namentlich die Reliefs* am Hauptaltar in S. Antonio, und ein Relief über der Thüre des Chors in vergoldetem Gyps, eine Grablegung darstellend; ein kolossales Pferdegerippe aus Holz; ein h. Sebastian für ein Nonnenkloster daselbst; ein grosses Crucifix und fünf Statuen über demselben in Bronze u. s. w. gerühmt werden. Zu Venedig fertigte er dann die Statue eines Johannes, des Täufers (in der Kirche S. Maria de' Frari), für Faenza in die Dechanei von Monte Pulciano ein Marmorgrabmal, und nach seiner Rückkehr nach Florenz ein Handbecken für die Sakristei von S. Lorenzo. Von Florenz begab er sich nach Rom, um dort die Werke der Alten zu studiren, und führte dann während dieser Studien ein Tabernakel für die St. Peterskirche aus. Auf der Heimreise nach seiner Vaterstadt fertigte er in Siena die Bronzestatue eines h. Johannes, des Täufers, und einige Reliefs für die Domverwaltung, auch wurde ihm im Jahr 1458 (laut einer sienischen Urkunde) die Marmorfigur eines Bernardinus übertragen. In Florenz wieder angekommen, verzierte er dann für Cosimo von Medici die Sakristei von S. Lorenzo mit Stuccatur und Reliefs aus dem Leben der Evangelisten; fertigte für diesen Ort ferner zwei kleine Bronzethüren mit halberhabenen Arbeiten aus dem Leben der Apostel und Märtyrer; dann für das Kreuz der Kirche vier kolossale Heilige in Stucco (zu Grunde gegangen); führte für S. Maria del Fiore zwei Kolosse von Backsteinen und Gyps (nicht mehr vorhanden) aus, und stellte über der Thüre von S. Croce eine Bronzestatue des heil. Ludwig auf. Ausserdem arbeitete er für Cosimo und mehrere Privatpersonen verschiedene andere Werke in Bronze und Marmor, von denen indessen nur noch ein bald Mercur, bald Perseus, bald Amor genanntes Kind in Bronze (in dem Saal der modernen Bronzen in der Gallerie der Uffizien zu Florenz) und das Grabmal der Familie Martelli in Form einer von Weiden geflochtenen Wiege unterhalb der Kirche S. Lorenzo ebendaselbst vorhanden zu sein scheinen. In späteren Jahren besuchte er Rom noch einmal und verfertigte dort unter Anderem das Grabmal des Giov. Crivelli, Archidiaconus von Aquileja in S. Maria d'Ara Celi. Die Bronzereliefs aus dem Leben Christi an den Kanzeln von S. Lorenzo zu Florenz gehören zu den letzten Arbeiten des Meisters; sie wurden erst nach seinem Tode von seinem Schüler Bertoldo vollendet.

Donatello hinterliess im Ganzen eine so beträchtliche Anzahl von Werken, dass kaum ein zweiter Bildhauer zu finden sein dürfte, der während seines Lebens so viel gearbeitet. In ihm, der sich dem rückhaltslosesten Naturalismus, ohne alle Rücksicht auf ideale Schönheit, hingab, concentrirte sich die neue Richtung der italienischen Sculptur in ihren schärfsten Seiten und er führte sie mit voller Energie in's Leben ein. Sein Streben ging vorzugsweise dahin, eine kraft- und lebensvolle Körperlichkeit und hierin das ganze Gefühl der irdischen Existenz zur Erscheinung zu bringen; er schreitet dabei bis zur vollständigsten und ergreifendsten charaktervollen Darstellung der herbsten Leidenschaft, unbekümmert, ob hiemit ein edler gestimmtes Gemüth sich einverstanden erklären konnte, und oft selbst mit Zurückdrängen des ihm eigenen Schönheitssinnes, an dem es ihm durchaus nicht fehlte; er erreicht aber dafür auch eine ausserordentliche tiefe Wahrheit und eine zwingende Kraft und Gewaltigkeit, wesshalb ihn auch Buonarotti hoch verehrte. In seinen Reliefdarstellungen suchte er die mit der Antike mehr übereinstimmende stylgemässe Anordnung, aber nicht ohne oft durch die dramatische Lebendigkeit der Darstellung und einzelne wunderbare Züge des Lebens zu überraschen. In seinen Statuen waltet dagegen seine realistische Richtung auf's Entschiedenste vor, und wo es galt, energische, heroische Gestalten darzustellen, zeigt er sie in grossartigster Entfaltung. — Man

* Abgeb. in den Denkmälern der Kunst. Atlas zu Kuglers Handb. d. Kunstgesch. Taf. 65, Fig. 9 u. 10.

schreibt ihm auch mit grosser Bestimmtheit eine Reihe von Medaillen, die er verfertigt haben soll, zu.

Donatello übte mit seiner realistischen Darstellungsweise durch das Imponirende seiner Werke, durch die grosse Anzahl derselben und seinen wechselnden Aufenthalt, einen ungeheuren Einfluss auf die ganze italienische Sculptur aus, der, ohne den starken inneren Zug nach dem idealen Schönen, welcher die Kunst immer von Neuem wieder über den blossen Realismus und ebenso über das oberflächliche Antikisiren erhob, das heisst ohne den starken inneren Geist des 15. Jahrhunderts sehr gefährlich hätte werden können.

Donatello's Bruder, **Simone**, war ebenfalls Bildhauer und Erzgiesser. Er fertigte unter Anderem in Gemeinschaft mit Antonio Filarete 1436—1447 die ehernen Hauptpforten der St. Peterskirche zu Rom, und es zeigen die von ihm herrührenden Arbeiten daran, die Reliefs und Ornamente der Einrahmungen eine gute Anordnung und lebendige Behandlung. Allein fertigte er sodann das Bronzegrabmal des Papstes Martin V. in S. Giovanni in Laterano und das prächtige eherne Gitter an der Kapelle der Madonna della Cintola im Dom von Prato. Simone arbeitete übrigens auch in Thon, Holz und Marmor, und man sieht noch von ihm in S. Lorenzo zu Florenz ein Crucifix in natürlicher Grösse in Korkholz und das Grabmal des Orlando von Medici in der Kirche S. Annunziata ebendaselbst.

Literatur. Vasari, Leben der ausgezeichnetsten Maler, Bildhauer und Baumeister. — Cicognara, Storia della Scultura. — Kugler, Handbuch der Kunstgeschichte. — Burckhardt, Der Cicerone.

Donauer, Lorenz, wird ein Kupferstecher genannt, von dem man eine Copie nach Albr. Dürer, den h. Antonius darstellend, mit nebigem Monogramm und der Jahrszahl 1539 bezeichnet, kennt.

Dondorf, Bernhard, Lithograph zu Frankfurt, bekannt durch verschiedene Verbesserungen in der Lithographie auf Stein in Graviermanier, namentlich durch Anwendung von Brillantspitzen. In dieser Art kennen wir von ihm drei Blätter: die Musik; Architektur und die 10 Gebote. Eine andere sehr schöne Lithographie von ihm ist: die Buchdruckerkunst, historisches Tableau in 9 Darstellungen, nach Rethel.

Donducci, Giovanni Andrea, genannt **il Mastelletta**, von dem Gewerbe seines Vaters, der ein Küfer war, geb. 1575 zu Bologna, gest. 1655 daselbst, ging in die Schule der Caracci, folgte aber mehr der Kunstweise des Parmigianino und des Tiarini. Er besass eine reiche Phantasie, eine ungemeine Handfertigkeit und grosse Lebhaftigkeit des Geistes, aber ohne besondere Tiefe. Seine Bilder sind daher lebendig in den Bewegungen, haben eine glühende Färbung und entschiedene Beleuchtung. Er wusste durch starke Schatten und wirksame Lichter einen glänzenden Effekt hervorzubringen; später nahm er mehr eine offenere und hellere Manier an, ohne dass aber seine Bilder dadurch gewannen. Seine in der ersten Weise zu Bologna und Rom, wohin er mit Ann. Caracci kam, gemalten Bilder sind die besten. Seine Landschaften wurden von letzterem, dem sie auch hin und wieder schon zugeschrieben worden sind, sehr geschätzt. Bilder von ihm sind ausser Italien selten anzutreffen. Im Louvre sieht man: Maria und Jesus, dem h. Franz von Assisi erscheinend.

Dongen, Dionys van, geb. zu Dordrecht 1748, gest. zu Rotterdam 1819, war ein Schüler von J. Xavery im Haag, dessen Manier er in seinen Bildern glücklich nachahmte; er copirte indessen auch Potter, Cuyp, Wynants u. A. so täuschend, dass manche seiner Bilder für Originalien dieser Meister gehalten werden. Im Städel'schen Institut zu Frankfurt befindet sich von ihm ein Bild, zwei Kühe und eine Ziege vor einem Stalle darstellend.

Doni, Adone, Maler aus Assisi, ein Mitschüler von Raphael, der (nach Rumohr) um 1580 noch arbeitete und in Perugia und ganz Umbrien thätig war. Seine besten Bilder findet man in Assisi, wo er namentlich in S. Maria degli Angeli verschiedene Bilder ausführte. Er malte in Oel und Fresco, folgte in seinen früheren Arbeiten der Weise des Perugino, wie man unter Anderem an einer anmuthigen Anbetung der Könige in S. Pietro in Perugia sieht, gab sich jedoch später der Manier der römischen Schule nach Raphael hin, und zuletzt arbeitete er im Geschmack des

Buonarotti. Im Berliner Museum sieht man von ihm: das auf einem Kissen sitzende Christuskind, nach einem Buche in der Hand der Maria langend.

Donini, Girolamo, Maler aus Correggio, geb. 1681, gest. 1743, lernte bei Stringa in Modena, bei Giangioseffo dal Sole zu Bologna und endlich bei Cignani in Forli, an dessen Malweise seine in den Sammlungen Oberitaliens vielfach zerstreute, seiner Zeit sehr gesuchte Bilder erinnern.

Donner, Georg Raphael, ein tüchtiger österreichischer Bildhauer, geb. 1695 zu Esslingen im Marchfelde, gest. 1741 zu Wien, verdankte seine künstlerische Ausbildung der Akademie zu Wien, sowie seinem Talente und eisernen Fleisse. Seine Werke zeichnen sich durch gründliches Studium der Natur, richtige Zeichnung, schöne Verhältnisse und grosse technische Fertigkeit aus. Die berühmteste Arbeit von ihm ist der 1738—1739 entstandene Neumarktsbrunnen zu Wien mit trefflichen Sculpturen. Andere mit Anerkennung genannte Bildhauerarbeiten seiner Hand sind: Andromeda, durch Perseus erlöst, Relief in einem Hofe des Wiener Magistratsgebäudes; ein heil. Martin in Pressburg; die Statue Kaiser Karl VI. im Belvedere; das Crucifix auf dem Hochaltare der Kapelle der Kaisersburg und viele Büsten und Statuen.

Donner, Matthäus, der Bruder des Vorigen, war ebenfalls ein geschickter Bildhauer, der sich aber mehr der Stempelschneidekunst widmete, worin er es zu grosser Vollkommenheit brachte.

Donnino, Agnolo di, ein Maler aus Florenz, der mit grossem Fleisse in Oel und Fresco malte, es sind jedoch keine Bilder von ihm erhalten. Er war ein Freund des Cosimo Roselli, dessen Bildniss von ihm seiner Zeit in der florentinischen Gallerie aufbewahrt war.

Donoso, Don Josef Ximenes, Maler und Architekt, geb. zu Consuegra im Jahr 1628, gest. zu Madrid 1690, lernte bei seinem Vater Antonio Ximenes die Anfangsgründe der Kunst, besuchte dann die Schule des Franc. Fernandez zu Madrid und kam später nach Rom, wo er 7 Jahre verweilte. In's Vaterland zurückgekehrt, entwickelte er in der Architektur und Malerei eine grosse Thätigkeit. Er malte theils mit seinem Freunde Claudio Coello, theils allein in Toledo, Madrid, Valencia u. s. w. in Oel und Fresco und zeigte sich als ein tüchtiger Meister in der Weise des Herrera, el mozo, die mehr auf äusserlichen Effekt ging. Als Baumeister verbreitete er in Spanien den Styl des Borromini.

Literatur. Bermudez, Diccionario historico de los mas illustres professores de las bellas artes en España.

Dontas, Holzschnitzer und Toreut aus Lacedämon, war ein Schüler von Dipönos und Skyllis und blühte um 550 v. Chr. Geb. Als von seiner Hand herrührend werden die Weihegeschenke der Megarer in ihrem Schatzhause zu Olympia genannt, die den Kampf des Herakles gegen Achelaos in Gegenwart des Zeus, der Dejanira, des Ares und der Athene darstellen.

Donzelli, Pietro und Ippolito, Brüder, Stiefsöhne des Angiolo Franco und Verwandte des berühmten Baumeisters Giuliano da Majano, der sie den von ihm für König Alfonso zu Neapel erbauten herrlichen Palast Poggio Reale zu Neapel mit Malereien ausschmücken liess. Sie waren wahrscheinlich aus Florenz und Schüler des Zingaro. Von beiden findet man noch vortreffliche Bilder, welche der Weise des Meisters ziemlich nahe kommen, im Museum und in verschiedenen Kirchen von Neapel. Sie sind bald mehr dem Perugino, bald mehr den Venetianern verwandt, zeigen jedoch zugleich Anklänge an die nordische Malerei, verrathen demnach eine schwankende, aber ansprechende Eigenthümlichkeit. Der bedeutendste der beiden Brüder ist Pietro. Ihm werden zwei Bilder in S. Maria nuova zu Neapel, die heil. Agatha und die heil. Lucia darstellend, von sehr grossartiger Gewandung; ferner eine heil. Jungfrau auf dem Throne mit Engeln, ein schönes, mildes Bild, und eine Kreuzigung im Museum zu Neapel zugeschrieben. Er brachte in seinen Gemälden gerne Bildnisse an, in denen er besonders glücklich war. Eine dem Ippolito, der beträchtlich bälder starb als der Bruder, zugeschriebene Kreuzigung ist alterthümlich, strenger und schlichter gehalten. Von beiden sieht man in der Kapelle des heil. Sebastian in S. Domenico Maggiore zu Neapel: eine heil. Jungfrau mit dem Kinde von Heiligen umgeben und einige andere Bilder ebendaselbst in der Kapelle des heil. Dominicus. Zwei tüchtige Bilder in der Sakristei von S. Angelo a Nilo scheinen ebenfalls von den Brüdern Donzelli gemalt zu sein. Ueberdiess zeichneten sie sich in Malereien an Häuserfaçaden, Giebelfeldern, auch in helldunkeln basreliefartigen Gemälden aus.

Doo, Georg T., einer der vorzüglichsten Kupferstecher in England, der 1836 zum historischen Kupferstecher des Königs von England ernannt wurde. Unter seine schönsten Stiche zählt man: die Predigt des John Knox vor den Lords der Congregation in St. Andrews 1559, nach Wilkie (1838); „Nature", Gruppe zweier Kinder, die sich umarmen, nach Lawrence; eine Gruppe von Pilgern, welche Rom zum erstenmale erblicken, nach Eastlake (1839); Sterne und die Grisette, nach Newton; die Abfahrt des Regulus nach Karthago, nach Turner; Madonna mit dem Kinde, nach dem Raphael'schen Bilde in der Bildersammlung des Lord Cowper (1835); das Porträt des Earl of Eldon, nach Lawrence (1828).

Dooms, Caspar, ein nicht sehr bedeutender Kupferstecher, aber einer der ersten Arbeiter in Schwarzkunst, lebte zu Prag von 1644—1675, zu Wien und zu Mainz. Sein bester Stich ist ein Ecce homo, nach Albr. Dürer (1659), ein sehr seltenes Blatt.

Dorbay, François, Architekt zu Paris, gest. daselbst 1698, war ein Schüler von Louis Leveau, unter dessen Leitung er verschiedene Bauten ausführte. Nach eigenen Plänen baute er unter Anderem das Portal der Karmeliter zu Lyon (1682) und die Triumphpforte du Pérou zu Montpellier.

Dorer, Robert, ein sehr geschickter Bildhauer zu Dresden, der sich unter Rietschel bildete und 1853 für seine kolossale Statue eines sterbenden Kriegers die grosse goldene Medaille erhielt.

Dorfmeister, Johann Evangelist, ein Landschaftsmaler zu Wien, geb. 1741, gest. 1765, von dem wir in der Gallerie des Belvedere zu Wien ein hübsches Bild, einen Wald, durch welchen ein Bach fliesst, finden.

Dorfmeister, Johann Georg, ein geschickter Bildhauer zu Wien, geb. 1730, gest. 1787, fertigte viele Werke für Kirchen, Klöster und Paläste, bestehend in Heiligenbildnereien, Grabmälern, dekorativen Gegenständen u. s. w.

Dorigny, Louis, Maler, der Sohn des Michel und ältere Bruder des Nicolas Dorigny, geb. zu Paris 1654, gest. zu Verona 1742, erlernte die Anfangsgründe der Kunst bei seinem Vater, trat dann in Lebrun's Schule und ging später nach Italien, wo er fleissig studirte, eine grosse Fertigkeit in der Frescomalerei erlangte und sehr viele Bilder in der leichten Manier des Solimena ausführte, unter denen die Kuppel der grossen Kirche zu Trient als sein Hauptwerk bezeichnet wird. — Er stach auch in Kupfer und besonders geschätzt sind von ihm: 32 Blätter zu den Pensées chrétiennes; 5 Embleme aus Horaz; 6 aus Ovid; eine Ansicht des Amphitheaters zu Verona und die Landung der Saracenen in Ostia, nach Raphael.

Dorigny, Michel, der Vater des Vorigen, Maler und Kupferstecher, geb. 1617 zu St. Quentin, gest. zu Paris 1666 als Professor an der Akademie, war ein Schüler und der nachherige Schwiegersohn von Vouet, den er als Maler in seinen Bildern nachzuahmen suchte und von dessen Gemälden er als Kupferstecher in seinen Stichen treue Abbilder lieferte. Unter seine besten Arbeiten in letzterem Fache zählt man: Pan und Syrinx (1666); ein allegorisch satyrisches Blatt auf den Architekten Mansard; den heil. Ludwig; Herkules sitzend bei einem Felsen.

Dorigny, Nicolas, Zeichner und Stecher mit dem Grabstichel und der Radirnadel, der jüngere Sohn des Vorigen, geb. zu Paris 1657, gest. daselbst 1746, widmete sich anfänglich der Malerei, die er jedoch bald mit der Kupferstecherkunst vertauschte, besuchte dann Italien, wo er 28 Jahre verweilte und seinen Geschmack an den berühmtesten Meisterwerken bildete. Er erreichte den Audran in der Ausführung selten, indem er sich mehr der freien Manier der früheren Meister der Schule von Fontainebleau zuneigte, allein er war glücklicher in der Auswahl. Bald nach seiner Rückkehr in's Vaterland wandte er sich nach England, wo er die Cartons nach Raphael stach und von Georg I. nach Beendigung seiner mühevollen Arbeit in den

Ritterstand erhoben wurde. Nach seiner Rückkehr nach Paris nahm ihn die Akademie unter ihre Mitglieder auf.

Die Kreuzabnahme, nach Daniele da Volterra (1710), die Transfiguration und die Cartons, nach Raphael, Blätter, in denen sich Leichtigkeit mit Strenge, Kraft und Milde so mit einander vereinigen, und auf denen die Arbeit der Nadel mit der des Grabstichels so glücklich verschmolzen erscheint, dass sie die Wirkungen trefflicher Zeichnungen hervorbringen, werden Dorigny's Ruhm, als einer der geschicktesten Stecher für den grossen historischen Styl, auf immer erhalten. Weitere ausgezeichnete Stiche von seiner Hand sind: die Gallerie Farnese, die Fabel der Psyche darstellend, nach Raphael, in 12 Blättern; die Marter des heil. Sebastian, nach Dominichino (1699); der Tod der heil. Petronilla, nach Guercino; der heil. Petrus geht auf dem Wasser, nach Lanfranco (1699); Stanislaus Kosta zu den Füssen der heil. Jungfrau (1689).

Dorn, Joseph, Historien- und Genremaler, geb. 1759 zu Gratz-Sambach bei Pommersfelden, gest. zu Bamberg 1841, studirte in den Gallerien zu München, Wien und Düsseldorf, wo er zahlreiche, sehr täuschende Copien nach Mieris, Gerh. Dow, A. van der Werft, Therburg u. s. w. machte. Er malte jedoch auch eigene Compositionen und Bildnisse, die er mit nebigem Monogramm zu bezeichnen pflegte. Einen bedeutenden Ruf verschaffte er sich auch seiner Zeit durch die Restauration alter Gemälde. — Seine Frau **Rosalie Dorn,** die Tochter seines Lehrers, des Historienmalers Treu in Bamberg, malte ebenfalls besonders Bildnisse, in denen sie viel Geschicklichkeit an den Tag legte.

Dorner, Jakob, Historien- und Genremaler, Professor und Galleriedirektor zu München, geb. 1741 zu Ehrenstetten im Breisgau, gest. 1813, erlernte die Anfangsgründe der Kunst bei Hofmaler Rösch in Freiburg und bildete sich dann in Italien, in den Niederlanden und Paris zu einem in allen Zweigen der Kunst vielgewandten Maler aus. Er malte historische Bilder aus der biblischen und Profangeschichte, Genrebilder, Porträts, Landschaften und kleinere Kabinetstücke in Schalken's Manier. In der Pinakothek zu München sieht man von ihm: eine Handelsfrau in ihrem Kaufgewölbe, Porträt der Gemahlin des Künstlers. Er ätzte auch in Kupfer und man kennt einige recht hübsche Blätter: einen sitzenden Greis, in Rembrandt's Manier, und ein junges Weib, einer Alten aus einem Buche vorlesend (1774) von ihm.

Dorner, Johann Jakob, der Sohn des Vorigen, Landschaftsmaler und Central-Gemäldegallerie-Conservator, geb. zu München 1775, gest. daselbst 1852, lernte die Anfangsgründe der Kunst bei seinem Vater, wählte jedoch das Landschaftsfach zu seinem Berufe, in welchem ihm namentlich Claude Lorrain und Karl du Jardin zum Muster dienten. Besonders aber studirte er die Natur, wozu ihm anfänglich das bayrische Oberland, die frische Gebirgsnatur und die herrlichen Wälder an den Isarufern, später eine Reise durch die Schweiz und Frankreich vielfache Gelegenheit darboten. Nach seiner Rückkehr zum Restaurateur der k. Gemäldegallerie und im Jahr 1808 zum Gallerieinspektor ernannt, war er vielfach thätig, und seine Bilder fanden den Weg in die königl. Schlösser und Gallerien, sowie in die Sammlungen vieler Kunstkenner und Freunde. In Wien, wohin er 1818 reiste, befiel ihn ein Augenübel, das ihm erst im Jahr 1821 nach glücklicher Operation seine künstlerische Thätigkeit fortzusetzen erlaubte, bis er 1843 vom Schlagfluss berührt wurde, der ihm die ganze linke Seite lähmte und ihm nur noch zuweilen in kleinen Bildern seinem Schaffensdrang Genüge zu leisten gestattete.

Dorner gehörte zu jenen Künstlern, welche dem verdorbenen Geschmack des vorigen Jahrhunderts eine bessere Richtung zu geben und das Studium der Kunst auf vernünftige Grundlagen zurückzuführen beflissen waren. Seine Landschaften hatte er mit wenigen Ausnahmen fast ausschliesslich aus seinem Vaterlande gewählt. Es sind Wald- und Berggegenden, mit künstlichen oder natürlichen Wasserfällen, mit an Abhängen oder in Tiefen gelagerten Dörfern, See- und Flussansichten. Sie zeichnen sich durch die verständige Anordnung, feinen Natursinn und Gefühl für Anmuth und Schönheit aus und man hebt unter ihnen besonders hervor: die Ansichten von Landshut und München; die Umgebung von Paris; Ansicht des Rheinthals bei Freiburg; Felsgegend am Kochensee; den Staubbach bei Reutti; einen Wasserfall an einer steilen Felswand; Gewitterlandschaft mit dem Lechthale bei Reutti; Landschaft mit einer Mühle bei Pasing und eine Ansicht des Walchensee's mit Vieh von Wagenbauer, Dorner's grösstes Bild (letztere 4 Bilder in der neuen Pinakothek zu München). Er bediente sich zur Bezeichnung seiner Bilder öfters nebiger Monogramme.

Dorsch, Joh. Bapt., Hofbildhauer zu Dresden, geb. 1744, bildete sich namentlich unter dem Bildhauer Nahl in Kassel zu einem tüchtigen Künstler aus. Von seiner Hand sieht man in Dresden, Pillnitz u.s.w. noch manche Arbeiten im Geschmack seiner Zeit, bestehend in Statuen, Monumenten, Verzierungen u.s.w.

Dorsch, Erhard, geb. 1649 zu Nürnberg, gest. 1712 daselbst, ein Schüler von Stephan Schmidt, Moller und Spangenberger, schnitt Wappen in Stein und war ein in seinem Fache sehr bewanderter Künstler.

Dorsch, Johann Christoph, ein seiner Zeit berühmter Stempel- und Steinschneider, der Sohn des Vorigen, geb. 1680 zu Nürnberg, gest. daselbst 1732, schnitt eine sehr grosse Menge Steine, mit Bildnissen der römischen Kaiser, vieler Päpste, Könige, berühmter Personen mit grossem Fleiss und vieler Geschicklichkeit.

Dorsch, Susanna Maria, die Tochter des Vorigen, geb. 1701 zu Nürnberg, übte ebenfalls die Stahl- und Edelsteinschneidekunst, die sie bei ihrem Vater und P. P. Werner erlernte. Sie schnitt anfangs nach Kupferstichen, bildete sich aber später nach Pasten, die J. J. Preisler, den sie nach dem Tode ihres ersten Gatten, des Malers Salomon Graf, heirathete, aus Italien mitgebracht, zu einer tüchtigen Künstlerin aus. Man hat trefflich geschnittene Bildnisse von ihr.

Dorykleidas, Holzschnitzer und Toreut, war ein Schüler von Dipönos und Skyllis und blühte um 550 v. Chr. Geb. Von ihm wird besonders eine Statue der Themis als Mutter der Horen aus Gold und Elfenbein im Tempel der Hera zu Olympia erwähnt.

Dosio, Giovanni Antonio, ein sonst wenig bekannter Bildhauer, von dem das treffliche Grabmal eines Erzbischofs von Ragusa (1510) in S. Pietro in Montorio zu Rom mit einer sehr schönen frei in der Weise des P. Perugino empfundenen Madonna herrührt.

Dossi, Dosso, ein trefflicher Maler, geb. zu Dosso unweit Ferrara um 1474, gest. 1560, war ein Schüler von Lor. Costa, hielt sich aber dann zu seiner weiteren Ausbildung sechs Jahre in Rom und fünf in Venedig auf, es lässt sich daher auch das Bestreben, die beiden letzteren Schulen zu verbinden, in seinen Bildern nicht verkennen. Sie erinnern hin und wieder an Tizian, wie an Raphael, er wusste sich aber doch eine gewisse Unabhängigkeit und Originalität zu wahren. In den Charakteren und in der Gluth der Farben steht er nicht selten den grössten Venezianern gleich und sind auch seine Gedanken bisweilen ungeschickt oder bizarr, so sind sie doch wiederum nicht selten höchst bedeutend und schwungvoll. Die Stellungen und Bewegungen seiner Gestalten sind oft grandios und die Köpfe edel und ausdrucksvoll. Seine Eigenthümlichkeit tritt in seinen Altargemälden nicht völlig zu Tage, es sind stattliche Darstellungen von grosser Sicherheit und Fülle in der Weise des Garofalo; dagegen macht sie sich in der Behandlung mythologischer und phantastischer Gegenstände in freier novellistischer Naivität, in launenhaft heiterer Erfindung mit aller Entschiedenheit geltend.

Von seinen Gemälden haben sich viele erhalten, die ihn in den verschiedenen Richtungen seiner Kunstweise zeigen. So sieht man unter Anderem im Museum zu Berlin: Maria in trono mit Heiligen; die Apostel am Grabe der Maria schauen derselben, wie sie zum Himmel schwebt, nach (Skizze); die vier Kirchenväter mit der Glorie der heil. Jungfrau, ein ganz vortreffliches Bild; in der Bildersammlung zu Corshamhouse (England): Don Antonio de Leyva; in der Gallerie zu Dresden: die Träume, ein Bild, in dem sich eine wilde, nächtlich gesteigerte Phantasie offenbart; Judith; die Gerechtigkeit; eine Hore; der Friede; die vier Kirchenväter, ein herrliches Gemälde von vorzüglichem Werthe. Zu Faenza, wo sich einst im Dom eines seiner schönsten Bilder befand, Christus unter den Schriftgelehrten (vom Jahr 1536), ist jetzt nur noch eine Copie davon vorhanden. Dagegen besitzt Ferrara, woselbst er für den Herzog Alfonso vielfach beschäftigt war, noch verschiedene schöne Bilder von ihm. Hier trifft man im Ateneo: eine Madonna mit Heiligen, einen der bedeutendsten Kunstschätze Oberitaliens, ein grosses Altarbild von streng architektonischer Anordnung, Adel und Fülle der Charaktere und gewaltiger Kraft der Farbe; eine Verkündigung und einen Johannes auf Pathmos; einen Gekreuzigten in S. Benedetto, und Johannes vor der babylonischen Hure in S. Maria del Vado (von 1554 an). Dann sieht man im herzoglichen Palast daselbst noch verschiedene in Gemeinschaft mit seinem Bruder Giovanni Batista ausgeführte mythologische Deckengemälde, Aurora auf ihrem Wagen, Helios auf dem seinigen und verschiedene Scenen des antiken Lebens, Bacchanale u. s. w. darstellend; ferner in einem Kabinet ein mehr landschaftlich gehaltenes Bacchanal. Auch im Dom sind noch einige Grisailles auf Goldgrund von ihm vorhanden. Ferner bewahrt man zu Florenz im Pal. Pitti: eine Ruhe auf der Flucht mit herrlicher Landschaft; in den Uffizien: einen Kindermord; im Schloss Hamptoncourt bei London: eine liebliche kleine heil. Familie; in der Brera zu Mailand: einen heil. Bischof mit zwei Engeln (1536); in der Gallerie zu Modena: eine grosse Anbetung der Könige mit phantastisch beleuchteter Landschaft; eine auf Wolken schwebende heil. Jungfrau; einige Bacchanale und eine Anzahl Porträts; im Dom: eine Madonna in Wolken, unten Heilige; in der Kirche S. Pietro: Mariä Himmelfahrt; in der Kirche al Carmine: einen heil. Dominicaner, der ein schönes dämonisches Weib mit Füssen tritt. In den Studj zu Neapel trifft man: eine Madonna mit Heiligen; in der Akademie zu Parma: den Ritterschlag des Bart. Pentaglia, Ministers des Herzogs Borso d'Este durch Friedrich III.; im Louvre zu Paris: eine heil. Familie; den heil. Hieronymus; zu Rom im Pal. Borghese: Circe, im Walde magische Künste übend, eines der trefflichsten Werke des Meisters, aus seiner besten Zeit; in der städtischen Gallerie zu Rovigo: die h. h. Benedikt und Bartholomäus; die heil. Lucia und die heil. Agatha; in der Gallerie des Belvedere zu Wien: das Bildniss Alfons II., Herzogs von Ferrara; den heil. Hieronymus in einer Höhle (letzteres mit nebigem Monogramm bezeichnet).

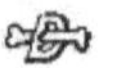

Literatur. Vasari, Leben der ausgezeichnetsten Maler, Bildhauer und Baumeister. — Museo Fiorentino, woselbst auch sein Porträt im Stich. — Kugler, Handbuch der Geschichte der Malerei. — Burckhardt, Der Cicerone. — Kunstblatt, Jahrg. 1841, Nro. 74 ff.

Dossier, Michel, geb. zu Paris 1684, ein Kupferstecher, der sich nach Drevet bildete und zu den besseren Meistern seines Fachs in seiner Zeit gezählt wird. Für das schönste seiner nicht sehr zahlreichen Blätter gilt: die Vermählung der heil. Maria, nach Jouvenet.

Dosso, Giovanni Battista, der Bruder und Mitschüler des Vorigen, malte viel in Gemeinschaft mit jenem, zeichnete sich aber im landschaftlichen Fache, in Grottesken, auf die er sich vorzüglich verstand, mehr als in Figuren aus, woraus erfolgte, dass er, da er sich dennoch als Figurenmaler zeigen wollte, und desshalb manches gemeinschaftlich unternommene Gemälde verdarb, mit seinem Bruder, der darin Tüchtiges leistete, in beständigem Hader lebte, so dass beide Brüder, die von ihrem Auftraggeber, dem Herzog von Ferrara, genöthigt wurden, mit einander zu arbeiten, nur schriftlich ihre Gedanken gegenseitig austauschten.

Von ihm befinden sich im Pal. Borghese zu Rom zwei phantastische Landschaften in der Art der gleichzeitigen Niederländer, wahrscheinlich nach dem Muster des Hieronymus Bosch oder eines Geistesverwandten.

Dotzinger, Jost, Baumeister von Worms, der nach dem Tode des Johann Hültz von Köln nach Strassburg kam, woselbst er von 1452—1472 als Werkmeister des Münsters thätig war.

Dou — auch **Dov, Dow** und **Douw** geschrieben —, **Gerard,** ein berühmter Genremaler, geb. 1613 zu Leyden (aus der Inschrift auf einem seiner Bilder im Louvre zu Paris zu schliessen aber schon 1598), gest. daselbst 1680 (nach Anderen um 1674), war der Sohn eines Glasers und empfieng den ersten Unterricht in der Kunst, wozu er frühzeitig Geschick zeigte, durch den Kupferstecher Barth. Dolendo. Später kam er zu dem Glasmaler Kouwhoorn in die Lehre, in dessen Werkstätte er aber binnen kurzer Zeit seine Genossen und selbst den Meister übertraf, wesshalb sich der Vater entschloss, ihn 1628 in Rembrandt's Schule zu schicken, in der er drei Jahre blieb und sich zu einem ausgezeichneten Künstler heranbildete. Von diesem Meister scheint er auch vornehmlich die Richtung auf eine harmonische Behandlung und Durchbildung des Helldunkels empfangen, aber frühe schon dessen phantastisches und effektvolles Wesen verlassen zu haben, um sich eine ganz eigenthümliche Darstellung zu bilden, in der er mit jenen Vorzügen seines Lehrers die äusserste Delicatesse der Ausführung verband, ohne indessen, selbst bei der höchsten Feinheit, in Aengstlichkeit oder Befangenheit zu verfallen. Die Gegenstände, welche er dazu wählte, gehören meistens dem engen Kreise des gemüthlichen Verkehrs der Familie an. Er schildert die Poesie der schlichten, stillen Häuslichkeit, eines friedlichen und freundlichen Gewohnheitslebens mit all den mannigfaltigen Nebendingen, die, den Geist der Ordnung und Sorgfalt athmend, der selbst dem Leblosen Werth leiht und, auf die Bewohner zurückstrahlend, ein Band des Wechselverkehrs zwischen dem Hause und der Familie bildet, zierlich zusammengestellt sind und in der Regel einen bedeutenden Theil des Bildes einnehmen. Oft ist dieses heimliche gemüthliche Leben durch abendliches Dunkel und Kerzenbeleuchtung noch mehr hervorgehoben und Dou wusste dann diese Lichteffekte mit höchster Meisterschaft darzustellen. So sehr sich nun aber einzelne dieser Bilder in den niederen Klassen der Gesellschaft bewegen, indem sie Hausmägde, Verkäuferinnen täglicher Bedürfnisse u. s. w. darstellen, so wenig findet man in ihnen eine Hinneigung zum Burlesken. Ebensowenig lag jedoch auch die Darstellung des Lebens der feineren Salons, poetischer Gestalten, überhaupt idealer oder religiöser Gegenstände in dem Bereich seiner eigenthümlichen Richtung; ja, wo er über die gemüthliche Stille kleinbürgerlicher Häuslichkeit hinausgeht, wird er weniger anziehend, da der Ausdruck geistigen Inhalts immer mehr oder minder hinter den technischen Verdiensten zurückbleibt, und der Hauptwerth seiner Bilder gerade auf der Uebereinstimmung des Gedankens mit der ungeheuren Vollendung der Ausführung beruht. Nie soll er einen Gegenstand, und wäre es die unbedeutendste Nebensache gewesen, ohne Modell gemalt, sich auch zur Erleichterung seiner Arbeit eines Netzes oder eines Verkleinerungsspiegels bedient haben. Ja, man erzählt über seine ausserordentliche Genauigkeit in der Nachbildung die Anekdote, dass ihn ein blosser Besenstyl eine dreitägige Arbeit gekostet, was indessen in Beziehung auf die damit zugebrachte Zeit gegen die Wahrscheinlichkeit streitet, wenn man die bedeutende Anzahl der von ihm gemalten Bilder in Betracht zieht. Man findet desshalb in allen seinen Bildern neben den schon gerühmten Vorzügen eine merkwürdige Naturtreue, ein lebendiges, harmonisches Colorit von tiefem klarem Goldton, ein zauberhaftes Helldunkel und eine höchst wirkungsvolle Beleuchtung.

Unter seinen Schülern zeichneten sich besonders: Schalken, Mieris und Metzu aus.

Gerard Dou's Bilder waren schon während der Zeit ihrer Entstehung sehr gesucht. Er selbst verlangte für ein solches 600 bis 1000 holländische Gulden und ein warmer Kunstfreund und sein Gönner, Namens Spieringer, soll dem Künstler jährlich 1000 fl. bezahlt haben, nur um immer das Recht der Auswahl der von ihm ausgeführten Gemälde zu besitzen, deren jedes ausgewählte er ausserdem gleich den anderen Käufern honorirte. Die Preise stiegen mit der Zeit und eines derselben, die Wassersüchtige im Louvre zu Paris, wurde vom Kurfürsten von der Pfalz um 30,000 fl. erkauft. Trotz dem hohen Werthe, in welchem diese Bilder heute noch stehen, dürfte doch schwerlich eine Sammlung holländischer Kabinetsbilder zu finden sein, in der nicht ein oder ein Paar derselben als vorzüglichste Zierde aufbewahrt werden. Dann sind die öffentlichen Gallerien seines Vaterlandes, die bedeutendsten deutschen und englischen Sammlungen, das Louvre in Paris u. s. w. reich an diesen kleinen Schätzen.

Indem wir die bedeutendsten unter ihnen hier anführen, bezeichnet zugleich sich der Kreis von selbst am deutlichsten, in welchem sich seine Darstellungen bewegen. Im Museum zu Amsterdam befinden sich von ihm: ein Eremit in einer Höhle; ein durch eine Lampe beleuchtetes Mädchen am offenen Fenster; eine Dame und ein Herr in einem dichten Gebüsch (die Landschaft und ein Jagdhund von Berchem); dann eines seiner Hauptbilder, seine durch meisterhaften Lichteffekt ausgezeichnete, höchst reizvolle Mädchenschule; im Museum zu Berlin: das Bildniss einer alten Frau; eine Köchin mit einem Licht in eine Vorrathskammer tretend; eine Maria Magdalena in einem rothen Kleide und Pelz; auch im königl. Schloss und in Privatsammlungen zu Berlin sind Bilder von ihm. Das Museum zu Brüssel besitzt das Bild des Künstlers selbst, wie er bei einer Lampe nach einem Amor von Duquesnoy zeichnet; die Gallerie zu Dresden: ein altes Weib vor einem rothbedeckten Tische; ein junges Mädchen, das in der einen Hand eine brennende Lampe hält, mit der anderen eine Pflanze begiesst; einen jungen Mann, der einem Mädchen mit einem Lichte in's Gesicht leuchtet; einen Zahnarzt, der einem Knaben einen Zahn herausgenommen; einen alten Schulmeister, der eine Feder schneidet; ein Mädchen mit einem Licht in einem Fenster, im Begriff, eine Traube von dem davor befindlichen Weinstock zu pflücken; eine alte Frau, die beim Schein einer Lampe das Ende eines verlorenen Fadens sucht; ein Mädchen, das in einem Keller vor einem Weinfass kniet, vor ihr ein Knabe, der sie warnt, nicht zu viel zu trinken; einen betenden Einsiedler vor der aufgeschlagenen Bibel*; ein junges Mädchen, das mit übereinander gelegten Händen vor einem Tische sitzt; ein Bogenfenster, auf dessen Brüstung eine Katze sitzt, im Hintergrunde G. Dou vor seiner Staffelei; das Bildniss des Meisters zweimal, einmal, wie er in ein Buch zeichnet**, das anderemal, wie er auf der Violine spielt; das Porträt der Mutter des Meisters ebenfalls zweimal, das einemal in einem Blatte, das anderemal in einem Buche lesend; eine büssende Magdalena und ein Stillleben. Dann sieht man in verschiedenen Sammlungen Englands treffliche Werke von ihm, so unter Anderem im Fitzwilliam-Museum zu Cambridge: einen Schulmeister mit vier Knaben, ein vorzügliches Gegenstück zu der Mädchenschule in Amsterdam und das Porträt eines jungen Mannes, ein Werk aus der früheren Zeit des Meisters; in der Nationalgallerie zu London: sein eigenes Bildniss; in der ehemaligen Sammlung König Georg IV. dort: ein Mädchen, eine Pfanne scheuernd; ein Mädchen, Zwiebel hackend; eine Gewürzkrämerin; in der Bridgewatergallerie daselbst: sein eigenes Bildniss, und einen jungen Mann, der mit einer Violine an einem Tische sitzt, auf dem ein Globus, ein Leuchter und ein Notenbuch liegen, ein Gemälde voll Behaglichkeit und Heimlichkeit des stillen häuslichen Daseyns und zugleich von seltenster Vollendung; bei Hrn. Th. Hope ebendaselbst: ein junges Mädchen in einer Fensterbrüstung und eine launige Nachtscene einer Gesellschaft von Männern und Frauen, ein Bild von höchster Feinheit der Ausführung; bei Sir Rob. Peel: eine alte Frau, die an einer Fensterbrüstung mit einem Mädchen sich sehr lebhaft wegen eines Hasenkaufs unterhält; in der Grosvenorgallerie ebenda: ein Kind, das durch eine Kinderklapper, welche ihm eine ältere Schwester reicht, von der Brust der Mutter abgezogen wird; in der Bildersammlung zu Lutonhouse: einen alten Mann mit weissem Bart, der nachdenkend in einem Armstuhl sitzt; in der Sammlung zu Warwick-Castle: das Porträt der Mutter Rembrandt's; in der Gallerie zu Warwick-Castle: den jungen Tobias, der seinen Vater von der Blindheit heilt. Ferner trifft man in der Gallerie zu Gotha: vier Männer, die Statue eines schönen nackten Jünglings bei Kerzenbeleuchtung betrachtend, und eine an einem Wollrade spinnende Frau; im Museum im Haag: eine holländische Bürgerstube mit einer Frau und einem mit einem Kinde beschäftigten Mädchen, ein höchst liebenswürdiges Bild des Meisters, und eine Frau an einem Fenster mit einer Lampe; in der grossherzoglichen Kunsthalle in Karlsruhe: eine Spitzenklöpplerin; ein Mädchen an einem Fenster, vor ihr ein Kübel mit Fischen, hinter ihr ein Knabe, der einen Hasen hält; des Künstlers eigenes Bild-

* Abgebildet in den Denkmälern der Kunst. Atlas zu Kuglers Handb. der Kunstgesch. Taf. 96, Fig. 11.
** Ebendaselbst. Taf. 100, Fig. 6.

niss; eine büssende Magdalena; in der Pinakothek zu München: eine alte Frau, die durch ein offenes Fenster sieht; das Bildniss eines alten Malers vor der Staffelei (wahrscheinlich des Jurian Ovens); eine alte Frau, die in einem Gewölbe Gemüse feil hält und von einem Bettler um ein Almosen angesprochen wird; eine Kuchenbäckerin unter einem Gewölbe, vom Kerzenlichte beleuchtet, und eine Magd, die ihre Laterne auf den Boden gestellt hat und unter den Waaren das Nöthige aussucht; Dou's eigenes Bildniss in einer offenen Halle; eine in Atlas gekleidete Dame vor dem Putztisch mit ihrem Kammermädchen, das ihr die Haare kräuselt; eine alte Frau, die auf dem Kopfe ihres Knaben das Ungeziefer tödtet; einen Marktschreier auf einer Bühne, der seine Arzneimittel empfiehlt und dem der Künstler mit der Palette in der Hand aus einem Fenster zusieht; das Mittagsmahl einer Spinnerin; eine alte Frau, die Aepfel schält; eine Dienstmagd, die am Fenstergesimse einen Topf ausleert; eine vom Lampenlichte beleuchtete alte Frau, die ihr Nachtmahl mit zwei Kindern theilt; eine Magd, die mit einem brennenden Lichte in der einen und mit einer Laterne in der andern Hand zum Fenster hinaussieht; einen Einsiedler, der knieend vor einem Crucifixe betet, und eine Wiederholung desselben Gegenstandes; in der Leuchtenberg'schen Gallerie: einen Arzt, der ein Glas besieht, das ihm eine Bauersfrau hinter ihm übergeben; im Louvre zu Paris: eine Dorfgewürzkrämerin; einen Trompetenbläser; eine holländische Köchin; eine Frau, die einen todten Hasen an einem Bogenfenster aufhängt; einen Goldwieger; einen Zahnarzt, der einem Bauern einen Zahn auszieht; eine alte Frau, die einem Greise aus der Bibel vorliest (wahrscheinlich Dou's Eltern); Dou's eigenes Porträt an einem Bogenfenster mit Pinsel und Palette; eine alte Frau in einem pelzgefütterten violetten Sammtkleide liest in einem Buche, und sein berühmtes Bild: die Wassersüchtige (bezeichnet: 1663 G. DOV. OVT. 65 JAER. — wesshalb auch, da man dieses Alter auf Dow bezieht, angenommen wird, der Künstler sei im Jahr 1598 geboren —). Auch die Gallerie zu Pommersfelden ist im Besitz einiger Gemälde von Dou, unter denen eine Häringshändlerin, und zwei Mädchen im Gespräch, eines der anziehendsten Bilder des Künstlers und von sehr grosser Vollendung, zu den besten gehören. Weitere treffliche Werke von ihm kann man in der Eremitage in St. Petersburg sehen und man rühmt unter denselben besonders seinen Alchymisten. Dann sieht man auch in italienischen Sammlungen, namentlich in der Gallerie zu Turin mehrere schöne Bilder des Meisters. Endlich erwähnen wir noch: einen Arzt, das Uringlas beschauend; eine alte Frau, einen Levkoienstock begiessend, in der Gallerie des Belvedere zu Wien; und den heil. Antonius als Einsiedler, nebst einer Wiederholung desselben Bildes in der fürstlich Eszterhazy'schen Sammlung ebendaselbst. — Eines der vorzüglichsten Bilder des Meisters: das Zimmer der Wöchnerin, ging nebst dem berühmten Gemälde Potters: die grosse Heerde Ochsen auf dem Transport zur See nach Russland zu Grunde.

Dou's Bilder, die meistens mit seinem Namen, zuweilen auch mit nebigem Monogramm bezeichnet sind, wurden als beliebte Gegenstände der Zimmerdekoration sehr häufig von verschiedenen, zum Theil ausgezeichneten Künstlern gestochen und lithographirt. GD

Literatur. Arnold Houbraken, De groote Schouburgh der Nederlantsche Konstschilders en Schilderessen. In's Gravenhage, 1753. — Descamps La vie des peintres flamands. — Immerzeel, De Levens en Werken der Holl. en Vlaam. Kunstschilders u. s. w. Amsterdam, 1842. — Sandrart, Teutsche Akademie. — Kugler, Handbuch der Geschichte der Malerei. — Schnaase, Niederländische Briefe.

Doudyns, Willem, Historienmaler, geb. 1630 im Haag, gest. daselbst 1697, erhielt den Unterricht in der Kunst durch Al. Petit, reiste dann nach Italien, woselbst er sich 12 Jahre aufhielt, und malte nach seiner Rückkehr in seine Vaterstadt, wo er viel zur Gründung einer Akademie beitrug, deren Direktion ihm zum Oefteren übertragen wurde, viele Oel- und Deckengemälde, die sich durch correkte Zeichnung, verdienstliches Colorit und Ausdruck auszeichnen. Im Gerichtssaal des Stadthauses im Haag sieht man unter Anderem noch von ihm: Salomon's Urtheil.

Douet, Edmund Jean Baptist, ein Maler und Formschneider, der im Anfange des

18. Jahrhunderts in Frankreich lebte, von dem man aber nur ein einziges hübsches Blatt kennt: eine heil. Familie, nach Andr. del Sarto, Helldunkel von 3 Platten.

Douffet, auch **Duffeit** oder **Doufflest** geschrieben, Historien- und Porträtmaler, geb. zu Lüttich 1594, gest. daselbst 1660, genoss anfänglich den Unterricht von J. Taulier und kam hierauf in Rubens Schule, wo er nach zweijähriger Lehrzeit schon so grosse Fortschritte machte, dass er durch zwei grosse Bilder: eine Judith und einen Prometheus die Aufmerksamkeit der ersten Kenner auf sich lenkte. 1614 begab er sich nach Italien, studirte dort die alten grossen Meister, malte dazwischen Bildnisse und kehrte erst 1622 wieder in sein Vaterland zurück, wo er bald mit Bestellungen überhäuft wurde. Seine Bilder, von denen in seinem Vaterlande wenige mehr zu finden sind, von denen die Pinakothek zu München aber einige besitzt: Papst Nikolaus V. am Grabe des heil. Franz von Assisi; die Kaiserin Helene lässt das heil. Kreuz erheben, welches sich durch die Wunder an Kranken und Todten beurkundet hat, und zwei Bildnisse, zeichnen sich durch den edlen, grossen Styl und die Frische des Colorits aus.

Douven, Johannes Franciscus, ein seiner Zeit sehr geschätzter Porträtmaler, geb. 1655 zu Roermond in Geldern, gest. 1727, erlernte die Malerei bei Gabriel Lambertin zu Lüttich, copirte hierauf verschiedene Werke italienischer Meister im Hause eines spanischen Edelmanns daselbst und begann dann selbst einige historische Bilder nach eigenen Erfindungen auszuführen, legte sich aber später ausschliesslich auf das Porträtfach, für das sich sein Talent auf das Entschiedenste aussprach. Sein wachsender Ruhm verschaffte ihm einen Ruf an den Hof nach Düsseldorf, wo er den Kurfürsten und seine Gemahlin malte, wofür ihn jener zum Hofmaler ernannte, auf einer Reise nach Wien mitnahm und ihn dem Kaiser Leopold empfahl, der sich ebenfalls und seine Gemahlin von ihm malen liess und den Künstler glänzend belohnte. Diese glücklichen Erfolge seines Talentes verbreiteten seinen Ruf weit und breit, namentlich an verschiedenen Höfen, so dass er sich am Abende seines Lebens des Glücks rühmen konnte, drei Kaiser, drei Kaiserinnen, fünf Könige, sieben Königinnen und eine grosse Anzahl von Regenten, Fürsten und Edelleute gemalt zu haben. Seine Bildnisse zeichneten sich durch grossartige Auffassung, frappante Aehnlichkeit, charakteristischen Ausdruck, klare und kräftige Farbe aus. In der florentinischen Gallerie ist sein Selbstporträt. — Sein Sohn Bartholomäus, geb. 1688 zu Düsseldorf, lernte bei seinem Vater und bei A. van der Werff, und malte viele Bilder in der Manier des Letzteren. Er wurde Porträtmaler am Hofe des Kurfürsten von der Pfalz und starb als Hofmaler des Kurfürsten von Köln.

Literatur. Immerzeel, De Levens en Werken der Holl. en Vlaam. Kunstschilders u. s. w. Amsterdam, 1842. Fiorillo, Geschichte der zeichnenden Künste in Deutschland. — Museo Fiorentino, woselbst sein Porträt im Stich wiedergegeben ist.

Douw, Gerard, siehe **Dou**.

Doux, Louis le, Bildhauer und Architekt, geb. zu Mons, gest. daselbst um 1690, bildete sich zu Rom unter seinem Landmann François Duquesnoy. Als Baumeister kennt man von ihm den Thurm des Kastells seiner Vaterstadt, als Bildhauer das Grabmal des Erzbischofs H. von der Burch (früher in der Jesuitenkirche zu Mons) und die Standbilder der h. h. Petrus und Paulus in der Kirche St. Waudru ebendaselbst.

Dov, Gerard, }
Dow, Gerard, } siehe **Dou**.

Dowell, P. Mac, ein englischer Bildhauer aus Belfast, der zu den ersten Meistern der Gegenwart gehört. Seine Werke zeichnen sich durch die eigenthümliche Neuheit der Gedanken, den feinen Sinn für Schönheit der Körperformen und die Lebendigkeit und Elastizität der Bewegung aus. Wir kennen von ihm die 1831 für seinen Gönner T. W. Beaumont vollendete Marmorgruppe: den Triumph der Liebe, eine der schönsten plastischen Arbeiten der Neuzeit, und eine Marmorstatue: früher Kummer, ein Mädchen, das eine todte Taube an die Brust drückt.

Dowher, Adolph, ein Bildhauer und Bildschnitzer zu Augsburg, der unter Anderem 1514 eine hölzerne Tafel für den Frühmessaltar in der St. Ulrichskirche daselbst ausführte und 1522 für S. Anna zu Annaberg einen Altar, den Stammbaum Christi in Figuren von Kalkstein auf einem Grunde von rothem Marmor fertigte, eine sorgfältige und zierliche, wenn auch etwas trockene Arbeit.

Doyen, Gabriel François, ein seiner Zeit gefeierter Historienmaler, geb. zu Paris im Jahr 1726, gest. zu St. Petersburg 1806, bildete sich in der Schule des Carle van Loo, erhielt schon in seinem 20. Jahre den ersten Preis und begab sich sodann 1748 nach Rom, wo er vorzugsweise die Arbeiten des Annibale Caracci, des Lanfranco und Pietro da Cortona, und von da nach Neapel, wo er die Werke Solimena's studirte. Nachdem er hierauf auch noch Venedig, Bologna, Parma, Piacenza und Turin besucht, kehrte er in seinem 29. Jahre nach Paris zurück, wo er, um seinen Ruf zu gründen, mit dem Aufwande seines ganzen Talentes ein Bild: den Tod der Virginie darstellend, ausführte, das grossen Erfolg hatte. Im Jahr 1759 wurde er Mitglied der Akademie durch sein Aufnahmestück: Jupiter und Hebe, 1776 Professor, und 1777 Hofmaler der Grafen von Provence und Artois. Für die Kirche Saint-Roch malte er die Pest des heiligen Feuers und nach dem Tode seines Lehrers die Kapelle Saint Grégoire aux Invalides. Trotz der günstigen Verhältnisse, in denen er sich zu Paris befand, folgte er 1791 dennoch einem Rufe der Kaiserin Katharina II. nach St. Petersburg, die ihm eine Pension von 1200 Rubeln aussetzte, ihm eine Wohnung im kaiserlichen Palaste einräumte und ihn zum Professor an der Akademie der Malerei ernannte. Auch ihr Nachfolger, Paul I., erwies dem Künstler seine Gunst. Er erhöhte seine Pension und überhäufte ihn mit Bestellungen. Doyen blieb über 16 Jahre in Russland und arbeitete noch in seinem 80. Jahre. Im Louvre zu Paris verwahrt man von ihm: einen Triumph der Amphitrite.

Doyer, Jacobus Schoemaker, Maler, geb. 1792 zu Crefeld, kam schon in früher Jugend mit seinem Vater nach Zwoll in Holland, wo er den ersten Unterricht in der Kunst von Prudhomme empfieng, seine Studien aber von 1814—1815 in Amsterdam unter der Leitung von J. Andriessen fortsetzte und zuletzt sich noch zwei Jahre bei M. J. van Bree weiter ausbildete. Er malte Porträts, Gesellschaftsstücke und Historien. Unter seine besten Bilder zählt man: die Selbstaufopferung des Schiffslieutenants van Speyk.

Doyle, Johannes, Pfarrer in Haune und später Propst auf dem Johannisberge bei Hersfeld, übte die Malerei und schmückte unter Anderem zwischen 1486 und 1490 die ganze Stiftskirche zu Hersfeld (Kurhessen) mit Fresken.

Draeger, Joseph Anton, Historienmaler aus Trier, gest. 1833 in Rom, bildete sich unter Kügelchen in Dresden und von 1823 in Italien. Er malte kirchliche Bilder und Historien und seine Bilder werden wegen der tüchtigen Zeichnung, der gediegenen Behandlung und der feurigen Kraft des Colorits, in welchem er der Eyck'schen, und später der Tizian'schen Farbenpracht nacheiferte, gerühmt. Mit Eifer die Grundsätze, nach denen die grossen venetianischen Meister gemalt, studirend, glaubte er sie in einer weiss mit grau ganz durchmodellirten Untermalung, sowohl der Carnation als der Beiwerke, zu finden, und erreichte auch auf diese Weise in seinen Gemälden eine ausserordentliche Durchsichtigkeit und die glänzendste Lichtwirkung der Farbe. Sein letztes Bild, die beiden Römerinnen, wurde ein an den feinsten Tönen reicher Schwanengesang genannt.

Drake, Friedrich, einer der ausgezeichnetsten Bildhauer der Gegenwart, Professor und Mitglied der Akademie zu Berlin, Ritter des rothen Adlerordens III. Klasse, wurde 1805 zu Pyrmont geboren. Der Sohn unbemittelter Eltern, wurde er von seinem Vater, der ein sehr geschickter Mechaniker war, in dessen Beruf unterrichtet, und er widmete sich auch diesem Fache, das ihm nur in Nebenstunden Musse zu bildnerischer Thätigkeit in Holz und Elfenbeinschnitzereien gestattete, unverdrossen bis in sein 21. Jahr, wo es ihm gelang, in das Atelier des berühmten Rauch in Berlin zu gelangen, unter dessen Leitung er sich dann so rasch ausbildete, dass schon mit seiner ersten bedeutenderen Arbeit (im Jahr 1833), der Gruppe eines sterbenden Kriegers, vor dessen brechenden Augen ein Genius den Siegeskranz emporhält, ein Werk von vorzüglicher Schönheit im Ausdruck und in den Körperformen, sein Ruf fest begründet war. Hierauf modellirte er die Statue einer Winzerin, eine herrliche graziöse Gestalt, in der ein glückliches Motiv mit Geist wiedergegeben ist (1834 für den preussischen Kunstverein in kleinerem Maassstabe in Marmor ausgeführt). Eine Madonna mit dem Kinde, edel und von reinster Anmuth, die er um dieselbe Zeit in Marmor arbeitete, nahm die Kaiserin von Russland mit sich; ein nach Göthe's fünfter römischen Elegie: „Oftmals hab ich schon in ihren Armen gedichtet u. s. w." componirtes reizendes Relief in Marmor fand ungetheilten Anklang und wurde in vielfachen Nachbildungen allgemein verbreitet. Dann gehören ferner in diese frühe Zeit des Meisters jene ausgezeichneten Porträtstatuetten: von Rauch, mit Hammer und Meisel in den Händen; von Schinkel, im Schlafrock mit dem Reisbrett; der beiden Brüder Alexander und Wilhelm von Humbolds; von Göthe und Schiller; von Hufeland, Werke, die wegen der charakteristischen und ungezwungenen, die ganze geistige Bedeutung dieser grossen Männer bezeichnenden Auffassung und die naive Natürlichkeit der Darstellung zu den ausgezeichnetsten Arbeiten in diesem Fach überhaupt gehören. Für das Schloss in Charlottenburg führte Drake sofort (1835) eine Charitas und für Osnabrück: das kolossale Erzdenkmal für Justus Möser (1836), welches den Domplatz der Stadt ziert, aus. Die darauf gearbeitete reizende Schmetterlingsfängerin, 1837 (Marmorstatue im Besitz des Herzogs von Nassau), fand ebenfalls in zahlreichen Vervielfältigungen grosse Verbreitung. In den folgenden Jahren beschäftigte sich der Künstler, ausser einigen Bildnissstatuetten von Beethoven, Wach, von Kaiser Alexander von Russland, der anmuthigen Bildnissfigur eines Knaben im Jagdkleide u. s. w., hauptsächlich mit Grabmonumenten, auch fertigte er das Modell zu der in Gold gegossenen Gruppe einer von ihren Landeskindern umgebenen Königin, welche, ein Huldigungsgeschenk der Stadt Berlin für die regierende Königin von Preussen, im Schlosse daselbst aufbewahrt wird (1841). Dann entstanden die Sculpturen an der Façade seines Wohnhauses, die den Balcon tragenden Karyatiden, kolossale weibliche Gestalten, die Architektur, Bildhauerkunst und Malerei darstellend, und das Hautrelief im Giebel, welches in sinnreich erfundenen Bildern veranschaulichen soll, wie Wissenschaft und Kunst unter dem Schutze des preussischen Adlers blühen; ferner der auf einem Kissen liegende nackte Knabe (1841), Marmorstatue im Besitz des Earl Fitzwilliam in London; der fliegende Knabe mit Fackeln (1842), als Ampel im Besitz des Königs von Preussen, und ein wasserspeiender Faun (1843) für den Sommersitz desselben in Charlottenhof bei Potsdam. Acht kolossale Statuen in Stuck, die acht Provinzen des Reiches darstellend, brachte Dracke 1844 im weissen Saale des Schlosses zu Berlin unter den grössten Schwierigkeiten der Oertlichkeit und des Materials zu Stande. Für den Thiergarten in Berlin arbeitete er sodann von 1842 an das wundervolle, 1849 aufgestellte, marmorne Denkmal König Friedrich Wilhelm III., um dessen rundes Fussgestell sich eines der schönsten Relief der Neuzeit windet, die Darstellung eines Kreises glücklicher Menschen inmitten der Freude am Daseyn und im Genusse der schönen Natur, von eben so reizvoller Auffassung als künstlerischer Vollendung. Fast zu gleicher Zeit musste er dieses Monument noch einmal in kolossaler Dimension für Stettin wiederholen, nur dass auf dem letzteren der Monarch nicht wie bei jenem im schlichten Militäroberrock, sondern in voller Uniform mit dem Hermelin bekleidet, dargestellt erscheint. Von den Arbeiten der letzten Jahre sind sodann anzuführen; eine Madonna für den Fürsten Pückler; neun 1 Fuss hohe mussicirende Knaben, Relief für die neue bronzene Hauptthüre der Schlosskirche in Wittenberg, überaus reizend und naiv gedachte Figuren; die vier 11 Fuss hohen in Sandstein ausgeführten geflügelten Cherubimgestalten für das Portal des Schlosses zu Berlin; das kolossale Standbild seines Lehrers Rauch für die Halle des neuen Museums bestimmt, eine der schönsten Statuen der modernen Bildnerei; die kolossale Büste Okens für Jena: die kolossale Statue der Eingangs angeführten Winzerin (im Krystallpalast zu Sydenham); eine kolossale Vase mit einer Wiederholung des Reliefs vom Piedestal des Friedrich Wilhelm Denkmals (einmal in Gyps für den Krystallpalast von Sydenham ausgeführt, dreimal für die Gärten von Sanssouci in Zink gegossen); eine der acht Gruppen auf der Schlossbrücke zu Berlin, den Siegestriumph darstellend; ein Medaillon mit dem Reliefbildniss des Dichters und Malers Reinick auf dessen Grabmal in Dresden u. s. w. Sodann sah man auf der grossen Kunstausstellung von 1855 zu Paris, ausser einem Abguss der genannten Winzerin in Gyps, und seiner grossen Vase in Zink, einem kleinen Modell seiner Statue Rauch's, einen Herold, eine herrliche Figur in Gyps, zu einer Brunnenbekrönung bestimmt. Endlich war der Künstler zu Anfang des Jahres 1856 mit dem Standbild des Fürsten von Putbus, dem Postament mit Reliefs zum Denkmal des Geheimenrath Beuth und der Statue des Kurfürsten Johann Friedrich des Grossmüthigen von Sachsen beschäftigt.

Drake ist ein Mann von Geist, Phantasie und gebildetem Geschmack. Seine künstlerische Richtung erscheint als eine entschieden ernste, mit ebensoviel Tiefe als anmuthsvoller Heiterkeit der Natur und dem Leben, das er sowohl im Grossen und Ganzen, wie in einzelnen ihm abgelauschten Zügen darzustellen versteht, zugewandt. Daher bewegt er sich auch so gerne und mit so grossem Erfolg in Bildnissschöpfungen. Er weiss darin mit ebensoviel Scharfsinn als Beobachtungsgeist den Charakter aufzufassen, ihm zugleich aber die schönste Seite abzugewinnen und das Ganze mit einer bis in die kleinsten Einzelheiten ausführlichen Natürlichkeit darzustellen. Mit grosser Stetigkeit und Unermüdlichkeit arbeitend, ruht und rastet er, sich nie selbst genügend, nicht, bis er seinen Gedanken in den Formen gründlich herausgebildet. Desshalb sind auch seine Gestalten bis in die äussersten Spitzen der Erscheinung mit Leben durchdrungen und, das was sie sein sollen, immer auch ganz. Dann besitzt der Meister noch überdiess das Geheimniss, mit kräftiger Faust und mit dem Finger der Anmuth zugleich zu arbeiten; er weiss, dass der irdische Geist einen gesunden und richtig organisirten Körper haben muss, wenn er leben soll, und dass der Lebensodem der Kunst die Schönheit ist.

Drechsler, Johann, Maler, geb. zu Wien 1756, gest. daselbst als Professor der Blumenmalerei an der k. k. Akademie 1811, malte anfänglich auf Porzellan und widmete sich erst später der Oelmalerei. Er nahm in seinen Blumen- und Früchtestücken van Huysum zum Vorbild und erwarb sich durch seine Arbeiten reichlichen Lohn und Ruhm. In der Gallerie des Belvedere zu Wien ist von ihm: ein grosses Blumenstück.

Dreibholtz, Christiaan Lodewyk Willem, einer der trefflichsten niederländischen Landschafts- und Marinemaler, Mitglied der königl. Akademie zu Amsterdam, geb. 1799 zu Dortrecht, genoss den ersten Unterricht in der Kunst bei Schotel, gab in dessen Schule schon ausgezeichnete Beweise seiner Anlagen, und besuchte dann zur Erweiterung seines Gesichtskreises die Küsten von Frankreich und England, deren Naturscenen ihm eine Menge poetischer Motive zu Bildern lieferten. In seinen seit Anfang der dreissiger Jahre auf den verschiedenen Kunstausstellungen erschienenen Bildern schilderte er mit besonderer Vorliebe die See, bald mit Schiffen belebt und leicht bewegt, bald vom Sturme gepeitscht, oder Strand- und von Flüssen bespühlte Gegenden, und er weiss sie mit ebensoviel Wahrheit als Schönheit in klarer Harmonie des Colorits und zierlichem Vortrag darzustellen. Auf der grossen Kunstausstellung zu Paris im Jahr 1855 sah man von ihm ein prachtvolles Bild: den Strand von Scheveningen.

Dreux, Alfred de, Genre- und Porträtmaler, geb. zu Paris, war ein Schüler von Léon Cogniet. Unter seinen seit 1834 im Salon zu Paris ausgestellten Bildern, die nicht ohne Anmuth und Reize sind, zählt man zu den besten: den heimreitenden Postillon (1836); zwei grosse Jagdstücke (1846); die Burgfrau (1847); die kaiserliche Garde (1855); auch einige Bildnisse zu Pferd, worunter besonders das Porträt des Herzogs von Nemours (1844) ausgezeichnet wurde.

Drever, Adriaan van, ein holländischer Landschafts- und Marinemaler, der um 1673 blühte und sich auch in England aufgehalten haben muss. In der Gallerie des Belvedere zu Wien sieht man eine tüchtige mit dem ersten der nebigen Monogramme bezeichnete Winterlandschaft. Das andere Monogramm sieht man auf Stichen nach seinen Bildern.

Drevet, Claude, Kupferstecher, geb. zu Lyon 1710, gest. zu Paris 1768 (nach Anderen erst 1782), war ein Schüler seines Vetters Pierre Drevet und zeichnete sich gleich diesem im Porträtfach aus. Seine besten Blätter sind: Philipp Ludwig, Graf von Sinzendorf (1728); Charles Gasp. Guill. de Vintimille, Erzbischof von Paris (1736); Madame Le Bret, als Ceres (1728), sämmtlich nach Rigaud; Thomas Murray, nach Kneller.

Drevet, Pierre, der Vater, ein vortrefflicher Kupferstecher der altfranzösischen Schule, geb. zu Lyon 1664, gest. zu Paris 1739, war ein Schüler von Germain Audran und erwarb sich insbesondere im Stich von Porträts Ruhm. Seine Bildnisse sind voll Leben und in einer sehr angenehmen Manier vorgetragen. Zu den besten seiner Stiche rechnet man: Ludwig XV. im Krönungsornat auf dem Throne; Ludwig Hektor, Herzog von Villars, Marschall von Frankreich; François Louis de Bourbon, Prince de Conti; Andr. Hercule, Kardinal de Fleury; Nic. Boileau Despréaux; Hiacynth Rigaud, eine Reisfeder in der Hand; Derselbe, mit Palette und Pinsel in der Hand, sämmtlich nach Rigaud; Christiana von Brandenburg, Herzogin von Württemberg; die Familie des Darius im Zelte zu den Füssen Alexanders, nach Mignard.

Drevet, Pierre Imbert, der Sohn, einer der ausgezeichnetsten Kupferstecher des 18. Jahrhunderts, geb. 1697 zu Paris, gest. daselbst 1739, war der Sohn und Schüler des Vorigen, übertraf den Vater aber an künstlerischer Durchbildung bei Weitem. Seine historischen Blätter und Bildnisse sind wahre Meisterstücke, elegant und vollendet im Stich, trefflich in der Zeichnung, bewundernswerth in der Behandlung der Stoffe, die er bis zur Täuschung wiederzugeben wusste und unübertroffen in der Weichheit und Durchsichtigkeit des Fleisches. Zu seinen vorzüglichsten Arbeiten gehören: Jaques Benigne Bossuet; Kardinal Dubois; Ludwig XIV. in ganzer Figur; Samuel Bernard Robert de Cotte, sämmtlich nach Rigaud; die Schauspielerin Andrienne Lecouvreur als Cornelia, nach Coypel; Franz de Salignac, nach J. Vivien; die Darstellung im Tempel nach Boullogne's Bild in der Kirche Notre Dame zu Paris, ein Blatt, das nicht nur eine der vorzüglichsten Arbeiten des Meisters ist, sondern unter die vortrefflichsten Werke der Kupferstecherkunst überhaupt gehört; Adam und Eva; die Knechte Abraham's bei Rebecca; die Verkündigung Mariä; der Kalvarienberg, sämmtlich nach A. Coypel; Jesus am Oelberg, nach J. Restout; die Auferstehung Jesu aus dem Grabe, nach J. André; der Einzug Christi in Jerusalem, nach Dieu.

Drielst, Egbert van, Landschaftsmaler, geb. zu Gröningen 1746, gest. 1818, arbeitete Anfangs in Tapetenfabriken, bis es ihm durch fleissiges Studium der herrlichen Landschaften von Ruysdael, Hobbema, Wynants u. A. und der Natur gelang, sich zu einem Künstler auszubilden, dessen Erzeugnisse zu den besten seiner Zeit gezählt wurden. Seine Bilder bestehen meistens in baumreichen Landschaften, oder in offenen Gegenden mit ländlichen Wohnungen, Hütten u. s. w. aus der Umgebung seiner Vaterstadt, Haarlems oder aus der Provinz Drenthe, und zeichnen sich durch idyllische Anmuth, Naturwahrheit sowie die Zartheit und Klarheit der Farbe aus, sind jedoch nicht frei von Manier. — Sein Sohn Jan Vuuring van Drielst, geb. 1790, gest. 1813, wurde von seinem Vater unterrichtet und erregte schöne Hoffnungen, die indessen nicht in Erfüllung gingen, da er frühzeitig starb.

Drillenburg, Willem, Landschaftsmaler, geb. 1625 zu Utrecht, war ein Schüler von Abr. Bloemart, folgte aber in seinen Bildern später mehr der Weise des Both.

Drinhausen, W., ein derzeit zu Berlin lebender Blumenmaler, der sich zu Düsseldorf bildete und in seinen Bildern grosses Talent, gründliches Studium der Eigenthümlichkeiten der Pflanzengattungen und liebevollen Fleiss in der Behandlung beurkundet.

Drolling, Martin, Maler, geb. zu Oberbergheim bei Colmar 1752, gest. zu Paris 1817, bildete sich ohne Lehrer durch Studium der Gemälde holländischer Meister und fertigte im Geschmack des Greuze eine grosse Anzahl von Familien- und Conversationsstücken, welche sich durch Naturwahrheit, Lebendigkeit und glänzende Farbenpracht empfehlen. Im Louvre zu Paris sieht man von ihm das Innere einer Küche.

Drolling, Michel Martin, Historien- und Porträtmaler, Ritter der Ehrenlegion,

Mitglied der Akademie und Professor an der Ecole des beaux arts zu Paris, geb. daselbst 1786, gest. 1851, lernte die Anfangsgründe der Kunst bei seinem Vater, ging dann in David's Schule, errang durch sein Bild, den Zorn des Achill darstellend, den ersten Preis und ging dann nach Rom, wo er mehrere Jahre blieb und fleissig die alten Meisterwerke studirte. In's Vaterland zurückgekehrt, malte er kirchliche und historische Bilder, an denen man die anmuthige Composition, die correkte Zeichnung, die edlen Formen und die Naturwahrheit rühmt. In der letzten Zeit seines Lebens beschäftigten ihn die Malereien in der Kirche Saint Sulpice zu Paris. In seinen früheren vielgerühmten Bildern: Orpheus und Eurydice, gest. v. F. Garnier (1817); der Trennung der Polyxena von ihrer Mutter Hecuba (beide im Luxembourg); dem Tod Abels (in der Somariva'schen Sammlung) folgte er noch den Principien der David'schen Schule, in seinen späteren, den Plafondgemälden im Louvre u. s. w., dagegen mehr der Richtung der neueren französischen Malerei. Als ein Meisterwerk von ihm wird sein Bild: Christus unter den Schriftgelehrten in Notre Dame de Lorette gepriesen. Seine Porträts zeichneten sich durch charakteristische Auffassung, correkte Zeichnung und vorzügliche Modellirung aus. — Seine Schwester Louise Adéone befliss sich ebenfalls der Genre- und Porträtmalerei.

Droogsloot, auch **Drooch-Sloot, Droech-Sloot** geschrieben, **Joost Cornelisz**, ein Maler, von dessen Lebensverhältnissen nichts Näheres bekannt ist, als dass er im Jahr 1616 zu Utrecht als Meister in die St. Lucasbrüderschaft aufgenommen worden, in den Jahren 1623 und 1624 Vorsteher derselben, 1638 Administrator des Hiobsspitals daselbst und 1666 noch am Leben war. Er malte Historien und Landschaften, besonders aber Ansichten von holländischen Gegenden, Festlichkeiten, Tänze, Kirchweihen, die er durch eine grosse Menge von Figuren belebte und meistens mit nebigen Monogrammen bezeichnete. Seine Bilder haben eine wohl verstandene Farbe, sind aber etwas trocken. Im Louvre zu Paris sieht man von ihm: eine durch ein Dorf ziehende Heerde (1645); im Berliner Museum: den Teich Bethseda, auf den eine grosse Anzahl von Krüppeln und Kranken losstürmt; im Belvedere zu Wien: das grosse Duell zwischen dem holl. Lieutenant Abr. Gerhards und dem franz. Edelmann Briautès (1630); in der Gallerie zu Pommersfelden; die Plünderung eines Dorfes.

Drost, ein holländischer Maler, der ein Schüler von Rembrandt gewesen sein und sich hernach in Rom weiter gebildet haben soll. In der Dresdner Gallerie sind zwei Bilder von ihm: ein Greis, der einen Knaben aus einem Buche unterrichtet, und Argus, der dem als Hirtenknaben verkleideten Merkur zuhört.

Drouais, François Hubert, Porträtmaler, geb. zu Paris 1727, gest. 1775, erhielt den ersten Unterricht in der Kunst bei seinem Vater Hubert Drouais, bildete sich hierauf bei Nonotte, Carle van Loo, Natoire und Boucher weiter, wurde 1758 Mitglied der Akademie und später Rath derselben und Hofmaler. Er malte die ganze königl. Familie und kam durch seine Bildnisse so in Ruf, dass es keine berühmte Persönlichkeit, keine durch ihre Schönheit ausgezeichnete Frau gab, die sich nicht von ihm malen liess. Im Louvre sind von ihm die Bildnisse des Grafen Artois (nachherigem König Karl X. von Frankreich) und der Madame Clotilde (nachheriger Königin von Sardinien) als Kinder.

Drouais, Hubert, Porträtmaler, der Vater des Vorhergehenden, geb. zu la Roque 1699, gest. 1767 zu Paris, war der Sohn eines Malers und lernte bei einem mittelmässigen Maler in Rouen, kam aber dann in das Atelier von de Troy zu Paris und wurde nach dessen Tod von den Malern Jean Baptiste van Loo, Alexis Simon Belle, Oudry und Nattier vielfach verwendet. Er malte Bildnisse in Oel und en miniature, auch mit Pastelstiften, und gelangte durch sie zu grosser Berühmtheit.

Drouais, Jean Germain, Historienmaler, geb. zu Paris 1763, war der Sohn des François Hubert, lernte die Anfangsgründe der Malerei bei seinem Vater, kam aber später in das Atelier von Brenet und von da in David's Schule, wo er so ausgezeichnete Fortschritte machte, dass er 1784 mit seinem Bilde: Christus und das kananäische Weib, derzeit im Louvre (gest. v. Duval und Massard), wofür er den ersten Preis erhielt, nicht nur das Staunen, sondern die einstimmige Begeisterung der ganzen Akademie hervorrief. Er ging hierauf mit seinem Lehrer David, der sich nicht mehr von ihm trennen wollte, nach Rom, studirte hier besonders Raphael und die Antiken, malte sein grosses Bild: Marius zu Minturnae (im Louvre zu Paris), das in Rom und Paris Aufsehen erregte und den Philoktet, den Göttern fluchend, erlag aber schon in seinem 25. Jahre einer Entzündungskrankheit.

Obgleich ganz in der Richtung der David'schen Schule befangen und in hohem Grade theatralisch in seinen Darstellungen, verrathen seine Bilder in der trefflichen Zeichnung, in dem Gefühl für Haltung und Harmonie der Farben ein bedeutendes Talent.

Droz, Jean Pierre, ein geschickter Medailleur, geb. 1746 zu La Chaux de Fond, gest. zu Paris 1823, bildete sich in Paris und wurde unter dem Direktorium zum Aufseher der Medaillenmünze ernannt, welche Stelle er bis 1814 bekleidete. Seine Medaillen zeichnen sich durch die Schönheit der Arbeit und Reinheit des Gepräges, worin er ein eigenes Verfahren beobachtete, aus. Eine seiner schönsten Denkmünzen ist die auf Napoleon als erster Consul (1801).

Droz, Jules Antoine, ein sehr geschickter Bildhauer zu Paris, war ein Schüler von Cartellier. Auf der grossen Kunstausstellung zu Paris im Jahr 1855 sah man von ihm die sehr schöne Marmorstatue eines jungen Mädchens. Er erhielt 1854 das Ritterkreuz der Ehrenlegion.

Drummond, Samuel, Maler zu London, Mitglied der Akademie, geb. 1775, malte im Geschmack des D. Serres Genrebilder mit Seeansichten mit vieler Naturwahrheit. Besonders gerühmt wurden: sein ertrunkener Seemann und seine Schlacht von Trafalgar mit Nelson's Tod.

Dryvere, Rombout de, ein Bildhauer aus Mecheln, der unter Anderem im J. 1547 das mehr als 50 Fuss hohe Tabernakel in der Abteikirche zu Tongerloo vollendete.

Duban, Felix, ein ausgezeichneter französischer Architekt, der sich durch seine Bauten, namentlich die im edelsten Renaissancestyl gehaltenen Ecole des beaux arts, eines der schönsten modernen Bauwerke von Paris, das sich den anmuthigsten Leistungen des italienischen Cinquecento würdig anreiht, die Restauration der heil. Kapelle im Justizpalaste des Schlosses von Blois, die neue „Gallerie d'Apollon" und einiger Säle des Louvre, wofür er 1851 zum Offizier der Ehrenlegion ernannt wurde, einen berühmten Namen erworben. Duban erhielt 1845 auch vom König von Preussen den rothen Adlerorden III. Klasse.

Dubois, Ambroise, Historienmaler, geb. zu Antwerpen 1543, gest. zu Fontainebleau 1615, kam im Alter von 25 Jahren schon als tüchtiger Maler nach Paris, und verschaffte sich dort durch seine Arbeiten binnen kurzer Zeit einen so grossen Ruf, dass er von König Heinrich IV. zu Fontainebleau, sowie im Louvre und Luxembourg vielfach beschäftigt wurde und zum gewöhnlichen Maler und Kammerdiener ernannt wurde. Von den zahlreichen Werken, welche er in Fontainebleau ausgeführt, sind nur noch einige Bilder in der Kapelle Saint-Saturnin; dann die Folge von Bildern aus der Geschichte des Theagenes und der Chariclea, von denen sich eines: die Feuerprobe der Chariclea, im Louvre zu Paris befindet, und noch einzelne Bilder aus einer anderen Reihe von Darstellungen aus dem Leben des Tancred und der Clorinde, die er für die Zimmer der Königin Maria von Medicis ausführte, erhalten. Die Dianengallerie, welche er ganz mit Bildern, Liebesscenen zwischen dem König und der schönen Gabriele in allegorischer Form darstellend, ausschmückte, wurde unter dem Kaiserreich ganz zerstört, und nur einige unter König Louis Philipp auf Leinwand aufgezogene Bruchstücke davon sind noch vorhanden. — Seine besten Schüler waren: seine beiden Söhne Jean und Louis, sein Neffe Paul Dubois Ninet, ein Flamänder, und Mogras von Fontainebleau.

Dubois oder **Du Bois, B.**, ein Landschaftsmaler und Kupferätzer, der um die Mitte des 17. Jahrhunderts in Frankreich lebte und sich in seinen (sehr seltenen) mit geübter Hand ausgeführten Radirungen nach Claude Lorrain gebildet zu haben scheint. Die bekanntesten unter seinen Blättern sind: eine Landschaft mit einem Sturm (1648); eine Landschaft mit einer Viehheerde; ein Hirt und eine Hirtin, sitzend; Alexander's Besuch beim Diogenes im Fasse (1648).

Dubois, Chretien, Maler, geb. zu Amsterdam 1766, gest. daselbst 1837, ein Schüler des Miniaturmalers Marinkelle und nachher des Landschaftsmalers J. Andriessen, malte Bildnisse und Landschaften, die nicht ohne Verdienst sind.

Dubois, Cornelis, ein Landschaftsmaler, der um 1647 blühte und ein Nachahmer des J. Ruysdael war. Nebenstehendes Monogramm findet man auf Landschaftsgemälden, die ihm zugeschrieben werden, die aber eher im Geschmack des H. Saftleven gemalt sind. Im Berliner Museum sieht man von ihm: eine Gebirgsgegend, bezeichnet C. D. Bois.

Dubois, Eduard, Historien- und Porträtmaler, der ältere Bruder des Vorigen, geb. 1622 zu Antwerpen, gest. 1699 zu London, war ein Schüler von Groenwegen, begab sich aber später nach Italien, studirte dort fleissig, trat dann eine Zeitlang in die Dienste des Herzogs Karl Emanuel von Savoyen und liess sich endlich in England nieder, wo er sich durch seine historischen und landschaftlichen Bilder Achtung erwarb.

Dubois, Etienne, Maler, ein Bruder des François Dubois, und wie dieser Schüler von Regnault und in Italien gebildet, malte Geschichtsbilder heiligen und profanen Inhalts, Genrestücke und Porträts, die nicht ohne Verdienst sind.

Dubois, Eugène, ein geschickter Medailleur, geb. zu Paris 1796, war ein Schüler von Droz und Bridau. Seine Denkmünzen sind gut gezeichnet und mit Geschmack behandelt.

Dubois, François, Historien-, Genre- und Porträtmaler zu Paris, bildete sich unter Regnault und von 1820 an in Italien zu einem gewandten, die Richtung der modernen französischen Schule befolgenden Künstler aus. Zu seinen besten Werken zählt man: den jungen Clovis, von einem Fischer am Ufer der Marne gefunden (jetzt in Versailles); den Tod des Manlius Capitolinus, und St. Leu, wie er die Gefangenen befreit (1827); St. Ludwig, der sich zu Damiette einschifft; eine Verkündigung in Notre Dame de Lorette zu Paris (1836); die Malereien in der Kapelle des Bürgerhospitals in Charenton (1846). Auf der grossen Kunstausstellung zu Paris im Jahr 1855 sah man von ihm: eine junge Sabinerin und eine alte Frau aus Spoleto.

Dubois, Jean, Bildhauer, geb. 1626 zu Dijon, gest. daselbst 1694, fertigte viele Arbeiten, deren beste man noch heute in verschiedenen Kirchen seiner Vaterstadt sieht.

Dubois, Simon, Maler, Bruder des Eduard Dubois, gest. 1708, ein Schüler von Ph. Wouverman, war meistens in London thätig, wo er sich durch seine kleinen Bildnisse in Oel, durch meisterhafte Darstellungen von Pferden, Viehgruppen u. s. w. einen Namen verschafft hatte.

Dubourcq, Pierre Louis, ein trefflicher Landschaftsmaler, geb. 1815 zu Amsterdam, bildete sich bei J. van Ravenswaay zu Hilversum, später bei A. Schelfout im Haag und in den Jahren 1836 bis 1837 auf Reisen in Deutschland, Belgien, der Schweiz, Savoyen und Frankreich. Er malt meistens bergige und baumreiche Landschaften, radirt auch mit vielem Geschmack Studien nach der Natur, die sehr geschätzt sind.

Dubourg, Louis Fabricius, Historienmaler, geb. 1693 zu Amsterdam, gest. daselbst 1745, malte mit sehr fruchtbarem Pinsel historische Bilder an Wände, Decken, über Thüren und Kamine aus der Mythologie und Geschichte, die, wie seine Kabinetsstücke, seiner Zeit Anerkennung fanden, und von denen eine grosse Anzahl gestochen wurde. Er selbst ätzte aber auch in Kupfer verschiedene Blätter nach eigener Erfindung.

Dubray, Vital Gabriel, Bildhauer, geb. zu Paris, war ein Schüler von Ramey, dem Sohn. Unter seinen Sculpturen verdient besonders die Bronzegruppe eines siegenden Amor, die man 1855 auf der grossen Pariser Kunstausstellung sah, grosses Lob.

Dubufe, Claude Marie, der Vater, Historien- und Porträtmaler, Ritter der Ehrenlegion, geb. zu Paris, war ein Schüler von David und malte von 1810 an verschiedene historische Bilder, legte sich aber später ganz auf das Porträtfach, in welchem er der Liebling der vornehmen Welt wurde. In seinen Bildnissen versteht er besonders die weibliche Toilette, Sammt, Seide, Gaze, in glänzender Anordnung mit einer

Umständlichkeit, Kokettorie und Selbstgefälligkeit darzustellen, die ihm, verbunden mit höchster Eleganz des ganzen Vortrags, namentlich das schöne Geschlecht unwiderstehlich gewinnt; dagegen fehlt den Köpfen Leben und Naturwahrheit.

Dubufe, Eduard, der Sohn, ein Schüler seines Vaters und des Paul Delaroche, malt seit 1839 Bildnisse ganz im Geschmack des ersteren. Er erhielt 1853 das Ritterkreuz der Ehrenlegion.

Duc, siehe **Ducq.**

Duca, Giacomo del, Bildhauer und Architekt von Palermo, ein Schüler von Michelangelo, der sich mit besonderem Wohlgefallen sowohl in der Architektur, als in der Plastik an des Meisters manieristische Ausartungen hielt. Von ihm rühren unter Anderem die Laterne der von Sangallo aufgeführten Kirche S. Maria di Loretto und der unweit der Fontana Trevi befindliche Palast Pamfili zu Rom (1585) her, Bauten, in denen die im nächsten Jahrhundert erfolgende gänzliche Entartung der Architektur bereits vollständig vorgezeichnet liegt. Er modellirte auch das Grabmal der Elena Savelli in S. Giovanni in Laterano zu Rom, das sein Bruder Lodovico in Bronze goss. Nachdem er sowohl zu Rom als zu Caprarola noch verschiedene andere Gebäude aufgeführt, kehrte er nach Palermo zurück, wo er aus Neid ermordet worden sein soll.

Duccio di Buoninsegna, ein ausgezeichneter Maler seiner Zeit, der Sohn eines sienesischen Bürgers Buoninsegna, soll der Schüler eines sonst unbekannten Malers Namens Segna gewesen sein. Aus den über ihn vorhandenen Dokumenten geht übrigens nur hervor, dass er schon um 1282 ein zu Siena ansässiger Maler und für verschiedene Kirchen zu Pisa, Lucca, Pistoja und Florenz, namentlich aber in seiner Vaterstadt Siena thätig war und 1340 starb. Sein bedeutendstes Werk war die für den Hauptaltar des Domes von Siena von 1308—1311 ausgeführte grosse Tafel, die auf der vorderen Seite die Madonna mit dem Kinde, von Engeln, Heiligen und den vier Schutzpatronen der Stadt umgeben, darstellt, auf der hinteren Scenen aus der Leidensgeschichte enthält. Sie kostete 3000 Goldgulden, von denen der Künstler täglich 16 Soldi erhielt, war schon bei ihrer Vollendung der Stolz von Siena, wurde in festlicher Procession aus der Werkstatt des Künstlers nach dem Dome getragen und befindet sich noch gegenwärtig, mit der Namensunterschrift des Meisters versehen, aber Vorder- und Rückseite auseinander gesägt, an den Wänden derselben Kirche. Eines der vollendetsten Beispiele der durch Cimabue angebahnten Richtung der neueren Malerei, aber nur noch ungleich weiter entwickelt, als bei diesem, zeigt sie im Allgemeinen ebenfalls noch die Technik und die Motive der byzantinischen Kunst, die letzteren aber auf's Lebendigste und mit tiefster Empfindung aufgefasst. Auch bei Duccio finden wir, wie bei Cimabue, jenes Streben, das Ueberlieferte im eigenen Geiste und aus eigenen Mitteln möglichst zu verjüngen, jene sittliche Würde in den Charakteren, jene grossartig kräftige Leidenschaftlichkeit in den Bewegungen, die jedoch noch feierlicher, noch rhythmisch vollendeter erscheint. Zugleich aber verbindet er damit eine so grosse Klarheit der Anschauung, eine solche Tiefe der Empfindung, eine so liebenswürdige Naivität, einen solch ausgebildeten Verstand der Anordnung, einen so hohen, der Antike vergleichbaren Schönheitssinn, eine solch meisterhafte Ausführung im Nackten und in der Gewandung, dass Duccio nur noch wenig von der höchsten Stufe der neueren Malerei entfernt erscheint. Dabei ist jede der 26 kleinen Darstellungen aus der Passionsgeschichte mit einer reichlichen Fülle von Figuren ausgestattet und es sind in deren Gestaltung und Zusammensetzung durchweg neue und überraschende Motive angewandt; sie entfalten den kunstreichsten Ausdruck der mannigfachsten und widersprechendsten Gefühle, legen überhaupt Zeugniss ab von einem nie verlegenen Erfindungsgeiste, von der umsichtigsten Besonnenheit, von der tiefsten Durchdringung des inneren und äusseren Lebens und von einer vollständigen Vertiefung in den Gegenstand, der es gelingt, eine bis in's Einzelnste gehende Individualisirung mit der reinsten Objektivität zu verbinden. Freilich wurde die Durchbildung des Einzelnen durch den kleinen Maasstab (die Figuren sind etwa eine Palme hoch) begünstigt, indem dadurch manche Ansprüche, welche ein grossräumiges Werk hervorbringen musste, nothwendig fern gehalten blieben, obgleich auch in den grösseren Figuren der Vorderseite die Köpfe in den anmuthigsten Formen gezeichnet sind und namentlich die männlichen eine sehr treue Nachahmung der Natur zeigen. In der Gewandung bemerkt man bereits eine starke Hinneigung zu der Kunstweise des germanischen Styls der folgenden Periode. Wie viel oder wenig Duccio ausser diesem Altarwerke schuf, er hat damit für ein Jahrhundert der Schule seiner Vaterstadt den Ton angegeben.

Von anderen zuverlässigen Gemälden des Meisters weiss man nur wenig. In der Sakristei des Domes von Siena befindet sich noch eine Reihe kleiner Tafeln, welche dem Duccio anzugehören und die Staffeln und der Giebel jenes grossen Altargemäldes gewesen zu sein scheinen. Ebenso hat man verschiedene Bilder in der Sammlung der Sieneser Akademie mit dem Namen des Künstlers bezeichnet, unter denen vornehmlich ein grösseres Werk, dessen Hauptdarstellung die Anbetung der Hirten ist, zu solcher Auszeichnung berechtigt sein dürfte. Eine in seiner Lebensbeschreibung von Vasari erwähnte und angeblich für S. Trinità zu Florenz gemalte Verkündigung ist verschollen, dagegen werden ihm zwei Bilder im Archiv des Spitals del Ceppo zu Pistoja, eine Kreuzabnahme und eine Madonna mit Heiligen, welche beide aus dem 1290 von einem Sieneser gestifteten Kloster der Umiliati stammen, zugeschrieben. Eine Kreuzigung, in der Gemäldesammlung des Hrn. Young Ottley zu London, wird als von Duccio herrührend bezeichnet; sie stimmt auch sehr wohl mit dem erwähnten Dombild überein und ist überhaupt ein höchst geistreiches Werk. Aus der Zeit und im Styl des Duccio sieht man auch eine Maria mit dem Kinde in der Dresdner Gallerie.

Duccio soll einen Sohn gehabt haben, der Galgano geheissen und ebenfalls Maler gewesen. — Auch noch ein anderer Maler Duccio soll in demselben Jahrhundert zu Siena gelebt haben und der Sohn des Meisters Niccolo gewesen sein. Dieser wird noch 1390 erwähnt.

Literatur. Vasari, Leben der ausgezeichnetsten Maler, Bildhauer und Baumeister. — Della Valle, Lettere Sanese. 3 Vol. 4. 1782—1786. — Lanzi, Geschichte der Malerei in Italien. — Fiorillo, Gesch. der zeichn. Künste in Italien. — Rumohr, Italienische Forschungen. — Kugler, Handb. der Gesch. der Malerei. — Förster, Beiträge zur neueren Kunstgeschichte. — Burckhardt, der Cicerone. Kupferwerke. Die Passion des Duccio Buoninsagna. Nach Zeichnungen von B. Bartoccini, herausgegeben v. Emil Braun. 26 Blätter. Leipzig, Georg Wigand. 1850.

Ducerceau, siehe **Androuet**.

Duchange, Gaspard, ein vorzüglicher Kupferstecher mit der Nadel und dem Grabstichel, geb. zu Paris 1662, gest. daselbst 1757, war ein Schüler von Jean Audran und zeichnete sich in seinen Stichen besonders durch die glückliche Behandlung der fleischigen Theile des menschlichen Körpers, namentlich aber durch die reizende Weichheit der weiblichen Carnation aus, wie unter Anderem die unten angeführten Blätter nach Correggio, dessen Bilder er überhaupt im Stich am Glücklichsten nachzuahmen wusste, beweisen. Zu den besten seiner sehr zahlreichen Blätter zählt man: Jupiter und Leda; Jupiter und Danae; Jupiter und Jo, nach Correggio (die ersten Abdrücke dieser Blätter sind ohne Bedeckung der nackten Theile, die Duchange später, angeblich aus Reue, solche wollüstige Bilder verbreitet zu haben, hineinstechen liess); die Auferweckung des Jünglings zu Nain; Jesus treibt die Verkäufer aus dem Tempel; die Mahlzeit bei Simon, dem Pharisäer, sämmtlich nach Jouvenet; Jupiter und Juno auf dem Berge Ida; das Opfer des Jephta; Solon erklärt die Gesetze (1717); Anton Coypel und sein Sohn vor der Staffelei, sämmtlich nach Coypel; Franz Girardon, nach Rigaud.

Ducis, Louis, Historien-, Genre und Porträtmaler, geb. zu Paris 1773, gest. 1847, war ein Schüler von David, und folgte in verschiedenen Geschichtsbildern der von seinem Lehrer befolgten Richtung. Später aber malte er mehr Scenen aus dem Leben geschichtlicher Personen. In der Gallerie Luxembourg sieht man von ihm seine Maria Stuart und „le debut de Talma“.

Duck, Jakob, ein Maler, der 1626 als Meister in die Malergilde zu Utrecht aufgenommen wurde, 1629 nach dem Haag zog und Gesellschaftsstücke in der Weise des Jan le Ducq malte, wesshalb man ihn, da die Zeit und der Aufenthaltsort übereinstimmen, auch der Name mit Ausnahme eines Buchstabens der gleiche ist, für den Vater des letzteren hält.

Duclaux, ein ausgezeichneter zu Lyon lebender Thiermaler, dessen Bilder tüchtiges Studium der Natur, sorgsame Auffassung der Thiercharakteristik und sorgfältige Ausführung vereinigen.

Duche, siehe **Dughet.**

Ducleaux, A., ein derzeit zu Paris lebender Landschaftsmaler und Kupferätzer, geb. zu Lyon, der sich namentlich durch treffliche landschaftliche Stiche auszeichnet, unter denen man mehrere Landschaften mit Vieh; eine ruhende Viehheerde in einer Landschaft; und Savoyarden mit Widder mit vier Hörnern, Eulen u. s. w., ein sehr seltenes Blatt besonders rühmt.

Ducornet, Louis César Joseph, Historien- und Porträtmaler zu Paris, geb. zu Lille, kam ohne Arme zur Welt und musste daher, seinen Drang zur Malerei zu befriedigen, sich der Füsse bedienen, in denen er am Ende auch eine solche ausserordentliche Gewandtheit erreichte, dass er ganz treffliche Bilder von tüchtiger Zeichnung, Modellirung und Färbung zu Stande brachte, für die er schon mehrere Medaillen erhielt. Man kennt unter Anderem von ihm: Hektor's Abschied; Joseph, der sich weigert, den Benjamin seinen Brüdern auszuliefern, und einige kirchliche Gemälde. Das ihm vom Kaiser Napoleon III. bestellte Bild: Edith, die den Leichnam Harolds auf dem Schlachtfeld von Hastings findet, sah man im Jahr 1855 auf der grossen Ausstellung zu Paris. Er war ein Schüler von Guillon-Lethière und Gérard.

Ducorron, J., ein geschickter Landschaftsmaler, Direktor der Akademie zu Ath, im Hennegau, wo er 1770 geboren wurde, kam erst im 32. Jahre zur Kunst, in der er von Ommeganck unterrichtet wurde, zeichnete sich aber bald in landschaftlichen Bildern mit Vieh so vortheilhaft aus, dass er zum Mitglied mehrerer Akademien ernannt wurde und von mehreren Städten goldene Medaillen erhielt. Seine Gemälde zeigen eine poetische und malerische Auffassung der Natur und haben ein angenehmes Colorit.

Ducq, auch **Duc** geschrieben, **Jan le**, ein vorzüglicher Thiermaler, geb. 1636 im Haag, war ein Schüler von Paul Potter und malte anfänglich in dessen Kunstweise ausgezeichnete Thierstücke; später aber nahm er Kriegsdienste und stellte von nun an vorzugsweise militärische Scenen, Wachtstuben und andere Vorgänge aus dem Soldatenleben mit unübertrefflicher Wahrheit und zum Theil mit trefflichem Humor dar. Er wurde 1671 Direktor der Akademie im Haag, scheint aber schon im folgenden Jahre gestorben zu sein. Im Museum zu Amsterdam, im Museum zu Berlin, in der Gallerie zu Dresden, in der Pinakothek zu München, im Louvre zu Paris, in der Gallerie des Belvedere zu Wien sieht man solche Soldatenstücke von ihm, die höchst ausdrucksvoll in den Köpfen, zum öftern sehr dramatisch in der Handlung, und in brillanter Beleuchtung mit tiefer Wärme und Sättigung des Tons, in reizendem Schmelz des Vortrags durchgeführt sind.

Ducq radirte auch eine Reihenfolge von Blättern mit Thieren, an denen man den treffenden Ausdruck und die Wahrheit und Charakteristik in Stellungen und Bewegungen rühmt. Sie erinnern an die Radirungen von Potter, aber sie sind etwas härter als die seines Lehrers, auch ist seine Nadel nicht so zierlich und fein, wie die des Letzteren. Man kennt von ihm eine Folge von 8 Hunden nebst Titelblatt (1661); einen fliehenden Wolf mit einem Schafe im Rachen; einen stehenden und neben diesem einen ruhenden Hund (ein Blatt von der grössten Seltenheit); eine säugende Hündin. Von letzterem Blatte existiren nur vier Abdrücke; denn auf die Rückseite der Platte hat Ducq ein Bild gemalt, Kartenspielende Soldaten darstellend, in der fürstlich Esterhazy'schen Sammlung in Wien.

In einigen Gallerien, z. B. im Belvedere zu Wien, in der Dresdner Gallerie u.s.w. trifft man Bilder, welche derselben Zeit angehören, in welcher unser Künstler lebte, dieselben Gegenstände darstellen und in der Behandlungsweise auch ganz an die des Jan le Ducq erinnern, aber A. le Ducq bezeichnet sind. Wahrscheinlich rühren sie auch von ihm her.

Ducq, Josephus Franciscus, ein seiner Zeit berühmter Historien- und Genremaler, geb. 1762 zu Ledeghem in Westflandern, gest. 1829 zu Brügge, erhielt den ersten Unterricht in der Kunst an der Akademie der letzteren Stadt, begab sich dann nach Paris, wo er unter der Leitung von Suvée so grosse Fortschritte machte, dass er 1792 den ersten Preis im Zeichnen und einige Jahre später den zweiten grossen Preis im Malen erhielt. Im Jahr 1807 begab er sich nach Rom, wo er verschiedene grosse Gemälde ausführte, die ihm einen Namen verschafften, kehrte auch erst nach sechsjährigem Aufenthalte wieder nach Paris zurück, wurde aber schon nach zwei Jahren, 1815, als Professor an die Akademie zu Brügge berufen, der er später auch als Direktor vorstand. Bald darauf wurde er Hofmaler des Königs der Niederlande, Mitglied des Nationalinstituts, Ritter des belgischen Löwenordens und Mitglied der Akademien zu Antwerpen und Gent. Ducq fertigte eine grosse Anzahl von Gemälden, kirchliche und historische, mythologische und idyllische, Scenen aus dem Leben geschichtlicher Persönlichkeiten und Porträts, und er zeigt in allen Poesie, Geschmack, angenehmes Colorit und graziösen geistreichen Pinsel. Als die vorzüglichsten unter ihnen bezeichnet man: Scipio, der die Gesandten des Antiochus empfängt; Esther und Ahasverus; den Schulmeister, nach Bion's Idylle; den Kupferstecher Meulemeester im Vatikan; Angelica und Medor; Meleager, der zur Befreiung der Stadt Kalydon die Waffen ergreift; Antonello von Messina im Atelier des Jan van Eyck; sein eigenes Porträt, das ihn malend in seinem Atelier zu Rom darstellt.

Ducros, Pierre, ein tüchtiger Landschaftsmaler und Kupferstecher, geb. 1748 in der Schweiz, gest. 1810 zu Lausanne, machte, nachdem er den ersten Unterricht im Vaterland genossen, seine Studien hauptsächlich in Rom, wo er mit Volpato eine Sammlung von Ansichten Roms und der schönsten Theile der Campagna, und mit Paolo Montagnani die schönsten Gegenden von Sicilien und der Insel Malta herausgab, Arbeiten, durch die er sich einen namhaften Ruf erwarb. Auch seine Bilder in Wasserfarben wurden wegen der Kraft und Frische des Colorits, sowie wegen der Keckheit des Pinsels gerühmt. Zu den schönsten seiner Blätter, die er nach eigenen, an Ort und Stelle gemachten Zeichnungen gestochen, werden gezählt: das Amphitheater zu Syrakus; die Verwüstung von Messina durch das Erdbeben 1784; eine Ansicht von Palermo.

Duderstadt, Heinrich von, Bruder, ein Maler, von dem das mächtige und umfangreiche Altarwerk der ehemaligen Paulinerkirche zu Göttingen (jetzt im Erdgeschoss der Bibliothek, welche einen Theil dieser Kirche ausmacht), das im Jahr 1424, wahrscheinlich an Ort und Stelle, gemalt wurde, herrührt. Dasselbe enthält auf den Aussen- und Innenseiten der Flügel und in der Mitte sinnbildliche Darstellungen in Bezug auf Maria und die Passion, die fast lebensgrossen zwölf Apostel, würdige zum Theil selbst grossartige Gestalten, eine Kreuzigung auf Goldgrund und in 18 kleineren Bildern die übrigen Scenen aus dem Leiden Christi, und verräth in der Kunstweise den Einfluss der Schule Wilhelms von Köln, doch erreicht es die Schönheit und Hoheit des Styls dieses Meisters lange nicht, auch lässt eine gewisse Derbheit der Umrisse in sämmtlichen Bildern vielleicht noch die Einwirkung einer anderen Schule ausser der kölnischen erkennen. Der Künstler nennt sich auf dem Mittelbilde: frater Hs. Dudstadens, was ohne Zweifel „Henricus" von Duderstadt (einige Meilen von Göttingen) zu lesen sein wird.

Literatur. Kugler, Handbuch der Geschichte der Malerei.

Dudot, R. (wahrscheinlich **René**), Historienmaler, der in Frankreich um die Mitte des 17. Jahrhunderts lebte. Von seinen Bildern nennt man ein mit der Jahrszahl 1659 bezeichnetes sogenanntes Maigemälde, den Tod der heil. Jungfrau darstellend. Man kennt auch ein radirtes Blatt von ihm: eine heil. Familie (bez. Re. Dudot inu. et fe.).

Duenwegge oder **Dunwegge, Victor** und **Heinrich,** werden in einem auf der k. Bibliothek zu Berlin befindlichen „Chronicum dominicarum Tremonensium" zwei Maler genannt, welche 1521 für die Brüderschaft des heil. Kreuzes zu Dortmund Malereien ausgeführt haben sollen, die man in drei grösseren in den Hauptaltar der ehemaligen

Dominikaner- jetzt Pfarrkirche zu Dortmund eingesetzten Tafeln zu erkennen glaubt. Das grosse Mittelbild stellt die Kreuzigung in einer sehr figurenreichen Composition auf Goldgrund dar; auf den Flügeln sieht man: auf den Innenseiten, einerseits Maria mit dem Kinde auf dem Throne, umgeben von heiligen Familienmitgliedern, anderseits die Anbetung der Könige; auf den Aussenseiten: den Stifter, vor Christus knieend, umgeben von Heiligen. Diese Malereien erinnern an die Behandlungsweise der Eyck'schen Schule, auch hin und wieder an die kölnische des Meister Stephan. Am vorzüglichsten ist das Bild mit den heil. Familienangehörigen. Die Anordnung ist sehr symmetrisch, die Färbung klar, namentlich die Carnation der Weiber zart. Die Köpfe der Frauen sind sehr lieblich, die der Männer porträtartig gehalten, die Kinder dagegen, obwohl oft schön in ihren Bewegungen, ermangeln im Nackten noch der Fülle und in der Zeichnung des gehörigen Verständnisses; der Faltenwurf ist scharf gebrochen, jedoch breit in schönen Massen gehalten. Die Landschaft hat einen frischen grünen Ton mit tiefblauer Ferne, die sich schön gegen den Goldgrund absetzt. — Im Museum zu Berlin befindet sich eine Kreuzigung und in dem zu Antwerpen eine heil. Familie, die ebenfalls den beiden Brüdern zugeschrieben werden.

Literatur. Kunstblatt, Jahrg. 1841. Nro. 102 bis Jahrg. 1843. Nro. 90.

Dürer, Albrecht, einer der hervorragendsten und vielseitigsten Künstler, die je gelebt, ausgezeichneter Maler, Kupferstecher und Formschneider, Bildhauer in Holz, Elfenbein, Stein und Metall, Architekt und Schriftsteller über die Kunst, wurde am 20. Mai 1471 zu Nürnberg geboren. Seine Vorfahren lebten in Ungarn, wo sie die Landwirthschaft und einen Handel mit Vieh trieben, und sein Grossvater Anton in einem Dörfchen Eytás bei dem Städtchen Jula (oder Cula), acht Meilen von Grosswardein, zur Welt kam. Dieser verliess jedoch den Stand seiner Väter, erlernte die Goldschmiedekunst und verheirathete sich in Jula. Sein ältester Sohn Albrecht, geb. 1427, erlernte den Beruf des Vaters, begab sich als Goldschmiedsgeselle auf Reisen und liess sich, nachdem er sich längere Zeit zuerst in Deutschland und hernach in den Niederlanden bei den ersten Künstlern seines Fachs aufgehalten, im Jahr 1455 in Nürnberg nieder, wo er 1467 die Tochter seines Meisters, des berühmten Goldschmieds Hieronymus Haller, ehlichte und mit dieser 18 Kinder zeugte, deren drittes unser Albrecht war. Von früher Jugend an aufgeweckt, lernbegierig und geschickt in allem, was er angriff, wurde dieser vom Vater, dessen Liebling er war, in seiner Kunst unterrichtet, machte auch in dessen Schule so rasche Fortschritte, dass er schon 1484 sein eigenes Porträt in halber Gestalt (in der Sammlung des verstorbenen Herzogs Albert von Sachsen-Teschen noch erhalten) zeichnen und zwei Jahre darauf, eine schöne getriebene Arbeit in Silber, das Leiden Christi in sieben Darstellungen zur grossen Befriedigung seines Vaters ausführen konnte. Neigung und innerer Beruf zogen Albrecht Dürer jedoch mehr zur Malerei und sein Vater scheint das Talent des Jünglings noch zeitig genug erkannt zu haben, denn er brachte ihn, trotz eigenem Widerstreben, da er ihn einmal für seine Kunst bestimmt hatte, im Jahr 1486 zu Michael Wohlgemuth, damals berühmtem Meister in Nürnberg, in die Lehre, um sich bei diesem zum Maler zu bilden. Nach vollendeter dreijähriger schwerer Lehrzeit, während welcher er viel von Wohlgemuths „bösen Gesellen" zu erdulden gehabt, er aber sowohl diese als seinen Lehrherrn selbst in der Kunst bald weit übertroffen, wie noch einige erhaltene Zeichnungen vom Jahr 1489 (die eine in der Sammlung des Fürsten Esterhazy, eine andere in der des verstorbenen Herzogs von Sachsen-Teschen, noch eine dritte: geharnischte Reiter darstellend, bez. A. D. 1489, ehemals in der Sammlung des Kunsthändlers Woodburn zu London), und das angebliche Porträt seines Vaters in den Uffizien zu Florenz, mit dem Familienwappen und der Jahrszahl 1490 auf der Rückseite, ein Kopf voll Charakter und Naturwahrheit, beweisen, begab er sich 1490 als Gesell auf die Wanderschaft, und besuchte mehrere deutsche Städte, wahrscheinlich auch die Niederlande. Im Jahr 1492 finden wir ihn in Kolmar, wo noch drei Brüder des Martin Schön, den ihm sein Vater ursprünglich zum Lehrherrn bestimmt hatte, lebten und er hinlänglich Gelegenheit hatte, die Werke des Letzteren zu studiren. Diese waren es auch, die einen entschiedenen Einfluss auf seine Kunstbildung ausübten, seinen Blick zuerst über die engen Schranken kirchlicher Kunst hinaus in das Leben und Treiben der Welt lenkten und ihm bei der Wahl der Körper- und Gesichtsformen, bei der Bildung der Gewänder in Schöpfungen eigenen Styls als Vorbild dienten. Später war er in Basel und wahrscheinlich sah er um jene Zeit auch schon Italien, denn bei seinem nachherigen Aufenthalte zu Venedig im Jahr 1506 schreibt er in einem Briefe an seinen Freund Willibald Pirkheimer von dem Bilde eines venetianischen Malers: „Daz Ding, das mir vor eilff Jorn so woll hat gefallen, daz gefelt mir jtz nit mer u. s. w.“ Auch machen sich in seinen damaligen Arbeiten, wie z. B. aus einigen Zeichnungen mit der Jahrszahl 1494 (in der vom verstorbenen Herzog von Sachsen-Teschen hinterlassenen Sammlung) zu ersehen, Einwirkungen von Italien aus, namentlich von den Werken des ihm geistesverwandten A. Mantegna bemerkbar, die seiner Phantasie zuerst die Richtung auf Kühnheit und Grossartigkeit in Auffassung und Zeichnung, namentlich aber auch auf mythologische Gegenstände gegeben zu haben scheinen. Schickte er doch, nachdem er von seinem Vater 1494 nach Nürnberg zurückberufen worden war, auffallender Weise und der ganzen damaligen noch ausschliesslich mit der Darstellung von kirchlichen Stoffen beschäftigten deutschen Kunstübung entgegen, als Probearbeit zur Erlangung des zunftmässigen Meisterrechts in seiner Vaterstadt, eine Federzeichnung ein, in welcher ein Bacchanal und Orpheus, von Mänaden geschlagen, dargestellt war.

Nachdem er Meister geworden, verheirathete ihn sein Vater noch in demselben Jahre mit Agnes, der schönen Tochter seines Freundes, des damals berühmten Mechanikers Frey, ohne damit wesentlich das Glück des Sohnes und dessen geistig hochgehenden Bestrebungen gefördert zu haben, was indessen diesen nicht abgehalten, gegen Vater und Mutter bis in ihre Todesstunde die treueste und rührendste Liebe an den Tag zu legen. Seine Frau, die er verschiedenemale seine „Rechenmeisterin“ nennt, scheint eine genaue Hausfrau gewesen zu sein und ihm Schranken gezogen zu haben, die ihn geistig und künstlerisch hemmten. So konnte, namentlich auch bei ihrer Kinderlosigkeit, die Ehe keine glückliche sein. Wie sie zu Stande kam, hat Albr. Dürer selbst aufgezeichnet. „Als ich anheim kommen war (von seiner Wanderschaft) handelt Hans Frey mit meinem Vater und gab mir seine Tochter mit Namen Jungfrau Agnes, gab mir zu ihr fl. 200 und hielt die Hochzeit, war am Montag vor Margarethen im 1494 Jahr.“

Wir kennen aus dieser Frühzeit des Künstlers wenige Gemälde, auch sind es grossentheils Bildnisse. Ueberhaupt scheint Dürer, abweichend vom bisherigen Gebrauch, seine Kunstübung mehr von eigener freier Wahl und Phantasie abhängig gemacht zu haben. Zu diesen frühesten Bildern gehören: das Porträt seines Vaters in seinem 70. Lebensjahre, mit dem Monogramm des Künstlers und der Jahrszahl 1497 bezeichnet, in der Pinakothek zu München; die Halbfigur einer betenden Maria, der Kopf nicht schön, aber von zart jungfräulichem Charakter und reinem Ausdruck der Andacht (mit dem Monogramm und der Jahrszahl 1497 bezeichnet) in der Gallerie zu Augsburg; zwei Bildnisse der Katharina Fürlegerin, einer gepriesenen Schönheit des 15. und 16. Jahrhunderts aus nürnbergischem, patrizischem Geschlechte, das einemal mit aufgebundenem, das anderemal mit prachtvoll gelöstem Haare, beide mit Dürer's Monogramm und der Jahrszahl 1497 bezeichnet (beide gest. v. Wenzel Hollar) in der Kunstsammlung des Direktors Böhm zu Wien (eine Wiederholung des ersteren in der Sammlung des Freih. von Speck-Bernburg zu Lützschena bei Leipzig), und sein eigenes Porträt in der florentinischen Sammlung eigenhändiger Künstlerbildnisse in den Uffizien, mit der Jahrszahl 1498 bezeichnet, höchst wahrscheinlich dasselbe, das König Karl I. von England von der Stadt Nürnberg verehrt worden war und sich nebst dem oben angeführten seines Vaters (jetzt ebenfalls in den Uffizien) als Gegenstück in der Gallerie jenes Monarchen befand. In Ermanglung bedeutender Aufträge in Malereien, finden wir ihn dagegen während dieser Zeit, um sich einen grösseren Wirkungskreis zu eröffnen, vielfach mit Kupferstich und Holzschnitt beschäftigt. Schon im Jahr 1497 hatte er die unter dem Namen der „Hexen“ bekannten vier nackten Weiber gestochen und im Jahr 1498 entstanden nun seine geistvollen Holzschnitte zur Offenbarung Johannis, in denen wir Dürer bereits in hoher und eigenthümlicher künstlerischer Vollendung erblicken. Vollorigineller Poesie, in grossartigster Conception und mit hoher Kraft der Darstellung treten uns hier jene mystischen Visionen des Evangelisten in lebendiger körperlicher Gestalt vor Augen. Mit der Jahrszahl 1499 ist sodann das Bildniss des Oswald Krel in der Münchner Pinakothek bezeichnet, dessen Hintergrund ein rother Teppich und die Aussicht auf eine Landschaft bildet.

Während solcher Thätigkeit konnte er sich vom Umgange mit seinen Kunstgenossen zu Nürnberg, bei aller Bescheidenheit doch nur wenig Förderung versprechen. Um so mehr Einfluss übte dagegen auf sein Leben sowohl als auf seine Werke ein Mann, der, ausgezeichnet durch wissenschaftliche Bildung im Geiste der Zeit, durch Vermögen und Rang, im Jahre 1497 von einem längeren Aufenthalte im Auslande, namentlich von den Universitäten Bologna und Pavia, wo er Begeisterung für die Kunst und das neuerwachte Studium des Alterthums in sich eingesogen, nach Nürnberg zurückkam, dort bald eine bedeutende öffentliche Stellung einnahm und in inniger Zuneigung seinem künstlerischen Freunde Dürer eine bis an und über das Grab hinaus treu bewährte Liebe weihte — Willibald Pirkheimer.

Vom Jahre 1500 sind uns verschiedene Gemälde Dürer's bekannt. Das erste und bedeutendste ist sein eigenes Porträt in der Münchner Pinakothek, welches ihn gerade von vorn, die Hand an den Pelzbesatz des Kleides gelegt, darstellt, und die Nachricht gleichzeitiger Schriftsteller bestätigt, dass Dürer einer der schönsten Männer gewesen. Dasselbe verräth auch ein gewisses naives Wohlgefallen an der eigenen, allerdings herrlichen Persönlichkeit und zeigt den Meister, der noch auf jenem Bild in den Uffizien als gutmüthiger harmloser Jüngling erscheint, zum Manne gereift.* Seine Züge sind voll und kräftig, haben den Ausdruck eines durchgebildeten Charakters voll Adel und Würde gewonnen, Stirn und Auge geben das Zeugniss eines ernsten, tiefdenkenden Geistes. Es ist vortrefflich gezeichnet und modellirt und beispiellos fleissig ausgeführt (mit seinem Monogramm und der Jahrszahl bezeichnet). Ein zweites Gemälde aus demselben Jahre ist ebenfalls in der Pinakothek: das tüchtig gemalte Porträt eines jungen Mannes, von einfachem entschiedenem Charakter, das früher für das Bildniss seines Bruders Johannes galt. Ein drittes Bild ebendaselbst, die Trauer um den Leichnam Christi darstellend, ist, obgleich dasselbe wohlgeordnet und die Gestalt der Maria anziehend und von einer gewissen mütterlichen Würde beseelt erscheint, minder bedeutend und von sehr gewöhnlichem bürgerlichem Charakter in den Köpfen. Mit seinem Monogramm und derselben Jahrszahl bezeichnet, sieht man ferner im Landauerbrüderhause ein geistreich componirtes Temperagemälde: Herkules erlegt die Harpyen. Eine reiche und höchst bedeutende Composition der Kreuzigung auf grauem Papier, weiss gehöht (im Besitz des Hrn. P. Vischer in Basel), trägt das Datum 1502, in welchem Jahre Dürer's Vater starb, nach dessen Tod er seinen jüngsten Bruder und seine verlassene fromme Mutter zu sich in sein Haus aufnahm. In der Gallerie des Belvedere zu Wien befindet sich eine Maria, welche das Kind säugt, vom Jahr 1503, sehr leicht und zierlich gemalt, aber im Ausdruck und in den Formen uninteressant. Dieselbe Jahrszahl tragen: ein kleiner Kupferstich, die am Zaun sitzende und säugende Maria; das vorzügliche Blatt: das Wappen mit dem Todtenkopfe; die Tuschzeichnung eines lebensgrossen männlichen Kopfes mit Kapuze; zwei weibliche Köpfe in der Kupferstichsammlung zu Berlin, sowie die sehr schöne Federzeichnung einer Abnahme vom Kreuz (ehemals in der Villa Aldobrandini zu Rom). Im Jahr 1504 malte er für Friedrich den Weisen die Anbetung der Weisen, ein Bild von ausserordentlicher Leuchtkraft der Farbe (ehemals in der Allerheiligenkirche zu Wittenberg, jetzt in den Uffizien zu Florenz) und für W. Pirkheimer den Tod der Gattin dieses seines Freundes, umgeben von ihrem Gemahl, Mönchen, welche ihr die letzte Oelung ertheilen, und Frauen, ein für die Kunstgeschichte sehr wichtiges Bild, weil es eine der Scenen aus dem Familienleben, welche bisher nur als schüchterne Episoden auf den Darstellungen heiliger Geschichten ein bescheidenes Plätzchen im Hintergrund gefunden, zum alleinigen Gegenstand

* Abgebildet in den Denkmälern der Kunst. Atlas zu Kuglers Handb. der Kunstgesch. Taf. 88 A, Fig. 1.

eines selbstständigen Gemäldes macht. (Eine Wiederholung in Wasserfarben befand sich im Forster'schen Kabinet in Nürnberg.) Demselben Jahre gehören sodann der Kupferstich: Adam und Eva, eine der vorzüglichsten Arbeiten des Meisters,* und eine Reihe von Handzeichnungen an, welche das Leiden Christi darstellen, und eine Menge geistreicher Motive enthalten, die von Dürer mannigfach zu späteren Werken benützt und umgearbeitet wurden (in der Sammlung des verstorbenen Erzherzogs Karl von Oesterreich). Eine der herrlichsten dieser Compositionen ist die Kreuzabnahme von grandioser Erfindung und meisterhafter Anordnung. Die Zeichnung eines Kriegsknechtes in der Berliner Sammlung von Handzeichnungen, sowie ein heil. Onofrius in einer Landschaft, und ein heil. Johannes mit dem Lamm, im Besitz des Senators Klugkist zu Bremen, tragen ebenfalls die Jahrszahl 1504. Aus dem Jahre 1505 stammt eine Reihe von Kupferstichen, worunter die Satyrnfamilie; das kleine Pferd mit dem Ritter; der Kriegsknecht mit dem grossen Pferd, und höchst wahrscheinlich auch das prachtvolle Blatt: der heil. Eustachius, wie sich Dürer überhaupt in der letzten Zeit mehr mit der Kupferstecherkunst, als mit der Malerei beschäftigt zu haben scheint.

Zu Ende desselben Jahres 1505 unternahm aber nun Dürer eine Reise nach dem bereits als das Hochland der Kunst gepriesenen Italien, und zwar begab er sich zunächst nach Venedig, wo er sich längere Zeit aufhielt. Von seinem Treiben in dieser Stadt geben uns die Briefe, die er an seinen Freund Pirkheimer schrieb und die auf unsere Zeit gekommen sind, mannigfach interessante Kunde. Dort fertigte er für die dem h. Bartholomäus geweihte Kirche der deutschen Gemeinde, das Rosenkranzfest, Maria von Engeln gekrönt, und von dem Kaiser, dem Papst und vielen geistlichen und weltlichen Fürsten umgeben, mit den Bildnissen des Kaisers Maximilian's, des Papstes Julius II., des Pirkheimer, des Künstlers selbst, welch letzterer ein Täfelchen hält mit der Inschrift: Exegit Quinquemestri Spatio Albertus Dürer Germanus MDVI, und mit seinem Monogramm u. s. w. Dasselbe (lith. v. Arkoles) befindet sich gegenwärtig in dem Prämonstratenser-Stifte zum Strahof in Prag, ist aber leider sehr beschädigt und stark übermalt; doch bleibt immerhin die glückliche und selbst grossartige Anordnung, welche zum Theil auf venetianischen, dem Bellini nachgebildeten Motiven zu beruhen scheint, sowie die an Idealität streifende Schönheit der Madonna auch jetzt noch zu erkennen. Wir sehen darin, wie Italien seinen ganzen Zauber auf ihn bereits hat wirken lassen. Aber dennoch ist das Ganze so deutsch, so ächt Dürerisch, so frisch und ursprünglich in der Zeichnung, wie vom Quell der Natur geschöpft, so lebendig und mannigfaltig in den Motiven, so unendlich liebevoll in der Ausführung und von einer so meisterhaft leichten und freien Behandlung in ziemlich dünnem Farbenauftrag, dass der Künstler damit die allgemeinste Bewunderung, sowohl bei seinen Landsleuten, als bei den auf ihre Kunst so stolzen Italienern, einerntete, und obgleich er darüber klagt, dass er wegen demselben die vielen Anträge der Venetianer nicht habe annehmen können und dafür nur die Summe von „hundert vnd zehn gulden reinsch." erhalte, während er mehr als 200 Dukaten unter der Zeit verdient hätte, so finden wir doch den Ausdruck seiner Freude über die ihm zu Theil gewordene Anerkennung in allen seinen Briefen. Denn voll Selbstgefühl schreibt er an seinen Freund: „vnd ich hab awch dy Moler all gesthrilt (gestriegelt) dy do sagten, Im stechen wer ich gut, aber im molen west ich net mit farben vm zu gen. Item spricht ider sy haben schöner farben nie gesehen"; weiter: „Item wist daz mein thafell sagt, sy wolt ein Dugaten drum geben, daz Irs secht sy sey gut vnd schön von Farben"; dann ein andermal: „Wy ist vns beden so woll, so wir vns gut geduncken, ich mit meyner thafell vnd Ir eun woster weisheit, so man vns glorifizirt so recken wir dy Hels vber sich vnd glawbens." Oder wenn er sich im Scherze gar selbst überhebt: „Was meint Ir, daz mir an eim sollichen —lig, ich pynn ein Gentilam (gentiluomo) zw Fęnedich worden." Uebrigens war es mit jenem „Glorificieren" ernst gemeint. Denn der Doge und der Patriarch in Venedig besuchten ihn in seiner Werkstätte und die Herrschaft von Venedig bot ihm 200 Dukaten Jahrgehalt, wenn er bleiben wollte, ein

* Abgebildet in den Denkmälern der Kunst. Atlas zu Kuglers Handb. der Kunstgesch. Taf. 83, Fig. 1.

Anerbieten, das er aber aus Liebe zu seiner Vaterstadt nicht annahm; auch wurde seine Tafel zu Venedig noch im 16. Jahrhundert mehrmals copirt, so allgemein hochgeschätzt war sie. Von den venetianischen Malern trat vornehmlich der hochbetagte Giovanni Bellini mit ihm in nähere freundschaftliche Berührung und auch der damals im 30. Lebensjahre stehende Tizian scheint für die Weise Dürer's, obgleich der letztere von anderen venetianischen Künstlern den Tadel hören musste, dass sie „nit antigisch art" sei, während unser Künstler aber zu gleicher Zeit schreibt, dass sie ihm „sein Ding" (seine Werke) überall in Kirchen „abmachen" (copiren), nicht unempfindlich gewesen zu sein; denn man kommt leicht in Versuchung des Letzteren: Zinsgroschen (in der Dresdner Gallerie) als eine der deutschen Kunst und deren fleissigen Ausführung dargebrachte Huldigung zu betrachten. Wahrscheinlich zu Venedig schuf Dürer dann auch noch das von 1506 datirte und laut seiner eigenhändigen Beischrift in fünf Tagen gemalte Bild: Christus mit den Schriftgelehrten in halben Figuren im Pal. Barberini zu Rom. Eine Reise nach Rom, die er im Geleite des Kaisers zu machen gedachte, kam nicht zu Stande, und schon im Spätsommer des Jahres 1506 verliess er Venedig wieder, obgleich seine fröhlichen Briefe in die Heimath beweisen, wie ihm im Süden das Herz aufgegangen und der erworbene Beifall ihn erhoben hatte, „O," klagt er vor der Abreise, „wy wirt mich noch der sunen frieren, hy bin ich ein Her, doheim ein schmarotzer." Er ritt über Padua nach dem kunstgelehrten Bologna, wo er sich in der Perspektive noch weiter unterrichten zu lassen gesonnen war und woselbst ihm die dortigen Maler ausnehmend grosse Ehre erwiesen, überschritt aber die Apenninen nicht, so werthvoll für ihn der Besuch von Florenz hätte werden müssen, wo gerade der grosse künstlerische Wettkampf zwischen Michelangelo und Leonardo da Vinci die Künstler in so grosse Aufregung versetzt hatte, sondern kehrte im Herbst darauf in seine Vaterstadt zurück.

Hier entwickelte er nun eine beispiellose eben so anhaltende als vielseitige Wirksamkeit und es begann die eigentliche Glanzperiode seiner reichen künstlerischen Thätigkeit. Ausser einer bedeutenden Anzahl grösserer Oelgemälde fertigte er in den nächstfolgenden Jahren eine so ausserordentliche Anzahl von Zeichnungen, Kupferstichen und Holzschnitten, dazu manches reiche, mit dem sorgfältigsten Fleisse ausgeführte Schnitzwerk in Buchsbaum und Speckstein, dass man ebenso die Fülle des in diesen zahlreichen überall zerstreuten Arbeiten niedergelegten Geistes, wie die frische gesunde sprudelnde Kraft ihres Urhebers bewundern muss, die ohne Anregung von aussen, ohne Förderung durch grosse Aufträge von Fürsten, Kirchen, Gemeinden, oder Einzelner, so Herrliches hervorgebracht.

Der erste Grosse des Reichs, der sich Dürer's nach seiner Rückkehr aus Italien erinnerte, war Kurfürst Friedrich der Weise von Sachsen, der bei ihm ein Altargemälde für die Schlosskirche zu Wittenberg bestellte, das der Meister jedoch erst nach zwei Jahren vollendete. Dazwischen malte er im Jahr 1507 ein Bild: Adam und Eva im Paradiese darstellend, das er dem Rath seiner Vaterstadt zum Geschenk machte, aus dessen Besitz es nachmals in die Gallerie des Kaisers Rudolph II. überging, von wo es nach Spanien kam, wo man es im Museum zu Madrid noch sieht. Dasselbe wird als ein Gemälde von ausserordentlicher Vollendung geschildert, so dass schon ein altes Epigramm von den beiden Figuren sagte:

> Angelus hos cernens miratus dixit: ab horto
> Non ita formosos vos ego depuleram.
>
> Als sie der Engel erblickt, da rief er entzücket: O wenn ich
> So euch im Garten gesehen, hätt' ich euch nimmer verbannt.

Man glaubte früher in dem argmisshandelten Gemälde der Provinzialgallerie von Mainz das ehemals vielbewunderte Urbild zu erkennen, es ist diess (nach Passavant: Die christliche Kunst in Spanien), aber nur die durch die Franzosen aus dem Rathhaus in Nürnberg entführte Copie. Es existiren auch verschiedene andere Wiederholungen, zum Theil auch nach dem Stich von 1504, von denen eine im Museum der bildenden Künste zu Stuttgart (aus der Gallerie Barbini-Breganze) manche Anzeichen der Aechtheit für sich hat. Das Porträt eines jungen Mannes von röthlicher Gesichtsfarbe, ausserordentlich schön, lebenswahr und fein gemalt, eines von Dürer's vorzüglichsten Bildnissen, in der Gallerie des Belvedere zu Wien, trägt die Jahrszahl 1507. Auf der Rückseite des Bildes ist der Geiz allegorisch in Gestalt eines alten hässlichen Weibes, das einen Geldsack hält, vorgestellt. Von Kupferstichen, die er in diesem Jahr ausführte, sind zu nennen: die sitzende Maria mit dem Kinde, über deren Haupt zwei Engel eine Krone halten.

Endlich vollendete Dürer 1508 für Kurfürst Friedrich von Sachsen das erwähnte Bild, das aus des letzteren Besitz in den des Kaisers Rudolph II. überging und jetzt die Gallerie des Belvedere zu Wien schmückt. Es stellt die Marter der zehntausend Christen dar, welche Sapores II., König von Persien, auf grausame Art hinrichten liess (gest. von van Steen), und zeichnet sich durch die feine miniaturartige Ausführung in schönen leuchtenden Farben aus, die Auffassung ist jedoch ohne eigentliche Würde und Kraft, auch ohne Individualisirung. In der Mitte des Bildes, auf dem in markdurchschütternder Weise alle Arten körperlicher Misshandlungen, Marter und Hinrichtungen geschildert sind, stehen Dürer und Pirckheimer in Betrachtung des Vorgangs; jener faltet, von sichtlichem Schauer durchdrungen, die Hände und hält ein Fähnlein, worauf die Worte stehen: Iste faciebat anno domini 1508 Albertus Dürer Alemanus. Ein Christus am Kreuz in der Sammlung des Direktors Böhm zu Wien ist ebenfalls mit derselben Jahrszahl bezeichnet. Ferner gehören diesem Jahre zwei in Holz oder Speckstein geschnitzten Medaillons von unserem Meister an, von denen sich Bleiabgüsse in der königl. Kunstkammer zu Berlin finden. Das eine soll die Frau des Künstlers, das andere seinen Lehrer Wohlgemuth darstellen. Das Relief einer nackten weiblichen Gestalt, wovon sich ebendaselbst ein bronzirter Gypsabguss findet (bez. mit Dürer's Monogramm und der Jahrszahl 150 — die letzte Zahl unleserlich —) ist wahrscheinlich ebenfalls um diese Zeit entstanden. Dann sind von Stichen des Jahrs 1508 zu erwähnen: Maria in der Glorie mit dem Kinde, das einen Apfel hält; der heil. Georg zu Pferd; Christus am Kreuz, rechts Johannes; und von Handzeichnungen: einige Blätter in der Kupferstichsammlung zu München und in der Sammlung des verst. Erzherzogs Karl zu Wien.

Im folgenden Jahre malte Dürer die Himmelfahrt der Maria für Jakob Heller zu Frankfurt a. M., ein Bild des Himmels und der himmlischen Seligkeit, das an heiterer Schönheit und Lieblichkeit, an Fleiss und treuester Liebe der Ausführung von keinem ähnlichen übertroffen wurde, und die Bewunderung seiner Zeitgenossen war, jedoch, nachdem es zu Anfang des 17. Jahrhunderts nach München gekommen, beim Brand des dortigen Schlosses zu Grunde ging. Es gibt indessen eine von Paul Jouvenel ausgeführte Copie davon (im Städel'schen Institut zu Frankfurt), welche uns wenigstens die Composition wiedergibt, die im oberen Theile, in der von der Dreieinigkeit gekrönten Maria in der Glorie, ganz die ernste Grossartigkeit des Meisters entfaltet, und im unteren, in den um das Grab versammelten Aposteln auf ein Urbild voll Bedeutung und Charakter schliessen lässt. Im Mittelgrunde brachte er sich selbst an, mit einer Tafel, die seinen Namen und die Jahrszahl 1509 enthielt. Von Handzeichnungen Dürer's aus diesem Jahre ist vor allen bemerkenswerth: Maria mit dem Kinde in einer Arkade von spielenden Engeln umgeben, eine Composition, die zu den herrlichsten gehört, welche man von ihm kennt, und in zwei Exemplaren vorhanden ist, deren eines man in der Peter Vischer'schen Sammlung zu Basel, das andere im königl. Kupferstichkabinet zu Dresden verwahrt. Auch eine Kreuzabnahme in der Sammlung des Erzherzogs Karl zu Wien datirt aus diesem Jahre.

Als Zeugnisse der Thätigkeit des Künstlers im Jahr 1510 mögen zunächst die herrlichen Holzschnitte des Büssenden, der vor einem Altare knieend, sich mit der Geissel auf den entblösten Rücken schlägt und des gerüsteten Kriegsmannes, der vom Tode erfasst wird, genannt werden. Auch dürften unter dieser Jahrszahl der beiden Bildnisse Karls des Grossen und des Kaisers Sigismund, in überlebensgrossen Figuren, Kniestücke, in der Sammlung des Landauerbrüderhauses zu Nürnberg, zweier gewaltiger, hochwürdiger Gestalten in des Meisters kräftiger Zeichnung und leichter Malerei, zu gedenken sein, weil die in Berlin und Wien befindlichen Studien dazu mit derselben bezeichnet sind. Endlich führte er in diesem Jahre auch das schöne Specksteinrelief mit der Geburt Johannes des Täufers im Kupferstichkabinet des britischen Museum zu London (bez. mit seinem Monogramm und der Jahrszahl 1510) aus, eine Arbeit von bewundernswürdiger Vollendung, Wahrheit und Ausdruck in den Köpfen.

Im Jahr 1511 gab sodann Dürer drei grosse Reihenfolgen von Holzschnitten heraus, welche zum grössten Theil, wie die Jahresbezeichnungen auf einzelnen Blättern ergeben, schon in den beiden vorangegangenen Jahren entstanden waren: die grosse und kleine Passion und das Leben der Maria. Diese Werke gehören zu dem Vorzüglichsten, was von Dürer's künstlerischen Arbeiten auf unsere Zeit gekommen ist. In ihnen treten fast mehr als irgendwo die Andeutungen eines lebendigen Gefühls für Schönheit, Adel und einfache Würde hervor, während die Elemente phantastischer und gemeinbürgerlicher Auffassung mehr eine untergeordnete Stelle einnehmen. Auch werden sie zu jeder Zeit als Muster beseelter Technik gelten. Die schönsten der 12 Blätter der grossen Passion sind: das Titelblatt, Christus, der mit der Dornenkrone auf einem Steine sitzt und von einem Kriegsknechte verhöhnt wird; die Kreuztragung; Christi Höllenfahrt; die Trauer um den Leichnam Christi. Unter den 37 Blättern der kleinen Passion (deren Platten erhalten sind und im britischen Museum zu London verwahrt werden) sind die vorzüglichsten: der Abschied Christi von seiner Mutter*; die Fusswaschung; Christi Gebet am Oelberg, eine Darstellung ebenso voll der höchsten Würde und Schönheit, wie des tiefsten, innigsten Gefühls; Christus, wie er nach der Auferstehung der Mutter in ihrem Gemache, und wie er der Magdalena im Garten erscheint, Compositionen von eigenthümlicher Anmuth und schlichter Schönheit. Zu den trefflichsten der aus 20 Blättern bestehenden Folge von Darstellungen aus dem Leben der Maria, in welchen uns der Meister die zarteren häuslichen und gesellschaftlichen Verhältnisse des Lebens in einer Liebenswürdigkeit vorführt, die wenig ihres Gleichen hat, gehören: die goldene Pforte; die Geburt der Maria; die Beschneidung; die Flucht nach Aegypten; der Aufenthalt der heil. Familie in Aegypten; der Tod der Maria, eine der ausgezeichnetsten Compositionen des Meisters. Eine grosse Anzahl dieser, sowie auch anderer Blätter des Meisters wurde wegen der reichen Phantasie, die darin waltet, der durchdachten und feingefühlten Composition, der Anmuth in den Linien und Bewegungen, dem Ausdruck in den Köpfen und Gestalten nicht sowohl von Stechern, von Marc Anton, Agostino Veneziano u. A. in Kupfer gebracht und in Italien verbreitet, als von verschiedenen Nachfolgern Dürer's diesseits und jenseits der Alpen theils ganz, theils mit Benützung einzelner Motive in Farben ausgeführt. — Mit der Jahrszahl 1511 sind indessen auch noch einige andere meisterhafte Blätter des Künstlers bezeichnet: die heil. Dreieinigkeit, wiederum eine der schönsten Compositionen Dürer's; Madonna mit dem Kinde, von dem heil. Johannes dem Täufer und dem heil. Bruno umgeben; die heil. Familie, links der alte Joachim mit dem Rosenkranz; Maria mit dem Kinde, das eine Birne hält; die gabenbringenden drei Könige; der heil. Christoph und die Messe des heil. Gregor. In diese an künstlerischen Produktionen schon überaus reiche Zeit (1511) fällt sodann auch noch eines der bedeutendsten Gemälde des Meisters, die Darstellung der Dreifaltigkeit inmitten der Heiligen und Seligen.** Dieses für die Kapelle des Landauerbrüderhauses zu Nürnberg gemalte Bild (lith. von Julie Mihes), auf dem Dürer in einer Ecke wieder sich selbst in prächtigem Pelzmantel, zu seinen Füssen eine Tafel mit der Inschrift: Albertus Durer Noricus faciebat anno a virginis partu 1511 anbrachte, ist in der Auffassung erfüllt von tiefem glaubenstreuem und verstandesscharfem Eindringen in das Dunkel des Mysteriums, in der Anordnung gross und wirkungsvoll, im Ausdruck fromm und innig, in der Zeichnung frisch und kernig, in der Ausführung meisterhaft und in wunderbarster Feinheit, lasurartig behandelt. Selbst der Faltenwurf ist grossartig und die Gestalten der Dreieinigkeit sind würdig und schön. Allein man vermisst nicht nur fast durchgängig die höhere Auffassung des

* Abgebildet in den Denkmälern der Kunst. Atlas zu Kuglers Handb. der Kunstgesch. Taf. 83, Fig. 4.
** Ebendaselbst. Taf. 83 A, Fig. 3.

Lebens, sondern dieselbe streift, selbst in den Gestalten der Heiligen, in dem Streben nach Naturtreue der Darstellung an's Unschöne. Man sieht dieser bewussten und absichtlichen Durchführung des Einzelnen an, dass es dem Meister nicht darum zu thun war, die irdische Form des Menschen von ihren Mängeln und Zufälligkeiten zu reinigen, sondern dass er vielmehr der Individualität in ihrer Befangenheit einen gültigen Werth zuerkannte und sie durch die Reize eines phantasmagorischen Farbenspiels zu erheben suchte, statt ihr durch Schönheit und innere Bedeutsamkeit der Form eine höhere Weihe zu geben. Im Uebrigen ist es ziemlich sicher, dass er denjenigen seiner Bilder einen vorzüglichen Werth beilegte, auf denen er sein eigenes Porträt anbrachte. In der Vorhalle der Landauerbrüderhauskapelle hängt indessen jetzt nur noch der nach seiner Zeichnung und unter seiner unmittelbaren Leitung geschnitzte, mit Figuren geschmückte Rahmen zu diesem Gemälde, das Bild selber befindet sich in der Gallerie des Belvedere zu Wien.

Aus dem Jahr 1512 stammt das kleine Gemälde der Maria mit dem eine angeschnittene Birne in der Hand haltenden Jesuskinde (in der Gallerie des Belvedere zu Wien), auf welchem das Gesicht der heil. Jungfrau zwar in den gewöhnlichen Formen Dürer's erscheint, aber den zartesten jungfräulichen Charakter trägt, das Gesicht des Kindes dagegen ausgezeichnet schön ist. Zugleich ist das Bildchen ausserordentlich sauber gemalt, nur in den Schattentönen des Fleisches zu gräulich. Dann gehören unter die schönsten von ihm in diesem Jahr gestochenen einzelnen Blätter: Maria auf der Rasenbank, das Kind säugend; Christus, der Dulder, stehend, rechts ein Baum; der heil. Hieronymus betend am Pult in der Felsenschlucht, beide letztere höchst seltene Blätter; der Marktbauer. Auch der grösste Theil der von 1507—1513 erschienenen grossen Reihefolge von kleinen Kupferstichen, welche abermals die Passion zum Gegenstand der Darstellung haben, fällt in das Jahr 1512, in welchem er endlich von seinem grossen Gönner, dem Kaiser Maximilian I., einen Freibrief erhielt, der seine Kupferstiche und Holzschnitte, die ihm vielfältig nachgestochen wurden, wodurch er sich in seinem Erwerb bedeutend beeinträchtigt fühlte, vor unberufener Nachbildung schützen sollte.

Diese Folge von 16 Blättern gehört unter die besten Arbeiten Dürer's, hinsichtlich der reichen Composition, des Ausdrucks in den Köpfen und der vorzüglichen Vollendung. Die grössten Meister haben sie bei Gemälden benützt und sie sogar copirt. Man liebte sie wegen ihrer Vorzüglichkeit immer sehr; in älterer Zeit wurden sie häufig in Gebetbücher gebunden und viele Reiche liessen sie kostbar illuminiren. Zum Unterschied von den Holzschnittpassionen nennt man sie gewöhnlich: die kleine Kupferstichpassion.

Hier kann eine Reihe von Gemälden Dürer's eingeschaltet werden, über deren Zeit keine sichere Daten vorhanden sind, die aber der Mehrzahl nach in die mittlere Periode des Künstlers gehören dürften. Man zählt dahin: eine Mater dolorosa in der Münchner Pinakothek, stehend mit gefalteten Händen, einfach und würdig; eine schöne kleine Geburt Christi, zu Burleighouse in England; einen Ecce homo in der Moritzkapelle zu Nürnberg, sehr weich, und durchgeführt modellirt, die Formen des Kopfes und des Körpers jedoch ohne höheren Adel; das Altarblatt mit Flügeln in der Münchner Pinakothek, das, von der Familie Baumgärtner in die Katharinenkirche zu Nürnberg gestiftet, von Kurfürst Maximilian I. aber im Anfange des 17. Jahrhunderts für München erworben worden, und im Mittelbild: die Geburt Christi, das Kind in der Mitte von Engeln umgeben, in den Flügelbildern: die Porträts der beiden Donatoren unter den Gestalten der Heiligen Georg und Eustachius als geharnischte Ritter, von denen der eine eine höchst interessante Gestalt ist, darstellt; sodann den vom Kreuz genommenen Leichnam Christi, ein von der Familie Holzschuher in die Kirche St. Sebald in Nürnberg gestiftetes Bild, das nachher in Besitz der Peller'schen Familie, von da in die Boisserée'sche Sammlung kam und jetzt sich in der Pinakothek zu München befindet, eine figurenreiche schön geordnete Composition von eigenthümlicher leuchtender Farbengebung, im Ausdruck der Köpfe aber ohne sonderliche Tiefe. (Eine Wiederholung, wahrscheinlich eine alte, aber nicht werthlose Copie in St. Sebald zu Nürnberg.) Ferner das mit Leimfarben tüchtig gemalte Porträt eines Gelehrten in der Münchner Pinakothek. Ueber die Aechtheit eines Bildes: Maria, Anna und das schlafende Christkind, ehemals in der Gallerie zu Schleissheim (jetzt im Besitz des Bildhauers Entres in München), herrscht selbst unter competenten Richtern derzeit noch Meinungsverschiedenheit.

Interessanter als der grösste Theil der obenerwähnten Bilder sind verschiedene in Kupfer gestochene Blätter, auf die wir im Verlaufe der geschichtlichen Abhandlung über unsern Meisters stossen. Mit der Jahrszahl 1513 ist nämlich der unter dem Namen: Ritter, Tod und Teufel bekannte und berühmte Kupferstich* bezeichnet, die bedeutendste Produktion der eigenthümlich phantastischen Richtung der deutschen Kunst in jener Zeit, von höchst meisterhafter Ausführung. Es ist die Darstellung eines Ritters, der furchtlos, in unerschütterlicher Festigkeit einsam durch ein finsteres Thal reitet, in welchem ihm die furchtbarsten Dämonen zu Leibe rücken, welche die menschliche Brust beherbergt, die Grauengestalt des Todes und das sinneverwirrende Scheusal des Teufels. Wahrscheinlich — der Buchstabe S. neben der Jahrszahl und dem Monogramme des Meisters auf dem Bilde scheint auch dafür zu sprechen — hat Dürer unter dem Ritter ein Porträt des Franz von Sickingen geben wollen. Dasselbe Datum tragen: das Schweisstuch Christi, von zwei Engeln gehalten, und Maria, rechts unter einem Baume, das Kind liebkosend, zwei sehr schöne Blätter.

Aber nicht nur auf Pinsel, Grabstichel, welche mit seiner Hand wie verwachsen schienen, und gelegentlich auf das Messer des Formschneiders beschränkte sich der künstlerische Drang des Meisters, auch der Bildhauerkunst wandte er sein Augenmerk zu, und während sein Geist neuen grossen Entwürfen nachsann, spielte in den spärlichen Stunden der Erholung, nach den Anstrengungen des Tagewerks, seine Hand mit dem bildsamen Wachs, und er modellirte Porträtmedaillons oder schnitzte aus Holz, Elfenbein und Speckstein zierliche Figürchen und Reliefs, die sich sämmtlich durch geistreiche Leichtigkeit der Behandlung auszeichnen. Es gibt eine grosse Anzahl derartiger Arbeiten, die ihm zugeschrieben werden, von denen aber freilich die wenigsten Anspruch auf Aechtheit machen können. Als sichere Schnitzwerke seiner Hand dürften jedoch zu betrachten sein: die Predigt Johannis, Hautrelief in Speckstein, in der Sammlung zu Braunschweig; zwei Holztäfelchen mit Madonnen aus den Jahren 1513 und 1516 (ehemals im Besitz des H. Boisserée in München); zwei kleine in Holz geschnitzte Statuen, Adam und Eva, mit der grössten Feinheit und Zartheit, durchaus frei von aller Manier im edelsten Dürer'schen Geiste ausgeführt, im herzogl. Kunstkabinet zu Gotha; das als Camée behandelte Porträt des Kaisers Maximilian I. in Elfenbein in der Sammlung von Elfenbeinschnitzwerken in München. Endlich das in Buchs geschnitzte Relief „der Liebesbronnen“, ein Stückchen aus der phantastischen Romantik seiner Zeit, der Meister Albrecht auch zuweilen huldigte, mit dem Monogramm und der Jahrszahl 1511 (im Besitz des Freih. von Palm in Mühlhausen am Neckar).

Im Jahre 1514 starb Dürer's Mutter nach langjähriger Krankheit und die Aeusserung seiner Betrübniss darüber in einer fragmentarisch auf uns gekommenen Handschrift ist der Ausdruck der frömmsten kindlichen Liebe und Dankbarkeit. Um dieselbe Zeit knüpfte sich auch eine Verbindung zwischen ihm und Raphael an, der ihn früher schon durch seine geschnittenen und gestochenen Blätter kennen gelernt hatte, und beim Anblick von einigen derselben gesagt haben soll: „Wahrlich dieser würde uns alle übertreffen, wenn er, wie wir, die grossen Meisterwerke der Kunst vor Augen hätte!“ Dürer schickte dem göttlichen Meister aus Urbino sein auf das feinste linnene oder baumwollene Zeug in Wasserfarben äusserst fleissig ausgeführtes Bildniss, das nach Raphael's Tod dem Giulio Romano zufiel, der es nach Mantua brachte, wo es noch lange Zeit zu sehen war. Raphael sandte Dürer dafür als Gegengeschenk einige Handzeichnungen, von denen noch eine in der Sammlung des verstorbenen Erzherzogs Karl in Wien zu sehen ist, auf der von Dürer's Hand geschrieben steht: „1515. Raphaell di Urbino der so hoch peim pobst geachtet ist gewest der hat dyse

* Abgebildet in den Denkmälern der Kunst. Atlas zu Kuglers Handb. der Kunstgesch. Taf. 83 A, Fig. 8.

nakete Bild gemacht und hat sy dem albrecht durer gen Nornberg geschickt, im seyn hand zu weisen." — Unter den im Jahr 1514 verfertigten Kupferstichen sind einige vorzügliche Blätter zu erwähnen. Hieher gehört zunächst: „die Melancholie*, eine allegorische Darstellung voll tiefsinnigen Gedankens, charakteristischer Auffassung und eigenthümlichem Reiz, und der vollständige Gegensatz dazu: der heil. Hieronymus in seiner Studierstube, ein Blatt von sinnigster Phantasie in der Anordnung, das uns das wirkliche Leben einfacher Häuslichkeit in seiner liebenswürdigsten Gestalt, voll Heiterkeit und Anmuth zeigt und selbst in den geringfügigsten Nebendingen den Stempel eines edlen, liebevollen Geistes trägt.

Im Jahr 1515 malte Dürer sein Selbstporträt in Pelzmantel und Mütze (gegenwärtig in der Ambraser Sammlung zu Wien), und begann zugleich sein grösstes Holzschnittwerk: die Ehrenpforte des Kaisers Maximilian, eine weitschichtige Arbeit mit einer unendlichen Fülle historischer Darstellungen, Porträtfiguren und bunten Ornamenten, nach dem Programme des kaiserlichen Historiographen und gekrönten Poeten Joh. Stabius erfunden, und grösstentheils von Hieronymus Rösch geschnitten. Obgleich an eine kunstgemässe Totalwirkung dieses Werks nicht zu denken ist, so fehlt es dem Ganzen doch nicht an einem zweckmässigen Verhältniss. Die Architektur ist in barock phantastischen Formen gehalten, dieselben sind aber in eigenthümlich geistreicher Weise zusammengesetzt; die Verzierungen erscheinen im Einzelnen ungemein geschmackvoll und mit lebendigem Gefühl gezeichnet. Die Bildnisse, welche die Vorgänger und Vorfahren des Kaisers von Julius Cäsar und dem Merovinger Chlodwig und seine gesammte Verwandtschaft darstellen, sind besonders durch die ausserordentliche Mannigfaltigkeit charakteristischer Köpfe, die er eigens dazu erfinden musste, merkwürdig. Nur in den historischen Darstellungen, welche die Glanzmomente aus dem Leben des Kaisers enthalten, tritt mehr der Historiograph, der sie angeordnet, als der Künstler hervor; der eigentlich künstlerischen Momente sind daher wenige unter ihnen, wenn es gleich an einzelnen anziehenden Motiven nicht fehlt. Das Ganze ist aber immerhin ein Werk, das die ungemeine geistige Beweglichkeit des Meisters wiederum in glänzender Weise beurkundet. Es besteht aus 92 Blättern, die zusammen $10\frac{1}{2}$ Fuss in der Höhe und 9 Fuss in der Breite messen, und ist in den ältesten Ausgaben äusserst selten. Es existiren davon drei verschiedene. Die noch vorhandenen fünf Exemplare der ältesten Ausgabe, von denen man eines in der Sammlung des Grafen Fries zu Wien, eines in der Kupferstichsammlung zu Stockholm, zwei im Kupferstichkabinet zu Kopenhagen, und eines in der königl. Kupferstichsammlung im Museum der bildenden Künste zu Stuttgart findet, scheint man indessen für nichts anderes als Probeabdrücke des Meisters betrachten zu dürfen. Es fehlt darauf die Darstellung des mailändischen Kriegs, die vielleicht noch nicht geschnitten war. Auch scheint der Kaiser, der ungemeines Wohlgefallen an der Arbeit fand und fast täglich zu Meister Hieronymus, der daran schnitt, „in's Frauengässlein" fuhr, aber schon 1519 starb, die Vollendung des Ganzen nicht erlebt zu haben. Denn die zweite Ausgabe, welche die zweimal an den Thürmen angebrachte Jahrszahl 1515 als das Jahr, in welchem das Werk begann, zeigt, scheint nicht vor 1559 herausgekommen zu sein, welche Zahl nebst der Schrift: „Gedruckt zu Wien in Oesterreich bei dem Raphael Hofhalter auf Pohlnisch Skrzetusski genannt MDLIX" darauf zu lesen ist. Auf ihr ist das Blatt mit der Darstellung des Mailänderkriegs ausgefüllt und der Holzstock mit der Statue des Kaisers Rudolph, auf welcher zugleich obige Jahrszahl angebracht ist, verändert. Die dritte Ausgabe endlich wurde von Bartsch, der die verloren gegangenen 21 Stöcke in Kupfer copirte, und 1799 unter dem Titel: „Ehrenpforte. Arc triomphale, de l'Empereur Maximilien I. gravé en bois d'après les dessins d'Albert Durer. Vienne, chez T. Mollo et Comp." herausgegeben.

In dem Jahre 1515 fertigte Dürer ausserdem für das Gebetbuch des Kaisers Maximilian, der den Künstler immer mehr in seine Gunsten nahm und ihn zu seinem Hofmaler mit einem Gehalt von 100 Gulden ernannt hatte, die berühmten Randzeich-

* Abgebildet in den Denkmälern der Kunst. Atlas zu Kuglers Handb. der Kunstgesch. Taf. 83, Fig. 7.

nungen, die sich noch gegenwärtig in der Hofbibliothek von München befinden. (Lith. von Strixner 1808 „Albrecht Dürer's christlich mythologische Handzeichnungen." — Albrecht Dürer's Randzeichnungen aus dem Gebetbuche Kaiser Maximilian I. mit eingedrucktem Originaltext. Nebst einer Einleitung von F. H. Stöger. München, 1850.) In diesen höchst geistreich auf 43 Blättern ausgeführten Federzeichnungen waltet und schaltet die Phantasie des Künstlers in vollkommener Freiheit, bald ernst und voll hoher Würde, bald anmuthig spielend, bald in humoristischen Scherzen mannigfacher Art, und wenn der Künstler auch nicht immer die Bedeutsamkeit des Inhalts der Gebete im Auge behielt, so verfällt das Spiel seiner Phantasie doch nie in's Bizarre, Uebertriebene oder gar in's Gemeine und das Ganze macht einen höchst erfreulichen Eindruck. In die Zeit von 1515—1518 wird sodann ein mit seinem Monogramm bezeichnetes Bild gesetzt, der todte Christus in den Armen des Johannes, von Maria, den heiligen Frauen und Nicodemus beweint, mit den Bildnissen der Familie Holzschuher, in der Moritzkapelle zu Nürnberg. Die Composition dieses Gemäldes ist sehr schön, die Köpfe sind dagegen im Ausdruck gleichgültig oder gar unschön, der Fleischton erscheint schwer und die Gesammtwirkung etwas bunt. Die Familienporträts sind geistreich und lebendig. Im Jahr 1515 zeichnete er sodann für die Kaufmannswittwe Katharina Floker zu Nürnberg die architektonische Dekoration ihres Hofes und es sind heute noch mehrere Gallerieverzierungen von Dürer's Erfindung in jenem Hause (das jetzt dem Kaufmann Gessert gehört) vorhanden, die in dem mannigfaltigen Wechsel ihrer Formen den lebhaften Sinn des Meisters für den germanischen Styl beurkunden. Endlich ist noch des berühmten Holzschnitts, das Rhinozeros, und des Eisenstichs: Christus am Oelberg, zu gedenken, die er in demselben Jahre ausführte, wie er überhaupt von jetzt an bis um 1520 auch noch verschiedene Kupferstiche mit Madonnen und Aposteln fertigte, welche im Einzelnen wiederum mannigfache Beispiele einer würdigen und edlen Gesammtauffassung liefern.

Die Jahrszahl 1516 führen zwei Bilder von Dürer in der Gallerie der Uffizien zu Florenz, welche die Köpfe der Apostel Philippus und Jacobus darstellen, mit Leimfarben gemalt, kräftig modellirt und von bedeutendem energischem Charakter sind. Dasselbe Datum trägt das Bildniss seines Lehrers Wohlgemuth in der Münchner Pinakothek, ein seltsam scharfes, knochiges, strenges Gesicht. Aus demselben Jahre stammt wiederum einer seiner schönsten Holzschnitte: die Kreuzigung, und das Aetzblatt: der Engel mit dem Schweisstuch. Vom Jahre 1517 ist uns dagegen als authentisch nur die aus vier Holzschnitten bestehende wunderliche, phantastische Composition einer Säule, auf der ein Satyr sitzt, bekannt. Auch wissen wir, dass er sich in diesem Jahre am Hofe zu Bamberg aufhielt, wo er das Bildniss des Fürstbischofs Georg III. von Limburg malte.

Reicher sind jedoch die Zeugnisse seiner Thätigkeit vom Jahr 1518. Hier sind zunächst die grossen Wandgemälde zu nennen, mit denen er nach den Angaben seines Freundes Pirkheimer das Rathhaus seiner Vaterstadt schmückte, nämlich die Allegorie auf das Richteramt, eine geistreiche Composition von vielen Figuren; dann ein Bild mit Pfeifern und anderen Musikanten, eine glücklich angeordnete lebensvolle Gruppe; endlich der grosse durch die später nach seinen Zeichnungen gestochenen Holzschnitte allgemein bekannt gewordene Triumphwagen Kaiser Maximilian I. Dürer hat von diesen Bildern übrigens ohne Zweifel nur die Haupttheile selber ausgeführt und das Ganze von Schülern vollenden lassen. Da sie schon früh sehr gelitten hatten, wurden sie im Jahr 1620 von G. Weyher stark restaurirt. Ferner werden angeführt: das lebensgrosse Gemälde der nackten Lucretia, eine nüchterne Arbeit, in der Pinakothek zu München; der Tod der Maria, eine symbolische Darstellung, in welcher Dürer der sterbenden Heiligen die Züge der Kaiserin, in den umgebenden Aposteln und andern Figuren die Porträts des Kaisers Max I., ihres Gemahls, ihres Sohnes und anderer berühmter Zeitgenossen anbrachte, während oberhalb der Sterbenden der von Engeln umgebene Erlöser erscheint, die Seele der Entschlafenen in seine Arme zu nehmen (in der gräfl. Fries'schen Gallerie zu Wien). Auch soll er ein Gemälde der Trauer um den Leichnam Christi mit verschiedenen Bildnissen fürstlicher

Personen in demselben Jahre zu Augsburg, wo er sich zur Zeit des letzten Reichstags des Kaisers Max aufhielt (im Besitz des verst. Generalpostmeister Nagler zu Berlin), vollendet haben. Gewiss ist, dass er den Kaiser dort malte, die Zeichnung zu dem Porträt desselben entwarf, das er nach dem Tode seines Gönners herausgab, überhaupt dass er während des Reichstags viele Bildnisse in sein Skizzenbuch zeichnete, von denen er mehrere hernach stach und schnitt oder schneiden liess. Dann stammt aus demselben Jahre der treffliche Stich: Maria am Zaune sitzend und der schöne Schnitt: Maria von Engeln gekrönt und angebetet. Endlich fertigte er in diesem Jahre noch, nach den Angaben des W. Pirckheimer, die Zeichnungen zu dem grossen Triumphwagen Maximilian I., wofür ihm dieser einen Wappenbrief ertheilte, in welchem er ihm ein blaues Schild mit drei silbernen Schindeln gab. Dieser Triumphwagen erschien aber erst 1522 in acht Blättern (wovon die Platten noch in der k.k. Bibliothek zu Wien verwahrt werden). Eine zweite Ausgabe datirt von 1523, eine dritte von 1598, eine vierte von 1609.

Im Januar 1519 starb Dürer's kaiserlicher Freund: Maximilian I. und unser Meister ehrte das Andenken an den Entschlafenen durch verschiedene Bildnisse, die er nach ihm fertigte. Er malte ihn mit flachem Hut und Pelzmantel, einen Granatapfel (das Symbol des Kaisers) in der Linken (jetzt in der Gallerie des Belvedere zu Wien); dann schnitt er sein Porträt in Holz; endlich stellt er ihn auch noch umgeben von Schutzheiligen, wie ihm am Altar der segnende Herr erscheint, im Holzschnitt dar. Aus demselben Jahre datirte sodann das treffliche Porträt des Erzbischofs und Kurfürsten von Mainz, Albert von Brandenburg, im Stich, (auch der kleine Kardinal genannt) und der ausgezeichnete Kupferstich: der lesende heil. Antonius.

Im Juli 1520 trat hierauf Dürer und zwar diessmal von seiner Frau und einer Dienstmagd begleitet, eine zweite grössere Reise nach dem Rhein und in die Niederlande an, vornehmlich zu dem Zweck, um von dem dort eben aus Spanien angelangten jungen Kaiser Karl V. die Bestätigung seiner ihm von Maximilian verliehenen Stellung und Besoldung zu erlangen. Der Verkauf von Kupferstichen und Holzschnitten, die er mit sich führte, sollte die Kosten der Reise decken. Er zeigte sich auf derselben als ein Künstler, der sich langjähriger fleissiger Arbeit bewusst war, und nun denjenigen Vortheil daraus zu ziehen suchte, den sich jeder redliche Mann wünschen muss. Seine uns noch erhaltenen sorgfältig geführten Tagebücher über diese Reise berichten von den grossen, ihm während derselben erwiesenen Ehren. Er hielt einen wahren Triumphzug durch die Niederlande. Die Reise ging über Erlangen, Bamberg, Frankfurt a. M., Mainz und Köln, wo ihm für „zwei Weisspfennige" die berühmte von Meister Stephan gemalte Tafel der anbetenden drei Könige geöffnet wurde, nach Antwerpen, wohin er kam, von Freundschaft, Liebe und Ehrerbietung empfangen und umgeben. Die Antwerpener Künstler bereiteten ihm ein grosses Fest und der Magistrat der Stadt bot ihm einen beträchtlichen Ehrensold, wenn er in Antwerpen bleiben wollte, ein Antrag, den er aber so wenig als den früher von der Stadt Venedig an ihn ergangenen einging. Bei jenem ihm bereiteten Feste widerfuhr ihm fürstliche Ehre. Als er „zu tisch geführet ward, do stund das Volck zu beeden Seiten, als führet man einen grossen herrn" und da sie „lang frölich bey einander waren und spatt in die Nacht, da belaithen (begleiteten) sie uns (Dürer, seine Frau und Dienstmagd) mitt Windlichtern (Fackeln) gar ehrlich (ehrenvoll) heim, und baten mich Ich soll Ihren guten Willen haben, und annehmen, und sollt machen was ich wolt, dazu wollen sie mir Allbehülflich seyn." Alle bedeutenderen Städte Flanderns und Brabants wurden besucht und die Werke früherer grosser niederländischer Meister in Augenschein genommen. Zu Brüssel sah er Bilder von Hugo van der Goes und Rogier van Brügge, zu Middelburg ein Gemälde von Jean Mabuse, und zu Gent bewunderte er das Genter Altarwerk der Brüder van Eyck, „ein überköstlich, hochverständig Gemäld und sonderlich die Eva, Maria, und Gott der Vater sind fast (sehr) gut." Dann kam er natürlich mit den Männern seines Berufs, mit dem alten Quintin Messys, Joachim Patenier, Lucas von Leyden, „ein klein Männlein und bürtig aus Laiden", der ihn zu Gast geladen, mit Bernardin von Orley, und einem von ihm so genannten Thomas Polonius, einem Schüler Raphael's, der Dürer's Bild malte, in vielfache freundschaftliche Berührung. Ebenso wichtig aber erscheint seine Bekanntschaft mit vornehmen Kauf- und Handelsherren, und zwar nicht aus Deutschland allein, sondern auch aus Italien, Portugal u. s. w., durch welche er auf die mannigfachste Weise mit Sitten, Trachten und Erzeugnissen ferner Länder und Welttheile bekannt gemacht wurde. Von grossem Belang für ihn wurde ferner die Bekanntschaft mit Erasmus von Rotterdam, den er zu Brüssel, wo Karl V. Hof hielt, aufgesucht und der, näher mit der Umgebung des Kaisers vertraut, für ihn die Bittschrift an diesen um Fortdauer seines Ehrensoldes abfasste und nach Kräften unterstützte, so dass Dürer schon „am Montag nach Martini 1520 die Bestättigung als kaiserlicher Hofmaler" erhielt, was indessen nicht verhindern konnte, dass sich die erste Auszahlung seines Gehalts bis in den Herbst 1527 hinauszog. Von Brüssel folgte Dürer dem kaiserlichen Hoflager nach Antwerpen, nach Aachen zur Kaiserkrönung und nach Köln, dann wieder zurück nach Mecheln, wo ihm Frau Margarethe, die Statthalterin der Niederlande, alle ihre Kunstschätze selbst zeigte, wie ihm überhaupt bei jeder Gelegenheit die grössesten Gunst- und Ehrenbezeugungen zu Theil wurden. Trotz aller dieser erhebenden Anerkennung musste er jedoch die bittere Wahrnehmung machen, dass die vornehmen Herren und Damen die Werke der Kunst als eine Waare betrachteten, die sie gerne besitzen möchten, aber ungerne bezahlen. So kam es, dass er am Schlusse seines einjährigen Aufenthaltes in den Niederlanden, wo er viel gearbeitet und fast alle seine Kupferstiche und Holzschnitte abgesetzt hatte, am Peter- und Paulstag 1521 zu Antwerpen in sein Tagebuch schreiben konnte: „Ich hab in allen meinem Machen, Zehrungen, Verkaufen, und anderer Handlung Nachtheil gehabt im Niederland, in all meinen Sachen, gegen grossen und niedern Ständen, und sonderlich hat mir Fraw Margareth für das ich ihr geschenkt und gemacht hab, nichts geben." Doch widerfuhr ihm noch vor der Abreise aus Antwerpen die Ehre, dass der König von Dänemark, Christian II., der den Kaiser zu besuchen kam, Dürer zu sich rufen liess, zur Tafel lud, sich von ihm zeichnen liess, ihn hierauf mit nach Brüssel nahm, woselbst er sein Porträt in Oel malen musste, dann ihn zu dem grossen Banquett zog, das er dem Kaiser und der Statthalterin der Niederlande gab, und für seine Dienste königlich belohnte. Aller dieser Gunstbezeugungen, der Geschenke der Portugiesischen Gesandten an Affen, Papageien, ausländischen Seltenheiten und Zucker unerachtet, war Dürer jedoch nicht so viel Geld übrig geblieben, um mit den Seinigen nach Nürnberg zurückreisen zu können. Er musste, um die Heimreise bestreiten zu können, noch 100 Goldgulden bei Alex. Imhof, seinem Landsmann, entlehnen.

Unter den Arbeiten während seines Aufenthalts in den Niederlanden kennt man namentlich eine grosse Anzahl gezeichneter Bildnisse vornehmer Personen, Kunstgenossen u. s. w., die in verschiedenen Sammlungen zerstreut sich finden und von denen man eine grössere Anzahl in den königl. Kunstsammlungen zu Berlin sieht. Sodann besitzt die Gallerie des Belvedere zu Wien ein merkwürdiges Gemälde vom Jahr 1520, das auffallend von seinen übrigen Arbeiten abweicht; es hat in der Technik und Auffassung eine unverkennbare Aehnlichkeit mit den Werken der gleichzeitigen Niederländer (namentlich des Schoreel) und ist wahrscheinlich auf der Reise, unter dem Einfluss der neuen Umgebungen, entstanden. Es stellt Maria, halbe Figur im Pelzmantel, das nackte Kind, das eine Bernsteinschnur umgenommen hat, auf dem Schoosse dar, auf dem grünen Tisch vor ihr eine angeschnittene Zitrone. In dem Kopfe der Maria liegt etwas eigenthümlich Weiches und Mildes, das Kind ist jedoch nicht sonderlich schön. Ferner stammt aus dem Jahr 1521 ein männliches Bildniss mit pelzgefüttertem Kleide (in der Dresdner Gallerie), das für ein Porträt des Lucas von Leyden gehalten wird; auch soll Dürer um diese Zeit den mit seinem Monogramm bezeichneten, sehr schönen elfenbeinernen Schaft einer Armbrust geschnitzt haben, welcher in der Ambraser Sammlung zu Wien aufbewahrt wird.

Trotzdem dass Dürer fast zwei Jahre in den glänzendsten Verhältnissen gelebt hatte, mit Königen zu Tische gesessen, kehrte er dennoch mit unvergleichlichem

Gleichmuthe wieder in die engen bürgerlichen und häuslichen Schranken zu angestrengter Arbeit zurück, der er sich mit voller Geistesfrische widmete, obgleich seine körperliche Kraft bereits zu wanken begann.

Im Jahr 1522 gab er den erwähnten, nach Pirkheimers Angaben componirten Triumphwagen des Kaisers Maximilian I. in acht Blättern nach seinen Zeichnungen von Hieronymus und Wolfgang Rösch geschnitten heraus. Es ist diess eine ziemlich nüchterne Allegorie und die reichen Ornamente des Wagens erscheinen in einer barocken, selbst zum Theil unschönen Manier; dagegen zeigen die allegorischen weiblichen Gestalten, bei ziemlich schweren Verhältnissen und einem hässlich geknitterten Faltenwurf, ausserordentlich schöne Motive von zum Theil wunderbarer naiver Grazie. (Die Original-Holzplatten zu sämmtlichen 8 Blättern sind noch wohl erhalten in der k. k. Bibliothek zu Wien.) Dann trägt ein Kapitalblatt des Meisters im Holzschnitt, das Bildniss des Ulrich Varnbuler, Helldunkel mit drei Platten, gleichfalls dasselbe Datum.

Die niederländische Reise Dürer's scheint indessen, wie bereits angedeutet, nicht ohne Einfluss auf die Kunstrichtung des Meisters gewesen zu sein und ihn über die Einseitigkeit seiner bisher befolgten Weise aufgeklärt zu haben. Denn nicht nur ist in den nach seiner Rückkehr ausgeführten Bildern manch neues Motiv zu bemerken, sondern man weiss auch aus Dürer's eigenen Aeusserungen und aus Melanchthon's Briefen (in dessen: Epist. Melanchthonis. London, 1642), dass der Meister es selbst zugegeben, wie ihm erst später die wahre Schönheit der Natur aufgegangen sei, wie er erkannt habe, dass die Simplicität die höchste Zierde der Kunst sei; wie er geseufzt, wenn er seine früheren bunten Bilder betrachtet, und wie er sich beklagt habe, dass er nun nicht mehr im Stande sei, das hohe Vorbild, das ihm jetzt vorschwebe, zu erreichen.

Vom Jahre 1523 sind die beiden Gemälde, die Heiligen Joseph und Joachim, Simon und Lazarus auf Goldgrund darstellend, in der Münchner Pinakothek, welche die Innenseiten der Flügel eines Altarwerks bildeten, das sich früher in der Kapelle des Hauses Jabach zu Köln befunden haben soll. Sie sind unverkennbar unter Einwirkung der niederrheinischen Schule gemalt, schön in der Farbe und von würdigem Ausdrucke. Die Aussenseiten glaubt man in zwei Bildern zu erkennen, deren eines (im Städel'schen Institut zu Frankfurt) den büssenden Hiob, dem seine Frau ein Gefäss über den Kopf ausgiesst, das andere (im Museum zu Köln) zwei Spielleute darstellt. Beide sind unzweifelhaft von Dürer's Hand und leicht und geistreich behandelt. Aus demselben Jahre stammt eine heil. Dreifaltigkeit (in der G. Deuringer'schen Sammlung zu Augsburg), ein Bild, an dem die grosse edle Behandlung und die treffliche Ausführung gerühmt wird. Zwei vortreffliche Stiche rühren sodann ebenfalls aus diesem Jahre her: das Bildniss des Kardinals Albert, Kurfürsten von Mainz und das Porträt Friedrichs des Weisen von Sachsen; ferner die h. h. Simon und Bartholomäus; endlich das in Holz geschnittene Wappen Dürer's, und mehrere herrliche Handzeichnungen in der Sammlung des Erzherzogs Karl zu Wien; der stehende Apostel Johannes mit gefalteten Händen, in dessen Antlitz man die Züge Luthers zu erkennen glaubt; St. Andreas; St. Thomas; das Abendmahl; das Bildniss Varnbuler's.

Um dieselbe Zeit stach Dürer jene merkwürdigen Porträts berühmter Zeitgenossen: des Kardinals Albert von Brandenburg (zum Unterschiede von dem kleineren, der grosse Kardinal genannt), des Kurfürsten Friedrich des Weisen, des W. Pirckheimer (vom Jahr 1524), welche sich, durch geistvollste Auffassung des Lebens ebensosehr wie durch bewundernswürdig feine Ausführung auszeichnen.

Unter den Gemälden der Bettendorf'schen Sammlung zu Aachen wird eine Darstellung des Abschiedes Christi von seiner Mutter vom Jahr 1525 erwähnt, das ebenfalls auf eine sehr entschiedene Weise Dürer's spätere Richtung beurkunden soll.

Die Jahrszahl 1526 findet sich auf einem Brustbilde der Madonna mit dem Kinde in den Uffizien zu Florenz, das vorzüglich modellirt und gemalt ist. Aus derselben Zeit stammen sodann ein Paar in Oel gemalte Porträts von ganz vorzüglichem Werthe.

Das eine derselben, in der Gallerie des Belvedere zu Wien, stellt einen Nürnberger, Johann Kleeberger, dar, das andere befindet sich im Besitz der Holzschuher'schen Familie in Nürnberg und ist das Porträt eines Ahnherrn derselben, des Hieronymus Holzschuher im Alter von 57 Jahren (vortrefflich gestochen von Fr. Wagner). Der Ausdruck dieses Kopfes ist höchst edel und würdig, das Auge leuchtend, das Ganze, trotz des weissen Haares, höchst jünglingskräftig, in Dürer's gewöhnlicher dünner lasurartiger Weise gemalt, aber bewundernswürdig durchgeführt, von vollkommenster Modellirung bei der leichtesten Handhabung der Farben. Es ist jedenfalls das schönste unter allen Porträts des Meisters, und lässt deutlich erkennen, wie er die Natur im günstigsten Momente aufzufassen und mit unwiderstehlicher Kraft darzustellen wusste. Das dritte Bild aus demselben Jahre, der Nürnberger Bürgermeister Jacob Muffel (in der Gallerie zu Pommersfelden) steht an Lebhaftigkeit und Klarheit der Farbe, sowie in der Ausführung des Einzelnen dem vorigen nach, ist aber in der Auffassung nicht minder vortrefflich.

In demselben Jahre 1526, in welchem er diese Porträts malte, entstanden endlich auch noch die beiden zusammengehörigen Bilder mit den vier lebensgrossen Gestalten der Apostel Johannes und Petrus, Marcus und Paulus in der Pinakothek zu München, Dürer's grossartigstes Werk, das letzte von Bedeutung, welches er geschaffen und in welchem sich der veredelnde Einfluss seiner niederländischen Reise, wie seine ganze Künstlergrösse überhaupt, auf die glänzendste Weise beurkundet (gest. v. Reindel, lith. v. Strixner). Inzwischen waren nämlich in Deutschland wichtige Veränderungen im Glaubensleben vorgegangen. Luther hatte die Abstellung kirchlicher Missbräuche und eine Läuterung des Glaubens laut verkündigt; der Wormser Reichstag war gehalten worden und der Muth des wittenberger Reformators gewann die Herzen des Volks. Dürer hatte sich schon 1518 zugleich mit seinen Freunden Willibald Pirkheimer und Lazarus Spengler für Luther, und mit tiefster Hingebung der neuen Lehre zugethan, erklärt. Nürnberg, und Pirkheimer's Haus insbesondere, bildeten einen belebenden Mittelpunkt für die reformatorischen Bestrebungen der Zeit. Auch zu Hans Sachs, der um 1518 nach Nürnberg zurückgekehrt, und ein eifriger Verbreiter der reformatorischen Lehre, vornehmlich im Kreise des Bürgerstandes, geworden war, stand Dürer in unmittelbarer Beziehung, so dass sie zusammen, Sachs im Lied und Dürer im Bild, die „Thorheit der Welt" verspotteten. Mit reger Theilnahme hatte unser Künstler selbst schon auf seiner niederländischen Reise die Ereignisse verfolgt und mit einem an Verzweiflung gränzenden Jammer sich über Luthers Gefangennehmung bei dessen Rückkehr vom Wormser Reichstag, die er daselbst vernommen, geklagt. Sein lebhafter Antheil an der Sache der Reformation wuchs mit der Zeit, namentlich auch seit seiner Bekanntschaft mit Melanchthon, der im Jahr 1526 nach Nürnberg kam, das neugegründete Gymnasium einzurichten und mit dem er sich schnell und innig befreundet hatte. Es drängte daher auch ihn, den Künstler voll religiösphilosophischer Gedanken im Geiste der gährenden Zeit und voll Eifer an ihrer Gestaltung, in ernster Weise durch seine Kunst ein Bekenntniss seines protestantischen Glaubens abzulegen und er malte daher jene Bilder, die er dem Rathe seiner Vaterstadt als ein Gedächtniss seiner künstlerischen Wirksamkeit, zugleich aber auch als eine ernste fortdauernde Mahnung in jener sturmbewegten Zeit verehrte, und die Einleitungsworte der den Gemälden beigefügten Schrift bekunden deutlich die Vorgänge in der Seele des Meisters: „Alle weltliche Regenten, In disen ferlichen zeitten: Nemen billig acht, das sie nit fur das göttlich wort, menschliche verfüerung annemen Dann Gott wil nit zu seinem wort gethon, noch dannen genomen haben. Darauf hörent diese trefflich vier menner Petrum Johannem Paulum vnd Marcum Ire warnu(ng)." Die Bilder wurden im 17. Jahrhundert dem Kurfürsten Maximilian I. von Bayern überlassen, die von Dürer selbst herrührenden Unterschriften unter denselben aber abgetrennt und den Copien, welche für den Verlust der Originale entschädigen sollten, angefügt. So befinden sich letztere (von Georg Fischer gemalt) in der Sammlung des Landauerbrüderhauses zu Nürnberg.

Diese Gemälde sind aus den tiefsten Gedanken, welche dazumal den Geist des Meisters bewegten, hervorgegangen und mit der überzeugendsten Kraft und Vollendung der Darstellung ausgeführt; sie bilden das erste vollendete Kunstwerk, welches der Protestantismus hervorgebracht. Wie die Unterschriften, aus den Briefen und Evangelien jener Apostel entnommen, eindringliche Warnungen enthalten, nicht von dem Worte Gottes zu weichen und den Lehren der falschen Propheten nicht zu glauben, so stehen auch die Gestalten selbst da als die festen und getreuen Hüter der heiligen Schrift, die sie in Händen tragen, und man hat sie nicht unpassend mit den hehren Kirchenliedern der Reformationsepoche, als wahrhaft würdiges Seitenstück mit Luther's Lied: Ein feste Burg ist unser Gott, verglichen. Zugleich erzählt eine alte Tradition, die noch von Zeitgenossen des Künstlers herrührt, dass Dürer in diesen Gestalten die vier Temperamente dargestellt habe, vermuthlich um zu zeigen, wie eine jede menschliche Gemüthsbeschaffenheit zum Dienste des göttlichen Worts berufen sei. Diese Aufgabe musste ihn gerade zu einer noch tieferen Durchführung jenes Gedankens und zu einer ergreifenderen Individualisirung der Gestalten veranlassen. So sehen wir auf dem ersten Bilde die nach innen gerichtete Thätigkeit des Geistes, den Beginn jenes Hüteramtes der Schrift, das eigentliche Studium derselben in Johannes ausgedrückt, der vorn steht und das geöffnete Buch in seinen Händen hält; seine hohe Stirne, sein ganzes Gesicht trägt das Gepräge tief dringender ernster Gedanken — es ist das melancholische Gemüth, welches in die Tiefen der Forschung hinabsteigt. Petrus hinter ihm bückt sich über das Buch und schaut ernst auf dessen Inhalt, ein greiser Kopf voll beschaulicher Ruhe — das phlegmatische Gemüth, welches den Gedanken in stiller Ueberlegung zu verarbeiten hat. Auf dem zweiten Bilde stellt sich uns die Richtung nach aussen, das Verhältniss der gewonnenen Ueberzeugung zum Leben dar. Marcus, im Hintergrunde, ist — der Sanguiniker. Offen blickt er umher; er scheint lebhaft und eindringlich zu sprechen und den Zuhörer zu gleichem Gewinn, wie ihm aus den Worten der Schrift zu Theil geworden, aufzufordern. Paulus dagegen, im Vorgrunde des Bildes, hält Buch und Schwert in den Händen; er blickt zürnend und streng über seine Schulter hinaus, bereit, das Wort zu vertheidigen und die Schänder desselben mit dem Schwerte der Kraft Gottes zu vernichten. Er ist der Repräsentant des cholerischen Temperamentes. Diesem erhabenen Inhalte angemessen zeigt sich die Ausführung in meisterhafter Vollendung. Welche Würde und Hoheit in diesen, so verschiedenartigen Köpfen! Welche Einfalt und Majestät in den Linien der Gewandung; welche erhabene statuarische Ruhe in den Bewegungen! Hier ist nichts Störendes mehr, kein kleinlicher eckiger Bruch der Falten, kein willkürlich phantastischer Zug in den Gesichtern oder auch nur im Fall der Haare. Ebenso ist auch die Farbe höchst vollendet und von kräftigster Naturwahrheit und Wärme. Von jenem bunten Lasiren, jenem scharfen Bezeichnen der Formen ist fast keine Spur mehr, sondern überall ein freier gediegener pastoser Auftrag. Wahrlich, der Meister durfte nach Vollendung dieses Werkes sein Auge schliessen, denn er hatte das Ziel der Kunst erreicht. Hier steht er den grössten Meistern, welche die Geschichte der Kunst kennt, ebenbürtig zur Seite.

Weitere Gemälde aus dem Jahre 1526 sind nicht bekannt, dagegen tragen zwei sehr schöne Stiche, die bekannten Porträts des Melanchthon und des Erasmus von Rotterdam, sowie eine Schaumünze auf Dr. Luther dasselbe Datum. Ein Christuskopf (in der Sammlung des Dr. Campe zu Nürnberg) und eine Kreuztragung Christi (in der Gallerie zu Dresden) stammen aus dem Jahr 1527. In diesem grau in grau gemalten herrlichen Bilde des Ganges Christi nach Golgatha sehen wir, wie schon in den Aposteln, den ihm ursprünglich eigenen Naturalismus nicht nur in den Formen, sondern auch in der Darstellung auf das Ueberraschendste gemässigt. Mit vollkommener Klarheit hat Dürer sich das Ereigniss vergegenwärtigt und mit der ganzen Innigkeit seines frommen Gemüths sich in die Empfindung jedes Einzelnen, in die Anschauungen des schmerzvollsten Todesganges Christi versenkt, wie als wollte er selber Kraft daraus schöpfen für den eigenen, der ihm so nahe bevorstand. Zugleich aber ist das Bild immerhin noch Zeuge, dass ihm die quellenhafte Frische seines künstlerischen Talentes, die bewundernswürdige Bestimmtheit der Form und seine kernige, markige Zeichnung bis zum letzten Striche seiner fleissigen Hand unversehrt treu geblieben ist. Sein in demselben Jahre in Holz vollendetes eigenes Porträt zeigt ihn bereits streng und ernst, wie sein Alter und die inhaltsschwere Zeit mit sich bringen mussten, abgethan von dem heiteren Tand seiner Lockenfülle, der ihm früher, wie sich aus seinen Bildern und manchen aufbehaltenen Scherzen ergibt, so viel werth gewesen war.

Dürer starb am 6. April 1528 und wurde auf dem Johanniskirchhof seiner Vaterstadt, wo man noch heute sein Grab sieht, beerdigt. Er hinterliess fl. 6000, ein für die damalige Zeit ansehnliches Vermögen, und einen grossen Schatz von Kunstsachen. In Nürnberg zeigt man auch noch sein Haus, das in seiner Unscheinbarkeit einen rührenden Gegensatz zu dem mächtigen Einfluss, der daraus auf die Kunst von ganz Deutschland ausgeübt worden ist, darbietet, und das Bild von der engen, mit Arbeit überladenen, durch eine allzu sparsame und rechnende Frau verbitterten Häuslichkeit des Meisters erst recht vervollständigt. Diese letztere lässt auf der einen Seite die Kraft und Ausdauer seines Genie's, welches trotz solch herber Lebenslage so viel Herrliches hervorgebracht, im höchsten Maasse bewundern, auf der andern erklären sich auch aus derselben manche Unschönheiten, Geschmacklosigkeiten, Kleinlichkeiten und eine gewisse Manier, welche er in einer Stellung, wie Raphael, abgestreift haben würde. Ja, überdenkt man die ungeheure Anzahl von Kunstwerken, die Dürer's Genius hervorgebracht, so ist es um so tiefer zu beklagen, dass er keinen Fürsten, keinen Leo X. gefunden, oder dass die Reichstadt Nürnberg nicht den Geist italienischer Republiken besessen, um die mächtigen vereinzelten Strömungen jenes reichen Borns in grossartigen Schöpfungen an einem Orte zusammenzufassen. Was wäre aus Albrecht Dürer, was aus der deutschen Kunst geworden, wenn ihm ein Wirkungskreis eröffnet gewesen wie seinen glücklicheren Zeitgenossen Raphael und Michelangelo! Zum Kaiser Maximilian I. stand zwar Dürer in sehr naher Beziehung, und er ward bei jeder Gelegenheit von ihm ausgezeichnet. Den Degenknopf wie das Gebetbuch musste er ihm verzieren, nach Augsburg zum Reichstag kommen und ihn „in seinem kleinen Stübli hoch oben auf der Pfalz" abconterfeien. Aber es fiel dem Kaiser nicht ein, dem Genius einen grösseren und weiteren entsprechenden Wirkungskreis zu eröffnen. Und wie wenig die Nürnberger dazu beitrugen, ihm einen solchen zu verschaffen, geht daraus hervor, dass ihm der Magistrat die von dem Kaiser selbst bei demselben für ihn nachgesuchte Befreiung von den städtischen Abgaben nicht einmal bewilligte, noch mehr aber aus folgenden Stellen eines Briefes des armen Dürer's vom Jahr 1525 an den Rath von Nürnberg: „Vnd nemlich so wissen ewer Weisheit wj gehorsam, Willig vnd geflissen Ich mich bis her In allen ewer Weisheit vnd gemeinen stat sachen alle Mall ertzeigt, vnd for andern filn sondern pschonen (Personen) des ratz (Raths) und In de gemeine allhij wo sij meiner hilff, Kunst vnd arbeit bedürft, mer vmsonst dan vm gelt gedient hab, awch Wij Ich Mit Worheit schreiben mag, die treissig Johr so Ich zw haws gesessen bin In diser stat Nit vmb fünfhundert gulden arbeit das je ein gerings und schimpflichs, Vnd dannacht von demselben nit ein fünffteill gewinvng ist, gemacht, Sunder alle mein armuth dij mir weis gott sawer ist wordn, vm Fürschten hern vnd ander frembde psonen verdint vnd erarnt." Weiter schreibt er: „Item so haben Mich dy herschaft von Venedig vor neunzehn Joren bestellen vnd alle Jor zweihundert Dugaten provision (Gehalt) geben wollen"; ferner: „desgleichen hat mir der rat zu antorff (Antwerpen) bey kurtzer tzeit als Ich Im Niderland war, alle Jor dreyhundert Filibs gulden besoldung geben, Mich bey Inen frey setzen, mit einem Wollerbawten haus Vereren, Vnd darzu an beden ortn Alles das so Ich der herschoft machet Insbesonders betzaln Wölln." -- „Welchs alles" schliesst Dürer „Ich aws sonder lib und Neygung so Ich zu ewer erbern weisheit, Awch diser erbern stat als meinem Vatterlant getragen, abgeleint (abgelehnt), Vnd mer erweht (lieber erwählt) hab bey ewer Weisheit in einem ziemlichen Wesen zw leben, dann an andern ortn reich Vnd gross gehalten zwerden." Erst die Nürnberger unserer Tage wussten durch die grosse, in der Nähe der Sebalduskirche seiner Vaterstadt aufgestellte Bronzestatue des gefeierten Meisters (von Rauch) das Andenken ihres grossen Landsmannes würdig zu ehren.

In Albrecht Dürer steigerte sich das vorhandene deutsche Kunstvermögen seiner Zeit zur eigenthümlichsten und möglichst gediegenen Vollendung, in ihm entwickelte es sich gleichzeitig mit dem Wiederaufwachen der Wissenschaften in Europa und der Glaubensreinigung in Deutschland zur höchsten Blüthe. Ein unerschöpflicher Reichthum des Geistes, der sich nicht mit der Malerei und den übrigen zeichnenden Künsten allein begnügte, sondern mannigfach auch in das Fach der Sculptur und sogar der Architektur mit Erfolg übergriff; eine unermessliche Erfindungsgabe, die sich über die heil. Geschichte wie über Vorgänge des gewöhnlichen Lebens erstreckte; eine Auffassungsgabe, welche das Leben bis in die feinsten Nuancen seiner Bewegung zu verfolgen wusste; ein lebhaftes Gefühl für das feierlich Erhabene, wie für die Aeusserungen naiver Anmuth und Gemüthlichkeit; vor Allem aber ein treuer ernster Sinn, verbunden mit dem strengsten wissenschaftlichen Studium — das er auch durch Herausgabe mehrerer theoretischer Schriften glänzend beurkundete — sind Eigenschaften, die ihn den ersten Künstlern, welche die Welt kennt, würdig an die Seite setzen. Freilich haben auch bei ihm einerseits jener allgemeine Hang der nordischen Kunst zum Phantastischen, der mit jenem satyrischen Humor zusammenhängt, welcher von der Mitte des 15. Jahrhunderts bis zum Ausgang des 16. Jahrhunderts fast in ganz Deutschland einheimisch war, andererseits der Druck äusserer Verhältnisse, welche seinen Geist zu keinem ungehemmten freien Aufschwung kommen liessen, die reine Entwicklung seiner künstlerischen Kraft vielfach verkümmert. Jener trieb jedoch einzelne wundersame Blüthen, einige reizvolle Dichtungen, deren geheimnissvoller Inhalt uns mit unauflöslichem Interesse an sich zieht; dieser aber liess das höchste Ziel der Kunst, die Schönheit, welche in der unzertrennbaren Verschmelzung von Inhalt und Form besteht, nur im seltensten Falle zur vollkommenen Befriedigung gelangen. Er erklärt das Ungleichartige mancher Arbeiten von ihm, und das Festhalten mancher, die Schönheit seiner Gedanken trübenden Aeusserlichkeiten. So ist im Ganzen seine Auffassung der Natur mehr geistreich und energisch, als fein und treu, seine Zeichnung dagegen immer voll Leben und Charakter und von bewunderswürdiger Sicherheit; doch fällt auch bei ihr manch befremdliches Motiv der Bewegung auf und nicht selten leidet sie an allzugrosser Magerkeit; seine Gewandung ist ebenfalls häufig auf eine Weise zugeschnitten, welche keineswegs der Entwicklung der Formen des Körpers günstig ist, und zeigt, wenn auch oft gross geworfen, eine wunderliche Manier von Ecken und Brüchen, die das Auge verletzen. Seine Composition ist oft verworren und geräuschvoll, so dass Episoden, die zuweilen sogar trivial sind, den Blick des Beschauers vom Hauptgegenstand ablenken, hie und da überrascht sie aber auch wieder durch grosse Ruhe und wirksame Massenvertheilung. Seinen Figuren fehlt es durchaus nicht an Grazie und einige seiner Madonnen ziehen durch ihre Anmuth und naive Unbefangenheit unwiderstehlich an, ja selbst seine Gestalten sind in einzelnen Fällen von überraschender Schönheit, freilich öfters aber auch von einer wirklich abstossenden Hässlichkeit. Seine Farbe hat einen eigenthümlichen Glanz und an sich eine Schönheit, welche vielfach andere Gemälde überstrahlt; aber es ist nicht eine Nachahmung der kräftigen und vollen Weise, in welcher uns die Farbe an den Gegenständen der Natur erscheint; es ist vielmehr ein unabhängiges Spiel der Phantasie in Glanz und Licht, welches dem Auge zwar einen zauberhaften Reiz gewährt, aber von der eigentlichen Schönheit menschlicher Bildung abführt, und das in fast gänzlicher Abwesenheit des Helldunkels um so stärker wirkt. In der Ausführung ist er treufleissigst und meisterhaft, im Vortrag aber meist mehr zeichnend als malend. Im Ausdruck und in der Bildung des Gesichts und anderer Körperformen folgt sodann Dürer häufig einer gewissen Manier, welche weder als die Norm einer idealen Schönheit gelten kann, noch als getreues Anschliessen an die Formen des gewöhnlichen Lebens, sondern wiederum mehr nur als Hang zum Sonderbaren zu erklären ist. Trotzdem übt die bei weitem grössere Mehrzahl seiner Werke einen höchst würdigen Eindruck auf den Sinn und Geist des Beschauers, was eben wieder ein Zeugniss von der eigenthümlichen Grösse seiner künstlerischen Anlagen abgibt. Er wusste die charaktervolle Nachbildung gemeiner Wirklichkeit durch hohen Adel der Gesinnung zu erheben und zu verklären, und diese sittliche Haltung bei oft unschönen äusseren Formen trat bei ihm an die Stelle jener bewusstlos gläubigen Frömmigkeit, die unter den Kämpfen der Reformation nicht bestehen konnte. So behandelte er seine religiösen Darstellungen, entfernt von aller überlieferten idealen und kirchlichen Form, mehr aus dem menschlichen Standpunkte mit wunderbarer Klarheit der Einsicht und des Gefühls; er spielte Ereignisse und Personen in möglichst natürliche, ja lokale Verhältnisse, suchte aber zugleich dabei bekannten Gegenständen neue poetische oder gemüthliche Seiten abzugewinnen. Dabei darf aber nicht verkannt werden, dass wenn es auch die Kirche nicht mehr war, die seiner künstlerischen Phantasie ihren Stoff und ihre Richtung gab, er dennoch nicht nur die Religion, die Grundlage von Kirche und kirchlicher Kunst nicht um eines Haares Breite verliess, sondern immerdar das Christenthum in brünstiger Begeisterung und Glaubenskraft in sich wirken und gestalten liess. Seine Nachbildungen nach dem Leben, die verschiedenen Bildnisse, zeichnen sich durch die unbeugsame Treue und Wahrhaftigkeit, sowie den hellen Blick in den Charakter, in die Verhältnisse und Individualitäten aus. Mit besonderer Vorliebe und wiederum unübertrefflich wahr schilderte er sodann mit dem Pinsel, Stift oder Stichel jene Erscheinungen des Lebens, die weder durch Bildung noch durch Reflexion aus ihrer Naturwüchsigkeit gebracht, und desshalb freilich auch bei aller Gemüthlichkeit häufig roh und selbst gemein sind: Bauern, die Eier oder Geflügel verkaufen, oder ihre Tanzsprünge machen oder zärtlichen Empfindungen Raum geben, jubelnde oder streitende Landsknechte, Dudelsackpfeifer u. s. w., und da er für solche Darstellungen keinen anderen Vortrag und Styl hatte, als wie für seine religiösen, so war der Weg von den einen zu den anderen sehr kurz und manche Madonna mit dem Kinde wäre ohne die Zuthaten, wie das Herkommen sie vorschreibt, oder die heil. Schrift sie erzählt, von einer gewöhnlichen Nürnberger Hausfrau nicht zu unterscheiden. Am Entschiedensten und Bestimmtesten geben sich die Eigenthümlichkeiten und Eigenheiten des Meisters jedoch in seinen freien Phantasien kund. Den Stoff dazu entlehnte er bald aus der Natur, deren Erscheinungen er irgend einen mehr oder weniger klaren Sinn unterlegte, oder auch in ein interessantes Gedankendunkel hüllte; bald aus der Religion oder der Legende, von der er den Faden nahm, um ihn beliebig weiter zu spinnen; bald aus der Mythologie, deren Gestalten bei ihm freilich in der Regel das griechische Costume gegen die Tracht des Hans Sachs vertauschen mussten. So ist z. B. sein heil. Hubertus oder Eustachius eine glänzende, poetische Schilderung des Wald- und Jagdlebens, und in seinem heil. Hieronymus, den er wiederholt darstellte, weiss er bald die Waldeinsamkeit und Stadt- und Menschenferne, oder das heimliche Stillleben der Studirstube bis zur Papierscheere und dem Lichtstümpchen auf's Vollständigste und Reizendste auszumalen. Dagegen sehen wir ihn sich ganz in die Tiefen seines sinnenden, brütenden, philosophischen Kunstgeistes versenken, wenn er, wie in seiner „Melancholie" diese dunkle Stelle der Menschenseele selber schildern will.

Bei einem so unermesslich grossen Wirkungskreis ist es nicht zu verwundern, wenn Dürer's gewaltiges Genie vom Stoff zuweilen übermannt wurde, so dass sich seine Richtung und die Mittel zum Ziele oft änderten und Anschauung und Technik nicht immer bei ihm dieselben bleiben konnten. Im Allgemeinen erscheint uns jedoch der Meister zu verschiedenen Zeiten seiner Thätigkeit wohl in verschiedener Richtung, immer aber dasselbe Ziel lebendiger Charakteristik verfolgend. So liess er in frühester Zeit der Phantasie freien Lauf und strebte das Grossartige, Erhabene zu charakterisiren, während ihm um das erste Jahrzehend des 16. Jahrhunderts die Lebensbeschauung und Betrachtung, Mittel und Zweck zugleich waren, wobei sich die Vorwürfe, die er behandelte, durch äusserst klare Objektivität auszeichneten. Am Abend seines Lebens wandte sich letztere sodann mehr und mehr zum Materiellen hin und die Charakteristik reichte nicht selten in's Uebertriebene. Er wich dem drängenden Geist der Zeit, verfuhr jedoch im Einzelnen mit der alten Unbefangenheit, wie er ja auch in dieser Zeit gerade das Meisterwerk seines Lebens, die vier Apostel, schuf.

Wie bereits bemerkt, beschränkte Dürer seine künstlerische Wirksamkeit nicht auf die Malerei allein, die er auch auf Miniaturen und zwar mit ganz ausgezeichnetem Erfolg ausdehnte, wie wir an einem grossen, einst von Gustav Adolph aus München entführten, später von Herzog August von Braunschweig für die Bibliothek zu Wolfenbüttel erworbenen grossen Missale erkennen — wir sehen ihn gelegentlich auch in der Baukunst sich umthun, besonders aber als Bildner in verschiedenen Schnitzwerken von Holz, Elfenbein, Speckstein, in Porträtsmedaillons u. s. w. thätig. Die Zahl der von Dürer auf uns gekommenen Handzeichnungen, Gemälde und Schnitzereien lässt sich nicht wohl bestimmen, von Kupferstichen zählt man aber allein 104, von den Holzschnitten 174.

Ueberblickt man diesen Reichthum von Kunstschöpfungen und vergleicht die einzelnen Leistungen nach ihrer künstlerischen Beschaffenheit, so muss vor Allem die Gleichmässigkeit des Styls auffallen, die vom ersten Strich bis zum letzten Zug keine wesentliche, ja nicht einmal irgend eine stark hervortretende Veränderung erleidet, dann dass die Bildung dieses Styls in keiner sichtbaren Beziehung zu dem Meister steht, zu Michael Wohlgemuth, der den Grund dazu gelegt, ein fast einzig dastehendes, sprechendes Zeichen der ausserordentlichen, in Dürer wirkenden Kräfte.

In seinen Sculpturarbeiten findet man mehr ein Hinarbeiten auf malerische Wirkung, auf Hervorheben der Umrisse des Details, auf geistreiche Lebendigkeit, während die plastische Durchbildung, das Gefühl für die feineren Uebergänge, für die gemessenere Rundung der Form, welche die Reliefbildung verlangt, nicht in gleichem Maasse hervortritt, im Einzelnen sogar mangelt, was aber natürlich mit seiner anderen künstlerischen Thätigkeit zusammenhängt, welche ihm die Zeit zur Aneignung vollkommener bildnerischer Fertigkeit natürlich nur karg zumessen konnte. Eine mehr oder minder malerische Behandlungsweise und der Mangel jener gesetzmässigen vollendeten Technik, welche nur das Ergebniss vieljähriger Uebung und Gewöhnung sein kann, verbunden mit dem ihm eigenen, aus der innern Kraft und Lebendigkeit seines Geistes quellenden Styl, erscheinen somit als charakteristisch und maassgebend für die Beurtheilung, wenn es sich bei plastischen Werken, deren ihm eine ungeheure Anzahl beigemessen wird, um seinen Namen handelt.

Die Kupferstecherkunst nahm durch ihn einen ganz neuen Aufschwung, denn er liess sich die Vervollkommnung ihrer Technik so sehr angelegen sein, wie die des Holzschnitts, und wenn auch die Werke einzelner Kupferstecher aus der niederländischen Schule vor Dürer, z. B. des anonymen Stechers vom Jahr 1466, des Franz von Bocholt, ferner des Martin Schongauer und Anderer Blätter aufweisen, welche an Reichthum und Eigenthümlichkeit der Composition, Tiefe und Innigkeit der Empfindung und des Ausdrucks, an Adel und Lieblichkeit der Köpfe und Bewegungen den besten von Dürer theils an die Seite gesetzt, theils sogar vorgezogen zu werden verdienen, so bleibt doch letzterem immerhin das grosse Verdienst, seine Vorgänger in der Kupferstecherkunst durch Richtigkeit und Gründlichkeit der Zeichnung, durch Ausbildung der Linienmanier, durch Kraft und Wirkung des Helldunkels, durch treue Durchführung und Gleichförmigkeit der Darstellung, auch in den Nebensachen und Hintergründen, sowie durch Gewandtheit und Fleiss des Grabstichels wesentlich überboten zu haben. Wenige seiner Zeitgenossen führten ihr Instrument so zart, mit solcher Bestimmtheit des Umrisses, solcher Charakteristik der Zeichnung. Nur hin und wieder verleitete ihn der Wettstreit im Kupferstich mit Lucas von Leyden und Lucas Kranach zu einem gewissen Haschen nach Feinheit und Eleganz.

Auch auf die Formschneidekunst übte Dürer, obgleich die meisten der von ihm herausgegebenen Holzschnitte von Schülern, Gehülfen und eigentlichen Formschneidern ausgeführt wurden, einen sehr grossen Einfluss. Durch Uebertragung aller Eigenschaften einer freien, ausgebildeten und kräftigen Federzeichnung auf den Holzschnitt, Verschmelzung der Umrisse, plastische Behandlung der Oberflächen,

Benützung der kräftigen Schatten- und Lichteffekte, wurde sie aufs Wesentlichste gefördert und wahrhaft vervollkommnet.

Dürer war übrigens auch noch als Schriftsteller thätig. Es existiren einige Werke von ihm, in denen er seine künstlerischen Studien und Erfahrungen niederlegte, um sie allgemein zu machen. Die erste seiner literarischen Schriften führt den Titel: „VNderweysung der messung, mit dem zirckel vñ richtscheyt, in Linien ebenen und gantzen corporen, durch Albrecht Dürern zsamen getzogē vnnd zu nutz allē Kunst lieb habenden mit zu gehörigen figuren in truck gebracht, im jar M. D. XXV. u. s. w.“, und ist dem Willibald Pirkheimer gewidmet. Es ist ein Versuch, die malerische Zeichnung und Figurenbildung, sowie architektonische und ornamentale Darstellungen, besonders aber die Perspektive nebst Licht und Schatten mittelst der Mathematik mit Sicherheit zu handhaben. Ein zweites Werk handelt von der Kunst der Ingenieure unter dem Titel: „Etliche vnderricht, zu befestigung der Stett, Schloss und Fleken“ 1527, ein Buch, welches in Bezug auf die damalige Kriegsführung noch heute Anerkennung findet. Endlich erschien noch im Jahr 1528, aber schon nach des Meisters Tod, das Buch von den Verhältnissen unter dem Titel: „Hierinn sind begriffen vier bücher von menschlicher Proportion, durch Albrechten Dürer von Nürnberg erfunden und beschrieben, zu nutz allen denen, so zu diser Kunst lieb tragen“, ein Werk von endlosem Fleisse der Messung, Forschung und Vergleichung, von höchst wichtigen und wohlverarbeiteten Resultaten, das fast in alle Sprachen übersetzt wurde.

Dürer's Einwirkung auf die deutsche Kunst war unermesslich und man kann wohl behaupten, dass selbst nur wenige seiner nordischen Zeitgenossen von seiner Compositionsweise, wie sie durch Holzschnitte und Kupferstiche verbreitet worden, völlig unberührt geblieben seien. Er fand die deutsche Kunst nach seinen eigenen Bemerkungen in der Dedication der „vier Bücher von der menschlichen Proportion“ geschickt in den Farben und der Handfertigkeit, aber kenntnisslos in allem, was darüber hinausgeht, und desshalb ohne Sicherheit. Ihr diese zu geben, machte er zur Aufgabe seines Lebens, und er hat sie auf dem Weg zur Vollkommenheit aufs Wesentlichste gefördert. Alle Mittel der Darstellung hinterliess er ausgebildeter denn je zuvor und durch neuerfundene vermehrt, und so ausserordentlich wie er in der Ausbildung der technischen Hilfsmittel war, so unerschöpflich war er an künstlerischer Produktionskraft. Dabei war er deutsch in Allem, wie kein anderer Künstler; kein Kunstwerk spricht das Wesen der deutschen Kunst im Gegensatz zu anderen Kunstweisen so entschieden aus, wie die seinigen und bei keinem Meister wird uns so klar, wie bei ihm, dass weniger die sinnliche Erscheinung als vielmehr die sittliche Würde das Wesen der deutschen Kunst ist.

Eine grosse Anzahl von Jüngern der Kunst hatte sich an Dürer's Kunstrichtung angeschlossen oder unmittelbar in seine Schule begeben. Inzwischen ging kein einziger ebenmässiger Künstler aus letzterer hervor. Die meisten seiner Schüler beschränkten sich darauf, die Eigenheiten seiner Zeichnung, die Bewegungen und Physionomien seiner Gestalten sich anzueignen und die technische Behandlung nach seinen Vorschriften zu erlernen, oder sie suchten ihn gar in der Stärke des Ausdrucks, wie in den phantastischen Ausschweifungen seines Geschmacks noch zu überbieten, ohne von dem tiefen Geiste des Meisters sonderlich ergriffen zu werden. Zu seinen eigentlichen Schülern zählt man: Albrecht Altdorfer, Hans Sebald Beham, Georg Pencz, Heinrich Aldegrever; zu denen im weiteren Sinne: Barthel Beham, Ludwig Krug, Hirschvogel.

Ausser den bereits angeführten Hauptwerken Dürer's sind noch eine Menge von Arbeiten bekannt, welche zum Theil von ihm selbst noch herrühren können, theils ihm mit mehr oder weniger Recht zugeschrieben werden, denn es beschäftigten sich viele Künstler zum Theil schon zu Lebzeiten des Meisters oder kurze Zeit hernach mit Nachahmungen seiner Gemälde, von denen mehrere so gelungen sind, dass sie schon öfters Kenner täuschten. Auch gelten manche in Gallerien hängende Bilder nach seinen Holzschnitten für Arbeiten des Meisters.

Wir geben in Nachstehendem ein Verzeichniss der vorzüglichsten seiner Werke, in welchem der Uebersicht halber die bereits genannten theilweise wiederholt werden mussten, wobei nur daran zu erinnern sein möchte, dass die als im Privatbesitz befindlich angeführten wegen häufigem Wechsel des Orts nur als überhaupt vom Meister vorhanden zu betrachten sein dürften.

Von seinen Gemälden befinden sich in der v. Bettendorf'schen Sammlung zu Aachen: eine Flucht nach Aegypten; Christi Abschied von seiner Mutter (1525); eine Kreuzabnahme; im Museum zu Antwerpen: das Bildniss Friedrich III., Kurfürsten von Sachsen; in der Gallerie zu Augsburg: eine betende Maria (1497); Maria, eine Nelke in der Hand, mit dem Kinde, welches einen Apfel hält; in der Sammlung des Hrn. J. G. Deuringer daselbst: die heil. Dreifaltigkeit; das Haupt Christi mit der Dornenkrone; zwei lesende Kirchenväter; in der Gallerie zu Darmstadt: ein sitzendes Kind mit einer Kirsche in der Hand; in der Gallerie zu Dresden: die Kreuztragung Christi (grau in grau gemalt); ein graues Kaninchen (in Wasserfarben); in England, im Kensington Palast bei London: das Brustbild eines jungen Mannes; in der Bildersammlung zu Corshamhouse: die Anbetung der Könige; in der Gallerie in Burleighhouse: die Geburt Christi; zu Florenz in den Uffizien: des Künstlers eigenes Bildniss, 1498 (gest. von Hollar und Preissler); die Anbetung der Könige; die Gefangennehmung Jesu; eine Madonna mit dem Kinde, Brustbild (mit der Jahrszahl 1526); das vorgebliche Porträt seines Vaters (1490); zwei Apostelköpfe mit Wasserfarben auf Leinwand gemalt; im Pal. Pitti ebendaselbst: die lebensgrossen Gestalten von Adam und Eva, deren Aechtheit jedoch nicht erwiesen ist; im Städel'schen Institut zu Frankfurt a. M.: das Bildniss seines Vaters (1494); das Porträt eines Mädchens aus der Familie der Fürleger, 1497 (gest. v. W. Hollar, 1646); der leidende Hiob von seiner Frau zur Linderung seiner Schmerzen mit Wasser begossen (die Hälfte der Aussenseite eines Flügelbildes, von dem die andre Hälfte sich in der Sammlung des städtischen Museums zu Köln befindet); in der grossherzogl. Kunsthalle zu Karlsruhe: ein Christuskopf mit der Dornenkrone; im städtischen Museum zu Köln: ein Trommler und ein Pfeifer (die äussere Seite der einen Hälfte eines Flügelbildes, dessen andere man im Städel'schen Institut zu Frankfurt a. M. sieht); in der Stadtbibliothek zu Kolmar: ein Altarblatt mit zwei Flügeln, im Hauptbild die Glorification der Jungfrau Maria, in den Seitenbildern Scenen aus dem Leben des heil. Antonius darstellend; zu Leipzig in der Sammlung des Kaufmanns H. Speck: das Bildniss der Katharina Fürlegerin. Unter den im Museum zu Madrid dem Meister zugeschriebenen neun Gemälden sind nur drei ächte: das Bildniss eines Mannes; das Porträt eines Mannes in reifem Alter (1521) und die stehenden Figuren von Adam und Eva, beinahe Lebensgrösse (bezeichnet mit dem Monogramm und der Inschrift: Albertus Dürer Almanus faciebat post Virginis partum 1507), nach Passavant das für den Rath seiner Vaterstadt gemalte Bild. In der Pinakothek zu München sieht man: einen geharnischten Ritter im rothen Wappenkleide, und das Gegenstück dazu, einen Geharnischten in ähnlicher Kleidung, die Gebrüder Baumgärtner als heil. Georg und heil. Eustachius dargestellt, Flügelbilder zu der von der Familie Baumgärtner in die St. Katharinenkirche zu Nürnberg gestifteten Altartafel; die Geburt Christi, das Hauptbild des eben erwähnten Altargemäldes; die Kreuztragung (wird neuerdings einem Nachahmer Dürer's, Joh. Fischer, zugeschrieben); das Bildniss eines Mannes, in Tempera gemalt (wird für ein Porträt des Jakob Fugger gehalten); die Apostel Petrus und Johannes und Paulus und Marcus in zwei grossen Tafeln; den Selbstmord der Lucretia (1518); den Leichnam des vom Kreuze genommenen Christus, von Joseph von Arimathia und Magdalena gehalten und seiner Mutter und Männer und Frauen betrauert; das Bildniss des Oswald Krel (1499); die h. h. Joachim und Joseph und die h. h. Simeon und Bischof Lazarus, kleine Figuren auf Goldgrund (1523), die inneren Flügelbilder eines nicht mehr bekannten Hauptbildes, deren Aussenseiten sich im städtischen Museum zu Köln und im Städel'schen Institut zu Frankfurt befinden; Dürer's Selbstporträt mit dem Monogramm und der Inschrift: Albertus Durerus Noricus ipsum me propriis sic efingebam coloribus aetatis (XXVIII); das Porträt des Michael Wohlgemuth, mit dem Monogramm, der Jahrszahl 1516 und der Inschrift: das hat Albrecht Dürer abconterfet nach seinem lermeister Michel Wohlgemut im Jar 1516, und er war 82 Jar und hat gelebt pis das man zehlt 1519 Jar. Da ist er ferschieden am Sant Endresdag Frü ee dy sun awfgiing.; das Bildniss eines jungen Mannes (irrthümlich als das seines Bruders Johann angegeben); die trauernde Mutter des Heilandes, halblebensgrosse Figur; die sterbende Maria von den Aposteln umgeben; das Bildniss seines Vaters mit dem Monogramm und der Inschrift: das malt Ich nach meines Vatters Gestalt, da er war siebenzig Jar alt. Albrecht Dürer der elter. 1497. (Dieses Bild soll nach Passavant nur eine Copie des im Städel'schen Katalog befindlichen Hauptbildes sein, wobei jedoch auffallend ist, dass letzteres „1494 Albrecht Thvrer der elter vnd alt 70 Jor" bezeichnet ist, während Dürer's Vater 1427 geboren wurde, also im Jahr 1494 erst 67 Jahre alt war.) Dann befindet sich im Besitz des Bildhauers Entres ebendaselbst: die heil. Anna mit dem von der Maria verehrten schlafenden Jesuskind (die Aechtheit dieses Bildes wird übrigens von Waagen in Zweifel gezogen). In seiner Vaterstadt Nürnberg sieht man in der Moritzkapelle: Christi Leichnam, vom Kreuz genommen, ruht in den Armen des Johannes, beweint von seiner Mutter, den Marien, Nikodemus und Joseph von Arimathia, im Vorgrunde die Stifter aus der Holzschuherischen Familie, die das Bild ursprünglich in die Sebaldskirche gaben; einen Ecce homo (vielleicht ein Nachbild von einem der Nachahmer Dürer's, Georg Fischer oder Georg Gärtner); in der Gallerie des Landauerbrüderhauses: das Bildniss Kaiser Karl des Grossen im kaiserlichen Ornat mit Schwert und Reichsapfel; das Porträt Kaiser Sigismunds im kaiserlichen Ornate mit Scepter und Reichsapfel; Herkules, der auf die Harpyen schiesst, Temperabild; die Copien der vier Apostel in der Pinakothek zu München von G. Fischer mit den von den Originalien abgenommenen und ihnen angefügten ursprünglichen Unterschriften von J. Neudörfer's Hand; ferner im Rathhause die Wandgemälde: der Triumphwagen des Kaisers Maximilian I.; die auf einem Söller spielenden Nürnberger Stadtmusikanten und die Allegorie auf das Richteramt als eine Art Warnung für Rathsherrn, immer gerecht zu richten, nach der Beschreibung des Gemäldes von Apelles componirt. (Der Richter als Midas mit grossen Eselsohren, sitzt zwischen der Unwissenheit und dem Verdachte, vor ihm erscheint, auf den Knieen flehend, der Unschuldige, den die Verläumdung bei den Haaren zum Richter schleppen will, im Geleite von Trug, Neid, Nachstellung, Uebereilung, Irrthum, Strafe, Reue und Wahrheit. Erklärungen sind oben in lateinischen, unten in deutschen Inschriften beigefügt. Neben dem Midas liest man den Spruch: „Ein Richter soll kein Urthel geben, er soll die Sach erforschen eben," über einer kleineren Thür: „Eins Mannes Red ist eine halbe Red. Man soll die Teyl verhören bed.") Dann befinden sich im Besitz des Herrn Kaufmann Merkel: das Bildniss des Jakob Muffel, 1526 (wahrscheinlich eine alte, aber sehr fleissige Copie des Bildes zu Pommersfelden), und ein Christuskopf mit der Dornenkrone. Endlich sieht man bei Hrn. v. Holzschuher: das Porträt des Hieronymus „Holtzschur", das vorzüglichste Bild, welches Nürnberg noch von Dürer besitzt. In der Campe'schen Sammlung daselbst soll sich auch noch eine Kreuzigung Christi aus der frühesten Zeit des Meisters befinden. Das Epitaphium der Frau des Willibald Pirkheimer in der dasigen Rochuskapelle gilt mit Unrecht für ein Werk des Albr. Dürer, indem der ganze Altar nur mit Benützung Dürer'scher Motive von irgend einem seiner Schüler ausgeführt worden ist. In der Kirche St. Gervais zu Paris zeigte man früher die Leidensgeschichte des Herrn, als ein Bild von Dürer in neun Feldern (angeblich um 1500 gemalt). In der Eremitage zu St. Petersburg verwahrt man: eine heil. Familie; Christus auf dem Oelberg; und eine Anbetung der Könige; in der Gallerie des Grafen von Schönborn in Pommersfelden: das ausgezeichnete Porträt des Jakob Muffel, Bürgermeisters von Nürnberg (1526); in dem Prämonstratenserstift zum Strahof in Prag: das Rosenkranzfest; zu Rom im Pal. Barberini: Christus unter den Schriftgelehrten; im

Pal. Borghese: das Bildniss des W. Pirkheimer; im Pal. Corsini: das Bildniss eines Kardinals; im Pal. Rospigliosi: den heil. Hieronymus; im Museum der bildenden Künste zu Stuttgart: Adam und Eva, kleine Figürchen; zu Wien in der Gallerie des Belvedere: Bildniss des Kaisers Maximilian I. (mit Monogramm und der Jahrszahl 1519); die Marter der 10,000 Heiligen (1508); die heil. Dreifaltigkeit (1511); die heil. Jungfrau, das Jesuskind, das eine angeschnittene Birne hält, auf den Armen (mit Monogramm und der Jahrszahl 1512); Maria mit dem Kinde an der Brust (mit Monogramm und der Jahrszahl 1503); Maria mit dem Jesuskinde, vorn auf dem Tisch ein Messer und eine halbe Citrone, mit Dürer's Monogramm und der Jahrszahl 1520 (ist nach dem Katalog von Alb. Krafft vom Jahr 1853 von einem Nachahmer des Dürer); das Bildniss eines jungen Mannes (mit Monogramm und der Jahrszahl 1507); das Bildniss des Nürnberger Kaufherrn Joh. Kleberger (mit Monogramm und der Jahrszahl 1526); in der Gallerie des Fürsten Esterhazy ebendaselbst: eine Kreuzigung Christi; in der Sammlung des Grafen Fries daselbst: den Tod der Maria, letztere in Gestalt der ersten Gemahlin Maximilian I.; in der fürstlich Lichtenstein'schen Sammlung zwei Bildnisse; endlich in der Sammlung des Hrn. Direktors Böhm ebendaselbst: Christus am Kreuz (mit Monogramm und der Jahrszahl 1508) und zwei Bildnisse der Katharina Fürlegerin, beide mit Monogramm und der Jahrszahl 1497.

Von Handzeichnungen und Malereien mit Wasserfarben von Dürer, deren eine grosse Anzahl auf uns gekommen ist, verwahrt man in den Handzeichnungs- und Kupferstichkabineten zu Basel, Berlin (hier namentlich viele während des Reichstags zu Augsburg im Jahr 1518 und auf seiner niederländischen Reise gezeichnete Porträts), in Darmstadt, Dresden, in England, Frankfurt a. M. (im Städel'schen Institut), München (auch auf der Bibliothek, woselbst das Gebetbuch Kaiser Maximilian I.), zu Nürnberg (aus der Derschau'schen, Forster'schen, Frauenholz'schen, Imhof'schen, Praun'schen Sammlung), Paris, Weimar, Wien (in der Gallerie des Belvedere, in der Ambraser Sammlung, in der Sammlung des Erzherzogs Karl, in der Sammlung des Direktors Böhm u. s. w.) verschiedene, zum Theil ganz ausgezeichnete Blätter.

Von vorzüglichen plastischen Arbeiten Dürer's findet man: mehrere Medaillons, worunter eines auf seine Frau, ein anderes auf seinen Lehrer, und das Relief einer nackten Frau in einem Gypsabguss in der k. Kunstsammlung zu Berlin; ein treffliches Hochrelief mit der Predigt Johannes des Täufers, im herzogl. Kabinet zu Braunschweig; zwei Statuetten in Holz, Adam und Eva, im Kunstkabinet zu Gotha; die Geburt Johannes des Täufers, Hochrelief in Speckstein, in der Kupferstichsammlung des britischen Museums zu London; den Liebesbronnen, Basrelief in Buchs, im Besitz des Hrn. v. Palm in Mühlhausen a. Neckar; zwei Reliefsdarstellungen der Venus in Elfenbein; Christus am Kreuz in Elfenbein und eine Grablegung in Holz im königl. Elfenbeinkabinet zu München; einen betenden Christus in halber Figur und die Befreiung der Andromeda, beide in Buchs geschnitten, in der königl. Kunstkammer zu Stuttgart; ein kleines rundes Büchschen mit der Geburt Christi; die Flucht nach Aegypten in Holz geschnitzt; ein Brettspiel mit mythologischen Darstellungen auf jedem Stein; einen heil. Sebastian in Holz geschnitzt, in der k. k. Schatzkammer zu Wien; die Bildnisse Friedrich des Weisen und der Anna Dornes, sowie den elfenbeinernen Schaft einer Armbrust in der Ambraser Sammlung ebendaselbst.

Auch sind hier einige Denkmünzen auf Dürer's Lehrer Wohlgemuth, auf seine Frau Agnes, auf Dr. Martin Luther zu erwähnen.

Die Kupferstiche seiner Hand von unbezweifelter Aechtheit sind:

a) heilige Gegenstände: Adam und Eva (1504); die Geburt Christi (1504); das Leiden Christi in 16 Blättern (1509—1512); Christus betet am Oelberg (1515); der am Kreuz sterbende Christus (1508); das kleine Crucifix (der sogenannte Degenknopf Maximilian I.); der leidende Heiland mit gebundenen Händen (1512); Christus zeigt seine fünf Wunden; der leidende Heiland sitzend (1515); die heil. Veronika (1510);

das fliegende Schweisstuch, von einem Engel gehalten (1516); das Schweisstuch von zwei Engeln gehalten (1513); der verlorene Sohn; Maria und Anna; Maria auf dem halben Monde stehend, ohne Krone und Jahreszahl; Maria auf dem halben Monde ohne Krone (1514); Maria auf dem halben Monde mit der Sternenkrone (1508); aria auf dem halben Monde mit der Sternenkrone und dem Scepter (1516); Maria von einem Engel gekrönt (1520); Maria von zwei Engeln gekrönt (1518); die säugende Maria (1503); die säugende Maria (1519); Maria mit dem gewickelten Kinde (1520); Maria an einem Baume sitzend (1513); Maria an der Mauer (1514); Maria mit der Birne (1511); Maria mit dem Affen;* die heil. Familie mit dem Schmetterlinge; die heil. Familie; der heil. Philippus (1526); der heil. Bartholomäus (1523); der heil. Thomas (1514); der heil. Simon (1523); der heil. Paulus (1514); der heil. Antonius (1519); der heil. Christoph mit rückwärts gekehrtem Haupte (1521); der heil. Christoph (1521); der heil. Johann Chrysostomos; der heil. Eustachius, Hauptblatt des Meisters (wahrscheinlich zwischen 1504 und 1505 vollendet); der heil. Georg zu Fuss; der heil. Georg zu Pferd (1508); der heil. Hieronymus in der Stube (1514); der heil. Hieronymus (1512); der büssende Hieronymus; der kleine büssende Hieronymus; der heil. Sebastian an einer Säule; der heil. Sebastian an einem Baum.

b) Weltliche Gegenstände: das Urtheil des Paris; Apollo und Diana; der Raub der Amymone; Pluto entführt die Proserpina; die Eifersucht; die Familie des Satyrs (1505); die Nemesis; das kleine Glück; das grosse Glück; die Melancholie; der Traum; die vier nackten Frauen, auch die vier Hexen genannt (1497); die Hexe; die drei Genien; das Bad; der Spaziergang oder der Herr und die Dame; die Liebesanerbietung; das Weib, welches sich gegen die Angriffe eines Mannes vertheidigt; der Sackpfeifer (1514); der tanzende Bauer und Bäuerin (1514); der Bauer und seine Frau; der zum Markte gehende Bauer; die drei Bauern; der Koch und die Köchin; der Türk und seine Frau; der Fahnenträger; die Versammlung von sechs Kriegsleuten; ein Mann zu Pferd; die Dame zu Pferd; das kleine Pferd; das weisse grosse Pferd; der christliche Ritter mit Tod und Teufel (1513); die Kanone (1518); die Missgeburt eines Schweins; das Wappen mit Löwen und dem Hahn; das Wappen mit dem Todtenkopfe (1503).

c) Bildnisse: der kleine Kardinal, Erzbischof von Magdeburg und Mainz (1519); der grosse Kardinal Albert, Erzbischof zu Mainz und Magdeburg; Friedrich, der Weise, Kurfürst von Sachsen (1524); Erasmus Roterdamus (1526); Philipp Melanchthon (1526); Willibald Pirkheimer. — Zweifelhafte Blätter sind: die Maria mit der Sternenkrone (1517) und der grosse Courier; irrig Dürer zugeschrieben werden: das Urtheil des Paris (1538), das von Aldegrever gestochen ist und Marcus Curtius. — Als ein erster Versuch Dürer's, in Kupfer zu stechen, wird ein Blatt in der Kupferstichsammlung zu Dresden gehalten, das die Bekehrung Pauli darstellt. Es scheint indessen kein zweites Exemplar davon auf uns gekommen zu sein. Eine wahrscheinlich unbeendet hinterlassene Platte stellt den Reformator Ph. Melanchthon in ganzer Figur stehend dar; es ist jedoch, wenn das Blatt von Dürer herrührt, nur die Figur von seiner eigenen Hand.

Holzstiche von Dürer von unbezweifelter Aechtheit sind:

a) heilige Gegenstände: Kain tödtet den Abel (1511); Simson tödtet den Löwen; die Anbetung der h. drei Könige (1511); die grosse Passion, eine Folge von 12 Blättern (1511); das kleine Leiden Christi, 37 Blätter (1511); Christus mit seinen Jüngern nach dem Abendmahl (1523); Christus betet am Oelberge; die Ausstellung Christi; der grosse Christuskopf mit dem Schweisstuch; der grosse Christuskopf; Christus am Kreuz (1510); Christus am Kreuz (1516); der Kalvarienberg; die Kreuzigung; Christus am Kreuz mit den drei Engeln; die Dreifaltigkeit (1511); die Offenbarung Johannis in einer Folge von 15 Blättern (1498); das Leben der Maria in einer Folge von 20 Blättern (1511); die h. Familie (1511); die h. Familie mit der Zither (1511); die heil. Familie mit dem Apfel (1526); die heil. Familie in einem Zimmer;

* Abgebildet in den Denkmälern der Kunst. Atlas zu Kuglers Handb. der Kunstgesch. Taf. 83, Fig. 2.

Maria mit dem gewickelten Kinde; Maria von zwei Engeln gekrönt (1518); die heil. Familie mit den drei Hasenkühen; der heil. Arnolf; der heil. Christoph (1511); der heil. Christoph mit den Vögeln; der heil. Christoph (1525); der heil. Koloman (1513); der heil. Franciscus; der heil. Georg; das Messopfer (1511); der heil. Hieronymus in einem Zimmer (1511); der heil. Hieronymus in der Grotte (1512); der kleine heil. Hieronymus; die Enthauptung des heil. Johannes (1510); das Haupt des Johannes wird dem Herodes übergeben (1511); der heil. Sebald auf dem Fusse einer Säule stehend; ein büssender Heiliger (1510); der Prophet Elias wird von dem Raben ernährt; die h. h. Johannes und Hieronymus; die h. h. Nicolaus, Udalricus und Erasmus; die h. h. Stephanus, Gregorius und Laurentius; die acht österreichischen Heiligen; die Marter der 10,000 Heiligen; die Enthauptung der heil. Katharina; die heil. Maria Magdalena von Engeln umgeben; Maximilian in der Messe.

b) Weltliche Gegenstände: das Urtheil des Paris; Ercules; der Mann zu Pferd; das Bad; die Umarmung; der Lehrer (1510); der Tod und der Soldat (1510); die Belagerung einer Stadt (1527); das Rhinoceros (1515); der Triumphwagen des Kaisers Maximilian I.; die Ehrenpforte des Kaisers Maximilian I.; die grosse Säule mit dem Satyr (1517); vier Blätter zu seinem Werke über Geometrie und Perspektive, und zwar: ein Mann, der einen im Lehnstuhl sitzenden abzeichnet; zwei Männer, die eine Laute abzeichnen (1525); ein Mann, der eine Urne zeichnet; ein Mann, der eine Frau zeichnet; drei Zeichnungen vom Himmelsglobus; sechs runde schwarze Scheiben mit Zeichnungen für Stickereien, von Einigen Irrgänge genannt; eine Verzierung; die Titeleinfassung mit Johannes und der Taufe Christi; Titeleinfassung (1526); die Pirkheimer'sche Titeleinfassung mit dem Satyr; das Wappen der Behaim'schen Patrizierfamilie in Nürnberg mit einem Flusse (1511); das Wappen Albrecht Dürer's (1523); die Wappen der Ebner und Fürer (1516); das Kressische Wappen mit einem Schwerte; das Wappen der Stadt Nürnberg (1521); das Wappen des Albr. V. v. Scheuerl und der Anna Zinglin; das Wappen des Johann Stabius; das Wappen desselben mit Veränderungen; das Wappen des Laurenz Staiber; das Wappen mit drei Löwenköpfen; das Wappen mit dem wilden Manne und zwei Hunden.

c) Bildnisse: Kaiser Maximilian I. (1519); Maximilian I. (mit einer kleinen Veränderung gleich dem vorhergenannten Holzschnitt; Ulrich Varnbuler (1522); Albrecht Dürer.

Ausser diesen als ächt anerkannten Holzschnitten gibt es indessen noch eine Anzahl von 199 Blättern verschiedenen Inhalts, die für Dürer's Arbeit angesehen werden, von denen indessen nur wenige Anspruch auf Aechtheit machen dürften. Ferner werden ihm noch eine Folge von 38 Blättern, welche den Fall der ersten Menschen und deren Erlösung durch Christum vorstellen; die zwölf Apostel und zwei andere Blätter: der heil. Stephanus zwischen zwei Bischöfen, und Hexen, die sich zum Tanz vorbereiten, irrthümlich zugeschrieben. — Die Zahl der nach Dürer's Gemälden und Zeichnungen gefertigten Stiche, radirten Blätter und Lithographien, sowie der Nachstiche nach seinen Kupferstichen und Holzschnitten ist ausserordentlich gross.

Nebenstehende Monogramme sieht man auf seinen Bildern, Stichen und Holzschnitten.

Literatur. Johann Neudörffer, Nachrichten von den vornehmsten Künstlern und Werkleuten, so innerhalb hundert Jahren in Nürnberg gelebt haben, 1546. — Joachim von Sandrart, Teutsche Akademie der edlen Bau-, Bild- und Malereikünste. Nürnberg, 1675—1679. — H. C. Arend: das Gedächtniss der ehren Albrecht Dürer's. Gosslar, 1728. — Ch. G. v. Murr, Journal zur Kunstgeschichte. Nürnberg — J. F. Roth; Leben Albrecht Dürer's des Vaters der deutschen Künstler. Leipzig, 1791. — Weisse, Albr. Dürer und sein Zeitalter. Leipzig, 1819. — Campe, Reliquien von Albrecht Dürer. Nürnberg, 1828. — J. Heller, das Leben und die Werke Albrecht Dürer's. Leipzig, 1831. — Fiorillo, Geschichte der zeichnenden Künste in Deutschland und den vereinigten Niederlanden. Hannover, 1815 bis 1820. — Kugler, Handbuch der Geschichte der Malerei. Berlin, 1847. — Kugler, Handbuch der Kunstgeschichte. Stuttgart, 1848. — Förster, Geschichte der deutschen Kunst. Leipzig, 1851. — Bartsch, Le peintre graveur. Vienne, 1803—1821. — Heller, Geschichte der Holzschneidekunst. Bamberg, 1823. — Quandt, Entwurf zu einer Geschichte der Kupferstecherkunst. Leipzig, 1826. — Waagen, Kunstwerke und Künstler in Deutschland. Leipzig, 1843—1845. — Rettberg, Nürnbergs Kunstleben. Stuttgart, 1854.

Dürer, Hans, der Bruder des Vorigen, geb. 1478 zu Nürnberg, erlernte bei seinem Vater die Goldschmiedekunst, und lag diesem Berufe bis zu dessen im Jahr 1502 erfolgten Tod ob, worauf Albrecht Dürer ihn in sein Haus nahm und ihn die Malerei erlernte. Er arbeitete unter dessen Leitung fleissig und kam nach seines Bruders Tod nach Krakau, wo er als Hofmaler starb. Ob einige mit H. D. und den Jahrszahlen 1518, 1525 und 1540 bezeichnete altdeutsche Gemälde von diesem Hans Dürer herstammen, ist nicht ermittelt. Wenn aber das mit H. D. 1518 bezeichnete Bild einer Familie Christi in der Gallerie zu Pommersfelden wirklich ihn zum Urheber hat, so würde dasselbe beweisen, dass Hans in seiner Kunstweise mehr dem Geschmack des A. Altdorfer als dem seines Bruders folgte. Auch die mit jenem Zeichen versehenen Bilder sollen in keiner Art an die Schule seines Bruders erinnern, einen schlechten Geschmack verrathen und incorrekt gezeichnet sein. — Von einem anderen, den Albrecht Dürer überlebenden Bruder, Namens Andreas, weiss man nur, dass er des ersteren Platten erbte.

Dürk, Friedrich, ein tüchtiger Genre- und Porträtmaler, geb. 1809 zu Leipzig, erhielt den ersten Unterricht im Zeichnen von Professor H. V. Schnorr von Carolsfeld, bildete sich aber von 1824 an in München unter der Leitung seines Oheims, des Hofmalers Stieler, von 1829 an der Akademie daselbst und später auf Reisen in Tyrol, in Wien, Dresden u. s. w. Eine 1836 unternommene Studienreise nach Italien hatte einen höchst günstigen Einfluss auf seine künstlerische Weiterbildung und gab seiner Richtung Stetigkeit und Haltung. Obgleich sein Hauptfach eigentlich die Bildnissmalerei ist, so widmete er sich doch auch mit besonderer Vorliebe dem Genre und seine dem Leben entnommenen Darstellungen sprechen durch Gemüthlichkeit und innigen Gefühlsausdruck an. Man hebt unter ihnen besonders hervor: Abgebrannte vor einem Kreuz im Schnee betend (das erste grössere Bild, mit dem Dürk auftrat); eine Frau, die schwermüthig den Kopf in die Hand stützt, neben ihr ihr Kind, das Saifenblasen steigen lässt; eine Italienerin, welche mit Beeren Vögel lockt; eine Bauernfamilie, die während eines Gewitters Schutz unter einem Felsen sucht; eine Mutter, die ihr schlummerndes Kind umfangen hält und dabei ihr Antlitz andachtsvoll emporrichtet; ein Kind mit einem Licht in der Hand beim Christbaume; betende Kinder auf einer bayrischen Alpe (für das König-Ludwig-Album gemalt); eine Nymphe u. s. w. — Dürks Bildnisse zeichnen sich durch gewandte Auffassung des Charakters, heitere und gefällige Farbengebung und treffliche Vollendung aus. Er steht im Ruf eines meisterhaften Bildnissmalers und hat in dessen Folge schon verschiedene fürstliche Personen, worunter den Kaiser Franz Joseph (1853) gemalt.

Dürr, W., grossherzoglich badischer Hofmaler, ein trefflicher Historien- und Genremaler, von dem wir einige sehr verdienstliche Bilder: einen Zitherspieler; Kinder auf dem Grabe ihrer Eltern; Christus beim Sturm auf dem Meere kennen. Im Jahr 1856 malte er für die protestantische Kirche zu Karlsruhe eine Himmelfahrt Christi.

Duflos, Claude, ein Kupferstecher, der zu Paris oder Coucy 1665 oder 1678 geboren, zu Paris 1727 oder 1747 gestorben und sich nach Poilly bildete. Er fertigte viele sorgfältig ausgeführte und zierlich behandelte Blätter, unter denen: die Kreuzabnahme, die Vorstellung im Tempel und die Grablegung, alle drei nach Le Sueur; die Verkündigung, nach Dominichino; Christus mit den Jüngern zu Emaus, nach P. Veronese; die heil. Cäcilie, nach Mignard; die Ehebrecherin, nach Colombel zu den besten gezählt werden.

Sein Sohn Claude Auguste, geb. 1701 zu Paris, gest. 1784, erlernte die Malerei, übte aber auch Kupferstecherkunst, doch haben seine Blätter, meistens nach Genrebildern, einen geringeren Werth.

Dufour, Alexandre, geb. 1760, gest. 1835 zu Versailles, königl. Architekt und Ritter der Ehrenlegion, ein geschickter Baumeister, der unter Anderem seit 1810 alle Bauten am Schlosse von Versailles geleitet.

Dufresnoy, siehe **Fresnoy, du.**

Dughet, auch **Duchet** geschrieben, **Gaspard**, einer der berühmtesten Landschaftsmaler, geb. zu Rom 1613, gest. 1675 daselbst, wo sich sein Vater, ein Franzose, niedergelassen hatte, bildete sich unter seinem Vetter und nachherigen Schwager

Nicolas Poussin, von dem er auch den Namen annahm, so dass er allgemein **Gaspard Poussin** genannt wird, wählte aber für seine künstlerische Thätigkeit vorzüglich die Landschaft und hauptsächlich Rom und dessen Umgebungen, wobei er schon in der Wahl der Standpunkte ebensoviel edlen Geschmack als feines Gefühl für das Malerische an den Tag legte. Im Allgemeinen zeigt er in seinen Bildern dieselbe Richtung auf eine bedeutsame Auffassung der Natur in ihrer edelsten und grossartigsten Gestalt, wie sein Lehrer, und in seinen früheren Werken schliesst er sich noch mit ziemlicher Entschiedenheit an dessen Kunstweise an, später wusste er dieselbe jedoch auf eine höchst eigenthümliche Weise umzubilden. Bei ihm redet die Natur die gewaltige Sprache, welche noch jetzt aus den Gebirgen, Eichwäldern und Ruinen in der Umgegend von Rom hervortönt; meistens aber erhöht sich dieser Ton durch Sturmwind und Gewitter, welche dann das ganze Bild durchbeben. Ja, er erscheint da am grössten, wo er uns die Elemente im gewaltigsten Aufruhr zeigt, wenn der Sturm mit furchtbarer Gewalt über das Land einherfährt, aus dunklen Wolken Blitze die Lüfte durchzucken und Menschen und Thier ängstlich einen Schlupfwinkel suchen, und er hat auch durch solche Darstellungen wildleidenschaftlicher Naturscenen hauptsächlich seinen Ruhm erlangt. Aber auch wenn Poussin die Natur in Ruhe darstellt, so erzeugen die dichten Wolkenschatten, welche mit einzelnen einfallenden Lichtern über die dunklen Massen dichtbewachsener Waldgebirge hinziehen, eine ernste, oft sogar in melancholisches Sinnen versunkene Stimmung, die indessen immer schön und wohlthuend, öfter sogar von der erhabensten Art ist. In den Formen herrscht durchaus das Hochbedeutende vor und namentlich sind die Mittelgründe mit einem Ernst behandelt, wie bei keinem anderen Meister. Auch in der Wahl seiner Staffage ist er immer glücklich, in der Ausführung geistreich und correkt.

Dieser Typus der Landschaftsmalerei, welchen Annibale Caracci vorgebildet, der von Nicolas und Gaspard Poussin ausgebildet worden war und in Claude Lorrain seine höchste Verklärung fand, blieb lange Zeit der herrschende. Er stellt die unbenützte Natur dar, in welcher die Spuren der Menschenhand nur als Bauwerke, hauptsächlich als Ruinen der Vorwelt, auch als einfache Hütten zum Vorschein kommen. Das Menschengeschlecht, das wir darin voraussetzen oder auch wohl dargestellt finden, gehört entweder der alten Fabelwelt oder der heil. Geschichte oder dem Hirtenleben an. Der Eindruck im Ganzen ist daher ein heroisch pastoraler.

Die Zahl der von Gaspard Dughet ausgeführten Bilder ist sehr gross, denn er arbeitete mit einer ausserordentlichen Leichtigkeit. Leider haben aber seine Oelgemälde durch Nachdunkeln häufig einen Theil ihres Werthes verloren, wo dies jedoch nicht der Fall ist, zeigt sich seine Eigenthümlichkeit in ihrer ursprünglichen Weise. Dahin gehören die reichen Frescomalereien mit Scenen aus dem Leben des Elias und Elisa, mit denen er die Kirche S. Martino a' Monti zu Rom geschmückt hat; dahin ebenso die bedeutende Anzahl grosser in Leimfarben gemalter Staffeleibilder, die sich in der Gallerie Doria zu Rom befinden. In derselben Gallerie sind von ihm auch verschiedene Oelgemälde, zum Theil vom vorzüglichsten Werthe, vorhanden. Anderes sieht man in den Gallerien Colonna und Corsini und in der Akademie di S. Luca ebendaselbst. Im Pal. Pitti zu Florenz sind vier köstliche kleinere Bilder von ihm und in den Uffizien daselbst findet man eine treffliche Waldlandschaft. Auch das Turiner Museum besitzt mehrere Bilder des Meisters, namentlich aber ist das Museum von Madrid reich an Werken seiner Hand. Dann bewahren die englischen Gallerien, besonders die Nationalgallerie, die Bridgewater-, die Grosvenor-, die Devonshirehousegallerie, die Sammlung des Kensingtonpalastes zu London, das Fitzwilliammuseum zu Cambridge, die Sammlungen zu Chiswick, im Dulwich-College, zu Corshamhouse, Leight-Court, Holkham, Althorp, Woburn-Abbey, Lutonhouse, die Gallerien des Lords Farnborough, des Lords Yarborough und des Hrn. Wilkins zu London, des Hrn. Beckford in Bath, des Sir Th. Baring zu Stratton u. s. w., eine Anzahl von gegen 50 Bildern, die zum Theil nicht nur zu seinen vorzüglichsten Werken gehören, sondern zu den schönsten Landschaften, die es überhaupt gibt. In den übrigen grösseren europäischen Gallerien, im Museum zu Berlin, der Gallerie zu Dresden, der Pinakothek in München, im Louvre zu Paris, in der Eremitage zu St. Petersburg, in der Gallerie des Belvedere und in der des Fürsten Esterhazy zu Wien sieht man ferner noch verschiedene ausgezeichnete Landschaftsgemälde von ihm.

Die meisten seiner bedeutendsten Werke sind durch den Stich vervielfältigt worden, Gasp. Poussin hat aber auch selbst mit leichter und sicherer Nadel 8 Blätter Landschaften radirt.

Literatur. Kugler, Handbuch der Geschichte der Malerei. — Waagen, Kunstwerke und Künstler in England und Paris. 1—3. Bd. — Burckhardt, Der Cicerone.
Kupferwerke. I celebri freschi die Gasparo Possino nella chiesa di S. Martino a' Monti in Roma rappresentanti I miracolosi fatti de' S. S. Elia ed Eliseo inc. da Pietro Parboni. Roma 1810.

Dughet, auch **Duchet** geschrieben, **Jean**, Kupferstecher mit der Nadel und dem Grabstichel, Bruder des Vorhergehenden, geb. 1614 zu Rom, gest. daselbst 1676, war wie letzterer ein Schüler von Nicolas Poussin, widmete sich aber, als er erkannte, dass er für die Malerei weniger Talent besitze, mehr der Kupferstecherkunst und stach meistens nur nach den Bildern seines Lehrers. Seine besten Blätter sind: die sieben Sakramente, nach Poussin; die Geburt des Bacchus, nach demselben Meister; die Himmelfahrt der Maria.

Dujardin, siehe **Jardin, du.**

Duisbergh, Conrad, ein seiner Zeit sehr geschätzter Goldschmied und Ciseleur zu Köln, der in der ersten Hälfte des 17. Jahrhunderts in der Blüthe seiner Wirksamkeit stand. Von ihm sieht man in der Schatzkammer des Doms zu Köln, den silbernen reich vergoldeten Prachtkasten, in welchem die Gebeine des Erzbischofs und Kurfürsten Engelbert I., Grafen von Berg und Altena, aufbewahrt werden. Dieser Sarkophag von ansehnlicher Dimension ist mit zahlreichen Heiligenfiguren, historischen Scenen und ornamentistischen Darstellungen in getriebener Arbeit, auf dem Deckel die ruhende Gestalt des heil. Hubertus, geschmückt. Das Ganze ist in dem ansprechenden Barockstyl jener Zeit gearbeitet und, wenn auch im Figürlichen ohne höhere Bedeutung, doch ornamentistisch sehr beachtenswerth. Der Name des kunstreichen Verfertigers: CONRADT. DVISBERGH. FE. A. D. 1633 ist an dem Werke eingegraben.

Literatur. Merlo, Nachrichten von dem Leben und den Werken kölnischer Künstler.

Dulin oder **D'Ulin, Pierre**, Historienmaler, geb. 1669 zu Paris, gest. daselbst 1748, ein Schüler von **Bon Boulogne**, trug 1696 und 1697 durch seinen Pharao, der Joseph nach seiner Traumdeutung seinen Ring schenkt, und Joseph, der seine Brüder als Kundschafter am Hofe Pharao's zurückhalten will, den ersten akademischen Preis davon, wurde 1707 durch seinen: Laomedon, der von Apollo und Neptun gezüchtigt wird (im Louvre zu Paris), Mitglied der Akademie und 1726 Professor. Zu seinen besten Bildern zählt man: den heil. Claudius, der ein Kind vom Tode erweckt und die Wunder Christi.

Dullaert, Heiman, Maler, geb. 1636 zu Rotterdam, gest. 1684, ein Schüler Rembrandts, wusste die Bilder seines Lehrers so täuschend zu copiren, dass viele seiner Arbeiten für Gemälde jenes Meisters verkauft wurden. Er malte übrigens auch eine ziemliche Anzahl selbstständiger Bildnisse, Interieurs und Stillleben.

Dumarest, Antoine Rambert, Historienmaler zu Paris, ein Schüler von Blondel, zeichnet sich in seinen Bildern durch die Schönheit der Köpfe, den Adel der Formen und meisterhafte Modellirung aus. Auf der grossen Kunstausstellung zu Paris im Jahr 1855 sah man von ihm unter Anderem einen todten Christus, der sehr gelobt wurde.

Dumarest, Rambert, einer der geachtetsten Stempelschneider seiner Zeit, geb. 1750 zu St. Etienne en Forez, gest. 1806, unter dessen Medaillen auf berühmte Männer namentlich die auf Poussin, Rousseau und Lafayette erwähnt werden.

Dumont, Augustin Alexandre, Bildhauer, der Sohn des **Jaques Edme Dumont**, geb. zu Paris 1801, war ein Schüler seines Vaters und des P. Cartellier, erhielt 1823 den ersten Preis, bildete sich dann in Italien, wo er unter Anderem die trefflichen Marmorgruppen Amor und Psyche und Leucothea als Pflegerin des jungen Bacchus, sowie eine sehr schöne Büste des Malers Baron Guérin (in der französischen

Akademie zu Rom aufgestellt) schuf. Nach seiner Rückkehr in's Vaterland wurde er 1836 Ritter der Ehrenlegion und 1838 Mitglied des Instituts. Seine Werke zeigen den Einfluss Canova's, doch vernachlässigte er über dem Streben nach dem Anmuthigen und Zierlichen keineswegs ein eingehenderes, genaueres Studium der Natur. Unter seine besten Arbeiten zählt man: den Genius der Freiheit auf der Kuppel der Julisäule zu Paris; die Statue Franz I. in Versailles; die Statue der heil. Cäcilia in der Magdalenenkirche zu Paris; die Bronzestatue Philipp Augusts an der Barrière du trône; die Statue der Bianca von Castilien im Garten des Luxembourg-Palastes; das Denkmal des Tonsetzers Cherubini. Die Bronzestatue Buffon's und das Gypsmodell zu einem Denkmal für den Marschall Bugeaud sah man 1855 auf der grossen Pariser Kunstausstellung.

Dumont, Jacques Edme, Bildhauer, der Vater des Vorigen, geb. 1761, gest. 1844 zu Paris, war ein Schüler von Pajou, erhielt 1788 den grossen Preis, setzte dann seine Studien in Italien fort und fertigte nach seiner Rückkehr eine grosse Menge von Statuen, Büsten und Reliefs für Paläste, öffentliche Gebäude und Monumente. Unter seinen zahlreichen Werken gereichen ihm die Statue Colbert's in der Deputirtenkammer und die des Lamoignon de Malesherbes im Justizpalast zu grosser Ehre.

Dumoustier oder **Dumoutier, Daniel**, ein Porträtmaler, der um die Mitte des 16. Jahrhunderts zu Paris geboren wurde und eine Menge von Bildnissen der vorzüglichsten Männer und Damen am Hofe Franz I., auch sonstiger berühmter Persönlichkeiten mit leichtem sicherem Pinsel in trefflicher Charakteristik der Physionomien malte.

Dumoustier, Godefroy, ein Historienmaler, der um 1540 in Frankreich lebte und auch in Kupfer ätzte. Man kennt von ihm: die Geburt des Heilandes; die Geburt der heil. Jungfrau und den Tod der Maria.

Dunant, J., ein derzeit zu Genf lebender Landschaftsmaler, ein Schüler von Diday, malt treffliche Landschaften, die man auf verschiedenen Kunstausstellungen der Schweiz sieht und die sich durch seine sinnige Auffassung und Verständniss der grossartigen Natur der Alpenwelt, der sie meistentheils entnommen sind, auszeichnen.

Duncan, Andreas J., ein tüchtiger Landschaftsmaler, geb. zu Amsterdam, gest. 1834 zu Gent. Er malte Städteansichten, Seestücke und Landschaften mit Figuren und Thieren.

Duncan, E., ein derzeit zu London lebender englischer Landschaftsmaler, dessen Bilder von seinen Landsleuten sehr geschätzt werden.

Duncan, Thomas, ein englischer Porträt- und Historienmaler, gest. 1845, von dem wir unter Anderem: den Einzug der siegreichen Hochländer in Edinburg (gest. v. F. Bacon), eine figuren- und charaktervolle Composition im Geiste Walter Scott's, mit historischen Personen und Zügen aus dem Volksleben bereichert, kennen.

Duncarton, Robert, geb. zu London um 1744, ein Historien- und Porträtmaler und geschickter Arbeiter in Schwarzkunst, unter dessen beste Blätter gehören: die Steinigung des heil. Stephanus, nach B. West; vier Blätter aus der Geschichte Joseph's in Aegypten und die Jünger zu Emaus (1779), nach Guercino; Belinda, nach W. Pether (1778); Miss Horneck, als Sultanin, nach Reynolds; the Soldier's widow, nach W. Bigg.

Dunker, Balthasar Anton, Maler und Kupferätzer, geb. 1746 zu Stralsund, gest. zu Bern 1807, erlernte die Kunst bei Ph. Hackert und Vien, arbeitete auch einige Zeit bei N. Hallé und zeichnete sich besonders in der Ausführung geschmackvoll radirter Landschaften aus, unter denen 4 Blätter Ansichten von Livorno, nach Hackert; die Alpenkette, Ansicht der Umgebungen von Bern, nach G. Studers; 12 Blätter mit dem Titel: Recueil de differentes Etudes d'Animaux; die kleine Schweizerfamilie, nach Freudenberg, zu den besten gezählt werden. — Sein Sohn **Philipp Heinrich Dunker**, gest. 1836, malte und radirte Landschaften, von denen einzelne sehr hübsch und mit grossem Fleiss ausgeführt sind.

Dunouy, Alexandre Hiacynthe, ein Landschaftsmaler, der 1757 zu Paris geboren wurde, aber erst zu Anfang des 18. Jahrhunderts blühte und viele Ansichten italienischer Gegenden, die er nach der Natur aufgenommen und von denen man verschiedene in den königl. Palästen zu Neapel, zu Portici, zu Fontainebleau, Versailles und Paris sieht, malte. So bewahrt z. B. die Gallerie des Luxembourg eine schöne, nach Studien in den Alpen und in Italien componirte Landschaft. Er radirte auch eine Reihenfolge von Landschaften mit Thieren staffirt in Kupfer.

Duntze, Johannes, ein trefflicher Landschaftsmaler aus Bremen, der, nachdem er sich schon auf den Ausstellungen seiner Vaterstadt durch verschiedene dem Norden entnommene Landschaften: eine norwegische Sommerlandschaft im Kirchspiel Voss im Bergenstift; eine niederländische Landschaft bei Cleve; eine Sommerlandschaft Udlands-Fyordn am Sogn u. s. w. einen Namen erworben, sich nach Genf begab, dort in der von Diday und Calame in's Leben gerufenen Schule weiter bildete und hierauf mit ebensoviel Geist und Naturwahrheit, wie früher die nordische Gegenden, das grossartige Hochgebirgland der Schweiz darzustellen wusste, wie er unter Anderem mit seiner Parthie aus Graubündten, seinem Blick auf den Theuersee, die Bleinlisalp und die Jungfrau u. s. w. bewies.

Dupaty, Charles Mercier, ein seiner Zeit unter seinen Landsleuten sehr berühmter Bildhauer, geb. zu Bordeaux 1771, gest. zu Paris 1825, erlernte bei Vincent die Malerei, verliess sie aber bald wieder, um unter Lemot die Bildhauerkunst zu studiren, die er zu seinem Lebensberuf machen wollte. Später ging er nach Rom, wo er eine Menge Modelle anfertigte, von denen er mehrere, z. B. eine Venus Genitrix, die kolossale Gruppe des Kadmus (im Garten der Tuilerien) u. s. w. in Marmor ausführte. Nach seiner Zurückkunft nach Paris fertigte er den vom Zorn Neptuns verfolgten Ajax und den von den Furien verfolgten Orestes, wurde hierauf vielfach mit wichtigen Aufträgen betraut und fertigte im Ganzen eine grosse Anzahl von Arbeiten. Die ihm bestellte Reiterstatue Ludwig XIII. und das Monument des Herzogs von Berry, das er gemeinschaftlich mit Cartellier übernahm, hinterliess er unvollendet. In seinen Werken herrscht ein Streben nach Grossartigkeit, Adel und Würde, aber es geht ihnen durchaus die Wärme der Begeisterung ab. Sie sind verständig angeordnet und geschickt ausgeführt, allein man vermisst Anmuth und wahres Gefühl für die Natur.

Dupérac, Etienne, auch **du Perac** geschrieben, Baumeister, Maler und Kupferstecher, geb. zu Paris oder Bordeaux um 1540 oder 1550, gest. wahrscheinlich zu Paris um 1601, kam frühzeitig nach Rom, woselbst er eine grosse Anzahl von antiken Statuen, Basreliefs und architektonischen Ueberresten zeichnete und, von ihm selbst gestochen, unter dem Titel: „Vestigj dell' antichità, raccolti e ritratti da St. du Perac. Roma, 1575", in 40 Blättern herausgab. Nach Paris zurückgekehrt, wurde er von König Heinrich IV. zum k. Architekten ernannt, fand aber dennoch häufig Gelegenheit, auch seine Kunst im Malen und Stechen zu üben. Die besten seiner mit: Stephanus du Perac; S. P.; S. P. F.; S. P. J. oder mit nebigen Monogrammen bezeichneten Blätter sind: das jüngste Gericht, nach Michelangelo, und das Urtheil des Paris, nach Raphael.

Duperreux, A. L. R., ein seiner Zeit sehr geschätzter Landschaftsmaler, geb. 1764 zu Paris, erlernte die Kunst bei Huet und Valenciennes und gelangte durch seine Bilder, welche der damals beliebten Richtung der sogenannten heroischen Landschaften folgten, zu einem grossen Ruf. Auf ihnen bildet die Staffage und das sich daran knüpfende Interesse die Hauptsache, während das Landschaftliche mehr in den Hintergrund tritt und meistens nach conventionellen Vorschriften begeisterungslos zusammengestellt ist. In der Gallerie Luxembourg zu Paris sieht man von ihm: den Einzug der Karthäuser in die grosse Karthause von Grenoble.

Duplessis-Bertaux, Jean, ein sehr geschickter Zeichner und Kupferstecher, geb. 1747 zu Paris, gest. 1813, führte eine grosse Anzahl von Blättern aus, deren einige in Callots Manier in zartester und lebendigster Zeichnung und Radirung ausgeführt, ihm den Namen des modernen Callot verschafften. Unter die besten zählt man: seinen „Recueil de 100 sujets de divers genres, représentant toutes sortes d'ouvriers occupés de leur travaux, scènes de Comédies, scènes populaires u. s. w. Paris, 1814; und 9 Blätter Figuren aus dem Volksleben.

Duplessis, Joseph Sifrède, Historien- und Porträtmaler, geb. zu Carpentras bei Avignon 1725, gest. 1802 zu Versailles, erlernte die Malerei bei seinem Vater und bei Jos. Gabr. Imbert, ging dann 1745 nach Rom, wo er sich bei Subleyras weiter ausbildete, und malte nach seiner Rückkehr in seiner Vaterstadt, in Lyon und zu Paris, in welch letzterer Stadt er von 1782 an seinen bleibenden Aufenthalt nahm, Historien- und Kirchenbilder, namentlich aber Porträts, die ihm einen ziemlich bedeutenden Ruf verschafften und unter denen besonders die von Franklin, Bossuet, Gluck (letzteres in der Gallerie des Belvedere zu Wien), Marmontel, Necker, Vien, Allegrain und des Abbé Arnaud mit Auszeichnung genannt werden. Er war Mitglied der Akademie und Conservator des Museums zu Versailles.

Dupont, Henriquel, ein vorzüglicher Kupferstecher und Arbeiter in Schwarzkunst, geb. zu Paris 1797, bildete sich unter Bervic und lieferte seither eine Menge sehr geschätzter Blätter. Namentlich werden seine Bildnisse wegen der geistvollen energischen Behandlung gerühmt. Seine besten Blätter sind: Lord Strafford vor der Hinrichtung; Cromwell am Sarge Karls I.; Peter der Grosse; Gregor XVI.; die Apotheose der bildenden Künste im Hemicycle des beaux arts zu Paris, alle fünf nach Delaroche; die Abdankung Gustav Wasa's, nach Hersent; Latil, Erzbischof von Rheims, nach Ingres; Bildniss einer Frau, nach van Dyck; Christus der Tröster, nach A. Scheffer. Dupont ist Mitglied der Akademie zu Berlin.

Dupont, Jean Victor, ein trefflicher Miniatur- und Emailmaler, der zu Genf geboren wurde, in Regnault's Schule ging und insbesondere in Nachbildungen nach italienischen und spanischen Meistern vorzügliches Lob verdient.

Dupré, Augustin, ein tüchtiger Medailleur, dessen Blüthezeit in das letzte Jahrzehent des vorigen und den Anfang des 18. Jahrhunderts fällt. In seiner ersten Lehre als Bildhauer hatte er sich tüchtige Kenntnisse als Zeichner erworben, die er bei seinen Arbeiten im Fache der Stempelschneidekunst vorzüglich zu benützen verstand. Seine Medaillen auf Begebenheiten und Personen der Revolutionszeit, des Consulats und des Kaiserreichs wurden seiner Zeit sehr geschätzt.

Dupré, Daniel, ein Landschaftsmaler, geb. 1752 zu Amsterdam, gest. daselbst 1817, lernte bei J. van Dregt und Juriaan Andriessen, besuchte dann die Schweiz und Italien und liess sich endlich nach der Rückreise durch Deutschland und die Rheingegenden in seiner Vaterstadt nieder.

Dupré, George, einer der vorzüglichsten Stempelschneider seiner Zeit, der unter Heinrich IV., Ludwig XIII. und Ludwig XIV. zu Paris arbeitete und eine Menge Medaillen mit den Bildnissen dieser Regenten und anderer berühmter Personen der damaligen Periode fertigte. Viele derselben sieht man im Louvre zu Paris.

Dupré, Giovanni, ein talentvoller Bildhauer aus Siena, der zu Florenz thätig ist und seiner Zeit durch seine schöne Statue des erschlagenen Abel, welche eine ganz ungewöhnliche Begabung verrieth, allgemeine Bewunderung erntete. Von ihm ist auch die Statue Giotto's (1845 für die Uffizien ausgeführt), ein Werk von sprechendster Wahrheit und Eigenthümlichkeit. Gerühmt werden ferner sein Kain, ein Gegenstück zum Abel und ein „Ruhe der Unschuld" genanntes schlafendes Kind, eine ganz vorzügliche Arbeit von geistreicher Auffassung, voll Naivität und Anmuth der Formen.

Dupré, Guillaume, vorzüglicher Medailleur, der Bruder des George Dupré, arbeitete mit diesem an den Höfen Heinrich IV. und Ludwig XIII. und zeichnete sich ebenfalls durch tüchtige Arbeiten in seinem Fach aus.

Dupré, Jules, ein derzeit zu Paris lebender Landschaftsmaler, der seit einem Jahrzehent mit Corot, Marilhat, Cabat und Anderen die neue Schule der französischen Landschaftsmalerei, die Richtung auf anspruchlose Darstellung ländlicher Natur, gründen half. Die Bilder seiner Blüthezeit zeichnen sich ebenso durch die schlichte Wahrheit der poetischen Erfindung, wie durch äusserste Naturtreue, warme Beleuchtung, glänzende Farbe und fette Behandlung aus. An seinen späteren landschaftlichen Gemälden kann man dagegen nicht alle diese Vorzüge rühmen, denn der Künstler artet darin in eine nichts weniger als gefällige Manier aus.

Dupré, Louis, Historien- und Genremaler, geb. 1789 zu Versailles, ein Schüler Davids, kam später nach Rom und wurde hierauf Hofmaler des Königs Hieronymus von Westphalen. Er malte Altarbilder, historische Gemälde und Porträts, unter welch letzteren man namentlich die von David, Granet, Rossini rühmt. In dem historischen Museum zu Versailles sieht man unter Anderem von ihm: die Belagerung von Trin im Jahr 1643. Die Zeichnungen und Aquarellen auf einer Reise nach Griechenland und der Türkei gab er in 50 Blättern lithographirt heraus.

Dupréel, M., ein tüchtiger zu Paris lebender Kupferstecher, der für mehrere Galleriewerke, besonders für das Musée royal stach und verschiedene treffliche Blätter lieferte, unter denen man namentlich: den Cavallerieangriff, nach Wouverman; den Marktschreier, nach C. du Jardin; die flamändische Kirmess, nach Rubens; ein Bacchanal, nach Poussin rühmt.

Dupuis, Charles, ein vorzüglicher Kupferstecher, mit der Nadel und dem Grabstichel, Mitglied der Akademie, geb. 1665 zu Paris, gest. 1742, bildete sich unter G. Duchange. Seine besten Blätter dürften sein: Ptolomäus Philadelphus, den Juden ihre Freiheit schenkend, und das Gegenstück dazu, Alexander Severus, Korn unter die Römer austheilend, beide nach Coypel; die Vermählung der Maria, nach Ch. Vanloo; Nicolas de Largillière, nach Guculien; Nicolas Coustou, nach Le Gros.

Dupuis, Nicolas Gabriel, Zeichner und Kupferstecher mit der Nadel und dem Grabstichel, geb. zu Paris 1696, gest. 1770 oder 1771, war ebenfalls ein Schüler von G. Duchange und wurde später Mitglied der Akademie. Zu seinen vorzüglichsten Stichen zählt man: eine heil. Familie, nach A. Caracci; den heil. Sebastian, nach L. Caracci (1770); L'Ange gardien, nach Feti; das Bildniss des Malers Ph. Wouverman, nach C. de Vischer; Chr. Fr. Paul von Normant de Tournechene, nach Toque; J. Boerhave, nach J. Wandelaer; das Bildniss des Kupferstechers G. Duchange, nach Vanloo.

Dupuis, Pierre François, ein Blumen- und Früchtenmaler, geb. 1608 zu Montfort, gest. 1682, übte seine Kunst zu Paris, wo er 1663 Mitglied der Akademie wurde. Er arbeitete auch in Schwarzkunst und man nennt als sein bestes Blatt sein eigenes Porträt mit der Unterschrift: Petrus Dupuis Monsfortensis Pictor u. s. w.

Duquesnoy, François, siehe **Quesnoy, du.**

Durameau, Louis, Historienmaler, geb. zu Paris 1733, gest. zu Versailles 1796, Professor an der Akademie, Maler des Königs und Aufseher über die Gemäldegallerie der Krone, malte Bilder aus der christlichen und Profangeschichte in dem manieristischen Geschmack seiner Zeit.

Durand, A. B., ein nordamerikanischer Kupfer- und Stahlstecher, von dem wir zwei schöne Stahlstiche in dem Atlantic Souvenir, einem Taschenbuch vom Jahr 1828, das Titelblatt nach G. S. Newton, und: Anne Page, Slender und Shallow, nach Lesli, kennen.

Durand, Giov. Batista, war ein Schüler von Dominichino, liess sich aber später in Messina nieder, wo er meistens Bildnisse malte. — Seine Tochter **Flavia**, die Gemahlin des Malers F. Giannetti, malte ebenfalls Bildnisse, wurde übrigens auch wegen ihren guten Copien nach anderen Meistern geschätzt.

Duret, Francisque, ein trefflicher Bildhauer, geb. zu Paris, bildete sich unter Bosio, erhielt 1823 den ersten Preis mit Reiseunterstützung nach Rom, wurde 1833 Ritter und 1853 Offizier der Ehrenlegion. Seine Arbeiten bestehen in Büsten und Statuen und zeichnen sich durch die edle Auffassung, ungemeine Lebendigkeit, graziöse Bewegung, hübschen Ausdruck und sehr sorgsame Behandlung aus. Sie gehören meistens dem Genrefache an, doch fertigte er auch Werke der idealen Sculptur. Durch die vortreffliche 1833 vollendete Bronzestatue eines tanzenden neapolitanischen Fischers (derzeit im Besitz des Kaisers der Franzosen) gründete er seinen Ruf und nicht minder gelungen war sein 1839 ausgeführter neapolitanischer Improvisator, eine Bronzestatue voll Geist und Leben. Als fernere treffliche Arbeiten von ihm rühmt man: ein mit einer Schildkröte sprechender Fischerknabe (im Palast Luxembourg); ein über dem Grabe Atala's trauernder Chactas; die Statue des Engels Gabriel und die Gruppe Christus, das heil. Abendmahl einsetzend, in der Magdalenenkirche zu Paris; die Tragödie und die Komödie, zwei Bronzestatuen. Mercur, die Leyer erfindend, eines seiner schönsten Werke wurde in der Revolution von 1848 arg beschädigt. In der Gallerie zu Versailles steht seine treffliche marmorne Bildnissstatue Chateaubriand's. Dupret wurde im Jahr 1843 Mitglied des Instituts.

Durmer, F. V., Zeichner und Kupferstecher in punktirter Manier, geb. zu Wien 1766, wurde an der Akademie seiner Vaterstadt gebildet und später Mitglied an derselben. Er lieferte viele zum Theil ziemlich gelungene Blätter, unter denen zu den vorzüglichsten gezählt werden: die vier Jahrszeiten, nach Guido Reni; Venus und Adonis, nach A. Nahl; Venus auf einem Ruhebette, neben ihr Cupido, nach J. Grassy; le repos de Diane, nach van Balen, beide letzteren in Farben gedruckt.

Dusart, Cornelis, auch **du Sart** geschrieben, Maler und Kupferstecher, geb. zu Harlem 1665, gest. daselbst 1704, einer der vorzüglichsten Schüler des Adriaan van Ostade, der in geistreicher, charakteristischer Darstellung von Kirchweihen, ländlichen Scenen, Trinkgelagen, Wirthshausstreitereien dem Styl seines Lehrers mit meisterhaftem Pinsel folgte, ihm auch in Durchsichtigkeit und Gluth der Farbe kaum nachstand und in Lebendigkeit und Ausdruck, wobei ihm sein glückliches Gedächtniss vorzüglich zu Hülfe kam, fast gleich kam, so dass seine Bilder sehr gesucht sind und oft für Werke seines Meisters gelten. Das Amsterdamer Museum, die Dresdner Gallerie und das Dulwich College in London besitzen derartige geschätzte Bilder von ihm. Dusart radirte auch mit einer geistreichen und leichten Nadel, die er geschickt mit dem Grabstichel zu verbinden wusste, verschiedene Blätter, die ebenso gesucht sind, wie seine Arbeiten in Schwarzkunst, die er sehr sorgfältig vollendete. Die vorzüglichsten seiner Kupferstiche, die er mit seinem Namen oder den Anfangsbuchstaben desselben bezeichnete, sind, in Radirungen: die grosse Dorfkirchweih, sein Hauptblatt; der sitzende Violinspieler, der stehende Violinspieler (1685); der Kuss, und das Gegenstück, der Hahnrei (1685); der Dorfchirurgus (1695); der berühmte Schuster; die Quacksalberin (1695); die beiden singenden Weiber (1685); die beiden singenden Bauern (1685); die zwei Sänger (1648); in Schwarzkunst: der lesende Greis; die Lotterie zu Grottenbroeck; die Sieben, eine Satyre in Karikaturen; 6 Blätter, die öffentliche Freude bei Gelegenheit der Einnahme von Namur durch Wilhelm III. König von England am 2. Sept. 1695.

Duseigneur, Jean Bernard, ein tüchtiger Bildhauer, gebürtig aus Paris, woselbst er auch derzeit lebt, war ein Schüler von Bosio, Dupaty und Cortot. Wir kennen von ihm eine lebensgrosse Statue der heil. Jungfrau in der Kirche von S. Yrieix; die Statuen des heil. Petrus und des heil. Augustin in der Kirche des Petits Pères zu Paris. Auf der grossen Kunstausstellung im Jahr 1855 zu Paris sah man von ihm eine Statue, den rasenden Roland darstellend.

Dusi, Cosroe, Historienmaler, gebürtig aus Venedig und Mitglied der Akademie der Künste seiner Vaterstadt, malt Bilder aus der christlichen und Profangeschichte. Sein 1836 ausgeführtes Bild: die Einkleidung der heil. Gertrud, wurde wegen der Einfachheit der Darstellung und wegen der kräftigen harmonischen, an Palma und Bassano erinnernden Färbung sehr gelobt. Weniger gefiel sein Alcibiades unter den Hetären (1837), doch erkannte man auch in diesem Bilde den ruhigen ernsten Sinn und die Kraft des Ausdrucks an.

Duttenhofer, Anton, ein talentvoller Kupferstecher, der die Kunst bei seinem Vater, Christian Friedrich, erlernte, aber schon im 31. Jahre seines Lebens, im Jahr 1843 zu Stuttgart starb. Seine besten Blätter sind: Romeo und Julie, nach A. Bruckmann, und das Porträt des Dichters Justinus Kerner.

Duttenhofer, Christian Friedrich, ein tüchtiger Kupferstecher im Landschafts- und Architekturfache, der Vater des Vorigen, geb. 1780, gest. 1846 zu Heilbronn, erlernte seine Kunst bei Klengel in Dresden und bildete sich später in Wien und Italien weiter aus. Seine besten Blätter sind: der Tempel der Diana bei Nemi und der Tempel des Apollo bei Delphi, beide nach Claude Lorrain, und eine grosse Gebirgslandschaft, nach Ann. Caracci. Duttenhofer stach auch einige brave Blätter für das Musée Napoleon und das Kölner Domwerk von Boisserée.

Duval, Marc, auch der Taube oder, nach seinem Schwager, Bertin, genannt, Historien- und Hofmaler König Karl IX. von Frankreich, gest. 1581 zu Paris, war einer der frühesten geschickten französischen Kupferstecher. Von seinen Blättern, die sehr selten sind, rühmt man: die Collignei Fratres (1579); die Ehebrecherin; Katharina von Medicis (1579) und 15 herrliche Stiche, verzierte Becher, Pokale, Trinkschalen u. s. w. im Renaissancestyl darstellend.

Duval, Jules Alexandre, der Sohn des Nachfolgenden, geb. zu Paris, ein Schüler von Drolling, malt Historien und Genrestücke, in denen er zwar des Vaters Feinheit und Anmuth nachzuahmen weiss, ihr aber zugleich etwas von der Koketterie der alten französischen Schule beifügt, wie er unter Anderem in seinem: kleinen Frühstück von Marly zeigt, so dass man ihn für einen Schüler und Bewunderer Boucher's halten möchte. Auf der grossen Pariser Kunstausstellung im Jahr 1855 sah man von ihm eine Grablegung und Macbeth und die Hexen.

Duval le Camus, Pierre, der Vater des Vorhergehenden, geb. zu Lisieux 1790, gest. zu Paris, ein ausgezeichneter Genremaler, Ritter der Ehrenlegion und Mitglied mehrerer Akademien, erlernte, durch gute Studien früh vorbereitet, die Malerei in David's Schule und zeigte auch, wie sein Opfer Abraham's beweist, glückliche Anlagen zur historischen Kunst; allein seine Neigung zog ihn mehr zu Schilderungen aus dem täglichen Leben, und er widmete sich daher, nachdem er einige Porträts in Lebensgrösse und ganzer Figur ausgeführt hatte, ganz der Genremalerei. Seine bald durch ihre Naivität, bald durch rührende Züge ungemein ansprechenden Darstellungen bewegen sich meistens in den Kreisen der besseren Gesellschaft und alle seine Bilder zeichnen sich durch geistreiche und geschmackvolle Composition, grosse Genauigkeit der Zeichnung, Zartheit, Weichheit des Pinsels und Durchsichtigkeit des Colorits aus. Ihre Zahl ist sehr gross und die meisten von ihnen sind durch Lithographien auch in weiteren Kreisen bekannt worden. Zu den besten zählt man: die Taufe; eine Piquetpartie von Invaliden; das Innere einer Hauptwache; eine Trauung in einer Sakristei; Aufbruch zur Jagd; das Gebet; den verlegenen Schmuggler; normännische Erziehung; den Widerspenstigen; den guten Pfarrer; den wohlthätigen Arzt; die Wolfsjagd, eines seiner schönsten Bilder (1838); die Jagdmahlzeit (1837); den wohlthätigen Arzt; die Zigeunerin (1838); die Abreise der für die k. Marine Conscribirten (1839); das Hochzeitsgeschenk; das Protokoll; die barmherzige Schwester, ein Bild voll Seele und Gemüth (1842); seine Rückkehr vom Fischfang; seinen Improvisator; seinen Bettelmönch (1847) u. s. w.

Vergleiche mit diesem, nach neueren französischen Quellen vervollständigten Artikel jenen über denselben Meister unter: Camus, Pierre Duval, le.

Duveau, Louis, Historien- und Genremaler, geb. aus Saint-Malo, war ein Schüler von Léon Cogniet und bildete sich hierauf in Italien weiter aus. Er ist vorzüglich in der Darstellung von Lebensbildern ernsten, ja oft sogar düstern Inhalts, besonders aus den Kreisen der Fischer und anderer Küstenbewohner in der Gegend von S. Malo, wie er unter Anderem in seinem schiffbrüchigen Fischer (1852) und seiner geweihten Kerze bewies; aber auch seine Gemälde auf dem geschichtlichen Gebiete: seine Abdankung des Dogen Foscari (1850) und sein Tod der Agrippina (1853) sind nicht ohne Verdienst. Man schätzt an seinen Bildern vorzugsweise die dramatische Auffassung, die geschmackvolle Anordnung und die kräftige an die alten grossen Italiener erinnernde Färbung. Auf der grossen Pariser Kunstausstellung vom Jahr 1855 sah man von ihm: die sieben Todsünden und die leere Wiege.

Duvenende, Marcus van, Historienmaler, geb. 1674 zu Brügge, wo er 1700 in die Malergilde aufgenommen wurde, gest. daselbst 1730, bildete sich namentlich in Italien unter Carlo Maratti, dessen Styl er in den verschiedenen Kirchen- und anderen Bildern, die er nach seiner Zurückkunft ausführte, nachahmte.

Duvet, — irrig Danet, — Jean, Goldschmied der Könige Franz I. und Heinrich II.

von Frankreich, geb. 1485 zu Langres und 1561 daselbst noch am Leben, war einer der ersten französischen Kupferstecher. Als die besten seiner mit grosser Sicherheit der Hand ausgeführten Blätter, die übrigens weit unter denen der gleichzeitigen deutschen und italienischen Stecher stehen und sehr selten sind, nennt man: eine Allegorie auf Heinrich II. und Diane de Poitiers; die Kreuzigung; die Offenbarung Johannes in 24 Blätter (1555); den heil. Johannes, den Täufer, und den heil. Johannes, den Evangelist (1528); die h. h. Sebastian, Antonius und Rochus; die Verkündigung (1520); die Marter des heil. Sebastian; die Marter des heil. Johannes, des Evangelisten; Heinrich II., König von Frankreich; die Grablegung Christi, Copie, nach Mantegna. Seine Blätter sind theils mit nebenstehenden Monogrammen, theils mit einem Einhorn bezeichnet, wesshalb man ihn auch den **Meister mit dem Einhorn, Le maitre à la Licorne** nannte.

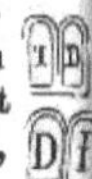

Literatur. Bartsch, Le peintre graveur.

Duvivier, Benjamin, ein geschickter Medailleur, geb. 1730, gest. 1795, der Sohn des Nachfolgenden, fertigte treffliche Stempel, unter denen man namentlich einige auf Ludwig XVI. gestochene rühmt. Er war Münzgraveur des unglücklichen Königs und Mitglied der Akademie.

Duvivier, Jean, ein trefflicher Medailleur, geb. 1687 zu Lüttich, gest. 1761 zu Paris, der Vater des Vorigen, erwarb sich durch seine, durch Reinheit der Zeichnung und Sorgfalt der Ausführung ausgezeichneten Medaillen die Gunst Ludwig XV., dessen Brustbild er unter Anderem in jüngeren und späteren Jahren vorzüglich stach. Er war Mitglied der Akademie.

Duvivier, Jean Bernard, Historienmaler und Professor an der Normalschule zu Paris, geb. zu Brügge 1762, lernte bei Hubert und später bei dessen Bruder Paul de Kock die Malerei, setzte sodann seine Studien von 1783 an unter Suvée zu Paris, hierauf von 1790 an in Italien, wo er 6 Jahre blieb, eifrig fort, und kehrte 1796 nach Paris zurück, wo er sich niederliess und 1837 starb. Unter seinen Bildern, die sich durch die schöne Composition, richtige Zeichnung und glänzende Färbung auszeichnen, rühmt man besonders: Hektor, von den Trojanern beweint, und die Mildthätigkeit. — Duvivier radirte auch einige Blätter nach eigener Composition und Zeichnung.

Dyce, William, ein trefflicher derzeit zu London lebender Maler, Professor am Kings College daselbst, einer der wenigen Künstler in England, welche sich in der strengeren religiösen Gattung der Malerei versuchen, und durch Annäherung an die peruginesk raphael'sche Kunstweise den Prinzipien der heutigen Overbeck'schen Richtung anschliessen. Im Jahr 1844 sah man auf der Kunstausstellung in der königl. Akademie zu London von ihm: König Joas schiesst auf Befehl Elisa's mit dem Bogen der Befreiung, ein Bild, an welchem besonders die grosse Strenge und Genauigkeit in Zeichnung und Modellirung gelobt wurde; im Jahr 1846 ebendaselbst: eine Madonna von hoher Anmuth aber etwas kalt in Ausdruck und Farbe. Fresken von ihm finden sich im Sommerpavillon des Gartens vom Buckinghampalast und im Hause der Lords, in Letzterem: die Taufe König Ethelbert's von Kent, ein namentlich in der Composition sehr tüchtiges Bild.

Dyck, Anthonie van, berühmter Porträt- und Historienmaler, geb. 1599 zu Antwerpen, gest. 1641 zu Blackfriars bei London, war der Sohn eines geschickten Glasmalers Frans van Dyck, und wurde von seinem Vater im Jahr 1610 zu van Balen in die Lehre gebracht, woselbst er bis 1615 blieb, in welchem Jahre er, von Rubens' grossem Ruf bewogen, und dem Drang nach weiterer künstlerischer Vervollkommnung folgend, in des Letzteren Schule trat, in der er auch rasch so ausserordentliche Fortschritte machte, dass er nicht nur binnen kurzer Zeit alle seine Mitschüler übertraf, sondern der Meister ihn schon sehr bald bei seinen grossen Arbeiten mit bestem Nutzen verwenden konnte. Bald darauf führte er auch mehrere selbstständige Gemälde aus, wurde sodann 1618 in die St. Lucas Brüderschaft seiner Vaterstadt als Meister eingeschrieben und genoss schon als einundzwanzigjähriger Jüngling eines solch allgemeinen und ausgedehnten Ruhmes, dass er 1620 an den Hof nach London berufen wurde, um daselbst verschiedene Bilder zu fertigen. Hier blieb er bis zum 3. Oktober 1621, an welchem Tage er nach Italien abreiste und zwar zunächst nach Genua, wo er eine beträchtliche Anzahl Bilder, namentlich Porträts hoher Personen, ausführte. Im Jahr 1622 begab er sich sodann nach Rom, wo der Kardinal Bentivoglio, dessen Porträt er unübertrefflich schön malte, sein Beschützer wurde. Er vollendete dort ebenfalls mehrere Bildnisse römischer Grossen, copirte auch einige der bedeutendsten Werke der grossen Meister, reiste aber dann nach Bologna und von da nach Venedig, wo er mit Eifer die grossen Coloristen, namentlich Tizian und Paolo Veronese studirte, und kehrte 1623 über Mantua wieder nach Rom zurück. Nach einem abermaligen achtmonatlichen Aufenthalte in letzterer Stadt, ging er zum zweitenmale nach Genua, reiste aber kurze Zeit nach seiner Ankunft auf den Ruf des Vicekönigs von Sicilien, Emmanuel Philibert von Savoyen, nach Palermo und würde sich daselbst, wo er mit Aufträgen überhäuft wurde, gerne länger aufgehalten haben, wenn die dort ausgebrochene Pest ihn nicht wieder nach Genua getrieben hätte. Nach einem mehrjährigen Aufenthalte in Italien, woselbst er im Ganzen eine beträchtliche Anzahl der ausgezeichnetsten Bilder hinterlassen hatte, schiffte er sich 1625 nach Frankreich ein. Er landete am 4. Juli in Marseille, ging von da nach Aix, besuchte hierauf Paris und kehrte 1626 nach Antwerpen zurück. Sechs volle Jahre, nur unterbrochen durch einen Aufenthalt im Haag, am Hofe des Prinzen von Oranien, Friedrichs von Nassau, den er nebst seiner Gemahlin und ihren Kindern malte, weilte er jetzt wieder im Vaterlande, während welcher Zeit er eine ungeheure Menge von Bildern, die seinen ohnediess schon grossen Ruhm noch weiter verbreiteten und steigerten, vollendete. Im Jahre 1632 aber wurde er nach London an den Hof Karl I. berufen, der den Künstler, nachdem derselbe sein Bildniss und das seiner Gemahlin (noch jetzt in Windsorcastle) mit hoher Meisterschaft ausgeführt, mit Ehren und Reichthümern überhäufte. Er setzte ihm einen Jahresgehalt von 200 Pfund Sterling nebst freier Wohnung, und einen bestimmten Preis für jedes seiner Bilder aus, ernannte ihn zu seinem ersten Hofmaler, verlieh ihm die Ritterwürde und schenkte ihm sein in Diamanten gefasstes Bildniss an grosser goldener Kette. Der übrige Hof folgte dem Beispiel des Monarchen und beehrte den Künstler mit Aufträgen und Geschenken. Van Dyck vergalt diese Grossmuth durch rastlosen Fleiss. Er bereicherte England mit einer ausserordentlichen Menge der ausgezeichnetsten Meisterwerke. Sein reichliches Einkommen nährte aber seine Liebe zur Pracht, zu den Genüssen der Tafel und der Liebe, so dass darunter seine Gesundheit zu leiden begann. Wohlwollende Freunde entzogen ihn daher dem Strudel der Genusssucht durch Verheirathung mit einer der schönsten Frauen Englands, Marie Ruthven, einer Tochter des schottischen Grafen von Gowrie, mit der er 1634 eine Reise nach seiner Vaterstadt antrat, bei welcher Gelegenheit er zum Vorstand der St. Lucas-Brüderschaft ernannt wurde. Nach London zurückgekehrt, war van Dyck wieder ungemein thätig. Allein der politische Himmel fing an sich mit Wetterwolken zu umhängen. Karl I. gerieth so sehr in Geldnoth, dass er dem Künstler den ausgesetzten Jahresgehalt mehrere Jahre nicht bezahlen, auch die Wände des Bankettsaals in Whitehall, die van Dyck mit Darstellungen aus der Geschichte des Hosenbandordens schmücken wollte, nicht malen lassen konnte. Missmuthig darüber ging der Meister mit seiner Gattin im September 1640 nach Flandern und von dort nach Paris, wohin ihn der Wunsch führte mit der damals beabsichtigten Ausschmückung der Gallerie des Louvre beauftragt zu werden. Allein König Ludwig XIII. hatte zu diesem Behufe bereits Nicolas Poussin aus Italien berufen, und ohne seinen Zweck erreicht zu haben, kehrte van Dyck daher wieder nach London zurück, wo er jedoch 1641 schon krank und erschöpft ankam und die traurigen politischen Ereignisse, welche bereits die königliche Familie zerstreut hatten, ihn gewissermassen selbst in Haus und Werkstatt aufsuchten. Diese Aufregungen und der Verdruss, längst gehegte Entwürfe zu grösseren Malereien für den König nicht zur Ausführung bringen zu können, zehrte seine bereits durch übermässige Arbeit und Genusssucht untergrabenen Kräfte vollends auf. Er starb am 9. September 1641 und wurde im Chor der Paulskirche begraben.

A. van Dyck war klein von Körper, dabei aber ein schöner wohlgebildeter Mann. Sein klarer Verstand, seine feine Lebensart, sein ritterliches Wesen und seine Freigebigkeit erwarben ihm allgemeine Achtung und Gewogenheit, sowie die Liebe der Frauenwelt. Er liebte es, ein glänzendes Haus zu machen, hielt eine offene Tafel, und seine Feste, an denen Fürsten und Damen höchsten Ranges Theil nahmen und welche die ersten Tonkünstler und Mimen durch ihre Talente zu verschönern wetteiferten, übertrafen alle andere der Stadt an Glanz und Sinnigkeit.

Als Künstler besass er eine ungemeine Sicherheit und Leichtigkeit der Technik, er malte ausserordentlich rasch und führte desshalb auch eine sehr grosse Anzahl von Bildern aus. Man zählt heute noch gegen 120 grosse historische Gemälde und kennt gegen dritthalbhundert nachweisbare Bildnisse von seiner Hand, während die Zahl der nach seinen Porträts überhaupt gestochenen Blätter sich auf 900 und darüber beläuft. In der Historienmalerei blieb er an erfinderischer Phantasie, natürlichem Feuer und Lebhaftigkeit des Geistes weit unter seinem Meister, kam ihm auch im Glanz der Färbung nicht gleich; dagegen strebte er mehr das Kräftigsinnliche desselben zu mildern und zu veredlen und statt dessen mehr das geistig Bedeutsame hervorzuheben. Das Uebermaass in Farbe und Form, das man bei seinem Lehrer Rubens findet, ist bei ihm sorgfältig vermieden, die Zeichnung ist correkter, der Ausdruck des Gefühls, besonders des Schmerzes, eindringlicher. Allein wenn Rubens die Schranken des gewöhnlichen Maasses überschreitet, so ist das ein Fehler seines feurigen Gefühls, der überströmenden Kraft; seine Helden durchdringt ein inneres Licht, der Glanz einer sinnlichen Begeisterung, der auch mit minder anziehenden Darstellungen versöhnt. Van Dyck ringt nun zwar nach einer ähnlichen Tiefe des Eindrucks, er ringt nach dem Ernst, der aus solcher Gewalt der Darstellung spricht, aber er will ihn nur in geschmackvoller Form vortragen. Dadurch werden nun seine Gestalten zwar erfüllt von tiefem Pathos, aber sie streifen nicht selten an's Theatralische, Kokette und Sentimentale. Sie gewinnen zwar an geistigem, schmerzlichem oder lieblichem Ausdruck, dadurch, dass die Form weniger voll, die Färbung weniger geröthet, ihr ganzes Wesen weniger sinnlich gehalten ist; allein dadurch wird gerade die Seele oft so überwiegend gegen den Körper, dass fast die Wahrheit des Lebens gefährdet erscheint. Während Rubens schon in Form und Färbung der Gestalten, mithin in ihr angeborenes bleibendes Wesen, Fülle und Kraft in reichem Maasse legte, sparte van Dyck Kraft und Feuer für den Ausdruck des Moments und lässt uns daher denselben höchst tief und lebendig empfinden, aber leicht tiefer als er den Gestalten natürlich und angemessen erscheint, und so dass sie fast das Gefühl einer Absichtlichkeit des Künstlers geben. In seinen ersten Bildern ist noch das Bestreben wahrzunehmen, die Eigenthümlichkeiten des Meisters sich, bis zur Uebertreibung, anzueignen. Sie tragen meist das Gepräge einer noch styllosen Genialität, ein Prunken mit geistreicher Handfertigkeit. Später, und wie es scheint durch Studien in Italien veranlasst, verliess er die auf das Ueberschwängliche und Gewaltsame gerichtete Weise des Lehrers und bildete sich eine eigene. Statt des Ausdruckes gewaltsamer Affekte, statt der Formen einer derberen Natur suchte er in den anmuthsvolleren Bildungen, in dem zarteren Schmelz des Colorits, in der tieferen Stimmung der Farbe es mehr den italienischen Meistern, vornehmlich dem Tizian, gleich zu thun und dabei mehr den Ausdruck innerlicher Empfindungen, einer süsseren Liebe, eines geistigeren Schmerzes, einer eindringlicheren Rührung hervorzuheben. Er verliess das Hauptelement des Rubens'schen Styls, das dramatisch bewegte Leben, und während Jener Thaten darstellte, malte er lyrische Situationen; während Jener der ausserordentlichsten Kenntniss der menschlichen Gestalt zur Darstellung jener gewaltigen Aeusserungen kräftigster Natur bedurfte, suchte van Dyck dafür ein tieferes Verständniss des menschlichen Antlitzes und gelangte durch sein unausgesetztes Bildnissmalen dahin, die verborgensten Züge der Seele zu erkennen, die feineren inneren Zustände der Empfindung zum Ausdruck zu bringen. Es sind daher insgemein Darstellungen, die sich zumeist in einem engbeschlossenen Kreise bewegen und die er auf mannigfache Weise wiederholt hat — Christus am Kreuz, der Leichnam Christi, nach der Abnahme vom Kreuz von den Seinigen betrauert, das Märtyrerthum des heil. Sebastian — in denen er es im Einzelnen zur schönsten Vollendung, zum ergreifendsten Pathos gebracht hat. In seinen Darstellungen der heil. Familie, die er ebenfalls mehrfach gemalt, zeigt sich dagegen meistens eine liebenswürdige, weiche Heiterkeit und Grazie. Andere Gemälde historischen Inhalts finden sich einzeln und seltener, ebenso die Compositionen mythologischer Gegenstände, welch letztere seiner Richtung überhaupt weniger entsprachen, denn wenn er auch hier gleich in der Darstellung nackter Körperformen, die Zartheit seines Colorits entwickeln konnte, so wusste er doch nicht jenen Ausdruck von Naivität zu erlangen, welcher für derartige Malereien unter allen Umständen nöthig ist.

Den vorzüglichsten Ruhm erreichte van Dyck jedoch im Bildniss, und er gehört mit Velasquez zum grössten Porträtmaler seiner Zeit. Seine Bildnisse zeichnen sich durch die feine und edle oft sogar bedeutende Auffassung, die ausserordentliche Wahrheit und Natur, die meisterliche Behandlung, grosse Klarheit der Farbengebung und treffliche Gesammthaltung aus. Sie geben das feinere Wesen der vornehmen Stände, für die fast ausschliesslich sein Pinsel arbeitete, die geheimeren Züge des Charakters bei äusserer Abglättung desselben, lebendig und geistreich wieder, und mit der bequemsten wahrhaft aristokratischen Ungezwungenheit verbunden. Die Stellungen sind der Natur abgelauscht, stets der Individualität eines Jeden am angemessensten, seine Köpfe, vorzüglich aber seine Hände wunderschön und elegant. Nie wählte er vorübergehende leidenschaftliche Momente, still und zwanglos steht jedes seiner Bildnisse vor uns und lässt uns klar in die Tiefe seines Wesens schauen. Alles ist mit breitem Pinsel, ebenso kühn als sorgfältig, ebenso geistreich als fleissig, klar, und weder zu bunt noch zu kalt, ruhig und ungesucht gemalt. Sein Fleisch ist voll Blut, vom wärmsten Lebensodem durchhaucht, sein Colorit in einem tiefen, klaren Goldton gehalten, von sehr grosser Kraft und Harmonie und wärmer als das seines Lehrers, die Tinten sind herrlich und weich verschmolzen. Auf das Helldunkel aber und auf die Reflexe verstanden sich wenige Meister so meisterhaft als van Dyck. Auch die Haare wusste er vorzüglich zu behandeln, sowie die ungezwungen und geschmackvoll geworfenen Gewänder in dem schönen malerischen Costüm seiner Zeit täuschend nachzuahmen. In späterer Zeit erst oder als es galt, die Mittel zu seiner sehr vornehm gewordenen Lebensweise zu betreiben, wurde er oft flüchtiger, im Ausdruck allgemeiner und in der Färbung kälter.

Gemälde von van Dyck trifft man in allen grösseren öffentlichen und Privatsammlungen, namentlich in England, wo er sich so lange aufhielt. Die vorzüglichsten der in den werthvollsten Gallerien dieses Landes zerstreuten Bilder von ihm sind, unter den 21 Bildern in Windsorcastle: das berühmte Bildniss Karl I. zu Pferd, neben ihm sein Stallmeister, besonders bemerkenswerth durch den schwermüthigen, unglückweissagenden Zug im Gesicht des Königs; die Kinder Karl I., in zwei verschiedenen Bildern, wovon das eine im Berliner Museum, das andere in der Dresdner Gallerie wiederholt sich vorfindet; die Bildnisse des Dichters Thomas Killegrew und des Henry Carew (mit dem Namen des Künstlers und der Jahrszahl 1638 bezeichnet); die Herzogin von Richmond als heil. Agnes; der Kopf Karl I., der dem Bernini nach Rom gesandt wurde, die Büste des Königs darnach zu machen; Karl I. und die Königin mit zwei Prinzen (1632); in der Nationalgallerie zu London: das ausgezeichzeichnete Bildniss des Gevartius, eine Copie des Rubens'schen Bildes (in der Gallerie des Belvedere zu Wien): Ambrosius, der dem Kaiser Theodosius den Eintritt in die Kirche zu Mailand verweigert und das Bildniss des Rubens; in Devonshirehouse daselbst: das Porträt der Gräfin Margaretha von Carlisle, die Bildnisse von Rubens und van Dyck, grau in grau für den Stich von Pontius ausgeführt und zwei andere Porträts; ferner Mose's Aussetzung, von zweifelhafter Aechtheit; zu Kensington: die Bildnisse der zwei Söhne des Herzogs von Buckingham und das Porträt eines Philosophen; in der Sammlung des Hrn. W. G. Coesvelt: eine büssende Magdalena; zu Chiswick bei London: das Bildniss des Dichters Th. Killigrew, geistreich und lebendig und von feiner Farbe; in der Bridgewatergallerie zu London: eine Madonna mit dem Kinde, edel und von sehr brillanter Färbung, und ein männliches Bildniss, in welchem man deutlich den Einfluss des Tizian's und Tintoretto's erkennt; in der Bildersammlung des Hrn. Abr. Hume daselbst: das Porträt einer Dame aus der früheren Zeit des Meisters; das Bildniss des Le Clerc, in Strenge und Adel der Auffassung, in der Durchführung im tiefsten gesättigten warmbräunlichen Lokalton dem Tizian sehr nahe; das Porträt eines Rathsherrn zu Gent und ein heil. Sebastian, braun in braun gemalt, ein Gemälde, das zu den besten kleinen Bildern von van Dyck gehört; zu Blenheim: die Bildnisse Karl I. in voller Rüstung zu Pferd, Karl I. und seiner Gemahlin, des Lord Strafford und seines Sekretärs (letzteres gehört zu den wenigen ächt dramatischen Bildern des Meisters), der Herzogin Maria von Richmond, der Herzogin von Buckingham, der Gräfin Kath. Hastings, und Saturn, dem Amor die Flügel beschneidend (aus der späteren Zeit des Künstlers); in Staffordhouse zu London: das sehr sorgfältig ausgeführte Bild des Grafen Arundel; in der Sammlung des Lords Ashburton daselbst: das Bildniss des Grafen Johann von Nassau und eines der Kinder Karl I., ferner Maria mit dem Kinde und Joseph, den Tanz von acht Engeln betrachtend, eins der gefälligsten Bilder des Meisters; in der Grosvenorgallerie dort: eine Madonna mit dem Kinde und der heil. Katharina, an zarter Empfindung und vollendeter Ausführung eines der wichtigsten Bilder des Meisters in dieser Art; bei Hrn. H. T. Hope daselbst: Maria mit dem Kinde; im Dulwichcollege bei London: das Bildniss des Grafen Pembroke und Maria mit dem Kinde; beim Grafen Grey zu London: verschiedene Bildnisse, unter denen besonders das des Charles Mablery sehr bemerkenswerth ist; in der Bildersammlung zu Pansanger: das Familienporträt des Herzogs von Nassau (vom Jahr 1634), unter den grossen repräsentirenden Bildern des van Dyck eines der vorzüglichsten (gest. v. Baron); in der Sammlung des Grafen von Pembroke, unter einer ziemlichen Anzahl von Bildnissen, die theils augenscheinlich von dem Meister herrühren, theils ihm zugeschrieben werden: das berühmte Gemälde des Grafen Philipp von Pembroke und seiner Familie; in der Bildersammlung zu Corshamhouse: Maria mit dem Kinde von Heiligen verehrt, ein Bild von einer dem Meister ungewöhnlichen Würde der Charaktere und Strenge der Form, das in der Färbung viel Verwandtschaft zu Rubens zeigt, Christi Verrath, ein Gemälde aus der früheren Zeit des van Dyck von erstaunlicher Wirkung, das Porträt des James Stuart, Herzogs von Richmond und Lennox; in der Gallerie zu Leight-Court: Maria mit dem Kinde; zu Warwickcastle: die Bildnisse der Frau des Frans Snyders, der Lady Brooke, der Gemahlin König Karl I., Henriette Maria, des Malers David Ryckaert, des Oliver Cromwell u. s. w. und ein aus der besten Zeit des Meisters stammendes Porträt, Herzog von Alba genannt; in Castle Howard: das Porträt des Malers Frans Snyders; in der Sammlung zu Chatsworth: die Porträts des Grafen und der Gräfin von Devonshire, der Tochter des Arthur Goodwin, der Johanna von Blois, eines der schönsten weiblichen Bildnisse des Meisters, des Arthur Goodwin; in Alton Tower: Abraham, von den drei Engeln besucht, unter starkem Einfluss des Tizian in einem tiefen, goldnen Ton gemalt; zu Burleighhouse: das Bildniss des William Cavendish, Herzogs von Newcastle; in der Bildersammlung zu Holkham: das Porträt des Herzogs von Aremberg (gest. v. Earlom) und des Herzogs von Richmond; in der Gemäldegallerie zu Althorp: Dädalus und Icarus, die Bildnisse des zweiten Grafen von Bristol, George Digby und des Herzogs von Bedford, unter den elegantrepräsentirenden Porträts vornehmer Persönlichkeiten eines seiner Hauptwerke, das Porträt seines Lehrers Rubens, der Gräfin Spencer, der Gräfin von Bedford, die Bildnisse der Lady Elisabeth Thimbleby und Gräfin Katharina Rivers, des Herzogs von Newcastle; der Gräfin von Southampton; in Woburn-Abbey: die Bildnisse des Francis Russel, viertem Grafen von Bedford (1636), und seiner Gemahlin Ann Carr, der Herzogin von Ormond, des Aubertus Miräus, des Daniel Mytens und seiner Frau; in der Bildersammlung zu Lutonhouse: das Porträt des William Howard, Viscount Stafford.

Auch die übrigen europäischen grösseren öffentlichen Gallerien, ungerechnet die Privatsammlungen, können sich rühmen, Bilder von van Dyck, zum Theil von höchster Vortrefflichkeit, zu besitzen. So sieht man im Museum zu Amsterdam: drei Bildnisse, worunter das des van der Borgt, Bürgermeisters von Antwerpen und das der Prinzessin Marie von England und ihres Bruders, des Herzogs von Gloucester (auf einem Bilde) die schönsten sind; im Museum zu Antwerpen: Maria mit dem Leichnam Christi im Schoosse (gest. v. Bolswert); Christus in der Grabeshöhle von seiner Mutter, Magdalena und Johannes betrauert; Christus am Kreuz; eine andere Darstellung desselben Gegenstandes, und die zwar sehr einfachen aber geistvollen Bildnisse des Malderus, Bischofs von Antwerpen und des Diplomaten Scaglia; in der Bildergallerie zu Augsburg: die vier bussfertigen Sünder, noch ganz in der Weise seines Lehrers, die Bildnisse der Königin Henriette von England, aus der späteren Zeit des Meisters und des Seemalers van Artvelt, an der Staffelei, wahrscheinlich in Genua, gemalt, wo sich Letzterer ebenfalls eine Zeitlang aufhielt. Das Museum zu Berlin besitzt 11 Gemälde von ihm, worunter einige für die frühere Richtung, sowie für die spätere Entwicklung des Meisters seltene Beispiele. Zu den ersteren gehören die beiden Johannes und eine Ausgiessung des heil. Geistes; ungleich bedeutender ist schon eine Dornenkrönung Christi, während ein Kindertanz zwar ebenfalls noch an Rubens erinnert, in den zarteren Körperbildungen und im Ton der Farbe aber schon mehr die selbstständige Kunstweise des Meisters erkennen lässt. Aus der späteren Zeit seiner Eigenthümlichkeit stammen dann: Maria mit dem Kinde, vor ihr die drei bussfertigen Sünder: Magdalena, der verlorene Sohn und König David, und eine Weheklage um den Leichnam Christi.* Dann die höchst interessanten Bildnisse eines jungen Mannes; des Prinzen Thomas van Carignan (bez. Antony van Dyck Eques 1634), höchst vollendet und von trefflichem Ausdruck (gest. v. J. Caspar); der Infantin Isabella, Regentin der Niederlande, in der Tracht des von ihr nach dem Tode ihres Mannes gestifteten geistlichen Ordens; der Kinder Karl I. von England** und einer Prinzessin, Tochter desselben Königs, als Kind. Das Museum zu Brüssel verwahrt von ihm: einen Christus am Kreuz; den heil. Antonius von Padua, der das Christuskind hält; den heil. Franz in Extase; das Martyrium des heil. Petrus und einen betrunkenen Silen; die grossherzogliche Gallerie zu Darmstadt: Maria mit dem Kinde (eine kleinere Wiederholung des Münchner Bildes mit lebensgrossen Figuren) und das Bildniss einer Frau aus der Familie von Copet (gehört zu den vorzüglichsten Porträts des Meisters). Die Gallerie zu Dresden besitzt von van Dyck: den trunkenen Silen, von Bacchanten geführt; Maria als Himmelskönigin mit dem Kinde; den heil. Hieronymus vor einem Kreuzbilde knieend; die Bildnisse der Maler D. Ryckaert und Engelbrecht; des Th. Park im 151. Lebensjahre; des Bruders von Rubens; der Henriette Maria, Gemahlin Karl I. von England; dreier Kinder der Vorigen (lith. von Hanfstängl); Karl I., Königs von England, selbst, und einige andere Porträts. In der Gallerie des Palastes Pitti zu Florenz findet man unter Anderem von ihm: das prachtvolle Bildniss des Kardinals Bentivoglio (aus der ersten Zeit seines Aufenthalts in Italien), welches selbst unter den kunstreichsten Schätzen jener bedeutenden Sammlung eine der allerersten Stellen einnimmt; in der Tribune der Uffizien ebendaselbst befindet sich sein berühmtes Reiterbild Karl V., und unter den Malerbildnissen jener Gallerie sein Selbstporträt. Auch das Städel'sche Institut zu Frankfurt besitzt zwei herrliche Bildnisse des Meisters, wovon das eine, eine ältliche Dame darstellend, sich durch die bewundernswürdige Vollendung, den geistreichen Ausdruck und die feinste Eleganz auszeichnet. Im Pal. Brignole zu Genua, in welcher Stadt sich der Künstler, wie bereits bemerkt, mehreremals und zum Theil längere Zeit aufhielt, sieht man eine Reihe meisterhafter Bildnisse, unter denen das grosse Reiterbild der Marchese A. G. Brignole das wichtigste ist. Andere Porträts von ihm verwahren die Sammlungen in den Palästen: Marcello Durazzo, Filippo Durazzo, Cambiaso, Pallavicini, Spinola u. s. w. Die Gallerie zu Gotha besitzt von ihm: sein Selbstporträt; das Museum im Haag: zwei schöne Bildnisse, und die grossherzogliche Kunsthalle zu Karlsruhe: sein Selbstporträt und ein von Engeln angebetetes Jesuskind. Das königl. Museum zu Madrid ist im Besitz von 22 vorzüglichen Bildern des Meisters, sowohl von Por-

* Abgebildet in den Denkmälern der Kunst. Atlas zu Kuglers Handb. der Kunstgesch. Taf. 95, Fig. 7.
** Ebendaselbst. Taf. 95, Fig. 8.

träts als historischen Gemälden. Unter den ersteren werden besonders: eine Gefangennehmung Christi, von grossartiger Auffassung und breiter Behandlung, eine Dornenkrönung als meisterlich in Composition, Zeichnung und Colorit, vor allen aber eine Trauer um den Leichnam Christi, ein Bild voll des tief ergreifendsten Gefühls und von schöner, tiefer Färbung gerühmt; unter letzteren, von denen die Namen der dargestellten Personen bekannt sind: die Bildnisse Karl I., Königs von England, zu Pferd; des Grafen Heinrich van den Berghe, in Bewegung und Ausdruck sehr energisch, im Colorit prachtvoll; des Heinrich von Nassau, Prinzen von Oranien und seiner Gemahlin Amalia von Solms, der Herzogin von Oxford (bez. 1638), des Malers D. Ryckaert, des schönen Henri Liberti, Organisten von Antwerpen, und eines Musikers; endlich aber, alle übertreffend an Wahrheit, Einfachheit und Eleganz, an sorgfältigster und zugleich geistreichster Ausführung: sein eigenes Porträt und das des Grafen von Bristol. Unter den etlichen 50 Bildern der Pinakothek zu München sind besonders hervorzuheben: die Klage um den Leichnam Christi nebst einigen Wiederholungen; ein heil. Sebastian; Maria mit dem Kinde und dem heil. Johannes; Christus, einen Gichtkranken heilend; die im Bade überraschte Susanna; dann das in Gemeinschaft mit Frans Snyders ausgeführte historische Bild: Heinrich IV. Sieg über den Herzog von Mayenne in der Schlacht bei Martin d'Eglise; ferner eine Reihe von Bildnissen, unter denen wir namentlich anführen die des Organisten Liberti in Antwerpen, der Maler F. Snyders, Johann de Wael und seiner Gemahlin, J. Breughel, des Bildhauers Colin de Nolé, des Kupferstechers Karl Malery, sein eigenes Porträt und das seiner Gemahlin; endlich eine Anzahl von Skizzen zu Porträts und Bildern, grau in grau gemalt; in der Leuchtenberg'schen Gallerie: drei schöne Bildnisse, von denen die der Kinder Karl I. besonders ansprechend. In der Gallerie des Prinzen von Salerno in Neapel sieht man ebenfalls ein Bildniss des Künstlers und in der Akademie der schönen Künste zu Parma: eine Maria mit dem Kinde. Das Louvre zu Paris bewahrt 20 Bilder des Meisters, unter denen als die vorzüglichsten gelten: das Bildniss des Franz von Moncada, Minister Philipp IV. von Spanien, zu Pferd (wahrscheinlich um 1631 gemalt), das schönste Werk dieser Art, welches aus des Künstlers Hand hervorgegangen und das an Grösse und Adel des Styls, wie in allem Einzelnen der Behandlung selbst den Velasquez übertrifft (gest. von Vorstermann und Raphael Morghen); das Bildniss König Karl I. von England mit seinem Stallmeister, das beste aller Porträts dieses Fürsten (in den ersten Jahren nach des Künstlers Aufenthalt in England, gegen 1635, gemalt (gest. v. Strange, Bonnefoy und Duparc); die Bildnisse des Präsidenten Richardot (nach der Rückkehr aus Italien gemalt (gest. v. Massard); der Clara Eugenie Isabelle von Oesterreich, Regentin der Niederlande, in der Tracht des von ihr nach dem Tode ihres Mannes gestifteten geistlichen Ordens (gest. v. Vorstermann, Boutrois, Hondius und Gaywood); des Herzogs von Richmond; Karl Ludwig I., Herzogs von Bayern, und seines Bruders Rupprecht von der Pfalz (gest. v. Meyssens); sein Selbstporträt (gest. v. Mandel)* und einige andere Bildnisse von bürgerlichen Persönlichkeiten, deren Namen nicht bekannt sind. Die historischen Bilder des Louvre von ihm stellen dar: den heil. Sebastian; Maria mit dem Kinde auf dem Schoosse, von dem Stifter und seiner Frau knieend verehrt, eines der schönsten Bilder des Meisters aus dessen mittlerer Zeit; Maria mit dem Kinde von dem Könige David, der heil. Magdalena und Johannes dem Täufer verehrt (unter den Zügen der heil. Jungfrau, des David, der Magdalena und des Johannes soll van Dyck seine Mutter, seinen Vater, seine Geliebte und sich dargestellt haben); Mars und Venus von Liebesgöttern umgeben; Venus, von Amor begleitet, verlangt vom Vulkan Waffen für Aeneas (gest. v. Langlois); Christus, von der heil. Jungfrau und Engeln betrauert, Skizze zu dem Altarbild in der Kapuzinerkirche zu Antwerpen. In der Eremitage zu St. Petersburg sieht man unter Anderem von van Dyck: eine Flucht nach Aegypten; die Marter des heil. Sebastian; eine heil. Familie und verschiedene Bildnisse, worunter namentlich die des Königs Karl I. von England und seiner Gemahlin, und des Malers Snyders und

* Abgebildet in den Denkmälern der Kunst. Atlas zu Kuglers Handb. der Kunstgesch. Taf. 95, Fig. 6.

seiner Frau zu nennen sein dürften. Die Gallerie zu Pommersfelden ist gleichfalls im Besitz einiger werthvollen Bilder des Meisters. Man sieht dort Christus, von den Seinigen beweint; die Auferweckung des Lazarus, ein schönes, feingefühltes Bild; Maria, den Herrn küssend; den heil. Xaver, beim Könige von Japan, und Ignaz von Loyola, vor Papst Paul III., zwei in der Composition interessante Bilder; das Porträt einer Frau, aus van Dycks früherer Zeit; Christus am Kreuz. Zu Rom trifft man auch noch mehrere Bilder des Künstlers und zwar im Pal. Colonna ein vorzügliches Gemälde, das Reiterbild des Don Carlo Colonna; dann das Bildniss der Lucretia Colonna; im Palazzo Borghese: eine Trauer um den Leichnam Christi; andere Gemälde in den Palästen Braschi, Corsini, Quirinale. Im Museum der bildenden Künste zu Stuttgart findet sich: eine Klage um den Leichnam Christi und ein Bildniss des Malers Snyders sammt Frau und Kind; im Pal. reale zu Turin: das Bildniss des Prinzen Thomas Carignan; die Porträts der Kinder Karl I. und van Dyck's eigenes Porträt; eine Madonna mit dem Kinde; in der Akademie zu Venedig sieht man ebenfalls einige Gemälde des Meisters. Die Gallerie im Belvedere zu Wien ist im Besitz von 24 Bildern des Künstlers, von denen besonders zu nennen sein dürften: die Mutter Gottes auf dem Throne, vor ihr die heil. Rosalie, zu beiden Seiten die Apostel Petrus und Paulus; der todte Mittler in der Grabeshöhle von seiner Mutter, Magdalena und Johannes betrauert; der selige Hermann Joseph aus dem Prämonstratenser-Orden erhält knieend und von einem Engel unterstützt, von der heil. Jungfrau einen Ring zum Zeichen seiner Vermählung mit ihr; Venus, von Vulkan die Waffen für Aeneas erhaltend; der heil. Franciscus Seraphicus in einer Höhle in Verzückung; Christus am Kreuz; eine Verspottung Christi; eine heil. Familie; Simson wird aus den Armen der Delila gerissen; sowie verschiedene treffliche Bildnisse theils bekannter, theils unbekannter Persönlichkeiten; die fürstlich Esterhazy'sche Sammlung ebendaselbst verwahrt von ihm: die heil. Dreifaltigkeit; die heil. Magdalena; Venus beweint den Tod des Adonis; die Familie van Eyck von Antwerpen und einige andere Bildnisse; die Gallerie des Fürsten Lichtenstein daselbst: eine schöne Grablegung und mehrere prächtige Porträts.

Auch in verschiedenen Kirchen seines Vaterlandes sieht man Altargemälde des Meisters. So bewundert man zu Antwerpen, in der St. Jakobskirche, ein treffliches Bild, Christus am Kreuz; in der Paulskirche: eine Kreuztragung; in der Kapuzinerkirche S. Anton: einen todten Christus von den Seinigen und Engeln betrauert, ein Bild von ausserordentlicher Schönheit und Tiefe; zu Courtray, in einer Chorkapelle der Frauenkirche: die Aufrichtung des Kreuzes; in der Kirche St. Michel zu Gent: eine grosse Darstellung des Heilandes am Kreuz; eine andere Darstellung desselben Gegenstandes im Dom zu Mecheln; endlich sollen sich in der Kirche des Dorfes Saventhem bei Brüssel zwei Altarbilder befinden, eine Manteltheilung des heil. Martin, worin der Künstler sich und sein Pferd dargestellt, und eine heil. Familie, in der er seine Geliebte und deren Aeltern verherrlicht haben soll.

Van Dyck hat sich aber auch noch den besonderen Dank der Nachwelt durch die Anordnung und Herausgabe einer Sammlung verschiedener von ihm gemalter Bildnisse seiner Zeitgenossen, von denen er eine Anzahl selbst radirte, die anderen aber unter seiner Aufsicht stechen liess, erworben. Diese Sammlung führt den Titel: Icones principum virorum doctorum, pictorum, chalcographorum etc. numero XC ab Antonio van Dyck eleganter ad vivum expressae, ejusque sumptibus aeri incisae. — Antverpiae, 1636. Sie wurde 1646 zum zweitenmale aufgelegt und erlebte seither unter dem Titel: Iconographie de van Dyck, eine Reihenfolge von mehr denn 12 Auflagen in verschiedener Zusammenstellung mit Ergänzungen und Erweiterungen.

Die von ihm selbst mit leichter geistreicher Nadel und kühner Behandlung radirten Bildnisse sind: Lucas Vorstermann; Erasmus Roterdam; Johann Snellinx; Ad. van Noort; Paul Pontius; Johann Breughel; Joh. de Wael; Franz Franck; Justus Suttermans; Wilhelm de Vos; Antonius Cornelissen; Franz Snyders; Peter Breughel; Jodocus de Momper; Paul de Vos; D. Joh. Waverius; Philippus le Roy;

Anton Triest; Maria Ruten; Anton van Dyck. — Der Künstler radirte übrigens auch noch einige andere Blätter: Christi Verspottung; den vom Kreuz genommenen Leichnam, von heil. Weibern und Engeln beweint; Maria mit dem Kinde; die Marter der heil. Barbara; Tizian mit seiner Geliebten; Büste des Seneca nach der Antike und dem Gemälde von Rubens.

Das Porträt van Dyck's, Kniestück, hat Paul Pontius gestochen.

Nach van Dyck's Gemälden haben ausser den bereits genannten Künstlern gestochen: Peter de Jode, Hendrik Snyers, Adrian Lomelin, Jan van der Bruggen, Bechett, F. Michelis, Christoph Jegher, Wenzel Hollar, John Smith, Willem de Passe, John Payne, Robert-Peake, John Faber, Rich. Purcell, William Sharp, die beiden Corn. Galle, Krispian van den Queborn, Theodor van Kessel, Jacob Neefs, Wilh. Hondius, J. L. Ch. Pauquet, J. F. Leonard, Ploos van Amstel, Pierantonio Pazzi, Georg Friedr. Schmidt, Th. Chambars, J. H. Robinson, W. Wart und Bartolozzi.

Literatur. Arnold Houbraken, De groote Schouburgh der Nederlantsche Konstschilders en Schilderessen. In's Gravenhage 1753. — Descamps, La vie des pointres flamands, allemands et hollandais. — Fiorillo, Geschichte der zeichnenden Künste in Deutschland und den vereinigten Niederlanden. — William Hookham Carpenter, Pictoral Notices, consisting of a Memoir of Sir Anthony Van Dyck u. s. w. London, 1844. — Dasselbe in einer Uebersetzung: Mémoires et documents inédits sur Antoine van Dyck, P. P. Rubens et autres artistes contemporains traduit de l'anglais par Louis Hymans. Anvers, 1845. — K. Schnaase, niederländische Briefe. — Kugler, Handbuch der Geschichte der Malerei. — Waagen, Kunstwerke und Künstler in England und Paris. 1—3. Th. — Passavant, Kunstreise durch England und Belgien. — Rathgeber, Annalen der niederländischen Malerei, Formschneide- und Kupferstecherkunst. — Museo Fiorentino, woselbst sich sein Porträt im Stich findet.

Dyck, Daniel van den, Historienmaler und Kupferätzer, nach Einigen ein Franzose, nach Anderen ein Niederländer von Geburt, arbeitete längere Zeit in Venedig und Mantua, in welch letzterer Stadt er 1658 Gallerieinspektor wurde. Man kennt von ihm verschiedene hübsche Radirungen nach eigenen Compositionen, die theils mit seinem Namen, theils mit nebenstehendem Monogramm bezeichnet, mit breiter Nadel behandelt und mit kleinen Punkten vollendet sind. Zu den besten zählt man: Susanna im Bade von den beiden Alten überrascht; ein grosses Bacchanale; die Vergötterung des Aeneas im Olymp.

Dyck, Floris, ein Maler, der um 1600 zu Harlem geboren wurde und als ein trefflicher Früchtenmaler gerühmt wird. Er soll auch Geschichtsbilder gefertigt, die Seltenheit derselben ihn aber bei den Geschichtsschreibern in der Eigenschaft als Historienmaler in Vergessenheit gebracht haben.

Dyck, Hermann, Maler zu München, der sich durch seine seit 1840 auf den Kunstausstellungen erscheinenden wohlgelungenen Bilder, wie durch treffliche Zeichnungen und Radirungen einen geachteten Namen erworben. Man rühmt unter ersteren besonders: einen Theil der alten Befestigung von Kehlheim; eine Winterlandschaft, die sich durch lichte Klarheit und Wärme des Tons auszeichnet; die Klosterküche; ein durch Kriegshaufen zerstörtes Dorf u. s. w. Seine Zeichnungen und Radirungen, Illustrationen zu Sprichwörtern und Dichtern, sind voll Geist und mit ebensoviel Sicherheit und Fertigkeit als Geschmack behandelt.

Dyck, Philipp van, Porträtmaler, zum Unterschied von seinem berühmten Namens- und Kunstgenossen, der kleine van Dyck genannt, geb. 1680 zu Amsterdam, gest. im Haag 1752, gilt für den letzten holländischen grossen Maler. Er war ein Schüler von A. v. Boonen, malte meistens Bildnisse und Familienstücke, die seiner Zeit sehr geschätzt waren, und übte seine Kunst längere Zeit zu Kassel, wo er vom Landgrafen von Hessen zum Hofmaler ernannt wurde, im Haag und zu Middelburg. Man kennt aber von ihm auch mehrere in der Manier von Gerard Dow und Mieris sehr sorgfältig und fleissig ausgeführte Genrebilder. Das Museum zu Berlin besitzt von ihm: ein Mädchen im Begriff aus einem Blumentopf eine Ranunkel abzupflücken, und eine Dame, die einem Knaben Unterricht im Zeichnen ertheilt; das Museum im Haag: eine Dame, welche Zither spielt; eine Dame, Toilette machend; einen alten Herrn, der die Feder schneidet, und eine Judith. Im Louvre zu Paris sind von ihm zwei Bilder: Hagar, dem Abraham zugeführt und von ihm verstossen, geschmacklos in der Art des van der Werff componirt, widrig in den Köpfen und geleckt in der Behandlung;

in der Gemäldesammlung des Hrn. H. T. Hope in London: zwei Mädchen an einem Fenster, zwar kalt im Ton, aber ansprechend in den Köpfen und sehr delicat in der Behandlung.

Dyckmans, Josephus Laurentius, ein Genremaler, geb. 1811 zu Lier in der Provinz Antwerpen, erlernte die Malerei bei Vervoort und Thielemans, kam aber später in Wappers' Atelier, wo er sein erstes Bild: das Liebesgeständniss, das auf der Kunstausstellung zu Antwerpen im Jahr 1834 verdienten Beifall fand, malte. Der Erfolg, den er damit erreichte, bestärkte ihn in seinem beharrlichen Eifer und seine folgenden Arbeiten wurden immer vollkommener. Man rühmt darunter besonders: ein Familienstück (1838); den Fischmarkt zu Antwerpen; eine alte Spitzenklöpplerin u. s. w.

Dyer, R. H., ein trefflicher, derzeit zu London lebender englischer Kupferstecher in Punktirmanier, von dem man in verschiedenen englischen illustrirten Werken sehr schöne Blätter findet. Namentlich lobt man in den „Illustrations of modern sculpture“, herausgegeben von T. K. Hervey, mehrere Stiche von seiner Hand, nämlich: die Venus, nach Canova; Arethusa mit dem Hund, nach der Marmorstatue von Carew, und die Resignation, nach der Statue von Chantrey.

E.

E. S., ein vorzüglicher Kupferstecher seiner Zeit, dessen Namen und Lebensumstände aber nicht bekannt sind. Man nennt ihn gewöhnlich nur den Meister E. S. vom Jahr 1466, obgleich man auch Blätter aus den Jahren 1461, 1464 und 1467 von ihm kennt. Wahrscheinlich wurde er zu Anfang des 15. Jahrhunderts in Deutschland geboren und bildete sich in der niederdeutschen Schule, vielleicht unter van Eyck oder dessen Schülern, wie Martin Schön, von dem es auch ein Verwandter sein könnte, da er zufolge seines Zeichens S wohl Schön geheissen haben kann. Er scheint längere Zeit am Burgundischen Hofe gearbeitet, sich jedoch auch in verschiedenen Gegenden Deutschlands und in der Schweiz aufgehalten zu haben. Dass er sich Erhard Schön genannt und ein Münchner gewesen, wie in jüngster Zeit behauptet worden, ist durch keine genügenden und stichhaltigen Gründe erwiesen. Dagegen wird neuerdings mit grosser Wahrscheinlichkeit angenommen, dass er ein Maler gewesen und ihm in dieser Beziehung ein Gemälde im Berliner Museum: Maria mit dem Kinde zugeschrieben, das in den Charakteren von Mutter und Kind und auch in einem gewissen Grad in den Formen mit den Stichen des Meisters E. S. übereinstimmt. Jedenfalls war er einer der ersten, der in der damals noch neuen Erfindung des Stechens mit grossem Erfolg auftrat und die meisten seiner deutschen und niederländischen Zeitgenossen übertraf. In allen seinen Blättern, in denen er sich äusserst vielseitig zeigt, beurkundet sich das Streben, eine gewisse Reinheit des Styls und Adel des Ausdrucks zu erzielen. Seine Madonnen sind, sowohl in der Haltung als Zeichnung, von lieblichster Anmuth; seine Köpfe, sowohl die männlichen, als die weiblichen, zeigen, bei allerdings nicht selten vorkommenden Wiederholungen der Nasen, doch viele porträtähnliche Darstellungen, Hände und Füsse sind dürftig und im Verhältniss lang, und für die Gestaltung seiner Figuren ist jene halb concav, halb convex gewundene Schlangenlinie charakteristisch, welche um jene Zeit sowohl eine gewisse Neigung für Bewegung, als Sinn für das Edle und Schöne ausdrücken sollte und von der wir selbst bei Albr. Dürer und H. Holbein noch Spuren entdecken. Die Kleidungen der Heiligen und Patriarchen, namentlich aber die Figuren von Christus und Gott Vater, auch der Engel sind in den Säumen und Kanten reich und dem byzantinischen Geschmack sehr gleichend, mit Verzierungen nach Art der damals üblichen brokatenen Stoffe zu kirchlichen Kleidern geschmückt, und die Gewänder selbst mit grosser Einfachheit geworfen, in schönem und edlem breitem Styl, ganz entfernt von dem geknickten und zerknitterten Faltenwurf, der sich schon bei M. Schongauer zeigt und bei Dürer zur Manier steigert. Mangel an Perspektive macht sich in seinen Blättern, wie bei der Mehrzahl jener alten Meister, bemerkbar, dagegen entfaltet er im Technischen des Grabstichels schon eine ziemliche Gewandtheit. Sie sind äusserst fein und zart mit kleinen spitzgeformten Strichen vollendet und in besonderer Kraft und Reinheit mittelst einer Presse abgedruckt. Ihre Anzahl beläuft sich auf 200, sie sind aber zum Theil sehr verschieden, wesshalb man sie in verschiedene Perioden des Meisters eintheilt, deren erste eine noch etwas rauhe Manier verräth, während die zweite eine feinere und mehr vollendete Behandlung zeigt, die dritte aber wieder eine etwas rückgängige Bewegung im Charakter der ersten vermuthen lässt. Seine schönsten Blätter sind: die grosse Maria zu Einsiedel (1466), das vorzüglichste und vollendetste Blatt von ausserordentlicher Seltenheit; die kleine heil. Maria zu Einsiedel (1466); die Geburt Christi; Patene oder Kussbild (vielleicht der Boden eines Hostientellers), eines der schönsten und gelungensten Blätter und von allergrösster Seltenheit (1466); die Geburt Christi mit drei Engeln; der heil. Johannes, die Offenbarung niederschreibend; der Heiland in halber Figur mit der Weltkugel (1467); Christus auf dem Throne; die Erscheinung des heil. Geistes unter den Aposteln; Gott Vater, die heil. Jungfrau segnend; das Schweisstuch, von den h. h. Petrus und Paulus gehalten; die Geburt Christi mit dem knieenden Joseph; Maria in halber Figur mit dem eine Birne haltenden Kinde; Maria mit dem die Weltkugel haltenden Kinde (1467); Christus mit der Weltkugel; die vier Evangelisten in 4 Blättern; die Enthauptung der heil. Barbara; der heil. Sebastian an einen Baum gebunden (1467); ein Ritter in voller Rüstung mit einer Dame; Salomons Urtheil; Gott Vater, den Leichnam Christi auf dem Schoosse haltend; der Schöpfer, den ersten Menschen verbietend vom Baume des Lebens zu essen; eine Heilige mit gefalteten Händen; das junge Einhorn; der heil. Andreas sitzend; die Stigmatisirung des heil. Franciscus; eine Laubverzierung mit einem wilden Manne; das Liebesbanket; ein Narr umarmt ein nacktes junges Weib; der Heiland; der heil. Petrus auf einer Bank sitzend; die h. h. Philippus und Jacobus der kleinere in einer Nische; die heil. Passion Jesu; die heil. Jungfrau, das Kind auf dem rechten Arme, eine Rose in der linken Hand; die heil. Jungfrau in langem Kleide sitzend, das stehende Kind auf dem Schoosse; die heil. Jungfrau in halber Figur (1467); die heil. Jungfrau stehend auf dem Halbmonde in einer Strahlenglorie; die heil. Jungfrau, stehend in einem Zimmer (1467); die heil. Jungfrau stehend mit gefalteten Händen (1467); 23 Buchstaben des Alphabets, alle in altdeutscher Form, aus Figuren und grotesken Thieren zusammengesetzt (V und W. fehlen). — Mehrere seiner Blätter sind mit nebenstehenden Monogrammen versehen.

E.1.2.6.A S. DS ES E. 1466E. ES S.D. D

Literatur. Bartsch, Le peintre graveur. — Heller, Praktisches Handbuch für Kupferstichsammler. — Naumann, Archiv für die zeichnenden Künste. Leipzig, 1855.

Earlom, Richard, berühmter Kupferstecher, einer der grössten Schabkünstler, geb. 1728 in der Grafschaft Sommersetshire, gest. 1794 zu London. Er war der erste, der in der Schwarzkunst die Nadel zur Anwendung zu bringen wusste, wodurch seine Blätter eine in dieser Manier bisher nicht gekannte Kraft und Bestimmtheit erlangten. Die Zahl seiner Stiche ist beträchtlich und es nehmen darunter ein Blumen- und ein Früchtenstück, nach Huysum, die erste Stelle ein. Auch verdankt man ihm das geschätzte Werk der 200 in glücklicher Verbindung von Nadel- und Tuschmanier ausgeführten Landschaften, nach Claude Lorrain's Originalzeichnungen, die unter dem Titel: „Liber veritatis, or collection of two hundred prints after the original designs of Claude Lorrain, London 1779" herauskamen. Zu seinen schönsten Arbeiten zählt man ferner: den Fischmarkt, den Früchtemarkt, den Wildpretmarkt und den Gemüsemarkt, 4 Blätter, Meisterwerke in ihrer Art, nach den von F. Snyders, Langjan und Rubens für den Bischof von Brügge ausgeführten trefflichen Gemälden (jetzt in der Eremitage zu St. Petersburg); die Hammerschmiede, nach J. Wright (1771); eine grosse Tafel mit Wildpret, nach M. de Vos; das Vogelconcert, nach Mario da Fiori; das Innere einer Schmiede, nach J. Wright (1771); Rubens und seine Frau von der Jagd zurückkehrend, nach Rubens (1793);

die königl. Akademie mit 36 Bildnissen von Akademikern, nach Zoffany (1773); die Hölle, nach Teniers (1786); Bathseba bringt die Abisag zu David, nach van der Werff (1784); Susanna und die beiden Alten (1769) und die Darstellung im Tempel (1771), nach Rembrandt; der Triumph des Mardochai, nach Eckhout; die Ruhe in Aegypten, nach Correggio; die Zusammenkunft des Augustus mit der Kleopatra, nach Raph. Mengs; die Geldzähler, nach Quintin Messys; Meleager und Atalanta (1787); der trunkene Silen, und Magdalena, die Füsse des Herrn benetzend (1777); das Kind des Rubens von seiner Amme gehalten (1785); die Frau des Rubens mit einem Pagen, sämmtlich nach Rubens; die königl. Familie von England, nach Zoffany (1771); der Herzog von Arenberg, nach A. van Dyck; Admiral Nelson, nach Beechey; ein von Kavalleristen angegriffener Schmugglerwagen, nach Bourgeois (1793); der Schiffbruch, nach Louterburg. — Nebige Monogramme findet man auf seinen Blättern.

RE — RE sculp. — RE sc.

Eastlake, Charles Lock, der bedeutendste unter den derzeitigen Geschichts- und Genremalern Englands, Präsident der königl. Akademie zu London, erhielt seinen ersten Unterricht in der letzteren, ging sodann nach Italien und studirte in Venedig besonders das Colorit der alten Venetianer, in Rom aber die Zeichnung an den dortigen grossen Meisterwerken. Nachmals besuchte er auch Griechenland, wo er, wie auch in Italien, viele Studien aus dem Volksleben machte; denn er sah wohl ein, dass er, in sein Vaterland zurückgekehrt, seiner ursprünglichen Richtung auf Vorwürfe aus der Geschichte nicht treu bleiben konnte, sondern, dem Geschmack seiner Zeit nachgebend, mehr zu Darstellungen aus dem gewöhnlichen Leben greifen musste. Doch zeichnete er sich in seinen Werken überall durch einen durchaus edlen Sinn, Richtigkeit und Feinheit des Geschmacks, Schönheit der Formen und eine blühende, aber dabei doch gemässigte Färbung in der Weise des Tizian aus. In früheren Bildern war er noch etwas manierirt, wie mehrere Räuberscenen aus Italien, ein Tanz römischer Winzer beweisen; später aber, nach seiner Rückkehr von Griechenland, namentlich durch das Vorbild des grossen Leopold Robert angefeuert, wurde seine Auffassung grösser und edler, seine Composition durchdachter und wahrer. Zu seinen besten Bildern gehören: seine Pilger, die Rom zum erstenmale sehen (gest. von George Doo); das herrliche Porträt der schönen Griechin Haidee in ihrer reizenden Nationaltracht, ein Bild von grosser Schönheit in Form und Farbe; eine italienische Bauernfamilie; mehrere Scenen aus dem griechischen Befreiungskriege; griechische Flüchtlinge, die ein englisches Schiff aufnimmt (gest. von Goodyear); Gaston de Foix trennt sich von seiner Geliebten vor der Schlacht von Ravenna, in der er umkam, durch Schönheit der Formen und des Ausdrucks, durch sorgfältige und treue Vollendung, durch durchsichtige Tiefe und Glanz der Farben ausgezeichnet; Hagar und Ismael; Heloise, ein Gemälde von ebenso sinniger Auffassung als ernster Anmuth in der Darstellung; Franz von Carrara, Herr von Padua, entgeht der Verfolgung des Galeazzi Visconti, Herzogs von Mailand; La Svegliarina; der Spartiat Isadas, die Thebaner zurücktreibend. Wir kennen auch eine ausgezeichnet poetische, „Byron's Traum" (gest. v. Willmore) genannte Landschaft, über der ein melancholischer Zug schwebt, der vom Geiste des dargestellten träumenden Dichters selbst hineingehaucht scheint. Dann sieht man im Sommerhaus der Königin von England im Garten des Buckinghampalastes treffliche Fresken von ihm. — Eastlake gehört überdiess zu den seltenen Künstlern, die sich eine allgemeine Kunstbildung angeeignet und von einem begeisterten Hingeben an ihre Kunst ausgehend, allmälig zu einem anschaulichen, sehr klaren Denken über ihr Grundwesen, ihre letzten Gesetze und ihre Geschichte gelangt sind. Seine Landsleute verdanken ihm die Uebersetzungen von Göthe's Farbenlehre und Kuglers Geschichte der Malerei, welche beide von ihm mit Vorreden und höchst werthvollen Noten begleitet wurden. In Finden's: „Royal gallery of british art" findet man mehrere seiner schönsten Werke gestochen.

Ebeling, Ernst, Baumeister, geb. 1804 zu Hannover, begann seine architektonischen Studien unter der Leitung des Hofbaurath Wittig, und setzte dieselben bei Weinbrenner in Karlsruhe und nach dessen Tod in Italien fort. Nach seiner 1829 erfolgten Rückkehr in sein Vaterland entfaltete er als Baumeister und Lehrer in seinem Fache eine grosse Thätigkeit, fand auch Gelegenheit, grössere Reisen nach Petersburg, nach England und zum zweitenmale nach Italien zu machen. Den grössten Theil seiner Wirksamkeit als Baumeister wandte er dem Bestreben zu, die florentinische Palastarchitektur auf hannover'schen Boden zu verpflanzen, ohne jedoch in diesen Bestrebungen erfolgreicher gewesen zu sein, als in dem später angestellten Versuche, die englisch gothische Bauweise nach Hannover zu übertragen. Unter seiner Leitung wurden ausgeführt: die polytechnische Schule, nach dem Vorbilde des Pal. Riccardi in Florenz, das Zeughaus, die Kadettenanstalt, das Kalenberg'sche Provinzialständehaus und verschiedene Privatgebäude, sämmtlich zu Hannover.

Eberhard, Franz, der ältere Bruder des Konrad und Bildhauer, wie dieser, geb. 1767 zu Hindelang, gest. zu München 1836, lernte die Kunst bei seinem Vater und arbeitete, von demselben Gefühle der Frömmigkeit geleitet, wie sein Bruder, meistens in Gemeinschaft mit diesem, mit dem er auch den gleichen Studiengang durchmachte. Er führte aber auch selbstständige Werke religiösen Inhalts, bestehend in Basreliefs, in Crucifixen und Heiligen zu Hausaltären aus, die wegen der anmuthsvollen Darstellung, dem gefühlvollen Ausdruck und der äusserst zierlichen Ausführung sehr geschätzt wurden.

Eberhard, Konrad, ein sehr geachteter Bildhauer zu München, geb. 1768 zu Hindelang im Algau, erlernte die Kunst bei seinem Vater und führte schon in früher Jugend mit diesem und seinem Bruder Franz viele Andachtsbilder für Kirchen: Heilige, Schutzpatrone, Tabernakel aus, die alle einen ernsten, reinen, tiefreligiösen Sinn beurkundeten, ihm allgemeinen Beifall erwarben und im Jahr 1796 die Aufmerksamkeit des letzten Kurfürsten von Trier und Fürstbischof von Augsburg, Clemens Wenzelaus, auf ihn lenkten, der das hervorragende Talent des jungen Mannes erkannte und ihn in den Stand setzte, sich zu München der weiteren Vervollkommnung in seiner Kunst widmen zu können. Er blieb hier in der Werkstätte des Roman Boos bis ihn 1806 der Kronprinz Ludwig von Bayern nach Rom sandte, um dort nach den klassischen Werken der alten und neuern Kunst seine Ausbildung zu vollenden. Hier entfaltete er, alle Hilfsmittel, die ihm die an Kunstschätzen so reiche ewige Stadt bot, benützend, eine ungemeine Thätigkeit. Er zeichnete, malte, modellirte, arbeitete in Stein und legte durch seine von tiefer Frömmigkeit durchdrungenen Werke, in denen es ihm gelang, die Anschauungsweise des frommen gläubigen Mittelalters mit den Fortschritten der technischen Ausführung der neueren Zeit auf das Anmuthigste und Wirksamste zu verbinden, den Grund zu einer neuen auf's christlich Religiöse gerichteten Kunstweise in der Sculptur, die später Overbeck und Andere in der Malerei mit so grossem Ruhme befolgten, obgleich es ihm keineswegs weder an Talent noch an Geist gebrach, auch der heidnischen Mythe entnommene Stoffe trefflich darzustellen, wie seine in Rom ausgeführten Werke, die ihm bereits einen Platz unter den vorzüglichsten Künstlern seines Fachs einräumten, seine in carrarischem Marmor gearbeiteten lebensgrossen Statuen einer Muse mit dem Amor (jetzt in der Glyptothek zu München), eines sitzenden Fauns mit dem Bacchus und einer Leda mit dem Schwan (beide letzteren Gruppen im Kabinetsgarten zu Nymphenburg) beweisen.

Im Jahr 1816 wurde Eberhard zum Professor an der Akademie der bildenden Künste zu München ernannt, erhielt jedoch schon 1820 wieder Erlaubniss zur Ausführung weiterer Arbeiten für den König eine zweite Reise nach Rom machen zu dürfen, woselbst er die herrliche Gruppe: Diana, von Amor zu Endymion geführt (ebenfalls im Kabinetsgarten des Königs aufgestellt) und einen triumphirenden Amor im Jünglingsalter (im Antiquarium der königl. Residenz zu München) entstanden. Dann führte er verschiedene Porträtbüsten für die Walhalla bei Regensburg aus, unter denen man besonders die des Malers M. Wohlgemuth, des bayerischen Staatsmannes und Gelehrten Hörwart, des russischen Feldmarschalls Grafen v. Münich, des Erzgiessers Peter Vischer nennt. Ein Auftrag des Marchese Massimi, der neben den Fresken, welche Overbeck Schadow, Koch, Veith, Schnorr und Führich in seiner Villa ausführten, einen Saal mit plastischen Darstellungen aus Homer in halb erhabener Arbeit schmücken lassen wollte, kam leider wegen des Todes des Bestellers nicht zu Stande. Nur einen Gesang in mehreren Compositionen hat Eberhard in Alabaster ausgeführt und diese besitzt König Otto von Griechenland.

Nach München zurückgekehrt, bebaute er namentlich das Feld des Reliefs mit Darstellungen aus dem alten und neuen Testament, in denen er seine reiche Phantasie und sein frommes Gemüth frei walten lassen konnte und Gebilde von höchster Anmuth und Holdseligkeit schuf. Mitten unter solchen Arbeiten und nachdem er 1825 die Aufgabe, das Grabmal der Prinzessin Karoline in der Theatinerkirche mit einem Relief zu schmücken auf's Trefflichste gelöst hatte, erhielt er verschiedene Aufträge zu Sculpturen für öffentliche Monumente. So schmückte er das Portal der Allerheiligenkirche zu München, in der Lunette, mit einem Relief, Christus, als Weltheiland, vor dem Maria und Johannes anbetend knieen, darstellend (lith. von J. B. Müller), und daneben auf den Thürpfeilern mit den Statuen der Apostel Petrus und Paulus; den Haupteingang des Isarthors ebendaselbst zu beiden Seiten mit den Kolossalstatuen des Ritters St. Georg und des Erzengels Michael; die Portale des Blindeninstituts mit den Statuen der Schutzheiligen der Blinden, den h. h. Benno und Raspo, und den h. h. Odilia und Lucia (beide letztere nach Eberhard's Modellen von Sanguinetti ausgeführt). Zu Eberhard's weiteren Werken von Bedeutung gehören: die Denkmäler der Bischöfe Sailer und Wittmann im Regensburger Dom. Ausserdem fertigte er verschiedene Basreliefs in Alabaster zu Hausaltärchen mit Darstellungen aus dem neuen Testamente; namentlich aber stellte er auch mehrere sehr schöne Christus- und Madonnenbilder in Alabaster dar. In den letzteren Jahren beschäftigte sich der Künstler häufiger mit Zeichnungen von ernsten religiössymbolischen Gegenständen, in denen ihm positive Lehren der katholischen Kirche die Motive der Darstellungen an die Hand gaben, und von denen er früher schon manche als Oelgemälde ausgeführt hatte. Auch kennt man Altäre von ihm, an denen sowohl die Malereien als auch die plastischen Arbeiten von seiner Hand herrühren.

In Eberhard's früheren Arbeiten aus der griechischen Mythologie spricht uns namentlich der natürliche Sinn für Schönheit der Form, die lebendige Auffassung, Charakteristik und die Weichheit der Behandlung an. Seine religiösen Darstellungen athmen den Geist der deutsch-christlichen Kunst unserer alten Meister, sind aber rein und edel in Form und Zeichnung und ohne die technischen Mängel der damaligen Zeit. Seine Madonnen sind von höchst edler Bildung, voll hoher Anmuth und Demuth, in dem Ausdruck des Jesuskindes vereinigt sich Ernst mit lieblicher Heiterkeit und segnender Huld, und seine Engel sind allerliebste zarte Wesen, gross und schlank gewachsen als himmlische Boten. Alle seine Werke in dieser frommen Richtung tragen das Gepräge der holdesten Grazie, der seligsten Gefühle. In seinen Reliefs waltet eine fruchtbare Phantasie voll poetischer Gedanken; sie sind in Anordnung, Bewegung und Stellung innerhalb der Grenzen des plastischen Styls gehalten und bringen eine höchst angenehme Wirkung hervor. Seine Porträtbüsten zeichnen sich durch Achnlichkeit und sorgliche Individualisirung aus.

Eberhardt, J., ein geschickter Historien- und Genremaler in München, von dem wir mehrere poetisch erfundene und wirkungsvolle Bilder kennen. Wir nennen darunter: Leonore, nach Bürger's Ballade; den Sieg des Admiral Ruyter über die verbündete englische und französische Flotte am 21. Aug. 1673 (Blatt in dem Album des Königs Ludwig von Bayern); den Frühling; die Erwartung; die getäuschte Erwartung. — Eberhardt lithographirte auch das Aquarellbild des Hofmalers Diez: von der Tann schlägt die Dänen (1848).

Eberle, Adam, Historienmaler, geb. 1805 zu Aachen, gest. 1832 zu Rom, genoss den ersten Unterricht in der Kunst auf der Akademie zu Düsseldorf, schloss sich aber später, als Cornelius dahin kam, an diesen grossen Künstler mit aller Innigkeit und Verehrung an und wurde bald dessen liebster und ausgezeichnetster Schüler. Sein erstes Bild war eine Grablegung Christi, eine Composition, die ein ernstes tiefes Gemüth, eine reichbegabte Künstlernatur beurkundete, die unter des Meisters Leitung bald einen hohen und freien Schwung annahm. Ein zweites grösseres Bild, ein

Altarblatt für eine Kirche in Westphalen, stellte die heil. Helena mit zwei Passionsengeln dar. Nach Beendigung desselben siedelte er mit Cornelius nach München über, malte dort das kolossale Frescogemälde an der Decke des Odeon: Apoll unter den Hirten darstellend, ferner unter den Arkaden des königl. Hofgartens das Bild der Belehnung Maximilian's I. von Bayern mit der Kurwürde und begab sich dann 1829 nach Rom, wo er aber, im Begriff die Rückreise anzutreten, viel zu früh für die Kunst, einem Seelenleiden, zu dem sich ein körperliches Uebel gesellte, unterlag.

Unter seinen hinterlassenen Arbeiten erwähnt man rühmend zwei Sepiazeichnungen, von denen eine die Apostel Petrus und Paulus auf der Fahrt nach Rom, die andere die gefangene Jerusalem darstellt (lith. von J. Blanz), eine halb allegorische, halb dramatische, im Einzelnen geniale, doch von Reminiscenzen nicht ganz freie Composition.

Eberle, Robert, geb. 1815 zu Mersburg, ein ausgezeichneter Thiermaler, der sich auf der Akademie zu München bildete und von dem man seit 1835 auf den verschiedenen Kunstausstellungen Bilder sieht, die überall allgemeinen Beifall einernten. Früher behandelte er mit besonderer Vorliebe Schafheerden, in deren Darstellung er kaum übertroffen sein möchte, später brachte er jedoch auch Rinder und Ziegen mit gleicher Vollendung zur Ausführung und man hebt an allen seinen Bildern namentlich die geistige Auffassung voll Leben und Wahrheit, die tüchtige Charakteristik, die feine Zeichnung und vortreffliche Ausführung hervor. Unter die besten zählt man: Kühe und Schafe in's Wasser gehend; Morgenscene an einem Bauernhaus; eine heimkehrende Viehheerde; Schafe auf der Weide; eine Thiergruppe beim Anzug eines Gewitters; eine von Wölfen überfallene Schafheerde; eine Heerde Schafe nebst Hirten und Hund im Schatten eines dichten Gebüsches ruhend; Schafe bei herannahendem Gewitter; verirrte Kinder im Schnee der Hochalpen; eine Landschaft mit Kühen; des Schäfers Mittagsmahl; eine Schafheerde an einer Waldecke; eine bei Sonnenuntergang heimziehende Heerde u. s. w. Man trifft seine Bilder in fast allen Privatsammlungen und öffentlichen Gallerien.

In den Heften des Münchner Radirvereins findet man Radirungen von Eberle, im Münchner Album und in den Münchner Blättern für Kunst, schöne Literatur und Unterhaltung mehrere Lithographien.

Ebers, Emil, ein tüchtiger Genremaler, geb. 1807 zu Breslau, bildete sich auf der Düsseldorfer Akademie. Er behandelt mit Glück und grossem Erfolg Scenen aus dem Strand- und Seeleben ernsten und komischen Inhalts; doch gelingen ihm Darstellungen letzterer Art immer besser, da er sie, als seiner inneren Natur mehr zusagend, frappanter und kräftiger zu behandeln weiss. Früher hatte er auch Scenen aus dem Räuber- und Soldatentreiben gemalt, ja er ist sogar der Historienmalerei nicht fremd geblieben, wie er überhaupt gerne den Fluctuationen des Zeitgeschmacks folgte. Während aber in jener ersten Jugendzeit der Düsseldorfer Schule die bedeutendsten der dortigen Künstler vorzugsweise tragische Scenen des Räuberlebens darstellten, wählte Ebers mehr die humoristischeren der Schmugglerwirthschaft, wie er auch in seinen Darstellungen aus dem Soldatenleben mehr nur einzelne komische Züge hervorzuheben suchte. Denn statt in das Leben tief eingreifende Scenen darzustellen, liebt Ebers überhaupt mehr das Feld der Anekdote, welche in das tagtägliche Treiben einen angenehmen Wechsel bringt. Einstimmig lobt man aber an seinen Bildern die glückliche Wahl der Momente, die lebensvolle Auffassung, die verständliche feine und bestimmte Charakteristik, den treffenden Ausdruck, die malerische Gruppirung und die frische und kräftige Malerei.

Von seinen historischen Bildern kennen wir nur eines: St. Goar unter den Fischern am Gestade des Rheins das Evangelium predigend und eine Radirung zu Bürger's Weibern von Weinsberg. Unter seinen Genrebildern zählt man dagegen zu den gelungensten: Schleichhändler in einer Schenke (lith. von Oldermann); ein Ritter, der mit seiner entführten Geliebten vor seiner Burg ankommt; Slavonier, die einen Jäger gastfreundlich aufnehmen; slavische Gebirgsbewohner; Subordination; das zertrümmerte Schiff auf stürmischem Meere; das Rettungsfloss; eine Emeute auf einer Brigg; hohe See und stille See, zwei Gegenstücke; der zum Rekruten bestimmte Sohn einer Bauernfamilie, von einem Freischärler angeworben.

In das Album deutscher Künstler vom Jahr 1839 radirte er ein Blatt: die Subordination.

Literatur. W. Müller, Düsseldorfer Künstler.

Ebert, Karl, geb. 1821 zu Stuttgart, bildete sich in der Kunstschule seiner Vaterstadt und später in München, wo er sich seither aufhält, zu einem tüchtigen Landschaftsmaler aus. Er liebt namentlich die Dartellung idyllischer Naturscenen und ist darin auch sehr glücklich. Seine höchst gemüthlich aufgefassten Landschaften verrathen ein gesundes Naturgefühl und feinen Farbensinn. Wir können von ihm namentlich einige sehr hübsche Parthien am Chiemsee, an der Amper u. s. w. Die Gallerie des Museum der bildenden Künste zu Stuttgart besitzt eine sehr schöne Landschaft von Ebert.

Echion, ein altgriechischer Erzgiesser und Maler, der um 370—330 blühte und von dem unter Anderem das Bild einer Neuvermählten erwähnt wird, das durch den Ausdruck der Schamhaftigkeit eigenthümlich anziehend gewesen sein soll. Man glaubt eine freie Nachbildung desselben in dem berühmten antiken Gemälde der sogenannten aldobrandinischen Hochzeit (im vatikanischen Museum zu Rom) zu erkennen.

Echter, M., ein Historienmaler aus Danzig, der sich in Kaulbach's Schule bildete und in München lebt. Er leistete seinem Lehrer Beihülfe bei den Fresken im neuen Museum zu Berlin, indem er mit andern Schülern des Meisters einige von dessen Cartons in Farben übertrug, arbeitete auch mit Nilson an den stereochromischen Gemälden am Aeusseren der neuen Pinakothek. Echter hat aber auch einige historische Gemälde selbstständig ausgeführt, die von der Kritik mit Achtung genannt wurden. In Gemeinschaft mit Ph. Foltz, G. Hiltensperger, K. Piloty, M. v. Schwind und Anderen arbeitete er an den im Auftrage des Königs Max II. ausgeführten zwölf Bildern aus dem Leben bayrischer Fürsten, die 1853 in Holzschnitten herauskamen.

Eckardt, Joh. Christ, geb. zu Lauffen a. N., bildete sich in der hohen Karlsschule zu Stuttgart unter dem Hofarchitekten Fischer zum Architekten, später aber unter Guibal und Prof. J. G. v. Müller zum Kupferstecher aus. Er stach Porträts und Historien, arbeitete auch an mehreren Kupferwerken, und fand zuletzt 1809 als Graveur für Wappen, zierliche Schrift u. s. w. auf lithographische Steine eine Anstellung in München.

Eckart, Meister, wird ein Maler genannt, der um 1310 in Köln wohnte, von dem aber derzeit keines seiner Werke bekannt ist.

Eckels, J. jun., geb. 1759 zu Amsterdam, gest. 1793, ein holländischer Genremaler, der in seinen Bildern gerne ältere Meister, besonders den J. Molenaer nachahmte. In der Gallerie des Städel'schen Instituts zu Frankfurt a. M. sieht man von ihm: einen jungen Mann, der in seinem Arbeitszimmer zeichnet, und einen Bauern, der seine Tabackspfeife anzündet.

Eckemann-Alesson, siehe **Ekemann.**

Eckersberg oder **Ekkersberg, Christoph Wilhelm,** Porträt- und Historienmaler, Professor an der Akademie zu Kopenhagen und Mitglied derselben, Ritter des Danebrog-Ordens, geb. 1783 zu Varnaes in Schleswig, erhielt den ersten Unterricht in der Kunst an der Akademie zu Kopenhagen unter Abilgaard, setzte sodann seine Studien in Italien und Paris unter David fort und kehrte als ein tüchtiger Künstler in die Heimath zurück. Er malte meistens Scenen aus der dänischen Geschichte und aus der nordischen Mythologie, auch sind einige Bilder aus dem alten und neuen Testament von ihm vorhanden, unter welch letzteren besonders ein Altarbild, die drei Frauen am Grabe Christi, gerühmt wird. Sein Moses, der dem Meer zurückzutreten befiehlt, auf dass es Pharao sammt seinem Heere verschlinge, ist im grossen Style gehalten und in der Farbe sehr harmonisch durchgeführt. Auch Baldur's Tod nach der Edda, und Axel und Walburg, nach Oehlenschläger's Trauerspiel sind grossartige und ausdrucksvolle Compositionen. Von 1837 an schmückte er den Rittersaal des Christiansburger Schlosses mit Darstellungen aus der vaterländischen Geschichte, unter denen man: Friedrich III., den Dänen die Gesetze des Landes übergebend; Herzog Adolph von Holstein, die ihm angebotene Krone zurückweisend; König Friedrich IV., eine Abtheilung der Landmiliz musternd, und die Aufhebung der Leibeigenschaft besonders rühmt. Als gediegener Porträtmaler hat er sich in den Bildnissen der königl. Familie von Dänemark, des Dichters Oehlenschläger und des Bildhauers Thorwaldsen, bewährt. Auch kennt man einige vorzügliche Marinen von ihm.

Eckert, H. A., Genre- und Schlachtenmaler, geb. 1807 zu Würzburg, gest. daselbst 1840, erhielt den ersten Unterricht in der Kunst in seiner Vaterstadt und kam 1825 nach München, um an der dasigen Akademie der Künste seine Studien zu Scenen aus dem Soldatenleben, zu Schlachten und Scharmützeln fortzusetzen. Er machte hierauf Reisen nach Tyrol, ging später nach Frankreich und beschäftigte sich nach seiner 1835 erfolgten Rückkehr in Gemeinschaft mit Monten und Schelver mit der Herausgabe eines militärischen Werkes, das gesammte deutsche Bundesheer in 200 lithographirten und colorirten Blättern darstellend. Im Jahr 1837 begab er sich nach Russland zur Aufnahme der russischen Armee, da er sein Werk über sämmtliche Truppen in Europa auszudehnen gedachte und kehrte mit Aufträgen zu Schlachtgemälden beehrt von da wieder zurück. Im folgenden Jahre wurde ihm hierauf eine Darstellung der grossen zu München vor dem Kaiser aller Reussen gehaltenen Musterung mit den Bildnissen sämmtlicher dabei anwesenden hohen Personen bestellt, diese Arbeit blieb jedoch unvollendet, da der Künstler darüber starb. Eckert malte indessen auch Jagdstücke, Marinen und Seehäfen. Er bezeichnete seine Bilder, die sich durch ansprechende Composition und Lebendigkeit auszeichnen, öfters mit nebenstehenden Monogrammen.

Eckman, ein tüchtiger Genremaler, geb. 1808 zu Stockholm, bildete sich in seiner Vaterstadt und auf Reisen, namentlich in Italien, aus. Seine Darstellungen bestehen meistens in Scenen aus dem nordischen Leben, in Sennhütten und Waldschlägen, bei Kindstaufen u. s. w. Viel von sich reden machten: seine alte Frau mit der Bibel, seine holländische Schifferfamilie und eine in Rom gemalte Räuberscene.

Eckman, Eduard, Formschneider, geb. zu Mecheln 1610, arbeitete wahrscheinlich in Frankreich und fertigte mehrere Blätter nach Ludwig Bussink, Abraham Bosse und Callot. Sein Hauptwerk ist das Feuerwerk auf dem Arno zu Florenz nach letzterem Meister, das so zart behandelt ist, dass man kaum etwas feineres sehen kann. Er fertigte auch einige Blätter in Helldunkel. Sein Werk soll sich auf 105 Blätter belaufen.

Eckstein, Johann, ein geschickter Bildhauer, der in der zweiten Hälfte des vorigen Jahrhunderts zu Potsdam thätig war. Von ihm sieht man zwei reizvolle Reliefs in der Kunstkammer zu Berlin, von denen das eine einen Delphin mit Amoretten, das andere einen Löwen mit Amoretten darstellt. Weiter wissen wir von ihm, dass er zu der im Jahr 1791 ausgeschriebenen Konkurrenz von Modellen zu einem Denkmal Friedrich des Grossen eine Zeichnung und ein Modell, beide den König zu Pferd darstellend, einsandte.

Eddelien, H. M., Maler, geb. 1803 zu Greifswalde, kam in seinem 18. Jahre als Malergeselle nach Kopenhagen, lag hier eifrigen Studien ob und errang 1837 die grosse goldene Medaille. Sein Hauptwerk sind die Fresken in der Kapelle Christian IV. im Dom von Roschild. Er hinterliess sie indessen nicht ganz beendigt, da er im Jahr 1852 auf einer Badereise zur Stärkung seiner geschwächten Gesundheit starb.

Eddis, E. U., ein englischer Historienmaler, dessen Bilder von der Kritik sehr lobend anerkannt werden. Im Jahr 1844 sah man von ihm auf der Londoner Kunstausstellung: die Erweckung von Jairi Töchterlein, ein Bild, an dem man die Einfachheit der Darstellung, die klare und verständige Anordnung, die richtige, kenntnissvolle Zeichnung, den innigen und wahren Ausdruck, die wahre und harmonische Färbung und die treffliche Haltung rühmte.

Edelinck, Gerard, berühmter Kupferstecher, geb. 1649 zu Antwerpen, gest. 1707 zu Paris, erhielt die erste Unterweisung in der Kunst durch den Kupferstecher Corn.

Galle. Der Unterricht dieses sonst sehr geschickten Künstlers reichte übrigens nicht aus, ein so grosses Talent, wie sich ein solches in Edelinck entfaltete, zu entwickeln und es blieb demnach einem andern, François de Poilly in Paris, zu dem er sich 1665 begab, vorbehalten, die bedeutenden Anlagen des jungen Mannes auszubilden. Bald erreichte der Schüler den Meister und binnen kurzer Zeit hatte er alle andern künstlerischen Zeitgenossen seines Fachs übertroffen. Seine Verdienste wurden von allen Seiten anerkannt und belohnt. Ludwig XIV. gab ihm eine Wohnung in der Manufacture des Gobelins und räumte ihm noch sonst verschiedene andere Vortheile ein.

Edelinck nimmt unter den Kupferstechern aller Zeiten einen der ersten Plätze ein, und viele seiner Werke sind bis heute nicht übertroffen, ja dürften es vielleicht nie werden. Seiner ausserordentlichen Sorgfalt in der Behandlung des Grabstichels kommt nur seine ungeheure Leichtigkeit und Kühnheit gleich, mit der es ihm möglich wurde, über 420 Blätter meistens in sehr grossem Format auszuführen, unter denen auch nicht ein einziges Mittelmässiges sich findet. Mag er auch in einzelnen Elementen der Technik von einzelnen Meistern übertroffen werden, so überragt er doch, was das Ganze der künstlerischen Behandlung anbetrifft, alle seine Vorgänger und seine Nachfolger blicken an ihm hinauf. Wenn Goltzius fast einzig und allein in der kunstreichen Anwendung des Stichels, Masson hauptsächlich in der Gleichmässigkeit, Feinheit und Stärke des Tons, Franz de Poilly ausschliesslich in der Form die Lösung der Aufgabe für den Kupferstecher suchte, so hat Edelink die Verdienste und Vorzüge dieser einseitigen, und wenn auch noch so geistvollen Richtungen zusammengefasst und zu einem Zwecke vereinigt, in welchem keine einzelne glänzend und blendend hervortritt, sondern jede sich dem Ganzen zur völligen Harmonie und Vollkommenheit unterordnet. In seinem Vaterlande von dem durch Rubens auch in der Kupferstecherkunst angefachten Leben inspirirt und dadurch zu einer ruhigen, kräftigen, vielseitigen Thätigkeit angetrieben, fand er in Frankreich eine auf's höchste gesteigerte Kunstfertigkeit vor, in die er sich bewundernswürdig rasch einübte, wodurch es ihm gelang, die Vorzüge der niederländischen und der französischen Stecherschule zu verbinden, so dass er als der Schluss und Gipfel beider betrachtet werden kann.

Er war in hohem Grade der Zeichnung mächtig, nicht nur von Seiten des Umrisses, sondern auch in der Modellirung, im Helldunkel und in der Luftperspektive, um auf diese gründliche Kenntniss der Form und Rundung der Körper die perspektivische Bewegung der Strichlagen auf's Genaueste berechnen zu können. Dabei wusste er seinen Stichel, je nach dem zu behandelnden Gegenstande, von den kräftigsten Kreuzschraffirungen bis zur sanften Punktirung mit bewunderswürdigem Takte, gleich dem Daumen des geschickten Bildners, der dem fügsamen Wachs Leben und Anmuth verleiht, so sicher und leicht, so gemessen und gemässigt, so streng und wieder so spielend, so stark und doch wieder so weich zu führen, dass jeder Stoff im angemessensten Vortrag und das Ganze in vollendetster Haltung erscheint.

Edelinck's Kunst wurde oft zu gar geschmacklosen Aufgaben, z. B. zur allegorischen Einfassung von Thesen, welche, für die Universität bestimmt, von Ch. Lebrun gezeichnet worden waren, missbraucht, auch war er in der Wahl der Gegenstände nicht immer glücklich. Dagegen sind seine Porträts, selbst wo die Person der Darstellung völlig gleichgültig ist, immer wegen ihrer Behandlung äusserst interessant, ja einige von ihnen werden sogar immerdar vollgültige Musterwerke bleiben.

Unter seine Meisterstiche im Porträtfache zählt man die Bildnisse folgender Personen: der Madame Helyot, nach J. Galliot, von zartester Behandlung; des Jacques Galliot; Philipp de Champaigne; Charles Lebrun, letzteres nach Largillière; H. Rigaud, nach ihm selbst; M. van der Bogaard, nach Rigaud; Fr. Tortebat, nach de Pille; des Jacques Blanchard; Nataniel Dilgerus (1683); Fr. Leonard, nach Rigaud; Pierre Carcavy; Jul. Hard. Mansart, nach Rigaud; Charles d'Hosier, nach Rigaud; Jules P. de Lionne, Fr. Michel le Tellier, nach Mignard und Lebrun; Peter van Bouc; P. Tallemant; M. P. V. Bertin, die beiden letzteren nach Coypel; des Comte d'Harcourt, nach Mignard. — Die schönsten unter seinen historischen Stichen sind: die büssende Magdalena; Christus am Kreuz; die Familie des Darius vor Alexander, alle drei nach Lebrun; die heil. Familie, nach Raphael; das Reitergefecht, nach Leonardo da Vinci (eine Gruppe aus dessen berühmtem Carton); die Verkündigung, nach Poussin; die Samariterin, und Maria am Kreuze sitzend, nach Ph. de Champaigne; das schlafende Jesuskind, von Engeln angebetet, nach Stella (1672); eine heil. Familie; Carolus Boromeus und eine Thesis auf Ludwig XIV., alle drei Blätter nach Lebrun; Maria mit dem schlafenden Kinde in der Wiege, nach Guido Reni.

Edelinck, Jean, Zeichner und Kupferstecher, geb. 1630 zu Antwerpen, gest. zu Paris, war der Bruder und Schüler des Vorhergehenden, erreichte aber, obgleich auch er ein recht geschickter Künstler wurde, seinen Lehrer doch bei Weitem nicht. Unter seine schönsten Blätter zählt man: die Sündfluth, nach Aless. Turchi, ein treffliches Blatt, an dem aber sein Bruder Gerard Manches stach (1681), und eine heil. Familie, nach P. Sevé.

Edelinck, Nicolas, Kupferstecher, geb. 1680 zu Paris, gest. daselbst 1768, war der Sohn und Schüler des Gerard Edelinck, erreichte aber die Künstlerhöhe seines Vaters nicht. Seine besten Stiche sind: das Porträt des Ger. Edelinck, nach Tortebat, und der Graf Castiglione, nach Raphael.

Edema, Gerard, Landschaftsmaler, geb. 1652 in Friesland, gest. 1700 zu Richmond in England, war ein Schüler von A. van Everdingen, den er auch in seinen Bildern nachzuahmen suchte. Er kam in seinem 18. Jahre nach England, wo seine Arbeiten vielen Beifall fanden, ging aber später nach Norwegen und Neufundland, um die dortige wilde Natur, die Einöden und reissenden Ströme zu studiren. Diese Studien verwandte er nach seiner Rückkehr zu Bildern, die sehr gesucht waren. Die Figuren in seinen Landschaften malte Th. Wyck.

Eden, Miss, eine talentvolle Engländerin, welche ihren Bruder, den Generalgouverneur von Indien, in dieses Land begleitete, und dort eine Menge von Zeichnungen, namentlich Porträts entwarf, die ihrer grossen Naturwahrheit wegen gerühmt wurden und im Jahr 1844 in einem Grossfolioband unter dem Titel: Portraits of the princes and people of India, von Dickinson lithographirt, zu London erschienen.

Eeckhout, Antony van den, ein trefflicher Blumen- und Früchtemaler, geb. 1656 zu Brügge, begab sich, nachdem er in der Heimath den ersten Unterricht in der Kunst genossen, mit seinem Schwager L. de Deyster nach Italien, wo er gemeinschaftlich mit Diesem, der die Figuren in seinen Bildern malte, eine grosse Anzahl von Gemälden ausführte. In's Vaterland zurückgekehrt, genoss er hier als Künstler die allgemeinste Achtung, allein die Sehnsucht nach dem südlichen Himmel zog ihn wieder nach Italien. Von da ging er nach Lissabon, wo seine Bilder reissenden Abgang fanden und er sich mit einer reichen Portugiesin verheirathete, aber bald nach der Hochzeit von einem Nebenbuhler 1695 in seinem Wagen erschossen wurde.

Eeckhout, Gerbrand van den, Porträt- und Historienmaler, geb. 1621 zu Amsterdam, gest. daselbst 1674, bildete seine sehr glücklichen Anlagen für die Kunst unter Rembrandt aus und wurde bald einer seiner bedeutendsten Schüler, der sich frei und mit selbstständiger Kraft in der Richtung des Meisters zu bewegen wusste und auf den auch vornehmlich ein Theil vom Geiste des Letzteren übergegangen zu sein scheint, so dass seine Werke oft mit denen seines Lehrers verwechselt werden. An Gluth der Färbung und an Tiefe des Helldunkels kam kein Schüler Rembrandt so nahe als Eeckhout. Anfangs malte er nur Bildnisse, die ungemeinen Beifall fanden und von denen das seines Vaters, eines Goldschmieds, das Erstaunen seines Lehrers hervorgerufen haben soll, widmete sich aber später vorzüglich der Historienmalerei, in der er sich namentlich durch den Reichthum der Composition, durch Charakter und lebendigen Ausdruck auszeichnete. Man kennt aber auch treffliche Genrebilder von ihm.

In den verschiedenen europäischen Gallerien trifft man herrliche Bilder des

Meisters. So besitzen unter Anderem: das Museum zu Amsterdam: die Ehebrecherin vor Christus; den ausgewiesenen hochzeitlichen Gast; das Museum zu Berlin: die Erweckung von Jairi Töchterlein, eine schöne still gemüthvolle Scene*; die Darstellung Christi im Tempel; Merkur, im Begriff den Argus zu tödten (1666); das grossherzogliche Museum zu Darmstadt: die Jünger zu Emmaus; das Bildniss eines Mannes; das Porträt einer Frau; die Gallerie zu Dresden: Simeon im Tempel; das Städel'sche Institut zu Frankfurt a. M.: das Porträt des holländischen Geschichtsschreibers Dapper (1669); der Herzog von Sutherland zu London: spielende Soldaten; der Marquis von Bute in seiner Bildersammlung zu Lutonhouse: den im Triumph einhergeführten Haman; lustiges Leben in einer Wachtstube, ein in der Weise des Terburgh ausgeführtes Genrebildchen; die Pinakothek zu München: Abraham verstösst die Hagar; Christus unter den Lehrern im Tempel (gest. von K. E. Chr. Hess); das Louvre zu Paris: Anna weiht ihren Sohn Samuel vor dem Hohenpriester dem Herrn; die Gallerie zu Pommersfelden: die Hexe von Endor beschwört den Geist Samuel's herauf, ein Gemälde von seltener Zartheit der Behandlung, und einer Gluth der Farbe, die dem Rembrandt nichts nachgibt; Joseph gibt sich seinen Brüdern zu erkennen; sechs Personen beim Brettspiel, ein Genrebild von grosser Meisterschaft des Helldunkels; die Gallerie Doria zu Rom: eine Opferung Isaaks; die Gallerie des Belvedere zu Wien: das Porträt eines alten Mannes.

Man kennt auch von Eeckhout's Hand einige geistreich radirte Blätter: das Bildniss eines Mannes (1642); das Brustbild eines Mannes (1646); das Porträt eines jungen Mannes in orientalischer Kleidung (1646).

Eeckhout, Jakob Joseph, Historien-, Genre- und Porträtmaler, geb. 1793 zu Antwerpen, machte seine Studien zuerst im Zeichnen, dann im Modelliren in der Akademie seiner Vaterstadt und gewann schnell nacheinander alle ersten Preise; sein Vater duldete aber nicht, dass er sich der Malerei widmete und liess ihn Goldarbeiter werden. Doch waren die sieben Jahre, welche er in diesem Fache lernte, für die Kunst nicht verloren; er übte sich fortwährend in der Bildhauerei, worin Benvenuto Cellini und Ghiberti seine Vorbilder waren und gewann 1821 in Gemeinschaft mit Roger für seinen Tod der Kleopatra (derzeit im königl. Museum zu Brüssel) den Preis in der Sculptur. Erst in seinem 28. Jahre ward es ihm endlich vergönnt, sich seiner Neigung zur Malerei ganz hingeben zu dürfen, und er brachte es darin durch Selbststudium binnen kurzer Zeit so weit, dass er 1824 in Gent für ein Genrebild den ersten Preis und bald darauf in Douai eine Medaille bekam. Im Jahr 1829 wurde er wirkliches Mitglied der Akademien von Amsterdam, Antwerpen, Brüssel und Rotterdam, und im Jahr 1839 erster Professor an der städtischen Akademie im Haag, wohin er 1831 gezogen war, um einige Bilder für Mitglieder der holländischen Königsfamilie auszuführen. Seine Porträts werden sehr geschätzt und fast alle Gallerien in Holland, Belgien und Deutschland besitzen Bilder von ihm.

Eeckhout gehört zu den bedeutendsten Malern der neueren holländischen Schule. Sowohl in seinen historischen Gemälden als in seinen Genrebildern lässt sich eine nicht unglückliche Nachahmung Rembrandt's erkennen. Seine Composition ist lebendig und ausdrucksvoll, die Zeichnung correkt und fein, die Farbenbehandlung kräftig und feurig, die Wirkung überraschend, die ganze Darstellung überhaupt meisterhaft. Zu seinen besten historischen Bildern zählt man: den Tod Wilhelm des Schweigsamen; die Vermählung Jacquelinen's von Bayern mit Herzog Jan von Brabant; den Tod Vanspyk's (das letztere Bild in Gemeinschaft mit Wappers ausgeführt); die Abdankung der Jacqueline von Bayern; Peter den Grossen zu Saardam. Unter die schönsten seiner allgemein beliebten Genredarstellungen gehören: der Abschied des Scheveninger Rekruten; häusliche Scene zu Scheveningen; väterliche Zurechtweisung; eine vorlesende alte Frau; die arme Blinde; das Kaninchen an der Mauer; der Zahltag; die Rückkehr von der Jagd; die Rückkehr vom Fischfang.

Im Jahr 1822 gab Eeckhout unter dem Titel: Collection de portraits d'artistes modernes, nés dans le royaume des Pays Bas, lith. par C. P.

* Abgebildet in den Denkmälern der Kunst. Atlas zu Kuglers Handb. der Kunstgesch. Taf. 96, Fig. 9.

van Burgraaf (Bruxelles, 1822), eine Sammlung von 60 von ihm nach der Natur gezeichneter in den Niederlanden geborener Künstler und im Jahr 1827 unter dem Titel: Costumes du peuple de toutes les provinces du royaume des Pays Bas, lith. par J. J. Eeckhout et J. Madou, ein interessantes Werk über die Costüme der verschiedenen Provinzen der Niederlande, heraus.

Eeckhout, Victor, Genremaler, der Sohn des Vorigen, geb. 1824, bildete sich unter der Leitung seines Vaters zu einem tüchtigen Künstler aus. Wir sahen von ihm unter Anderem 1850 auf der Brüsseler Ausstellung: den Neuling im Spiel, ein vortreffliches Bildchen.

Eelkama, Eelke Jelles, Maler, geb. 1788 zu Leeuwarden, verlor im siebenten Jahre in Folge einer schweren Krankheit das Gehör und wurde desshalb von seinem 11. Jahr an in dem Taubstummeninstitut zu Gróningen untergebracht, wo er unter der Leitung von G. de San den Unterricht im Zeichnen und Malen genoss und in beiden Fächern so rasche und bedeutende Fortschritte machte, dass er 1804 den ersten akademischeǹ Preis erhielt. Nach Verfluss von acht Jahren kehrte er in die Heimath zurück und fertigte hier Landschaften, Blumen- und Früchtenstücke, bis er durch Unterstützung des Königs Wilhelm I. zu seiner weiteren Ausbildung Paris besuchen konnte, woselbst er zwei Jahre blieb. 1818 reiste er sodann durch Frankreich und die Schweiz nach Italien und nach seiner Rückkehr auch noch nach London. Von nun an hielt er sich abwechselnd in Haarlem und Amsterdam auf, bis ihm in letzterer Stadt das Unglück widerfuhr, blind zu werden. Er trug dasselbe zwei Jahre und starb 1839. Seine Bilder sind heute noch sehr geschätzt.

Eem, Arnoldus van der, ein Maler zu Utrecht, der unter Anderem im Jahr 1622 im St. Hiobsgasthaus, dessen Regent er 1627 wurde, Proben seiner künstlerischen Geschicklichkeit ablegte. Er gehörte auch unter diejenigen Künstler, denen es 1611 gelang, die Bildhauer und Maler von der Zunft der Handwerker zu sondern und eine eigene, die St. Lucasgilde, zu bilden.

Eernstman, Tjeerd, Genre- und Porträtmaler, geb. 1801 zu Leeuwarden, erhielt den ersten Unterricht in der Kunst durch W. B. van der Kooi und erwarb sich bald durch sehr ähnliche Bildnisse und Darstellungen aus dem Leben einen geachteten Namen.

Effner, Joseph, Architekt, gest. 1745, machte seine Studien in Paris und Italien und war vielfach für den Kurfürsten Max Emmanuel von Bayern thätig, der ihn 1715 zu seinem Hofbaumeister ernannt hatte und für den er unter Anderem das von Zuccali begonnene Schloss in Schleissheim vollendete.

Egan, J., ein zu London lebender geschickter Kupferstecher und Arbeiter in Mezzotinto, zu dessen besten Blättern man: The tribunal of the inquisition, nach S. J. E. Jones; the citation of Wycliffe, nach demselben (1834) und das Bildniss des Bibliothekars John Lodge zu Cambridge, nach Walmisley, zählt.

Egas, Maestro, Bildhauer, Bruder des Anequin de Egas aus Brüssel, des Obermeisters der Kathedrale daselbst, fertigte von 1466 an die schönen Sculpturen an dem Löwenportal jener Kirche.

Egas, Diego de, ein Bildhauer, der mit Melchor de Salmeron im Auftrag des Oberbaumeisters Alonso de Covarrubias um's Jahr 1531 die Grabmäler in der Capilla de los reyes nuevos, oder der späteren Könige, in der Kathedrale zu Toledo fertigte. Diese Sculpturen sind alle in dem damals üblichen Cinquecentistenstyl der Italiener gehalten und mit grosser Eleganz behandelt.

Egas, Enrique de, Architekt und Bildhauer aus Brüssel, führte um 1514 die bewundernswürdigen Sculpturen in weissem Stein aus, welche den Haupteingang des Hospitals de la Cruz zu Toledo schmücken und in reicher Umgebung den knieenden Stifter des Gebäudes Pedro Mendoza, Kardinal von Santa Cruz, und die heil. Helena darstellen. Der Styl der Ornamente und des ganzen Gebäudes ist ein Uebergang von der reichen Gothik zu der Renaissance. Ein anderes Werk desselben Künstlers ist: das im Jahr 1494 gegründete Colegio mayor de Santa Cruz zu Valladolid, ein Gebäude, an dem die edle Würde und das wohlthuende Maass auserlesener Zierde äusserst wohl erfreut. Endlich führte er mit Alonso de Covarrubbias im Jahr 1548 die nördliche Façade des Palastes zu Toledo aus.

Egas, Pedro de, Maler und Bruder des Vorigen, führte 1533 mit Juan de Borgoña die Malereien des Hauptaltars der Capilla de los Reyes nuevos in der Kathedrale zu Toledo aus.

Egenberger, J. H., ein Historienmaler zu Amsterdam, dessen seit 1848 auf den Ausstellungen erscheinende Bilder allgemeinen Beifall fanden, weil darin sowohl in den Gedanken als in der Ausführung eine anerkennenswerthe Tüchtigkeit herrscht. Besonders gerühmt wurden: sein Luther und Alexius, der an seiner Seite vom Blitz erschlagen wird, und eine Scene aus dem „Morden bei Narden", einer Art Bluthochzeit aus den holländischen Freiheitskriegen.

Egenolff, Christian, ein Buchdrucker zu Frankfurt, geb. 1503, gest. 1555, der verschiedene Werke mit Holzschnitten herausgab und von letzteren diejenigen, welche mit nebigen Monogrammen bezeichnet sind, selbst geschnitten haben soll.

Egerton, D., ein ausgezeichneter englischer Landschaftsmaler, der längere Zeit Amerika besuchte und prachtvolle Bilder, namentlich aus Mexico, auf die Kunstausstellungen nach London schickte. Er wurde 1842 zu Tukahaya (Mexico) im Garten seines Landhauses ermordet.

Egg, Augustus, ein zu London lebender englischer Genre- und Historienmaler, der sich durch seine Leistungen bereits einen namhaften Ruf erworben. Seine Bilder zeichnen sich durch geistvolle Auffassung, Charakteristik, Leben, feinen Ausdruck, harmonische Färbung und leichte, angenehme Ausführung aus. Zu seinen besten Gemälden zählt man: Cromwell, der seinen Kaplan überrascht, wie er knieend seiner Tochter Liebesanträge macht; ein Mädchen am Feste der Madonna de' fiori (1842); eine Scene aus Lesage's lahmem Teufel (1844); den Herzog von Buckingham als abgewiesener Bewerber bei Miss Stewart (1846); die erste Zusammenkunft Peter des Grossen mit Katharina (1850); Henriette Marie von Frankreich wird im Unglück durch den Kardinal von Retz unterstützt.

Eggers, Bartholomäus, ein verdienstvoller Bildhauer seiner Zeit, dessen Geburts- und Todesjahr jedoch nicht bekannt ist. Er war aus Amsterdam gebürtig, wurde aber später von dem Kurfürsten von Brandenburg vielfach beschäftigt, bis er 1687 selbst nach Berlin zog. Die Anzahl der von ihm in seinem Vaterlande hinterlassenen Werke ist daher gering und von grösseren Arbeiten kennen wir nur das schöne Grabmal des Grafen von Wassenaer Obdam. Mehr trifft man dagegen in Berlin. Im weissen Saal des Schlosses daselbst sieht man von ihm: zwölf Marmorstatuen der Kurfürsten des Hohenzoller'schen Hauses, von Kurfürst Friedrich I. bis auf König Friedrich I., und im Treppenhause daselbst: vier Kaiserstatuen: Justinian, Konstantin, Karl den Grossen, Rudolph den II. Ausserdem fertigte er Karyatiden, Kinderengel, auch verschiedene Gegenstände figürlich dekorativer Natur. Seine Arbeiten sind bei aller Tüchtigkeit der Technik dennoch nicht frei von dem manieristischen Streben der Zeit, insbesondere in der Weise des Bernini.

Eggers, Karl, Historienmaler aus Neustrelitz, erlernte die Anfangsgründe der Kunst bei Matthäi in Dresden und besuchte dann Rom, um an den dasigen klassischen Meisterwerken der Kunst seine Bildung zu vollenden. Dort nahm er lebhaft an dem Streben Antheil, der grossräumigen Frescomalerei wieder Eingang und Ansehen zu verschaffen und malte im Vatikan selbst mit Veit Einiges al fresco. Er versäumte aber darüber durchaus nicht, sich in der Oelmalerei zu vervollkommnen und es gelang ihm, sich eine meisterhafte technische Ausführung, eine besondere Geschicklichkeit in der Behandlung des Fleisches und der Gewandung, und eine harmonische Färbung anzueignen. Bilder aus dieser Zeit sind: die schmerzensreiche Mutter; eine schlafende Venus (1819); ein Amor, im Begriff einen Pfeil aus dem Köcher zu ziehen (1823), im Schlosse Bellevue bei Berlin. Weitere Bilder von ihm sind: Christus bei Maria und Martha; die Fusswaschung des Herrn, im Chor des Domes von Naumburg, ein Bild voll Leben und Wahrheit, wenn schon es die vom Gegenstand verlangte Kraft und Hoheit nicht überall erreicht. Später sahen wir den

Künstler bei den unter Cornelius Leitung ausgeführten Fresken nach Schinkel's Entwürfen in der Vorhalle des Museums in Berlin vielfach thätig.

Eggers leistet auch im Porträtfach Vorzügliches, wie unter Anderem sein Bildniss des Grossherzogs Georg Friedrich von Mecklenburg-Strelitz im Palais des verstorbenen Königs zu Berlin beweist.

Eggert, ein Baumeister zu Danzig, der unter Anderem im Jahr 1768 das stattliche Portal des dortigen sogenannten neuen Rathhauses mit zwei Säulen und einer Doppeltreppe errichtete.

Eggert, Franz Xaver, ein tüchtiger Glasmaler, geb. 1802 zu Höchstädt an der Donau, erlernte die Dekorationsmalerei zu Augsburg, und begab sich im Jahr 1824 nach München, wo er die Akademie besuchte, bei der inneren Ausschmückung mehrerer Gebäude seine Geschicklichkeit zeigte, und im Jahr 1829 zur Glasmalerei an die königl. Anstalt überging, welchem Fache er von nun an seine ganze angestrengte Thätigkeit und mit solchem Erfolg widmete, dass er mit Ainmüller, Hämmerl, Kirchmair, Wehrsdorf und Franck das Verdienst zu theilen den Ruhm hat, diese seit so langer Zeit vergessene Kunst binnen wenigen Jahren wieder zu einer Vollkommenheit gebracht zu haben, welche die Schönheit der Glasgemälde aus dem 15. und 16. Jahrhundert in vielen Beziehungen erreicht, in anderen sogar übertrifft. Er malte figürliche Darstellungen und Ornamente, namentlich aber zeigte sich seine Thätigkeit bei der Ausführung der herrlichen Verzierungen auf den Fenstergemälden der neuen Kirche in der Vorstadt Au zu München, im Regensburger Dom u. s. w. auf's Erspriesslichste. Eggert gab auch die Chorfenster der ersteren in sehr schön lithographirten Blättern heraus.

Eggink, Johann Leberecht, Historienmaler, geb. in Kurland im Jahr 1790, trieb anfänglich die Dekorationsmalerei, legte sich dann auf die Miniaturmalerei und studirte seit 1814 auf den Akademien zu München und Wien und von 1817 in Italien die Historienmalerei. Er machte tüchtige Fortschritte, so dass er zur Zeit des Kongresses in Verona dem Kaiser Alexander I. von Russland ein grosses Bild eigener Composition, die Bekehrung Wladimir des Grossen, vorstellen konnte, wofür ihm dieser eine fünfjährige Pension zu seiner ferneren Ausbildung in Italien bewilligte. Im Jahr 1828 kehrte er nach seinem Vaterlande zurück und lebte mehrere Jahre in St. Petersburg, wo ihn die Akademie unter ihre Mitglieder aufnahm. Seit 1837 ist er nun am Gymnasium zu Mitau als Zeichnungslehrer angestellt, beschäftigt sich aber ausserdem mit Malen von Porträts in Oel und Aquarell, wie er auch unter dieser Zeit schon mehrere Kirchenbilder gemalt hat.

Eginton, Francis, englischer Glasmaler, geb. 1737 zu Birmingham, gest. 1805, war ein gewandter Meister in seinem Fache; er wusste seinen Farben eine ungemeine Stärke und blendenden Glanz zu geben, schadete aber seinen Werken dadurch, dass er sie im Tone der Oelmalerei zu halten suchte, wodurch er selten eine befriedigende Harmonie erzielte und zu viele Härten entstanden. Er malte eine grosse Menge von Bildern, Wappen, Bildnisse und historische Darstellungen, unter denen man für die besten hält: die Auferstehung, nach Schwartz, im Magdalen-College zu Oxford, und verschiedene Bildnisse in der Antichapel desselben; die Auferstehung, nach B. West, in der Kathedrale zu Salisbury; eine andere Auferstehung zu Lichfield; das Gastmahl des Königs Salomo und der Königin von Saba, nach Hamilton, in Arundel Castle; die Bekehrung des heil. Paulus in der Paulskirche zu Birmingham; Christi Kreuztragung, nach Morales, in der Wanstedchurch zu Essex.

Literatur. Fiorillo. Geschichte der Malerei in Grossbritannien.

Egl, Andreas, ein altdeutscher Baumeister, der 1275 den Dom von Regensburg gründete. Von ihm scheinen jedoch nur die unteren Theile des Chors herzurühren, welche die noch etwas strengère Behandlungsweise des germanischen Styls zeigen.

Egle, Joseph, Architekt, Professor an der polytechnischen Schule und Vorstand der Winterbaugewerkschule zu Stuttgart, geb. 1818 zu Dellmensingen in Württemberg, bildete sich in ersterer Anstalt, in der er jetzt als Lehrer wirkt, dann am k. k. polytechnischen Institut zu Wien, an der Akademie zu Berlin, woselbst er sich den ersten Preis der Architektur errang, und später auf grösseren Studienreisen in Italien, England und Frankreich zu einem recht tüchtigen Künstler in seinem Fache aus. Seine bis jetzt ausgeführten Bauten, bestehend in mehreren grösseren massiven Privatgebäuden, der katholischen Schule zu Stuttgart, der katholischen Kirche zu Burgberg, einigen Façaden von Häusern, mehreren Landhäusern u. s. w. zeichnen sich durch den Ernst der Solidität, den Geschmack in den Verhältnissen und Formen und durch das Streben nach einem reinen kräftigen Styl aus. Als Lehrer wird seine Thätigkeit, die namentlich auf Einleitung eines gedankenvollen Studiums seiner Kunst gerichtet ist, besonders durch seine gediegenen Kenntnisse in allen Zweigen seines Fachs und eine tiefe wissenschaftliche Durchdringung desselben unterstützt. Egle war auch mehrere Jahre (von 1842—1846) als Correspondent und Zeichner für Förster's Bauzeitung thätig.

Egloffstein, Julie, Gräfin von, Stiftsdame von Hildesheim, geb. daselbst 1786, eine die Malerei mit vielem Geschick und Glück übende Dame, die sich durch verschiedene Porträts und Genrebilder einen sehr geachteten Namen als Künstlerin erworben. Bekannt von ihr sind die Bildnisse der Grossherzogin von Sachsen-Weimar und der Königin Therese von Bayern, ferner die Genregemälde: Hirten in der römischen Campagna und ein sich die Haare flechtendes Mädchen, sowie ihr historisches Bild: Hagar in der Wüste.

Egmont, Justus van, Historienmaler, geb. 1602 zu Leyden, gest. 1674 zu Antwerpen, bildete sich in Rubens' Schule und leistete hernach dem Lehrer bei der Ausführung verschiedener seiner Bilder tüchtige Hülfe. Später finden wir ihn in Diensten Ludwig XIII. und Ludwig XIV. thätig, und unter den 12 ersten Mitgliedern der 1648 gestifteten französischen Akademie. Er arbeitete auch in Gemeinschaft mit Vouet und seine Bilder, kleinere und grössere Historien, besonders aber seine Porträts, standen seiner Zeit in hoher Achtung. In der Gallerie des Belvedere zu Wien sieht man von ihm: das Porträt des Erzherzogs Leopold Wilhelm in ganzer Rüstung und zwei Bildnisse König Philipps IV. von Spanien.

Ehemant, Friedr., ein talentvoller Landschaftsmaler, geb. 1804 zu Frankfurt a. M., gest. 1842 zu München, bildete sich an der Akademie zu Düsseldorf unter Schirmer. Seine Landschaftsgemälde, deren er etwa 16 bis 18 hinterlassen und die die Natur stets in heiterem festlichem Gewande zeigen, erfreuten sich vielseitiger Anerkennung. Seine Compositionen waren poetisch und er verband mit einer freien Auffassung eine treffliche Ausführung im Einzelnen.

Ehescheuh oder **Oechey, Veit,** ein Bildhauer zu Augsburg, der ein Schüler von Chr. Murman gewesen sein und im Jahr 1589 zu München, woselbst er 1603 verschieden, sein Meisterstück gemacht haben soll. Nebiges Zeichen findet man auf Sculpturen von ihm in Marmor, Stein und Holz.

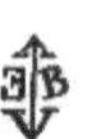

Ehnle, Adrianus Johannes, ein tüchtiger Historien-, Genre- und Porträtmaler, geb. 1819 im Haag, war anfänglich ein Schüler von C. Kruseman, bildete sich aber später in Frankreich und Italien, und liess sich nach seiner Rückkehr in seiner Vaterstadt nieder. Seine Bilder, von denen namentlich sein: Cornelis de Witt und die Aufnahme eines Knaben im Waisenhause zu Haarlem gerühmt werden, zeichnen sich durch ebenso kräftiges als harmonisches Colorit und meisterliche Behandlung aus.

Ehrenstrahl, David Klöcker von, siehe **Klöcker.**

Ehrenberg, Willem van, ein niederländischer Landschafts- und Architekturmaler, von dem man unter Anderem in der Gallerie des Belvedere zu Wien ein Architekturbild: das Innere einer Kirche darstellend, mit seinem Namen und der Jahrszahl 1664 bezeichnet, sieht.

Ehrenfried, Theophilus, ein Bildhauer, der 1522 mit seinen Gehülfen Jakob Heltwig und Franz von Magdeburg die hundert Reliefs an den Brüstungen der Emporen in S. Anna zu Annaberg vollendete. Sie stellen biblische Geschichten und die Lebensalter dar und zeigen eine tüchtige Behandlung zum Theil nach Albrecht Dürer's Motiven.

Ehrhardt, Adolph, ein geschätzter Historienmaler, Professor an der Akademie in Dresden, geb. 1813 zu Berlin, bildete sich auf der Akademie zu Düsseldorf zu einem trefflichen Künstler in seinem Fach aus. Seine Bilder imponiren weniger durch die Grossartigkeit der Erfindung als sie durch die Lieblichkeit der Motive anziehen. Sie beurkunden eine gewissenhafte verständige Durchbildung aller Theile, hübsche Gruppirung, Anmuth der Linien, Wahrheit des Ausdrucks, tüchtige Zeichnung und schönes Colorit. Unter seine besten Bilder zählt man: Jephta's Tochter, zum Opfertod bereit; Christus, Maria und Martha; der Tod des Sängers Rudello, nach Uhland; Rinaldo und Armida; dem Dante, Virgil und Statius, auf den Stufen zum Eingang vom Paradiese ruhend, erscheinen Lea und Rahel; Karl V. im Kloster u. s. w. — Ehrhardt leistet sodann im Porträtfach Ausgezeichnetes und sein 1851 ausgestelltes Porträt Ludwig Richter's wurde ausserordentlich gerühmt. Auch zu verschiedenen illustrirten Werken hat der Künstler Zeichnungen, und zu den „Lieder eines Malers mit Handzeichnungen seiner Freunde, von Reinick" einige Radirungen geliefert.

Eibe, A., ein tüchtiger Historienmaler der Gegenwart, gebürtig aus Hamburg, der sich auf der Düsseldorfer Akademie bildete, und sich in seinen Gemälden als ein begabter und ernster Künstler kund gibt. Wir kennen von ihm eine Charitas, ein Bild, das sich durch die seltene Rundung und Reife der Composition und ein durchaus gelungenes Colorit auszeichnet.

Eibner, F., ein tüchtiger Architekturmaler zu München, von dem uns verschiedene treffliche Bilder, worunter wir nur: den Dom zu Regensburg (1849); eine Kirche in Andernach; die Umgebung des Doms zu Regensburg (1851); den Dom zu Bamberg; die Kirche der Tempelherren zu Bacharach; die Marienkirche zu Nürnberg (1852), das Campiello S. Rocco in Venedig u. s. w. anführen wollen, bekannt sind.

Eichens, Friedrich Eduard, Professor, ein trefflicher Zeichner und geschickter Stecher zu Berlin, der sich daselbst unter Buchhorn, dann unter Forster in Paris und Toschi in Parma bildete. Unter die besten seiner meist ausgezeichneten Blätter, an denen man die geistreiche Führung des Stichels, die Freiheit und Sicherheit der Behandlung, das Streben nach grossartiger Einfachheit, die effektvolle malerische und harmonische Wirkung, die Tüchtigkeit der Zeichnung und das charaktervolle Wiedergeben des Originals rühmt, zählt man: die Anbetung der heil. drei Könige, nach Raphael (1836); Madonna mit dem Kinde, nach Steinbrück (1833); die Zuflucht zum Altar, nach Daege (1837); die heil. Magdalena, nach Dominichino (1837); das Porträt von Heinr. Theod. v. Schön, nach J. Wolff (1834); eine Madonna, nach Rafaellino del Garbo (1839); das Porträt des Felix Mendelsohn, nach Hildebrandt (1840); die Vision Ezechiels, nach Raphael (1841); Friedrich der Grosse als Kronprinz, nach Pesne (1846); das Bildniss des Königs von Preussen, nach einem Biow'schen Lichtbilde; das Porträt des Bildhauers Rauch, nach einem Biow'schen Lichtbilde; Macbeth und die Hexen (in Kaulbach's Shakespeare-Gallerie) u. s. w. Eichens zeichnet auch treffliche Porträts.

Eichens, Hermann, ein sehr geschickter Maler und Lithograph zu Berlin, der sich unter Professor W. Hensel bildete und bereits mehrere geschätzte Bildnisse und Genregemälde lieferte, sich aber später mehr der Lithographie widmete. Seine Blätter zeichnen sich durch Feinheit und Zartheit, wie grosse Kraft und Sicherheit der Ausführung aus. Unter seine besten Lithographien zählt man: la belle Joconde, nach Leonardo da Vinci; Tizian's Geliebte, nach dessen Bild im Louvre; das Edelfräulein, nach Wittich (1836); das Scheibenschiessen, nach F. Meyerheim; die Rückkehr des Piraten, nach Ed. Magnus; die Hussittenpredigt, nach Lessing; Albr. Dürer, eine Kindergruppe betrachtend, nach Jakob u. s. w.

Eichhorn, Albert, ein trefflicher Landschaftsmaler, geb. 1811 zu Freienwalde an der Oder, gest. 1851 zu Potsdam, bildete sich anfänglich unter Tempeltei's und Biermann's Leitung zu Berlin, und ging dann von 1840 an auf Reisen, durchpilgerte Italien und Griechenland, und brachte hier in heiterer schöpferischer Thätigkeit eine unglaubliche Anzahl von werthvollen Skizzen zusammen, die ihm für seine späteren Bilder eine unerschöpfliche Fundgrube wurden. Schon 1842 erregten neben mehreren schönen Ansichten aus Rom und Umgegend besonders zwei griechische

Landschaften Aufsehen: der Taygetos und der Tempel von Phigalia, beide Bilder von ausserordentlicher Wirkung. Später sah man: die Peterskirche zu Rom; den Tempel von Korinth; den Pentelikon bei Athen; den Tempel des olympischen Zeus; die Strasse von Patras; dann viele Stadtprospekte aus Italien; die Campagna u. s. w. Fast in allen diesen Bildern, deren grössere Anzahl im Besitz des Königs von Preussen sich befindet, herrscht eine grosse Poesie, ein tiefer, beinahe schwermüthiger Ernst, eine gewisse Strenge im Vortrag, eine ehrfürchtige Treue in der Nachbildung des historischen Terrains und der Architekturen; sie machen vollständig den Eindruck von Schaubühnen welthistorischer Ereignisse. Dabei zeigen sie ein sehr feines Gefühl für schöne Linien und einen lebendigen Sinn für plastisch wirkende Naturformen; der Künstler verstand es, so zu sagen, die Klassicität des antiken Bodens und der antiken Natur zur Anschauung zu bringen.

Eichhorn entdeckte auch eine neue eigenthümliche Technik der Wandmalerei, in welcher er mehrere Bilder in den Thermen zu Charlottenburg und in seinem eigenen Hause ausführte.

In einem Anfall von Hypochondrie legte der Künstler Hand an sein eigenes Leben.

Literatur. Kunstblatt, Jahrg. 1853. Nro. 30 ff.

Eichhorn, Franz Joseph, ein Porträt- und Historienmaler aus Düsseldorf, der um die Mitte des vorigen Jahrhunderts in Frankfurt, Mainz und zuletzt in Amsterdam thätig war und sich durch seine Bilder die Achtung seiner Zeitgenossen erwarb.

Eichhorn, Hans, ein Buchdrucker aus Nürnberg, der von Kurfürst Joachim II. nebst seinen Söhnen nach Frankfurt a. d. Oder berufen wurde, dort um 1541 eine Druckerei eingerichtet hatte, später Rathskämmerer wurde und 1583 starb. Er beschäftigte nicht nur verschiedene geschickte Künstler, unter denen namentlich der geschickte Zeichner, Formschneider und Kupferstecher Franz Friedrich genannt wird, sondern übte die Holzschneidekunst auch selbst. Bei ihm wurde 1570 das grosse Werk des Leonhard Thurneisser, des Leibarztes des Kurfürsten von Brandenburg, „Pison" betitelt, gedruckt.

Eichler, Gottfried, Porträt- und Historienmaler, der Sohn des Nachfolgenden, war ein Schüler von Joh. Heiss, bildete sich später unter C. Maratti in Rom aus und war nach seiner Heimkehr vielfältig in seiner Vaterstadt Augsburg thätig, woselbst er 1759 starb. Seine Bilder, unter denen besonders sein Abendmahl in der Barfüsserkirche daselbst gerühmt wird, verrathen ein tüchtiges Talent, tragen aber zu sehr das Gepräge des verderbten Geschmacks seiner Zeit.

Sein Sohn Johann Gottfried, gest. 1770, war wie sein Enkel Mathias Gottfried, der Sohn des Letzteren, der 1748 zu Erlangen geboren wurde, 1818 zu Augsburg starb, und ein Schüler von G. Rugendas, J. G. Thelot und Aegid Verhelst gewesen, Kupferstecher.

Eichler, Heinrich, ein geschickter Kunstschreiner, der hauptsächlich in Augsburg thätig war, und 1719 dort im 82. Jahre starb. Sein beträchtlichstes Werk ist die Kanzel in der St. Annenkirche daselbst.

Eigner, derzeit Conservator der königl. Gemäldegallerie zu Augsburg, hat sich als einer der ersten Wiederhersteller alter Gemälde einen bedeutenden Namen erworben.

Eimart oder **Eimmart, Georg Christoph**, der Jüngere, der Sohn eines Malers und Kupferstechers gleichen Namens (geb. 1603, gest. 1663), Maler, Kupferstecher, Aetzer, Arbeiter in Schwarzkunst und Formschneider, geb. zu Regensburg 1638, gest. zu Nürnberg 1705, war ein Schüler von Sandrart, für dessen Akademie er auch einige Blätter stach. Er malte Kirchenbilder und Bildnisse im Geschmack der damaligen Zeit und auch seine Kupferstiche, unter deren beste man: eine Ansicht von Nürnberg, die Bildnisse des Erzherzogs Ferdinand, der Philippine Welser, des Sebastian Welser, des Ch. Karl Wölcker (1669) zählt, sind nicht ohne Verdienst. In Schwarzkunst führte er in 12 Blättern die Apostel am Sebaldusgrab in Nürnberg von P. Vischer aus.

Seine Tochter Maria Klara malte Porträts, Blumen, Früchte und Vögel, stach auch Mehreres in Kupfer und starb 1707.

Eimbeck, Konrad von, ein Bildhauer, der zu Anfang des 15. Jahrhunderts blühte und von dem sich in der Moritzkirche zu Halle eine Anzahl Sculpturen befindet, welche sich durch die Entschiedenheit in der Behandlung des Nackten und durch glückliche, derbe, naturalistische Züge auszeichnen. Die Gewandung erscheint spätgermanisch und ist zum Theil mit grosser Ueberlegung und mit feinem Gefühl gearbeitet. Es sind folgende Werke: die Kolossalstatue des Ecce homo (1416); die Hochreliefgestalt des heil. Mauritius, gen. „Schellenmoritz" (1411); Christus an der Martersäule; ein Relief der Mater dolorosa und ein kleines Relief mit der Anbetung der Könige.

Einsle, A., ein ausgezeichneter Porträtmaler zu Wien, dessen Bilder auf den dortigen Kunstaufstellungen wegen ihrer Tüchtigkeit und Eleganz, der feinen Farbe, der bis zur völligen Greifbarkeit der Formen gesteigerten Modellirung und Durchbildung immerdar eine hervorragende Stelle einnahmen. Besonders rühmte man seiner Zeit die Bildnisse des Grafen Chotek im Toisoncostüme, der Gräfin Wickenburg im Maskenballanzug (1846), des Erzherzogs Karl von Oesterreich (1848), wofür er von der Königin von Neapel, für die er das Bild malte, eine goldene Dose mit Brillanten erhielt und mit dem Ritterkreuz des Francesco-Orden geschmückt wurde.

Einsle malt aber auch Genrebilder, die, wie sein Negersclave (1846), ebenfalls sehr gerühmt werden.

Eisen, Frans, ein Kupferstecher, der zu Brüssel geboren wurde, sich aber meistens zu Paris aufhielt, wo er um 1750 thätig war. Er ätzte unter Anderem eine Platte nach dem Bild von Rubens in der St. Gudulakirche zu Brüssel: Christus, der dem Petrus die Schlüssel übergibt. Sein Sohn war

Eisen, Karel, Maler und Kupferätzer, geb. 1722 zu Brüssel, gest. 1778 als Lehrer an der Zeichenakademie S. Lucca. Er machte fast nur Zeichnungen für illustrirte Werke, unter denen die Malerbildnisse und Vignetten in Descamps' „Vie des peintres", zu Basan's Ausgabe der Metamorphosen des Ovid u. s. w., genannt werden, radirte aber auch selbst mehrere Blätter recht hübsch in Kupfer.

Eisenhardt, Johann, ein derzeit zu Frankfurt lebender Kupferstecher, der sehr wackere Arbeiten liefert. Bekannt von ihm sind uns eine Anzahl von Compositionen zu deutschen Dichtungen, nach Zeichnungen von J. B. Scholl, und ein weibliches Brustbild, nach P. Veronese, eine recht gute Arbeit.

Eisenlohr, F., Doktor, Hofrath, Ritter des Zähringer Löwenordens, ein trefflicher Architekt zu Karlsruhe, gest. 1853, der sich sowohl durch seine Bauten, als seine Forschungen über seine Kunst auszeichnete. Er gab auch mehrere Schriften heraus: „Holzbauten des Schwarzwaldes"; „Mittelalterliche Bauwerke im südwestlichen Deutschland und am Rhein"; „Die Ornamentik in ihrer Anwendung auf verschiedene Gegenstände der Bauwerke."

Eisler, Jeremias, ein Bildhauer zu Nürnberg, geb. 1641, gest. 1702, war ein Schüler von G. Schweigger, und arbeitete vorzugsweise in Holz und Gyps.

Eisler, Kaspar Gottlieb, Medailleur und Kupferätzer, lebte um 1750 zu Nürnberg, und fertigte Denkmünzen, radirte aber auch in Kupfer.

Eismann — auch **Eisenmann, Leismann, Lismann** geschrieben — **Johann Anton,** Landschaftsmaler, geb. 1604 zu Salzburg, gest. 1698 zu Venedig, hatte sich im Vaterlande durch seine landschaftlichen Bilder, die er mit geistvollen Figuren zu schmücken wusste, bereits einen geachteten Namen erworben, als er sich nach Venedig begab, wo er ebenfalls vielseitige Beschäftigung fand. In der Schleissheimer Gemäldesammlung, in der Dresdner Gallerie und im Belvedere zu Wien sieht man Bilder von ihm, die mit kühnem Pinsel in der Art des Salvator Rosa ausgeführt sind.

Sein Schüler und Adoptivsohn

Eismann-Briseghella, Carlo, der Sohn eines Mattia Briseghella zu Venedig, mit dem der Vorhergehende während seines dortigen Aufenthalts vertraute Freundschaft geschlossen hatte, malte in der Manier seines Lehrers Eismann Landschaften, Marinen und Schlachten. Die Dresdner Gallerie besitzt 4 Bilder von ihm, drei Reitergefechte und ein Schlachtfeld. Nach dem Tode seines Pflegevaters scheint er Ferrara zum Aufenthaltsorte gewählt zu haben; wenigstens gab er 1706 eine Beschreibung der Gemälde in den dortigen Kirchen heraus.

Eissner, Joseph, Kupferstecher, geb. zu Wien 1788, erlernte seine Kunst unter Schmutzer's und später unter Leybold's Leitung, und übte sie von 1814 selbstständig aus. Er stach historische Darstellungen und Porträts, man kennt von ihm aber auch eine grosse Anzahl malerisch radirter Blätter.

Ekels, Jan, Landschaftsmaler, geb. 1724 zu Amsterdam, gest. 1781 daselbst, war ein Schüler von Dirk Dalens, dem Jüngeren. Er malte namentlich Städteansichten, die nicht ohne Verdienst sind. Sein Sohn

Ekels, Jan, der Jüngere, geb. 1759 zu Amsterdam, lernte bei seinem Vater, bildete sich aber nachher an der dortigen Akademie und auf Reisen, in Paris, Düsseldorf u. s. w. aus. Er malte das Innere von Gebäuden und hätte es sicherlich zu grosser Meisterschaft in dieser Gattung von Malerei gebracht, wenn er nicht im besten Alter gestorben wäre.

Ekemann-Alesson, Lorenz, Lithograph, geb. 1791 in Schweden, gest. in Stuttgart 1828, erlernte und übte die Kunst auf Stein zu zeichnen zu Wien, München und Augsburg, bis er vom König von Württemberg als Professor und Direktor des neu errichteten lithographischen Instituts nach Stuttgart gezogen wurde. Er lithographirte meistens Landschaften und architektonische Ansichten, nach Adam, P. Hess, Wagenbauer u. s. w., auch Thierstücke und suchte in seinen Nachbildungen getreu den Geist und Charakter des Originals wiederzugeben. Seine besten Blätter sind: eine Waldgegend, nach Waterloo; eine Landschaft, nach Wynants (mit 3 Platten gedruckt) und königl. württembergische Gestütspferde von orientalischen Raçen, nach R. Kunz. — Ekemann-Allesson hat auch einige Landschaften mit Thieren gemalt, die, gleich seinen meisten Lithographien, mit nebigem Monogramm bezeichnet sind. E

Ekhout, siehe **Eeckhout.**

Elbertus, nennt sich ein Goldschmied aus Köln auf einem mit den schönsten Figuren verzierten Reliquienbehälter, das sich im Besitz Herzog Heinrichs des Löwen (1129 bis 1195) befand.

Elburg — auch **Elburch** geschrieben — **Hansje van**, auch der kleine Hans genannt, Historienmaler, wurde 1500 zu Elburg geboren, war aber zu Antwerpen, woselbst er 1536 in die Malergilde aufgenommen wurde, thätig, und lebte noch 1551. Er malte geschichtliche Darstellungen und Landschaften, letztere mit äusserst hübschen Figuren staffirt, und zeigte in seinen Bildern eine der Manier des Franz Floris und seiner Schule verwandte Kunstweise, doch ist seine Zeichnung etwas steifer, sein Colorit dagegen kräftiger und frischer. In der Liebfrauenkirche zu Antwerpen sieht man von ihm: den wunderbaren Fischzug Petri und im Museum daselbst: die Vervielfältigung der Brode.

Elger, siehe **Elliger.**

Eliarts, J. F., Früchte- und Blumenmaler, geb. zu Deurne 1761, genoss den ersten Unterricht in der Kunst zu Antwerpen, begab sich dann nach Paris, und lieferte viele Gemälde in der Art und Weise des van Huysum.

Elias, Mathias, Porträt- und Historienmaler, geb. 1658 zu Peena bei Kassel, war ein Schüler des Historien- und Landschaftsmaler Corbeen in Dünkirchen, bildete sich hierauf in Paris und wurde dort Professor an der alten Malerakademie, kehrte aber später nach Dünkirchen zurück, woselbst er auch 1741 starb. Seine Bilder, deren man in Dünkirchen und Umgegend noch viele sieht, sind nicht ohne Verdienst, obgleich nicht frei von dem Manierismus seiner Zeit. Sie haben ein hübsches Colorit und verrathen Gefühl für Natur. Seine Drapperien sind grossfaltig und seine Zeichnung ist correkt. Er componirte gut, aber mit unsäglicher Mühe.

Literatur. Descamps, La vie des peintres flamands, allemands et hollandois.

Elias, N., ein Porträtmaler, von dem man aber nur ein Gemälde im Stadthause zu

Amsterdam, ein sogenanntes Schützenstück, mit seinem Namen und der Jahrszahl 1639 bezeichnet, kennt.

Elkan, David Levy, Lithograph, Arabeskenzeichner und Maler zu Köln, geb. 1808, ein Künstler von fruchtbarer Phantasie und tüchtiger Gewandtheit, der sich sowohl durch treffliche Nachbildungen, als durch eigene Compositionen, besonders im mittelalterlichen Style, wie auf dem Gebiet der politischen und gesellschaftlichen Satyre einen Namen erworben. Zu seinen besten Lithographien zählt man: Christus und Maria nebst den zwölf Aposteln, 14 Blätter nach den Standbildern im Chor des Doms zu Köln (im Farbendruck herausgegeben). Auch beschäftigte er sich mit Erfolg mit dem Versuche, die Holzschnitte A. Dürer's auf lithographischem Wege wiederzugeben. Grosses Verdienst hat sich aber Elkan besonders durch seine höchstanziehenden Compositionen zum Dombauliede, zum Rheinweinlied, durch seine Miniaturen, Initialen und Randverzierungen der Adresse des Dombauvereins an Papst Pius IX., das Widmungsblatt zum Rheinlandsalbum u. s. w. erworben. Höchst verdienstvoll sind ferner die von ihm in lithographirtem Farbendruck herausgegebenen „Albumblätter im mittelalterlichen Style." Von seinen Aquarellbildern werden rühmend erwähnt: der erste Busspsalm David's; das Rheinweinlied; der Reichstag des Kaisers Maximilian auf dem Gürzenich zu Köln im Jahr 1505; Christus am Oelberge; David; unter seinen Oelgemälden: der Schulbesuch; Auszug aus dem Lager; Gastmahl des reichen Prassers.

Literatur J. J. Merlo, Kunst und Künstler in Köln.

Ellenrieder, Marie, grossherzogl. badische Hofmalerin, geb. 1791 zu Constanz, bildete ihr schon frühe hervortretendes Talent für die Kunst auf der Akademie zu München und später auf Reisen in Italien aus. Sie liebt vorzugsweise die Darstellung religiöser Gegenstände, denen sich eine gemüthliche, liebliche und innige Seite abgewinnen lässt, und sie weiss darin die tiefen Empfindungen und Stimmungen ihrer frommen Seele meistens mehr oder weniger glücklich zum Ausdruck zu bringen. Namentlich gelingen ihr die weiblichen und Kindergestalten, während den männlichen es an der nöthigen Kraft gebricht. Ihre Bilder sind nicht geschaffen, zu imponiren, wirken aber angenehm und erfreuend auf das Gemüth. Nur hat sich bei ihr im Laufe der Zeit eine Art Manier herausgebildet, welche in der Auffassung stark an's Sentimentale streift und ihren Gesichtern die menschlich sympathetische Anziehung der Individualität benimmt, ohne sie durch eine überirdische Wahrheit zu ersetzen. Immerhin aber ist sie eine der talentvollsten Malerinnen unserer Zeit und man muss ihre poetischen Intentionen bewundern, wenn sie auch öfters in einer mehr oder minder weichlichen Weise zur Erscheinung gelangen. Ihre Composition ist in der Regel wohlgeordnet, ihre Zeichnung correkt, ihr Pinsel zart und ihr Colorit zeugt von warmem Farbengefühl und Geschmack. Mit vielem Glück übt sie auch in kleineren und grösseren Bildern die Pastellmalerei. Unter ihre vorzüglichsten Gemälde zählt man: das Martyrium des heil. Stephanus in der katholischen Kirche zu Karlsruhe; Maria mit dem Kinde im grossherzogl. Residenzschlosse dort; einen Christuskopf; die heil. Jungfrau, das Magnificat schreibend; eine Heilige, ein Buch in der Hand haltend; eine lesende Jungfrau; die Erweckung der Tabitha; ein Mädchen, das Blumen aus einem Korbe schüttet; drei Jungfrauen mit dem Motto: Lasset uns von Gott reden und seinen heiligen Geboten, sowie zwei Cartons: den heil. Joseph mit dem Jesuskinde und Christus als Kinderfreund darstellend in der grossherzogl. Kunsthalle ebendaselbst; den Kopf eines Kindes und Christus im Brustbild in der grossherzogl. Gallerie zu Mannheim; den heil. Borromäus, lebensgrosse Figur; die heil. Jungfrau, den göttlichen Knaben in die Welt einführend, in der katholischen Kirche zu Stuttgart; ferner verschiedene Darstellungen von Kindern und Kindergruppen.

Marie Ellenrieder radirte auch mit weicher und zarter Nadel eine Anzahl mit obigem Monogramm bezeichneter Blätter nach eigenen Erfindungen in Kupfer, unter denen man namentlich hervorhebt: die Auferstehung Christi; Maria auf dem Throne; die heil. Jungfrau, den Jesusknaben an der Hand führend, und die Bildnisse des Vaters und der Mutter der Künstlerin.

Elliger — auch **Elger** —, **Ottomar**, ein trefflicher Blumen- und Früchtemaler, geb. 1633 zu Gothenburg, wird ein Schüler Seghers genannt, scheint sich aber mehr nach dessen Werken, als unmittelbar unter seinen Augen gebildet zu haben. Er wurde 1670 von dem grossen Kurfürsten als Hofmaler nach Berlin berufen, wo er 1679 starb. In den königl. Schlössern daselbst, in der Dresdner Gallerie, im Städel'schen Institut zu Frankfurt a. M. u. s. w. sieht man einige schöne Bilder von ihm.

Elliger, Ottomar, der Sohn des Vorigen, Historienmaler, geb. 1666 zu Hamburg, gest. 1732, erlernte anfänglich die Kunst bei seinem Vater, kam aber nach dessen Tod nach Amsterdam, wo er sich unter Mich. Musschert und von 1686 an unter Lairesse weiter bildete. Er malte im Geschmack des Letzteren Decken-, Wand- und Oelgemälde, in denen er grossartige Architekturen anzubringen liebte. Zu seinen besten Arbeiten gehören die in den Jahren 1716 und 1717 für den Kurfürsten von Mainz ausgeführten Bilder: der sterbende Alexander der Grosse und die Hochzeit des Peleus und der Thetis.

Ellinger, Abt von Tegernsee, von 1017—1048, ein in Wissenschaft und Kunst wohl erfahrener Mann, der sich durch künstlerische Unternehmungen ein ehrenvolles Gedächtniss in seinem Kloster stiftete, aber auch selbst malte. Er soll in einer Handschrift des Plinius die im Text beschriebenen Thiere auf den Rand gezeichnet und verschiedene andere Manuscripte mit Bildern geschmückt haben. In der Hofbibliothek zu München verwahrt man von ihm ein Evangelienbuch mit den Bildern der Evangelisten in strenger Zeichnung, mit geraden, einfachen Falten der Gewandung und von sauberer Malerei.

Ellinger, Antonie, der Sohn und Lehrling des jüngeren Ottomar Ellinger, geb. 1701 zu Amsterdam, gest. 1781, malte geschichtliche, mythologische und allegorische Bilder in kleinerem Format, wie in grossartigerem Maassstabe nach der Mode des Tages an Decken und Wänden, über Thüren und Kaminen. Seine besten Schüler waren: Juriaan Andriessen und Jan Gerard Waldorp.

Seine jüngste Tochter Christina Maria malte Bildnisse.

Elliot, Willam, Zeichner, Kupferstecher und Aëtzer, geb. 1717 zu Hamptoncourt, gest. 1766 zu London, hat sich durch mehrere treffliche Blätter, namentlich im landschaftlichen Fache, einen Namen erworben. Darunter zählt man: die Gegend von Mastricht, nach Cuyp, Hauptblatt des Meisters; eine Ansicht von Tivoli, nach Rosa di Tivoli; eine reiche englische Gegend, nach G. Smith of Chichester; die Flucht nach Aegypten, nach Poelemburg; der Frühling und der Sommer, zwei Blätter, nach van Goyen; Helena Forman, nach Rubens.

Ellis, William, tüchtiger Kupferstecher mit der Nadel und dem Grabstichel, geb. in London 1747, war ein Schüler von Woollet, mit dem er später mehrere Blätter gemeinschaftlich ausführte. Zu seinen besten gehören: die vier Jahrszeiten (1784) und 2 Blätter Ansichten von London, nach Hearne. Auf den beiden Blättern mit Darstellungen aus dem Landprediger von Wakefield, nach demselben (1780) sind die Figuren von Wollet.

Elmerich, Charles Edouard, ein geschickter Landschafts-, Genre- und Historienmaler, der zugleich aber auch die Bildhauerkunst übt, war ein Schüler von Horace Vernet. Auf der Pariser Kunstausstellung vom Jahr 1851 sah man von ihm: Lesueur unter den Karthäusermönchen und in der vom Jahr 1855 eine Marmorgruppe: Wilhelm Tell und sein Sohn.

Elsasser, Friedr. Aug., ein ausgezeichneter Landschafts- und Architekturmaler, geb. 1810 zu Berlin, gest. 1845 zu Rom, erlernte seine Kunst auf der Akademie seiner Vaterstadt unter Leitung des Professor Blechen, und bildete seit 1832 sein bedeutendes Talent auf Reisen in Italien seinem ganzen Umfange nach und in seiner ganzen Tiefe aus. Mit jedem neuen Bilde schwang er sich auf eine höhere Stufe der Vollendung und rasch verbreitete sich sein Ruhm. Die Akademie nahm ihn unter ihre Mitglieder auf, der König von Preussen sandte ihm den rothen Adlerorden und setzte ihm eine lebenslängliche Pension aus, die er aber nur noch ein Jahr lang genoss. Ein Lungenübel, das er sich durch Entbehrung, Mühen und Beschwerden, sowie durch allzu angestrengte Arbeit zugezogen, raffte ihn in der Blüthe der Jahre hinweg.

Man rühmt an seinen Gemälden, die zu dem Vollendetsten gehören, was sowohl im landschaftlichen, als im Architekturfache in neuester Zeit geleistet worden, die geist- und poesiereiche Auffassung, die geniale schwungvolle Kühnheit, die täuschenden Lichteffekte, die Farbengluth und die Liebe in der Durchführung. Die schönsten sind: ein Blick aus dem Volskergebirge nach dem Meere; eine grosse Composition mit Motiven aus den Wäldern Calabriens; das Theater von Taormina mit dem Aetna; das Innere einer Kirche von Palermo; ein Klosterhof ebendaselbst; das Innere der beleuchteten Peterskirche; Ansicht der Ruinen Rom's von den Kaiserpalästen aus, von der untergehenden Sonne beleuchtet; das Innere des Campo Santo zu Pisa im Mondschein; Ansicht der Peterskirche vom Querschiff aus; die Sirenengrotte in Tivoli; das Innere eines Klosterganges in Kephalu; Tivoli bei Rom (im Besitz des Königs von Württemberg).

Elsasser, Julius, der Bruder des Vorigen und ebenfalls Landschaftsmaler, besitzt ein schönes Talent, das er auch, wie dieser, in Italien ausbildete. Wir kennen von ihm unter Anderem eine schöne Landschaft im Charakter der römischen Campagna.

Elshoecht, Charles, ein Bildhauer aus Dünkirchen, dessen Arbeiten ein tüchtiges Talent und gute Schule verrathen. Seine Porträtbüsten sind lebendig und seine Statuen zeigen eine poetische Auffassung. Bekannt von ihm sind: eine Statue der Flora, von feiner und naiver Auffassung und Durchführung, die grossen Statuen der Rhône und Saône, für die Attika des Hotel Dieu zu Lyon; zwei allegorische Gruppen, die Armuth und die Mutterliebe darstellend, für dasselbe Hospital; das Modell zu einer Statue Jean Bart's.

Elsholz, Ludwig, ein vortrefflicher Genre- und Schlachtenmaler, gest. 1850 zu Berlin im besten Mannesalter, erhielt den ersten Unterricht in der Kunst auf der dortigen Akademie, bildete sich später unter Prof. Krüger's Leitung weiter, und erwarb sich durch die tiefe Wahrheit und grosse Lebendigkeit seiner Darstellungen einen allgemein anerkannten Ruf. Zu seinen besten Gemälden, die meistens durch Lithographien allgemeiner bekannt wurden, gehören: die Völkerschlacht bei Leipzig, ein Bild, das die Tragödie des Kriegs in ergreifendster Lebendigkeit schildert; der Abschied auf dem Schlachtfelde; die Bautzener Schlachtscene mit dem Colberg'schen Regiment; Mittagsruhe bei der Ernte; der Einzug der Verbündeten in Paris und mehrere andere Scenen aus den Befreiungskriegen.

Elssner, Jakob, ein Miniaturmaler zu Nürnberg, gest. daselbst 1546, der namentlich im Auftragen des Goldes gerühmt wird. Von ihm befand sich früher ein sehr schönes Messbuch von 1513 in klein Folio in der St. Lorenzkirche dort, im Auftrag des Anton Kress, Probst's an derselben Kirche, ausgeführt, wesshalb man auch zwei sich noch daselbst befindliche Choralbücher demselben Künstler zuzuschreiben geneigt ist, die notorisch von demselben Probst bestellt wurden.

Elst, Pieter van der, ein holländischer Genremaler, der ein Schüler von Gerard Dou gewesen sein soll und meistens Nachtstücke mit von Fackeln oder Kerzen beleuchteten Figuren malte. In der Dresdner Gallerie sieht man zwei derartige Bilder von ihm; auch die Gallerie des Belvedere zu Wien ist im Besitz eines Gemäldes von ihm, das mit nebenstehendem Monogramm bezeichnet ist.

Elstracke, Renold, ein Kupferstecher, geb. um 1590 zu London, arbeitete meistens nach seinen eigenen Zeichnungen für Buchhändler in einer nicht immer lobenswerthen Manier; gleichwohl sind seine Porträts gesucht, jedoch mehr wegen ihrer Seltenheit, als wegen ihrer sonstigen rühmenswerthen Eigenschaften. Seine besten gestochenen Blätter sind: Maria, Königin von Schottland; Lord Darnley und die Königin Maria; Thomas Morus; Philipp Sidney; die Königin Elisabeth von England; John Olden Barneveldt.

Eltz, Joh. Friedr. von, geb. 1632, gest. zu Mainz 1686, Domherr und Scholasticus zu Mainz, später Domherr und Probst zu Trier, war einer der ersten Arbeiter in Schwarzkunst, betrieb übrigens dieselbe nur als Dilettant, wesshalb auch seine Blätter ausserordentlich selten sind. Man kennt von ihm übrigens nur zwei: das Bildniss des grossen Mainzer Kurfürsten Joh. Ph. v. Schönborn, nach Th. C. v. Fürstenberg und einen Ecce homo, nach Dürer, vom Jahr 1527.

Elzheimer — auch **Elsheimer** geschrieben —, **Adam**, Maler, geb. zu Frankfurt 1574, gest. 1620 zu Rom, wo er Adamo di Francoforto oder Adamo Tedesco genannt wurde, war der Sohn eines Schneiders, der die Neigung und das Talent des Sohnes für die Malerei bald erkannte, und indem er ihn zu Ph. Uffenbach in die Lehre that, auch unterstützte. Des jungen Künstlers Geschmack entschied sich für die Landschaft in Verbindung mit Historie und zwar in kleinem Format, worin er es bald zu einer bewundernswürdigen Meisterschaft brachte. Nachdem er in verschiedenen Städten Deutschlands seine Kunst geübt, trieb ihn die Sehnsucht nach Italien, wo er sehr fleissig die alten grossen Meister und die Natur studirte, und fortfuhr, mit grosser Sorgfalt kleinere historische Compositionen, häufig bei Mondschein oder künstlichen Beleuchtungen, bei Nacht auszuführen. Die Zeit, die er aber auf diese äusserst vollendeten Arbeiten verwandte, stand nicht im Verhältniss zu dem Lohne, den er dafür erhielt; er gerieth in Schulden und starb im Schuldthurme, ein Opfer seiner deutschen Gründlichkeit und Genauigkeit.

Seine Werke, die ihn bei Lebzeiten nicht vom Schuldgefängnisse zu befreien vermochten, von seinem Tode an aber nur in den Kabineten der reichsten Kunstliebhaber zu finden waren, zeichnen sich durch die poetische, gemüthliche Auffassung, wissenschaftliche Durchbildung und feinste miniaturartige Ausführung aus. Sie sind gegen die Werke seiner in Manierismus verfallenen künstlerischen Zeitgenossen verhältnissmässig frei von Manier, reich an einzelnen geistvollen Zügen, auch bewundert man in mehreren den kunstreichen Lichteffekt. In seinen Landschaften verbindet er mit dem Formensinn der Italiener und der Behandlung der Niederländer eine höchst eigenthümliche Darstellungsweise, vermöge welcher man vor seinen Bildern durch ein Verkleinerungsglas in die Natur hinauszublicken wähnt. In dem kleinen Raum seiner Tafeln ist eine Aussicht über weit geöffnete, höchst mannigfaltige Gegenden erschlossen; vielfältig bricht sich das Licht; dunkel beschattete Wäldchen wechseln mit hellglänzenden Wasserflächen, und hat sich das Auge in einiger Ferne an der Harmonie dieser kleinen gemüthlichen Welt erfreut, so wird es in der Nähe die bis in's Einzelnste gehende Ausführung oder doch geistreiche Andeutung bewundern. Dabei fehlt es nicht an mannigfach zierlicher Staffage, die sich theils der Landschaft mehr unterordnet, theils als die Hauptsache erscheint. Seine landschaftlichen Bilder bilden den Uebergang zu der höheren Gattung, in welcher Claude Lorrain Hauptmeister wurde.

Cornelius Poelenburg, David Teniers, der ältere, Peter van Laar, namentlich aber Thomann von Hagelstein ahmten seinen Styl nach. Der Letztere konnte seine Bilder bis zur Täuschung copiren.

Heinrich Graf von Goudt, der Elzheimer auch bei Lebzeiten schon unterstützte, hat verschiedene Bilder von ihm trefflich gestochen.

Gemälde von Elzheimer trifft man in den meisten grösseren Gallerien. Das Museum zu Berlin besitzt: die ihre Tochter suchende durstige Ceres, welche auf ihrer Wanderung bei nächtlicher Weile vor einer Hütte hastig aus einem ihr dargebotenen Kruge trinkt (scheint nach Passavant jedoch nur eine schöne Copie von Ger. Dou zu sein); die Gallerie zu Dresden: Jupiter und Merkur, von Philemon und Baucis bewirthet (gest. v. Goudt); Judith in Begleitung eines alten Weibes, welches das Haupt des Holofernes in einen Sack aufnimmt; eine Landschaft mit der Flucht nach Aegypten (gest. v. Goudt); Joseph wird von seinen Brüdern in den Brunnen versenkt. Dann finden sich in England mehrere treffliche Bilder dieses Meisters, so in der Sammlung des Herzogs von Devonshire zu London: eine abendliche Ruhe auf der Flucht nach Aegypten; in der Bildersammlung zu Corshamhouse: St. Paulus auf Melite, die Natter, welche ihn gebissen, in's Feuer werfend; der Tod der Procris, in einer wunderbar zart ausgeführten Landschaft; in der Sammlung des Hrn. Beckford in Bath: der Engel mit dem Tobias in einer Landschaft (gest. v.

Goudt); im Fitzwilliam Museum zu Cambridge: Amor und Psyche; in der Universitätsgallerie daselbst: Venus (gest. von W. Hollar); in der Bildersammlung zu Lutonhouse: Jakob kehrt nach Kanaan zurück; ferner im britischen Museum: einige allerliebste Handzeichnungen. Dann sieht man im Städel'schen Institut zu Frankfurt: eine Landschaft mit Christus auf dem Wege nach Emmaus, und eine andere baumreiche Landschaft mit mehreren ein nacktes Kind umgebenden Figuren; im Museum im Haag: eine treffliche Landschaft; in der grossherzogl. Kunsthalle zu Karlsruhe: den heil. Laurentius; Tobias mit dem Engel in einer Landschaft; Pyramus und Thisbe; im Museum zu Madrid: Ceres, welche, ihre Tochter Proserpina suchend, bei der alten Matanira einkehrt, ihren Durst löscht und von dem Knaben Stellio verspottet wird (gest. v. Goudt); in der grossherzogl. Gallerie zu Mannheim: Johannes predigt in der Wüste; in der Pinakothek zu München; den heil. Lorenz, wie er zum Märtyrertod entkleidet wird; den Sieg der christlichen über die heidnische Religion; die Flucht nach Aegypten; den in der Wüste predigenden heil. Johannes; im Louvre zu Paris: die Flucht nach Aegypten (gest. v. Goudt); den barmherzigen Samariter, der die Wunden des Beraubten verbindet; in der Gallerie zu Pommersfelden: die Versuchung Christi; eine Ruhe auf der Flucht nach Aegypten; in der Gallerie des Museums der bildenden Künste zu Stuttgart: die Befreiung des Apostel Petrus aus dem Gefängniss durch den Engel; in der Gallerie des Belvedere zu Wien: eine Ruhe auf der Flucht nach Aegypten; in der gräflichen Esterhazy'schen Sammlung daselbst: ebenfalls eine Ruhe in Aegypten und eine Landschaft mit weidenden Kühen und badenden Weibern.

Nebenstehendes Monogramm trifft man zuweilen auf seinen Bildern.

Elzheimer hat auch radirt, wir kennen indessen nur ein einziges Blatt von ihm: den jungen Tobias, der seinen Vater führt, in einer Landschaft, auch Joseph mit dem Christkinde genannt.

Literatur. Sandrart, Teutsche Akademie. — Descamps, La vie des peintres flamands, allemands et hollandois. — Kugler, Handbuch der Geschichte der Malerei. — Waagen, Kunstwerke und Künstler in England und Paris. — Schnaase, Niederländische Briefe. — Museo Fiorentino, woselbst sein Porträt im Stich.

Embde, August von der, ein trefflicher Genremaler, geb. 1780, gehört zu denjenigen Künstlern, deren innerer Drang zu dem angeborenen Beruf durch keine äusseren Schwierigkeiten zurückgehalten werden konnte. Erst als seine mit den dürftigsten Hülfsmitteln im tiefsten Geheimniss gemalten Bilder, durch Zufall zum Vorschein gekommen, sein Talent unzweifelhaft beurkundeten, ward der Widerstand eines liebevollen, aber strengen Vaters besiegt, und ihm in seinem 19. Jahre der Besuch der Kunstakademie seiner Vaterstadt gestattet. Zur Vollendung seiner Ausbildung hielt er sich hierauf später wiederholt und längere Zeit in Dresden, Düsseldorf, München und Wien auf. Aus dieser Periode stammen viele Copien nach den besten alten Meistern in Sepia, welche ihrer Zeit wegen der Trefflichkeit der Behandlung sehr gesucht waren. Nachdem er sich dauernd in Kassel niedergelassen, malte er vorzugsweise Porträts in Oel. Erst 1830 trat er mit seinen Genrebildern hervor, deren Motive meistens dem Leben der Bauern und Kinder entnommen sind, ein Gebiet, auf dem er seitdem viele Nachfolger fand. Die Wahl der Gegenstände, die sich im Kreise höherer Anmuth, naiver Liebenswürdigkeit, schalkhafter Scherze, novellenartiger Scenen, anziehender Situationen u. s. w. bewegen, und nur selten an das Elegische streifen, bezeichnet schon das tiefe Gemüth und die reiche Poesie des Malers, und seine Technik spricht durch ihre Eigenthümlichkeit, die insbesondere in der Frische und Heiterkeit des Colorits besteht, ungemein an. Viele seiner lieblichen Bilder sind theils als Kunstvereinsblätter (Darmstadt, Nürnberg, Breslau, Frankfurt, Köln), theils in Taschenbüchern (rheinisches Taschenbuch, Familienbuch des Lloyd u. s. w.) durch Stich und Lithographie vervielfältigt worden.

Als Schüler Embde's sind seine beiden Töchtern Karoline (Frau Klauhold in Bremen) und Emilie zu nennen, welche, nachdem sie früher dem Vater nur bei der Ausführung seiner Bilder behülflich gewesen, später mit selbstständigen, in Gegenstand und Behandlung zum Theil von jenem abweichenden Schöpfungen hervorgetreten sind. Manche Genrebilder von Karoline sind unter dem Namen Karl von der Embde bekannt geworden.

Emelraet, Landschaftsmaler, geb. 1612 zu Antwerpen, gest. daselbst 1668, brachte viele Jahre in Italien zu und malte nach seiner Rückkehr in die Heimath, woselbst er bald als einer der ersten Künstler in seinem Fache galt, meistens die landschaftlichen Gründe für andere Maler, jedoch auch selbstständige Landschaften, die ihm Erasmus Quellinus und Andere mit Figuren staffirten. Ein derartiges Bild von ihm, eine Waldlandschaft mit Orientalen auf der Löwenjagd, sieht man im Museum der bildenden Künste zu Stuttgart.

Emes, Johann, ein geschickter englischer Kupferstecher, der in der letzten Hälfte des vorigen Jahrhunderts thätig war. Wir kennen von ihm aber nur ein Blatt: The scene before Gibraltar on the morning of the 14. Sept. 1782, nach J. Jefferys.

Emmanuello da Como, Fra, Franciscanermönch und Maler, geb. 1586, gest. 1662, bildete sich anfänglich durch sich selbst, später unter Silla's Leitung in Messina, und brachte es durch Uebung, Fleiss und gute Unterweisung, selbst schon in reiferen Jahren, zu grosser Meisterschaft. In seinen Bildern erstaunt man über seinen, in jener Periode eines so tief gesunkenen Kunstgeschmacks doppelt bewundernswürdigen, einfachen und reinen Styl Er malte in Como, Messina und Rom in verschiedenen Klöstern seines Ordens. In der Bibliothek des irländischen Klosters San Isidoro auf Monte Pincio zu Rom befinden sich noch mehrere herrliche Fresken von ihm von grossartiger Composition und voll Gefühl in den Köpfen.

Emmet, William, ein Bildhauer und Kupferstecher in Schwarzkunst, der um 1690 in England lebte. Das Bildniss des Prinzen Georg von Dänemark, englischen Admirals, nach G. Kneller, ist ein sehr seltenes Blatt des Meisters.

Emminger, E., ein trefflicher Landschaftsmaler und Lithograph, geb. zu Biberach und derzeit zu München lebend, hat sich namentlich durch grössere landschaftliche Lithographien, theils nach Bildern, theils nach eigenen Aufnahmen einen geachteten Künstlernamen erworben. Unter seine schönsten Blätter zählt man: die Ansichten des königl. Landhauses Rosenstein und der Kapelle auf dem Rothenberg bei Stuttgart, beide nach Steinkopf; mehrere Ansichten schwäbischer Städte und eine sehr grosse Ansicht von Rom. Emminger hat aber auch Figürliches lithographirt und wir nennen in dieser Beziehung: Sokrates Tod, nach Eberh. v. Wächter, und eine Altartafel, nach Weitbrecht.

Empereur, Louis Simon, siehe **Lempereur.**

Empoli, Jacopo da, siehe **Chimenti.**

Ender, Eduard, ein zu Wien lebender Historienmaler, der Sohn und Schüler des Folgenden, macht sich durch ein bedeutendes Talent und höchst gediegene künstlerische Ausbildung bemerklich. An seinem 1854 zu München ausgestellten Bilde: Franz I., der mit seiner Geliebten Benvenuto Cellini in seiner Werkstätte besucht, rühmte man sowohl die verständige Composition als die treffliche Ausführung.

Ender, Johann, Porträt- und Historienmaler, Professor an der Akademie zu Wien, geb. 1793 daselbst, gest. 1854, bildete sich unter Lampi, Caucig und Füger, erhielt auch mehrere akademische Preise, machte sodann im Jahr 1818 mit dem Grafen Szechenyi eine Reise nach Griechenland und Italien, und begab sich hierauf 1820 als kaiserlicher Pensionär Behufs gründlicherer Studien nach Florenz, Rom und später nach Paris. Nach sechsjähriger Abwesenheit in die Vaterstadt zurückgekehrt, übte er hier vorzugsweise die Porträtmalerei, malte jedoch auch hin und wieder geschichtliche Bilder, und beschäftigte sich vielfach mit Zeichnungen für Taschenbücher. Seiner Kunstrichtung nach gehörte er der älteren akademischen Schulrichtung an, der eine gewisse materielle Richtigkeit und ein Streben nach sogenannten idealen Formen höher ging als lebendige Wahrheit. Seine Porträts, deren er eine sehr grosse Menge, besonders von Personen der höheren Stände, malte, sind ähnlich und äusserst lebendig.

In der Gallerie des Belvedere zu Wien sieht man von ihm: die heil. Maria mit dem Jesuskinde in einer Landschaft. Seine letzte grössere Arbeit war ein Frescogemälde in der Tirna'schen Kapelle des Stephansdoms (gest. v. L. Schmidt).

Ender, Thomas, ein ausgezeichneter Landschaftsmaler, der Zwillingsbruder des Vorigen, geb. 1793 zu Wien, erhielt den ersten Unterricht in der Kunst auf der dasigen Akademie, bildete sich aber später eigenthümlich nach den Vorbildern von Claude Lorrain und Ruysdael aus, wozu ein unermesslicher Schatz von Studien auf grösseren Reisen in Brasilien und Palästina, in Italien und Griechenland, den südlichen Donaugegenden und im eigenen Vaterlande, den er sich gesammelt und, innerlichst verarbeitet, in Bildern niederlegte, den reichsten Stoff bot. Er nimmt daher auch, was Produktivität und Reichthum künstlerischer Mittel betrifft, namentlich in Darstellungen der Gebirgswelt einen hohen Rang ein, in Bildern italienischer Gegenden, von wahrhaft klassischem Werthe, erreichte er aber seinen höchsten Ruhm. Man wird desshalb auch immerdar in seinen Landschaften die grossartige Auffassung der Natur, die ungemeine technische Fertigkeit und vollendete Kenntniss der Palette bewundern, wenn schon nicht zu verkennen ist, dass seine grosse Meisterschaft ihn hin und wieder zu einer gewissen Effektmalerei fortgerissen hat.

Von seinen vielen Bildern wollen wir nur die in der Gallerie des Belvedere befindlichen anführen: die Ansichten der obern und untern Pasterze mit dem Grossglockner und dem Johannisberge bei Heiligenblut in Kärnthen (1834); des Schlosses Tyrol; des hohen Göll mit dem Berchtesgadener Thale; der Küste von Sorent; des Nonnthales mit dem Schlosse Cles in Süd-Tyrol.

Ender radirte auch einige Folgen Ansichten österreichischer Gegenden in Kupfer.

Enderlein, Kaspar, Giesser und Ciseleur aus Basel, arbeitete in Nürnberg, wo er 1633 starb. Von ihm befindet sich ein schönes zinnernes Taufbecken nebst Kanne in der oberen Sakristei der Lorenzkirche, mit Darstellungen einer heil. Jungfrau in der Glorie, der Minerva mit den sieben freien Künsten und der Elemente.

Endoeos von Athen, einer der ältesten griechischen Meister von Götterbildern in Holz, Elfenbein und Marmor, den man zu den Dädaliden zählt und der um 500 vor Chr. Geb. in seiner Vaterstadt gearbeitet haben soll. Als Arbeiten seiner Hand werden erwähnt: ein sitzendes Bild der Athene, das Pausanias noch neben dem Erechtheum auf der Akropolis zu Athen aufgestellt sah; das elfenbeinerne Bild der Athene Alea, von Augustus nach Rom an den Eingang seines Forums versetzt; ein grosses Holzbild der Athene Polias in ihrem Tempel zu Erythrae in Kleinasien, nebst marmornen Chariten und Horen vor dem Tempel; eine Artemis zu Ephesos; das Grabmonument einer Frau, wahrscheinlich ein Relief.

Literatur. Brunn, Geschichte der griech. Künstler.

Endres, Bernh., Genre- und Historienmaler, geb. 1805 in Owingen im Badischen, genoss den ersten Unterricht in der Kunst in seinem Vaterlande, bildete sich aber später an der Akademie zu München weiter aus, und malte anfänglich Darstellungen aus dem Volksleben, widmete sich jedoch hernach ausschliesslich der Historienmalerei. Wir kennen von ihm mehrere sehr liebliche Madonnen, Christus, die Kinder segnend, die h. h. Stephan und Emmeran (letztere auf der Kunstausstellung vom Jahr 1854 zu München). In der grossherzogl. Kunsthalle zu Karlsruhe sieht man von ihm eine Copie des Raphael'schen Bildnisses des Papstes Julius II.

Engel, Karl, ein geschätzter Genremaler aus Mainz, der sich auf der Düsseldorfer Schule bildete, später sich auch in München aufhielt und gegenwärtig zu Frankfurt lebt. Er malt Scenen aus dem Volksleben voll Leben und Frische, Wahrheit und Charakteristik, in höchst sorgfältiger und doch freier Ausführung. Man rühmt unter ihnen besonders: die Entenfänger; die lachenden Münchnerinnen; Kinder mit jungen Enten; einen betenden Greis.

Engelbach, Georg, ein Maler und Lithograph aus Biedenkoben in Rheinhessen, der gegenwärtig zu Berlin lebt und sich durch seine trefflichen Porträtzeichnungen einen geachteten Namen erworben hat. Seine sowohl mit Bleistift als auf Stein gezeichneten Bildnisse zeigen insgesammt eine würdevolle Auffassung und sprechende

Aehnlichkeit. Dabei sind sie frei von aller Manier in einer naiv und anspruchslos, aus dem Vorbilde sich ergebenden Weise vorgetragen.

Engelberger, Burkhard, aus Hornberg in Württemberg, ein altdeutscher Baumeister und Steinbildner, der zu Augsburg lebte und dort von 1467—1499 die Kirche St. Ulrich und Afra erbaute. Zum Chor derselben legte Kaiser Maximilian I. im Jahr 1500 den Grund. Im Jahr 1494 wurde Engelberger nach Ulm berufen, um beim Bau des Münsters, dessen Thurm zu sinken begann, thätig zu sein. Er unterfuhr denselben mit starken Mauern, wodurch zugleich jedes Schiff der Kirche eine Vorhalle bekam. Als Steinbildner hat er daselbst die sich nach oben kelchartig ausbreitende Tragsäule der Kanzel mit der Brüstung der Letzteren, nebst der Treppe mit dem zierlichen Eingang und der Lehne, sämmtlich aus Stein überaus zierlich und kunstreich gearbeitet, hinterlassen. Er starb 1512 zu Augsburg.

Engelbrechtsen, Cornelis, ein tüchtiger Maler, geb. 1468 zu Leyden, gest. daselbst 1533, war der Sohn des Malers und Formschneiders Engelbert von Leyden, dem zwei Gemälde mit vielen Bildnissen der Schützengilde, ehemals in der gräflich Brühl'schen Gallerie (aus den Jahren 1507 und 1508), und verschiedene mit dem gothischen Buchstaben E und den Jahrszahlen 1466 und 1467 bezeichneten Holzschnitte zugeschrieben werden. Er soll die Pastell- und Oelmalerei mit der gleichen Geschicklichkeit geübt haben und der erste gewesen sein, der letztere in seiner Vaterstadt betrieben. Trotzdem dass er sich aber nach den Brüdern van Eyck oder nach deren Schule gebildet zu haben scheint, weicht er von der Darstellungs- und Behandlungsweise derselben, sowie von der zur selben Zeit noch in der Harlemischen Schule herrschenden schon bedeutend ab, so dass seine meistens ernste Gegenstände behandelnden Bilder ebensowenig die heitere Fülle und Rundung der Eyck'schen Schule, als die der grossartigen, mehr statuarischen Auffassung, die in der Kölner Schule noch traditionnel erhalten war, besitzen, sondern sich mehr den gleichzeitigen oberdeutschen anschliessen. Es waltet in denselben, im Gegensatze zu der mehr gemüthlichen Weise der Nachfolger des van Eyck, ein härterer Geist vor, der aber in der Schärfe, mit welcher das Einzelne durchgebildet erscheint, nicht ohne Reiz ist. Die Composition ist weniger einfach als die van Eyck'sche, das Costüm öfters etwas phantastisch, die Zeichnung, obgleich ziemlich verstanden und nicht allzumager, dennoch nicht gründlich genug behandelt, obschon einzelne Köpfe zart und wahr gemalt sind. Das Oval seiner Frauenköpfe ist in der Regel länglich, auch haben sie meistens eine lange spitze Nase. Der Auftrag der Farben ist stark, etwas glatt und steif. Das Colorit, obgleich satt und in den Farben von tiefem Braun, hat jedoch wenig Harmonie und erscheint in Folge der Anwendung von Schillerfarben in den Gewändern und des Mangels an Luftperspektive öfters fleckig und unharmonisch. Sein Faltenwurf ist indessen weder kleinlich noch scharf gebrochen und seine Fernen haben einen hübschen lichtblaugrauen Ton. Im Ganzen kann demnach Meister Engelbrechtsen immerhin, wenn auch nicht zu den vorzüglichsten, so doch zu den guten Meistern seiner Zeit gezählt werden.

Das einzige bekannte Hauptwerk von ihm, ursprünglich für die Klosterkirche Marienpoel gemalt, befindet sich jetzt im Stadthause zu Leyden. Es ist ein Altargemälde, auf dessen Mittelbild die Kreuzigung Christi, auf dem linken Seitenflügel das Opfer Abraham's, auf dem rechten die Anbetung der ehernen Schlange dargestellt ist, während die (von einem Schüler gemalten) Aussenseiten die Geisselung, Verspottung und Dornenkrönung Christi, die Staffel den todten Adam, aus dessen Leib sich ein Baum (der Baum des Lebens) erhebt, enthalten. Ein anderes Gemälde des Meisters, im Besitz des verstorbenen Königs von Holland, stellt David mit Bathseba dar. Eine Anbetung der Könige von ihm, in Tempera gemalt, sah man noch im Jahr 1600 in dem oben genannten Rathssaale. Im Museum zu Antwerpen schreibt man ihm auch zwei Bilder: den heil. Leonhard, die Gefangenen besuchend, und einen heil. Hubertus; in der Pinakothek zu München: eine Kreuzigung Christi; in der Bildergallerie der Moritzkapelle zu Nürnberg: eine Abnahme vom Kreuze; in der

Eremitage zu St. Petersburg: ein Vogelschiessen von 17 Schützen und eine Gesellschaft von Gelehrten, die sich beim Krug belustigen, und in der Sammlung des Hrn. Aders zu London: eine Kreuztragung zu. Die Gemäldegallerie des Belvedere zu Wien besitzt ein Altarbild mit zwei Flügeln, in der Mitte Maria mit dem Kinde, auf den Seiten die Donatoren mit je einem Heiligen darstellend, das mit nebigen Monogrammen bezeichnet ist und lange für ein Werk des Engelbrechtsen galt. Passavant schreibt es jedoch mit Entschiedenheit dem Lehrer des Meisters des Todes der Maria in der ehemaligen Boisserée'schen Sammlung zu.

Engelbrechtsen hatte zwei Söhne, die er in seiner Kunst unterrichtete, und deren einer Lucas Cornelisz (siehe diesen) Porträtmaler war, während der ältere Pieter, der viel in Gemeinschaft mit Lucas von Leyden, seinem Mitschüler, in der Schule seines Vaters arbeitete, die Glasmalerei übte.

Literatur. Carel van Mander, Het Schilder Boeck. T'Amsterdam 1618. — Immerzeel, De Levens en Werken der Holl. en Vlaam. Kunstschilders u. s. w. Amsterdam, 1842. — Descamps, La vie des peintres flamands. — Fiorillo, Geschichte der Malerei in Spanien. — Rathgeber, Annalen der niederländischen Malerei. — Schnaase, Niederländische Briefe. — Passavant, Die christliche Kunst in England. — Kugler, Handbuch der Geschichte der Malerei. — Kunstblatt, Jahrg. 1841, Nro. 11 ff.

Engelhardt, G. Ch., ein tüchtiger, derzeit zu Berlin lebender Landschaftsmaler, der sich namentlich in der Darstellung von Schweizergegenden auszeichnet.

Engelhardt, Wilhelm, aus Lüneburg, ein sehr talentvoller Bildhauer, von dem wir auf den Ausstellungen der letztvergangenen Jahre hübsche Sculpturarbeiten, unter denen uns besonders: eine Walkyre, Meth reichend, und seine Lorelei, beide Gypsstatuetten, ungemein gut gefallen, sahen.

Engelhart, ein Mönch und Priester im pfälzischen Kloster Reichenbach, der unter Abt Strollenfelder (gest. 1418) lebte und Lebensgeschichten der Heiligen auf die Fenster seiner Klosterkirche malte, die Vielseitigkeit seines Talentes aber auch noch durch andere Arbeiten, worunter eine von ihm geschnitzte Madonna für dasselbe Gotteshaus, und zwei von ihm erbaute Orgeln besonders gerühmt wurden, bewies.

Engelhart, Daniel, war ein geschickter von Dürer sehr geehrter Wappen- und Steinschneider zu Nürnberg, der 1552 daselbst starb.

Engelhart, Joh. Andr., Porträt- und Historienmaler zu Nürnberg, geb. daselbst 1801, bildete sich auf der Kunstschule seiner Vaterstadt und fertigte verschiedene Gemälde, die ihm einen geachteten Namen erwarben.

Engelmann, Gottfried, Lithograph, geb. 1788 zu Mühlhausen, gest. daselbst 1839, ein Schüler des Erfinders der Lithographie Sennefelder und des C. v. Mannlich, führte die Lithographie in Frankreich ein und lebte seit 1816 meistentheils in Paris. Im Jahr 1838 erhielt er einen Preis von 2000 Franken für ein von ihm herausgegebenes Album in Farbendruck, die Erstlingsleistung dieser Art in seinem Vaterlande.

Engerth, Eduard, Porträt- und Historienmaler, geb. zu Pless in preussisch Schlesien, bildete sich an der Akademie zu Wien vorzugsweise unter Kapelwieser's Leitung, erhielt 1845 mit seinem Bilde: Kampf König Ladislaus mit dem Kumanen Akus den grossen Preis und damit eine Reiseunterstützung als kaiserlicher Pensionär nach Rom, wo er unter Anderem sein grosses Bild, die Gefangennehmung der Kinder König Manfreds nach der Schlacht von Benevent im Jahr 1266, ausführte, das hernach die kaiserliche Gallerie des Belvedere kaufte. Im Jahr 1854 wurde er an Ruben's Stelle als Direktor der ständischen Akademie der bildenden Künste nach Prag berufen.

Engerth's Bilder verschaffen sich hauptsächlich durch die Feinheit des Colorits und die grosse Meisterschaft in allen Theilen der Technik Geltung und Achtung.

Engert, Erasmus, Maler und Bilderrestaurateur, geb. 1796 zu Wien, erlernte die Kunst auf der dasigen Akademie, setzte hierauf seine Studien in Italien fort und malte seit seiner Rückkehr in die Heimath Porträt und Historien, copirte auch mit Glück Bilder berühmter Meister, legte sich aber später ganz auf die Restauration von Gemälden. Er ist Custos an der Gemäldegallerie des Belvedere zu Wien und hat sich als Gemäldewiederhersteller einen geachteten Namen erworben.

Enghelrams, Cornelis, Historienmaler, geb. 1537 zu Mecheln, gest. daselbst 1583, zeichnete sich besonders in Bildern in Tempera aus, von denen man seiner Zeit verschiedene in den Kirchen seiner Vaterstadt bewunderte. So sah man in der Kirche des heil. Rombus dort die sieben Werke der Barmherzigkeit und in der Katharinenkirche eine Bekehrung Pauli. Für den Prinzen von Oranien copirte er ein Bild des Lucas de Heere in Wasserfarben: die Geschichte David's. Von seinen Bildern sollen auch viele nach Deutschland gekommen sein.

Engleheart, F., ein tüchtiger, zu London lebender Kupferstecher, dessen Arbeiten sich durch Feinheit und Zartheit, wie durch Kraft und wirkungsvolles Wiedergeben des betreffenden Originals in seiner ganzen Eigenthümlichkeit auszeichnen. Eines seiner schönsten Blätter ist: The only daughter, nach Wilkie (1839).

Enhuber, Karl v., ein ausgezeichneter Genremaler, geb. 1811 zu Hof in Oberfranken, machte seine künstlerischen Studien an der Akademie in München und widmete sich später ausschliesslich Darstellungen aus dem Volksleben. Seine Bilder, von denen wir beispielsweise nur anführen wollen: eine schlafende Frau bei einem Kinde (1838); einen Knaben, der in der Studirstube seines Vaters raucht (1840); eine Soldatenfamilie (1841); einen Knaben, der von einem Alten das Zitherspiel lernt; Knaben, die sich vom Vater die Erlaubniss zum Baden erbitten; einen Jahrmarkt im bayrischen Gebirge (1845); eine Kinderstube (1851); Holzhackerleute (1852); einen Bauern, der sich über seine misslungene Arbeit ärgert (1852); eine häusliche Scene (1853); einen Grossvater, sich über den guten Schuss seines Enkels freuend, der mit einem Blasrohr einige hölzerne Soldaten umgeworfen; einen Bildschnitzer in seiner Werkstätte (beide letztere Bilder in der neuen Pinakothek zu München) — zeichnen sich durch die launige, humoristische Auffassung des pikantesten Stoffes und die ungesuchte ächte Komik aus. Die Anordnung erscheint durchaus einfach, zeigt aber eine sehr verständige Vertheilung der Figuren, wie eine geschickte Benützung der Lokalitäten. Die Charaktere sind alle gut studirt und wahr in Stellung, Bewegung, Physionomie und Ausdruck. Auch in der Farbe machen seine Gemälde einen guten Gesammteindruck und die Behandlung lässt kaum etwas zu wünschen übrig.

Ensinger ist der Name einer berühmten altdeutschen Baumeisterfamilie aus Bern gebürtig, an den sich die Geschichte eines Domes knüpft, der zu den schönsten deutschen mittelalterlichen Bauten gehört, des Ulmer Münsters. Zwar waren die Ensinger auch an anderen Orten wirksam, die Hauptthätigkeit der bedeutendsten von ihnen gehörte jedoch jenem Baue an. Im Jahr 1390 wurde Ulrich Ensinger zum Kirchenmeister des Münsters in Ulm bestellt, und er widmete als solcher dem Baue seine Thätigkeit bis zu seinem 1429 erfolgten Tode, ohne jedoch seinen weisen Rath, der bei dem grossen Rufe, den er schon frühzeitig genoss, vielfach in Anspruch genommen wurde, auch anderen Bauten der damaligen Zeit vorenthalten zu haben. So war er um 1391 und 1394 bei dem Bau des Domes von Mailand, mit dem er schon 1387 auf den an ihn ergangenen Ruf des Herzogs Galeazzo beschäftigt gewesen, thätig, und auch bei dem Bau des Münsters zu Strassburg wurde er zu Rathe gezogen. Er hatte zwei Söhne, Kaspar und Matthäus Ensinger, von denen der erstere nach des Vaters Tod als Kirchenmeister beim Münster in Bestallung genommen wurde, aber schon 1430 starb. Von 1446 an führte sodann, nachdem unterdessen Kaspar Kuen Kirchenmeister gewesen, Matthäus Ensinger, der um 1430 als Kirchenmeister und Werkmann zu Bern im Uechtlande vorkommt, als Meister den Bau des Münsters weiter. Er vollendete das Gewölbe des Chors (1449) und betrieb die Aufrichtung der Pfeiler und Umfassungsmauern, sowie die Erbauung des Vorderthurms. Im Jahr 1463 starb er, wie eine Inschrift am oberen Nordportal des Münsters besagt. Sein Brustbild will man an der mittäglichen Wendeltreppe des grossen Thurms erkennen. Auf ihn folgte sein Sohn Moriz Ensinger, der im Jahr 1465 auf zehn Jahre, im Jahr 1470 auf Lebenszeit als Kirchenmeister angenommen, das Gewölbe des Mittelschiffs, Hochwerk genannt (1471), und die beiden Seitenschiffe (1478) ausbaute. Er starb im Jahr 1480, nachdem er das Grösste vollendet.

Matthias Ensinger, der Sohn des Kaspar Ensinger, ward Baumeister am Berner Münster und starb im Jahr 1451.

Enslen, Joh. Karl, Landschaftsmaler, geb. 1759, gest. 1849, hat sich durch seine zuerst in Deutschland eingeführten ausgezeichneten Panoramen sowohl im In- als Auslande wohlbegründete Anerkennung erworben.

Enslen, Karl, Professor und Mitglied der Akademie zu Berlin, geb. 1792 zu Wien, aber auf der Akademie zu Berlin und später auf Reisen in Italien gebildet, ein ausgezeichneter Landschafts- und Architekturmaler, dessen perspektivische Rundgemälde sich eines wohlbegründeten weit verbreiteten Rufs erfreuen. Seine Städteaufnahmen gehören zu den vortrefflichsten, die wir je gesehen. Sie gleichen in ihrer glücklichen Linear- und Luftperspektive grossen, farbigen Daguerreotypen, aber beseelten, denn dazu werden sie durch den lebenswarmen, frischen und duftigen Ton der Färbung, sowie durch eine reiche, charakteristische und dem Augenblicke abgewonnene Staffage.

Entres, Joseph Otto, trefflicher Bildhauer zu München, geb. 1804 zu Fürth, bildete sich anfänglich in seiner Vaterstadt und später auf der Akademie zu München, wo er an Professor Konrad Eberhard einen Meister und väterlichen Freund gewann, der den Schüler in seiner, schon von Jugend an tief im Gemüth begründeten frommen Anschauungsweise bestätigte und die Richtung auf deutsche christlich religiöse Kunst in ihm bestärkte. Daher tragen auch alle Gebilde von Entres das Gepräge tiefster Religiosität, sind dabei mit einem grossen Schönheitssinn übergossen und im edlen einfachen Styl von deutschem Charakter mit tüchtiger Meisterschaft ausgeführt. Auch im Fache der Büsten besitzt man höchst anerkennenswerthe Leistungen von ihm. Seine früheren Arbeiten waren Grabdenkmale, deren sich viele auf dem Gottesacker in München und in andern Städten Bayern's befinden. Hierauf modellirte er für den Hochaltar der Domkirche in München ein sieben Fuss langes Relief: das heil. Abendmahl, das in Erz gegossen wurde, und führte sodann für den Kalvarienberg in Tölz die kolossale Statue eines am Oelberg betenden Christus, eine grossartige Gestalt von erhebendem Gesichtsausdruck in Sandstein aus. Andere Werke von ihm sind: das Monument des Domkapitels auf dem Gottesacker in München mit einer fürbittenden Madonna, die Sculpturen an der Kanzel und das Crucifix in der Mariahilfkirche in der Vorstadt Au daselbst. Vielfach wurde der Künstler auch mit Aufträgen für hohe Personen, mit Entwürfen und Ausführungen zu Altären und ihrer Sculpturen, sodann für verschiedene Dome im Auslande beauftragt. Ganz besonders aber gebührt ihm, als Wiedererwecker der beinahe in Verschollenheit gerathenen Holzsculptur, die durch ihn wieder allerwärts in Aufnahme kam, verdiente Anerkennung. Bekannt sind seine im edelsten Styl ausgeführten Holzschnitzwerke: das über neun Fuss hohe Crucifix aus Lindenholz in der St. Jakobskirche in Landshut, ein anderes, sechs Fuss hoch, in der Franciscanerkirche daselbst; Christus, als guter Hirte, zu beiden Seiten Petrus und Paulus; eine vortreffliche überlebensgrosse Statue der Madonna (1850) u. s. w.

Entres arbeitet, den vielen Aufträgen zu genügen, immer mit Gehilfen und Schülern, welche ebenfalls in ihren Leistungen rühmliche Zeugnisse von dem erfreulichen Wirken ihres Meisters ablegen.

Enzingmüller, Johann Michael, Zeichner und Kupferstecher, geb. 1804 zu Nürnberg, ein Schüler von Walther und Reindel, lebt derzeit in Amerika, wohin er 1848 übersiedelte. Sein bestes Blatt ist eine Maria mit dem Kinde, nach Schraudolph.

Enzola, Giov. Francesco, ein trefflicher Medailleur aus Parma, der nach der Mitte des 15. Jahrhunderts blühte und sich in seinen Arbeiten durch die entschiedene Aufnahme antiker Motive auszeichnete.

Epeios, der Sohn des Panopeus, ein altgriechischer Bildner, der aber mehr der Sage als der Geschichte angehört. Nach Homer war er der Verfertiger des hölzernen Rosses, mit dessen Hülfe Troja erobert wurde. Auch wird ihm von Pausanias das Xoanon eines Hermes beigelegt, das dieser zu Argos sah.

Ephoros, aus Ephesos, ein altgriechischer Maler, der um die Mitte des vierten Jahrhunderts v. Chr. blühte und der erste Lehrer des Apelles war.

Epicier l', siehe Lepicié.

Epigenes, ein altgriechischer Baumeister, der um 420 v. Chr. Geb. lebte und das Theater zu Thasos baute.

Epigonos, ein altgriechischer Erzbildner, der wahrscheinlich in der letzten Zeit der selbstständigen griechischen Kunst thätig war und als Verfertiger von Ehrenstatuen, namentlich aber eines Tubabläsers und eines Kindes, das auf Mitleid erregende Weise die sterbende Mutter liebkost, genannt wird.

Epimachos, aus Athen, ein Architekt, von dem wir indessen nur wissen, dass er um 300 v. Chr. Geb. für Demetrios Poliorketes (337—284 v. Chr. Geb.) die berühmte Belagerungsmaschine baute, mit welcher jener Rhodos zu nehmen gedachte.

Epinat, Fleury, Historien- und Landschaftsmaler, geb. 1764 zu Montbrison, war ein Schüler von David, ging mit diesem nach Rom, malte dort verschiedene geschichtliche Bilder in der Weise seines Lehrers, widmete sich aber später fast ausschliesslich dem Fache der sogenannten historischen Landschaft.

Episcopius, siehe **Bischop, Jan de.**

Erasmus, Desiderius, von Rotterdam, dieser ausgezeichnete Gelehrte, geb. 1467, gest. 1536 zu Basel, wird auch als Maler rühmend genannt. Namentlich wird ein Bild von ihm erwähnt: Christus am Kreuz mit Maria und Johannes zu beiden Seiten, das er in dem Kloster Emaus, genannt Stein (Steyne, Tensteene) bei Gouda, woselbst er 1484 in den Orden der regulirten Chorherrn getreten, gemalt. Das Städel'sche Institut zu Frankfurt a. M. besitzt davon eine sorgfältig behandelte Zeichnung in schwarzer Kreide, die zwar dilettantenartig gemacht ist, jedoch unverkennbar zeigt, dass das Original in der Art und Weise der altholländischen Malerschule gemalt war. Ob das Bild selbst noch vorhanden und wo es hingekommen, darüber besitzen wir so wenige Nachrichten als über weitere Gemälde seiner Hand. Doch erscheint die Angabe, dass sein eigenes Bildniss in der Sammlung van Erbort zu Antwerpen von ihm selbst herrühre, sehr glaubwürdig.

In der Sammlung von Handzeichnungen des Erzherzogs Karl zu Wien befindet sich die Zeichnung eines Mönchs, der stehend mit beiden Händen ein geschlossenes Buch hält, die auch dem Erasmus beigelegt wird.

Literatur. Kunstblatt, Jahrg. 1843. Nro. 83.

Erbette, siehe **Mazzuoli, Filippo.**

Ercole da Ferrara, siehe **Grandi.**

Erdmann, Ludwig, trefflicher Genremaler, geb. 1820 zu Boedecke bei Paderborn, bildete sich auf der Düsseldorfer Schule. Seine Bilder sind voll drolliger Gedanken, von motivevoller Erfindung, verständig arrangirt und tüchtig ausgeführt. Unter die besten werden gezählt: der zufriedene Künstler, ein Dorfipser, der die von ihm an die Wand der Stube gemalten Blumen bewundert; ein Schuster, der einen Vogel pfeifen lehrt; drei vom Jahrmarkt heimkehrende Betrunkene; ein Blumenfreund, der die durch eingedrungene Ziegen in seinem Garten angerichtete Verwüstungen erblickt; der Morgen nach dem Maskenball (1854).

Erdmannsdorf, Friedrich Wilhelm, Freiherr von, herzogl. dessau'scher Hofbaumeister, geb. 1736 zu Dresden, gest. 1800 zu Dessau, studirte die Baukunst auf Reisen in Frankreich, England und Italien und machte sich namentlich durch die nach seinen Plänen ausgeführten Bauten des Schlosses zu Wörlitz, des Landhauses in Luisium und seine schönen Gartenanlagen einen geachteten Namen.

Eredi, Benedetto, ein geschickter Kupferstecher, geb. 1750 zu Florenz, stach Bildnisse und Historien, gab auch in Gemeinschaft mit J. B. Cecchi mehrere illustrirte Werke heraus.

Erhard, Johann Christoph, Landschaftsmaler, geistreicher Kupferätzer und Lithograph, geb. 1795 zu Nürnberg, gest. zu Rom 1822, war ein Schüler von Zwinger und Gabler, begab sich aber schon 1816 nach Wien und 1819 nach Italien, wo Klima, Hitze und übermässige Anstrengung im Studiren ihn jedoch in eine tiefe Schwermuth versenkten, in welchem Zustande er seinem Leben gewaltsam selbst ein Ende machte. Seine Radirungen bestehen in 185 Blätter, unter denen man: 4 Blätter Landschaften, Gegenden von Salzburg (1819); 6 Blätter mit Ansichten aus der Umgebung des Schneeberges (1817); eine Landschaft mit Figuren; 12 Radirungen verschiedener Gegenstände (1814—1816) besonders schätzt. Sein Werk ist von Börner in dem „Sammler für Kunst und Alterthum. Nürnberg 1824" genau verzeichnet.

Erhardt, Karl, Porträtmaler, geb. zu Winterbach (Württemberg), bildete sich in der königl. Kunstschule zu Stuttgart und unter Hofmaler v. Gegenbaur zu einem sehr gewandten Künstler in seinem Fache aus. Seine Bildnisse sind hübsch aufgefasst, sehr ähnlich und haben ein treffliches frisches Colorit. Auf dem königl. Landhaus Rosenstein sieht man von ihm das Bildniss einer Griechin.

Erich, H., ein Genremaler zu Düsseldorf, dessen sehr ansprechenden Bilder auf den verschiedenen Ausstellungen immerdar Gefallen erregen. Im Jahr 1853 sahen wir von ihm: eine Auswandererfamilie und den Kurschmied, zwei trefflich behandelte Bilder.

Erigonos, ein altgriechischer Maler, war ursprünglich Farbenreiber des Nealkes, bildete sich aber später bei Letzterem in der Kunst aus, und machte bei demselben solche Fortschritte, dass er sogar noch einen berühmten Schüler, den Pasias hinterliess, der bis gegen 140 v. Chr. Geb. lebte.

Erlinger, Georg, ein Buchdrucker und Formschneider, der 1516 zu Augsburg druckte, von 1519 aber bis zu seinem 1542 erfolgten Tode zu Bamberg arbeitete. Von seinen Holzschnitten, die von grösster Seltenheit sind, kennt man nur: einen Mann und eine Frau; Christus am Kreuz, unten Maria Magdalena, Maria und Johannes; Anna und Maria sitzend halten das stehende Jesuskind; eine Titelverzierung mit dem Brustbilde des Kaisers.

Literatur. Heller, Leben Georg Erlinger's, Bamberg 1837.

Ermels, Johann Franz, ein tüchtiger Historien-, trefflicher Landschaftsmaler und geschätzter Kupferätzer, geb. 1621 (nach Anderen 1641) bei Köln, gest. 1693 zu Nürnberg, bildete sich anfänglich nach den Werken des Joh. Hulsman zu Köln zum Historienmaler, begab sich aber später nach Holland und widmete sich hier der Landschaftsmalerei, indem er Joh. Both mit vielem Glück nachahmte. Im Jahr 1660 reiste er nach Nürnberg, wo er eine so wohlwollende Aufnahme fand, dass er bis an sein Lebensende daselbst blieb. Hier kehrte er für einige Zeit wieder zum historischen Fach zurück, und malte unter Anderem Christus und die Samariterin am Brunnen und die Auferstehung des Heilandes, letzteres Bild für die dortige St. Sebalduskirche (1663); seine Neigung für die Landschaftsmalerei wurde aber von Neuem angefacht, als er zu dem sich 1662 in Nürnberg niederlassenden Landschaftsmaler Willem van Bemmel in ein vertrautes Freundschaftsverhältniss trat und dessen Landschaften mit Figuren staffirte. Er wandte sich derselben mit erneuter Thätigkeit zu und es gelang ihm durch seinen unermüdlichen Fleiss sich einen geachteten Künstlernamen zu erwerben. Man lobt in seinen Landschaften den schönen Baumschlag und die meisterhaft behandelten Ruinen und Figuren.

Bilder von ihm sieht man in verschiedenen Gallerien. Im Städel'schen Institut zu Frankfurt verwahrt man: eine Landschaft mit aufziehendem Gewitter, und eine andere in Abendbeleuchtung; in der grossherzogl. Gallerie zu Mannheim: eine Landschaft mit Thieren von H. Roos; in der St. Sebalduskirche in Nürnberg: die erwähnte Auferstehung Christi; im Belvedere zu Wien: eine Landschaft mit einem ruinirten antiken Grabmal.

Aber nicht nur mit dem Pinsel, auch mit der Radirnadel lieferte Ermels geistreiche Arbeiten, die von Kennern geschätzt werden. Unter die besten zählt man: 3 Blätter römische Ruinen und antike Fragmente und 6 Blätter Ruinen und antike Fragmente. Nebiges Monogramm findet man auf einer kleinen, im Geschmack Breembergs ausgeführten Landschaft mit Ruinen. HEf

Ernst, Ludwig, ein geschickter Architekt zu Wien, der sich durch seine Bauten, namentlich aber durch seine Restaurationen am Stephansdom daselbst einen geachteten Namen erworben. Auch als Architekturmaler wird Ernst gerühmt. Seine Freisingerkapelle und das Innere eines Prunksaales waren die besten architektonischen Malereien auf der Kunstausstellung zu Wien im Jahr 1845.

Errante, Giuseppe, Historien- und Porträtmaler, geb. 1761 zu Trapani in Sicilien, gest. 1821 zu Rom, bildete sich namentlich in letzterer Stadt nach den grossen italienischen Meistern des 15. und 16. Jahrhunderts, die er ausgezeichnet zu copiren verstand, und malte dann verschiedene Bilder, deren Gegenstand er der Geschichte und Mythe der Alten, der vaterländischen Historie u. s. w. entnahm. Sein Hauptwerk aber ist die Kuppel der Kirche della Morte zu Civita vecchia. In der Sammlung des Grafen Sommariva am Comersee sah man von ihm: den Wettstreit der Schönen.

Errard, Charles, Architekt, Historienmaler und Kupferätzer, geb. zu Nantes 1606, gest. zu Rom 1689, bildete sich vorzugsweise in Italien, wo er schon 1635 Mitglied der Akademie von S. Lucca wurde, und malte nach seiner Rückkehr in's Vaterland für Kirchen und Paläste Bilder aus der religiösen und Profangeschichte. Er ward 1665 der erste Direktor der französischen Akademie zu Rom, woselbst er mit Ausnahme eines späteren 5jährigen Aufenthalts in der Heimath bis zu seinem Tode verweilte und sich auch viel mit der Baukunst beschäftigte. Von ihm sind die Zeichnungen zu dem 1701 zu Paris erschienenen: „Vergleich zwischen der alten und neuen Baukunst" von Cambray, und zu Genga's und Lancini's anatomischem Werk für Künstler (Rom 1691). — Errard stach auch in Kupfer, man kennt jedoch nur ein Blatt von ihm: das Porträt des Jerôme Bachot.

Errard, Gerard Leonard, Bildhauer und Stempelschneider, geb. zu Lüttich, gest. 1675, bildete sich unter Varin zu Paris und zeichnete sich besonders durch seine hübsch gravirten Medaillen aus.

Ertinger, Franz, Zeichner und Kupferätzer, soll 1640 zu Colmar, nach Anderen zu Wyl geboren und 1700 zu Paris gestorben sein. Zu seinen besten, mit leichter Nadel ausgeführten Blättern zählt man: 10 Darstellungen aus der Geschichte der Grafen von Toulouse, nach la Fage und die Hochzeit zu Kana, nach demselben.

Ertreyck, van, ein Historien- und Genremaler zu Antwerpen, der seit 1839 gut ausgeführte Bilder auf die verschiedenen Kunstausstellungen lieferte.

Erwin, siehe **Steinbach.**

Es, Jakob van, geb. 1570 zu Antwerpen, gest. 1621, malte Vögel, Fische, Früchte, Blumen u. s. w. mit ausserordentlicher Meisterschaft. Seine Farbe ist voll Durchsichtigkeit und Klarheit und von einer täuschenden Naturwahrheit. Im Städel'schen Institut zu Frankfurt a. M., in der Mannheimer Gallerie, im Belvedere zu Wien, im Museum zu Antwerpen sieht man Bilder von ihm.

Esbrat, Raymond Noel, ein zu Paris lebender Landschafts- und Thiermaler, der ein Schüler von Guillon-Lethière und Watelet war und seit 1844 sich auf den verschiedenen Ausstellungen mit trefflichen Bildern einen geachteten Namen erworben. Auch auf der grossen allgemeinen Kunstausstellung zu Paris im Jahr 1855 sah man von ihm einige sehr schöne Landschaften und Thierstücke.

Escalante, Juan Antonio, Historienmaler, geb. 1630 zu Cordova, gest. zu Madrid 1670, war ein Schüler von Francisco Rizi, der ihn strenge dazu anhielt, nach den grossen Meisterwerken in den k. Gallerien, unter denen ihn besonders Tintoretto ansprach, zu copiren und zu studiren. Er machte auch so rasche Fortschritte, dass ihm schon in seinem 24. Jahre die Ausschmückung des Kreuzganges im Karmeliterkloster zu Madrid mit Darstellungen aus dem Leben des heil. Gerhard anvertraut werden konnte. Diese wohlgelungene Arbeit verschaffte ihm Bestellungen vom Hofe und er gelangte zu grossem Ansehen, starb aber, kurze Zeit nachdem er seinem Lehrer an den Malereien in der Kathedrale zu Toledo geholfen hatte, in der Blüthe seiner Jahre, hinterliess jedoch trotz seines frühen Todes zahlreiche Werke, von denen man die meisten zu Madrid sieht. Ausser verschiedenen Bildern in den dortigen Kirchen, unter denen man besonders eine schöne heil. Katharina als Märtyrerin in der Kirche S. Miguel hervorhebt, bewundert man von ihm im Museum daselbst: eine heil. Familie und eine reizende Gruppe: Jesus und Johannes als Knaben (lith. in der Colleccion litografica de cuadros del Rey de España Fernando VII. u. s. w.). — Escalante gehörte unter den im 17. Jahrhundert in Spanien blühenden drei Hauptschulen der zu Madrid an, und seine Bilder zeichnen sich durch die eigenthümliche

Anmuth des Colorits aus. In der Gallerie Esterhazy befindet sich von ihm das Bild einer Madonna, von Engeln umgeben, deren Kopf ungemein zart und süss ausgeführt ist.

Literatur. Bermudez, Diccionario historico de los mas illustres professores de las bellas artes en España.

Escalante Sevilla Romeroy, Juan de, siehe **Sevilla Romeroy Escalante, Juan de.**

Eschini, Angelo Maria, ein Maler und Kupferstecher, der zu Modena geboren wurde, von dem man aber nur ein Blatt, eine heil. Jungfrau (mit der Jahrszahl 1660), kennt. Dasselbe ist mit einer kühnen, leichten Nadel ausgeführt und steht in der Zeichnung den radirten Arbeiten des Annibale Caracci würdig zur Seite.

Eschke, Herm., Maler und Lithograph zu Berlin, zeichnet sich namentlich durch seine in lithographischer Tuschmanier ausgeführten Blätter, in denen sich ein selbstständiger, seinen Gegenstand ganz beherrschender Künstler beurkundet, aus. Unter denselben hob man besonders: die Beute und „auf der Lauer", nach Verlat (1854), hervor. Aber auch in eigenen Compositionen, Genrebildern, Landschaften u. s. w. leistet Eschke seit neuerer Zeit Gediegenes.

Escobar, Alonso de, ein Historienmaler, der gegen das Ende des 17. Jahrhunderts zu Sevilla lebte und ein nicht unglücklicher Nachahmer des Murillo war.

Eseller, Nikolaus — auch **Oesler** geschrieben —, ein altdeutscher Baumeister aus Alzey, der als Hauptwerkmeister der 1428 begonnenen St. Georgskirche in Nördlingen genannt wird, und von 1444 an mit seinem Sohne gleichen Namens die 1499 vollendete St. Georgskirche in Dinkelsbühl baute, deren Inneres zu dem Schönsten gehört, was Deutschland von gothischer Architektur des 15. Jahrhunderts aufzuweisen hat. An einem Pfeiler im Chor derselben Kirche hängen die Bildnisse von Vater und Sohn, wahrscheinlich ein Werk des F. Herlen.

Espen, C. F. van, ein niederländischer Landschafts- und Thiermaler aus Herent, der seit 1836 Bilder auf die verschiedenen Kunstausstellungen lieferte, die allgemein Beifall fanden.

Espercieux, J. J., Bildhauer, geb. 1758 zu Marseille, gest. zu Paris 1840, fertigte Porträts, Büsten, sowie Statuen und Reliefs für öffentliche Monumente, die zwar ohne höheren Schwung sind, aber eine tüchtige technische Fertigkeit beurkunden.

Espinal, Gregorio, ein spanischer Maler, der in Sevilla, woselbst er lebte, viele Bilder mit gutem Geschmack in kräftigem Colorit ausführte, und 1746 starb.

Espinal, Isidro, ein spanischer Bildhauer, der im ersten Viertel des 17. Jahrhunderts viele Sculpturarbeiten für Kirchen fertigte, die wenigstens mehr Geschmack verriethen, als die meisten damaligen der in Verfall gerathenen spanischen Bildhauerkunst.

Espinal, D. Juan de, ein Maler in Sevilla, der bei seinem Vater lernte und sich bei Domingo Martinez, welcher ihm später seine Tochter zur Frau gab, weiter ausbildete. Er wurde Direktor der Akademie seiner Vaterstadt und starb 1783. In den verschiedenen Kirchen von Sevilla, im Kloster S. Geronimo de Buenavista, im Palast des Erzbischofs u. s. w. sieht man heute noch Bilder von ihm.

Espinos, D. Benito, Historienmaler zu Valencia, der Sohn des Folgenden, führte viele Bilder aus und wurde zuletzt Direktor der k. Akademie S. Carlos in Valencia.

Espinos, D. Josef, Maler und Kupferstecher, geb. 1721 zu Valencia, gest. 1784, war ein Schüler von Luis Martinez und Evaristo Munoz und lieferte viele geschätzte Bilder, die man noch in seinem Vaterlande zerstreut findet. Seine Kupferstiche sind correkt und mit Freiheit behandelt, Treffliches leistete er indessen allein in der Blumenmalerei.

Espinosa, Alonso de, und

Espinosa, Andres de, Brüder, Historienmaler, die in der Nähe von Burgos geboren wurden, meistens mit einander arbeiteten und unter Anderem im Jahr 1524 in Gemeinschaft mit Cristobal de Herrera die Kathedrale zu Palenzia mit Gemälden schmückten.

Espinosa, Francisco de, Glasmaler, geb. zu Cebieros, war ein Künstler von vielem

Geist und grosser Geschicklichkeit. Er studirte zu Toledo und übte seine Kunst in Burgos, woselbst er namentlich für die Kathedrale thätig war, ohne sich indessen Arbeiten für andere Kirchen der Umgegend zu entziehen, wurde aber später von König Philipp II. nach Madrid berufen, um dort mit seinem Bruder Hernando die Anlage und Leitung von Schmelzöfen zu Glasmalereien für den Eskurial zu übernehmen. Nach dem Tode seines Bruders war ihm sein Schüler Diego Diaz bei seinem Geschäfte behülflich.

Espinosa, Geronimo Rodriguez de, Historienmaler, geb. 1562 zu Valladolid, lernte die Malerei in seiner Vaterstadt, begab sich aber später nach Cocentayna, wo er sich verheirathete und sodann nach Valencia, woselbst er 1630 starb. Er war der Vater des Jacinto Geronimo und zeigte sich in seinen Bildern als ein Künstler von achtungswerther Handwerkstüchtigkeit.

Espinosa, Hernano, siehe **Espinosa, Francisco.**

Espinosa, Jacinto Geronimo de, Historienmaler, der Sohn des Rodriguez de Espinosa, geb. 1600 zu Cocentayna im Königreich Valencia, gest. 1680 zu Valencia, lernte die Kunst bei seinem Vater, bildete sich aber hernach unter Francisco Ribalta weiter aus. Er eignete sich eine kräftige Manier an in der Weise des Guido Reni und seine Gestalten zeichnen sich meist durch den Adel des Ausdrucks und die Grazie in den Bewegungen aus. In seinem 23. Jahre malte er im Kloster der heil. Thekla zu Valencia einen grossen Christus und im Jahr 1638 im Kreuzgang des Karmeliterklosters daselbst: acht grosse Bilder, die aber jetzt nicht mehr vorhanden sind. Ausserdem bewunderte man von ihm verschiedene andere Gemälde in den Kirchen seiner Vaterstadt und deren Umgebung. Seine von ihm noch im Museum zu Madrid befindlichen Bilder, von denen die berühmtesten sind: die Communion der heil. Magdalena, der Tod des heil. Louis Bertrand und eine Transfiguration, können den Vergleich mit den schönen Werken der gleichzeitigen Lombarden aushalten. Unter den acht Gemälden, die man von ihm im Louvre zu Paris sieht, sind eine Kreuztragung und eine heil. Familie die bemerkenswerthesten. Sie entfalten eine grosse Energie in Composition und Bewegung und die Farben sind mit breitem pastosem Pinsel aufgetragen. Eigenthümlich ist die Mischung von Adel und Trivialität, die uns in ihnen entgegentritt. Valencia verlor mit Espinosa's Tod den letzten seiner grossen Meister.

Literatur. Bermudez, Diccionario historico de los mas illustres professores de las bellas artes in España.

Espinosa, Juan de, Historienmaler, gebürtig aus Puente de la Reyna in Navarra (Spanien), machte sich im Jahr 1653 verbindlich 24 Bilder aus dem Leben des heil. Millan für das Kloster desselben Heiligen zu malen. Er brachte aber nur 12 fertig, denn er starb während der Arbeit. Sie beurkunden einen tüchtigen Zeichner, überhaupt einen Künstler, der mit Verstand zu componiren und kräftig zu coloriren verstand. Die übrigen 12 Darstellungen malte Francisco Rizi.

Espinosa, Miguel de, Historienmaler aus Arragonien, malte unter Anderem für das Kloster S. Millan de la Cogolla im Jahr 1654 einige Bilder, von denen besonders ein Abendmahl und eine Verkündigung gerühmt werden.

Espinosa, Miguel de, ein spanischer Bildhauer, der in der zweiten Hälfte des 16. Jahrhunderts an den Sculpturen des berühmten Klosters S. Zoil in Carrion de los Condes arbeitete.

Esquarte, Pablo, ein spanischer Historienmaler, der sich einige Zeit zu Venedig aufhielt, dort Tizian's Schule besucht haben soll und gegen Ende des 16. Jahrhunderts nach Saragossa zurückkehrte, wo er den Palast des Herzogs von Villahermosa mit Malereien schmückte. Er malte auch Bildnisse, unter denen man namentlich die Vorfahren des erwähnten Herzogs als besonders gelungen hervorhebt.

Esquivel, Don Antonio Maria, ein ausgezeichneter neuerer spanischer Historienmaler, der durch seine Bilder wahre Triumphe feierte. So wurde unter Anderem seine Transfiguration, die er im Jahr 1837 zu Madrid ausstellte, als ein den besten Erzeugnissen der alten Sevillerschule gleich zu stellendes Werk gepriesen.

Esquivel, Emanuel de Sotomajor, ein geschickter spanischer Kupferstecher, der sich in Italien, namentlich in Florenz, bildete. Von seinen Stichen sind uns bekannt: Maria empfängt das Kind aus den Händen der heil. Elisabeth, nach Raphael's Bild in der Gallerie zu Florenz; Maria, sitzend, in den Händen eine Dornenkrone, nach Benvenuti; die Anbetung der Hirten, nach Raph. Mengs; ein Christuskopf, nach Leonardo da Vinci.

Esselins, Jakob, gebürtig aus Amsterdam, malte Landschaften, Strand- und Städteansichten, an denen man die Wahrheit des Tons und die Lieblichkeit des Colorits rühmt. Er hat eine breite Manier und seine Figuren sind mit Geist gezeichnet. Man besizt übrigens von diesem Meister mehr Zeichnungen als Gemälde und erstere werden auch theurer bezahlt, als letztere.

Essex, John, ein englischer Bildhauer, der in der ersten Hälfte des 15. Jahrhunderts lebte und als an den Denkmalen der Beauchampkapelle in der Kirche zu Warwick beschäftigt genannt wird.

Essex, William, ein trefflicher Emailmaler zu London, gest. 1852, der sich durch glücklich getroffene Bildnisse und hübsche Nachahmungen berühmter Gemälde einen geachteten Namen erworben.

Esslinger, Martin, Kupferstecher, geb. 1793 in Zürich, gest. 1841, bildete sich unter Lips und stach meistens für illustrirte Werke, für Almanache, Romane, Erbauungsschriften u. s. w.

Este, Alessandro d', Bildhauer und Mitglied der Akademie von S. Lucca zu Rom, woselbst er 1826 im 39. Jahre gestorben, war einer der besten Schüler Canova's, dem er bei seinen Werke half. Er fertigte aber auch selbstständige Arbeiten von anerkennenswerther Tüchtigkeit.

Este, Antonio d', Bildhauer, Professor, Mitglied und später Präsident der Akademie von S. Lucca zu Rom, Direktor des vatikanischen Museums daselbst, geb. 1754 zu Venedig, gest. 1837 zu Rom. Wir kennen von ihm einige Reliefs in den Kirchen S. Giovanni und S. Marco, die nicht ohne Verdienst sind. Auch hat er während seines langen Lebens viele gute Büsten geliefert.

Esteban, Juan, ein spanischer Maler, von dem man in der Kirche des Hospitals zu Ubeda ein Gemälde, den heil. Clemens darstellend (vom Jahr 1611), und in einer Kapelle der Kathedrale zu Baenza: eine Verkündigung vom Jahr 1666 sieht.

Esteban, Rodrigo, wird in einem Manuscript der k. Bibliothek zu Madrid um 1291 bis 1292 als Hofmaler des Königs Sancho IV. von Castilien genannt.

Esteve oder **Estevan, Don Rafael d',** ein vorzüglicher zu Madrid lebender spanischer Kupferstecher, der sich in Paris und Italien gebildet und sich namentlich durch seinen höchst gelungenen Stich nach dem berühmten Bilde des Moses von Murillo (1839) verdienten Ruhm erworben. Dieses Blatt ist mit grosser Zartheit und Weichheit im Charakter der Raphael Morghen'schen Schule behandelt, und gibt, wenn auch nicht das reizende Helldunkel, so doch die Totalwirkung des Bildes vorzüglich wieder.

Esteve, Francisco, Bildhauer, geb. 1682 zu Valencia, gest. daselbst 1766, war ein Schüler von Conchillos und Cuevas und fertigte eine grosse Anzahl von Heiligenstatuen und Gruppen, von denen man in den Kirchen seiner Vaterstadt noch mehrere sicht, die eine tüchtige Zeichnung und viel Natur verrathen.

Estorges, J., ein im 17. Jahrhundert in Frankreich lebender Kupferstecher, von dem man aber nur ein einziges, nach P. del Po radirtes Blatt: Christus am Oelberg kennt.

Estrada, Don Juan und **Don Ignacio,** Maler, waren Brüder, die stets zusammen arbeiteten, jener war 1717, dieser 1724 zu Bajadoz geboren, jener starb 1792, dieser 1790 ebendaselbst. Beide wurden von ihrem Vater Manuel de Estrada unterrichtet, Don Juan genoss aber noch drei Jahre lang den Unterricht des Don Pablo Pernicharo zu Madrid. In den Kirchen ihrer Vaterstadt trifft man heute noch viele gemeinschaftlich von ihnen gemalte Bilder, zu denen Ignacio die Entwürfe machte, welche Juan ausführte.

Etex, Antoine, Maler und Bildhauer und als letzterer einer der ausgezeichnetsten französischen Künstler, geb. 1808 zu Paris, bildete sich unter Dupaty, Pradier und Ingres, erhielt 1829 für seinen sterbenden Hyacinth den zweiten und 1833 für seine Gruppe, Kain und sein Geschlecht von Gott verflucht, den ersten Preis, besuchte hierauf Italien und war seit seiner Heimkehr in Statuen, Büsten und Reliefs unermüdlich thätig. Für den Triumphbogen an der Barrière de l'Etoile fertigte er 1835 zwei Reliefs, den Krieg und Frieden in allegorischen Gruppen darstellend. Dann sah man von ihm auf den verschiedenen Kunstausstellungen: Leda, den Schwan liebkosend, sowie zwei Basreliefs: Lorenzo und Giuliano de' Medici bei Poliziano Unterricht in der Geographie nehmend, und Francesco da Rimini und Paolo (1835); die Königin Blanche von Castilien (1837); den heil. Augustin, seine Bekenntnisse niederschreibend (1838) in der Magdalenenkirche; Kain (1839); die trauernde Olympia, nach Ariost (1842); die sitzende Statue Rossini's (im Foyer der musikalischen Akademie 1844); die Bronzestatue des heil. Ludwig (für die Barrière du trône gefertigt, 1844). Im Jahr 1847 wurde seine Statue Karl des Grossen im Sitzungssaal der Pairs zu Paris aufgestellt und 1848 sandte er seinen: Herkules, der den Antäus erstickt, auf den Salon. Auch das schöne Monument des Malers Géricault auf dem Père la Chaise ist sein Werk. Ferner führte er viele Büsten aus, an denen man die Aehnlichkeit, den Ausdruck und die Feinheit der Ausführung rühmt. Die schönsten unter ihnen sind die von Dupont de l'Eure, Alfred de Vigny, Ernest Pelet, Pierre Leroux, Charlet, Odillon Barrot, des Herzogs von Orleans u. s. w. Von seinen Malereien rühmt man besonders: den Tod des heil. Sebastian und die Nymphe Eurydice.

Etex, J., ein Porträt- und Historienmaler zu Lyon, der sich durch manche gelungene Bilder einen geachteten Namen erworben. Sein Bild: der erste Tod, das man 1847 auf der Ausstellung zu Lyon sah, wurde sowohl des Gedankens als der Ausführung wegen gerühmt; nur den Köpfen fehlte es an Würde und Ausdruck.

Ethenard y Abarca, D. Francisco Antonio, Maler und Kupferstecher, geb. zu Madrid, war der Sohn eines Deutschen und diente in der deutschen Leibgarde unter Karl II., bis dieselbe von Philipp V. 1701 aufgelöst wurde, worauf er sich der Malerei und Kupferstecherkunst, die er bisher aus Liebhaberei getrieben hatte, ganz widmete. Seine Kupferstiche schmückten meistens verschiedene von ihm herausgegebene literarischen Werke.

Etlingen, Jakob von, ein altdeutscher Baumeister, der von 1503 bis 1509 Werkmeister des Thurmbau's am Dom zu Frankfurt a. M. war.

Etty, William, ein Porträt- und Historienmaler, der unter die bedeutenderen der modernen englischen Künstler seines Fachs gezählt wird, geb. 1798, erlernte die Anfangsgründe der Kunst auf der Akademie zu London, begab sich hierauf nach Italien, wo er mit besonderer Vorliebe die florentinischen und venezianischen grossen Meister studirte und seit 1822 mit selbstständigen Werken auftrat. 1825 in's Vaterland zurückgekehrt, erwarb er sich bald einen grossen Ruf, da er in seinen Bildern dem Geschmack seiner Landsleute geschickt zu huldigen wusste. Es ist in denselben Talent, Phantasie, Gefühl für Grazie, technische Gewandheit, Glanz und Reiz des Colorits nicht zu verkennen, allein es zeigt sich auch fast in allen ein Haschen nach dem Ausserordentlichen, Seltsamen, Pikanten, selbst nach dem Lüsternen; die Köpfe sind zu einförmig, manche Stellungen zu übertrieben und das brillante Colorit artet, zumal in den Gewändern und in der Landschaft, in ein die Gesammtharmonie störendes Grellbuntes aus. Unter seine besten Gemälde zählt man: Venus und Cupido (1822); die Magd der Judith, vor dem Zelt des Holofernes ihre Herrin erwartend (1831); eine angelnde Nymphe; die Sabrina aus Milton's Comus; ein bacchisches Fest; Phädria und Cymochles, aus Spencer's Feenkönigin; Psyche, der Venus Schönheitsmittel bringend (1836); die Sirenen (1837); der Raub der Proserpina (1839); die Ueberraschung im Bade (1842); eine Magdalena (1842); die Grazien; die Mutter des Moses (1844); Cupido ergötzt sich an Goldfischchen; Kleopatra; das Duett (gest. v. Bell).

Etzdorf, Christian Friedrich, Landschaftsmaler, der jüngere Bruder des Folgenden, geb. 1807, bildete sich auf der Akademie zu München und übte Anfangs die

Porzellanmalerei, widmete sich aber später ganz dem landschaftlichen Fache, in welchem er sich die Auffassungs- und Darstellungsweise seines Bruders in hohem Grade eigen machte. Er schildert mit grosser Naturtreue düstere Waldgegenden, Felsenthäler oder winterliche Scenen und dergl.

Etzdorf, Johann Christian, ausgezeichneter Landschaftsmaler, geb. 1801 zu Posneck an der Orla in Thüringen, gest. zu München 1851, erhielt seine künstlerische Ausbildung in letzterer Stadt und in den nahen Hochlanden, in denen er mit ganz besonderer Vorliebe ernste, ja düstere Stellen aufsuchte. Diese eigenthümliche Geschmacksrichtung bestimmte ihn zu einer Reise in den Norden Europa's, wo er die ihn am meisten ansprechenden Charakterzüge der Natur bestimmter ausgeprägt zu finden hoffte. Er reiste desshalb im Jahr 1821 über Hamburg und Kopenhagen nach Norwegen und nach dem Nordkap, von da nach Schweden und hielt sich längere Zeit in Stockholm auf, wo er viele Bilder malte und sich grosse Achtung erwarb. 1827 besuchte er Island, kehrte aber bald wieder nach Stockholm und von da nach München zurück. In den dreissiger Jahren hielt er sich in England auf, wo er vielleicht die schönsten seiner Bilder malte. Wenigstens sind die beiden grossen Landschaften aus Schweden, die er im Jahr 1840 von London mit nach München brachte und von denen die eine: ein Eisenhammer an einem Wasserfall bei Regenwetter, sich in der neuen Pinakothek zu München befindet, die vorzüglichsten seiner Hand. Er hatte nicht nur eine besondere Vorliebe für das Finstere, Düstere der Natur, sondern er machte dasselbe fast ausschliesslich zum Gegenstand der Darstellung. Seine Vorbilder waren Ruysdael und Everdingen und er eiferte letzterem fast auf Kosten seiner eigenen Originalität nach. Graue Wolken mit wenig blauem Himmel, dunkle Fichten nebst bemoosten Birkenstämmen, schäumende und brausende Waldbäche zwischen Felsen und düstern Tannen, enge Schluchten mit jähen Abhängen, über die ein schwindelnder Steg führt, hie und da eine verfallene Hütte, das war der Stoff, aus dem er seine oft so hinreissend schönen Naturscenen aufbaute. Dabei zeigen alle seine Gemälde das tiefste und gründlichste Studium der Natur — so dass er durch die treue Nachbildung von Felsblöcken und Steinschichten sogar das Kennerauge der Geologen entzückte —, grosse Klarheit der Farbe und geistreiche Leichtigkeit des Vortrags. Auch hat er eine sehr ansprechende Methode, Landschaften in Kohle mit einer gewissen Vollendung und malerischen Wirkung darzustellen, wenn auch nicht erfunden, so doch von England und Frankreich in Deutschland eingeführt und vervollkommnet.

Etzdorf hat eine grosse Anzahl von Bildern, die in den verschiedenen europäischen Gallerien und Privatkabinetten zerstreut, und fast alle von gleich vorzüglicher Meisterschaft sind, ausgeführt. Er radirte auch vortrefflich in Kupfer. Im Jahr 1856 kam eine schöne Sammlung von 15 schon früher von ihm radirten Blättern heraus.

Etzel, Karl v., Oberbaurath, Ritter des Ordens der württemb. Krone, geb. 1812 zu Stuttgart, stammt aus einer alten Familie von Architekten und ist der Sohn des verstorbenen württemb. Oberbauraths v. Etzel, dem für seine langjährige gediegene Wirksamkeit als Baumeister seine dankbaren Mitbürger auf der neuen Steige bei Stuttgart (einem Werk, das unter seiner Leitung ausgeführt wurde) ein Denkmal setzten. Er besuchte das Gymnasium seiner Vaterstadt und bereitete sich im Kloster Blaubeuren zum Studium der Theologie vor, entschloss sich hier aber später (1831) sich der Baukunst zu widmen, in der er dann auch theils unter Leitung des Professors v. Thouret, theils unter der seines Vaters rasche Fortschritte machte. Während eines längeren Aufenthaltes zu Paris, den er Anfangs einer genauen Untersuchung der Kunstschätze jener Stadt widmete, neigte er sich allmählig dem Ingenieurfach zu, in dem sich auszubilden die Eisenbahnen von St. Germain und auf dem rechten und linken Seineufer ihm hinlänglich Gelegenheit boten. Eine Reise nach England erweiterte seine bereits erworbenen Kenntnisse und wurde die Veranlassung zur Herausgabe eines Werkchens über den Betrieb grösserer Erdarbeiten. Eine spätere Betheiligung an der Wienerbauzeitung und seine darauf erfolgende Uebersiedlung nach Wien, wo er sich einen ausgedehnten Wirkungskreis schuf, verbreiteten den guten Klang seines Namens in dem Maasse, dass, als sein Vaterland zur Ausführung von Eisenbahnen schritt, er 1843 dahin berufen wurde, um die Leitung der Anlage sämmtlicher württembergischen Eisenstrassen zu übernehmen, wobei er eine so grosse Sachkenntniss, so viel Takt und Geschicklichkeit an den Tag legte, dass ihm später die schweizerischen Behörden die Leitung der Arbeiten der schweizerischen Centralbahn übertrugen, mit deren Ausführung er zur Zeit noch beschäftigt ist. Unter den nach seinen Plänen ausgeführten Hochbauten zeichnet sich das Bahnhofgebäude zu Stuttgart durch Einfachheit der Anlage und die schönen Verhältnisse und Formen aus.

Etzel ist ein reichbegabter Künstler von höchst gediegenen Kenntnissen, klarem, durchdringendem Verstand, wissenschaftlicher Durchbildung und feinem Geschmack.

Euanthes, ein altgriechischer Maler der alexandrinischen Periode, von dem zwei zu einander gehörige Gemälde: Andromeda von Perseus befreit, und die Befreiung des Prometheus durch Herkules beschrieben werden.

Eubios, ein altgriechischer Bildner aus Theben, der um 380 v. Chr. Geb. gelebt haben soll und von dem Pausanias ein mit seinem Landsmann Xenokritos ausgeführtes marmornes Bild des Herakles Promachos im Herakleion zu Theben anführt.

Eubulides, ein altgriechischer Bildner aus Athen, der zu Anfang der römischen Kaiserzeit lebte und von dem Plinius die Statue eines „digitis computans", Pausanias aber eines im innern Kerameikos aufgestellten Geschenks, bestehend aus den Statuen der Athene Paeonia, des Zeus, der Musen, der Mnemosyne und des Apollo erwähnt. Letzteres soll Eubulides nicht nur gearbeitet, sondern auch geweiht haben.

Eucheir, ein altgriechischer Erzbildner aus Athen, der Sohn des Eubulides, wird von Plinius gerühmt als Verfertiger von Statuen Bewaffneter, Jäger, Opfernder und Athleten. Ferner erwähnt Pausanias, dass sich von ihm zu Pheneos in Arkadien ein marmornes Bild des Hermes befunden habe.

Eudes von Montreuil, siehe **Montreuil.**

Eudoros, lebte zu Ende der Periode der selbstständigen griechischen Kunst. Er malte Theaterdekorationen, soll aber auch Bildsäulen aus Erz gefertigt haben.

Euenor, aus Ephesos, der Vater und Lehrer des Parrhasios, blühte zu Anfang des 4. Jahrhunderts v. Chr. Geb. Er war zwar selbst ein tüchtiger Maler, ist aber doch den glänzenden Künstlern der kurz auf seine Zeit folgenden Periode durchaus nicht gleich zu stellen.

Eukleides, altgriechischer Bildhauer zu Athen, der um 370 v. Chr. Geb. blühte. Von ihm werden erwähnt: eine sitzende Zeusstatue aus pentelischem Marmor zu Aegeira in Achaja und die Bilder in den Tempeln der Demeter, der Aphrodite und des Dionysos, und der Eileithyia zu Bura, ebenfalls in Achaja.

Euler, K., ein sehr geschickter Thiermaler in Kassel, von dem man seit 1838 auf den Ausstellungen hübsche Bilder sieht, in denen er tüchtige Charakteristik und Naturwahrheit mit Humor und Komik zu verbinden weiss.

Eumaros, von Athen, ein altgriechischer Maler, der um 540—500 v. Chr. Geb. blühte und von dem gerühmt wird, dass er in der Malerei zuerst männliche und weibliche Gestalten von einander zu unterscheiden vermocht, die Figuren überhaupt, wie von nun an nach ihren Geschlechtern, so auch nach ihren Altersstufen und nach ihrem sonstigen Charakter durchzubilden gewusst habe.

Eumelos, ein griechischer Maler, malte unter Anderem um 16 v. Chr. Geb. eine Helena, die am Forum in Rom aufgestellt war.

Euodos, ein Edelsteinschneider, der unter Titus arbeitete. Bekannt von ihm ist ein Beryll mit dem Kopfe der Julia, der Tochter des Titus, auf dem er seinen Namen eingrub.

Eupalinos, Sohn des Naustrophos aus Megara, war der Architekt der von Herodot hochgepriesenen sieben Stadien weit durch den Berg geführten Wasserleitung auf Samos. Es wird ihm auch der durch Grösse und reichen Säulenschmuck ausgezeichnete Brunnen zu Megara zugeschrieben, den der Tyrann Theagenes um 635 vor Chr. Geb. errichten liess.

Euphranor, einer der vielseitigsten und ausgezeichnetsten altgriechischen Künster, vom korinthischen Isthmos gebürtig, der von 375—335 v. Chr. Geb. blühte, und Maler und Bildhauer war, in Metall und Marmor arbeitete, Kolosse bildete und Becher ciselirte, auch über seine Kunst schrieb. Sein Ruhm bestand vorzüglich in der feineren Durchbildung der Heroen- und Göttergestalten, denen er schlankere Verhältnisse gab, und in die er den Ausdruck einer eigenthümlichen Würde und Grossartigkeit zu legen wusste. Unter seinen statuarischen Werken werden besonders hervorgehoben: die Statue eines Paris, von der man rühmte, dass man in ihr den Schiedsrichter der Göttinnen, den Liebhaber der Helena, und doch auch wieder den Mörder des Achill zu erkennen geglaubt habe; eine Minerva in Rom, welche von Q. Lutatius Catalus unterhalb des Capitols geweiht wurde; das Bild des Bonus eventus, d. h. des Genius des Gedeihens der Pflanzen, in der Rechten eine Schaale, in der Linken eine Aehre und Mohn haltend; Latona mit ihren Kindern, Apollo und Diana, auf dem Arme im Tempel der Concordia; die Gestalten der Virtus und Gräcia, beide kolossal; eine bewundernde und anbetende Frau; die Statue des Hephästos, die sich durch den gelungenen Ausdruck des Hinkens auszeichnete; eine Bildsäule des Apollo Patroos im Kerameikos zu Athen; endlich eine Tempelschliesserin. Euphranor machte aber auch Vier- und Zweigespanne, von denen man namentlich Alexander und Philipp auf Quadrigen rühmte. Zum Maler hatte Euphranor sich in der Schule des Aristides gebildet und er soll sich in dieser Kunst ausser seinen bereits gerühmten Vorzügen der Composition und Zeichnung besonders durch sein kräftiges Colorit ausgezeichnet haben. Folgende Hauptbilder werden von ihm namhaft gemacht: die zwölf Götter; Theseus (von dem der Künstler selbst rühmte, er sei mit dem Fleische des Stiers, der des Parrhasios dagegen mit Rosen genährt) mit den Figuren der Demokratie und des Demos, als Begründer der politischen Rechtsgleichheit unter den Athenern dargestellt; das Reitertreffen der Athener gegen Epaminondas bei Mantinea, sämmtliche Gemälde in einer Halle des Kerameikos zu Athen; ferner: Odysseus, der in erheucheltem Wahnsinn einen Ochsen mit einem Pferde zusammenspannt, zu Ephesos.

Als Schriftsteller machte er sich durch ein Buch über die Symmetrie und ein anderes über die Farben bekannt.

Schüler von ihm waren: Charmantides, Leonidas und Antidotos.

Literatur. Brunn, Geschichte der griechischen Künstler. 1. u. 2. Theil.

Eupolemos, ein altgriechischer Baumeister aus Argos, der daselbst um 415 v. Chr. Geb. einen grossen Tempel der Juno an der Stelle eines kurz zuvor abgebrannten, der derselben Göttin gewidmet gewesen, erbaute.

Eupompos, aus Sikyon, ein altgriechischer Maler, der um 400—380 v. Chr. Geb. blühte, und der Gründer der Schule von Sikyon wurde, deren Hauptverdienst, im Gegensatz zu der Weichheit der Jonischen in einer wissenschaftlich strengen Durchbildung und in höchster Genauigkeit und Vollendung der Zeichnung bestand. Von seinen Bildern ist nur eines bekannt: ein Sieger im gymnastischen Wettkampfe, die Palme in der Hand haltend. Sein Schüler war Pamphilos, der, so viel wir wissen, die Malerei zuerst auf eine entschieden wissenschaftliche Weise lehrte.

Euripides, der tragische Dichter (480—407 v. Chr. Geb.), soll in seiner Jugend die Malerei geübt haben. Wenigstens zeigte man einige Bildchen von ihm in Megara.

Euthykrates, ein altgriechischer Erzgiesser um 300 v. Chr. Geb., Sohn und Schüler des Lysipp, eiferte seinem Vater mehr im Fleiss, als in der Eleganz nach, und strebte mehr nach dem Ernsthaften, als nach dem Anmuthigen. Als Werke werden von ihm genannt: ein Herakles zu Delphi; ein Alexander; ein Jäger- und ein Reitertreffen zu Thespiae; die Statue des Trophonius bei dem Orakel desselben; auch einige Porträtstatuen.

Eutychides, altgriechischer Erzgiesser und Bildner in Marmor, ein Schüler des Lysipp, gebürtig aus Sikyon, blühte um 290 v. Chr. Geb. und zeichnete sich in seinen Werken durch die Gefälligkeit und Anmuth in der Composition, und die Weichheit und Naturwahrheit der Behandlung aus. Als Arbeiten von seiner Hand werden angeführt: die Marmorstatue eines Dionysos und die Erzstatuen des Flussgottes

Eurotas und der Stadtgöttin von Antiochia. Von letzterer findet man eine anmuthige Nachbildung im vatikanischen Museum zu Rom.

Wahrscheinlich identisch mit ihm ist ein Maler Eutychides, von dem Plinius ein von der Viktoria gelenktes Zweigespann anführt. Nicht verwechselt aber darf er werden mit einem Bildhauer Eutychides aus Milet, der als Jüngling starb, dessen Zeit aber nicht zu bestimmen ist.

Evans, William, ein der Gegenwart angehöriger englischer Genremaler in Wasserfarben, der sich in Darstellungen aus dem Leben, in Conversationsstücken u. s. w. auszeichnet. Seine Bilder vereinigen Tiefe und Kraft mit Saftigkeit und Klarheit und sind desshalb auch bei seinen Landsleuten sehr beliebt.

Evelyn, John, ein englischer Zeichner und Kupferstecher, geb. zu Wotton 1620, gest. 1705, übte vorzugsweise die Schwarzkunst, in der er von dem Prinzen Rupert von der Pfalz unterrichtet wurde.

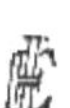

Everdinge, Andreas von, war um 1410 Baumeister am Dome zu Köln.

Everdingen, Aldert van, berühmter Landschaftsmaler, sehr geschätzter Kupferätzer und Arbeiter in Schwarzkunst, geb. 1621 zu Alkmaar in Nordholland, gest. daselbst 1675, erlernte die Malerei bei Roland Savery und Peter Molyn, genannt Tempesta, welche beide Meister er aber bald übertraf. Er liebte in seinen Darstellungen grossartig romantische Compositionen im nordischen Charakter, hohe Gebirge mit Tannen bewachsen, durch niederstürzende Wasser belebt, deren Schaum er unübertrefflich darzustellen wusste, in ernster herbstlicher Färbung, wozu er die Studien im baltischen Meere und auf seinen Reisen in Norwegen, wohin ihn einst ein Sturm verschlagen hatte, machte. Von den Ruysdael'schen Bildern ähnlicher Composition unterscheiden sich die seinigen vornehmlich dadurch, dass in ihnen nicht jenes geheimnissvolle, aus der Seele des Künstlers hervordringende Gefühl, jene schwärmerische Melancholie vorherrscht, die das Einsamste von menschlicher Beziehung Abgeschiedenste vorzugsweise liebt und die Natur zum energischen Ausdruck düster elegischer Stimmung durchbildet, sondern dass ihre Poesie mehr in der urfrischen Sprache nordischer Natur, in dem grossartigen Zuge der Linien und Gebirgsformen besteht. Man könnte sie in dieser Beziehung mit dem Poussin'schen Style der Landschaft vergleichen, wenn sie von diesem nicht wiederum durch die nordisch individualisirende Behandlungsweise wesentlich verschieden wären. Oft wusste er mit diesem grossartig Poetischen der Composition und der ergreifendsten Naturwahrheit eine ungemeine Wärme des Tons, eine grosse Tiefe und Kraft des Grüns, ein Impasto und eine Ausführung von grosser Gediegenheit zu verbinden.

Gemälde von Everdingen findet man in allen grösseren öffentlichen und Privatsammlungen, namentlich in den Gallerien von Berlin, Dresden, Kopenhagen, München, Paris, Stuttgart, Wien u. s. w. — Man soll auf einigen derselben nebenstehendes Monogramm finden.

Everdingen radirte auch in Kupfer und Bartsch verzeichnet 162 Blätter von ihm, unter denen 103 in Landschaften, kleinen Seestücken, Wasserfällen, Dörfern, Wäldern und Gebirgsgegenden bestehen, alle in den Gegenständen ebenso verschieden, als wahr in den Darstellungen. Er hatte in denselben mehr die Zeichnung in ihrer Selbstständigkeit, als jene Andeutung einer malerischen Wirkung im Auge und ist in der zierlichen Bestimmtheit der Umrisslinien, in der plastischen Modellirung an Fels und Bäumen vorzüglich. Seine Nadel ist mehr breit als fein, mit ausserordentlich viel Geist, Leichtigkeit und Kühnheit geführt. Dabei sah er mehr auf die Naturwahrheit und Wirkung des Ganzen, als auf die Ausführung des Details, obgleich er das letztere nicht nur nicht vernachlässigt, sondern einige Blätter ausführte, die sich gerade in dieser Beziehung durch ihre hohe Vollendung auszeichnen.

Bekannt sind seine 57 meisterhaft, mit genialer Leichtigkeit, Humor und feiner Charakteristik hingeworfenen Radirungen zum Reinecke Fuchs (in der Godsched'schen Uebersetzung des holländischen Gedichts nach der Ausgabe von 1498, im Jahr 1752 in zweiter Ausgabe abgedruckt). Unter seinen übrigen Blättern zählt man zu den schönsten: den Wasserfall bei der Mühle auf dem Felsen; den Bach im Walde; eine

Landschaft mit einem grossen Erdhügel; zwei Figuren unter einem Felsen; den geschlängelten Fluss; 4 Blätter Landschaften mit Bauern- und Einsiedlerhütten; den aus dem Wasser hervorragenden Felsen; 4 Blätter Landschaften; Venus und Amor, ein Blatt in Schwarzkunst.

Everdingen bezeichnete seine Bilder und Radirungen meistens mit den Buchstaben A. V. E. oder A. v. e.

Everdingen, Cesar van, der Bruder des Vorigen, geb. 1606 zu Alkmaar, gest. daselbst 1679, war ein Schüler von Jan van Bronkhorst und malte in lebendiger Auffassung und kräftigem Colorit mit meisterhaftem Pinsel Historien-, Genrebilder und Porträts. Er bezeichnete seine Bilder mit nebenstehendem Monogramm oder mit den Anfangsbuchstaben C. V. E.

Everdingen, Jan van, der jüngste unter den drei Brüdern Everdingen, geb. 1625, gest. 1656, war ein Schüler seines Bruders Cesar, malte aber nur Stillleben. Seine Bilder sind sehr selten, da er Advokat war und nur zu seinem Vergnügen malte.

Evers, Anton Clemens Albrecht, ein trefflicher Genremaler, geb. 1802 auf dem Moritzberge bei Hildesheim, genoss den Unterricht in der Kunst auf der Akademie zu Dresden bis zum Jahr 1829, begab sich dann 1832 in seine Vaterstadt, wo er Bildnisse malte, zog jedoch 1832 nach München, wo er Scenen aus dem Volksleben mit vielem Glück und grossem Beifall ausführte. Namentlich weiss er Kinder zur Winterszeit auf dem Eise, in Schlitten und auf Schlittschuhen mit ungemein vielem Humor darzustellen. In andern Bildern versetzt er uns dagegen auch in frühere Zeiten und zeigt uns berühmte Künstler in ihren Werkstätten oder andere grosse Männer in interessanten Situationen ihres Lebens, wie Peter Vischer in Nürnberg, am Sebaldusgrabmal arbeitend; den Johannes Guttenberg, wie er die ersten gelungenen Proben der Buchdruckerkunst zeigt; den Martin Luther als Junker Georg auf der Wartburg, die Bibel übersetzend; den Nürnberger Meistersänger Hans Sachs, Sonnabends in einer Weinlaube dichtend. Alle seine Gemälde aber zeichnen sich ebenso durch die anmuthige Composition, wie durch die lebendige Darstellung und die sorgfältige Ausführung aus. Nebiges Monogramm trifft man zuweilen auf seinen Bildern.

Eversdyk, Cornelis und **Willem**, Vater und Sohn, stammten von einem edlen Geschlecht aus Ter Goes, und widmeten sich beide der Malerkunst. Jener wählte das historische, dieser das Porträtfach, und beide werden als tüchtige Künstler ihrer Zeit gerühmt. Cornelis lebte noch 1650 und Willem blühte um 1660. Letzterer malte verschiedene Gelehrte und andere berühmte Männer seiner Zeit, von denen mehrere von J. Houbraken gestochen wurden.

Evrard, N., ein Bildhauer aus Lüttich, der um 1772 blühte und meistens in Frankreich arbeitete. Zu Lüttich verfertigte er: die Grabmäler der Prinzbischöfe Georg Louis de Berghe, Johann Theodor von Bayern und Karl d'Oultremont.

Evrard, Perpète, ein geschickter Miniaturmaler, der um die Mitte des 17. Jahrhunderts zu Dinant geboren wurde und 1727 im Haag starb. Er malte gute Bildnisse und wurde wegen seiner Geschicklichkeit an verschiedene Höfe berufen.

Ewald, Arnold, ein Historienmaler zu Berlin, von dem man 1852 auf der Kunstausstellung daselbst ein mit Recht gerühmtes Bild: Galilei vor der vom Papst Urban VIII. eingesetzten Congregation, und 1854 auf der grossen allgemeinen Kunstausstellung zu München: Elisabeth von England dem Dawison das Todesurtheil der Maria Stuart übergebend, sah.

Ewen, Nicholas, war als Modellirer und Erzgiesser an der bis zur überschwänglichen Pracht reich geschmückten Begräbnisskapelle Heinrich VII. (1457—1509) in der Westminsterkirche zu London thätig.

Eximeno, Joaquin, Maler aus Valencia, war ein Schüler von Jacinto Geronimo Espinosa, und malte, wie sein Sohn gleichen Vornamens (geb. 1674, gest. 1754), Blumen, Früchte, Vögel, Fische u. s. w. mit vieler Naturwahrheit. Beider

Bilder zeigen eine so ähnliche Behandlungsweise, dass sie kaum von einander unterschieden werden können.

Exter, Friedrich von, ein trefflicher Xylograph aus Ungarn, der unter Anleitung des Professors Höfel zu Wien die Holzschneidekunst erlernte, später nach München zog, wo er lange Zeit in dem Atelier von Caspar Braun thätig war und sich zu einem tüchtigen Künstler in seinem Fach heranbildete.

Eybel, Adolph, Historien-, Genre- und Porträtmaler, Professor und Mitglied der Akademie zu Berlin, war ein Schüler von Prof. K. W. Kolbe. Unter seinen meist trefflich componirten, in der Ausführung an die französische und belgische Kunstweise erinnernden Bilder möchten namentlich hervorzuheben sein: eine Aehrenleserin; die Schlacht bei Fehrbellin; eine Scene aus W. Scott's Woodstock; Richard Löwenherz mit seinem Hofe im Lager von Askalon dem Gesange Blondels zuhörend; der grosse Kurfürst zu Fehrbellin.

Eybl, Franz, Porträt- und Genremaler, geb. zu Wien 1806, zeichnet sich in seinen dem Volksleben entnommenen Bildern durch die Naivetät der Auffassung, die Wahrheit des Ausdrucks, die mit dem eindringlichsten Studium und liebevollstem Fleisse durchgeführte Treue der Darstellung, die Harmonie der Färbung und die Meisterschaft der Behandlung aus. Mit besonderer Anerkennung nannte man unter seinen auf den verschiedenen Ausstellungen befindlich gewesenen Gemälden: eine Braut, die zu ihrer Vermählung geschmückt wird; eine Alte, die über dem ihr vorgelesenen Gebet ihrer Tochter im Lehnstuhl eingeschlafen ist; eine Alte, die, sich besprengend, aus der Kirchthüre tritt; eine betende Alte. Die Gallerie des Belvedere zu Wien besitzt von ihm: eine alte niederösterreichische Bäurin. Eybl ist seit 1843 Mitglied der Wiener Akademie.

Eyck, Gaspar van, ein Maler aus Antwerpen, der um 1625 Marinen und Hafenansichten, auch zeitweise Seeschlachten zwischen Christen und Türken malte. Er war ein guter Zeichner und wusste auch den Pinsel mit Meisterschaft zu führen.

Eyck, Hubrecht (Hubert) und Jan van, Brüder, berühmte Maler, die an der Spitze der neueren Richtung der flandrischen Malerschule zu Anfang des 15. Jahrhunderts standen, über deren äussere Lebensumstände aber, sowie über die ihrer Schwester Margaretha, welche ebenfalls Malerin war, wenig bekannt ist. Sie sollen aus Maaseyck, einem Städtchen unweit Mastricht, stammen (der Familienname van Eyck kommt übrigens gleichzeitig auch in den Kirchenbüchern von Antwerpen und Brügge vor), und daselbst, jener 1366, dieser um 1396 (nach Anderen schon um 1370) geboren worden sein, das Geburtsjahr der Schwester kennt man bis heute nicht. Alle drei Geschwister müssen sich aber später in Brügge niedergelassen haben, wo Hubert van Eyck 1412 und Margarethe van Eyck 1418 in die Genossenschaft der Maria mit den Strahlen aufgenommen wurden. Nach dem Jahr 1420 begab sich Hubert mit seinem Bruder Jan zur Ausführung eines grossen Altarwerks nach Gent, wo ersterer 1422 „auf Anrathen des Chors von St. Johannes daselbst Gildebruder von der Gilde unserer lieben Frauen" ward, 1426 starb und in der St. Bavokirche begraben wurde. Jan kehrte nach dem Tode seines Bruders nach Brügge zurück und starb daselbst 1441. Für ihren Vater und den Lehrer des Hubert hält man Meister Josse van Eyck, der im Jahr 1391 als Mitglied der genannten kirchlichen Brüderschaft der Maria mit den Strahlen zu Brügge vorkommt. Beide Brüder wurden wegen ihrer Kunst von den Herzogen von Burgund sehr geehrt, namentlich Jan, der, nachdem er früher schon als „pointre et varlet de chambre" in Diensten des Herzogs Johann von Bayern, Bischofs von Lüttich (gest. 1424), gestanden (während welcher Zeit er 1420 der Malerzunft zu Brügge einen von ihm gemalten und von derselben hochbewunderten Christuskopf vorgewiesen), im Jahr 1425 von dessen Neffen, dem Herzog Philipp dem Guten von Burgund zu seinem Maler und Kammerdiener mit einem Jahrgeld von 100 Livres ernannt, auch von ihm mit verschiedenen Arbeiten, die ihm alle besonders bezahlt wurden, beauftragt, überhaupt auf jede Weise von ihm ausgezeichnet wurde. So brauchte der Herzog den Meister mannigfach zu zum Theil weiten Reisen, deren erste in das Jahr 1426 fiel und deren Zwecke Philipp zwar ausdrücklich geheim gehalten wissen wollte, die aber bei der bekannten Liebe des Herzogs zum schönen Geschlecht wohl kaum andere gewesen sein mögen, als die Bildnisse entfernter Geliebten von ihm zu malen. Auch liess Herzog Philipp nach Jan van Eyck's Wahl und Urtheil von anderen Künstlern verschiedene Kunstgegenstände, Miniaturen u. s. w. anfertigen, der vorzüglichste Beweis aber für die ausserordentliche Gunst, worin er bei ihm stand, ist der, dass er ihn 1428 im Geleite einer reich ausgestatteten Gesandtschaft unter dem Hrn. v. Roubaix zu König Juan I. von Portugal schickte, um dessen Tochter Isabella, die nachmalige dritte Gemahlin Philipp's des Guten und Mutter Karl des Kühnen, zu malen. Im Jahr 1432, zur Zeit als das Genter Altarwerk vollendet war, besuchte der Herzog den Künstler selbst in seiner Werkstätte zu Brügge, bei welcher Gelegenheit jener den Schülern und Gehülfen des Meisters Geschenke machte, und im Jahr 1434 übernahm Philipp, der Gute, sogar die Pathenstelle bei einem Kinde des Jan, dem er als Pathengeschenk sechs silberne Tassen im Gewicht von 12 Mark übersenden liess. Ja, der Künstler scheint bis zu seinem Tod und darüber hinaus die Gunst des Herzogs besessen zu haben, denn noch 1448 machte er dessen Tochter Lyennie (Hennie) ein Gnadengeschenk, um in das Kloster zu Masseyck, ihres Vaters Geburtsort, zu treten. Aus letzterem Umstand scheint indessen hervorzugehen, dass trotz der Auszeichnung, die Jan im Leben genossen, und trotz angestrengtester Thätigkeit seine Vermögensverhältnisse doch sehr bescheiden geblieben sein müssen.

Mit der Thätigkeit der Brüder van Eyck beginnt jene grossartige Kunstreform zu Anfang des 15. Jahrhunderts in den deutschen Niederlanden, die sich im Gegensatze zu dem Idealismus der vorigen germanischen Periode der Darstellung der natürlichen Erscheinung des Lebens mit aller Macht zuwandte und sogleich mit einer Vollkommenheit auftrat, die, weil scheinbar weder mit augenfälligen Vorgängen in der Heimath, noch mit anderen deutschen Malerschulen im sichtbaren Zusammenhang stehend, an's Wunderbare gränzt und die beiden Meister, welche jene neue Richtung in's Leben riefen, den grössten Künstlern aller Zeiten beizählt. Zwar erinnern ihre Arbeiten, namentlich diejenigen, welche man mit Sicherheit dem älteren Hubert zuweisen kann, zum Theil noch an die statuarisch feierlichen Typen des germanischen Styls, auch lässt sich in der gemüthlichen Stimmung, in dem Gedankengange, der sich in ihren Werken äussert, hin und wieder noch Verwandtes mit den Prinzipien des romantischen Zeitalters erkennen; allein wie mit einem Schlage ist in ihnen die ganze Welt der Erscheinungen der Natur erschlossen. An die Stelle des Abgeschlossenen einzelner idealer Gestalten oder symmetrisch geordneter Gruppen tritt das wirkliche Leben mit seinen individuellen Gestalten; der starre Glanz des goldenen Grundes wird hinweggethan und dem Blick die Möglichkeit eröffnet, in die Tiefe und Weite vorzudringen, Himmel und Erde, Nähe und Ferne zu umfassen. Hier finden wir anmuthsvolle Gebirgszüge, blühende Matten mit Quellen und Strömen, fruchtreiche Bäume, dort die ganze Behaglichkeit und den Schmuck menschlicher Wohnungen, das mannigfachste Geräth mit dem liebevollsten Eingehen auf das Einzelne, mit bewundernswürdiger Naturwahrheit dargestellt. Zwar ist in ihren Gestalten von den organischen Bewegungen des Körpers nur eine wenig genügende Vorstellung vorhanden, selbst die Modellirung zeigt noch manche Härten, ja die Gewandung nimmt in ihnen erst jene eckigen harten Brüche an, welche von dem schönen fliessenden Faltenwurf der vorhergehenden Periode so unangenehm abweichen; aber man vergisst alle diese Mängel über der harmonischen Zusammenstimmung des Ganzen, wie sich solche ausspricht: innerlich in der Vereinigung einer reinen Begeisterung für die Bedeutung der jedesmaligen Aufgabe mit diesem ausführlichen Naturalismus, der gemüthvollen, oft selbst tiefsinnigen Auffassung, mit den nothwendigen Beziehungen, in welche die menschlichen Gestalten zu ihrer Umgebung gebracht sind, so dass wir darin eine heitere Verklärung des irdischen Lebens inmitten seiner beschränkten Verhältnisse wahrzunehmen glauben, äusserlich in dem Einklange klarer, leuchtender Farbe und dem Spiele des Lichts, für dessen Durchführung die von den Brüdern van Eyck erfundene und verbesserte Oelmalerei die nöthigen technischen Mittel an die Hand gab. Man hat namentlich der hohen Ausbildung der Technik der Malerei in Oel die überraschende Erscheinung dieser plötzlichen hohen Vollendung zugeschrieben, in welcher wir die Werke der Brüder van Eyck erblicken. Man darf aber, wenn man erstere auch als Hauptbeförderungsmittel der letzteren gelten lässt, nicht verkennen, dass die Blüthe und Macht, zu welcher sich die flandrischen Städte in jener Zeit emporgeschwungen hatten, Lebenslust und Vaterlandsliebe, allgemeine Verbreitung eines kräftigen religiösen Sinnes, die Pracht und Kunstliebe des burgundischen Hofes dazu schon vorher den Boden bereitet; dass Hubrecht und Jan in der damals vielfach geübten Glas- oder der noch beliebteren Miniaturmalerei, in welchem Fache man es bereits zu einer unvergleichlich hohen Vollkommenheit gebracht hatte, ferner in den altniederländischen Bildhauerschulen, namentlich in denen von Dinant und Tournay, in welchen bereits die Bestrebungen einer individuellen Naturwahrheit mit grossem Glück befolgt wurden, die Vorbilder der neuen Richtung gefunden hatten, in welcher sie so Wunderbares geleistet.

Der Realismus in seiner ganzen bunten Fülle der Erscheinung, aber geadelt und geweiht durch die Vermählung mit der religiösen Idee, ist es also, was uns in ihren Bildern entgegentritt. Dadurch wurde der Stoff der Darstellung bedeutend erweitert, wozu die Altarwerke in Form von Schreinen mit Flügelthüren und mehrfachen Abtheilungen passende Räume abgaben. Blieb auch immerhin Christus in seinen mannigfachen Beziehungen zur Kirche in der Regel der Mittelpunkt und Hauptgedanke des Altargemäldes, so boten doch die verschiedene Auffassungsweise dieses Gedankens und die Uebergänge zu den Ereignissen aus seinem Leben oder aus dem der Heiligen, namentlich der heil. Jungfrau, die sogar häufig zur Altargottheit wurde, die Beziehungen des neuen Testaments zum alten u. s. w. der Phantasie ein grosses, weit über die bisher gewohnte Darstellungsweise hinausgehendes Feld. Gefördert wurden diese künstlerischen Unternehmungen wesentlich durch den herrschenden Gebrauch der Weihegeschenke, der Votivgemälde, von den Stiftern zum Heil ihrer Seele der Kirche gewidmet. Es war keine begüterte Familie, keine Corporation, die nicht ihr Altarwerk in irgend einer Kirche gehabt hätte. So sehr aber die kirchliche Andacht noch alle Geister beherrschte, so sehr trat nun doch schon in den Kunsterzeugnissen das künstlerische Element mehr in den Vordergrund. Zwar behielt die neue Richtung, was Auffassung und Darstellung betrifft, die symbolische Anschauungsweise noch lange bei, überall liegt dem Bild der bedeutende Gedanke zu Grund und motivirt seine Darstellung; allein diese selbst blieb nicht mehr in die alte rituale Form gebannt, sondern überall regte sich das Bedürfniss einer freieren, einem lebendigen Gefühl entsprechenden Bewegung und zu der Gestalt trat mehr und mehr die Handlung und deren Wirkung auf das Gemüth. Das Subjektive trat mit aller Macht in den Vordergrund; Züge und Ausdruck wurden nach Gutdünken der Wirklichkeit entnommen, und für alles Uebrige die heiterste, vielartigste Pracht der Erde in Anwendung gebracht. In diesem instinktartigen Drängen der Kunst nach möglichster Uebereinstimmung mit dem Leben, der sinnlich wahrnehmbaren Wirklichkeit, musste nun auch die Anordnung im Allgemeinen von ihrer früheren architektonischen Strenge nach und nach ablassen; auch die Charakteristik beschäftigte sich jetzt mehr mit den Vorbildern der Natur, statt wie früher mit Gebilden der Phantasie, die zu ihrem Ideal die Form aus sich erschuf. Die goldenen Hintergründe, welche die leuchtende Pracht des Himmels andeuten sollten, verschwanden und statt ihrer eröffnete sich die Aussicht auf unser irdisches Paradies mit seinen Bergen und Thälern, seinen Wäldern und Strömen, Städten und Dörfern. Durch die Anmuth, Klarheit und Frische dieser Aussenwelt, deren reiche Mannigfaltigkeit mit den Fortschritten der neuen Richtung zunahm, wurde eine ausserordentliche Heiterkeit über die Figuren verbreitet, welche ihren strengen kirchlichen Ernst milderte. Die heiligen Begebenheiten wurden dadurch mit unserem wirklichen Leben in so nahe Beziehungen gebracht, dass die unwiderlegliche Wahrheit des einen die Glaubwürdigkeit des andern über allen Zweifel zu erheben schien und mit derselben Liebe und

Sorgfalt, mit welcher die höchsten Momente der christlichen Geschichte zur unmittelbaren Anschauung zu bringen gesucht wurden, stellte man alle Einzelheiten der Natur bis auf den Kiesel am Boden dar. Ja, selbst die Heiligen, denen diese der Wirklichkeit, diese oft der nächsten Umgebung entnommene Welt, — flandrische Gegenden, Tempel oder Zimmer mit niederländischem Hausrath, — zum Schauplatz ihrer Thätigkeit angewiesen worden, legten allmälig den Schein höherer Existenz, den ihnen die Vorstellung von ihrer allgemeinen Bedeutung gegeben, ab, und erschienen in mehr oder minder individuellen, rein menschlichen Beziehungen, so dass die Wundergeschichten heiliger Ueberlieferung in der That vor aller Augen vor sich zu gehen schienen. Nur diejenigen Gestalten, deren Ansprüche auf überirdische Erscheinung durchaus nicht umgangen werden konnten, wurden durch den Glanz von Gold, Perlen und Edelsteinen ausgezeichnet. Gerade aber in diesem Hereinziehen der Welt in die himmlische Herrlichkeit, in der Freude an der Erde und ihren Erscheinungen, dem individuellen Menschenleben und der sichtbaren Natur liegt die hohe kunstgeschichtliche Bedeutung der Kunstweise der Brüder van Eyck.

Betrachten wir sodann den Styl, die Kunstform dieser neuen Richtung der niederländischen Malerei, so finden wir ihn vornehmlich bezeichnet durch die gesteigerte Lebendigkeit des Ausdrucks, stark markirte Züge und eckige Bewegungen, knochige, magere Glieder und scharf gebrochenen Faltenwurf. Die Färbung erhielt durch die von Hubert und Jan van Eyck zuerst in grösseren Bildern angewandte und vervollkommnete Oelmalerei eine hohe Vollendung. Sie zeigt eine besondere Vorliebe für gesättigte Farben, deren Tiefe, Kraft und Durchsichtigkeit kaum höher zu treiben sein dürfte, und die selbst im Hintergrunde, unbeschadet der Luftperspektive, angewendet wurden. Das Blau des Himmels wetteifert mit dem Grün der Wiesen und der saftigen Laubwerke, und aus dieser Umgebung hervor leuchten in feurigem Zinnober und königlichem Purpur mannigfach nuancirt die Mäntel, Röcke und Mützen, in glänzendem Gelb das Gold der Rüstungen, Kronen und Ketten. Vermittelnde und mildernde Töne fehlen gleichfalls nicht, namentlich aber glänzt aus allen diesen Farben kräftig, warm und lebendig — wie in der Natur selber die Hautfarbe jeder sonstigen Färbung überlegen ist — und mit staunenswerther Naturtreue den Unterschied des Geschlechts, ja des individuellen Charakters in dem Hauptton festhaltend, die Carnation hervor. Wiewohl jede Farbe zu ihrer vollen Geltung gelangt, so stören doch nirgends grelle Töne und scharfe Gegensätze, und das Ganze erscheint im schönsten Farbeneinklange. Ein und derselbe charakteristische warmbräunliche Grundton herrscht entschieden vor und verhütet, dass sich die lebhaften Farben nicht allzu stark vordrängen. Gleicher Fortschritt mit der Färbung offenbart sich in den Werken der van Eyck von Seiten der malerischen Behandlung. Diese vereinigte Sorgfalt, Fleiss und Verstand, um den Gemälden eine ebenso unvergleichliche Vollendung zu geben, als eine Dauerhaftigkeit zu sichern, die sie bis heute vor dem Nachdunkeln, Verbleichen und Abblättern geschützt hat. Auf jede Einzelheit eingehend, blieben sie selbst im Kleinsten gross. Sie nahmen anscheinend das Geringfügigste auf und doch von dem Nebensächlichen das eigentlich Wirkungsreiche allein, und auch diess nur mit steter Unterordnung. Sie vergassen kein Blatt, keine Frucht am Baume, kein Härchen, und jedes Einzelne wirkt im Ganzen an seiner rechten Stelle. Beim vollendenden Uebermalen fügten sie wohl nur noch die höchsten Lichter und tieferen Schatten hinzu, verstärkten das Saftige und das Leuchten einzelner Farben, und verschmolzen und verbanden zur vollständigen Abrundung Alles, was etwa noch feinerer Uebergänge und zarterer Nuancen bedürfen mochte, bald mit festem Pinsel, bald fein vertreibend, nie jedoch kleinlich oder geleckt, immer mit geübtestem Auge und sicherster Hand, so dass ihre Bilder häufig noch viel ausgeführter erscheinen, als sie wirklich sind. In der Zeichnung und Modellirung strebten beide Meister nach fast sculpturartiger Bestimmtheit und Rundung der Formen, und die Linienperspektive, von der ihre Vorgänger und Zeitgenossen noch nicht die geringste Kunde hatten, wurde durch sie in ihre feinsten Theile auf's Gründlichste ausgebildet und mit unfehlbarer Sicherheit geübt. Dagegen zeigt die Luftperspektive nicht die für vollendete Durchführung der Bilder durchaus nöthigen Abstufungen. Zwar erscheinen die Räume nicht luftleer, wie bei den Malereien der vorhergehenden Periode, im Freien heben sich die Figuren gehörig von einander ab und der Luftton im Innern der Zimmer oder Kirchen bewirkt eine gewisse Ferne, allein die duftlose Klarheit macht in den Wiesen und Bäumen des Mittelgrunds bis zu den letzten Bergen und Städten des Hintergrundes jede, auch die kleinste Einzelheit allzu sicht- und erkennbar.

Gehen wir nach dieser vorausgeschickten allgemeinen Uebersicht endlich zur Betrachtung der Kunstweise jedes einzelnen der beiden Brüder für sich über, so scheint sich Hubert van Eyck nach den Werken der gleichzeitigen Kölner Maler gebildet zu haben, um hernach die in seinem eigenen Volke bereits aufkeimende Saat zur Zeitigung zu bringen. In den mit Sicherheit ihm zugeschriebenen Bildern erkennt man in einer gewissen Werthschätzung der überlieferten symbolischen Auffassungs- und der auf grosse ideale Form gerichteten Behandlungsweise noch manche Verwandtschaft zur Kölner Schule und dem idealistischen Streben, welches sich in den Niederlanden schon bald nach der Mitte des 14. Jahrhunderts mit vielem Erfolge geltend machte. Sie sind, sowohl in der Charakterbildung, als in der Formengebung, durchdrungen von kirchlicher Würde, Majestät und Andacht; das hinzugetretene Studium der Natur und das Verlangen nach einer ausgedehnten dramatischen Darstellungsweise hat aber, verbunden mit einem grossartigen Schönheitssinn, bereits einen auffallenden Fortschritt hervorgebracht. Mit den Werken Jan van Eyck's verglichen, sind die Umrisse der Zeichnung weniger scharf, die Verhältnisse der stehenden Figuren meist etwas kurz, die Köpfe im Charakter und Ausdruck aber äusserst schön und die Gewänder wohl verstanden, grosslinig und breitflächig, ja zum Oefteren sogar ganz grandios. Die Behandlung des Haars ist bei den Frauen meistens mit einer sehr feinen Angabe der einzelnen Härchen durchgeführt, bei dem der Männer dagegen, bei denen es meist in vollen Locken auf die Schultern niederfällt, zwar etwas freier und höchst meisterlich und weich, jedoch nicht so breit wie bei Jan van Eyck. Die Hände seiner idealischen Figuren sind breiter, die Finger von naturgemässer Länge und minder zugespitzt, als auf den Bildern seines Bruders. Das Fleisch ist in den Mitteltönen röthlichbräunlich, in den Schatten von einem Braun, das gegen das Roth zieht und an Wärme, Tiefe und Klarheit die Schattenparthien der Carnation des Jan van Eyck übertrifft. Endlich ist die Pinselführung in den Einzelheiten weniger verschmolzen, als bei jenem, sondern mehr in ihren einzelnen, sehr geistreichen Zügen zu verfolgen.

In Jan van Eyck's Gemälden macht sich dagegen bei allem Tiefsinn religiöser Gedanken, bereits der entschiedenste Realismus bemerkbar. Schon der Umstand, dass er seine Kunst weniger als sein Bruder auf Religiöses und Kirchliches beschränkte, wies ihn mehr auf das Studium und die Nachahmung der mannigfaltigsten Aussenwelt an. Aus seinen Händen gingen viele Bildnisse höchst gestellter Zeitgenossen hervor, und in vielen seiner Gestalten erkennt man an einer gewissen Ritterlichkeit und Zierlichkeit, dass er dem Herzog Philipp von Burgund zur Seite stand. Seine idealistischen Personen haben durchaus ein porträtartiges Aussehen; die Männer erscheinen bisweilen begeistert, öfters höchst edel, immer aber tüchtig, die Frauen sind häufig lieblich und gefällig, bisweilen jedoch auch, wie bei den Kindern, bei denen es noch häufiger vorkommt, unschön. Seine Bildnisse indessen zeigen die überraschendste, lebendigste und durchdringendste Klarheit und Schärfe der Auffassung, die meisterhafteste Zeichnung und eine plastische, höchst bestimmte, nur hie und da an's Scharfe streifende Durchbildung der Form. Ueberhaupt begegnet uns in seinen Bildern eine grössere Schärfe der Zeichnung und Bestimmtheit der kräftig modellirten Formen, als bei seinem Bruder. Im Nackten fehlt dagegen die gehörige Rundung und Fülle, besonders bei den Kindern. Bei idealischen Figuren sind die Hände in der Regel schmal, die Finger lang und zugespitzt, bei Bildnissen aber höchst fein individualisirt. Während indessen die Gewänder bei Hubert Muster von Wahrheit und Geschmack sind, kommen bei denen auf Jan's Bilder eine Menge scharfer, knittriger Brüche, die er zuerst in der Malerei einführte, vor. Die Haare erscheinen sehr fleissig, jedoch mit vieler Freiheit, behandelt; besonders sind die höchsten Lichter oft breit aufgesetzt, einzelne abstehende Löckchen aber mit seltenster Leichtigkeit und Meisterschaft gemalt. Im Fleisch sind die Mitteltöne entschieden gelblich, dagegen die höchsten Lichter bisweilen etwas kalt, die mitunter etwas schweren und undurchsichtigen Schatten von einem sich dem Gelben nähernden Braun. Jan hatte eine besondere Vorliebe für die Ausbildung des Details, namentlich für die Nachahmung natürlicher Effekte, mit denen er, wie z. B. mit den Spiegelungen spielen konnte. Auch setzte er einen Werth darein in ganz kleinen, fast nur durch das Vergrösserungsglas erkennbaren Dimensionen malen zu können.

Das berühmteste Werk beider Brüder ist das grosse Altarwerk, welches von ihnen für die Kirche des heil. Johannes (gegenwärtig St. Bavo) zu Gent gemalt wurde. Es ist eine Stiftung des Judocus Vyd (oder Vyts), Herrn von Pameln im Lande Alost und seiner Frau Lisbette, geb. Borluut, aus Gent, wurde 1420 angefangen und 1432 beendigt, und besteht in einem sogenannten Altarschreine ohne Bildschnitzwerk, einem Triptychon, das in eine obere und eine untere Abtheilung zerfällt und aus 12 Tafeln zusammengesetzt ist, von denen 8 auf beiden Seiten bemalt sind. Das Werk ist gegenwärtig zerstreut. Das Untersatzbild ist frühe verdorben und verloren; sechs Tafeln von den Flügeln bilden eine der vorzüglichsten Zierden des Berliner Museums; nur die Mittelbilder und zwei Tafeln von den Flügeln sind noch theils an ihrem alten Platze in der Vyt'schen Kapelle der genannten Kirche, theils unter Verschluss in der Sakristei. Eine Inschrift im Rahmen der unteren Tafeln:

Pictor Hubertus e Eyk, major quo nemo repertus
Incepit; pondusque Johannes arte secundus
Frater perfecit, Judoci Vyd prece fretus.
VersV seXta MaI Vos CoLLoCat aCta tVerI.

sagt, dass der von Keinem übertroffene Maler Hubert van Eyck das Werk begonnen, sein Bruder Johannes aber, in der Kunst der Zweite, es auf die Bitten des Judocus Vyd vollendet habe. Das Chronodistichon darunter gibt in seinen Zahlbuchstaben [ein M (= 1000) + 3 C (à 100 = 300) + 2 L (à 50 = 100) + ein X (= 10) + 4 V (à 5 = 20) + 2 I (à 1 = 2)] den 6. Mai des Jahrs 1432 als die Zeit der Vollendung des Bildes an. Der Inhalt desselben bezieht sich, noch in tiefsinniger Symbolik, auf das Mysterium der christlichen Lehre und seine Bedeutung für die Welt. Ein grosser Gedanke, der Grundgedanke des Christenthums, die Versöhnung, durchdringt alle einzelnen Theile und diese beziehen sich in aller ihrer Mannigfaltigkeit immer wieder auf jenen einen Mittelpunkt. Waren die Flügel des Altarschreins geschlossen, so erblickte man in der oberen Abtheilung, die messianischen Weissagungen, als solle damit auf das verschlossene Innere des Schreins (gleichsam auf die verhüllte Zukunft) hingedeutet werden: die Verkündigung, auf zwei getrennten Tafeln, darüber die Propheten Zacharias und Micha, und daneben, als Verbindungsglieder zwischen Christenthum und Heidenthum, die cumäische und die erythräische Sibylle; unter der Verkündigung waren die Patrone der Kirche: Johannes, der Täufer, und Johannes, der Evangelist, daneben die Stifter des Werks, Jodocus Vyt und seine Ehefrau Lisbette abgebildet. Ein Untersatzbild mit einer Darstellung des Fegfeuers, um den Beweggrund der Stiftung leicht verständlich anzudeuten, schloss das Ganze nach aussen ab. Oeffneten sich die Flügel, was aber nur an Festtagen geschah, so sah man auf dem oberen aus drei Tafeln bestehenden Mittelbilde* den dreieinigen Gott, den König Himmels und der Erde, zu seiner Seite die heil. Jungfrau und den Täufer Johannes; auf den inneren Flügelbildern daneben Engel, welche hier mit Gesang, dort mit heil. Musik das Lob des Allerhöchsten verkünden, zu äusserst Adam und Eva, als Repräsentanten der versöhnungsbedürftigen Menschheit. Das untere Mittelbild zeigt das Lamm der Offenbarung, dessen Blut in einen Kelch fliesst, darüber die Taube des heil. Geistes; das Lamm wird von Engeln angebetet, deren einige

* Einen Umriss der inneren Bilder findet man in Passavant's Kunstreise durch England und Belgien.

die Leidensinstrumente tragen; vier zahlreiche Gruppen treten von den Seiten dazu: die heiligen Märtyrer und Märtyrerinnen, der weltliche und der geistliche Stand; im Vordergrunde: der Brunnen des Lebens, in der Ferne die Thürme des himmlischen Jerusalem. Andere Gruppen ziehen auf den Flügelbildern zur Verehrung des Lammes heran, zur Linken in zwei Bildern diejenigen, welche durch weltliches Handeln für das Reich des Herrn gewirkt, die Streiter Christi und die gerechten Richter; zur Rechten in 2 Darstellungen die, welche durch Entsagung und Entäusserung des Irdischen geistig gewirkt, die heiligen Einsiedler und Pilger.

Die Composition dieses grossartigen Werkes gehört sowohl der Erfindung als Anordnung nach sicher ganz dem Hubert van Eyck an und er dürfte auch für die Innenseiten, mit denen ohne Zweifel begonnen worden, wenn nicht Cartons, so doch ausgeführte Zeichnungen hinterlassen haben, nach denen sich Jan van Eyck, als er das Werk zu vollenden übernahm, richten konnte und sich auch, wie leicht erkenntlich und schon aus der innigen Verehrung, die er vor seinem älteren Bruder und Meister hegte, hervorgeht, zuverlässig richtete. Die Gestalten des oberen inneren Mittelbildes schliessen sich in ihrer Würde und statuarischen Ruhe auf Tapeten- und Goldgrund noch ganz dem Styl der früheren Kunstperiode an. Aber sie vereinigen mit dem typisch Ueberlieferten, dem architektonisch Symmetrischen, das durch die Majestät, Strenge und gemessene Feier imponirt, bereits eine glückliche Belebung und Unmittelbarkeit der Darstellung; sie stehen an der Grenzscheide zweier verschiedenen Kunstrichtungen und aus dem Trefflichen beider bilden sie ein eigenthümliches, höchst ergreifendes Ganze. Alterthümlich, ernst und feierlich sitzt die Gestalt des himmlischen Vaters dem Beschauer gerade zugewandt, die rechte Hand zum Schwure des neuen Bundes erhoben, in der linken ein krystallenes Scepter, das Haupt mit der dreifachen Krone, zum Zeichen der Dreieinigkeit, bedeckt. Die Gesichtszüge, in dem Typus, den die alte Tradition Christo zuschreibt, sind von grossem Adel und Ebenmaass, noch ohne ein eigentlich naturalistisches Bestreben, der Ausdruck ist machtvoll und leidenschaftslos. Der rothe Mantel, der über der Brust mit einer reichen Agraffe zusammengehalten wird, fliesst ebenmässig über beide Schultern herab und ist in schönen Falten um die Füsse geschlagen. Hinter der Gestalt des Herrn erhebt sich bis zu ihrem Haupte eine grüne Tapete mit dem Goldmuster des Pelikans; hinter dem Haupte stehen auf Goldgrund drei Sprüche, die den Dreieinigen als Allmächtigen, Allgütigen, und als freigebigsten Vergelter bezeichnen. Eine ähnliche Hoheit gewahrt man in den beiden anderen Gestalten des Mittelbildes, welche beide, in heiligen Büchern lesend, dem Herrn zugewandt sitzen: Johannes in dem Charakter einer milden fast weichen Schwärmerei, Maria in dem Ausdruck stiller Anmuth und einer ausserordentlichen Reinheit der Gesichtsbildung. Diese drei Mittelbilder schreibt man auf dem Grunde der bereits von uns auseinandergesetzten Verschiedenartigkeit in der Behandlungsweise der beiden Brüder ganz der Hand des Hubert zu, während man die Seitenflügel der oberen Reihe mit den singenden und musicirenden Engeln, in denen sich bereits die sorgfältigste, meisterhafteste Naturnachahmung bemerkbar macht, dem Jan beimisst. Die daneben befindlichen äusseren Seitenflügel mit den Darstellungen von Adam und Eva, in welchen der Versuch, lebensgrosse nackte Figuren mit dem sorgfältigsten Eingehen auf das Einzelne zu malen, glücklich gelungen erscheint, sollen dagegen wiederum von der Hand des Hubert sein. Auf den Füllungen über letzteren sind kleine grau in grau gemalte Bilder enthalten, und zwar über Adam das Opfer des Kain und Abel, über Eva der Tod Abels. — In dem unteren Mittelbilde, der Anbetung des Lammes*, welches der Ausführung nach ebenfalls dem Jan van Eyck zugeschrieben wird, ist die Anordnung noch streng symmetrisch, wie sie durch das Mystisch-Allegorische des Gegenstandes geboten wurde, allein dieselbe erstreckt sich mehr auf das Ganze, als auf die einzelnen, aus den vier grossen Gruppen heraustretenden Gestalten, die sich durch eine solche Anmuth und zugleich individualisirende Charakteristik auszeichnen, dass sie, in Verbindung mit der schönen Landschaft, der reinen Luft, dem hellen Grün des

* Abgebildet in den Denkmälern der Kunst. Atlas zu Kuglers Handb. der Kunstgesch. Taf. 81, Fig. 1.

Grases, in den zierlichen Baumgruppen und farbigen Blumen den einseitigen Eindruck von Symmetrie nicht aufkommen lassen. Die Flügelgemälde zur Rechten des unteren Mittelbildes: die heil. Pilger, unter denen der heil. Christoph den Vortritt führt, und die heil. Einsiedler, ein höchst merkwürdiges Bild von anziehenden Gruppen mit höchst charaktervollen Köpfen, das uns tief in die Geheimnisse des Menschenherzens hineinzieht und jeder Zeit den ersten Werken der Kunst wird beigezählt werden dürfen, haben in der Behandlungsweise mehr von der Art des Hubert, von jener weicheren, mehr dem Gefühl als dem Verstande folgenden Technik; die Ausführung des ersteren Gemäldes dagegen dürfte von einem Schüler des Hubert herrühren, der das Streben des Meisters nach Charakteristik fast bis zur Karrikatur übertrieb. Die beiden anderen Flügelbilder zur Linken des Hauptgemäldes, bestimmt, klar und höchst sauber in der Ausbildung des Einzelnen von Jan van Eyck ausgeführt, fesseln durch den gemeinsamen Ausdruck ruhiger Seelenstimmung, sowie durch die kunstreiche Darstellung irdischer Pracht und Glanzes. Das erste zunächst dem Mittelbilde stellt die Streiter Christi auf schönen Pferden in leuchtenden Harnischen und bunten Waffenröcken, mit wallenden Fahnen in ungemein schöner Landschaft, das äusserste Bild die gerechten Richter dar, unter denen uns, einer alten Tradition zufolge, in dem milden freundlichen Greise auf prächtig geschmücktem Schimmel, im blauen Sammtpelze das Porträt des Hubert, in dem eines tiefer in der Gruppe sich befindenden schwarzgekleideten Reiters das Bildniss des Jan erhalten sein soll. Diese unteren fünf Bilder sind noch besonders hochwichtig als erste Beispiele einer ausgebildeten Landschaft. Die Gemälde, der Aussenseite des Altarschreins tragen sämmtlich das Gepräge aus der Zeit der Beendigung des Bildes. Die Verkündigung zeichnet sich durch ausserordentliche Schönheit der Köpfe, sowie die Naturwahrheit der im Zimmer befindlichen Geräthschaften und der Aussicht durch die Arkade auf eine noch heute erkennbare Strasse von Gent aus, nur zeigen die Gewänder jenen bereits erwähnten scharfkantigen kleinbrüchigen Faltenwurf; sie wird als ein Werk des Jan betrachtet, dieser hat aber wohl nur die Köpfe und Hände gemalt, das übrige, sowie die Sibyllen und der Prophet Micha werden neuerdings dem Lambert van Eyck zugeschrieben. Die grau in grau ausgeführten Bilder der beiden Johannes auf den Aussenseiten der unteren Seitenflügel zeigen zwar einen schwerfälligen Styl in der Gewandung, gehören aber mit zu den schönsten Theilen des Werks. Die knieenden Bildnisse der Stifter sind mit unnachahmlicher Lebenswahrheit und Treue dargestellt, und sie erscheinen trotz dem darin sichtbaren grossen Fleiss des Künstlers durchaus nicht ängstlich, da mit den Körperformen zugleich der Geist, der sie belebt, aufgefasst ist.

Dieses Altarwerk, das von ausserordentlicher Bedeutung für die Geschichte der Deutschen ist, scheint schon von seiner Entstehung an als einer der grössten Kunstschätze des Nordens gegolten zu haben. Gleich ein Jahr nachdem die Meister es begonnen, 1421, schenkte die Stadt Gent den Brüdern Hubert und Jan van Eyck freiwillig und unentgeldlich das Meisterrecht und nach seiner Vollendung war es die Bewunderung und der Stolz der ganzen Stadt. Um die Mitte des 16. Jahrhunderts fertigte Michael Coexie für den König Philipp II. von Spanien eine Copie davon, deren einzelne Theile, ebenfalls zerstreut, in die Münchner Pinakothek, in das Berliner Museum und in den Besitz des verstorbenen Königs von Holland kamen. Eine zweite, minder bedeutende Copie aus etwas späterer Zeit, welche sämmtliche inneren Bilder des grossen Werks umfasst, befand sich früher in der Kapelle des Stadthauses zu Gent und kam später in den Besitz des Hrn. Aders zu London. Sämmtliche Originalbilder sind noch gut, zum Theil trefflich erhalten. Das Mittelbild mit der Anbetung des Lammes hat jedoch schon vor Alters an den unteren Theilen gelitten, so dass im Jahr 1550 die Maler Lancelot Blondeel von Brügge und Johann Schoreel von Utrecht berufen wurden, es wieder herzustellen, welcher Aufgabe sich beide Maler auch mit äusserster Klugheit und Vorsicht unterzogen.

Ausser den Arbeiten, welche an dem besprochenen Werke als sein Eigenthum bezeichnet werden müssen, scheint bis heute kein weiteres beglaubigtes Bild von

Hubert van Eyck auf uns gekommen zu sein. Mit ziemlicher Sicherheit aber wird ihm ein unter dem Namen des Colantonio del Fiore im Museum zu Neapel aufbewahrtes Bild des heil. Hieronymus zugeschrieben, da es in Zeichnung und Behandlung mit den Einsiedlern des Genter Altarbildes übereinstimmt, und auch ein fast gleichzeitiger italienischer Schriftsteller, der gelehrte Humanist Facius in seinem Buche: De viris illustribus von einem heil. Hieronymus des van Eyck berichtet, der sich im Besitz des Königs Alphons von Neapel befinde. Ein anderes herrliches, mit der grössten Sorgfalt ausgeführtes Meisterwerk im National-Museum in S. Trinidad zu Madrid, den Born der lebendigen Wasser darstellend, misst Passavant („Die christliche Kunst in Spanien") mit Bestimmtheit dem Hubert bei, da dasselbe in der ganzen Anschauungsweise, sowie in der Behandlung einzelner Theile eine grosse Verwandtschaft mit dem Genter Altarwerk zeige. Ausserdem bezeichnet man noch eine an die Pilger des Genter Altargemäldes erinnernde Anbetung der Könige, Eigenthum des Hrn. Professors van Rotterdam zu Gent, als sein Werk. Ein sehr ernster und imposanter Erzengel Michael mit der Wage, Fragment eines grösseren Bildes, das Weltgericht darstellend, ehemals in der Lyversberg'schen Sammlung zu Köln, wird gleich einer Maria mit dem Kinde auf dem Throne in der Sammlung des Hrn. Stadtbaumeisters Weyer ebendaselbst ebenfalls dem Hubert beigelegt. Die Aechtheit eines ihm zugeschriebenen Diptychon's im Museum zu Antwerpen (ehemals in der van Ertborn'schen Sammlung): Maria, das Kind säugend, nebst den beiden Donatoren wird dagegen von namhaften Autoritäten bestritten, über die einer ihm beigemessenen Kreuzabnahme Christi in der Esterhazy'schen Gallerie haben wir keine sichere Kunde.

In welchem hohen Ansehen Hubert van Eyck gestanden, beweist die Auszeichnung, dass er nach seinem Hinscheiden in der Familiengruft der Familie Vyd und Borluut beigesetzt wurde. Auch berichtet uns Marcus van Vaernewyck in seiner „Historie van Belgis (1568)", dass der Knochen des Arms von Hubert van Eyck, an welchem die kunstreiche Hand des Meisters befestigt war, lange Zeit der öffentlichen Verehrung in einem Gitterschranke der Krypta am Eingange der Bavokirche ausgestellt worden.

Ungleich mehr Sicheres ist von Jan van Eyck erhalten, der die von seinem Bruder begonnene Umwandlung des Styls vollendete, indem er die Charaktere noch mehr individualisirte, so dass der letzte Schein idealischer Auffassungsweise einer realistischen, bei welcher selbst die kleinsten Züge bis zu den Falten der Haut ihre Beachtung fanden, weichen musste. In Folge davon haben vor Allem seine Bildnisse wegen der geistvollen Auffassung, der Bestimmtheit der Zeichnung und der vollendeten und feinen Durchbildung der Form überwiegenden Werth. Charakteristisch für den neuen Standpunkt der Malerei zum Leben ist dabei, dass Jan zuerst einzelne Gemälde mit Namen, Jahreszahl und Datum zu bezeichnen begann, was früher nur als seltenste Ausnahme vorkam. Es waren meistens kostbare, mit subjektiver Virtuosität ausgeführte Prachtarbeiten von ausserordentlichem Schmelz der Farbe, die im Zusammenhange mit seiner persönlichen Stellung zu dem Herzog von Burgund seinen Ruf weit verbreiteten und seinen Werken überall die grösste Anerkennung verschafften. Ueberdiess hat eine alte Tradition ihm mehrere andere Bilder genugsam gesichert.

Das früheste beglaubigte Werk, das wir von Jan van Eyck kennen, ist die Einweihung des Thomas Becket zum Erzbischof von Canterbury (bezeichnet JOHES. DE. EYCK. FECJT. † ANO M° CCCC. ZI. (1421) 30. OCTOBRJS.), ein Bild von tiefster Gluth der Farbe, das in dem warm bräunlichen Ton des Fleisches viele Uebereinstimmung mit den singenden Engeln und Streitern Christi des Genter Altars, in den schönen lebendigen Köpfen aber an die Pilger desselben Werks erinnert. Die Verhältnisse der Figuren sind dagegen etwas schlanker als auf den meisten seiner sonstigen Bilder. Von der Beendigung dieses Werks an bis 1426, um welche Zeit Jan das Genter Altarwerk übernahm, sind uns keine dokumentirten Bilder von ihm bekannt, wohl aber finden wir Zeugnisse seiner Thätigkeit während derselben in der Miniaturmalerei, worauf wir unten zurückkommen werden. Von 1426 bis zum Jahre 1432 beschäftigte er sich, mit Ausnahme der Zeit von 1428—1429, während welcher er, wie erwähnt, in Portugal weilte, mit dem erwähnten grossen Altargemälde, das seinen Ruhm überall hin trug. Wir zählen nunmehr in Nachfolgendem erst die beglaubigten datirten Bilder, hernach diejenigen ohne Inschrift zuletzt ihm nun zugeschriebenen auf.

Die Jahrszahl 1432 und die häufig auf seinen Tafeln vorkommende bescheidene Beischrift: „ALS ICHE CHAN" d. h. (so gut) als ich kann, trägt ein kleines Madonnenbild von ihm in der Sammlung des Hrn. Blundell Weld zu Ince-Hall bei Liverpool. Mit derselben Jahrszahl und seinem Namen ist ein männliches Porträt bezeichnet, das sich noch 1854 im Besitz des Landschaftsmaler Ross in München befand. Vom Jahr 1433 ist sodann das Bildniss eines Mannes von etwa 56 Jahren im brittischen Museum, ein Gemälde von unvergleichlicher Wahrheit und Vollendung. Ebendaselbst befindet sich eines der köstlichsten und vollendetsten Gemälde des Jan van Eyck, die Bildnisse eines Brautpaars darstellend, ein Mann im Pelzkleide, die rechte Hand einer jungen blühenden Frau ergreifend, ganze Figuren, feine, sprechende Charaktere in einer reizvoll ausgeführten Umgebung. Ein an der Wand des Hintergrunds angebrachter Spiegel zeigt, ausser der Rückseite der beiden Gestalten auch mehrere zur Thüre hereintretende Personen. Wie klein aber auch schon die Figuren dieses Spiegelbildes sind, sie werden von denen der zehn Medaillons übertroffen, die den Spiegel einrahmen und in denen die Leidensgeschichte Christi in den kleinstmöglichen Dimensionen dargestellt erscheint. Die Inschrift lautet: „Johannes de Eyck fecit hic 1434". Eines der ausgezeichnetsten Werke Johann's ist das Votivgemälde des Canonicus Georg van der Paele, jetzt in der Sammlung der Akademie zu Brügge. Die Mutter Gottes auf dem Throne reicht dem Kinde, das mit einem Papagei spielt, Blumen hin; der heil. Donatian und der heil. Georg empfehlen den knieenden Stifter des Bildes dem Schutze des Himmels. Den Hintergrund bildet das Innere einer spätromanischen Kirche. Die beiden Heiligen sind treffliche Gestalten, die Färbung des Bildes ist kräftig und das Ganze mit einer Liebe und Treue vollendet, welche die höchste Bewunderung verdient, den Glanzpunkt des Bildes aber bildet das im grossartigsten Style gehaltene Bildniss des Stifters voll Lebenswahrheit und Charakter. Die Inschrift auf der Hauptfläche des unteren Theiles des Rahmens lautet: **Hoc opus fecit fieri magister Georgius de Pala hujus ecclesie canonicus per Johannem de Eyck pictorem et fundavit hic duas capellanias de gmo chori domini** MCCCCXXXIIII. **Complevit anno** 1436. Eine alte vielleicht gleichzeitige Wiederholung dieses Bildes kam aus der van Ertborn'schen Sammlung in das Museum zu Antwerpen. Ein Bildniss aus demselben Jahre 1436, den Dechanten Jan van Löwen darstellend, von klarer warmer Färbung, bräunlichen Schatten und weicher Modellirung, befindet sich in der Gallerie des Belvedere zu Wien. Auf der erhabenen Einfassung des Bildes steht:

JAN DE (Leuw)* OP SANT ORSELEN DAEN
DAT CLAER EERST MET OGHEN SEN 1401
CHECONTERFEJT NV HEEFT MJ JAN
VAN EYCK WEL BLJJCT WANNEERT BEGA (N) 1436.

Im Museum zu Antwerpen sieht man ferner ein mit dem Namen und der Jahrszahl 1437 bezeichnetes aber nicht vollendetes Bild Jan van Eyck's, eine heil. Barbara, grau untermalte Zeichnung auf Holz (gest. v. Cornelis van Noorde). Dann bewahrt das Museum zu Madrid zwei kleine Flügelbilder eines Altarwerks, von denen aber das Mittelbild fehlt, vom Jahr 1438, das eine mit der heil. Barbara, das andere mit Johannes dem Täufer und dem Donator Magister Heinrich Werlis aus Köln, die früher mit aller Bestimmtheit dem Jan van Eyck beigelegt wurden, nach Passavant („Die christliche Kunst in Spanien") aber nur von einem Schüler des Hubert van Eyck herrühren sollen. Der Christuskopf im Berliner Museum, mit dem Namen des

* Ausgedrückt durch einen ruhenden Löwen.

Meisters und der Jahrszahl 1438 befriedigt weniger, weil man darin gewahrt, dass, sobald Jan den seiner Natur angemessenen realistischen Weg verlassen, die typisch vorgeschriebenen Formen dem Künstler beengende Fesseln angelegt. Ganz anders und lebenswarm erscheint dagegen der Meister auf einem aus der Ertborn'schen Sammlung in das Museum zu Antwerpen übergegangenen Madonnenbild vom Jahre 1439 (mit seinem Namen und seinem Motto: „als iche chan" in griechischen Buchstaben), das den vollendeten Ausdruck von Liebe und Güte entfaltet und trotz sehr individueller Züge von grosser Schönheit ist. Aus demselben Jahre 1439 ist das Bildniss seiner Frau in der Akademie zu Brügge mit der (lateinischen) Inschrift: „Mein Gemahl Johannes vollendete mich im Juny 1439". Die Aechtheit dieses Porträts wird indessen trotz der sehr sauberen und zarten Ausführung wegen dem kalten und trockenen, von den übrigen Bildnissen des Meisters durchaus verschiedenen Ton angezweifelt. Die letzte bezeichnete, uns bekannte Tafel in der Zeitfolge ist ein Christuskopf (ähnlich dem im Museum zu Berlin) in der Akademie zu Brügge mit der Inschrift: „Als iche chan. Johes de eyk Inventor anno 1440. 30. January."

Ausser diesen mehr oder minder bestimmt bezeichneten, durch Inschriften beglaubigten Bildern, werden Jan van Eyck, wegen der grossen Uebereinstimmung mit denselben, mit hoher Wahrscheinlichkeit noch folgende weitere zugeschrieben:

Die beiden Flügel eines Reisealtärchens (dessen Mittelbild, die Anbetung der Könige, dem Besitzer entwendet wurde), die Kreuzigung und das jüngste Gericht darstellend, zwei Bilder von höchster Vollendung und scharfer Lebendigkeit der Charaktere. Die Kreuzigung ist ganz dramatisch gefasst und reich an Figuren, unter denen man auch die Brüder van Eyck vom Genter Bilde, sowie ihre Schwester Margarethe zu erkennen glaubt. In dem jüngsten Gericht, einer herrlichen und trotz des kleinen Maassstabes wahrhaft erhabenen Composition, ist besonders der Erzengel Michael, sein Schwert schwingend, eine überaus herrliche Gestalt, voll Ernst und Milde und von ergreifender Poesie. Beide Gemälde, ehemals im Besitz des russischen Gesandten Tatischeff zu Wien, befinden sich jetzt in St. Petersburg. Ein kleines Madonnenbild, Maria auf dem Throne, dem Kinde die Brust reichend, wahr, lieblich und fein in Zeichnung und Färbung, befand sich ehemals im Besitz des Königs von Holland und ist jetzt im Städel'schen Institut zu Frankfurt; ebenso eine Verkündigung, die aber von dem Kaiser von Russland erkauft wurde. Von ausgezeichneter Schönheit ist ferner ein Triptychon in der Dresdner Gallerie, im Mittelbilde Maria mit dem Kinde auf dem Throne in einer reich gothischen Kirchenhalle stehend, auf dem rechten Flügel der heil. Michael mit dem Stifter des Bildes, auf dem linken die heil. Katharina, auf deren Aussenseiten, grau in grau gemalt: die Verkündigung. Die Gemäldesammlung des Belvedere zu Wien besitzt ausser dem angeführten Gemälde auch noch das Brustbild des Jodocus Vyd aus Gent, nicht ganz Lebensgrösse, in vorgerücktem Alter (die Zeichnung dazu sieht man im Kupferstichkabinet zu Dresden), und eine Maria mit dem Kinde an der Brust, unter einem Baldachin vor einem reichgeschmückten Throne stehend, ein kleines Miniaturbild von vorzüglichster Ausführung. Im Louvre zu Paris ist die von einem Engel gekrönte Madonna mit dem Kinde auf dem Schoosse, welches den ihr gegenüber knieenden Donator segnet, ein Bild von wunderbarer Tiefe, Kraft und Wärme des Tons.

Weitere dem Jan van Eyck beigemessene Bilder sind: der heil. Hieronymus in seiner Studirstube in einem Buche blätternd, in der Sammlung des Sir Thomas Baring zu Stratton (England); eine stehende Madonna mit dem Kinde, vor ihr ein knieender Geistlicher, welchen die heil. Barbara der Mutter Gottes empfiehlt, in der Bildersammlung zu Burleighouse; eine kleine Anbetung der Könige, in der Gallerie Lichtenstein zu Wien; ein Miniaturbild der Madonna mit dem Kinde, ehemals im Besitz des Dichters Rogers zu London; eine Maria, den todten Christus beweinend, in der Sammlung des Hrn. Kraenner zu Regensburg; Maria mit dem Kinde, eine wunderköstliche Miniatur in der Weise des schönen Altärchens des Dresdner Bildes in der Gallerie Doria zu Rom; ein männliches und ein weibliches Bildniss, im Besitz des Grafen Demidoff; Maria mit dem Kinde, welches der heil. Katharina den Ring an den Finger steckt, im Besitz des Kaufmanns Weber zu Antwerpen (bez. Joanes van Eyck); eine der vorigen ähnlichen, aber erweiterte und vermehrte Composition in der interessanten Kunstsammlung des Hrn. Verhelst zu Gent; eine Verkündigung im Besitz des Hrn. Nieuwenhuys, des Vaters, zu Brüssel; Maria mit dem Kinde im Besitz des Hrn. Joly de Bammeville zu Paris. (Nach Waagen, eine Wiederholung aus dem grossen Bilde in der Akademie zu Brügge von Lambert van Eyck gemalt.) Endlich zeigen die Compositionen auf den Messgewändern, welche der Herzog Philipp der Gute für die grossen kirchlichen Feiern der Ritter des goldenen Vliesses anfertigen liess (zu Wien in einem grossen Schranke der Schatzkammer aufbewahrt), in der höchst grossartigen und stylgemässen Erfindung die auffallendste Verwandtschaft mit den Werken des Jan van Eyck.

Das letzte Werk des Jan van Eyck, das er jedoch unvollendet hinterliess, von dem daher auch nur die Erfindung als seine Arbeit zu betrachten ist, war für die Martinskirche zu Ypern bestimmt und kam später in den Besitz des Hrn. Bogaert zu Brügge. Es ist ein Mittelbild mit Seitenflügeln, auf ersterem die heil. Jungfrau als Himmelskönigin, vor ihr den Stifter des Bildes knieend, auf den Seitenflügeln vier Darstellungen des alten Testamentes, welche sich, im Geiste jener ältest christlichen Symbolik, auf die Geheimnisse der jungfräulichen Geburt beziehen, enthaltend. Dasselbe soll von seinem Bruder Lambert vollendet worden sein. (Siehe diesen.) — Sämmtliche Bilder, welche aus der Boisserée'schen Sammlung in die Münchner Pinakothek übergegangen sind und dem Jan van Eyck zugeschrieben wurden, werden jetzt als Arbeiten von Nachfolgern bezeichnet. Die grosse Anbetung der Könige in der Kapelle des Castello nuovo zu Neapel, sowie eine andere Darstellung desselben Gegenstandes in S. Maria del Parto ebendaselbst, welche beide Bilder früher dem Jan zugeschrieben wurden, gelten jetzt für Arbeiten anderer Meister. Eine grosse Anzahl anderer Bilder, welche in den verschiedenen Sammlungen Europa's den Namen der beiden Brüder führen (und von denen Rathgeber in seinen „Annalen der niederländischen Malerei" ein ziemlich vollständiges Verzeichniss bringt), erweisen sich theils als Schulwerke, theils sind sie noch nicht hinlänglich geprüft, um Veranlassung zu geben, sie namentlich aufzuführen.

Wie wir in den Werken der Brüder van Eyck zuerst die Landschaft ausgebildet erblicken, so zeigen sich auch bei ihnen die ersten, freilich noch vereinzelten Spuren des Genrebildes. Leider sind uns die betreffenden Bilder, eine Badestube und eine Fischotterjagd von Jan van Eyck nur durch Beschreibungen bekannt.

Endlich haben wir der Brüder van Eyck auch noch als Miniaturmaler zu gedenken. Es haben sich verschiedene Miniaturen in Mess- und Gebetbüchern erhalten, die als Werke der Geschwister van Eyck gelten. Die fürstliche Liebhaberei für Bilderhandschriften hatte in Philipp dem Guten ihre höchste Spitze erreicht; er scheint sehr bedeutende flandrische Maler fortwährend in dieser Gattung beschäftigt zu haben, woraus sich auch die miniaturartige Vollendung der Tafelbilder erklären lässt. Zunächst erwähnen wir hier das 1423 und 1431 für Philipp's Schwager, den Herzog von Bedford, Regenten von Frankreich, ausgeführte Messbuch, welches sich gegenwärtig im Besitz des Hrn. Tobin zu Oak-Hill bei Liverpool befindet und 59 grössere und gegen 1000 kleinere Bilder enthält, von denen die drei letzten grossen: den Herzog vor seinen Schutzheiligen knieend, die Herzogin im Gebet vor der heil. Anna und die Aufnahme der Lilien in's französische Wappen den van Eyck zugeschrieben werden. Wichtiger noch erscheint das für denselben Herzog von Bedford ausgeführte Brevier in der königl. Bibliothek zu Paris (vollendet 1424), in dessen Bildern man die Hände des Hubert und Jan, ja selbst der Margaretha van Eyck zu erkennen glaubt. Auch dem Lambert van Eyck wird neuerdings eine Theilnahme an diesen Darstellungen zugeschrieben. Ferner nimmt man die in der Handschrift des „roman de la rose" (in derselben Bibliothek) dargestellten Scenen des Ritterlebens als ebenfalls von den van Eyck's gemalt an, da sie in der Behandlung dem eben erwähnten Brevier, in Trachten und Anordnung den „gerechten Richtern" und „Streitern Christi" des Genter Altarwerks ganz genau entsprechen. Ein

Psalterium im brittischen Museum, eine Sammlung von Gebräuchen des ritterlichen Zweikampfes in der königl. Bibliothek zu Paris, die Geschichte der Könige von Jerusalem in der königl. Bibliothek zu Wien mit Miniaturen von 1430 bis 1450 weisen mindestens unmittelbar auf die Eyck'sche Schule in ihrer frühesten Zeit.

Jan van Eyck soll auch die Glasmalerflüsse erfunden haben; diess ist indessen nur eine Sage, welche in der Gewohnheit, diesem Künstler die Vervollkommnung des technischen Verfahrens in der Oelmalerei zuzuschreiben ihren Grund haben mag, aber sonst keine Beweise für sich hat.

Die künstlerische Thätigkeit der Brüder van Eyck übte einen ungeheuren Einfluss auf die gesammte Kunstübung ihrer Zeit nicht nur in ihrer Heimath und Deutschland, sondern auch jenseits der deutschen Grenzen in Frankreich, Italien, Spanien. Namentlich aber spricht sich derselbe in den Werken ihrer unmittelbaren Schüler und Nachfolger aus; doch wurde trotz manchen einzelnen vorzüglichen Leistungen die Grösse und Bedeutsamkeit der Meister von Keinem unter ihnen erreicht.

Die namhaftesten Schüler der Brüder van Eyck waren: Pieter Christophsen; Gerhard van der Meeren; Justus von Gent; Hugo van der Goes; Antonello von Messina; König René von Anjou; Rogier van der Weyden der Aeltere, welcher ebenfalls eine bedeutende Schule gebildet, und nach dem Tode Jan van Eyck's der Mittelpunkt der nordischen Malerei wurde.

Literatur. Bart. Facius, De viris illustribus. Flor. 1743. — Vasari, Leben der ausgezeichnetsten Maler, Bildhauer und Baumeister. — Carel van Mander, Het Schilder Boeck. T'Amsterdam 1618. — Marcus van Varnewyck, De Historie van Belgis 1568. — Immerzeel, De Levens en Werken der Holl. en Vlaam. Kunstschilders u. s. w. Amsterdam, 1842. — Descamps. La vie des peintres flamands, allemands et hollandois. Paris, 1753—1760. — L. de Bast, Messager des Sciences et des Arts. Gent. — Carton, Les trois frères van Eyck. Bruges. 1848. — Joachim von Sandrart, Teutsche Akademie der edlen Bau-, Bild- und Malereikünste. Nürnberg, 1675—1679. — Fiorillo, Geschichte der zeichnenden Künste in Deutschland und den vereinigten Niederlanden. — Waagen, Ueber Hubert und Johann van Eyck. Breslau, 1822. — Derselbe, Nachträge zur Kenntniss der altniederländischen Malerschulen des 15. und 16. Jahrhunderts. Kunstblatt, Jahrg. 1847. Nro. 41 ff. — Derselbe, Kunstwerke und Künstler in England und Paris. Berlin, 1837—1839. 3 Bände. — Schnaase, Niederländische Briefe. Stuttgart, 1834. — J. D. Passavant, Kunstreise durch England und Belgien. Mit 2 Umrissen nach den Bildern des Genter Altarwerks. Frankfurt, 1833. — Derselbe, Beiträge zur Kenntniss der altniederländischen Malerschulen, Kunstblatt, Jahrgang 1841. Nro. 3—13. Jahrgang 1843. Nro. 54—63. — Derselbe, Die christliche Kunst in Spanien. Leipzig, 1853. — Dr. G. Rathgeber, Annalen der niederländischen Malerei u. s. w. Gotha, 1842. — H. G. Hotho, Vorstudien für Leben und Kunst. Stuttgart und Tübingen 1835. — Derselbe, Geschichte der deutschen und niederländischen Malerei. Berlin, 1843. — Derselbe, Die Malerschule Huberts van Eyck, nebst deutschen Vorgängen und Zeitgenossen. Berlin, 1855. — Kugler, Handbuch der Geschichte der Malerei. Berlin, 1847. — Ernst Förster, Geschichte der deutschen Kunst. Leipzig, 1851. — De Laborde, Le ducs de Bourgogne. Paris, 1849.

Eyck, Lambert van, der jüngste Bruder der Vorigen, war ebenfalls Maler, wie aus den Rechenbüchern der Herzoge von Burgund im Archiv der Rechnungskammer zu Lille in den Jahren 1430 und 1431 (mitgetheilt von dem Grafen Delaborde in seinem Buche: „Les Ducs de Bourgogne") hervorgeht, nach welchen er Zahlungen für gelieferte Arbeiten erhielt. Ausserdem weiss man aber von seinem Leben nur noch, dass er, wie die „acta capitularia" der Kathedrale von Brügge mittheilen, im Jahr 1442 den Leichnam seines Bruders Jan nach erlangter Erlaubniss des dortigen Bischofs von dem äusseren Umgang der Kirche, in welchem er begraben lag, wegnehmen und in der Kirche selbst, in der Nähe des Taufsteins, beisetzen durfte. Man schreibt ihm die Ausführung des von seinem Bruder erfundenen und begonnenen, ehemals in der St. Martinskirche zu Ypern zum Gedächtniss des Abts Nicolaus von Maelbecke aufgehängt gewesene Altargemälde, ein Triptychon mit der scholastischen Symbolik der Jungfräulichkeit Marien's (jetzt im Besitz des Hrn. Boegart zu Brügge), zu. (Siehe auch Jan van Eyck.) Es stimmt in der ausgezeichneten Ausführung der Nebensachen, von Gold, Edelsteinen, Haaren, Landschaft ganz mit ähnlichen Gegenständen des Genter Altarwerks überein, zeigt aber in den Köpfen und Händen eine viel schwächere Zeichnung als die Bilder des Jan van Eyck. Man nimmt desshalb an, dass letzterer die Composition des Bildes entworfen und Lambert dasselbe vollendet. Des Letzteren Talent reichte darnach zwar aus, es mit der unvergleichlichen Technik, welche er sich von seinen Brüdern angeeignet hatte, in allen Nebensachen denselben gleich zu thun, in den Hauptsachen musste er aber jenen nachstehen. Dessen ungeachtet ist er immer ein sehr tüchtiger Meister, wie namentlich die schöne Sibylle auf der Aussenseite der Flügel beweist. Im Fleisch unterscheidet er sich durch einen hellröthlichen Ton, sowohl von dem gelbbräunlichen des Jan, als dem rothbräunlichen des Hubert. Waagen ist auch geneigt, seiner Hand die beiden Sibyllen und den Propheten Micha, auf dem Genter Altarwerk, diese für Hubert und Jan van Eyck zu schwachen Figuren, beizumessen. Ebenso die bisher für eine Arbeit des Jan van Eyck gehaltene Maria mit dem Kinde im Besitz des Herrn Joly de Bammeville zu Paris.

Eyck, Margaretha van, eine Schwester der Vorigen, war ebenfalls Malerin und blieb, um sich ungestört ihrer Liebe zur Kunst hingeben zu können, unverheirathet. Sie starb zu Gent vor 1432 und wurde in der St. Bavokirche neben ihrem Bruder Hubert begraben. Sie kommt im Jahr 1418 als Mitglied der Genossenschaft Maria mit den Strahlen zu Gent vor und scheint jünger als Hubert, älter als Jan gewesen zu sein. Historisch beglaubigte Arbeiten von ihr sind aber nicht bekannt, und eine Ruhe auf der Flucht in der Akademie zu Antwerpen, ein Bild von idyllischer Ruhe, für dessen Echtheit man begründete Nachweise zu haben meinte, wird neuerdings in den Anfang des 16. Jahrhunderts gesetzt. Auch ein schönes dreitheiliges Flügelaltärchen, welches früher in der Ader'schen Sammlung zu London ihr ebenfalls zugeschrieben wurde, ist von Waagen als ein Werk aus der zweiten Hälfte des 15. Jahrhunderts erkannt worden, kann also auch nicht von ihr herrühren. An den Miniaturen des (bereits bei den Brüdern van Eyck erwähnten) für den Herzog von Bedford ausgeführten Breviers vom Jahr 1424 (in der königl. Bibliothek zu Paris) wird ihr ebenfalls ein nicht unbedeutender Antheil zugeschrieben. Sie soll nämlich das Nebenwerk der häuslichen Umgebung, ferner die im Hintergrund sich öffnende Landschaft, die zum Schmucke der Zimmer angewendeten vegetabilischen Erzeugnisse, die Rändereinfassungen, in denen sie, statt der bisherigen Rohheit des Laubwerks, bestimmte, von Schmetterlingen und Insekten umschwärmte Blumen anbrachte, mit einer bisher noch nicht dagewesenen Vollendung gemalt haben.

Eyck, Nikolaus van, ein Maler aus Antwerpen, der um 1660 blühte und für den Bruder des Gaspar van Eyck gehalten wird. Er malte Schlachten, Gefechte, Lagerscenen mit vieler Wahrheit und Lebendigkeit. Die Gallerie des Belvedere zu Wien besitzt ein Bild von ihm: Truppenhalt und Einquartierung in einem Dorfe.

Eycken, Karel van, Landschaftsmaler zu Löwen, wurde 1809 zu Aerschot, einem Dorfe in der Nähe jener Stadt, geboren und von seinem Vater, Frans van der Eycken, einem Dekorationsmaler, in den Anfangsgründen der Kunst unterrichtet. Später bildete er sich auf Reisen weiter aus, und geniesst nun den Ruf eines ausgezeichneten Künstlers in seinem Fach. In seinen Bildern weiss er mit einer poetischen Auffassung des Ganzen die höchste Zartheit und Feinheit der Linien in eigenthümlichem, scharf ausgeprägtem Vortrag zu verbinden.

Eycken, Jean Baptiste van, Historienmaler, Professor an der Akademie zu Brüssel, geb. 1809 in letzterer Stadt, gest. daselbst 1853, war ein Schüler von Navez, gewann 1835 den grossen Preis an der Akademie seiner Geburtsstadt, erregte hierauf durch seine beiden ersten grösseren Bilder: den heil. Sebastian, und Tobias, von seiner Blindheit geheilt, sehr grosses Aufsehen, und legte, nachdem er 1837 Frankreich und Italien besucht, dort die grossen Meisterwerke studirt, und 1839 in die Heimath zurückgekehrt war, in seinen sofort ausgeführten Gemälden eine Meisterschaft an den Tag, die ihm in ganz kurzer Zeit unter seinen künstlerischen Landsleuten eine der ersten Stellen einräumte. Er war unter allen lebenden Malern Belgiens der einzige, der sich das höhere, das religiöse Element zur Lebensaufgabe der Kunst gestellt, seine Werke vom innigsten wahren religiösen Gefühl durchdrungen, mit kindlich frommem Sinne in der heiligen Begeisterung der Andacht schuf und sich, überall nach dem Idealen ringend, vom Materialismus der flämischen Schule lossagte, ohne seinem ernsten Streben die Vorzüge desselben, was die Kunst des Malens, die Farbengebung u. s. w. angeht, zum Opfer zu bringen. Er war es, welcher die monumentale Malerei in Belgien anregte, selbst ein neues Verfahren für Wandmalerei erfand und durch Ausschmückung einer Kapelle in der Kirche Notre Dame de la Victoire zu Brüssel in seinem Vaterlande das erste monumentale Werk der Malerkunst des 19. Jahrhunderts schuf. Den Auftrag, auch die Chorrundung und den Triumphbogen der Kirche mit Gemälden zu schmücken, für welch letzteren Raum er die Darstellung des Triumphes der heil. Jungfrau zum Vorwurf genommen hatte, konnte er nicht mehr zur Ausführung bringen; er vollendete nur die Cartons und auch diese nur theilweise. Seinem Künstlerruhme hat er durch die 14 lebensgrossen in Oel ausgeführten Stationen in der genannten Kirche ein schönes Denkmal gesetzt. Sie gehören dem Besten an, was Belgiens Kunst in neuerer Zeit hervorgebracht. Auch sein Gemälde: die göttliche Barmherzigkeit, wird als ein, an die glänzendste Periode der Kunstgeschichte Belgiens erinnerndes Bild gerühmt. Unter seinen weiteren Altarbildern, deren man im Ganzen 12 zählt, hebt man überdiess: eine Grablegung mit überlebensgrossen Figuren, für die St. Andreaskirche in Brüssel ausgeführt, hervor. Sodann gibt es auch einige treffliche Genrebilder von ihm.

Seine Frau Julie Anne Marie Noël, geb. 1812 zu Brüssel, auch eine Schülerin von Navez, widmet sich ebenfalls der Historien- und Genremalerei, und man rühmt an ihren Bildern besonders die Naivetät der Auffassung und die Anmuth der Darstellung.

Eyckens, Frans und **Jan**, Brüder, malten Blumen und Früchte, die seiner Zeit sehr geschätzt wurden. Von ersterem findet man: ein sehr hübsches Blumenstück in der Gallerie des Belvedere zu Wien. Letzterer, geb. 1625 zu Antwerpen, gest. 1669, fertigte auch Bildhauerarbeiten.

Eyckens, Pieter — er selbst schrieb sich immer **Ykens** —, Historienmaler, war gebürtig aus Antwerpen, woselbst er 1689 Direktor der Akademie wurde und wo man noch heute in den verschiedenen Kirchen einzelne Bilder von ihm sieht, die verständig componirt, gut charakterisirt sind und eine blühende Färbung haben. Auch das Museum seiner Vaterstadt besitzt zwei Gemälde von ihm: die heil. Katharina mit den Philosophen streitend und das Bildniss eines Mannes.

Eyckmans, Johannes, Bildhauer, geb. 1749 zu Breda, gest. 1815, wird als ein tüchtiger Meister, besonders in Elfenbein, gerühmt.

Eyden, Jeremias van der, Maler, geb. zu Brüssel, gest. um 1697, malte anfänglich Bildnisse, ging aber später nach London, half dort dem Maler **Lely** und wurde nach dessen Tod von mehreren Grossen des Reichs beschäftigt.

Eyk, Abraham van der, malte Porträts und Scenen aus dem häuslichen Leben im Geschmack des Willem van Mieris, dessen Zeitgenosse er war.

Eymer, Arnoldus Johannes, Landschaftsmaler, geb. zu Amsterdam 1803, bildete sich bei C. Steffelaar, machte später einige Reisen und trat seit 1834 auf den verschiedenen Kunstausstellungen mit Bildern auf, die vielen Beifall fanden. Er ist Mitglied an der Akademie der bildenden Künste zu Amsterdam.

Eynde, Hubert van den, ein Bildhauer zu Antwerpen, der um 1661 blühte. Man findet von ihm in der Hofkirche daselbst eine Statue Gideons und in der St. Jakobskirche, in der Kapelle der heil. Jungfrau, einen marmornen Altar.

Eynden, Frans van, Maler, geb. 1694 zu Nymwegen, gest. 1742, lernte bei Romborgh und später bei Elias van Nymwegen, welch letzterem er bei seinen Arbeiten, Tapeten, Surportes, Kaminmalereien u. s. w. thätige Hülfe leistete. Er malte besonders gerne arkadische Landschaften, heitere, glückliche Gegenden, die er namentlich in den Bäumen mit meisterhaftem Pinsel darzustellen wusste.

Eynden, Jacobus van, Maler, geb. 1733 zu Nymwegen, gest. 1824, lernte die Kunst bei seinem Vater und malte namentlich Blumen, Früchte, Thiere, Städteansichten in Wasserfarben. Man besitzt übrigens wenig Bilder von ihm, da er vielfach Unterricht ertheilen musste und einen grossen Theil seiner Zeit den Wissenschaften widmete.

Eynden, Roeland van, geb. 1747 zu Nymwegen, gest. 1819, der Bruder des Jacobus und Neffe des Frans von Eyden, widmete sich ebenfalls der Malerei, ist aber mehr durch einige Werke über Kunst und Künstler bekannt.

Eynhoedts, Rombout, geb. 1605 zu Antwerpen, malte Bildnisse, ist aber mehr durch seine Radirungen nach Rubens und Schut bekannt.

Eysden, Robbert van, ein geschickter Genremaler, geb. 1810 zu Rotterdam, war ein Schüler von F. de Braekeleer. Seine Bilder zeichnen sich durch Leben, treffliches Colorit und meisterhafte Behandlung aus.

Ezpeleta, ein spanischer Miniaturmaler zu Saragossa, der um die Mitte des 16. Jahrhunderts in einem Alter von 60 Jahren starb und sich durch die Bilder, womit er die Chorbücher der Kirchen jener Stadt schmückte, einen Namen erworben.

Ezquerra, Don Geronimo Antonio de, ein spanischer Maler, Sohn des D. Domingo Ezquerra, eines Schülers von D. Jaan Caroño, bildete sich bei D. Antonio Palomino und war im ersten Viertel des 18. Jahrhunderts in Madrid und Umgegend thätig. Er malte Heiligen- und Historienbilder, man kennt aber auch Darstellungen aus dem gewöhnlichen Leben von ihm.

Schluss des ersten Bandes.

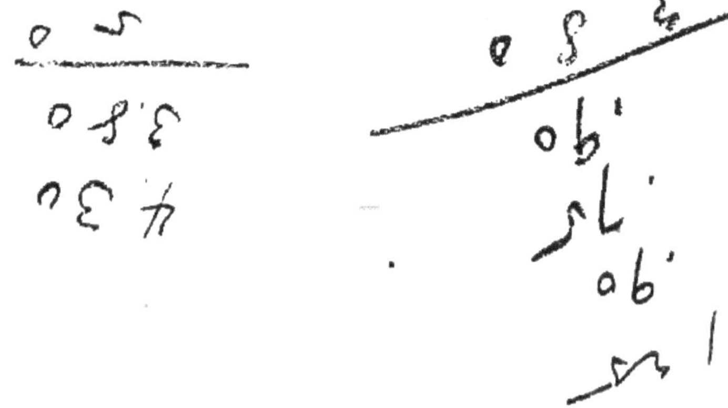

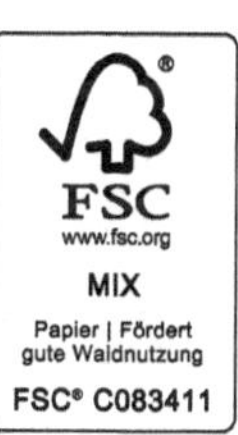

Zeitfracht Medien GmbH
Ferdinand-Jühlke-Straße 7
99095 Erfurt, Deutschland
produktsicherheit@kolibri360.de